Ende des Dritten Reiches – Ende des Zweiten Weltkriegs

SERIE PIPER
Band 2056

Zu diesem Buch

50 Jahre nach Zusammenbruch des Dritten Reiches und Ende des Zweiten Weltkrieges untersuchen ausgewiesene Historiker, Politologen, Theologen, Literatur- und Kulturwissenschaftler die Auswirkungen der welthistorischen Wendemarke des Jahres 1945. Dabei ziehen sie Bilanz der deutschen und internationalen Entwicklung bis 1945 und markieren auch die sich ergebenden Perspektiven der unmittelbaren Nachkriegszeit bis zum staatlich-gesellschaftlichen Neubeginn im zerstörten und besiegten Deutschland.

Hans-Erich Volkmann, geboren 1938, Dr. phil., Direktor und Professor, Militärgeschichtliches Forschungsamt, 1972 Prof. für Neuere und Neueste Geschichte an der Universität Mainz, 1982 Freiburg.
Veröffentlichungen u. a.: Die russische Emigration in Deutschland 1919–1929 (1966); Die deutsche Baltikumspolitik zwischen Brest-Litovsk und Compiègne (1970); Die NS-Wirtschaft in Vorbereitung des Krieges, in: Das Deutsche Reich und der Zweite Weltkrieg, Bd 1 (1979, Fischer-TB 1989); Die innenpolitische Dimension Adenauerscher Sicherheitspolitik in der EVG-Phase, in: Anfänge westdeutscher Sicherheitspolitik 1945–1956, Bd 2 (1990); als Hrsg.: Das Rußlandbild im Dritten Reich (1994); zusammen mit Friedrich Forstmeier: Wirtschaft und Rüstung am Vorabend des Zweiten Weltkrieges (1975); Kriegswirtschaft und Rüstung 1939–1945 (1977); zusammen mit Walter Schwengler: Die Europäische Verteidigungsgemeinschaft (1985); zusammen mit Bruno Thoß: Zwischen Kaltem Krieg und Entspannung (1988).

Ende des Dritten Reiches –
Ende des Zweiten Weltkriegs

Eine perspektivische Rückschau

Im Auftrag des
Militärgeschichtlichen Forschungsamtes

herausgegeben von
Hans-Erich Volkmann

Piper
München Zürich

ISBN 3-492-12056-3
Originalausgabe
Februar 1995
© R. Piper GmbH & Co. KG., München 1995
Umschlag: Federico Luci
Satz: Militärgeschichtliches Forschungsamt, Freiburg i. Br.
Druck und Bindung: Clausen & Bosse, Leck
Printed in Germany

Inhalt

Vorwort ... IX

Einleitung ... XI

Herbert Kraus
Karl Dönitz und das Ende des »Dritten Reiches« ... 1

Wolfgang Krieger
Die amerikanische Deutschlandplanung. Hypotheken und
Chancen für einen Neuanfang ... 25

Lothar Kettenacker
Der britische Rahmenplan für die Besetzung Deutschlands und
seine unerwarteten Folgen ... 51

Georges-Henri Soutou
Frankreich und die Deutschlandfrage 1943 bis 1945 ... 75

Alexej Mitrofanovič Filitov
Die sowjetische Deutschlandplanung zwischen Parteiräson,
Staatsinteresse und taktischem Kalkül ... 117

Diemut Majer
Grundlagen des Besatzungsrechts 1945—1949 ... 141

Walter Schwengler
Das Ende des »Dritten Reiches« — auch das Ende des Deutschen Reiches? ... 173

Wilfried Loth
Rettungsanker Europa? Deutsche Europa-Konzeptionen vom
Dritten Reich bis zur Bundesrepublik ... 201

Manfred Messerschmidt
Die Wehrmacht: Vom Realitätsverlust zum Selbstbetrug ... 223

Rüdiger Overmans
»Ein untergeordneter Eintrag im Leidensbuch der jüngeren
Geschichte«. Die Rheinwiesenlager 1945   259

Peter Hoffmann
Der deutsche Widerstand gegen den Nationalsozialismus   293

Constantin Goschler
Nachkriegsdeutschland und die Verfolgten des Nationalsozialismus   317

Ernst Klee
Die Ermordung der Unproduktiven: Euthanasie im Dritten
Reich und ihre Aufarbeitung im Nachkriegsdeutschland   343

Clemens Vollnhals
Entnazifizierung. Politische Säuberung unter alliierter Herrschaft   369

Ruth Bettina Birn
Die Strafverfolgung nationalsozialistischer Verbrechen und deren politische und moralische Folgen für die beiden Deutschland   393

Juliane Wetzel
Trauma und Tabu. Jüdisches Leben in Deutschland nach dem
Holocaust   419

Richard James Overy
Rationalization and the ›Production Miracle‹ in Germany
during the Second World War   457

Willy A. Boelcke
Der wirtschaftliche Wiederaufbau Nachkriegsdeutschlands. Pläne, Konzeptionen, Probleme   489

Rainer Karlsch
Kriegszerstörungen und Reparationslasten   525

Inhalt

Johannes-Dieter Steinert
Die große Flucht und die Jahre danach. Flüchtlinge und Vertriebene in den vier Besatzungszonen — 557

Jost Hermand
Der Kalte Krieg in der Literatur. Über die Schwierigkeiten bei der Rückeingliederung deutscher Exilautoren und -autorinnen nach 1945 — 581

Curt Garner
Schlußfolgerungen aus der Vergangenheit? Die Auseinandersetzungen um die Zukunft des deutschen Berufsbeamtentums nach dem Ende des Zweiten Weltkrieges — 607

Siegfried Mielke/Peter Rütters
Die Deutsche Arbeitsfront (DAF): Modell für den gewerkschaftlichen Wiederaufbau? Diskussion in der Emigration und in der Gründungsphase der Bundesrepublik Deutschland — 675

Gerhard Besier
Zwischen Neuanfang und Restauration. Die evangelischen Kirchen in Deutschland nach dem Zweiten Weltkrieg — 709

Karl-Egon Lönne
Katholizismus 1945: Zwischen gequälter Selbstbehauptung gegenüber dem Nationalsozialismus und Öffnung zur pluralistischen Gesellschaft — 745

Hermann Glaser
Der Weg nach innen. Kultur der Stunde Null, die keine war — 771

Rolf Günter Renner
Der Mythos des Neubeginns: Zu Situation, Vorgeschichte und Entwicklungsperspektiven der deutschen Literatur nach 1945 — 795

Susanne zur Nieden
Chronistinnen des Krieges. Frauentagebücher im Zweiten Weltkrieg — 835

Hans-Erich Volkmann
Deutsche Historiker im Umgang mit Drittem Reich und Zweitem Weltkrieg 1939—1949 861

Autorenverzeichnis 913

Vorwort

Wenn sich am 8. Mai 1995 der Zusammenbruch der NS-Herrschaft und das Ende des Zweiten Weltkrieges in Europa zum fünfzigsten Male jähren, so werden in der zu erwartenden Fülle von Gedenkreden und Publikationen nach wie vor eine Gesamtdarstellung des »Dritten Reiches« sowie eine Bilanz des Zweiten Weltkrieges fehlen. Wollten diese notwendigen historischen »Ortbestimmungen« wissenschaftlichen Anforderungen entsprechen, so müßten sie zum einen die für den einzelnen nicht zu übersehende Fülle militärischer, innen- und außenpolitischer, sozialer und wirtschaftlicher sowie ideen- und mentalitätsgeschichtlicher Bereiche zu einer Gesamtschau zusammenfassen. Zum anderen wäre es unverzichtbar, die Vielzahl unterschiedlichster Forschungsergebnisse zu reflektieren mit dem Ziel, die Summe unserer Kenntnisse und Interessen zu ziehen.

Das Militärgeschichtliche Forschungsamt hat sich dieser Aufgabe gestellt und ein zehnbändiges Reihenwerk »Das Deutsche Reich und der Zweite Weltkrieg« konzipiert, von dem inzwischen sechs Bände vorliegen. Diese Grundlagenforschung wird begleitet von wissenschaftlichen Tagungen, Monographien sowie spezifischen Fragestellungen und Ereignissen gewidmeten Aufsatzbänden des Militärgeschichtlichen Forschungsamtes. Die beim Piper-Verlag erschienenen Taschenbücher über den Zweiten Weltkrieg (1989), die deutsch-sowjetischen Beziehungen 1933 bis 1941 (1991) sowie Stalingrad (1992), aber jetzt auch zum Ersten Weltkrieg (1994), sind in dieser Absicht entstanden und bilden inzwischen eine fest etablierte militärgeschichtliche Reihe.

Der nun vorgelegte Band »Das Ende des Dritten Reiches — das Ende des Zweiten Weltkrieges. Eine perspektivische Rückschau« folgt dieser Intention. Er bietet unterschiedliche Beiträge ausgewiesener Fachkenner des In- und Auslandes. Historiker, Politologen, Theologen, Literatur- und Kulturwissenschaftler untersuchen die Auswirkungen an der welthistorischen Wendemarke des Jahres 1945, um sowohl Bilanz der deutschen und generell internationalen Entwicklung am Ende des Zweiten Weltkrieges zu ziehen als auch die sich ergebenden Perspektiven der unmittelbaren Nachkriegszeit bis zum staatlich-gesellschaftlichen Neubeginn im zerstörten und besiegten Deutschland zu markieren. Geboten werden Problemaufrisse in ihrer interdisziplinären

Vielfalt, die auch ein über den Fachwissenschaftler hinausreichendes breiteres Lesepublikum ansprechen sollen.

Zum Gelingen dieses Taschenbuches haben viele beigetragen. Danken möchte ich besonders den Autoren für ihre Forschungsergebnisse, dem Piper-Verlag für die bewährte Zusammenarbeit, den Damen und Herren der Schriftleitung, die unter zum Teil schwierigen Bedingungen gewohnt zuverlässig und engagiert gearbeitet haben, und vor allem Herrn Hans-Erich Volkmann, der diesen Band anregte und herausgab.

Dr. Günter Roth
Brigadegeneral und Amtschef
des Militärgeschichtlichen Forschungsamtes

Einleitung

Im Frühjahr 1995 jährt sich zum fünfzigsten Mal der Untergang des »Dritten Reiches« aufgrund der militärischen Niederlage im Zweiten Weltkrieg. Anfang Mai 1945 hatte die Wehrmacht zwei Urkunden unterzeichnet, die die bedingungslose militärische Kapitulation beinhalteten. Ein vergleichbarer politischer Akt seitens der noch von Hitler eingesetzten Regierung Dönitz war von den Siegermächten zwar ins Auge gefaßt worden, unterblieb aber, da man sie als nicht rechtmäßig erachtete und kurzerhand absetzte.

Doch wurden Rechtsnatur und Fortbestand des Deutschen Reiches zunächst nicht in Frage gestellt oder beseitigt. An die Stelle einer deutschen Staatsgewalt trat allerdings eine Vier-Zonen-Besatzungsverwaltung, ehe 1949 zwei deutsche Teilstaaten entstanden.

Die Literatur über die Geschichte des Dritten Reiches weist auf bestimmten Problemfeldern immer noch beachtliche weiße Flecken auf. Frühzeitig hat sich die historische Forschung Einzelproblemen zugewandt, wobei Außenpolitik, Funktion der NSDAP sowie ihr Verhältnis zum Staat im Vordergrund des Interesses standen. Später rückte dann das Wirtschaftsgeschehen, auch in seiner Bedeutung für Aufrüstung und Kriegführung, in das Blickfeld des Historikers. Es versteht sich für eine moderne Militärgeschichte von selbst, daß sie die genannten Themen in ihre Betrachtung zum Zweiten Weltkrieg mit einbezieht, der als »totaler« Krieg alle Bereiche des staatlichen und gesellschaftlichen Lebens in zuvor nie dagewesenem Maße tangierte. Daß sich die Historiographie zunächst dem militärischen Sujet widmete, ist angesichts der bedingungslosen Kapitulation der Wehrmacht und des dadurch bedingten Zusammenbruchs der NS-Herrschaft nur zu verständlich. Auch erfuhr der Widerstand gebührende Beachtung.

Doch sollte es lange dauern, ehe sich die Forschung der deutschen Gesellschaft im Kriege annahm. Erste Ansätze lassen sich in der marxistischen Historiographie finden, wo die Arbeiterschaft im Mittelpunkt der Betrachtung stand. Zwischenzeitlich gibt es punktuell auch Studien zur Befindlichkeit der deutschen Gesellschaft an der Wende von Drittem Reich zur Nachkriegszeit.

Militärische Niederlage und Auflösung der überkommenen politischen Ordnung hat die deutsche Gesellschaft, auch im Blick auf persönliche Schicksalsschläge, im Wissen um die Taten eines Unrechtsstaates und angesichts der Bedrohung ihrer materiellen Existenz als Katastrophe empfunden, die für Protagonisten, Gegner und Angepaßte des Dritten Reiches nicht selten gleichbedeutend war mit politischer Selbstaufgabe und Rückzug auf tradierte geistige deutsche Werte. Diese Phase der Lethargie ist als Stunde Null bezeichnet worden. Die Masse der deutschen Bevölkerung aber hat nach dem ersten Schock rasch den bekannten dicken Strich unter die Vergangenheit gezogen und auf den unterschiedlichsten Trümmerfeldern mit Aufräumarbeiten begonnen.

In der historischen Forschung zunächst durchaus gebräuchlich, ist der Begriff der Stunde Null dann sehr bald in den des Wendepunktes deutscher Geschichte umgeprägt worden, was besagen will, daß man am 8. Mai 1945 am Endpunkt eines Irrweges angelangt war, von dem aus man eine andere Richtung in eine veränderte deutsche Zukunft einschlug. Man hat darauf verwiesen, daß sich nach dem Zweiten Weltkrieg eine radikalere Veränderung des politischen Bewußtseins vollzog als 1918. Besonders die Machthaber der SBZ/DDR haben dies für sich und ihre Bevölkerung reklamiert.

In den Beiträgen dieses Taschenbuches sind die Partner der Anti-Hitler-Koalition daraufhin befragt worden, wie sie sich eine Neugestaltung Deutschlands nach einer siegreichen Beendigung des Krieges vorstellten und was sie Entsprechendes unternahmen. Größerer Raum ist dem Verhalten der deutschen Nachkriegsgesellschaft eingeräumt worden, wobei die Konfrontation mit dem totalen politischen, militärischen und ökonomischen Zusammenbruch sowohl als bewußtseinsphänomenologisches wie auch als im weitesten Sinne politisches Problem thematisiert ist. Es interessiert, ob und, wenn ja, wie repräsentative Persönlichkeiten, spezifische Gruppen und Institutionen ihre Rolle als Miterlebende oder Mitgestaltende der NS-Herrschaft begriffen haben und von ihrer Umgebung und/oder von der Öffentlichkeit verstanden wissen wollten und wie vergegenwärtigte historische Erfahrung und Selbsterkenntnis Niederschlag im privat-persönlichen Verhalten und bei der Gestaltung der Nachkriegsgesellschaft und der Nachkriegspolitik gefunden haben. Damit ist man bei Kontinuitäten und Diskontinuitäten angelangt, wie sie sich nach dem Ende des Dritten Reiches und des Zweiten Weltkrieges festmachen lassen. Vielleicht macht es den Reiz dieses Sammelbandes aus, daß seine Autoren Befindlichkeit und Wirken von Persönlichkeiten und institutionellen gesellschaftlichen Kräften während der NS-Zeit kontrastieren mit deren Vergangenheitsbewältigung und deren Denken und Handeln in der Nachkriegszeit, dies in den Westzonen bzw. der Bundesrepublik und in der SBZ/DDR. Wir wissen, daß die westdeutsche Gesellschaft sehr rasch nach Kriegsende eine politische und sehr bald auch eine beruflich-materielle Perspektive besaß; daß ihre Übungen im Vergessen der Ereignisse von 1933 und 1945 — nach einer Phase fragwürdiger Entnazifizierung — vor dem Hintergrund einer sich allmählich abzeichnenden Ost-West-Konfrontation bald durch den von westalliierter Seite zum Ausdruck gebrachten Vorsatz des Vergebens unterstützt wurde. Erfahrung bezüglich des europäischen Ostens und ein ausgeprägter Antikommunismus bzw. -bolschewismus halfen, NS-Vergangenheit zu überdecken. Die Westdeutschen waren als politischer, militärischer und ökonomischer Bündnispartner gefragt.

Um so neugieriger dürfte man hinsichtlich der Auskunft sein, wie es denn in der SBZ/DDR mit der Behandlung des nationalsozialistischen Erbes bestellt gewesen ist. Machten sich die dortigen zonalen und dann staatlichen Machthaber doch anheischig, Hort des Antifaschismus zu sein, dem es politisch, juristisch und erzieherisch zu Leibe zu rücken galt und den man letztlich auch mit Stumpf und Stiel ausgerottet zu haben vorgab. Die Lektüre der hier folgenden Beiträge verdeutlicht, wie sich der Umgang mit der NS-Vergangenheit im Wechselspiel von Ideologie und Pragmatismus vollzog, der im übrigen durch die Fluchtbewegung in den Westen wesentlich erleichtert wurde. Das SED-Regime hat die aus der NS-Zeit überkommene hypothekarische Belastung nicht vollständig abzutragen vermocht, es sei denn, es hätte wesentliche gesellschaftliche, politische und wirtschaftliche Ziele gefährden wollen. Belastete Mediziner und Juristen erwiesen sich als ebenso unverzichtbar wie Offiziere der Wehrmacht, um nur wenige Beispiele anzuführen.

Die Summe der Ergebnisse der hier gesammelten Aufsätze macht bewußt, in welch hohem Maße die deutsche Bevölkerung in das NS-Regime involviert war, wie vielfältig die Art der partiellen Identifikation mit Hitler und den Zielen seiner Partei gewesen ist. Es wird verdeutlicht, daß es sich bei der Gesellschaft im Dritten Reich nicht um Verführte, bei Hitler und den Spitzen der NSDAP nicht um Verführer, sondern bei den letzteren um Repräsentanten der Gesellschaft handelte. Affinitäten der bürgerlichen Gesellschaft zum NS-Regime beruhten auf einem weitverbreiteten national-konservativen Denken, das vom Kaiserreich über die Weimarer Zeit hinaus konserviert wurde und das zusammen mit Revanchismus und der Anfälligkeit für rassistisches Gedankengut für einen militanten Antibolschewismus als antidemokratische Grundhaltung den Nährboden für den Nationalsozialismus mit bereitet hat. Daß diese Gesellschaft sich nach dem Ende des Dritten Reiches und des Zweiten Weltkrieges scheute, den politischen Offenbarungseid zu leisten, erklärt sich aus verständlichem Selbsterhaltungstrieb. Erst unter dem Druck einer jungen Generation, die Erklärungen verlangte für das Entstehen des Faschismus, für die nur schmale Basis des gescheiterten Widerstandes, für den Durchhaltewillen in den Schützengräben und in den Trümmerfeldern der Städte, deren Zugang zur Vergangenheit von Eltern und Lehrern durch eine Mauer des Schweigens versperrt war, wurde es unausweichlich, diese wegzuräumen. Dies geschah allerdings nicht durch entschlossenes Einreißen, das den Blick zurück freigegeben hätte, sondern durch zaghaftes Abtragen Stein für Stein. Und noch steht ein Rest. Vielleicht läßt dieser Sammelband, darin glaubt sich der Herausgeber mit den Autorinnen und Autoren einig, bei einer interessierten Leserschaft den Wunsch wachsen, auch diesen zu beseitigen.

Hans-Erich Volkmann

Herbert Kraus

Karl Dönitz und das Ende des »Dritten Reiches«

I. Einleitung

Mit dem schnellen Abschluß der Gesamtkapitulation der deutschen Wehrmacht hat Karl Dönitz, wiewohl er durch die militärische Lage zu diesem Schritt genötigt war, positiven Anteil an der Beendigung des Zweiten Weltkrieges. Gleiches kann man von ihm, was das Ende des »Dritten Reiches« anbelangt, nicht behaupten. Zwar war de facto mit der Kapitulation auch dessen Ende besiegelt, jedoch gegen das ausdrückliche Bestreben von Hitlers Nachfolger. Er hat im Gegenteil bis zu seiner Verhaftung am 23. Mai 1945 bei den westlichen Alliierten versucht, wesentliche Bestandteile des nationalsozialistischen Deutschland für die Zukunft zu bewahren. Nach seiner Entlassung aus Spandau war er dann beständig bestrebt, das Leitbild des »unpolitischen Soldaten« zu propagieren, der für die Untaten in NS-Deutschland keinerlei Verantwortung zu tragen hatte. Damit, so dachte Dönitz, könne es zu einer Versöhnung der Generationen und Standpunkte in der Bundesrepublik kommen. Tatsächlich stand er mit seiner Argumentation vielen Deutschen bei der Aufarbeitung und Abrechnung mit dem »Dritten Reich« im Wege. In diesem Aufsatz wird die Rolle von Karl Dönitz während der letzten Kriegsphase beschrieben und ein kurzer Ausblick auf seine Wirksamkeit in der westdeutschen Nachkriegsgesellschaft gewagt.

II. Karl Dönitz, Marineoffizier im nationalsozialistischen Deutschland

1. Werdegang bis 1945

Als Adolf Hitler im Januar 1943 das Rücktrittsangebot des Oberbefehlshabers der Kriegsmarine, Großadmiral Raeder, annahm, war Admiral Dönitz der für die Nachfolge profilierteste Flaggoffizier. Der erfolgreiche Befehlshaber der Unterseebootwaffe bildete die echte Alternative zum von Hitler kritisierten Kurs der Seekriegführung Raeders. Politische Erwägungen haben bei seiner Ernennung keine Rolle gespielt, da sich Dönitz bis zu diesem Zeitpunkt nicht über ein weitverbreitetes Maß hinaus als treuer Anhänger des nationalsozialistischen deutschen Staates erwiesen hatte. Erst die Nähe zu Hitler bewirkte, daß er in dieser Hinsicht aus dem »Mainstream« seines sozialen Umfeldes herausragte[1].

Die Berufung von Dönitz erfolgte zu einem Zeitpunkt, da der Krieg einen weiteren Schub der Radikalisierung und Ideologisierung erfuhr und in der NS-Propaganda zum »Verteidigungskrieg« für Europa umgedeutet wurde. Die alliierte Forderung nach bedingungsloser Kapitulation auf der Konferenz von Casablanca, die Kapitulation der 6. Armee in Stalingrad und der durch Goebbels im Berliner Sportpalast verkündete totale Krieg markieren den Beginn des letzten Kriegsabschnittes in Europa, in dem auf deutscher Seite mangels eines erfolgversprechenden und durchführbaren Konzeptes die Zielvorstellungen nicht nur Hitlers in immer realitätsfernere Hoffnungen abglitten. Da die Niederlage mit ihren Konsequenzen nicht gedacht werden durfte, wurden die Kampfmethoden auf dem verbissen und verzweifelt geführten Rückzug zunehmend »rücksichtslos« und »fanatisch«, um zwei Standardvokabeln von Dönitz zu gebrauchen.

Die bedeutsamste Änderung der Führungsgrundsätze nach dem Wechsel des Oberbefehlshabers war der von Dönitz bewußt von Beginn an praktizierte Entschluß, persönlich die Nähe Hitlers zu suchen und die Marine vollständig in den nationalsozialistischen Staat zu integrieren[2]. Dadurch schaffte er es, trotz der nach dem Scheitern der »Schlacht im Atlantik« im Frühjahr 1943 objektiv untergeordneten Rolle der Marine in der Gesamtkriegführung, eine erhebliche Verlagerung der immer knapperen personellen und materiellen Ressourcen des Reiches zugunsten seiner Teilstreitkraft durchzusetzen. Das Bestreben, durch Massenfertigung neuartiger, der alliierten Abwehr erneut gewachsener U-Boottypen eine strategische Offensivoption zurückzuerlangen, bestimmte Dönitz' Arbeit bis 1945.

2. Dönitz' Politikbegriff und sein Verhältnis zur NS-Ideologie

»Es ist ja auch ein Unsinn, etwa zu sagen, der Soldat oder der Offizier müsse unpolitisch sein. Der Soldat verkörpert den Staat, in dem er lebt, er ist der Vertreter, der ausgesprochene Exponent dieses Staates[3].«

»Es ist auch falsch, wenn der Offizier, dem der Staat seinen ganzen Schutz und seine ganzen Ehren für diesen Stand gibt, das in guten Zeiten gern einsteckt und wenn er nun in schlechten Zeiten, statt hart und ohne nach links und rechts zu sehen, zu kämpfen, dann zweifelhaft wird und gar nach der Politik schreit, die gar nicht seine Angelegenheit ist. Die Politik soll er nur Leuten überlassen, die sie besser verstehen als er[4].«

Diese beiden Aussagen von Dönitz, in einem Abstand von neun Monaten vorgetragen, erscheinen auf den ersten Eindruck unvereinbar; sie verlieren ihre Gegensätzlichkeit jedoch, wenn man genauer betrachtet, was Dönitz unter »politisch« bzw. »unpolitisch« verstand.

Das Glück der deutschen Nation sah Dönitz in einer geschlossenen Gesellschaft. Die Deutschen mußten sich als verschworene Kampfgemeinschaft begreifen und der persönlichen Autorität eines Führers aus ihrer Mitte folgen, um die Herausforderungen der Zeit bestehen zu können. Burgfriede und Schützengraben- bzw. U-Bootkameradschaft, sowie das militärische Führerprinzip lieferten hierzu die Leitvorstellungen. In all seinen Reden, in denen Dönitz den »Führer« und den Nationalsozialismus preist, fehlt dergleichen in Bezug auf die NSDAP. Er verschweigt geradezu ihre »Partei«-Existenz. Dies deutet darauf hin, daß für Dönitz die Partei eine Verwaltungsorganisation war, der Nationalsozialismus hingegen eine von ihr unabhängige Staatsgesinnung. Dönitz' Politikbegriff war wenig reflektiert. Seinen Ort fand er in der Nation, im Staat, im Reich. Er dachte weniger politisch, als daß er politisch glaubte. Deshalb konnte er in seinen Ansprachen auch politischen Glauben fordern, politisches Denken jedoch an eine höhere Stelle verweisen. Es ist für das Verständnis der Person Dönitz wichtig festzuhalten, daß Politik in seinem Bewußtsein keine zentrale Rolle spielte, da er seine wenigen Glaubenssätze nicht hinterfragte, sondern als Marineoffizier für selbstverständlich hielt. Jedoch ist die Negation des Politischen weiterhin etwas Politisches, wenn auch auf unreflektiert gefährliche Art und Weise.

3. Verhältnis zu Hitler

Die starke persönliche Bindung, die das Verhältnis von Karl Dönitz zu Adolf Hitler bestimmt hat, ist im wesentlichen auf vier Ursachen zurückzuführen[5]. Erstens verkörperte Hitler genau die Rolle, die Dönitz auf Grund seiner monarchischen und militärischen Erziehung von seinem Staatsoberhaupt erwartete, die des autoritären »Führers«. Zweitens fühlte sich Dönitz bis zu Hitlers Tod an den persönlichen Eid gebunden, den er dem Diktator geleistet hatte. Drittens begrüßte er die nationalsozialistische Umgestaltung Deutschlands, die ihm zukunftweisende Rettung des Vaterlandes aus tiefer Not bedeutete. Und viertens sah er in Hitler »die gewaltige Persönlichkeit [...] mit einer außerordentlichen Intelligenz und Tatkraft, mit einer geradezu universalen Bildung und einem kraftausströmenden Wesen und mit einer ungeheueren suggestiven Kraft«[6].

Als ObdM war Dönitz angetreten, das Vertrauen Hitlers zu erwerben. Er erarbeitete es sich als ergebener Anhänger, der ohne den in Hitlers Umgebung üblichen Opportunismus aufrichtig die Grundpositionen seines »Führers« vertrat. Wie dieser war er der festen Überzeugung, daß nach Casablanca und im von Goebbels propagierten »totalen Krieg« Versuche der Friedenssondierung zwecklos und daß Kapitulationsangebote vor Ausschöpfung auch der allerletzten und unwahrscheinlichsten Möglichkeit geradezu verbrecherisch wären. Infolgedessen vertraute ihm Hitler nicht nur, sondern respektierte Dönitz auch als loyalen Mitstreiter mit eigener Meinung zu speziellen Sachfragen. Umgekehrt kannte das Vertrauen des ObdM in »seinen Führer« keine erkennbare Grenze. Dönitz konnte auch gar nicht anders denken, ohne sein gesamtes Weltbild einer grundlegenden Revision zu unterwerfen. Dazu besaß er, zumal in einer Situation, die sein ganzes anerzogenes Pflichtbewußtsein und Durchhaltevermögen herausforderte, nicht die geistige Souveränität. Er entsprach dem Idealtypus des treuen nationalsozialistischen Gefolgsmannes, der aufkeimende Zweifel, auch sittlicher Art, nicht zur Geltung kommen lassen durfte, solange sein oberster Kriegsherr noch die Befehle gab.

Nach dem Krieg hat Dönitz NS-Verbrechen auch als solche bezeichnet[7]. Es fällt jedoch auf, daß er es bei diesen Gelegenheiten vermied, Hitler selbst einen Verbrecher zu nennen. Er konnte sich nur zu einem indirekten Urteil entschließen, indem er das Führerprinzip politisch als verfehlt bezeichnete, da »die menschliche Natur offenbar nicht in der Lage ist, die Macht dieses Prinzips zum Guten zu nutzen, ohne den Versuchungen dieser Macht zu erliegen«[8]. So hatte sich das Fehlen der Machtkontrolle »bei Hitler verhängnisvoll erwiesen«[9]. Dönitz sah sich nicht in der Lage, den Mann, dem er so lange und so unbedingt gedient hatte, deutlicher zu verurteilen.

III. Die Marine unter Dönitz und Hitler

1. Erziehung zum Nationalsozialismus

Für Dönitz garantierte das weltanschaulich begründete Bewußtsein der Zusammengehörigkeit, das nach seiner Überzeugung den Deutschen zu Ende des Ersten Weltkrieges gefehlt hatte, seit Hitlers »brauner Revolution« die Stärke und Durchhaltefähigkeit des Volkes auch unter extremen Belastungen. Um so wichtiger war die unbedingte ideologische Ausrichtung in den Streitkräften. Der kämpfende Soldat, als fester Bestandteil und Exponent des kämpfenden Volkes, mußte von seinen militärischen Führern beständig in diesem Geist weltanschaulich geschult und erzogen werden[10]. Je länger der Krieg dauerte, je höher die Zahl der Opfer stieg und je näher das Gespenst der Niederlage rückte, desto härter wurde dabei die Rhetorik des ObdM.

Eine besondere Qualität erreichte bei Dönitz die Indoktrination in seiner Ansprache vom 24. August 1944[11], in der er mit den Verschwörern des 20. Juli abrechnete. »Sie haben nicht gewußt, daß 10 Millionen frühere Kommunisten der Arbeiterschaft der Führer für den nationalsozialistischen Staat gewonnen hat und daß diese aktiven Elemente sich keinesfalls einem bürgerlichen Staat unterstellen würden«. Die Rückkehr zum bürgerlichen Staat war demzufolge aus seiner Sicht in Zukunft ohne Bürgerkrieg und Klassenkampf undenkbar. Das im totalen Krieg unterlegene deutsche Volk würde, nach Beseitigung seiner Führungsschicht, in die Sklaverei überführt, denn »man würde das alles schön selbstverständlich finden, da der Osten ja von uns zerstört wurde«. Dem ideologischen Hauptgegner, der Sowjetunion, wurden genau die verbrecherischen Absichten unterstellt, die das Deutsche Reich seit Juni 1941 im Osten vollzog. Das Kriegsbild von Dönitz entsprach in wesentlichen Teilen dem NS-Kriegsbild, und er setzte alles daran, diese Überzeugung auch seinen Untergebenen zu vermitteln. Als Konsequenz erwuchs daraus seine Forderung, fanatisch weiterzukämpfen, ohne sich um die Zweckmäßigkeit des Kampfes zu scheren. Er bezeichnete es als Aufgabe jedes Offiziers, »fanatisch hinter dem nationalsozialistischen Staat zu stehen und bedingungslos die Truppe entsprechend zu erziehen und einzustellen«. Um seinen schweren Pflichten gerecht werden zu können, sei es für den Offizier unverzichtbar, sich in quasi religiöser Verehrung dem Glauben an Hitler als dem

Retter von den Übeln des Marxismus und des jüdischen Schmutzes mit ganzer Seele hinzugeben. Damit forderte Dönitz von seinen Zuhörern nicht nur die Verinnerlichung des NS-Kriegsbildes, sondern auch des NS-Menschenbildes. Einem nicht nationalsozialistischen deutschen Patriotismus läßt diese Rhetorik keinerlei Raum und Existenzberechtigung.

Dennoch, ja gerade deshalb erreichte Dönitz, daß die Nationalsozialistischen Führungsoffiziere (NSFO) in der Marine keinen Einfluß auf die Kommandoführung erhielten[12]. Sein Widerstand erklärt sich aus drei Gründen. Erstens erwartete Dönitz durch »Kommissare« keine Qualitätsverbesserung der Kommandoführung; eine diesbezügliche Schwäche — die U-Boote leisteten in dieser Phase des Krieges einen enormen Blutzoll — konnte ihm Hitler auch nicht vorwerfen. Zweitens betrachtete er den Nationalsozialismus als eine primär soldatisch bestimmte Weltanschauung. Infolgedessen bestimmte nicht die »zivile Verwaltung« der Partei den Kurs, sondern die nationalsozialistische Wehrmacht mit dem »Soldaten« Hitler als Führer und Feldherren. Und drittens gab es in der Marine unter Führung von Dönitz kein Defizit an weltanschaulicher Erziehung, da er selbst als Oberbefehlshaber auch in dieser Hinsicht führte. Deshalb ging er zwecks Einbindung der Marine in den NS-Staat einen eigenen, seinen Vorstellungen nach besseren Weg.

2. Die Marine und Dönitz im »Überlebenskonzept« Hitlers

Noch im Laufe des Sommers 1943, nach der verlorenen Panzerschlacht bei Kursk, mußte Hitler jede Hoffnung, die sowjetische Armee ohne neue Verbündete militärisch zu besiegen, aufgeben. Er brauchte jetzt ein Überlebenskonzept. Dönitz trug dazu bei, es zu kreieren. In seiner bedrängten Situation war Hitler bereit, aus Hinweisen auf politische Differenzen im Lager der Alliierten neue Hoffnung zu schöpfen. Man müsse auf deutscher Seite nur lange genug ausharren, dann würde die Härte des Krieges, auf die das durch den Nationalsozialismus geschlossene deutsche Volk besser vorbereitet sei, die gegnerische Koalition sprengen. Die gewachsene Macht der Sowjetunion bedrohe auch die britischen Interessen. Dönitz Hauptbeitrag zu dieser »Strategie« bestand darin, den »modernen« U-Bootkrieg mit den neuen Bootstypen schnellstmöglich in Gang zu bringen und bis dahin alliierte Kräfte so gut es ging zu binden. Durch die effektive Wiederaufnahme des offensiven Tonnagekrieges sollte dem Plan Hitlers entscheidende Durchschlagskraft verliehen werden[13]. In dieser Phase des Krieges wurden Hitler und Dönitz zu einem »Team«, indem sie sich gegenseitig ihre Hoffnungen und Durchhalteforderungen bestätigten und diese gegenüber skeptischer Kritik mit dem Vorwurf des unverantwortlichen Defätismus durchsetzten. Es besteht allerdings kein Zweifel daran, daß Dönitz in diesem Team die Rolle des »Juniorpartners« spielte.

Um die obengenannten Absichten Wirklichkeit werden zu lassen, bedurfte es des Zeitgewinns für die U-Bootrüstung und der Verteidigung der eroberten Wirtschaftsbasis[14]. Deshalb unterstützte Dönitz Hitlers Position, keinen Fußbreit Boden kampflos zu räumen, »sondern den Gegner kämpfend zu schädigen und nichts aufzugeben, was nicht unbedingt notwendig ist«[15]. Von der aufeinander aufbauenden Abfolge von Durchhaltemoral über Zeitgewinn, neuen U-Bootkrieg, Rückschlag für die Angelsachsen, Allianzbruch bis zu den daraus erwachsenen neuen eigenen Möglichkeiten versprach sich Dönitz auch noch zum Jahreswechsel 1944/45 reale Chancen.

IV. Der Beauftragte für den Endkampf

1. Die Sonderrolle des ObdM

Wegen seiner militärischen Fähigkeiten und der erwiesenen unbedingten Treue übertrug der Diktator seinem ObdM seit Beginn 1945 zusätzliche Kompetenzen. Im Januar wurde Dönitz die gesamte Kohle- und Treibstoffzuteilung für den militärischen Bereich in Norddeutschland unterstellt; seit Anfang April unterstanden ihm auch die Handelsschiffe des Reichskommissars für die Seeschiffahrt. Die herausragende Stellung, die Dönitz unter den militärischen Befehlshabern aller Wehrmachtteile einnahm, wird durch den Führerbefehl vom 15. April deutlich[16]. Im Fall der Spaltung des noch unter deutscher Kontrolle befindlichen Reichsgebietes durch alliierte Vorstöße wurde für den Nord- und Südraum jeweils ein Oberbefehlshaber benannt, der über alle drei Wehrmachtteile, die Waffen-SS und die Polizei samt angegliederten Organisationen Befehlsgewalt erhalten sollte, sofern sich Hitler nicht selbst in dem betreffenden Teilraum befand. Für den Südraum wurde Generalfeldmarschall Kesselring, für den Nordraum Großadmiral Dönitz benannt. Am 20. April beabsichtigte Hitler in den Südraum zu gehen und betraute Dönitz mit dem Oberbefehl im Norden. Gleichzeitig bevollmächtigte er ihn, zu Verteidigungszwecken auch zivilen Stellen Weisungen zu erteilen.

Nach der persönlichen Verabschiedung von Hitler am Nachmittag des 21. April 1945 machte sich Dönitz mit der gewohnten Entschlossenheit daran, seinen neuen Auftrag unter Mobilisierung aller ihm verfügbaren Mittel zu erfüllen. Es blieb ihm neben der Kriegsmarine aber nur die »Zivilverteidigung«, da sich Hitler am 25. April entschied, doch in Berlin zu bleiben und die operative Führung von dort über das OKW in Rheinsberg selbst in der Hand zu behalten[17]. Durch koordinierte Maßnahmen der ihm zu Verteidigungszwecken unterstellten Gauleiter sorgte Dönitz für eine Bestandsaufnahme und die Bereitstellung aller kriegswichtigen Güter, veranlaßte die direkte Zusammenarbeit der Gauleiter mit den in ihrem Bereich zuständigen Armee- und Heeresgruppenbefehlshabern und ließ einen 13-Punkte-Katalog erstellen, der »u. a. Organisationsvereinfachungen, Zusammenfassung von Soldaten, für die keine Waffen vorhanden waren, in Arbeitsbataillone, Einrichtung eines ›Fliegenden Standgerichts‹, ›Zusammenfassung der in den Nordraum ausgewichenen Reichsregierung im Raum Eutin‹[18]« umfaßte.

2. Die Undurchführbarkeit der Verteidigung des Nordraumes

Die Lagebesprechungen im Führungsstab Nord und die Unterrichtung durch die für Waffen- und Munitionsproduktion, Ernährung und Transportwesen zuständigen zivilen Stellen hatten Dönitz mehr und mehr klar gemacht, daß jeder militärische Widerstand in kurzer Zeit undurchführbar werden mußte. Trotzdem fühlte er sich an seinen »Führerauftrag« gebunden und äußerte am 25. April: »Da die Kapitulation ohnehin die Vernichtung der Substanz des deutschen Volkes bedeuten muß, ist es auch aus diesem Gesichtspunkt richtig, weiterzukämpfen[19].« Die Informationen, die er am 27. April beim OKW in Rheinsberg über die Lage der Heeresgruppe Weichsel erhielt, bestätigen den unaufhaltsamen Zusammenbruch der Ostfront. Dönitz war immer weniger in der Lage, aus Gründen, die er nicht ändern konnte, die zunehmend chaotische Situation in seinem Verantwortungsbereich handelnd zu meistern.

Hitlers Aufforderung vom 28. April, Himmlers Kapitulationsangebot an die Westmächte zu überprüfen und gegebenenfalls »blitzschnell und stahlhart« gegen alle Verräter durchzugreifen, sowie einen Tag später, entsprechend auch mit Keitel zu verfahren[20], überforderte Dönitz und lähmte vorübergehend seine bislang immer zielgerichtete Entschlußkraft. Nach Aussage seines Schwiegersohnes, Fregattenkapitän Hessler, trug er sich sogar mit dem Gedanken, nach Hitlers Ableben, da er keine geordnete Nachfolge erwartete, mit der Marine zu kapitulieren und selbst den Tod im Kampf zu suchen[21]. Als ihm die Absichten des Hamburger Gauleiters Kaufmann bekannt wurden, die Stadt kampflos zu übergeben, reagierte er jedoch entschieden und forderte Kaufmann auf, im Interesse der »Rettung deutschen Landes und deutschen Volkstums vor dem Bolschewismus« die Elbe-Stellung zu halten, »um den Abfluß deutscher Menschen zu ermöglichen«[22]. Die Maßnahmen als Oberbefehlshaber des Nordraumes dienten zu diesem Zeitpunkt sowohl der Fortführung des Kampfes in Hitlers Sinn als auch der Rettung der Deutschen im Osten.

Die Eintragung in seinem Kriegstagebuch vom 25. April zeigt nicht nur, daß er eine Kapitulation ablehnte, sondern auch, daß das NS-Kriegsbild ihm zu diesem Zeitpunkt weiterhin verpflichtend vor Augen stand. Nur sechs Tage später, am 1. Mai nahm er ein politisches Konzept praktisch in Angriff, das mit einer sicheren Vernichtungserwartung nicht zu vereinbaren ist. Dazwischen liegen Hitlers Selbstmord und damit die grundsätzliche Änderung der Zukunftsperspektive von Dönitz. Über die genauen Gründe für diesen Bruch kann man nur spekulieren, da Dönitz sie selbst nicht glaubhaft erläutert hat. Einleuchtend erscheint, daß ein willensbestimmter Tatmensch wie Dönitz sich dann von einem sicheren Untergangskonzept löst, wenn er selbstverantwortlich entscheiden, somit die ihn bindenden Pflichten selbst definieren kann und Möglichkeiten erkennt, aktiv handelnd das Schicksal zu beeinflussen. Die Gefahr der »Vernichtung der Substanz des deutschen Volkes« hat er immer noch so gesehen, nur war sie nach Hitler keine verordnete und zu befolgende Gewißheit mehr.

V. Dönitz als Nachfolger Hitlers

1. Erkenntnis der Niederlage und Reaktion

a) Die Nachfolgeregelung

Ein letztes Mal stellte der ObdM seine unverbrüchliche Treue und Zuverlässigkeit unter Beweis, als er, nach der Forderung Hitlers vom 25. April, zugunsten der Verteidigung Berlins alle anderen Aufgaben zurückzustellen, alles, was an Marinetruppen greifbar war und mit Handwaffen ausgerüstet werden konnte, zum Abtransport in die Hauptstadt bereitstellen ließ[23]. Über die militärische Sinnlosigkeit dieses »Entsatzes« hat sich Dönitz keine Illusionen gemacht. Allerdings trug auch dieser letzte Treuebeweis in einer langen Reihe dazu bei, Dönitz in den Augen seines »Führers« zu qualifizieren, als sein Nachfolger den Kampf fortzusetzen.

Karl Dönitz wurde nicht zu Hitlers Nachfolger aufgebaut. Die Rolle des designierten »Kronprinzen« spielte er nur 16½ Stunden lang zwischen der Aushändigung des ersten und zweiten, die Nachfolge betreffenden Funkspruches. Hitler hat weder mit seinem Ende in Berlin gerechnet, noch konnte und wollte er sich vorstellen, daß irgend ein Mensch seine Stelle adäquat auszufüllen in der Lage wäre. Seine Entscheidung war improvisiert, aus der Not geboren, da sich die möglichen anderen Kandidaten, Göring und Himmler, in seinen Augen selbst desavouiert hatten. Er mußte keinen Nachfolger benennen, schon gar keinen, der ihm nicht genehm war. Da er für die von ihm geforderte Fortführung des Kampfes nach dem bisherigen »Konzept« eine Persönlichkeit wählen mußte, deren Autorität in der Wehrmacht anerkannt war, Keitel, Schörner[24] und Greim[25] sich nicht oder noch nicht genügend profiliert hatten, deutete alles mit einer gewissen Zwangsläufigkeit auf Dönitz hin. Entscheidend war, daß der ObdM bis zu Hitlers Tod durch sein gesamtes Bekunden und Verhalten die sichere Gewähr zu bieten schien, den Kampf in Hitlers Sinn, d.h. mit nationalsozialistischer Erbitterung, fortzusetzen, wenn es sein mußte, bis zum völligen Untergang, der völligen Vernichtung alles Deutschen. Darin sollte sich Hitler geirrt haben.

b) Selbstverantwortliche Politik mit Hitlers Autorität

Am 30. April gegen 19.30 Uhr wurde dem ObdM ein Funkspruch folgenden Inhalts vorgelegt: »Anstelle des bisherigen Reichsmarschalls

Göring setzt der Führer Sie, Herr Großadmiral, als seinen Nachfolger ein. Schriftliche Vollmacht unterwegs. Ab sofort sollen Sie sämtliche Maßnahmen verfügen, die sich aus der gegenwärtigen Lage ergeben. Bormann[26].« Dönitz fiel eine Last von der Seele[27], da er nun die Perspektive hatte, das befürchtete Chaos nach Hitlers Tod zu vermeiden. Entschlossen, seine Handlungskompetenz wahrzunehmen, bestellte er Keitel, Jodl und Himmler zu sich. Da aus dem Text nicht hervorging, daß Hitler bereits tot war, sandte Dönitz am nächsten Morgen eine Ergebenheitsadresse, in der er weitere Entsatzversuche versprach, und in einer unklar gehaltenen Formulierung bekundete, den Krieg »so zu Ende zu führen, wie es der einmalige Heldenkampf des deutschen Volkes verlangt«[28]. Dönitz verschweigt in seinen Memoiren diesen Antwortfunkspruch und behauptet, geglaubt zu haben, Hitler hätte »den Weg zur Beendigung des Krieges durch einen Soldaten frei machen«[29] wollen. Deshalb hätte er seine Politik vom Erhalt des ersten Funkspruches an auf die zentral gelenkte Kapitulation ausgerichtet. Dönitz will so der doppelten Pflicht genügt haben, seinem Eid getreu Hitlers Auftrag zu erfüllen und das deutsche Volk vor weiterem Leid und Tod durch den Krieg zu bewahren. Diese Behauptung läßt sich nicht halten[30]. Dönitz mußte auch ohne Kenntnis des politischen Testamentes Hitlers[31] davon ausgehen, daß dieser die Fortführung des Kampfes von ihm erwartete. Wenn Hitler den Weg für die Kapitulation hätte freimachen wollen, wäre jeder Entsatzversuch widersinnig gewesen. Daß Dönitz um die Sinnlosigkeit seines Entsatzversprechens wußte, geht aus seiner Ansprache vom 9. Mai hervor[32]. Er hat es dennoch gegeben, da er annahm, Hitler erwarte genau dies von ihm. Solange Dönitz davon ausgehen mußte, daß Hitler noch am Leben war, waren alle seine Äußerungen und Handlungen vom Gehorsam gegenüber dem Diktator bestimmt. Erst nachdem die Nachricht vom Tode Hitlers eingegangen und damit die politische Verantwortung auf ihn übergegangen war[33], sah er sich mental und materiell in der Lage, gegen die Fortführung des Krieges und für die Einleitung von Kapitulationsverhandlungen mit den Alliierten zu entscheiden.

Karl Dönitz entschloß sich am 1. Mai 1945 dazu[34], zunächst möglichst viele Flüchtlinge und Soldaten dem Zugriff der Roten Armee zu entziehen[35], um dann mit den Westalliierten zu Teilkapitulationen zu gelangen. Als das zu diesem Zweck versuchte Aufhalten der angelsächsischen Armeen nicht mehr möglich war, sie hatten am 2. Mai zwischen Lübeck und Wismar die Ostsee erreicht, beauftragte er noch am selben Tag den neuen Oberbefehlshaber der Marine, Generaladmiral von Friedeburg, eine Teilkapitulation der im Nordraum kämpfenden deutschen Truppen gegenüber Feldmarschall Montgomery, dem Oberbefehlshaber der in Nordwestdeutschland eingesetzten 21. alliierten Heeresgruppe, zu erreichen. Am 4. Mai unterzeichnete Friedeburg die ab nächsten Tag 8.00 Uhr Ortszeit in Kraft tretenden Kapitulationsbestimmungen. Es war ihm gelungen, die Zusicherung Montgomerys zu erhalten, daß auch die Soldaten der gegen die Rote Armee kämpfenden Heeresgruppe Weichsel sich einzeln den Briten ergeben durften, und die Rettungsaktion über See weiterlaufen konnte[36]. Dönitz wollte das Konzept der Teilkapitulationen nach Westen auch gegenüber General Eisenhower, dem Obersten Befehlshaber der Alliierten Expeditionsstreitkräfte, umsetzen, mußte jedoch aufgrund einer Meldung seines Unterhändlers Friedeburg am 6. Mai erkennen, daß Eisenhower nicht gewillt war, auf die Gesamtkapitulation auch gegenüber dem sowjetischen Oberkommando zu verzichten. Er entsandte daraufhin Generaloberst Jodl, den Chef des Wehrmachtführungsstabes, nach Reims, um noch möglichst viel Zeit für die nach dem Westraum Flüchtenden auszuhandeln. Dies gelang nur zum Teil. Am 7. Mai um 2.41 Uhr unterzeichnete Alfred Jodl die bedingungslose Kapitulation. Sie trat für alle Fronten am 9. Mai um 0.01 Uhr mitteleuropäischer Sommerzeit in Kraft.

Um dieses Programm unter seiner zentralen Leitung durchführen zu können, benötigte Dönitz die Gefolgschaft all derjenigen Funktionsträger, die bislang nur der persönlichen Autorität Hitlers unterworfen waren und sich keiner Zwischeninstanz verpflichtet fühlten. Die immediate Unterordnung der nächsttieferen »Unterführer« unter den »Führer« war ein konstitutives Merkmal des NS-Staates[37]. Deshalb mußte sich Dönitz auf Hitlers Nachfolgeentscheidung stützen und als Vollstrecker seines Willens auftreten. Das entscheidende Gewicht der Ernennung durch Hitler ist auch daran zu erkennen, daß selbst Himmler, der sich aufgrund seiner Nähe zu Hitler und wegen seiner realen Macht eigene Hoffnungen auf die Nachfolge gemacht hatte, die Entscheidung des »Führers« für Dönitz respektierte. Da es unter den Wehrmachtbefehlshabern nach der Einschätzung von Dönitz einige geben mußte, die mit seinem Programm inhaltlich nicht übereinstimmten[38], war es notwendig, daß er seine Kapitulationspläne wider besseres Wissen zum Auftrag Hitlers erklärte. Die Widersprüchlichkeit in seiner Argumentation wird in seiner Ansprache vom 9. Mai deutlich[39]. Die Unvereinbarkeit von Entsatzversuch und Kapitulationsauftrag wurde oben schon behandelt. Hier kommt die Diskrepanz zwischen Entscheidungsfreiheit und »Führerauftrag« hinzu. Ein Beweis dafür, daß sich Dönitz ab dem 1. Mai nicht mehr an Hitlers Weisungen gebunden fühlte, ist die komplette Mißachtung der im dritten und letzten Funkspruch[40] enthaltenen Ämterverteilung. Er war entschlossen, seine Kompetenzen wahrzunehmen und »den Weg zu gehen, der ihm nach gewissenhafter Prüfung und eingehender Beratung mit den Männern seines Vertrauens als der in dieser Lage richtige erschien«[41]. Dem entgegenstehende testamentarische Bestimmungen Hitlers waren für ihn nicht mehr bindend.

c) Die Kapitulation als Akt nationalsozialistischer Räson
Bei Dönitz lagen Sorgen vor der physischen Vernichtung der Deutschen im sowjetischen Machtbereich sowohl in der Furcht vor der Nachahmung deutscher Besatzungspraktiken als auch in der Kenntnis der Rücksichtslosigkeit Stalins begründet. Deshalb wollte er einen möglichst großen Volksteil in den Einflußbereich der Westmächte bringen[42]. Nach seiner Überzeugung würde, selbst wenn die Mehrzahl der Deutschen im Osten überleben sollte, ihre »völkische Existenz« durch »planvolle Zersetzung und Überwucherung« vernichtet werden. Die Aussichten schienen in dieser Hinsicht im Westen besser, da hier nicht zu erwarten war, daß »ganze Schichten vernichtet oder verpflanzt«[43] würden. Die Dönitz bekannten Praktiken Himmlers, z.B. Kinder mit »rassisch wertvollem Blut« zu rauben oder zu vernichten[44], waren auf den Osten beschränkt gewesen. Außerdem konnte man sich im Westen auf die rechtsstaatlichen Prinzipien berufen, die man in Deutschland zwar nicht eingehalten hatte, denen Geltung zu verschaffen von den Westmächten aber als Kriegsziel angegeben worden war[45]. Neben der Rettung von Menschenleben kam es Dönitz, in seinen NS-Überzeugungen fest gebunden, darauf an, ein »internationales proletarisches Gemisch« zu verhindern, »daß die Bezeichnung ›deutsch‹ nicht mehr verdient«[46]. Das humanitäre Ziel der Rettung Deutscher aus dem Osten kollidierte nicht mit der weltanschaulichen Überzeugung, »deutsche Menschen in möglichst großer Zahl dem Deutschtum zu erhalten und sie vor dem Bolschewismus zu retten«[47].

2. Hoffnungen und Möglichkeiten nach dem 8. Mai

a) Reform des Nationalsozialismus?

Karl Dönitz konnte im Mai 1945 auf die Erfahrung der Niederlage von 1918 zurückblicken. Die Republik, die er als direkte Folge von Meuterei, Revolution, innerem Chaos und bürgerkriegsähnlichen Zuständen auffaßte, lehnte er ab. Vor allem die Zerrissenheit des Volkes in Schichten, Klassen und Interessengruppen hat er dem »Parteienstaat« vorgeworfen. »Die wahre Volksgemeinschaft, die der Nationalsozialismus geschaffen hat, muß erhalten werden; der Wahnsinn der Parteien wie vor 1933 darf nicht wieder Platz greifen[48].« Die sich zu diesem Zeitpunkt anbietende Alternative der westlichen Gesellschaftsform, mit ihren Wesensmerkmalen des Pluralismus und des demokratischen Machtausgleichs, erachtete Dönitz als für Deutschland nicht akzeptabel, da sie ihm der deutschen Lebensart nicht angemessen schien. Damit tradierte Dönitz seine Leitvorstellung von der geschlossenen Gesellschaft auch über die Kapitulation hinaus. Von seiner Warte aus war das durchaus folgerichtig: hatte sich die »Volksgemeinschaft« doch unter den extremen Belastungen des Krieges bestens bewährt. Weder hatte ein erneuter »Dolchstoß« stattgefunden, noch war es zu nennenswerten Auflösungserscheinungen in der Wehrmacht gekommen[49]. Die Marine hatte sich im Gegensatz zu 1917/18 sogar ganz besonders durch Geschlossenheit ausgezeichnet.

Nachdem die grauenhaften Zustände in den Konzentrationslagern allgemein bekannt geworden waren[50], entschloß sich der Großadmiral, über Eisenhower eine Verordnung in Kraft zu setzen, nach welcher das Reichsgericht für die juristische Behandlung zuständig sein sollte[51]. In den Verlautbarungen von Dönitz — in seinem Tagesbefehl an die Wehrmacht vom 18. Mai[52] erweckte er den Eindruck, daß es sich bei den zur Rechenschaft zu Ziehenden um Einzeltäter handelte —, kommt mit keinem Wort die Verantwortung der NS-Führung zum Ausdruck. Das steht im Gegensatz zu seinen Erinnerungen, in denen er bedauert, Himmler deswegen am 6. Mai nur entlassen und nicht verhaftet zu haben[53]. Es ist mit Recht darauf hingewiesen worden, daß bei Dönitz jedes »Eingeständnis der Scham und der Erschütterung, die jeden erfassen muß, wenn er von diesen bestialischen Vorgängen Kenntnis erhält«[54] fehlte. Er lehnte die über den Einzelfall hinausgehende deutsche Verantwortung ab und versuchte, das Staatsverbrechen zu einem normalen juristischen Fall zu erklären. Mehr der politischen Not gehorchend, denn aus Einsicht, erklärt sich seine Absicht, die Schuldigen vor dem Reichsgericht zur Verantwortung zu ziehen, wenn man seine Anordnung vom 10. Mai betrachtet, in der er der Übernahme von SS-Angehörigen in die Kriegsmarine zustimmte[55].

Bei der Reform des zu bewahrenden Nationalsozialismus scheint Dönitz vor allem die Einschränkung der absoluten Führergewalt im Sinn gehabt zu haben[56]. Sein Denken blieb jedoch in autoritären oder semiautoritären Vorstellungen verhaftet. Auch die ausschließliche Auswahl seiner Mitarbeiter aus dem Kreis derjenigen, die sich wie er schon unter Hitler profiliert hatten, ohne einen Versuch zu machen, regimefremde Personen auch nur zur Mitarbeit aufzufordern, deutet darauf hin, daß Dönitz keinen Neubeginn über den nationalsozialistischen Horizont hinaus versuchen wollte.

b) Hoffnungen auf den Ost-West Konflikt

Die völlige militärische Niederlage war Deutschland durch eine überlegene Gegnerkoalition beigebracht worden. Solange diese Koalition hielt, war das Reich als außenpolitischer Faktor für die Besatzungsmächte ohne Nutzen und mußte sich wegen seiner Machtlosigkeit ihrem Willen in allen innenpolitischen Ordnungsfragen beugen. Der Wunsch von Dönitz, die Reichseinheit zu bewahren[57] und seine Vorstellungen zum Erhalt eines modifizierten Nationalsozialismus hatten nur dann reale Aussicht auf Erfolg, wenn es gelang, ernste Differenzen zwischen den Alliierten bezüglich der UdSSR auszunutzen, um sich als Partner anbieten zu können. Nach dem 8. Mai schienen sich die Hinweise zu häufen, daß einerseits vor allem von britischer Seite eine zentrale deutsche Instanz unter der Führung von Dönitz akzeptiert würde und andererseits die Unstimmigkeiten zwischen den Verbündeten wuchsen.

Karl Dönitz hat sich bei seinem Bemühen, den Westmächten Deutschland als notwendigerweise nationalsozialistisches Bollwerk gegen den vordrängenden Bolschewismus anzubieten[58], allerdings keinen allzu großen Hoffnungen hingegeben[59]. Er versuchte es dennoch, da er, in der festen Tradition seiner Weltanschauung stehend, keine echte Alternative sah. Den späteren Bruch der »Anti-Hitler-Koalition« hat er jedoch richtig vorhergesehen; ebenso die daraus erwachsenen Gestaltungsmöglichkeiten derjenigen Deutschen, die westlich des von Goebbels vorhergesagten »eisernen Vorhanges«[60] lebten. Nur hat er nicht begriffen, daß er selbst die Siegermächte durch seine Vorschläge zum Zusammenhalt nötigte, um noch den Erben Hitlers gemeinsam zu überwinden. So kennzeichnet sein Wirken als Staatsoberhaupt »nicht der Neubeginn, sondern das Ende einer Epoche der deutschen Geschichte«[61].

Am 17. Mai war auf Bitten des amerikanischen Generalmajors Rooks, Leiter der SHAEF Control Party of OKW in Flensburg, der politische Berater Eisenhowers, Robert Murphy, zu einer Besprechung mit Dönitz nach Flensburg gekommen. Nachdem Dönitz den beiden Amerikanern seine Gedanken über die Gefahr der Bolschewisierung Deutschlands ausgebreitet und die Forderung erhoben hatte, die Alliierten sollten ihr Vorgehen gegen den Nationalsozialismus einschränken, um die Deutschen für sich und gegen den Kommunismus zu gewinnen, und er zudem seine eigene Bedeutung wegen seines Einflusses auf die Wehrmacht hervorhob, rieten Murphy und Rooks, die Aktivitäten der Regierung Dönitz zu beenden[62]. Zwei Tage später wies Eisenhower die 21. Heeresgruppe an, die Verhaftung der Mitglieder der Regierung und des OKW vorzubereiten. Er wollte aber mit der Ausführung noch warten, um sich des OKWs zur reibungslosen Abwicklung der Demobilisierung zu bedienen und um sich mit den Sowjets abzusprechen. Am 23. Mai wurden Dönitz, Jodl und Friedeburg zur Überwachungskommission bestellt und als Kriegsgefangene verhaftet. Die wohl inszenierte Gefangennahme nicht nur der drei Offiziere, sondern aller Angehörigen der aufgelösten Regierung und des OKW unter demütigenden Umständen sollte aller Welt und insbesondere den Deutschen demonstrativ vor Augen führen, daß jede Kontinuität zum »Dritten Reich« abgebrochen war und die Siegermächte uneingeschränkt die Regierungsgewalt übernommen hatten.

VI. Die Bedeutung von Dönitz für die westdeutsche Nachkriegsgesellschaft

Am 1. Oktober 1946 wurde Karl Dönitz in Nürnberg vom Internationalen Militärgerichtshof zu zehn Jahren Gefängnis wegen Verbrechen gegen den Frieden und wegen Kriegsverbrechen verurteilt. Die Urteilsbegründung war ein Kompromiß zwischen den gegensätzlichen Auffassungen der Richter und ist in ihren Schlußfolgerungen nicht zwingend[63]. Von seiner Entlassung aus dem Spandauer Kriegsverbrechergefängnis bis zu seinem Tod am 24. Dezember 1980 befaßte sich Dönitz damit, vor allem die Ereignisse zwischen 1935 und 1945, an denen er aktiv mitgewirkt hatte, von seiner Warte aus der Öffentlichkeit zu vermitteln. Seine Bücher und die Interviews, die er gab, haben, auch wegen des anfänglichen Mangels anderer Quellen, in hohem Maße die Geschichtsschreibung über den U-Bootkrieg und die »Regierung Dönitz« mitbestimmt.

Wieder in Freiheit, präsentierte Dönitz sein eigenes Handeln als das eines »unpolitischen Soldaten«. Damit setzte er seine Argumentation vor dem Nürnberger Gerichtshof fort, deren Zweck es gewesen war, sich gegen den Vorwurf verteidigen zu können, an den politisch motivierten Verbrechen des NS-Regimes einen von ihm zu verantwortenden Anteil gehabt zu haben. Da er vom Umfang und von den Umständen der Massenvernichtung wahrscheinlich keine umfängliche Kenntnis gehabt hatte, die Tatsache rassisch motivierter Vernichtung von Menschen selbst war ihm bekannt gewesen, war auch er von der unglaublichen Grausamkeit des von ihm mitgetragenen Regimes erschüttert und suchte nach einem gangbaren Weg, das eigene Verhalten zu rechtfertigen[64]. Dabei wollte er zu den »guten Seiten« der NS-Zeit stehen und sich von denjenigen abgrenzen, die »schon immer dagegen gewesen« waren[65]. Für die »schlechten Seiten« machte er »die Politiker« verantwortlich. Die eigene Überzeugung durfte in der Argumentation nun nicht mehr politisch genannt werden. Dies fiel Dönitz um so leichter, als er ohnehin unreflektiert opportunistisch mit dem Politikbegriff umging. Er war immer darum bemüht, Loyalität, von der er glaubte, daß man sie von ihm erwarten dürfe, nicht zu verletzen. Weder gegenüber der Marine, die er tatsächlich, soweit es ihm in zwei Kriegsjahren möglich gewesen war, dem »Hitlerismus« zugeführt hatte, noch gegenüber dem deutschen Volk, das seiner Überzeugung nach im Mai 1943 den Krieg noch nicht verloren geben durfte, noch gegenüber Hitler, dem er unverbrüchliche Treue geschworen hatte, da er von dessen genialer Autorität überzeugt gewesen war, wollte er die Verbundenheit kündigen, obwohl der Widerspruch, allen gerecht werden zu können, offensichtlich geworden war. Deshalb deklarierte er seine politisch-weltanschaulich motivierten Entscheidungen im Nachhinein zur unpolitischen Treue und Pflichterfüllung. Tatsächlich hat er aber dort, wo sich ihm durch seine Stellung Möglichkeiten boten, vielfach überzeugt und entschlossen politischen Einfluß ausgeübt. In Fällen, in denen ihm verbrecherische Pläne und Handlungen des Regimes bekanntgeworden waren oder wenn er auf solche schließen mußte, hat er zudem durch Verzicht auf politische Intervention bewußt politisch gehandelt. Die Behauptung, ein Offizier, der an der Spitze eines Wehrmachtteiles gestanden habe, könne unpolitisch geblieben sein, ist unhaltbar.

Dönitz hat durch seinen Wissensvorsprung und die Manipulation der Auseinandersetzung über seine Rolle viel erreicht: daß seine wenig selbstkritische Sicht der Dinge weithin akzeptiert wurde und das Bild des unpolitischen Berufsoffiziers Dönitz, der für die Verbrechen des nationalsozialistischen deutschen Staates, dem er mit vollem Engagement diente, keinerlei Verantwortung trug; des Weiteren, er habe die einzige realistische Chance zum deutschen Sieg im Zweiten Weltkrieg erkannt und angestrebt. Beides dominierte lange Zeit die öffentliche Meinung. Für viele, nicht nur Soldaten, übte Dönitz mit dieser Einstellung eine Vorbildfunktion aus. Er war sich dessen bewußt und wollte so wirken, da er zum einen an seinem Selbstbildnis festen Halt gefunden hatte und daran glaubte und zum anderen, weil er hoffte, auf diese Art und Weise der Versöhnung der Generationen in Deutschland zu dienen. Dies entsprach seinem Harmoniebedürfnis und der alten politischen Vorstellung, nur ein im Inneren geschlossenes, in diesen Falle Westdeutschland sei in der Lage, den neuen/alten Herausforderungen mit Aussicht auf Erfolg zu begegnen.

VII. Zusammenfassung

Die völlige, auch weltanschauliche Zuverlässigkeit von Dönitz bewegte den Diktator dazu, den ObdM zu seinem Nachfolger zu ernennen. Erst nach Hitlers Tod, in klarer Erkenntnis der hoffnungslosen militärischen Lage, löste sich Dönitz faktisch von dessen apokalyptischen Vorstellungen. Er akzeptierte für das deutsche Volk die Rolle des militärisch Unterlegenen, zumal es wegen seiner der nationalsozialistischen »Volksgemeinschaft« zu verdankenden »inneren Geschlossenheit« über ein bleibendes Potential verfügte. Auch deshalb galt es, die deutsche »Volkssubstanz« geschlossen zu erhalten. Er kapitulierte selbstverantwortlich und befahl die koordinierte Rettungsaktion der Ostflüchtlinge sowohl aus nationalsozialistischer Räson als auch aus humanitären Gründen. Für die geretteten und vor weiterem Kriegstod bewahrten Menschenleben gebührt ihm Anerkennung. Dennoch muß Karl Dönitz, der als Offizier in höchster Verantwortung stand, das NS-Regime aus Überzeugung mitgetragen und der die sittlichen Grenzen des Gehorsams nie begriffen hat, wegen seiner politischen Verantwortung kritisch beurteilt werden.

Anmerkungen

[1] Vgl. Michael Salewski, Von Raeder zu Dönitz. Der Wechsel im Oberbefehl der Kriegsmarine, in: Militärgeschichtliche Mitteilungen, 2 (1973), S. 101—146.
[2] Vgl. ders., Die deutsche Seekriegsleitung 1935—1945, Bd 2: 1942—1945, München 1975, S. 228f.; vgl. auch Karl Dönitz, Zehn Jahre und zwanzig Tage, Koblenz ⁹1985, S. 302f.
[3] Ansprache von Dönitz vor Befehlshabern der Kriegsmarine, 17.12.1943, in: Der Prozeß gegen die Hauptkriegsverbrecher vor dem Internationalen Militärgerichtshof (IMT), Nürnberg 14. November 1945 bis 1. Oktober 1946, 42 Bde, Nürnberg 1947—1949, hier Band XXXV, Dok. 443-D, S. 106.
[4] Ansprache von Dönitz, 24.8.1944, in: Salewski, Seekriegsleitung (wie Anm. 2), S. 640—649, hier S. 645.
[5] Vgl. Reimer Hansen, Das Ende des Dritten Reiches, Stuttgart 1966, S. 56ff. Er nennt nur die letzten drei Gründe, die Dönitz vor dem Internationalen Militärgerichtshof selbst angeführt hat.
[6] IMT Bd XIII (wie Anm. 3), S. 334; vgl. Dönitz, Zehn Jahre (wie Anm. 2), S. 469.
[7] Dönitz, Zehn Jahre (wie Anm. 2), S. 300.
[8] Ebd., S. 461.
[9] Ebd., S. 469.
[10] Vgl. die Schlußansprache von Dönitz auf der Befehlshabertagung der Marine, 17.12.1943, in: IMT (wie Anm 3), Bd XXXV, Dok. 443-D, S. 106.
[11] Salewski, Seekriegsleitung (wie Anm. 2), S. 640—648. Die Ansprache wurde allen Befehlshabern, Führern, Schiffskommandanten und Bootsflottillenchefs der Marine zugestellt. »Die Ausführungen sind auszugsweise in geeigneter Form zum Gegenstand einer Unterrichtung des Offizierkorps zu machen.« Ebd., S. 642.
[12] Vgl. Dönitz, Zehn Jahre (wie Anm. 2), S. 306; Manfred Messerschmidt, Die Wehrmacht im NS-Staat. Zeit der Indoktrination, Hamburg 1969, S. 475.
[13] Vgl. IMT (wie Anm. 3), Bd XXXV, Dok. 640-D, S. 242.
[14] Vgl. ebd., Dok. 443-D, S. 107.
[15] Ebd., Dok. 640, S. 240.
[16] Kriegstagebuch des Oberkommandos der Wehrmacht (Wehrmachtführungsstab) 1940—1945, hrsg. von Percy Ernst Schramm, Bd 4.2: 1.1.1944—22.5.1945, Frankfurt a.M. 1961, S. 1587f.

[17] Auf Befehl Hitlers vom 25.4.1945 wurden die Kompetenzen nach Aufspaltung des deutschen Kriegsschauplatzes neu geregelt: »Die Führungsaufgabe des Führungsstabes A unter Großadmiral Dönitz tritt vorläufig nicht in Kraft«, in: KTB OKW (wie Anm. 16), Bd 4.2, S.1590; vgl. Walter Lüdde-Neurath, Regierung Dönitz. Die letzten Tage des Dritten Reiches, Leoni ⁵1981, S. 35.
[18] Salewski, Seekriegsleitung (wie Anm. 2), S. 544f., Anm. 79.
[19] Kriegstagebuch des Ob.d.M., 21.4.–1.5.1945, MGFA III M 1, hier: 25.4.45.
[20] KTB OKW (wie Anm. 16) Bd 4.2, S. 1463.
[21] Vgl. Marlis Steinert, Die 23 Tage der Regierung Dönitz, Düsseldorf, Wien 1967, S. 75f.
[22] Fernschreiben Dönitz an Kaufmann, 30.4.1945, in: Lüdde-Neurath, Regierung Dönitz (wie Anm. 17), S. 129.
[23] Steinert, Die 23 Tage (wie Anm. 21), S. 40f. und Anm. 132; Salewski, Seekriegsleitung (wie Anm. 2), S. 545; Werner Rahn, Kriegführung, Politik und Krisen. Die Marine des Deutschen Reiches 1914–1933, in: Die deutsche Flotte im Spannungsfeld der Politik 1848–1985. Vorträge und Diskussionen der 25. Historisch-Taktischen Tagung der Flotte 1985, hrsg. v. Deutschen Marine Institut und vom Militärgeschichtlichen Forschungsamt, Herford 1985, S. 146.
[24] Generalfeldmarschall Ferdinand Schörner, Oberbefehlshaber der Heeresgruppe Mitte, war von Hitler in seinem politischen Testament als sein Nachfolger im Amt des Oberbefehlshabers des Heeres vorgesehen.
[25] Generalfeldmarschall Robert Ritter von Greim wurde am 28.4.1945 als Nachfolger des abgesetzten Reichsmarschalls Göring von Hitler zum Oberbefehlshaber der Luftwaffe ernannt.
[26] KTB OKW (wie Anm. 16), Bd 4.2, S. 1468.
[27] Vgl. Karl Dönitz, 40 Fragen an Karl Dönitz, München ⁴1980, S. 164.
[28] »Mein Führer, meine Treue zu ihnen wird unabdingbar sein. Ich werde daher weiter alle Versuche unternehmen, um Sie in Berlin zu entsetzen. Wenn das Schicksal mich dennoch zwingt, als der von Ihnen bestimmte Nachfolger das Deutsche Reich zu führen, werde ich diesen Krieg so zu Ende führen, wie es der einmalige Heldenkampf des deutschen Volkes verlangt. Großadmiral Dönitz«, in: KTB OKW (wie Anm. 16), Bd 4.2, S. 1468.
[29] Dönitz, Zehn Jahre (wie Anm. 2), S. 434 und Ansprache von Dönitz, 9.5.1945, in: Salewski, Seekriegsleitung (wie Anm. 2), S. 649–653.
[30] Vgl. Lennart Sjöstedt, Das Programm des Großadmirals Dönitz bei seinem Regierungsantritt 1945, in: Probleme deutscher Zeitgeschichte, Stockholm 1971 (= Lund Studies in International History, 2), S. 195–233.
[31] Der entscheidende Satz lautet: »Um dem deutschen Volk eine aus ehrenhaften Männern zusammengesetzte Regierung zu geben, die die Verpflichtung erfüllt, den Krieg mit allen Mitteln weiter fortzusetzen, ernenne ich als Führer der Nation folgende Mitglieder des neuen Kabinetts: Reichspräsident Dönitz«, in: KTB OKW (wie Anm. 16), Bd 4.2, S. 1666–1669, hier: S. 1668.

[32] Dönitz, 9.5.1945, über die militärische Lage des 30.4.: »Der Kampf zum Entsatz der Reichshauptstadt und des Führers war aussichtslos«, in: Salewski, Seekriegsleitung (wie Anm. 2), S. 650.

[33] Am 1.5. gegen 12.00 Uhr — zum Zeitpunkt vgl. Sjöstedt, Das Programm (wie Anm. 30), S. 196 — wurde Dönitz folgender Spruch vorgelegt: »FRR Großadm. Dönitz. Testament in Kraft. Ich werde so rasch als möglich zu Ihnen kommen. Bis dahin meines Erachtens Veröffentlichung zurückstellen. Bormann«, in: KTB OKW (wie Anm. 16), Bd 4.2, S. 1469.

[34] Dies geht aus seiner Ansprache an das deutsche Volk und seinem Tagesbefehl an die Wehrmacht vom 1.5.45 hervor, in: IMT (wie Anm. 3), Bd XXXV, Dok. 444-D, S. 116 ff., und Lüdde-Neurath, Regierung Dönitz (wie Anm. 17), S. 132 f. Die entscheidenden Sätze lauten: »Meine erste Aufgabe ist es, deutsche Menschen vor der Vernichtung durch den vordrängenden bolschewistischen Feind zu retten. Nur für diesen Zweck geht der militärische Kampf weiter. Soweit und solange die Erreichung dieses Ziels durch die Briten und Amerikaner behindert wird, werden wir uns auch gegen sie weiter verteidigen und weiter kämpfen müssen.«

[35] Vgl. Sjöstedt, Das Programm (wie Anm. 30), S. 210.

[36] Steinert, 23 Tage (wie Anm. 21), S. 185 f.; Lüdde-Neurath, Regierung Dönitz (wie Anm. 17), S. 65.

[37] Vgl. Dieter Rebentisch, Führerstaat und Verwaltung im Zweiten Weltkrieg. Verfassungsentwicklung und Verwaltungspolitik 1939–1945, Stuttgart 1989, S. 535 f.

[38] Vgl. Steinert, 23 Tage (wie Anm. 21), S. 167 f. Vor allem Schörner war dafür bekannt, rücksichtslos weiterkämpfen zu wollen; vgl. Hansen, Das Ende (wie Anm. 5), S. 143. Aber auch der Oberbefehlshaber Nordwest, GFM Busch, ebd., S. 80 f., und der neue ObdL, GFM v. Greim, ebd., S. 143 und Steinert, 23 Tage (wie Anm. 21), S. 76, vertraten die alte hitlersche Linie.

[39] Zit. nach Salewski, Seekriegsleitung (wie Anm. 2), S. 650: »Der Führer hat mich am 30.4. als seinen Nachfolger bestimmt. Er hat mit diesem Befehl gleichzeitig angeordnet, daß ich die Freiheit habe, sofort alle Maßnahmen zu treffen, die die augenblickliche Lage erfordern. [...] Es war daher die Pflicht der Staatsführung, den Krieg so schnell wie möglich zu beenden. Es war dies auch zweifelsohne der Sinn, des Führerauftrages. Er selbst konnte die Beendigung des Krieges nicht durchführen. Er gab daher durch seinen Heldentod in Berlin den Weg zu einem solchen Schritt frei.«

[40] »15.18 Uhr Funkspruch von Goebbels und Bormann an den Großadmiral: [...] Führer gestern 15.30 verschieden. Testament vom 29.4. überträgt Ihnen das Amt des Reichspräsidenten, Reichsminister Dr. Goebbels das Amt des Reichskanzlers, Reichsleiter Bormann das Amt des Parteiministers, Reichsminister Seyß-Inquart das Amt des Reichsaußenministers. Das Testament wurde auf Anordnung des Führers an Sie, an Feldmarschall Schörner und zur Sicherstellung für die Öffentlichkeit aus Berlin herausgebracht. Reichsleiter Bormann versucht, noch heute zu ihnen zu kommen, um Sie über Lage aufzuklären. Form und Zeitpunkt der Bekanntgabe an Öffentlichkeit

und Truppe bleibt Ihnen überlassen. Eingang bestätigen. gez.: Goebbels — Bormann«, in: KTB OKW (wie Anm. 16), Bd 4.2, S. 1469.
[41] Lüdde-Neurath, Regierung Dönitz (wie Anm. 17), S. 48; vgl. Dönitz, Zehn Jahre (wie Anm. 2), S. 445.
[42] Vgl. die Niederschrift im »Dönitz-Tagebuch« vom 2.5.1945: »Alle militärischen und politischen Maßnahmen haben der Erhaltung des Volkstums zu dienen«, zit. nach Lüdde-Neurath, Regierung Dönitz (wie Anm. 17), S. 171 und die Ansprache von Dönitz vom 9.5.1945: »Es war daher mein Ziel, in den Räumen im Westen, wo durch eine Befriedung die Volkssubstanz nicht vernichtet werden würde, so schnell wie möglich zu einer partiellen Einstellung des Kampfes zu kommen«, zit. nach Salewski, Seekriegsleitung (wie Anm. 2), S. 650).
[43] Lüdde-Neurath, Regierung Dönitz (wie Anm. 17), S. 104.
[44] Vgl. Rolf Johannesson, Offizier in kritischer Zeit, Herford, Bonn 1989, S. 108.
[45] Vgl. die Ausführungen des Generalobersten Jodl bei der Lagebesprechung vom 15.5.45, KTB OKW (wie Anm. 16), Bd 4.2, S. 1502.
[46] Lüdde-Neurath, Regierung Dönitz (wie Anm. 17), S. 104; vgl. auch Michael Salewski, Das maritime Dritte Reich. Ideologie und Wirklichkeit 1933—1945, in: Die deutsche Flotte (wie Anm. 23), S. 128: »Dönitz rettete Ostflüchtlinge nicht etwa, weil er gegen den Nationalsozialismus gewesen wäre, sondern eher umgekehrt wohl aus der Überzeugung heraus, daß nur ein gläubiger Nationalsozialist solche Leistungen vollbringen könne«.
[47] So umreißt Jodl am 6. Mai in Reims gegenüber seinem Verhandlungspartner, Generalleutnant Bedell-Smith, die Absicht des Großadmirals, in: KTB OKW (wie Anm. 16), Bd 4.2, S. 1479. Dönitz selbst spricht von der Rettung »deutschen Volkstums« und von »sieben Millionen wertvollen deutschen Menschen«. Fernschreiben Dönitz an Kaufmann vom 30.4.1945, in: Lüdde-Neurath, Regierung Dönitz (wie Anm. 17), S. 129.
[48] Niederschrift vom 15.5.1945, in: Lüdde-Neurath, Regierung Dönitz (wie Anm. 17), S. 197; vgl. auch Niederschrift vom 9.5.1945: »Grundlage für die weitere Existenz des deutschen Volkes ist die Volksgemeinschaft, die der Nationalsozialismus geschaffen hat«, ebd., S. 186.
[49] Vgl. die Ansprache von Dönitz, 9.5.1945: »Das Wichtigste: Wir haben die eifrigsten Wächter zu sein über das Schönste und Beste, was uns der Nationalsozialismus gegeben hat, die Geschlossenheit unserer Volksgemeinschaft. Trotz unseres heutigen totalen militärischen Zusammenbruchs sieht unser Volk heute anders aus als 1918. Es ist noch nicht zerrissen. Mögen wir auch manche Form des Nationalsozialismus selbst abschaffen oder mögen andere Formen vom Gegner abgeschafft werden, so ist doch der beste Inhalt des Nationalsozialismus, die Gemeinschaft unseres Volkes, unter allen Umständen zu wahren«, in: Salewski, Seekriegsleitung (wie Anm. 2), S. 653.
[50] Dönitz hat nach dem Krieg den 9.5.1945 als Datum seiner persönlichen Kenntnisnahme genannt. Es gibt Indizien, aber keine Beweise dafür, daß er schon vorher von der Tatsache und den Umständen des organisierten Mordens in den Konzentrationslagern wußte.

[51] Verordnung in: Lüdde-Neurath, Regierung Dönitz (wie Anm. 17), S.168: »§ 1 Alle Verstöße bei der Festnahme und Vernehmung von Personen und bei der Einweisung von Häftlingen in Konzentrationslager sowie bei der Unterbringung und Behandlung in diesen Lagern, die den allgemein gültigen Grundsätzen von Recht und Moral sowie den ergangenen gesetzlichen Bestimmungen zuwiderlaufen, werden einer sofortigen Untersuchung unterworfen. Verstöße sind nach den geltenden Strafgesetzen zu ahnden und beschleunigt abzuurteilen und zu vollstrecken«. Vgl. Dönitz, Zehn Jahre (wie Anm. 2), S. 461.

[52] In: Lüdde-Neurath, Regierung Dönitz (wie Anm. 17), S. 169.

[53] Dönitz, Zehn Jahre (wie Anm. 2), S. 461.

[54] Steinert, 23 Tage (wie Anm. 21), S. 289.

[55] Niederschrift vom 10.5.1945, in: Lüdde-Neurath, Regierung Dönitz (wie Anm. 17), S. 187: »2. In letzter Zeit mehren sich die Anträge von SS-Angehörigen um Aufnahme in die Kriegsmarine. Oberbefehlshaber der Kriegsmarine [Generaladmiral von Friedeburg] hat dies bisher abgelehnt. Großadmiral stimmt zu, OKW soll gleiche Bestimmungen einheitlich für alle drei Wehrmachtsteile befehlen.« Einer von denjenigen, die in der Marine unterzutauchen versuchten, war Rudolf Höß, Kommandant des KZ-Auschwitz. Vgl. Peter Padfield, Dönitz. Des Teufels Admiral, Berlin, Frankfurt a.M., Wien 1984, S. 493.

[56] Vgl. Lüdde-Neurath, Regierung Dönitz (wie Anm. 17), S. 81.

[57] Vgl. Niederschrift vom 8.5.1945, ebd., S. 185.

[58] Vgl. Protokoll der Unterredung mit General Rooks und Foord am 20.5.1945, 10h., MGFA OKW 12.

[59] Lüdde-Neurath, Regierung Dönitz (wie Anm. 17), S. 193: »Vermutlich haben die Angelsachsen am Großadmiral nur ein Interesse als Oberstem Befehlshaber der Wehrmacht, da allein seine Autorität ihnen die Durchführung der Kapitulation sichert. Als Staatsoberhaupt scheinen sie ihm und seiner Regierung keinerlei Wirkungsmöglichkeit einräumen zu wollen«.

[60] Das Reich, 22.2.1945.

[61] Hansen, Das Ende (wie Anm. 5), S. 184.

[62] Vgl. Marlis Steinert, Die alliierte Entscheidung zur Verhaftung der Regierung Dönitz, in: Militärgeschichtliche Mitteilungen, 2 (1986), S. 85—99, hier S. 92.

[63] Vgl. Bradley F. Smith, Der Jahrhundertprozeß. Die Motive der Richter von Nürnberg. Anatomie einer Urteilsfindung, Frankfurt a.M. 1977, S. 288.

[64] Vgl. Gustave Gilbert, Nürnberger Tagebuch. Gespräche der Angeklagten mit dem Gerichtspsychologen, Frankfurt a.M. 1962, S. 190, 297, 347, 357.

[65] Der Verteidiger von Dönitz in Nürnberg, Flottenrichter Kranzbühler, wollte ihn der internationalen Öffentlichkeit als ein Beispiel des »anständigen Nationalsozialisten« präsentieren. Vgl. Salewski, Seekriegsleitung (wie Anm. 2), S. 588.

Wolfgang Krieger

Die amerikanische Deutschlandplanung. Hypotheken und Chancen für einen Neuanfang

Aus dem Blickwinkel der deutschen Vereinigung am 3. Oktober 1990 war die amerikanische Deutschlandplanung ein voller Erfolg. Die USA wollten ein demokratisches, pluralistisches Deutschland, dessen Wirtschaft so stark mit der Weltwirtschaft verflochten sein sollte, daß machtpolitische Alleingänge für alle Zukunft ausgeschlossen würden. Und sie wollten eine europäische Friedensordnung, die sie aus einer gewissen Entfernung steuern konnten — mit mäßigem Kraftaufwand und ihren eigenen Interessen folgend. Das heißt, Washington wollte zwar Europa nicht wieder wie nach 1919 sich selbst überlassen, hatte aber auch nicht die Absicht, zum Büttel einer von anderen Mächten bestimmten europäischen Friedensordnung zu werden[1].

Die Geschichte des Ost-West-Konfliktes besteht zu einem Gutteil aus dem Bemühen Washingtons, trotz aller Hindernisse diese beiden Ziele zu erreichen. Heute, fünfzig Jahre nach der deutschen Kapitulation, ist Deutschland, auch das vereinigte Deutschland, zu einem erheblich höheren Prozentsatz seines Bruttosozialproduktes von der Weltwirtschaft abhängig als jeder andere große Industriestaat. Und weil diese Abhängigkeit vor allem gegenüber Westeuropa besteht, muß diese Zähmung deutscher Macht nicht in erster Linie durch die USA selbst gesteuert werden. Vielmehr üben die westeuropäischen Mittel- und Kleinstaaten diese Funktion mittels der Europäischen Union aus.

Will man einen Maßstab finden, der ein Urteil über Chancen und Hypotheken der amerikanischen Deutschlandpläne während des Zweiten Weltkrieges erlaubt, muß ein Bezug zwischen jenen Planungen und der heutigen inneren und äußeren Verfassung Deutschlands hergestellt werden. Dabei ist auch zu berücksichtigen, wie eigentlich die Deutschen selbst ihre eigene Zukunft gestalten wollten und welches Deutschland für andere vom deutschen Problem betroffene Staaten wünschenswert war.

Man kann also den Weg von der amerikanischen Deutschlandplanung bis heute nicht nur an jenem Erfolg messen, der sich am gegenwärtigen Deutschland weithin ablesen läßt. Und man kann nicht darüber reden, ohne den gesamten Zeitraum von fünfzig Jahren in den Blick zu nehmen. Denn viele der Hypotheken der Nachkriegszeit sind heute abgetragen, von vielen Opfern, mit denen dieser Erfolg erkauft wurde, bleibt nur noch die Erinnerung. Und für diese Gesamtzusammenhänge ist die amerikanische Deutschlandplanung nur eine Teilfrage, wenn auch eine wichtige.

Wegen der hier gebotenen Kürze sei vorweg angenommen, daß die Deutschen in einem freiheitlich-demokratischen, privatwirtschaftlich ausgerichteten, geeinten Deutschland leben wollten — frei von äußerem Zwang und im Frieden mit der übrigen Welt. Sofern die amerikanische Politik auf dieses Ziel hinwirkte, ist sie demnach als Chance für die Deutschen zu definieren. Als Hypothek hingegen ist alles auf diesem Weg zu verstehen, was an Opfern und Fehlern durch eine andere amerikanische Politik hätte vermieden werden können.

Zugleich sind in dieser »Kalkulation« Zugeständnisse an die berechtigten Interessen Dritter zu machen, mit denen nicht zuletzt der Schuld Deutschlands am und im Zweiten Weltkrieg genüge getan wird. Beispielsweise ist Deutschlands Nachbarn, auch der Sowjetunion, ein hohes Maß an Sicherheit vor Deutschland zuzubilligen. Fragwürdig, aber eventuell noch diskutabel, ist der Anspruch der osteuropäischen Staaten, die deutschstämmige Bevölkerung aus ihrem Staatsgebiet ausweisen zu dürfen. Hingegen erscheint die barbarische Praxis dieser Ausweisung und Vertreibung durch nichts gerechtfertigt, auch wenn sie durch vorausgegangene deutsche Gewaltverbrechen erklärbar scheint.

Wie entstand die amerikanische Deutschlandpolitik? Wer machte sie? Deutschlands Zukunft war, wie hätte es anders sein können, ein Thema, das die amerikanische Öffentlichkeit aufwühlte. Einzelne ethnische Bevölkerungsgruppen, später Bindestrich-Amerikaner genannt, meldeten sich heftig zu Wort. Ideologische Positionen und außenpolitische Kontroversen der Vorkriegszeit erregten die Gemüter.

Ohne die Komplexität dieses Willensbildungs- und Entscheidungsprozesses zu leugnen, soll nachfolgend nur jenes nüchterne vorausschauende Denken auf eine spätere Friedensordnung herausgefiltert werden, das innerhalb der US-Administration stattfand. Dafür gibt es zwei Gründe: Die Experten innerhalb der US-Administration, die das konzeptionelle Rüstzeug für die Deutschlandpolitik lieferten, waren sich in jedem Moment der ebenso heftigen wie vielfältigen öffentlichen Strömungen bewußt; eine Politik im Elfenbeinturm oder am »grünen Tisch« war undenkbar. Sodann läßt sich auf dem Weg dieser Planungsarbeit konkret verfolgen, wie die Grundpositionen amerikanischer Deutschlandplanungen entstanden, wie sie gegenüber den Verbündeten vertreten wurden und wo sie schließlich Eingang fanden in die maßgebenden alliierten Beschlüsse und Völkerrechtsdokumente.

Obgleich die amerikanischen Experten und Entscheidungsträger entschlossen waren, dem deutschen Hegemonialstreben auf Dauer ein Ende zu setzen, nahmen sie doch an, daß das »deutsche Problem« in gewisser Hinsicht auch nach einer militärischen Niederlage des Dritten Reichs fortbestehen würde — wegen der geostrategischen Lage Deutschlands und weil Deutschland seinen Nachbarn an Bevölkerungszahl und an wirtschaftlichen Ressourcen überlegen war. Dieses »deutsche Problem«, so glaubten sie, würde auf unbestimmte Zeit den USA eine Rolle in der europäischen Politik zuweisen, wenn nicht der zur Weltmacht aufgestiegenen Sowjetunion eine Vormachtstellung in Europa zufallen sollte.

Die Eindämmung (containment) der Sowjetunion war also keineswegs eine Erfindung des Kalten Krieges oder eines einzelnen Vordenkers wie George F. Kennan. Sie war vielmehr von Anfang an ein fester Bestandteil jeder amerikanischen — übrigens auch jeder britischen und französischen — Nachkriegsplanung[2]. Ein besonderes Problem bestand allerdings darin, daß wichtige Entscheidungen bereits vor Kriegsende zu treffen waren, zu einer Zeit, als die militärische Kooperation mit dem sowjetischen Verbündeten noch oberstes Gebot sein mußte. Washington und London sahen sich deshalb außerstande, ihre eigene Öffentlichkeit deutlich auf die Notwendigkeit einer Eindämmung der Sowjetunion hinzuweisen. Aus dieser Tatsache erklärt sich wiederum 1947/48 die politische Dramatik, mit der die westliche Politik öffentlich auf die Gefahren weiterer sowjetischer Expansionen abgestellt wurde.

In Deutschland führen Diskussionen über die amerikanische Deutschlandpolitik beinahe zwangsläufig zum Stichwort »Morgenthau-Plan«, einem im Sommer 1944 bekannt gewordenen Vorschlag zur Aufteilung und Re-Agrarisierung Deutschlands. Der diesem Plan gegebenen Bedeutung liegt ein Verständnis, in Wahrheit ein Mißverständnis, zugrunde, welches teilweise auf ältere Publikationen zurückgeht — auf eine Zeit also, in der die einstmals geheimen amerikanischen Regierungsakten der historischen Forschung noch nicht offenstanden.

Aber mit einem längst überholten Forschungsstand läßt sich das zähe Festhalten an der Legende von dieser ernsthaft verfolgten Absicht nicht hinreichend erklären[3]. Bei vielen Deutschen scheint es geradezu ein Bedürfnis zu geben, die amerikanische Regierung mit solchen brutalen Okkupationsplänen irgendwie auf eine Stufe mit den Nationalsozialisten zu stellen. Ähnlich verhält es sich übrigens mit der fortlebenden Mär, die Alliierten hätten Hitler den Krieg aufgezwungen oder ihn dazu überlistet. Hier wirkt ein altes Feindbild nach, und es handelt sich um einen Protest gegen die nach 1945 erfolgte machtpolitische Zurücksetzung Deutschlands, welche sich aus der moralischen Schuld NS-Deutschlands am Krieg und an der deutschen Kriegführung herleitet[4].

Wie also verhielt es sich mit dem Morgenthau-Plan? Die ältere Literatur glaubt in den Washingtoner Debatten um die Nachkriegsplanung eine tiefe Kluft zwischen Finanzminister Henry Morgenthau einerseits und einer Gruppe um Außenminister Cordell Hull sowie Kriegsminister Henry Stimson andererseits zu erkennen, wobei Präsident Franklin Roosevelt zwischen den Fronten gestanden habe. In der Schlußphase des Krieges habe Präsident Harry Trumans prononcierte anti-sowjetische Haltung schließlich den Ausschlag für die Ablehnung des Morgenthau-Plans gegeben. Diese Interpretation hält jedoch einer Nachprüfung anhand der Quellen nicht stand. In Wirklichkeit waren sich beide Deutschland-Konzeptionen sehr viel näher als oft vermutet. Zudem waren die Handlungsspielräume enger und die Motive der Akteure komplexer, als dieser Erklärungsversuch zugesteht[5].

Das Interesse von Finanzminister Morgenthau an deutschen Belangen war keineswegs neu. Er hatte sich bereits vor dem amerikanischen Kriegseintritt im Dezember 1941 darum bemüht, deutsche Auslandsguthaben und -investitionen dem Zugriff der deutschen Kriegswirtschaft zu entziehen. Roosevelts wohlwollende Neutralität schloß zwar Rüstungslieferungen und Kredite an Großbritannien und ab Juni 1941 auch an die Sowjetunion ein, der Präsident verfolgte jedoch eine insgesamt widersprüchliche Politik gegenüber dem deutschen Auslandsbesitz, weil US-Firmen um ihren Besitz in dem sich stetig ausweitenden deutschen Einflußbereich fürchteten[6]. Erst ab 1942 konnte Morgenthau sein Bemühen auf neutrale Staaten ausdehnen und auf Südamerika, wo besonders Brasilien und Argentinien als anfällig für nationalsozialistischen Einfluß galten. In den USA wurden die deutschen Guthaben beschlagnahmt und Tochterfirmen unter amerikanische Leitung gestellt. Beispielsweise vertraute man die Verwaltung der IG-Farben-Werke dem Bergbauingenieur und Ölmanager Robert McDonnell an, der im Juni 1943 eine Vorstufe des Morgenthau-Planes erarbeiten sollte[7].

McDonnells Denkschrift ging von der Überlegung aus, daß der Gefahr einer zukünftigen deutsche Aggressionspolitik durch Kontrolle bestimmter kriegswichtiger Schlüsselprodukte vorgebeugt werden könne: Ohne die komplizierte und teure Herstellung von künstlichem Benzin hätte Deutschland den Krieg schon 1940 verloren; ähnlich kriegsentscheidend sei die synthetische Stickstoffproduktion sowie die Vorratsbildung bestimmter Rohstoffe. Wenngleich McDonnell eine lange Besatzungsperiode empfahl, um die deutsche Wirtschaft dauerhaft auf friedliche Produktion umzustellen, bemühte er sich, diesen Eingriff als gesamtwirtschaftlich erträglich herauszustellen. Nur »ein paar hundert deutsche Arbeiter und Techniker« würden dadurch arbeitslos, und die Rohstoffbeschaffung würde sich geringfügig verteuern[8].

In der amerikanischen Regierung war man jedoch wenig geneigt, derart konkrete Pläne zu beschließen. Zwar durften emigrierte deutsche Sozialwissenschaftler in der Forschungsabteilung des Geheimdienstes OSS (Office of Strategic Services) über einen Umbau der deutschen Gesellschaft nachdenken[9]. Konkreter waren die Überlegungen zur Ausschaltung der NS-Elite, die dann auf gesamtalliierter Ebene in der »Erklärung über die deutschen Kriegsverbrechen« vom Januar 1942 gefordert wurde. Das State Department beauftragte einen Expertenzirkel im Council of Foreign Relations mit Nachkriegsplänen[10]. Aber insgesamt lautete die Devise: »Erst müssen wir den Krieg gewinnen.« Präsident Roosevelt suchte Streitigkeiten in der Öffentlichkeit und im Verhältnis zu den Verbündeten zu vermeiden.

Diese Taktik mußte allerdings mehr und mehr aufgegeben werden, weil die im Verlauf des Krieges abgehaltenen Gipfelgespräche zunehmend konkretere Vorgaben erzwangen. Nach der recht allgemein gehaltenen »Erklärung der Vereinten Nationen« vom 1. Januar 1942 erging im Januar 1943 die alliierte Forderung einer bedingungslosen Kapitulation. Auf der Moskauer Außenministerkonferenz im März 1943 kam eine politische Teilung Deutschlands zur Sprache, die allerdings weder damals noch später jemals konkret beschlossen wurde.

Die erste Konferenz der Großen Drei — Winston Churchill, Roosevelt und Josif Stalin — in Teheran (November 1943) brachte keine Einigung über die eventuellen deutschen Teilstaaten[11]. Churchill wollte eine Donau-Föderation einschließlich Süddeutschlands, Roosevelt schlug fünf Teilstaaten und drei internationale Zonen vor, und Stalin lehnte beide Pläne ab. Zur weiteren Beratung wurde das Problem an die neugeschaffene Europäische Beratende Kommission (EAC) überwiesen, die im Januar 1944 in London ihre Arbeit aufnahm — zunächst jedoch ohne greifbare Erfolge, da sich Präsident Roosevelt weigerte, seinem Vertreter konkrete Anweisungen über die künftige Behandlung Deutschlands zu geben.

Zu diesem Zeitpunkt hatte das von Roosevelt kurz nach dem amerikanischen Kriegseintritt berufene Advisory Committee on Post-War Problems eine Teilung Deutschlands bereits mehrheitlich verworfen. Zur langfristigen Friedenssicherung schlug dieses Gremium vor, eine deutsche Wiederaufrüstung zu verhindern, demokratische Institutionen zu fördern und Deutschlands Wirtschaftsmacht zu reduzieren. Im Fall einer Teilung, so glaubte man, würden die Deutschen eine geschlossene Front gegen die Alliierten bilden, ein neues demokratisches Regime würde diskreditiert, die wirtschaftlichen Probleme müßten unlösbar werden, und schließlich würden die Alliierten von den Deutschen gegeneinander ausgespielt werden, damit die nationale Einheit wiedererlangt werden könne.

Nach der geglückten alliierten Landung in der Normandie und angesichts des Vormarsches von Dwight Eisenhowers Truppen in Frankreich kam es im Sommer 1944 zu einem Wettlauf von Memoranden und Sitzungen. Das Außenministerium faßte die Überlegungen seiner Spezialabteilungen zu einer Empfehlung zusammen, die Außenminister Hull abzeichnete und am 28. August 1944 dem Präsidenten vorlegte[12]. Es sollte dasjenige Dokument bleiben, welches die entscheidenden Grundsätze für das elf Monate später von den Großen Drei verabschiedete Potsdamer Abkommen und für die weitere US-Deutschlandpolitik vorzeichnete.

Seine Kernaussagen lauten: Nicht durch Teilung, die einen nicht realisierbaren permanenten Kontrollapparat erfordern würde, sondern durch Veränderung politischer und wirtschaftlicher Strukturen sei einer erneuten deutschen Aggression vorzubeugen. Von den Gemeinden aufwärts sei eine stark dezentralisierte Demokratie aufzubauen; insbesondere müsse Preußen zerteilt und es dürfe nicht wieder wie 1919 eine demokratische deutsche Regierung durch einen Kriegsschuldartikel belastet werden. Als Sicherheitsgarantien wollte man einerseits eine streng überwachte Abrüstung auf unbestimmte Zeit, und es mußte das deutsche Streben nach Autarkie beendet und die deutsche Volkswirtschaft in die Weltwirtschaft integriert werden. Die dadurch entstehende Exportabhängigkeit durfte jedoch nicht einseitig andere Staaten in Abhängigkeit zu Deutschland bringen. Junkergüter sowie industrielle Monopole beabsichtigte man zu zerschlagen und eventuell unter staatliche Aufsicht zu stellen. Im Norden, Westen und Süden waren geringe Grenzkorrekturen, im Osten hingegen bestimmte Gebietsabtretungen vorzusehen, die aber nur begrenzte Bevölkerungsverschiebungen und keineswegs einen Massentransfer von Deutschen aus Polen und aus der Tschechoslowakei zur Folge haben sollten.

In einem Begleitschreiben wies Außenminister Hull nochmals auf die drei möglichen Wege hin, die zu einem demokratischen deutschen Staat führen könnten: Eine Restauration der Weimarer Verfassung lehne er ab, da sie schon 1919 »nicht ein organischer Teil des deutschen Lebens« gewesen sei. »Nach einer Dekade politischer Sterilität« komme auch die Berufung einer verfassunggebenden Versammlung nicht in Frage, die allenfalls das alte Parteiensystem zurückbringen würde. Es bleibe also der schrittweise demokratische Aufbau von unten. Dieses Modell »würde eine Übergangsperiode vorsehen, in der das deutsche Volk neue Führer heranbilden und Erfahrung in der demokratischen Praxis sammeln könnte, während die Funktionen einer Zentralregierung von Beamten unter alliierter Kontrolle wahrgenommen werden«[13].

An diesem Punkt entzündete sich die Kontroverse mit Morgenthau, der überzeugt war, das Außenministerium strebe den Wiederaufbau der deutschen Wirtschaft an[14]. Nach einem Gespräch mit General Eisenhower, der von einer harten Behandlung der besiegten Deutschen sprach — »er sei durchaus bereit, sie anfangs in ihrem eigenen Saft schmoren zu lassen« —, glaubte Morgenthau einen Verbündeten gefunden zu haben[15]. Kurz darauf erhielt er durch seinen Repräsentanten in Eisenhowers Stab ein Exemplar des »Handbook for Military Government in Germany«. Es war am 15. August fertiggestellt worden — übrigens zu wesentlichen Teilen von emigrierten deutschen Sozialwissenschaftlern im OSS[16]. Am 25. August legte Morgenthau Roosevelt das »Handbook« zusammen mit einer scharfen Kritik vor[17]. Der Präsident leitete es am nächsten Tag mit einem Begleitschreiben an Kriegsminister Stimson weiter und protestierte: Für Deutschland dürfe es keinen New

Deal wie in Amerika seit 1933 geben. Man möge nicht glauben, die Schuld läge nur bei den Nazis. »Dem deutschen Volk als Ganzem muß beigebracht werden, daß die gesamte Nation in eine rechtlose Verschwörung gegen die Würde der modernen Zivilisation verstrickt sei[18].«

Auf einer Sitzung von Beamten des Außen- und des Finanzministeriums am 2. September präsentierte sein enger Vertrauter, Harry D. White, dann erstmals jenen Morgenthau-Plan, der eine weitgehende Deindustrialisierung (einschließlich einer Vernichtung der Kohlebergwerke) und eine Dreiteilung Deutschlands vorsah[19]. Am 6. September trug Morgenthau seinen Plan im Kabinett vor. Stimson und Hull hielten jeweils mit eigenen Memoranden dagegen[20]. Morgenthau mußte nun jedoch erkennen, daß er nicht nur Hull und Stimson, sondern auch den Präsidenten gegen sich hatte. Roosevelt betonte seine Sorge über eine internationale Wirtschaftskrise, die nach Kriegsende zu erwarten sei und zu deren Überwindung Rohstoffe wie auch Erzeugnisse aus dem Ruhrgebiet gebraucht würden.

In einer weiteren Besprechung mit dem Präsidenten am 9. September kam man überein, die Kontroverse bis zum Abschluß des bevorstehenden Quebec-Treffens mit dem britischen Premierminister Churchill zu vertagen. Wenngleich dieses Treffen in erster Linie einer Verlängerung der amerikanischen Militär- und Wirtschaftshilfe (Lend-Lease) galt, kam es doch zu dem berüchtigten Communiqué vom 15. September 1944, das Morgenthaus Agrarisierungsformel enthielt[21].

Dabei hatte auch Churchill zunächst heftig gegen Morgenthaus Vorstellungen protestiert. Er soll aber schließlich selbst den Text dieser Übereinkunft diktiert haben. Vermutlich wollte er damit den amerikanischen Finanzminister für einen weiteren günstigen, großen amerikanischen Kredit in Höhe von 6,5 Milliarden Dollar gewinnen.

Dieses Dokument enthielt so unstrittige Ziele wie die Verhinderung einer deutschen Wiederaufrüstung und die Demontage von Rüstungsindustrien unter internationaler Aufsicht. Erst am Schluß kam der radikale Satz: »Dieses Programm zur Ausschaltung der Kriegsindustrie in Ruhr und Saar soll Deutschland in ein Land mit vorwiegend agrarischem und ländlichem Charakter umwandeln.« Niemand, auch Stimson nicht, hätte an diesem Text Anstoß genommen, wenn es nicht jene Verbindung zu einem großen Kredit gegeben hätte und damit der Verdacht aufkam, Morgenthau wolle Churchill für seinen seltsamen Deutschlandplan einspannen.

Das von der *New York Times* am 24. September 1944 publizierte Communiqué mit Morgenthaus ausführlicherem Plan löste eine Welle der Empörung aus. Sogleich erklärte Roosevelt gegenüber Stimson, er denke keineswegs an eine Agrarisierung und sorge sich vor allem um die britische Wirtschaft, der er einen Vorsprung vor der Ruhrindustrie verschaffen wolle. Stimson entgegnete, eine Agrarisierungspolitik würde die Führungsrolle des amerikanischen Präsidenten nach dem Krieg beschädigen, worauf Roosevelt nochmals bekräftigte, er wolle keine derartige Politik und habe das Abkommen wohl »ohne viel Nachdenken« unterzeichnet[22].

Seinem Außenminister Hull, der nicht nach Quebec gekommen war, schrieb der Präsident: »Niemand will Deutschland wieder zu einem Ackerbauvolk machen«, aber Großbritannien müsse ein wirtschaftlicher Vorsprung vor Deutschland verschafft werden. Daraus läßt sich schließen, daß Roosevelt das Abkommen als Freibrief an die Briten verstand, nach Belieben die Ruhr und das Saargebiet wirtschaftlich auszubeuten und Industriezweige lahmzulegen zur Ausschaltung von Konkurrenten, um aus eigener Kraft und nicht zuletzt durch eine eigennützige Besatzungspolitik wirtschaftlich wieder auf die Beine zu kommen. Bezüglich der Sowjetunion, so Roosevelt, »müssen wir uns daran erinnern, daß sie ohnehin mehr oder weniger verfahren werden wie sie wollen«[23].

Für die britische Zone glaubte Roosevelt wenigstens die Zerschlagung der Kriegsindustrie gesichert zu haben. Im übrigen weigerte er sich noch immer, in der Deutschlandpolitik klare Stellung zu beziehen. Das Thema war angesichts der Präsidentschaftswahlen im November 1944 innenpolitisch brisant. Der republikanische Präsidentschaftskandidat Dewey bezeichnete in seiner abschließenden Wahlkampfrede den Morgenthau-Plan als »genau das, was die Nazi-Propagandisten brauchten. Das war so gut wie zehn frische deutsche Divisionen[24].« Roosevelt wollte zu diesem Zeitpunkt auch keine Kabinettskrise riskieren, zumal der bewußte letzte Satz von Quebec zum toten Buchstaben geworden war, nachdem das britische Kabinett die Agrarisierungsformel abgelehnt hatte. Von einem Sieg Morgenthaus in Quebec kann also keinesfalls die Rede sein.

Nach der Präsidentschaftswahl versicherte Roosevelt seinem neuen Außenminister Edward Stettinius, die Zukunft der deutschen Wirtschaft liege in der Kompetenz des Außen- und des Kriegsministeriums.

Morgenthau könne man weiterhin informieren, aber dieser habe »einen großen Fehler gemacht, als er dieses ganze Zeug im Wahlkampf aufbrachte [...] Das agrarische Zeug sei absurd[25].«

Roosevelts größte Sorge galt nicht der Behandlung Deutschlands, sondern den zukünftigen Beziehungen zur Sowjetunion. Anfang September 1944, als Eisenhowers Truppen im Begriff waren, auf deutsches Territorium vorzustoßen, sprach er darüber mit Robert Murphy, dem politischen Berater von Eisenhower. Zwar gab der Präsident keinerlei Auskunft über seine Deutschlandpläne, er betonte aber mit großem Nachdruck:

»Wir müssen die Besetzung Deutschlands so einrichten, daß die Russen überzeugt werden, die Amerikaner wünschten wirklich, mit ihnen zusammenzuarbeiten. [...] Unser primäres Nachkriegsziel ist die sowjetisch-amerikanische Zusammenarbeit [...] und Deutschland wird der Prüfstein für diese Zusammenarbeit sein[26].«

Man darf diese Aussage als das eigentliche deutschlandpolitische Credo Roosevelts bezeichnen.

Aus weitgehend anderen Gründen lehnte auch die militärische Führung eine detaillierte Deutschlandplanung ab. General George Marshall, der Chef des Armeestabes, wandte sich gegen den Morgenthau-Plan: dadurch werde der deutsche Widerstand gegen den alliierten Vormarsch gestärkt und zudem Eisenhower mit einer undurchführbaren Aufgabe belastet; Eisenhower solle nur Krieg führen und Deutschland besetzen, alles andere müsse zurückstehen[27].

Die Aufregung über das »Handbook« führte nun zu der Anweisung des gemeinsamen anglo-amerikanischen Generalstabs (CCS) vom 6. Oktober 1944, Eisenhower dürfe die deutsche Wirtschaft nicht wiederherstellen und keine Hilfsgüter verteilen — ausgenommen wo »Seuchen und Unruhen« drohten; vor allem dürften keine Nazis in Ämtern belassen werden[28]. Aber Eisenhower hatte selbst in einem Telegramm vom 23. August 1944 — also vor dem Morgenthau-Debakel — darum gebeten, von finanziellen und wirtschaftlichen Pflichten entbunden zu werden. Damit ist klar, daß weniger Ideologie als praktische Erfordernisse dazu drängten, die nach internationalem Recht verpflichtende Sorge für die Zivilbevölkerung eines besetzten Gebietes auf ein Minimum zu reduzieren.

In der entscheidenden Phase der Deutschlandplanung, im ersten Halbjahr 1945, sollte dann noch deutlicher werden, daß die Morgenthau-Debatte nur Episode war, auch wenn sie da und dort gewisse Nachwehen hinterließ. Während ursprünglich angenommen worden war, die alliierten Truppen würden nach einer bedingungslosen Kapitulation zumindest eine intakte Verwaltung in Deutschland vorfinden, wurde seit dem Sommer 1944 auf amerikanischer Seite erwartet, daß der Gegner fanatisch kämpfen und das Land in einen chaotischen Zustand versetzen würde. Die britische Regierung glaubte allerdings nicht an ein wirtschaftliches Chaos und bestand deshalb auf der Wiederherstellung eines geordneten Wirtschaftslebens. Angesichts dieser Meinungsverschiedenheit erstellte nun die Abteilung für Zivilangelegenheiten (CAD) des amerikanischen Kriegsministeriums eine vorläufige, am 24. September 1944 vom amerikanischen Generalstab (JCS) gebilligte Direktive, die Eisenhower als Oberkommandierenden der US-Truppen — also nicht als alliierten Oberbefehlshaber! — anweisen sollte. Die Zeit drängte, denn bereits zwei Wochen zuvor, am 11. September 1944, hatten Eisenhowers Soldaten erstmals deutschen Boden betreten. Auf langwierige Verhandlungen mit dem Koalitionspartner in London hatte man sich nicht weiter einlassen können.

Diese oft zitierte Direktive JCS 1067 weist in der Tat einige Übereinstimmung mit Morgenthauschen Gedanken auf. Es ist jedoch festzuhalten, daß diese Übereinstimmungen keinerlei ideologischen Ursprunges sind und daß die Direktive selbst nur sehr begrenzte Bedeutung hatte. Wirtschaftliche Aufbauarbeit wurde untersagt und die Lebensmittelversorgung auf ein Minimum beschränkt, weil Eisenhower prinzipiell nicht für das erwartete wirtschaftliche Chaos in Deutschland verantwortlich werden wollte. Das Kriegsministerium setzte deshalb durch, daß Eisenhower weder ein deutscher Wiederaufbau noch ein Morgenthau-Programm aufgebürdet wurde. Das heißt, die Direktive diente in erster Linie der politischen Absicherung des amerikanischen Militärs und nicht einer grundsätzlichen Festlegung der amerikanischen Deutschlandpolitik.

Die begrenzte Bedeutung der US-Besatzungsdirektive JCS 1067 ergibt sich aus der Tatsache, daß dieses Dokument nie vom britisch-amerikanischen Generalstab (CCS) akzeptiert wurde und damit bis zum Ende des gemeinsamen Oberbefehls im Juli 1945 technisch gar nicht gültig sein konnte. Kurze Zeit später, mit den Potsdamer Beschlüssen vom 1. August 1945, galt JCS 1067 nur noch zweitrangig hinter diesen Drei-Mächte-Vereinbarungen. Im übrigen hatte man Eisenhower und seinem für die Besatzungspolitik zuständigen Stellvertreter, General

Lucius D. Clay, einen weiten Entscheidungsspielraum eingeräumt, um sich örtlichen Erfordernissen anpassen zu können. Das geht eindeutig aus dem inzwischen deklassifizierten geheimen Telegramm- und Briefverkehr mit den Washingtoner Dienststellen hervor.

Wichtig war allerdings eine dem bereits erwähnten »Handbook« angefügte Weisung, die am 6. Oktober 1944 in Eisenhowers Hauptquartier eintraf und die zu einer Ersatz-Direktive wurde. Dort waren vier Prinzipien festgehalten: Erstens, es darf in Deutschland kein wirtschaftlicher Wiederaufbau betrieben werden, es sei denn gemäß den Erfordernissen der alliierten Truppen. Zweitens, Importe von Lebensmitteln sind verboten, außer wenn »Seuchen und Unruhen« es erforderten. Drittens, »kein aktiver Nazi oder begeisterter Sympathisant« darf im Amt bleiben. Und viertens, Deutschland ist als besiegtes, nicht als befreites Land zu behandeln[29].

Im Ergebnis stärkte also das Debakel vom Sommer 1944 nicht Morgenthaus Einfluß, sondern die Stellung des Außenministeriums und der Militärs. Gegen den Willen der Militärs konnte keine Besatzungspolitik geplant werden. Was damals für die amerikanische Kriegführung insgesamt galt, nämlich ein großer Handlungsspielraum der obersten US-Befehlshaber, wollte man auch auf die Besatzungsangelegenheiten übertragen. Dem Wunsch, die US-Zone möglichst unabhängig von den anderen Besatzungsmächten zu verwalten, widersprachen allerdings die diplomatischen Spitzen. US-Botschafter John Winant schrieb aus London: Gerade sein sowjetischer Kollege Fedor Gusev »hat immer wieder betont [...], daß Deutschland von den Siegern als wirtschaftliche Einheit behandelt und die Zonengrenzen nicht in irgendeiner Hinsicht als wirtschaftliche Grenzen betrachtet werden sollten«[30].

Mit diesem Postulat der engen alliierten Kooperation setzte das Außenministerium seine alleinige langfristige Planungskompetenz für die Vorarbeiten zur Jalta-Konferenz durch. Aus den Gesprächen zwischen Churchill und Stalin im Oktober 1944 in Moskau kannte man die russischen Vorstellungen[31]. Morgenthaus Agrarisierungsplan widersprach eindeutig dem russischen Interesse an maximalen Reparationen (in Industrieprodukten). Ebenso wie Großbritannien wollte auch die Sowjetunion zwar Deutschland von der wirtschaftlichen Vormachtstellung verdrängen, es aber als Handelspartner bzw. als Reparationslieferant erhalten[32].

Das Außenministerium verlangte vom Präsidenten eine gemeinsame alliierte Deutschlandpolitik, selbst auf Kosten einiger amerikanischer

Vorstellungen. Bezogen auf die deutsche Wirtschaft bedeutete das, den Wünschen der Verbündeten, vor allem im Bereich der Reparationen entgegenzukommen, solange eine künftige Wiederaufrüstung verhindert werde (dies war unstrittig) und soweit die Reparationen nicht die USA belasten würden auf dem Umweg über Kredite oder über Hilfslieferungen an Deutschland, wie das nach 1919 geschehen war. So wurden in Jalta schließlich deutsche Leistungen »in größtmöglichem Umfang« vereinbart — in Form von demontierten Produktionsanlagen, von Warenlieferungen aus laufender Produktion und von Zwangsarbeit[33]. — Nicht Morgenthaus Einfluß also, sondern vor allem den russischen Reparationsforderungen verdankte die zunächst restriktive Wirtschaftspolitik der Besatzungsmächte ihre Grundlage!

Genau gesehen gab es in Jalta keine Beschlüsse im engen Wortsinn, sondern nur Optionen zur Deutschlandpolitik. Diesen Unterschied vergißt oder leugnet man oftmals in den Geschichtsbüchern. Mehr noch: Es hat sich im politischen Sprachgebrauch eingebürgert, von der in Jalta (angeblich) beschlossenen Teilung Europas zu sprechen. Auch diese Behauptung ist schlichtweg falsch.

Was Deutschland betrifft, sollte die Teilungsfrage in einem speziellen Dreimächteausschuß behandelt werden. Dieser Ausschuß hat jedoch nie getagt und wurde bald stillschweigend aufgelöst. Auch in der Reparationsfrage wurde trotz konkreter Einzelheiten und der anvisierten Gesamtsumme von 20 Milliarden Dollar nur die Kompetenz eines einzusetzenden Ausschusses umrissen. Churchill ließ seinen Vorbehalt gegen derartige Zahlen vor einer Bestandsaufnahme der deutschen Leistungsfähigkeit im Protokoll vermerken. Strittige Einzelheiten wurden aufgeschoben, um Stalin bezüglich Osteuropa verhandlungsbereit zu halten und seinen Kriegseintritt gegen Japan sicherzustellen.

Roosevelt und seine Berater wußten damals sehr wohl, wie gefährdet ihr großes Ziel der Zusammenarbeit mit den Sowjets bereits war. Der russische Vormarsch in Osteuropa konfrontierte die Westmächte mit einer Realität, deren böse Vorahnungen sie bislang verdrängt hatten. Ohne konkrete Druckmittel in der Hand zu halten, verlangten die beiden Westmächte in Jalta ein wesentliches Mitspracherecht bei der Verwirklichung von Selbstbestimmung in den osteuropäischen Staaten. In der Tat stimmte Stalin ausdrücklich zu, daß erstens in Polen sehr bald freie, demokratische Wahlen abzuhalten seien und daß zweitens in ganz Osteuropa die in Jalta verabschiedete »Erklärung für das befreite Europa« zu gelten habe. Dabei war durchaus klar, daß man zumindest bis zum Ende des Krieges Stalin zur Einhaltung dieser Versprechen nicht zwingen konnte. Aber welche Alternativen zu derartigen Verpflichtungen und Anreizen hätte es gegeben?

Von Leichtgläubigkeit oder Blauäugigkeit gegenüber Stalin konnte keine Rede sein. Beispielsweise wies bereits im Mai 1944 eine strategische Studie des amerikanischen Generalstabs auf die durch den Vormarsch der Sowjets entstandene militärische Pattsituation hin, in der die USA zwar Großbritannien verteidigen, aber die Sowjetunion nicht mehr besiegen konnten[34]. Eine Bestandsaufnahme der sowjetisch-amerikanischen Beziehungen, die das State Department vor Jalta erstellte, riet dem Präsidenten, die amerikanische Öffentlichkeit auf gewisse unerfreuliche, aber kaum zu vermeidende Entscheidungen vorzubereiten. Die sowjetischen Annexionen östlich der Curzon-Linie und eines Teiles von Ostpreußen müßten schließlich einmal diplomatisch anerkannt werden. Dafür solle der Westen wenigstens einen »provisorischen Sicherheitsrat für Europa« und frei gewählte Regierungen in Osteuropa verlangen. Im Interesse des Friedens und um Stalin zum Kriegseintritt gegen Japan zu bewegen, seien diese Zugeständnisse allerdings unumgänglich[35].

Neben dem Tauschangebot einer Anerkennung von Annexionen im Gegenzug zu frei gewählten Regierungen in Osteuropa, einem System kollektiver Sicherheit und Roosevelts unbestimmter Anwendung von »Einfluß« wurde ein vierter Weg mittels langfristiger Kredite diskutiert. Dazu waren 1943 und 1944 im Finanzministerium Überlegungen angestellt worden. Man wollte die Sowjets durch günstige Anleihen in das neue Weltwirtschaftssystem von Bretton Woods einbinden. Aber Stalin lehnte ab[36]. Auf Molotows Ersuchen vom 3. Januar 1945 um einen 6-Milliarden-Dollar-Kredit drängte Morgenthau, der Sowjetunion 10 Milliarden Dollar zu leihen, um amerikanische Arbeitsplätze und russische Rohstofflieferungen zu sichern, gleichzeitig aber auch Rußland in Abhängigkeit zu US-Technologien zu bringen. Aber in Jalta wurde die Kreditfrage nur beiläufig erwähnt. Der Versuch, über Wirtschaftshilfe für eine militärisch siegreiche Sowjetunion das nachzuholen, was man zuvor gegenüber einer bedrängten Sowjetunion versäumt hatte, mußte scheitern. Denn Stalin konnte sich einen Verzicht auf derartige Angebote leisten. Er hatte nicht auf eine demokratische Öffentlichkeit Rücksicht zu nehmen, die Wohlstandsprogramme für heimkehrende Soldaten verlangte. Als Diktator einer wirtschaftlich rückständigen Macht war er vermutlich an einem blühenden Welthandel nicht sonderlich interessiert.

Aus der Sicht der Washingtoner Bürokratie war Jalta ein Erfolg für das Außenministerium. Roosevelt hielt sich weitgehend an dessen Ratschläge und beauftragte am 28. Februar 1945 das Außenministerium, »die Verantwortung zu übernehmen für die Durchführung der Beschlüsse der Krim-Konferenz, ausschließlich natürlich der militärischen Belange«. Andere Regierungsstellen mögen konsultiert werden »in Angelegenheiten, die ihre jeweilige Zuständigkeit berühren«[37]. Damit war offensichtlich Morgenthau gemeint.

Unter Berufung auf diesen Auftrag entstand ein Memorandum, das als Grundlage einer Direktive für Deutschland gedacht war. Roosevelt unterzeichnete es am 10. März 1945 mit dem üblichen »ok FDR«[38]. Der Entwurf sollte den amerikanischen Regierungsstellen als Richtlinie dienen, nach der die weiteren Verhandlungen mit den Verbündeten zu führen seien. Ein Lenkungsausschuß auf Staatssekretärsebene, unter der Federführung des Außenministeriums, sollte auf dieser Grundlage die einzelnen Weisungen vorbereiten.

Entgegen der bisherigen Fassung von JCS 1067, die eine weitgehende Autonomie des Zonenkommandeurs vorsah, wurde nun ein Alliierter Kontrollrat als oberste Regierungsgewalt definiert, für dessen Beschlüsse die Zonen lediglich ausführende Verwaltungseinheiten darstellten. Dies entsprach der kurz vor Jalta unterschriebenen Vereinbarung über die zu bildenden Besatzungszonen, und es trug dem Bemühen nach einer einheitlichen alliierten Besatzungspolitik Rechnung[39]. Sodann ging man jetzt von einer Zuständigkeit der Besatzungsmächte für die deutsche Wirtschaft aus. Die Notwendigkeit einer zentralen Verwaltung der vier Zonen als einheitlichem Wirtschaftsgebiet ergab sich aus den Reparationsvereinbarungen von Jalta und dem zu erwartenden Problem der Lebensmittelversorgung. Während die zu demontierende Kriegsindustrie ihren Schwerpunkt in der britischen Zone hatte, waren die amerikanische und britische Zone auf die Agrarressourcen der Sowjetzone angewiesen.

Das Kriegsministerium allerdings sah in der wirtschaftlichen Verantwortung für die deutsche Bevölkerung und in der Zentralverwaltung eine Einschränkung des Handlungsspielraumes der US-Militärregierung und somit einen Rückschritt hinter das Debakel vom Sommer 1944. Gemeinsam mit dem Finanzministerium, wenn auch aus völlig anderen

Motiven, sträubte sich das Kriegsministerium gegen diese Vorlage. Roosevelt berief sich erneut darauf, das unterzeichnete Papier nicht gelesen zu haben und ordnete am 20. März 1945 die Ausarbeitung eines gemeinsamen Grundlagenpapiers an, das einem Staatssekretärausschuß am 23. März 1945 vorgelegt und von ihm unterzeichnet wurde. Auf der Grundlage dieses Memorandums wurde schließlich die endgültige Direktive in der Fassung JSC 1067/6 erstellt, die nach abermaligen Abänderungen von Präsident Truman am 11. Mai 1945 unterzeichnet wurde[40].

Noch immer hoffte Morgenthau auf eine Chance, seinen Plan durchzusetzen. Aber der Präsident brachte deutlich zum Ausdruck, daß er nicht die gesamte deutsche Schwerindustrie samt Bergwerken vernichten wollte. Er sagte dem Ausschuß:

»Ich möchte die deutsche Industrie nicht auslöschen — keineswegs. [...] Ich möchte, daß sie [die Deutschen] ihren Charakter verändern, aber ich möchte sie nicht auslöschen. [...] Ich möchte die deutsche Industrie erhalten wissen, soweit es zu ihrer [der Deutschen] Ernährung notwendig ist und damit sie uns nicht zur Last fallen[41].«

Das Einigungspapier legte schließlich den Kontrollrat als oberste Instanz fest. Bei Entscheidungsunfähigkeit habe allerdings der Zonen-Kommandeur die Freiheit, für seine Zone allein zu handeln. Wirtschaft und Verwaltung seien zu dezentralisieren, bestimmte Kompetenzen blieben zentral beim Kontrollrat, die Wirtschaftsgüter seien gleichmäßig auf die vier Zonen zu verteilen. Alliierte Wirtschaftstätigkeit habe sich zu beschränken auf die Erfordernisse der befreiten Länder, der Besatzungsmächte, der Displaced Persons (DPs) — das waren befreite deutsche Zwangsarbeiter und nicht-deutsche Hilfstruppen — und bezüglich der deutschen Bevölkerung auf die Vermeidung von »Seuchen und Unruhen«. Das Reparationsprogramm dürfe kein Grund für erhöhte Industrieproduktion sein. Im übrigen müßten sich die Deutschen selbst verwalten.

Inzwischen war jedoch Roosevelt verstorben, und sein Nachfolger, der bisherige Vizepräsident Harry Truman, war nicht gewillt, Morgenthaus Agrarisierungsträume noch länger zu debattieren. Als Morgenthau verlangte, er müsse der Delegation für das nächste Treffen der Großen Drei (in Potsdam) angehören, andernfalls würde er sein Amt niederlegen, reagierte Truman am 5. Juli 1945 und sprach prompt die Entlassung des Finanzministers aus[42]. Daß der Neuling im Präsidentenamt einen für mächtig gehaltenen alten Kampfgefährten Roosevelts derart abrupt zu entlassen vermochte, war ein letzter Beweis für die Selbstüberschätzung Morgenthaus.

Wie sind diese amerikanischen Deutschland-Kontroversen im Rückblick einzuschätzen? Ohne Zweifel hatten es die nüchternen Deutschlandplaner schwer, gegen die emotionsgeladene amerikanische Öffentlichkeit anzusteuern. Letzten Endes aber behielten sie eben doch die Oberhand. Dabei gab es zwei Faktoren, die schließlich wesentliche Veränderungen der amerikanischen Deutschlandpolitik erzwingen sollten: die tatsächlichen Verhältnisse in Deutschland, welche immer wieder den Prämissen der Planungen widersprachen, und das spätere Fehlschlagen einer gemeinsamen alliierten Politik.

Bei Licht besehen kann es kaum verwundern, daß die amerikanische Politik nicht primär auf die Förderung deutscher Interessen zugeschnitten war. Erklärungsbedürftig ist schon eher die Tatsache, daß man den populistischen anti-deutschen Forderungen widerstand. Dafür wurden zwei Gründe bereits genannt: Erstens erkannte man, daß Deutschland beinahe zwangsläufig im künftigen Europa ein wichtiger Machtfaktor sein würde — außer man würde eine brutale Vernichtungs- und Zerschlagungsaktion ins Werk setzen, die mit dem ethischen Selbstverständnis westlicher Demokratien nicht vereinbar gewesen wäre. Und zweitens hätte ein über die Maßen geschwächtes Deutschland ein Vakuum dargestellt, in das nach Lage der Dinge nur die bekanntermaßen expansionistische und brutal-diktatorische Sowjetunion eingedrungen wäre — mit dem Ergebnis, daß auch das übrige westliche Europa kaum noch sicher gewesen wäre. An eine langfristige Militärpräsenz in Europa war damals in Washington nicht zu denken. Damit erklärt sich das oft zitierte und von den Sowjets als eine Art Rückzugsverpflichtung aufgefaßte Wort Roosevelts in Jalta: »Ich kann das Volk und den Kongreß dazu bringen, voll für den Frieden zu arbeiten, aber nicht dazu, über lange Zeit in Europa eine Armee zu erhalten. Zwei Jahre wären die Grenze[43].«

Um es zu wiederholen: Die oberste Maxime amerikanischer Deutschlandpolitik war die Fortsetzung der Zusammenarbeit mit den Kriegsverbündeten, also auch der Sowjetunion, wobei möglichst das Gewicht der Westeuropäer gegenüber der Sowjetunion gestärkt werden sollte.

Aufgrund dieser Zielsetzung lehnte man eine politische Teilung Deutschlands ab, während man gleichzeitig bereit war, eine Art von Kollektivstrafe über die Deutschen zu verhängen, und zwar hauptsächlich in der Form der an Polen und Rußland abzutretenden Ostgebiete[44]. Auch die Demontagepolitik war in erster Linie an den sowjetischen Reparationsforderungen orientiert und an dem Bestreben, den Wiederaufbau der befreiten Länder zu fördern. Aus ähnlichen Überlegungen entstand die vorübergehende Einschränkung des deutschen Lebensstandards. Entgegen Eisenhowers Wunsch wurde die Militärregierung doch für die deutsche Zivilwirtschaft zuständig, mit der Folge übrigens, daß entgegen aller »guten« Vorsätze bereits Monate vor der Potsdamer Konferenz amerikanische Lebensmittellieferungen erfolgten, um »Seuchen und Unruhen« in Deutschland zu verhindern.

Für Staat und Gesellschaft wurde eine Revolution von oben, das heißt eine in geordneten Bahnen verlaufende, ebenso rasche wie radikale Umgestaltung, geplant. Alle Ansätze zu einem Bürgerkrieg wären übrigens sofort mit einer Wiederaufnahme von Bombardierungen erstickt worden (dieser Teil der Planungen sollte sich jedoch als überflüssig erweisen). Man bereitete einen weitestgehenden Eliteaustausch vor. Nach der Entfernung von Nationalsozialisten, Militaristen und Ultranationalisten aus allen Ämtern sollten sich möglichst früh Anti-NS-Gegner politisch betätigen können, da — so kalkulierte man — unter dem unmittelbaren Eindruck der Niederlage die Ablehnung des Nationalsozialismus am größten sei. Nicht die geschätzten 6 Millionen NSDAP-Mitglieder in ihrer Gesamtheit, sondern nur die auf 2 Millionen taxierten Führungskader von Staat, Militär, Wirtschaft und Gesellschaft waren vorrangig zur Zwangsarbeit heranzuziehen[45]. Im Bildungssystem hieß es, »die Nazidoktrinen auszumerzen und demokratische Werte einzuprägen«, allerdings wollte man die Einzelheiten den Deutschen selbst überlassen. Indoktrination durch ausländische Lehrer mußte unterbleiben. Die »psychologische Abrüstung des deutschen Volkes, erträgliche wirtschaftliche Bedingungen und die Entwicklung stabiler politischer Verhältnisse« bildeten das Ziel dieser politisch-sozialen Revolution. Langfristige Kontrollen durch die Siegermächte wären nach Abklingen der martialischen Bevölkerungsstimmung kaum aufrechtzuerhalten gewesen, wie die Zeit nach 1918 gezeigt hatte. Um die neue Elite nicht zu diskreditieren, wurde als Zukunftsziel eine Einordnung Deutschlands in die friedliche Völkerfamilie herausgestellt; eine neue Kriegsschuldklausel müsse vermieden werden.

Für den inneren ebenso wie für den äußeren Rahmen dieser Umgestaltung Deutschlands hatten die Amerikaner ebenfalls detaillierte Vorstellungen: Preußen war in mehrere Einheiten zu zerlegen, die zu Teilen eines föderalen Staatsgebildes werden sollten. Ein funktionsfähiger Föderalismus hatte ausreichend die Zentralgewalten zu respektieren. Im übrigen wußte man, daß Dezentralisierung alleine nicht den Frieden und die Demokratie schützte. Denn auch das Bismarckreich war aggressiv gewesen, und die kleinen autonomen Provinzen hatten den Nationalsozialisten als Basis für Angriffe auf das Reich gedient. Auch schätzten sie die traditionell demokratisch gesinnten Gruppen eher zentralistisch ein. Deutschland sollte in den Grenzen von 1937 vereinigt bleiben, allerdings mit erheblichen Gebietsabtretungen im Osten samt Bevölkerungstransfer. Polen wollte man Ostpreußen, Danzig, Oberschlesien und Ostpommern zusprechen. Bei starkem Druck zugunsten weiterer Abtretungen an Polen erschien es »nicht opportun für die Vereinigten Staaten, einem derartigen Vorschlag entgegenzutreten«. Polen würde etwa 4,1 Milliarden Deutsche, die Tschechoslowakei über 1,5 Millionen vertreiben. Auch diesem Verlangen wollten sich die USA nicht verschließen, da es auf vermeintlich größere Stabilität in Europa hinzielte[46].

Die stärkste langfristige Garantie für ein friedliches Deutschland sah man in den vorzuschreibenden ökonomischen Rahmenbedingungen. Deutschland solle nicht nur am Welthandel teilnehmen, sondern ausdrücklich und in erheblichem Umfang von ihm abhängig werden. Dahinter stand die Vorstellung, Hitlers Aufrüstung sei primär durch die deutschen Kartelle und die Autarkiebestrebungen möglich geworden. Damit seien die kleineren Nachbarn in wirtschaftliche Abhängigkeit gebracht und gleichzeitig die erforderlichen Rohstoffe gesichert worden[47]. In einer Denkschrift hieß es dazu: »Unser letztendliches Ziel bezüglich der wirtschaftlichen Behandlung Deutschlands sollte sein: 1. Die Abschaffung der deutschen Autarkie und 2. die Ausschaltung der Instrumente der deutschen wirtschaftlichen Aggression[48].« Wichtige Importe waren primär gegen Exporte zu verrechnen, um eine Subvention der Besatzungswirtschaft durch die Alliierten zu vermeiden. Dieses »first charge«-Prinzip sollte zu einem Kernproblem der alliierten Besatzungswirtschaft werden, weil es hier um die Frage ging, ob bestimmte Reparationen erst entnommen werden konnten, nachdem die wichtigsten Importe durch Exporterlöse finanziert worden seien[49]. Mit diesen Exporterlösen hofften die USA ihre Besatzungskosten zu begleichen. In dem Maße, in dem diese Erlöse ausblieben, würden die

USA die anderen Besatzungsmächte, ja sogar Deutschland selbst, subventionieren, denn die meisten wichtigen Importe und das Geld, sie zu bezahlen, konnte nach Lage der Dinge nur aus den USA kommen.

Wie läßt sich diese im Vorfeld der Konferenzen der »Großen Drei« in Jalta und Potsdam konzipierte amerikanische Deutschlandplanung zusammenfassend charakterisieren? In ihrem Kern war sie eine aufgeklärte Machtpolitik, zugeschnitten auf die Situation der USA als einer neuen Weltmacht, die diesen Status durch ökonomische Vorherrschaft, durch eine herausgehobene Position in den Organen internationaler Kooperation (UNO, Weltbank, Rat der Außenminister usw.) und durch eine Führungsrolle ideologisch-zivilisatorischer Art durchsetzen wollte — letzteres durch Zurschaustellung jenes »American way of life«, den bereits während des Krieges die amerikanischen Streitkräfte beinahe weltweit verbreiteten. Sie traten als Beschützer, als Befreier und als Lieferanten von Kriegsmaterial und Lebensmitteln auf. Überall beeindruckte dieser Reichtum, aber auch die offensichtliche Uneigennützigkeit, mit der er verteilt wurde.

Während man bei den Briten und den Sowjets stets irgendwelche imperiale Absichten sehen konnte oder wenigstens vermuten durfte, stellte das amerikanische Auftreten in fremden Ländern ein völlig neuartiges Verhalten einer Großmacht dar.

Insofern waren die Amerikaner und das, wofür sie standen, nicht nur ein Gegenmodell zum Faschismus, Nationalsozialismus und Bolschewismus, sondern auch eine Herausforderung für Großbritannien und die zu befreienden westeuropäischen Demokratien, von denen damals Frankreich, Belgien und die Niederlande noch Kolonialmächte bleiben wollten. Für alle freiheitlich-demokratischen politischen Kräfte Europas, und damit auch Deutschlands, lieferten die USA den Beweis, daß materieller Wohlstand und liberale Demokratie möglich und sogar zu einer gewaltigen Militärmacht kombinierbar waren. Diese Realität widerlegte im Grundsatz nicht nur die damaligen Totalitarismen, sondern auch jene Fülle von intellektuellen Exkulpationen und schlichtweg nihilistischen Ausreden, mit denen Menschen unterschiedlichster Lebenslagen in den 1920er und 1930er Jahren begründet hatten, warum sie die Demokratie für unzulänglich und die Diktatur für »unausweichlich« hielten. Derartige Zweifel an der liberalen Demokratie waren übrigens auch in den Reihen des deutschen Widerstandes gegen das Hitler-Regime weit verbreitet. Gerade für die Deutschen spielte deshalb dieser Anschauungsunterricht eine besondere psychologische Rolle.

Die als Ausweichen vor dieser Realität immer wieder, hauptsächlich von Deutschen, behauptete amerikanische Einfältigkeit und Naivität im Umgang mit Stalin ist erfunden. Damit wird nur in völlig realitätsferner Weise gefordert, die Amerikaner hätten jenes über Osteuropa gebrachte Unglück ungeschehen machen sollen, welches die deutsche Politik und Kriegführung gegenüber Stalins Sowjetunion verursacht hatte. Durch den Hitler-Stalin-Pakt war an die Sowjets ein großer Teil Ostmitteleuropas bereits verschachert worden. Anschließend hatte Hitlers ebenso verbrecherische wie politisch-strategisch wahnsinnige Kriegführung die Möglichkeit einer Zurückdrängung des Sowjetkommunismus verspielt. Die Folge war eine unabsehbare Periode kommunistischer Diktatur östlich der Elbe, die letztlich ein halbes Jahrhundert dauerte.

So bitter es war, 1945 wären selbst die USA nicht in der Lage gewesen, gegen die Sowjetunion Krieg zu führen, um damit Osteuropa und das kontinentale Ostasien dem sowjetischen Zugriff zu entwinden. Selbst während des tiefsten Kalten Krieges und dem kurzen Zeitfenster großer nuklearer Überlegenheit hat es in Washington niemals derartige Pläne gegeben[50]. Trotz aller ihrer Fehler, das sei hier angemerkt, hat die amerikanische Weltmachtpolitik nach 1941 nie wirklich die für sie typische Maxime der freiwilligen Selbstbeschränkung von Macht vergessen — jene Maxime also, die vielen Deutschen im Schmerz und in der maßlosen Enttäuschung der Niederlage von 1945 nicht ohne weiteres einleuchtete.

Somit bestanden die Hypotheken amerikanischer Deutschlandplanung in einer taktierenden Hinnahme der mit massenhaften Verbrechen begleiteten Vertreibung von Deutschen aus dem Osten — in der Erwartung, damit die osteuropäischen Nationalstaaten zu stärken und Stalin nicht als einzigen Förderer ihrer nationalen Ambitionen gelten zu lassen. Tatsächlich erleichterte jedoch dieser barbarische Akt nur noch die Sowjetisierung dieser Staaten.

Mag es auch zu der schließlich Jahrzehnte währenden Gefangenschaft der Osteuropäer keine politisch akzeptable Alternative gegeben haben, so wirkte sie doch zunächst stark belastend auf die europäisch-amerikanischen Beziehungen. Auch nach dem offenen Ausbruch des Kalten Krieges im Jahr 1948 (Prager Putsch, Berlinblockade) und der mehr oder weniger brutalen Befestigung der Sowjetherrschaft (im Ostdeutschen Aufstand 1953, im Ungarnaufstand 1956, im Prager Frühling von 1968 usw.) wurde man in Westeuropa nie den tiefsitzenden Verdacht los, die Amerikaner würden sich noch einmal wie 1945 mit den Sowjets über Europa verständigen. Von dieser Furcht war die Politik von Konrad Adenauer, Charles de Gaulle und Willy Brandt — um nur wenige zu nennen — ebenso sehr gekennzeichnet wie insgesamt die europäische Integration, die vielen NATO-Krisen und vieles andere mehr in der europäischen Nachkriegspolitik.

Im Vergleich dazu fällt weitaus weniger ins Gewicht, was an vermeintlichen oder tatsächlichen Fehlern beim inneren Umbau Westdeutschlands der amerikanischen Deutschlandplanung oftmals angekreidet wird, beispielsweise bei der Entnazifizierung, bei der Umstrukturierung von Kapital- und Grundbesitz sowie bei der Rekrutierung der Nachkriegseliten. Fünfzig Jahre nach Kriegsende ist klar, daß in keinem anderen Staat auch nur annähernd so viel »Bewältigung der Vergangenheit« stattfand wie in Westdeutschland, daß die alten Strukturen der NS-Herrschaft und die sie bedingenden Verhältnisse weitaus gründlicher zerstört wurden, als man in der ersten Nachkriegszeit erkennen (und realistischerweise erwarten) konnte, und daß im übrigen von den Deutschen selbst viele gesellschaftlich-wirtschaftliche Weichenstellungen verpaßt wurden. Dafür kann man die US-Deutschlandpolitik fairerweise nicht verantwortlich machen. Im Gegenteil, viele Reformen der Besatzungszeit — im Pressewesen, im Bildungssektor, im Wirtschaftsrecht usw. — wurden von ihnen geradezu gegen den massiven politischen Widerstand auch der »guten«, das heißt von NS-Taten nicht belasteten Deutschen durchgesetzt.

Sicherlich hat die Zeit vieles verklärt, aber es ist aus der Neueren Geschichte kein anderes Beispiel bekannt, daß sich eine siegreiche Weltmacht bei den Besiegten so viel Respekt und Zuneigung erwarb wie die Amerikaner bei den Deutschen. Deutschland, das seit 1990/91 mehr und mehr in die Rolle einer europäischen Großmacht gedrängt wird, spürt bereits heute, wie schwierig es ist, der Rolle einer großen Macht gerecht zu werden[51]. Um so lehrreicher sind heute die weit vorausschauenden konzeptionellen Leitlinien der amerikanischen Nachkriegsplanung von 1942—1945. Sie sind nichts weniger als verkannte Klassiker des weltpolitischen Denkens, die es verdienen, für unsere eigene Zeit des globalen Umbruches wiederentdeckt zu werden.

Anmerkungen

1 Dieser Aufsatz stützt sich teilweise auf mein Buch: General Lucius D. Clay und die amerikanische Deutschlandpolitik, 1945—1949, Stuttgart ²1988. Vgl. die Biographien der beiden amerikanischen Hochkommissare in Deutschland: Thomas A. Schwartz, Die Atlantik-Brücke, John McCloy und das Nachkriegsdeutschland, Frankfurt a. M., Berlin 1992; James Hershberg, James Conant and the Birth of the Nuclear Age, New York 1993. Zum größeren Kontext siehe Gerhard L. Weinberg, A World at Arms. A Global History of World War II, Cambridge 1994; Wolfgang Krieger, Die Deutschlandpolitik der amerikanischen Besatzungsmacht 1943—1949, in: Die USA und die deutsche Frage, hrsg. von Wolfgang-Uwe Friedrich, Frankfurt a. M. 1991; Hermann-Josef Rupieper, Der besetzte Verbündete. Die amerikanische Deutschlandpolitik 1949—1955, Opladen 1991; Lloyd C. Gardner, Spheres of Influence. The Partition of Europe from Munich to Yalta, London 1993.
2 Kennan lieferte allerdings die elegante intellektuelle Ausformulierung, siehe Wilson D. Miscamble, George F. Kennan and the Making of American Foreign Policy 1947—1950, Princeton 1992.
3 Vgl. Legenden, Lügen, Vorurteile: Ein Wörterbuch zur Zeitgeschichte, hrsg. von Wolfgang Benz, München 1992. Benz stellt dort zu Recht fest: »Für die spätere Besatzungs- und Deutschlandpolitik blieb der Morgenthau-Plan ohne jede Bedeutung« (S. 155).
4 Auch die typisch deutsche Kritik am Nürnberger Kriegsverbrecherprozeß von 1945/46 ist hier zu nennen.
5 John L. Gaddis, The Emerging Post-Revisionist Synthesis on the Origins of the Cold War, in: Diplomatic History, 7 (1983), No. 3, S. 171—204 (mit Stellungnahmen anderer Historiker); Robert J. Maddox, The Rise and Fall of Cold War Revisionism, in: The Historian, 46 (1984), S. 416—28; Jerald A. Combs, Cold War Historiography: An Alternative to John Gaddis's Post-Revisionism, in: SHAFR Newsletter (June 1984), S. 9—19.
6 Morgenthau Diary (Germany), ed. by Anthony Kubek, Committee on the Judiciary, U. S. Senate, 2 vols, Washington, DC 1967; John Morton Blum, Roosevelt and Morgenthau, Boston, MA 1970; Swords or Ploughshares? The Morgenthau Plan for Defeated Germany 1943—46, ed. by Warren F. Kimball, Philadelphia, PA 1976.
7 Morgenthau Diary (wie Anm. 6), S. 354—357.
8 Ebd., S. 356.
9 Barry M. Katz, Foreign Intelligence. Research and Analysis in the Office of Strategic Services 1942—1945, Cambridge, Mass. 1989; Geheimdienstkrieg gegen Deutschland. Subversion, Propaganda und politische Planungen des amerikanischen Geheimdienstes im Zweiten Weltkrieg, hrsg. von Jürgen Heideking und Christoph Mauch, Göttingen 1993.
10 Zu den Planungsgremien insgesamt vgl.: Postwar Foreign Policy Preparations 1939—1945, ed. by Harley Notter, Washington, DC 1949, repr. 1975; Philip E. Mosley, Dismemberment of Germany. The Allied Negotiations from Yalta to Potsdam, in: Foreign Affairs, 28 (1950), S. 487—498.

[11] Keith Eubank, Summit at Teheran. The Untold Story, New York 1985; John Wheeler-Bennett and Anthony Nicholls, The Semblance of Peace. The Political Settlement After the Second World War, London 1972; zur sowjetischen Politik vgl: R. C. Raack, Stalin Plans his Postwar Germany, in: Journal of Contemporary History, 28 (1993), S. 53—73.
[12] Text in: Foreign Relations of the United States (FRUS), The Conference at Quebec 1944, Washington, DC 1972, S. 49—72.
[13] Ebd., S. 72.
[14] Paul Y. Hammond, Directives for the Occupation of Germany. The Washington Controversy, in: American Civil-Military Decisions. A Book of Case Studies, ed. by Harold Stein, Montgomery, Ala. 1963, S. 311—464.
[15] Morgenthau Diary (wie Anm. 6), S. 414
[16] Vgl. die in Anm. 9 erwähnten Veröffentlichungen von Katz und Heideking/Mauch.
[17] Morgenthau Diary (wie Anm. 6), S. 438—440; Earl Ziemke, The U.S. Army in the Occupation of Germany 1944—1946, Washington, DC 1975, S. 83—90.
[18] Morgenthau Diary (wie Anm. 6), S. 445.
[19] Ebd., S. 503—509, 517—521.
[20] Ebd., S. 519—521, 548—554; FRUS Quebec (wie Anm. 12), S. 98—100; Henry L. Stimson and McGeorge Bundy, On Active Service in Peace and War, New York 1948, S. 330.
[21] Morgenthau Diary (wie Anm. 6), S. 620—621; vgl.: Martin Gilbert, Winston S. Churchill, vol. 7: Road to Victory, 1941—1945, London 1986.
[22] Wheeler-Bennett/Nicholls, The Semblance of Peace (wie Anm. 11), S. 174—187.
[23] FRUS, Diplomatic Papers. The Conferences at Malta and Yalta, 1945, Washington, DC 1955, S. 155.
[24] Hammond, Directives (wie Anm. 14), S. 384; vgl. Walter L. Dorn, The Debate Over American Occupation Policy in Germany in 1944—1945, in: Political Science Quarterly, 72 (1957), S. 481—501.
[25] The Diaries of Edward R. Stettinius jr. 1943—1946, ed. by Thomas M. Campbell and George C. Herring, New York 1975, S. 203.
[26] Robert Murphy, Diplomat among Warriors, Garden City, NJ 1964, S. 227; FRUS, Malta and Yalta (wie Anm. 23), S. 158f. Auch im britischen Foreign Office hielt man es für wichtig, die britisch-sowjetische Allianz durch Zugeständnisse in der Deutschlandpolitik abzusichern. Grundlegend dazu: Lothar Kettenacker, Krieg zur Friedenssicherung. Die Deutschlandplanung der britischen Regierung während des Zweiten Weltkrieges, Göttingen 1989.
[27] Morgenthau Diary (wie Anm. 6), S. 656—658.
[28] F. S. V. Donnison, Civil Affairs and Military Government. North-West Europe 1944—46, London 1961, S. 198—201.
[29] Ziemke, Occupation (wie Anm. 17), S. 89f. Die von deutscher Herrschaft »befreiten Länder« erhielten alliierte Hilfeleistungen und konnten selbst über ihren politischen Wiederaufbau bestimmen. Österreich, ein Sonderfall, wurde als »befreites Land« behandelt, aber trotzdem von den vier Mächten besetzt.

[30] Foreign Relations of the United States 1945, vol. 3, Washington, DC 1968, S. 397—398.
[31] Winston S. Churchill, The Second World War, 6 vols., Boston, MA 1951—58, vol. 6/1, S. 209—211; allgemein dazu: Geir Lundestad, The American Non-Policy Towards Eastern Europe 1943—1947, New York 1975; Vojtech Mastny, Russia's Road to the Cold War. Diplomacy, Warfare, and the Politics of Communism 1941—1945, New York 1979; Adam B. Ulam, Expansion and Coexistence. Soviet Foreign Policy 1917—1973, New York 1974; Alexander Fischer, Sowjetische Deutschlandpolitik im Zweiten Weltkrieg, Stuttgart 1975; Hans-Erich Volkmann, Das Reich in den Konzeptionen der Siegermächte des Zweiten Weltkrieges und im politisch-rechtlichen Verständnis der Bundesrepublik, in: Deutschland in Europa, hrsg. von Bernd Martin, München 1992, S. 231—250.
[32] FRUS, Malta and Yalta (wie Anm. 23), S. 166—171.
[33] Ebd., S. 971—979.
[34] Ebd., S. 106—108; Foreign Relations of the United States. The Conference of Berlin (Potsdam Conference) 1945, vol. 1, Washington, DC 1960, S. 265. Tatsächlich war es Churchill, der die Amerikaner zu einem »Baltic Munich« drängte, wie Adolf Berle vom State Department es nannte. Vgl. John Lewis, The United States and the Origins of the Cold War, New York 1972, S. 15—16.
[35] FRUS, Malta and Yalta (wie Anm. 23), S. 93—96; vgl. Eduard Mark, American Policy towards Europe and the Origins of the Cold War 1941—1946. An Alternative Interpretation, in: Journal of American History, 68 (1981), S. 313—336. Churchill und Roosevelt drängten die polnische Exilregierung, die Curzon-Linie anzunehmen, die für Polen einen Verlust von ca. 181000 qkm Fläche bedeutete. Vgl.: Mastny, Russia's Road (wie Anm. 31), S. 167—182; Churchill and Roosevelt. The Complete Correspondence, 3 vols., ed. by Warren F. Kimball, Princeton, NJ 1984, vol. 3, S. 548ff.
[36] Morgenthau Diary (wie Anm. 6), S. 380f.
[37] FRUS, 1945, vol. 3 (wie Anm. 30), S. 433.
[38] Morgenthau Diary (wie Anm. 6), S. 952—956.
[39] FRUS, 1945, vol. 3 (wie Anm. 30), S. 179.
[40] Siehe dazu ebd., S. 369—511; Morgenthau Diary (wie Anm. 6), S. 1049, S. 1287—1303.
[41] Ziemke, Occupation (wie Anm. 17), S. 211—213; Morgenthau Diary (wie Anm. 6), S. 1075f.
[42] Harry S. Truman, Memoirs, 2 vols., New York 1955/56, Pb. 1965, vol. 1, S. 362f.; Ziemke, Occupation (wie Anm. 17), S. 214, Anm. 31.
[43] FRUS, Malta and Yalta (wie Anm. 30), S. 628.
[44] Alfred de Zayas, Nemesis at Potsdam. The Anglo-Americans and the Expulsion of the Germans, London 1977, S. 8—14.
[45] FRUS, Malta and Yalta (wie Anm. 30), S. 182f.
[46] Ebd., S. 183, S. 186—190.
[47] Morgenthau Diary (wie Anm. 6), S. 1444—1454.
[48] FRUS, Malta and Yalta (wie Anm. 30), S. 190.

[49] Ebd., S. 191. Vgl. John H. Backer, The Decision to Divide Germany. American Foreign Policy in Transition, Durham, NC 1978, S. 44f. und passim.

[50] Wolfgang Krieger, American Security Policy in Europe before NATO, in: NATO, the Founding of the Atlantic Alliance, and the Integration of Europe, eds.: Francis Heller and John Gillingham, New York 1992; McGeorge Bundy, Danger and Survival. Choices about the Bomb in the First Fifty Years, New York 1988.

[51] Dazu Hans-Peter Schwarz, Zur Großmacht verdammt. Deutschlands Rückkehr auf die Weltbühne, Berlin 1994.

Lothar Kettenacker

Der britische Rahmenplan für die Besetzung Deutschlands und seine unerwarteten Folgen

Die unerwartete Wiederherstellung der nationalen Einheit Deutschlands hat das Ausland erneut mit einem politischen Aggregatzustand in der Mitte Europas konfrontiert, der die Erinnerung an die Zeit der Weltkriege wachruft. Daß diese Katastrophen auf das Deutsche Reich zurückgeführt werden, genauer auf die durch die Fusion von 1870/71 verursachte Freisetzung politischer Kernenergie in diesem Raum, ist vielen Bundesbürgern heute keineswegs hinreichend bewußt. In Großbritannien ist die Erinnerung an den letzten Weltkrieg noch besonders lebendig: Sie hat eine geradezu mythische, auf jeden Fall identitätsstiftende Dimension angenommen. Erst unter Aufbietung aller Kräfte und nur im Bündnis mit mächtigeren Alliierten konnte Hitler-Deutschland niedergerungen werden. Der Sieg war teuer erkauft: mit der totalen finanziellen Erschöpfung des Landes[1], das fortan auch in Friedenszeiten auf amerikanische Unterstützung angewiesen war, und der forcierten Dekolonisierung des Empire. Ist es da nicht naheliegend zu fragen: Welche Kriegsziele verfolgte Großbritannien gegenüber Deutschland, abgesehen von dem erklärten und am 7. Mai 1945 erreichten Hauptziel, der bedingungslosen Kapitulation des Reiches? Wie nehmen sich die weniger klar definierten Erwartungen 50 Jahre nach Kriegsende aus?

Man kann auf diese Fragen schlichte Antworten geben, die nicht weniger zutreffend sind als die komplizierten, die historisch aufschlußreicher sein mögen. Aus den einfachen Antworten lassen sich immerhin klare Schlußfolgerungen ziehen: Ja, das ist eingetroffen! Nein, das war eine Illusion!

Um das Ergebnis vorwegzunehmen: die Bilanz der populistischen Kriegsziele kann sich sehen lassen, ganz im Unterschied zu den Antworten auf die komplexeren Fragen. Winston Churchill, von allen Historikern gerne als Kronzeuge zitiert, stellte eine Forderung auf, die keineswegs so polemisch-nichtssagend ist, wie sie klingt. Er suchte am 21. September 1943 im Unterhaus zu erklären, warum er das italienische Volk, das gerade kapituliert hatte, mit anderen Augen betrachtete, als das deutsche. Mit der Behauptung »The core of Germany is Prussia«[2] gab er sich als Anhänger der preußischen Geschichtslegende zu erkennen. Er geißelte den »teutonischen Herrschaftstrieb«, der die Welt fünfmal im Laufe zweier Generationen in Kriege gestürzt habe, in Angriffs- und Expansionskriege. So konnte die Schlußfolgerung nur lauten: »Nazityranny and Prussian militarism are the two main elements in German life which must be absolutely destroyed. They must be absolutely rooted out if Europe and the world are to be spared a third and still more frightful conflict.«

Churchill, der in beiden Weltkriegen Verantwortung getragen hatte, wollte ein Fazit aus seinen Erfahrungen mit den Deutschen ziehen. Hitler und sein Regime würden am Ende des Krieges in der historischen Versenkung verschwinden. Wenn es nicht gelang, auch Preußen, dem preußischen Virus, der das deutsche Volk allem Anschein nach befallen hatte, den Garaus zu machen, war auch diese Kriegsanstrengung vergebens[3]. Churchills Ansichten zeigen, daß der Vansittartismus, die Anschauung vom zutiefst aggressiven und barbarischen Volkscharakter der Deutschen, in Großbritannien weitverbreitet war, wenn auch in unterschiedlicher Dosierung. Die Ideen Robert Vansittarts haben ganz gewiß zu der bis in die Gegenwart reichenden Vorstellung beigetragen, daß die Veranlagung der Deutschen politisch mehr ins Gewicht fällt, als die jeweilige Staats- oder Regierungsform. Noch Margaret Thatcher vermochte sich von diesem Gedanken nicht freizumachen; anders ist die Einberufung eines dieser Frage gewidmeten Experten-Seminars nach Chequers[4] nicht zu erklären. Vansittart war indes — und das wird meist übersehen — kein Rassist: Die Disposition der Deutschen war nicht unabänderlich: »Nothing in history is impossible. The soul of a people *can* be changed. Other peoples have performed the feat. Why not Germany? Because she has not yet really tried[5].« Es ist nicht bekannt, daß Vansittart eine besonders drastische Behandlung Deutschlands empfohlen hätte. Ihm war bewußt, daß der erwünschte Gesinnungswandel (»fundamental change of soul«) letztlich nicht von außen erzwungen werden konnte. Gewiß, die bedingungslose Kapitulation Deutschlands und seine flächenmäßige Besetzung waren unabdingbare Voraussetzung, aber diese Kriegsziele wurden auch von vielen Experten befürwortet, die mit Vansittart nichts zu tun haben wollten. Den Deutschen mußte eine Lektion erteilt werden, die sie nie wieder vergessen würden, nämlich »that Prussianism or Hitlerism organizing for periodical war is neither a pleasant nor profitable System«[6]. Diese Auffassung vertrat schon zu Anfang des Krieges Sir Alexander Cadogan, der Vansittart als leitender Staatssekretär im Foreign Office abgelöst hatte, nicht zuletzt wegen seines nüchterneren, pragmatischeren Wesens. Die britische Zielsetzung war primär negativ und kommt in den Forderungen nach *De-militarisation*, *De-nazification*, *Re-education* am deutlichsten zum Ausdruck. Man wollte von Deutschland im Grunde nichts weiter, als daß es seine Nachbarn in Ruhe, in Frieden ließ; alles weitere war Sache der Deutschen selbst. Das liberale Politikverständnis verbot es, der deutschen Gesellschaft eine bestimmte Regierungsform, wie etwa das Westminster-Modell, zu oktroyieren. Es wäre auch denkbar gewesen, daß es Großbritannien vor allem auf die Ausschaltung eines Wirtschaftskonkurrenten ankam, wie dies immer wieder von deutscher Seite unterstellt wurde. Dafür gibt es jedoch keine stichhaltigen Beweise. Wohl aber ist belegt, daß sich das Schatzamt schon 1942/43 die wirtschaftliche Gesundung Deutschlands nach dem Krieg angelegen sein ließ[7].

So wichtig es ist, sich die Motive der britischen Kriegszielpolitik vor Augen zu führen, über die historische Realität, das praktische Vorgehen unter widrigen Umständen, ist damit noch nichts gesagt. Im Falle Großbritanniens war die Diskrepanz zwischen Anspruch und Wirklichkeit, zwischen Kriegserklärung und Kriegsende deshalb besonders groß, weil der Großmachtstatus nicht durch entsprechende Machtressourcen abgesichert war. Er hing wesentlich von der Akzeptanz durch die anderen Großmächte ab. Immerhin war den Entscheidungsträgern von vornherein bewußt, daß ihr Land nie und nimmer aus eigener Kraftanstrengung einen Krieg gegen Hitler-Deutschland gewinnen konnte und deshalb auch kein Monopol auf die Formulierung der konkreten Kriegsziele hatte. Der zurückliegende Weltkrieg hatte gezeigt, daß es einer Allianz sämtlicher Großmächte bedurfte, um das Deutsche Reich in die Knie zu zwingen. Die britischen Entscheidungsträger der 1940er Jahre war in entscheidem Maße durch die eigene Fronterfahrung im Weltkrieg geprägt worden. Der verlustreiche Zermürbungskrieg erwies sich am Ende als sinnlos, weil er es nicht vermocht hatte, den Gegner endgültig zu ermatten; zwanzig Jahre später war der Feind erneut willens und in der Lage, Europa in einen Krieg zu stürzen. Die Entschlossenheit, die Fehler der Vergangenheit nicht zu wiederholen, okkupierte das Bewußtsein dieser Generation in solchem Maße, daß dadurch der Blick für die Erfordernisse der Gegenwart und Zukunft getrübt wurde. John Maynard Keynes, der berühmte Nationalökonom, hat als erster erkannt, daß die sogenannten Lehren der Vergangenheit mitunter durchaus kontraproduktiv sein können. Er stellte fest: »The chief thing that matters is that Ministers should not suppose that the chief thing that matters is to avoid the mistakes made last time[8].«

Die gravierendsten Entscheidungen im Zweiten Weltkrieg waren nicht das Ergebnis eines rationalen Diskurses über bestimmte Optionen; sie waren vielmehr allzu häufig Ausdruck unreflektierter Grundannahmen, die nicht zur Debatte standen, weil sie sich durch ihren common sense, eben auch als Lektionen der Vergangenheit, empfahlen. Schon mit der ersten Entscheidung des Premierministers zur Kriegszielfrage wurde eine Weichenstellung vorgenommen, deren Bedeutung den wenigsten Kabinettsmitgliedern bewußt gewesen sein dürfte. Joseph Chamberlain gab am 9. Oktober 1939 die Devise aus: »We should avoid any precise statement of our war aims[9].« Ausdrücklich erklärte sich Churchill, der als Rebell gerade ins Kabinett aufgenommen worden war, mit dieser Richtlinie einverstanden. Die dieser Erklärung zugrunde liegende historische Erkenntnis war für alle evident: Aus dem umstrittenen Versailler Friedensvertrag war die Lehre gezogen worden, daß die frühzeitige Festlegung der Verbündeten auf bestimmte Kriegsziele nicht geeignet erschien, einen dauerhaften Frieden zustandezubringen. Der gewiß vernünftige, gleichwohl aber fragwürdige Beschluß des Kabinetts war von großer Tragweite, denn er bedeutete, daß man bei Friedenssondierungen, etwa durch neutrale Mächte oder Abgesandte des Widerstandes, keine konkreten Zusagen geben konnte.

Offenbar ist um diese Zeit doch die Frage diskutiert worden, ob man nicht klar und vernehmlich sagen sollte, daß die Beseitigung Hitlers eine *conditio sine qua non* sei. Sir Alexander Cadogan vertraute seinem Tagebuch am 7. Oktober 1939 an: »The line according to me is to say frankly (and PM hesitates to say this) that we won't make peace with Hitler[10].« Leider konnte sich Cadogan mit seinem bemerkenswerten Vorschlag nicht durchsetzen, obwohl er damit die Grundstimmung im Kabinett wiedergab und die Opposition in Deutschland ermutigt hätte. Chamberlain war diese Forderung, die kategorische Ablehnung des Reichskanzlers als Verhandlungspartner, noch zu kühn; Außenminister Edward Halifax trat ihm mit dem Argument zur Seite, das deutsche Volk werde sich dann nur um so mehr mit Hitler solidarisieren[11]. Es ist anzunehmen, daß ein Wechsel an der Spitze Deutschlands die »Falken« im Kabinett noch keinesfalls zufriedengestellt hätte. Fest steht, daß die französische Regierung schon durch die auf der anderen Kanalseite zu beobachtende Differenzierung zwischen Hitler und dem deutschen Volk höchst beunruhigt war. Sie gab ihrer Sorge in einem Aide-mémoire Ausdruck, in dem von materiellen Sicherheitsgarantien die Rede war. Erst zwei Monate später wurde Londons Antwortnote übergeben, die deutlich erkennen läßt, daß die Wiederherstellung des Friedens nicht an unannehmbaren Forderungen der Alliierten scheitern sollte[12]: 1. Keine Definition der Bedingungen (sprich: Grenzen) für die Wiederherstellung der Unabhängigkeit Polens und der Tschechoslowakei. 2. Keine staatliche Aufteilung Deutschlands, ein Kriegsziel, das man nicht ohne Grund Frankreich unterstellte. Man muß es aus heutiger Sicht bedauern, daß sich die britische Regierung nicht dazu durchringen konnte, als erste Voraussetzung für Friedensverhandlungen die Absetzung Hitlers zu fordern. Eine klare Fixierung auf die Person des Reichskanzlers hätte die Opponenten des Regimes oder auch einzelne Attentäter zur Tat motivieren können. Wir wissen heute, daß die kriminelle Energie des Regimes ihren Ursprung in Hitler hatte und sich ohne ihn nicht mit der gleichen Vehemenz entladen hätte.

Solange Chamberlain im Amt war, und der Krieg sich im wesentlichen im Osten abspielte, bestand ohne Zweifel eine gewisse Bereitschaft zu einem Kompromißfrieden mit Deutschland. Friedensfühler von deutscher oder neutraler Seite — und daran war kein Mangel — wurden ernster genommen als später, auch wenn konkrete Zusagen als nicht opportun angesehen wurden. Bei fast allen Kontaktversuchen beriefen sich die Mittelsmänner auf Reichsmarschall Hermann Göring und bestimmte Wehrmachtskreise, die den Pakt mit der Sowjetunion für höchst bedenklich hielten[13]. Schon vor Ausbruch des Krieges hatte sich im Foreign Office freilich der Standpunkt durchgesetzt, daß die Hitler-Gegner aus dem konservativen Lager erst losschlagen mußten, bevor sie Unterstützung vom Ausland erwarten durften[14]. Im übrigen hatten die Sondierungen Carl Goerdelers gezeigt, daß die sogenannten »Moderates« in ihren Ansprüchen (u.a. Rückgabe der deutschen Kolonien) so moderat nicht waren und gewiß der Machtstaatsideologie nicht abgeschworen hatten. Entscheidend aber wurde, daß die während der Sudetenkrise zum Putsch bereiten Generale jetzt keine Anstalten machten, sich des Diktators zu entledigen, um die Voraussetzungen für einen Kompromißfrieden zu schaffen. Die befreiende Tat, die jetzt so viel mehr bewirkt hätte als am 20. Juli 1944, blieb aus. Der ohnehin sehr begrenzte Kredit, über den die Opponenten des Regimes verfügten, war bald gänzlich aufgebraucht.

Der Beginn des Westfeldzuges und die Bildung einer Großen Koalitionsregierung unter Churchill änderten den Charakter des Zweiten Weltkrieges grundlegend. Der neue Premierminister setzte auf Sieg — »victory at all costs«[15]; d.h. er schloß eine politische Beendigung des Krieges prinzipiell aus. Auch durch die Niederlage Frankreichs, des einzigen verbleibenden Verbündeten auf dem Kontinent, ließ er sich von diesem Kriegsziel nicht abbringen. Mit seinen rhetorisch eindrucksvollen Appellen an den Widerstandsgeist der Nation[16] gab er dem Krieg jene epochale Würde, der er bisher entbehrte, und verschaffte seinem Land jenes moralische Ansehen, von dem die britische Gesellschaft noch heute zehrt.

Das Nahziel war freilich erst einmal die erfolgreiche Verteidigung der Insel. An einen Sieg über Deutschland ließ sich ohne mächtige Verbündete nicht denken. Schon im Sommer 1940 hatte sich der europäische Krieg konzeptionell und potentiell zum Weltkrieg ausgeweitet. Für die »Grand Alliance«[17], die Churchill vorschwebte, kamen nur die Vereinigten Staaten und die Sowjetunion in Betracht; nur sie konnten im Verein mit Großbritannien das Reich in einen zermürbenden Mehrfrontenkrieg verwickeln. Bis auf die Unbezwingbarkeit der Insel war der Bündniswert Großbritanniens allerdings nicht sonderlich beeindruckend. Zwei Jahre lang hatte man nur Niederlagen zu verzeichnen, in Norwegen, Nordfrankreich, Nordafrika und im Fernen Osten. Diplomatische Erfolge sollten für Kompensation sorgen: Churchill umwarb Franklin Roosevelt[18], sein Rivale im linken Lager, Sir Richard Stafford Cripps, warb als britischer Botschafter in Moskau um die Gunst Josif Stalins[19]. Große Sorgen bereitete der britischen Regierung die 1940 von Berlin ausgegebene Parole von der »Neuordnung Europas«[20]. Es kündigte sich hier indes nicht, wie befürchtet, die Rückkehr Deutschlands zum Freihandel und ein auch den USA zugänglicher Großmarkt an. Die britische Kriegszielpropaganda war ganz auf die amerikanische Öffentlichkeit abgestimmt. Der Entwurf einer Erklärung vom 13. September 1940, Ergebnis der Beratungen des War Aims Committee, weist verblüffende Parallelen mit der Neujahrsansprache Roosevelts auf und dürfte auch der Atlantic Charta zugrunde gelegen haben: die Aufzählung demokratischer Rechte und moralischer Prinzipien, nicht aber die Zusammenstellung konkreter Friedensbedingungen, die man einer verhandlungsbereiten Regierung hätte vorlegen können. In einer an die Diktion der amerikanischen Unabhängigkeitserklärung erinnernden Sprache heißt es dort: »We therefore assert for all men the right to think, speak and act freely within the law [...] the right to live without fear either of injustice or want [...] etc.[21].« Deutsche Generale, ohne deren aktive Unterstützung ein Putsch undenkbar war, konnten durch solche Verheißungen gewiß nicht gewonnen werden. Unter Hitler-Gegnern herrschte die Überzeugung vor, daß ohne Militärdiktatur als Zwischenstadium der Übergang zur Demokratie in Deutschland nicht zu schaffen sei[22]. Daß der angelsächsische Kreuzzug für Freiheit und Demokratie auch Stalin nicht imponiert haben dürfte, versteht sich von selbst. Ihm kam Churchill mit einem Bündnisangebot entgegen, noch am gleichen Tag, an dem die Wehrmacht auf breiter Front nach Rußland eindrang[23]. Hatte der sowjetische Diktator zuvor alle Avancen der britischen Regierung von sich gewiesen, so ergriff er jetzt begierig die ausgestreckte Hand, nur um feststellen zu müssen, daß materielle Hilfe zunächst nicht zu erwarten war[24]. Das einzige, was London wirklich anzubieten hatte, war Bündnistreue, genauer die am 12. Juli 1941 gegebene Versicherung, »that during this war they (i. e. the two governments) neither negotiate nor conclude any armistice or treaty of peace exept by mutual agreement«[25].

Der deutsche Widerstand hatte danach in London praktisch nichts mehr zu bestellen. Churchill verpflichtete das Foreign Office zu »absolutem Schweigen«. Ja, er lehnte sogar die bloße Entgegennahme von Nachrichten durch neutrale Mittelsmänner ab, um unter den Verbündeten kein Mißtrauen aufkeimen zu lassen. Für britische Diplomaten vermittelten Informationen von Hitler-Gegnern immerhin Aufschlüsse über die innere Lage in Deutschland. Schon dies ging Churchill zu weit: »Nothing would be more disturbing to our friends in the United States or more dangerous with our new ally, Russia, than the suggestion that we were entertaining such ideas. I am absolutely opposed to the slightest contact[26].« Nach dem formalen Bündnisvertrag mit der Sowjetunion am 26. Mai 1942[27] demonstrierte die britische Regierung ihre Bündnisloyalität in der Weise, daß sie Moskau von Friedensfühlern, also auch von Kontaktversuchen des Widerstandes, prompt in Kenntnis setzte.

Von der britischen Kontaktsperre waren auch deutsche Emigranten, ausgewiesene Hitler-Gegner, wie die Führungsgruppe der Sopade, betroffen, und zwar insofern, als die britische Regierung mit ihnen offiziell nichts zu tun haben wollte[28]. Allenfalls als einzelne Hilfswillige wurden Sozialdemokraten für die Informationsbeschaffung und für die psychologische Kriegführung herangezogen. Hier offenbarte sich die größte Kluft zwischen dem Vorgehen der Briten und ihren Bundesgenossen im Osten, die selbstverständlich ihren deutschen Kadern, Männern wie Walter Ulbricht, Wilhelm Pieck und Anton Ackermann, mehr vertrauten als westlichen Diplomaten[29]. Das Foreign Office hat diese Zusammenhänge nie wahrhaben wollen. Es entsprach der »political correctness« im Kriege, daß die Nachkriegsplanung für Deutschland allein Sache der Verbündeten war, erst recht, nachdem auf der Konferenz von Casablanca »Unconditional Surrender« als Kriegsziel öffentlich bekanntgegeben worden war. Intern stand dieses Prinzip schon lange fest[30]. Die im Sommer 1942 anlaufenden Vorbereitungen auf das Kriegsende sahen kein Mitspracherecht der Besiegten vor.

Wie ist diese Einstellung zu erklären, wenn sie denn überhaupt erklärungsbedürftig ist? Es fällt schwer, das Knäuel der Motive zu entwirren und die Bestandteile zu gewichten. Drei Motiven kommt gewiß vorrangige Bedeutung zu: Erstens der völligen Diskreditierung der Appeasementpolitik vor dem Krieg, die freilich — und hier liegt die Ironie — immer nur auf Deutschland bezogen blieb; zweitens der Erkenntnis, daß man auch nach dem Krieg auf die enge Kooperation der Verbündeten angewiesen war, wenn die Entmachtung Deutschlands nicht wie zuletzt von kurzer Dauer sein sollte, und drittens der stetige Machtzuwachs der über ganz andere Ressourcen an Material und Menschen verfügenden großen Alliierten, die Großbritannien abhängig zu machen drohten, wenn es London nicht gelang, seine Mittlerposition strukturell abzusichern. Der Großmachtstatus Großbritanniens und das Machtbewußtsein seiner Entscheidungselite beruhten auf der Akzeptanz durch die neuen Weltmächte und offenbarten damit zugleich ihren prekären Charakter. Für Russen und Amerikaner war ausschlaggebend, wie sie ihre Interessen zur Geltung brachten, wenn nicht im Verein mit den beiden anderen, dann allein. Ein Auseinanderfallen der heterogenen Kriegsallianz war für London viel bedrohlicher, denn die damit einhergehende Polarisierung würde zur Parteinahme zwingen und Großbritannien zum Juniorpartner der USA degradieren. Aufschlußreich ist in diesem Zusammenhang der Viermächteplan des Foreign Office vom November 1942[31]. Im Grunde handelt es sich um einen Dreimächteplan — die Aufnahme Chinas war eine widerwillige Konzession an Washington. In diesem Plan wird im einzelnen dargelegt, wie Großbritannien das Verhältnis zu den beiden politisch so konträren Flügelmächten zugunsten einer Maximierung seines Einflusses gestalten sollte. Der Grundgedanke war sehr einfach: Großbritannien war als einzige der drei Mächte mit den beiden anderen offiziell verbündet und daher als Vermittlungsagentur, als »honest broker« unentbehrlich. Explizit wurde gefordert, der Sowjetunion so weit wie möglich entgegenzukommen: Ihr wurde eine hegemoniale Stellung in Osteuropa zugestanden, und sie sollte genau die Funktion gegenüber dem »deutschen Drang nach Osten« ausüben wie Preußen nach dem Wiener Kongreß im Hinblick auf Frankreichs entsprechende Expansionsgelüste.

Britische Außenpolitik im Krieg war stets vorab Allianzpolitik auf lange Sicht und zu bestimmten Zwecken, im Unterschied etwa zu den viel umfassenderen Ordnungsvorstellungen der Amerikaner, die an einer verbesserten Konstruktion des Völkerbundes arbeiteten. Die leitende Frage im Foreign Office lautete: Wie können wir die neuen Weltmächte daran hindern, sich nach dem Krieg, nach getaner Arbeit wieder in ihre Hemisphäre, hinter ihre Grenzen zurückzuziehen? Hier bot sich die gemeinsame Verantwortung als geeignete Plattform für die deutsche Konkursmasse an: Der Primärzweck, die dauerhafte Entmachtung Deutschlands, war einleuchtend, und die Mittel, die Besetzung des ganzen Landes und seine Kontrolle durch die Siegermächte, dienten einem weiteren Zweck, dem Zusammenhalt der Allianz nach dem Krieg und damit der Anerkennung des britischen Partnerstatus in dieser Sozietät. Britische Diplomaten waren fest davon überzeugt, daß dies zugleich die beste Methode sei, um die sowjetische Regierung, namentlich Stalin, an westliche Umgangsformen und Geschäftsmanieren zu gewöhnen; anders formuliert: »clubbable« nicht als strikte Voraussetzung für die Aufnahme in den »Club« der »Big Three«, sondern als erwartete Folge dieses Schrittes[32]. Genau die gleiche Einstellung lag der gescheiterten Appeasementpolitik gegenüber Hitler zugrunde.

Während sich Churchill primär auf die militärische Seite der Allianz konzentrierte, sahen Außenminister Anthony Eden und Labourführer Clement Attlee ihre Hauptaufgabe darin, konsensfähige Konstruktionspläne für die Nachkriegsordnung zu entwerfen und durch alle Entscheidungsgremien zu schleusen. Eden hatte bereits im September 1941 Stalins Einverständnis für eine gemeinsame Kontrolle Deutschlands durch die Siegermächte eingeholt[33] und im März 1943 auch Roosevelt definitiv für diese Idee gewonnen[34], d.h. zu diesem Zeitpunkt vor allem für eine Beteiligung »Rußlands« — inzwischen der bevorzugte Ausdruck — an der Besetzung Deutschlands. Der amerikanische Unterstaatssekretär Sumner Welles hatte bereits im Sommer 1942 von der Notwendigkeit einer »cooling-off-period« nach dem Kriege gesprochen[35]. Dieser Hinweis hatte die britische Planungstätigkeit für die Nachkriegszeit erst richtig in Gang gebracht. Es mußte Vorsorge für eine längere Waffenstillstandsperiode getroffen werden, bis die Zeit für einen Friedensvertrag reif war. Eine flächenmäßige Besetzung des ganzen Landes in diesem Zeitraum erschien unerläßlich zu sein, zum einen, um allen Deutschen die totale Niederlage vor Augen zu führen, zum anderen, um die Durchführung der Waffenstillstandsbedingungen zu gewährleisten. Diese Entscheidung schien von vorneherein festzustehen und war auch innerhalb der Allianz zu keinem Zeitpunkt kontrovers. Von allen drei Verbündeten legte die britische Regierung den größten Wert auf eine frühzeitige und bis ins einzelne gehende Festlegung der Modalitäten für die Okkupationsphase. Nur durch eine rechtzeitige Verständigung über die Rechtsbasis und die Organisationsstrukturen schien es möglich zu sein, den Ausbruch kruder Macht- bzw. Realpolitik bei Kriegsende zu verhindern. Sollte es dennoch dazu kommen, würde Großbritannien das Nachsehen haben: London verfügte nicht über dieselben Machtressourcen und war der Hauptleidtragende bei einem Auseinanderbrechen der Kriegskoalition. Auf keinen Fall sollte es bei Kriegsende zu einem »scramble for Germany« kommen. Britischen Plänen für die Zukunft lagen in der Regel pessimistische Prognosen zugrunde, die dann durch eine präventive Diplomatie zu korrigieren waren. Bei der internen Ausarbeitung der Zonengrenzen, wenige Monate nach Stalingrad, ging man so z.B. davon aus, daß die Rote Armee als erste den Rhein erreichen würde[36].

Zwar hat Roosevelt das intern längst akzeptierte Ziel der bedingungslosen Kapitulation verkündet, aber es war die britische Regierung, die als erste die völkerrechtlichen Konsequenzen daraus zog und damit den Handlungsspielraum des deutschen Widerstandes erneut einengte. Am 2. Juli 1943 wurde den Botschaftern der USA und der Sowjetunion ein Aide-mémoire übergeben, das erstmals die Prinzipien auflistete, die das Vorgehen der Alliierten bei Kriegsende bestimmen sollten, und zwar ohne Rücksicht auf die militärisch-politische Konstellation zu diesem Zeitpunkt. Gemeint ist der britische Rahmenplan für die Besetzung Deutschlands, der im Laufe des Jahres 1943 minutiös vorbereitet und gegen Ende des Jahres durch den dafür eingerichteten Kabinettsausschuß gebilligt werden sollte. Er setzte sich aus drei Bestandteilen zusammen: 1. dem Kapitulationsinstrument, das von den Briten lange Zeit noch als »Armistice« bezeichnet wurde; 2. dem Zonenplan, einschließlich einer separaten Berlin-Zone; 3. dem Kontrollapparat für die Beherrschung ganz Deutschlands durch die drei Siegermächte von Berlin aus. Das Foreign Office drängte auf eine Abstimmung der britischen Pläne mit den beiden großen Alliierten. Der für die Briten allem Anschein nach wichtigste Gesichtspunkt war die Anerkennung des Prinzips der »indirect rule«: Es setzte eine funktionsfähige und zugleich akzeptable deutsche Zentralregierung voraus oder zumindest einen Berliner Behördenapparat, der einer alliierten Kontrollkommission als Exekutive dienen konnte. Innerhalb Whitehalls war es noch durchaus umstritten, ob man an dieser bewährten, kräftesparenden Methode festhalten sollte, da sie doch auf der Zusammenarbeit mit der politisch kompromittierten Führungsschicht des Reiches beruhte[37].

Am 5. Oktober 1943, bevor Eden zur Außenministerkonferenz nach Moskau aufbrach, entschied sich das Kabinett eindeutig für die indirekte Herrschaftsform, für die Einrichtung einer Kontrollkommission und gegen eine allerorts präsente Militärregierung[38]. Was die Russen planten, war völlig ungewiß. Von den Amerikanern wußte man, daß sie die ursprünglichen britischen Bedenken teilten und für den demokratischen Wiederaufbau von unten plädierten, unter den Augen einer überall sichtbaren Militärregierung. Hier verband sich das demokratische Sendungsbewußtsein der neuen Weltmacht mit der Bereitschaft zu größerem personellen Engagement. Auf die britischen Planungsstäbe wirkte die Aussicht, in Deutschland an die Verwaltung selbst Hand anlegen zu müssen, außerordentlich abschreckend. Der mit Deutschland befaßte Beamte des Schatzamtes schrieb im Frühjahr 1944: »We ought to work and pray and hope for a central government which was able to carry out the main functions of government[39].« Und in einem Memorandum vom 15. Juli 1944, also nur wenige Tage vor dem mißlungenen Staatsstreich, wurde sogar den Besatzungsmächten angeraten, die Wehrmacht aufzufordern, nötigenfalls eine Regierung aus unpolitischen Fachleuten (»a lame-duck-government«) auf die Beine zu stellen. Ohne sichtbare Verantwortung der Deutschen für die von ihnen verschuldete Misere sah die Zukunft düster, chaotisch aus: »It is not to our interest that Germany should lose all incentive to self-support, thus becoming a parasite on the rest of the world[40].«

In der Zwischenzeit war indes die Abstimmung unter den Alliierten sehr viel weiter gediehen. Auf der Moskauer Außenministerkonferenz hatte sich Eden mit Erfolg für die Errichtung eines interalliierten Beratungsgremiums in London eingesetzt. Bereits auf der ersten Sitzung der *European Advisory Commission (EAC)*, in der die beiden Hauptverbündeten durch ihre Botschafter vertreten waren, legte Sir William Strang, der britische Delegationsleiter, alle Karten auf den Tisch: drei sorgfältig ausgearbeitete Entwürfe für die Kapitulationsbedingungen, die Besatzungszonen, einschließlich einer besonderen Berlin-Zone und für den eben dort zu installierenden Kontrollapparat[41]. Schon wenige Wochen später stimmte Moskau der Grundidee des britischen Rahmenplans zu, nämlich dem umfassenden Katalog der Kapitulationsbedingungen, der Aufteilung Deutschlands in Besatzungszonen und den Demarkationslinien. Ein Jahr vor Jalta stand somit die Ausdehnung der späteren sowjetischen Besatzungszone bis in jeden Winkel fest. Die Briten hatten ihrer Denkschrift, die sich mit den verschiedenen Optionen der Besetzung (totale, gemischte, zonale Okkupation) in geradezu akademischer Weise auseinandersetzte, nur noch eine Karte mit den Demarkationslinien beigefügt[42]. Die Ost-West-Grenze verlief nur bis zur Ostseeküste und ließ die Zugehörigkeit der Insel Fehmarn offen. Um ganz sicher zu gehen, beschrieb der sowjetische Gegenentwurf den Grenzverlauf haargenau, Ort für Ort, unter Einbeziehung von Fehmarn[43]. Daraufhin feilschte Sir William Strang wochenlang um die Zugehörigkeit der Insel, bis der sowjetische Botschafter Fedor Gusev schließlich nachgab[44]. Der amerikanischen Delegation blieb am Ende nichts anderes übrig, als sich dem britisch-sowjetischen Konsens anzuschließen. Die Eintracht der beiden angelsächsischen Verbündeten wurde jedoch vor allem dadurch getrübt, daß beide die Nordwestzone begehrten und sich darüber monatelang nicht einigen konnten; zu verlockend waren der Zugang zu den Nordseehäfen und die Verfügungsgewalt über das deutsche Industrierevier an Rhein und Ruhr. Washington nahm im übrigen Anstoß an dem Vertragscharakter des britischen

Übergabedokuments, insbesondere an dem Begriff »Armistice« und an der Vielzahl von Einzelforderungen, die man mit der Vorstellung von bedingungsloser Kapitulation nicht vereinbaren konnte[45]. Im britischen Entwurf hieß es: »The draft armistice imposes on the German Government and people the obligation to assist in its execution and to carry on the national life, economy and administration under the direction of the United Nations[46].«

Die britische Konzeption zwang jedoch gleichzeitig auch die Alliierten zu enger Kooperation, da sie es mit einer möglicherweise unwilligen deutschen Regierung zu tun hatten. »One of the main objects of an Armistice«, hieß es in einem erläuternden Schreiben für Botschafter Halifax in Washington, »and in fact the whole purpose of the EAC is to ensure co-ordinated action between the three powers«[47]. Die Bereitschaft Moskaus zur Zusammenarbeit nach Kriegsende war ungewiß und eine in den Zonen etablierte Militärregierung, wie sie den Amerikanern vorschwebte, stärkte die zentrifugalen Kräfte. Dwight Eisenhowers Stäbe (SHAEF) mußten sich jedoch auf alle Eventualitäten vorbereiten, nicht zuletzt auf die tatsächliche Eroberung des Reichsgebietes und damit die schrittweise Einrichtung von Dienststellen der Militärregierung, die den deutschen Behörden jeden Verkehr mit Berlin zu untersagen hatten. Das am 25. Juli 1944 paraphierte Dokument »Unconditional Surrender of Germany« (von »armistice« war nicht mehr die Rede) verzichtete schließlich auf die vielen britischen Bedingungen zugunsten einer Generalklausel in Artikel 12, die den Siegern die oberste Gewalt in Deutschland übertrug: Sie gab ihnen das Recht, in Form einseitiger Dekrete und Proklamationen zusätzliche Forderungen zu stellen, die Deutschland bedingungslos zu erfüllen hatte, d.h. »the German Government, the German High Commands, all German authorities and the German people«[48]. Diese Formulierung trug jeder Eventualität bei Kriegsende Rechnung.

Es fällt auf, daß sich der sowjetische Botschafter mit den Verhandlungen über den dritten Komplex, den Berliner Kontrollapparat, durchaus Zeit ließ. Erst am 26. August, einen Tag nach dem Einmarsch angloamerikanischer Verbände in Paris, enthüllte er die Konzeption Moskaus[49]. Zwar akzeptierte die sowjetische Regierung die Mittlerfunktion einer deutschen Regierung, doch gab sie den Zonenbefehlshabern in ihrem jeweiligen Herrschaftsbereich weitgehend freie Hand. Dem »Control Council« war kein eigener Behördenapparat zugeordnet, nur ein »Co-ordinating Committee«. Nur die Stadtverwaltung für Berlin (»Kommandantura«) hatte Behördencharakter. Schon bei den Verhandlungen über das Zonenstatut hatte der sowjetische Delegationsleiter durchblicken lassen, daß Moskau auch bei der gemeinsamen Berlin-Zone eine Aufteilung in einzelne Sektoren favorisierte. Mit anderen Worten, Stalin wollte sich beide Optionen offenhalten: Einfluß über eine kommunistisch gesteuerte Berliner Volksfrontregierung auf ganz Deutschland oder aber, wenn nicht gleichzeitig, die Durchsetzung sowjetischer Ordnungsvorstellungen in der eigenen Zone. Vergeblich versuchten die beiden angelsächsischen Delegationsführer, die höchste Gewalt den Oberbefehlshabern in ihrer Eigenschaft als Mitglieder des Kontrollrates zuzuordnen, nicht in ihrer Funktion als Zonengouverneure, um so der Gefahr einer Sonderentwicklung in den Zonen zu begegnen. Erst jetzt gaben die Amerikaner in Übereinstimmung mit dem sowjetischen Vorschlag einer durch die drei Alliierten zu überwachenden deutschen Zentralregierung ihr Plazet[50]. Um das Pendant auf alliierter Seite zu stärken, wurde die Notwendigkeit eines Kontrollapparates der Siegermächte, Kernpunkt des britischen Entwurfs, akzeptiert. Allerdings bestand Washington darauf, daß alle neun Hauptabteilungen von jeweils drei Direktoren geleitet wurden, die von den jeweiligen Oberkommandierenden ernannt werden sollten. Die Briten hätten eine Aufteilung der Hauptabteilungen unter die drei Alliierten vorgezogen. Die Effizienz der neuen Behörde wurde durch diese Neuerung von vorneherein stark beeinträchtigt. Erst recht galt dies für das oberste Lenkungsgremium, den Kontrollrat. Moskau war nicht gewillt, sich durch eine Zweidrittelmehrheit — nach Hinzutreten Frankreichs eine Dreiviertelmehrheit — der westlichen Zonenbefehlshaber majorisieren zu lassen. Die Kompromißformel, auf die man sich schließlich einigte, regelte nichts: Die Oberbefehlshaber übten die oberste Gewalt aus »each in his own zone, and also jointly, in matters affecting Germany as a whole«[51]. Diese Regelung lief auf ein sowjetisches Vetorecht im Kontrollrat hinaus, denn ein Majoritätsbeschluß gegen den Willen Moskaus hätte in der östlichen Zone keine Anwendung gefunden. Umgekehrt waren Strukturveränderungen vor Ort möglich, die nicht vorher im Kontrollrat verhandelt und von ihm gebilligt worden waren. Wenn im obersten Lenkungsgremium keine Einstimmigkeit erzielt wurde, war die Verselbständigung der Zonen und damit die Teilung Deutschlands nahezu unaufhaltbar.

Das Scheitern des Attentats auf Hitler sprach nicht dafür, daß die Alliierten bei Kriegsende eine funktionsfähige und zugleich nicht vom bisherigen Regime beauftragte Regierung vorfinden würden. Deshalb bemühten sich die beiden angelsächsischen Repräsentanten der EAC, das alliierte Entscheidungszentrum noch stärker zu institutionalisieren, d.h. den Aufsichtsrat in Berlin zu einer regelrechten Behörde auszubauen, welche die fehlende deutsche Zentralgewalt vorübergehend ersetzen konnte — nicht die Obersten Reichsbehörden nota bene. Die britischen Pläne sahen neun Abteilungen unter Leitung eines »executive committee« vor. Auf eine Formel gebracht lautete die Erkenntnis: Die administrative Einheit Deutschlands und der Zusammenhalt der Allianz bedingten einander. Nur das integrale, potentiell gefährliche Staatsgebilde in der Mitte Europas stelle die *raison d'être* für die fortgesetzte Kooperation der Verbündeten dar, und sei es aus dem einzigen Grund, um zu verhindern, daß ganz Deutschland politisch ins jeweils andere Lager abdrifte. Daß die britische Regierung gerade auch diese Alternative mit großer Sorge erfüllte, geht aus einer Denkschrift des Foreign Office mit dem Titel hervor »Will Germany ›go Communist‹ after the War«[52]?

Auf britischer Seite war der mögliche Entwicklungsspielraum in Deutschland noch relativ groß — mutmaßlich größer als nach Auffassung der beiden machtbewußteren, interventionsbereiteren Alliierten. Für diese stellte sich eher die Frage, wie sie auf den ihren Truppen nicht zugänglichen Teil Deutschlands im Sinne ihrer Ordnungsvorstellungen Einfluß nehmen konnten. Wenn die bisher führende Elite aus Junkern, Generalen und Industriellen ökonomisch und politisch entmachtet sei, so die Überlegungen im Foreign Office, könne sich sehr leicht eine Art Staatssozialismus herausbilden. Diese Aussicht mochte für die amerikanische Besatzungsmacht erschreckend sein, für die britische war sie es nicht. »What must worry us is Germany going over to Russian communism (i.e. taking orders from Moskow) or a non-communist Germany run by a clandestine party of revenge leaning on Russia[53].« War im Jahr 1943, ein Jahr vor der Invasion des Kontinents, die Gefahr einer Okkupation ganz Deutschlands durch die Rote Armee ein — wenn auch selten artikuliertes — Hauptmotiv der britischen Planungstätigkeit, so nahm im Jahr darauf die Sorge vor dem allgegenwärtigen »Chaos« bei Kriegsende diesen Platz ein. »Chaos« war ein Synonym für Revolution, für revolutionäre Unruhen, die zu einer im Schutz der Roten Armee vor sich gehenden Machtübernahme der Kommunisten führen mochten. Hinzu kam die Vorstellung, bei einem allem Anschein nach so zentral regierten Staat wie Deutschland werde das Schicksal des Landes vorab in Berlin entschieden, ganz wie 1918/19. Die Besetzung ganz Deutschlands, verbunden mit einer separaten, von keiner einzigen Macht dominierten Berlin-Zone, diente nicht zuletzt der Aufrechterhaltung von »law and order« und der Verhinderung sozialrevolutionärer Unruhen mit ungewissem Ausgang[54].

Der Kampf um Berlin fand also zunächst am Verhandlungstisch in London statt, viele Monate, bevor die Rote Armee die Stadtgrenze erreichen sollte. Die Weichen für die spätere Entwicklung wurden viel früher gestellt, als man gemeinhin annimmt. So auch der Zugang nach Berlin: Die Reduktion auf bestimmte Zugangswege wurde von den westlichen Verhandlungsführern lange Zeit als unzumutbare Einschränkung der ursprünglichen Konzeption angesehen, die durch die Aufteilung der Stadt in Sektoren bereits eine höchst unerfreuliche Beeinträchtigung erfahren hatte[55].

Es kam am Ende alles ganz anders, als man dachte und wünschte und vorausschauend plante. Das gilt insbesondere für die auf Initiative der britischen Regierung hin in der EAC ausgehandelten Rahmenbedingungen:

1. Als die Kapitulation der deutschen Wehrmacht bevorstand, wußte Eisenhower nicht, welche Version des Übergabedokumentes letztendlich gültig war, der in Jalta gebilligte Text mit dem ominösen Wort »dismemberment« oder der zuletzt von der EAC verabschiedete Text, der auch eine französische Unterschrift vorsah[56]. Der amerikanische Oberkommandierende entschloß sich kurzfristig, nur die bedingungslose militärische Übergabe zu verlangen. Die Planungsstäbe, die seit anderthalb Jahren mit der Materie befaßt waren, so auch das State-Departement, waren perplex. Churchill dagegen fand Eisenhowers Vorgehen ganz in Ordnung. Was auch immer die eigentliche Erklärung für diesen merkwürdigen Vorgang gewesen sein mag, fest steht, daß die Militärs vor Ort schon bei Kapitulation Italiens die Vielzahl der am grünen Tisch festgelegten Bedingungen (»long terms«) abgelehnt und den italienischen Unterhändlern zunächst ein knappes, auf die militärische Notwendigkeit beschränktes Dokument vorgelegt hatten. Genauso hielten sie es auch jetzt.

2. Auch die frühzeitige Festlegung der Zonengrenzen hatte sich als Bumerang erwiesen. Nicht die Rote Armee war bis zum Rhein vorge-

drungen, sondern anglo-amerikanische Verbände waren bis tief nach Mecklenburg und Thüringen vorgestoßen, Gebiete, aus denen sie sich in Folge der britischen Zonenpläne bald wieder zurückziehen mußten. Erst jetzt stellte sich die Erkenntnis ein, daß man die Russen viel weiter nach Westen vorgelassen hatte, als es deren Erwartungen entsprach. In einer Aufzeichnung des Foreign Office vom 5. Mai 1945 heißt es: »The unusual alacrity with which the Russians accepted our zone proposals in the E.A.C. suggests that we gave them more than they ever expected to get[57].« Nicht nur aus ideologischen, sondern auch realpolitischen Gründen — beide schlossen sich nicht aus —, konnte sich Stalin ein west-östliches Kondominium nicht vorstellen. Aus seiner Sicht handelte Großbritannien nicht im Sinne seiner wohlverstandenen Interessen: Es ließ London nicht loyaler erscheinen, sondern nur unglaubwürdiger. Ein letzter Versuch Churchills, der Realpolitik doch noch eine Chance zu geben — Rückzug aus der sowjetischen Zone erst nach Erfüllung bestimmter Bedingungen —, scheiterte am Veto des neuen amerikanischen Präsidenten[58]. Stalin verstand diese Taktik des britischen Premierministers sehr gut; es war vertrautes Terrain. Er reagierte entsprechend: Kein Einzug nach Berlin ohne vorherigen Rückzug aus den besetzten Gebieten der sowjetischen Zone. Es war jetzt für solche Manöver zu spät, es sei denn, der Westen hätte Berlin aufgegeben.

3. Auch die gemeinsame Berlin-Zone als Sitz der alliierten Kontrollkommission beruhte auf falschen Prämissen, nämlich auf der Vorstellung, daß letztlich die Wehrmacht das Heft in der Hand behalten und einen intakten Staatsapparat übergeben würde. Die Briten waren auch insofern Opfer ihrer eigenen Propaganda, als sie an den preußischen Militarismus als den eigentlichen intakten Machtfaktor glaubten. Aber noch die letzte deutsche Regierung unter Karl Dönitz war von Hitler eingesetzt worden, nicht von der Wehrmacht[59]. Noch schlimmer: Sie war durchaus machtlos und in ihrem Wirkungsbereich auf einen Zipfel Norddeutschlands beschränkt. Berlin war nicht länger das Machtzentrum des Reiches, der Schalthebel, von dem aus das ganze Land mittels eines alliierten Kontrollstabes gesteuert werden konnte; die obersten Reichsbehörden hatten sich zumeist in Nichts aufgelöst. Berlin war eine riesige Trümmerstätte. Die Umsetzung des auf der Konferenz von Potsdam gefaßten Beschlusses, aus dem Nichts doch noch einen zentralen Verwaltungsapparat für ganz Deutschland zu schaffen, war eine einzige Saga des Scheiterns[60]. Die Briten sahen sich bald gezwun-

gen, ihre Zivilverwaltung zu verdoppeln, um sowohl in Berlin präsent zu sein, für alle Fälle, als auch in ihrer Zone. Nach anderthalb Jahren wurde für die Beaufsichtigung der britischen Zone bei weitem mehr Verwaltungspersonal benötigt, als je zuvor für die Beherrschung des gesamten indischen Subkontinents[61], übrigens auch ein Vielfaches an Personal im Vergleich zur amerikanischen Militärregierung, der man genau dies unterstellt hatte: zu großen Personalaufwand.

Die späte Erkenntnis, daß das ganze sorgfältig geplante Kontrollratsgebäude auf Sand gebaut war, hat maßgeblich zu dem rapiden Wahrnehmungswandel im Westen geführt, für den dann der Begriff »Kalter Krieg« geprägt wurde. Tatsächlich hatte jedoch die sowjetische Führung auch während des heißen Krieges ihre Interessen gegenüber den westlichen Verbündeten nicht anders wahrgenommen als nach dem Krieg. Sie ließ sich nicht durch die Einbindung in alliierte Organisationsstrukturen davon abhalten, in ihrer Zone *fait accompli* zu schaffen, die viel weitreichender waren, als die der EAC unterbreiteten westlichen Entwürfe für die gemeinsamen Kontrollratsdirektiven. Diese enthielten keine Hinweise auf eine grundlegende Umgestaltung der Besitzverhältnisse in Deutschland, sie konnten vielmehr so interpretiert werden, daß es lediglich Sache des Kontrollrats war, die Voraussetzungen für eine Demokratiegründung nach westlichem Zuschnitt zu schaffen. Langfristig konnte dies nur auf eine Einflußminderung Moskaus hinauslaufen. So jedenfalls dürften auch die deutschen Kommunisten, die sich in der sowjetischen Hauptstadt auf ihren Einsatz in der Heimat vorbereiteten, die Lage interpretiert haben. Man weiß nicht, ob sie die in der EAC vorgelegten westlichen Direktiven für die Besatzungszeit zu Gesicht bekommen haben.

Die britische Regierung verfügte zwar noch über den Einfluß, bestimmte Entscheidungsprozesse in Gang zu setzen, aber nicht mehr über die Macht, ihren Ausgang im Sinne der ursprünglichen Intentionen zu bestimmen. Es war für London schwer zu ertragen, daß sich britische Truppen dem Oberbefehl eines amerikanischen Generals unterordnen mußten. Um so wichtiger erschien es, daß Großbritannien am Ende des Krieges neben der Sowjetunion und den Vereinigten Staaten als eigenständige und gleichberechtigte Großmacht dastand. Als der Streit um die von beiden angelsächsischen Mächten beanspruchte Nord-West-Zone auf oberster Ebene geschlichtet werden sollte, bat Eden den Premierminister inständig, als Kompromißlösung nur ja nicht die Beibehaltung des gemeinsamen Oberkommandos (SHAEF) zu akzeptieren: »It is essential that Americans, Russians and ourselves appear before the Germans and the world as equals. We cannot do this if we share a zone with the Americans under American Command[62].« Anderthalb Jahre nach Kriegsende war die Last der von den agrarischen Ostgebieten abgeschnittenen Nord-West-Zone so drückend geworden, daß die Labour-Regierung der Gründung der Bi-Zone bereitwillig zustimmte und reumütig unter die Fittiche des großen Bruders zurückkehrte. Im Jahre 1944 hätte die Aufrechterhaltung des gemeinsamen Oberbefehls, ein Verzicht auf die Festlegung von Besatzungszonen und eine etwas gewagtere psychologische Kriegführung sehr wohl den Impetus zur Eroberung ganz Deutschlands durch angelsächsische Truppen liefern können. Der unvermeidliche Kalte Krieg hätte dann unter weit günstigeren Auspizien für den Westen gestanden. Auch unter diesen Bedingungen hätte Stalin einen Sitz im Kontrollrat gewiß nicht verschmäht, und die Westmächte hätten es bestimmt nicht an Bemühungen fehlen lassen, die vom Krieg zerstörte Sowjetunion durch erhöhte Reparationsleistungen zufriedenzustellen. Immerhin wäre Deutschland dann das Schicksal der Teilung erspart geblieben. Aber ob es unter diesen Gegebenheiten zu dem phänomenalen Wirtschaftsaufschwung gekommen wäre, den die Bundesrepublik erleben sollte, ist mehr als fraglich. Die Westdeutschen müssen sich heute sagen, daß sie *die* Nutznießer des Kalten Krieges und damit auch der Teilung ihres Landes waren.

Anmerkungen

[1] Nach dem Sieg über Japan hatte auch die amerikanische Lend-Lease-Hilfe an Großbritannien ein Ende. Maynard Keynes eröffnete der neuen Regierung, daß dem Land ohne amerikanische Kredite ein »financial Dunkirk« bevorstehe. Siehe Paul Kennedy, The Realities behind Diplomacy, Glasgow 1981, S. 318.
[2] The War Speeches of the Rt. Hon. Winston S. Churchill, Vol. 3, ed. by Charles Eade, London 1952, S. 18, auch im folgenden.
[3] Siehe dazu Lothar Kettenacker, Preußen-Deutschland als britisches Feindbild im Zweiten Weltkrieg, in: Das britische Deutschlandbild im Wandel des 19. und 20. Jahrhundert, hrsg. von Bernd Wendt, Bochum 1984, S. 145—168.
[4] Siehe dazu das in *The Independent on Sunday* (15.7.1990) abgedruckte Memorandum des Privatsekretärs der Premierministerin (Charles Powell). Der Katalog der deutschen Untugenden lautete: »angst, aggressiveness, assertiveness, bullying, egotism, inferiority complex, sentimentality«.

⁵ Robert Vansittart, Black Record. Germans Past and Present, London 1941, S. 54. Das Pamphlet erlebte innerhalb zweier Monate drei Auflagen. Zum Vansittartismus auch Hermann Fromm, Deutschland in der öffentlichen Kriegszieldiskussion Großbritanniens 1939—1945, Frankfurt a. M., S. 69—84, sowie Norman Rose, Vansittart. Study of a Diplomat, London 1978.

⁶ Sir Alexander Cadogans Kommentar zu Vansittarts Denkschrift vom 28.11.1939 »Germany's Fifth War«, Public Record Office, London (PRQ, FO 371/22986/C19495.

⁷ Vgl. dazu Lothar Kettenacker, Krieg zur Friedenssicherung. Die Deutschlandplanung der britischen Regierung während des Zweiten Weltkrieges, Göttingen 1989, S. 394—409.

⁸ John Maynard Keynes, The Collected Writings, ed. by Donald Moggeridge, Vol. 26, London 1980, S. 334.

⁹ WM 42 (39) 8, 9.10.1939, PRO, CAB 65/1.

¹⁰ The Diaries of Sir Alexander Cadogan 1938—1945, ed. by David Dilks, London 1971, S. 221.

¹¹ WM 40 (39) 7, 7.10.1939, PRO, CAB 65/1.

¹² Abgedruckt in: Das ›Andere Deutschland‹ im Zweiten Weltkrieg. Emigration und Widerstand in internationaler Perspektive, hrsg. von Lothar Kettenacker, Stuttgart 1977, S. 159 ff.; dort auch das französische Aide-mémoire vom 23.10.1939.

¹³ Siehe Summary of Principal Peace Feelers, September 1939—March 1941, ebd., S. 164—187.

¹⁴ Vgl. Sidney Aster, Carl Goerdeler and the Foreign Office, in: A. P. Young, the ›X‹ Documents, ed. by Sidney Aster, London 1974, S. 219—240. Dazu auch Callum A. Mac Donald, Appeasement and the German »Moderates«, in: Past and Present 56 (1972), S. 105—135.

¹⁵ So in seiner ersten Regierungserklärung am 13. Mai im Unterhaus: »You ask, what is our aim? I can answer in one word: Victory — victory at all costs, victory in spite of all terror, victory, however long and hard the road may be.« War Speeches, Vol. 1 (wie Anm. 2), London 1952, S. 181. Viele seiner Kabinettskollegen hielten solche Aussagen zunächst für bloße Rhetorik. Churchill sollte sie bald eines Besseren belehren.

¹⁶ Ebd. Zur Reaktion der Öffentlichkeit Angus Calder, The Peoples War (1939—1945), London 1971.

¹⁷ So der Titel des 3. Bandes von Churchills Memoiren (siehe Anm. 24).

¹⁸ Siehe dazu Churchill and Roosevelt. The Complete Correspondence, ed. by Warren F. Kimball, Vol. 1: Alliance Emerging (October 1933—November 1942), London 1984.

¹⁹ Vgl. Gabriel Gorodetsky, Stafford Cripp's Mission to Moscow 1940—1942, Cambridge 1984; auch Lothar Kettenacker, Großbritannien und der deutsche Angriff auf die Sowjetunion, in: Zwei Wege nach Moskau. Vom Hitler-Stalin-Pakt bis zum Unternehmen »Barbarossa«, hrsg. von Bernd Wegner, München 1991, S. 605—619.

²⁰ Vgl. Kettenacker, Krieg zur Friedenssicherung (wie Anm. 7), S. 94 ff.

²¹ WA (40) 14, 13.12.1940, PRO, CAB 87/90; auch: Dokumente zur Deutsch-

landpolitik, 1. Reihe, Bd 1: 3. September 1939—31. Dezember 1941. Britische Deutschlandpolitik, bearb. von Rainer Blasius, Frankfurt a. M. 1984, S. 256—260. Roosevelt hat dann — merkwürdigerweise oder auch nicht — die gleichen Gedanken in seiner Neujahrsbotschaft anklingen lassen. Samuel I. Rosenman, The Public Papers and Addresses of Franklin D. Roosevelt, Bd 9, New York 1941, S. 633 ff.

[22] Dies ging aus dem Vermittlungsversuch Josef Müllers über den Vatikan hervor, der in London relativ ernst genommen wurde. Näheres in: Das ›Andere Deutschland‹ (wie Anm. 12), S. 172 ff.

[23] Siehe dazu seine Rede über den World Service der BBC am 22. Juni 1941 in: War Speeches (wie Anm. 2), Vol. 1, S. 450 ff. Der Akzent lag auf »Russia«, »the invasion of Russia« etc. Nur einmal war von »the Government of Soviet Russia« die Rede, nirgends von »Soviet Union«.

[24] Stalin forderte sogleich 25—30 Divisionen für seine Westfront. Churchill tat dieses Ersuchen in einem Schreiben an Cripps als »physical absurdity« ab. Winston S. Churchill, The Second World War, Vol. 3, London 1950, S. 413. Die von Stalin ersatzweise erhoffte Zweite Front im Westen ließ noch drei Jahre auf sich warten. Man kann sich denken, wie man im Kreml über den neuen Verbündeten dachte. Siehe Peter Böttger, Winston Churchill und die Zweite Front (1941—1943), Frankfurt a. M. 1984.

[25] Text bei Llewellyn Woodward, British Foreign Policy in the Second World War, Vol. 2, London 1976, S. 340.

[26] Antwort auf das Schreiben Edens vom 10.10.1941, PRO, FO 371/26543/C10855. Siehe auch Kettenacker, Die britische Haltung zum deutschen Widerstand während des Zweiten Weltkrieges, in: Das ›Andere Deutschland‹ (wie Anm. 12), S. 49—76.

[27] Vgl. Das ›Andere Deutschland‹ (wie Anm. 12), S. 220—225, sowie Text des Vertrages auf S. 663 ff.

[28] Vgl. Anthony Glees, Exile Politics during the Second World War. The German Social Democrats in Britain, Oxford 1982.

[29] Zur Rolle der KPD im Moskauer Exil Alexander Fischer, Sowjetische Deutschlandpolitik im Zweiten Weltkrieg 1941—1945, Stuttgart 1975.

[30] Näheres bei Lothar Kettenacker, »Unconditional Surrender« als Grundlage der angelsächsischen Nachkriegsplanung, in: Der Zweite Weltkrieg. Analysen — Grundzüge — Forschungsbilanz, hrsg. von Wolfgang Michalka, München ²1992, S. 174—188.

[31] Vgl. Kettenacker, Krieg zur Friedenssicherung (wie Anm. 7), S. 130—146. »Such a policy on our part will naturally involve going as far as possible to meet all Russian political desiderata in Eastern Europe and even in the Near East as well.« Churchill war von diesen Spekulationen nicht sehr angetan. Erst einmal galt es, den Krieg zu gewinnen, und dann konnte man weitersehen.

[32] Daß dies die Hoffnung der britischen Diplomatie war, bestätigte Sir Frank Roberts, Geschäftsträger in Moskau im Jahre 1945/46, dem Vf. Er und sein amerikanischer Kollege George Kennan waren sich dann als erste über das Illusionäre dieser Erwartung im klaren.

[33] Zu den Moskauer Verhandlungen Edens David Carlton, Anthony Eden, London 1981, S. 191 f.; aufschlußreich Earl of Avon, The Memoirs of Anthony Eden, Vol. 2: The Reckoning, London 1965.
[34] Siehe Edens Bericht an Churchill über die Gespräche mit Roosevelt (16.3.1943, PRO, FO 371/36911/N1748). Der frühere US-Botschafter in Moskau hatte den Präsidenten eindringlich vor einer Zusammenarbeit mit Stalin gewarnt. Nun wollte Roosevelt wissen, wie man in London darüber dachte. Eden überzeugte den Präsidenten davon, daß Kooperation die beste Option sei.
[35] Aufzeichnung Jebbs vom 9.7.1942, PRO, FO 371/31518/U111; siehe auch Sumner Welles, The Time for Decision, London 1944, S. 284.
[36] So Lord Strang in einem Gespräch im Oberhaus mit dem Vf. In seinen Memoiren finden sich nur Andeutungen in dieser Richtung: Lord Strang, Home and Abroad, London 1956, S. 213.
[37] Siehe dazu die erste Kabinettsvorlage über die Zukunft Deutschlands vom 8. März 1943 mit der Empfehlung »Refusal to recognise or transact business with any central Government in Berlin« (WP (43) 96, FO 371/34457/C2864). In einer Kabinettsdenkschrift Edens vom 27.7.1943 heißt es: »In the absence of potential democratic leaders after ten years of Nazi repression any such Government could probably only be representative of the old Germany and might well ensure the survival of those very elements of militarism which it is our fundamental aim to destroy.« Abgedruckt in: Das ›Andere Deutschland‹ (wie Anm. 12), S. 204.
[38] WM 135 (43) 3, PRO, CAB 65/40.
[39] Playfair an Troutbeck, 7.4.1943, PRO, FO 371/40360/U3149.
[40] Siehe das Memorandum »Recognition of a German Government« vom 15.7.1944, abgedruckt in: Das ›Andere Deutschland‹ (wie Anm. 12), S. 208.
[41] EAC (44) 1, 2 und 3, 15.1.1944, PRO, FO 371/40612/U 407, U 408 und U 409. Siehe im übrigen Kettenacker, Krieg zur Friedenssicherung (wie Anm. 7), S. 238—347 sowie Tony Sharp, The Wartime Alliance and the Zonal Division of Germany, Oxford 1975.
[42] Die Art der Präsentation des britischen Zonenplans, nämlich das Abwägen verschiedener Optionen, konnte in Moskau den Eindruck hervorrufen, als seien sich die angelsächsischen Verbündeten uneins. Tatsächlich gab es auf amerikanischer Seite, d. h. auf der Expertenebene, eine gewisse Vorliebe für die gemischte Form der Besetzung. Dadurch hätte die Teilung Deutschlands u.U. verhindert werden können.
[43] EAC (44) 9, 15.2.1944, PRO, FO 371/40618/U1312.
[44] Strang war seinerseits vom Foreign Office ermächtigt worden nachzugeben: Strang, Home (wie Anm. 36), S. 207.
[45] Vgl. Kettenacker, Krieg zur Friedenssicherung (wie Anm. 7), S. 191.
[46] EAC (44) 1 (wie Anm. 41).
[47] FO an Washington, 31.1.1944, PRO, FO 371/40613/U 595.
[48] EAC (44) 7th Meeting, 25.7.1944, PRO, FO 371/40654/U 6635.
[49] EAC (44) 25, 26.8.1944, PRO, 371/40664/U 7452.
[50] EAC Summary No. 44 for Secretary of State, 20.9.1944, PRO, FO 371/40445/U7462.

[51] EAC (44) 11th Meeting, 14.11.1944, PRO, FO 371/40675/U8262.
[52] Memorandum Harrisons vom 11.9.1944, abgedruckt in: Das ›Andere Deutschland‹ (wie Anm. 12), S. 212—217.
[53] Ebd., S. 217 (Zusammenfassung der Kommentare).
[54] Vgl. dazu vor allem Edward Hallett Carr, Conditions of Peace, London 1942, S. 26. Carr war früher Mitarbeiter des Foreign Office und nunmehr Professor in Wales. Seine frühen Überlegungen zum Frieden entsprechen so sehr dem Denken seiner früheren Behörde, daß man nicht weiß, wer wen beeinflußt hat. Carr ging davon aus, daß die Aufrechterhaltung der öffentlichen Ordnung durch die Besatzungsmächte von den meisten Deutschen begrüßt würde. Er verwies auf die revolutionären Anfänge der Weimarer Republik, die dem Staat das Leben schwermachten.
[55] Vgl. dazu Kettenacker, Krieg zur Friedenssicherung (wie Anm. 7), S. 331 ff., sowie Strang, Home (wie Anm. 36), S. 211—218.
[56] Kettenacker, Krieg zur Friedenssicherung (wie Anm. 7), S. 503—507.
[57] Aufzeichnung Wards, FO 371/50762/U3598.
[58] Churchill, Second World War, Vol. 6, London 1950, S. 520—531. Schon vorher hatte er Eisenhower vergeblich zur Eroberung Berlins gedrängt. Dieser wußte, daß der Verlauf der Zonengrenze 200 Meilen westlich der Reichshauptstadt längst beschlossene Sache war. Er wollte nicht aus Prestigegründen seine GIs opfern. Vgl. Dwight D. Eisenhower, Crusade in Europe, London 1948, S. 436 sowie Martin Gilbert, Winston S. Churchill (1941—1945). The Road to Victory, London 1986, S. 1273—1276. Durch Churchills einflußreiche Memoiren war der Blick der Forschung lange Zeit auf den Premierminister fixiert, und es blieb außer acht, daß seine eigene Regierung längst alle Entscheidungen vorprogrammiert und so auch seinen eigenen Handlungsspielraum am Ende des Krieges objektiv sehr eingeschränkt hatte.
[59] Kettenacker, Krieg zur Friedenssicherung (wie Anm. 7), S. 507—512, sowie Reimer Hansen, Das Ende des Dritten Reiches. Die deutsche Kapitulation 1945, Stuttgart 1966.
[60] Vgl. Elisabeth Kraus, Ministerien für ganz Deutschland? Der Alliierte Kontrollrat und die Frage gesamtdeutscher Zentralverwaltungen, München 1990.
[61] Vgl. dazu Lothar Kettenacker, Britische Besatzungspolitik im Spannungsfeld von Planung und Realität, in: Britische Besatzung in Deutschland, hrsg. von Adolf M. Birke und Eva A. Mayring, London 1992, S. 17—34; Barbara Marshall, The Origins of Post-War German Politics, London 1988.
[62] Telegramm an PM (Octagon), 9.9.1944, PRO, FO 371/40663/U7366.

Georges-Henri Soutou

Frankreich und die Deutschlandfrage 1943 bis 1945

Die französische Besatzungspolitik in Deutschland ab 1945 war in den letzten Jahren Gegenstand zahlreicher Arbeiten, die die Revision einiger sehr überzeichneter und ausschließlich negativer Darstellungen zur Folge hatten[1]. Trotz dieser Entwicklung in der Geschichtsschreibung sollte man nicht vergessen, daß Frankreich bis 1948 und insbesondere von 1943 bis 1945 unter Charles de Gaulle eine sehr harte Position gegenüber Deutschland vertrat. Dennoch lassen sich bei den französischen Verantwortlichen verschiedene Strömungen unterscheiden, die im übrigen sogar zuweilen Verstand und Gefühl ein und derselben Person in unterschiedlichem Maße beherrschen. Auch de Gaulle konnte sich diesen Widersprüchen nicht entziehen. Neben einer Mehrheit in Politik, Armee und Verwaltung, die bis 1946 der festen Überzeugung war, daß das Rheinland und das Ruhrgebiet vom restlichen Deutschland abgetrennt und von Frankreich streng kontrolliert werden müßten, gab es stets Kreise, die eine Teilung des alten Reichs ablehnten und langfristig einen stärkeren Einfluß auf das gesamte Deutschland vorzogen (das dann in eine lockere Konföderation umgestaltet werden sollte). Zu diesen Kreisen gehörten einige Diplomaten und vor allem Beamte des Finanz- und Wirtschaftsministeriums. In der Politik wurde diese Haltung meist von den Sozialisten und einigen aus der Résistance hervorgegangenen Gruppierungen vertreten, während die Kommunisten und das christdemokratische *MRP* (Mouvement Républicain Populaire), wenn auch ab 1946 etwas verhaltener, die Rheinlandpläne de Gaulles unterstützten.

Gleichzeitig zeichneten sich drei Grundtendenzen ab: Zunächst die Rückkehr (wie es in zahlreichen Dokumenten der damaligen Zeit explizit heißt) zu einer traditionellen Politik, wie man sie von 1919 bis 1924 im Rheinland und im Ruhrgebiet verfolgt hatte. Zum zweiten eine Politik mit anderer Zielsetzung, bei der der wirtschaftliche Wiederaufbau Europas Vorrang gegenüber territorialen Erwägungen im Sinne der klassischen militärischen Sicherheit hatte und die Schaffung einer europäischen Wirtschaftsunion empfohlen wurde, in der die nationalen Probleme entschärft werden sollten. Schließlich bestand außerdem eine weniger bekannte politische Strömung, die zum ersten Mal im Herbst 1943 auftauchte und im Frühjahr 1944 aufgrund des sowjetischen Widerstands in den Hintergrund rückte, um dann im Sommer und Herbst 1945 wieder aktuell zu werden. Diese Politik stand nicht zwangsläufig im Widerspruch zu den oben genannten politischen Strömungen, ging jedoch von anderen Voraussetzungen aus. Sie gründete auf der Auffassung, daß die UdSSR nach dem Krieg eine große Bedrohung darstellen würde, die mindestens genauso gefährlich und noch wahrscheinlicher sei als das Wiederaufleben des deutschen Militarismus. Die Verfechter dieser Politik wollten deshalb einen »westlichen Block« errichten, dem auch ein eng mit Frankreich und den anderen westlichen Nachbarn verbundenes rheinisches Westfalen beitreten sollte. Dieser Block sollte die Kontrolle über Deutschland ermöglichen und gleichzeitig ein Gegengewicht zu Rußland darstellen. Wie später noch zu zeigen ist, schwankte auch de Gaulle zeitweilig zwischen diesen drei Strömungen, die sich im übrigen nicht völlig gegenseitig ausschlossen[2].

Erste Überlegungen in Algier

1943 gab es innerhalb des Französischen Nationalen Befreiungskomitees in Algier zwei Hauptpositionen in bezug auf Deutschland. Die einen glaubten, daß Deutschland auch nach dem Krieg noch eine Gefahr darstelle und daß man auf die Politik zurückgreifen müsse, die Frankreich nach der Friedenskonferenz 1919 und in gewisser Weise noch während der Besetzung des Ruhrgebiets 1923 verfolgen wollte, die jedoch am zweimaligen Veto der Angelsachsen gescheitert war (so wurde es zumindest dargestellt): Das Reich sollte durch den Entzug des Rheinlands (seiner strategischen Grenze) und des Ruhrgebiets (dem industriellen Zentrum) außer Gefecht gesetzt werden. Man dachte dabei auch an die Möglichkeit, die bismarcksche Einheit in Frage zu stellen. Andere waren zwar auch der Auffassung, daß das deutsche Problem sicherlich auch weiterhin bestehen würde, daß aber die vorrangigen Probleme nach dem zweiten Weltkrieg anderer Natur sein würden als 1919: es wären wirtschaftliche Probleme, die neue radikale Lösungen erforderten (oder präziser ausgedrückt, Lösungen, die bereits in den zwanziger Jahren nach Locarno skizziert worden waren, wie z. B. im internationalen Stahlabkommen von 1926).

Für de Gaulle und zweifellos auch für die Mehrheit der ehemaligen Mitglieder des »Freien Frankreich« kam nur die erste Lösung in Frage. So hatte de Gaulle persönlich am 25. August 1941 klare Bedenken gegenüber der Atlantikcharta geäußert: Frankreich müsse sich

»die Möglichkeit einer Ausweitung seiner Position auf die rheinischen Länder bewahren [...] Wir beabsichtigen keinesfalls eine Ausdehnung unseres Territoriums, was jedoch nicht bedeutet, daß wir damit auch ausdrücklich auf jede andere mögliche Form der Erweiterung verzichten.«

Mit dieser Formulierung waren in den Augen des Generals zweifellos alle Möglichkeiten abgedeckt, von der ständigen Besatzung bis hin zur Schaffung eines eigenen, von Frankreich kontrollierten rheinischen Staates, wobei jedoch eine reine Annexion ausgeschlossen war[3]. Die Position de Gaulles sollte später wesentlich vielschichtiger werden, die Kontrolle des Rheinlands und des Ruhrgebiets blieb jedoch fester und stark in der Tradition verwurzelter Bestandteil seiner Haltung.

Gleichzeitig glaubten de Gaulle selbst und einige seiner Berater — mit kleinen Nuancen —, daß die UdSSR angesichts der weiterhin zumindest virtuell bestehenden deutschen Gefahr der wichtigste, wenn nicht sogar einzig wahre Verbündete Frankreichs sei. Man müsse zu einem Bündnissystem in der Art des französisch-russischen Bündnisses von vor 1914 zurückkehren. So glaubte und schrieb z. B. Maurice Dejean, ehemaliger Berater im Außenministerium und später Vertreter des *CFLN* (Französisches Nationales Befreiungskomitee) bei den alliierten Exilregierungen in London, im Oktober und November 1943, daß die UdSSR ebenso wie Frankreich und wesentlich stärker als die Vereinigten Staaten oder England, die zur Rückkehr zum Isolationismus bereit waren, bemüht sein werde, die deutsche Gefahr endgültig zu beseitigen. Die UdSSR wolle ein starkes Frankreich und würde sogar das französische Kolonialreich gegen amerikanische Interessen verteidigen. Was Osteuropa anbetreffe, so wolle die UdSSR hier nur einen »Sicherheitsgürtel« unabhängiger, aber ihr nicht feindselig gesonnener Staaten errichten[4]. Wie weiter unten gezeigt wird, vertrat de Gaulle zwar eine vorsichtigere Haltung gegenüber der UdSSR, teilte aber in den Jahren 1943 und 1944 im großen und ganzen diese Analyse und insbesondere den Kerngedanken: die Notwendigkeit der Erneuerung des alten französisch-russischen Bündnisses gegen Deutschland.

Die andere Gruppe wurde im *CFLN* durch Jean Monnet (Rüstungsexperte) und René Mayer (Experte für Kommunikation) vertreten. Für Jean Monnet stand bereits zu diesem Zeitpunkt fest, daß der Frieden und das deutsche Problem nur im Rahmen einer föderalen europäischen Wirtschaftsunion gewährleistet bzw. gelöst werden könne, was auch die Übertragung souveräner Rechte einschließe und über die rein nationalen Sicherheitsüberlegungen hinausgehe. René Mayers Vorstellungen waren enger gesteckt. Er dachte an ein »industrielles Lotharingien«, das die Eisen- und Stahlreviere Frankreichs, Deutschlands, Belgiens und Luxemburgs umfaßte[5].

Auf der einen Seite war hier also von der traditionellen Sicherheitspolitik die Rede, die eine enge Kontrolle Deutschlands vorsah und an die Jahre 1914—1923 anknüpfte, und auf der anderen Seite von einem wirtschaftlich begründeten Europa zur Sicherung des Friedens, das Deutschland einbezog und umrahmte. Im Jahre 1943 kamen das *CFLN* und de Gaulle zu einem Kompromiß zwischen diesen beiden Strömungen, der die französische Politik bis 1947 beeinflußte. Er ging aber auch eindeutig in Richtung der traditionellen Sicherheitsauffassung, und die Wirtschaft war eher ein zusätzliches taktisches Mittel zur Kontrolle Deutschlands als ein Ziel an sich. Wir sollten uns hier nicht irreführen lassen: Auch Monnet wollte Deutschland kontrollieren, jedoch auf andere Art und Weise. Insgesamt kann man sagen, daß die Politik, die von 1943 bis 1944 entworfen und 1945 ausformuliert wurde und die trotz einiger fortschrittlicher Ansätze von den doch eher traditionellen Sicherheitsüberlegungen geprägt war, in den Jahren 1946 und 1947 scheiterte. Statt dessen dominierten ab 1948 die Vorstellungen Jean Monnets (sicherlich mit zahlreichen Hintergedanken).

Die Widerstandsbewegungen innerhalb Frankreichs waren in hohem Maße gespalten. Die Gruppierungen, die den Sozialisten nahestanden und in geringerem Maße auch die christdemokratisch orientierten Gruppen glaubten, daß man nach dem Krieg über die Nationen hinausgehen und Europa aufbauen müsse. Ähnlich wie Léon Blum während des Krieges und später in seinem Buch von 1946, *A l'échelle humaine*, dachten diese Gruppierungen an eine Versöhnung mit einem demokratisierten Deutschland. Die nationalistischeren Widerstandsgruppen und die Kommunisten hielten hingegen an der nationalen Souveränität fest und vertraten eine wesentlich ablehnendere Position gegenüber Deutschland[6]. Das Programm des *Conseil National de la Résistance*

(Nationaler Widerstandsrat) vom März 1944, mit dessen Erarbeitung im Sommer 1943 begonnen worden war, hatte in diesem Punkt mehr Gemeinsamkeiten mit den kommunistischen Thesen und distanzierte sich vollkommen von den Vorschlägen der Sozialisten. Es war die Rede von der »Unabhängigkeit«, der »Stärke« und der »Größe« Frankreichs[7]. Die kommunistische Partei Frankreichs unterstützte im übrigen de Gaulle und auch seine Deutschlandpolitik, zumindest bis zum Sommer 1945, als de Gaulle anfing zu glauben, daß die deutsche Gefahr in Zukunft nicht zwangsläufig die einzige und auch nicht die bedrohlichste sein werde. Betrachtet man die öffentliche Meinung insgesamt, so überwogen in den Jahren 1944—1945 die Befürworter eines energischen Verhaltens gegenüber Deutschland.

Bei seiner Sitzung am 12. Oktober 1943 sprach der *CFLN* zum ersten Mal über die Nachkriegszeit. Die Meinungen der Experten waren geteilt und entsprachen den beiden oben dargestellten Hauptthesen. Einige strebten die Schaffung eines umfassenden europäischen Gebildes an, andere, wie René Mayer, hatten nur eine wirtschaftliche Union Westeuropas im Sinn, wiederum andere zählten auf die Aufrechterhaltung der Verständigung zwischen den Verbündeten zur Gewährleistung der Sicherheit Frankreichs nach dem Krieg. Schließlich gab es noch jene, die sich für eine Aufteilung Deutschlands aussprachen. Der Experte für auswärtige Angelegenheiten, René Massigli, glaubte seinerseits, daß es für endgültige Entscheidungen noch zu früh sei. De Gaulle legte daraufhin seine Auffassungen dar, die eine Art Synthese der von den Experten geäußerten Meinungen darstellten und zu einer Weisung des Kommissariats für Außenpolitik vom 30. Oktober führten[8].

Das Wiederaufleben einer deutschen Bedrohung in der Nachkriegszeit konnte nicht ausgeschlossen werden, sei es nun als Gefahr an sich oder durch die Wirkung, die die Entwicklung der deutschen Frage möglicherweise auf die vorhersehbare Konfrontation zwischen den USA und der UdSSR haben konnte, eine Konfrontation, die zu »neuen Konflikten aufgrund von Deutschland oder wegen Deutschland« führen könnte. (Es sei angemerkt, daß hier zum ersten Mal ein Bezug zwischen dem deutschen Problem und der Ost-West Konfrontation hergestellt wird, der später großen Einfluß auf die Entwicklung der französischen Position gegenüber Deutschland hatte.) Zum Schutz vor der deutschen Gefahr verließ sich Frankreich zunächst auf die Bündnisse mit der UdSSR und Großbritannien sowie auf die Schaffung einer westeuropäischen Föderation, die das von Deutschland abgetrennte Rheinland und das Ruhrgebiet umfaßte und damals häufig als »westlicher Block« bezeichnet wurde. Deutschland sollte jedoch nicht aufgeteilt werden.

Frühjahr 1944:
Auf dem Weg zu einer westeuropäischen Föderation unter Einschluß des Ruhrgebiets und des Rheinlands?

Bereits am 19. Oktober 1943 hatte Massigli die Vertreter des *CFLN* bei der britischen Regierung in London und bei den Exilregierungen, Viénot und Dejean, damit beauftragt, die Möglichkeit einer westeuropäischen Wirtschaftsunion unter Einbeziehung des Rheinlands und des Ruhrgebiets zu untersuchen. Das französische Projekt nahm dann Anfang 1944 Gestalt an. Am 8. Februar wurden Leitlinien für einen möglichen Waffenstillstand mit Deutschland erarbeitet. Diese sollten es Frankreich insbesondere ermöglichen, die für die französische Seite primär interessanten Gebiete, d.h. das Rheinland und das Ruhrgebiet, zu besetzen[9]. Die Reparationen waren ebenfalls Gegenstand umfangreicher Studien. Man kam schnell zu dem Ergebnis, daß dieses Problem, wie die Erfahrungen von 1919 zeigten, unlösbar war, es sei denn, »die wichtigsten deutschen Industriegebiete [...] würden wirtschaftlich den Nachbarländern zugeordnet«. Es war jedoch andererseits wahrscheinlich, daß Rußland den östlichen Teil Deutschlands wirtschaftlich und politisch seinem Einflußbereich (Polen und Tschechoslowakei) einverleiben würde. Auf eine sehr suggestive Art und Weise rechtfertigte die Abteilung für wirtschaftliche Angelegenheiten im Kommissariat für auswärtige Angelegenheiten am 2. März 1944 die Angliederung des rheinisch-westfälischen Beckens an eine wirtschaftliche Föderation Westeuropas mit folgendem Argument:

»Die Rolle Westeuropas [im Hinblick auf die sowjetische Politik] bestehe darin, die rheinisch-westfälische Region in seinen wirtschaftlichen Einflußbereich zu ziehen. Dies sei im übrigen vielleicht das einzig praktikable Mittel für uns, um die Zustimmung der Alliierten zur Abtrennung des deutschen Blocks von den linksrheinischen Ländern zu erreichen. Die Bereitschaft, dieser Abtrennung zuzustimmen, sei um so größer, wenn die Ausdehnung des russischen Machtbereichs bis nach Mitteleuropa die Alliierten dazu zwingen würde, eine Lösung im Sinne eines Gleichgewichts zu finden[10].«

Dieselbe versteckte Absicht und Taktik fand sich 1945 gegenüber den Angelsachsen. Am 7. März gab Algier Viénot in London klare Anweisungen: Er sollte die Möglichkeit einer westeuropäischen Wirtschaftsunion untersuchen, wobei betont wurde, daß die im Zusammenhang mit Deutschland in der Nachkriegszeit auftauchenden Probleme

»eine strenge Kontrolle der deutschen Wirtschaft voraussetzten, und zwar nicht nur im Hinblick auf die Reparationen, sondern auch auf die definitive Eingliederung der deutschen Wirtschaft in eine europäische Wirtschaft«[11].

In einem Schreiben an René Massigli vom 24. Februar erwog de Gaulle die Möglichkeit eines vom Reich abgetrennten rheinisch-westfälischen Gebiets, das in strategischer und wirtschaftlicher Hinsicht in eine westeuropäische Föderation mit Frankreich, den Beneluxländern und eventuell Großbritannien einbezogen werden sollte[12]. Am 18. März griff der General dieses Thema vor der provisorischen Nationalversammlung auf, als er »von einer Art westlichem Zusammenschluß« mit vorrangig wirtschaftlicher Ausrichtung sprach. Dieser sollte um Frankreich herum geschaffen werden und zunächst Belgien, Luxemburg und Holland umfassen, später jedoch auch für Großbritannien, Italien und Skandinavien offen stehen. In den Dienststellen in Algier wurden seit einigen Wochen vermehrt Untersuchungen über eine solche westeuropäische Wirtschaftsunion durchgeführt, was beweist, daß man dieses Vorhaben sehr ernst nahm[13].

Es sollte in der Folgezeit jedoch rasch an Bedeutung verlieren. Bereits am 20. März protestierte der sowjetische Vertreter in Algier, Bogomolov, bei Massigli gegen den Plan eines »westlichen Zusammenschlusses«, den de Gaulle zwei Tage zuvor dargelegt hatte[14]. Außerdem tauchten sehr schnell Probleme rein wirtschaftlicher Natur auf, insbesondere die drohende Konkurrenz für die französische Industrie. Am 19. April verwies der *CFLN* auf diese Schwierigkeiten und auf die Bedenken seitens der UdSSR und der Vereinigten Staaten und beschloß, die Wirtschaftsgespräche mit den ersten Partnern (die Beneluxländer, die im Entstehen begriffen waren) auf organisatorische Fragen zu beschränken, die für die Befreiung Frankreichs und die unmittelbare Nachkriegszeit von Bedeutung waren. Die Frage eines wirtschaftlichen Zusammenschlusses wurde auf später vertagt[15].

Als die Belgier am 24. April 1944 anregten, mit der Vorbereitung der wirtschaftlichen Organisation Westeuropas zu beginnen und dabei das Problem der Sicherheit der westlichen Nachbarn des Reichs einzubeziehen, erwiderte der *CFLN*, daß sich die Gespräche im Augenblick auf organisatorische Probleme von unmittelbarer Bedeutung beschränken sollten, schloß jedoch die Möglichkeit einer engeren Union für die Zukunft nicht aus[16]. Im Gegenzug schlug man den Belgiern vor, Gespräche über die Besatzung und die Kontrolle Westdeutschlands unabhängig von der Frage einer westeuropäischen Union zu eröffnen, was einen Wandel in der Haltung des *CFLN* seit Oktober deutlich macht.

Sommer 1944:
Sicherheitsüberlegungen sind stärker als wirtschaftliche Überlegungen

Es wird deutlich, daß sich der Kompromiß, auf den man sich innerhalb des *CFLN* im Herbst des Vorjahres verständigt hatte, ab April 1944 wandelte: Sicherheitsbedenken gewannen nun die Oberhand über wirtschaftliche Überlegungen, und dies sollte sich bis 1947 nicht ändern. Am 12. August 1944 legte der Verteidigungsausschuß (der sich aus den Hauptverantwortlichen des *CFLN* und den militärischen Führern um den General zusammensetzte) in Algier die französische Position fest, die sich gleichzeitig verhärtete: Ablehnung des Wiederaufbaus eines zentralisierten deutschen Reiches, Abtrennung des Ruhrgebiets und des Rheinlands, ständige Besetzung dieser Gebiete durch Frankreich und andere europäische Staaten sowie des rechtsrheinischen Gebiets auf einer Tiefe von 100 Kilometern und wirtschaftlicher Anschluß des Saargebiets an Frankreich[17]. Ein Teil der Regierung vertrat hingegen weniger extreme Ansichten. Sie sind in einer Note von Dejean über das »deutsche Problem« vom 21. August 1944 zusammengefaßt: Die Sicherheit Frankreichs gegenüber Deutschland sollte auf engen Bündnissen mit Großbritannien und Rußland und auf Gebietsabtrennungen vom Reich beruhen, das wichtige Gebiete im Osten an Polen sowie eventuell das Saargebiet durch Annexion an Frankreich verlieren würde. Außerdem sollte die französische Sicherheit durch die ständige Besetzung des Rheinlands und des Ruhrgebiets durch Frankreich und seine westeuropäischen Verbündeten gewährleistet werden. Diese beiden Regionen würden außerdem wirtschaftlich vom Reich abgetrennt (jedoch nicht politisch, worin der entscheidende Unterschied zu den Vorstellungen des Verteidigungsausschusses lag).

Ein weiterer Unterschied: Die Einheit des Reiches würde nicht offen in Frage gestellt, da es sonst zu nationalistischen Reaktionen kommen könne, die genau das Gegenteil des beabsichtigten Ziels bewirken würden. Andererseits könnten die französische Militärpräsenz und der Abbruch der Wirtschaftsbeziehungen mit dem Reich zu einem Wiederaufleben des Separatismus in der rheinisch-westfälischen Region führen. Die Alliierten könnten dann entsprechend der sich abzeichnenden Tendenzen auf die Bildung eines unabhängigen Staates oder eines Kondominiums hinwirken. Es handelt sich hier im Grunde um dieselbe Politik, die nach 1919 verfolgt wurde, und die in der Note Dejeans vom 21. August 1944 immer wieder auftaucht[18]. Sie war jedoch vorsichtiger und entwicklungsfähiger als die vom Verteidigungsausschuß festgelegte Strategie und beinhaltete wenigstens in gleichem Maße die Einflußnahme auf die deutsche Frage als ganzes wie die ausschließliche Kontrolle Frankreichs über das Rheinland. Wie später gezeigt wird, spiegelt die Note Dejeans die Auffassungen der Diplomaten recht gut wider.

Die Reise de Gaulles nach Moskau im Jahre 1944 und das Entstehen des Plans zur Internationalisierung des Ruhrgebiets

Während seiner Reise nach Moskau im Dezember 1944 unterbreitete de Gaulle Stalin seinen Plan, die Ruhr und das Rheinland im Westen parallel zur Oder-Neiße-Linie im Osten abzutrennen, die er bei dieser Gelegenheit anerkannte. Diese Gebietsabtrennungen und die Errichtung der strategischen Grenze Frankreichs am Rhein würden ebenso zur Sicherheit der beiden Staaten gegenüber Deutschland beitragen wie der am 10. Dezember unterzeichnete Bündnispakt gegen Deutschland. Dieser Pakt enthielt außerordentlich strenge Bestimmungen und Verpflichtungen für beide Unterzeichnerstaaten, was von den Franzosen (und nicht von den Sowjets, wie lange Zeit geglaubt wurde) so beabsichtigt war, um damit weitestgehend dem Vorbild des französisch-russischen Bündnisses von vor 1914 zu entsprechen. Es sei hinzugefügt, daß der Stabschef für die Landesverteidigung, General Alphonse Juin, der sich zu dieser Zeit in Moskau aufhielt, zahlreiche Gespräche mit seinen sowjetischen Kollegen zur Vorbereitung der militärischen Bestimmungen dieses Bündnisses führte[19].

Während einer Unterredung mit Stalin am 8. Dezember fügte de Gaulle der seit 1943 geplanten Ordnung ein neues wichtiges Element hinzu und revidierte damit das bis dahin gültige Konzept einer westeuropäischen Föderation unter Einbeziehung des Rheinlands und des Ruhrgebiets, die ähnlich behandelt werden sollten. Das Ruhrgebiet sollte ebenso wie das Rheinland vom Reich abgetrennt, aber unterschiedlich verwaltet werden. Das Rheinland würde der Kontrolle Frankreichs unterstellt, die Ruhr hingegen internationalisiert. Wollte de Gaulle Stalin damit eine sowjetische Beteiligung an der internationalen Kontrolle der Ruhr vorgaukeln, um so seine Zustimmung zu den französischen Plänen zu erreichen?

Dies ist durchaus möglich, denn als der General das Rheinland-Thema zum ersten Mal bei seinem Gespräch mit Josif Stalin am 2. Dezember ansprach, verschanzte sich dieser hinter der notwendigen Zustimmung der Engländer und Amerikaner. Diese war jedoch fraglich: Bei seiner Reise nach Paris am 11. November hatte Winston S. Churchill nur von einer internationalen Kontrolle dieser Gebiete, nicht aber von deren Abtrennung vom Reich gesprochen. De Gaulle mußte im übrigen einige Zeit später die Vorbereitungen für ein Bündnis mit London unterbrechen, was unter anderem auch auf die Meinungsverschiedenheiten in bezug auf Deutschland zurückzuführen war. Stalin seinerseits weigerte sich während der gesamten Moskauer Gespräche mit de Gaulle, ernsthaft über Deutschland zu sprechen. Er kam statt dessen immer wieder auf das Problem der Anerkennung des Lubliner Komitees zurück und kritisierte das Konzept eines »westlichen Blocks«, in dem er sehr wohl ein mögliches Gegengewicht zur UdSSR erkannt hatte. Weder Großbritannien noch die UdSSR noch die Vereinigten Staaten waren mit den französischen Deutschlandplänen einverstanden, was einem Scheitern gleichkam. Es steht jedoch fest, daß das deutsche Problem für de Gaulle und die Mehrheit der Franzosen im Dezember 1944 das zentrale Problem der Nachkriegszeit war und es auch bis zum Sommer 1945 bleiben sollte. Wahrscheinlich wäre de Gaulle zu Eingeständnissen gegenüber Stalin bereit gewesen, um ihn so für die französischen Vorhaben in bezug auf das Reich zu gewinnen, wenn der sowjetische Staatschef sich auf das Spiel eingelassen hätte. So läßt sich zweifellos de Gaulles Meinungswandel in Moskau im Hinblick auf das Schicksal des Rheinlands und des Ruhrgebiets erklären. Hier liegt auch der Grund für den Verzicht auf das Thema des westlichen

Blocks und für das Entstehen eines Konzepts (Rheinland unter französischer Kontrolle, Internationalisierung der Ruhr), das bis 1947 die offizielle französische Position sein sollte, und mit dem der General zunächst aller Wahrscheinlichkeit nach die Bedenken Stalins ausräumen wollte.

Die Vorbereitung der französischen Position.
Dezember 1944 bis April 1945: Ziele und Absichten

Am 23. Dezember 1944 wurde im französischen Außenministerium am Quai d'Orsay die Einrichtung zweier Deutschland-Kommissionen — eine für Wirtschaftsfragen (unter dem Vorsitz des Leiters Wirtschaft, Hervé Alphand), die andere für politische Angelegenheiten (unter dem Vorsitz des Leiters Politik, Dejean) beschlossen. Beide Kommissionen setzten sich aus Vertretern des Stabs zusammen, wobei die Kommission für Wirtschaftsangelegenheiten zusätzlich Vertreter des Finanz-, Wirtschafts- und Industrieministeriums umfaßte. Die Arbeit beider Kommissionen wurde vom Generalsekretär des Außenministeriums, Jean-Michel Chauvel, koordiniert[20].

Bereits nach kurzer Zeit wurden unterschiedliche Auffassungen beider Kommissionen deutlich. Die Kommission für wirtschaftliche Fragen sah die Errichtung einer rheinisch-westfälischen Wirtschaftseinheit mit einer Fläche von 45 000 km² und 13 Millionen Einwohnern vor, die in Zoll-, Währungs- und Wirtschaftsfragen autonom und einer internationalen Kontrolle unterstellt sein würde. Nur das Saarland sollte in das französische Zollsystem eingebunden werden. Das politische Schicksal dieses Wirtschaftsgebildes, insbesondere die Abtrennung vom Reich, wurden jedoch nicht behandelt. Drei Ziele bestimmten die Arbeit der Wirtschaftskommission: die endgültige Schwächung der deutschen Industrie durch Entzug des rheinisch-westfälischen Komplexes, falls letztendlich die Abtrennung vom Reich beschlossen würde; in jedem Fall Schaffung eines ausgeglichenen und funktionsfähigen Gebildes; Herstellung von engen Verbindungen zwischen diesem Gebilde und den westlichen Nachbarn (Frankreich, Belgien, Holland, Luxemburg). Man stellt fest, daß dieser Ansatz eher von dem Streben nach einem Wiederaufbau der westeuropäischen Wirtschaft inspiriert war und weniger von einer strategischen Konzeption. Sie entsprach den bereits im Jahre 1943 geäußerten Vorstellungen von René Mayer und Jean Monnet, mit denen Alphand in Algier zusammengearbeitet hatte[21].

Die von Dejean geleitete Kommission für politische Fragen hielt sich hingegen an die Anweisungen, die General Dejean auf seiner Rückreise von Moskau gegeben hatte. (Diese werden in einer Note de Gaulles vom 2. Februar 1945 bestätigt, auf die später noch eingegangen wird[22].) Sie plante eine vollkommen andere Lösung, die bereits bekannt ist: Das linke Rheinufer sollte von Frankreich besetzt und verwaltet werden, die Ruhr sollte einen internationalen Status bekommen. Dieser Plan wurde am Quai d'Orsay zunächst mit großer Skepsis betrachtet, da man glaubte, daß weder das Rheinland noch das Ruhrgebiet im Falle einer Abtrennung wirtschaftlich lebensfähig seien[23].

Die Wirtschaftskommission beschloß ihre Arbeit mit einer Note vom 7. Februar 1945. In dieser Note wurden alle Lösungen mit dem Ziel der Entindustrialisierung Deutschlands, wie sie Morgenthau den Vereinigten Staaten damals vorgeschlagen hatte, abgelehnt, da sie den Wiederaufbau der europäischen Wirtschaft verhindern und das deutsche Problem unlösbar machen würden.

Statt dessen wurde die Bildung einer von Deutschland abgetrennten rheinisch-westfälischen Wirtschaftseinheit unter Kontrolle der Alliierten empfohlen, um zu verhindern, daß das Reich die wirtschaftlichen Ressourcen dieser Region für einen neuen Angriff verwenden könne. Dieses Gebiet sollte die Ruhr bis Münster und Hamm, das linke Rheinufer und den Streifen Wiesbaden—Mannheim und eventuell Frankfurt östlich des Rheins einschließen (60 000 km² und 16 Millionen Einwohner). Es sollte keine Zollunion mit den westlichen Nachbarn Deutschlands bilden, um deren Wirtschaft nicht aus dem Gleichgewicht zu bringen (mit Ausnahme des Saarlands, das in den französischen Zollraum eingebunden würde). Diese Wirtschaftseinheit sollte aber enge Kontakte zu diesen Ländern sowie zum restlichen Deutschland und ganz Europa haben. Die Note enthielt keine Aussagen über politische Lösungen, unterstrich jedoch, daß die wirtschaftliche Einheit dieser Region in jedem Fall gewahrt bleiben müsse und könne, auch wenn für den einen oder anderen Teil dieses Gebildes unterschiedliche wirtschaftliche Lösungen entschieden würden, z.B. französische Kontrolle über das Rheinland oder internationale Kontrolle der Ruhr. Das Bemühen um wirtschaftliche Zweckmäßigkeit im Hinblick auf Europa war in dieser Note genauso wichtig wie das Streben nach Kontrolle über Deutschland[24].

Die Kommission für politische Fragen schloß ihren Bericht am 12. Februar 1945[25]. Dieser beruhte auf einer vollkommen anderen Philosophie, lehnte sich jedoch stark an die erwähnte Note de Gaulles vom 2. Februar an, in der dieser das Gebiet genannt hatte, das Frankreich für immer oder vorübergehend besetzen sollte. Der o.a. Bericht ging davon aus, daß die vollständige Besetzung Deutschlands nicht länger als ein oder zwei Jahre dauern würde, da die Amerikaner (und später auch die Briten) so schnell wie möglich nach Hause zurückkehren wollten. Deshalb war es wichtig, Vorkehrungen für ein Sicherheitssystem zu treffen, das auch nach der vollständigen Besetzung noch wirksam, gleichzeitig jedoch zumutbar für Frankreich war, das in kürzester Zeit das Gros der notwendigen Kräfte bereitzustellen hätte.

Das gewählte System sah zunächst eine »militärische Sicherheitslinie« östlich des Rheins auf einer Linie Bremen, Bielefeld, Paderborn, Kassel, Marburg, Fulda, Würzburg und oberes Neckartal vor. Die alliierten Truppen würden dieses Gebiet nicht ständig besetzen, hätten jedoch auch nach dem Ende der vollständigen Besetzung Deutschlands jederzeit Zugang. Der Stab hatte diese Linie nachdrücklich gefordert.

Ständig besetzt würde hingegen ein Raum, der durch das linksrheinische Ufer, die Ruhr und die rechtsrheinischen Brückenköpfe Köln, Koblenz, Mainz, Ludwigshafen, Straßburg, Colmar und Karlsruhe begrenzt wäre[26]. Dieses Gebiet würde in etwa dem 1923 besetzten entsprechen. Es wäre jedoch wesentlich kleiner als die von der Wirtschaftskommission vorgesehene Zone, da strategische Überlegungen und das Bemühen um die Verringerung der Belastungen durch die Besatzung stärker waren als die Suche nach einem wirtschaftlichen Gleichgewicht. Es würde nicht etwa 16 Millionen Einwohner umfassen, sondern nur 11 Millionen. Der Raum zwischen dieser ständigen Besatzungslinie und der militärischen Sicherheitslinie wäre eine Art Glacis, das zwar souverän bliebe, das die alliierten Truppen jedoch jederzeit betreten könnten.

In politischer Hinsicht wäre die gesamte ständig besetzte Zone politisch, militärisch und wirtschaftlich von Deutschland abgetrennt. Das Ruhrgebiet würde von einer »alliierten Regierungskommission«, bestehend aus fünf von den Vereinigten Staaten, Frankreich, Großbritannien, Belgien, Holland, Luxemburg und der UdSSR gemeinsam ernannten Mitgliedern verwaltet (dieser wesentliche Punkt ist besonders bemerkenswert, da er zweifellos der Schlüssel der von de Gaulle in Moskau dargelegten internationalen Lösung war, mit der er die Zustimmung der Sowjets für die französischen Vorhaben erreichen wollte). Für das »Ruhrgebiet« war derselbe Rechtsstatus wie für das Saargebiet 1919 vorgesehen, wobei natürlich die Gruppe der sieben beteiligten Mächte an die Stelle des Völkerbunds trat[27].

Das linke Rheinufer sollte von einer weiteren »alliierten Regierungskommission« verwaltet werden, in der die Besatzungsmächte (einschließlich Belgien, Holland und Luxemburg) vertreten wären, jedoch mit einem Übergewicht Frankreichs, das einen Hohen Kommissar (»Gebiet mit französischer Vorherrschaft«) ernennen würde. Dieser Hohe Kommissar hätte weitreichende gesetzgeberische und ausführende Befugnisse mit einer einzigen Einschränkung, nämlich der Verpflichtung, »die Gewissensfreiheit des einzelnen und die kommunale Selbstverwaltung zu garantieren«. Ebenso könnte unter denselben Bedingungen eine »Zone mit britischer Vorherrschaft« und holländischer Beteiligung vom Rhein bis zur Nordsee errichtet werden.

Die für den wirtschaftlichen Bereich favorisierte Lösung entsprach der der Wirtschaftskommission: Wirtschafts-, Währungs- und Zolleinheit des rheinisch-westfälischen Gebiets ohne Unterscheidung zwischen Ruhr und Rheinland sowie Herstellen von Handelsverbindungen zwischen dieser Region und den westlichen Nachbarn. Gleichzeitig war aber auch eine strenge Kontrolle des wirtschaftlichen Lebens und der Unternehmen vorgesehen, insbesondere in der international kontrollierten Zone. Diese Kontrolle sollte mit Hilfe der vom Hitler-Regime eingesetzten dirigistischen Führungskräfte erfolgen, die in den Dienst eines »internationalen Lenkungsausschusses« gestellt würden, der seine Weisungen von der internationalen Regierungskommission erhalten sollte.

Die Unternehmen würden entweder enteignet oder von interalliierten Organen verwaltet und nicht enteignet, oder die Alliierten würden Anteile an den Unternehmen erwerben. Es war vorgesehen, dieses System in der Zone mit französischer Vorherrschaft etwas lockerer zu handhaben und die privaten Interessen stärker zu berücksichtigen. Es sei angemerkt, daß eines der Mitglieder der Kommission, Jacques Rueff, angeregt hatte, die Zone mit französischer Vorherrschaft wirtschaftlich von der Ruhr abzutrennen und in den französischen Zollraum einzubinden. Seine Auffassung konnte sich nicht durchsetzen, da man Verdächtigungen und Widerstände seitens der Alliierten vermeiden wollte.

Der endgültige Status der Ruhr und des Rheinlands über das beschriebene Besatzungs- und Verwaltungssystem hinaus wurde aufgrund der Tatsache, daß diese Gebiete in jedem Fall vom Reich abgetrennt und die Bewohner ihre deutsche Staatsangehörigkeit verlieren würden, in der Note nicht abschließend geklärt. Die Unsicherheit im Hinblick auf die Situation Deutschlands nach dem Krieg sowie die Entwicklung der Alliierten und ihrer Beziehungen untereinander war zu groß. Jetzt ging es vor allem darum, nichts voreilig festzulegen, sondern zu gegebener Zeit die aufkommenden Möglichkeiten bestmöglich zu nutzen. Ein Ausschnitt aus dieser Note zeigt deutlich die Hintergedanken und Illusionen, die im Februar 1945 bestanden:

»Autonome, föderalistische oder separatistische Tendenzen werden in [der] allgemeinen Verwirrung [in Deutschland] neuen Nährboden finden. Sie werden sich eines Tages vielleicht festigen und eine Form annehmen, die es uns ermöglicht, sie zu unserem Vorteil zu nutzen [...] Je nachdem, ob der Wiederaufbau unserer militärischen Kräfte schneller oder langsamer verläuft, werden wir über neue Mittel verfügen, um unseren Einfluß zu vergrößern oder Lösungen durchzusetzen, die derzeit noch verfrüht erscheinen könnten. Deshalb sollte unsere Hauptsorge sein, eine ausreichende Handlungsfreiheit zu bewahren, um alle auftretenden Lösungen untersuchen zu können, ohne unmittelbar Stellung beziehen zu müssen[28].«

Dieser Ausschnitt zeigt, daß die französische Position gegenüber Deutschland vor allem eine dynamische war. Einen interessanten Überblick über die Hintergedanken innerhalb der Regierung gibt die Note eines engen Mitarbeiters des Generals an diesen vom 16. März, in der er sein Bedauern darüber äußert, daß der Vorschlag Rueffs, das Rheinland in den französischen Zollraum einzubeziehen, nicht berücksichtigt wurde:

»Sofern die Regierung die Absicht hat, die Zone mit französischer Vorherrschaft langfristig in das politische System Frankreichs zu integrieren, dann ist es offenkundig wünschenswert, diese Gebiete schon von Anfang an in unser Zollsystem einzubinden[29].«

Dieser Vorschlag wurde von de Gaulle aufgegriffen. Er korrigierte eigenhändig den Entwurf eines Briefes an den französischen Botschafter in London, Massigli, der im März im Außenministerium erarbeitet worden war und erklärte, daß das Rheinland in wirtschaftlicher Hinsicht von der Ruhr abgetrennt und »insbesondere in die französische Wirtschaft eingebunden« werden sollte. In allen anderen Punkten schloß er sich jedoch insgesamt den Empfehlungen der politischen Kommission an, wobei seine Vorstellungen über die rechtlichen Bedingungen der Besatzung nicht so eindeutig waren. Die rheinischen Länder sollten definitiv von Deutschland abgetrennt werden, Frankreich würde die politische, militärische und administrative Kontrolle des linken Rheinufers bis nördlich von Köln übernehmen, Belgien und Holland wären für die Kontrolle des Gebiets nördlich von Köln verantwortlich. Die Ruhr würde von »allen Verbündeten gemeinsam« kontrolliert (de Gaulle fügte noch das Wort »westlich« hinzu und schloß damit die Sowjets im Gegensatz zum Dezember 1944 aus, eine interessante Entwicklung, auf die noch zurückzukommen ist). Großbritannien könnte das Gebiet zwischen Rhein und Nordsee kontrollieren.

Was die Zukunft anbetraf, so schloß sich de Gaulle ganz und gar der abwartenden, anpassungsfähigen Haltung der politischen Kommission an:

»Was die zukünftige innere Entwicklung der verschiedenen rheinischen Gebiete in den Bereichen Politik, Verwaltung, Kultur und Moral angeht, sieht sich die französische Regierung derzeit nicht imstande, diese genau vorauszusagen, denn die Lage des zukünftigen Deutschlands und die tiefgreifenden Veränderungen, die der Zusammenbruch Deutschland bereits mit sich gebracht hat und sicherlich auch weiterhin für Deutschland und die allgemeine Lage Europas mit sich bringen wird, bergen einige Unsicherheiten. Nichts wäre ärgerlicher, als jetzt Grundsätze und Modalitäten festlegen zu wollen, die dann von den Ereignissen widerlegt würden. Zum heutigen Zeitpunkt ist es vernünftig und zweckmäßig zu kontrollieren, das tägliche Leben zu unterstützen und abzuwarten[30].«

Dieses Schreiben scheint jedoch nicht an Massigli abgeschickt worden zu sein. Am 11. April wurde im Außenministerium ein Brief von Außenminister Georges Bidault an Robert Eden vorbereitet, der ebenfalls nicht abgeschickt wurde, und der die Punkte aufgriff, die im Entwurf des Schreibens an Massigli enthalten waren. In diesem Brief wurde die Besatzung und Verwaltung des Ruhrgebiets noch einmal all jenen Mitgliedern der Vereinten Nationen vorgeschlagen, die daran teilnehmen wollten, also auch der UdSSR[31].

So wurden die Alliierten im Frühjahr 1945 letztendlich doch nicht über die französischen Ziele im Hinblick auf Deutschland informiert, die seit Dezember 1944 genauer definiert worden waren. Auf die Gründe wird noch eingegangen. Diese Ziele waren jedoch zumindest in ihren groben Zügen nicht geheim. Sie wurden von de Gaulle immer häufiger öffentlich dargelegt, wie z.B. anläßlich einer Radiosendung am 25. Januar 1945 (»Frankreich fordert, daß ihm der Besitz des linksrheinischen Gebiets garantiert wird«) oder am 2. März vor der beratenden

Versammlung, als er die wirtschaftliche Bedeutung der Kontrolle über die Ruhr unterstrich. Es steht auch fest, daß die Mehrheit der Öffentlichkeit eine rigorose Politik gegenüber Deutschland unterstützte. So ergab eine Umfrage im August 1945, daß 78 Prozent der Franzosen eine Aufteilung Deutschlands befürworteten[32].

Der erste Rückschlag:
Die Beschränkung der französischen Besatzungszone

Die Beziehungen zwischen Paris und den Angelsachsen waren im Frühjahr 1945 getrübt, was auch eine Erklärung dafür sein könnte, daß die französischen Forderungen im Hinblick auf Deutschland den Alliierten zu diesem Zeitpunkt dann doch nicht mitgeteilt wurden. Es gab genug Gründe für Meinungsverschiedenheiten sowohl mit London (wegen Syrien und dem Libanon) als auch mit Washington (wegen des Aostatals). Sie waren jedoch besonders heftig, als es darum ging, die Grenzen der französischen Besatzungszone festzulegen, die in Jalta (mit Mühe) zugestanden worden waren. Diese Grenzen waren natürlich entscheidend für die praktische Durchsetzung der französischen Politik im Rheinland.

Bereits am 30. September 1944 hatte Massigli Bidault in einem Schreiben die ungefähren Grenzen der drei in Deutschland vorgesehenen Besatzungszonen mitgeteilt, wobei er sich auf sehr vertrauliche Informationen der Engländer berief. Laut diesen Informationen sollte die sowjetische Zone ein sehr ausgedehntes Gebiet umfassen[33]. Am 29. Dezember beauftragte Paris Massigli (in seiner Eigenschaft als Mitglied der Europäischen Beratenden Kommission seit dem 14. November) den Alliierten mitzuteilen, daß Frankreich die Zuweisung einer eigenen Besatzungszone fordere. Die Grenzen waren noch nicht genau festgelegt: Frankreich wollte einfach eine ständige Besatzungszone, »die zunächst auf einer Achse Saarbrücken—Frankfurt liegen und später je nach unseren Möglichkeiten weiter ausgedehnt werden sollte, wobei die Grenzen in einem gemeinsamen Abkommen festgelegt würden«[34]. Der Stab hatte jedoch seit dem 14. Dezember einen ausführlicheren Plan erarbeitet, den er de Gaulle nach seiner Rückkehr aus Moskau vorlegte. Dieser basierte auf den Schlußfolgerungen des nationalen Verteidigungsausschusses vom 12. August 1944 und sah die Besetzung des linken Rheinufers bis südlich von Köln sowie des Taunus, des Brückenkopfes Mannheim und eines rechtsrheinischen Streifens bis Basel vor. Außerdem sollte Frankreich vorübergehend das restliche Baden, Hessen-Darmstadt sowie ein vorgeschobenes Gebiet bis zur sowjetischen Zone (Hessen-Nassau und Hessen-Kassel) besetzen. Möglicherweise wollte de Gaulle diesen sehr ausführlichen Plan den Alliierten noch nicht bekanntgeben, denn die französischen Kräfte waren bei weitem noch nicht in der Lage, diese gesamte Zone zu besetzen. Außerdem stand die Jalta-Konferenz kurz bevor, deren Scheitern er anscheinend voraussah. De Gaulle behielt sich damit die Möglichkeit vor, unter günstigeren militärischen und diplomatischen Bedingungen auf diesen Plan zurückzukommen[35].

Massigli ließ jedoch nicht locker und bat am 17. Januar 1945 um genauere Anweisungen. Am 2. Februar verfaßte de Gaulle persönlich ein Schriftstück, in dem er den Plan des Generalstabs vom 14. Dezember im Hinblick auf die ständige sowie auf die vorübergehende Besatzungszone aufgriff. Er betonte, daß die ständig zu besetzende Zone (das gesamte linke Rheinufer sowie große rechtsrheinische Brückenköpfe) definitiv von Frankreich kontrolliert werden sollten. Es bestand also ein enger und im übrigen verständlicher Zusammenhang zwischen den unmittelbaren Notwendigkeiten der Besetzung und der langfristigen Deutschlandpolitik: erstere wäre die militärische und administrative Stütze der zweiten.

Die Alliierten waren jedoch nicht mit allen französischen Forderungen einverstanden (es sei daran erinnert, daß die französische Besatzungszone aus Teilen der amerikanischen und britischen gebildet werden sollte). So lehnten es die Engländer bereits am 23. März ab, Köln den Franzosen zu überlassen. Die Amerikaner (ohne hier den Vorfall von Stuttgart am 21. April zu erwähnen, als die Franzosen vorgaben, die Stadt nicht zu evakuieren) weigerten sich vehement, Frankfurt, Kassel, Karlsruhe, Mannheim und Darmstadt abzutreten. De Gaulle gab nicht nach und machte am 23. Mai deutlich, daß man zwar auf Kassel und Frankfurt verzichten könne, nicht jedoch auf Karlsruhe, Mannheim und Darmstadt. Insgesamt sollte Frankreich das gesamte Baden, jedoch nicht das südliche Württemberg besetzen. Dieses Anliegen entsprach den offenkundigen Plänen für das Rheinland: Die vollständige Besetzung Badens würde die Realisierung dieser Pläne erleichtern, während die Besetzung eines Teils von Württemberg, einer ganz anders gearteten Region, diese erschweren würde. Es ging in der Tat darum, ein »Auseinanderbrechen der rheinischen Einheit zu vermeiden, für die der Rhein in ethnischer und wirtschaftlicher Hinsicht eine Lebensader und nicht eine Barriere sein sollte«[36].

Schließlich wurden die Grenzen der französischen Zone am 25. Juli 1945 in einem Abkommen mit den Engländern und Amerikanern festgelegt. Diese Zone war gegenüber den ursprünglichen Plänen Frankreichs deutlich kleiner. Dadurch, daß Karlsruhe, Mannheim und Darmstadt nicht einbezogen worden waren, wurde die Zone in zwei Teilstücke aufgeteilt, die keine Verbindung miteinander hatten. Es stand fest, daß eine derartige französische Besatzungszone, die keine wirklich bedeutende Stadt umfaßte, und die vor allem ohne Köln, Frankfurt und Stuttgart auskommen mußte, für eine aktive Rheinlandpolitik nur eine unzureichende Grundlage darstellen konnte. Die Engländer und Amerikaner veröffentlichten jedoch am gleichen Tag ein Kommuniqué, in dem sie ihre Bereitschaft erklärten, die Aufteilung der Besatzungszonen zu einem späteren Zeitpunkt mit Frankreich erneut zu verhandeln. So konnten die Franzosen auf eine Neuregelung, insbesondere auf eine Wiederherstellung Badens zu ihren Gunsten hoffen, denn Baden war zwischen der französischen und der amerikanischen Besatzungszone aufgeteilt worden. Sie waren dafür im Gegenzug bereit, den Amerikanern den südlichen Teil Württembergs zu überlassen. In Paris glaubte man nämlich immer noch, daß die »Schaffung eines Staates Baden« notwendig sei, um »die (französische) Position am Rhein zu stärken«[37], wenngleich einige, wie der französische Oberbefehlshaber in Deutschland, General Pierre Koenig, die Auffassung vertraten, daß es zweckmäßiger sei, einen Teil Württembergs zu behalten, um die Verbindung zu Österreich zu bewahren und Einfluß auf ganz Süddeutschland zu haben.

Zu diesem Zeitpunkt standen sich also wiederum zwei Auffassungen gegenüber: zum einen eine Politik, die die Präsenz Frankreichs am Rhein und die Schaffung eines auf den Westen ausgerichteten rheinischen Gebildes als vorrangig ansah, zum anderen eine Politik, die den Empfehlungen Koenigs folgend für »die langfristige Schaffung einer südwestdeutschen Föderation oder Konföderation« eintrat, »die den preußischen Geist unwillkürlich ablehnen würde und auf die Hilfe Frankreichs angewiesen wäre«. Unabhängig von diesen internen Debatten forderte Paris von Washington wiederholt die Neufestlegung der Besatzungszonen und wollte das südliche Württemberg gegen das nördliche Baden eintauschen. Der Plan scheiterte jedoch zunächst an der Bildung von Württemberg-Baden durch die Amerikaner (vielleicht, um die französischen Vorhaben zu stoppen) und dann endgültig im September 1946 nach der Rede von James Byrnes in Stuttgart, in der dieser eine neue Deutschlandpolitik der Vereinigten Staaten ankündigte[38]. Frankreich hatte zwischenzeitlich am 30. August 1946 das Land Rheinland-Pfalz geschaffen, das aus einem Kompromiß zwischen den Anhängern der beiden oben beschriebenen Strömungen hervorgegangen war, die faktisch seit 1944 unterschieden wurden: die Abtrennung des Rheinlands vom Reich oder der Einfluß Frankreichs auf eine deutsche Konföderation als ganzes mit Hilfe eines großen rheinischen Landes[39].

»Weisungen für unser Handeln in Deutschland« vom 19. Juli 1945

Die möglichen Gründe — außer den bereits dargestellten Schwierigkeiten bei der Festlegung der Grenzen der französischen Zone — für die Entscheidung, den Alliierten im Frühjahr oder Sommer 1945 die französischen Ziele nicht mitzuteilen, lassen sich nach Meinung des Verfassers beim Durchlesen des ersten Schriftstücks erahnen, das vom Generalsekretariat des interministeriellen Ausschusses für deutsche und österreichische Angelegenheiten (unter dem Vorsitz der provisorischen Regierung und zuständig für die Koordinierung der Deutschlandpolitik) am 19. Juli 1945 erarbeitet und veröffentlicht wurde. Es handelt sich hier um »Weisungen für unser Handeln in Deutschland«, die zu einem Zeitpunkt ergingen, als die Besatzungsmechanismen für die französische Zone aufgestellt wurden, als die Potsdamer Konferenz (ohne Frankreich) begann und die offizielle Einsetzung des Kontrollrats in Berlin sowie die endgültige Festlegung der Grenzen der französischen Zone kurz bevorstanden. Dem Schriftstück war eine ebenso aufschlußreiche »Note zur Deutschlandfrage« vom selben Tag beigefügt[40].

Diese Dokumente waren unter anderem eine versteckte Warnung vor dem Versuch eines französischen Alleingangs im Rheinland und spiegeln das Bemühen wider, das Gleichgewicht zwischen einer vorrangig rheinisch-westfälisch orientierten Politik und einer Politik, deren Verfechter den Einfluß auf das gesamte Deutschland suchten, zu bewahren. Faktisch bedeutete dies, daß Frankreich seine Gebietsansprüche nicht unabhängig von den Alliierten formulieren sollte — vor allem der UdSSR zugunsten von Polen —, sondern man wollte alles gleichzeitig und mit Hilfe eines globalen Abkommens regeln (die Potsdamer Konferenz hatte ja gerade begonnen, und die Oder-Neiße-Frage war noch nicht geklärt). Frankreichs Politik war auf zwei Ebenen angelegt: zum einen auf der Ebene der französischen Besatzungszone, zum anderen auf der gesamtdeutschen Ebene. Dies ergab sich schon allein aus den Besatzungsstrukturen mit dem Viermächtesystem, vertreten durch den Kontrollrat in Berlin (auch wenn die Noten vom 19. Juli keinen Hehl daraus machten, daß der Kontrollrat wahrscheinlich wenig wirksam sein würde) und aus der Unabhängigkeit der vier Zonen im Falle von Unstimmigkeiten in Berlin. Es ergab sich auch daraus, daß Frankreich die Verantwortung für das Scheitern des Viermächtesystems nicht übernehmen wollte, und vor allem aus der Tatsache, daß die wesentlichen Fragen über die Zukunft Gesamtdeutschlands nur von allen vier Mächten gemeinsam geregelt werden konnten. So erklärt sich zweifellos die Entscheidung der Franzosen, ihre Forderungen den Alliierten nicht sofort offiziell bekanntzugeben. Dies geschah stufenweise erst nach Potsdam, gerade weil die grundlegenden Entscheidungen dort ohne Frankreich getroffen worden waren. Es wurde zwar deutlich gesagt, daß die wirtschaftlichen Überlegungen hinter die politischen Bemühungen zurücktreten sollten, aber Frankreich war dennoch an einer globalen Lösung für Deutschland auf wirtschaftlicher Ebene unter Aufrechterhaltung der Verbindungen zwischen den einzelnen Teilen interessiert, um eine allzu schwerfällige Verwaltung seiner Besatzungszone zu verhindern. Dies wird in den Noten vom 19. Juli deutlich, die versuchen, eine Antwort auf die seit 1943 bestehende Auseinandersetzung zwischen den Anhängern einer primär rheinisch orientierten Politik und den Befürwortern einer Politik mit Blickrichtung auf das gesamte Deutschland zu geben.

Was die Zukunft Deutschlands und das Problem der deutschen Einheit anbetraf, waren die Noten vom 19. Juli zurückhaltend (dieses Thema war zuvor nur selten angesprochen worden). Sicherlich war die »Wiederherstellung eines deutschen Blocks unannehmbar«; aber es mußte verhindert werden, daß einerseits wichtige Elemente des

»deutschen Potentials von anderen Mächten vereinnahmt und in einer mehr oder weniger nahen Zukunft auf friedensgefährdende Art und Weise verwendet würden, und daß andererseits ein zu umfangreiches Auslöschen der deutschen Einheit Europa aus dem Gleichgewicht brächte, was fatale Folgen haben könnte«.

Wie sollte man von dieser offenkundigen Anspielung auf die UdSSR nicht überrascht sein, die noch einmal daran erinnert, daß de Gaulle seit März an eine Besetzung des Ruhrgebiets allein durch die westlichen Alliierten dachte!

Die Noten vom 19. Juli enthielten keine definitiven Äußerungen zu der in diesem Bereich zu verfolgenden Politik. Sie warnten vor dem Föderalismus, der provisorischen Lösung der »Pangermanisten«, der bei nächster Gelegenheit in einen neuen Zentralismus münden würde. Die autonomistischen und separatistischen Bestrebungen Bayerns und Hamburgs mußten unterstützt und, wenn möglich, Preußen von Deutschland getrennt werden. In diesem Fall sollte Preußen jedoch mit Hilfe von Polen auseinandergerissen werden, da die Preußen andernfalls »zur treibenden Kraft der slawischen Völker und zu deren Vorhut« werden könnten. Mit anderen Worten: man dachte anscheinend an eine »politische Dezentralisierung« ohne »deutsche Zentralgewalt«, eine Art lockere Konföderation ohne oder mit einem stark geschwächten Preußen, die die Wiederkehr eines aggressiven Deutschlands verhindern und gleichzeitig die Ausdehnung des sowjetischen Einflusses im Westen eindämmen würde.

Dennoch mußte man sich auch auf ein mögliches Scheitern des Viermächtesystems vorbereiten und für einen Rückzug in die französische Zone gewappnet sein, die im übrigen auf das gesamte linke Rheinufer und auf ein rechtsrheinisches Glacis ausgedehnt werden mußte. Das Rheinland und das Ruhrgebiet, das einer internationalen Kontrolle unterstellt werden sollte, mußten endgültig von Deutschland abgetrennt werden. Im Falle des Rheinlandes sollte man umsichtig vorgehen und vorsichtige, ja tastende Versuche machen und sich dabei »einer flexiblen, zukunftsorientierten Politik« bedienen, die nicht zwangsläufig für alle Teile der Zone dieselben Lösungen vorsähe. Dabei sollten separatistische Strömungen aus der Nähe verfolgt werden, ohne »vergebliche Versuche zu provozieren«, und vor allem sollten »gelenkte Autonomiebestrebungen« gefördert werden, wobei man für das linke Rheinufer »eine progressive Assoziierung mit dem Westen, d.h. in erster Linie mit uns« beabsichtigte. Um die zukünftigen Möglichkeiten zu nutzen, müßte Frankreich den Nationalsozialismus ausrotten und »für die Errichtung einer ehrlichen, gerechten, schnellen und wirksamen Verwaltung« sorgen, die nicht durch die Kontrolle der Besatzungsmacht paralysiert würde. Die Führungskräfte dieser Verwaltung sollten unter den

Demokraten, der politischen Mitte, den Gewerkschaften und den Sozialdemokraten rekrutiert werden. Eine Pressezelle müßte schnell errichtet werden und Schulen und Universitäten müßten reformiert werden und ihren Betrieb bald wieder aufnehmen[41]. Die materiellen Voraussetzungen der Zone mußten gewährleistet werden.

Es handelte sich also um eine flexible und differenzierte Politik, mit der man versuchen wollte, die seit 1943 auftauchenden und doch recht unterschiedlichen Ansichten in Einklang zu bringen, wobei der Wille zur demokratischen Erneuerung Deutschlands sowie die Bereiche Erziehung und Kultur sicherlich eine große Rolle spielten, zumindest was die französische Zone betraf. Diese Politik war aber auch seit 1943 unverändert von bestimmten Hintergedanken geprägt: Es ging auch um den wie auch immer gestalteten Anschluß des Rheinlands an Frankreich (das Saarland wurde eindeutig gesondert behandelt) sowie um die Infragestellung oder zumindest erhebliche Schwächung der deutschen Einheit. In diesen Weisungen vom Juli 1945 kam daneben bereits das wachsende Mißtrauen gegenüber der UdSSR deutlich zum Ausdruck.

Das Saarland

In allen Untersuchungen zur Deutschlandfrage ab 1944 wurde das Problem des territorialen Status des Saarlandes immer ausdrücklich mit Vorbehalt betrachtet. Es wurde nur spezifiziert, daß das Saarland in jedem Fall in den französischen Zollraum eingebunden würde und Frankreich über die Saarkohle verfügen könne. Wollte man noch weiter gehen? In einer Note der Abteilung für wirtschaftliche Angelegenheiten im französischen Außenministerium vom 4. Dezember 1944 wurden verschiedene Optionen dargelegt, wobei man eine Lösung eindeutig favorisierte: Das Saarland sollte in jedem Fall eine Zoll-, Währungs- und Finanzunion mit Frankreich bilden. Die wirtschaftlichen Interessen Frankreichs seien am besten durch eine einfache politische Annexion zu wahren, die auch den Austausch der Bevölkerungen einschloß. Falls man jedoch nicht bereit sei, die daraus resultierenden Schwierigkeiten auf sich zu nehmen, so könne man als Alternative eine ständige internationale Verwaltung ähnlich der Verwaltung des Saarlands von 1919 bis 1935 einsetzen[42].

Es gab sicherlich Stimmen für eine Annexion. Die »Besonderen Weisungsentwürfe für das Saarland« vom August 1945, die von der Abteilung für politische Angelegenheiten im französischen Außenministerium stammten, sind in dieser Hinsicht sehr aufschlußreich. Mit Hilfe einer militärischen Verwaltung im Saarland sollte

»die Bevölkerung an die als unausweichlich betrachtete Vereinigung mit unserem Land gewöhnt werden, die dem Saarland Reichtum und Wohlergehen bringen und gleichzeitig dessen Eigenheiten respektieren würde. Diese Eigenheiten würden mit der Zeit unter dem Einfluß einer richtig verstandenen Assimilierungspolitik verschwinden[43].«

Der Verfasser ist der Ansicht, daß auch General de Gaulle selbst sehr wohl an eine Annexion dachte, ohne dies jedoch öffentlich zu äußern. Am 23. November 1945 schlug der Gouverneur des Saargebiets, Gilbert Grandval, dem Kabinettchef des Präsidenten der provisorischen Regierung, Gaston Palewski, in einer langen Note vor, das Saargebiet durch Hinzufügen der angrenzenden Bezirke zu erweitern. Es würde dann 3 400 km² und 1 030 000 Einwohner an Stelle von zuvor 1 910 km² und 838 000 Einwohnern umfassen. Grandval dachte dabei an eine Stärkung der Landwirtschaft im Saarland, um so ein wirtschaftliches Gleichgewicht herzustellen und die Errichtung eines unabhängigen Saarstaates vorzubereiten. Die Note stieß jedoch im Kabinett des Generals auf heftige Kritik: Die vorgeschlagene Erweiterung würde nicht nur die Zahl der deutschen Bewohner auf diesem Gebiet vergrößern, sondern sie würde auch zur wirtschaftlichen Eigenständigkeit des Saarlandes führen, was jedoch auf keinen Fall beabsichtigt war, sondern man wollte erreichen, daß das Saarland nur in engem Verbund mit der französischen Wirtschaft existieren konnte. Dabei unterstrich der Verfasser der Kabinettsnote:

»Der betreffende Bericht vermittelt den Eindruck, daß der Gouverneur des Saargebiets die Absichten der Regierung in bezug auf die von ihm verwalteten Gebiete nur unzureichend kennt. Ich greife [...] den folgenden Satz auf: ›Es entspricht sicherlich den Absichten der Regierung, zumindest die Unabhängigkeit des Saargebiets zu unterstützen‹. Nur diese Vorstellung von einem unabhängigen, autonomen Saarstaat verleiht den in dem betreffenden Bericht gemachten Vorschlägen einen gewissen Sinn. Sie entspricht jedoch keineswegs den Absichten der Regierung[44].«

De Gaulle definierte diese Absichten in bezug auf Deutschland für die Mitglieder seines Kabinetts in einem Gespräch am 8. Oktober 1945, auf das später noch eingegangen wird. Er betonte, daß Frankreich nicht die Absicht habe, die rheinischen Gebiete zu annektieren und fügte hinzu:

»Dies gilt jedoch nicht für das Saargebiet, das nach dem Verschwinden Preußens keine natürliche Bindung mehr zu Deutschland hat, sondern seine Absatzmärkte und Versorgungsquellen in Frankreich findet[45].«

So steht fest, daß die provisorische Regierung das Saarland annektieren wollte, da die saarländische Kohle für die französische Wirtschaft eine große Rolle spielte, und die Bevölkerung, zumindest die des Steinkohlenbeckens im eigentlichen Sinne, aus historischen, psychologischen und politischen Gründen (Reaktion auf den Nationalsozialismus) als anpassungsfähig galt[46].

Potsdam

Ab dem Sommer 1945 tauchten zwei Faktoren auf, die die Festlegung der französischen Politik gegenüber Deutschland erschweren sollten. Zum einen die Konferenz von Potsdam, bei der die »großen Drei« einen Weg einschlugen, der mit den französischen Vorstellungen nur schwer vereinbar war, und zum anderen das wachsende Mißtrauen, das die sowjetische Politik in bezug auf Osteuropa, den Mittleren Osten, aber auch Deutschland in Paris hervorrief.

Nachdem de Gaulle über die Grundzüge der Beschlüsse von Potsdam unterrichtet worden war, richtete sich seine Kritik am 31. Juli hauptsächlich gegen die Tatsache, daß die Ostgrenze Deutschlands ohne die Zustimmung Frankreichs und ohne die gleichzeitige Bestimmung der Westgrenze (Abtrennung des Rheinlands und des Ruhrgebiets) faktisch festgelegt worden war. Die Durchsetzung der französischen Ziele, die Schaffung zentraler deutscher Verwaltungen und der Wiederaufbau politischer Parteien in ganz Deutschland wurde dadurch von einem Tag auf den anderen in Frage gestellt[47]. Vor allem aber warf de Gaulle der Konferenz von Potsdam vor, die Wahrung der deutschen Einheit zu postulieren, indem sie den Abschluß eines Friedensvertrags mit einer »Regierung Deutschlands« vorsah. So machte de Gaulle in einer Note des amerikanischen Botschafters Jefferson Caffery vom 31. Juli folgende Randnotiz:

»Wir können nicht zulassen, daß die Frage der deutschen Einheit auf diese Art und Weise entschieden wird, d. h. a) ohne uns auch nur zu befragen und b) ohne zu wissen, wie sich die verschiedenen Deutschen aus unterschiedlichen Regionen entwickeln werden[48].«

Es steht fest, daß das Potsdamer Abkommen in der Tat den französischen Plänen und Absichten ab 1943 gänzlich zuwiderlief, zumindest für die Verfechter der härteren Linie, d.h. der »rheinisch-westfälischen« Linie und der Teilung des Reichs. Wie wir später sehen werden, konnten sich hingegen die Befürworter des Einflusses auf Deutschland in seiner Gesamtheit im großen und ganzen mit dem Abkommen abfinden, auch wenn es über das hinausging, was selbst mit der weitesten Auslegung der »Weisungen« vom 19. Juli vereinbar war[49].

Der Meinungswandel de Gaulles gegenüber der UdSSR im Zusammenhang mit seiner Auffassung von der Deutschlandfrage

Es ist durchaus möglich, daß Paris den Wiederaufbau zentraler deutscher Verwaltungen neben den bereits bekannten Vorbehalten auch deshalb fürchtete, weil diese möglicherweise unter dem vorherrschenden Einfluß der Sowjets stehen würden[50]. Das Mißtrauen gegenüber der sowjetischen Politik wurde in der Tat immer größer und verstärkte sich vor allem im Zusammenhang mit der Deutschlandpolitik erneut. Es gab von nun an zwei Gefahren, die man in Paris fürchtete: die deutsche und die russische. Die Lage hatte sich also gegenüber Dezember 1944 deutlich verändert. So erschien die französische Politik ab Herbst 1945 mit einem Male widersprüchlich, da sie die anti-deutschen Ziele weiterverfolgen und sich gleichzeitig gegen die sowjetische Bedrohung schützen wollte, insbesondere indem sie den seit 1944 ruhenden Plan eines westlichen Blocks wieder aufgriff. Dieser Widerspruch konnte nur — übrigens mehr schlecht als recht — beseitigt werden, indem man die Gefahr eines abgekarteten Spiels zwischen Deutschland und der UdSSR aufgrund der sowjetischen Vorherrschaft in Deutschland hervorhob. Mit Hilfe dieser dialektischen Argumentation ließen sich nicht nur die wachsenden Widersprüche der französischen Politik (in sich selbst und unter den führenden Politikern, insbesondere zwischen de Gaulle und Bidault) abschwächen, sondern auch die französischen Ziele gegenüber den Amerikanern rechtfertigen. Sollten nicht auch die Amerikaner ein Interesse daran haben, das Rheinland und das Ruhrgebiet abzutrennen, bevor Deutschland unter sowjetische Kontrolle gelangte?

An dieser Stelle sollte auf einige mehr oder weniger bekannte Aspekte hingewiesen werden. Seit dem Frühjahr 1945 wurde Paris mit einer Fülle von Informationen über die Einbeziehung Osteuropas, insbesondere Polens und Jugoslawiens, in den sowjetischen Machtbereich überhäuft. Eine vom Außenministerium für die Reise de Gaulles nach Washington erstellte Note vom 13. August 1945 faßte die Lage wie folgt zusammen: Die UdSSR hatte in Osteuropa »eine Reihe von ihr ergebenen Regierungen« errichtet; gleichzeitig entsprachen die von der UdSSR vollzogenen Annexionen und die Grenzverschiebungen in Osteuropa den offenkundigen strategischen Plänen Moskaus, »zwei offensive Spitzen, eine in der Ostsee zu den dänischen Meerengen, die andere in Richtung Mittelmeer über den Bosporus und den Balkan« zu bilden. Die Note enthielt folgende Schlußfolgerung: »Die kommenden Jahre werden zeigen, ob Rußland seinen Einfluß bis Zentraleuropa geltend machen kann, oder ob es in die Grenzen zurückgedrängt wird, die eher den historischen Traditionen der russischen Länder entsprechen[51].«

In dieser Hinsicht kam der Reise de Gaulles nach Washington im August 1945 große Bedeutung zu. Bei der Darlegung ihrer Ansichten über Deutschland betonten die Mitarbeiter de Gaulles sowie de Gaulle selbst mehrmals, daß in ihren Augen die eigentliche Bedrohung nicht mehr von Deutschland an sich, sondern von einem Deutschland unter sowjetischer Kontrolle ausgehe, womit sie die französischen Forderungen hinsichtlich der Abtrennung des Rheinlandes und der Ruhr und gegen den Wiederaufbau zentraler deutscher Verwaltungen rechtfertigen wollten[52]. De Gaulle äußerte gegenüber Harry Truman am 22. August, daß die Wiederherstellung der deutschen Einheit gefährlich sei, da »sich Deutschland eines Tages doch dem auf der Grundlage der Beschlüsse von Jalta und Potsdam gebildeten mächtigen slawischen Block anschließen würde«[53].

Natürlich war dieses Argument auch dazu gedacht, die Amerikaner zur Billigung der französischen Ziele im Hinblick auf Deutschland zu bewegen. Gleichzeitig entsprach es jedoch einer ehrlichen Besorgnis. Die Tatsache, daß nun nicht mehr von einer deutschen Bedrohung (die bei der Unterzeichnung des französisch-sowjetischen Vertrags am 10. Dezember 1944 noch als einzige Gefahr betrachtet wurde), sondern von der Bedrohung durch einen deutsch-sowjetischen Zusammenschluß gesprochen wurde, stellte ein wichtiges dialektisches Moment im französischen Verständnisprozeß des beginnenden Kalten Krieges und in der schwierigen Entwicklung der französischen Deutschlandpolitik dar.

Sicherlich glaubte de Gaulle auch weiterhin, daß der französisch-sowjetische Vertrag trotz der Veränderungen, die seit seiner Reise nach Moskau eingetreten waren, einem möglichen Wiederaufleben des »Germanismus« vorbeugen würde. Dennoch erinnerte er in einem Gespräch mit dem Präsidenten der chinesischen Regierung, Tseu-Wen Soong, am 19. September 1945 daran, daß Osteuropa »zum Teil unter Zwang [...] in einem Abhängigkeitsverhältnis« zur UdSSR stehe, und daß es Frankreichs Absicht sei, in Westeuropa einen »Interessenverband« zu bilden, was im Grunde auf einen westlichen Block hinausliefe[54].

Während seiner Reise nach Deutschland Anfang Oktober 1945, äußerte sich de Gaulle sehr präzise über ein westeuropäisches Gebilde, das den westlichen Teil Deutschlands einschloß. Er verwendete dabei immer wieder den Begriff »Westeuropäer«[55]. In Wirklichkeit handelte es sich um einen westlichen Block mit Frankreich, den Beneluxstaaten, Italien, dem Rheinland, dem Ruhrgebiet und eventuell Großbritannien. Dieser Begriff war 1943 zum ersten Mal aufgetaucht und wurde dann ab 1944 wegen des sowjetischen Widerstands auf Eis gelegt. Der westliche Block war in erster Linie zur Kontrolle Deutschlands gedacht, sollte aber gleichzeitig ein Gegengewicht zur UdSSR darstellen.

Die Beziehungen zu Moskau waren trotz des Pakts während des gesamten Jahres 1945 enttäuschend gewesen. Moskau hatte insbesondere die Teilnahme Frankreichs an der Konferenz von Potsdam abgelehnt und weigerte sich bei der Londoner Konferenz im September, die Franzosen an der Friedensregelung für Osteuropa zu beteiligen. Ein Gespräch zwischen den Botschaftern der beiden Länder, Diomède Catroux und Viktor Bogomolov, am 15. Oktober (dessen Protokoll de Gaulle persönlich las) bekräftigte diese Meinungsverschiedenheiten[56].

Zu diesen Enttäuschungen und politischen Ängsten sollten sehr schnell rein militärische Sorgen hinzutreten. General Pierre Billotte (Gouverneur im Rheinland und in Hessen-Nassau) teilte de Gaulle am 17. August mit, daß die Sowjets nicht demobilisierten, die Amerikaner hingegen sehr schnell. In einer Note vom 15. September schlug Billotte ein militärisches Geheimabkommen zwischen Frankreich, Großbritannien und den Vereinigten Staaten vor. Am 20. Oktober traf er erneut mit de Gaulle zusammen, der seine Zustimmung gab und beschloß, ihn zum stellvertretenden Stabschef für die Landesverteidigung zu ernennen, damit er die Verhandlungen vorbereiten und das Abkommen durchführen konnte[57]. Parallel zum Generalstab für die Landesverteidigung, sprach sich Oberst Pierre Lassalle in einer von Generalstabschef Juin genehmigten Note vom 22. Oktober 1945 für ein westliches Verteidigungssystem in Europa mit einer einzigen Kommandobehörde und der Beteiligung von 450 000 amerikanischen Soldaten aus[58]. Es steht jedoch fest, daß es in der französischen Politik als auch beim General selbst große Widersprüche gab: zum einen bestand die Notwendigkeit, die Angelsachsen um Unterstützung gegen die sowjetische Bedrohung zu bitten, zum anderen weigerte man sich, deren Ansichten über Deutschland zu berücksichtigen. Der Oberbefehlshaber der amerikanischen Streitkräfte in Deutschland, General Lucius Clay, erklärte am 5. Dezember 1945 gegenüber einem französischen Verbindungsoffizier bei der amerikanischen Armee, daß man die Sowjets nur mit Hilfe eines gut funktionierenden Viermächtesystems, wie es in Potsdam beschlossen worden war, daran hindern könne, die Kontrolle über Deutschland zu übernehmen[59].

Herbst 1945:
Der General präzisiert seine Ziele trotz der Bedenken des Wirtschafts- und des Finanzministeriums, einiger Diplomaten sowie Bidaults

Man sollte nicht vergessen, daß die Vorstellungen de Gaulles, die von den Mitgliedern seines Kabinetts, den Militärs, zahlreichen Diplomaten sowie der öffentlichen Meinung geteilt wurden, nicht überall auf Zustimmung stießen. So zeigten sich andere Mitarbeiter des Quai d'Orsay (insbesondere Chauvel und Massigli) wesentlich zurückhaltender. Auch das Wirtschafts- und das Finanzministerium sprachen sich gegen eine Abtrennung der Ruhr und des Rheinlandes vom Reich aus, da so zusätzliche wirtschaftliche Barrieren geschaffen würden, was »keineswegs im Sinne einer wirksamen Organisation der europäischen Wirtschaft sei«. Die beiden Ministerien empfahlen, sich auf eine ständige militärische Besetzung zu beschränken, die im Rheinland französisch und im Ruhrgebiet international sein sollte, und auf eine wirtschaftliche und politische Abtrennung dieser Gebiete zu verzichten. Nur das Saarland sollte in eine Zollunion mit Frankreich eingebunden werden. Die Industrie des Ruhrgebiets müßte natürlich stark abgerüstet werden, und die Bergwerke sollten von einer Behörde, die sich aus Vertretern westeuropäischer Länder zusammensetzte, verwaltet werden. Man findet hier die »europäischen« Vorstellungen von 1943 wieder[60].

Was das Viermächtesystem und den Wiederaufbau deutscher Zentralverwaltungen angeht, so gab es in der Tat einige Diplomaten wie Jacques Tarbé de Saint-Hardouin, politischer Berater von General Koenig, oder Chauvel, Generalsekretär am Quai d'Orsay, die sich dafür aussprachen[61].

Trotz dieser Bedenken blieb die provisorische Regierung bei ihrer seit dem Winter vertretenen Position. Bei der Konferenz der Außenminister in London überreichte Paris den Verbündeten am 14. September ein Memorandum über »Maßnahmen zur Kontrolle und Verwaltung Deutschlands«, in dem die Kritik Frankreichs nach Potsdam aufgegriffen wurde: Die Wiedererrichtung zentraler Verwaltungen würde »der Möglichkeit einer politischen Aufspaltung Deutschlands« vorgreifen und »die Aufteilung Deutschlands in mehrere Staaten, die für die Wahrung der Sicherheit in Europa von Vorteil sei«, verhindern. Die Schaffung deutscher Zentralverwaltungen bei gleichzeitiger Rückgabe der Oder-Neiße-Gebiete an Polen bestätige »die Aufrechterhaltung der deutschen Souveränität« in den übrigen Gebieten einschließlich des Rheinlandes und der Ruhr. Für die Sicherheit Frankreichs und Europas sei es jedoch unerläßlich, diese Gebiete vom restlichen Deutschland abzutrennen. Frankreich würde der Errichtung der deutschen Zentralverwaltungen nur zustimmen, wenn »gleichzeitig festgelegt würde, daß das rheinisch-westfälische Gebiet nicht in deren Zuständigkeit fiele«. Solange keine Entscheidung in diesem Sinne vorliege, werde der französische Vertreter im Kontrollrat in Berlin jeden Versuch der Wiedererrichtung zentraler Verwaltungen blockieren[62].

Hier kommt eine gewisse Ambivalenz in der französischen Haltung zum Ausdruck. Einerseits lehnte man die Neubildung deutscher Zentralverwaltungen als solche ab, da sie die Aufrechterhaltung der Einheit zur Folge hatte, andererseits würde man sie akzeptieren, falls im Gegenzug die französischen Interessen im Rheinland und im Ruhrgebiet berücksichtigt würden. In der Tat versuchte Frankreich in den folgenden Monaten wiederholt, das Problem der deutschen Zentralverwaltungen als Druckmittel einzusetzen, um die Partner zur Billigung der französischen Forderungen hinsichtlich des Westens Deutschlands zu zwingen.

Dieses Schwanken steht möglicherweise im Zusammenhang mit den bereits dargestellten Meinungsverschiedenheiten, die es in Paris zu diesem Punkt gab. Wie später noch zu zeigen ist, sollte es de Gaulle schnell gelingen, diesen Widerspruch in gewisser Weise aufzuheben.

Am 26. und 28. September befaßte sich die Londoner Konferenz mit der Deutschlandfrage. Bidault erkannte, daß die Angelsachsen das Thema der Internationalisierung in Westdeutschland nicht ansprechen wollten, um auf jeden Fall zu vermeiden, daß die Sowjets auch nur einen Fuß in das Ruhrgebiet setzten. »In diesem Punkt stimmen unsere Auffassungen offenbar überein«, telegraphierte er am 28. September an de Gaulle. Bidault regte an, die französischen Forderungen in bezug auf den Westen Deutschlands nicht auf der Außenministerkonferenz anzusprechen, sondern sie auf dem üblichen diplomatischen Weg in bilateralen Gesprächen wieder aufzugreifen. Er wollte so den Druck auf die Alliierten verringern und glaubte wohl auch, die Engländer und Amerikaner in Abwesenheit der Sowjets leichter überzeugen zu können (»Ich denke, daß wir so einen größeren Handlungsspielraum in alle Richtungen haben[63].«)

De Gaulle war von diesem Vorschlag keineswegs begeistert. Er fürchtete, daß man auf diese Weise nur einer klaren Antwort ausweichen würde. Hier lagen die eigentlichen französischen Widersprüche im Herbst 1945. Bidault hatte erkannt, daß ein Bekräftigen der französischen Vorstellungen hinsichtlich des Rheinlands und des Ruhrgebiets im Rahmen eines Viermächtesystems zwangsläufig den Sowjets die Möglichkeit geben würde, ihre Präsenz im Ruhrgebiet zu fordern, was weder er noch de Gaulle (zumindest seit März) wollten. Würde man hingegen diesen Rahmen aufgeben und den angelsächsischen Bedenken nachgeben, wäre Frankreich rasch gezwungen, auf seine Hauptforderungen zu verzichten. Paris sah sich einerseits der vermeintlichen deutschen Gefahr, andererseits der immer deutlicher werdenden sowjetischen Bedrohung oder zumindest der Notwendigkeit, Deutschland nicht der sowjetischen Kontrolle zu überlassen, gegenüber.

Nach dem Scheitern der Londoner Konferenz präzisierte und formulierte de Gaulle die französische Politik neu und versuchte, die bestehenden Widersprüche aufzulösen. Er räumte zunächst von vornherein ein, daß die Chancen auf eine Billigung der französischen Vorhaben durch die Alliierten von nun an sehr gering seien[64]. In der Tat hatten im gesamten Herbst 1945 Gespräche mit den Engländern, Amerikanern und Sowjets stattgefunden, ohne daß es den Franzosen dabei gelungen war, ihre Pläne durchzusetzen[65]. Diese Gespräche bekräftigten de Gaulle in seiner Skepsis[66]. Der General war jedoch gleichzeitig überzeugt, daß die Alliierten mit ihrem Bemühen, Deutschland auf der Grundlage des Potsdamer Abkommens wieder aufzubauen und deutsche Zentralverwaltungen zu schaffen, scheitern würden, und sei es nur aus dem Grund, weil sie damit gegensätzliche Ziele verfolgten. Seit Oktober 1945 war de Gaulle klar geworden, daß der aufkommende Kalte Krieg zur Teilung Deutschlands führen würde[67].

Gleichzeitig äußerte de Gaulle am 8. Oktober 1945 nach seiner Rückkehr aus dem Rheinland gegenüber seinen Mitarbeitern:

»Die Einheit Deutschlands war von Preußen abhängig. Ohne Preußen gibt es auch das eine Deutschland nicht mehr, sondern mehrere Deutschlands. Preußen hat aber nach den Gebietsabtrennungen durch die Russen und Polen und mit der sowjetischen Besetzung der Gebiete östlich der Elbe aufgehört zu existieren. Es muß verhindert werden, daß Preußen wieder neu entsteht. Ohne Preußen hat der Partikularismus sofort eine Chance, und dies hat auch der General in den von ihm besuchten Teilen der französischen Besatzungszone festgestellt[68].«

Um die Alliierten solle man sich keine Sorgen machen, da deren Vorhaben sowieso scheitern und die Rivalitäten zunehmen würden. So konnte de Gaulle im Oktober und November 1945 in aller Ruhe ein Globalkonzept für Deutschland entwickeln, das sich wie folgt zusammenfassen läßt: Das Saarland würde von Frankreich annektiert, ebenso Kehl; das vom restlichen Deutschland abgetrennte Rheinland wäre eng mit Frankreich verbunden und würde in ein westeuropäisches Gebilde, einen wirklichen westlichen Block, eingebunden, der nun in den Gedanken des Generals wieder auftauchte, nachdem er seit dem Frühjahr 1944 keine Rolle mehr gespielt hatte. Dieser Block sollte offensichtlich sowohl die Sicherheit Frankreichs gegenüber Deutschland als auch die Westeuropas gegenüber der UdSSR garantieren. Das Ruhrgebiet würde einer internationalen Kontrolle unterstellt. Baden (möglichst neugebildet) und Württemberg sollten zu Staaten mit engen Verbindungen zu Frankreich werden, könnten später jedoch eventuell mit den restlichen Staaten eines von Preußen befreiten und weitgehend dezentralisierten Deutschland zusammengeschlossen werden, das unter dem Einfluß der südlichen und südwestlichen Gebiete stünde, die wiederum enge Verbindungen zu Frankreich hätten. Damit sollte ein Vakuum in Mitteleuropa, von dem die Sowjets profitieren würden, verhindert werden.

Was das Rheinland angehe, »so würden sich die an Frankreich angrenzenden westlichen Gebiete« in Abwesenheit Deutschlands »zwangsläufig Frankreich zuwenden«; es würde eine »neue Pfalz und ein rheinisches Gebiet der Hessen (von Trier bis Koblenz)« geben; diese Gebiete sollten nicht annektiert werden, Frankreich würde sie jedoch in »eine wirtschaftliche und moralische Union« einbinden, »dort präsent sein und diese Gebiete auf unbestimmte Zeit kontrollieren«[69]; diese Gebiete sollten autonom in Justiz, Schulwesen und Verwaltung sein, die französische Armee würde sie jedoch besetzen und regieren; »sie würde dies auch weiterhin tun, egal was geschieht«[70]. Was das Saarland anging, so hatte sich de Gaulle, wie bereits erwähnt, am 8. Oktober entschlossen gezeigt, es ebenso wie Kehl zu annektieren. »Frankreich hatte es nicht eilig, seine Pläne für das linke Rheinufer zu verwirklichen. Die Zeit würde für Frankreich arbeiten, sofern man das Wiedererstarken Preußens verhindere.«

Tatsächlich hatten die französischen Behörden im Rheinland im August damit begonnen, Kontakte zu Politikern und Beamten vor Ort zu knüpfen, um so die Möglichkeit einer engen Union zwischen diesen Gebieten und Frankreich zu prüfen. Sie kamen zu der Schlußfolgerung, daß sich dort die Bildung einer großen christlich-demokratischen Partei abzeichnete, die bereit sei, mit Zustimmung von Teilen der Sozialisten, ein von Deutschland getrenntes und dem Westen zugewandtes Rheinland zu schaffen, das eine wirtschaftliche Union mit Frankreich eingehen würde[71]. General Billotte, ehemaliger Offizier der Freien Französischen Kräfte von de Gaulle und Held des »Freien Frankreich«, Gouverneur der rheinischen Provinz Hessen-Nassau, war in dieser Hinsicht besonders aktiv und stellte Kontakte zwischen seinen Mitarbeitern und z.B. dem Regierungspräsidenten von Koblenz[72], Dr. Wilhelm Boden, sowie Ildefons Heger, dem einflußreichen Abt von Maria Laach und insbesondere dem Bürgermeister von Köln, Konrad Adenauer, her[73]. Von August bis Oktober gab es häufige Kontakte mit Adenauer[74]. Dieser griff seine Gedanken von 1923 auf und schlug die Bildung eines Rheinlands vor, das das Ruhrgebiet (die internationale Kontrolle sollte sich auf die Wirtschaft beschränken und das Ruhrgebiet sollte politisch nicht vom Rheinland abgetrennt werden), Münster und das Siegerland einschloß und auf wirtschaftlicher, kultureller und politischer Ebene eng mit Frankreich zusammenarbeiten sowie seine Aktivitäten mit Frankreich abstimmen sollte. Das französisch-rheinische Wirtschaftsgebilde würde sich Luxemburg, Belgien und Holland annähern[75]. Hier sei angemerkt, daß Adenauer mit diesem rheinisch-westfälischen Staat (der eventuell Beziehungen zu zwei anderen westdeutschen Staaten aufnehmen würde) unter anderem die UdSSR daran hindern wollte, ihre Kontrolle über ganz Deutschland auszudehnen[76], was ja auch in der Absicht Billotes lag.

De Gaulle schenkte den Erklärungen Adenauers größte Beachtung. So schrieb er in dem bereits zitierten Brief an Koenig vom 29. Oktober, daß »die Haltung einer solchen Persönlichkeit wie Adenauer bezeichnend sei« für den Willen der rheinischen Bevölkerung, sich angesichts »eines inkohärenten, interalliierten Systems« Frankreich zuzuwenden. De Gaulle wollte jedoch keinen rheinisch-westfälischen Staat. Er wollte das linke Rheinufer eng an Frankreich binden und empfahl deshalb Koenig, »die direkte Übernahme« der örtlichen Behörden oder zumindest deren »Vereinigung« mit den französischen Behörden in den Bereichen Bergbau, Eisenbahn, Post, Zoll, Währung, Verpflegung und Wiederaufbau zu untersuchen. Außerdem sollte der überschüssige Bevölkerungsanteil des Rheinlands dazu bewogen werden, sich in Frankreich niederzulassen und sich dort zu »assimilieren«. De Gaulle hatte also eine weitreichende Eingliederung des Rheinlands (d.h. im engeren Sinne des linken Rheinufers) in das französische Gebiet im Sinn. Die Dienststellen von General Koenig reagierten auf die von de Gaulle am 29. Oktober geäußerten Vorstellungen mit einem sehr ehrgeizigen Plan, der die wirtschafliche Integration des linken Rheinufers vorsah und sogar die Mark durch den Franc ersetzen wollte. General Koenig selbst sowie die Mitglieder des Kabinetts von de Gaulle verwiesen jedoch auf die Nachteile eines so ehrgeizigen Vorhabens. Es würde nicht nur erhebliche Anstrengungen erfordern, sondern auch heftige Reaktionen bei den Alliierten hervorrufen. Frankreich müßte dann unter Umständen auf die Ruhrkohle und die Reparationen verzichten[77].

Gleichzeitig sah de Gaulle nun ganz eindeutig die französisch-rheinische Union in einem westeuropäischen Rahmen in Form eines »westlichen Blocks«, von dem seit dem Frühjahr 1944 kaum mehr die Rede gewesen war. Bei seinem Besuch im Rheinland Anfang Oktober unterstrich er mehrmals gegenüber den örtlichen Behörden der Region, daß sich die Rheinländer als »Westeuropäer« gemeinsam mit den Franzosen »unter Europäern, unter Abendländern« befänden. Gegenüber seinen Kabinettsmitgliedern machte er am 8. Oktober deutlich, daß sich die rheinischen Gebiete »unter französischem Schutz zwangsläufig mit diesem westlichen Gebilde zusammentun würden, dem auch Belgien, Luxemburg, Holland sowie Großbritannien, falls es dies wünsche, angehören«. Hier werden zweifellos auch die wachsenden Bedenken des Generals gegenüber der UdSSR deutlich.

Es fällt auf, daß de Gaulles Pläne für das Rheinland vom 8. Oktober 1945, die die enge Anbindung einer Reihe von Staaten und in gewisser Hinsicht sogar deren Integration vorsahen, wesentlich präziser waren als alle zuvor erarbeiteten Vorhaben (wie z.B. die Noten des Sekretariats für deutsche Angelegenheiten vom 19. Juli), bei denen eine eindeutige Stellungnahme vermieden wurde und in denen man statt dessen vorschlug, die Entwicklungen vor Ort abzuwarten. De Gaulles neue Pläne stellten also ganz offensichtlich eine Verhärtung seiner Position dar.

Hinsichtlich der Ruhr wehrte sich de Gaulle entschieden gegen einen rheinisch-westfälischen Staat, da dieser »die Negierung der Rückkehr zu den ehemaligen politischen Gebilden Deutschlands bedeuten würde« und »den französischen Einfluß am Rhein durch den britischen« ersetzen würde. Das Ruhrgebiet sollte auf die Bergbauregion beschränkt werden und »für ganz West- und Mitteleuropa arbeiten«. Es sollte dort eine »internationale Verwaltung« errichtet werden, »in der die interessierten Staaten ab sofort oder sobald als möglich zusammenarbeiten könnten: die UdSSR [dies zeigt, daß de Gaulle seine Meinung in diesem Punkt im Vergleich zu den Weisungen des Monats März geändert hatte, und seiner Haltung zum Zeitpunkt der Londoner Konferenz treu blieb] und später Italien, die Schweiz und die deutschen Anrainerstaaten des Rheins«[78].

Im Herbst 1945 machte de Gaulle zum ersten Mal einen deutlichen Unterschied zwischen der Frage des linken Rheinufers einerseits und Baden und Württemberg andererseits, was bis dahin nicht der Fall gewesen war und kaum erwähnt wurde. Im Gegensatz zum linken Rheinufer und zur Ruhr könnten Baden und Württemberg eventuell Bestandteil einer sehr lockeren deutschen Konföderation werden. Das Land Baden wäre neu zu bilden (mit Karlsruhe als Ausgangspunkt, auch wenn man dafür den Süden Württembergs wieder an die Amerikaner abtreten müßte). Bei einem auf diese Art und Weise »neu gebildeten Baden, Württemberg, Hannover [...] spreche nichts gegen eine Konföderation dieser Staaten und die Übertragung einiger Zuständigkeiten auf deutsche Behörden mit Sitz in Berlin«[79]. In seiner Rede in Baden-

Baden am 5. Oktober hatte de Gaulle diese Möglichkeit durchblicken lassen, wobei er natürlich auch den starken französischen Einfluß in einem von Preußen befreiten Deutschland im Sinn hatte und bestrebt war, der UdSSR nicht freie Hand zu lassen.

»Was die restlichen deutschen Gebiete angeht, so werden sie ihrem Schicksal folgen, einem traurigen Schicksal. Es wird ein geteiltes, ruiniertes Deutschland sein, das unterschiedlichen Mächten ausgeliefert ist, von denen jede eine gegensätzliche Position vertritt. Dieses dem Unglück preisgegebene Deutschland, das keine Möglichkeit zum unmittelbaren Wiederaufbau hat, wird sich ganz von selbst dem Land zuwenden, das ihm die besten Aussichten auf einen Wiederaufschwung und die meisten Chancen bietet, und das ihm die Möglichkeit gibt, in Europa wieder einen Platz einzunehmen. Wir werden sehen, wie sich diese Teile Deutschlands entwickeln, und was wir für sie tun können. Wir haben jedoch auf keinen Fall die Absicht, den Bewohnern zu schaden[80].«

Für den General stand jedoch ganz klar fest, daß »weder die Ruhr, noch die linksrheinischen Gebiete jemals dieser Konföderation beitreten dürften«. Nur unter dieser Bedingung und unter der Voraussetzung, daß zunächst einmal »Staaten« neu gebildet würden, war de Gaulle bereit, die Einrichtung deutscher Zentralverwaltungen in Erwägung zu ziehen[81]. Davon konnte jedoch in unmittelbarer Zukunft nicht die Rede sein. Als die Amerikaner im November 1945 die Errichtung einer ausschließlich alliierten Koordinierungsbehörde für den deutschen Außenhandel anregten, lehnte das Kabinett dies ab, wenngleich das französische Generalsekretariat für deutsche und österreichische Angelegenheiten zuvor die Zustimmung empfohlen hatte. In seiner Begründung hieß es, daß es sich hier um ein Zugeständnis gegenüber den Franzosen handle, denn in Potsdam war einstimmig beschlossen worden, den Außenhandel in die Hände einer deutschen Zentralverwaltung zu legen. De Gaulle argumentierte spitzfindig, daß man mit der Schaffung einer neuen, wenn auch rein alliierten Instanz zugeben würde, daß der Kontrollrat in Berlin nicht in der Lage sei, seine Aufgabe zu erfüllen, und daß man so einen »Weg einschlage, der direkt zur Einrichtung einer deutschen Zentralverwaltung führe«[82]! So äußerte der General am 3. November gegenüber Caffery, daß es im Moment wegen der in Deutschland herrschenden »Verwirrung sicherlich noch zu früh« für die Errichtung solcher Zentralverwaltungen sei, wobei er gleichzeitig einräumte, daß dieser Schritt eines Tages vielleicht »empfehlenswert« sein könnte. Andererseits müsse man äußerst vorsichtig sein: »Sollte sich das Reich eines Tages erholt haben, dann wird es nicht bei den

Amerikanern Halt suchen. Was würde dann aus Europa[83]?« Eine offenkundige Anspielung auf die UdSSR.

Zusammenfassung

Somit steht fest, daß der General bei der Festlegung seiner Deutschlandpolitik im Herbst 1945 einerseits die traditionellen französischen Interessen und Ängste gegenüber Deutschland und andererseits die voraussichtliche Stellung Westeuropas gegenüber der sowjetischen Macht unter dem Gesichtspunkt eines schnellen Rückzugs der Vereinigten Staaten im Auge hatte. Das Zögern und die aufgezeigten Widersprüche waren ausgeräumt (mit Ausnahme des Ruhrgebiets, für das de Gaulle letztendlich doch eine sowjetische Beteiligung einräumte, was jedoch mit seinem immer offenkundiger werdenden Mißtrauen gegenüber diesem Land nur schwer vereinbar war). Nachdem die französische Regierung von 1943 bis 1944 zunächst gezögert hatte, ob sie Deutschland ähnlich behandeln sollte wie zwischen 1919 und 1924, oder ob sie eine Lösung wählen sollte, die vor allem den Erfordernissen der europäischen Wirtschaft auf neue Art und Weise Rechnung trug, gelang es ihr letztendlich doch, eine kohärente Politik zu erarbeiten, die vielschichtiger und diversifizierter war als gemeinhin angenommen und die nicht nur die französische Besatzungszone, sondern ganz Deutschland betraf. Diese Politik läßt sich wie folgt zusammenfassen: enge Kontrolle über das Rheinland und das Ruhrgebiet im Rahmen einer westeuropäischen Union, die es Frankreich ermöglichen sollte, Deutschland unter seiner Kontrolle zu halten (auch über die rheinischen Länder hinaus) und zugleich ein gewisses Gegengewicht zur UdSSR zu bilden (möglichst im Einvernehmen mit Großbritannien, da dies laut de Gaulle »das einzige Mittel ist, um beiden Ländern bei den internationalen Beratungen großen Einfluß zu verschaffen« unter der Bedingung, daß man sich in bezug auf Deutschland und den Mittleren Osten einig wurde)[84].

Kohärent bedeutet jedoch nicht realistisch. Wie bereits mehrmals erwähnt, hatten einige Verantwortliche seit 1943 immer wieder eine andere Politik gefordert, die den wirtschaftlichen Erfordernissen stärker Rechnung trug und weniger eine vollkommene Kontrolle Frankreichs über das von Deutschland abgetrennte Rheinland suchte als den Einfluß auf das gesamte Deutschland, das sich eines Tages ganz gewiß neu bilden würde. Frankreich hatte ganz einfach nicht die Mittel, de Gaulles Politik durchzusetzen — von deren Zweckmäßigkeit einmal abgesehen. Diese Politik sollte ab 1946 von einer Reihe internationaler, wirtschaftlicher und innerer Faktoren in Frage gestellt werden. Da waren zunächst die Sozialisten, die bestimmende Kraft in der provisorischen »Dreiparteien«-Regierung nach de Gaulle, die einer politischen Loslösung des Rheinlands und des Ruhrgebiets vom restlichen Deutschland mit all den französischen Absichten, die sich dahinter verbargen, von Anfang an ablehnend gegenüberstanden. Gleichzeitig lehnten Frankreichs Partner auch weiterhin die französischen Forderungen ab, zumindest in ihrer extremen Form (die Engländer wären zu ernsthaften wirtschaftlichen und militärischen Garantien bereit gewesen, schlossen aber eine Abtrennung des Rheinlands und des Ruhrgebiets aus).

In der französischen politischen Führung und insbesondere bei Bidault und dem christdemokratische *MRP* (Mouvement Républicain Populaire) war ab Frühjahr und Sommer 1946 ein Meinungswandel festzustellen. Die sowjetischen Ambitionen im Hinblick auf Deutschland wurden immer deutlicher, wie die Rede von Vjačeslav Molotov vom 10. Juli 1946 anläßlich der Friedenskonferenz in Paris zeigt. In den führenden Kreisen der Politik, der Diplomatie und des Militärs erkannte man, daß nun eine Annäherung an die Angelsachsen auch in bezug auf Deutschland notwendig war, um so ein westliches Sicherheitssystem gegen die UdSSR aufbauen zu können, auch wenn dies wegen der Anwesenheit der Kommunisten in der Regierung nicht öffentlich gesagt wurde. Frankreich mußte also seine Deutschlandpolitik überdenken und dies um so mehr, als der schreckliche Winter von 1946 bis 1947 wirtschaftliche Sofortmaßnahmen erforderte: Um die Ruhrkohle zu bekommen, mußte man die angelsächsischen Pläne in bezug auf Deutschland akzeptieren. Die wirtschaftlichen Erfordernisse sowie die wachsende Bedeutung des Kalten Krieges veranlaßten Paris, von 1947 bis 1948 nach und nach einen Großteil der französischen Ziele (jedoch nicht alle) von 1943 bis 1945 aufzugeben[85]. Der Schuman-Plan leitete 1950 eine Rückkehr der französischen Politik zu den Vorstellungen Jean Monnets ein, die dieser bereits 1943 in Algier geäußert hatte: Sicherlich sollte Deutschland kontrolliert werden, aber nicht mit den Methoden von 1919 bis 1924, sondern durch die Integration in ein europäisches Wirtschaftsgefüge, aus dem eines Tages eine europäische Föderation hervorgehen würde.

Anmerkungen

[1] Siehe Klarstellung von Rainer Hudemann, L'occupation française en Allemagne. Problèmes généraux et perspectives de recherche, in: Henri Ménudier, L'Allemagne occupée 1945–1949, Bruxelles 1990.
[2] Zur Einführung in das Thema siehe Pierre Gerbet, Le Relèvement 1944–1949, Paris 1991; Raymond Poidevin, La politique allemande de la France en 1945, in: 8 mai 1945: la victoire en Europe, ed.: Maurice Vaïsse, Lyon 1985; Rainer Hudemann, Le général de Gaulle et la politique de reconstruction en zone française d'occupation en Allemagne après 1945, in: De Gaulle en son siècle, Bd 5: L'Europe, Paris 1992. Für den darauffolgenden Zeitraum (1945–1947) siehe Alain Lattard, Zielkonflikte französischer Besatzungspolitik in Deutschland, in: Vierteljahrshefte für Zeitgeschichte (VfZG), 39 (1991), S. 1–35. Siehe auch Pierre Maillard, De Gaulle et l'Allemagne, Paris 1990.
[3] Charles de Gaulle, Mémoires de Guerre, Paris 1980, Bd 1, S. 390f.
[4] Archives du Ministère des Affaires étrangères français (MAE), Noten Dejean vom 13. Oktober und vom 4. November 1943. Die hier benutzten Bestände des MAE werden derzeit neugeordnet, so daß keine Signaturen angegeben werden können.
[5] Jean Monnet, Mémoires, Paris 1976, S. 263f.
[6] Walter Lipgens, Bedingungen und Etappen der Außenpolitik de Gaulles 1944–1946, in: VfZG, 21 (1973), S. 52–102.
[7] Claire Andrieu, Le programme commun de la Résistance, Paris 1984, S. 140–153, hier S. 172.
[8] René Massigli, Une comédie des erreurs 1943–1956, Paris 1978, S. 37ff.
[9] MAE.
[10] Ebd.
[11] Ebd.
[12] de Gaulle, Mémoires de guerre (wie Anm. 3), Bd 2, S. 473.
[13] MAE, Note an Massigli vom 21. März, Note vom 23. März, Note Hervé Alphand vom 31. März 1944.
[14] Ebd., Telegramm an Moskau.
[15] Ebd.
[16] MAE, Schreiben an den belgischen Vertreter in Algier vom 18. Mai, Note an de Gaulle vom 19. Mai.
[17] Général Pierre Lassalle, in: De Gaulle et la Nation face aux problèmes de défense 1945–1946, ed. Institut Charles de Gaulle et Institut d'Histoire du Temps Présent, Paris 1983, S. 108.
[18] MAE.
[19] MAE.
[20] MAE.
[21] MAE, Besprechung vom 27. Dezember und Noten der Abteilung für wirtschaftliche Angelegenheiten vom 9. und 20. November 1944.
[22] Ebd.
[23] Ebd., Note Etienne Burin des Roziers vom 30. Dezember 1944; Schreiben

von Chauvel an Massigli vom 30. Dezember 1944; Note ohne Datum von Burin des Roziers an Palewski.
24 MAE.
25 Dieser Bericht wurde veröffentlicht in Rolf Steininger, Die Ruhrfrage 1945/46 und die Entstehung des Landes Nordrhein-Westfalen, Düsseldorf 1988, Dokument Nr. 14.
26 Ebd., Karte S. 1003.
27 MAE, Erklärungen des Rechtsberaters im frz. Außenministerium, Jules Basdevant, bei der Sitzung der Kommission für politische Angelegenheiten am 12. Februar.
28 MAE, mit Anlagen, die einen wirklichen Entwurf für die Bildung der betreffenden Gebiete enthalten; Protokolle der Sitzungen der Kommission für politische Angelegenheiten vom 12. Februar und vom 9. März.
29 MAE.
30 MAE.
31 MAE.
32 Lipgens, Etappen der Außenpolitik (wie Anm. 6).
33 MAE, Schreiben von Massigli an Bidault.
34 MAE, Note vom 17. April 1945.
35 Georges-Henri Soutou, La politique française à l'égard de la Rhénanie, 1944—1947, in: Franzosen und Deutsche am Rhein 1789 - 1918 - 1945, hrsg. von Peter Hüttenberger und Hansgeorg Molitor, Essen 1989.
36 MAE, Schreiben von de Gaulle an Bidault.
37 Handschriftliche Note von René Mayer, Commissaire général aux Affaires allemandes et autrichiennes, auf einem Schreiben von General Koenig vom 18. März 1946, in dem dieser die Aufrechterhaltung der bestehenden französischen Besatzungszone vorschlug, MAE.
38 Zu diesem gesamten Absatz siehe Franzosen und Deutsche am Rhein (wie Anm. 35), und MAE.
39 Siehe Hudemann, L'occupation française (wie Anm. 1), S. 227.
40 Text veröffentlicht bei Ménudier, L'Allemagne occupée (wie Anm. 1), S. 169—182.
41 Zur Bedeutung der Bildungs- und Kulturpolitik, die diese von Beginn an in der französischen Besatzungszone hatte, siehe Frankreichs Kulturpolitik in Deutschland 1945—1950, hrsg. von Franz Knipping und Jacques Le Rider, Tübingen 1987.
42 MAE.
43 Ebd.
44 MAE, Note Grandval vom 23. November und Note des Kabinetts vom 26. November.
45 MAE.
46 Für das Saargebiet siehe: Die Saar 1945—1955, hrsg. von Rainer Hudemann und Raymond Poidevin, München 1992.
47 MAE, »Note für den General« vom 2. August; Note der Abteilung für wirtschaftliche Angelegenheiten vom 11. August; Note der Abteilung für politische Angelegenheiten vom August über die »Demarkationslinie im Westen«.

⁴⁸ MAE, und veröffentlicht in: Charles de Gaulle, Lettres, Notes et Carnets 1945—1951, Paris 1984, S. 52 ff.
⁴⁹ Siehe auch Martina Kessel, Westeuropa und die deutsche Teilung. Englische und französische Deutschlandpolitik auf den Außenministerkonferenzen von 1945 bis 1947, München 1989.
⁵⁰ MAE, Siehe in diesem Sinne eine Note des Kabinetts des Generals vom 5. Dezember 1945.
⁵¹ MAE.
⁵² MAE.
⁵³ De Gaulle, Mémoires de Guerre (wie Anm. 3), Bd 3, S. 488.
⁵⁴ Ebd., S. 496.
⁵⁵ De Gaulle, Lettres, Notes et Carnets (wie Anm. 48), insbesondere seine Rede in Baden-Baden am 5. Oktober.
⁵⁶ MAE.
⁵⁷ Pierre Billotte, Le temps des armes, Paris 1972, S. 395 ff., und Note ohne Datum von Billotte an das frz. Außenministerium (die Note vom 15. September wurde nicht wieder aufgefunden).
⁵⁸ De Gaulle et la nation face aux problèmes de défense (wie Anm. 17), S. 117 f.
⁵⁹ MAE.
⁶⁰ MAE, Note vom 8. September 1945.
⁶¹ Soutou, La politique française à l'égard de la Rhénanie (wie Anm. 35). Über die skeptische Haltung Chauvels zur Deutschlandpolitik des Generals siehe Jean Chauvel, Commentaire, Bd 2, Paris 1972, S. 165 ff.
⁶² Steininger, Die Ruhrfrage 1945/46 (wie Anm. 25), Dokument 21.
⁶³ Soutou, La politique française à l'égard de la Rhénanie (wie Anm. 35).
⁶⁴ MAE, Persönliches Schreiben an General Koenig vom 29. Oktober 1945.
⁶⁵ Soutou, La politique française à l'égard de la Rhénanie (wie Anm. 35).
⁶⁶ MAE, Note an M. Couve de Murville, 23. Oktober 1945.
⁶⁷ MAE, O. a. Schreiben an Koenig vom 29. Oktober und Gespräch mit dem amerikanischen Botschafter Caffery am 3. November 1945.
⁶⁸ MAE, »Gespräche mit General de Gaulle am 8. Oktober 1945«.
⁶⁹ Rede in Baden-Baden am 5. Oktober, de Gaulle, Lettres, Notes et Carnets (wie Anm. 48), S. 96.
⁷⁰ Siehe Anm. 68.
⁷¹ MAE, Bericht der höheren Vertretung der Militärregierung im rheinländischen Hessen-Nassau vom 14. September 1945 über die »Entwicklung der politischen Lage im rheinländischen Hessen-Nassau«, mit Anlagen.
⁷² Es sei daran erinnert, daß Dr. Boden nach der Bildung des Landes Rheinland-Pfalz im August 1946 dessen erster Ministerpräsident war.
⁷³ MAE, Note an den Kabinettschef Palewski vom 19. September.
⁷⁴ Siehe die detaillierte Darstellung von Hans-Peter Schwarz, Adenauer. Der Aufstieg: 1876—1952, Stuttgart 1986, S. 452 ff.
⁷⁵ MAE, »Memorandum Adenauer« vom 4. September, am 14. September von Billotte an das Kabinett de Gaulles übermittelt.
⁷⁶ Schwarz, Adenauer (wie Anm. 74), S. 460.
⁷⁷ MAE, Note an Palewski vom 8. November.

[78] Siehe Anm. 68.
[79] MAE, Note an Couve de Murville vom 23. Oktober 1945.
[80] De Gaulle, Lettres, Notes et Carnets (wie Anm. 48), S. 97.
[81] Siehe Anm. 68.
[82] MAE, Note des Generalsekretariats für deutsche Angelegenheiten vom 13. November und Note des Kabinetts vom 15. November.
[83] MAE, Note vom 3. November 1945.
[84] Siehe Anm. 68.
[85] Soutou, La politique française à l'égard de la Rhénanie (wie Anm. 35), und ders., Les dirigeants français et l'entrée en Guerre froide: un processus de décision hésitant (1944—1950), in: Le trimestre du monde, 3. Quartal 1993, S. 135—149.

Aleksej Mitrofanovič Filitov

Die sowjetische Deutschlandplanung zwischen Parteiräson, Staatsinteresse und taktischem Kalkül*

Als Churchill am Ende der ersten Sitzung der Regierungschefs der »großen Drei« in Jalta am 4. Februar 1945 vorschlug, die Frage nach »Deutschlands Zukunft« zu erörtern, machte er den Vorbehalt, »wenn es überhaupt eine Zukunft hat«. Stalins Reaktion darauf kam unverzüglich: »Deutschland wird eine Zukunft haben[1].«

Aber welche Zukunft hatte er dabei im Sinn? Lange Zeit dominierte in der sowjetischen Literatur wie auch in der der Länder der »sozialistischen Gemeinschaft« die These, daß die sowjetische Führung immer und überall eindeutig für ein »einheitliches, unabhängiges, demokratisches und friedliebendes Deutschsland« eingetreten sei — entgegen den genauso unermüdlich und hartnäckig vorgetragenen Bemühungen der Westmächte, es zu zergliedern und zu unterjochen[2]. In diesem Zusammenhang wurden, darunter auch vom Autor dieser Zeilen, Stalins berühmte Aussprüche zitiert:

»In diesem großen Krieg werden wir treue Verbündete in Gestalt der Völker Europas und Amerikas wie auch des von den faschistischen Anführern unterjochten deutschen Volkes haben« (3. Juli 1941)[3];
»Es wäre lächerlich, Hitlers Clique mit dem deutschen Volk und dem deutschen Staat gleichzusetzen. Die Erfahrungen der Geschichte zeigen, daß die Hitler kommen und gehen; das deutsche Volk aber und der deutsche Staat bleiben bestehen« (23. Februar 1942)[4];
»Wir haben nicht die Aufgabe, jede organisierte militärische Kraft in Deutschland zu zerstören« (6. November 1942)[5];
»Die Sowjetunion feiert den Sieg, auch wenn sie nicht beabsichtigt, Deutschland aufzuteilen oder zu vernichten« (9. Mai 1945)[6].

Nichtsdestoweniger wirft selbst ein flüchtiger Blick auf diese Zitatenauswahl einige Fragen auf: Warum hat Stalin vom 6. November 1942 bis zum 9. Mai 1945 im Blick auf das Schicksal Nachkriegsdeutschlands nichts Ermutigendes gesagt? Warum wurde das, was in seinem Tagesbefehl vom 23. Februar 1942 enthalten ist, z.B. am 6. November 1942 nicht verbalisiert, als Stalin seine große programmatische Rede hielt? Und das Wichtigste — war nicht all dies einfach nur mehr oder weniger geschickte Propaganda?

Die erstmals im Westen veröffentlichten Aufzeichnungen der Geheimunterredungen der »großen Drei« haben als Grundlage dafür gedient, eine den oben zitierten Absichten Stalins diametral entgegengesetzte Konzeption des Kreml vorzustellen: die einer prinzipiellen Opposition der UdSSR gegenüber dem Wiedererstehen eines vereinten, demokratischen, wirtschaftlich starken und lebensfähigen Deutschland. Selbst die Existenz von Plänen destruktiven Charakters auf seiten des Westens wurde zuweilen einfach als Folge der Kapitulation seiner Führer vor den Sowjets, als deren Wunsch erklärt, Stalin entgegenzukommen, ihm einen Gefallen zu tun[7].

Auf der Grundlage von später auftauchenden sowjetischen Dokumenten entstand eine dritte Version, die die extreme Unbestimmtheit, Widersprüchlichkeit und »Polyvalenz« der sowjetischen Perzeption des deutschen Problems feststellte. Zum Beispiel hat eine Rekonstruktion von Churchills Äußerungen, die er in einem Gespräch mit dem sowjetischen Botschafter Majskij im November-Dezember 1941 machte, gezeigt, daß es der britische Premierminister und nicht Stalin gewesen ist, der erstmals die Frage nach einer »Zerstückelung Deutschlands, vor allem der Abtrennung Preußens von den übrigen Teilen Deutschlands« aufgeworfen hat[8]. Warum aber erachtete es Stalin in einer Unterredung mit Eden am 16. Dezember für gut, sich diesem Gedanken, und sei es in abgeschwächter Form, anzuschließen?

Das sowjetische Protokoll der Konferenz von Teheran gibt Stalins Antwort auf Churchills Frage, ob er ein zerstückeltes Europa vorziehe, ganz anders wieder; in der westlichen Version lautete Stalins Antwort: »Nicht Europa, sondern Deutschland«, und in der sowjetischen: »Wieso Europa? Ich weiß nicht, ob es notwendig ist, vier, fünf oder sechs selbständige Staaten zu schaffen[9].« Warum hat er nicht einfach gesagt: Eine Zerstückelung Deutschlands ist nicht notwendig und ist schädlich?

Warum hat er schließlich in Jalta selbst die Frage nach einer Aufteilung aufgeworfen, und warum hat Molotov sich auf der Außenministertagung intensiv dafür eingesetzt, diese Formel in den offiziellen Konferenzbeschluß aufzunehmen[10]?

Diese und damit im Zusammenhang stehende Fragen werden von verschiedenen Historikern unterschiedlich beantwortet. Die einen sagen, daß die sowjetische Seite die alliierten Verhandlungen einfach nicht mit Problemen erschweren wollte, die noch lange nicht aktuell waren (1941—1943)[11], andere, daß sie nur die westliche Haltung sondieren wollte (insbesondere in Jalta)[12], und dritte, daß sie ein heimtückisches Ziel verfolgte — »to get the others fully committed to the [dismemberment] idea, so their views would be useful in Soviet propaganda in Germany after the war«[13]. In seinem Buch zur Geschichte der deutschen Frage teilt der Autor dieser Zeilen übrigens den letzten Standpunkt — wenn auch als »Hypothese«[14].

Das Problem jeder dieser Interpretationsversuche liegt eben darin, daß sie nicht über den Rahmen von Hypothesen hinausgehen, wobei sie sich auf nur einen bestimmten Zeitpunkt sowjetischer Politik oder einen ihrer einzelnen Aspekte stützen. Richtiger wäre, über ihre *Gesamtkonzeption*, eine obendrein nicht einmal statische, zu sprechen. Diese unbefriedigende Interpretationslage hängt damit zusammen, daß wir immer noch nicht über zuverlässige Quellen verfügen, die es uns ermöglichen, Einblick in den Prozeß der Entscheidungsfindung der sowjetischen Führung zu gewinnen. Man kann sagen, daß wir heute nur mehr Möglichkeiten haben als früher, um die in den Führungsapparat »eingehenden Signale« zu analysieren.

Im vorliegenden Aufsatz wird der Versuch unternommen, das Zustandekommen der sowjetischen deutschlandpolitischen Konzeptionen als einen Prozeß des Zusammenlaufens von drei unterschiedlichen, im Titel bezeichneten Motivationssträngen zu analysieren. Als Quelle fungieren zwei Informationsflüsse aus dem vor kurzem freigegebenen Bestand des ehemaligen Parteiarchivs der KPdSU. Der eine basiert auf Schriftstücken deutscher Kommunisten, die in der Komintern und ihrer Nachfolgeorganisation, der Abteilung für internationale Information (OMI) des ZK, gearbeitet haben; und der andere auf Material von sowjetischen Geheimdiensten, freilich so unvollständig, wie es der Kominternführung und der OMI zugegangen ist. Diese Dokumente sind erst vor kurzem freigegeben worden und konnten vom Autor in seiner Arbeit an der erwähnten Monographie nicht ausgewertet werden. In diesem Sinn ist der vorliegende Aufsatz als (zuweilen korrigierende) Ergänzung dazu zu betrachten.

Am 13. Januar 1940 sandte der Leiter des Exekutivkomitees der Komintern, G. Dimitrov, an Stalin ein Schreiben, in dem er den Entwurf für ein neues Programm der Kommunistischen Partei Deutschlands darlegte. Darin hieß es insbesondere:

»Dem deutschen Volk droht größte Gefahr von seiten des aggressiven anglo-französischen Blockes. Dieser hat es sich zum Ziel gesetzt, Deutschland von der Sowjetunion zu trennen, mit der es durch einen Freundschaftspakt verbunden ist, das deutsche Volk zu unterjochen, eine beispiellose Bürde auf seine Schultern zu laden, es seiner Selbständigkeit zu berauben, Deutschland in Staaten aufzuspalten, die sich in Vasallenabhängigkeit von England befinden, und das deutsche Volk in einen Krieg gegen die Sowjetunion zu verwickeln«.

In Deutschland, so wurde in dem Programmentwurf behauptet, habe sich eine »aus einigen Kreisen der deutschen Bourgeoisie (Thyssen) und einem Teil der Katholiken und der sozialdemokratischen Führung« bestehende »zweite Front« gebildet. Die KP müsse auch gegen die erste Front (d. h. gegen das Hitler-Regime) kämpfen, doch »der Schwerpunkt [...] muß auf die Feinde des deutschen Volkes verlagert werden, die im Innern des Landes wirken und versuchen, den sowjetisch-deutschen Freundschaftspakt zu zerstören, den anglofranzösischen Block zu unterstützen und das deutsche Volk in einen Krieg gegen das große sowjetische Volk hineinzuziehen.«

Ziel dieses Kampfes sei die Bildung einer von der KPD angeführten »*dritten Front*« in Deutschland, die es unter den Bedingungen der Krise, in die die Niederlage des nationalsozialistischen Regimes im Krieg die Deutschen führen werde, retten solle[15].

Wir kennen die Reaktion der sowjetischen Führung auf dieses Dokument nicht (außer an Stalin wurde es auch noch an Molotov geschickt), doch seine Gedankengänge haben die charakteristischen Merkmale des ideologisiert-parteimäßigen Herangehens an die Analyse der politischen Realitäten und Perspektiven eines Weltkrieges noch lange bestimmt. Es sind dies der antiwestliche Affekt, die einseitige »Ostorientierung«, die Präsumtion einer unbedingten Machtergreifung durch die Kommunisten am Ende des Krieges und die vollständige Ignorierung der Probleme einer Demokratisierung der deutschen Gesellschaft.

Am Vorabend des sowjetisch-deutschen Krieges, am 13. Juni 1941, hat Ulbricht, einen Informanten zitierend, ein spezielles Memorandum verfaßt, in dem dieser ideologische Zugang verstärkt zu erkennen ist. Zwar enthält das Memorandum eine bedeutsame Prognose:

»Vielleicht ist es die Aussichtslosigkeit der Perspektive, daß der Gedanke immer mehr durchgreift und allenthalben diskutiert wird, Hitler plane — für vor oder nach der englischen Niederlage — eine vollkommene Schwenkung und werde die Kriegsmacht gegen Rußland, gegen die Rote Armee dirigieren. Man bekommt das Gefühl, als werde dieser Gedanke wie durch unsichtbare Fäden von oben in die Massen hineingeleitet [...] vielleicht will man auch schon die Massen auf eine plötzliche Wendung vorbereiten«.

Ihr zugrunde liegt jedoch eine zutiefst »klassengebundene« ideologisierte Interpretation der politischen Realitäten. Auf der Grundlage der Kursstürze an der Berliner Börse im März 1941 zieht Ulbricht weitgehende Schlußfolgerungen:

»Es zeigen sich in der Bourgeoisie zwei politische Hauptgruppen. Die heute entscheidenden Kräfte suchen England so schnell wie möglich zu schwächen, um einen Siegfrieden zu erzwingen.
Sie rechnen damit, daß die Massen, die gegen die englischen Machthaber sind, keinen Frieden wollen, der dem englischen Imperialismus nützt. Ein anderer Teil der Bourgeoisie will das Risiko der Weiterführung des Krieges nicht tragen und sucht eine Verständigung mit dem englischen Imperialismus gegen die Sowjetunion. Dieser Teil der Bourgeoisie sieht die Radikalisierung der Massen und den Einfluß der Sowjetunion auf die Volksmassen in Deutschland als akute Gefahr und führt heute in den Reihen der NSDAP eine verstärkte Antisowjethetze.«

Hier wurde lediglich ein Element aus dem Programm vom Januar 1940 herausgenommen, und zwar die Idee einer Machtergreifung durch die Kommunisten zwecks Rettung Deutschlands vor einer Niederlage und »Unterjochung« durch Engländer und Franzosen, was verständlich ist: Nach den Siegen der Wehrmacht 1940—1941 konnte die Idee von der Unvermeidlichkeit einer deutschen Niederlage nicht als überzeugend erscheinen. Darüber hinaus hätte dies der Idee von einem »Volkskrieg« gegen England widersprochen. Dieser letzte Gedanke ist eines der neuen Elemente des Memorandums von 1941 (im Januar 1941 wurde ein Krieg von beiden Seiten für einen imperialistischen gehalten) wie auch die Andeutung, daß sich für einen antisowjetischen Kurs lediglich eine begrenzte Anzahl der nicht zur ersten Führungsriege des Reiches gehörenden Personen (Rosenberg, Darré, Ley) aussprechen würde, wohingegen »im Offizierskorps der Reichswehr starke Kräfte zu sein scheinen, die gegen einen Antisowjetkrieg sind und den Krieg gegen England zum Sieg führen wollen«.

Es sei bemerkt, daß Hitler hier als ein passives Objekt der Einwirkung verschiedener Kräfte präsentiert wird, den man »auf den rechten Weg bringen« könne und müsse[16].

Wie es scheint, waren nach dem 22. Juni alle diese Ideen radikal kompromittiert. An ihre Stelle trat eine recht geradlinige Propaganda: Hitler und seine Generale als Exponenten von Politik und Ideologie des deutschen Monopolkapitals und die Arbeiterklasse und Werktätigen als deren einzige Gegner. Da sich diese Gegner jedoch als bedauerlich schwach erwiesen, blieb der sowjetischen Führung ein Ausweg, und zwar: Abstand von dem ideologischen parteimäßigen Herangehen und Kurs auf eine höchst intensive Zusammenarbeit mit eben jenem »englischen Imperialismus« zu nehmen, der einst als Hauptfeind sowohl des sowjetischen als auch deutschen Volkes definiert worden war.

Freilich, die Gedanken an die boshaften Pläne Englands in bezug auf Deutschland (Aufteilung und Unterjochung) blieben bestehen, und damit ist offensichtlich jene Tatsache zu erklären, daß es die sowjetische Diplomatie und Stalin selbst für gut hielten, eine Zeitlang die britischen Politiker, wenn diese sich von ausgesprochen antideutschen und »Vansittartschen« Positionen aus artikulierten, zu »akkompagnieren«. Hiermit ist wohl Stalins Verhalten gegenüber den Aufteilungsplänen Churchills erklärt, das während seiner Unterredung mit Eden am 16. Dezember 1941 zum Ausdruck gekommen war[17].

Der Realismus in der Einschätzung der Situation wirkte sich somit seltsamerweise als Unterstützung der überaus unrealistischen, den Interessen des sowjetischen Staates widersprechenden und ihn kompromittierenden Ideen aus.

Hingegen erwuchs die in dem berühmten Stalinschen Tagesbefehl vom 23. Februar 1942 formulierte, überaus vernünftige und realistische Position paradoxerweise aus den kaum begründeten Hoffnungen auf jene Kraft im deutschen Staat, die man erneut, wie auch vor dem 22. Juni, als mächtige und effektive Alternative zu Hitler zu betrachten begann. Es ging um die deutsche Militärführung.

Die Entlassung einer Reihe von Generalen — »Sündenböcke« für das Scheitern des Blitzkrieges — durch Hitler wurde offensichtlich als Beginn einer ernsten Krise im Dritten Reich interpretiert. Jedenfalls ist in einigen Geheimdienstberichten aus dem Archiv der Komintern eben von einer derartigen Einschätzung der Lage die Rede. In der Meldung vom 18. April 1942 wurde behauptet:

»Die Läden in Berlin sind leer [...] Die Moral der Bevölkerung ist niedrig [...] All die letzten Hoffnungen hängen mit der »Frühjahrsoffensive« Hitlers zusammen[18].«

Im Bericht vom 24. Mai 1942 war bereits die Rede davon, daß in Deutschland »die Bestrebungen wachsen, einen Kompromißfrieden mit den angelsächsischen Ländern abzuschließen [...] Im Falle einer Niederlage ist im nächsten Winter eine Revolution möglich [...] In aristokratischen Kreisen wird Hitler als der Schuldige an der künftigen Katastrophe Deutschlands angesehen [...] Auf einer der letzten Sitzungen des höchsten Kriegsrats hat Hitler gefordert, unverzüglich mit der Offensive an der Ostfront zu beginnen. Die Oberbefehlshaber der Armeen haben darauf negativ reagiert, davon ausgehend, daß die Armeen die Anspannungen gegen einen solchen Feind wie die Rote Armee bis zum Winter nicht würden aushalten können. Sie schlagen vor, der Armee eine Erholungspause zu geben, zumindest bis die Ernte eingebracht worden ist[19].«

Das Bild, das sich ergab, war von dem klassisch-ideologisierten Schema »Gutes Volk — schlechter Staat« weit entfernt; gerade das Volk erwies sich in der Rolle eines Helfershelfers Hitlers; und was den Staat anging, so wurden dem »schlechten« Hitler die »vernünftigen« Generale gegenübergestellt, die es zu unterstützen und deren mögliches Interesse an einem Separatfrieden mit den »Angelsachsen« es auf ein Einvernehmen mit der UdSSR umzulenken galt. Dazu diente auch die Losung »die Hitler gehen, der Staat aber [also auch seine Generalität] bleibt.«

Ungefähr in dieser Zeit war in KPD-Kreisen ein Dokument unter dem Titel »Bericht über Deutschland« erstellt worden, welches das »Programm des neuen Deutschland« enthielt. Darin hieß es insbesondere:

»Hitler sucht [...] das deutsche Volk zu zwingen, sich weiter sinnlos für die millionenreichen Kriegsinteressenten, die Hitler und Krupp, Göring und Flick, Zangen und Pönsgen und für die adligen Großgrundbesitzer, für die Grafen von Donnersmark und andere zu opfern.«

Das Programm selbst sah vor:

»Abschluß eines Friedens durch die gewählten Vertreter des deutschen Volkes auf der Grundlage des Verzichts auf Annexionen und auf der Grundlage der Gleichberechtigung und nationalen Unabhängigkeit Deutschlands und der Freundschaft mit der Sowjetunion und den demokratischen Ländern. Sicherung eines dauernden Friedens durch Enteignung und Entmachtung der faschistischen imperialistischen Kriegsinteressenten in Staat, Wirtschaft und Armee«.

Die Zukunft Deutschlands wurde folgendermaßen dargestellt:

»Deutschland wird eine Volksrepublik. Ersetzung der Polizei durch Volksmiliz [...] Wirtschaft wird in den Dienst des Volkes gestellt durch die Beseitigung der Naziparasiten und die Nationalisierung der großen Konzerne und Banken [...] Beseitigung der Kriegsschäden auf Kosten der Kriegsgewinnler[20].«

Bemerkenswert an diesem Dokument ist, wie geschickt seine Autoren die heiklen und naheliegenden Fragen umgingen, beispielsweise, was als Annexion, was als »Kriegsschaden« zu betrachten war. Das, was in Deutschland oder durch die deutsche Wehrmacht in anderen Ländern zerstört wurde?

Bemerkenswert auch dies: Bei allem schablonenhaften Radikalismus in bezug auf die »großen Konzerne und Banken« wird das Problem des Kampfes gegen den Militarismus eigentlich umgangen: Von der Existenz einer Armee (im Gegensatz zur Polizei) in einem Nachkriegsdeutschland wird wie von etwas Selbstverständlichem ausgegegangen. Die Prinzipien ihrer Säuberung von »imperialistischen Kriegsinteressenten« sind durchaus nicht klar; aller Wahrscheinlichkeit nach hatte man im Sinn, diejenigen Generale, die bis zum Schluß Hitler die Treue hielten, zu entmachten, wohingegen die anderen Achtung und Respekt zu gewärtigen hatten.

Es erwies sich jedoch, daß die Voraussetzung, auf die sich dieses Programm stützte, nämlich das Vorhandensein eines krassen Gegensatzes zwischen Hitler und den Generalen, die angeblich nicht im Osten kämpfen wollten, schlichtweg fehlte. Die Generale, was immer sie über Hitler auch denken mochten, schickten sich an, seinen Plan für eine »Frühjahr/Sommer-Offensive« an der Ostfront gehorsam und effektiv durchzuführen.

Die veränderte Situation spiegelte sich auch in einer Geheimdienstinformation vom 16. Oktober 1942 wider. Die Hauptverwaltung für Aufklärung der Kriegsflotte legte einen umfassenden Bericht »Über die Lage in Deutschland für Juli 1942« vor, worin recht ausführlich die Notlage des Reiches geschildert wurde:

»In den Geschäften gibt es nichts [...] Die (in die Armee) einberufenen Arbeiter werden durch jüdische Arbeiter ersetzt [...] Die Mobilmachung von Polen, Tschechen, Norwegern und Holländern [geht vonstatten] [...] In Berlin wurden alle eisernen Statuen und Figuren in den Stadtparks demontiert und den Betrieben zugeführt, Eisengitter wurden demontiert« (dies sollte auf den Rohstoffmangel in Deutschland hinweisen).

Was die politischen Einschätzungen angeht, so ist folgende Information beachtenswert:

»Namhafte Nazis erklären, daß England und Amerika so lange keine zweite Front eröffnen werden, bis Rußland selbst in der Lage sein wird, den Deutschen Widerstand entgegenzusetzen.«

Die Existenz von drei Widerstandsgruppen in Deutschland wird nur kurz erwähnt: die der Arbeiter (eine gewisse »Rote Hilfe«-Organisation), eine katholische und eine demokratische.

Die Situation in den herrschenden Kreisen wurde weitaus detaillierter und interessanter analysiert. Dort stellte man zwei Gruppierungen heraus: eine von Hitler und Rosenberg angeführte und eine andere, welche »aus Faschisten besteht, die den Glauben an Hitler verloren haben«. Zur letzteren gehörten solche Figuren wie »Canaris, der Vorsitzende der Deutschen Bank Fegner, Zangen und von Wilmowski«.

»Diese Gruppe setzt auf die Gegensätze zwischen den USA und England einerseits und der UdSSR andererseits und geht davon aus, einen für Deutschland günstigen Frieden auf dem Wege einer Übereinkunft mit den demokratischen Ländern auf Kosten Rußlands zu erreichen [...] Gemäß den Bedingungen dieses Friedens wird Deutschland, selbst wenn es vollständig entwaffnet sein wird, Territorien im Osten behalten [hier ist nicht ganz klar, was gemeint ist — die Gebiete in den Grenzen von 1937 oder 1941 oder die von der Wehrmacht zu jener Zeit okkupierten] [...]
[...] In den Kombinationen dieser Gruppe spielt General Rommel, der großes Vertrauen von seiten Englands und der USA genießt, eine recht große Rolle.«

Der Bericht schließt mit einer überaus skeptischen Einschätzung der Möglichkeit eines Massenwiderstandes gegenüber Hitler:

»Obwohl alle gegen den Faschismus sind, meinen sie, daß eine Niederlage die Rache der Völker der von den Nazis okkupierten Länder, insbesondere der Polen, Tschechen und Russen, mit sich bringen, die Deutschen in die Arbeitslosigkeit und Inflation und alle jene Folgen eines verlorenen Krieges stürzen wird, wie sie nach dem Ersten Weltkrieg erlitten worden sind [...] Alle sind gegen Hitler, aber alle arbeiten für den Krieg[21].«

Ein Dimitrov am 19. Dezember 1942 zugegangener Geheimdienstbericht enthielt eine andere Information:

»Die höchsten Offiziere sind Hitler gegenüber oppositionell eingestellt und suchen nach möglichen Wegen, aus dem Krieg auszuscheiden. Hitlertreu bleiben das Offizierkorps (bis zu den Obristen), die Mehrzahl der Lehrer und einige Gruppen der Intelligenz[22].«

Eine solche Einschätzung der Situation bedeutete die Abkehr von der vorherigen, nach der das Hitlerregime die Unterstützung der »Monopolisten« genoß, mehr noch, deren Interessen diente. Waren im »Programm für ein neues Deutschland« Hitler und Zangen noch in derselben Rubrik aufgeführt, so gehörten sie nunmehr verschiedenen Lagern an. Die »Spaltung« im feindlichen Lager, so scheint es, hätte man als positiven Faktor ansehen können, aber leider zeigte keine der beiden Gruppen irgendwelche Sympathien für die UdSSR. Noch heikler war, daß sich die sowjetische Führung mit der überaus schwierigen Aufgabe konfrontiert sah, jene gegen Hitler eingestellten Generale (und zugleich auch Industrielle) irgendwie auf die Seite des »Ostens« umzuorientieren, und dies gleichzeitig hinlänglich vorsichtig zu tun, um nicht die Westmächte zu einem Separatfrieden zu bewegen, der, selbst bei einer »Entwaffnung« Deutschlands, die faktische Beibehaltung des »Lebensraumes« im Osten bedeutet hätte.

Diese doppelte, eigentlich widersprüchliche Aufgabe versuchte die Stalinsche Diplomatie eben durch die parallele Anwendung von zwei Methoden zu lösen: durch eine »gemäßigte« offene Propaganda und eine »harte« Rhetorik während der Geheimunterredungen im Rahmen der Anti-Hitler-Koalition.

Als Beispiel für die Anwendung der ersten Methode kann eine Äußerung Stalins vom November 1942 dienen: Es sei wünschenswert, eine »organisierte militärische Kraft« in Deutschland beizubehalten, sowie die Bildung des Nationalkomitees »Freies Deutschland« am 12. Juli 1943. Die zweite Methode kann, weniger deutlich, an den zweideutigen Äußerungen der sowjetischen Seite zu den Entwürfen für eine Aufspaltung und Entindustrialisierung Deutschlands exemplifiziert werden (im Zusammenhang mit Roosevelts Vorschlag in Teheran und dem »Morgenthau-Plan«[23]) wie auch an Stalins rätselhafter Äußerung (ebenfalls in Teheran) über eine wünschbare physische Liquidierung des deutschen Offizierkorps[24]. Nebenbei gesagt, ist es gut möglich, daß diese Äußerung bei all ihrer Grauenhaftigkeit die oben angeführte Einschätzung der Stimmung dieses Korps (bis zu den Obristen) als engagiert und hoffnungslos pro Hitler eingestellt widerspiegelte.

Erst nachdem sich Stalins Befürchtungen einer möglichen Verschwörung deutscher Generale mit den Westmächten zerstreut hatten (die nach dem Scheitern der »Verschwörung vom 20. Juli« noch bestehenblieben; als ein Beweis dafür ist seine und Molotovs unerwartete Verteidigung des Prinzips der Aufteilung in Jalta zu werten), nahm die sowjetische Politik einen klareren, weniger getarnten Charakter an. Dies geschah am 26. März 1945, als F. T. Gusev, sowjetischer Vertreter in dem auf der Konferenz von Jalta gegründeten Komitee zur Aufteilung Deutschlands, faktisch die Existenz dieses Organs beendete, was als ein indirekter Beweis dafür angesehen werden kann, daß der Zwischenfall zu der Zeit, ungeachtet der Fortsetzung des Schriftwechsels in Sachen Operation »Crossword« (Gespräche in der Schweiz zwischen Amerikanern, Briten und Deutschen über eine Teilkapitulation), de facto bereits beigelegt war.

Apropos, es gab offensichtlich auch noch ein weiteres Motiv für das taktische Manövrieren der sowjetischen Seite in der Frage der »Behandlung Deutschlands«. Es war eine eigenartige negative Reaktion auf den Versuch, den parteilich-ideologischen Zugang zu galvanisieren, was etwa gegen Ende 1942/Anfang 1943 zutage trat. Am 24. Oktober 1942 übergab Ulbricht Dimitrov »zur Information« ein umfassendes Memorandum unter dem Titel »Das Bild des deutschen Offizierkorps im nationalsozialistischen Deutschland«. In dem vom kriegsgefangenen Antifaschisten Hauptmann Hadermann verfaßten Memorandum hieß es insbesondere: »Im ganzen bedeutet das Offizierkorps eine ungeheure Gefahr für den demokratischen Aufbau eines freien Volks-Deutschland.«

Zwar empfiehlt Hadermann natürlich nicht die von Stalin in Teheran erwähnte Methode — im Falle einer solchen »summarischen Strafe« hätte er ja selbst ihr Opfer werden können —, doch schlägt er einen anderen, freilich nicht weniger zynischen Weg vor:

»Meines Erachtens ist diese Gefahr nur dadurch zu bannen, daß man:
1. die Freiheit der reaktionären Presse einschränkt [...]
3. Frieden mit den Kirchen hält — zumindest für eine Zeitlang
4. einen wirtschaftlich erträglichen Frieden, ohne Ehrenkränkung des Volkes gewinnt
5. und dadurch, daß die KPD die große Partei der Nation wird,
6. indem man nur linksgerichtete Verbände zuläßt, und diese bewaffnet«.

Im Kontext dieses Programms stellte man sich die Idee eines »milden Friedens« als Element der Vorbereitung für eine kommunistische Machtergreifung und einen »Übergang zur Diktatur des Proletariats« vor (mit dieser Formel endet Hadermanns Memorandum)[25].

Es ging nicht um die Meinung eines einzelnen. Nach allem zu urteilen, vertrat den gleichen Standpunkt auch ein anderer Angehöriger des »antifaschistischen Aktivs« der Kriegsgefangenen — ein gewisser Keller, was aus einem an ihn adressierten Brief vom 13. Januar 1943 von W. Pieck hervorgeht. Die Hauptpunkte dieses Antwortschreibens sind folgende: Deutschland soll demokratisch werden, aber auf keinen Fall kommunistisch (»Wir dürfen uns auch nicht darin beirren lassen, daß solche Stimmen laut werden: jetzt muß der Kommunismus an die Herrschaft kommen, wobei meist noch der Gedanke damit verbunden ist, daß das mit Hilfe der Roten Armee geschehen muß«); die Beziehungen zwischen der UdSSR, England und den USA bleiben in der jetzigen Form bis Kriegsende, und möglicherweise sogar danach, erhalten.

Hochinteressant und aufschlußreich ist der folgende Kommentar von Pieck:

»Was die Frage der Schaffung eines Freikorps von Kriegsgefangenen angeht, so denke ich, daß man von der Erörterung dieses Gedankens Abstand nehmen soll. Ich glaube nicht, daß die Frage jemals akut werden wird[26].«

Eigentlich war die Vorstellung von der Bildung eines »Freikorps«, d. h. einer militärischen Organisation der Deutschen auf sowjetischem Territorium, vom Standpunkt eines auf eine »Diktatur des Proletariats« gerichteten Kurses natürlich: Hier sei lediglich an jene Rolle erinnert, die später die polnische »Division Kosciuszko« oder die rumänische »Todor Vladimirescu« gespielt haben. Daß der Vorschlag zurückgewiesen wurde, zeugt davon, daß dieses eng ideologisierte, »parteimäßige« Herangehen sogar von den KPD-Führern selbst nicht geteilt wurde.

Anstelle eines Freikorps empfahl Pieck Keller etwas anderes:

»Die ›kämpferischen Antifaschisten‹ unter den Kriegsgefangenen sollen sich in der Hauptsache darauf konzentrieren, selbst etwas zu lernen und andererseits Dich bei der Bearbeitung der anderen Kriegsgefangenen zu unterstützen. Trotzdem werde ich Deine Meinung, daß vielleicht die Zeit gekommen sei, da die kämpferischen Antifaschisten unter den Kriegsgefangenen sich mit einem Brief an Stalin wenden, noch mit dem einen oder anderen Genossen besprechen. Aber [...] die Kriegsgefangenen [...] sollen [...] sich gegen Hitler wenden und für seinen Sturz eintreten[27].«

An diesen Zeilen in Piecks Brief — dem Keim eines Plans für die Bildung des Nationalkomitees »Freies Deutschland« (NKFD) — ist überaus charakteristisch, daß einem solchen Gremium von Anfang an höchst beschränkte, über den Rahmen von Propaganda und Agitation nicht hinausgehende Aufgaben zugedacht waren. Übrigens wurde es auch in einer bescheideneren Form, als von Keller und Pieck vorgesehen, gegründet — ohne einen Appell an Stalin und ohne dessen persönliche »Absegnung«.

Zuweilen wird die Gründung des NKFD als ein Versuch der sowjetischen Seite interpretiert, die »deutsche nationale Karte« auszuspielen und damit die Unzufriedenheit über die angloamerikanische Politik auszudrücken, die die Eröffnung einer zweiten Front hinauszögerte und sich weiterte, mit der sowjetischen Seite die Nachkriegsordnung zu erörtern. Gemeint ist, daß sowjetischerseits die Absicht bestand, in Gestalt des NKFD die Keimzelle für die zukünftige Staatsmacht in Deutschland zu legen, sie durch politische Kompromisse populär zu machen und den Einfluß und die Hegemonie von Kommunisten und prosowjetischen Elementen im Nachkriegsdeutschland zu sichern. Erst nach Teheran, als sich der Westen auf Kompromisse eingelassen hatte, soll Stalin davon Abstand genommen haben, auf das NKFD zu setzen[28].

Wenn es solche Absichten gegeben hat, so wurden sie selbst von der KPD-Führung nicht geteilt, ganz zu schweigen von derjenigen der UdSSR. Teheran stellte hier keinen Einschnitt dar. Allerdings hatte sich die KPD-Führung 1944 eher der Meinung jener angeschlossen, die sie im Januar 1943 verurteilt hatte: Der Komintern-Führung (richtiger der OMI) ließ sie Informationen über die große Popularität zugehen, die die Idee der Bildung eines »Freikorps« unter den Kriegsgefangenen (deren Zahl obendrein drastisch angestiegen war) gefunden hatte; und als zusätzlicher Beweis für deren »Zuverlässigkeit« wurde die Erwägung angeführt, daß in ihrer Mitte ein »tiefverwurzeltes Mißtrauen gegenüber England und den USA« herrsche[29].

Von Interesse ist auch diese Tatsache: in einem Brief an Dimitrov vom 15. Juli 1944 beklagt sich W. Pieck darüber, daß »seit Bestehen des Nationalkomitees alle Kaderfragen der Kriegsgefangenenschulen ausschließlich von Genossen der N. K. W. D. erledigt werden. Wir haben bisher weder Kenntnis über die Charakteristiken, noch konnten wir an der Arbeit teilnehmen.«

Dieser Klage ging die Darlegung eines höchst ambitiösen Aktionsprogramms »im Lande« voraus, und zwar der Plan zur Bildung von »Volksausschüssen« nach dem Einmarsch der Roten Armee auf deutschen Boden:

»Diese Volksausschüsse können eine große Hilfe der Besatzungsbehörde sein im Kampf um die Säuberung des Staatsapparats und für die Umerziehung des deutschen Volkes. Für alle Bezirke der östlichen Hälfte Deutschlands sind zunächst je 20 antifaschistische Kriegsgefangene vorzubereiten, die in kleinen Gruppen die Arbeit in der Hauptstadt des Bezirks bzw. in den wichtigsten Industriezentren des Bezirks organisieren[30].«

Nach allem zu urteilen, riefen Piecks Vorschläge auf seiten der OMI-Führung keine besondere Begeisterung hervor. Deren Mitarbeiter wandten sich in ihrem internen Schriftverkehr recht kategorisch dagegen, »die politische Bedeutung [des NKFD] zu überschätzen«[31].

Der Plan zur Organisation von »Volksausschüssen« durch NKFD-Emissäre ignorierte zudem eindeutig die Spezifik des antifaschistischen Potentials im Innern Deutschlands. In dem Bestreben, ein Monopol des NKFD herzustellen, gingen die deutschen Kommunisten von ihrer alten These aus, daß die KPD die einzige Partei sei, die den deutschen Widerstand gegen den Faschismus verkörpere, und daß die Sozialdemokratie, um mit den Worten des oben zitierten Ulbrichtschen Memorandums vom 13. Juni 1941 zu sprechen, »nie wieder politischen Einfluß bekommen dürfe«[32].

Indessen sprachen die bei der OMI-Führung eingehenden Informationen des sowjetischen Geheimdienstes von etwas anderem. So hieß es beispielsweise in einer Mitteilung vom 3./4. September 1944, daß es in Berlin parallel zu einer »recht aktiven und organisierten kommunistischen Opposition« auch eine »sozialdemokratische Organisation« gebe, die zwar »keine große Aktivität an den Tag legt, aber, im Unterschied zur kommunistischen, Verbindungen zu anderen Städten unterhält«[33].

Und schließlich ist zweifelhaft, ob Piecks Idee, sich lediglich auf den Rahmen des »östlichen Teils Deutschlands« zu beschränken — der zudem an Polen gehen sollte —, der sowjetischen Führung zweckmäßig erscheinen mochte.

Piecks Vorstoß blieb im übrigen nicht folgenlos. Die KPD-Führung wurde zur Entwicklung und Festsetzung eines Programms für neue Schulen hinzugezogen, die die politischen Kader für ein neues befreites Deutschland vorbereiten sollten. Gearbeitet wurde auch an der Aufstellung von Kandidatenlisten für gesamtdeutsche Verwaltungsbehörden[34].

Offensichtlich sollte die Bildung dieser Organe nicht ein Monopol der Kommunisten und/oder des NKFD sein, sondern eine gemeinsame Aufgabe der verschiedenen demokratischen Kräfte Deutschlands unter der gemeinsamen Kontrolle der vier Siegermächte.

Auf jeden Fall wurde im Entwurf der Rede, mit der Ulbricht vor deutschen Kommunisten am 12. November 1944 in Moskau auftreten wollte, unterstrichen, daß die Anti-Hitler-Koalition die »lebenswichtigen und dauernden Interessen« all ihrer Teilnehmer widerspiegele, deren Hauptaufgabe in der »Liquidierung des preußischen Geistes« bestehe, da Hitler vornehmlich »Propagandist des preußischen Staates« sei.

Für Ulbricht war die deutsche Geschichte jetzt eine »Geschichte von Eroberungskriegen«; das deutsche Volk sollte sich mit »Selbstkritik« befassen und seine Schuld an der Entfesselung des Krieges anerkennen. Falsche Schlagworte wie: »Anspruch auf Gleichberechtigung« und »Ordnungserhalten« müßten bekämpft werden[35].

Dies war eine scharfe Abkehr von den früheren Vorstellungen — nicht nur von dem bereits vergessenen »Programm für ein neues Deutschland« (wo, wir erinnern uns, gerade von »Gleichberechtigung« die Rede war), sondern auch von dem Appell an die deutschen Generale — eine Abkehr, die die deutschen Kommunisten jedoch in gefährliche Nachbarschaft zu Vansittart bzw. Morgenthau brachte. Diese Abkehr war offensichtlich die Reaktion auf die Kritik, die etwa ab Mitte 1944 damit begann, den deutschen Kommunisten vorzuwerfen, sie würden »den Kampf gegen den Vansittartismus viel zu sehr akzentuieren, den Einfluß des Faschismus auf die deutschen Massen [hingegen] deutlich unterschätzen«[36].

Natürlich war dies ein Bruch mit dem parteiideologischen Schema, aber schwerlich eine Annäherung an eine Konzeption zur Lösung der deutschen Frage auf der Grundlage der staatlichen Interessen der Völker sowohl der Anti-Hitler-Koalition wie auch des deutschen Volkes selbst. Es ist paradox, aber der Definition dieser staatlichen Interessen am nächsten kam wohl der britische Pazifist H. Brailsford in seinem 1944 erschienenen Buch »Our Settlement with Germany«, und zwar mit der Konzeption eines einheitlichen demokratischen, in ein einheitliches demokratisches Europa (einschließlich der Sowjetunion) integrierten Deutschland; mit der Konzeption einer Demilitarisierung — unter Aufrechterhaltung der allgemeinen Wehrpflicht —, der Konzeption einer Entschädigung für die Opfer der deutschen Aggression — ohne Schaden für die deutsche Wirtschaft (durch Reparationen aus der laufenden Produktion). Der wohl einzige Schwachpunkt bei Brailsford war die Idee von der Erhaltung Deutschlands in den Grenzen von 1937 (oder gar 1938) und der Unzulässigkeit, Hitler und dessen Helfershelfer vor Gericht zu stellen.

In der sowjetischen Presse jedoch wurden nicht nur diese Schnitzer, sondern Brailsfords ganze Konzeption, die als Verteidigung des Nazismus interpretiert wurde, von Il'ja Ėrenburg einer vernichtenden Kritik unterzogen, aus der ein Vansittartscher Unterton herausklang[37]. Dies war höchst unproduktiv, um so mehr, als Moskau auf sowjetischen Geheimdienstkanälen erneut Informationen darüber erhielt, welch große Rolle die Ideen von Vansittart und Morgenthau dabei spielten, die »innere Front« in Deutschland aufrechtzuerhalten und zu festigen[38].

Lassen Sie mich resümieren. Die Darlegungen, wie in der Sowjetunion während des Krieges die deutsche Frage wahrgenommen und welche Möglichkeiten zu ihrer Lösung angedacht wurden, zeigen, daß der Gedanke, Deutschland kommunistisch zu machen, keinen Kredit genoß.

Das entsprechende Programm, das man als »die 4 A« bezeichnen könnte (Antidemokratismus, Allianz mit dem Militär, Antiwestliche Haltung, Allianz mit der Sowjetunion) fand zuweilen seinen Niederschlag in inoffiziellen Dokumenten der KPD und ihrer Führer, hatte aber niemals die aktive Unterstützung der sowjetischen Führung gehabt (abgesehen vielleicht von der Zeit der Gültigkeit des Stalin-Hitler-Paktes, und schwerlich glaubte man ernsthaft daran, daß ihre Realisierung die Chancen der Kommunisten in Deutschland erhöhte).

Präferenz hatte — mehr oder weniger konsequent — das Programm eines gemeinsam mit dem Westen durchzuführenden Kampfes gegen den Hitlerismus und einer gemeinsamen Verwaltung Deutschlands nach dem Krieg, ohne überflüssige Einengung der Deutschen auf wirtschaftlichem Gebiet, ohne Anspruch auf ein Monopol der Kommunisten und eine ausschließliche »Ostorientierung« in der politischen Sphäre.

Dies entsprach den staatlichen Interessen der Sowjetunion sogar in ihrer Stalinschen Hypostase. Jedoch gelangte der Einfluß des ideologischen, »parteimäßigen« Herangehens darin zum Ausdruck, daß zur Verwirklichung dieses Programms eine »eindämmende« Taktik gegenüber den Vertretern eines harten, sogar »karthagischen« Friedens mit Deutschland gewählt wurde. Paradoxerweise wurde der Einfluß sowohl jener Kräfte in den herrschenden Kreisen der USA und Großbritanniens überschätzt, die an einem Separatfrieden mit Deutschland interessiert waren (ebenso wie entsprechende Tendenzen in Deutschland), als auch derjenigen, die ein Interesse an einer Aufteilung und Entindustrialisierung Deutschlands hatten (wobei die für ein starkes lebensfähiges Deutschland eintretenden Kräfte fälschlich mit antisowjetischen Verschwörern identifiziert wurden).

Die Ergebnisse waren negativ: Fast bis zum Kriegsende hatte das deutsche Volk keine klare Vorstellung von dem, was ihm eine Niederlage bescheren würde. Es gibt den Standpunkt, daß dieses Nichtwissen von Vorteil war, denn wenn die Deutschen erfahren hätten, welche Pläne von den »großen Drei« erörtert wurden, so hätten sie ihre Reihen um das Regime nur noch fester geschlossen[39]. Dies scheint nicht ganz zu stimmen. Bei den interalliierten Gesprächen wurde nämlich nicht nur eine Aufteilung und Bestrafung der Deutschen behandelt, sondern es wurde auch klar, daß die Sowjetunion den Standpunkt einer »Vernichtung« Deutschlands nicht teile (bereits am 23. Februar 1943 in einem Gespräch Molotovs mit dem britischen Botschafter)[40]. Und es wurde darüber gesprochen, daß eine Entindustrialisierung Deutschlands seine administrative Einheit nicht ausschließe (z.B. in einem von Hull auf der Moskauer Außenministertagung am 23. Oktober 1943 vorgelegten Dokument)[41].

Warum diese Thesen und Grundsätze nicht Grundlage für die Ausarbeitung einer koordinierten konstruktiven Position der Alliierten wurden, bleibt eine Art historisches Rätsel. Jedenfalls geben die Komintern- und OMI-Materialien Grund zu großer Skepsis gegenüber der Hypothese, daß Stalin einfach die Westmächte durch Prinzipien eines »harten Friedens« binden wollte, um danach als »Wohltäter der Deutschen« dazustehen und somit nicht nur den Krieg gegen, sondern auch um Deutschland, um die »Herzen der Deutschen«, zu gewinnen. Die Logik einer solchen Absicht hätte eine geheime Orientierung der deutschen Kommunisten auf die Prinzipien eines »milden Friedens« hin vorausgesetzt — zumindest bei Kriegsende; indessen ging die Tendenz in die entgegengesetzte Richtung. Wenn überdies ein propagandistischer Sieg über die Alliierten geplant war, ist unverständlich, warum es notwendig war, diese vorher — anderthalb Monate vor Kriegsende — davon zu informieren, daß das Problem der Aufteilung von der Tagesordnung genommen sei. Stalin war klar, daß man Trümpfe nicht vorzeitig ausspielt.

Gewöhnlich werden die Stalinschen Fehlperzeptionen mit seinem Mißtrauen gegenüber dem, was ihm westliche Partner und die Informationen sowjetischer Nachrichtendienste sagten, erklärt. Die Probleme der interalliierten Diplomatie sind nicht Gegenstand dieses Essays. Dennoch sei bemerkt, daß man Stalin und der NKID-Führung (= Volkskommissariat für auswärtige Angelegenheiten. AdÜ) vielmehr die äußerst unkritische Haltung gegenüber jenen Informationen vorhalten kann, die sie von den westlichen Partnern in bezug auf die Planung eines künftigen Deutschland erhielten. Diese Informationen, soweit anhand der vom Autor im Archiv für Außenpolitik der Russischen Föderation eingesehenen Materialien geurteilt werden kann, gingen darauf zurück, daß die Idee eines »harten Friedens« mit Deutschland sowohl in westlichen politischen Kreisen als auch in der westlichen öffentlichen Meinung *vorherrsche* und es folglich überaus unrealistisch und schlichtweg unproduktiv wäre, dagegen aufzutreten. Apropos, zumindest bis zur zweiten Hälfte 1943 war dies offenbar auch tatsächlich so. Später jedoch wurde die Rolle und das Gewicht einer Persönlichkeit wie H. Morgenthau für die westliche politische Planung wohl etwas überschätzt. Das übermäßige Vertrauen zu dem, was dieser über die Popularität seines »Plans« sagte, kann in gewisser Weise durch die Tatsache erklärt werden, daß er einer der am meisten »prosowjetisch« eingestellten Mitglieder in der Roosevelt-Administration war und sich seine Informationen in der Vergangenheit (z. B. darüber, daß Japan 1941 die UdSSR nicht angreifen würde) als richtig erwiesen hatten[42].

Ein großes und kompliziertes Problem ist die Rolle der Nachrichtendienste bei der Entwicklung der sowjetischen außenpolitischen Pläne und Entscheidungen. Die russische Geschichtsschreibung beginnt erst mit ihrer Erforschung[43]. Die vom Autor in den Komintern-Beständen entdeckten und hier zitierten isolierten Fragmente nachrichtendienstlicher Informationen werfen natürlich mehr Fragen auf, als sie Antworten geben. Zum Beispiel: Wie authentisch waren die in den Berichten 1942—1943 enthaltenen Informationen über die innere Lage in Deutschland? Wurden die Chancen und Möglichkeiten für einen Separatfrieden Deutschlands mit den Westmächten nicht übertrieben? Sickerten in ihnen nicht die Desinformationen deutscher Nachrichtendienste durch, die auf eine Vereitelung der Zusammenarbeit im Rahmen der Anti-Hitler-Koalition, darunter auch die Planung der zukünftigen Behandlung, abzielten? Hier sind offensichtlich neue Recherchen notwendig, nicht nur in russischen, sondern auch deutschen Archiven.

Als das Manuskript dieses Aufsatzes bereits fertiggestellt war, erhielt der Autor die Möglichkeit, Materialien im Archiv für Außenpolitik der Russischen Föderation einzusehen, die die Arbeit des NKID-Apparats in bezug auf die Planung für die Zukunft Deutschlands nach dem Krieg beleuchten (von besonderem Interesse sind die Bestände der sogenannten »Litvinov-Kommission«). Schon ein flüchtiger Blick auf diese Materialien zeigt, daß die Personen, die diese Planung beaufsichtigten (Vyšinskij, Majskij und vor allem Litvinov selbst) überaus rigide Rezepte für eine »Behandlung Deutschlands« verfochten, einschließlich seiner Aufteilung (in mindestens 5 und höchstens 8 Staaten), »Agrarisierung« und Annexion von sogar so unstrittig deutschen Territorien wie der Inseln Helgoland und Rügen (letzteres wurde zur Übergabe an die UdSSR vorgeschlagen) und auch Schleswigs, bis hin zur Linie des Kieler Kanals (zugunsten Dänemarks)[44].

Noch ein historisches Rätsel taucht auf: Zumindest Litvinov, aber auch Majskij, wurden traditionellerweise als Exponenten eines unideologischen, pragmatisch-kooperativen Herangehens an die Zukunft der internationalen Beziehungen nach dem Krieg angesehen; wie ist dies mit den eindeutig nicht konstruktiven, unrealistischen Empfehlungen zur Lösung des deutschen Problems zu vereinbaren? Das Mindeste, was zu sagen wäre, ist, daß diese Empfehlungen und Pläne der Richtlinie zur Einbeziehung Deutschlands in eine »neutrale Sphäre« europäischer Staaten (parallel zu Norwegen, Dänemark, Österreich und Italien) widersprachen — und diese Richtlinie hatte ebenfalls ganz präzis ihren Niederschlag in den Materialien der »Litvinov-Kommission« gefunden[45].

Der Gerechtigkeit halber sei gesagt, daß bei der Erörterung des ersten Berichts über Deutschland in dieser Kommission am 14. März 1944 der Punkt über eine Zerstückelung die größten Einwände hervorrief (am stärksten von seiten des angesehenen Diplomaten E. B. Štejn), Litvinov zur Verteidigung hingegen ausgesprochen schwache Argumente vorbrachte[46]. Darüber hinaus beschwerte sich Litvinov geradeheraus über die »Isoliertheit von den laufenden diplomatischen Unterredungen und sogar von der Arbeit der Europäischen Beratenden Kommission, in der die in die Kompetenz meiner Kommission gehörenden Fragen erörtert wurden«[47]; das ist indirekt ein Beweis dafür, daß ihre Arbeit in gewissem Grad akademischen Charakter hatte. Wie es scheint, hatten Stalin und ihm nahestehende Personen offensichtlich nicht die Absicht, deren Ausarbeitungen ernst zu nehmen. Bleibt die Frage: Warum hielt er diese Kommission überhaupt für notwendig, und womit ist solch eine »antideutsche« Einstellung ihrer Spitze zu erklären? Ging es um Stalins und Molotovs Wunsch, ihren alten Rivalen und Opponenten auf der diplomatischen Bühne zu kompromittieren? Trat bei Litvinov der für ihn charakteristische Widerspruch zwischen der Stärke eines strategischen Denkens und der Schwäche im Bereich des taktischen Manövrierens zutage[48]? Diese Fragen bedürfen zu ihrer Beantwortung weiterer Forschung.

Anmerkungen

* Die Übersetzung aus dem Russischen besorgte Karin K. Hepp.
[1] Sovetskij Sojuz na mežđunarodnych konferencijach perioda Velikoj Otečestvennoj vojny, 1941—1945 (Die Sowjetunion auf den internationalen Konferenzen während des Großen Vaterländischen Krieges 1941—1945), Bd 4:

Krymskaja konferencija rukovoditelej trech sojuznych deržav SSSR, SŠA i Velikobritanii (4—11 fevralja 1945 g.) (Die Krim-Konferenz der Führer der drei alliierten Mächte UdSSR, USA und Großbritannien, 4.—11. Februar 1945), Moskau 1984, S. 59.

[2] Siehe G. L. Rozanov, Imperialističeskie plany v otnošenii Germanii v period vtoroj mirovoj vojny (Istoričeskij očerk) (Die imperialistischen Pläne in bezug auf Deutschland während des Zweiten Weltkrieges. Historischer Abriß), in: Učenye zapiski Instituta meždunarodnych otnošenij (Wissenschaftliche Schriften des Instituts für internationale Beziehungen), 1959; D. E. Mel'nikov, O planach rasčlenenija Germanii (1941—1945 gody) (Über die Pläne zur Aufteilung Deutschlands 1941—1945), in: Meždunarodnaja žizn' (Internationales Leben), (1959) 6, S. 78—87; P. A. Nikolaev, Politika SŠA, Anglii i Francii v germanskom voprose, 1945—1954 (Die Politik der USA, Englands und Frankreichs in der deutschen Frage 1945—1954), Moskau 1964; ders., Politika Sovetskogo Sojuza v germanskom voprose, 1945—1964 (Die Politik der Sowjetunion in der deutschen Frage 1945—1964), Moskau 1966; A. A. Galkin, D. E. Mel'nikov, SSSR, zapadnye deržavy i germanskij vopros (Die UdSSR, die Westmächte und die deutsche Frage), Moskau 1966; A. A. Roščin, Poslevoennoe uregulirovanie v Evrope (Die Nachkriegsordnung in Europa), Moskau 1984.

[3] Vnešnjaja politika Sovetskogo Sojuza v period Velikoj Otečestvennoj vojny (Die sowjetische Außenpolitik während des Großen Vaterländischen Krieges), Bd 1, Moskau 1946, S. 34.

[4] Ebd., S. 58.

[5] Ebd., S. 81.

[6] Ebd., Bd 3, S. 45.

[7] Siehe z. B. J. Wheeler-Bennett, A. Nicholls, The Semblance of Peace. The Political Settlement after the Second World War, London 1974, S. 148.

[8] Sovetsko-anglijskiie otnošenija vo vremja Velikoj Otečestvennoj vojny 1941—1945 gg. (Die sowjetisch-englischen Beziehungen während des Großen Vaterländischen Krieges 1941—1945), Bd 1, Moskau 1983, S. 182.

[9] Foreign Relations of the United States. Diplomatic Papers, 1943. Conferences at Cairo and Tehran, S. 602; Sovetskij Sojuz (wie Anm. 1), Bd 2: Tegeranskaja konferencija rukovoditelej trech sojuznych deržav — SSSSR, SŠA i Velikobritanii (25 nojabrja—1 dekabrja 1943 g.) (Die Teheraner Konferenz der Führer der drei alliierten Mächte UdSSR, USA und Großbritannien vom 25. November bis 1. Dezember 1943), Moskau 1984, S. 149.

[10] Sovetskij Sojuz, Bd 4 (wie Anm. 1), S. 59, 78—80.

[11] Roščin (wie Anm. 2), S. 13; A. Ulam, Expansion and Co-existence. A History of Soviet Foreign Policy, 1917—1967, New York 1968, S. 350.

[12] N. A. Lebedeva, Bezogovoročnaja kapituljacija agressorov. Iz istorii vtoroj mirovoj vojny (Bedingungslose Kapitulation der Aggressoren. Aus der Geschichte des Zweiten Weltkrieges), Moskau 1989, S. 253.

[13] Ch. Bohlen, Witness to History, New York 1973, S. 183.

[14] A. M. Filitov, Germanskij vopros: Ot raskola k ob''edineniju (Die deutsche Frage: Von der Spaltung zur Vereinigung), Moskau 1993, S. 33.

15 Rossijskij centr chranenija i izučenija dokumentov novejšej istorii (RCCHIDNI) (Russisches Zentrum zur Aufbewahrung und Erforschung der Dokumente der Neuzeit), f. 495, op. 74, d. 155, l. 1—3.
16 Der Stimmungsumschwung in den werktätigen Massen Deutschlands, in: RCCHIDNI, f. 495, op. 292, d. 110, l. 6—13.
17 Vgl. B. Bonwetsch, Deutschlandpolitische Alternativen der Sowjetunion, 1949—1955, in: Deutsche Studien, (1986), S. 336 f. Robert Gilbert Vansittart, 1938—1941 Erster dipl. Berater der brit. Regierung, war der Überzeugung vom zutiefst aggressiven Charakter der Deutschen.
18 RCCHIDNI, f. 495, op. 74, d. 156, l. 11.
19 Ebd., l. 12—13.
20 Ebd., d. 158, l. 71 ff.
21 Ebd., d. 156, l. 58—61.
22 Ebd., l. 83.
23 Nach den Aufzeichnungen jener zwei Unterredungen zu urteilen, die der sowjetische Botschafter mit Morgenthau über dessen »Plan« geführt hatte, hat der Botschafter nicht die geringste Mißbilligung geäußert. Gromyko hatte lediglich die sachliche Frage gestellt, wie geplant sei, die 25 Millionen gemäß amerikanischem Plan zur Emigration vorgesehenen Deutschen anzusiedeln. Man könnte meinen, der sowjetische Gesprächspartner habe beabsichtigt, die mit der Deportation der Wolga-Deutschen gemachten Erfahrungen mitzuteilen bzw. Forderungen auf eine neue Partie deutscher »Emigranten« anzumelden. Siehe Sovetsko-amerikanskie otnošenij vo vremja Velikoj Otečestvennoj vojny 1941—1945 gg. (Die sowjetisch-amerikanischen Beziehungen während des Großen Vaterländischen Krieges 1941—1945), Bd 2, Moskau 1984, S. 260.
24 Siehe z. B. Wheeler Bennett, A. Nicholls (wie Anm. 7), S. 153. Es gibt in keiner sowjetischen Quellenedition Angaben über eine solche Aussage Stalins (eigentlich ein Trinkspruch). Jedoch wurde 1947 in der UdSSR ein Buch von Roosevelts Sohn Elliot übersetzt und herausgegeben, in dem die Äußerung folgendermaßen wiedergegeben wird: »Ich trinke darauf, daß alle deutschen Verbrecher so schnell wie möglich der Justiz überantwortet werden, damit sie alle hingerichtet werden. Ich trinke darauf, daß wir sie mit vereinten Kräften bestrafen, sobald sie in unsere Hände gefallen sind, und darauf, daß es nicht weniger als fünfzigtausend sein werden.« Siehe E. Roosevelt, Ego glazami (Mit seinen Augen), Moskau 1947, S. 190. Selbstverständlich wurde damals in keinem sowjetischen Verlag irgendetwas gedruckt, was als Verdrehung der Gedanken des »großen Führers« hätte interpretiert werden können. Somit kann man annehmen, daß indirekt die Authentizität dieser Episode bestätigt wurde.
25 RCCHIDNI, f. 495, op. 74, d. 158, l. 53ob-54.
26 Ebd., op. 18, d. 1339a, l. 16—17.
27 Ebd.
28 A. Fischer in: Ch. Klessmann, Die doppelte Staatsgründung. Deutsche Geschichte 1945—1955, Bonn 1986, S. 27.
29 Pieck an Dimitrov am 20. Juni 1944 (Bericht von Politinstrukteur Willi Herr

aus dem Frontdurchgangslager der KfG N 38 in Odessa vom 6.6.1944), in: RCCHIDNI, f. 495, op. 74, d. 159, l. 134—137.

[30] RCCHIDNI, f. 495, op. 74, d. 161, l. 6—7.

[31] Ja. Mirov an G. Dimitrov am 29. Juli 1944, in: RCCHIDNI, f. 495, op. 74, d. 158, l. 124.

[32] RCCHIDNI, f. 495, op. 292, d. 110, l. 7

[33] Ebd., f. 495, op. 74, d. 157, l. 202.

[34] Ebd., f. 495, op. 74, d. 157, l. 146—148. Vorgesehen war, Funktionäre für folgende »staatlichen Stellen« auszusuchen: Arbeitsbeschaffung und Demobilmachung; Wiedergutmachung; Wirtschaft, Finanz- und Kommunalpolitik; Schule, Radio, Film, Theater; Eisenbahn, Verkehr; Sozialfürsorge, Gesundheit; Rechtswesen. Am Rand des Dokuments die Bemerkung, daß »die Frage auf der Sitzung beim Genossen Dimitrov am 28.11.1944 erörtert wurde«.

[35] RCCHIDNI, f. 495, op. 74, d. 161, l. 132, 140—141.

[36] Ja. Mirov an G. Dimitrov am 29. Juli 1944, in: RCCHIDNI, f. 495, op. 74, d. 158, l. 117, 124.

[37] H. Brailsford, Our Settlement with Germany, London 1944; I. Erenburg, Advokat d'javola (Des Teufels Advokat), in: Vojna i rabočij klass (Der Krieg und die Arbeiterklasse), 1944, Nr. 15, S. 25—27. Ausführlicher Filitov (wie Anm. 14), S. 23—25.

[38] Friedrich an Dimitrov am 1.11.1944, in: RCCHIDNI, f. 495, op. 74, d. 159, l. 141—142.

[39] H. Graml, Vom Kriegsende bis zur doppelten Staatsgründung 1945—1949, in: Deutschland-Handbuch, hrsg. von W. Weidenfeld, H. Zimmermann, Bonn 1989, S. 39f.

[40] Siehe Filitov (wie Anm. 14), S. 30f.

[41] Siehe Lebedeva (wie Anm. 12), S. 193f.

[42] Siehe A. Filitov, Japan's Entry into the Pacific War and Soviet-Japanese Relations, in: Beginnings of the Soviet-German and the U.S.-Japanese War and 50 Years after (Sophia Symposium 1991), Tokio 1993, S. 53—56.

[43] Siehe S. A. Kondrašev, O roli archivov specslužb v analize meždunarodnych otnošenij Sovetskogo Sojuza (Über die Rolle der Archive der Sonderdienste bei der Analyse der internationalen Beziehungen der Sowjetunion), in: Sovetskaja vnešnjaja politika v retrospektive, 1917—1991 gg. (Sowjetische Außenpolitik in der Retrospektive 1917—1991), Moskau 1993, S. 188—195.

[44] Vyšinskij an Molotov (undatiert, offenbar zweite Januarhälfte 1945), in: AVP RF (Archiv für Außenpolitik der Russischen Föderation), f. 07, op. 10, d. 212, p. 16, l. 1—2; Litvinov an Molotov am 9. März 1944 (Kommission des Genossen Litvinov zur Vorbereitung von Friedensverträgen und einer Nachkriegsordnung. Behandlung Deutschlands), f. 06, op. 6, d. 142, p. 14, l. 108 ff; Majskij an Molotov am 11. Januar 1944 (Aufzeichnungen zu Fragen eines künftigen Friedens und einer Nachkriegsordnung), f. 06, op. 6, d. 145, p. 14, l. 6, 29.

[45] Litvinov an Molotov am 15. November 1944 (Über die Perspektiven und eine mögliche Grundlage für eine sowjetisch-britische Zusammenarbeit),

f. 06, op. 6, d. 142, p. 14, l. 85 (das Wort »Deutschland« wird hier im Singular gebraucht — es geht nicht um die »deutschen Staaten«, was vom Standpunkt der Perspektive einer Aufteilung logisch gewesen wäre).

[46] Litvinov an Molotov am 16. März 1944 (Protokoll einer Sitzung zur Erörterung des Berichts über Deutschland), f. 06, op. 6, d. 142, p. 14, l. 113—117.

[47] Litvinov an Molotov am 31. März 1944, f. 06, op. 6, d. 145, p. 14, l. 143.

[48] In einem Vortrag auf der internationalen Konferenz zur Geschichte der sowjetischen Außenpolitik (Moskau, Februar 1992) habe ich auf dieses Moment hingewiesen. Siehe A. M. Filitov, Sovetskij Sojuz v antigitlerovskoj koalicii: Problema mnogovariantnosti vybora vnešnepoliticeskogo kursa (Die Sowjetunion in der Antihitlerkoalition: Das Problem einer an Varianten reichen Wahl des außenpolitischen Kurses), in: Sovetskaja vnešnjaja politika v retrospektive, 1917—1991 (Die sowjetische Außenpolitik in der Retrospektive 1917—1991), S. 112—121.

Diemut Majer

Grundlagen des Besatzungsrechts
1945—1949

Einleitung

In diesem Beitrag soll dargestellt werden, in welcher Weise die Besatzungsmächte in Deutschland nach 1945 auf die deutsche Staatsgewalt einwirken konnten und — anhand ausgewählter Beispiele aus dem öffentlichen Recht — welchen Einfluß sie konkret auf die Rechtsordnung nahmen.

Grundlage aller Maßnahmen der Besatzungsmächte war die Besatzungsgewalt als »oberste Gewalt«, u. a. dadurch gekennzeichnet, daß die Gewaltenteilung nicht galt: »Exekutive und Legislative sind in einer Hand vereinigt, der gelegentlich auch rechtsprechende Funktionen obliegen[1].« Die Besetzung ähnelte einer »konstitutionellen Diktatur«[2]; die britische Militärregierung hat sie als »wohlwollende Gewaltherrschaft«[3] bezeichnet.

Diese umfassende oberste Besatzungsgewalt wurde im Laufe der Besatzungszeit immer mehr abgebaut, deutschen Organen und Institutionen eine größere Selbständigkeit eingeräumt. Das bedeutete aber nicht, daß der Einfluß der Besatzungsmächte abnahm; die direkte Einflußnahme wurde durch eine indirekte — aber nicht minder effektive — ersetzt. Untersuchungsgegenstand des vorliegenden Aufsatzes ist dementsprechend nicht nur das Besatzungsrecht im eigentlichen Sinne, das heißt die von den Besatzungsmächten erlassenen Normen, sondern auch das sogenannte »verdeckte Besatzungsrecht«, das heißt Normen, die von deutschen Organen erlassen wurden, aber von den Besatzungsmächten beeinflußt wurden[4].

I. Ausübung der Staatsgewalt durch die Besatzungsmächte

1. Grundlagen des Besatzungsrechts

Was die Befugnisse der Besatzungsmächte und den Rechtscharakter der Besetzung angeht, so ist für diese Frage entscheidend, welche völkerrechtliche Lage Deutschland nach der bedingungslosen Kapitulation einnahm. Hierzu wurden nach 1945 im wesentlichen zwei Meinungen vertreten. Die eine Meinung ging von einem Kondominium aus, d. h. davon, daß die Souveränität Deutschlands vollständig beseitigt und für die Zeit der Besetzung durch die gemeinsame Souveränität der Siegermächte ersetzt worden sei[5]. Gegen die Annahme eines Kondominiums wurde eingewandt, daß es den Untergang des deutschen Staates voraussetze, der deutsche Staat habe jedoch ohne Unterbrechung fortbestanden[6]. Die Gegenmeinung sah das völkerrechtliche Verhältnis der Siegermächte zu Deutschland daher als Koimperium an[7]. Während ein Kondominium eine Gemeinschaftsherrschaft über eigenes Gebiet der Kondominatsmächte darstellt, ist ein Koimperium eine Gemeinschaftsherrschaft auf fremdem Staatsgebiet — diese völkerrechtliche Situation war in Deutschland nach 1945 gegeben.

Wesentlich differenzierter waren die Auffassungen, die zum Rechtscharakter der Besetzung und damit zur völkerrechtlichen Legitimation der Besatzungsmächte vertreten wurden. Sie weisen grob in drei Grundrichtungen.

Zum Teil wurde als völkerrechtliche Grundlage der Besetzung der Dritte Abschnitt der Haager Landkriegsordnung[8] (LKO) angenommen. Die Besetzung wurde also als »klassische« Besetzung qualifiziert, wobei man entweder eine occupatio bellica oder eine occupatio mixta zugrunde legte[9]. Dabei wurde durchaus berücksichtigt, daß die Besatzungsmächte mit der Übernahme der »obersten Gewalt«[10] und mit der Verwirklichung der im Potsdamer Abkommen festgelegten Besatzungsziele[11] die in der LKO festgelegten Grenzen bewußt weit überschritten[12]; Art. 43 LKO wurde entsprechend weit ausgelegt. Die Kritik dieser Auffassung sprach sich gegen diese inhaltliche Ausweitung aus; die LKO werde dadurch »entwertet«[13].

Ausgangspunkt für die wohl am weitesten verbreitete Charakterisierung der Besetzung war die völkerrechtliche Stellung Deutschlands: bestehende Rechtsfähigkeit, aber fehlende Handlungsfähigkeit. Daraus wurde — anknüpfend an das zivilrechtliche Institut der Treuhandschaft — die Stellung der Besatzungsmächte als Treuhänder abgeleitet; die Besetzung sollte also ein völkerrechtliches Treuhandverhältnis darstellen[14]. Die Gegenmeinung anerkannte zwar, daß die Besetzung »gewisse treuhänderische Züge« trage; dies sei aber »jeder Besetzung eigentümlich«. Es sei jedoch weder durch Vertrag, noch durch Völkerrecht ein Treuhandauftrag erteilt worden; außerdem stünden die Eigeninteressen der Besatzungsmächte einer Stellung als Treuhänder entgegen[15].

Eine dritte Auffassung sah die Besetzung Deutschlands als Interventionsbesetzung an; sie sollte eine Mittelstellung zwischen der Annexion und der occupatio bellica darstellen[16]. Die Charakterisierung der Besetzung Deutschlands nach 1945 als Intervention ist sicherlich die einleuchtendste. Zu berücksichtigen ist jedoch, daß eine Intervention als Einmischung in die Angelegenheiten eines fremden Staates völkerrechtlich grundsätzlich unzulässig ist[17]. Um diesem Einwand zu begegnen, wurde teilweise vertreten, daß die Alliierten 1945 zur Annexion Deutschlands berechtigt gewesen seien; dies würde ihnen — quasi als Minus — auch das Recht zur politischen Intervention geben[18]. Die völkerrechtliche Zulässigkeit einer Annexion Deutschlands war jedoch nicht unumstritten; argumentiert wurde damit, daß sie mit dem Grundsatz des Selbstbestimmungsrechts der Völker unvereinbar sei[19].

2. Organisationsstruktur der Besatzung

Nach den Plänen der Besatzungsmächte gab es drei Entscheidungsebenen, deren Kompetenzen streng voneinander getrennt waren: Die oberste Entscheidungsebene stellte die Außenministerkonferenz der vier Alliierten dar. Sie sollte die allgemeinen und grundsätzlichen Beschlüsse und Richtlinien für die gemeinsame Deutschlandpolitik fassen. Die mittlere Entscheidungsebene wurde vom Alliierten Kontrollrat gebildet, der die Staatsgewalt im besetzten Deutschland ausüben sollte. Die unterste Entscheidungsebene bildeten die Militärregierungen der einzelnen Zonen. Ihnen oblag es, die auf den beiden oberen Ebenen beschlossenen Gesetze und Direktiven auszuführen[20].

Die praktische Umsetzung dieser Organisationsstruktur sah etwas anders aus. Bedingt durch die zunehmende Entfremdung zwischen der Sowjetunion und den drei Westmächten gelang es nicht, auf der Außenministerkonferenz eine deutschlandpolitische Gesamtkonzeption zu erarbeiten. Dieses Manko und schließlich das endgültige Scheitern der Außenministerkonferenz 1947 führten zu einer Verlagerung ihrer Entscheidungskompetenzen auf den Kontrollrat.

Der Alliierte Kontrollrat hatte zum einen »für eine angemessene Einheitlichkeit des Vorgehens der einzelnen Oberbefehlshaber in ihren entsprechenden Besatzungsgebieten« zu sorgen, zum anderen »Entscheidungen über alle Deutschland als Ganzes betreffenden wesentlichen Fragen« zu fällen[21]. Diese unklare Kompetenzzuweisung und die vorgeschriebene Einstimmigkeit der Entscheidungen behinderten die Arbeit des Kontrollrates in starkem Maße. Hinzu kam, daß der zentralen Gesetzgebungshoheit des Kontrollrates eine dezentrale Exekutivhoheit der Militärregierungen in den einzelnen Zonen gegenüberstand[22]. Aufgrund der unterschiedlichen Entwicklung in den Besatzungszonen konnte so das Ziel einer politischen und wirtschaftlichen Einheit Deutschlands nicht erreicht werden. Im März 1948 wurde der Alliierte Kontrollrat durch den Auszug des sowjetischen Vertreters faktisch aufgelöst.

Die Besatzungspolitik und das Besatzungsrecht wurden aufgrund dieser Entwicklung fast ausschließlich Sache der Militärregierungen der vier Zonen. Die verschiedenen Ausgangsbedingungen und die bestehenden konzeptionellen Unterschiede führten dazu, daß die politische und rechtliche Entwicklung in den Zonen sehr unterschiedlich verlief.

3. Gesetzgebung unter Besatzungsrecht

Die Aufhebung nationalsozialistischer Gesetze stellte in der ersten Zeit der Besetzung den Schwerpunkt der Gesetzgebungsarbeit der Alliierten dar[23]. Während das Verfassungrecht des NS-Staates durch den Wegfall der tragenden Institutionen auch ohne ausdrückliche Aufhebung nicht mehr galt, bestand das sonstige nationalsozialistische Recht bis zu einer förmlichen Außerkraftsetzung weiter[24]. Die Aufhebung dieser Normen durch die Besatzungsmächte erfolgte auf zwei unterschiedlichen Wegen: Zum Teil wurden nationalsozialistische Gesetze ausdrücklich aufgehoben. Hierzu gehörten vor allem solche mit spezifischem NS-Unrechtsgehalt. Aufgehoben wurden[25] u. a. das sogenannte Ermächtigungsgesetz (»Gesetz zur Behebung der Not von Volk und Reich« vom 24. März 1933)[26], das »Gesetz zur Wiederherstellung des

Berufsbeamtentums« vom 7. April 1933[27], das Gesetz zur Sicherung der Einheit von Partei und Staat vom 1. Dezember 1933, die sogenannten Nürnberger Gesetze (»Reichsbürgergesetz« und »Gesetz zum Schutze des deutschen Blutes und der deutschen Ehre« vom 15. September 1935), das Preußische Gesetz über die Geheime Staatspolizei vom 10. Februar 1936, die Verordnung über die Anmeldung des Vermögens von Juden vom 26. April 1938, die Verordnung zur Ausschaltung der Juden aus dem deutschen Wirtschaftsleben vom 12. November 1938, die Polizeiverordnung über das Auftreten der Juden in der Öffentlichkeit vom 28. November 1938 und die Verordnung über den Nachweis deutschblütiger Abstammung vom 1. August 1940. Teilweise wurde aber auch nur eine neue Norm erlassen, die aufgrund des Vorrangs des Besatzungsrechts das entgegenstehende Recht faktisch beseitigte[28]. Diese mittelbare Aufhebung früheren Rechts führte zu Unklarheiten bei der Gesetzesanwendung, wurde (und wird) aber als zulässig angesehen[29].

Alle Rechtsnormen, die nicht unmittelbar oder mittelbar durch die Besatzungsmächte aufgehoben wurden, galten weiter. Ihre Legitimation leitete sich jedoch nun nicht mehr aus ihrem ursprünglichen Gesetzgebungsverfahren ab, sondern aus der ausdrücklichen oder stillschweigenden Billigung durch die Besatzungsmächte. Das bedeutete insbesondere, daß sie nicht mehr nach NS-Grundsätzen ausgelegt werden durften.

Anders als bei Besetzungen nach Art. 43 Haager Landkriegsordnung, die die Gesetzgebung des besetzten Landes grundsätzlich unberührt läßt, wurden die Besatzungsmächte, um die Besatzungsziele des Potsdamer Abkommens zu erreichen, in starkem Maße auch als »echter« Gesetzgeber tätig. Dabei bildeten sie in der ersten Zeit unter völligem Ausschluß deutscher Organe die »Alleingesetzgeber«. Erst im Laufe der Besatzungszeit wurde zunehmend die Gesetzgebung auf deutsche Organe verlagert, wobei ihre Gesetzgebungsbefugnisse nur abgeleitet waren, d.h. durch erhebliche Beteiligungsrechte der Besatzungsmächte eingeschränkt blieben[30].

In der britischen und in der französischen Zone wurden die Gesetzgebungskompetenz insoweit eingeschränkt, als wesentliche Gebiete, die im einzelnen aufgezählt wurden, der Militärregierung vorbehalten blieben[31]. Auch unterlag die Gesetzgebung der Länder einer strengen Kontrolle: jedes Gesetz mußte vor der Verkündung der Militärregierung vorgelegt und konnte erst mit ihrer Genehmigung wirksam werden. Die Militärregierung hatte außerdem das Recht, jederzeit bestehende Gesetze außer Kraft zu setzen.

In der amerikanischen Besatzungszone wurde bereits sehr früh die — fast ausschließliche — Gesetzgebungshoheit auf die Länder übertragen, durch die Proklamation Nr. 2 vom 19. September 1945 auf die Ministerpräsidenten und Nr. 4 vom 7. März 1947 auf die neugewählten Landtage. Die Mitwirkung der Militärregierung entwickelte sich über Genehmigungs- zu bloßen Vetorechten. Aber auch diese verbleibende Kontrolle war »mehr als ein formales Aufsichtsverfahren, vielmehr Mittel der Besatzungspolitik und weiterhin Schlüsselposition der Staatskontrolle«[32]. Außerdem ging der faktische Einfluß der Besatzungsmacht über die bloß nachträgliche Kontrolle hinaus. Um ein Veto zu verhindern, war es bereits bei der Vorbereitung eines Gesetzes geboten, es inhaltlich mit der zuständigen Militärregierung abzustimmen. Teilweise bestimmte die Militärregierung sogar, daß ein Gesetz innerhalb einer bestimmten Frist erlassen werden mußte[33], oder sie machte durch Richtlinien ganz genaue Vorgaben[34].

Die sowjetische Militärregierung setzte Anfang Juli 1945 deutsche Provinzial- und Länderverwaltungen ein, denen ab 22. Oktober 1945 das Recht eingeräumt wurde

»Gesetze und Verordnungen, die Gesetzeskraft haben, auf den Gebieten der gesetzgebenden, richterlichen und vollstreckenden Gewalt zu erlassen, wenn sie den Gesetzen und Befehlen des Kontrollrates oder den Befehlen der sowjetischen Militärverwaltungen nicht widersprechen«.

Unter den gleichen Voraussetzungen wurden auch die »früher durch die Provinzialverwaltungen und die Verwaltungen der föderalen Länder [...] erlassenen Verordnungen [...] für gesetzkräftig erklärt«[35]. Diese Gesetzgebungshoheit war jedoch in zweifacher Weise eingeschränkt. Zum einen bestand noch die übergeordnete Gesetzesgebungskompetenz der sowjetischen Besatzungsmacht. Zum anderen waren die Provinzial- und Länderverwaltungen zwar formal eigenständig; sie waren jedoch in ihren Schlüsselpositionen mit Kommunisten besetzt worden. Somit war »ihr politischer Entscheidungsrahmen [...] durch ihre Abhängigkeit von den sowjetischen Behörden vorgezeichnet«[36]. Daran änderte sich auch nichts, als die Gesetzgebungskompetenz auf die neugewählten Landtage übergegangen war. Zwar war eine sowjetische Zustimmung oder ähnliches zu Landesgesetzen nicht vorgesehen, aber die politische Steuerung mit Hilfe von SED und Blockausschüssen blieb bestehen[37].

4. Verwaltung unter Besatzungsrecht

Anders als bei der Gesetzgebung, wo entsprechende deutsche Organe fehlten, blieben die deutschen Verwaltungsbehörden bestehen. Sie wurden jedoch vollständig den Besatzungsmächten unterstellt. In der ersten Zeit bestand parallel zu allen deutschen Verwaltungebenen eine entsprechende Besatzungsbehörde, also eine Doppelverwaltung. Die deutschen Behörden waren bloße Ausführungsorgane der Alliierten; außerdem konnten die Besatzungsbehörden jederzeit selbst Verwaltungsakte erlassen.

»Wie stark der Einfluß der Besatzungsmächte auf die deutsche Verwaltung in der ersten Phase des Besatzungsregimes gewesen ist, verdeutlicht ein kurzer Überblick über die einzelnen Gebiete der Verwaltung: die Personalpolitik war zunächst ausschließlich eine Angelegenheit der Besatzungsmächte. Diese betrieben die Entnazifizierung [...]. Sie trafen Anordnungen über den Einsatz und die Bewaffnung der Polizei; sie bestimmten die Zahl der von den Ländern aufzunehmenden Flüchtlinge. Sie genehmigten die Haushaltspläne. Auf dem kulturellen Gebiet verfügten sie die Wiedereröffnung der Schulen und Universitäten, genehmigten die Lehrbücher, bestimmten die Lehrpläne, lizenzierten die Presse[38].«

Nachdem in den einzelnen Ländern Wahlen durchgeführt und demokratische Regierungen gebildet worden waren, kam es vor allem in der amerikanischen und in der britischen Zone zu einer Stärkung der deutschen Verwaltungsbefugnisse. Die Besatzungsmächte bauten die eigenen Behörden auf den unteren Verwaltungsebenen ab und beschränkten sich auf Aufsichts- und Kontrollrechte. Anders jedoch in der französischen Zone: Die Franzosen nahmen bis 1949 durch unmittelbare Anweisungen und Vorlagepflichten direkten Einfluß auf die deutsche Verwaltungstätigkeit. Dies galt auch für die unteren Verwaltungsebenen; daher blieben die französischen Besatzungsbehörden auch auf Landkreisebene bestehen[39].

Die Sowjets schufen in ihrer Besatzungszone von Anfang an eine mit den westlichen Besatzungszonen nicht vergleichbare Struktur, die, obwohl die Ausübung der Staatsgewalt frühzeitig auf deutsche Stellen überging, diese doch ihrem vollständigen Einflußbereich unterstellten.

Durch die sowjetische Militärverwaltung wurde bereits am 10. Juni 1945 die Tätigkeit antifaschistisch-demokratischer Parteien erlaubt[40]. Das dabei verfolgte — und auch erreichte — Ziel war die Vorherrschaft einer kommunistischen Partei, zunächst der KPD und ab April

1946 dann der SED[41]. Dies führte dazu, daß auch ohne direkte Anweisungen der sowjetischen Besatzungsmacht ihr Einfluß auf Gesetzgebung, Verwaltung und Rechtsprechung in Ostdeutschland gesichert war.

»Wie der Sturz der alten Staatsmacht das Werk der Besatzungsmacht war, so wurde der Neuaufbau von der Besatzungsmacht eingeleitet und propagiert. Wenn die KPD und später die SED an ihm beteiligt war, so waren sie stets nichts anderes als deren Werkzeug[42].«

Der Einfluß auf die Verwaltung wurde anfangs vor allem durch eine gezielte Personalpolitik sichergestellt. Aufbauend auf konkreten deutschlandpolitischen Plänen aus der Zeit vor 1945 wurden alle wichtigen Stellen mit Kommunisten besetzt[43]. So erreichte die sowjetische Besatzungsmacht nicht nur die Kontrolle über die deutschen Verwaltungen von außen durch Anordnung o.ä., sondern auch den Einfluß »von innen«.

Eine weitere Maßnahme, die es allein in der sowjetischen Zone gab, war die Bildung deutscher Zentralverwaltungen für Verkehrs- und Nachrichtenwesen, Handel und Versorgung, Industrie, Landwirtschaft, Finanzen, Arbeit und Sozialfürsorge sowie Volksbildung[44]. Sie sollten »als Hilfsorgane der Besatzungsmacht und gleichzeitig als Keimzelle künftiger deutscher zentraler Regierungsbehörden fungieren«[45]. Sie konnten grundsätzlich nur beratend und koordinierend tätig werden. Soweit ihnen ausnahmsweise Entscheidungskompetenz zustand, waren sie an die Weisungen der sowjetischen Militärverwaltung gebunden und ihr voll verantwortlich[46].

5. Rechtsprechung unter Besatzungsrecht

Abgesehen vom Volksgerichtshof und den Sondergerichten, die die Besatzungsmächte vollständig abschafften, wurde den anderen Gerichten lediglich für einige Zeit die Amtsgewalt entzogen, in der die Gerichte der Militärregierung die Rechtsprechung ausübten. Relativ schnell konnten jedoch nach der Entnazifizierung der Richter und Staatsanwälte die deutschen Amts-, Land- und Oberlandesgerichte ihre Arbeit wieder aufnehmen. Sie blieben aber in ihrer Tätigkeit beschränkt, und zwar in zweifacher Hinsicht: zum einen hinsichtlich ihrer Zuständigkeit, zum anderen durch weitgehende Eingriffsmöglichkeiten der Besatzungsmächte[47].

Für bestimmte Materien war den deutschen Gerichten die Zuständigkeit entzogen; darunter fielen beispielsweise die Überprüfung von Hoheitsakten der Besatzungsmächte, Strafsachen, die sich gegen Staatsangehörige der Vereinten Nationen[48] richteten, und Zivilsachen, die Geldansprüche gegen das Deutsche Reich oder gegen eine öffentlich-rechtliche Körperschaft betrafen.

Nach dem (für alle drei westlichen Zonen geltenden) US-Militärregierungsgesetz Nr. 2 hatten die Militärregierungen ein Recht zur Teilnahme an Gerichtsverhandlungen (auch an nichtöffentlichen) und ein Akteneinsichtsrecht. Sie konnten jederzeit ein Verfahren einem Gericht der Militärregierungen zuweisen, sie konnten Urteile aufheben oder abändern und Richter sowie Staatsanwälte ihres Amtes entheben. Auch wenn diese sehr weitgehenden Befugnisse von den Besatzungsmächten nur selten ausgeübt wurden, stellten sie doch eine erhebliche Einschränkung rechtsstaatlicher Grundsätze dar.

II. Der Einfluß der Besatzungsmächte auf das öffentliche Recht

1. Kommunalverfassungsrecht

Bereits im Potsdamer Abkommen vereinbarten die Besatzungsmächte, die kommunale Selbstverwaltung nach demokratischen Grundsätzen wiederherzustellen (Demokratisierung »von unten nach oben«). Dies hatte neben der Durchführung von Wahlen zu Gemeinde- und Kreisräten auch die Schaffung von Gemeinde- und Kreisordnungen zur Folge. Während dies in der amerikanischen und in der französischen Zone weitgehend unbehelligt von alliierten Einflüssen geschah, verfolgten die Briten eine grundsätzliche Neuordnung des Kommunalverfassungsrechts nach ihren Vorstellungen.

Amerikanische Zone
In den Ländern der amerikanischen Zone entstanden sehr unterschiedliche Gemeinde- und Kreisordnungen, die jedoch alle an deutsche Traditionen der gemeindlichen Selbstverwaltung anknüpften. Grundlage war dabei entweder die — von nationalsozialistischen Inhalten bereinigte — deutsche Gemeindeordnung von 1935 oder Gemeindeordnun-

gen aus der Weimarer Republik[49]. Das beibehaltene Verhältniswahlrecht entsprach ebenfalls deutscher, aber auch US-amerikanischer Tradition.

Französische Zone
Die Franzosen waren aufgrund ihrer eigenen zentralstaatlichen Traditionen an der kommunalpolitischen Entwicklung in ihrer Zone relativ uninteressiert. Sie führten daher recht spät die ersten Gemeinderatswahlen durch und ließen die kommunalverfassungsrechtlichen Strukturen weitgehend unverändert. Die einzige von ihnen eingeführte Neuerung war, daß der Bürgermeister und die Beigeordneten vom Gemeinderat gewählt wurden. Dies entsprach dem französischen System der Maires und Adjoints. Diese Form der Bürgermeisterwahl wurde jedoch nach dem Ende der Besatzungszeit vielfach wieder geändert[50].

Britische Zone
Auch die Briten zeigten anfangs kein Interesse an einer Reform der deutschen lokalen Selbstverwaltung. Dies änderte sich im Juli 1945, als Winston Churchill durch den Labour-Politiker Clement Attlee abgelöst wurde. Hierdurch gewann der britische Verwaltungswissenschaftler Robson an Einfluß, der das traditionelle System der deutschen kommunalen Selbstverwaltung als undemokratisch kritisierte[51]. Unter anderem beeinflußt von dieser Kritik, vollzog sich eine Neuorientierung der britischen Besatzungspolitik, die auf eine Demokratisierung und Dezentralisierung der deutschen Verwaltung abzielte. Die Ziele und Maßnahmen wurden in der »Directive on Administrative, Local and Regional Government and the Public Services« festgelegt. Teil I, der im September 1945 entstand, betraf die Demokratisierung und Dezentralisierung der örtlichen Verwaltung[52]. Präzisiert wurden diese Vorstellungen dann vor allem durch die abgeänderte Deutsche Gemeindeordnung (»Revision of the Deutsche Gemeindeordnung«) vom 1. April 1946[53].

Die Neuregelung der Kommunalverfassung in der britischen Zone stellte eine vollständige Übernahme des britischen Systems dar[54]. Zentrales Organ wurde der Gemeinderat, dem »voll und ausschließlich« die Verwaltung der Gemeinde oblag. Zwischen Verwaltungsführung und Verwaltungsvollzug wurde scharf getrennt: neugeschaffen wurde die Funktion eines Gemeinde- oder Stadtdirektors, der bloße Exekutivfunktionen hatte. Der Verwaltungsapparat war nur das »Werkzeug des Rates«[55], der Gemeindedirektor »der unpolitisch Unterstellte [...] Vertreter des Volkes«[56]. Der Bürgermeister übernahm als Vorsitzender des Gemeinderats die repräsentativen Führungsaufgaben.

Eingeführt wurde außerdem ein neues Kommunalwahlrecht; im Gegensatz zur Neuordnung des Kommunalverfassungsrechts kam es hier zu einer deutschen Mitwirkung, die sich auch im Ergebnis niederschlug. Die Briten hätten gern das eigene System des Mehrheitswahlrechts übernommen. Deutsche Kommunalpolitiker lehnten dies jedoch ab, da auch Oppositionsparteien in den Gemeinderäten vertreten sein sollten. Es kam schließlich zu einem Kompromiß, der vorsah, daß 60 Prozent der Sitze nach dem Mehrheitswahlrecht vergeben und die restlichen 40 Prozent nach einem komplizierten Verteilungsschlüssel an die unterlegenen Parteien verteilt wurden[57].

Das für Deutschland zunächst fremde Kommunalverfassungssystem stieß auf große Akzeptanzprobleme. Den Briten war es jedoch sehr wichtig sicherzustellen, daß das System auch nach dem Ende der Besatzungszeit beibehalten würde. Sie bemühten sich daher, durch eine Art »Werbekampagne« die bestehenden Vorbehalte abzubauen. Besonders erfolgreich waren dabei sogenannte Selbstverwaltungsschulen, in denen die politische Bedeutung der Reformen dargestellt wurde, und kommunalpolitische Konferenzen mit Referenten aus England, Skandinavien und der Schweiz, die über ihre Erfahrungen berichteten[58].

Was von der Reform des Kommunalverfassungsrechts geblieben ist, zeigt sich anhand seiner weiteren Entwicklung in den drei Ländern der früheren britischen Besatzungszone[59]. Schleswig-Holstein führte nach dem Ende der Besatzungszeit die Magistratsverfassung ein, bei der an der Spitze des Verwaltungsapparates wieder der Bürgermeister stand. Das bedeutete eine völlige Abkehr vom Kommunalverfassungssystem der Besatzungszeit. In Nordrhein-Westfalen blieb auch nach der Schaffung der Gemeindeordnung von 1952 die zentrale Bedeutung des Gemeinderats und die Dualität von Bürgermeister und Gemeindedirektor bestehen. Damit wurden »in völliger Freiwilligkeit die wesentlichen Grundprinzipien der britischen Reform rezipiert«[60]. Auch Niedersachsen hat das System in abgeschwächter Form übernommen. Die grundsätzliche Beibehaltung des britisch geprägten Kommunalverfassungssystems ist vor allem darauf zurückzuführen, daß sich in Nordrhein-Westfalen und Niedersachsen Gemeinderatsmitglieder und ehrenamtliche Bürgermeister entschieden Bestrebungen entgegenstellten, die die traditionellen deutschen Kommunalverfassungssysteme wieder einführen wollten.

Sowjetische Zone
Die Entwicklung des Kommunalrechts in der sowjetischen Besatzungszone war zunächst davon geprägt, daß sowohl die SPD als auch die KPD der kommunalen Selbstverwaltung einen hohen Stellenwert einräumten[61]. So wurden nach einem von der sowjetischen Militärverwaltung gebilligten Entwurf der Provinzialverwaltung Mark Brandenburg 1946/47 in allen Ländern der sowjetischen Besatzungszone gleichlautende Gemeindeordnungen erlassen[62]. Sie sahen eine weitgehende Selbstverwaltung der Gemeinden vor, die auch die Aufgaben der polizeilichen Gefahrenabwehr beinhaltete[63]. Ähnlich wie das in der britischen Zone eingeführte Kommunalverfassungssystem trennten auch die Gemeindeordnungen in der sowjetischen Besatzungszone Verwaltungsführung und -vollzug: Die Gemeindevertretung war »oberstes Willens- und Beschlußorgan der Gemeinde«; der aus dem Kreis der Gemeindevertreterinnen und -vertreter gewählte Gemeinderat war »das ausführende Organ der Gemeindevertretung, ihr in vollem Umfang verantwortlich und an ihre Beschlüsse gebunden«[64].

Diese weitgehenden Selbstverwaltungskompetenzen der demokratischen Gemeindevertretung entsprachen jedoch nicht den Zielvorstellungen der Sowjets, die in ihrer Besatzungszone einen zentralisierten Verwaltungsaufbau nach sowjetischem Muster verwirklichen wollten; sie wurden daher nach und nach beseitigt. Bereits 1947 wurden zunächst die polizeilichen Aufgaben aus der Selbstverwaltung herausgenommen. In der Folge wurde die Selbstverwaltungsautonomie der Gemeinden dann immer weiter eingeschränkt. Dies war möglich, weil die Gemeindeordnungen Selbstverwaltungs- und Auftragsangelegenheiten nicht klar voneinander abgrenzten. So wurden immer mehr Angelegenheiten von zentraler Stelle[65] detailliert geregelt; für eigenständige Entscheidungsbefugnisse der Gemeinden verblieb immer weniger Raum. Nach der Abschaffung der Länder 1952 fand diese Entwicklung zunächst faktisch (und 1957 auch durch gesetzliche Regelung) ihren Schlußpunkt: die Gemeinden wurden Verwaltungsbezirke der DDR, die Gemeindevertretungen örtliche Organe der Staatsmacht[66].

2. Verfassungsrecht der Länder

Amerikanische Zone
Am 15. Juli 1946 konstituierten sich in der amerikanischen Zone die gewählten Verfassunggebenden Landesversammlungen. Arbeitsgrundlage waren Vorentwürfe, die von vorbereitenden Verfassungskommissionen erarbeitet worden waren. Diese wurden von der amerikanischen Militärregierung daraufhin überprüft, ob sie demokratischen Grundprinzipien entsprachen. Hierbei achtete man streng darauf, daß sich der inhaltliche Einfluß auf das absolute Minimum beschränkte; die Verfassungen sollten »frei von amerikanischem Diktat entstehen, um den Deutschen die Identifizierung mit ihrer Verfassung zu ermöglichen«[67]. Dem entsprach, daß die von der Militärregierung vorgeschlagenen Änderungen in informellen persönlichen Gesprächen übermittelt wurden. Dadurch kam zum Ausdruck, daß es sich hier nicht um Anweisungen, sondern um unverbindliche Vorschläge handelte. Eine offizielle und verbindliche Stellungnahme der amerikanischen Militärregierung zu den Verfassungsentwürfen wurde erst nach ihrer Annahme durch die Verfassunggebenden Landesversammlungen abgegeben.

Die Änderungswünsche der Amerikaner, die in der Regel bloße Ergänzungen und Präzisierungen darstellten, fanden zum größten Teil bei der Verfassungsgebung Berücksichtigung. Einige wenige grundlegende Verfassungsbestimmungen, die die Amerikaner ablehnten, wie z.B. die Planwirtschaft in Bayern, scheiterten bereits an der fehlenden Mehrheit in der Verfassunggebenden Landesversammlung. Wenn die deutschen Verfassunggeber einem Änderungswunsch der Militärregierung nicht nachkamen, bestand diese nicht darauf, und zwar auch dann nicht, wenn es sich um wesentliche Verfassungsbestimmungen handelte. Die Amerikaner haben somit ihr Ziel, möglichst wenig Einfluß auf den inhaltlichen Prozeß der Verfassungsgebung zu nehmen, voll und ganz erreicht. Dies wurde von den Deutschen entsprechend gewürdigt, so betonte beispielsweise der Präsident der Bayerischen Verfassunggebenden Landesversammlung: die Verfassung beruhe »auf der freien Beschlußkraft und den eigenen Anstrengungen und dem eigenen Willen der vom Volke gewählten Vertreter. Auch die Anstrengungen von der amerikanischen Seite haben die freie innere Zustimmung dieses Hauses gefunden[68].«

Auch wenn die Amerikaner inhaltlich die Länderverfassungen ihrer Zone nur wenig prägten, haben sie eine entscheidende Rolle gespielt.

Sie stellten gewissermaßen einen »Katalysator«, also einen »Reaktionsbeschleuniger«[69] dar. Alle drei westlichen Besatzungsmächte haben den Prozeß der deutschen Verfassungsgebung überhaupt erst in Gang gebracht und organisiert, die Amerikaner sind dabei an erster Stelle zu nennen.

Britische Zone
Im Zusammenhang mit der Schaffung von Gemeinde- und Kreisordnungen wurden im Frühjahr/Sommer 1946 in den Stadtstaaten Hamburg und Bremen sowie in Schleswig-Holstein provisorische Verfassungen ausgearbeitet[70]. Die Hamburger Verfassung wurde von der Militärregierung genehmigt. In Bremen jedoch war das Verbot der politischen Betätigung von Beamten und Verwaltungsangestellten nicht in die Verfassung aufgenommen worden, in Schleswig-Holstein wurden die Verfassungsbestimmungen über den Finanzausgleich von der britischen Militärregierung beanstandet. Daher wurden die beiden Verfassungen nicht genehmigt, allerdings auch nicht verboten; de facto verfuhr man, als ob sie in Kraft wären. Ab Anfang 1947 waren in den neuen Ländern Nordrhein-Westfalen und Niedersachsen ebenfalls vorläufige Landesverfassungen in Vorbereitung. Sie enthielten als bloße Organisationsstatuten nur die notwendigsten staatsrechtlichen Bestimmungen.

Als sich die Bildung des föderalistischen Staates Bundesrepublik Deutschland abzeichnete, wurde es dringend erforderlich, die Länder mit demokratischen Vollverfassungen zu stärken. Bei diesem Prozeß sollte den deutschen Verfassungsgebern ein möglichst großer Handlungs- und Entscheidungsspielraum eingeräumt werden. Dennoch versuchten die Briten, die inhaltliche Ausgestaltung der Länderverfassungen zu beeinflussen, allerdings weniger als »sendungsbewußte Demokratiemissionare«, sondern vielmehr als »aufmerksam begleitende Kritiker«[71]. Ziele der Briten waren vor allem: Einführung des Mehrheitswahlrechts, Regierungsbildung aus den Mitgliedern der Landesparlamente, parlamentarische Kollektivverantwortlichkeit der Landesregierungen, Verbot der politischen Betätigung von Beamten und Verwaltungsangestellten. Keiner dieser Punkte wurde jedoch in den endgültigen Landesverfassungen verankert, auch in den Ländern der britischen Zone können die Verfassungen damit als weitgehend unbeeinflußt von britischen Vorstellungen angesehen werden.

In der Verfassungspolitik der britischen Zone zeigt sich besonders deutlich, daß die Einführung neuer Systeme nur dann auf Dauer funktionierte, wenn sie auf deutscher Seite Unterstützung fanden. So haben die Briten zwar anfangs eigene Vorstellungen in die Länderverfassungen einbringen können, wie z.B. das Verbot der politischen Betätigung von Beamten, das britische Kabinettsystem und das (modifizierte) Mehrheitswahlrecht. Diese sind aber von den meisten Ländern — anknüpfend an eigene Traditionen — schnell wieder abgeschafft oder deutlich verändert worden[72].

Französische Zone
Grundlage der Verfassungspolitik der französischen Militärregierung bildeten von ihr ausformulierte Verfassungsprinzipien, die bloße Vorschläge (suggestions) sein sollten[73]. Die Franzosen nahmen stärker als die anderen westlichen Besatzungsmächte direkten Einfluß auf die Verfassungsberatungen in den Gremien. So fanden Besprechungen mit der Militärregierung direkt im Anschluß an die Sitzungen des Verfassungsausschusses statt, deren Stellungnahmen und Änderungswünsche wurden dann in der nächsten Sitzung des Verfassungsausschusses sofort wieder beraten. Wie stark der Einfluß der französischen Militärregierung war, zeigt sich beispielhaft an der Sitzung des badischen Verfassungsausschusses vom 31. März 1947: In der Vormittagssitzung des Ausschusses wurden bestimmte Verfassungsartikel abgelehnt. Als jedoch in der Nachmittagssitzung mitgeteilt wurde, daß die Militärregierung die Aufnahme dieser Artikel in die Verfassung wünsche, wurden sie bei einer erneuten Abstimmung akzeptiert.

Trotz dieses direkten Einflusses waren die konkreten inhaltlichen Vorgaben der Franzosen eher gering. Sie beschränkten sich auf grundlegende Prinzipien; soweit diese eingehalten wurden, hatten die deutschen Verfassungsgeber einen uneingeschränkten Handlungsspielraum. Das absolut wichtigste Petitum stellte dabei die Dezentralisierung dar. Die französische Militärregierung lehnte alles ab, »was nur im entferntesten nach Zentralismus aussah«[74], wie z.B. die Bestimmung »Reichsrecht bricht Landesrecht«.

Ob sich der französische Einfluß tatsächlich inhaltlich ausgewirkt hat, ist nicht eindeutig feststellbar, da die meisten ihrer verfassungspolitischen Vorstellungen auch von deutscher Seite vertreten wurden. Festzuhalten ist jedoch, daß verschiedene Artikel in den Länderverfassungen der französischen Zone bereits vorher, zum Teil seit der Französischen Revolution, Bestandteil der französischen Verfassung gewesen sind. Hierzu gehören z. B. Bestimmungen, die die Dominanz einer einzelnen Kirche im Erziehungssystem verbieten, die Gewährleistung der Menschenrechte, ein starker Parlamentarismus sowie ein Widerstandsrecht gegen staatliche Unterdrückung.

Sowjetische Zone
Die Initiative zur Schaffung von Länderverfassungen ging von der CDU und der SED aus[75]. Allerdings beschränkte sich die SED zunächst auf Entwürfe für eine gesamtdeutsche Verfassung und sah für die Länderebene bloße »Landesordnungen« vor, »um den provisorischen Charakter der jetzigen Länder in der Zone besonders markant in Erscheinung treten zu lassen und den Gedanken der deutschen Einheit zu unterstreichen«[76]. Erst auf Anordnung der sowjetischen Besatzungsmacht, »Landesverfassungen« auszuarbeiten, wurden von der SED entsprechende Entwürfe vorgelegt. Diese Weisung der Sowjets stellte offenbar eine Reaktion auf die Schaffung von Länderverfassungen in den Westzonen dar. Die Verfassungsentwürfe wurden in den Landesblockausschüssen, aber auch im Blockausschuß auf zonaler Ebene vorberaten, ehe sie in den Landtagen diskutiert wurden. Dabei setzten sich die SED-Entwürfe, die in den einzelnen Ländern nahezu gleich waren, weitgehend durch, die Aufnahme von Grundrechten war jedoch auf die CDU-Entwürfe zurückzuführen.

Die sowjetische Militärverwaltung war in allen Phasen der Verfassungsgebung beteiligt. Sie wurde über die Diskussionen in den Blockausschüssen unterrichtet. An den Landtagssitzungen, teilweise sogar an den Fraktionssitzungen, nahmen sowjetische Vertreter mit Rederecht teil. Somit ist davon auszugehen, daß die Vorstellungen der sowjetischen Besatzungsmacht in die Verfassungsberatungen eingeflossen sind. Dies zeigt sich auch daran, daß sie die Länderverfassungen ohne Einwände genehmigten. Allerdings dürfte sich die sowjetische Einflußnahme in Grenzen gehalten haben, ähnlich wie in den westlichen Besatzungszonen stand die Konsensbildung in den Landtagen an erster Stelle.

Formal blieben die Landesverfassungen bis zur Abschaffung der Länder 1952 unverändert. Ebenso wie im Bereich der kommunalen Selbstverwaltung führte jedoch die verstärkte Zentralisierung der Entscheidungskompetenzen vor allem nach Gründung der DDR zur faktischen Bedeutungslosigkeit der föderalen Strukturen.

3. Grundgesetz

Die Impulse zur Gründung der Bundesrepublik Deutschland gingen in erster Linie von den USA aus, den Amerikanern ging es darum, die drei Westzonen durch die Gründung eines demokratischen Staates politisch zu integrieren. Die Londoner Sechs-Mächte-Konferenz (Teilnehmerstaaten USA, Großbritannien, Frankreich, Belgien, Niederlande, Luxemburg) von 1948 war der entscheidende Anstoß zur Gründung und schließlich auch zur Souveränität der Bundesrepublik Deutschland. Die inhaltlichen Vorgaben waren sehr zurückhaltend; festgelegt wurde im Abschlußkommuniqué der Londoner Sechs-Mächte-Konferenz vom 7. Juni 1948 nur, daß die Bundesrepublik ein föderalistischer Staat sein solle; erforderlich sei jedoch auch eine ausreichende Zentralgewalt[77]. Diese Vorgaben widersprachen völlig den bisherigen deutschlandpolitischen Vorstellungen Frankreichs, das aus Sicherheitsinteressen heraus stets einen dezentral organisierten Bundesstaat mit einer möglichst schwachen Zentralgewalt angestrebt hatte. »Politische Einsicht und wirtschaftliche Notwendigkeit« führten jedoch dazu, daß Frankreich von seiner Haltung abrückte und die Londoner Empfehlungen mittrug[78].

Die Londoner Empfehlungen sahen im einzelnen vor, daß die Militärgouverneure der drei Westzonen die Ministerpräsidenten der Länder mit der Einberufung einer Verfassunggebenden Versammlung beauftragen sollten. Dies geschah durch die »Frankfurter Dokumente«, die den Ministerpräsidenten am 1. Juli 1948 übergeben wurden. Sie umfaßten drei Schriftstücke. Das Dokument Nr. 1 befaßte sich mit verfassungsrechtlichen Bestimmungen, Dokument Nr. 2 mit einer Neugliederung der Länder und Dokument Nr. 3 mit den Grundzügen eines Besatzungsstatuts[79]. In Dokument Nr. 1 wurde festgelegt:

»Die Verfassunggebende Versammlung wird eine demokratische Verfassung ausarbeiten, die für die beteiligten Länder eine Regierungsform des föderalistischen Typs schafft, die am besten geeignet ist, die gegenwärtig zerrissene deutsche Einheit schließlich wieder herzustellen, und die Rechte der beteiligten Länder schützt, eine angemessene Zentralinstanz schafft und die Garantien der induviduellen Rechte und Freiheiten enthält. Wenn die Verfassung [...] mit diesen allgemeinen Grundsätzen nicht in Widerspruch steht, werden die Militärgouverneure ihre Vorlage zur Ratifizierung genehmigen. [...] Die Ratifizierung in jedem beteiligten Land erfolgt durch ein Referendum.«

Für die deutschen Ministerpräsidenten war die Verbindlichkeit der Frankfurter Dokumente völlig unklar. Nicht zuletzt durch gezielte Desinformation der Franzosen, die immer noch hofften, eine Revision der Londoner Empfehlungen im Sinne ihrer deutschlandpolitischen Vorstellungen zu erreichen, gingen sie zunächst davon aus, daß es sich hierbei um ein offenes und damit unverbindliches Angebot der Alliierten handelte[80]. Nach Beratungen in Koblenz teilten sie den Militärregierungen mit, daß »alles vermieden werden müßte, was dem zu schaffenden Gebilde den Charakter eines Staates verleihen würde«[81]. Der provisorische Charakter der Bundesrepublik und seiner Verfassung sollte u. a. darin zum Ausdruck kommen, daß nicht eine Verfassunggebende Nationalversammlung, sondern ein von den Landtagen zu wählender Parlamentarischer Rat die provisorische Verfassung (»Grundgesetz«) ausarbeiten, die Ratifizierung durch die Landtage und nicht durch einen Volksentscheid erfolgen sollte. Die Reaktion der Militärgouverneure, insbesondere des amerikanischen, war deutlich:

»Sie haben mit ihren Entschlüssen ihre wirklichen Helfer und Freunde, die Amerikaner, brüskiert. Sie haben den Franzosen die gewünschte Gelegenheit gegeben, die mühsam erkämpfte Position im Westen wieder zu verschleppen. Sie haben den Russen einen Trumpf in die Hand gegeben[82].«

Nach Gesprächen mit den Militärgouverneuren kamen die Ministerpräsidenten zu einer zweiten Beratung im Juli 1948 im Jagdschloß Niedenwald bei Rüdesheim zusammen. Ausgangspunkt war dabei, daß die zwischen den Westmächten ausgehandelten Londoner Beschlüsse nicht in Frage gestellt würden. Der schließlich zwischen den Militärgouverneuren und den Ministerpräsidenten gefundene Kompromiß bestand darin, daß die Alliierten die inhaltlichen Vorgaben der Frankfurter Dokumente im wesentlichen durchsetzen konnten, dabei jedoch die terminologischen Änderungswünsche der deutschen Seite (»Parlamentarischer Rat« statt »Verfassunggebende Versammlung«, »Grundgesetz« statt »Verfassung«) berücksichtigten.

Somit war der Weg für die Einberufung des Parlamentarischen Rates und die Ausarbeitung des Grundgesetzes frei. Die Beteiligung der Alliierten erfolgte formal durch Verbindungsoffiziere, die alle Drucksachen und Protokolle des Parlamentarischen Rates sofort erhielten[83]. Direkten Einfluß auf die Verfassungsberatungen nahmen die Alliierten erstmals durch ein Memorandum vom 22. November 1948[84]. Es enthielt — im Gegensatz zu den Londoner Empfehlungen und den Frankfurter Dokumenten — relativ konkrete inhaltliche Vorgaben, u.a. die Schaffung eines Zweikammersystems, »bei dem die eine Kammer die einzelnen Länder vertreten und genügende Befugnisse haben muß, um die Interessen der Länder wahren zu können«. Wesentlich folgen- und konfliktreicher war dann aber die Stellungnahme der Alliierten vom 2. März 1949 zum endgültigen Grundgesetzentwurf, die in mehreren Punkten eine Unvereinbarkeit des Entwurfs mit dem alliierten Memorandum vom 22. November 1948 bedeutete. Die wichtigsten Punkte betrafen eine Stärkung der Länder bei der Finanzverfassung und bei den Gesetzgebungskompetenzen; hierzu hatten die Militärgouverneure eigene Grundgesetzartikel ausformuliert[85]. Hinsichtlich der Finanzverfassung sollten die Gesetzgebungskompetenz, die Ertragshoheit sowie die Verwaltungshoheit weitgehend vom Bund auf die Länder verlagert werden. Dies hätte nicht nur die finanzpolitischen Gestaltungsmöglichkeiten des Bundes erheblich eingeschränkt, sondern auch einen Finanzausgleich zwischen steuerstarken und steuerschwachen Ländern nahezu unmöglich gemacht. Im Gegensatz zur CDU/CSU, die auf die inhaltlichen Vorgaben der Alliierten einging, nahm die SPD ein Scheitern der gesamten Arbeit des Parlamentarischen Rates in Kauf: »Lieber überhaupt kein Grundgesetz, als ein den Deutschen inhaltlich aufgezwungenes[86].«

Gleichzeitig kam es, bedingt durch die Verlagerung der Kompetenzen von der Militärregierung auf das State Department, zu einem Umdenken in der amerikanischen Deutschlandpolitik. Während Militärgouverneur Lucius Clay — nicht zuletzt aus einer antisozialdemokratischen Haltung heraus — sich jeglichen Kompromissen verweigerte, sah das State Department das außenpolitische Ziel eines starken westdeutschen Staates gefährdet. Wesentlicher als die Vorstellungen der Alliierten um jeden Preis durchzusetzen, war dem State Department, daß das Grundgesetz von einer breiten Mehrheit der deutschen Parteien getragen wurde. Da auch die Briten nicht auf ihrer harten Haltung beharrten und es gelang, die Franzosen zu überzeugen, beschlossen die Außenminister der drei westlichen Besatzungsmächte am 8. April 1949 eine Resolution, in der auf die strikte Beachtung der im Memorandum vom 22. März 1949 genannten Forderungen verzichtet wurde, hinsichtlich der Finanzverfassung sollte jeder Vorschlag des Parlamentarischen Rates akzeptiert werden, der die finanzielle Eigenständigkeit der Länder und des Bundes sicherstellte. Somit konnte das Grundgesetz, obwohl es im Bereich der Finanzverfassung im wesentlichen bei der vom Parlamentarischen Rat vorgeschlagenen Regelung blieb, am 12. Mai 1949 von den Alliierten genehmigt werden.

Auch wenn sich die Alliierten in diesem Punkt nicht durchsetzen konnten und das Grundgesetz deshalb weniger föderalistisch geworden ist, als es von ihnen geplant war, so ist ihr Einfluß auf die inhaltliche Gestaltung des Grundgesetzes doch nicht zu unterschätzen. Bereits mit ihren Vorgaben in den Frankfurter Dokumenten und im Memorandum vom 22. November 1948 steuerten sie die Verfassungsberatungen in eine bestimmte Richtung. Und auch im Verlauf der Beratungen gelang es ihnen häufig, ihre Vorstellungen einzubringen und durchzusetzen. Dies geschah aber nie gegen den Widerstand der Deutschen, ähnlich wie bereits bei den Länderverfassungen bestand ihre Rolle meist darin,

»daß sie beim internen Widerstreit deutscher Interessen den Ausschlag für die Neigung der Waage zugunsten eines Vorschlages gaben, eine für die damalige Zeit durchaus typische Konstellation zwischen den Alliierten und den deutschen Parteien«[87].

4. Verfassung der DDR

Am 26. November 1947 rief die SED zu einem »Deutschen Volkskongreß für Einheit und gerechten Frieden« auf[88]. Diese von der sowjetischen Militärregierung ausgehende Initiative war die Reaktion auf den Zusammenschluß der amerikanischen und britischen Zone zur Bizone und auf die zunehmende Ost-West-Spaltung Deutschlands; durch die Teilnahme des Volkskongresses an der Londoner Außenministerkonferenz im Dezember 1947 sollte ein Vier-Zonen-Zusammenschluß »unter der Bedingung einer sowjetischen Mitbeteiligung an der Kontrolle der westzonalen Wirtschaft und besonders der Ruhrgebiete« erreicht werden[89]. Der Volkskongreß hatte keine demokratische Legitimation; seine Mitglieder waren »nach nicht klar erkennbaren Kriterien teils von Parteien und Massenorganisationen, teils von öffentlichen und Betriebsversammlungen delegiert«[90]. Dem Volkskongreß wurde der Zutritt zur Außenministerkonferenz verwehrt. In anderer Hinsicht war der Volkskongreß erfolgreicher. Nachdem im März 1948 erkennbar wurde, daß die Westalliierten die Gründung eines deutschen Weststaates anstrebten, trat ein zweiter Volkskongreß in Berlin zusammen und wählte aus seiner Mitte den Deutschen Volksrat.

»Zur Hauptaufgabe dieses mit gesamtdeutschem Anspruch auftretenden Gremiums, das Träger der von der sowjetischen Besatzungszone ausgehenden deutschen Initiative zur Wiederherstellung der nationalen Einheit sein sollte, gehörte die Unterstützung der von der SED maßgeblich vorangetriebenen nationalen Agitation und insbesondere die Ausarbeitung eines Entwurfs für eine gesamtdeutsche Republikverfassung[91].«

Dieser Anspruch war jedoch — spätestens nach der Londoner Sechs-Mächte-Konferenz, die die Gründung eines deutschen Weststaates in die Wege leitete — ausschließlich Propaganda; eigentliche Aufgabe war die Vorbereitung einer Verfassung für einen ostdeutschen Staat. Innerhalb des Deutschen Volksrates wurde ein Verfassungsausschuß mit der Ausarbeitung beauftragt. Der ausgearbeitete Verfassungsentwurf wurde am 22. Oktober 1948 vom Deutschen Volksrat angenommen; anschließend folgte eine öffentliche Diskussion über den Entwurf.

»Parallel zu den Bonner Beratungen des Grundgesetzes [...], deren Ergebnis nicht einer Volksabstimmung, sondern nur einer Zustimmung durch die Länderparlamente unterworfen werden sollte, wurde offenkundig versucht, die demokratische Fundamentierung der Verfassungsgebung in der sowjetischen Besatzungszone besonders herauszustellen. Im Rahmen dieser von der SED in Betrieben, staatlichen Verwaltungen, kulturellen Einrichtungen etc. inspirierten öffentlichen Verfassungsdebatte fanden in der sowjetischen Besatzungszone von November 1948 bis Mitte Februar 1949 rund 9000 Versammlungen statt, wurden rund 15000 Resolutionen gefaßt und etwa 500 Änderungsvorschläge beschlossen und publik gemacht[92].«

Der marginal veränderte Verfassungsentwurf wurde am 19. März 1949 vom Volksrat und im Mai 1949 von einem dritten Volkskongreß verabschiedet. Am 7. Oktober 1949 erklärte sich der Deutsche Volksrat zur »Provisorischen Volkskammer« und proklamierte die Gründung der DDR.

Der gesamte Prozeß der Verfassungsgebung verlief formal ohne Beteiligung der sowjetischen Militärverwaltung; diese hätte dem offiziellen Anspruch einer gesamtdeutschen Verfassung widersprochen. Auch ein unmittelbarer Einfluß auf die Inhalte der Verfassung war nicht erkennbar. Aus der Tatsache, daß die Verfassung im wesentlichen auf einem SED-Entwurf beruhte, und aus der Dominanz der SED in allen Gremien, die mit der Ausarbeitung der Verfassung befaßt waren, läßt sich jedoch ableiten, daß sie inhaltlich den Vorstellungen der sowjetischen Besatzungsmacht entsprach oder zumindest nicht widersprach. Daß die erste DDR-Verfassung ein parlamentarisch-demokratisches System nach Muster der Weimarer Republik mit föderalistischen Elementen und der Festlegung von Grundrechten war[93], konnte die Sowjetunion hinnehmen, denn an ihrem Einfluß änderte sich dadurch nichts. Zwar wurde die Sowjetische Militärverwaltung aufgelöst, sie wurde jedoch durch die Sowjetische Kontrollkommission ersetzt. Die sowjetische Besatzungsmacht blieb

»oberster Souverän und kontrollierte die Entwicklung der DDR bis in die Landkreise. [...] Ohne sowjetische Zustimmung waren personalpolitische Veränderungen auf den Leitungsebenen von Verwaltungen und Parteien nicht möglich. [...] Erst recht brauchten politisch programmatische Grundsatzentscheidungen die vorherige sowjetische Billigung. DDR-Entwicklung blieb Anfang der 50er Jahre weithin Ausdruck sowjetischer Deutschlandpolitik[94].«

Nach der Gründung der DDR wurden die von der sowjetischen Besatzungsmacht verfolgten Ziele konsequent ausgebaut: zum einen die Vorherrschaft der SED, zum anderen die Schaffung eines zentralen Einheitsstaates[95]. Wie stark dabei der Einfluß der Sowjets blieb, wird beispielhaft an den ersten Wahlen der DDR deutlich: Die von der Verfassung vorgeschriebenen Wahlen zur Volkskammer sowie zu den Landtagen, Kreistagen und Gemeindevertretungen wurden um ein Jahr auf den 15. Oktober 1950 verschoben. Der Grund hierfür war, daß CDU und LDP nicht bereit waren, Einheitslisten zu akzeptieren. Erst nachdem sie von der sowjetischen Besatzungsmacht unter starken Druck gesetzt worden waren, stimmten die Vorstände von CDU und LDP Wahlen nach Einheitslisten zu. Damit war nicht nur die Dominanz der SED sichergestellt; mit dieser unangefochtenen Stellung der kommunistischen Partei kann auch der Übergang von der antifaschistisch-demokratischen Ordnung zur sozialistischen Volksdemokratie als vollzogen angesehen werden. Eingeführt wurde außerdem das Prinzip des demokratischen Zentralismus, das zur Vereinheitlichung von Entscheidungen und zur Kontrolle einen hierarchischen Staatsapparat vorsah, an dessen Spitze die SED stand:

»Die Parteibeschlüsse haben ausnahmslos für alle Parteimitglieder Gültigkeit, insbesondere auch für die in Parlamenten, Regierungen, Verwaltungsorganen und in den Leitungen der Massenorganisationen tätigen Parteimitglieder. [...] Demokratischer Zentralismus bedeutet [...] die Kontrolle der konsequenten Durchführung der Beschlüsse durch die Leitungen und die Mitglieder[96].«

Nach dieser Entwicklung, die dem sowjetischen Staatssystem entsprach und im Sinne der Sowjetunion verlief, konnte sie ihren offiziellen Einfluß auf die DDR einschränken. Am 25. März 1954 erklärte die Sowjetunion die DDR für souverän[97]; am 20. September 1955 schlossen die UdSSR und die DDR einen Vertrag[98], in dem sie »feierlich bestätigten, daß die Beziehungen zwischen ihnen auf völliger Gleichberechtigung, gegenseitiger Achtung der Souveränität und der Nichteinmischung in die inneren Angelegenheiten beruhen«. Dies galt jedoch nicht für das Verhältnis der KPdSU zur SED. Die SED »erkennt die führende Rolle der Sowjetunion und der KPdSU im Kampfe gegen den Imperialismus an und erklärt es zur Pflicht jedes Werktätigen, die sozialistische Sowjetunion mit allen Kräften zu unterstützen«[99].

Zusammenfassung

Das Potsdamer Abkommen sah als Besatzungsziel unter anderem vor: »Die endgültige Umgestaltung des deutschen politischen Lebens auf demokratischer Grundlage und eine eventuelle friedliche Mitarbeit Deutschlands am internationalen Leben sind vorzubereiten.« Wie ein demokratisches Deutschland aber in Zukunft aussehen sollte, darüber gingen die Vorstellungen der Westalliierten auf der einen Seite und der Sowjetunion auf der anderen Seite jedoch auseinander, was zum Teil mit den unterschiedlichen Strukturen in diesen Ländern zusammenhing.

So war es für die Westalliierten selbstverständlich, daß auch in Deutschland eine parlamentarische Demokratie aufgebaut werden sollte. Außerdem spielte bei ihnen die Angst vor einem zu starken Deutschland eine Rolle; sie war ein Grund dafür, daß die Amerikaner und die Franzosen ein föderalistisches Deutschland anstrebten.

Die Sowjetunion verfolgte dagegen von Anfang an das Ziel, auf Deutschland ihr eigenes System zu übertragen. Aus eher taktischen Überlegungen wurde dieses Ziel jedoch zunächst zugunsten einer Zusammenarbeit mit den Westalliierten zurückgestellt: die Sowjetunion »benötigte nach den schweren Kriegsverlusten Ruhe für den Wiederaufbau, und sie brauchte Reparationen«[100]. Vor diesem Hintergrund sind die eher widersprüchlichen Maßnahmen der sowjetischen Besatzungsmacht zu verstehen: zum einen eine stark zentralistische Struktur, zum anderen pluralistische, föderalistische und dezentralistische Elemente.

In der Anfangszeit der Besatzung stellten die westlichen Besatzungsmächte in ihren Zonen die uneingeschränkte Staatsgewalt dar; auch dann, wenn deutsche Stellen tätig wurden, blieben sie bloße Ausführungsorgane der Militärregierungen. In dieser Zeit versuchten die Alliierten, neue politisch-demokratische Strukturen zu verankern, wie am Beispiel der Einführung eines neuen Kommunalverfassungsrechts in der britischen Zone gezeigt wurde. Mit der Wahl der Länderparlamente wurden dann zunehmend Befugnisse der Staatsgewalt wieder auf die Deutschen übertragen; in gleichem Maße nahmen die Befugnisse der Besatzungsmächte bis hin zur bloßen Kontrolle ab. Damit wurde zugleich auch ihr politischer Einfluß geringer; die deutschen Gesetzgeber griffen viele Bestimmungen aus der Weimarer Republik wieder auf, von den Westalliierten in der Zwischenzeit eingeführte Veränderungen wurden wieder abgeschafft. Daß damit ihre Reformvorstellungen scheiterten, hätte von den Besatzungsmächten aufgrund ihrer nach wie vor bestehenden obersten Staatsgewalt ohne weiteres verhindert werden können. Ihr Nichteingreifen zeigt, daß es ihnen weniger darum ging, unbedingt den Deutschen ihre Vorstellungen »überzustülpen«, wichtiger war ihnen, daß die Deutschen ihre eigenen demokratischen Vorstellungen entwickelten. Dies wird besonders deutlich bei der Schaffung der Länderverfassungen und des Grundgesetzes: die Westalliierten setzten den demokratischen Prozeß in Gang. Sie versuchten dann, ihre Vorstellungen in diesen Prozeß miteinzubringen; letztendlich respektierten sie dann aber die Entscheidungen der deutschen Verfassungsgeber. Nicht übersehen werden darf dabei freilich, daß diese Haltung der Westalliierten nicht ohne Eigeninteresse war. Deutschland stellte zunehmend einen wichtigen Wirtschaftsfaktor dar; die wirtschaftliche Einbindung in den Westen war wichtiger als die unbedingte Durchsetzung besatzungspolitischer Standpunkte. Dies wurde durch den beginnenden Kalten Krieg noch verstärkt, es war jetzt für die Westmächte von größter Bedeutung, Westdeutschland in ihren Block einzubinden.

In der sowjetischen Besatzungszone wurden von Anfang an zahlreiche Befugnisse auf deutsche Stellen übertragen. Dies stellte aber nur scheinbar eine Rücknahme des sowjetischen Einflusses dar. Durch die sehr schnell erreichte Vorherrschaft der kommunistischen Partei und eine gezielte Personalpolitik gelang es den Sowjets, einen viel unmittelbareren Einfluß auf den gesellschaftlich-staatlichen Aufbau in der sowjetischen Besatzungszone und später in der DDR zu bekommen. So erreichte sie eine vollständige Neuordnung von Staat und Gesellschaft — einen sowjetisch-kommunistischen Staat. Auch diese Entwicklung wurde durch den Kalten Krieg verstärkt und beschleunigt: die DDR sollte aus Sicht der Sowjetunion ein wirtschaftliches, militärisches und politisches Bollwerk gegen den Westen darstellen.

Es bleibt die Frage, ob die unterschiedliche Entwicklung in den Besatzungszonen und die daraus folgende Spaltung Deutschlands schon 1945 unabänderlich war. Dafür spricht, daß die Sowjetunion bereits damals konkrete Pläne zur Schaffung eines kommunistischen Deutschlands hatte. Vielleicht wäre es trotzdem gelungen, eine für alle akzeptable Lösung für ein Gesamtdeutschland zu finden; schließlich darf nicht vergessen werden, daß eine wirtschaftliche Anbindung an den Westen für die Sowjetunion von großem Interesse gewesen wäre. Doch der Kalte Krieg war dann der entscheidende Faktor, der eine Annäherung unmöglich machte und die Spaltung bewirkte — und die Ursachen für den Kalten Krieg sind sowohl bei der Sowjetunion als auch bei den Westalliierten zu suchen.

Anmerkungen

[1] Gustav v. Schmoller, Hedwig Maier, Achim Tobler, Handbuch des Besatzungsrechts, Tübingen 1957, § 25, S. 2.
[2] Ebd., § 7, S. 8.
[3] »Benevolent despotism« (Military Government Directive on Administrative, Local and Regional Gouvernement and the Public Services, Part I, zit. nach Wolfgang Rudzio, Export englischer Demokratie?, in: Vierteljahrshefte für Zeitgeschichte (VfZG), 17 (1969), S. 219 ff., 223.
[4] Z. B. durch Ermächtigung zur Ausübung von Hoheitsgewalt, Einsetzung deutscher Organe, Anweisungen, Mitwirkung und Kontrolle. Vgl. Schmoller/Maier/Tobler, Handbuch (wie Anm. 1), § 24a.
[5] Hans Kelsen, The international Legal Status of Germany to be established immediately upon Termination of the War, in: American Journal of International Law, 38 (1944), S. 689 ff., 692 f.; Hans Kelsen, The Legal Status of Germany according to the Declaration of Berlin, ebd., 39 (1945), S. 518 ff., 525.
[6] Dies ist mittlerweile nahezu unbestritten. Vgl. zur Argumentation die ausführliche Darstellung von Eberhard Menzel, Deutschland — Ein Kondominium oder Koimperium?, in: Jahrbuch für internationales und ausländisches öffentliches Recht, 1 (1948), S. 43 ff., 57 ff.
[7] Hans-Jürgen Schlochauer, Zur Frage eines Besatzungsstatuts für Deutschland, in: Archiv des Völkerrechts, 1 (1948/49), S. 188 ff., 197.
[8] 45. Abkommen, betreffend die Gesetze und Gebräuche des Landkriegs (IV. Haager Abkommen) vom 18. 10. 1907, in: Reichsgesetzblatt (RGBL), 1910, S. 107.

⁹ Rolf Stödter, Deutschlands Rechtslage, Hamburg 1948, S. 228 ff.; Schlochauer, Zur Frage (wie Anm. 7), S. 201 ff.
¹⁰ Berliner Deklaration in Anbetracht der Niederlage Deutschlands und der Übernahme der obersten Regierungsgewalt hinsichtlich Deutschlands vom 5.6.1945, abgedruckt in: Ingo v. Münch, Dokumente des geteilten Deutschland, Stuttgart ²1976, S. 19 ff.
¹¹ Potsdamer Abkommen vom 2.8.1945 (auszugsweise abgedruckt in: v. Münch, Dokumente des geteilten Deutschland (wie Anm. 10), S. 32 ff.
¹² Vgl. Art. 43 LKO: »Nachdem die gesetzmäßige Ordnung tatsächlich in die Hände des Besetzenden übergegangen ist, hat dieser alle von ihm abhängenden Vorkehrungen zu treffen, um nach Möglichkeit die öffentliche Ordnung und das öffentliche Leben wiederherzustellen und aufrechtzuerhalten, und zwar, soweit kein zwingendes Hindernis besteht, unter Beachtung der Landesgesetze.«
¹³ v. Schmoller/Maier/Tobler, Handbuch (wie Anm. 1), § 6, S. 2; Erich Kaufmann, Deutschlands Rechtslage unter der Besatzung, Stuttgart 1948, S. 16 f.
¹⁴ Kaufmann, Deutschlands Rechtslage (wie Anm. 13), S. 18 ff.; Menzel, Deutschland — Ein Kondominium oder Koimperium? (wie Anm. 13), S. 43 ff., 76 ff.
¹⁵ v. Schmoller/Maier/Tobler, Handbuch (wie Anm. 1), § 6, S. 3 f.; Schlochauer, Zur Frage (wie Anm. 7), S. 188 ff., 199 ff.
¹⁶ »Die Annexion will für alle Zeiten eine eigenständige Regierungsgewalt beseitigen, die Okkupation sie alsbald wieder herstellen und nur kurzfristig vertreten, die Intervention ihr für dauernd ein neues Gesicht geben. Die Intervention ist die Revolution von außen.« Alfons Steiniger, Ausschließbarkeit des Rechtsweges bei Staatshaftungsklagen durch neues Landesrecht, in: Neue Justiz, 1947, S. 146 ff.
¹⁷ Schlochauer, Zur Frage (wie Anm. 7), S. 188 ff., 198.
¹⁸ R. Y. Jennings, Die Rechtsnatur der alliierten Besetzung Deutschlands, in: Monatsschrift für Deutsches Recht, 2 (1948), S. 3 ff., 6; Steiniger, Ausschließbarkeit des Rechtsweges (wie Anm. 16), S. 146 ff., 148.
¹⁹ v. Schmoller/Maier/Tobler, Handbuch (wie Anm. 1), § 4, S. 10 f.
²⁰ Vgl. hierzu und zum folgenden: Theo Stammen, Das alliierte Besatzungsregime in Deutschland, in: Josef Becker, Theo Stammen, Peter Waldmann, Vorgeschichte der Bundesrepublik Deutschland. Zwischen Kapitulation und Grundgesetz, München 1979, S. 61 ff., 65 ff.
²¹ Londoner Abkommen über Kontrolleinrichtungen in Deutschland vom 14.11.1944, abgedruckt in: v. Münch, Dokumente des geteilten Deutschland (wie Anm. 10), S. 29 ff.
²² Die Einrichtung zentraler deutscher Verwaltungsbehörden scheiterte am Veto Frankreichs.
²³ Zum folgenden: Günther Edelmann, Der Einfluß des Besatzungsrechts auf das deutsche Staatsrecht der Übergangszeit (1945—1949), jur. Diss. Frankfurt a. M. 1955, S. 48 ff.; Stappert, Die alliierte Kontrollbehörde in Deutschland, in: Jahrbuch für internationales und ausländisches öffentliches Recht, 1 (1948), S. 139 ff., 150 ff.

[24] Karl Geiler, Über die völkerrechtliche und staatsrechtliche Lage Deutschlands, in: Schriften der Universität Heidelberg, H. 3, Berlin, Göttingen, Heidelberg 1948, S. 167ff., 181; BGH Neue Juristische Wochenzeitschrift, 5 (1952), S. 622ff.

[25] Durch das Kontrollgesetz Nr. 1 vom 20.9.1945, abgedruckt in: v. Münch, Dokumente des geteilten Deutschland (wie Anm. 10), S. 52ff.

[26] Das Ermächtigungsgesetz stellte die staatsrechtliche Grundlage des NS-Staates (Gesetzgebungsrecht für Reichsregierung) dar.

[27] Dieses Gesetz war in Wirklichkeit ein Gesetz zur Beseitigung des Berufsbeamtentums.

[28] Vgl. US Militärregierungsgesetz (MRG) Nr. 56, Art. VI: »Durch dieses Gesetz [...] gelten alle früheren Bestimmungen des deutschen Rechtes, die mit diesem Gesetz in Widerspruch stehen, als aufgehoben, geändert, ergänzt oder ersetzt.« US MRG Nr. 75, Art. VII 21: »Die Vorschriften dieses Gesetzes [...] gehen den ihnen widersprechenden Bestimmungen des deutschen Rechts vor.« (Die Gesetze der US-Militärregierung sind abgedr. in: C.F. Müller, Die Proklamationen, Gesetzte und Verordnungen der Militärregierung Deutschlands (Amerikanische Zone), Loseblatt-Ausgabe, Stand: 1949.)

[29] Und zwar auch im heutigen deutschen Verfassungsrecht; vgl. BVerfG Juristenzeitung, 9 (1954), S. 32ff., 36: Mit Ablauf der durch Art. 117 I Grundgesetz gesetzten Frist am 1.4.1953 ist automatisch alles dem Art. 3 II Grundgesetz entgegenstehende Recht außer Kraft gesetzt.

[30] Vgl. zum folgenden Michael Virally, Die internationale Verwaltung Deutschlands vom 8. Mai 1945 bis 24. April 1947, Baden-Baden 1948, S. 117ff.; C. Dernedde, Die Mitwirkung der Besatzungsmächte an der deutschen Gesetzgebung und ihre Bedeutung für die Rechtsanwendung, in: Deutsche Verwaltung, 1 (1948), S. 49—52; Edelmann, Der Einfluß des Besatzungsrechts (wie Anm. 23), S. 51ff.

[31] In der britischen Zone z.B. Landesverteidigung, Währung, Verkehrsmittel, Außenhandel, Privatrecht, Hauptgrundsätze der Gesetzgebung auf dem Gebiete von Industrie, Arbeit und Sozialfürsorge.

[32] Edelmann, Der Einfluß des Besatzungsrechts (wie Anm. 23), S. 53.

[33] So z.B. bei der Einführung der Gewerbefreiheit in der amerikanischen Zone.

[34] Wilhelm Henle, Besatzungsstatut und deutsche Gesetzgebung, in: Süddeutsche Juristen-Zeitung, 4 (1949), Sp. 576ff.; Gustav v. Schmoller, Die Befugnisse der Besatzungsmächte in der Bundesrepublik Deutschland, Oberursel 1950, S. 3f.

[35] Befehl des Obersten Chefs der Sowjetischen Militärverwaltung in Deutschland über die Einräumung des Rechts an die Provinzialverwaltungen und Verwaltungen der föderalen »Länder«, in der sowjetischen Besatzungzone Deutschlands Gesetze und Verordnungen zu erlassen, die Gesetzeskraft haben vom 22.10.1945, abgedruckt in: v. Münch, Dokumente des geteilten Deutschland (wie Anm. 10), S. 294.

[36] Gerhard Braas, Die Entstehung der Länderverfassungen in der Sowjetischen Besatzungszone Deutschlands 1946/47, Köln 1987, S. 41; Siegfried Mampel, Die Entwicklung der Verfassungsordnung in der Sowjetzone Deutsch-

lands von 1945 bis 1963, in: Jahrbuch des öffentlichen Rechts der Gegenwart, N.F., 13 (1964), S. 455 ff., 499.
[37] Mampel, Die Entwicklung der Verfassungsordnung (wie Anm. 36), S. 455 ff., 506.
[38] v. Schmoller, Die Befugnisse der Besatzungsmächte (wie Anm. 34), S. 5.
[39] Klaus-Dietmar Henke, Politik der Widersprüche. Zur Charakterisierung der französischen Militärregierung in Deutschland nach dem Zweiten Weltkrieg, in: Claus Scharf und Hans-Jürgen Schröder, Die Deutschlandpolitik Frankreichs und die Französische Zone 1945—1949, Wiesbaden 1983, S. 49 ff., 64 f.
[40] Befehl Nr. 2 des Obersten Chefs der Sowjetischen Militärverwaltung in Deutschland zur Bildung und Tätigkeit von antifaschistischen Parteien und die Vereinigung in freien Gewerkschaften vom 10.6.1946, abgedruckt in: v. Münch, Dokumente des geteilten Deutschland (wie Anm. 10), S. 286 f.; zugelassen wurden zunächst die KPD, die SPD, die CDU und die LDP.
[41] Erreicht wurde das beispielsweise durch die Bildung eines »antifaschistischdemokratischen Blocks« als Dachorganisation aller Parteien und später auch Massenorganisationen sowie durch den zwangsweisen Zusammenschluß von SPD und KPD zur SED.
[42] Mampel, Die Entwicklung der Verfassungsordnung (wie Anm. 36), S. 455 ff., 498.
[43] Christoph Kleßmann, Die doppelte Staatsgründung. Deutsche Geschichte 1945—1955, Bonn 1986, S. 73.
[44] Befehl Nr. 17 des Obersten Chefs der Sowjetischen Militärverwaltung in Deutschland betreffend die Einsetzung von deutschen Zentralverwaltungen in der sowjetischen Besatzungszone vom 27.7.1945, abgedruckt in: v. Münch, Dokumente des geteilten Deutschland (wie Anm. 10), S. 289 ff.
[45] Kleßmann, Die doppelte Staatsgründung (wie Anm. 43), Bonn 1986, S. 73.
[46] Mampel, Die Entwicklung der Verfassungsordnung (wie Anm. 36), S. 455 ff., 499.
[47] Vgl. zum folgenden: Edelmann, Der Einfluß des Besatzungsrechts (wie Anm. 23), S. 56 ff.; v. Schmoller, Die Befugnisse der Besatzungsmächte (wie Anm. 34), S. 4 f.
[48] »any national of the United Nations« (US MRG Nr. 2 vom 26.7.1945).
[49] Herbert Maier, Die Entwicklung der kommunalen Politik und Organisation in den drei westlichen Besatzungszonen, in: Becker/Stammen/Waldmann, Vorgeschichte der Bundesrepublik Deutschland (wie Anm. 20), S. 341 ff., 347 ff.
[50] Ebd., und S. 350.
[51] Vgl. hierzu und zum folgenden: Wolfgang Rudzio, Die Neuordnung des Kommunalwesens in der Britischen Zone, Stuttgart 1968, S. 44 ff.; Georg-Christoph v. Unruh, Die Lage der deutschen Verwaltung zwischen 1945 und 1949, in: Kurt G. A. Jeserich, Hans Pohl, Georg-Christoph v. Unruh, Deutsche Verwaltungsgeschichte, Bd 5, Stuttgart 1987, S. 70 ff., 79 ff.
[52] »Democratisation and Decentralisation of Local and Regional Government«, teilweise abgedruckt in: Rudzio, Export englischer Demokratie? (wie Anm. 3), S. 219 ff., 223 ff.

[53] Anlage zur Militärregierungsverordnung (MRVO) Nr. 21, Amtblatt der Britischen Zone (ABL) BZ 1946, S. 127.
[54] Zum britischen Kommunalverfassungssystem siehe Rudzio, Die Neuordnung des Kommunalwesens (wie Anm. 51), S. 29 ff.; zum neuen Kommunalverfassungssystem in der britischen Besatzungszone ausführlich, ebd., S. 50 ff.
[55] Rudzio, Die Neuordnung des Kommunalwesens (wie Anm. 51), S. 54.
[56] Directive on Administrative, Local and Regional Government and the Public Services, Anhang D, § 8: »the nonpolitical servant of the [...] representatives of the people«.
[57] Frank R. Pfertsch, Ursprünge der Zweiten Republik: Prozesse der Verfassungsgebung in den Westzonen und in der Bundesrepublik, Opladen 1990, S. 203 ff.
[58] Rudzio, Die Neuordnung des Kommunalwesens (wie Anm. 51), S. 74 f.
[59] Ebd., S. 124 ff., 147 ff., 174 ff.
[60] Ebd., S. 161.
[61] Dieter Marc Schneider, Der Neuaufbau kommunaler Verwaltungen 1945/46, in: SBZ-Handbuch. Staatliche Verwaltungen, Parteien, gesellschaftliche Organisationen und ihre Führungskräfte in der Sowjetischen Besatzungszone Deutschlands 1945–1949, hrsg. von Martin Broszat und Hermann Weber, München 1990, S. 297 ff., 302 f.
[62] Die demokratische Gemeindeordnung für die sowjetische Besatzungszone Deutschlands vom 14.9.1946, abgedruckt in: Christian Engeli und Wolfgang Haus, Quellen zum modernen Gemeindeverfassungsrecht in Deutschland, Stuttgart, Berlin, Köln, Mainz 1975, S. 732 ff.
[63] Ebd., § 4.
[64] Ebd., §§ 9, 25.
[65] Z.B. durch die 1947 geschaffene Deutsche Wirtschaftskommission, Mampel, Die Entwicklung der Verfassungsordnung (wie Anm. 36), S. 455 ff., 508.
[66] Siehe ausführlich: Peter Knevels, Aufbau und Beseitigung der kommunalen Selbstverwaltung in der Deutschen Demokratischen Republik unter Hervorhebung der geistigen Grundlagen des Verfassungssystems, Jur. Diss. Marburg 1958, S. 19 ff.
[67] Pfetsch, Ursprünge der Zweiten Republik (wie Anm. 57), S. 172. Ausführlich zur Einflußnahme der Amerikaner auf den Verfassungsprozeß ebd., S. 168 ff.
[68] Verhandlungen der Bayerischen Verfassunggebenden Landesversammlung, Sten. Berichte, 10. Sitzung vom 26.10.1946, S. 241.
[69] Pfetsch, Ursprünge der Zweiten Republik (wie Anm. 57), S. 244.
[70] Ausführlich zum Prozeß der Verfassungsgebung in der britischen Zone ebd., S. 194 ff.
[71] Ebd., S. 213.
[72] Ebd., S. 241.
[73] Zum Einfluß der französischen Militärregierung auf den Prozeß der Verfassungsgebung siehe ausführlich ebd., S. 228 ff.
[74] Ebd., S. 239.

75 Vgl. hierzu und zum folgenden: Braas, Die Entstehung der Länderverfassungen (wie Anm. 36), S. 55 ff.; dort sind auch die Verfassungsentwürfe und die endgültig beschlossenen Verfassungen abgedruckt (S. 427 ff.).
76 Aktennotiz über ein Treffen der Vorsitzenden von SED, CDU und LDP mit einem Vertreter der Sowjetischen Militärverwaltung am 15.11.1946, zit. ebd., S. 63.
77 Abgedruckt in: Der Parlamentarische Rat 1948—1949, Akten und Protokolle, Bd 1: Vorgeschichte, bearbeitet von Johannes Volker Wagner, Boppard 1975. Dok. Nr. 1, S. 4: »This constitution should be such as to enable the Germans to play their part in bringing to an end the present division of Germany not by the reconstitution of a centralized Reich but by means of a federal form of government which adequately protects the rights of the respective states, and which at the same time provides for adequate central authority.«
78 Hans-Jürgen Grabbe, Die deutsch-alliierte Kontroverse um den Grundgesetzentwurf im Frühjahr 1949, in: VfZG, 26 (1978), S. 393 ff., 393
79 Die Frankfurter Dokumente sind abgedruckt in: Der Parlamentarische Rat 1948—1949 (wie Anm. 77), Dok. Nr. 4.
80 Hierzu und zum folgenden: Theo Stammen, Gerold Maier, Der Prozeß der Verfassungsgebung, in: Becker/Stammen/Waldmann, Vorgeschichte der Bundesrepublik Deutschland (wie Anm. 20), S. 381 ff., 386 ff.; Erhard H. M. Lange, Die Würde des Menschen ist unantastbar. Der Parlamentarische Rat und das Grundgesetz, Heidelberg 1993, S. 5 ff.; Protokolle der Konferenzen der Ministerpräsidenten sowie der Konferenzen der Militärgouverneure mit den Ministerpräsidenten, abgedruckt in: Der Parlamentarische Rat 1948—1949 (wie Anm. 77), Dok. Nr. 6—13.
81 Antwortnote der Ministerpräsidenten der westdeutschen Besatzungszonen an die Militärgouverneure vom 10.7.1948, abgedruckt in: Der Parlamentarische Rat 1948—1949 (wie Anm. 77), Dok. Nr. 7, S. 143 f.
82 General Clay auf einer Besprechung mit den Ministerpräsidenten der amerikanischen Besatzungszone am 14.7.1948, abgedruckt ebd., Dok. Nr. 8, S. 152 f.
83 Siehe hierzu und zum folgenden: Lange, Die Würde des Menschen ist unantastbar (wie Anm. 80), S. 46 ff., 84 ff.; Hans-Jürgen Grabbe, Die deutsch-alliierte Kontroverse (wie Anm. 78), S. 393 ff., 395 ff.; Stammen/Maier, Der Prozeß der Verfassungsgebung (wie Anm. 80), S. 381 ff., 386 ff.; Wolfgang Benz, »Bewegt von der Hoffnung aller Deutschen«. Zur Geschichte des Grundgesetzes. Entwürfe und Diskussionen 1941—1949, München 1979, S. 40 ff.
84 Abgedruckt in: Lange, Die Würde des Menschen ist unantastbar (wie Anm. 80), S. 51
85 Teilweise abgedruckt ebd., S. 93 f.
86 Stammen/Maier, Der Prozeß der Verfassungsgebung (wie Anm. 80). S. 381 ff., 413.
87 Lange, Die Würde des Menschen ist unantastbar (wie Anm. 80), S. 47.
88 Zum folgenden Kleßmann, Die doppelte Staatsgründung (wie Anm. 43), S. 202 ff.; Gerhard Braas, Verfassungsgebung auf Landes- und zonaler Ebene, in: SBZ-Handbuch (wie Anm. 61), S. 358 ff., 365 ff.

[89] Braas, Verfassungsgebung auf Landes- und zonaler Ebene (wie Anm. 88), S. 358 ff., 365 f.
[90] Kleßmann, Die doppelte Staatsgründung (wie Anm. 43), S. 203.
[91] Braas, Verfassungsgebung auf Landes- und zonaler Ebene (wie Anm. 88), S. 358 ff., 366.
[92] Ebd., S. 358 ff., 367.
[93] Der Verfassungstext ist abgedruckt bei v. Münch, Dokumente des geteilten Deutschland (wie Anm. 10), S. 301 ff.; siehe zum Inhalt auch: Mampel, Die Entwicklung der Verfassungsordnung (wie Anm. 36), S. 455 ff., S. 511 ff.
[94] Siegfried Staritz, Die Entscheidung zur Gründung der DDR. Die Protokolle der Beratungen des SED-Parteivorstandes am 4. und 9. Oktober 1949, in: VfZG, 39 (1991), S. 125 ff., S. 144 f.
[95] Siehe hierzu und zum folgenden: Mampel, Die Entwicklung der Verfassungsordnung (wie Anm. 36), S. 455 ff., 522 ff.
[96] Aus dem Beschluß der 1. Parteikonferenz: Die SED wird »Partei neuen Typus« vom 28.1.1949, abgedruckt in: Hermann Weber, DDR. Dokumente zur Geschichte der Deutschen Demokratischen Republik 1945—1985, München 1986, S. 133 ff.
[97] Erklärung der Regierung der UdSSR über die Gewährung der Souveränität an die Deutsche Demokratische Republik, abgedruckt bei v. Münch, Dokumente des geteilten Deutschland (wie Anm. 10), S. 329 ff.
[98] Abgedruckt bei Weber, DDR (wie Anm. 96), S. 218 ff.
[99] Beschluß der 1. Parteikonferenz: Die SED wird »Partei neuen Typus« vom 28.1.1949, abgedruckt ebd., S. 133 ff., 135.
[100] Hermann Weber, DDR. Grundriß der Geschichte, vollst. überarb. und erg. Neuaufl., Hannover 1991, S. 20.

Walter Schwengler

Das Ende des »Dritten Reiches« — auch das Ende des Deutschen Reiches?

Am 8. Mai 1945 kapitulierte die deutsche Wehrmacht bedingungslos vor den Streitkräften der alliierten Siegermächte. Am 23. Mai wurde die Regierung Dönitz, die letzte, auf zweifelhafter Rechtsgrundlage amtierende Reichsregierung, mit militärischer Gewalt beseitigt; ihre Mitglieder wurden gefangengenommen. Am 5. Juni verkündeten die Oberbefehlshaber der Streitkräfte der vier Besatzungsmächte die »Erklärung in Anbetracht der Niederlage Deutschlands und der Übernahme der obersten Regierungsgewalt hinsichtlich Deutschlands«. In diesem auch als »Berliner Deklaration« bekannten Akt stellten die Sieger fest: »Es gibt in Deutschland keine zentrale Regierung oder Behörde, die fähig wäre, die Verantwortung für die Aufrechterhaltung der Ordnung, für die Verwaltung des Landes und für die Ausführung der Forderungen der siegreichen Mächte zu übernehmen.« Man folgerte, die genannten Aufgaben in eigener Regie durchführen zu müssen, und erklärte: »Die Regierungen des Vereinigten Königreichs, der Vereinigten Staaten von Amerika, der Union der Sozialistischen Sowjet-Republiken und die Provisorische Regierung der Französischen Republik übernehmen hiermit die oberste Regierungsgewalt in Deutschland, einschließlich aller Befugnisse der deutschen Regierung, des Oberkommandos der Wehrmacht und der Regierungen, Verwaltungen oder Behörden der Länder, Städte und Gemeinden.« Zugleich wurde erläuternd konstatiert: »Die Übernahme [...] der besagten Regierungsgewalt und Befugnisse bewirkt nicht die Annektierung Deutschlands.« Man behielt sich freilich vor, »später die Grenzen Deutschlands oder irgendeines Teiles Deutschlands und die rechtliche Stellung Deutschlands oder irgendeines Gebietes, das gegenwärtig einen Teil deutschen Gebietes bildet, fest[zu]legen«. In einer ebenfalls am 5. Juni verkündeten Feststellung wurde bekanntgemacht, daß die oberste Gewalt in Deutschland von den vier Oberbefehlshabern der Besatzungsstreitkräfte auf Weisung ihrer jeweiligen Regierung ausgeübt werde, und zwar durch jeden Oberbefehlshaber in der Besatzungszone seines Landes und von allen gemeinsam in den »Deutschland als Ganzes betreffenden Angelegenheiten«. Zu diesem Zweck bildeten die vier Oberbefehlshaber den Kontrollrat als oberstes alliiertes Organ in Deutschland[1].

Der Zusammenbruch des deutschen Staates, auf den sich die Sieger in der Berliner Deklaration beriefen, war in der Tat gegeben. Auf nahezu allen Ebenen und fast allen Gebieten der staatlichen Tätigkeit war ein Stillstand eingetreten — eine zwangsläufige Folge der im »Dritten Reich« weitgehend verwirklichten Einheit von Staat und Partei. Nur die Kommunal- und Kreisverwaltungen arbeiteten fort, selbstverständlich der Aufsicht und Kontrolle der Besatzungstruppen, die in der Regel neue Bürgermeister und Landräte einsetzten, unterliegend.

1. Problemstellung

Die dargelegten Vorgänge waren politisch und rechtlich höchst bedeutsam. Sie ließen die Frage nach dem Schicksal des deutschen Staates aufkommen. War das Deutsche Reich, insbesondere mangels eigener Organe, untergegangen, oder bestand es fort? Diese Frage klingt akademisch. In der Tat sollte sich die deutsche Staats- und Völkerrechtswissenschaft viereinhalb Jahrzehnte lang permanent mit der Rechtslage Deutschlands beschäftigen[2]. Erst infolge der Wiedervereinigung Deutschlands hat diese Problematik die ihr lange eigene politisch-rechtliche Brisanz verloren. Sie verdient mehr als bisher die Aufmerksamkeit der Historiker, die sich der neuesten deutschen Geschichte widmen. Denn die auf politischer Ebene gefundenen Antworten auf die Frage nach dem Schicksal des Deutschen Reiches haben die staatliche Geschichte Deutschlands von 1945 bis 1990 maßgeblich bestimmt. Sie wirken darüber hinaus in der Gegenwart fort.

Ob das Deutsche Reich noch existiere oder nicht, interessierte die Deutschen zunächst als Frage des Staatsrechts. So war 1945 und in den unmittelbar folgenden Jahren zu klären, wer — neben den Besatzungsbehörden — zur Rechtsetzung befugt sei bzw. inwieweit die neu entstehenden Gebietskörperschaften dazu befugt seien, wer für die privatrechtlichen Verbindlichkeiten ehemaliger Reichs- und Landesbehörden einstehe, wer zur Zahlung der Pensionen für ehemalige Reichsbedienstete und ihre Hinterbliebenen verpflichtet sei.

Fortbestand oder Untergang des Deutschen Reiches waren auch von erheblicher völkerrechtlicher Relevanz. Vorrangig war die Frage von Interesse für das Verhältnis zwischen den Deutschen und den Besatzungsmächten. In knappster Form dargelegt, stellte sich die Rechtslage wie folgt dar: Bestand das Reich fort, so waren die Befugnisse der Besatzungsmächte nach Gewohnheits- und Vertragsrecht begrenzt, denn das Reich war Mitglied der Völkerrechtsgemeinschaft und Vertragspartner des einschlägigen Abkommens betreffend die Gesetze und Gebräuche des Landkriegs von 1907. War das Reich dagegen untergegangen, so waren die Siegermächte aufgrund des Wegfalls des Berechtigten der entsprechenden Bindungen ledig. Die Folgen wären zu regeln, Verfügungen über Land und Leute zu treffen gewesen.

Die Antwort auf die Frage nach dem Schicksal des Deutschen Reiches war — sowohl national wie international — mit Sicherheit am wichtigsten, weil am folgenreichsten, für die Bestimmung des staats- und völkerrechtlichen Status der Bundesrepublik Deutschland. Ihr im Grundgesetz von 1949 formulierter — freilich von den Vier-Mächte-Rechten für Deutschland als Ganzes überlagerter — Status sollte ausschlaggebend sein für ihre Politik in der Deutschen Frage, insbesondere für ihr Verhältnis zur Deutschen Demokratischen Republik, und schließlich für die staatsrechtliche Form der Wiedervereinigung Deutschlands.

2. Die wissenschaftliche Diskussion der Rechtslage Deutschlands 1945—1948

In der folgenden Untersuchung kann nur auf einige der vorgestellten Aspekte eingegangen werden. So wird auf eine Darlegung der von politischer Seite initiierten Bemühungen um eine Feststellung der Rechtslage Deutschlands, die vor allem eine Klärung der Befugnisse der Besatzungsbehörden (vornehmlich hinsichtlich der Demontagen) bezweckten, zugunsten der wissenschaftlichen Diskussion verzichtet. Freilich war das Interesse der Politiker an diesen Rechtsfragen so groß, daß es immer mehr oder weniger enge Verbindungen zwischen Wissenschaft und Praxis gab. Einige der an der wissenschaftlichen Diskussion Beteiligten waren selbst politisch aktiv — zu nennen ist Carlo Schmid —, die meisten waren beratend oder gutachtlich für die Staats- und Senatskanzleien der Länder oder für das »Deutsche Büro für Friedensfragen« tätig[3].

Zum Verständnis der Diskussion der Rechtslage Deutschlands scheint eine knappe Einführung in die rechtliche Problematik angezeigt. Nach Staatenpraxis und Völkerrechtslehre, wie sie sich 1945 darstellten, hat die vollständige kriegerische Niederwerfung eines Staates einschließlich der völligen militärischen Besetzung seines Staatsgebiets noch nicht dessen Untergang als Staat und Rechtssubjekt zur Folge. Die Niederwerfung und Besetzung, die debellatio, geben jedoch dem Sieger den Titel, über Territorium und Einwohner zu verfügen. Mit der Annexion, der ausdrücklichen Erklärung des Siegers, das Staatsgebiet des Gegners in Besitz zu nehmen und seiner Hoheit zu unterstellen, wird die Unterwerfung vollzogen. Die Rechtspersönlichkeit des besiegten Staates findet damit ein Ende. Fraglich war nun, ob die Akte der vier Siegermächte eine Auslöschung des Deutschen Reiches bewirkt hatten.

Die wissenschaftliche Diskussion der Rechtslage Deutschlands war von dem deutsch-österreichischen Staats- und Völkerrechtler Hans Kelsen eröffnet worden. Der als Emigrant in den Vereinigten Staaten lebende Rechtslehrer sah nach der Berliner Deklaration seinen Vorschlag vom Oktober 1944 verwirklicht, die Großmächte sollten nach ihrem Sieg ein Kondominium über Deutschland errichten: Durch die von Vertretern der Regierung Dönitz unterzeichnete bedingungslose Kapitulation, die als Übertragung der Souveränität auf die Siegermächte interpretiert werden könne, spätestens aber durch die Beseitigung dieser Regierung habe Deutschland aufgehört, als Staat im Sinne des Völkerrechts zu existieren, denn das Vorhandensein einer unabhängigen Regierung sei Wesensmerkmal eines Staates. Die vier Alliierten hätten gemäß ihrer Erklärung vom 5. Juni 1945 die oberste Gewalt hinsichtlich Deutschlands übernommen, also Land und Leute ihrer Souveränität unterstellt. Diese Interpretation scheine im Widerspruch zu ihrem ausdrücklichen Verzicht zu stehen, Deutschland zu annektieren. Neben der Annexion, der dauerhaften Begründung der Souveränität des Eroberers, gebe es auch die Möglichkeit, diese zeitweilig zu übernehmen[4].

Die Interpretation Kelsens, das Deutsche Reich sei untergegangen und die vier Alliierten hätten durch die Berliner Deklaration vorübergehend ein Kondominium über Deutschland errichtet, fand sowohl in Deutschland als auch im Ausland mehr Widerspruch als Zustimmung. Die überwiegende Mehrheit der deutschen Staats- und Völkerrechtslehrer hat gegen sie geltend gemacht, der Staat Deutsches Reich sei weder durch debellatio noch durch die bedingungslose Kapitulation, noch aufgrund des Fehlens einer deutschen Gesamtregierung untergegangen. Die militärische Niederringung, die debellatio, sei ein rein faktischer Vorgang, der freilich die rechtliche Möglichkeit eröffne, durch den Akt der Annexion den besiegten Staat auszulöschen. Dieser sei im Falle Deutschlands jedoch nicht vollzogen worden. Ebensowenig habe die bedingungslose Kapitulation, da ein ausschließlich militärischer, vom Oberkommando der Wehrmacht vollzogener Akt, den Untergang des deutschen Staates bewirkt. Auch das Fehlen einer Gesamtregierung nach der Absetzung der Regierung Dönitz sei für den Fortbestand des deutschen Staates juristisch unerheblich; es sei völkerrechtlich unbestritten, daß das vorübergehende Fehlen einer unabhängigen Regierung nicht den Untergang der staatlichen Rechtspersönlichkeit zur Folge habe. Zudem werde seitens der vier Mächte zumindest formell staatliche Hoheitsgewalt auf deutschem Boden ausgeübt. Auch eindeutig deutsche Staatsgewalt sei schon sehr bald nach der Besetzung in Gestalt von Kommunal- und Gebietsverwaltungen, von Länderregierungen sowie von Organen der Rechtspflege wieder in Erscheinung getreten.

Die deutschen Völkerrechtslehrer bekannten sich auf ihrer ersten Tagung nach dem Kriege im März 1947 einhellig zum Fortbestand des Deutschen Reiches als Staat und Völkerrechtssubjekt. Die weiteren Bemühungen der deutschen Rechtswissenschaft um die Rechtslage Deutschlands hatten ganz überwiegend eine Bestätigung dieser Auffassung zum Ergebnis. Zur gängigen Interpretation wurde überdies die Formel, daß das Reich nach wie vor völkerrechtliche Rechtsfähigkeit besitze, seine Handlungsfähigkeit aber — vorübergehend — eingebüßt habe. Die Rechtsauffassung, daß der deutsche Staat, wenn auch handlungsunfähig, fortbestehe, wurde auf der Tagung der deutschen Völkerrechtslehrer im April 1948 fast ausnahmslos vertreten[5]. Sie gehörte zu den Kernaussagen der Abhandlungen »Deutschlands Rechtslage unter der Besatzung« von Professor Erich Kaufmann und »Ein Besatzungsstatut für Deutschland« von Professor Wilhelm Grewe, die in der Wissenschaft und in der interessierten Öffentlichkeit große Beachtung fanden. Die umfassende Monographie von Professor Rolf Stödter »Deutschlands Rechtslage«, erschienen im Herbst 1948, gilt als das Werk, das auch die letzten Zweifel am Fortbestand des Deutschen Reiches beseitigte und die Diskussion zunächst abschloß.

3. Überlegungen und Entscheidungen der »Väter des Grundgesetzes«

Der auf wissenschaftlicher Ebene gefundene Konsens über die Rechtslage Deutschlands war von größter Bedeutung für die weitere politische Entwicklung. Denn als Anfang Juli 1948 die Ministerpräsidenten der elf westdeutschen Länder von den drei westlichen Besatzungsmächten aufgefordert wurden, ein den Ländern übergeordnetes deutsches Staatswesen zu schaffen, stellte sich politisch und rechtlich die Frage, wie man es in Zukunft mit der Einheit von Volk, Nation und Staat halten wolle.

Die Militärgouverneure Frankreichs, Großbritanniens und der Vereinigten Staaten autorisierten die Ministerpräsidenten, eine »Verfassunggebende Versammlung« (constituent assembly) einzuberufen, deren Mitglieder in den Ländern nach Maßgabe der Volksvertretungen zu wählen seien. Aufgabe der Versammlung sollte sein, eine demokratische »Verfassung« (constitution) auszuarbeiten, »die für die beteiligten Länder eine Regierungsform des föderalistischen Typs schafft, die am besten geeignet ist, die gegenwärtig zerrissene deutsche Einheit schließlich wiederherzustellen«. Der Verfassungsentwurf sollte dem Wahlvolk zur Annahme oder Ablehnung vorgelegt werden[6].

Bei einer ersten Beratung gelangten die Ministerpräsidenten zu der Auffassung, daß ein Vorgehen nach den Vorgaben der Militärgouverneure zur Verfassunggebung die Gründung eines westdeutschen Staates herbeiführen würde. Dazu waren sie nicht bereit; sie wollten nicht das Odium, Deutschland geteilt zu haben, auf sich nehmen. Die Ministerpräsidenten hielten es aber für möglich und angezeigt, die drei westlichen Besatzungszonen zu einem einheitlichen Wirtschafts- und Verwaltungsgebiet unter demokratisch legitimierten Leitungsorganen zusammenzufassen. Das Provisorische dieser Lösung, insbesondere das Absehen von einer Staatsbildung sollte in den Formen und in der Begrifflichkeit deutlich zum Ausdruck kommen: keine Urwahl einer Verfassunggebenden Versammlung, sondern Wahl der Mitglieder eines »Parlamentarischen Rates« durch die Landtage, keine Ausarbeitung einer (Staats-)Verfassung, sondern eines »Grundgesetzes« im Sinne eines Organisationsstatuts für ein Verwaltungsgebiet, kein Referendum, sondern Inkraftsetzen des Grundgesetzes nach Anhörung der Landtage aufgrund einer Ermächtigung der Militärgouverneure[7].

Die Generale sahen die Bildung eines Wirtschafts- und Verwaltungsgebiets als ungenügend an. Die Deutschen sollten mehr Befugnisse übernehmen und mehr politische Verantwortung tragen. Den Ministerpräsidenten war bewußt, daß eine kraftvolle Organisation über den Ländern im deutschen Interesse lag. Sie gaben deshalb dem Wunsch nach einer staatlichen Organisation Westdeutschlands nach, hielten aber zugleich an dem Gedanken des Provisoriums fest[8]. In den Verhandlungen mit den Militärgouverneuren gelang es ihnen, die Bezeichnungen »Parlamentarischer Rat« und »Grundgesetz«, eventuell mit dem Zusatz »Vorläufige Verfassung«, durchzusetzen. Die Form der Ratifizierung des Grundgesetzes, deutscherseits wurde eine Genehmigung durch die Landtage gegenüber Referenden entschieden bevorzugt, blieb offen[9].

Die Ministerpräsidenten hatten vermocht, Weichen zu stellen, die Entscheidungen lagen jedoch in der Hand des Verfassunggebers. Welches Selbstverständnis der Parlamentarische Rat zeigen und welches Staatsverständnis er entwickeln würde, war für die Legung der rechtlichen Fundamente des Staates Bundesrepublik Deutschland allein bestimmend[10].

Die wichtigste Frage, auf die der Parlamentarische Rat eine Antwort geben mußte, war wohl, wer Inhaber der konstitutiven Gewalt sei. Lag der pouvoir constituant beim deutschen Volk oder bei den Ländern? Mit dieser Frage war die nach dem Verhältnis zwischen einer neuen staatlichen Ordnung in Westdeutschland und der des Deutschen Reiches, falls eine solche fortbestand, eng verbunden.

Der Verfassungskonvent auf Herrenchiemsee, ein von den Ministerpräsidenten einberufenes Expertengremium zur Ausarbeitung eines Grundgesetzentwurfs, hatte bezüglich dieser Problematik keine Übereinstimmung gefunden. Die Mehrheit des Konvents teilte die Auffassung der meisten deutschen Staats- und Völkerrechtler, daß das Deutsche Reich als Staat und Rechtssubjekt fortbestehe, freilich desorganisiert und »seiner Geschäftsfähigkeit beraubt« sei. Angesichts dessen könne es sich nicht darum handeln, Deutschland staatlich neu zu konstituieren, »sondern ausschließlich darum, es — wenn auch unter Beschränkung auf seine westlichen Gebiete — provisorisch neu zu organisieren«. Damit liege »die konstitutive Gewalt originär bei dem Volke dieses Gebietes, das in seiner Gesamtheit sein ›Staatsvolk‹ ist«. Da das deutsche Volk in Länder gegliedert sei, habe die Neuorganisation »durch das Volk von dem in Ländern gegliederten Volk des neu zu organisierenden Gebietes auszugehen«. Dagegen vertrat eine Minderheit des Verfassungskonvents — und zwar ausschließlich repräsentiert von bayerischen Delegierten — die Auffassung, daß Deutschland aufgrund der 1945 erfolgten Debellation als Staat untergegangen sei und neu konstituiert werden müsse. Dies sei mangels eines organisierten Staatsvolkes Sache der nach Kriegsende als Staaten neu entstandenen Länder. Sie sollten zur Wahrung der gemeinsamen Angelegenheiten des deutschen Volkes eine »bundesstaatliche Gemeinschaft« des Namens »Bund deutscher Länder« bilden. Dieser Bund, zumindest vorläufig als Staatsfragment zu verstehen, wäre eine Neuschöpfung, die kein rechtliches Band mit der Vergangenheit verknüpfen würde[11].

Im Parlamentarischen Rat stieß die Vorstellung, daß die konstitutive Gewalt bei den Ländern liege, auf nahezu einmütige Ablehnung. Denn sie widersprach der Auffasung der Mehrheit der Ratsmitglieder von der Kontinuität des deutschen Staates. Zudem verstanden sich *alle* Abgeordneten als Repräsentanten des deutschen Volkes, auch jene, die wiederholt auf die Mitwirkung der Länder bei der Verfassunggebung hinwiesen und dieses Faktum im Text des Grundgesetzes ausgedrückt sehen wollten[12]. Der Parlamentarische Rat hatte keine Zweifel, daß neben der Einheit des Staatsvolkes auch das deutsche Staatsgebiet, jedenfalls der Substanz nach, erhalten geblieben sei. Gleichfalls schien die deutsche Staatsgewalt gewahrt worden zu sein, und zwar »sowohl von oben her durch die treuhänderische Wahrnehmung der zentralen Staatsfunktionen durch den Kontrollrat und die einzelnen Besatzungsmächte, als auch von unten her durch die treuhänderische Wahrnehmung gesamtdeutscher Aufgaben zunächst durch die kleineren Gebietskörperschaften und dann durch die Länder«[13].

Der Parlamentarische Rat formulierte die staats- und völkerrechtliche raison d'être der Bundesrepublik in der Präambel des Grundgesetzes von 1949. Nach seinem ausdrücklichen Willen enthielt diese »rechtlich erhebliche Feststellungen, Bewertungen, Rechtsverwahrungen und Ansprüche zugleich«[14]. Sie war von der Intention her mehr als ein pathetischer Vorspruch. Das Bundesverfassungsgericht erkannte diesen Anspruch an, indem es 1956 judizierte, der Präambel komme vornehmlich politische, aber »auch rechtliche Bedeutung« zu[15].

In der Urfassung der Präambel hieß es: »Von dem Willen beseelt, seine nationale und staatliche Einheit zu wahren [...] hat das Deutsche Volk in den Ländern Baden, Bayern [...] kraft seiner verfassungsgebenden Gewalt dieses Grundgesetz der Bundesrepublik Deutschland beschlossen.« Die Präambel gab also authentisch Auskünfte zu den hier interessierenden Fragen. Als Schöpfer des Grundgesetzes und damit Inhaber des pouvoir constituant wurde das deutsche Volk genannt. Dabei handelten die Mitglieder des Parlamentarischen Rates, obwohl sie sich nur auf ein Mandat der westdeutschen Bevölkerung berufen konnten, ihrem Selbstverständnis nach auch für jene Deutschen, »denen mitzuwirken versagt war«. Mit der Bekundung des Willens, die »nationale und staatliche Einheit zu wahren«, bekannte sich der Verfassunggeber zum Fortbestand des (gesamt-)deutschen Staatsvolkes und zum Fortbestand Deutschlands als Rechtssubjekt.

Aus dem Bekenntnis zur Kontinuität deutscher Staatlichkeit ergab sich, wenn auch nicht zwingend, so doch ganz natürlich der schon erwähnte Gedanke, daß Deutschland als Staat nicht neu konstituiert, sondern nur neu organisiert werden müsse. Der Verfassunggeber brachte ihn in der Präambel mit den Worten zum Ausdruck, daß das Grundgesetz beschlossen worden sei, »um dem staatlichen Leben für eine Übergangszeit eine neue Ordnung zu geben«. Im Verständnis des Parlamentarischen Rates wurde also kein neuer, westdeutscher Staat gegründet, sondern — wie Carlo Schmid es einmal formulierte — »lediglich das politische Leben der Deutschen in einem Teil des gesamtdeutschen Staatsgebietes ›in Verfassung‹ gebracht«[16]. Wenn somit kein neuer Staat geschaffen worden ist, sondern der überkommene gesamtdeutsche nur eine neue Verfassung erhalten hat, dann lebt die alte Rechtspersönlichkeit, das Deutsche Reich, in neuer Form fort. Juristisch gesehen besteht zwischen dem alten Staat und dem nur scheinbar »neuen« Identität. Dennoch verzichtete der Parlamentarische Rat darauf, die rechtliche Identität zwischen beiden auch in der Namengebung kenntlich zu machen. Er sah bewußt davon ab, die über eintausend Jahre alte staats- und völkerrechtliche Bezeichnung Deutschlands, den ehrwürdigen Namen »Deutsches Reich«, weiter zu verwenden. Die Untaten, die während der Herrschaft des Nationalsozialismus in diesem Namen begangen worden waren, und die Gefahr, daß der alte Name zu unzeitgemäßen Hoffnungen und Ansprüchen Anlaß geben könnte, schienen dies zu verbieten[17]. Der Verfassungskonvent auf Herrenchiemsee hatte vorgeschlagen, das reorganisierte Deutschland »Bund deutscher Länder« zu nennen. Dem Ratsmitglied Theodor Heuss klang die Bezeichnung zu provisorisch. Insbesondere bemängelte er, daß von ihr zuwenig symbolische Ausstrahlung ausgehe. Sein Vorschlag, als neuen Namen »Bundesrepublik Deutschland« zu wählen, fand Zustimmung. Der Name »Bundesrepublik Deutschland« enthält die damals programmatische Aussage, daß das Gemeinwesen ganz Deutschland in sich begreift[18]. Etwa dieselbe Programmatik sprach auch aus den für die Bundesflagge gewählten und im Grundgesetz festgeschriebenen Farben »schwarz-rot-gold«, sind sie doch Symbol für das Streben des deutschen Volkes nach Einheit und Freiheit[19].

Die Entscheidung für das Entstehen einer Bundesrepublik Deutschland, die rechtlich das Deutsche Reich fortsetzt, ja die rechtlich mit diesem sogar identisch ist, hätte die Grundlage bilden können, etwas Endgültiges zu schaffen. Dies hätte die Ausrufung eines gesamtdeutschen Staates im Westen Deutschlands sein können, was die Bildung eines Staates mit einem als Rechtsanspruch verstandenen Begehren auf Wiedererlangung aller Gebiete, die zum Deutschen Reich in den Grenzen vom 31. Dezember 1937 gehörten, bedeutet hätte. Voraussetzung dafür wäre freilich gewesen, daß man die sowjetische Besatzungszone Deutschlands als ein unter fremder Hoheit stehendes und zu befreiendes Gebiet, als Irredenta, begriffen hätte. Doch lagen im Sommer/Herbst 1948 kaum Gründe vor, eine Separation Ostdeutschlands als vollzogen anzusehen. Selbst die vier Besatzungsmächte hatten noch nicht aufgehört, Deutschland als Einheit zu verstehen, wie etwa die Behandlung der Deutschlandfrage im Rat der Außenminister zeigte. Es konnte nicht im deutschen Interesse liegen, durch eigenes Tun dazu beizutragen, das allseits anerkannte Provisorium der Zonenherrschaft in das Definitivum der Separation Ostdeutschlands zu überführen[20]. Deshalb sollte in Westdeutschland kein »Vollstaat« mit einer »Vollverfassung«, sondern nur etwas Provisorisches entstehen, nämlich ein Staatsfragment, für dessen Organisation ein Grundgesetz zur Bestimmung seiner inneren Ordnung notwendig, zugleich aber auch ausreichend zu sein schien.

Im Parlamentarischen Rat war man sich von Anfang an der Schwierigkeit bewußt, den Charakter der neuen staatlichen Ordnung als Provisorium zu verdeutlichen, denn auch das Staatsfragment sollte — sowohl nach deutscher Auffassung wie nach der Vorgabe der Westalliierten — über eine volle Legislative und eine volle Exekutive nach innen verfügen und eine umfassende Gerichtsbarkeit besitzen. Im Bericht des Verfassungskonvents auf Herrenchiemsee hieß es dazu, daß das Fragmentarische »weniger in der Gestaltung der einzelnen Institutionen zum Ausdruck [kommen werde] als in deren innerer Begrenzung auf die durch den äußeren Zwang heute noch eingeschränkten Möglichkeiten«[21]. Carlo Schmid räumte vor dem Parlamentarischen Rat ein, daß die Grenzen zwischen »Vollstaat« und Staatsfragment sowie zwischen »Vollverfassung« und Grundgesetz »eine Frage der praktischen Beurteilung im Einzelfall« sei. Doch trotz ihres fragmentarischen Charakters solle die neue Ordnung so ausgestaltet werden, daß bei Ausweitung der gewährten Freiheitssphäre die geschaffene Organisation fähig sei, sie voll auszufüllen[22].

Während der Arbeit am Grundgesetz erwies es sich nicht nur als schwierig, diese nicht gerade einfache Konzeption umzusetzen, sondern noch schwieriger, sie durchzuhalten. Es zeigte sich, daß die Artikulation mancher zur Regelung des politischen und gesellschaftlichen Lebens an sich wünschenswerter Normen den Drang zur Vollverfassung verstärkte. Zudem gab es Ratsmitglieder, die — wie die Vertreter der Deutschen Partei — den Gedanken des Provisoriums ablehnten oder — wie die Vertreter der FDP — ihm skeptisch gegenüberstanden. Die von Heuss vorgebrachten Vorbehalte gegen ein Zuviel an Provisorium und seine Mahnung, strukturell etwas Stabileres und etwas mit Symbolwirkung zu schaffen, setzten sich gegen die insbesondere seitens der SPD vertretene Idee des reinen Organisationsstatuts, einer Verfassung ohne Grundrechtskatalog, durch. Dies kam nicht nur in der Wahl des Namens Bundesrepublik Deutschland und in der Bestimmung der Bundesflagge zum Ausdruck, sondern auch in der Einrichtung des Amtes des Bundespräsidenten. Der von der SPD vertretene Gedanke, den Fragmentcharakter des neuen Staatswesens hervorzuheben, indem man auf das Amt oder vorläufig zumindest auf die Bestellung eines Staatsoberhauptes verzichte, fand keine Zustimmung. Er unterlag der Erwartung, daß von dem Amt wie von der Person des Bundespräsidenten eine deutliche Symbolwirkung ausgehen werde[23]. In einem Bereich allerdings kam die Vorstellung der SPD vom vorläufigen Charakter des Grundgesetzes ungehindert zum Zuge, und zwar aufgrund eines selbst dargebrachten Opfers, nämlich ihrer Zurückhaltung bei der verfassungsrechtlichen Absicherung eigener Wünsche und solcher der Gewerkschaften hinsichtlich der Gestaltung der Wirtschafts- und Sozialordnung. Der Katalog der Grundrechte sollte auf die herkömmlichen Individualrechte beschränkt werden und die sogenannten Lebensordnungen erst in einer gesamtdeutschen Verfassung, also unter Beteiligung des gesamten Staatsvolkes, eine Festlegung erfahren[24].

Als Resümee einer Untersuchung zur Konzeption der neuen staatlichen Ordnung darf die Feststellung gelten, die schon Mitahandelnde trafen, daß bei der Arbeit am Grundgesetz das Streben nach Vollständigkeit und Perfektion die Idee des Provisoriums in den Hintergrund drängte[25]. Als Ergebnis entstand eine eigenartige Zwischenform zwischen vorläufiger Satzung und Konstitution: Das Grundgesetz in seiner Urfassung stellte sich in Form und Inhalt als eine Vollverfassung dar, ließ aber wichtige Bereiche des staatlichen und gesellschaftlichen Lebens ungeregelt, insbesondere enthielt es keine Vorkehrungen für den Fall des inneren Notstands und für den Schutz des Bundesgebiets nach außen. Der Eindruck einer Vollverfassung wurde durch Artikel 79 ungemein bestätigt. Er schreibt vor, daß die Grundentscheidungen für einen demokratischen und föderativen Staatsaufbau unabänderlich sind und zulässige Änderungen des Grundgesetzes einer Zweidrittel-Mehrheit im Bundestag und Bundesrat bedürfen. Diese Normierungen schienen mit dem erklärtermaßen provisorischen Charakter des Grundgesetzes kaum vereinbar zu sein[26].

Dennoch wurde der vorläufige Charakter der neuen Ordnung seitens des Parlamentarischen Rates unschwer erkennbar dokumentiert. Schon die Bezeichnung »*Grundgesetz für* die Bundesrepublik Deutschland« unterscheidet sich in markanter Weise von der nationalstaatlichen, 1871 und 1919 selbstverständlich gebrauchten Form »*Verfassung des* Deutschen Reichs«. Rechtlich von größerer Relevanz war das Festhalten an der Ratifikation durch die Landtage der elf Bundesländer. Der bei der 2. Lesung gestellte und bei der 3. Lesung wiederholte Antrag, über das Inkrafttreten des Grundgesetzes das Volk abstimmen zu lassen, verfiel der Ablehnung, um dessen Wesen als »Notbau« hervorzuheben[27]. Bewußt wurde ihm die Sanktionierung, die einer Vollverfassung in der Regel zukommt, vorenthalten. Auch im Text des Grundgesetzes fand das Provisorium Ausdruck. Die Präambel nannte als Zweck der Verfassunggebung, »dem staatlichen Leben für eine Übergangszeit eine neue Ordnung zu geben«. Sie forderte das »gesamte Deutsche Volk« auf, »in freier Selbstbestimmung die Einheit und Freiheit Deutschlands zu vollenden«. Diesem Ziel sollte das Grundgesetz nicht im Wege stehen. Artikel 146 bestimmte deshalb, daß es seine Gültigkeit an dem Tage verliert, »an dem eine Verfassung in Kraft tritt, die von dem deutschen Volke in freier Entscheidung beschlosen worden ist«. Neben dem zeitlichen Offensein des Grundgesetzes stand das räumliche. Gemäß Artikel 23 (Urfassung) galt es »zunächst« in den elf westdeutschen Ländern und Groß-Berlin. Darüber hinaus war vorgesehen, daß es »in anderen Teilen Deutschlands«, die der Bundesrepublik beitreten, durch Bundesgesetz in Kraft zu setzen sei. Gleichwohl sollte das Grundgesetz nach der Intention des Parlamentarischen Rates durch den Beitritt aller deutschen Gebiete nicht zu einer dauerhaften gesamtdeutschen Verfassung werden[28].

4. Deutschlandrechtliche Positionen der Bundesrepublik und der DDR

Die vom Verfassunggeber formulierten Vorgaben, die Gebote und Verbote des Grundgesetzes, verpflichten die deutschen Staatsorgane. Die verschiedenen Bundesregierungen waren daher in allen deutschlandpolitischen Fragen, das hieß Fragen, welche den völkerrechtlichen Status der Bundesrepublik Deutschland, deren Verhältnis zur Deutschen Demokratischen Republik und zu »Deutschland als Ganzem« betrafen, nicht gänzlich frei, sondern — wie aufgezeigt — in besonderer Weise verfassungsrechtlich gebunden.

Während der Kanzlerschaft Konrad Adenauers gehörte die im Grundgesetz nicht expressis verbis ausgesprochene, diesem aber unterliegende Idee der rechtlichen Identität der Bundesrepublik Deutschland mit dem Deutschen Reich zu den beachteten Leitlinien der Innen- und Außenpolitik[29]. Adenauer gab dieser Haltung wiederholt Ausdruck, am prägnantesten wohl in der Regierungserklärung vom 7. April 1954. Er führte damals aus,

> »daß es nur *einen* deutschen Staat gibt, gegeben hat und geben wird und daß es einzig und allein die Organe der Bundesrepublik Deutschland sind, die heute diesen niemals untergegangenen deutschen Staat vertreten. Daran ändert auch die schmerzliche Wirklichkeit nichts, daß die deutsche Staatsgewalt heute nicht einheitlich in allen Teilen Deutschlands ausgeübt werden kann[30].«

Die erste und zweite Bundesregierung vertraten den Rechtsstandpunkt der Identität, der logischerweise die Kontinuität, also das Fortbestehen des Deutschen Reiches, in sich begriff, außenpolitisch mit Beharrlichkeit. Sie vermochten diesen — zumindest nach deutscher Ansicht —

in einer Reihe von Akten Anerkennung zu verschaffen, u. a. bei den Regelungen zur Beendigung des Kriegszustands, bei der Wiederanwendung völkerrechtlicher Verträge des Reiches, deren Wirkung durch den Krieg beendet worden war, bei der Regelung der auswärtigen Schulden des Reiches (sog. Londoner Schuldenabkommen)[31]. Weiterhin nahm die Bundesregierung in Anspruch, nicht nur aufgrund ihres Identitätsverständnisses, sondern auch aufgrund ihrer demokratischen Legitimation, die der Regierung der DDR abging, das deutsche Volk in internationalen Angelegenheiten allein zu vertreten[32]. Sie erblickte deshalb in der Aufnahme diplomatischer Beziehungen mit der DDR durch dritte Staaten, mit denen sie offizielle Beziehungen unterhielt, einen unfreundlichen Akt gegenüber der Bundesrepublik, dies um so mehr, als sie der DDR keinen Staatscharakter zuerkannte. Mit der heftigsten Gegenmaßnahme, dem Abbruch der diplomatischen Beziehungen ihrerseits (sog. Hallstein-Doktrin)[33], reagierte die Bundesregierung im Oktober 1957 gegenüber Jugoslawien, einem Staat, der damals in der internationalen Politik eine beachtliche Rolle spielte. Unbeschadet der Identitätsvorstellung nahmen Bundesorgane nicht in Anspruch, Hoheitsgewalt außerhalb des Geltungsbereichs des Grundgesetzes gemäß dessen Artikel 23 (Erstfassung) auszuüben.

Abgesehen von einer leichten Modifizierung der Hallstein-Doktrin, dem Abschluß von Handelsabkommen und dem Austausch von Handelsmissionen mit Rumänien, Ungarn und Bulgarien (Ende 1963/Anfang 1964), unterschied sich die Deutschlandpolitik der Regierung Erhard nicht von der vorangegangenen[34]. Neue Akzente setzte erst die Große Koalition. Die Regierung Kiesinger zeigte Bereitschaft, mit der DDR über eine Verbesserung der innerdeutschen Beziehungen zu verhandeln, sie handhabte die Hallstein-Doktrin flexibler (Aufnahme diplomatischer Beziehungen mit Rumänien Mitte 1967 und Wiederaufnahme derselben mit Jugoslawien Anfang 1968)[35].

Die neue Ostpolitik der Regierung der Sozial-liberalen Koalition, auf der Akzeptanz der von der Sowjetunion nach dem Zweiten Weltkrieg in Europa geschaffenen machtpolitischen Realitäten beruhend und auf eine Entspannung zielend, umfaßte die Anerkennung der DDR als Staat und eine Normalisierung der deutsch-deutschen Beziehungen[36]. Der zu diesem Zweck geschlossene »Vertrag über die Grundlagen der Beziehungen«[37] stand nach Meinung der ihn verantwortenden Bundesregierung durchaus im Einklang mit dem Grundgesetz, weil er am Fortbestand Deutschlands sowohl staatsrechtlich als auch völkerrechtlich festhalte, die Qualifizierung der DDR als Ausland vermeide, die Einheit der deutschen Nation und der deutschen Staatsangehörigkeit wahre sowie eine völkerrechtliche Anerkennung der DDR nicht beinhalte. Trotz dieser der Identitätsvorstellung folgenden Argumentation vertrat die Regierung Brandt/Scheel den Standpunkt, »das Grundgesetz enthalte keine Festlegung auf die ›Identitätsthese‹, sondern unterscheide zwischen der Bundesrepublik Deutschland und [Gesamt-]*Deutschland*«[38]. Obwohl das Urteil des Bundesverfassungsgerichts zum Grundlagenvertrag nicht so schlüssig war, daß es hätte befriedigen können, läßt sich sagen: Das Gericht bestätigte, daß das Grundgesetz von der Kontinuität des Deutschen Reiches ausgehe; es befand, daß das Reich als rechtsfähiger, aber nicht handlungsfähiger Staat fortbestehe; es pflichtete der Identitätsvorstellung, allerdings in einer besonderen Variante, bei[39]. Die in der Urteilsbegründung enthaltenen Ausführungen, als »Teil der die Entscheidung tragenden Gründe«[40] den Verfassungsorganen zur Beachtung aufgegeben, stellten für die Deutschlandpolitik so enge rechtliche Bindungen dar, daß für Modifikationen in der Staatspraxis kein Raum blieb[41].

Ebenso wie die Bundesrepublik verstand sich auch die Deutsche Demokratische Republik zunächst als eine Reorganisation gesamtdeutscher Staatlichkeit[42]. Der Verfassung vom 7. Oktober 1949 lag die Rechtsauffassung vom Fortbestand des deutschen Staates und von der Identität der DDR mit diesem zugrunde. Die Regierung der DDR beanspruchte, den (gesamt-)deutschen Staat zu vertreten, wie etwa das Abkommen über die Markierung der »deutsch-polnischen Staatsgrenze« zeigte. Die Verfassung kannte keinen vorläufigen Geltungsbereich analog zur Erstfassung des Artikels 23 des Grundgesetzes; dennoch beschränkten die Organe der DDR die Ausübung hoheitlicher Gewalt auf das Gebiet der sowjetischen Besatzungszone. Schon 1951 setzte ein Wandel in der Beurteilung der Rechtslage ein[43]. Gerichte und Wissenschaft, beide bereits damals nicht frei und unabhängig, begannen die DDR als einen neuen Staat anzusehen, dadurch charakterisiert, daß die Staatsgewalt nicht wie vormals in den Händen des Monopolkapitals, sondern in denen der Werktätigen liege. Die Veränderungen hinsichtlich der Staatsgewalt, so behauptete man, schließe eine Identität mit dem Deutschen Reich aus, dieses sei vielmehr infolge der debellatio 1945 untergegangen. Regierungsmitglieder sprachen in den Jahren 1953/1954 sowohl von »beiden

Teilen Deutschlands« als auch von »zwei Staaten in Deutschland«. Nach der Gipfelkonferenz in Genf war nur noch die zweite Formulierung gebräuchlich. Eine Konkretisierung erfolgte 1956 dahingehend, daß »beide deutsche Staaten Nachfolgestaaten des ehemaligen Deutschen Reiches sind«[44]. Die offizielle Zwei-Staaten-Theorie hatte mithin den Untergang des Reiches zur Voraussetzung; sie hatte zur Folge, daß eine rechtliche Identität zwischen der Bundesrepublik und dem Reich abgelehnt und der — unter anderem — darauf aufbauende Alleinvertretungsanspruch der Bundesrepublik heftig bekämpft wurde. Die weitere Politik der DDR war gekennzeichnet von einem übertriebenen Streben nach völkerrechtlicher Anerkennung sowie dem Kappen aller rechtlichen Elemente staatlicher und nationaler Einheit[45].

5. Deutschlandrechtliche Positionen der Vier Mächte

Von der Berliner Deklaration 1945 bis zur Wiedervereinigung 1990 lag die Bestimmung der Rechtslage Deutschlands nicht nur in deutschen Händen. Zur Zeit der Besatzungsherrschaft bedurften alle völkerrechtlichen Akte, soweit die Besatzungsmächte diese nicht selbst vornahmen, ihrer Genehmigung oder zumindest ihrer Billigung. Als die drei (West-)Mächte das Besatzungsregime in der Bundesrepublik beendeten, behielten sie »die bisher von ihnen ausgeübten oder innegehabten Rechte und Verantwortlichkeiten in bezug auf Berlin und auf Deutschland als Ganzes einschließlich der Wiedervereinigung Deutschlands und einer friedensvertraglichen Regelung«[46] bei. Auch die Sowjetunion behielt sich gegenüber der DDR vor, ihren »Verpflichtungen [aus] den bestehenden internationalen Abkommen, die Deutschland als Ganzes betreffen«, nachzukommen[47].

Quelle dieser »Rechte und Verantwortlichkeiten« bzw. dieser »Verpflichtungen« waren die Deutschland betreffenden Vereinbarungen der Vier Mächte aus den Jahren 1944 und 1945[48]. In diesen gebrauchten sie »Deutschland« überwiegend nicht als geographische Bezeichnung, sondern vornehmlich als Rechtsbegriff. Da es einen Staat oder ein Völkerrechtssubjekt mit dem Namen »Deutschland« nie gegeben hat, ist davon auszugehen, daß die Vertragschließenden »Deutschland« und »Deutschland als Ganzes« als Synonym für »Deutsches Reich« verwandten⁴⁹. Gerade die Tatsache, daß die Hauptsiegermächte Deutschland weder annektieren noch aufteilen wollten, sondern Vereinbarungen über die »Behandlung Deutschlands« trafen, demonstrierte dies Festhalten am Völkerrechtssubjekt.

Von den drei Westmächten ließen Großbritannien und die Vereinigten Staaten niemals einen Zweifel am Fortbestehen des Deutschen Reiches als Staat und Rechtssubjekt aufkommen. Die Haltung der französischen Regierung war dagegen schwankend. Der einschlägigen deutschen Diskussion bei der Beratung des Grundgesetzes haben die drei Mächte bzw. ihre Vertreter offenbar keine Aufmerksamkeit geschenkt. Erst als die Bundesrepublik Deutschland die diplomatische Bühne betrat, sah man die Frage, welchen völkerrechtlichen Status sie besitze, als akut an. Die Außenminister der drei Westmächte nahmen auf ihrer Konferenz in New York in doppelter Form Stellung, nämlich in einem am 19. September 1950 bekanntgegebenen Kommuniqué und in einer an die Bundesregierung gerichteten Mitteilung.

Im Kommuniqué erkannten die Regierungen der drei Mächte »die Regierung der Bundesrepublik« an »als die einzige frei und gesetzlich [legitimately] konstituierte deutsche Regierung, die infolgedessen befugt ist, in internationalen Angelegenheiten als Vertreter des deutschen Volkes für Deutschland zu sprechen«⁵⁰. Die Bundeskanzler Adenauer übergebene Mitteilung, die trotz der Neugier der interessierten deutschen Öffentlichkeit fast drei Jahrzehnte geheim gehalten wurde, bestand aus einer »Formel zur Definition des rechtlichen Status der Bundesrepublik« und einem begleitenden »Interpretativprotokoll«⁵¹. In der »Formel« erklärten die drei Regierungen u.a.:

»Sie erkennen an, daß [...] die Regierung der deutschen Bundesrepublik die einzige rechtmäßig konstituierte deutsche Regierung ist, die im Namen Deutschlands sprechen und das deutsche Volk in internationalen Angelegenheiten vertreten kann. Sie sind demnach der Auffassung, daß bis zur Friedensregelung [...] diese Regierung allein legitimiert ist, die Rechte und Verpflichtungen des früheren deutschen Reiches zu übernehmen«.

In dem »Interpretativprotokoll«, das eine autoritative Auslegung der (oben nur auszugsweise zitierten) »Formel« bezweckte, hieß es:

»Die [...] Formel geht von der Voraussetzung aus, daß der deutsche Staat fortbesteht, und sie behält ausdrücklich den Besatzungsmächten die oberste Gewalt vor. [...]
Diese Formel [...] anerkennt, daß die Herrschaftsgewalt der Bundesrepublik in Deutschland auf ihr eigenes Gebiet beschränkt ist [...].

[...] die Formel [anerkennt] den vorläufigen Charakter dieser Republik. Sie beinhaltet daher keine Anerkennung der Regierung der Bundesrepublik als de jure Regierung ganz Deutschlands«.

Grundlage der Stellungnahme der Westmächte zum Rechtsstatus der Bundesrepublik war die gemeinsame Auffassung, »daß der deutsche Staat fortbesteht«. Damit konnte nur das Deutsche Reich gemeint sein. Die drei Mächte unterschieden jedoch zwischen dem deutschen Gesamtstaat und der Bundesrepublik. Sie billigten allerdings der Regierung der Bundesrepublik — und zwar nur ihr, weil sie im Gegensatz zu der als Regime der Sowjetunion verstandenen Regierung in Ost-Berlin demokratisch legitimiert war — das Recht zu, das deutsche Volk auf internationaler Ebene zu vertreten und Rechte und Pflichten des Reiches zu übernehmen. Letzteres gestanden sie freilich nur in dem Umfang zu, wie die Bundesorgane de facto Rechte ausüben und Pflichten nachkommen konnten.

Bei den Verhandlungen über den Beitritt der Bundesrepublik zum Nordatlantikvertrag im Herbst 1954 bestätigten die Regierungen der drei Mächte, daß »sie die Regierung der Bundesrepublik Deutschland als die einzige deutsche Regierung betrachten, die [...] berechtigt ist, für Deutschland als Vertreter des deutschen Volkes in internationalen Angelegenheiten zu sprechen«[52]. Unbeschadet des Dissenses, der zumindest zeitweilig zwischen der französischen und der Bundesregierung bestand, ob die »Formel« und das »Interpretativprotokoll« von 1950 auch nach dem Inkrafttreten des Deutschlandvertrags fortgalten[53], läßt sich feststellen, daß die drei Mächte — wohl bis zur Wiedervereinigung andauernd — eine andere Auffassung von der Rechtslage Deutschlands hatten als die Bundesregierung: Obwohl Übereinstimmung über das Fortleben des Deutschen Reiches als Staat und Völkerrechtssubjekt bestand, teilten die drei Mächte nicht die deutsche Ansicht der rechtlichen Identität zwischen Bundesrepublik und Reich. Vielmehr verstanden sie die Bundesrepublik als Teil des fortbestehenden Gesamtstaats — ein Teil neben anderen. Die Bundesregierung wurde nicht als Organ des Gesamtstaates betrachtet, sondern nur als legitimiert angesehen, dessen »Rechte und Verpflichtungen [...] zu übernehmen«.

Ebenso wie die Westmächte ist auch die Sowjetunion nach der Debellation des Deutschen Reiches von dessen Fortbestand als Staat und Völkerrechtssubjekt ausgegangen. Diese Rechtsauffassung scheint ihrer Deutschlandpolitik in den folgenden zehn Jahren unterlegen zu haben. Zum Beispiel erklärte das Präsidium des Obersten Sowjets im Januar 1955 den »Kriegszustand zwischen der Sowjetunion und Deutschland« für beendet. In dem Erlaß hieß es eindeutig: »Die Verkündung der Beendigung des Kriegszustandes mit Deutschland ändert nichts an seinen internationalen Verpflichtungen und berührt nicht die Rechte und Pflichten der Sowjetunion, die sich aus den bestehenden, Deutschland als Ganzes betreffenden internationalen Abkommen der vier Mächte ergeben[54].« Noch im Jahre 1955 begann die Sowjetunion aber, sich die in der DDR entwickelte Zwei-Staaten-These, wenn auch in abgeschwächter Form, zu eigen zu machen[55]. Auf den von Bundeskanzler Adenauer bei seinem Besuch in Moskau angemeldeten, den deutschlandrechtlichen Standpunkt der Bundesregierung wahrenden Vorbehalt ließ der Kreml die amtliche Nachrichtenagentur TASS antworten: »Die Sowjetregierung betrachtet die Deutsche Bundesrepublik als einen Teil Deutschlands. Ein anderer Teil Deutschlands ist die Deutsche Demokratische Republik[56].« Diese Entgegnung und ähnliche Äußerungen sowie die Formulierung im Entwurf eines Friedensvertrags vom 10. Januar 1959 »Deutschland, gegenwärtig vertreten durch die Deutsche Demokratische Republik und die Bundesrepublik Deutschland«[57], lassen nicht erkennen, wie man in Moskau über das Schicksal des Deutschen Reiches dachte. Als sowjetische Auffassung ist vorstellbar, daß die zwei deutschen Staaten in West und Ost unter einem fortbestehenden, aber nicht handlungsfähigen Gesamtstaat existierten. Allerdings legen Äußerungen wie »auf dem Gebiet des ehemaligen Deutschen Reiches« seien »zwei souveräne Staaten entstanden«[58] oder Bundesrepublik und DDR seien »Rechtsnachfolger des ehemaligen Reiches«[59] die Interpretation nahe, daß das Reich als untergegangen angesehen wurde. Insbesondere der Terminus »Rechtsnachfolger« implizierte nach deutschem Rechtsverständnis in West und Ost das Verschwinden des Rechtsvorgängers. Doch sowjetische Völkerrechtler von Ruf sahen dies anders, nicht so dogmatisch[60]. Auffällig ist weiterhin, daß die Sowjetunion zwar an den Vier-Mächte-Rechten immer festhielt, aber seit Beginn der sechziger Jahre in der Vertragspraxis vermied, das Bezugsobjekt der Rechte und Verantwortlichkeiten — »Deutschland« bzw. »Deutschland als Ganzes« — zu nennen[61].

Im Ergebnis ist festzustellen, daß die Haltung der Sowjetunion zur Rechtslage Deutschlands für viele Jahre nicht eindeutig erkennbar ist.

Insbesondere fehlen Äußerungen zu der Frage, ob das Deutsche Reich bzw. der deutsche Gesamtstaat als rechtlich existent oder als untergegangen angesehen wurde. In dieser Hinsicht scheint man im Kreml Rücksicht auf die DDR genommen zu haben, die ein Interesse daran hatte, »Deutschland« zu den Akten zu legen.

Wahrscheinlich liegt man mit der Annahme nicht falsch, daß nach der diplomatischen Anerkennung der DDR durch die Westmächte alle vier Mächte ein *im Prinzip* übereinstimmendes Bild von der Rechtslage Deutschlands hatten: Deutschland als Ganzes bestand als rechtsfähiger, aber nicht handlungsfähiger Staat fort, es war Bezugsobjekt der Rechte und Verantwortlichkeiten der Vier Mächte. Unter dem Dach des Gesamtstaats existierten zwei — durch die Vorbehaltsrechte der ehemaligen Besatzungsmächte beschränkt — souveräne deutsche Staaten, welche Staatsgewalt nur in dem ihrer Hoheit unterstehenden Teil des deutschen Staatsgebiets ausübten. Ein Anspruch der Bundesrepublik auf rechtliche Identität mit dem Deutschen Reich, soweit nach 1969 noch erhoben, wurde nicht anerkannt. Dagegen wurde das politische Ziel der Bundesrepublik, »auf einen Zustand des Friedens in Europa hinzuwirken, in dem das deutsche Volk in freier Selbstbestimmung seine Einheit wiedererlangt«[62], gebilligt bzw. hingenommen.

6. Rechtsform der deutschen Einheit

Der Prozeß der Wiederherstellung der deutschen staatlichen Einheit zeigte noch einmal die enge Verzahnung der staats- und völkerrechtlichen Aspekte der Rechtslage Deutschlands nach 1945. Voraussetzung und Grundlage für die Wiedervereinigung bildeten das überzeugende Bekenntnis der Deutschen zu einem Staatsvolk — in der DDR in den Demonstrationen (»Wir sind ein Volk«), in der Bundesrepublik im Festhalten an der einen deutschen Staatsangehörigkeit mit allen praktischen Folgen für Regierung und Behörden — und der ebenso überzeugend bekundete Wille, die Trennung zu überwinden. Der Wille zur staatlichen Einheit kam in der DDR in den Programmen aller Parteien für die erste freie Wahl zur Volkskammer, in der Bundesrepublik in den politischen Schritten der Bundesregierung — erinnert sei nur an die Schaffung einer deutsch-deutschen Währungs-,

Wirtschafts- und Sozialunion[63] — und den Aktivitäten der Parteien zum Ausdruck.

Staatsrechtlich vollzog sich die Wiedervereinigung, indem die Volkskammer am 23. August 1990 »den Beitritt der DDR zum Geltungsbereich des Grundgesetzes nach Art. 23 zum 3. Oktober 1990«[64] erklärte. Trotz des eigenwilligen Wortlautes trat die DDR nicht einem »Geltungsbereich« bei, sondern dem Staate Bundesrepublik Deutschland. Mit dem Wirksamwerden des Beitritts erlangten der »Vertrag zwischen der Bundesrepublik Deutschland und der Deutschen Demokratischen Republik über die Herstellung der Einheit Deutschlands — Einigungsvertrag —«[65] und aufgrund dessen Artikel 3 gleichzeitig das Grundgesetz in den ostdeutschen Bundesländern Geltung.

Mit dem Inkrafttreten des Grundgesetzes im Beitrittsgebiet wurde dem Verfassungsauftrag aus Artikel 23 Satz 2 alter Fassung Folge geleistet. Das Grundgesetz erlangte mit nur wenigen »beitrittsbedingten Änderungen«[66] Gültigkeit für das gesamte deutsche Volk — und zwar entgegen den Intentionen des Parlamentarischen Rates nicht nur für eine Übergangszeit. Obwohl Artikel 5 des Einigungsvertrages weitere Grundgesetzänderungen als empfehlenswert vermerkt, wird es zu einer neuen, vom gesamten Staatsvolk in freier Entscheidung beschlossenen Verfassung, wie in Artikel 146 neuer Fassung als Möglichkeit vorgesehen, nicht kommen[67]. Die Mehrheit der Deutschen wünscht keine verfassungsrechtlichen Experimente. Das staatsrechtliche Provisorium hat sich als überaus stabil erwiesen. Aus dieser gewollten Kontinuität folgt auch das Fortbestehen der rechtlichen Identität der Bundesrepublik Deutschland mit dem Deutschen Reich.

Dem Festhalten an der Identitätsvorstellung steht der »Vertrag über die abschließende Regelung in bezug auf Deutschland«[68] nicht entgegen. Zwar waren bei den Verhandlungen und bei der Unterzeichnung Vertreter beider deutscher Staaten beteiligt (»Zwei-plus-Vier-Vertrag«), doch wurde vereinbart, daß der Vertrag »auf deutscher Seite durch das vereinte Deutschland« zu ratifizieren sei (Art. 8). Zum Datum der Unterzeichnung, dem 12. September 1990, war aber aufgrund der Beitrittserklärung der Volkskammer vom 23. August und dem Einigungsvertrag vom 30. August evident, daß die DDR in der Bundesrepublik aufgehen und das »vereinte Deutschland« staats- und völkerrechtlich gesehen die Gestalt der Bundesrepublik Deutschland haben werde.

7. Ergebnis

Die Historiker haben für die seitens der westdeutschen Staats- und Völkerrechtler getroffenen Feststellungen und vorgetragenen Interpretationen zur Rechtslage Deutschlands bisher nur wenig Verständnis gehabt. Der Fortbestand des Deutschen Reiches als rechtsfähig, aber nicht handlungsfähig, schien und scheint ihnen nicht mehr als eine juristische Fiktion zu sein. Ein Staat ohne Staatsgewalt widerspricht ihrer Vorstellung vom Staat als Herrschaftsverband. Und doch zeigen die historischen Quellen, daß 1945 wohl das »Dritte Reich«, die nationalsozialistische Diktatur ein Ende fand, nicht aber der deutsche Staat, das Deutsche Reich. Am Fortbestand Deutschlands als Staat und Völkerrechtssubjekt hielten alle vier ehemaligen Besatzungsmächte, wenn auch nicht immer eindeutig, bis zur Wiederherstellung der deutschen Einheit fest. Jedenfalls bekundeten im »Vertrag über die abschließende Regelung in bezug auf Deutschland« die vier Mächte gemeinsam, daß sie »hiermit ihre Rechte und Verantwortlichkeiten in bezug auf Berlin und Deutschland als Ganzes [beenden]« (Art. 7 Abs. 1). Wie auch immer der Historiker die internationale Stellung der Bundesrepublik, der DDR und Berlins zwischen 1945/1949 und 1990 beschreiben und bewerten mag, er wird die Vorstellung der Kontinuität des deutschen Staates, ob als Deutsches Reich bezeichnet oder als »Deutschland als Ganzes« umschrieben, zu berücksichtigen haben.

Für das Verständnis der deutschen Geschichte ebenso wichtig, vielleicht sogar wichtiger, ist der quellenmäßig eindeutige Befund, daß Voraussetzung und Grundlage der Bildung der Bundesrepublik Deutschland die Vorstellung von der Reorganisation des fortbestehenden deutschen Staates im Bereich der drei westlichen Besatzungszonen war. Auf den Begriff gebracht erfolgte 1948/49 eine Demokratiegründung, aber keine Staatsgründung. Die Idee der Reorganisation implizierte logischerweise die rechtliche Identität der Bundesrepublik mit dem Deutschen Reich. Diese Grundgedanken fanden im Grundgesetz ihren Niederschlag. In dessen Präambel hieß es, das deutsche Volk in den westdeutschen Ländern sei »von dem Willen beseelt, seine nationale und staatliche Einheit zu wahren«, und das gesamte deutsche Volk bleibe aufgefordert, »in freier Selbstbestimmung die Einheit und Freiheit Deutschlands zu vollenden«. Wahren und Vollenden — beides war Auftrag. Der Verfassunggeber hatte die Wahrung der nationalen und staatlichen Einheit besorgt, indem er am deutschen Gesamtstaat mittels der Idee des Provisoriums festhielt. Dieses als verfassungsrechtliches Gebot vorgegebene deutschlandrechtliche Konzept schien jahrzehntelang einer realistischen Politik im Wege zu stehen. Es wurde zudem als ein Hindernis für die Entspannung zwischen Ost und West in Europa empfunden. Daß es nicht scheiterte, sondern nach 40 Jahren gänzlich unerwartet vom Erfolg deutscher Einheit in Freiheit gekrönt wurde, erscheint als ein Wunder. Es war aber keines. Zu den vielen Faktoren, die schließlich die Wiedervereinigung herbeiführten, gehört das Eintreten aller Bundesregierungen für das Recht des deutschen Volkes, über seine nationale und staatliche Zukunft selbst zu bestimmen. Grundlage der offiziellen Politik waren die deutschlandrechtlichen Positionen des Grundgesetzes. Als deren Hüter erwarb sich das Bundesverfassungsgericht bleibende Verdienste. In diesem Kontext ist auch der Beitrag der (west-)deutschen Staats- und Völkerrechtler zu nennen. Ihnen gebührt Anerkennung für ihr unermüdliches Bemühen um die Rechtslage Deutschlands und ihr auf wissenschaftlichen Erkenntnissen gegründetes Eintreten zugunsten des Anspruchs des deutschen Volkes auf nationale und staatliche Einheit.

Anmerkungen

[1] Die Dokumente zur Rechtslage Deutschlands sind oft gedruckt worden. Wissenschaftlich besonders wertvolle Editionen: Die Gesamtverfassung Deutschlands. Nationale und internationale Texte zur Rechtslage Deutschlands, bearb. von Dietrich Rauschning, Frankfurt a. M. 1962; Dokumente des geteilten Deutschland. Quellentexte zur Rechtslage [...], hrsg. von Ingo von Münch, 2 Bde, Stuttgart ²1976. Eine auf das Wesentliche beschränkte, leicht erreichbare Quellensammlung ist: Rechtsstellung Deutschlands. Völkerrechtliche Verträge und andere rechtsgestaltende Akte, hrsg. von Dietrich Rauschning, Nördlingen ²1989. Kapitulationsurkunde, Abkommen über Kontrolleinrichtungen in Deutschland vom 14. 11. 1944 (auf dem die zit. Feststellung vom 5. 6. 1945 beruhte) und Berliner Deklaration ebd., Dok. Nr. 2, 4 und 5.
[2] Die erschienene Literatur ist so umfangreich, daß sie schon seit Jahren als kaum zu übersehen gilt. Als Einführung sei genannt: Jochen Abr. Frowein, Die Rechtslage Deutschlands und der Status Berlins, in: Handbuch des Verfassungsrechts der Bundesrepublik Deutschland, hrsg. von Ernst Benda u. a., Berlin 1983, S. 29—58.

³ Siehe zur Diskussion der Jahre 1945—1949 auf politischer und wissenschaftlicher Ebene: Bernhard Diestelkamp, Rechtsgeschichte als Zeitgeschichte. Historische Betrachtungen zur Entstehung und Durchsetzung der Theorie vom Fortbestand des Deutschen Reiches als Staat nach 1945 in: Zeitschrift für Neuere Rechtsgeschichte 7 (1985), S. 181—207.
⁴ Hans Kelsen, The International Legal Status of Germany to be Established immediately upon Termination of the War, in: The American Journal of International Law 38 (1944), S. 689—694; ders., The Legal Status of Germany According to the Declaration of Berlin, ebd., 39 (1945), S. 518—526.
⁵ Berichte über die Tagungen der dt. Völkerrechtslehrer in: Jahrbuch für internationales und ausländisches öffentl. Recht 1 (1948), S. 239—255; Entschließungen ebd., S. 6 und 7.
⁶ Sog. Frankfurter Dokumente vom 1.7.1948, hier Dokument Nr. 1, in: Dokumente des geteilten Deutschland (wie Anm. 1), Bd 1, S. 88 f.; Der Parlamentarische Rat 1948—1949. Akten und Protokolle, Bd 1: Vorgeschichte, bearb. von Johannes V. Wagner, Boppard a. Rh. 1975, Dok. Nr. 4.
⁷ Protokolle der Konferenz der Ministerpräsidenten vom 8.—10.7.1948 (»Rittersturz«) und Note vom 10.7.1948 an die Militärgouverneure, in: Der Parlamentarische Rat, Bd 1 (wie Anm. 6), Dok. Nr. 6 und 7.
⁸ Protokolle der Konferenz der Militärgouverneure mit den Ministerpräsidenten am 20.7.1948 und der Konferenz der Ministerpräsidenten am 21./22.7.1948, ebd., Dok. Nr. 10 und 11.
⁹ Protokoll der Konferenz am 26.7.1948, ebd., Dok. Nr. 13.
¹⁰ Die die Verfassunggebung bestimmenden, dem Grundgesetz unterliegenden Gedanken und Entscheidungen des Parl. Rates legte Carlo Schmid als *Berichterstatter* (Vorsitzender des Hauptausschusses) zu Beginn der 2. Lesung des Entwurfs des Grundgesetzes am 6.5.1949 zusammenfassend dar. Parlamentarischer Rat. Stenographischer Bericht, Bonn 1948/49, S. 170—174.
¹¹ Bericht über den Verfassungskonvent auf Herrenchiemsee, in: Der Parlamentarische Rat 1948—1949. Akten und Protokolle, Bd 2: Der Verfassungskonvent auf Herrenchiemsee, bearb. von Peter Bucher, Boppard a. Rh. 1981, Dok. Nr. 14, hier S. 509—511.
¹² Erste Lesung der Präambel im Hauptausschuß am 10.12.1948, Parlamentarischer Rat. Verhandlungen des Hauptausschusses, Bonn 1948/49, S. 306—311. Dazu Schmid als Berichterstatter (wie Anm. 10), hier S. 171.
¹³ Schmid als Berichterstatter am 6.5.1949 (wie Anm. 10), hier S. 171.
¹⁴ Ebd.
¹⁵ Urteil vom 17.8.1956 (Verbot der KPD), Entscheidungen des Bundesverfassungsgerichts, Bd 5, S. 85—393 (85). Bestätigt im Urteil vom 31.7.1973 (betr. Grundlagenvertrag), ebd., Bd 36, S. 1—36 (17). Beide Urteile, z. T. auszugsweise, auch in: Rechtsstellung Deutschlands (wie Anm. 1), Dok. Nr. 11 und 26.
¹⁶ Karl Schmid, Die politische und staatsrechtliche Ordnung der Bundesrepublik Deutschland, in: Die Öffentliche Verwaltung 2 (1949), S. 201—207 (202). Vgl. seine Ausführungen als Berichterstatter (wie Anm. 10), hier S. 171.
¹⁷ Schmid als Berichterstatter (wie Anm. 10), hier S. 172.

[18] Vorschlag Heuss' in der 3. Sitzung des Parl. Rates am 9.8.1948, Stenograph. Bericht (wie Anm. 10), hier S. 41. Zusammenfassend zur Namengebung Werner Matz, in: Entstehungsgeschichte der Artikel des Grundgesetzes, bearb. von Klaus-Berto v. Doemming, Rudolf Werner Füßlein, Werner Matz, in: Jahrbuch des öffentlichen Rechts der Gegenwart, N.F., Bd 1 (1951), S. 16—20.

[19] So Ludwig Bergstraesser anläßlich der 3. Lesung des Entwurfs des Grundgesetzes am 8.5.1949, Parl. Rat, Stenograph. Bericht (wie Anm. 10), S. 227.

[20] So Carlo Schmid in der 2. Plenarsitzung des Parl. Rates am 8.9.1948, ebd., S. 11.

[21] Bericht über den Verfassungskonvent (wie Anm. 11), hier S. 509.

[22] 2. Plenarsitzung des Parl. Rates am 8.9.1948, Stenograph. Bericht (wie Anm. 10), S. 12.

[23] Vgl. Füßlein, in: Entstehungsgeschichte der Artikel des Grundgesetzes (wie Anm. 18), S. 397f.

[24] Schmid als Berichterstatter (wie Anm. 10), hier S. 172.

[25] So u.a. Walter Menzel in der 10. Plenarsitzung des Parl. Rates am 8.5.1949, Stenograph. Bericht (wie Anm. 10), S. 203.

[26] Vgl. Wilhelm Grewe, Das Grundgesetz. Die verfassungsrechtlichen Grundlagen der Bundesrepublik Deutschland, [T.] II, in: Deutsche Rechts-Zeitschrift 4 (1949), S. 313—317 (315) u.a.

[27] Anträge der Abg. Heinrich v. Brentano (CDU), unterstützt von Max Becker (FDP), und Heinz Renner (KPD) in der 9. Plenarsitzung am 6.5. sowie Antrag der Abg. v. Brentano und Thomas Dehler (FDP) und Entgegnung des Abg. Schmid in der 10. Plenarsitzung des Parl. Rates am 8.5.1949, Stenograph. Bericht (wie Anm. 10), S. 193f. und 230f.

[28] Schmid als Berichterstatter (wie Anm. 10), hier S. 172 und 174.

[29] Siehe hierzu und zum folgenden Jens Hacker, Deutsche Irrtümer. Schönfärber und Helfershelfer der SED-Diktatur im Westen, Berlin 1992, S. 86—129.

[30] Deutscher Bundestag. Stenograph. Berichte, Bd 19, S. 794.

[31] Das Bundesverfassungsgericht erblickte in den drei genannten Akten eine Anerkennung des Identitätsanspruchs durch zahlreiche Staaten. Beschluß des Zweiten Senats vom 21.10.1987, Entscheidungen des Bundesverfassungsgerichts, Bd 77, S. 137—170 (156—158; auch in: Rechtsstellung Deutschlands [wie Anm. 1], Dok.Nr. 27, hier S. 207—209).

[32] Erstmals ausgedrückt in der Regierungserklärung Adenauers vom 21.10.1949, Deutscher Bundestag. Stenograph. Berichte, Bd 1, S. 307—309 (308).

[33] Vgl. Wilhelm G. Grewe, Warum »Nicht-Anerkennung«?, in: ders., Deutsche Außenpolitik der Nachkriegszeit, Stuttgart 1960, S. 138—154; ders., »Hallstein-Doktrin«, in: Staatslexikon, Bd 10, 2. ErgBd, [6](1970), Sp. 266—273; ders., Rückblenden 1976—1951, Frankfurt a.M. 1979, S. 251—262.

[34] Der Beginn der »Ostpolitik durch Handelsmissionen« (Grewe) erfolgte noch unter der Kanzlerschaft Adenauers. Das Handelsabkommen mit Polen wurde am 7.3.1963 unterzeichnet.

[35] Siehe Hacker, Deutsche Irrtümer (wie Anm. 29), S. 129—136.

[36] Siehe dazu ebd., S. 136—155.

³⁷ Vom 21.12.1972. Text in: Rechtsstellung Deutschlands (wie Anm. 1), Dok. Nr. 25a.
³⁸ Referiert und zitiert nach dem Urteil des Bundesverfassungsgerichts vom 31.7.1973, Entscheidungen, Bd 36, S. 1—36, hier S. 10—12 (11).
³⁹ Ebd., S. 15—17.
⁴⁰ Entscheidungsformel (ebd., S. 3) in Verbindung mit T. B VI. 2 (Zitat, ebd., S. 36).
⁴¹ Siehe zur Deutschlandpolitik der Regierungen Schmidt/Genscher und Kohl/Genscher ebenfalls Hacker, Deutsche Irrtümer (wie Anm. 29), S. 150—160.
⁴² Siehe hierzu und zum folgenden Jens Hacker, Der Rechtsstatus Deutschlands aus der Sicht der DDR, Köln 1974, S. 105—109 und 111—115.
⁴³ Siehe zum folgenden ebd., S. 116—136 und 139—148.
⁴⁴ Erklärung der Regierung der DDR (Außenminister Lothar Bolz) am 29.8.1956 vor der Volkskammer, auszugsweise in: Dokumente des geteilten Deutschland (wie Anm. 1), Bd 1, S. 423—426 (426). Siehe auch Hacker, Der Rechtsstatus Deutschlands aus der Sicht der DDR (wie Anm. 42), S. 151—153.
⁴⁵ U.a. wurde die einheitliche deutsche Staatsbürgerschaft durch die Schaffung einer Staatsbürgerschaft der DDR aufgegeben (Gesetz vom 20.2.1967, in: Dokumente des geteilten Deutschland [wie Anm. 1], Bd 1, S. 369—373) sowie das Bekenntnis zur deutschen Nation aus der Verfassung vom 9.4.1968 eliminiert (Gesetz vom 7.10.1974 zur Ergänzung und Änderung der Verfassung; vergleichender Abdruck ebd., Bd 2, S. 463—493).
⁴⁶ Artikel 2 des Vertrages über die Beziehungen zwischen der Bundesrepublik Deutschland und den Drei Mächten (Deutschlandvertrag) in der Fassung vom 23.10.1954, in: Rechtsstellung Deutschlands (wie Anm. 1), Dok.Nr. 9.
⁴⁷ Präambel des Vertrages über die Beziehungen zwischen der DDR und der UdSSR vom 20.9.1955, ebd., Dok.Nr. 32.
⁴⁸ Insbesondere: Protokoll über die Besatzungszonen in Deutschland und die Verwaltung von Groß-Berlin vom 12.9.1944, Abkommen über die Kontrolleinrichtungen in Deutschland vom 14.11.1944, Berliner Deklaration vom 5.6.1945 und sog. Potsdamer Abkommen vom 2.8.1945, ebd., Dok. Nr. 3—6.
⁴⁹ Vgl. Otto Kimminich, Deutschland als Rechtsbegriff und die Anerkennung der DDR, in: Deutsches Verwaltungsblatt 85 (1970), S. 437—445 (437f.).
⁵⁰ Europa-Archiv 5 (1950), S. 3406f.; Foreign Relations of the United States (FRUS) 1950, Bd 3: Western Europe, Washington 1977, S. 1296—1299 (1297).
⁵¹ Im folgenden zit. nach der dt. Übers. der Verbalnote des Vorsitzenden der All. Hohen Kommission vom 23.9.1950, in: Kabinettsprotokolle der Bundesregierung, Bd 3 (1950), bearb. von Ulrich Enders und Konrad Reiser, Boppard a.Rh. 1986, Dok.Nr. 47, hier S. 149f.
⁵² Gemeinsame Erklärung, T. V der sog. Londoner Schlußakte vom 3.10.1954, in: Europa-Archiv 9 (1954), S. 6981—6982 (bestätigt durch das Protokoll zum Nordatlantikvertrag über den Beitritt der Bundesrepublik vom 23.10.1954, ebd., S. 7135f.).

⁵³ Siehe Generalbericht des Ausschusses für auswärtige Angelegenheiten des Dt. Bundestages vom 15.2.1955, in: Deutscher Bundestag. Stenograph. Berichte, Bd 23, S. 3588—3611 (3589f.).

⁵⁴ Erlaß vom 25.1.1955, in: Hermann Mosler, Karl Doehring, Die Beendigung des Kriegszustands mit Deutschland nach dem Zweiten Weltkrieg, Köln 1963, S. 395—397 (auch Dokumente des geteilten Deutschland [wie Anm. 1], Bd 1, S. 61 f.).

⁵⁵ Siehe Hacker, Der Rechtsstatus Deutschlands aus der Sicht der DDR (wie Anm. 42), S. 136—139.

⁵⁶ Schreiben des Bundeskanzlers vom 13.9.1955, verlesen auf einer Pressekonferenz in Moskau am 14.9.1955, in: Europa-Archiv 10 (1955), S. 8278f.; von TASS am 15.9.1955 herausgegebene Erklärung, ebd., S. 8279.

⁵⁷ Text in: Europa-Archiv 14 (1959), S. D 21—33 (22).

⁵⁸ So im Protokoll vom 27.11.1963 über die Verlängerung des Vertrages über Freundschaft usw. zwischen der UdSSR und der ČSR vom 12.12.1943, Jens Hacker, Die deutschlandrechtliche und deutschlandpolitische Funktion der Vier-Mächte-Verantwortung, in: Staatliche und nationale Einheit Deutschlands — ihre Effektivität, hrsg. von Dieter Blumenwitz und Boris Meissner, Köln 1984, S. 75—96 (82).

⁵⁹ Memoranden der sowjetischen Regierung vom 17.2. und 3.8.1961 sowie vom 21.11.1967 an die Bundesregierung, auszugsweise ebd.

⁶⁰ Dazu Hacker, Der Rechtsstatus Deutschlands aus der Sicht der DDR (wie Anm. 42), S. 168—178 und 188—190.

⁶¹ Ebd., S. 420—422.

⁶² Sog. »Brief zur deutschen Einheit«, von der Bundesregierung am 12.8.1970 der Regierung der UdSSR, am 21.12.1972 dem Ministerrat der DDR übersandt, in: Rechtsstellung Deutschlands (wie Anm. 1), Dok. Nr. 19b und 25b.

⁶³ Vertrag zwischen der Bundesrepublik Deutschland und der DDR vom 18.5.1990, in: Bundesgesetzblatt 1990, T. II, S. 537—544.

⁶⁴ Text ebd., T. I, S. 2057.

⁶⁵ Text ebd., T. II, S. 889—904.

⁶⁶ Art. 4 Einigungsvertrag.

⁶⁷ Vgl. Bericht der Gemeinsamen Verfassungskommission [des Dt. Bundestages und des Bundesrates] vom 5.11.1993, in: Deutscher Bundestag, Drucksachen, Bd 482, Drucksache 12/6000.

⁶⁸ Text in: Bundesgesetzblatt 1990, T. II, S. 1318—1329.

Wilfried Loth

Rettungsanker Europa?
Deutsche Europa-Konzeptionen
vom Dritten Reich bis zur Bundesrepublik

I.

Im Dritten Reich war ›Europa‹ zunächst und vor allem ein Propagandabegriff. Hitler sprach häufig von einer ›europäischen Völkerfamilie‹, wenn er die Westmächte von seinen aggressiven Absichten abzulenken versuchte; und wenn er sich offensiv gab, verhieß er die Schaffung einer ›Neuen Ordnung‹. Nach dem triumphalen Durchbruch an der Westfront im Frühsommer 1940 avancierte das ›neue Europa‹ zu einem Kernthema des Goebbelsschen Propagandaapparats — für die Deutschen ein Palliativ, für Kollaborateure und Faschisten in den besetzten Ländern ein Hoffnungsschimmer, bisweilen — vor allem im westlichen Europa — auch eine mobilisierende Vision. Seit dem Überfall auf die Sowjetunion am 22. Juni 1941 wurde diese Vision mit der Behauptung verbunden, Deutschland führe die Völker Europas gegen die ›asiatisch-jüdisch-bolschewistische‹ Vernichtungsdrohung; in dieser Form beherrschte sie die Propaganda bis in die verzweifelten Anstrengungen der letzten Kriegswochen hinein[1].

Substantieller als solche zynischen Umhüllungen nationalsozialistischer Macht- und Eroberungspolitik waren hegemoniale Neuordnungsvorstellungen in der Tradition der wilhelminischen ›Mitteleuropa‹-Pläne, die im Auswärtigen Amt, in der Reichswehr und in Teilen der Wirtschaft weiterverfolgt wurden. Mit Blick auf die Versorgung mit kriegswichtigen Rohstoffen und Nahrungsmitteln im Falle einer Blockade schlugen sie sich insbesondere in den Bemühungen um eine Durchdringung Südosteuropas nieder[2]. Die führenden deutschen Konzerne hatten darüber hinaus — und in latentem Gegensatz zu den Abschließungstendenzen der Autarkie-Verfechter — an die internationalen Kartellbildungen anknüpfende Zollunionen im westlichen Europa und im kontinentalen Rahmen im Blick, mit denen der deutschen und europäischen Industrie bessere Ausgangschancen für den Welthandel verschafft werden sollten[3].

Partiell wurden die Zukunftsvorstellungen der Zeitgenossen auch von ›Großraum‹-Ideologen geprägt, die an Stelle des nationalsozialistischen Rasse-Prinzips mehr den Raumgedanken betonten, damit aber gleichwohl Rechtfertigungen für die nationalsozialistische Expansion lieferten. Insbesondere Werner Daitz ist hier zu nennen, der in zahlreichen Schriften, seit Kriegsbeginn auch als Präsident der ›Gesellschaft für europäische Wirtschaftsplanung und Großraumwirtschaft‹, für einen ›kontinentaleuropäischen Großwirtschaftsraum‹ plädierte und die Ablösung der ›britischen Hegemonie‹ durch einen ›europäischen Lebensraum‹ unter deutscher Führung kommen sah[4]. Ähnlich wie Daitz argumentierten Alfred Six, der umtriebige Direktor des 1939 gegründeten ›Auslandswissenschaftlichen Instituts‹[5], und die Historiker Reinhard Höhn[6] und Werner Frauendienst[7]. Der Wirtschaftswissenschaftler Anton Reithinger, Leiter der volkswirtschaftlichen Abteilung der IG Farben, machte sich für eine ›planmäßige Entwicklung‹ der ›potentiellen Wirtschaftskraft‹ Europas durch kooperative Eingliederung der europäischen Länder in einen ›einheitlichen europäischen Wirtschaftsraum‹ stark[8]. Carl Schmitt schließlich rechtfertigte mit seiner ›europäischen Monroe-Doktrin‹ (›Interventionsverbot für raumfremde Mächte‹) nicht nur die Eroberung von ›Lebensraum‹ in Mittel- und Osteuropa, sondern auch die Schaffung einer europaweiten ›Großraumordnung‹ unter deutscher Führung[9].

Nach dem Sieg über Frankreich wurde die Schaffung einer europäischen Wirtschaftsgemeinschaft auch Gegenstand staatlicher Planung. Dabei plädierten Carl Clodius und andere Beamte des Auswärtigen Amtes für eine baldige ›Wirtschaftsunion‹ Großdeutschlands (einschließlich Böhmens, Mährens und Polens) mit Holland, Belgien, Luxemburg, Dänemark und Norwegen und eine Anbindung der übrigen nordeuropäischen Länder nach Art der Verknüpfung mit dem Donauraum[10]. Wirtschaftsminister Walther Funk beharrte demgegenüber auf der Notwendigkeit schrittweisen Vorgehens und abgestufter Integration; gleichzeitig gab er als Ziel an, Autarkie im Kriegsfall mit Konkurrenzfähigkeit für den Weltmarkt zu verbinden[11]. Seine Vorstellungen wurden als Grundlage für die Planungsarbeiten der Ministerien und Dienststellen akzeptiert, wobei naturgemäß viel Interpretationsspielraum zur Verfolgung unterschiedlicher Interessen verblieb[12].

Außenminister Joachim v. Ribbentrop machte sich im Frühjahr 1943 den Plan zu eigen, die Regierungschefs ›befreundeter‹ Staaten im Anschluß an einen ›bedeutenden militärischen Erfolg‹ zusammen mit dem Führer und Reichskanzler einen ›Europäischen Staatenbund‹ proklamieren zu lassen, der den in Abhängigkeit geratenen Nationen die Furcht vor einer direkten Herrschaft der Deutschen nehmen und sie dadurch zur Mitarbeit mobilisieren sollte[13]. Am 5. April 1943 setzte er einen ›Europa-Ausschuß‹ ein, der ›Materialien und Daten‹ für die ›Neue Europäische Ordnung‹ nach dem Kriege sammeln sollte[14]. Verschiedene Memoranden seiner Mitarbeiter führten aus, daß durch ein Aufgreifen des Gedankens »einer staatenbundlichen Lösung, beruhend auf freiwilliger Zusammenarbeit selbständiger Nationen, [...] das Vertrauen der europäischen Völker in unsere Politik gefestigt und ihre Bereitwilligkeit erhöht würde, unserer Führung zu folgen und für unseren Sieg zu schaffen«; gleichzeitig hofften sie auf eine Schwächung der Kampfbereitschaft der Briten und Amerikaner, »wenn sie den Eindruck erhalten, daß sie die europäischen Staaten nicht befreien, sondern ein in sich einiges Europa angreifen«[15].

Hitler freilich wollte von einem Entgegenkommen gegenüber den besetzten Ländern, wie es in den Konföderationsplänen zumindest als Möglichkeit anklang, nichts wissen. »Bei der Pflege zwischenstaatlicher Beziehungen«, erklärte er in einer Verfügung vom 4. November 1942, »darf niemals vergessen werden, daß die Grundlagen und Erkenntnisse der nationalsozialistischen Weltanschauung dem Wesen des deutschen Blutes entsprechen und daher auf fremdes Volkstum nicht übertragen werden können. [...] Die NSDAP und ihre Organisationen haben daher keine europäische oder weltumfassende Missionsaufgabe zu erfüllen[16].« Außenamts-Staatssekretär Ernst v. Weizsäcker notierte am 13. April 1943 in sein Tagebuch: »Neuordnung Europas: bei uns sei keinerlei Neigung für dieses Thema vorhanden gewesen«; und unter dem 2. Mai 1943 hielt er fest: »Als Grund, weshalb wir uns auch auf Gespräche über ›Neuordnung Europas‹ nicht einzulassen hätten, wird vom Führer intern gesagt, unsere Nachbarn seien ja doch alle unsere Feinde. Wir müßten sie ausquetschen, könnten u. dürften ihnen aber nichts versprechen[17].«

Hinzu kam, daß sich die italienischen Verbündeten vehement gegen alle Pläne für eine europäische Union aussprachen. Für Benito Mussolini und Außenminister Galeazzo Graf v. Ciano war Europa allenfalls in Form einer Interessensphären-Abgrenzung zwischen ›Germanischem‹ und ›Römischem Reich‹ denkbar; ein Staatenbund unter deutscher Hegemonie war für sie nicht akzeptabel. Entsprechend intervenierten sie schon 1942 gegen die ›Europa‹-Propaganda[18], und als Ribbentrop im Frühjahr 1943 die Europa-Initiative seiner Beamten aufgriff, machten die italienischen Vertreter sogleich ihre Bedenken geltend[19].

Ribbentrop ging daraufhin schon gegenüber dem italienischen Gesandten auf Distanz: »Er habe sich mit dieser Frage sehr eingehend beschäftigt und zu einem gewissen Zeitpunkt sogar einmal an eine neue europäische Konferenz gedacht. Ganze Aktenstöße habe er über diese Fragen gesammelt. Je tiefer er sich jedoch mit ihnen beschäftige, um so klarer würden ihm die außerordentlichen Schwierigkeiten, die diese Angelegenheit in sich berge[20].« Als ihm deutlich wurde, daß Hitler dem Projekt mit Unverständnis und größtem Mißtrauen begegnete, und zudem der militärische Erfolg ausblieb, verfolgte er es nicht mehr weiter. Seine Beamten unternahmen wohl im November 1943, nachdem Italien den Waffenstillstand mit den Alliierten unterzeichnet hatte, einen abermaligen Vorstoß, einen ›europäischen Staatenbund‹ ›auf föderativer Basis‹ auf den Weg zu bringen[21]. Ribbentrop hütete sich jedoch, noch einmal darauf einzugehen.

Eine Neuordnung Europas, die auf nur in Ansätzen freiwilliger Mitarbeit der europäischen Nachbarn der Deutschen beruhte, wurde damit zu einer Alternative, die erst nach und ohne Hitler angesteuert werden konnte. Im Kreis führender Militärs und hoher Beamter um Generaloberst Ludwig Beck, die zu dem Regime auf Distanz gingen, propagierte insbesondere Carl Goerdeler die Idee einer fortschreitenden Einigung des Kontinents unter deutscher Führung. Seit 1937/38 von der Notwendigkeit eines wirtschaftlichen Zusammenwachsens des Kontinents überzeugt, begriff er diesen Prozeß mehr und mehr auch als Chance für eine politische Neugestaltung, die dem Deutschen Reich auf Dauer eine europäische Führungsrolle sicherte. »Genau wie einst Preußen im preußischen Zollverein und im Norddeutschen Bunde«, hielt er im Oktober 1940 in einem Vortragstext fest, »muß heute Deutschland im neuen Europa den sichtbaren Vorteil der neuen Ordnung als Anziehungskraft auf die freie Entschließung der Völker wirken lassen, um sie für diese Ordnung und für eine deutsche Führung zu gewinnen[22].« Durch eine zunehmend dichtere Abfolge von Vereinbarungen und Zusammenlegungen glaubte er »in 10 bis 20 Jahren«

einen »europäischen Staatenbund unter deutscher Führung« erreichen zu können[23].

Nach der Kriegswende von 1943 gab Goerdeler den Gedanken an eine deutsche Führungsrolle auf. Statt dessen setzte er jetzt auf die »natürliche Interessengemeinschaft zwischen England und Deutschland« bei der »Sicherung« Europas »gegen russische Übermacht.« Mit ihrer Hilfe sollte ein »Friedensbund« geschaffen werden, »in dem weder Deutschland noch eine andere Macht Vorherrschaft beansprucht«[24]. Der Weg zu einer solchen Friedensordnung schien ihm immer noch über fortschreitende wirtschaftliche und politische Integration zu gehen; dabei plädierte er aber jetzt für ein rascheres Vorgehen und beschrieb auch die föderative Struktur der künftigen Gemeinschaft präziser: »Ziel muß sein, eine innige und organische Einheit föderativer Staaten, die unter sich jeden kriegerischen Konflikt fundamental ausschließen. Widersprechende Interessen und Konflikte finden Regeln, der Zolleinheit muß so schnell wie möglich zugestrebt werden[25].«

Angehörige der jüngeren Generation, die aus weltanschaulichen Gründen zum Widerstand fanden, begriffen eine europäische Föderation meist von vorneherein als Alternative zur herkömmlichen Machtpolitik der Nationalstaaten, die eine Führungsrolle Deutschlands nicht mehr zuließ. So ging Helmuth Graf v. Moltkes erster Grundlagentext für den ›Kreisauer Kreis‹ im April 1942 wie selbstverständlich davon aus, daß der Friede nach dem erwarteten Sieg der Alliierten über Deutschland »eine einheitliche europäische Souveränität von Portugal bis zu einem möglichst weit nach Osten vorgeschobenen Punkt« bringen werde[26]. In der linkssozialistischen Gruppe ›Neu Beginnen‹ war die Hoffnung auf eine »freie Föderation sozialistischer Nationen«[27] weit verbreitet. Willy Brandt diskutierte in seinem im Frühjahr 1940 in norwegisch geschriebenen ersten Buch über »Die Kriegsziele der Großmächte und das neue Europa« ausführlich die verschiedenen Aspekte einer ›demokratischen, föderativen Neuordnung‹ Europas[28].

Als im Herbst 1943 erste Nachrichten über die Kontroll- und Aufteilungsabsichten der ›Großen Drei‹ durchsickerten, ließ sich auch der bis dahin zurückhaltende sozialdemokratische Parteivorstand im Exil das Bekenntnis zu einer ›europäischen Föderation‹ entlocken. Die »Richtlinien für die internationale Politik«, die die ›Union deutscher sozialistischer Organisationen in Großbritannien‹ daraufhin am 23. Oktober 1943 verabschieden konnte, betonten in auffälliger Weise, die

Außenpolitik deutscher Sozialisten nach dem Kriege müsse »in erster Linie der Eingliederung eines demokratischen Deutschlands in eine solche internationale Ordnung dienen«; für den Erfolg einer solchen Politik sei es »wesentlich, daß die Grundsätze der Atlantic-Charta in vollem Umfang auch auf ein demokratisches Deutschland Anwendung finden«[29].

Das Motiv, Deutschland einen erträglichen Frieden zu sichern und damit den »Predigern der Revanche«[30] anders als nach dem Ersten Weltkrieg die Grundlagen zu entziehen, machte sich in den folgenden Monaten auch bei anderen Befürwortern einer föderativen Neuordnung Europas bemerkbar. Theodor Steltzer, der an den Beratungen des ›Kreisauer Kreises‹ mitgewirkt hatte, appellierte in einer für britische Regierungskreise bestimmten Denkschrift vom 15. Juli 1944 darüber hinaus an gemeinsame Interessen der europäischen Nationen angesichts des zunehmenden Machtgewinns der neuen Weltmächte: »Es bleibt für alle Nichtgroßmächte [dazu rechnete er nunmehr Deutschland ebenso wie England] nur der Weg einer Politik, bei der die Sicherung nicht aus eigener Kraft, sondern nur in einer übernationalen Gemeinschaft wahrgenommen werden könnte«. Und: »Das Eintreten der militärischen Niederlage [birgt] Gefahren für die Verhältnisse zum mindesten in Kontinentaleuropa, die aufzufangen zu helfen Pflicht jedes verantwortungsbewußten Menschen ist[31].«

Soweit dies bei der spärlichen Quellenlage gesagt werden kann, waren solche Vorstellungen bei den Vertretern des demokratischen Widerstands mehrheitsfähig. Der im Mai 1944 in New York gegründete ›Council for a Democratic Germany‹, dem Kommunisten, Linkssozialisten, Sozialdemokraten, bürgerliche Demokraten und frühere Angehörige des Zentrums ebenso angehörten wie namhafte deutsche Schriftsteller, Künstler und Wissenschaftler, die in die USA emigriert waren — zum Vorsitzenden wurde der religiöse Sozialist Paul Tillich bestimmt —, plädierte in seiner Gründungserklärung dafür, ein »entwaffnetes Deutschland [...] zusammen mit den übrigen europäischen Völkern in den Rahmen eines europäischen Sicherheitssystems« einzufügen und die »deutsche Produktivkraft [...] in ein einheitliches europäisches System der Produktion und Konsumption« einzuordnen. Gleichzeitig betonten die Unterzeichner in realistischer Einsicht in die sich abzeichnenden neuen Machtverhältnisse, »daß der Wiederaufbau Europas — nach der notwendigen und unvermeidlichen Niederlage Hitler-

Deutschlands — nur durch eine Zusammenarbeit der Westmächte und Rußlands geleistet werden kann«[32].

Freilich stand das ›andere Deutschland‹ nur für eine Minderheit der Deutschen. Die überwiegende Mehrheit klammerte sich, als die Träume von einer deutschen Hegemonie über Europa zu schwinden begannen, an die Hoffnung auf einen Bruch der Anti-Hitler-Koalition in letzter oder allerletzter Minute. Als auch diese Hoffnung trog, standen große Teile der Nation buchstäblich vor dem Nichts: nicht nur vor dem materiellen Zusammenbruch, sondern auch vor einem Fiasko ihrer Überzeugungen und einer Infragestellung ihrer Identität.

II.

In dem Vakuum, das sich damit auftat, fand das Zielbild eines vereinten Europas nun allerdings mit einem Mal eine breite Rezeption — besonders bei der jungen Generation, die sich nach dem Zusammenbruch des Reiches den größten Orientierungsproblemen gegenübersah, aber auch bei den Vertretern eines bürgerlichen Idealismus und den Überlebenden der alten Arbeiterbewegung, die nach der Katastrophenerfahrung auf der Suche nach einem Neuansatz waren. Dabei gab es zweifelsohne Momente der Kompensation und der Verdrängung: Auffallend häufig und auffällig unbekümmert forderten viele Deutsche über alle politisch-ideologischen Trennlinien hinweg sofort ›Gleichberechtigung‹ für die deutsche Nation im vereinten Europa. Ebenso spielten taktische Überlegungen eine Rolle: die Erwartung, daß der Preis, der für den verlorenen Krieg gezahlt werden mußte, um so geringer zu halten war, je rascher ein integrierter Verbund europäischer Staaten zustande kam, der alle Mitglieder kontrollierte und damit eine einseitige Diskriminierung der Deutschen vermied. Vielfach wurden aber auch Überlegungen, die einzelne schon im Widerstand entwickelt hatten, aus der Erfahrung des Zusammenbruchs nachvollzogen, führte die Einsicht in die katastrophalen Folgen deutschen Machtstaatsdenkens zu der Überzeugung, daß Sicherheit in Europa nicht mehr durch trotzige Selbstbehauptung, sondern nur noch durch Selbstbindung in einer größeren Gemeinschaft zu gewinnen war.

Die Fülle der Impulse, die bei Kriegsende in die ›europäische‹ Richtung wirkten, führte dazu, daß das Zielbild eines vereinten Europas im besetzten Deutschland rasch konsensfähig wurde. Der Schweizer Publizist Ernst v. Schenck berichtete nach einer Deutschlandreise im Dezember 1946, das deutsche Volk sei nationalstaatlicher Traditionen müde und grundsätzlich pazifistisch geworden. Unter denjenigen, die über diese allgemeinen Haltungen hinaus über positive Zukunftsaussichten für die Deutschen nachdachten, gebe es »nicht allzuviele, die ganz bewußt die Abhängigkeit von einer der Siegermächte als Ausweg postulierten«; vielmehr sei er »in ihren Reihen immer wieder dem Begriff Europa« begegnet[33]. In der Tat wurde kein anderer Begriff häufiger artikuliert. Sieht man einmal von den Kommunisten ab, die Deutschlands Zukunft unzweideutig an der Seite der siegreichen Sowjetunion sahen, gab es in den Besatzungszonen keine politische Formation, die die außenpolitische Zukunft der Deutschen nicht im Kontext eines Zusammenwachsens der europäischen Nationen gesehen hätte[34].

In der öffentlichen Artikulation herrschte dabei in den ersten beiden Nachkriegsjahren die Forderung vor, Europa solle die Rolle einer ›Dritten Kraft‹ zwischen den beiden neuen Weltmächten spielen. Darin spiegelte sich die Einsicht, daß Europa nur noch vereint eine eigenständige Rolle in der Weltpolitik spielen konnte, ebenso wider wie die Furcht, die Gegensätze zwischen den beiden Hauptsiegermächten könnten zu einer Spaltung Europas und Deutschlands führen. Für viele wurde die Verhinderung eines Dritten Weltkrieges, den sie infolge der Konfrontation der Siegermächte auf sich zukommen sahen, zum zentralen Beweggrund, jetzt auf einen raschen Zusammenschluß des alten Kontinents zu drängen. Und nicht wenige sahen in einem Europa der ›Dritten Kraft‹ auch die notwendige Voraussetzung für die Durchsetzung des demokratischen Sozialismus, die sie sich für die Nachkriegszeit erhofften.

So propagierten etwa Walter Dirks und Eugen Kogon in den ›Frankfurter Heften‹ eine sozialistisch orientierte europäische Föderation als Grundbedingung für das Gelingen der ›Zweiten Republik‹[35]. Martin Niemöller forderte ein ›Vereinigtes Europa‹ als ›Brücke zwischen Ost und West‹, die allein einen Dritten Weltkrieg verhindern könne[36]. Hans-Werner Richter plädierte im ›Ruf‹ für ein sozialistisches Europa zur Verhinderung der Blockbildung[37]. Richard Löwenthal schöpfte aus einer Analyse der ordnungs- und machtpolitischen Entwicklungen in der Nachkriegs-Staatenwelt sogar die Hoffnung, daß die Entwicklung zu einem Dritte-Kraft-Europa ›jenseits des Kapitalismus‹ nicht mehr aufzuhalten war[38]. Alte und neue Anhänger einer organisierten Europa-Bewegung, von der ›Europa-Union‹, die Wilhelm Heile in Anknüpfung an seine Weimarer Aktivitäten gründete, bis zum ›Europa-Bund‹ unter dem Vorsitz des ehemaligen Stresemann-Mitarbeiters Henry Bernhard, erklärten die Abwehr der Ost-West-Spaltung zum vordringlichsten Ziel ihrer Bewegung[39].

Die wesentlichen Grundelemente des Dritte-Kraft-Konzepts waren darüber hinaus auch bei einer Reihe von Politikern zu finden, die noch stärker in nationalstaatlichen Kategorien dachten und darum die Notwendigkeit einer Föderierung Europas nicht mit der gleichen Eindringlichkeit betonten. So besaß Bundesminister Jakob Kaiser wohl wenig Sympathie für den Föderalismus und auch wenig Gespür für die Sicherheitsbedürfnisse Frankreichs, die die föderative Integration auch unabhängig von der Ost-West-Spannung nahelegten. Daß Vermittlung im Ost-West-Konflikt im Interesse der Deutschen geboten sei, empfand er dafür um so nachhaltiger; und ebenso fundamental war er von der Überzeugung geprägt, daß allein ein freiheitlicher Sozialismus in der Lage sein würde, die notwendige Vermittlung zu leisten. Bei aller Betonung der ›Brücken‹-Funktion Deutschlands ging es ihm über die Wahrung der Reichseinheit hinaus auch um eine Friedensordnung im Rahmen der Vereinten Nationen und um eine enge Solidargemeinschaft der europäischen Völker, für die er den Terminus ›Vereinigte Staaten von Europa‹ durchaus für angemessen hielt[40]. Ähnlich wie Kaiser dachten Unionsführer wie Ernst Lemmer oder Josef Müller und prominente Sozialdemokraten wie Paul Löbe und Ernst Reuter; und auch ein so idealistischer Publizist wie Ulrich Noack bewegte sich mit seiner Vision eines ›Bundes‹ der kontinentaleuropäischen Völker mit Vermittlungsmission zunächst in den gleichen Bahnen[41].

Demgegenüber war die Vorstellung einer staatlichen Organisation der drei Westzonen im Integrationsrahmen eines westlichen Bündnisses zunächst nur für eine Minderheit akzeptabel. Weder mit dem Ziel der Verhinderung eines neuen Weltkrieges noch dem der Sicherung der Selbstbestimmung aller Deutschen war sie ohne weiteres in Einklang zu bringen; und ebensowenig paßte sie zu der vorherrschenden ordnungspolitischen Linksorientierung. Zu rechtfertigen war sie im Grunde nur, wenn man das östliche Europa und die sowjetische Besatzungszone als vorerst an die sowjetische Gewaltherrschaft verloren betrachtete. Und zu einer zwingenden Notwendigkeit wurde sie erst, wenn man mit der Gefahr eines Ausgreifens sowjetischer Gewaltherrschaft über die östliche Hälfte des europäischen Kontinents rechnete.

Genau diese Befürchtung war es, die Konrad Adenauer, den auf Dauer markantesten Verfechter der Westintegration, im Kern von den Anwälten eines ›Dritte-Kraft‹-Europas unterschied. In der Anerkennung der Notwendigkeit einer europäischen Integration zur Befriedigung der Sicherheitsbedürfnisse der Nachbarn der Deutschen, insbesondere der Franzosen, stimmte er mit ihnen überein; ebenso in der Überzeugung, daß die Hinwendung zum Integrationskonzept den Deutschen noch am ehesten eine Milderung des Zugriffs der Siegermächte verschaffen könne, und in einer grundsätzlichen Absage an nationalistische, etatistische, auf das Bismarckreich als einzigen Bezugspunkt außenpolitischen Handelns fixierte Traditionen[42]. Gleichzeitig sollte ein europäischer Zusammenschluß in seiner Sicht aber auch dazu dienen, die westlichen Europäer einschließlich der Westdeutschen vor einer sowjetischen Expansion zu schützen. »Asien steht an der Elbe«, schrieb er im März 1946 an den nach USA emigrierten Sozialdemokraten Wilhelm Sollmann. »Nur ein wirtschaftlich und geistig gesundes Westeuropa, zu dem als wesentlicher Bestandteil der nicht von Rußland besetzte Teil Deutschlands gehört, kann das weitere geistige und machtmäßige Vordringen Asiens aufhalten[43].«

Zudem sollte diese westeuropäische Föderation in enger Verbindung mit den USA stehen; mehr noch: die USA sollten bei der Bildung des westlichen Europas die Rolle des Förderers und der Schutzmacht übernehmen. Ein solches amerikanisches Engagement schien ihm vonnöten, weil die europäischen Demokratien in seiner Sicht auch bei einer Zusammenlegung ihrer Ressourcen nicht stark genug sein würden, um den sowjetischen Expansionsbestrebungen auf Dauer zu widerstehen, und folglich »die Rettung Europas nur mit Hilfe von USA erfolgen« konnte[44]. Die Schutzfunktion der westeuropäischen Föderation beschränkte sich demgegenüber darauf, den Westen durch Beseitigung innereuropäischer Konflikte und Reibungsverluste zu stärken und ungenügendes bzw. nachlassendes amerikanisches Engagement — vor dem er sich stets fürchtete — so gut es eben ging zu konterkarieren. Außerdem mochte sie dazu dienen, spezifische europäische Interessen gegenüber der amerikanischen Führungsmacht besser zur Geltung zu bringen.

Ähnlich wie Adenauer argumentierte Wilhelm Röpke, der in die Schweiz emigrierte Theoretiker des Neoliberalismus, als er sein Plädoyer für einen westdeutschen Staat im Rahmen eines freihändlerischen Westblocks schon 1945 mit der »vollkommene[n] Scheidung der moralischen, politischen, sozialen und wirtschaftlichen Grundsätze« entlang der Elbe-Linie begründete[45]. Ebenso visierten die rheinischen Föderalisten um Franz Albert Kramer und den Rheinischen Merkur mit ihren Forderungen nach föderalistisch-christlicher Neugestaltung, Ausgleich mit den westlichen Nachbarn und Schwerpunktverlagerung Deutschlands auf die kulturellen Kernländer an Main, Rhein und Donau von Anfang an eine westliche Föderation an, in der nicht nur für preußisch-zentralistische Traditionen, sondern auch für sowjetische Belange kein Platz mehr war[46]. Selbst Kurt Schumacher zielte mit seiner kompromißlosen Ablehnung gesamtdeutscher Strukturen im Grunde in die gleiche Richtung, auch wenn er sich ein Zusammenwachsen Europas im übrigen im Sinne der ›Dritten Kraft‹ vorstellte[47].

Es spricht für die Faszination des ›Dritte-Kraft‹-Konzepts und den substantiellen Charakter der Sorge um Friedenssicherung und Wahrung der Einheit der Nation, die hinter ihm stand, daß solche Vorstellungen zunächst wenig Anklang fanden. Nicht nur, daß sie kaum jemand öffentlich zu artikulieren wagte, solange die Besatzungsmächte noch offiziell ihren Willen zur Kooperation bekundeten: Auch als die westlichen Besatzungszonen in den Marshall-Plan einbezogen wurden, stürzten sich die Westdeutschen keineswegs mit Begeisterung auf die Möglichkeiten zum Wiederaufstieg an der Seite der Westmächte, die sich ihnen damit bot. Statt dessen überwogen bis in die Berlin-Krise hinein Ratlosigkeit und vorsichtiges Abwarten; und zu den Konsequenzen der verschämten Staatsgründung im Westen wollte sich zunächst kaum jemand bekennen. Der Schock, den der Zusammenbruch von 1945 ausgelöst hatte, saß zu tief, die Demonstration der Einheit der Siegermächte war zu gewaltig, als daß ein bruchloses Anknüpfen an die Goebbelssche These von der Verteidigung des Westens gegen die bolschewistische Gefahr möglich gewesen wäre.

III.

Freilich gerieten die Anhänger der ›Dritten Kraft‹ mit dem Übergang zur offenen Austragung des Kalten Krieges im Laufe des Jahres 1947 in ein schwerwiegendes Dilemma. Auf der einen Seite legte es ihr Interesse an Wohlfahrt und größerer Autonomie der unter Besatzungsregimen lebenden Deutschen nahe, den Marshall-Plan zu unterstützen und sich am nunmehr einsetzenden Wiederaufbau im Zeichen der Westintegration aktiv zu beteiligen. Passives Beiseitestehen schien um so weniger erlaubt, als die drastische Absage der Sowjetunion an den Marshall-Plan und mehr noch die dogmatische Verhärtung ihres Kurses seit der Kominform-Gründung Bemühungen um eine blockübergreifende Integration zumindest für absehbare Zeit jede Aussicht auf Erfolg nahm. Auf der anderen Seite barg eine Unterstützung der Marshall-Plan-Politik natürlich die Gefahr, daß damit die Blockbildung und die Spaltung Europas, gegen die man ursprünglich angetreten war, erst recht vertieft wurde.

Einen Ausweg versuchte Carlo Schmid, damals sozialdemokratischer Justizminister und Professor in Tübingen, mit der Idee einer zeitweiligen Separierung des deutschen und des europäischen Weges, die er im Herbst 1947 entwickelte: Danach sollten diejenigen europäischen Staaten, denen nach dem Veto der Sowjetunion gegen den Marshall-Plan noch die Freiheit dazu verblieb, das amerikanische Wiederaufbau-Programm dazu nutzen, sich im Sinne des ›Dritte-Kraft‹-Konzepts zusammenzuschließen; die Deutschen aber sollten aus diesem Integrationsprozeß vorerst ausgespart bleiben — bis das Europa der ›Dritten Kraft‹ so viel an Vermittlung zwischen Ost und West geleistet hatte, daß die Spaltung Europas rückgängig gemacht und eine Integration aller vier Besatzungszonen in die ›Vereinigten Staaten von Europa‹ möglich wurde. Ein solches Zuwarten hatte zudem den Vorteil, daß es eine Integration Deutschlands auf der Basis der Gleichberechtigung mit den übrigen Konföderanten ermöglichte: War Europa erst einmal konstituiert, so fielen die wesentlichen Gründe für eine Furcht vor den Deutschen weg und erübrigten sich folglich einseitige Kontrollmaßnahmen, wie sie beim gegenwärtigen Stand der öffentlichen Meinung auch bei den westlichen Nachbarn wohl noch unvermeidlich waren. Die Deutschen sollten sich folglich vorerst mit »Übergangsregelungen« zufrieden geben, »die von den beiden Weltmächten und von den Staaten jenes werdenden Europas als für alle gleichermaßen erträglich angesehen werden«; erst »über eine Reihe solcher Übergangsregelungen werde — wenn die Blöcke ihre wechselseitigen Interessen abgeklärt haben — ein wiedervereinigtes Deutschland diesem Europa beitreten können«[48].

Indessen war damit das Dilemma der ›Dritte-Kraft‹-Verfechter nur verschoben, nicht gelöst: Schmid klammerte sich geradezu verzweifelt an die Hoffnung, die Konfrontations-Eskalation könne durch einen Zusammenschluß der westeuropäischen Länder in letzter Minute noch einmal rückgängig gemacht werden; er bot aber keine Antwort auf die Frage, was denn geschehen sollte, wenn der Vermittlungsprozeß trotz aller Appelle nicht zustande kam. De facto, wenn auch noch nicht voll bewußt, traf er damit eine Vorentscheidung für das Konzept der Westintegration: Die Hinwendung zu Provisorien über den bisherigen Besatzungsstatus hinaus und die Förderung des Zusammenschlusses der westlichen Länder legten es nahe, auch dann an der Aktivierung des westlichen Europa festzuhalten, wenn sie gleichzeitig zur Verfestigung der Ost-West-Spaltung führte. Waren stärkere Strukturen des westlichen Europas erst einmal geschaffen, mußte es schwerfallen, sie wieder rückgängig zu machen, und gab es auch gegen eine Verfestigung des westdeutschen ›Provisoriums‹ letztlich kein Mittel mehr.

Ein Teil der Anwälte einer europäischen ›Dritten Kraft‹ ging darum auch gleich dazu über, eine Integration der drei Westzonen in ein westliches Europa zu fördern. So wurde Schmid etwa in einer Diskussion der ›Heidelberger Aktionsgruppe zur Demokratie und zum freien Sozialismus‹ von Konrad Mommsen entgegengehalten, eine Beteiligung der Westdeutschen an einer Integration der Marshall-Plan-Länder sei angesichts der Fortdauer der Ost-West-Spaltung unvermeidlich: »Wenn, wie es den Anschein hat, diesen Bemühungen [um die Überwindung der Ost-West-Konfrontation] ein schneller Erfolg versagt sein sollte, wenn wir also vorerst mit zwei Welten — Amerika und Sowjet-Rußland — rechnen müssen, so bleibt uns gar nichts anderes übrig, als für die einzelnen Teile im Rahmen ihrer Umgebung eine Ordnung mitschaffen zu helfen, die gesunde Voraussetzungen für ein neues wirtschaftliches Leben bietet[49].« Vom Konzept der ›Dritten Kraft‹ blieb in dieser Sicht nur noch die vage Hoffnung, ein vereintes Westeuropa werde trotz der Bindungen an die USA immer noch autonomer agieren können als eine Sammlung selbständiger Nationalstaaten unter amerikanischer Führung.

Über den Zustrom aus den Reihen resignierender ›Dritte-Kraft‹-Anhänger hinaus gewann das Westeuropa-Konzept im Laufe des Jahres 1948 aber auch durch die Aktivierung der Furcht vor sowjetischer Expansion an Resonanz. Das Spektakel der Konfrontation ließ die westliche Blockbildung jetzt für viele Westdeutsche zur existenziellen Notwendigkeit werden; gleichzeitig rückte das Bündnis mit dem Westen, auf

das man in der Spätphase des Krieges vergeblich gehofft hatte, mit einem
Male in greifbare Nähe. Damit zeichnete sich nicht nur für das westliche Deutschland ein rascherer Wiederaufstieg ab, als er unter gesamtdeutschen und gesamteuropäischen Vorzeichen denkbar war; es gewann
auch die Vorstellung an Plausibilität, an der Seite der Westmächte die
Sowjetunion wieder aus den deutschen Angelegenheiten herausdrängen zu können. Röpke machte sie sich in einem Nachtragskapitel zur
dritten Auflage seines Buches über die Deutsche Frage zu eigen, die
1948 erschien[50]; und auch sonst wurde sie jetzt zunehmend häufiger
artikuliert.

Seit dem Erlebnis der Berliner Blockade im Sommer 1948 arbeiteten die meisten ursprünglichen ›Dritte-Kraft‹-Verfechter de facto an der
Westintegrations-Lösung mit — teils resigniert, zumeist aber von der
Hoffnung getragen, die Spaltung Europas, oder zumindest die Spaltung Deutschlands, durch Akzentuierung der relativen Eigenständigkeit Westeuropas gegenüber den USA in absehbarer Frist wieder revidieren zu können. Carlo Schmid versuchte zwar noch, die Neuordnung
der Westzonen auf die Bildung eines ›Staatsfragments‹ zu beschränken
und den Beitritt der Bundesrepublik zum Europarat hinauszuzögern;
seinen grundsätzlichen Widerstand gegen eine deutsche Beteiligung an
einer vom Westen ausgehenden Konstruktion Europas gab er jedoch
auf, und seine Vermittlungsanstrengungen beschränkten sich nun auf
die Mahnung, über »das gegenwärtige Klein-Europa« hinaus »an das
richtige gute, alte, kontinentale Europa« zu denken, »zu dem der Osten
genau so gehört wie der Westen«[51]. In gleicher Weise plädierten Walter Dirks und Eugen Kogon dafür, »dem Kontinent vom Westen her
die einheitliche Legislative [zu] schaffen«; eine Neutralisierung Deutschlands lehnten sie unter Hinweis auf die Gefahren kommunistischer Subversion und sowjetischer Pression strikt ab[52]. Die Europa-Verbände,
die sich unterdessen im Februar 1948 zur ›Europa-Union‹ zusammengeschlossen hatten, gelangten zu ähnlichen Positionen; und es war daher
nur konsequent, daß sie auf ihrem ersten Kongreß im Mai 1949 in Hamburg Kogon zu ihrem Präsidenten und Schmid zum ersten Vizepräsidenten wählten[53].

Bei Jakob Kaiser gingen die Enttäuschung über die Verhärtung der
sowjetischen Position und das Bedürfnis nach Rechtfertigung seiner
eigenen Haltung in einem von Westintegrations-Anhängern dominierten Kontext sogar so weit, daß er den Gedanken an eine Vermittlung

zwischen Ost und West ganz aufgab und sich eine Überwindung der Spaltung nur noch von einer Stärkung des Westens erhoffte. In seiner Sicht hatte die Blockierung der Zufahrtswege nach Berlin endgültig bewiesen, »daß für die Sowjetmacht grundsätzlich nur Feindseligkeit oder Beherrschungswille gegenüber Völkern und Parteien gilt, die sich der von ihr vertretenen Doktrin nicht unterwerfen oder zum mindesten nicht bereit sind, ihrer erstrebten Vorherrschaft zu dienen«, und daß die sowjetische Politik folglich auf die Unterwerfung des ganzen Kontinents zielte. Kaiser gab sich überzeugt, daß die Kommunisten ihre Positionen in der Sowjetischen Zone nicht auf Dauer würden halten können; er setzte sich aber nicht mehr mit der Frage auseinander, welcher Preis für ein dauerhaftes Arrangement mit der Sowjetmacht schließlich gezahlt werden mußte[54].

Den Weg von der ›Dritte-Kraft‹-Konzeption zu neutralistischen Positionen ging nur eine Minderheit: Jene, die die Gefahr eines sowjetischen Übergreifens auf das westliche Europa nach wie vor für gering, die Gefahr einer Eskalation der Ost-West-Konfrontation auf deutschem Boden bis zum Dritten Weltkrieg dafür aber um so höher einschätzten. Hierzu ist zum einen der Intellektuellen-Kreis um Hans-Werner Richter zu zählen, zum anderen aber auch christlich-bürgerliche Kreise, wie sie Martin Niemöller und Ulrich Noack repräsentierten. Beide lehnten die Weststaatsgründung und die Westblockbildung entschieden ab und forderten statt dessen den gleichzeitigen Abzug aller Besatzungsmächte als Schlüssel zur Lösung der deutschen Frage wie zur dauerhaften Befriedung des europäischen Kontinents. Einen gesamteuropäischen Zusammenschluß strebten sie zumindest kurzfristig nicht mehr an — dazu war die Blockbildung auch in ihrer Sicht schon zu weit fortgeschritten. Europa sollte vielmehr dadurch allmählich wieder zusammenwachsen, daß die Blöcke sich zunächst einmal wechselseitig anerkannten und eben Deutschland, möglicherweise auch eine geographisch weiterreichende mittlere Zone Europas, einvernehmlich aus der Blockkonfrontation herausgenommen wurde[55].

Da die Deutschen in dieser Sicht weniger Verbündete des Westens gegen die totalitäre Expansion waren als vielmehr potentielle Opfer einer Konfrontation, die ohne ihr Zutun und gegen ihren Willen auf ihrem Rücken ausgetragen wurde, schwangen bei der Entwicklung der neutralistischen Positionen bald nationalistische und pazifistische Emotionen mit. Vielfach standen sie sogar im Vordergrund — zumal dort, wo die eigene Ohnmacht gegenüber den unterdessen bestimmenden Tendenzen deutlich empfunden wurde. Gleichwohl entwickelten sich innerhalb des neutralistischen Lagers auch durchaus realistische Ansätze zu einer Strategie der De-Eskalation des Ost-West-Konflikts. So blieb etwa Noack keineswegs in der idealistisch-verschwommenen Begrifflichkeit seiner Anfangszeit stecken; vielmehr begab er sich auf die Suche nach komplementären Interessen von Ost und West. Dabei gelangte er zu der Überzeugung, daß der Verlust der deutschen Ostgebiete anerkannt und den sowjetischen Wiederaufbaunöten durch ein verstärktes Ost-Engagement der deutschen Wirtschaft Rechnung getragen werden müsse. Als Gegenleistung erhoffte er sich einen Verzicht der Sowjets auf das kommunistische Machtmonopol in ihrer Besatzungszone und allgemein den schrittweisen Abbau ihrer Aggressivität. Von der Neutralisierung der deutschsprachigen Mittelländer, die er unter diesen Bedingungen für möglich hielt, versprach er sich dann weitergehende Impulse zur Relativierung und schließlichen Überwindung der Blockbildung: »Eine so gewonnene Zeitspanne friedlicher Zusammenarbeit wird den Weltsystemen des Ostens und Westens die Möglichkeit bieten zu erproben, ob ihre heute getrennten Wege nicht im Laufe einer Generation zu einem politisch und wirtschaftlich tragfähigen und den Fortschritt der Menschheit fördernden Interessenausgleich führen können[56].«

Die überwältigende Mehrheit der politischen Führer außerhalb des sowjetischen Kontrollbereichs traf sich unterdessen im Bekenntnis zu einer westeuropäischen Politik der Stärke. Kurt Schumacher erklärte im Mai 1949, die sozialdemokratische Politik ziele darauf, *ganz* Deutschland in den Marshall-Plan und in den Atlantik-Pakt einzubeziehen. Sechs Wochen später äußerte sich Konrad Adenauer im gleichen Sinne[57]. Als sich die FDP Anfang 1950 erstmals offiziell zum Leitbild eines föderativen Zusammenschlusses des westlichen Europas bekannte, begründete sie dies mit der Sorge um »Fortbestand und Fortbildung der abendländischen Lebensformen« und der Hoffnung auf eine »friedliche Heimkehr der unterdrückten Völker und Gebiete Europas in ihre freiheitliche Völkerfamilie«[58]. In der Kombination von Furcht vor sowjetischer Aggression und Genugtuung über die neue Rolle als »Grenz- und Schutzwall abendländischer Kultur und Zivilisation« (so der bayerische Ministerpräsident Hans Ehard im April 1948[59]) ging weitgehend verloren, was an Einsicht in das Ausmaß der Niederlage und den Preis, der dafür zu zahlen war, in den ersten Nachkriegsjahren durchaus häufiger vorhanden war.

Indessen blieb dieser Konsens in dreifacher Weise oberflächlich: Erstens wurde er von der Mehrheit der Bevölkerung der neuen Republik noch nicht in allen Konsequenzen verstanden und mitgetragen. Zweitens hatten auch seine Befürworter in der neuen politischen Klasse noch nicht darüber entschieden, welche Prioritäten gesetzt werden sollten, wenn sich das Maximalziel von Westbindung *und* deutscher Einheit nicht so ohne weiteres verwirklichen ließ. Und drittens war auch nicht ausdiskutiert, zu welchen Bedingungen die Bundesrepublik Deutschland eine Integration in die europäische Gemeinschaft akzeptieren sollte, konnte oder mußte. Die definitiven Entscheidungen fielen erst in der 1950 einsetzenden Diskussion über die ›Wiederbewaffnung‹, freilich auch dann noch vielfach unbewußt[60]. Die europäische Alternative zur nationalsozialistischen Macht- und Eroberungspolitik blieb mehrdeutig, auch wenn kein Zweifel mehr sein konnte, daß ihr Kern nunmehr in der Westintegration bestand.

Anmerkungen

[1] Vgl. Paul Kluke, Nationalsozialistische Europaideologie, in: Vierteljahrshefte für Zeitgeschichte (VfZG), 3 (1955), S. 240—275; Michael Salewski, Ideas of the National Socialist Government and Party, in: Documents on the History of European Integration, ed. by Walter Lipgens, vol. 1: Continental Plans for European Union 1939—1945, Berlin, New York 1985, S. 37—178.

[2] Vgl. Hans-Erich Volkmann, Die NS-Wirtschaft in Vorbereitung des Krieges, in: Das Deutsche Reich und der Zweite Weltkrieg, Bd 1: Ursachen und Voraussetzungen der deutschen Kriegspolitik, Stuttgart 1979, S. 177—368; Alfred Kube, Außenpolitik und »Großraumwirtschaft«. Die deutsche Politik zur wirtschaftlichen Integration Südosteuropas 1933 bis 1939, in: Wirtschaftliche und politische Integration in Europa im 19. und 20. Jahrhundert, hrsg. von Helmut Berding, Göttingen 1984, S. 185—211.

[3] Hierzu Ludolf Herbst, Der Krieg und die Unternehmensstrategie deutscher Industrie-Konzerne in der Zwischenkriegszeit, in: Die deutschen Eliten und der Weg in den Zweiten Weltkrieg, hrsg. von Martin Broszat und Klaus Schwabe, München 1989, S. 72—134.

[4] Vgl. die Zusammenstellung seiner Hauptarbeiten in: Werner Daitz, Der Weg zur Volkswirtschaft. Großraumwirtschaft und Großraumpolitik, Dresden ²1943.

⁵ Vgl. das von ihm herausgegebene Jahrbuch der Weltpolitik sowie die entsprechenden Jahrgänge der Zeitschrift für Politik, die noch eingehender Analysen bedürfen.
⁶ Reinhard Höhn, Reich, Großraum, Großmacht, Darmstadt 1942.
⁷ Werner Frauendienst, Der innere Neuaufbau des Reiches als Beitrag zur europäischen Ordnung, in: Jahrbuch der Weltpolitik (1942), S. 112—139.
⁸ Anton Reithinger, Die europäische Wirtschaftskraft bei planvoller Zusammenarbeit, in: Zeitschrift für Politik, 33 (1943), S. 141—153; vgl. auch ders., Das wirtschaftliche Gesicht Europas, Stuttgart, Berlin 1936.
⁹ Erstmals in einem Vortrag vom 1. April 1939, veröffentlicht unter dem Titel: Völkerrechtliche Großraumordnung mit Interventionsverbot für raumfremde Mächte. Ein Beitrag zum Reichsbegriff im Völkerrecht, Berlin, Wien, Leipzig 1939. Zur Resonanz auf diesen Vortrag und zur weiteren Diskussion vgl. Lothar Gruchmann, Nationalsozialistische Großraumordnung. Die Konstruktion einer »deutschen Monroe-Doktrin«, Stuttgart 1962, sowie Joseph W. Bendersky, Carl Schmitt. Theorist for the Reich, Princeton 1983.
¹⁰ Bericht Ritter an Ribbentrop 1.6.1940, zit. nach Salewski, Ideas (wie Anm. 1), S. 61f.
¹¹ Besonders in seiner Aufsehen erregenden Rede vom 25.7.1940, ebd., S. 65—71.
¹² Niederschrift einer Besprechung im Wirtschaftsministerium, 22.7.1940, ebd., S. 60—65. Vgl. Jean Freymond, Le IIIe Reich et la réorganisation économique de l'Europe 1940—1942. Origines et projets, Leiden 1974.
¹³ Entwurf, 21.3.1943, in: Akten zur Deutschen Auswärtigen Politik (ADAP), Serie E, Bd 5, Göttingen 1968, S. 437—441.
¹⁴ Direktive, 5.4.1943, erhalten in der englischen Übersetzung als Document NG 3009 of the International Military Tribunal, Nuremberg, abgedruckt bei Salewski, Ideas (wie Anm. 1), S. 127—132.
¹⁵ So ein Entwurf von Cécil von Renthe-Fink vom August 1943, PA/AA NL Renthe-Fink, Paket 5/1, Frame Nr. 2434/D 514537—44, veröffentlicht in englischer Übersetzung ebd., S. 138—145.
¹⁶ ADAP (wie Anm. 13), Bd 4, S. 222—224.
¹⁷ Die Weizsäcker-Papiere 1933—1945, hrsg. von Leonidas E. Hill, Bd 2, Berlin, Wien 1974, S. 337.
¹⁸ Was als einer ihrer engagiertesten Verfechter Otto Abetz entrüstet festhielt: Otto Abetz, Das offene Problem, Köln 1951, S. 199f.
¹⁹ Gespräch Ribbentrop — Bastiani, in: ADAP (wie Anm. 13), S. 553f.; Gespräch Ribbentrop — Alfieri, 10.6.1943, ebd., Bd 6, S. 170.
²⁰ Ebd.
²¹ Cécil von Renthe-Fink, »Notiz für Herrn Reichsaußenminister«, 16.11.1943 und »Entwurf zu einer Denkschrift betreffend die Gründung eines Europäischen Staatenbundes«, PA/AA NL Renthe-Fink, Paket 5/1, Frame Nr. 2434/D 514421—573, veröffentlicht in englischer Übersetzung bei Salewski, Ideas (wie Anm. 1), S. 148—162.
²² Veröffentlicht in: Europa-Föderationspläne der Widerstandsbewegungen 1940—1945, hrsg. von Walter Lipgens, München 1968, S. 109—111.

[23] So in seiner Ende 1941 verfaßten Denkschrift »Das Ziel«, veröffentlicht in: Wilhelm Ritter von Schramm, Beck und Goerdeler. Gemeinschaftsdokumente für den Frieden 1941—44, München 1965, S. 97—100.
[24] Friedensplan vom Spätsommer/Herbst 1943, vollständig bei Gerhard Ritter, Carl Goerdeler und die deutsche Widerstandsbewegung, Stuttgart 1954, S. 570—576.
[25] »Praktische Maßnahmen zur Umgestaltung Europas«, Denkschrift aus dem Winter 1943/44 oder Frühjahr 1944, veröffentlicht in: Europa-Föderationspläne (wie Anm. 22), S. 165—167.
[26] »Ausgangslage, Ziele und Aufgaben«, Denkschrift vom 24.4.1942, veröffentlicht bei Ger van Roon, Neuordnung im Widerstand. Der Kreisauer Kreis innerhalb der deutschen Widerstandsbewegung, München 1967, S. 507—517.
[27] So die Formulierung von Richard Löwenthal in der im Karlsbader Exil erscheinenden Zeitschrift für Sozialismus im September 1936, zit. in: Friedenssicherung und europäische Einigung. Ideen des deutschen Exils 1939—1945, hrsg. von Klaus Voigt, Frankfurt a.M. 1988, S. 40; zu den weiteren Diskussionen der Gruppe ebd., S. 40—42, 46—50, 86—89, 210—214.
[28] Willy Brandt, Stormaktenes krigsmal og det nye Europa, Oslo 1940; Auszüge in: Friedenssicherung (wie Anm. 27), S. 56—70.
[29] Text u.a. in: Europa-Föderationspläne (wie Anm. 22), S. 498—501.
[30] So Friedrich Stampfer in einem Kommentar zu der Londoner Resolution in der Neuen Volks-Zeitung (New York), 27.11.1943, zit. in: Friedenssicherung (wie Anm. 27), S. 108—110.
[31] Veröffentlicht in: Theodor Steltzer, Von deutscher Politik. Dokumente, Aufsätze und Vorträge, Frankfurt a.M. 1949, S. 81—96.
[32] Veröffentlicht in: The German American, New York, 15.5.1944; auszugsweise wiederabgedruckt in: Friedenssicherung (wie Anm. 27), S. 199—201.
[33] Europa (= Monatsorgan der Schweizer »Europa-Union«), Januar 1947, S. 3, zit. nach: Walter Lipgens, Die Anfänge der europäischen Einigungspolitik 1945—1950, Bd 1: 1945—1947, Stuttgart 1977, S. 387; weitere Zeugnisse für die generellen Emotionen ebd., S. 231—240, 386—389; zu ihrer Widerspiegelung in der Literatur Ernst Nolte, Deutschland und der Kalte Krieg, München 1974, S. 190—196.
[34] Vgl. Wilfried Loth, Deutsche Europa-Konzeptionen in der Eskalation des Ost-West-Konflikts 1945—1949, in: Geschichte in Wissenschaft und Unterricht, 35 (1984), S. 453—470; sowie die Dokumentation bei Christoph Stillemunkes, The Discussion on European Union in German Occupation Zones, in: Documents on the History of European Integration, vol. 3: The Struggle for European Union by Political Parties and Pressure Groups in Western European Countries 1945—1950, ed. by Walter Lipgens and Wilfried Loth, Berlin, New York 1988, S. 441—465.
[35] Walter Dirks, Die Zweite Republik. Zum Ziel und zum Weg der Deutschen Demokratie, in: Frankfurter Hefte, 1 (1946), S. 12—24; vgl. Martin Stankowski, Linkskatholizismus nach 1945, Köln 1975, S. 66—136.
[36] So im Amtsblatt der evangelischen Kirche in Deutschland, 1.8.1947, Sp. 101—104.

[37] Insbes.: Hans-Werner Richter, Churchill und die europäische Einheit, in: Der Ruf, 1.3.1947; vgl. Hans-Werner Richter, Wie entstand und was war die Gruppe 47, in: Hans-Werner Richter und die Gruppe 47, hrsg. von Hans A. Neunzig, München 1979, S. 41–170, hier: S. 41–75.
[38] Paul Sering (i. e. Richard Löwenthal), Jenseits des Kapitalismus, Lauf bei Nürnberg 1947, Neuausg., Bonn 1977; vgl. Hans-Peter Schwarz, Vom Reich zur Bundesrepublik. Deutschland im Widerstreit der außenpolitischen Konzeptionen in den Jahren der Besatzungsherrschaft 1945–1949, Neuwied 1966, Stuttgart ²1980, S. 568–571.
[39] Vgl. Lipgens, Die Anfänge (wie Anm. 33), S. 386–434, 592–605.
[40] Er findet sich erstmals in seiner Rede auf dem Berliner Pfingsttreffen der CDU 1946, in: Deutschland und die Union. Die Berliner Tagung 1946. Reden und Aussprachen, Berlin 1946, S. 18. In der grundlegenden Darstellung des Kaiserschen Konzepts bei Schwarz, Vom Reich (wie Anm. 38), S. 299–344, kommt dieser europäische Aspekt gegenüber der Betonung der national-politischen Zielsetzung (so S. 304) etwas zu kurz.
[41] Vgl. Schwarz, Vom Reich (wie Anm. 38), S. 300, 503f., 663, 684f.; zu Noack ebd., S. 355–369.
[42] Grundlegend Schwarz, Vom Reich (wie Anm. 38), S. 423–479; ders., Adenauer und Europa, in: VfZG, 27 (1979), S. 471–523; zur operativen Umsetzung auf breiterer Quellengrundlage, ders., Adenauer. Der Aufstieg: 1876–1952, Stuttgart 1986.
[43] Adenauer. Briefe 1945–1947, bearb. von Hans-Peter Mensing, Berlin 1983, S. 191.
[44] So ebd.
[45] Wilhelm Röpke, Die deutsche Frage, Zürich ³1948, S. 276f.; vgl. Schwarz, Vom Reich (wie Anm. 38), S. 393–401.
[46] Ebd. S. 413–425.
[47] Ebd. S. 483–573; zur Praxis der Schumacherschen Deutschland- und Europapolitik Kurt Klotzbach, Der Weg zur Staatspartei. Programmatik, praktische Politik und Organisation der deutschen Sozialdemokratie 1945 bis 1965, Berlin, Bonn 1982, S. 66–77, 98–110, 116–121, 154–172, 194–237.
[48] So die Referierung seiner damaligen Position, in: Carlo Schmid, Erinnerungen, Bern, München, Wien 1979, S. 297; vgl. als grundlegenden Entwurf Karl Schmid, Das deutsch-französische Verhältnis und der Dritte Partner, in: Die Wandlung, 2 (1947), S. 792–805; ferner die Präsentation der Schmidschen Thesen bei Schwarz, Vom Reich (wie Anm. 38), S. 574–585 und Schmids Bericht über europapolitische Aktivitäten in seinen Erinnerungen, S. 295–299, 417–429.
[49] Ruhrgebiet und Friedenssicherung. Eine Diskussion [= Aufzeichnung der Tagung vom 10./11.10.1947], in: Die Wandlung, 2 (1947), S. 768–792, hier: S. 771.
[50] Röpke, Die deutsche Frage (wie Anm. 45), S. 337; vgl. auch ebd., S. 307.
[51] Referat auf der konstituierenden Sitzung des Deutschen Rats der Europäischen Bewegung, 13.6.1949, in: Carlo Schmid, Deutschland und der Europäische Rat, o.O. o.J.; vgl. auch Schmid, Erinnerungen (wie Anm. 48), S. 423,

426—429, sowie seine außenpolitische Grundsatzrede im Deutschen Bundestag, 15.11.1949, in: Verhandlungen des Deutschen Bundestages, Stenographische Berichte, Bd 1, S. 440.

[52] Eugen Kogon, Die Aussichten Europas, in: Europäische Avantgarde, hrsg. von Alfred Andersch, Frankfurt a.M. [1949], S. 146—161.

[53] Vgl. Wilfried Loth, Die Europa-Bewegung in den Anfangsjahren der Bundesrepublik, in: Vom Marshall-Plan zur EWG. Die Eingliederung der Bundesrepublik in die westliche Welt, hrsg. von Ludolf Herbst [u.a.], München 1990, S. 63—77.

[54] Vgl. die Sammlung seiner Äußerungen im zweiten Halbjahr 1948 bei Werner Conze, Jakob Kaiser. Politiker zwischen Ost und West 1945—1949, Stuttgart 1969, S. 238—244, 247, 253; Zitat aus: Der Tag, 16.9.1948.

[55] Schwarz, Vom Reich (wie Anm. 38), S. 351—354, 371—384 (in beiden Fällen allerdings mit unangemessen abschätziger Kommentierung); zu Noack auch Rainer Dohse, Der Dritte Weg. Neutralitätsbestrebungen in Westdeutschland zwischen 1945 und 1955, Hamburg 1974, S. 47—55.

[56] Ulrich Noack, Die Sicherung des Friedens durch Neutralisierung Deutschlands und seine ausgleichende weltwirtschaftliche Aufgabe, Köln 1948, S. 4.

[57] SPD-Pressedienst, 27.5.1949 bzw. Interview mit dem Echo der Woche, 6.7.1949; beide zit. nach Schwarz, Vom Reich (wie Anm. 38), S. 677.

[58] FDP-Bundestagsfraktion, Leitsätze zur Außenpolitik, verabschiedet am 26.3.1950, in: Freie Demokratische Korrespondenz (1950), Nr. 23, S. 5f.

[59] Hans Ehard, Die europäische Lage und der deutsche Föderalismus, München 1948, S. 20.

[60] Vgl. hierzu Wilfried Loth, Der Koreakrieg und die Staatswerdung der Bundesrepublik, in: Kalter Krieg und Deutsche Frage. Deutschland im Widerstreit der Mächte 1945—1952, hrsg. von Josef Foschepoth, Göttingen 1985, S. 335—361.

Manfred Messerschmidt

Die Wehrmacht:
Vom Realitätsverlust zum Selbstbetrug

Im November 1918 zog die Heeresleitung aus der Erkenntnis der Unabwendbarkeit der militärischen Niederlage den Schluß, den Krieg zu beenden. Noch stand die Armee in Frankreich und Belgien, Rußland war besiegt, aber das Kräfteverhältnis zu den Westalliierten ließ eine andere Prognose als die sichere Niederlage nicht zu. Zwar hatte es vorher realitätsferne Hoffnungen auf eine Wende gegeben, geknüpft an den uneingeschränkten U-Boot-Krieg und an eine letzte große Entscheidungsschlacht, aber die Illusionen verflogen und machten der Einsicht Platz, daß der Krieg militärisch nicht über die Reichsgrenzen getragen werde dürfe.

In der Endphase des Zweiten Weltkrieges reagierte die politische und militärische Führung des Dritten Reiches bei einer eindeutig schlechteren militärischen Lage ohne Rücksicht auf die Belange der Heimat und die Bedürfnisse der Nachkriegszeit. An Erfahrung der materiellen und rüstungswirtschaftlichen Überlegenheit der Kriegsgegner hat es nicht gefehlt. Die personellen Engpässe in der eigenen Infrastruktur konnten täglich festgestellt werden. Wirtschafts- und Rüstungsfachleute hielten schon früh den Krieg nicht mehr für gewinnbar. Albert Speer hat berichtet, daß Generaloberst Fritz Fromm, der Chef der Heeresrüstung und OB des Ersatzheeres, schon Ende April 1942 ein siegreiches Ende des Krieges nur noch unter der Voraussetzung für möglich gehalten habe, daß »wir eine Waffe mit völlig neuen Wirkungen entwickeln«[1]. Speer selbst hielt im Herbst 1943 die industriellen Reserven für annähernd ausgeschöpft[2]. Tatsächlich waren sie schon vorher derart strapaziert, daß z.B. nicht an die Aufnahme der von Fromm angesprochenen Waffe in das Rüstungsprogramm gedacht werden konnte. Gemeint war die Entwicklung einer Atombombe. Anfang Juni 1942 erklärte Werner Heisenberg bei einer Besprechung mit Rüstungsminister Speer, Fromm, Generalfeldmarschall Erhard Milch und Generaladmiral Carl Witzell, Chef des Marinewaffenhauptamtes, theoretisch sei das Problem der Bombe gelöst, aber produktionstechnisch müsse mit einem Zeitaufwand von mehreren Jahren gerechnet werden, »wenn jede verlangte Unterstützung gewährt werde«[3]. Heisenberg hat ähnlich hierüber berichtet[4]. Seit Herbst 1942 ist das A-Bomben-Projekt endgültig aufgegeben worden. Mangelprobleme der Kriegswirtschaft haben diese Entscheidung erzwungen. Eine andere Hoffnung auf einen ausschlaggebenden rüstungstechnischen Vorsprung erwies sich als illusionär: im Vergleich zum Masseneinsatz der alliierten strategischen Bomberverbände produzierten die deutschen »Wunderwaffen« — V 1 und V 2 — nicht mehr als die Wirkung von Nadelstichen. Laut Speer war der technische Krieg seit Mai 1944 gegen das Reich entschieden. Als wichtiges Ereignis sah der Rüstungsminister in diesem Zusammenhang den Angriff von 935 Tagbombern der 8. US Air Force gegen Treibstoffwerke in Mittel- und Ostdeutschland am 12. Mai 1944 an: ein nüchterner Befund, der trotz Speers Hoffnung auf Strahl- und Raketenjäger (Me 262 und Me 163) zutreffend war. Um die Zeit, als auf deutscher Seite die modernsten Waffen eingesetzt oder zum Einsatz vorbereitet werden konnten, erwies sich der alliierte Luftarm als das wirksamere, ja entscheidende Kriegsinstrument, basierend auf einer unvergleichlich größeren Wirtschaftskraft und im Prinzip unverwundbaren Produktion und Logistik. Diese Überlegenheit der Westalliierten spiegelt sich in den nüchternen Bilanzen des strategischen Luftkrieges. Unvollständige deutsche Statistiken, geführt von Gauwohnungskommissaren, Regierungspräsidien und Reichsstatthaltern[5], kamen bis 1944 auf etwa 600000 total zerstörte Gebäude und über 1,6 Millionen völlig zerstörte Wohungen. Nach dem Krieg sind vom Statistischen Bundesamt weit über 600000 Luftkriegstote errechnet worden. Die Morale Division des US Strategic Bombing Survey schätzte aufgrund erbeuteter Unterlagen, zahlreicher Interviews und nach Augenschein insgesamt 1,86 Millionen zerstörte und 3,6 Millionen beschädigte Wohnungen, 4,88 Millionen evakuierte und ca. 20 Millionen anderweitig vom Luftkrieg betroffene Personen[6]. Schon 1942 visierte die Royal Air Force ab 1944 eine für die Luftwaffe und deutsche Rüstungsproduktion schier unmögliche Monats-Bombentonnage gegen das Reich an, nämlich 90000 Tonnen. Dieses Ziel ist zusammen mit der 8. US Air Force noch weit übertroffen worden. Amerikaner und Briten warfen allein im März 1945 über 130000 Tonnen auf Deutschland ab. Den im KTB OKW erwähnten ca. 2 Millionen Tonnen alliierter Bomben, davon allein 1944 1188580 Tonnen und von Januar bis April 1945 477000 Tonnen, standen folgende deutsche Zahlen gegenüber[7]:

1940   36 000 t,
1941   21 860 t,
1942   38 260 t,
1943   2 298 t,
1944   9 151 t,
1945   761 t einschließlich V-Waffen.

Bei den einsatzbereiten Waffen und Kraftstoffbeständen bot sich ein vergleichbares Bild. Die Luftflotte Reich büßte im Juni/Juli 1944 entscheidend an Abwehrkraft ein. Zur Verfügung standen

	Juni 1944	Ende Juli 1944
Einmotorige Jäger	472	83,
Zweimotorige Jäger	273	42.

Die Flugbenzin-Produktion sank von September 1944 (30 Prozent) über einen Anstieg bei Jahresende (56 Prozent) auf fünf Prozent im Februar 1945[8]. Dramatisch hatte sich auch die personelle Situation sowohl in der Wehrmacht als auch in der Wirtschaft zugespitzt. Hohe Verluste an den Fronten, neue Kriegsschauplätze im Süden und Westen der »Festung Europa« forderten immer weitere Personalzuführungen aus der Kriegswirtschaft trotz der Mobilisierung immer jüngerer Jahrgänge. Mitte 1944 lag die monatliche Verlustrate der Feldarmee bei ca. 50.000 Toten durch Feindeinwirkung und bei etwa 150.000 Verwundeten. Diesen Zahlen mußten Zehntausende Vermißte und in Gefangenschaft Geratene hinzugerechnet werden[9].

Dieser Entwicklung stand die wachsende Produktion und die überlegene personelle Stärke der Kriegsgegner gegenüber, bei denen seit 1943 zudem die strategische Initiative lag. In der Gesamtheit dieser Daten zeichnete sich nach Stalingrad die Wende des Krieges ab. Sie war seit 1943 für jeden wahrnehmbar, anders als im Ersten Weltkrieg, als insbesondere die Menschen in der Heimat im Herbst 1918 vom relativ plötzlichen Erlahmen der Abwehrkraft im Westen überrascht wurden, zumal das Ausscheiden Rußlands aus der gegnerischen Koalition die Hoffnung auf eine siegreiche Beendigung des Krieges gestärkt hatte. Seit 1943 kündigte sich dagegen die Balanceverschiebung zugunsten der Anti-Hitler-Koalition nicht in einem schleichenden Prozeß an, sondern in dramatischen Vorgängen. Im Heimatkriegsgebiet war der strategische Bombenkrieg vor allem in seiner Zielrichtung gegen die Moral der Bevölkerung ein für Millionen unbezweifelbares Zeichen für die hoffnungslose Unterlegenheit der Luftwaffe. Die Kapitulation Italiens, die Landungen der Alliierten in Sizilien und Unteritalien und schließlich die Landung in Frankreich mit dem rasch folgenden Vormarsch über Paris auf die Reichsgrenze zu veränderten die militärisch-strategische Lage eindeutig. Die Sprache der Tatsachen wirkte nunmehr immer wirkungsvoller gegen die psychologischen Raffinessen der Goebbels-Propaganda.

Fast im Schatten dieser im Süden und Westen vom Gegner erzwungenen Möglichkeiten für einen Bewegungskrieg mit überlegenen Luftwaffen- und Panzerkräften vollzog sich an der Ostfront für die Bevölkerung kaum durchschaubar der definitive Übergang der Initiative auf die Rote Armee. Der Sachverhalt fand für militärische Führer aller Dienstgrade und die beteiligten Soldaten seine Bestätigung mit dem Scheitern der Operation Zitadelle im Juli 1943. Im Operationsbefehl Nr. 6 vom 15. April 1943[10] hatte Hitler das Unternehmen als »ausschlaggebend« für 1943 bezeichnet, der Sieg von Kursk müsse »wie ein Fanal« für die Welt wirken und »uns die Initiative für dieses Frühjahr und Sommer in die Hand geben«. Es seien die besten Verbände und Waffen und große Munitionsmengen einzusetzen. Ein halbes Jahr nach Stalingrad wäre ein großer militärischer Erfolg in der Tat für Wehrmacht und Heimat eine positive Droge gewesen. Die Stimmung war gedrückt. Der Sicherheitsdienst der SS meldete in diesen Wochen[11], daß man sich im Land zu fragen beginne, wie lange die Leiden des Luftkriegs noch dauern würden, warum die U-Boot-Sondermeldungen ausblieben und ob es im Osten 1943 noch zu einer entscheidenden Offensive kommen werde. Nüchtern interpretiert war hier abzulesen, daß die Bevölkerung ein Gespür für die Anzeichen einer Wende trotz Propaganda und fortbestehender Hoffnung zu entwickeln begann. Hitlers Anspruch an die größte deutsche Operation des Jahres 1943 reagierte geradezu seismographisch exakt auf die instabil werdende Kriegsmoral. Zugleich aber war angesichts der Stärkeverhältnisse sein Ziel zu hoch gesteckt. Der Vergleich der Artilleriestärken beim Unternehmen »Zitadelle« zeigt die Überforderung der Verbände selbst bei dieser von langer Hand und mit hoher Priorität vorbereiteten Operation.

Bei Beginn »Zitadelle« standen sich gegenüber: das XXXXI. Panzerkorps mit 16,2 Rohren auf 1 km Breite = 1 Rohr auf 62 m, auf seiten der Roten Armee standen gegenüber dem XXXXI. und XXXXVII. Panzerkorps auf 1 km Frontbreite 11,3 Rohre = 1 Rohr auf 88 m. Wenige Tage später, zu Beginn der russischen Gegenoffensive, hatte sich das

Kräftebild völlig verändert: Das XVI. Gardeschützenkorps brachte gegen das deutsche LIII. Armeekorps pro Kilometer 42 Rohre zum Einsatz = 1 Rohr auf 24 m, während dieses Armeekorps lediglich 1,7 Rohre pro km zur Verfügung hatte = 1 Rohr auf knapp 600 m Frontlänge. Besonders aussagekräftig für die deutsche Rüstungskapazität im Artilleriesektor fällt ein Vergleich zwischen den Artilleriestärken an der Westfront im Mai 1917 und der Ostfront im August 1943 aus. Im Westen standen 1917 auf einer Frontlänge von 739 km 10 403 Geschütze, davon 4701 schwere Rohre, im Osten 1943 standen auf einer Frontlänge von 3 000 km 8 991 Geschütze (davon 3 073 schwere) und 763 Sturmgeschütze. Die Munitionslage zeigte ein ähnliches Bild: Im Oktober 1918 betrug der pro Geschütz entfallende Munitionsanteil der Monatsfertigung bei den leichten Haubitzen 785, bei den schweren Haubitzen 850, im August 1943 lagen diese Zahlen bei 357 und 372 Schuß[12]. Entsprechend sah bei »Zitadelle« die artilleristische Kraft aus: beim Angriff über die Maas im Mai 1940 verschoß die Artillerie auf 1 km Frontbreite mit 40 Rohren 124 t Munition, bei »Zitadelle« (XXXXI. Panzerkorps) verschossen 16 Rohre 46 t. »Zitadelle« endete mit einer schweren Niederlage. Die erhofften belebenden psychologischen Wirkungen blieben aus. Künftige Operationsmöglichkeiten im Osten reduzierten sich auf bloßes Reagieren. Wegen der Feldpostzensur und angesichts der Verfolgungsgefahr wegen Wehrkraftzersetzung hielten sich viele Soldaten bedeckt, dennoch konnte wachsende Kriegsmüdigkeit und Hoffnungslosigkeit konstatiert werden. So berichtete die Feldpostprüfstelle des Armeeoberkommandos (AOK) 2 für September/Oktober 1943 nach Durchsicht von etwa 75 000 Feldpostbriefen von zunehmender Disziplinlosigkeit und mangelndem Vertrauen in die eigene Leistung. Immer wieder könne man lesen: »Wir sind rußlandmüde. Wann kommen wir einmal aus diesem verfluchten Land raus[13]?«

Es kann nach dem Scheitern von »Zitadelle« von einem wachsenden Krisenbewußtsein bei Kampfverbänden im Osten gesprochen werden, dem keine überzeugenden Perspektiven auf eine Wende entgegengesetzt werden konnten. Berichte aus dem Reich und von der Ostfront ließen erkennen, daß der um sich greifende Pessimismus von jeder Seite genährt und ergänzt wurde, weil objektive Daten als Anzeichen für neue, entscheidende Entwicklungen nicht existierten. Im Gegenteil: Ab Juli 1943 mußten Luftstreitkräfte aus dem Osten zur Reichsverteidigung abgezogen werden. Die Jägerverluste lagen im Juli bei 31 Prozent, im August 1943 bei 36 Prozent. Durch Neubauten waren sie gerade noch abzufangen, aber seit August ging die Präsenzstärke der Kampfverbände trotz enorm gesteigerter Produktion ständig zurück. Seit sich die Alliierten auf die Zerstörung von Produktionskapazitäten konzentrierten, nahm die Unfähigkeit zur Erhaltung der Kampfstärke, ganz abgesehen von den Einbußen beim fliegenden Personal, dramatisch zu. Zwischen Juli und Dezember 1943 sank die Monatsstückzahl der Jagdflugzeuge von 1 263 auf 687 Maschinen, während allein die 8th US Air Force die Anzahl der schweren Bomber zwischen Dezember 1943 und Juni 1944 von 752 auf 2 123 steigern konnte. Wie die Luftwaffe mußte auch das Heer einen ständig steigenden Abnutzungsprozeß konstatieren, aus dem es keinen Ausweg gab. Von einem Austausch schwer angeschlagener Ostdivisionen gegen im Westen dislozierte Verbände war keine Verbesserung der personellen und materiellen Defizite zu erwarten. Dies machte die Bewertung der Divisionen der in Frankreich stehenden 1. Armee deutlich. Generaloberst Johannes Blaskowitz meldete dem OB West am 29. Juli 1943[14] den mangelnden Ausbildungsstand, die ungünstige Altersstruktur sowie die ungenügende, unmoderne Bewaffnung mancher Divisionen.

Mitte 1943 bot sich somit der militärischen Führung hinsichtlich der personellen und materiellen Ressourcen ein Bild, das eine positive Beurteilung der eigenen Möglichkeiten nicht zuließ. Daraus resultierten wesentliche Einschränkungen der Perspektiven für die weitere Kriegführung.

Hitler hat sie bei der Besprechung mit Benito Mussolini am 19. Juli 1943 bei Belluno (»Besprechung von Feltre«) trotz der Bemühung, dem Duce ein relativ günstiges Bild zu vermitteln, so dargestellt, daß im Grunde nichts anderes herauszulesen war als die Suche nach Chancen zur Absicherung der Kriegführungsfähigkeit in materieller und personeller Hinsicht[15]. Hitler hatte wenig zu bieten angesichts der dramatischen Rückschläge im Juli: Am Tag der Besprechung mußte »Zitadelle« abgebrochen werden. Angesichts der heftigen feindlichen Offensive erschien die weitere Durchführung nicht mehr möglich, verzeichnete das KTB OKW euphemistisch. Am 10. Juli war die Landung der Alliierten auf Sizilien erfolgt. Rom erlebte am Tag der Feltre-Unterredung den ersten Luftangriff. In dieser Situation war dem Duce wohl nicht zuzumuten, Hinweise auf die Gewißheit des Endsieges anzuhören. Hitler sprach daher nach Skizzierung der Rohstoff- und Ernährungslage davon, daß die Beherrschung bestimmter Räume unbedingt erforderlich sei. Sei diese gewährleistet, »könne der Krieg unbegrenzt weitergeführt werden«.

Hitler sprach vom schwankenden Kriegsglück und von Problemen bei der technischen Rüstung. Man sei in eine Pechsträhne geraten, aber mit »eisernem Willen« sei die Lage zu meistern. Neue Waffen brächten bald eine wesentliche Verstärkung der Kampfkraft. Konkrete Hilfe für den Verbündeten stand indessen nicht zur Debatte. Deutschland habe an Luftstreitkräften gegeben, was nur möglich sei. Wie es wirklich stand, konnte Mussolini der Mitteilung entnehmen, daß die materiellen Wünsche Italiens nicht erfüllbar seien. Italien solle deutsche Panzer, Flugzeuge und Flak nachbauen. Wo die operative Initiative zu suchen war, ließ Hitlers Hinweis erkennen, daß im Osten im Jahre 1943 keine »in die Tiefe reichenden Operationen« unternommen werden würden. Die Zeit für derartige Konzepte war abgelaufen. Das OKW hatte in seinen Vorschlägen zur Behebung der Krisenlage im Süden nicht mehr zu bieten als die Forderung nach »Einheit der Führung«, womit die deutsche Befehlsführung auf dem italienischen Kriegsschauplatz gemeint war. Eine knappe Woche vor der Verhaftung des Duce konnten vage Versprechungen und rücksichtslose Forderungen dieser Art die unsichere Position Mussolinis nur weiter schwächen.

Als Fazit läßt sich ein perspektivenloses Anklammern der deutschen Führung an den Gedanken der »Weiterführung des Krieges« feststellen. Die Diskrepanz zwischen Wollen und Können hat offensichtlich einen der Lage angemessenen politischen Entschluß weder herbeiführen noch überhaupt diskussionswürdig machen können. Im Süden blickte man gebannt auf die Alliierten, die aufgrund ihrer materiellen und personellen Ausstattung die Wahl hatten, neue Schwerpunkte zu bilden. Demgegenüber entschied Hitler zwar, den Kampf auf dem italienischen Festland fortzusetzen, aber es sei sinnlos, weitere Truppen nach Süditalien zu verlegen und damit »die letzten Reserven festzulegen«[16].

Bei der Heeresgruppe E in Griechenland, wo man seit der Kapitulation Italiens im Herbst 1943 mit Initiativen der Alliierten zu rechnen hatte, sah der Chef des Stabes den Stand der Dinge ähnlich, ohne zu anderen Schlußfolgerungen zu gelangen als Hitler. Klarheit bestand demnach auch bei der mittleren Führungsebene über die Tatsache, daß Deutschland — nunmehr faktisch alleinstehend — materiell und personell ausmanövriert war und so gut wie kein operativer Bewegungsspielraum mehr existierte. Auf einer Chefbesprechung am 9. Dezember 1943 führte Generalmajor August Winter aus[17], das Jahr 1943 habe eine fühlbare Krise gebracht, weite Gebiete im Osten seien aufgegeben worden. Dort und in Afrika hätten die Rückschläge zu personellen und materiellen Verlusten geführt. Es komme nunmehr darauf an, »überall da, wo keine Schwerpunkte der Kämpfe sind, mit einem Minimum an Menschen die Aufgaben zu lösen«. Es werde Ungeheures mit unzureichenden Mitteln verlangt. Kein Antrag mit personellen Forderungen könne berücksichtigt werden, wenn es sich nicht um lebenswichtige Angelegenheiten handle. Das Herausziehen jüngerer Jahrgänge sei unter Androhung schärfster Strafen befohlen. Sämtliche Artillerie-Offiziere seien schon abberufen worden. Dagegen sei das feindliche Potential materiell unerschöpflich, und personell habe der Gegner »alles, was er braucht«. Es gelte, die Spannungen in der gegnerischen Koalition auszunutzen — »wann und wie, entzieht sich unserer Kenntnis«. Der Chef des Stabes der Heeresgruppe E hat mit diesen Ausführungen eine zutreffende Lagebeurteilung abgegeben, trotz mancher optimistischer Abschweifungen. Mehr als ein Appell an die versammelten Offiziere, eine »positive Einstellung« zur Schau zu tragen, konnte nicht herauskommen: der Generalstabsoffizier habe »auch das treibende Element nach unten zu sein und das Vertrauen in die eigene Stärke, in die Führung« zu vermitteln, auf daß »absolute Siegeszuversicht überall hinaus ausstrahlt«.

Ende 1943 zeichnet sich die Verlagerung der kalkulatorischen Grundlagen für die Weiterführung des Krieges auf psychologische und ideologische Hoffnungen ab. Dies lag in der Konsequenz der immer drastischer werdenden Überbeanspruchung der Menschen in Wehrmacht und Kriegswirtschaft. Als wichtiger Hinweis auf diesen Versuch, die ausweglose Lage durch Manipulation von Gesinnung wenigstens eine Zeitlang subjektiv stabil zu halten, ist der mit Hitlers Befehl vom 22. Dezember 1943 in Gang gesetzte Aufbau der Organisation der NS-Führungsoffiziere (NSFO) anzusehen. Hitler, Parteiführung und Vertreter der Generalität versprachen sich neuen Elan von einer Fanatisierung der Truppe durch Offiziere mit dem richtigen »Glauben«. In einem im Zusammenhang mit dem NSFO-Programm stehenden Befehl vom 8. Januar 1944 formulierte Hitler[18]:

»Das fünfte Kriegsjahr findet uns und unsere Feinde auf dem Höhepunkt der militärischen Rüstung. Entscheidend für den Erfolg bleibt aber immer der

Mensch, der Soldat, der Kämpfer. Wer den reinsten Willen, den tapfersten Glauben und die fanatischste Entschlossenheit in den Kampf zu werfen vermag, dem wird schließlich der Sieg gehören.«

Wahrscheinlich war das Denkmodell, das Glaube und Endsieg von nun an als unbezweifelbar zusammengehörig voraussetzte, ein Produkt der »Kampfzeit« vor 1933. Seit 1943 verdankte es seine Wirkung bei einer großen Zahl von Menschen im Heimatkriegsgebiet und in der Wehrmacht zum Teil dem Führermythos und der von Beobachtern der Stimmungslage festgestellten Mischung aus Hoffnung und Befürchtungen. Hierüber finden sich Zeugnisse in den SD-Meldungen aus dem Reich und in Feldpostbriefen. Wehrmachtführung und Befehlshaber auf mittlerer Ebene beteiligten sich an der psychologischen Offensive wider besseres Wissen, die für sie selbst mit der Konsequenz zunehmender Realitätsverdrängung verbunden gewesen ist. Bezeichnend für diese Verfassung war das Nebeneinander von nüchterner Lagebeurteilung und unbegründeten Hoffnungen auf eine Wende, das der Lage angemessene politische Konsequenzen verhindert hat. Der entscheidende Hinderungsgrund lag aber darin, daß diese politisch-militärische Unentschiedenheit ihre Ursache in Hitlers Position als Oberbefehlshaber der Wehrmacht und als Führer der Partei hatte. Eine Kapitulation besiegelte somit nicht nur die militärische Niederlage, sondern das Ende des NS-Regimes und die Einlösung der Verantwortung für die Folgen seiner Politik, an welcher die militärische Führung ihren Anteil hatte.

In den wenigen Monaten zwischen November 1943 und Juli 1944 änderten sich in schneller Folge die Daten des Konzepts, das Hitler dem Duce als Grundlage für eine »unbegrenzte Fortsetzung des Krieges« genannt hatte. Hitlers Weisung Nr. 51 vom 3. November 1943 zeigte[19], wie begrenzt die Reaktionsmöglichkeiten der Wehrmacht auf die erwartete Invasion der Westalliierten sein würden. Die Gefahr im Osten sei geblieben, eine größere zeichne sich im Westen ab: »Gelingt dem Feind hier ein Einbruch in unsere Verteidigung in breiter Front, so sind die Folgen in kurzer Zeit unabsehbar.« Die geforderten Gegenmaßnahmen erschöpften sich in der Zuführung einiger Verbände und besserer waffenmäßiger Ausstattung bei Inkaufnahme der rücksichtslosen Entblößung nicht bedrohter Abschnitte. Die entscheidende Luftüberlegenheit der Alliierten spielte in diesem Aufriß nur am Rande eine Rolle.

Wenig später erzwang die alliierte Landung bei Nettuno, den Blick nach Süden zu lenken. In der Weisung Nr. 52 vom 28. Januar 1944 forderte Hitler den »fanatischen Willen«, den Kampf siegreich zu bestehen, »bis der letzte Gegner vernichtet oder wieder ins Meer geworfen ist«[20]. Die für 1944 geplante Invasion Europas habe mit der Landung bei Nettuno begonnen. Der Feind müsse erkennen, daß die deutsche Kampfkraft ungebrochen sei und »daß die Großinvasion des Jahres 1944 ein Unterfangen ist, das im Blute der angelsächsischen Soldaten ersticken wird«. Mit Nettuno leiteten die Alliierten das Jahr militärischer Katastrophen der Wehrmacht ein. Italien wurde neben der Ostfront der dritte Kriegsschauplatz und zugleich der erste, auf dem die Alliierten Fuß gefaßt hatten. Für das OKW stellte das neue Szenario die Ouvertüre zu einem weit größeren Schauspiel westlicher Überlegenheit dar, dem zahlen- und waffenmäßig nicht mehr ebenbürtig zu begegnen war. Formulierungen in der Weisung Nr. 52 lassen diese »existentielle« Bewertung erkennen: »Der Kampf muß ein harter und erbarmungsloser sein, nicht nur gegen den Feind, sondern auch gegen jeden Führer und jede Truppe, die in dieser entscheidenden Stunde versagen sollten.«

Der Generalstab des Heeres zog aus der strategischen und operativen Zwangslage, die eine Anpassung an die nun ringsum nicht mehr aufzubrechende Defensivsituation notwendig machte, Konsequenzen, die lediglich Zeitgewinn, lokale Katastrophenvermeidung und taktische Aushilfen einplanten. Bezeichnend hierfür ist der Führerbefehl Nr. 11 vom 8. März 1944[21] für »Kommandanten der festen Plätze und Kampfkommandanten«. Die Kommandanten sollten verhindern, daß der Gegner die »operativ entscheidenden Plätze in Besitz nimmt«. Sie sollten sich einschließen lassen und möglichst starke Feindkräfte binden. Aufgrund im Osten gemachter Erfahrungen spielte auch hier großes Mißtrauen hinein, deshalb wurden den Kommandanten zur Durchführung ihrer Aufgaben fliegende Kriegsgerichte und Standgerichte beigegeben.

Generaloberst Heinz Guderian, Generalinspekteur der Panzertruppe, suchte Hitler in seinem Vortrag am 27. März 1944 mit einem überholten Konzept von der kriegsentscheidenden Bedeutung der Panzerwaffe zu überzeugen[22]. Die Lagebeschreibung entsprach durchaus dem Stand der Dinge, aber die Schlußfolgerungen blieben angesichts der strategischen und kriegswirtschaftlichen Situation illusionär. Guderian: »Mit der Verteidigung allein kann dieser Krieg niemals zu unseren Gunsten entschieden werden. Wir müssen wieder angreifen wollen.« Die letzte Zeit habe gelehrt, »wo wir uns von diesen als richtig erkannten

Grundätzen abwandten, wurden die Pz.-Verbände hierbei zermahlen«. Das Allheilmittel erblickte der Panzergeneral in der Bildung operativer Reserven. Nur so sei die Rückkehr »zu der uns arteigenen Kampfführung«, damit zum Gewinn der operativen Handlungsfreiheit und der »Kriegsentscheidung zu unseren Gunsten« jetzt noch möglich, in einem halben Jahr dagegen wohl nicht mehr. Die Wendung der Dinge versprach Guderian sich von einer operativen Reserve von acht Panzer- und Panzergrenadierdivisionen, sechs Infanteriedivisionen und einigen Heerestruppen mit Tiger- und Panzer-Jäger-Abteilungen, die aus den Armeen herausgelöst und durch andere Divisionen ersetzt werden sollten, meist Infanterie- und Polizeiverbände, eine SS-Panzergrenadierdivision, rumänische und lettische Verbände, jedoch nur durch zwei neuaufgestellte Panzerdivisionen. Angesichts der Panzerplanung und -zuweisungen in dieser Zeit und den folgenden Monaten waren Guderians Forderungen eine Milchmädchenrechnung, die mit der Westinvasion und dem Angriff gegen die Heeresgruppe Mitte im Osten im Juni/Juli 1944 endgültig bestätigt worden ist.

Die Diskrepanz zwischen der Panzerplanung und dem tatsächlichen Zulauf an die Truppe unterstreicht das Unvermögen, den Anforderungen an die Erhöhung der Kampfkraft und die Verbesserung der Mobilität der Verbände zu entsprechen. Laut Vorlage des Generalinspekteurs der Panzertruppe vom 10. und 31. Mai 1944[23] bot sich folgendes Bild: im April 1944 sollten 1 143 Panzer und Sturmgeschütze aller Typen zugewiesen werden, tatsächlich abgerollt waren nur 697 Panzerfahrzeuge. Für den Mai sah die Bilanz am Stichtag 31. Mai katastrophal aus: geplant 1 110 Stück, zugewiesen 100. Bei den hoch eingeschätzten Typen Panther und Tiger I und II sah für den Monat Juni die Prognose mit 75 Tigern I und 30 Typ II kümmerlich aus. Diese wenigen Fahrzeuge sollten über alle Frontabschnitte verteilt werden, im einzelnen: Nachschub Italien: 12, Ost: 18, Pz. Abt. 510: 30, SS-Pz. Abt. 103: 6. Als Sturmgeschützzuführung ist für Heer und SS Ende Mai 1944 eine Gesamtzahl von 332 Stück prognostiziert worden.

Für die Panzerabwehr-Verbände und -Einheiten des Heeres sah die Lage nicht besser aus. Eine Analyse des Panzeroffiziers beim Generalstab des Heeres vom 14. November 1943[24] stellte fest, daß die Durchschnittsausstattung der Infanteriedivisionen des Ostheeres mit schwerer Pak von Juni bis Mitte Oktober 1943 lediglich von neun auf zehn Geschütze angehoben werden konnte. Es stehe fest, daß die in der Gliederung der Infanteriedivisionen »neuer Art« vorgesehene Ausstattung mit schwerer Pak »niemals zu erreichen ist«. Es würden, so die Schlußfolgerung, in der Truppe durch Herausgabe dieser Gliederung Hoffnungen erweckt, »die nicht zu erfüllen sind und daher zwangsläufig zu bitteren Enttäuschungen führen müssen und das Vertrauen in die obere Führung erschüttern«.

Die Erfahrungen an der Ostfront bestätigten den im Generalstab des Heeres ermittelten Zustand des Heeres. So meldete die Armeegruppe Wöhler zum 1. März 1944[25] für die 4. Panzerarmee hohe Verluste, mangelhafte Ausbildung des Ersatzes, Einsatz der Feld-Ersatz-Bataillone als letzte Reserve. Bei den neu zugeführten vier Divisionen sei der Ausbildungsstand für den »Einsatz im Großkampf« unzureichend. Inwieweit der Verlust von Tarnopol die Truppe stimmungsmäßig beeinflußte, könne erst festgestellt werden, »sobald Verbände vor einer neuen Einschließung stehen«. Das Urteil von General Otto Wöhler über die Kampfkraft der 8. Armee ließ ebenfalls keinen Optimismus erkennen: »Die Verbände und Heerestruppen der 8. Armee sind in der Masse zur Abwehr nur bedingt geeignet.« Und schon zum 1. April 1944 mußte General Wöhler melden, die Rückzugskämpfe des Monats März aus dem Raum Kirowograd — Uman bis hinter den Dnjestr hätten »das letzte an physischer und materieller Gefechtskraft der Verbände beansprucht«. Selbst die schnellen Verbände waren bis auf wenige gepanzerte und Führungsfahrzeuge sowie wenige Zugmittel für schwere Waffen nur noch »fußbeweglich«. Guderians Forderung nach Wiederherstellung der Angriffsfähigkeit und der Bildung operativer Panzerreserven erwies sich als unmöglich und damit in der Sicht des erfahrenen Panzergenerals auch die Aussicht auf Wiedergewinnung der operativen Initiative — von einer strategischen Initiative konnte ohnehin seit 1942 nicht mehr gesprochen werden.

Angesichts der hoffnungslosen Unterlegenheit der Luftwaffe stellten die Panzerverbände die einzige operativ erfolgversprechende Kraft dar, mit welcher in schwerpunktmäßigem Ansatz lokale Erfolge noch zu erzielen waren, im Kampf gegen die Westalliierten allerdings schon mit der Einschränkung witterungsgünstiger Voraussetzungen wegen der Luftbedrohung. Der Verlauf der alliierten Invasionsoperationen unterstrich die Bedeutung dieses Faktors. Eine wirklich schwerpunktmäßige Zusammenfassung der Panzerkräfte gelang nicht — in Anbetracht der Luftherrschaft der Alliierten und wegen der Ungewißheit über die operativen Stoßrichtungen der Invasionsarmeen. Die auf zahlreiche Panzer- und Infanterieverbände verteilten Panzer und Sturmgeschütze, Pak und Panzerjagd-Fahrzeuge aller Typen einschließlich der Beutepanzer — ein Gesamtaufgebot im Juni 1944 von ca. 2200 Fahrzeugen[26] — war zum operativen Gegenschlag nicht in der Lage, und etwa gleichzeitig vollzog sich mit der Vernichtung der Heeresgruppe Mitte im Osten eine militärische Katastrophe größten Ausmaßes.

Die Reaktionen der deutschen politischen und militärischen Führung auf die militärische Entwicklung im Juli und August 1944 lassen die Aussage zu, daß sich nunmehr der Umschlag einer längst geübten Realitätsverdrängung in den Selbstbetrug vollzog. Generaloberst Alfred Jodl, Chef des Wehrmachtführungsstabes und engster operativer Berater Hitlers, hat sich schon im November 1943 eine Art Selbstrechtfertigung für sein perspektivenloses Anklammern an den Gedanken des Weitermachens um jeden Preis zurechtgelegt. Im Wehrmachtführungsstab wußten die Kompilatoren seines Vortrages vom 7. November[27], was sie ihrem Chef zumuten konnten. Im Nürnberger Kriegsverbrecher-Prozeß bekannte Jodl, mit dem Vortrag vor den Gauleitern eine politische Absicht verfolgt zu haben, nämlich alles in seiner Macht Stehende zu tun, um jede Spaltung und Zersetzungserscheinung, »soweit sie die Wehrmacht angingen«, zu bekämpfen[28]. Diese Auffassung basierte nach eigener Aussage auf den Erfahrungen aus der Niederlage im Ersten Weltkrieg. Offensichtlich war ihm nicht klar, welches die wahren Ursachen dieser Niederlagen gewesen sind. Immer noch an die Dolchstoßlegende glaubend, fand er es nicht problematisch, in der Loyalität bis zum Untergang historischen Sinn zu erkennen. So lautete ein Abschnitt seiner Ausführung »Grundlagen unseres Vertrauens auf den Endsieg« — und diese Grundlage war für ihn das Genie Hitlers. Es sei sicher, daß wir siegen, »weil wir siegen müssen, denn sonst hätte die Weltgeschichte ihren Sinn verloren«. Ein Europa unter der Knute amerikanischer Juden und bolschewistischer Kommissare sei undenkbar. Das Endszenario des NS-Regimes und seiner loyalen Wehrmacht voraussehend, bekannte er vor den Partei-Oberfunktionären, er sei sicher, »daß wir selbst die Trümmer unserer Heimat bis zur letzten Patrone verteidigen würden, weil es in ihnen tausendmal besser zu leben ist als in der Knechtschaft«. Im Juli und August 1944 zeichnete sich ab, daß die Wehrmacht bald in den Trümmern zu Hause zu kämpfen haben werde. Die am 22. Juni beginnende Offensive der Roten Armee vernichtete innerhalb von zwei Wochen 28 von 40 Divisionen der Heeresgruppe Mitte, 350 000 Soldaten waren gefallen oder in Gefangenschaft geraten. Bei den zurückflutenden Truppen zeigten sich Auflösungserscheinungen. Gauleiter Erich Koch meldete Hitler am 13. Juli: »Die Straßen des Reg.-Bez. Białystok sind voll von Truppen, die z. T. fluchtartig zurückgehen [...] Die Truppe macht einen denkbar schlechten Eindruck und würde beim Überschreiten der ostpreußischen Grenze demoralisierend wirken[29].« Die Rote Armee drängte durch eine 350 km breite Frontlücke scharf nach, erreichte schon am 2. Juli Minsk, am 18. Białystok, am 27. Dünaburg und am 1. August 1944 Kowno. Sie war zusätzlich fähig, am 14. Juli eine weitere Offensive gegen die Heeresgruppe Nordukraine in Südpolen und Galizien vorzutragen. Hier erreichte sie bis Ende des Monats Lemberg und und Brest-Litowsk und stand nun an San und Weichsel. So dramatisch war die Lage, daß Hitler den Gauleiter Erich Koch am 26. Juli mit der Organisation des Stellungsausbaus hinter der Heeresgruppe Mitte beauftragte und ihm weitreichende Vollmachten übertrug. Heinrich Himmler wurde am 2. August ermächtigt, »zum Zwecke der Menscheneinsparung« die gesamten Organisations- und Verwaltungsgrundlagen des Heeres, der Waffen-SS, der Polizei und der Organisation Todt zu überprüfen und zu vereinfachen[30]. Der Schock über die von der Anti-Hitler-Koalition gewonnene Operationsfreiheit im Osten und Westen, die sich im schnellen Vormarsch auf die Reichsgrenzen auswirkte, führte zu ausgesprochenen Katastrophenentscheidungen. So befahl Hitler am 19. Juli 1944, daß sämtliche Versorgungs- und rückwärtige Dienste der Wehrmachtteile, die Organisation Todt und das Wehrmachtgefolge bei Überschreiten der Reichsgrenze 50 Prozent ihrer Gewehre und Maschinengewehre an das Heer abzugeben hatten[31]. Das Ausmaß der nach der Vernichtung der Heeresgruppe Mitte festgestellten Auflösungserscheinungen erzwang noch weitere rigorose Maßnahmen, wie u. a. einen Befehl Hitlers vom 10. August 1944[32], der anordnete, mit allen Mitteln dafür zu sorgen, »daß alle Verbände und Einheiten der Ostwehrmacht, die in das Reichsgebiet verlegt sind oder noch verlegt werden, unverzüglich wieder die Formen militärischer Ordnung annehmen, wie sie das deutsche Volk von seiner Wehrmacht erwartet.« Dies sollte auf Truppenübungsplätzen im Grenzbereich bewerkstelligt werden. Im Westen mehrten sich entsprechende Anzeichen von nachlassender Einsatzbereitschaft. Die Gauleiter Robert Wagner und Gustav Simon meldeten Disziplinlosigkeiten zahlreicher

Einheiten. Auch hier sind aufzulösende Einheiten auf Truppenübungsplätze verlegt worden. Ein OKW-Befehl vom 23. September 1944 sprach unmißverständlich von »Auflösungserscheinungen in der Truppe«. Von haltlosen Elementen ist die Rede und von Führern und Unterführern, »die ihre Pflicht als Truppenführer schwer verletzen, anvertrautes Wehrmachtgut im Stich lassen«, und von Soldaten, die ihre Gewehre und andere leichte Waffen liegenlassen, ablegen oder zerstören[33]. Hiergegen sollte mit sofortigem Waffengebrauch vorgegangen werden. Gerichtsherren und Standgerichtsherren erhielten mit diesem Befehl das Recht, bei derartigen Vorkommnissen Todesurteile gegen jedermann, auch gegen Offiziere jeden Ranges, unmittelbar zu bestätigen, »wenn die sofortige Vollstreckung der Todesstrafe zur Aufrechterhaltung der Manneszucht und aus Gründen der Abschreckung geboten ist«.

Angesichts der operativen und strategischen Lage mit ihren Auswirkungen auf die Truppe und die Zivilbevölkerung wäre eine nicht nur kritische militärische, sondern auch eine politische Bestandsaufnahme der verbliebenen Optionen am Platze gewesen. Die grundsätzliche Lagebesprechung am 31. Juli 1944[34] in der Wolfsschanze, bei der der Chef des Wehrmachtführungsstabes, Generaloberst Jodl und sein Stellvertreter, General Walter Warlimont, mit Hitler über künftige Chancen und zu setzende Prioritäten sprachen, hat eine derartige Bestandsaufnahme nicht in Erwägung gezogen. Der Gedankenaustausch bewegte sich in einem Dunst von Illusionen, Phantastereien und Beschimpfungen von Gegnern und Oppositionellen. Das umfangreiche Protokoll zeigt einen politischen und militärischen Führer, der noch von der Nachwirkung des Attentats gezeichnet war, das ihn offensichtlich noch halsstarriger und unfähiger gemacht hatte, seine Situation nüchtern einzuschätzen. Sein strategisches Bild reiche »bis zur nächsten Enttäuschung«, klammerte sich an Hoffnungen auf die Stabilisierung dieser und jener Front, an das Halten kriegswirtschaftlich wichtiger Gebiete und steigende Produktionsziffern. Katastrophale Niederlagen erschienen ihm zuweilen als geradezu positive Entwicklungen. Im Osten könne man »im Moment« nicht mehr als eine Stabilisierung der Front erreichen. Er frage sich, »ob nicht angesichts der ganzen Lage es wirklich so schlimm ist, daß wir verhältnismäßig eng zusammengepreßt sind«. Das habe nämlich auch Vorteile: »Wenn das Gebiet, das wir jetzt besitzen, gehalten wird, dann ist das ein Gebiet, das uns immerhin das Leben ermöglichen kann, und wir haben nicht diese riesigen Etappen.« — Eine »Strategie« des Wenn und der nicht vorhandenen Voraussetzungen. Im Westen, so Hitler, habe die Wehrmacht 75 Prozent aller beweglichen Kräfte stehen, man könne aber trotzdem feste Verteidigungslinien nicht halten. Eine Wende könne eintreten, wenn es gelinge, für eine gewisse Zeit Luftüberlegenheit als letzte Reserve für den »alleräußersten Fall« zurückzuhalten, »um sie — ich kann heute noch nicht sagen, wo die letzten Würfel fallen, aber dorthin zu werfen, wo man vielleicht wieder eine Wende herbeiführen kann.« Und dieses Wenn und Vielleicht konnte sich in der Sicht Hitlers so machen lassen:

»Es gibt für mich keinen Zweifel: Wenn wir hier mit einem Schlag 800 Jäger zusätzlich hereinpumpen könnten und mit einem Schlag auf 2000 Jäger kämen, wie wir das wahrscheinlich jetzt machen könnten, würde die ganze Krise, die wir haben, sofort überwunden sein; dann gäbe es überhaupt keine Krise mehr[35].«

Aber es standen Krisen — außer im Westen und Osten — auch in Italien und auf dem Balkan bevor. Ohne Bulgarien sei es nicht möglich, den Balkanraum zu sichern und dringend gebrauchte Rohstoffe zu bekommen. Außerdem müsse die »notwendigste Sicherung« Ungarns gewährleistet bleiben: »ernährungsmäßig ein einziger möglicher Ersatz für das, was wir sonst verlieren.« Alles hänge davon ab, daß »wir tatsächlich im Osten stehen« und keine Krise im Rücken und im Herzen Europas eintrete.

Zum Wunschdenken gesellte sich ein tiefes Mißtrauen gegen Stäbe, Befehlshaber — gegen »Scheißkerle«, die so erzogen seien, daß sie es selbstverständlich fänden, daß andere sich aufopferten. Hitler wollte jetzt Pläne und Vorbereitungen für künftige Unternehmungen nur noch von einem besonderen zentralen Stab ausarbeiten lassen[36]. Selbst Heeresgruppenbefehlshaber durften nur noch das für ihren Wirkungskreis Wichtigste, nicht aber die generellen Ansichten erfahren. »Wir dürfen diesen Menschen auch nicht die geringste Andeutung machen, und das kann man andernfalls nicht vermeiden in diesem Sauladen[37]«. Dies alles hörte sich Jodl kommentarlos an. Das kümmerliche Ergebnis der Lagebesprechung war der Vorsatz, künftig »unformalistisch und beweglich« zu führen, langfristige Pläne könne man nicht machen, weil sie in den nächsten Tagen doch über den Haufen geworfen würden. Daß die im Westen stehenden Verbände keine zusammenhängende Verteidigungslinie halten konnten, begriff Hitler. Er klammerte sich an den Gedanken, Zeit zu gewinnen, Häfen zu halten oder zu zerstören, um den Nachschub der Alliierten zu hemmen. Zeit wofür? Jedenfalls nicht, um eine politische Lösung zu finden, Rommels Fernschreiben vom 15. Juli 1944, mit welchem der Oberbefehlshaber der Heeresgruppe B den Durchbruch der Alliierten prophezeite und Hitler bat, Folgerungen aus dieser Lage zu ziehen[38], bewirkte nichts. Im Moment schwerer militärischer Niederlagen auf einen günstigen politischen Moment zu hoffen sei naiv. Allerdings war nichts mehr zu hoffen. Die Voraussage von Generalfeldmarschall Erwin Rommel erfüllte sich. Ende August bezeichnete Hitler während einer Besprechung mit den in Aussicht genommenen Chefs des Generalstabes des OB West (Generalleutnant Siegfried Westphal) und der Heeresgruppe B (Generalleutnant Hans Krebs)[39] den 15. August als den schlimmsten Tag seines Lebens. Bei Falaise zeichnete sich nach dem Durchbruch der Amerikaner bei Avranches die Einkesselung starker deutscher Kräfte ab. Im Westen hatten die Alliierten den Bewegungskrieg erzwungen und stießen rasch nach Osten vor. Paris wurde am 25. August besetzt. Nach der Invasion im Süden, zwischen Cannes und Toulon, rückten starke Kräfte auf Lyon und Dijon vor. Alle Versuche, Verteidigungslinien, z. B. Seine—Yonne—Dijon—Schweizer Grenze, zu halten, scheiterten. Am 21. Oktober wurde bereits Aachen eingenommen. Der Rückzug zum Westwall führte zum Verlust von mehr als 600 000 Soldaten. Im September konnten von 55 Infanteriedivisionen nur noch 13 als voll kampfkräftig angesehen werden. Bei den Panzerdivisionen stellte sich das Verhältnis auf 14:3.

Die Verbündeten fielen in Erkenntnis der baldigen endgültigen Niederlage des Reiches ab. Finnland unterzeichnete am 19. September 1944 den Waffenstillstand mit der UdSSR. Rumänien erklärte am 25. August Deutschland den Krieg. Bulgarien wurde von der Roten Armee besetzt und stellte seine Armee unter sowjetischen Oberbefehl. Die Heeresgruppe E mußte Griechenland aufgeben und sich in stetem Rückzug auf die Reichsgrenze zurückziehen. Die Verbände von Josip Tito konnten im September 1944 die Verbindung zu der nach Serbien vordringenden Roten Armee herstellen. In Ungarn stand die Rote Armee Anfang Dezember am Plattensee. Nahezu sämtliche als kriegswichtig geltende Ressourcen der Balkanländer waren damit verlorengegangen.

Albert Speer hatte im Herbst 1943 gemeint, der Krieg werde »zehn Monate nach dem Verlust des Balkans« zu Ende sein[40]. Dieses Ende stand nun eher früher in Aussicht. Seit der auf der Konferenz von Casablanca im Januar 1943 von den Alliierten beschlossenen unconditionalsurrender-Forderung hieß das, daß keine Zwischenlösungen oder einseitige Vereinbarungen mit der UdSSR oder den Westalliierten in Frage kamen. Eine Kriegsverlängerung konnte weder Positionsverbesserungen noch einen günstigeren Frieden bringen. Aber diese Einsicht ist bei führenden deutschen Militärs von vagen Hoffnungen auf wenigstens minimale politische Chancen überlagert oder von bedenkenloser Loyalität für Hitler verdrängt worden. Der OB West, Günther v. Kluge, und der Chef des Wehrmachtführungsstabes können als Vertreter solcher Einstellungen gelten. Kluge hat Hitler mit seinem Abschiedsschreiben vom 18. August 1944 darauf hingewiesen, es sei an der Zeit, den unsagbaren Leiden des Volkes ein Ende zu machen[41], es müsse »Mittel und Wege geben, das Ende herbeizuführen und vor allen Dingen zu verhüten, daß das Reich in die bolschewistische Hölle gerät«. Kluges Ausführungen zeigen einen militärischen Führer, der nicht durch die Politik Hitlers, nicht vom Vorgehen und den Verbrechen im Osten irritiert worden ist, sondern allein durch die hoffnungslose militärische Lage. Enttäuschung über die Ablösung als OB West spielte mit hinein und auch die Wirkung der Schuldzuweisung über Mißerfolge bei den Operationen gegen den Durchbruch der alliierten Armeen. Immerhin sagte er vor seinem Selbstmord dem »Führer«: »Im Westen ist es vorbei, zieh die Konsequenzen.« Aber gerade dies war Hitler nicht bereit zu tun. Die Generale Westphal und Krebs ließ er wissen: »Ich lebe nur der einzigen Aufgabe, diesen Kampf zu führen, weil ich weiß, wenn nicht eine eiserne Willensnatur dahinter sitzt, kann der Kampf nicht gewonnen werden[42].« Jodls Loyalität ist auch nicht durch seine an sich nüchterne Lagebeurteilung irritiert worden. Seine Haltung erklärt die bei vielen anderen hohen militärischen Führern zu konstatierende Bereitschaft, mit dem militärischen Kalkül auch die politische Vernunft Hitlers Politik unterzuordnen. Diese Bereitschaft hat dazu geführt, daß Propagandaphrasen und brutale Durchhaltebefehle mit schärfsten Strafdrohungen gegen »Versager« für die Führungsmethoden der Endphase kennzeichnend werden konnten.

Nach dem Fehlschlag des Attentats vom 20. Juli 1944 ist die Demonstration vorbehaltloser Unterstützung dieses Kurses der politischen und militärischen Führung auf vielen Hierarchieebenen feststellbar: eine Art trotzigen, mit »Endsieggewißheit« drapierten Marsches in die Katastrophe. In den Mystifikationen der Existenz- und Endkampfmentalität zählten weder Menschen noch die Erhaltung von Sachwerten.

Jodl hat dies — sicher auch unter der Schockwirkung des Attentats — vor den Offizieren und Beamten des Wehrmachtführungsstabes am 24. Juli so zum Ausdruck gebracht[43]:

»Ich bin überzeugt, daß wir diese Lage durchstehen werden, aber selbst wenn uns das Glück nicht hold sein sollte, dann müßten wir entschlossen sein, uns als die Letzten mit der Waffe um den Führer zu scharen, damit wir vor der Nachwelt gerechtfertigt sind.«

Als ersten Hoffnungsschimmer glaubte er seinen Zuhörern zumuten zu können:

»Jetzt flammt der Widerstandswille hell auf: unter dem Eindruck dessen, was an der Ostgrenze Ostpreußens geschieht, kann man wirklich von einem Aufbruch des Volkes sprechen. Der Reichskommissar hat die Bevölkerung mitgerissen, die nun vom Universitätsprofessor bis zum 15jährigen Jungen großartige Leistungen vollbringt.«

Eine Woche nach Jodls Appell an die Nibelungentreue der Männer seines Stabes richtete Feldmarschall Walter Model einen Tagesbefehl an die Reste seiner zerschlagenen Heeresgruppe: »Der Feind steht an Ostpreußens Grenzen [...] Feiglinge haben keinen Platz in unseren Reihen [...] Wer wankt, hat sein Leben verwirkt. Es geht um unsere Heimat, um unsere Frauen und Kinder[44].« Trotz der »augenblicklichen« zahlenmäßigen und materiellen Überlegenheit des Feindes, so Model, »können wir es in scharfer Konzentration aller Kräfte schaffen«. In der Heimat seien dafür jetzt alle Voraussetzungen gegeben durch die Beauftragung des Reichsführers-SS Heinrich Himmler und Reichsministers Dr. Joseph Goebbels.

In manchen Befehlen wird seit der zweiten Hälfte 1944 auf die »kriegsentscheidende« Bedeutung dieses oder jenes taktischen oder operativen Vorhabens hingewiesen. Generalfeldmarschall Gerd v. Rundstedt, OB West, tat dies noch in einem Befehl Ende Januar 1945[45], nachdem das letzte große Unternehmen im Westen, die Ardennenoffensive, verpufft war. Rundstedt war der Ansicht, daß nach dem »augenblicklichen« Ausfall des oberschlesischen Industriegebietes die neue feindliche Offensive im Westen das Ziel haben werde, das rheinisch-westfälische Industriegebiet in Besitz zu nehmen, um »auf den weiteren Verlauf des Krieges entscheidend einzuwirken«. Die befohlene Verlegung von Verbänden auf den rechten Flügel der Heeresgruppe sei von kriegsentscheidender Bedeutung. Rundstedt mutete diese Begründung nicht etwa den Soldaten, dem »kleinen Mann«, zu, sondern den Oberbefehlshabern der Heeresgruppe B, G und H: »Es kommt auf jede gewonnene Stunde an, um dem Feind zuvorzukommen. Das Schicksal des Reiches hängt von der erfolgreichen Abwehr dieses neuen angloamerikanischen Großangriffs ab.«

Der Angriff konnte, wie vorhersehbar, nicht aufgehalten werden. Seit Februar wurden Rheinland und Ruhrgebiet unmittelbar in die Landoperationen einbezogen. Wo indes der Ansatz der Großoffensive liegen würde, war für die deutsche Seite nicht erkennbar. Im Lagebuch des Wehrmachtführungstabes wird unter dem 23. Februar verzeichnet: »Wo die Schwerpunkte liegen werden, wird erst nach Wegzug des Nebels und Einsatz der Bombenteppiche zu erkennen sein[46].« Die Bombenteppiche, der strategische Bombenkrieg, wären allein Grund genug für eine verantwortliche Führung gewesen, den Krieg zu beenden. Die Luftüberlegenheit erlebten die Menschen im Westen seit zwei Jahren, und seit Ende 1944 verstanden sie die Sprache des Luftkrieges als Signal des bevorstehenden Zusammenbruchs. Die Westalliierten setzten so gut wie unbehindert den Krieg gegen die städtischen Zentren, Industrieanlagen und Verkehrsverbindungen fort. Bis zum Beginn der Offensive am 23. Februar flogen alliierte Bomber und Jagdbomber Angriffe u. a. gegen Osnabrück, Hamm, Duisburg, Wesel, Siegen, Meschede, Dortmund, gegen Brücken, Eisenbahnlinien, Viadukte, meist von Hunderten von Jägern begleitet, gegen welche die deutsche Abwehr nichts Nennenswertes auszurichten vermochte. Gleichzeitig konnten die Angriffe auf Dresden mit mehreren Hundert Bombern tags und nachts geflogen werden. Das Verkehrschaos wurde unüberwindbar, und zwar im gesamten Reichsgebiet. Auf einer Sitzung des Verkehrsstabes mußte Mitte März festgestellt werden, daß man zwei Millionen Arbeitskräfte »zur Wiederherstellung des Verkehrs« benötige. Zur Verfügung standen lediglich 180000 Eisenbahner, die Technische Nothilfe und ca. 100000 Kriegsgefangene, die erst noch »im Fußmarsch vorgezogen« werden mußten[47]. Über die Situation der Luftverteidigung geben die Ausführungen des Luftwaffenadjutanten Nicolaus v. Below vor Hitler in der Abendlage am 23. März Auskunft. Below berichtete über Angriffe von viermotorigen Verbänden auf Verkehrsanlagen in den Räumen Rheine, Münster, Osnabrück, Bochum, Essen, Iserlohn, Hagen, Dinslaken und Bocholt. Dagegen seien 17 Me 262 eingesetzt gewesen, die vier Abschüsse gemeldet hätten.

»Hitler: Die anderen kommen nicht heran?
v. Below: Nein, die anderen kommen nicht heran. — Aus dem Süden der Angriff von 600 amerikanischen Viermots auf die Hydrierwerke Schwarzheide und Industrieziele im selben Raum der Lausitz. Außerdem 200 Flugzeuge gegen Verkehrsanlagen St. Valentin und im Raum von Wien[48].«

Diesem Bild einer zunehmenden Strangulierung der gesamten deutschen Logistik standen die strategischen Optionen der Anti-Hitler-Koalition gegenüber. Die Westalliierten verfügten infolge der Entschlüsselung deutscher Funksprüche — Enigma-Entschlüsselung — über eine relativ genaue Übersicht über die Auswirkung des strategischen Bombenkrieges auf die deutschen Rüstungskapazitäten. Mitte März rechnete ein Bericht des JIC (Joint Intelligence Sub-Committee of the Chiefs of Staff) mit der vollständigen Abschnürung des Ruhrgebietes als Faktor der Kriegsproduktion. Ein Plan für die »interdiction of the Ruhr« von Anfang Februar konkurrierte mit der Idee eines tödlichen Schlages gegen das Herz des deutschen Regierungssystems und die Moral der Bevölkerung (Operation Thunderlap), für den man nach Beginn der sowjetischen Großoffensive Mitte Januar die Zeit gekommen sah[49]. Inzwischen war die Sorge vor der deutschen Jagdabwehr gebannt. Man kannte die Ineffizienz der konventionellen Jäger gegen die mit Jagdschutz fliegenden Bomberströme, und der Jet-Typ Me 262 war in zu geringer Zahl vorhanden. Ein kurzes, relativ erfolgreiches Aufbäumen der Jet-Waffe im März gegen die Eight US Air Force-Angriffe auf Berlin änderte nichts daran, daß ab Ende März eine nennenswerte, für Unruhe auf alliierter Seite sorgende Abwehr nicht mehr existierte. Überdies sah sich die deutsche Führung gezwungen, Jagdverbände aus dem Westen abzuziehen, um sie der Offensive der Roten Armee entgegenzustellen.

Inzwischen bildeten amerikanische Verbände zwei Zangen um das Ruhrgebiet. Die Heeresgruppe B wurde mit 21 Divisionen eingeschlossen (Ruhrkessel), während die Heeresgruppe Montgomery am 24. März den Übergang über den Rhein bei Wesel erzwang und nunmehr 85 alliierte Divisionen den Vormarsch in das Reichsgebiet in Gang setzten, wo sie auf deutsche Verbände trafen, die in der Masse keinen Vergleich mit Ausrüstung und Bewaffnung des Gegners aushielten. Schon im Januar 1945 mußte die Quartiermeisterabteilung beim Wehrmachtführungsstab feststellen, »daß das Heer weitgehend entmotorisiert wird, daß also die Pz.-Grenadiere zu Fuß oder mit Rad bewegt werden«[50].

Angesichts dieser militärischen Lage fand sich kein führender Militär bereit, Hitler die Kapitulation nahezulegen oder selbständig zu handeln. Die Versuche Rommels und Kluges vom Sommer 1944 gehörten zu den letzten Aufwallungen militärischen Verantwortungsbewußtseins für die Bevölkerung und für die Zeit nach der unvermeidlichen Niederlage. Was hat die Generalität, zumal die Heeresgruppen und Armeeoberbefehlshaber bewogen, die Politik der Selbstzerstörung mitzutragen, welchen Sinn haben sie darin, jenseits aller Fakten, erblickt und ihren Soldaten plausibel zu machen gesucht, und welche Methoden sind zur Erzwingung des Weitermachens um jeden Preis angewandt worden?

Als ein bezeichnendes Dokument, aus dem Aufschluß über Fragen dieser Art zu gewinnen ist, kann der Tagesbefehl des OB der Heeresgruppe B, Feldmarschall Model, vom 29. März 1945 gesehen werden[51]. Zehn Tage nach dem sogenannten »Verbrannte-Erde«-Befehl Hitlers[52], der die Zerstörung aller Verkehrs-, Nachrichten-, Industrie- und Versorgungsanlagen sowie aller für den Gegner nützlichen Sachwerte durch die Wehrmacht, Gauleiter und Reichsverteidigungskommissare anordnete, richtete Model seinen Befehl an die »Herren Oberbefehlshaber, Kommandierenden Generale, Divisions- und Regimentskommandeure«. Der Feldmarschall entwickelte eine Lagebeurteilung, die der Zustimmung Hitlers sicher sein konnte, richtete sein persönliches Verhalten aber nicht danach ein, denn er setzte seinem Leben am 21. April bei Duisburg-Wedau ein Ende, nachdem er zuvor eine Kapitulationsaufforderung von General Matthew Ridgeway unbeantwortet gelassen hatte. Der amerikanische General hatte ihn beschworen, deutsches Leben und deutsche Städte zu schützen. Models Lagebeurteilung: »Unter dem Druck der Kriegsereignisse zeigt sich, daß noch immer weite Kreise des deutschen Volkes und damit auch der Truppe vom jüdischen und demokratischen Gift der materialistischen Denkweise verseucht sind.« Was dagegen kompromißloser Wille und unbändiger Kampfgeist auch in »scheinbar aussichtsloser Lage« vermochten, beweise das Beispiel der Generale »unserer Heeresgruppe«. Das Vorbild des Offiziers wirke Wunder. Heute seien die entscheidenden Faktoren: Glühende Leidenschaft und unerbittliche Härte, Durchdrungensein von einer Idee und fanatischer Einsatz für sie. Durch Vorbild und unermüdliche Erziehungsarbeit müsse der Offizier auch den letzten Grenadier zum fanatischen Kämpfer für Deutschlands Zukunft formen und damit den Endsieg sichern: »Der Sieg der nationalsozialistischen Idee steht außer Zweifel, die Entscheidung liegt in unserer Hand!«

So deutlich hat kaum ein Befehlshaber ausgesprochen, daß die Fortsetzung des Krieges bis zur Erschöpfung letztlich der Verlängerung der NS-Herrschaft diente. Andere appellierten an Angstgefühle oder erließen Drohbefehle. Aus Stimmungsanalysen und Feldpostbriefen war die Sorge vor einem Vordringen der Roten Armee in die Ostprovinzen erkennbar geworden. Ostpreußische und schlesische Soldaten fürchteten um ihre Angehörigen. Dies suchten Befehlshaber im Westen zu nutzen, wie der OB der Heeresgruppe G, Generaloberst der Waffen-SS Paul Hausser, in einem Befehl vom 26. Februar 1945[53], der zum Halten im Westen aufforderte, weil hiervon die Durchführung aller Maßnahmen im Osten abhängig sei: »Es gibt auch hier kein Paktieren. Der Vernichtungswille der Amerikaner ist derselbe«, und weiter: »Wer den Kampf aufgibt, ist nicht nur ein Feigling, er verrät unsere Frauen und Kinder.«

Unter der Bevölkerung verbreitete sich angesichts des Bombenkrieges und des Vormarsches der Alliierten Zweifel am Sinn der Fortsetzung des Kampfes. Der Chef des NS-Führungsstabes im Oberkommando des Heeres, General der Gebirgstruppe Georg Ritter v. Hengl, meinte dazu, die Bevölkerung wolle beim Näherkommen des Kampfes Ortschaften, Eigentum und Leben erhalten. Da sich der deutsche Soldat in Gegenwart der Zivilbevölkerung schlechter schlage, sei diese möglichst zu evakuieren. Der Vorschlag stammt vom 19. März 1945. Hengl über die Haltung der Soldaten:

»Eine unerfreuliche Erscheinung, die doch schon weit um sich gegriffen hat, ist der apathische und müde Soldat, der nur kämpft, wenn er vom Offizier ausgerichtet wird, dann aber rasch wieder zusammenklappt. Er ist zum Teil absolut gleichgültig, ihm imponieren weder Standgerichte noch schärfste Befehle. Der nächste Typ ist der Feigling und Deserteur, der sich ohne zu schießen glatt überrollen läßt[54].«

Die militärische Führung sah sich im Frühjahr 1945 zusätzlich zur desolaten militärischen und logistischen Lage der zunehmenden Erosion der Wehrmacht und dem Zerfall der »Volksgemeinschaft« gegenüber. Über den Zusammenhang dieser Entwicklungen gab es keinen Zweifel. Daher wurden immer häufiger Endsiegbeschwörungen und Durchhalteappelle mit Strafandrohungen verbunden. Es kann seit Januar/Februar 1945 von einer deutlich zunehmenden Tendenz bei den sogenannten Auflösungserscheinungen gesprochen werden. Diese Entwicklung stand in offenkundigem Kontrast zu Hitlers Befehl vom 16. September 1944, daß jeder Häuserblock und jedes deutsche Dorf zur Festung werden müsse, an der sich der Feind entweder verblute oder die ihre Besatzung im Kampf Mann gegen Mann unter sich begrabe. Jeder, der seine Aufgabe nicht unter vollem Einsatz seines Lebens löse, sei zu beseitigen[55]. Im Chaos der sich im März/April 1945 abspielenden Ereignisse wuchs das Mißtrauen der Führung gegen Soldaten und Offiziere. Schon Ende Januar erließ der Chef des OKW, Wilhelm Keitel, »Bestimmungen über das Verhalten von Offizier und Mann in Krisenzeiten«[56], mit denen Erscheinungen von Kriegsmüdigkeit, Defaitismus und Reaktionen des Selbsterhaltungstriebes begegnet werden sollte. Dies gelte, so hieß es, auf gemachte Erfahrungen verweisend,

»vor allem, wenn Soldaten sich einem Vorgesetzten tätlich widersetzen, bei befehlswidrigen oder ungeordneten Absetzbewegungen den Befehl zum Instellunggehen nicht befolgen, bei drohenden Auflösungserscheinungen den Gehorsam verweigern, ihre Waffen im Stich lassen oder trotz Gegenbefehl zerstören, zum Feind überlaufen.«

Bei unberechtigten oder ungeordneten Absetzbewegungen und bei drohenden Auflösungserscheinungen war dem zuständigen Gerichtsherrn zu melden, »ob die verantwortlichen Vorgesetzten von ihrer Waffe Gebrauch gemacht haben, oder was gegen sie unternommen worden ist, als sie dies unterließen«. Standgerichtsherren erhielten das Recht, Todesurteile gegen jedermann, auch gegen Offiziere jeden Ranges, zu bestätigen. Rundstedt ordnete als OB West an, daß die Feldjäger mit »eiserner Strenge und den drakonischsten Mitteln« gegen alle Wehrmachtangehörigen durchgreifen sollten, die ostwärts des Rheins »in einer rückläufigen Bewegung ohne nachweisbaren Marsch- oder taktischen Einsatzbefehl angetroffen werden«[57]. Täglich mußten alle standgerichtlichen Urteile und Vollstreckungen an OB West mit Namensangabe gemeldet werden. Der Feldmarschall wollte durch Veröffentlichung dafür sorgen, »daß jeder Wehrmachtangehörige einsieht, welche Pflichten er hat und wie Pflichtvergessenheit bestraft wird«. Aber der Zusammenbruch der organisierten Verteidigung war nicht die Folge von »Auflösungserscheinungen«, sondern Resultat der Überlegenheit des Gegners. So stellte der Chef des Stabes der Heeresgruppe B, wo am 8. März der Widerstand »erloschen« war, fest, daß angesichts der Tatsache, daß bei allen drei Armeen der Heeresgruppe die Front aufgerissen sei, nur noch von einem »sinnlos überspitzten System von Aushilfen[58] die Rede sein könne. Die Zivilbevölkerung erlebte den militärischen Zusammenbruch aus nächster Nähe: zurückflutende Truppen, Desorganisation, bettelnde Soldaten. Sie reagierte auf die einzig mögliche Weise und mit hohem Risiko. Das OKW bat Ende März den Reichsführer SS »als die zur Wahrnehmung der Exekution im Innern berufene oberste Dienststelle«, im unmittelbaren Einvernehmen mit dem Leiter der Parteikanzlei die polizeilichen Maßnahmen zu treffen, die die »versagenden Teile der Bevölkerung am Zeigen weißer Tücher und an Sabotage von Befestigungsanlagen hindern«[59]. Im Einsatz gegen die kriegsmüde Bevölkerung wirkten nunmehr Wehrmacht, Gestapo, Polizei und Partei zusammen. Um die Zeit dieser Befehlsdurchgabe vereinigten sich im Raum der Heeresgruppe G, zu welcher die 19. Armee gehörte, Teile der 1. und 3. US-Armee. Wetzlar wurde besetzt, im Odenwald ging Michelstadt verloren, in Frankfurt erlosch der Widerstand, im Norden stießen alliierte Divisionen auf Bremen und Hamburg vor. Himmler reagierte prompt auf das Ersuchen des OKW, und so gab AOK 19 am 29. März bekannt: »Aus einem Haus, aus dem eine weiße Fahne erscheint, sind alle männlichen Personen zu erschießen. Es darf bei diesen Maßnahmen keinen Augenblick gezögert werden[60].« Betroffen waren männliche Einwohner vom 14. Jahr an aufwärts. Wehrmacht und Partei funktionierten als eine Art Zwangsgemeinschaft zwecks Kriegsverlängerung, wie auch ein Schreiben des Panzergenerals Hasso v. Manteuffel, OB der 5. Panzerarmee, belegt: an alle Gauleiter adressiert, wurde aufgefordert, gegen »wildes Quartiermachen und Betteln um Verpflegung« schärfstens einzuschreiten. Gegen jeden, der diesem Treiben Vorschub leistete, sollte mit strengsten Strafen bis zur Todesstrafe vorgegangen werden[61]. Anfang März entschied sich Hitler dafür, nunmehr buchstäblich jeden Soldaten für die Folgen seiner Politik haftbar zu machen. Am 7. März wurde den Dienststellen des Ersatzheeres der folgende Befehl bekanntgegeben:

»Der Führer hat befohlen: Wer in Gefangenschaft gerät, ohne verwundet zu sein, oder nachweisbar bis zum äußersten gekämpft zu haben, hat seine Ehre verwirkt. Die Gemeinschaft der anständigen und tapferen Soldaten stößt ihn von sich. Seine Angehörigen haften für ihn. Jede Zahlung von Gebühren oder Unterstützung an die Angehörigen entfällt[62].«

Bewirkt hat der Befehl jedenfalls nicht das, was Hitler sich vorgestellt haben mag. Im zweiten Quartal 1945 ließen sich ganze Einheiten überrollen. Einzelne Offiziere schickte ihre Männer nach Hause oder verschwanden heimlich. Die Größenordnung der Auflösung läßt sich aus den Zahlen der von alliierter Seite gemachten Gefangenen ablesen. Lag die Zahl der in britische und amerikanische Gefangenschaft Geratenen im ersten Quartal 1945 bei ca. 510 000, so deutet die bis Mai auf 4,6 Millionen[63] anschwellende Zahl auf die Dimension des trotz des Eifers der Exekutionsorgane sich vollziehenden Erosionsprozesses hin.

Im Osten existierte die Bereitschaft, sich in Gefangenschaft zu begeben, nicht oder doch nur bei verhältnismäßig wenigen Soldaten. Aber auch hier wurden Erosionserscheinungen sichtbar. Hinter den Heeresgruppen Mitte und Weichsel mußten Auffangorganisationen entlang von Sperrlinien eingerichtet werden, gebildet aus Wehrmacht-Streifengruppen, Feldjägern, Feldgendarmerie-Abteilungen, SS-Kommandos und Offizieren der Kriegsakademie. Laut Vortragsnotiz von Wehrmachtführungstab/Organisationsabteilung vom 1. Februar 1945 waren bei der Heeresgruppe Mitte unter dem Befehlshaber Feldjägerkommando (mot) II hiermit zwei Generalleutnante und ein Generalmajor befaßt. Bei der Heeresgruppe Weichsel war ein ähnlicher Umfang vorgesehen bei einer vorderen Begrenzung auf der Linie Grünberg—Danzig und einer westlichen Linie Forst—Guben—Odermündung. Lakonisch hieß es: »Ziemlich hoher Anfall, im wesentlichen an Versprengten«[64]. Der Chef OKW, Keitel, maß dem Einsatz der Feldjägerkommandos in einem Fernschreiben an die Oberkommandos der Heeresgruppe Weichsel, Mitte und Süd sowie an andere Dienststellen wie Generalstab des Heeres und SS-Führungshauptamt »kriegsentscheidende Bedeutung« zu[65], nicht ohne darauf hinzuweisen, daß eine Anzahl von Offizieren, Unteroffizieren und Mannschaften bei Feldjägerkommandos und Wehrmachtstreifendienst »den an sie in der jetzigen Kriegslage, besonders im Osten, zu stellenden Anforderungen nicht gewachsen« sei. Schlagkraft und Einsatzbereitschaft der Feldjäger seien »in der Führung unseres Schicksalskampfes« die entscheidende Voraussetzung zur Erhaltung und Wiederherstellung der Mannszucht. Neben der Einrichtung fliegender Standgerichte und der Massierung von Auffangorganisationen suchten Hitler und das OKW schließlich die Soldaten selbst zu Aufpassern und Polizisten bei Rückzugsbewegungen zu machen. Der OKW-»Aufruf an die Soldaten der Ostfront« vom 15. April 1945[66] verkündete:

»Das Regiment oder die Division, die ihre Stellung verlassen, benehmen sich so schimpflich, daß sie sich vor den Frauen und Kindern, die in unseren Städten dem Bomberterror standhalten, werden schämen müssen. Achtet vor allem auf die verräterischen wenigen Offiziere und Soldaten [...] Wer euch Befehle zum Rückzug gibt, ohne daß ihr ihn genau kennt, ist sofort festzunehmen und nötigenfalls augenblicklich umzulegen.«

Der Aufruf verhieß den Soldaten, der letzte Ansturm Asiens werde ebenso scheitern wie der Einbruch des Gegners im Westen. Berlin bleibe deutsch, Wien werde wieder deutsch und »Europa wird niemals russisch«.

Drei Tage später war die Heeresgruppe B im Ruhrkessel am Ende. Amerikanische Verbände standen bei Magdeburg, am 14. April erreichten sie Leipzig, während sich am 25. April die Stoßkeile der Roten Armee westlich Berlins vereinigten. Im Wirrwarr der letzten Wochen übten sich im Führungsstab noch Strategen in Planungen. So entsandte der Wehrmachtführungsstab am 1. April Offiziere auf eine »Frontreise«, um ein Bild über den Stand der Weserverteidigung zu gewinnen[67]. Die »Führervorträge« des Generalinspekteurs der Panzertruppe im April 1945 zeigen den Rest eines eingespielten Prozedere vor dem Hintergrund militärischer Sinnlosigkeit. Am 18. April verteilte der Chef des Stabes des Generalinspekteurs, General Wolfgang Thomale, an OKW, Wehrmachtführungsstab und weitere Stäbe eine »Notiz zum Führervortrag am 18. April 1945«[68], in welcher gemeldet wurde, wie viele Panzerfahrzeuge den Truppen zur »Stützung der Front bei Heeresgruppe Weichsel« zugeführt werden konnten, u.a.

— der 9. Armee eine Kompanie mit zehn Panzern V und eine Panzergrenadierkompanie mit 14 Schützenpanzern sowie eine Panzer-Jäger-Abteilung »gemäß Anfall bei Firma NBA«.
— AOK 12 zehn Sturmhaubitzen (z.Zt. in Potsdam).
— Eine Kompanie im Raum Berlin sei für die Aufnahme der bei Daimler-Benz, Marienfelde, und bei Firma Alkett »in den nächsten Tagen« anfallenden Panzer V und Sturmgeschütze vorgesehen.
— 10-13 Panzer IV sollten im Eiltransport von Linz nach Neustrelitz verlegt werden.

Am 23. April heißt es:
— die 8. Kompanie Panzerregiment 2 stehe mit acht einsatzbereiten Sturmgeschützen bei Glienicke, acht weitere noch nicht fertiggestellte Panther sollten den Kompanien sofort zugeteilt werden.
— Alles sei daranzusetzen, die 7. Panzerdivision in kürzester Zeit aufzufrischen, da ihr baldiger Einsatz von entscheidender Bedeutung sei.

Diese »Pläne« befaßten den Wehrmachtführungsstab, sie wurden Hitler vorgetragen, der über die Verwendung einzelner Panzer entschied. Auf den Vortrag vom 9. April behielt er sich etwa den Einsatz von drei Jagdpanzerkompanien vor und »wünschte«, die nächsten anfallenden Panzer an einige Verbände des AOK 12 zu verteilen. Während von Entscheidungen und Deutschlands Zukunft die Rede war, berichtete der Generalinspekteur der Panzertruppen am 20. April 1945 über die voraussichtliche Panzerproduktion:
— Bei Firma Alkett fallen an:
bis 21.4. 2 Uhr 7 Sturmgeschütze, 1 Sturmhaubitze; 20 Uhr 6 Sturmgeschütze.
Die Prognose ab 22. April könne nicht gestellt werden, »da die Firma Alkett Stromausfall von 90 Prozent meldet«:
— Bei Daimler-Benz, Marienfelde, fallen an:
voraussichtlich bis 21.4. 6 Panzer V.
— Bei Firma N.B.A., Potsdam-Drewitz, sind fertiggestellt:
4 Jagd-Panther. 5 Jagd-Panther werden fertiggestellt bis 22.4.
Der Wehrmachtbericht fuhr in diesen Tagen mit der bewährten Praxis fort, Optimismus in das Desaster auszustrahlen. Am 23. April[69] wurde gemeldet, der Führer habe den Befehl über alle zur Verteidigung Berlins angetretenen Kräfte übernommen, er »weile« in Berlin. »Diese Tatsache gibt dem Ringen um Berlin das Gepräge eines Kampfes von europäischer Bedeutung.« Alle Verteidiger seien nur noch von dem Willen beseelt, »den bolschewistischen Todfeind, wo immer er auftaucht, vernichtend zu schlagen«. Auch die Hitlerjugend des Gebietes Berlin fand entsprechende Verwendung. Laut Mitteilung OKW/WFSt an den OB des Ersatzheeres vom 10. April 1945 führte sie im Auftrage des OKW eine Erkundung im Großraum Berlin durch[70].

Im Generalstab des Heeres fand man noch Zeit, Umschau nach Literatur zu halten, die dem »Kampf von europäischer Bedeutung« tieferen Sinn vermitteln sollte.

Am 10. April legte der NS-Führungsoffizier (NSFO) beim Chef des Generalstabes des Heeres zur Verteilung an die Generalstabsoffiziere Exemplare von *Bekenntnis 1812* von Clausewitz vor, sowie Karl R. Ganzers Schrift *Der Krieg und die Geschichte*[71]. Für das »Fußvolk« sah der Chef des NS-Führungsstabes/OKW, General Hermann Reinecke, am 9. April einen sogenannten »Schnelldienst« vor[72]. Er forderte von den NS-Führungsoffizieren die »letzte Bewährung«: Wer noch laufen und schießen könne, und hinter die feindlichen Linien gerate, »führt in Wäldern und Großstadtruinen den Kleinkrieg weiter [...] jeder kämpft an jeder Front um seinen Kopf und seine Freiheit [...] ein Volk ist das wert, was seine Aktivisten wert sind. In Eurer Hand liegt ein Großteil des deutschen Schicksals«. Generaloberst Alexander Löhr, OB der Heeresgruppe E im Südosten, belehrte noch am 29. April in einem Tagesbefehl[73] seine Soldaten darüber, daß das deutsche Volk unter dem Befehl des Führers im Kampf um Berlin das »Anrecht auf seine Zukunft« erringe. Es werde dort sichergestellt, daß »unsere 2000 Jahre alte Kultur« am Leben bleibe. Und auch das »Mirakel des Hauses Brandenburg« schien Hitler wiederholbar. Das Beispiel Friedrich des Großen hat Hitler oft beschäftigt. Es ließ sich im Dienste der Endsieggewißheit gut instrumentalisieren. So hat er vor der Ardennenoffensive die Kommandierenden Generale und Divisionskommandeure durch den Hinweis auf den Preußenkönig einzustimmen gesucht, der in den schwersten Stunden allein gestanden und durchgehalten habe[74], ja schon seit Stalingrad berief sich die immer wiederkehrende Losung von der »Wende« auf Friedrich.

Als am 13. April 1945 die Nachricht vom Tode Franklin Roosevelts eintraf, ergriff Hitler den Strohhalm. Speer berichtet seine Reaktion: »Hier haben wir das große Wunder, das ich immer vorhergesagt habe. Wer hat nun recht? Der Krieg ist nicht verloren. Lesen Sie! Roosevelt ist tot[75].« Hohe militärische Führer stellten Hitler neben Friedrich. So Jodl in seinem Vortrag vor den Gauleitern. Für den Chef des Wehrmachtführungsstabes verkörperte Hitler die Einheit von politischer und militärischer Führung in einer Weise, »wie es seit Friedrich dem Großen nicht mehr der Fall gewesen war«. Trotz mancher Kritik an Einzelentscheidungen Hitlers blieb er doch für viele Soldaten, Offiziere und Generale eine Figur, die jenseits normaler Maßstäbe angesiedelt war, von der man füglich militärische und politische Wunder erwarten durfte. Diese Haltung kommt in Feststellungen zum Ausdruck, wie sie der Chef des Stabes der Heeresgruppe E in der erwähnten Lagebesprechung vom 9. Dezember 1943 getroffen hat: »Das sind Epochen, die über alles entscheiden und das Gesicht Europas verändern. Vor ihrer Entscheidung muß man sich furchtbaren Zufällen aussetzen, man darf an nichts verzweifeln[76].«

Hitler galt bis zuletzt vielen als Mann, der eine Wende herbeiführen könne. Er selbst setzte laut Goebbels noch Ende März 1945 Hoffnung in die weitere Entwicklung des Luftkrieges⁷⁷, er »klammert sich mit alle seinen Hoffnungen an den Einsatz dieser neuen Düsenflugzeuge. Der Feind hat ihnen nichts Wesentliches entgegenzusetzen.« Womit Hitler politisch rechnete — und das schien selbst Goebbels realistisch zu sein, war eine Krise innerhalb der gegnerischen Koalition. Aber obwohl der Propagandaminister erkannte, daß Hitler »in den Wolken« lebte, redete er sich ein, er sei ja schon »so oft wie ein Deus ex machina aus den Wolken herniedergestiegen«. Leider sei er im Augenblick nicht dazu zu bewegen, etwas dafür zu tun, daß »die Krise im Feindlager weiter gedeiht«.

Hitler als der Mann, der bis zum Ende die Fäden in der Hand hält, so haben ihn auch führende Generale mit ihren Endsiegbeschwörungen den Soldaten vorgeführt und sich damit der Verantwortung entledigt, den Gang in die vorhersehbare militärische Katastrophe rechtzeitig zu beenden. Gesucht wird immer noch nach zureichenden Erklärungen für das Verhalten der militärischen Spitzen im OKW und den Führungsstäben der Wehrmachtteile, bei Heeresgruppen und Armeen. Widerstandmotivationen hatten sich seit 1938 vornehmlich aus der Sorge gespeist, Hitler gefährde mit seiner Außenpolitik die machtpolitische Stellung des Reiches, nicht dagegen aus Protest gegen die NS-Innenpolitik. Seit die Gefährdung »des Reiches« Tatsache geworden und der viel zu späte Versuch, Hitler zu beseitigen, gescheitert war, stand die Wehrmachtführung, ihre Loyalität mit der Opferung der Angehörigen des Widerstandes unterstreichend, im Grunde vor dem Scherbenhaufen ihrer Politik, mit der sie seit 1933 ihre Position im »Führerstaat« zu behaupten gesucht hatte. Für die Repräsentanten dieser Haltung blieb faktisch nur der Weg, mit ihrem Führer bis zum bitteren Ende zu gehen und diesen Weg sich und ihren Soldaten sinnvoll erscheinen zu lassen. Das Eindringen des Feindes in das Reich abzuwehren, schien sinnvoll, wenn auch dieser Einsatz nichts änderte, sondern vielmehr höhere Opfer von der Bevölkerung und den Soldaten forderte. Es ist allerdings mehr als zweifelhaft, daß, wie Andreas Hillgruber argumentierte, das Ostheer in der Endphase für die »Bewahrung der Eigenständigkeit der Großmachtstellung des Deutschen Reiches« gekämpft habe⁷⁸.

Hat Hitler auf Zerwürfnisse in der Koalition der Gegner nicht nur gehofft, sondern politische Möglichkeiten einkalkuliert? Goebbels läßt die Frage offen. Hitlers wichtigster militärischer Berater, der Chef des Wehrmachtführungsstabes, General Jodl, verneinte die Frage ohne jede

Einschränkung. Hitler sei sich nach Stalingrad und nach der Landung der Alliierten in Nordafrika darüber klar gewesen, »daß der Kriegsgott« sich von Deutschland abgewandt habe. Seine Tätigkeit als Stratege sei damit beendet gewesen, er habe nur noch mit seinem »unbändigen Willen« erzwingen wollen, »daß man stehen oder fallen müsse«. Kapitulieren habe er nicht können. Auf Verhandlungen ließ sich keiner der Gegner mehr ein, seit sie die bedingungslose Kapitulation als Kriegsziel vereinbart hatten. »Was also sollte Hitler tun? Er konnte nur kämpfen bis zum letzten oder den Tod suchen[79].« Und seine militärischen Berater, meinte Jodl, hätten ihm nicht früher klarmachen können, daß der Krieg verloren sei: »Welch ein naiver Gedanken! Früher als irgend ein Mensch in der Welt ahnte und wußte Hitler, daß der Krieg verloren war. Aber kann man ein Reich und ein Volk früher verloren geben, als sie verloren sind?« Jodl sprach hier seine eigene Ansicht aus. So hatte er im Juli 1944 vor seinen Offizieren argumentiert. Hitler habe wie alle Heroen in der Geschichte gehandelt. »Er hat sich auf den Trümmern seines Reiches und seiner Hoffnung begraben lassen. Möge ihn deswegen verurteilen, wer mag — ich kann es nicht.«

In diesen Worten verbirgt sich vielleicht eine Teilerklärung für das Verhalten großer Teile des Offizierkorps und der Generalität: Ihre Illusionen und selbstbetrügerischen Rechtfertigungen des eigenen Handelns waren lange vor der endgültigen Niederlage und im Angesicht der Zerstörungen des Landes und der hunderttausendfachen Opfer des strategischen Bombenkrieges nicht lediglich Resultat von Naivität und Blindheit, sondern vom Bewußtsein mitgetragen, daß die Endsiegbeschwörungen nichts weiter als unverantwortliche Irreführungen der Deutschen waren. Mit »Verantwortung vor der Geschichte« hatte der Weg in den Untergang nichts zu tun, eher wohl mit der Angst vor Hitler und der SS und mit falschen Geschichtsbildern, zu denen nicht zuletzt immer noch die Dolchstoßlegende gehörte. Nach Hitlers Meinung hatten diesmal jedoch nicht dunkle Mächte Verrat geübt, sondern Generale und Offiziere, die immer noch nicht frei waren von bürgerlichen Gesinnungen. Unter den Feldmarschällen nahm er hiervon Ferdinand Schörner und Model aus.

Aber er täuschte sich. Mit der »Bürgerlichkeit« ging ein Denken einher, das sein Regime mitgetragen hat, das die Zeichen der Zeit nicht begreifen konnte oder wollte. Erinnert sei an General Wetzel, Offizier der guten alten »unpolitischen« Seeckt-Reichswehr, Stellvertretender

Kommandierender General des X. Armeekorps und Befehlshaber im Wehrkreis X. Im Januar 1945 stellte er fest, die Erfahrungen des Ersten Weltkrieges hätten bewiesen, »daß sich falsch angebrachte Milde und Nachgiebigkeit zu einer schweren Schädigung der allgemeinen Kriegsmoral auswirken«[80] — eine Argumentation, die für die Repression nach innen von den berufenen Institutionen des NS-Staates immer wieder gebraucht worden ist, besonders von den Hütern der »Wehrkraft«. Am 30. März verkündete das Korps-Verordnungs-Blatt des X. Armeekorps eine Verlautbarung Wetzels: »Allen Soldaten im Wehrkreis X bekanntzugeben: Am 27. 3. 1945 sind in Hamburg 21 Soldaten, die das Kriegsgericht wegen Fahnenflucht zum Tode verurteilt hat, erschossen worden. Jeden Drückeberger und Feigling trifft ohne Gnade das gleiche Schicksal[81].« Ein Beispiel für viele, die zeigen, daß der Selbstbetrug mit tödlichen Konsequenzen bestückt war. Auch Karl Dönitz stand der November 1918 vor Augen, als er im Februar 1944 vor den Befehlshabern der Kriegsmarine ausführte, der Offizier müsse »bedingungslos Wächter unseres nationalsozialistischen Staates sein«[82]. Wer dagegen verstoße, müsse von ihm zerbrochen werden.

Zu den politisch-militärischen Illusionen gehörte auch die Vorstellung, Wille und Entschlossenheit, Fanatismus und Haß könnten eine Wende erzwingen. Die NSFO-Organisation war der Erzeugung derartiger Denkweisen gewidmet. Jodl hat Hitler, den jahrelang in seinen Hauptquartieren und Betonbunkern mißtrauisch agierenden »Führer«, als Kämpfernatur gesehen. Dönitz blieb es als Nachfolger Hitlers vorbehalten, den Deutschen auch noch die letzte Illusion zu servieren, als er, ohne nähere Kenntnis der Vorgänge in Berlin, im Wehrmachtbericht vom 2. Mai durchgeben ließ:

»An der Spitze der heldenmütigen Verteidiger der Reichshauptstadt ist der Führer gefallen. Von dem Willen beseelt, sein Volk und Europa vor der Vernichtung durch den Bolschewismus zu erretten, hat er sein Leben geopfert. Dieses Vorbild, ›getreu bis zum Tod‹, ist für alle Soldaten verpflichtend[83].«

Den Scherbenhaufen heroisch verklärend, Mitverantwortung für Verbrechen außer acht lassend, verabschiedete sich die militärische Führung. Sie blieb wie viele andere Funktionäre des Regimes in der Deckung Hitlers, dem sie noch am Ende die große historische Vision bescheinigte.

Anmerkungen

[1] Albert Speer, Erinnerungen, Frankfurt a. M. ^{8}1970, S. 239.
[2] Ebd., S. 322 und 329.
[3] Ebd., S. 239 f.
[4] Werner Heisenberg, Der Teil und das Ganze. Gespräche im Umkreis der Atomphysik, München ^{5}1981, S. 245 f.; siehe auch »Der Spiegel« 28 (1967) S. 79—83; Manfred Messerschmidt, Kriegstechnologie und humanitäres Völkerrecht in der Zeit der Weltkriege, in: Militärgeschichtliche Mitteilungen (MGM), 41 (1987), S. 63—110, hier S. 96 f.
[5] Kriegstagebuch des Oberkommandos der Wehrmacht (Wehrmachtführungsstab) 1944—1945, Bd 8, Teilband II. Geführt von Helmuth Greiner und Percy E. Schramm, München 1982, S. 1516—1524 (zit.: KTB OKW); ferner Wehrkunde, 11 (1962), S. 275, mit den Zahlen des Statistischen Bundesamtes; s. a. Dokumente deutscher Kriegsschäden, hrsg. vom Bundesminister für Vertriebene, Flüchtlinge und Kriegsgeschädigte, 5 Bde, Bonn 1964, 1. Beiheft 1960.
[6] The United States Strategic Bombing Survey, ed. by David MacIsaac, 10 vols., vol. 4, New York, London, S. 7 (zit. USSBS).
[7] KTB OKW (wie Anm. 5), Bd 8, Teilband I, S. 968 f.
[8] Angaben nach Williamson Murray, Luftwaffe, Baltimore 1985, S. 260.
[9] So die nicht zu hoch gegriffenen Zahlen der von Percy E. Schramm nach OKW-Unterlagen zusammengestellten Übersicht »Die personellen und materiellen Gesamtverluste der deutschen Wehrmacht von Kriegsbeginn bis zum 31. Januar 1945, KTB OKW (wie Anm. 5), Bd 8, S. 1509 ff.
[10] KTB OKW (wie Anm. 5), Bd 6, Anlage 10, S. 1424—1427.
[11] Meldungen aus dem Reich, 1938—1945. Die geheimen Lageberichte des Sicherheitsdienstes der SS, hrsg. von Heinz Boberach, Bd 14, Herrsching 1984, S. 5424 ff.
[12] Statistische Angaben nach Oberkommando des Heeres, Generalstab des Heeres/Zentr. Abt., Bundesarchiv-Militärarchiv (BA-MA), RH 10/14, Bl. 288 ff.
[13] BA-MA, RH 20-2/1341, AOK 2, Ic/AO, Anlagen zum KTB vom 1.11.—31.11.1943.
[14] Meldung vom 29. Juli 1943, BA-MA, RH 20-1/148, Bl. 14 ff., KTB der 1. Armee
[15] Vgl. KTB OKW (wie Anm. 5), Bd 6, S. 804—808, Zusammenfassung der Ausführungen Hitlers und Aufzeichnungen der politischen und militärischen Forderungen des OKW.
[16] KTB OKW (wie Anm. 5), Bd 6, S. 799, 17.7.1943.
[17] KTB HGr. E, BA-MA, RH 19 VII/2, Bl. 64—67.
[18] Max Domarus, Hitler. Reden und Proklamationen 1932—1945, 2 Bde, Wiesbaden 1973, Bd 2, 2. Halbband, S. 2078 f.
[19] Hitlers Weisungen für die Kriegführung 1939—1945. Dokumente des Oberkommandos der Wehrmacht, hrsg. von Walther Hubatsch, Koblenz ^{2}1983, S. 233—238.
[20] Ebd., S. 242.
[21] Ebd., S. 243—250.

22 BA-MA, RH 10/89, Chef des Stabes, Führer-Vortragsnotizen, Der Generalinspekteur der Panzertruppe 810/44 vom 23.3.1944.
23 Ebd., Bl. 35—41 und 12—14.
24 BA-MA, RH 10/15: GenStdH / Org.Abt., I, Teil 2.
25 Stellungnahme des Oberbefehlshabers zu den Zustandsberichten, Stand 1.3.1944, BA-MA, RH 10/16: GenStdH/Org.Abt. betr. Organisation (Kriegsgliederung) Akte A, Bd 2.
26 Führervortragsnotizen des Generalinspekteurs der Panzertruppen vom 10.6.1944, BA-MA, RH 10/90, Bl. 184f.
27 KTB OKW (wie Anm. 5), Bd 8, S. 1534ff.
28 Ebd., S. 1712; Der Prozeß gegen die Hauptkriegsverbrecher vor dem Internationalen Militärgerichtshof (International Military Tribunal), Nürnberg 14. Nov. 1945—1. Okt. 1946, 42 Bde, Nürnberg 1947—1949, L-172.
29 BA-MA, RH 19 II/203, Anlagen z. KTB HGr. Mitte, Führungsabt., H. 12, vom 1.7.—30.9.1944, FS v. 14.7.1944.
30 BA-MA, III W 128.
31 Ebd., FS Chef OKW vom 19.7.1944.
32 Ebd., FS OKW/WFSt/Org. i. A. d. F., Keitel.
33 Ebd.
34 BA-MA, RW 4/v.881, auch für das Folgende.
35 Ebd.
36 Es kam nur zu einer kümmerlichen Lösung mit einem Oberstleutnant als Chef. Vgl. Auszug aus der Handakte des Oberstlt. Kleyser vom 25.8.1944, KTB OKW (wie Anm. 5), Bd 7, S. 468—472.
37 BA-MA, RW 4/v.881.
38 KTB OKW (wie Anm. 5), Bd 8, S. 1572f. Zur Überlieferung des Textes ebd., S. 1572.
39 Besprechung vom 31. August, KTB OKW (wie Anm. 5), Bd 8, S. 1633—1635.
40 Speer, Erinnerungen (wie Anm. 1), S. 329.
41 KTB OKW (wie Anm. 5), Bd 8, S. 1573ff.
42 Wie Anm. 37.
43 Ansprache des Chefs WFSt Gen.Oberst Jodl an die Offiziere und Beamten des WFSt im Offizierheim des Sperrkreises II am 24.7.1944, um 19.30 Uhr, BA-MA, RW 4/v. 57.
44 Tagesbefehl OB HGr. Mitte vom 31. Juli 1944, Anlagen zum KTB HGr. Mitte, Führungsabt., H. 12 vom 1.7.—30.9.1944, BA-MA, RH 19 II/203, Bl. 52f.
45 BA-MA, RH 19 IV/144, Bl. 134—138.
46 KTB OKW (wie Anm. 5), Bd 8, S. 1121.
47 Ebd., S. 1176.
48 Lagebesprechungen im Führerhauptquartier, hrsg. von Helmut Heiber, München 1964, S. 342.
49 Francis H. Hinsley, British Intelligence in the Second World War. Its Influence on Strategy and Operations, vol. 3, p. 2, London 1988, S. 607ff.
50 Mitteilung vom 3. Januar, KTB OKW (wie Anm. 5), Bd 8, S. 986, 1317.
51 Akte Kdr. 11. I.D./Höh. Artillerie Kdr. 320, Sammelmappe allg. takt. Befehle

und Erfahrungen (Art.) 1942—1945, Bl. 105f.
52 KTB OKW (wie Anm. 5), Bd 8, S. 1580f.
53 Weitergegeben vom AOK 19 (General Hermann Foertsch) am 27.2. an die unterstellten LXIV. AK, XVIII. SS-AK und Korück 536, BA-MA, H 12-19/202.
54 Der Chef des NS-Führungsstabes OKH: »Truppenbesuch im Bereich OB West und Ersatzheer«, vom 19.3.1945, BA-MA, RW 4/v.495.
55 OKW/WFSt/Op, vom 16.9.1944, BA-MA, III W 128, Bl. 108.
56 Der Chef OKW, 14 und 16 WR Nr. 101/45 vom 28. Januar 1945, BA-MA, H 12-19/202 (beim AOK 19 am 5. März eingegangen).
57 Ebd., Befehl am 9.3.1945 vom AOK 19 an die unterstellten Verbände.
58 Walter Görlitz, Model. Strategie der Defensive, Wiesbaden 1975, S. 239.
59 Mitgeteilt vom Chef d. GenSt. AOK 19 an die unterstellten Kommandobehörden am 27. März 1945, BA-MA, H 12-19/202.
60 Ebd.
61 Schreiben vom 19. März, BA-MA, RW 4/v.495.
62 Befehlsbekanntgabe durch OB des Ersatzheeres Himmler, BA-MA, RH 15/109.
63 Rüdiger Overmans, German Historiography. The War Losses and the Prisoners of War, in: Eisenhower and the German POWs. Facts against Falsehood, ed. by Günter Bischof and Stephen E. Ambrose, Louisiana 1992, S. 127—169 (Tabelle 6, S. 145).
64 BA-MA, RW 4/v.493.
65 Ebd., FS vom 12.2.1945, Chef OKW/Id Nr. 14/45.
66 KTB OKW (wie Anm. 5), Bd 8, S. 1589f.; Hitlers Weisungen (wie Anm. 19), S. 310f.
67 OKW/WFSt/Org., Handakte Major Oxenius, BA-MA, RW 4/v.495, Bl. 65.
68 Führervortragsnotizen III, BA-MA, RH 10/91, Bl. 10—12.
69 KTB OKW (wie Anm. 5), Bd 8, S. 1262.
70 Wie Anm. 67, Bl. 85.
71 Wie Anm. 67, Bl. 87.
72 Wie Anm. 67, Bl. 82.
73 BA-MA, RH 22/297.
74 So Nicolaus v. Below, Als Hitlers Adjutant 1937—45, Mainz 1980, S. 397.
75 Speer, Erinnerungen (wie Anm. 1), S. 467.
76 KTB HGr. E, BA-MA, RH 19 VII/2, Bl. 64—67.
77 Joseph Goebbels, Tagebücher, 1924—1945, hrsg. v. Ralf-Georg Reuth, Bd 5, München 1992, 28. März 1945, S. 2175.
78 Andreas Hillgruber, Zweierlei Untergang. Die Zerschlagung des Deutschen Reiches und das Ende des europäischen Judentums, Berlin 1986, S. 64.
79 Jodls im Nürnberger Gefängnis diktierte Betrachtung »Der Einfluß Hitlers auf die Kriegführung«, KTB OKW (wie Anm. 5), Bd 8, S. 1714—1722.
80 BA-MA, K 12-1/137.
81 Korps-Verordnungsblatt des X. AK vom 30.3.1945. Ankündigung Wetzels datiert vom 28. März.
82 IMT, Bd 35, Dok. D-640, S. 242f.
83 KTB OKW (wie Anm. 5), Bd 8, S. 1274.

Rüdiger Overmans

»Ein untergeordneter Eintrag im Leidensbuch der jüngeren Geschichte«[1]? Die Rheinwiesenlager 1945

»Wer will es leugnen, daß man in den Zuchthäusern des Dritten Reiches besser aufgehoben war als in den Konzentrationslagern der Vereinten Nationen? [...] Rheinberg hatte keine Registratur. Uns hat man die ganzen sechzehn Wochen über um das vornehmste Recht des Gefangenen betrogen, eine Nummer zu haben. Man nahm von uns buchstäblich keine Notiz. Selbst in Hitlers Konzentrationslagern wurde der Mensch noch höher bewertet[2].«

Beide Aussagen — die im Titel und das voranstehende Zitat — beziehen sich auf dasselbe geschichtliche Phänomen — die Rheinwiesenlager, d.h. die provisorischen Kriegsgefangenenlager, die die Amerikaner 1945 im Rheintal errichteten. Beide Zitate belegen aber auch, wie unterschiedlich diese Lager von den damaligen Gefangenen erlebt wurden.

Man könnte nun geneigt sein, die Auffassung, die Rheinwiesenlager seien schlimmer als die KZ gewesen, als offensichtlich mit den historischen Fakten unvereinbar abzutun und die Geschichte dieser Lager als eine bizarre, für die Nachkriegsentwicklung irrelevante und in den letzten Jahren sensationell aufgebauschte Episode einzustufen[3]. Dies würde der Bedeutung der Lager jedoch nicht gerecht, denn etwa eine Million Deutscher sammelten hier in einer Umbruchphase ihre ersten Erfahrungen mit den Amerikanern. Und wie diese ersten, doch oft prägenden Eindrücke zustande kamen, soll im folgenden gezeigt werden. Dabei werden zunächst die Entstehungsgeschichte der Lager und die Zustände dort dargestellt, wie sie von den Betroffenen erlebt und empfunden wurden. Erst im Anschluß daran wird der Frage nachgegangen, wie diese Erlebnisse einzuordnen sind.

Ursprünglich hatten die Angloamerikaner nur mit einer geringen Zahl von Kriegsgefangenen bis zum Zeitpunkt der Kapitulation gerechnet. Sie sollten nach England verbracht werden[4]. Als aber die Ardennenoffensive gescheitert war, gerieten bei der Eroberung des Rheinlandes 250000 deutsche Soldaten in Gefangenschaft, durch die Zerschlagung des Ruhrkessels kamen weitere 325 000 hinzu. Millionen von Soldaten gerieten erst im Laufe der Kapitulation im Mai in Gefangenschaft. So kam es, daß die Zahl der Kriegsgefangenen in US-Gewahrsam in Europa von ca. 300 000 Anfang 1945 auf ca. 3,4 Millionen Mitte 1945 anstieg[5]. Angesichts dieser Entwicklung hielt SHAEF[6] es — abweichend von den ursprünglichen Planungen — für einfacher, nicht die Gefangenen dorthin zu schaffen, wo sie versorgt werden konnten, sondern — soweit nötig — die Verpflegung zu den Gefangenen zu bringen. Längs des Rheines wurden daher etwa 20 Lager eingerichtet — auf der linken Flußseite, um den Gefangenen die Möglichkeit zu nehmen, zu flüchten und den Widerstand wiederaufzunehmen. Die ersten richteten die Amerikaner im April ein, die letzten im Juni 1945 — als »Rheinwiesenlager« wurden sie unrühmlich bekannt[7].

Als die deutschen Soldaten in Gefangenschaft gerieten, da waren ihre Erwartungen an die Amerikaner als Gewahrsamsmacht hoch — nicht zuletzt, weil die Amerikaner viel versprochen hatten.

»Tausende, Zehntausende von deutschen Landsern haben sich der anglo-amerikanischen Armee ergeben, nachdem sie durch massenhaft abgeworfene, von General Eisenhower unterzeichnete Flugblätter zum Überlaufen aufgefordert worden waren, daß sie behandelt werden würden nach den Bestimmungen des Völkerrechts, daß sie nach Beendigung der Kampfhandlungen so schnell wie möglich ihren Familien zurückgegeben, und daß sie verpflegt werden würden nach den Verpflegungsgrundsätzen der bestverpflegten Armee der Welt, nämlich der USA-Armee[8].«

Die ersten Erfahrungen mit den Siegern waren beeindruckend:

»Sie lehnten sich rechts und links an die Garagentür und begannen mich zu bewachen. Ihre soldatische Pflicht hinderte sie aber nicht, mir hin und wieder eine Zigarette zuzuwerfen. Ihr Vorrat war unerschöpflich. Ein Volk, das über solche Reserven verfügte, mußte den Krieg gewinnen[9].«

Solche Eindrücke wurden verstärkt durch den Anblick endloser LKW-Kolonnen, die Gefangene oder Material transportierten, und zahlloser Flugzeuge, die in niedriger Höhe über die Lager hinwegflogen, als ob sie den Gefangenen demonstrieren wollten, wer die Luftherrschaft besaß. Gleichzeitig straften sie die nationalsozialistische Propaganda Lügen, die ihnen vorgegaukelt hatte, die ersten, starken Kräfte der Amerikaner seien ein Schleier, ein Schirm, hinter dem kaum weitere Truppen kämen. Das Gegenteil war der Fall[10].

Einen Stein des Anstoßes bildete allerdings die ungewohnte formale Lässigkeit der Amerikaner:

»Ich begucke mir die Sieger. Sie sind tadellos ausgerüstet, das muß ihnen der Neid lassen. Da können wir in keiner Weise mit. Aber Soldaten nach unseren Begriffen sind sie nicht[11].«

Aus dieser Sicht, »nur« materiell unterlegen, ansonsten überlegen gewesen zu sein, resultierte ein im krassen Gegensatz zu den realen Machtverhältnissen stehendes Überlegenheitsgefühl des Besiegten dem Sieger gegenüber, das sich auch in der Beschreibung einzelner Gruppen wiederfindet[12]. Hispanisch oder asiatisch aussehende US-Soldaten werden nicht erwähnt, sondern nur Weiße, Farbige und Juden. Dabei tauchen auch in Berichten, die Jahrzehnte nach Kriegsende verfaßt sind, Begriffe auf, die offensichtlich noch von den rassischen Kategorien des Nationalsozialismus geprägt sind. »Lümmelhafte« und »hämische« Vernehmungen werden von Offizieren durchgeführt, die »offenbar Juden« waren[13].

Weiße Amerikaner galten als diejenigen, die prügelten — Juden und Farbige taten das nicht[14]. Bevorzugte Opfer waren die Angehörigen der Waffen-SS, der Polizei und der NSDAP. Sie mußten damit rechnen, von den Bewachern bei jeder sich bietenden Gelegenheit verprügelt zu werden[15].

Den besten Ruf genossen die Farbigen, auch wenn sie in den Berichten im allgemeinen entsprechend den damaligen Sprachgewohnheiten als »Neger« bezeichnet werden[16]. Wie fremd diese »Neger« auf die Gefangenen gewirkt haben, zeigt folgendes Zitat:

»Die Neger an den Lenkrädern treten in kindischer Freude wie die Besessenen auf die Gashebel. Vielleicht sitzen sie im Geist auf den Rücken durch die Steppe brausender Rhinozerosse, obwohl bisher noch keine Forscher eine derartige Parforce-Jagd verzeichnet hat[17].«

So galten die »Neger« zwar einerseits als Wilde, andererseits wurde aber auch immer wieder ihre Hilfsbereitschaft gerühmt. Eine Erklärung, warum die Farbigen menschlicher handelten, gab einer von ihnen, als er einem Gefangenen eine Bitte ablehnte: »I am a slave, you are a slave, we are slaves[18].«

Eine böse Überraschung, weil so nicht erwartet, war jedoch für alle das vor allem bei den Farbigen beliebte Filzen:

»Ein Neger nimmt Uhren ab. Er läßt sich dabei die Arme zeigen, um an den gebräunten Hautstellen zu erkennen, ob Uhren versteckt worden sind[19].«

Von Russen hätte man so etwas erwartet, von Amerikaner nicht — Proteste erwiesen sich nur in Ausnahmefällen als erfolgreich[20]. Decken, Zelte, sonstige Ausrüstungsgegenstände und Lebensmittel mußten ebenfalls in der Regel abgegeben werden. Oft gegen das Versprechen, im endgültigen Kriegsgefangenenlager völlig neu ausgerüstet zu werden — was aber nie eintraf[21].

Anfangs, bei der Kapitulation des Ruhrkessels, waren es noch relativ große Gruppen von Gefangenen, die in kurzer Zeit zu den Lagern westlich des Rheines transportiert werden konnten. Beim weiteren Vormarsch nach Osten war es jedoch nicht immer so, daß sich geschlossene Einheiten ergaben — in der letzten Phase des Krieges waren viele Einheiten zerschlagen worden, einzelne hatten sich abgesetzt, um sich zu ergeben oder einfach um das Ende in Ruhe abzuwarten. So mußten die Soldaten von den Amerikanern in kleinen und kleinsten Gruppen eingesammelt werden. Einer der späteren Gefangenen beschreibt seine Gefangennahme so:

»Hat es nicht gestern noch geheißen, daß unsere Kompanie neben einem Halbzug von Panzerleuten die Verteidigungsstärke von E. bilde? Und was muß ich jetzt feststellen? Von allen Seiten strömen die Landser herbei. Schon sind es weit über tausend Mann. Wo kommen die bloß alle her[22]?« »Aus allen Himmelsrichtungen karrten sie die Überreste der deutschen Armeen heran[23].«

Natürlich gab es im Kampfgebiet, dort wo sich die deutschen Soldaten ergaben, keine ordnungsgemäßen Kriegsgefangenenlager. Die Gefangenen wurden in die nächste Scheune gesperrt, bis ausreichend viele beieinander waren, um sie mit LKWs abzutransportieren. Je weiter die amerikanische Armee in Richtung Thüringen, ČSR und Österreich vordrang, desto größer wurden die Entfernungen für die Gefangenentransporte. Deswegen mußten Zwischenstationen eingerichtet werden, die dann oft aus einem Stadion unter freiem Himmel oder einem Acker bestanden, wo man ohne Stacheldraht, unter ständiger Scheinwerferbestrahlung nächtigen mußte[24]. Latrinen gab es nicht, die Verpflegung schien von den örtlichen Umständen abhängig zu sein. Einige erhielten korrekte Verpflegung, andere dagegen tagelang weder Essen noch Trinken[25]. Nach wenigen Tagen oder aber auch erst nach Wochen wurden die einen nach Frankreich transportiert und später den Franzosen übergeben, die anderen gelangten in die provisorischen Lager, die die Amerikaner am Rhein errichtet hatten[26]. Diejenigen, die dort ankamen, waren — bedingt durch die Zustände in den bisherigen Lagern — jedoch keineswegs gesunde und belastbare Soldaten, sondern überdurchschnittlich alte, gesundheitlich angeschlagene, ausgehungerte und demoralisierte Gefangene.

Hatte man die Zustände in den Sammellagern noch erduldet, weil ihr provisorischer Charakter offensichtlich war, so erwarteten die Gefangenen nun, in geordnete Verhältnisse zu kommen[27]. Das Gegenteil war jedoch der Fall. Ein Augenzeuge beschreibt den ersten Anblick des Lagers Remagen folgendermaßen:

»Das ist das Lager: Ein Acker, schwere mit Maschinen in die Erde gerammte Masten, die verbunden sind durch ein Stacheldrahtgeflecht, doppelt und dreifach gesichert mit abgerollten Spiralen, flankiert von hohen Wachttürmen, Patrouillenfahrten der Panzerwagen, Außenwachen mit ihren Spürhunden[28].«

Die Lager waren im wesentlichen nach einem einheitlichen Schema angelegt. In der Regel handelte es sich um offene Ackerflächen inmitten menschlicher Besiedlung — am Rande eines Dorfes oder einer Kleinstadt, in der Regel mit Bahnanschluß. Angrenzende oder auf dem Gelände liegende Wohngebäude oder Fabriken wurden für die Verwaltung, Lager, Küchen und die Krankenreviere genutzt. Öffentliche Straßen oder Wege, die hindurchführten, wurden für den Verkehr gesperrt und zu Hauptlagerstraßen umfunktioniert[29]. Jedes Lager bestand aus 10 bis 20 Camps oder Cages zu je 5000 — 10000 Mann, die meisten solcher Lager waren geplant für eine Kapazität von ca. 100.000 Personen.

Für einige wenige — Frauen, Generale und Schwerkranke — gab es mitunter Baracken oder zumindest ein Dach über dem Kopf, alle anderen aber waren im offenen Gelände der Witterung ausgesetzt[30].

Das größte Problem bestand darin, daß die meisten ihre Ausrüstung bereits bei der Gefangennahme hatten abgeben müssen. So blieb den Gefangenen nichts anderes übrig, als sich Erdlöcher zu graben und darin zu schlafen.

»Zum Schlafen legten sie sich wie Mastschweine nebeneinander ins Erdloch. Gerd teilte seine Decke mit Gustav, weil er weder Mantel noch Wolldecke hatte. Die anderen drei zogen ihre Mäntel aus und deckten sich damit bis an die Ohren zu. Ihre Beine und Füße überließen sie der Unterkühlung, als ob sie für ihre unteren Extremitäten nur bedingt verantwortlich wären. Das war insofern ungerecht, als sie ihre Arme, Hände und Finger fürsorglicher behandelten. Sie waren sich aber nun mal darin einig, daß kalte Füße den Schlaf noch am wenigsten stören[31].«

Am Morgen boten die Lager einen eigenartigen Anblick:

»Durch das Auswerfen des Sandes entstanden Kreise und darin Loch an Loch, im Bilde genau so, wie es jeder Weltkriegsteilnehmer von Verdun oder Flandern her kennt, nur in den Ausmaßen viel geringer; auch Mondlandschaften sieht man oftmals so gezeichnet[32].«

Arbeitsmöglichkeiten gab es in den Lagern nur wenige, So hockten die Gefangenen den ganzen Tag untätig herum und warteten. In den ersten Apriltagen war es noch trocken, Ende April aber begann es zu regnen. Wie er diesen Regen erlebte, beschreibt ein Augenzeuge so:

»Zuerst saugt sich die als Schirm über den Kopf gehängte Wolldecke wie ein Schwamm mit Wasser an. Dann folgt ihr der Mantel, die Feldbluse. Schon rieselt ein kaltes Bächlein zwischen den ersten Rückenwirbeln und dem Schulterblatt ein. Und dann steht unser Adam völlig wie unter einer triefenden Dachrinne, schutzlos der Nässe und Kälte ausgesetzt. Alle Glieder starren in Eis. Zehen quatschen in formlosem Leder, die Brotbeutel tropfen. Sie bergen das letzte, nun unbrauchbare Hemd, walkweich, kalt, verloren[33].«

Das ganze Lager begann sich in eine Schlammwüste zu verwandeln:

»So schlurften aber tausend Füße schlaff und schlapp durch den aufgeweichten Acker, und der zähe Lehm matschte und quatschte. Mit jedem Schritte wurde der Boden breiiger, und brodelnd quollen die Wasser in die Stapfen nach, die unentwegt ins Erdreich getreten wurden[34].«

Eine Möglichkeit, der Nässe und der Kälte zu entgehen, beschreibt ein Augenzeuge so:

»Man stellte sich in einen Riesenhaufen, vielleicht von 30, 40 Meter Durchmesser dicht aneinander, und von der einen Seite, der äußeren, die drängten weiter zur Mitte, und dann weiter durch. Und dann kam man an der anderen Seite wieder raus. Aber in der ganzen Zwischenzeit war man durch die Körperwärme gewärmt, wenn auch der Regen von oben kam[35].«

Eine andere Möglichkeit bestand darin, sich Höhlen zu graben:

»Die besten waren Rundbauten, ein Loch, nur eben groß genug, den Körper durchzuzwängen. Unter der Lehmschicht wurde rundum der Sand entfernt und der Erdbewohner war so vor Nässe und Kälte geschützt. Allerdings mußte er in Rundstellung wie ein Engerling schlafen[36].«

Gleichzeitig standen sie immer in der Gefahr, in einstürzenden Höhlen zu ersticken.

Viele Berichte erwecken den Eindruck, es habe unentwegt geregnet:

»Immer wieder starrt mein Blick nach oben, ob noch nicht eine Aufhellung erfolgt, ob noch nicht eine Andeutung von einer Drehung des Windes zu vermerken ist. Immer noch ziehen die Wolkenmeere vom Westen heran, wälzen sich über den Rhein nach Osten, streichen tief an den Hängen der Berge entlang. Es regnet, regnet, regnet[37].«

Ein Vergleich mit den Daten der Meteorologischen Jahrbücher ergibt jedoch ein anderes Bild: Zwar waren gerade die letzten Kriegstage Ende April/Anfang Mai verregnet, insgesamt aber war das Frühjahr 1945 überdurchschnittlich warm und sonnig — nur April und Mai waren dieser Regenperiode wegen zu naß[38]. Berichte wie der oben zitierte sind daher nicht so sehr als meteorologische Beobachtungen, sondern vielmehr als Ausdruck der hoffnungslosen psychischen Situation in diesen letzten Tagen vor, bzw. nach der Kapitulation zu verstehen.

Reguläre Soldaten, die durch den Kriegsdienst abgehärtet waren, kamen mit diesen Bedingungen leichter zurecht. Aber viele Gefangene waren Jugendliche, Volkssturmangehörige, in letzter Minute eingezogene Vierzig- und Fünfzigjährige, Kriegsversehrte und die Insassen ganzer Lazarette. Mitunter war jeder festgenommen worden, der Uniform trug:

»alte Leute, denen das Gehen schon ungemein schwerfällt, besonders alte Polizeimeister über 60 Jahre, der freiwillig Revierdienst, sowie Polizeibeamte aus München, die Straßendienst machten und so nebenbei mitgenommen wurden. Ganze Betriebsgemeinschaften, wie z.B. die der Messerschmittwerke in Regensburg vom Chefpiloten bis zum Pförtner[39].«

Während die einen berichten, in den ersten Tagen der Gefangennahme nichts zu essen erhalten zu haben, erging es anderen besser. Die unregelmäßige Versorgung im April/Anfang Mai besserte sich zwar im Laufe des Mai, die Mengen jedoch blieben unzureichend. Annähernd ausreichende, nie jedoch sättigende Portionen gab es erst im Juni. Womit vier Gefangene anfangs auskommen mußten, beschreibt ein Augenzeuge so:

»Die 24-hour-ration enthielt zehn Kekse — jeder bekam zweieinhalb —, zwei kleine Riegel Haferflocken — jeder bekam davon eine halben —, einen Fleischbrühwürfel — der wurde mit einem geliehenen Messerchen säuberlich in vier gleiche Teile geschnitten —, drei kleine Riegel Schokolade, die sich auch noch unterschieden — jeder bekam drei verschiedene Viertel-, sechs Bonbons — jeder erhielt eineinhalb —, zwei Kaugummi — für jeden ein halbes —, ein paar Gramm schwarzen Tee — für jeden einen flachen Teelöffel voll auf die Hand. Vier Stück Zucker aufgeteilt auf vier macht ein Stück Zucker. Da gab's nichts durchzubeißen. Nach dem gleichen Rechengang erhielt jeder eine Chesterfield und zwei Blatt ›latrine paper‹[40].«

Im Laufe der Zeit besserte sich die Versorgung, es wurden Küchen eingerichtet und warme Mahlzeiten ausgegeben, aber sich satt essen konnten die Gefangenen nie. So kam es zu den typischen Hungersymptomen:

»Es äußert sich zunächst in einem Schwächegefühl, in Unsichersein und allgemeiner Mutlosigkeit, häufig auch in völlig unerwarteten Schwindelanfällen. Dann treten Schwellungen an den Fußknöcheln auf, erzeugt vom Wasser. Deshalb konnte man auch oft die Stiefel nicht mehr aus- und anziehen, so verquollen waren der Rist und die Fesseln[41].«

Da die Gefangenen keinen unmittelbaren Zugang zum Wasser hatten, war die Wasserversorgung schwierig. Sie wurde entweder mit Tank- und Feuerlöschfahrzeugen oder durch Pumpen sichergestellt. Wasser gab es daher, aber man mußte mitunter stundenlang anstehen, um auch nur eine geringe, in der Regel stark gechlorte Menge zu erhalten. Ungechlortes Wasser direkt aus dem Rhein zu trinken, wäre gefährlich gewesen angesichts der starken Verunreinigung durch Leichen und Kriegstrümmer aller Art[42].

Die Bevölkerung, die ja in unmittelbarer Nähe des Lagers wohnte, versuchte zunächst spontan zu helfen, indem sie Nahrungsmittel und anderes über den Zaun warf. Die Posten reagierten unterschiedlich. Während der eine persönlich Päckchen über den Zaun reichte, war es anderen ein Vergnügen, genau dies zu verhindern[43]. Mitunter machten sich auch die Wachen den Spaß, Essensreste oder eine Zigarettenkippe ins Lager zu werfen:

»Und die Deutschen ließen sich vorführen. Der Zunächststehende wollte die Kippe aufheben, wurde jedoch von hinten umgestoßen, so daß er vornüber im Dreck landete und das bißchen Tabak unter sich begrub. Das hielt zehn andere nicht davon ab, sich auf ihn zu stürzen. Sie bildeten einen feldgrauen Haufen, aus dem bis an die Waden lehmverschmierte Beine herausragten[44].«

Der Zaun war jedoch nicht nur Verbindung zur zivilen Außenwelt, er war auch der Ort eines regen Tauschhandels zwischen Bewachern und Bewachten. So mancher Orden oder Ehering, der über die Filzungen hinweg gerettet worden war, wurde hier gegen Zigaretten oder Lebensmittel eingetauscht, wobei nicht einmal sicher war, daß diejenigen, die ihre Ringe oder Orden durch den Zaun steckten, von den Bewachern auch die vereinbarte Gegenleistung erhielten. »Zaunarbeit« nannte man das — die einen verdienten am Handel, die anderen verachteten die Tauscher als »Lumpen ohne Ehrgefühl«[45].

Bald nahmen die Hilfeleistungen der Zivilbevölkerung organisierte Formen an. Die politischen und kirchlichen Gemeinden begannen Lebensmittel, Kleidung, aber auch Lesestoff zu sammeln, die dann der jeweiligen Lagerleitung zur Weiterverteilung übergeben wurden. So waren die Gemeinden im weiten Umkreis des Lagers Andernach tageweise eingeteilt, und für die Lager bei Remagen wurde selbst noch im

20 Kilometer entfernten Bad Godesberg gesammelt[46]. So hoch die Hilfsbereitschaft der Zivilbevölkerung auch zu bewerten ist, bezogen auf den Nahrungsmittelbedarf eines Lagers mit 100 000 Personen konnten die Mengen, die die Bevölkerung im Umkreis 1945 erübrigen konnte, doch nur ein Tropfen auf den heißen Stein sein.

Natürlich bot dieses System der zentralisierten Hilfslieferungen den Vorteil größerer Verteilungsgerechtigkeit, es besaß jedoch auch einen wesentlichen Nachteil. Die Nahrungsmittel wurden zentral in der Verwaltung angeliefert, daher erfuhren vorwiegend diejenigen davon, die unmittelbar damit befaßt waren. Die meisten Gefangenen, die ihre Camps nicht verlassen konnten, bemerkten diese Lieferungen jedoch nicht. Welche Konsequenzen jedoch das Gefühl haben kann, vergessen zu sein, verdeutlichen die Gefühle von Fania Fénelon, einem Mitglied des Mädchenorchesters von Auschwitz, anläßlich eines Marsches durch Auschwitz:

»Wo wir auch gehen, niemand dreht sich nach uns um, keiner würdigt uns eines Blickes, weder Neugier noch Feindseligkeit, uns gibt es nicht [...] Verantwortlich: alle sind es. Alle Menschen sind es, die Gleichgültigkeit jedes einzelnen ist unsere Todeszelle[47].«

Daß die Bevölkerung um die Rheinwiesenlager herum Anteil nahm, war also eine wichtige Stütze. Aber es blieb nicht nur bei Anteilnahme und Hilfeleistung, es kam auch zu Appellen solcher Personen an die Besatzungsmächte, die bei den Alliierten Ansehen genossen, wie der spätere Bundeskanzler Adenauer und der Trierer Erzbischof Bornewasser[48].

In den meisten Lagern gab es zu Anfang keine oder nur äußerst primitive Latrinen. Die Zustände beschreibt ein Augenzeuge folgendermaßen:

»Verheerend waren die ›Bedürfnisanstalten‹. Etwa drei Meter tiefe Gruben waren zur Verrichtung der Notdurft ausgehoben worden [...] Ein Teil der Landser, am tiefer gelegenen Ende meines Camps sich aufhaltend, lag buchstäblich in einem See von Urin. Die Männer hatten sich wie alle eine mannslange Grube ausgehoben und diese mittels der angefallenen Erde mit einem gewissen Schutzwall umgeben. Mit der Zeit hatte sich dieser tiefgelegene Teil des Camps mit Urin angesammelt. Wohl war die Möglichkeit gegeben, andere ›Schlafstellen‹ aufzusuchen, aber entweder fehlte es den Betroffenen an der erforderlichen Kraft zum Ausheben anderer Gruben oder aber, und das dürfte der Wirklichkeit mehr entsprechen, sie waren durch das zeitliche und letztvergangene Kriegsgeschehen völlig apathisch und bedürfnislos geworden, sodaß sie sich mit ihrem Schicksal abfanden[49].«

Im Laufe des Mai und Juni wurden Latrinen aus Holz errichtet, allerdings mit dem Ergebnis, daß die Deckel nachts gestohlen wurden, um zur Ausgestaltung der Wohnhöhle oder als Feuerholz zu dienen[50]. Eine andere Nutzungsmöglichkeit beschreibt ein Augenzeuge so:
»In der Nacht fand ich diese Anlage mit Menschen, insbesondere Jugendlichen voll besetzt, da diese Plätze die einzigsten Sitzgelegenheiten im Lager war[en][51].«

Die Folge des Drecks, der Unterernährung und der unhygienischen Umstände waren Krankheiten. Viele Gefangene berichten zwar, daß entweder nie oder erst in der Endphase im Juni/Juli Sanitätsreviere im Camp eingerichtet wurden, tatsächlich waren jedoch alle Lager so angelegt, daß Lagerhallen, Kasernen, Schulen etc. als Lazarette genutzt werden konnten. Schwerstkranke wurden in deutschen oder amerikanischen Lazaretten und Krankenhäusern mitunter liebevoll aufgepäppelt, um dann wieder in die Lager zurückgeschickt zu werden — ein Widerspruch, der für die Betroffenen immer unerklärlich blieb[52]. Natürlich gab es immer weitaus mehr Kranke als Lazarettplätze und Medikamente, wenn aber die Todeszahlen sich dennoch in Grenzen hielten, dann hat das viel damit zu tun, daß die Amerikaner das Trinkwasser chlorten, Hygieneartikel wie Seife und Toilettenpapier reichlich zur Verfügung stellten und die Gefangenen konsequent mit DDT entlausten. Der Ausbruch von Seuchen konnte so verhindert werden[53].

Soweit zu den Lebensbedingungen in den Lagern, wie sie sich im April/Anfang Mai darstellten. Im Laufe des Mai und Juni 1945 besserte sich die Situation, so daß bis Juli alle Lager über Latrinen, Küchen und Krankenreviere verfügten. Warum trotzdem die ersten, katastrophalen Eindrücke so sehr im Vordergrund stehen, wird später noch darzustellen sein.

Die einzige Gruppe unter der Gefangenen, der es wesentlich besser erging und die gleichzeitig den Haß aller anderen auf sich zog, war die deutsche Lagerverwaltung. Da die Amerikaner die interne Administration den Gefangenen überließen, gab es eine stattliche Anzahl von Posten, angefangen vom Hauptlagerleiter über die Campleiter, die Lagerpolizei, die Dolmetscher, die Köche, die Ärzte und Heilgehilfen, die Arbeitskommandos und andere. Ihnen allen war gemeinsam, daß sie in dem Ruf standen, die eigenen Kameraden mehr zu schikanieren, als die Amerikaner es taten[54]. Darüber hinaus hatten sie Zugang zur Küche:

»Wer da Zutritt erhielt, sah nach kurzer Zeit aus, als käme er aus der Schweinemast, mit Doppelkinn und Stiernacken. Das ging natürlich auf unsere Kosten[55].«

Bei der Übernahme der Lager im Juli 1945 stellten die Franzosen im Rahmen einer Untersuchung über die Zustände in den Lagern fest, daß es einem Arzt gelungen war, sich einen Harem zu halten[56]. Auf der Seite der Lagerleitung führte gerade dieses Bewußtsein der eigenen, privilegierten Situation zu einer dauernden Angst vor der Ablösung. Einer der ganz wenigen ehemaligen Lagerfunktionäre, die sich über ihre Tätigkeit äußerten, beschrieb das so:

»Irgendwie beherrscht mich das unklare Angstgefühl — ich gestehe mir das ganz offen ein — daß es eines Tages vorbei sein kann mit der Rolle, die ich hier spiele. Ist draußen im Lager alles nur von der einen Vorstellung beherrscht: Hunger, so ist es bei der Lagerleitung die manisch-depressive Vorstellung, eines Tages wieder in das Elend des allgemeinen Lagerlebens hinausbefördert zu werden. Diese Zwangsvorstellung ist der Nährboden für Intrigen und die Bildung von Clanen zur gegenseitigen Lebensversicherung[57].«

Interessant sind die Auswirkungen auf das Lagerleben und die Psyche des einzelnen. Schon bei der Gefangennahme, spätestens aber in den Sammellagern waren die Gefangenen durcheinandergewürfelt worden. Besonders schlimm war dies gerade für die Jungen:

»Mit meinen 16 Jahren — ich war eigentlich noch ein großes Kind — war es zunächst das *Gefühl extremen Verlassenseins, der blanken Verzweiflung*, am schlimmsten, als ich in Remagen vom Lastwagen, auf dem immer etwa 60 Soldaten stehen mußten, abgeladen wurde und vorher alle meine Freunde aus der Flak-Stellung aus den Augen verloren hatte[58].«
»Bisher gültige Wertbegriffe, wie ›Kameradschaftlichkeit‹ existierten nur noch in kleinen Gruppen, die sich um so geschlossener und härter nach außen präsentierten, je mehr die Brutalität des Alltags zunahm. Streit und Schlägereien, oft aus nichtigem Anlaß begonnen, gehörten ebenso zur Tagesordnung wie der ›Kameradendiebstahl‹.«

Wer Einzelgänger blieb, der riskierte, beim Verlassen des Schlafplatzes für den Gang zur Toilette und zur Wasserstelle, den Schlafplatz anschließend besetzt vorzufinden oder aller Habe bestohlen zu sein. Wenn Frauen Nahrungsmittel von außen über den Zaun warfen, dann konnten die Prügeleien so heftig werden, daß sich die Frauen weigerten wiederzukommen, weil die Prügelszenen zu widerwärtig seien[59].

Häufig kam es zu Diebstählen, die — wenn möglich — entweder durch Selbstjustiz oder durch die Lagerpolizei drakonisch bestraft wurden. Ertappte Diebe mußten entweder mit einem Schild um den Hals öffentlich am Pranger stehen oder wurden tagelang in einen engen Drahtkäfig gesperrt[60]. Es gab allerdings auch Klevere:

»Eine Hundertschaft, die schon wartete, geriet dadurch wieder durcheinander, weil mehrere Landser aus dem Glied stürmten und auf einen Gefangenen einschlugen, der etwas vom Boden aufgehoben hatte. Sofort ließ er es fallen und machte durch seine erhobenen Hände ein unmißverständliche Unterwerfungsgebärde. Aus seinen Rufen konnte man nur das eine Wort ›gefunden‹ heraushören. Das half ihm jedoch nicht aus seiner Not. Nach den ersten beiden Faustschlägen ging er zu Boden, vielleicht ließ er sich auch fallen, jedenfalls blockierte die völlige Passivität des im Dreck liegenden, auch noch kleinen und relativ alten Gefangenen die Aggressivität der Verfolger augenblicklich. Und der Geprügelte wußte genau, wie lange er sich ducken mußte, denn erst als die Luft wirklich rein war, sprang er auf und tauchte in die Menge der noch ungeordnet Herumstehenden ein[61].«

Der Zusammenschluß zu Gruppen bot nicht nur praktische Vorteile, er stabilisierte auch emotional, insbesondere wenn Ältere Jüngere unter ihre Fittiche nahmen. So konnten sich die mitunter 13- bis 14jährigen etwas behütet fühlen, und die Älteren hatten eine Aufgabe[62]. Doch selbst die Zugehörigkeit zu einer Gruppe half nicht immer. Mitunter wurden Gefangene gerade von den Gruppenkameraden aller Habe beraubt, weil die anderen der Ansicht waren, der Bestohlene werde ohnehin nicht mehr lange leben[63]. Dem stehen jedoch auch Berichte von aufopfernder Fürsorge gegenüber, allerdings haben diese in der Not der Erdhöhlen geborenen Freundschaften nur selten die Entlassung überlebt.

Ein weiterer, wesentlicher psychischer Belastungsfaktor im Lagerleben waren die Gerüchte. Hier einige Beispiele:

»Wir werden nur registriert und in die Heimat entlassen, wir werden alle der Sowjetunion zur Zwangsarbeit ausgeliefert, wir werden sämtlich sterilisiert [!], die älteren Jahrgänge werden entlassen, die Jungen bleiben auf unbestimmte Zeit in Gefangenschaft, Frankreich und Belgien lehnen deutsche Gefangene als Aufbauarbeiter ab, Frankreich fordert zwei Millionen deutsche Gefangene für seine Aufbauarbeiten an, die über fünfzig Jahre alten Kriegsgefangenen werden sofort entlassen, das gesamte Lager wird aufgelöst, das Lager wird weiter ausgebaut, das Lager wird in ein Konzentrationslager für politische Gefangene umgewandelt[64].«

So absurd die Gerüchte mitunter auch waren, sie tauchten die Gefangenen in ein Wechselbad von Hoffnungen und enttäuschten Erwartungen und erzeugten eine permanente Alarmstimmung[65].

Es hing nun vom eigenen Naturell ab, wie man mit der Situation fertig wurde. Eine mögliche Reaktion bestand in Fluchtversuchen, die vor allem in der ersten Zeit der provisorischen Lagersicherung mit einiger Erfolgsaussicht unternommen werden konnten. Das Verhalten der Bewacher zeigte ein breites Spektrum von Wachen, die Fliehende aus kürzester Entfernung erschossen, bis hin zu solchen, die selbst den Stacheldraht hochhoben, damit sich die Fliehenden nicht verletzten[66]. Ähnlich verhielt es sich mit der Zivilbevölkerung in den Häusern, die an die Lager angrenzten. Die einen halfen, die anderen weigerten sich aus Angst vor Sanktionen der Amerikaner[67].

Unter denjenigen, die nicht flüchteten, hielten viele der psychischen Belastung nicht stand. Beispiele für Lagerkoller gibt es viele:

»Plötzlich aber schreit er wie besessen los: ›Ich halte das nicht mehr aus! Mir ist alles egal, und wenn sie mich erschießen!‹ Damit will er sich völlig kopflos geworden, mit fliegenden Händen an das Packen seiner Sachen begeben. Wir vereiteln seine verrückte Absicht mit nachdrücklicher Gewalt. Er wird nicht gerade sanft behandelt. Die rauhe Landsertherapie verfehlt ihre Wirkung nicht[68].«

Diejenigen, die nicht gehindert wurden oder nicht gebändigt werden konnten, liefen in die Zäune und wurden erschossen[69]. Andere flüchteten sich in Wahnwelten, besonders nachts:

»Die Nachtwandler, ohne jede klare Überlegung stakten sie herum. Die Nerven hielten nicht mehr stand. Ein Bahnbeamter ruft aufgeregt: ›Wo ist der Bahnhof?‹, ›Dort links‹ entgegne ich, um den Mann zu beruhigen. ›Wann fährt der Zug nach Heilbronn?‹ seine weiter Frage. ›8.10 Uhr‹ antwortet einer. Der Eisenbahner sucht und irrt, schüttelt der Kopf und verschwindet für einige Zeit. Ein Arbeiter ruft nach allen Seiten: ›Ihr müßt die Russen schlagen, aber nicht verhauen, wo ist meine Kompanie‹[70].«

Die dritte Möglichkeit war die Selbstaufgabe, oft an äußerer Verwahrlosung erkennbar:

»Unglaublich, wie verkommen dieser Dreckfink ist: [...] Hier im Lager wäscht sich der Bursche in Wochen nicht einmal die Pfoten, von Gesicht oder Körper ganz zu schweigen. Niemand mag ihn, und so bleibt er für sich allein und schlingt nach dem Essenempfang im Stehen alles, was er empfangen hat, sofort ohne jede Zubereitung hinunter [...] Ich warne ihn, und bedeute ihm, daß, wenn er sich nicht zusammennimmt, sich nicht sauber hält und keinen Anschluß findet, er sicher nicht lebendig aus dem Lager kommt [...] Wenige Wochen später ist er tot[71].«

Dieses Auf-sich-Achten in einer Zeit der Untätigkeit war eine wesentliche Voraussetzung für das Überleben, auch wenn es mitunter groteske

Formen annahm[72]. Ein Hilfsmittel war der Besitz eines Buches, das das Gefühl eines Restes von Kultur vermittelte, oder der Besuch von Gottesdiensten oder von Kursen, die sich schon nach wenigen Wochen entweder selbst bildeten oder von der Lagerleitung organisiert wurden. Gelehrt wurde von Englisch über Kochrezepte bis zur Physik alles, was Zuhörer fand. Wichtig war sowohl für die Lehrenden als auch für die Lernenden nicht nur der Lernstoff, sondern auch das Ziel, die Aufgabe, die zumindest zeitweilig von der Trostlosigkeit des Lagerlebens erlöste[73].

Trotzdem, auch für diejenigen, die sich nicht aufgaben, galt:

»Sechs Wochen Schlamm, Regen, Kälte; sechs Wochen Demütigungen und Entbehrungen; sechs Wochen als namen- und wesenloses Atom in einem willen- und funktionslosen Klumpen, der nur durch die Enge der durch Stacheldraht gezogenen Gevierte zusammengehalten wird, sie haben ihre Wirkung getan. Die physische und psychische Zermürbung nimmt täglich zu[74].«

Porträts von solchen Menschen, wie sie zahlreich von Hobbymalern auf dem reichlich vorhandenen Toilettenpapier angefertigt wurden, zeigen die Gefangenen:

»unrasiert, verschlossen, grübelnd, verhärmt. Sie haben ihre Mützen tief in die Stirn gezogen, weil sie frieren, aber auch weil sie sich ›abschirmen‹, weil sie ihre Augen verdeckt halten und andere Bilder sehen als die ihres Umfeldes[75].«

Dies in etwa war die Situation Ende Mai, wie sie von den Gefangenen erlebt wurde. Die Probleme bei der Bewachung, Ernährung und Gesunderhaltung waren auch den Amerikanern bewußt. Der Wunsch, sich von dieser Bürde zu befreien, ließ schon im Laufe des Mai 1945 den Plan entstehen, die Gefangenen freizulassen.

Zunächst wurden diejenigen entlassen, die politisch unverdächtig waren — die Frauen und die Hitlerjungen. Später kamen für den Wiederaufbau wichtige Berufsgruppen wie landwirtschaftliche Arbeiter, LKW-Fahrer und Bergleute sowie die älteren Gefangenen hinzu. Bei dieser zweiten Gruppe war allerdings zunächst zu prüfen, ob sie der Waffen-SS oder einer NS-Organisation angehört hatten oder gegen sie sonstwie Belastendes vorlag[76]. Zu diesem Zweck transferierten die Amerikaner und die Engländer ihre Gefangenen in die Besatzungszone, aus der sie stammten, um sie dort in Lagern zu überprüfen und erst dann zu entlassen. Gleichzeitig begann man, nach Nationalitäten zu differenzieren und sie in unterschiedlichen Lagern zusammenzufassen. Dadurch leerten sich andere Camps mit dem Effekt, daß bis

Ende Juni die ersten — Remagen, Böhl-Iggelheim und Büderich — aufgelöst werden konnten[77].

Die erste Entlassungwelle wurde aber wieder gestoppt, weil es eine andere Möglichkeit gab, sich der Gefangenen zu entledigen — die Übergabe an die Franzosen. Bereits 1943 hatten die ersten derartigen Transfers in Nordafrika stattgefunden. Als nun in der zweiten Jahreshälfte 1944 Frankreich befreit worden war und die französische Regierung mit dem Wiederaufbau begonnen hatte, war sie an die amerikanische Regierung herangetreten mit der Forderung, 1,75 Millionen deutsche Kriegsgefangene als Zwangsarbeiter zu erhalten. Im Dezember 1944 war es dann zu einer Grundsatzübereinkunft gekommen, die ersten Transfers kleinerer Kontigente hatten im Februar 1945 begonnen. Im Mai 1945 bot SHAEF nun Frankreich an, die Rheinwiesenlager, die sich in der französischen Besatzungszone befanden, vollständig zu übernehmen — mit dem Hinweis, daß die Gefangenen andernfalls freigelassen werden müßten. Die Franzosen hätten es zwar vorgezogen, die Gefangenen in kleineren Kontingenten zu erhalten, entschieden sich dann jedoch mangels einer Alternative, die Rheinwiesenlager samt Insassen zu übernehmen. Am 30. Juni 1945 wurden die Vereinbarungen unterzeichnet, bis zum 10. Juli waren die Lager an die Franzosen übergeben. Die Briten hatten die Lager in ihrer Zone bereits bis zum 12. Juni 1945 übernommen[78].

Bis dahin hatte jedes Lager eine in sich geschlossene Welt gebildet. Nun entstand eine Unruhe, die keineswegs als segensreich empfunden wurde. Die ohnehin nur auf kleine, eng begrenzte Gruppen beschränkte Kameradschaft nahm noch weiter ab, weil die Gruppenzusammensetzung immer wieder wechselte. Die vorher einheitliche Not aller begann sich zu differenzieren nach Besatzungszonenzugehörigkeit, Nationalität, Umfang der politischen Belastung und Entlassungschance.

Einige wurden aufgerufen und abtransportiert, nur um dann in einem anderen Kriegsgefangenenlager in ihrer Heimatzone zu landen:

»Es waren lauter gebeugte, müde, mit allerlei Dosen und Eimerchen behängte Gestalten. Andere ungewöhnliche Habseligkeiten, welche die Landser mitschleppten — Pappstücke, Brennholz, Drahtenden — und das Durcheinander verschiedenster, aber auch verwahrloster Uniformen komplettierten das Bild einer geschlagenen Truppe: mit Mantel und ohne Mantel, in Stiefeln und in Schnürschuhen, mit und ohne Kopfbedeckung, ein Koppel hatte kaum noch jemand um; viele hatten ihre Decken und Zeltplanen nicht aufgerollt, sondern gerafft unterm Arm [...] Man konnte auch hören, an welcher Stelle die Gefangenen in den Laufschritt gefallen waren, denn dort bimmelten die kleinen und großen Dosen wie Kuhglocken, nicht so melodiös, blecherner, aber doch sehr ähnlich[79].«

Andere wiederum wurden aufgerufen und erlebten dann folgendes:

»Wir waren verdutzt, als die Wagen nach Westen fuhren, und glaubten zu rangieren. Aber es ging weiter nach Westen. Jetzt wurde uns klar, worüber wir uns schon öfter unterhalten hatten, der Amerikaner hatte uns an die Franzosen verkauft. Die Moral sank rapide[80].«

Und diejenigen, die vorerst in den Lagern zurückblieben, mußten zusehen, wie die anderen entlassen wurden, während sie selbst auf ihr ungewisses Schicksal warteten[81].

Diejenigen, die das Glück hatten, nach wenigen Monaten aus einem Rheinwiesenlager nach Hause zurückkehren zu dürfen, ohne Zwangsarbeit in Frankreich leisten zu müssen, bastelten sich aus Vorfreude auf die Entlassung Trachtenjoppen aus Uniformstücken, hefteten sich Sprüche an, wie: »Heim zu Mutti« und »Hoim ins Schwobaländle«, oder trugen Kokarden mit den jeweiligen Landesfarben[82]. Dann hatten sie noch einen Wunsch, der allerdings nicht in Erfüllung ging:

»Sie [die Engländer, d. Verf.] gaben uns unsere dicken Köche, unsere vollgefressenen Lagerpolizisten nicht mit auf den Weg. Wie gerne hätten wir sie von den Brücken in die Kanäle, auf die Eisenbahnschienen geworfen. Wie gern hätten wir sie unter die Räder der britischen Lastwagen gestoßen. Keiner von ihnen sollte lebend entkommen. Das hatten wir uns selbst zugeschworen[83].«

Doch selbst als die Entlassenen zu Hause angekommen waren, litten sie noch unter den Folgen der Lagerzeit:

»Nur, ich konnte nicht im Bett schlafen. Ich hab wochenlang auf dem Fußboden geschlafen. Erst auf dem nackten Fußboden, und hinterher hab ich so 'ne Seegrasmatratze gehabt. Da hab ich mich draufgelegt und habe in Wochen langsam lernen müssen, wieder im Bett zu schlafen. Das war einfach zu weich. Das ging nicht mehr. Und essensmäßig bin ich von vornherein vorsichtig gewesen. Es soll welche gegeben haben, die haben sich da gleich 'ne ganze Lore voll Bratkartoffeln in'n Bauch geschlagen und sind dran gestorben[84].«

Das weitere Schicksal der Rheinwiesenlager und ihrer Insassen kann nur kurz gestreift werden. Der britische Gewahrsam wird allgemein gerühmt. Zwar müssen die Nahrungsportionen kleiner gewesen sein als gegen Ende der amerikanischen Zeit, aber das britische Regiment war pragmatischer und großzügiger. So gab es Gefangene, die das Lager verließen, um Bücher in der Stadt auszuleihen, oder britische Lagerleiter, die sich persönlich daran beteiligten, Gefangenenpost aus dem Lager herauszuschaffen[85].

Ganz anders war dies bei den Lagern, die an die Franzosen übergeben wurden: »Wer Entlassungspapiere besaß, aber noch nicht weg war, machte sich aus dem Staube[86].« Die Verpflegung war sehr viel schlechter als unter den Amerikanern — die wirtschaftlichen Möglichkeiten der Franzosen waren weitaus geringer. Da die Gefangenen ohnehin als Zwangsarbeiter für den Einsatz in Frankreich vorgesehen waren, wurden sie dorthin transferiert, soweit sie nicht aufgrund ihres schlechten Gesundheitszustandes als arbeitsuntauglich an Ort und Stelle entlassen wurden[87]. Bis ca. Ende September waren sowohl die britischen als auch die französischen Lager aufgelöst, lediglich das französische Lager Bad Kreuznach/Bretzenheim diente noch bis 1948 als Transitlager für die aus Frankreich heimkehrenden Kriegsgefangenen[88].

Natürlich stellt sich die Frage, wie viele Gefangene in den Rheinwiesenlagern unter amerikanischer Verwaltung gestorben sind. Berichte über Todesfälle finden sich zahlreich, allein für ein einziges Lager reichen die Angaben allerdings von der Aussage, »aus einer Gruppe von sechs Gefangenen hätten nur drei überlebt«, bis zur Feststellung:

»Im Lager Remagen-Sinzig war viel vom Sterben die Rede. Die Einlieferung in die Lazarettzelte galt als Todesurteil. Ich selbst habe jedoch nie einen Toten gesehen[89].«

Wie erklären sich solche Diskrepanzen, wieviele Tote gab es wirklich? Zur Beantwortung dieser Frage ist es nötig, näher auf die einzelnen Todesursachen einzugehen.

Todesfälle ereigneten sich zum einen bei Fluchtversuchen und Schießereien betrunkener Wachen. Dabei handelte es sich jedoch um Einzelfälle, vor allem in der Anfangszeit. Der folgenreichste, in Berichten erwähnte Vorfall ereignete sich in Andernach — 24 Gefangene kamen dabei ums Leben, allerdings nicht im amerikanischen, sondern im französischen Gewahrsam[90]. Eine weitere Todesart, die oft beschrieben wird, bestand darin, in ein Latrinenloch zu fallen und dort vor Schwäche zu ertrinken[91]. Solche Unfälle bleiben in Erinnerung und werden geschildert, weil sich darin der Ekel und die Angst spiegeln, ebenfalls ein solches Schicksal zu erleiden — ein Massenschicksal stellen sie jedoch nicht dar.

Ähnlich verhält es sich mit denjenigen, die sich ein Höhle gegraben hatten und nun in der Angst lebten, bei einem Einsturz lebend begraben zu werden. In manchen Berichten wird die Befürchtung geäußert, noch heute könnten die Opfer solcher Unfälle in ihren Höhlen auf dem Gelände der ehemaligen Lager liegen. Einige wenige Male haben Bauern später tatsächlich einzelne Leichen zufällig gefunden[92]. In den Fällen, in denen solchen Gerüchten nachgegangen und systematisch Grabungen durchgeführt wurden, bestätigten sich die Angaben nicht. Mitunter wurden auch Erkennungsmarken gefunden, aber auch dies ist nicht mit Todesfällen gleichzusetzen — es konnte, z. B. für Waffen-SS-Angehörige, gute Gründe geben, die Erkennungsmarke zu »verlieren«[93]. Auch hier dürfte also in den Berichten vorwiegend die Angst vor einem derartigen Tod zum Ausdruck kommen — Massenschicksale waren es nicht.

Die dritte — und wohl allgegenwärtige Todesart — bestand darin, vor Schwäche im Erdloch oder sonstwo liegen zu bleiben und unerkannt zu sterben — anfangs waren die Gefangenen ja nicht registriert worden. Ein Gefangener formuliert seine Furcht beim Anblick eines Sterbenden so:

»Alter, namenloser Mann, jetzt werden sie Dich bald hier wegschleppen und eingraben. Keiner weiß Deinen Namen. Dich kann niemand mehr fragen. Andere zu fragen, wäre völlig zwecklos. Und im übrigen ist es ja doch wohl gleichgültig, ob du unter einem fremden oder gar keinem Namen verscharrt wirst[94].«

An solche Gefühle knüpft der Kanadier James Bacque an, wenn er behauptet, Hunderttausende seien in den Rheinwiesenlagern unerkannt ums Lebens gekommen.

Diese Annahme trifft jedoch nicht zu. Die Berichte sind voll von Erzählungen über alte Bekannte, die man im Lager wiedergetroffen, und Landsleute, die man kennengelernt hat. Immer ganz allein, so daß niemandem der Name bekannt wurde, ist kaum einer geblieben — schon aus praktischen Gründen des eigenen Überlebens. Diese Ergebnis wird bestätigt durch eine neuere Untersuchung für das Doppellager Remagen/Sinzig: Obwohl das Lager eine Höchstbelegungsstärke von knapp 300 000 Mann hatte, kam es nach dem Krieg nur in 18 Fällen zu Nachforschungen über Personen, die sich in Remagen aufgehalten hatten und nun gesucht wurden. Davon erwiesen sich einige als lebend, andere waren in Remagen gestorben. Mehrere waren zwar in Remagen/Sinzig gewesen, es ist aber nicht sicher, ob sie dort gestorben sind. Vieles spricht dafür, daß sie nach Frankreich transferiert worden und dort ums Leben gekommen sind. Doch selbst wenn alle 18 Vermißten tatsächlich in Remagen ums Leben gekommen wären, bezogen auf die 300 000 Gefangenen dort wäre ihr Anteil verschwindend gering[95]. Insgesamt kann man daher feststellen, daß es unentdeckte, spurlos in den Rheinwiesenlagern Verschwundene nur in Einzelfällen gegeben hat — und die Nachforschungen sind längst abgeschlossen.

Es hat nicht an Bemühungen gefehlt, die Zahl der Toten möglichst exakt festzustellen. Die wohl gründlichste Untersuchung hat die Maschke-Kommission durchgeführt. Der Autor des einschlägigen Bandes, Kurt Böhme, kam dabei zu dem Ergebnis, daß in den sechs Lagern mit der höchsten Sterblichkeit ca. 5 000 von 500 000 Insassen ums Leben gekommen sind. Rechnet man diese Zahl auf die ca. 1 000 000 Gefangenen in allen Rheinwiesenlagern um, dann ergibt sich eine mögliche, aber nicht belegte Zahl an Gesamtverlusten von ca. 10 000 Menschen. Eine neuere Untersuchung für die beiden Remagener Lager, die immerhin ein Drittel aller Gefangenen umfaßten, bestätigt dieses Ergebnis und schließt höhere Todesraten für diese Region aus[96]. Die Frage, ob nun 5 000 oder 10 000 Menschen in den Lagern ums Leben gekommen sind, läßt sich derzeit wohl nicht sicher bestimmen. Eines ist jedoch eindeutig: Bezogen auf die ca. 1 000 000 Menschen in den Rheinwiesenlagern kann von einem Massensterben keine Rede sein[97].

Auch wenn sich die in den letzten Jahren sensationell aufgebauschten Berichte relativieren: Es sind in diesen Lagern Tausende von Menschen unter unwürdigen Umständen gestorben. Mahnmale auf dem Gelände mancher ehemaliger Lagerorte erinnern heute noch an diese Menschen und an das Leid der Angehörigen, die um sie trauerten[98].

Natürlich wurden bereits 1945 die Lager untereinander, aber auch mit den Zuständen in den Lagern anderer Gewahrsamsmächte verglichen. Auch wenn viele Gefangene das einzige Lager, das sie kannten, als das schlimmste bezeichnen, so werden doch die Zustände in den Lagern Bad Kreuznach/Bretzenheim, Remagen/Sinzig, Rheinberg, Wickrathberg und Büderich besonders hart kritisiert[99]. Dabei scheint Bad Kreuznach/Bretzenheim der Problembrennpunkt schlechthin gewesen zu sein, wie die nachfolgende Tabelle bestätigt:

Tabelle 1: Todesfälle in Rheinwiesenlagern[100]

Lager	Belegungsstärke am 8.Mai 1945	Todesziffer lt. Gemeindeverw.
Bad Kreuznach:		1503
Galgenberg	56000	
Bretzenheim	103000	
Remagen-Sinzig	253000	1247
Rheinberg	90000	610
Heidesheim	65000	284
Wickrathberg	16000	106
Büderich	77000	120

Dieses Ergebnis mag allerdings auch damit zu tun haben, daß die den Amerikanern besonders verhaßten Waffen-SS-Angehörigen in Bad Kreuznach/Bretzenheim gesammelt wurden.

Vergleicht man nun die Rheinwiesenlager mit anderen Lagern der Alliierten, so zeigt sich, daß die Vorstellung, nur die Zustände in den Rheinwiesenlagern seien katastrophal gewesen, keineswegs stimmt. In Bayern gab es amerikanische Lager, die sich nicht von den Rheinwiesenlagern unterschieden. Im britischen Lager Overijse bei Brüssel starben im Winter 1945/46 565 deutsche Kriegsgefangene, und die Zahl der in französischer Gefangenschaft Gestorbenen geht in die Zehntausende[101]. Nimmt man als Maßstab für die Behandlung den Anteil der Todesfälle an der Zahl der Kriegsgefangenen im jeweiligen Gewahrsam, dann ergeben sich folgende Todesquoten:

Tabelle 2: Verluste unter den Kriegsgefangenen[102]

Land	Kriegsgefangene	Verluste absolut	in % der Kriegsgefangenen
Frankreich	937000	24178	2,6
UdSSR	3060000	1094250	35,8
Ost- und Südosteuropa	289000	93028	32,2
Großbritannien	3635000	1254	0,03
USA	3097000	5802	0,2
Sonstige	76000	675	0,9
Summe	11094000	1219187	11,0

So gering die Todesquote des amerikanischen Gewahrsams, verglichen mit der anderer Staaten, auch ist, es bleibt festzuhalten, daß die Gewahrsamsmacht mit den größten Ressourcen keineswegs diejenige war mit der niedrigsten Todesrate.

Wie konnte es dazu kommen, und was unternahmen die USA, um ihrer Verantwortung gerecht zu werden? Dazu ist es nötig, bis in das Jahr 1943 zurückzugehen. Im März dieses Jahres wurde zum ersten Mal die Frage diskutiert, wie die deutschen Kriegsgefangenen nach der Invasion bzw. dem Sieg über das Deutsche Reich zu behandeln seien. Ausgehend von der Befürchtung, diese Millionen nicht ernähren zu können, entstand der Plan, die Gefangenen nicht als Kriegsgefangene zu betrachten, sondern — ähnlich wie dies die Deutschen mit den Italienern als »Italienische Militärinternierte« getan hatten — als Disarmed Enemy Forces (DEF), d.h. arrestierte ehemalige Soldaten eines nicht mehr existenten Staates, die nicht den Schutz der Genfer Konvention von 1929 genossen. Als DEF deklarierte Einheiten sollten geschlossen und organisatorisch intakt zur Verfügung gehalten werden, um als Arbeitskräfte zur Unterstützung der amerikanischen Armee eingesetzt zu werden. Wichtig war diese Entscheidung nicht deshalb, weil etwa die DEF schlechter als »echte« POW behandelt worden wären — tatsächlich gab es kaum einen Unterschied — nein, sie zeigt, daß den Westalliierten das Dilemma, in das sie im Frühjahr 1945 geraten sollten, durchaus bewußt war. Des weiteren beschlossen die USA und Großbritannien im August 1943, die zukünftig anfallenden Kriegsgefangenen untereinander im Verhältnis 50:50 zu teilen, unabhängig davon, wessen Truppen die Gefangenen eingebracht hatten. Hinzu kamen die Vereinbarungen mit den Franzosen über den Transfer von Kriegsgefangenen[103].

Dies waren die Rahmenbedingungen der Planungen für das Jahr 1945, es sollte jedoch anders kommen. Zunächst sträubten sich die Briten im Februar 1945, weiterhin die Hälfte aller Gefangenen zu übernehmen. Dann entwickelten sich die Gefangenenzahlen anders als ursprünglich erwartet — nach Überschreiten des Rheines stiegen sie explosionsartig an, so daß es zur Anlage der Rheinwiesenlager kam.

Mit der Bewachung dieser Lager wurde die 106th Infantry Division beauftragt, eine gerade aufgefrischte und daher keineswegs homogene Einheit. Schon bald erwies sie sich als personell überfordert, so daß sie um weitere 10 000 Mann aufgestockt, drei weitere Bataillone ad hoc aufgestellt und DPs als Wachpersonal eingestellt werden mußten.

Aufgrund der zahlreichen Kranken wurden weitere Sanitätseinheiten unterstellt. So wuchs die Divisionsstärke bis auf 40 000 Mann an[104]. Manche organisatorischen Mängel in den Lagern und das widersprüchliche Verhalten der Wachen erklären sich aus dieser personellen Situation. Dies war vermutlich auch der Grund, warum die Amerikaner auch die Lagerverwaltung völlig den Deutschen überließen — sie waren damit überfordert.

Die ursprüngliche Planung hatte darin bestanden, die Gefangenen dorthin zu schaffen, wo sie versorgt werden konnten. Nun entstand die Notwendigkeit, die Nahrung in die Rheinwiesenlager zu schaffen, wobei vorerst fast alles aus französischen Atlantikhäfen über die weitgehend zerstörten Straßen Frankreichs und Deutschlands herangeschafft werden mußte. Auf der einen Seite wurden der 106th Infanterie-Division daher zusätzliche Transporteinheiten unterstellt, auf den anderen Seite wurde aber nach der Kapitulation auch Transportraum benötigt, um Material und Personal vom europäischen Kriegsschauplatz weg nach Asien zu schaffen[105].

Diese Knappheit an Transportkapazität führte auch zu Versorgungsproblemen bei der eigenen Truppe. Darüber hinaus herrschte in ganz Europa Nahrungsmittelknappheit, auch die deutsche Landwirtschaft war nicht in der Lage, die deutsche Zivilbevölkerung zu versorgen. Deren Lebensmittelrationen lagen im Frühjahr 1945 bei nur ungefähr 1000 Kalorien — nicht einmal die Hälfte dessen, was ein Mensch zum Leben braucht, so daß die USA vor dem schwierigen Problem standen, sowohl die eigenen Truppen als auch die Zivilbevölkerung in den befreiten Gebieten und die Millionen von Displaced Persons zu ernähren[106].

Neben diesen Problemen wirkte sich nun aber auch die politische Grundhaltung aus, die in der Definition des DEF-Status oder dem Morgenthau-Plan zum Ausdruck kommt. Aus amerikanischer Sicht war nicht einzusehen und politisch nicht vertretbar, daß die deutschen Soldaten gemäß der Genfer Kriegsgefangenenkonvention wie amerikanische Etappensoldaten ernährt werden sollten. Dies hätte nämlich bedeutet, daß die Zivilbevölkerung in den befreiten Gebieten und die ehemaligen Zwangsarbeiter weiter hungerten. Die Angst vor dem Werwolf und die Entdeckungen, die die Alliierten während ihres Vormarsches in Deutschland bei der Befreiung der Konzentrations- und Zwangsarbeiterlager machten, trugen dazu bei, diese Haltung zu verstärken und eine Einstellung entstehen zu lassen, wie sie Clay am 29. Juni 1945 zum Ausdruck brachte:

»I feel that the Germans should suffer from hunger and cold as I believe such suffering is necessary to make them realize the consequences of a war which they caused. Nevertheless, this type of suffering should not extend to the point where it results in mass starvation and sickness[107].«

Natürlich stellte diese Haltung einen Verstoß gegen das Kriegsvölkerrecht dar. Die Einhaltung der kriegsvölkerrechtlichen Bestimmungen zu Lasten der befreiten Länder und der DPs wäre jedoch ebenfalls unvorstellbar gewesen. Interessanterweise finden sich unter den Gefangenen solche Überlegungen, daß Nahrungsmittel knapp und unter moralischen Aspekten eher den Displaced Persons oder der Zivilbevölkerung der befreiten Länder zustehen könnten, kaum. Sie sahen das ganz anders. Hatten nicht die deutschen Soldaten, die 1943/44 in amerikanische Gefangenschaft geraten und in die USA transportiert worden waren, begeisterte Briefe über ihre Behandlung geschrieben? War ihnen selbst nicht auf den Flugblättern eine gute Behandlung zugesichert worden? Ein Land, das materiell so offensichtlich überlegen war und mit Tausenden von Bombern die deutschen Städte in Schutt und Asche hatte legen können, mußte auch in der Lage sein, die Kriegsgefangenen zu versorgen[108].

Diese fast naive Sichtweise mag damit zu tun haben, daß die deutsche Bevölkerung — und noch mehr die Soldaten — während des Krieges an der Spitze der europäischen Ernährungshierarchie und die Zwangsarbeiter an ihrem Ende gestanden hatten. Hunger hatten sie nicht gekannt — ganz im Gegensatz zum Ersten Weltkrieg. Und nach Ende des Krieges sollte die Versorgung nun schlechter werden, als sie es vorher gewesen war?

Das hat aber auch zu tun mit der Einschätzung der anderen Gruppen, z.B. der Zwangsarbeiter, auf die die deutschen Soldaten trafen, als sie in die Kriegsgefangenenlager transportiert wurden, während die DPs heimkehrten. Daß diese jubelten, drohten oder sich an Deutschen für das erlittene Unrecht rächen wollten, traf auf kein Verständnis. Gerade wegen dieses Verhaltens galten sie als »Meute« — und es war nicht einzusehen, daß sie besser behandelt werden sollten[109]. Als ein Gefangener von einem Arzt darauf hingewiesen wurde, daß die Deutschen ihre Gefangenen nicht besser behandelt hätten, empört er sich:

»Aber wenn jemand unter solchen Umständen wie hier [...] seinen falschen Objektivitätsfimmel pflegt, dann ist uns wirklich nicht zu helfen[110].«

Eine Ausnahme ist allerdings zu erwähnen: In einigen wenigen Fällen werden Parallelen zu den russischen Kriegsgefangenen, deren Situation 1941 ganz unmittelbar vergleichbar war:

»wie die Russen im Herbst 1941 bei mir daheim in Bergen-Belsen, nur lebt heute von denen keiner mehr, alle verhungert und von Seuchen dahingerafft«[111].

In solchen Bemerkungen liegt wohl neben der Erkenntnis des von Deutschen begangenen Unrechts auch die Furcht, dasselbe Schicksal zu erleiden.

Wenn die USA also die deutschen Kriegsgefangenen so schlecht behandelten, dann war das in den Augen der Gefangenen nicht das Ergebnis der Nahrungsmittelknappheit, sondern der amerikanischen Rache für die Ermordung der Juden, wie sie im Morgenthau-Plan zum Ausdruck kam, über den man sich durch die deutsche Propaganda ausführlich unterrichtet fühlte[112].

Wie kommt es, daß bei den Kriegsgefangenen so wenig Einsicht in die Versorgungsprobleme und die eigene Verantwortung festzustellen ist? Hier ist daran zu erinnern, daß die Gefangenschaft für die Insassen in den Rheinwiesenlagern Ende April/Anfang Mai begann. Aus einem sinnlosen Kampf um einen Endsieg, an den wohl nur noch die wenigsten wirklich geglaubt, dessentwegen aber dennoch die meisten weitergekämpft hatten, wurden die Soldaten durch die Gefangennahme in die Untätigkeit des Kriegsgefangenenlagers geworfen. Auch wenn viele bereits desillusioniert waren und auf das Ende hofften, gab es noch solche Stimmen:

»In wenigen Tagen oder Wochen kommt die große Wendung. Dann sind wir wieder frei und wehe den andern« oder »Und dennoch halte ich es einfach für undenkbar, daß alle offiziellen und inoffiziellen Andeutungen über den Einsatz von kriegsentscheidenden Waffen in der nächsten Zeit ein Propagandaschwindel sein sollen, wie die Pessimisten behaupten[113].«

Viele glaubten »noch immer, daß wenigstens Hitler das Beste gewollt hat«[114]. Im Laufe der Wochen aber mußten sie einsehen:

»In Wirklichkeit hatten wir wohl meist das Beste von der Regierung erhofft und sind leider schwer enttäuscht worden[115].«

Nach Tagen — und teilweise Wochen — in provisorischen Lagern auf freiem Feld mit geringer oder ganz ohne Verpflegung kamen sie zermürbt in den Rheinwiesenlagern an. Soweit überhaupt geschlossene Einheiten in Gefangenschaft gegangen waren, wurden sie durcheinander gewürfelt, der Anteil der Kranken, Jungen und Alten war hoch. Durch die Einweisung in die Lager, die gleichzeitige Besetzung des Reichsgebietes und die Auflösung von Kommunikationsstrukturen waren die meisten ohne Nachricht von ihren Angehörigen, ständig in Sorge, daß ihnen etwas zugestoßen sein könnte.

Mit der Kapitulation brach für viele eine Welt zusammen — und dieses Ereignis fiel nun in einen Zeitraum, in dem es andauernd regnete, die Lager Schlammwüsten darstellten und die anti-deutschen Gefühle der Amerikaner besonders ausgeprägt waren. Die notwendige Orientierung auf neue Werte war schmerzhaft und langwierig. Zu dem zermürbenden Existenzkampf um die Essensration, der Sicherung der eigenen Habe vor Diebstahl und der Versuchung, selbst zum Dieb zu werden, kam die Ungewißheit über die eigenen Zukunft und die der Angehörigen, von denen die meisten seit dem Beginn des Endkampfes Anfang 1945 nichts mehr gehört hatten. All diese Faktoren führten zunächst einmal zu einem Gefühl der völligen Verzweiflung, zum psychischen Zusammenbruch. Auch in der Zeit des Bombenkrieges konnte man sich durch »Weitermachen« die Illusion einer funktionierenden Welt erhalten. Hier im Lager war das nicht mehr möglich. Zur Untätigkeit verdammt, ständig wechselnden Gerüchten ausgesetzt, vor Hunger immer schwächer werdend, waren sie dazu verdammt, tagaus, tagein zu warten, ohne das eigene Schicksal beeinflussen zu können.

In einer solchen Situation wurden Übergriffe der Amerikaner, denen man sich eigentlich überlegen fühlte, besonders aufmerksam registriert, weil sie die eigene Recht- und Hilflosigkeit vor Augen führten. Hatten die Amerikaner nicht zigfach versprochen, die Deutschen korrekt zu behandeln? Und nun war das Gegenteil der Fall. Von daher fühlten sich die Gefangenen als Opfer der Amerikaner und des Krieges — und nicht als Verantwortliche, als Täter. Sie hatten den Krieg mitgemacht, weil sie keine Alternative gesehen hatten. Auch sie hatten unter dem Krieg gelitten — daß sie in der Zeit der Siege gejubelt hatten, vergaßen sie allerdings —, sahen sich insofern als Opfer des NS-Systems und glaubten, nun auch noch Opfer des nächsten Systems zu werden.

Die Amerikaner jedoch betrachteten die deutschen Kriegsgefangenen als Täter, als Verursacher des Krieges, die am eigenen Leib verspüren sollten, was sie angerichtet hatten. Damit verbunden war die Hoffnung, die Gefangenen zur Einsicht in die eigene Schuld zu bewegen — oder, wie Eisenhower es ausdrückte, »a personal sense of guilt« hervorzurufen[116]. Genau dies aber gelang nicht.

Anstatt zur Einsicht zu führen, boten die Zustände in den Lagern die bequeme Möglichkeit, nicht über die eigene Schuld nachzudenken, sondern nur auf die Schuld der anderen, der Amerikaner hinzuweisen, die ja offensichtlich keine besseren Menschen waren:

»Die Amerikaner haben uns wieder aufgerichtet, haben uns, die sie erst mit den Gesichtern in den Dreck gestoßen hatten, aufgehoben und auf die Beine gestellt. Sie genierten sich nicht, uns vor Augen zu führen, daß sie dasselbe Gesindel, dieselbe verkommene Sippschaft waren[117].«

Mit anderen Worten: Zwar sind im deutschen Namen Verbrechen begangen worden, aber die Verbrechen der Amerikaner an uns zeigen, daß wir alle gleich sind. Alle Opfer oder alle Täter — und damit moralisch auf der gleichen Ebene. Das ist die Haltung, aus der sich die eingangs zitierte Behauptung erklärt, die Rheinwiesenlager seien schlimmer als die KZ des Dritten Reiches gewesen.

Dabei ist es allerdings nicht geblieben. Einer der Insassen drückte es später so aus:

»Diejenigen, die Bretzenheim überlebten, haben längst vergeben. Weil sie inzwischen erfahren haben, daß es Schlimmeres, Teuflischeres gab als Bretzenheim und dafür die eigenen Landsleute verantwortlich waren[118].«

Anmerkungen

[1] Hans Peter Kürten, Kriegsgefangen in Remagen. Die Geschichte des Kriegsgefangenenlagers und der ›Schwarzen Madonna‹ von Remagen, Remagen ²1989, S. 116.

[2] Josef Nowak, Mensch auf den Acker gesät: kriegsgefangen in der Heimat, Hameln, Hannover ²1990, S. 87 f. und 77 f.

[3] James Bacque, Der geplante Tod. Deutsche Kriegsgefangene in amerikanischen und französischen Lagern 1945—1946, Berlin 1989; Eisenhower and the German POWs: facts against falshood, ed. by Günter Bischof, Stephen E. Ambrose, Louisiana State University Press 1992; Arthur L. Smith, Die »vermißte Million«. Zum Schicksal deutscher Kriegsgefangener nach dem Zweiten Weltkrieg, München 1992.

[4] William F. Ross, Charles F. Romanus, The Quartermaster Corps: Operations in the War against Germany, Washington 1965 (= United States Army in World War II, vol 18), S. 531 f.

[5] Kurt W. Böhme, Die deutschen Kriegsgefangenen in amerikanischer Hand — Europa, München 1972 (= Zur Geschichte der deutschen Kriegsgefangenen des Zweiten Weltkrieges, Bd X/2, S. 9f.; Werner Ratza, Anzahl und Arbeitsleistungen der deutschen Kriegsgefangenen, in: Die deutschen Kriegsgefangenen des Zweiten Weltkrieges. Eine Zusammenfassung, hrsg. von Erich Maschke, München 1974 (= Zur Geschichte der deutschen Kriegsgefangenen des Zweiten Weltkrieges, Bd XV), S. 185—230, hier S. 194f.

[6] Supreme Headquarters Allied Expeditionary Force.

[7] Die Unterschiede erklären sich aus der Verlegung von Lagern, bzw. der Überführung von Lagern in andere, so z.B. in Andernach und Bad Kreuznach, siehe Richard Ernest Dupuy, St. Vith. Lion in the Way. The 106. Infantry Division in World War II, Nashville 1949, S. 230; Heinrich Göers, So hab ich's erlebt — Lager Bad Kreuznach, in: Jahre im Abseits. Erinnerungen an die Kriegsgefangenschaft, hrsg. von Ernst Helmut Segschneider, Osnabrück 1991, S. 72—82, hier S. 76; Kurt Kleemann, Die Kriegsgefangenenlager Remagen und Sinzig 1945 aus der Sicht kommunaler Aktenbestände, (erscheint demnächst) in: Jahrbuch für Westdeutsche Landesgeschichte, (20) 1994, S. 4; Bertram Resmini, Lager der Besatzungsmächte in Rheinland-Pfalz, in: Jahrbuch für westdeutsche Landesgeschichte, (19) 1993, S. 601—621, hier S. 605; Gertrude Maria Schuster, Die Kriegsgefangenenlager Galgenberg und Bretzenheim. Kriegsgefangene berichten, hrsg. von der Stadt Bad Kreuznach, Bad Kreuznach (etwa 1985), S. 85; Rolf Spenner, Tränen, Tod und tausend Qualen. Vor 40 Jahren: Kriegsgefangenenlager Bretzenheim, Bad Kreuznach 1985, S. 38; das einzige rechtsrheinische Lager, Siershahn, wurde erst nach der Kapitulation eingerichtet, siehe Geschichte der Gemeinde Siershahn, bearbeitet von Franz Baaden, Hans Werner Schughart, Siershahn 1986, S. 294.

[8] Fritz vom Hellweg, Rheinwiesen 1945, Wuppertal 1951, S. 6.

[9] Nowak (wie Anm. 2), S.18.

[10] WKU 102, S. 11 (BA-MA, B 205/v. 227a); alle Aktensignaturen beziehen sich auf den Bestand B 205 (Maschke-Kommission) im Bundesarchiv-Militärarchiv, Freiburg (BA-MA); WKU mit Nummernangabe = Wissenschaftliche Kommission (Maschke-Kommission), US-Gewahrsam, Bericht-Nr.

[11] Hellweg (wie Anm. 8), S. 23.

[12] B 205/v. 227a: WKU 102, S 21.

[13] B 205/v. 242a: WKU 244, S. 3; B 205/v. 232: WKU 164, S. 2.

[14] B 205/v. 240b: WKU 221, S. 33; Nowak (wie Anm. 2), S. 35.

[15] Gerhard von Rad, Erinnerungen aus der Kriegsgefangenschaft. Frühjahr 1945, Neukirchen-Vluyn 1976, S. 19; Marzell Oberneder, Wir waren in Kreuznach. Eindrücke und Bilder aus den Kriegsgefangenenlagern Kreuznach und St. Avold, Straubing 1954, S. 31.

[16] Hansheinrich Thomas, Hans Hofmeister, Das war Wickrathberg. Erinnerungen aus den Kriegsgefangenenlagern des Rheinlandes, Minden 1950, S. 7; Gerhard Pezalla, Gefangenschaft im Lager Bad Kreuznach, in: Jahre im Abseits (wie Anm. 7), S. 68—70, hier S. 69; Nowak (wie Anm. 2), S. 170.

[17] Nowak (wie Anm. 2), S. 26.

[18] Paul Brägelmann, Auf den Rheinwiesen 1945. 101 Tage Kriegsgefangenschaft, Cloppenburg 1992, S. 42.
[19] B 205/v. 240b: WKU 221, S. 31.
[20] B 205/v. 227a: WKU 102, S. 5; B 205/v. 232: WKU 164, S. 2f.
[21] Fritz Mann, Frühling am Rhein — Anno 1945: Das Drama deutscher Kriegsgefangener im Lager Remagen-Sinzig, Frankfurt a.M. 1950, S. 8.
[22] Hellweg (wie Anm. 8), S. 23.
[23] Thomas/Hofmeister (wie Anm. 16), S. 10.
[24] So z.B. in Brackwede bei Bielefeld und Herford, Nowak (wie Anm. 2), S. 37; Göers (wie Anm. 7), S. 72; Brägelmann (wie Anm. 18), S. 1; Heinz Janssen, Erinnerungen an eine Schreckenszeit. Rheinberg 1933—1945—1948, Rheinberg 1988 (= Schriften der Stadt Rheinberg zur Geschichte und Heimatkunde, Bd 1), S. 406.
[25] Über gute Verpflegung berichtet Rad (wie Anm. 15), S. 18—23; ein Negativbeispiel findet sich bei Mann (wie Anm. 21), S. 9f.
[26] So z.B der Autor des Berichts B 205/v. 234: WKU 167, S. 1f.
[27] Schuster (wie Anm. 7), S. 15.
[28] Thomas/Hofmeister (wie Anm. 16), S. 11.
[29] Hellweg (wie Anm. 8), S. 129; Schuster (wie Anm. 7), S. 12f.
[30] B 205/v. 227a: WKU 101, S. 2; B 205/v. 242a: WKU 244, S. 3; Janssen (wie Anm. 24), S. 411; Schuster (wie Anm. 7), S. 17f.
[31] Brägelmann (wie Anm. 18), S. 36.
[32] B 205/v. 227a: WKU 102, S. 9.
[33] Oberneder (wie Anm. 15), S. 27.
[34] Thomas/Hofmeister (wie Anm. 16), S. 15.
[35] Göers (wie Anm. 7), S. 74.
[36] B 205/v.227a: WKU 102, S. 9.
[37] Hellweg (wie Anm. 8), S. 45.
[38] Deutsches Meteorologisches Jahrbuch. Britische Zone 1945, Teil I—III, hrsg. vom Meteorologischen Amt für Nordwestdeutschland, Hamburg 1951, S. 29—31 u. 43—46; Deutsches Meteorologisches Jahrbuch. US-Zone 1945, hrsg. vom Deutschen Wettterdienst in der US-Zone, Bad Kissingen 1949, S. 37f. u. 42—47; Deutsches Meteorologisches Jahrbuch. Gebiet der ehem. französischen Besatzungszone 1945—1952, hrsg. vom Deutschen Wetterdienst, Offenbach a.M. 1960, S. 154.
[39] B 205/v.227a: WKU 102, S. 10; ähnlich B 205/v. 242a: WKU 241, S. 2; B 205/v. 240b: WKU 221, S. 30.
[40] Brägelmann (wie Anm. 18), S. 65.
[41] Oberneder (wie Anm. 15), S. 52f.
[42] B 205/v. 227a: WKU 102, S. 9; Janssen (wie Anm. 24), S. 462.
[43] Oberneder (wie Anm. 15), S. 65; Klaus Schäfer, Notizen zu den Kriegsgefangenenlagern Miesenheim und Andernach nach den Tagebüchern von Karl Wind zusammengestellt, in: Die deutschen Kriegsgefangenenlager in Andernach und Miesenheim 1945, hrsg. von dems., Andernach 1991, S. 51—69, hier S. 59; Schuster (wie Anm. 7), S. 43; B 205/v. 227a: WKU 102, S. 13; ein ähnlicher Bericht über die französischen Wachen findet sich bei B 205/v. 243b: WKU 251, S. 6.

⁴⁴ Brägelmann (wie Anm. 18), S. 43.
⁴⁵ Hellweg (wie Anm. 8), S. 106; B 205/v. 227a: WKU 102, S. 14.
⁴⁶ Gerda Ribbeck, Als Pfarrfrau 1945 bei den deutschen Kriegsgefangenen, in: Die deutschen Kriegsgefangenenlager in Andernach und Miesenheim (wie Anm. 43), S. 70—75, hier S. 70—73; ein Aufruf, in dem um Kleidung und Ausrüstung gebeten wird, weil Nahrung ausreichend vorhanden sei, findet sich in: Sinzig und seine Stadtteile — gestern und heute, hrsg. von Jürgen Haffke, Bernhard Koll, Sinzig 1983, S. 188—190; Andernach. Geschichte einer rheinischen Stadt, hrsg. von Franz-Josef Hegen, Andernach 1988, S. 305; Janssen (wie Anm. 24), S. 473; Schäfer (wie Anm. 43), S. 53 u. 60f.; Kürten (wie Anm. 1), S. 25.
⁴⁷ Fania Fénelon, Das Mädchenorchester in Auschwitz, München 1981, S. 82.
⁴⁸ Kürten (wie Anm. 1), S. 27; Schäfer (wie Anm. 43), S. 61; Janssen (wie Anm. 24), S. 466f.; Akten deutscher Bischöfe über die Lage der Kirche 1933—1945, Bd 4: 1943—1945, bearbeitet von Ludwig Volk, Mainz 1985, S. 738—743; Kriegsende und Neuanfang am Rhein. Konrad Adenauer in den Berichten des Schweizer Generalkonsuls Franz-Rudolph von Weiss 1944—1945, hrsg. von Hanns Jürgen Küsters, Hans Peter Mensing, München 1986, S. 151 und 165.
⁴⁹ B 205/v. 240b: WKU 222, S. 3; ähnlich Brägelmann (wie Anm. 18), S. 41; B 205/v. 242b: WKU 239, S. 2: »Das Lager war nichts weiter als eine große Kloake; denn jeder schiß dorthin, wo er gerade stand. Der nächste, ruhebedürftig, setzte sich hinein«.
⁵⁰ Brägelmann (wie Anm. 18), S. 96; Thomas/Hofmeister (wie Anm. 16), S. 31.
⁵¹ B 205/v. 227a: WKU 102, S. 9.
⁵² Nowak (wie Anm. 2), S. 139; Oberneder (wie Anm. 15), S. 52.
⁵³ Dupuy (wie Anm. 7), S. 227; Brägelmann (wie Anm. 18), S. 62 und 79; Karl Heinz Clausen, Jeder Tag hat in der Geschichte sein eigenes Blatt. Ein Tagebuch aus amerikanischer Gefangenschaft, Schleswig 1983, 1.6.45; Hartmut Werdermann, Im Kriegsgefangenlager Böhl-Iggelheim, in: Jahre im Abseits (wie Anm. 7), S. 83—85, hier S. 83; Pezalla (wie Anm. 16), S. 69.
⁵⁴ Rad (wie Anm. 15), S. 27—28; Benno Tins, In den Pferchen: Als Deutscher in Deutschland kriegsgefangen. Ein Tagebuch, München 1966, S. 17; B 205/v. 227a: WKU 101, S. 2.
⁵⁵ Oberneder (wie Anm. 15), S. 72.
⁵⁶ Historique du Service des Prisonniers de Guerre de l'Axe (1943—1948), ed. par Gen. Buisson, Manuskript, Paris 1949, S. 360, BA-MA, B 205/v. 1276 und v. 1278.
⁵⁷ Hellweg (wie Anm. 8), S. 98.
⁵⁸ Kürten (wie Anm. 1), S. 79.
⁵⁹ Schuster (wie Anm. 7), S. 33f. (Zitat); siehe auch Hellweg (wie Anm. 8), S. 39; Spenner (wie Anm. 7), S. 27 und 73; Schäfer (wie Anm. 43), S. 64, Ribbeck (wie Anm. 46), S. 71; Mann (wie Anm. 21), S. 9.
⁶⁰ Einen solchen Käfig beschreibt Hellweg (wie Anm. 8), S. 66: »Jedenfalls sitzt der nette, stets hilfsbereite Kamerad jetzt im sogenannten ›Käfig‹. Das ist ein von vier starken Pfosten begrenztes Geviert von 4x4 m, dicht umspon-

nen von Stacheldraht, auch oben. Hier kauert nun der arme Kerl mit mehreren anderen Leidensgenossen seit zwei Tagen, selbstverständlich völlig schutzlos allen Unbilden des Wetters preisgegeben. Ihr Bedürfnis können die Insassen nach Belieben verrichten, natürlich im Käfig.«

[61] Brägelmann (wie Anm. 18), S. 31.
[62] Göers (wie Anm. 7), S. 78; andererseits erlebte der Theologe von Rad als Insasse eines Rheinwiesenlagers auch Jugendliche, die so bedenklich tüchtig in der Lage waren, sich zu behaupten, daß er sich fragte, ob eine solche Jugend sich in normalen Verhältnissen jemals zurechtfinden werde, siehe Rad (wie Anm. 15), S. 30.
[63] Nowak (wie Anm. 2), S. 181—183.
[64] Hellweg (wie Anm. 8), S. 60 und 41; ähnlich Göers (wie Anm. 7), S. 78.
[65] B 205/v. 227a: WKU 102, S. 17; Rad (wie Anm. 15), S. 38.
[66] Nowak (wie Anm. 2), S. 162; Brägelmann (wie Anm. 18), S. 86 und 92; Hellweg (wie Anm. 8), S. 57.
[67] Schuster (wie Anm. 7), S. 40.
[68] Hellweg (wie Anm. 8), S. 40.
[69] Mann (wie Anm. 21), S. 10; Rudolf Nollmann, Kriegsgefangenschaft in den Elendslagern am Rhein, in: Jahre im Abseits (wie Anm. 7), S. 71; Oberneder (wie Anm. 15), S. 16.
[70] B 205/v. 227a: WKU 102, S. 12.
[71] Hellweg (wie Anm. 8), S. 48; siehe auch Rad (wie Anm. 15), S. 31.
[72] Oberneder (wie Anm. 15), S. 20: »Nur einer steht ohne Mißtrauen vor der Zukunft, kerzengerade, ein Oberst, geboren am Kurfürstendamm. Er rasiert sich täglich, trägt einen Seidenpyjama, den ihm die Mutti einpackte, als sie noch nichts ahnte, und bewohnt« allein ein Schützenloch, das er nachts mit einer Zeltbahn überspannt«; siehe auch Hellweg (wie Anm. 8), S. 45.
[73] Brägelmann (wie Anm. 18), S. 32 u. 102; Hellweg (wie Anm. 8), S. 65; Göers (wie Anm. 7), S. 79; Werdermann (wie Anm. 53), S. 83; mitunter wurden solche Veranstaltungen aber auch als Ablenkungsmanöver von der Nicht-Entlassung verstanden, siehe B 205/v. 227a: WKU 102, S. 18 u. 20.
[74] Hellweg (wie Anm. 8), S. 81.
[75] Franz Josef Heyen, Anmerkungen zu Eugen Keller und seinen Zeichnungen aus dem Kriegsgefangenenlager, in: Die deutschen Kriegsgefangenenlager in Andernach und Miesenheim (wie Anm. 43), S. 12—14, hier S. 13.
[76] George G. Lewis, John Mewha, History of Prisoner of War Utilization by the United States Army 1776—1945, Washington 1955 (= Department of the Army Pamphlet No 20—213), S. 241; Schäfer (wie Anm. 43), S. 55; Arthur Lee Smith, Heimkehr aus dem Zweiten Weltkrieg. Die Entlassung der deutschen Kriegsgefangenen, Stuttgart 1985 (= Schriftenreihe der Vierteljahrshefte für Zeitgeschichte, 51), S. 13; Böhme (wie Anm. 5), S. 216f.
[77] Janssen (wie Anm. 24), S. 442; Kürten (wie Anm. 1), S. 10; Andernach (wie Anm. 46), S. 305; Werdermann (wie Anm. 53), S. 84.
[78] Historique (wie Anm. 56), S. 240 und 349; Dupuy (wie Anm. 7), S. 232; Lewis/Mewha (wie Anm. 76), S. 240—242; Böhme (wie Anm. 5), S. 68f.; Hermann Jung, Die deutschen Kriegsgefangenen im Gewahrsam Belgiens,

[79] Brägelmann (wie Anm. 18), S. 57.
[80] Schuster (wie Anm. 7), S. 53.
[81] Hellweg (wie Anm. 8), S. 84f. und 123.
[82] Ebd., S. 119; Pezalla (wie Anm. 16), S. 69; Brägelmann (wie Anm. 18), S. 68 und 102.
[83] Nowak (wie Anm. 2), S. 220; in Bretzenheim soll sich ein ehemaliger Campleiter vor der Entlassung erhängt haben, Schuster (wie Anm. 7), S. 37.
[84] Göers (wie Anm. 7), S. 81.
[85] Janssen (wie Anm. 24), S. 439—443; Göers (wie Anm. 7), S. 80; B 205/v. 227a: WKU 101, S. 4; abweichend davon meint Nowak, die Verpflegung bei den Briten sei besser gewesen, mit der Folge, daß die erzwungene Untätigkeit noch deutlicher wurde, Nowak (wie Anm. 2), S. 188.
[86] Manche Entlassenen waren so schwach, daß sie zunächst einige Tage in Familien »aufgepäppelt« wurden. Andere konnten ihren Heimatort nur mit Hilfe der Besatzungsmacht erreichen. Sie mußten mitunter einige Tage warten, bis sich eine geeignete Transportmöglichkeit ergab. Wieder andere warteten, bis sie den Aufenthaltsort ihrer Familien erfahren hatten, Hellweg (wie Anm. 8), S. 113; Schäfer (wie Anm. 43), S. 60.
[87] Sinzig (wie Anm. 46), S. 190; Andernach (wie Anm. 46), S. 303; Franz-Josef Heyen, Die Lager deutscher Kriegsgefangener in Andernach und Miesenheim, in: Die deutschen Kriegsgefangenenlager in Andernach und Miesenheim (wie Anm. 43), S. 7—11, hier S. 8; Kürten (wie Anm. 1), S. 10; Historique (wie Anm. 56), S. 350.
[88] Historique (wie Anm. 56), S. 351 und 356; Schuster (wie Anm. 7), S. 89.
[89] Kürten (wie Anm. 1), S. 38 und 21.
[90] Schäfer (wie Anm. 43), S. 65—67; Brägelmann (wie Anm. 18), S. 86; der Ortspfarrer von Kripp soll einmal in einer Woche 7 Soldaten beerdigt haben, die bei Fluchtversuchen erschossen worden waren, Hellweg (wie Anm. 8), S. 57.
[91] Brägelmann (wie Anm. 18), S. 77.
[92] 1947 wurde in Bad Kreuznach-Galgenberg das gesamte Lagergelände untersucht, weil ein Massengrab vermutet wurde — ohne Ergebnis, Schuster (wie Anm. 7), S. 76f.; Brägelmann (wie Anm. 18), S. 113; Janssen (wie Anm. 24), S. 468.
[93] Manche, insbesonders Angehörige der Waffen-SS, hatten gute Gründe, ihre Erkennungsmarken zu verlieren. Zu anderen, mitunter amüsanten Gründen: Kleemann (wie Anm. 7), S. 43—45.
[94] Nowak (wie Anm. 2), S. 120.
[95] Pezalla (wie Anm. 16), S. 68; Kleemann (wie Anm. 7), S. 50; Brägelmann (wie Anm. 18), S. 108.
[96] Kleemann (wie Anm. 7), S. 52.

⁹⁷ Böhme (wie Anm. 5), S. 204; Rüdiger Overmans, German Historiography, the War Losses and the Prisoners of War, in: Eisenhower and the German POWs, ed. by Günter Bischof, Stephen E. Ambrose, Baton Rouge 1992, S. 127—169, hier S. 155—163.

⁹⁸ Spenner (wie Anm. 7), S. 9 und 17; Schuster (wie Anm. 7), S. 95; besonders beeindruckend ist die Figur der Schwarzen Madonna von Remagen, gefertigt aus dem Lehm des Lagers, Kürten (wie Anm. 1), S. 33—35. Eine — allerdings nicht beabsichtigte — Parallele existiert in der Schwarzen Madonna von Stalingrad, siehe Die Stalingrad-Madonna, hrsg. von Martin Kruse, Hannover ²1993.

⁹⁹ B 205/v. 240a: WKU 226, S. 106: »Im Bahnhofsgebäude hört der Andrang heimkehrender Soldaten nicht auf. Fast alle sind krank. Auf die Russen wird ebenso geschimpft wie auf die Franzosen. Man hat den Eindruck, daß die Gefangenen in Rußland genau so schlecht behandelt werden wie in Frankreich. Aber die Gefangenen in Frankreich glauben vielfach, daß die Russen die Gefangenen besser behandeln«.

¹⁰⁰ Böhme (wie Anm. 5), S. 203; nur für die beiden Lager bei Bad Kreuznach wurden die Angaben von Schuster übernommen, wobei die eindeutig zurechenbaren, die nicht-identifizierten und die umgebetteten Toten addiert wurden, Schuster (wie Anm. 7), S. 59, 66 und 76.

¹⁰¹ Wolff (wie Anm. 78), S. 75.

¹⁰² Siehe Ratza (wie Anm. 5), S. 208 und S. 224—229; die Verluste der USA für den europäischen Kriegsschauplatz sind entnommen aus Böhme (wie Anm. 5), S. 204f.

¹⁰³ Burkhard Schöbener, Die amerikanische Besatzungspolitik und das Völkerrecht, Frankfurt a.M. 1991, S. 237—241; Lewis/Mewha (wie Anm. 76), S. 199—209 und 236—240; Frohn vertritt die Auffassung, der DEF-Status sei eine wesentliche Voraussetzung für die katastrophale Situation in den Rheinwiesenlagern gewesen. Dem ist zu widersprechen, denn die meisten in den Rheinwiesenlagern Gefangenen waren ursprünglich keine DEF. Darüber hinaus wurden SS-Angehörige sowie sonstige verdächtige Elemente grundsätzlich nicht zu DEF erklärt, ihre Behandlung war aber keineswegs besser als die der DEF, siehe Axel Frohn, Das Schicksal deutscher Kriegsgefangener in amerikanischen Lagern nach dem Zweiten Weltkrieg. Eine Auseinandersetzung mit den Thesen von James Bacque, in: Historisches Jahrbuch der Görres-Gesellschaft, 1991, S. 466—492, hier S. 474.

¹⁰⁴ B 205/v. 234: WKU 180, S. 1; Dupuy (wie Anm. 7), S. 224—229; Lewis/Mewha (wie Anm. 76), S. 232.

¹⁰⁵ Böhme (wie Anm. 5), S. 139; Dupuy (wie Anm. 7), S. 231.

¹⁰⁶ Günter J. Trittel, Hunger und Politik. Die Ernährungskrise in der Bizone (1945—1949), Frankfurt a.M. 1990, S. 22—25 u. 34—37; Böhme (wie Anm. 5), S. 151—158; Ross/Romanus (wie Anm. 4), S. 541 f.; allein in dem Gebiet des späteren Landes Rheinland-Pfalz, in dem sich die Rheinwiesenlager konzentrierten, gab es auch 4 weitere DP-Lager, siehe Dupuy (wie Anm. 7), S. 230; Resmini (wie Anm. 7), S. 618; James F. Tent, Food Shor-

tages in Germany and Europe, 1945—1948, in: Eisenhower and the German POWs (wie Anm. 97), S. 95—112.
[107] Siehe The Papers of General Lucius D. Clay. Germany 1945—1949, ed. by Jean Edward Smith, vol. 1, Bloomington, London 1974, S. 42. Siehe auch Frohn (wie Anm. 103), S. 477; Böhme (wie Anm. 5), S. IX u. 216f.; Trittel (wie Anm. 106), S. 18; Winfried Becker, Die Brücke und die Gefangenenlager von Remagen, in: Die Kapitulation von 1945 und der Neubeginn in Deutschland. Symposium an der Universität Passau, Köln, Wien 1987, S. 45—71, hier S. 64; Brian L. Villa, The Diplomatic and Political Context of the POW Camps Tragedy, in: Eisenhower and the German POWs (wie Anm. 97), S. 52—77.
[108] Brägelmann (wie Anm. 18), S. 14; Nowak (wie Anm. 2), S. 106.
[109] B 205/v. 232: WKU 165, S. 5; Nowak (wie Anm. 2), S. 16 und 28; Brägelmann (wie Anm. 18), S. 39.
[110] Hellweg (wie Anm. 8), S. 55.
[111] Schuster (wie Anm. 7), S. 19; Oberneder (wie Anm. 15), S. 88.
[112] Janssen (wie Anm. 24), S. 419; nur wenige entwickeln Verständnis, Tins (wie Anm. 54), S. 18; Spenner berichtet, daß die Gefangenen die Einnahme von Vitamintabletten aus Mißtrauen verweigert hätten, Spenner (wie Anm. 7), S. 31; B 205/v. 227b: WKU 107, S. 2; Oberneder (wie Anm. 15), S. 53; Nowak (wie Anm. 2), S. 96.
[113] Hellweg (wie Anm. 8), S. 35 und 9.
[114] Heyen (wie Anm. 87), S. 7.
[115] B 205/v. 240b: WKU 221, S. 36.
[116] Siehe The Papers of Dwight D. Eisenhower, Occupation 1945, vol. 6, ed. by Alfred D. Chandler, jr. [u.a.], Baltimore, London 1978, S. 424f. und 529f.; siehe auch Frohn (wie Anm. 103), S. 476.
[117] Nowak (wie Anm. 2), S. 216f.
[118] Spenner (wie Anm. 7), S. 8.

Peter Hoffmann

Der deutsche Widerstand gegen den Nationalsozialismus

I.

Die geistige Quelle des Widerstandes gegen den Nationalsozialismus manifestierte sich, sobald Hitler seine Herrschaft angetreten hatte. Am 26. Februar 1933 sprach Dietrich Bonhoeffer in der Kreuz-Zeitung dem »Führer« den Anspruch auf Autorität ab, sofern er sich nicht unter die höhere Autorität von Staat und Gemeinschaft und unter die über diesen stehende göttliche Autorität stelle: »Nur der Führer, der selbst im Dienst der vorletzten und der letzten Autorität steht, findet Treue[1].« Otto Wels, der Vorsitzende der SPD, erklärte dem Kanzler in seiner Rede gegen das Ermächtigungsgesetz im Reichstag am 23. März 1933: »Wir deutschen Sozialdemokraten bekennen uns in dieser geschichtlichen Stunde feierlich zu den Grundsätzen der Menschlichkeit und der Gerechtigkeit, der Freiheit und des Sozialismus. Kein Ermächtigungsgesetz gibt Ihnen die Macht, Ideen, die ewig und unzerstörbar sind, zu vernichten[2].« Gegen Ende der Diktatur, am 7. August 1944, erklärte Peter Graf Yorck vor dem »Volksgerichtshof« seine grundsätzliche Einstellung gegen das Regime mit denselben Gründen: »Das Wesentliche ist, was alle diese Fragen verbindet, der Totalitätsanspruch des Staates gegenüber dem Staatsbürger unter Ausschaltung seiner religiösen und sittlichen Verpflichtungen Gott gegenüber[3].«

Die Nationalsozialisten hatten den Willen zur Vernichtung ihrer Gegner. Am 17. Februar 1933 befahl Hermann Göring, Reichskommissar für das preußische Innenministerium, allen Polizeibehörden und am 21. Februar 1933 stand sein Befehl wortgetreu auf der ersten Seite der Parteizeitung Völkischer Beobachter unter der Überschrift »Görings Runderlaß! Der neue Geist in Preußen«, dem Treiben staatsfeindlicher Organisationen sei »mit den schärfsten Mitteln entgegenzutreten«, gegen kommunistische Terrorakte strengstens vorzugehen, und, »wenn nötig, rücksichtslos von der Waffe Gebrauch zu machen. Polizeibeamte, die in Ausübung dieser Pflichten von der Schußwaffe Gebrauch machen, werden ohne Rücksicht auf die Folgen des Schußwaffengebrauchs von mir gedeckt; wer hingegen in falscher Rücksichtnahme versagt, hat dienststrafrechtliche Folgen zu gewärtigen[4].« Am 22. Februar ernannte Göring 40 000 SA- und SS-Männer zu Hilfspolizisten[5].

Trotzdem gelang dem Regime nie ganz die Unterdrückung des Widerstandes gegen die Diktatur. Die Geheime Staatspolizei registrierte 1936 = 1 643 000 und 1937 = 927 430 illegal verbreitete Flugblätter allein der KPD und SPD, erfaßte aber natürlich bei weitem nicht alle; immer wieder verbreiteten bis in die letzten Kriegsjahre hinein einzelne und Gruppen, wie die Kommunisten im Untergrund und die Studenten der »Weißen Rose«, Flugschriften[6]. Mehr als eine Million Deutsche wurden zwischen 1933 und 1945 für kürzere oder längere Zeit in Konzentrationslagern festgehalten, 40 000 Deutsche wurden nach Gerichtsurteilen hingerichtet, weitere Zehntausende ohne Urteil. Mit fast unbegrenzter Macht versehene Sondergerichte ließen 12 000 Deutsche, Militärgerichte 25 000 deutsche Soldaten umbringen (Militärgerichte der Westmächte ließen während des ganzen Krieges weniger als dreihundert Todesurteile an alliierten Soldaten vollstrecken). Im letzten Kriegsjahr wurden mehr als zweihundert Beteiligte der Erhebung des 20. Juli 1944 gehängt[7]. Diesen Zahlen ist das Potential des Widerstandes gegen Hitlers Diktatur ebenso wie das Schicksal der aktiven und potentiellen Gegner zu entnehmen. Hitler war sich dessen auch bewußt. Am 10. November 1938 erklärte er vierhundert Journalisten gegenüber, »die intellektuellen Schichten« seien unzuverlässig und kritisch, obwohl er immer nur Erfolge habe; »leider, man braucht sie ja; sonst könnte man sie eines Tages ja, ich weiß nicht, ausrotten oder so was[8].« 1939 erklärte der Diktator seinem Generalbauinspektor für die Reichshauptstadt, Diplomingenieur Albert Speer, er müsse vielleicht »unpopuläre Maßnahmen« anordnen und im Fall eines Aufruhrs dagegen müsse das Zentrum des Reiches, der noch zu erbauende Führerpalast, wie eine Festung verteidigt werden[9].

Um aber wirksam zu sein, muß Widerstand, weil er im terroristischen Polizeistaat nicht allgemein, allgegenwärtig und konkret sein kann, auf das Zentrum der Macht oder eines ihrer unentbehrlichen Instrumente konzentriert werden. Hitlers terroristische Durchsetzung der Diktatur, erst 1933 gegen seine alten politischen Feinde, dann 1934 auch gegen seine Freunde in der SA-Führung, zeigte jedem, der in Regierungsämtern oder Institutionen wie in der Wehrmachtführung oder in den Kirchen Hitlers Politik entgegenzuwirken suchte, was ihn erwartete. Dennoch gab es zahlreiche Äußerungen des Widerstandes.

II.

Für die Erfolglosigkeit des Einzelwiderstandes auf hoher Ebene ist der Oberbürgermeister von Leipzig, Carl Goerdeler, beispielhaft.

Schon am 1. April 1933, während des antijüdischen »Boykotts«, ging Goerdeler mit dem Ersten Bürgermeister Ewald Löser in die Straßen im Brühlviertel und schützte jüdische Geschäfte persönlich gegen die SA-Horden. Er wehrte sich jahrelang gegen alle Versuche der örtlichen Parteiführer, insbesondere des nationalsozialistischen Nachfolgers von Löser, Rudolf Haake, nach Juden benannte Straßen umbenennen und das Denkmal vor dem Gewandhaus entfernen zu lassen, das 1892 für dessen Direktor, Felix Mendelssohn-Bartholdy, errichtet worden war. 1936, vor der in Berlin stattfindenden Sommer-Olympiade und unter schwerem Druck von seiten der NSDAP, ließ Goerdeler sich zu der Erklärung herbei, man könne irgendwann später, etwa nach den Sommerferien, über eine anständige anderweitige Unterbringung des Denkmals reden. Als es aber am 9. November 1937 entgegen seinen Weisungen, während er auf Reisen war, entfernt wurde, trat er zurück. Haake stellte in offiziellen Schriftsätzen an Goerdeler und an den Gauleiter fest, die Denkmalangelegenheit sei keine Frage der Autorität, sondern nur der äußere Anlaß für den Konflikt, die eigentliche Ursache liege in Goerdelers der nationalsozialistischen »entgegengesetzten Weltanschauung«. Goerdeler habe gegen die meisten nationalsozialistischen Maßnahmen opponiert, und seine Einstellung zur Judenfrage sei durch die Denkmalangelegenheit »außerordentlich klar zutage getreten«[10].

Die Willkür- und Terrorherrschaft, die Konzentrationslager, die Entrechtung und Verfolgung der Juden seit dem »Boykott« vom 1. April 1933, die Ermordung der SA-Führer und anderer Gegner erweckten oder befestigten in vielen Feindschaft gegen das Regime; aber erst die unmittelbare Gefahr eines neuen Krieges, der Deutschland mit der Vernichtung seiner nationalen Integrität und Europa mit Massensterben und Zerstörung der Kultur bedrohte, führte zur Kristallisation des Widerstandes auf einer Ebene, auf der das notwendige Ziel des Widerstandes, der Sturz der Herrschaft Hitlers, erreichbar schien.

Als Hitler am 5. November 1937 in der Reichskanzlei dem Außenminister, dem Kriegsminister und den Oberbefehlshabern des Heeres, der Kriegsmarine und der Luftwaffe Krieg gegen die Tschechei und Österreich ankündigte, widersprachen der Kriegsminister und der Oberbefehlshaber des Heeres heftig. Die übrigen Teilnehmer enthielten sich jeder Zustimmung zu Hitlers Plänen. Im Januar 1938 wurden der Kriegsminister und der Oberbefehlshaber des Heeres mit Anschuldigungen sittlicher Vergehen zum Rücktritt gezwungen[11]. Der Chef des Generalstabes des Heeres, General Ludwig Beck, wies in eindringlichen Denkschriften nach, daß ein Krieg Deutschlands Untergang herbeiführen würde. Schließlich versuchte er Ende Juli 1938, den neuen Oberbefehlshaber des Heeres, Generaloberst Walther von Brauchitsch, und die Kommandierenden Generale der Armeekorps zur kollektiven Befehlsverweigerung für den Fall des Angriffs auf die Tschechoslowakei zu bewegen. Am 19. Juli 1938 trug Beck Brauchitsch seine »Parolen« vor, u. a.: »Gegen den Krieg! Gegen die Bonzokratie! Friede mit der Kirche! Freie Meinungsäußerung! Schluß mit den Tschekamethoden! Wieder Recht im Reich[12]!« Das von Beck vorgeschlagene Vorgehen mußte zur Entmachtung Hitlers oder zur Erschießung der Generale führen. Beck notierte sich für einen Vortrag bei Brauchitsch am 29. Juli: Die vorgesehene Erklärung des Oberbefehlshabers des Heeres, der Heeresgruppenbefehlshaber und der Kommandierenden Generale der Armee-Korps, sie träten von ihren Ämtern zurück, wenn der Führer auf der Durchführung des Krieges bestehe, könne nicht »hart und brutal genug« abgefaßt werden; es sei dann mit »inneren Spannungen« zu rechnen, das Heer müsse »sich nicht nur auf einen möglichen Krieg, sondern auch auf eine innere Auseinandersetzung, die sich nur in Berlin abzuspielen braucht«, vorbereiten[13]. Der Oberbefehlshaber des Heeres aber versagte sich dem Ansinnen, und Beck mußte zurücktreten[14].

Am 27. September 1938 gab auch die Berliner Bevölkerung anläßlich eines öffentlichen Säbelrasselns in Form des Durchmarsches von Einheiten der 2. motorisierten Division aus Stettin samt Panzern zu erkennen, wie sie über Hitlers Kriegspolitik dachte. Der CBS-Korrespondent in Berlin, William L. Shirer, notierte, er sei in Erwartung einer gewaltigen Volksdemonstration an die Ecke Unter den Linden-Wilhelmstraße gegangen, aber die Berliner, die aus den Büros strömten, seien sofort in den U-Bahneingängen verschwunden, »weigerten sich hinzusehen, und die Handvoll, die es taten, standen schweigend am Straßenrand, ohne ein Wort der Ermunterung für die Blüte ihrer Jugend auf dem Weg in den ruhmreichen Krieg. Es war die schlagendste Demonstration gegen Krieg, die ich je gesehen habe[15].« Hitler befahl den vierhundert Journalisten, zu denen er am 10. November 1938 sprach, während noch die am 9. von SA-Leuten angezündeten Synagogen brannten und in der Bevölkerung negative Reaktionen hervorriefen, »dem deutschen Volk bestimmte außenpolitische Vorgänge so zu beleuchten, daß die innere Stimme des Volkes selbst langsam nach der Gewalt zu schreien beginnt«, also das Volk auf Krieg vorzubereiten[16]. Am 5. November 1939, nach dem Sieg über Polen und angesichts des Widerstandes in der Heeresführung gegen eine Offensive gegen Frankreich und England, drohte Hitler dem Oberbefehlshaber des Heeres und dem Chef des Generalstabes des Heeres, er kenne den Geist des Generalstabes. Der Generalstabschef erschrak so sehr, daß er sofort alle mit Umsturzplänen zusammenhängenden Unterlagen vernichten ließ[17]. Beck und eine Anzahl aktiver Offiziere in hohen Stellen versuchten damals mit der britischen Regierung zu konspirieren, um die Bedingungen für einen innerdeutschen Umsturz zu schaffen. Das Vorhaben scheiterte an Becks Nachfolger, General Franz Halder, und an Brauchitsch[18]. Drei Tage später entging Hitler durch einen Zufall dem Anschlag des Einzelattentäters Georg Elser[19]. Immer wieder versuchten einzelne und Gruppen durch Flugblätter einen Massenwiderstand gegen Krieg und Regierung zu mobilisieren, durch Sabotage oder Spionage das Regime zu untergraben. Immer wieder wurden solche Versuche zerschlagen, ohne daß sie bedeutenden Schaden verursacht hätten.

Seit dem Angriff auf die Sowjetunion und seit dem Beginn der von Hitler befohlenen Massenmorde an Juden, Kommissaren der Roten Armee, russischen Intellektuellen und Kriegsgefangenen versuchten Oberst i.G. Henning von Tresckow als Erster Generalstabsoffizier (Ia) im Stab des Oberkommandos der Heeresgruppe Mitte und Major i.G. Claus Graf Stauffenberg als Gruppenleiter II in der Organisationsabteilung des Generalstabs des Heeres durch persönliche Aussprachen Widerstand auf hoher militärischer Ebene zu mobilisieren — ohne Erfolg[20].

Schließlich organisierte sich eine weitverzweigte Umsturzbewegung aus alten und neuen Gegnern, geführt von Stauffenberg als dem Aktivsten. Über alle politischen Gegensätze hinweg, doch nicht ohne Spannungen, fanden sich Gegner Hitlers zusammen zu einer gemeinsamen

Erhebung, Konservative wie Johannes Popitz (Finanzwissenschaftler und -politiker), Ulrich von Hassell (Botschafter z. V.), Carl Goerdeler, Ludwig Beck; Sozialisten wie Julius Leber (Journalist, Reichstagsabgeordneter), Wilhelm Leuschner (Gewerkschaftsfunktionär und Hessischer Landtagsabgeordneter), Theo Haubach (Journalist), Carlo Mierendorff (Reichstagsabgeordneter), Adolf Reichwein (Pädagoge und Kulturpolitiker); Fortschrittliche, dem Sozialismus Zugewandte wie Adam von Trott zu Solz im Auswärtigen Amt und Helmuth James Graf Moltke im Oberkommando der Wehrmacht/Abteilung Ausland; ferner Peter Graf Yorck im Oberkommando des Heeres/Wirtschaftsstab Ost, Theodor Steltzer beim Wehrmachtbefehlshaber Norwegen, Berthold Graf Stauffenberg im Oberkommando der Kriegsmarine; Offiziere in Stäben des Ersatzheeres, der Heeresgruppe Mitte an der Ostfront, der Heeresgruppe B an der Westfront und im Generalstab des Heeres. Mierendorff, Reichwein, Moltke und schließlich auch Leber traten 1943 und 1944 für die Einbeziehung der Kommunisten ein, Stauffenberg stimmte zu. Am 22. Juni 1944 fand in der Wohnung eines Berliner Arztes die entscheidende Zusammenkunft statt zwischen Leber, Reichwein und den Vertretern des Untergrund-Zentralkomitees der KPD, Anton Saefkow und Franz Jacob. Aber unter den Kommunisten war ein Verräter, und in den folgenden Tagen wurden alle Teilnehmer verhaftet[21]. Damit sind auch die Möglichkeiten, eine »Massenbasis« zu finden, noch einmal beleuchtet.

Die Frage, wer nach einer erfolgreichen Erhebung die Regierung gebildet hätte, ist fast nur hypothetisch. Es hätte sich nur um eine Übergangsregierung handeln können, die Besetzung Deutschlands und die Errichtung einer alliierten Militärregierung waren 1944 nicht mehr zweifelhaft[22]. Beck und Goerdeler sollten zunächst Reichsverweser und Reichskanzler werden, Leuschner Vizekanzler, Leber Innenminister[23]. Die Sozialisten wollten nicht wie 1918 das Odium der Kapitulation allein auf sich nehmen. Innerhalb der Umsturzbewegung hofften aber Moltke und Yorck auf einen baldigen Regierungswechsel, der Leber zum Kanzler gemacht hätte[24].

III.

Die Erhebung brach am 20. Juli 1944 zusammen, die Umsturzbewegung wurde in der anschließenden Verfolgung physisch vernichtet. Aber ihre Motivierungen und Ziele weisen über ihre Zeit hinaus in den Bereich universaler Bedeutung.

Die Führer und Teilnehmer der Erhebung wußten, daß die äußeren Gegner mit dem Ziel in den Krieg getreten waren, Deutschland endgültig oder doch auf lange Zeit zu entwaffnen, gleichgültig, wer es am Ende des Krieges regierte[25]. Die Bewahrung der Machtstellung und territorialen Integrität Deutschlands war also schon seit Beginn des Krieges zumindest fragwürdig, wenn auch Goerdeler, Eugen Gerstenmaier (Theologe), Stauffenberg und Leber auf einen »ehrenvollen« Frieden hofften, während andererseits Moltke und Bonhoeffer im Interesse der Menschheit die Niederlage des eigenen Landes wünschten[26].

Alle befürworteten soziale Reformen, insbesondere Reformen des Industrie- und Landbesitzes. Die Brüder Stauffenberg wollten gewachsene, bäuerliche Lebensformen nicht durch »auf Vorteile berechnete Konstruktionen« ersetzen; sie traten für gemeinsame gegenseitige Verantwortung zwischen Arbeitnehmern und Unternehmern im Blick auf das Ganze ein; Industrie und Wirtschaft durften nicht künstlich Bedürfnisse wecken und dadurch Menschen beherrschen, sondern sollten der Gesellschaft dienen[27].

Die für den Tag der Erhebung vorbereitete Regierungserklärung sah die Wiederherstellung der durch die Notverordnung vom 28. Februar 1933 aufgehobenen Grundrechte der Reichsverfassung vor[28]. Sie versprach die Wiederherstellung des Rechts, der Unabhängigkeit der Richter, der Sauberkeit der Verwaltung, die Auflösung der Konzentrationslager, die Auflösung Preußens, die Errichtung einer neuen Verfassung aufgrund einer Volksabstimmung und mit Beteiligung der Frontsoldaten; sofort — hieß es dort — werde die Judenverfolgung eingestellt, die sich in den unmenschlichsten Formen vollzogen habe; die Soldaten seien von einer gewissenlosen Führung getäuscht und mißbraucht worden. »Recht, Freiheit, Ehre und Anstand« müßten das gegenwärtige Verbrecher-Regime ersetzen, stand im Entwurf für eine Rundfunkansprache nach der Erhebung; doch sei dies Ziel nicht das allein ausschlaggebende. Entscheidend sei, daß die Entehrung des Volkes »durch freche Verbrecher und Lügner« nicht länger geduldet werden dürfe: »Wir haben handeln müssen aus der Verpflichtung des Gewissens heraus[29].«

Die Geschichte der Entstehung und Bearbeitung der Aufrufe für den Umsturztag belegt, daß Stauffenberg sich diesen Grundsätzen anschloß[30]. Dazu sei er, berichtet der beteiligte Freund Rudolf Fahrner, manchen Kompromiß eingegangen, der seinen Überzeugungen nicht entsprochen habe[31]. Es handelte sich allerdings mehr um den Ausdruck und die Tendenz als um den Inhalt.

Gewerkschaftführer, »Kreisauer« und Stauffenberg waren sich einig, daß im neuen Staat nicht »politische Parteien bisheriger Art« über die Regierung bestimmen dürften; Mierendorff (Kreisauer Kreis) entwarf 1943 einen Aufruf zu einer überparteilichen Volksbewegung; Leuschner, Jakob Kaiser und Max Habermann wollten eine einzige »Partei« als Auslese der politisch bewußten Kräfte[32].

Wesentliche Divergenzen zwischen den Auffassungen Stauffenbergs und seiner Mitverschworenen ergaben sich jedoch aus dessen militärischer Orientierung. Stauffenbergs kritische Einstellung zu Hitlers Herrschaft wurzelte vor allem in seinen Auffassungen vom verantwortlichen Soldatentum. Diese Einstellung ging seiner Erkenntnis des konstitutiven Charakters der Verbrechen des Regimes gegen Juden und andere Minderheiten sowie gegen die sowjetische Bevölkerung und die sowjetischen Kriegsgefangenen voraus. Stauffenberg erblickte in der raschen Heeresvermehrung seit 1934, wie viele andere Offiziere, eine Gefahr für die Grundlagen des Soldatentums, zu denen Todesbereitschaft für die Nation und die Überzeugung gehörten, daß dieses Opfer nur in Not verlangt werde. Die durch die rasche Heeresvermehrung verursachte Vermassung und Trivialisierung des Soldatentums hatte seiner Auffassung nach zu einer Krise geführt und wurde zur Bedrohung, wenn »das Vertrauen in die absolute, die verschiedensten Zeitläufte überspannende Gültigkeit des aristokratischen Grundgesetzes soldatischer Staats- und Lebensauffassung« verloren ging. »Soldat sein«, schrieb Stauffenberg im März 1939 an den Chef des Generalstabes der Heeresgruppe 2, Generalmajor Georg von Sodenstern, »heißt, Diener des Staats, Teil des Staats sein mit all der darin inbegriffenen Gesamtverantwortung [...] wir müssen um unser Volk, um den Staat selbst kämpfen, im Bewußtsein, daß das Soldatentum und damit sein Träger, das Offizierkorps, den wesentlichsten Träger des Staates und die eigentliche Verkörperung der Nation darstellt [...] im großen Kampf, im völkischen Entscheidungskampf um Sein oder Nichtsein der Nation [wird] dem Soldatentum die Verantwortung zufallen [...] in den eigentlichen Schicksalsaugenblicken wird uns keine politische oder sonstige Organisation auch nur ein Jota der Verantwortung abnehmen können[33].« Stauffenberg wollte eine Führungsschicht, die im Soldatentum verwurzelt und womöglich nach geistigen Gesichtspunkten ausgewählt sein sollte[34].

IV.

Nach ersten Berichten und erstaunlicherweise vorhandenen Tagebüchern erschienen seit 1948 Würdigungen und Darstellungen, von denen die einen das vorwiegend durch Gewissenszwang motivierte Handeln der Gegner Hitlers hervorhoben, die anderen diese des Verrats bezichtigten. Die Auseinandersetzung mit dem deutschen Widerstand gegen den Nationalsozialismus nach dem Krieg spiegelt die Schwierigkeiten der Antwort auf eine existentielle Herausforderung. Nicht nur für Anhänger des Hitler-Regimes, auch für Soldaten und andere Deutsche, die geglaubt hatten, der Nation loyal zu dienen, die im gesellschaftlich anerkannten Ritual des Krieges ihr Leben eingesetzt hatten, war es schwer oder unmöglich einzusehen, daß sie ihre besten Kräfte einer Verbrecherbande geopfert hatten, daß ihre toten Kameraden für die Wahnideen eines Tyrannen mißbraucht worden waren. Dagegen bestand für das Opfer, das die Gegner Hitlers brachten, kein sanktioniertes Ritual. Vielmehr wurde die Subversion gegen die Diktatur nach den gesellschaftlich geltenden Kategorien als »Verrat« eingestuft. Die Verunglimpfung des Widerstandes begann von rechts. Seit den sechziger Jahren kam von links verstärkt die Kritik, die Führer der Fronde seien keine »Demokraten« und außerdem Antisemiten gewesen, das Gewicht »bloß moralischer Faktoren« werde überschätzt[35].

Das Republikschutzgesetz vom 21. Juli 1922 drohte für den Versuch, »die verfassungsmäßig festgestellte republikanische Staatsform des Reichs oder eines Landes zu untergraben«, Gefängnis an[36]. Nach dem »Gesetz zur Änderung der Vorschriften des Strafrechts und des Strafverfahrens« vom 24. April 1934 stand die Absicht, »mit Gewalt oder durch Drohung mit Gewalt die Verfassung des Reichs zu ändern« oder »den Reichspräsidenten oder den Reichskanzler oder ein anderes Mitglied der Reichsregierung seiner verfassungsmäßigen Gewalt zu berauben« (Hochverrat), unter Todesstrafe. Als Teil der Definition des Landesverrats galt der »Vorsatz, das Wohl des Reichs zu gefährden«[37]. Da die Opposition gegen Hitler das genaue Gegenteil der in den Gesetzen genannten strafwürdigen Ziele anstrebte, nämlich die *Wiederherstellung* der Verfassung und die Abwendung von Schaden für das Reich, treffen die Verratvorwürfe nicht zu[38]. Dies gilt nicht nur für die Gruppe um Goerdeler, Beck, die Kreisauer und Stauffenberg, sondern auch für den damaligen Oberstleutnant Hans Oster, der dem holländischen Militärattaché Termine für den Angriff auf Holland, Belgien und Frankreich mitteilte, und es ist auch den Angehörigen der von der Geheimen Staatspolizei so genannten Gruppe »Rote Kapelle«, die militärische Nachrichten nach Moskau funkte, zu unterstellen[39].

Der in seiner Schlichtheit ergreifende Einwand gegen ausgewählte Gegner Hitlers, sie seien keine Demokraten gewesen, setzt die menschliche Institution »Demokratie« als absoluten Wert voraus. Die Beschuldigung trifft aber höchstens bedingt zu, nämlich für den Willen, die Wiederholung der »parlamentarischen« Zustände zu vermeiden, die zur Ernennung Hitlers zum Reichskanzler geführt hatten. Sofortige allgemeine Wahlen hätten, ebenso wie die bloße Wiederherstellung der Weimarer Verfassung, nationalistische und nationalsozialistische Kräfte in großer Zahl, vielleicht als Mehrheit, auf die politische Bühne bringen können; außerdem durften die Millionen an den Fronten stehenden Soldaten nicht von den Wahlen ausgeschlossen werden.

Der Vorwurf des Antisemitismus läßt sich in seiner einfachen Form gegenüber den meisten derjenigen, denen er persönlich gilt, wie etwa Carl Goerdeler, nicht aufrechterhalten[40]. Die Kommission der Geheimen Staatspolizei zur Untersuchung der Zusammenhänge der Erhebung vom 20. Juli 1944 stellte nach Monaten eingehender Verhöre zusammenfassend fest: »Die ganze innere Fremdheit, die die Männer des reaktionären Verschwörerkreises gegenüber den Ideen des Nationalsozialismus kennzeichnete, kommt vor allem in der *Stellung zur Judenfrage* zum Ausdruck. Die Erlebnisse der Jahre [vor] 1933 und die auf ein breites Tatsachenmaterial gestützte unermüdliche Aufklärungsarbeit der NSDAP über die Judenfrage ist an diesem Kreis von Personen spurlos vorübergegangen. Trotz aller bitterer Erfahrungen, die das deutsche Volk und wahrscheinlich auch sie selbst bis 1933 haben machen müssen, stehen sie stur auf dem *Standpunkt des liberalen Den-*

kens, das den Juden grundsätzlich die gleiche Stellung zuerkennen will wie jedem Deutschen[41].« .

Zumindest der Antisemitismus-Vorwurf im Zusammenhang mit der Vermutung, der Antisemitismus der deutschen Gesellschaft sei Voraussetzung gewesen für das Unvergleichbare in der Geschichte menschlicher Grausamkeit, das mit dem Wort »Auschwitz« bezeichnet wird, läßt sich nicht bestätigen. Da im übrigen Antisemitismus andernorts und intensiverer Ausprägung, als man ihn in Deutschland kannte, nicht zu »Auschwitz« führte, müssen andere entscheidende Faktoren »Auschwitz« unter deutscher Herrschaft ermöglicht haben[42]. Es ist wissenschaftlich illegitim, den Komplex Antisemitismus mit Zustimmung zur Judenverfolgung gleichzusetzen. Mit der Frage nach dem Antisemitismus bei Hitlers Gegnern aber weichen die Kritiker der Frage nach den Motiven aus.

Tatsächlich gaben wenigstens fünfzehn der im Zusammenhang mit dem Erhebungsversuch des 20. Juli 1944 Verhafteten im Verhör an, die Judenverfolgung sei das Hauptmotiv oder eines der Hauptmotive für ihre Opposition gegen den Nationalsozialismus gewesen: Klaus Bonhoeffer, Admiral Wilhelm Canaris, Hans von Dohnanyi, Carl Goerdeler, Franz Kempner, Hans Kloos, Professor Adolf Lampe, Heinrich Graf Lehndorff-Steinort, Generalmajor Hans Oster, Oberst i. G. Alexis Freiherr von Roenne, Rüdiger Schleicher, Franz Sperr, Professor Alexander Graf Stauffenberg, Berthold Graf Stauffenberg, Peter Graf Yorck von Wartenburg. Zweiundzwanzig weitere Verschwörer — Dietrich Bonhoeffer, Major Axel Freiherr von dem Bussche, Professor Constantin von Dietze, Oberst i. G. Eberhard Finckh, Generalmajor Rudolf-Christoph Freiherr von Gersdorff, Eugen Gerstenmaier, Oberstleutnant i. G. Helmuth Groscurth, Hans-Bernd von Haeften, Ulrich von Hassell, Julius Leber, Carlo Mierendorff, Helmuth James Graf Moltke, Professor Johannes Popitz, Professor Adolf Reichwein, Ulrich Graf Schwerin von Schwanenfeld, Oberst Wilhelm Staehle, Oberst i. G. Claus Graf Stauffenberg, Oberstleutnant Theodor Steltzer, Generalmajor Helmuth Stieff, Generalmajor Henning von Tresckow, Adam von Trott zu Solz, Josef Wirmer — sowie eine Anzahl katholischer und evangelischer Geistlicher, und achtundzwanzig Angehörige der Gruppe der »Weißen Rose« motivierten ihre Opposition ebenso[43]. Axel von dem Bussche, der am 5. Oktober 1942 Zeuge einer Massenerschießung bei Dubno geworden war, hat erklärt, daß die Erhebung des 20. Juli 1944 ohne die Morde an den Juden überhaupt nicht stattgefunden hätte[44].

V.

Als in der Bundesrepublik seit 1949 die Quellen immer mehr zugänglich wurden, stand es jedenfalls dem einzelnen Historiker frei, Vorurteil und Ressentiment zu überwinden, ideologische Ausrichtung und Instrumentalisierung der Geschichtschreibung zu meiden. Dagegen galt im Staat der Sozialistischen Einheitspartei, der damaligen Deutschen Demokratischen Republik, zunächst nur der Widerstand von kommunistischer, teils auch sozialdemokratischer Seite als legitim[45]. Seit 1965 in Moskau und 1966 in deutscher Übersetzung ein Buch des Professors der Akademie der Wissenschaften der UdSSR, Daniil Mel'nikov, erschienen war, nahmen Historiker in der damaligen DDR vom hier sogenannten bürgerlichen Widerstand mehr Notiz und versuchten, Stauffenberg und einige seiner Mitverschworenen so darzustellen, als seien sie mit dem unter sowjetischen Auspizien 1943 in Rußland gegründeten »Nationalkomitee Freies Deutschland« und dem ebenso prosowjetisch orientierten, 1943 in einem sowjetischen Lager aus deutschen Kriegsgefangenen gegründeten »Bund deutscher Offiziere« sowie mit Angehörigen der im Untergrund in Deutschland bestehenden Kommunistischen Partei Deutschlands in Verbindung gestanden und hätten mit ihnen sympathisiert[46]. Die Zeitschrift für Geschichtswissenschaft der DDR scheute sich auch nicht, glatte Fälschungen zu drucken, um eine angebliche Nähe des Oberst i. G. Albrecht Ritter Mertz von Quirnheim und damit Stauffenbergs zum »Nationalkomitee« und seinem Umfeld zu behaupten[47].

Mertz wurde, nach fast sechzehn Monaten Frontdienst im Osten als Chef des Generalstabes des XXIX. Armee-Korps, im Juni 1944 Nachfolger Stauffenbergs als Chef des Stabes im Allgemeinen Heeresamt in Berlin bei General Friedrich Olbricht, während Stauffenberg Chef des Generalstabes beim Chef der Heeresrüstung und Befehlshaber des Ersatzheeres, Generaloberst Friedrich Fromm wurde. Stauffenberg und Mertz arbeiteten in der Vorbereitung der Erhebung eng zusammen. Mertz' Schwester Gudrun war mit Generalmajor Otto Korfes verheiratet, einem Mitbegründer des »Bundes Deutscher Offiziere«; Korfes spielte später in der damaligen DDR eine prominente Rolle. Eine Tochter Korfes', Sigrid Wegner-Korfes, schrieb 1985 in der Zeitschrift für Geschichtswissenschaft, Mertz sei im April 1944 während der Kesselschlacht von Tarnopol durch die Aufklärungsarbeit von Beauftragten des NKFD in seiner Entwicklung zum aktiven Hitler-Gegner stark beeinflußt worden. Als Beleg dafür führt Wegner-Korfes Daten von Taschenkalendereintragungen des Vaters von Mertz an sowie Briefe von Mertz, die sie als an Mertz' Eltern gerichtet hinstellt. Beide Quellen sind inzwischen im Bundesarchiv in Potsdam zugänglich geworden. Die auf Mertz bezüglichen Taschenkalendereintragungen vom März und April 1944[48], auf die Wegner-Korfes hinweist, ohne sie wiederzugeben, lauten: »Wo ist Albrecht? In Rumänien oder Ungarn.« »Brief Hildes mit Nachrichten von Albrecht, er hat zum 3. Mal sein Gepäck verloren.« Aus Briefen Mertz' vom 8. und 10. Mai 1944 »nach Hause« zitiert Wegner-Korfes nur Bruchstücke, die sie als auf Otto Korfes bezogen bezeichnet. Am 8. Mai 1944 schrieb Mertz jedoch: »In diesen Tagen der Erinnerung an seine [Ottos] soldatische und menschliche Erfüllung beschäftigen mich die Gedanken an sein Wirken als Offizier in einer Lage wie der heutigen besonders stark. — Für Dich, Du Liebe, sind es schwere Tage der Erinnerung — für Dich und die Kinder. Du weißt, daß ich in treuen Gedanken und in Liebe bei Dir bin und daß ich die Größe und Heiligkeit des Vermächtnisses kenne, das mir Otto übergeben hat.« Am 10. Mai 1944 schrieb Mertz: »Morgen ist Dein Geburtstag. Wäre ich z. Z. nicht mit der Abwehr zahlreicher siegeslüsterner Feinde beschäftigt, so säßen wir jetzt beieinander, vertieft in ein langes Gespräch über Vergangenheit, Gegenwart und Zukunft; über Ottos Leben und Fortleben; über der Kinder Zukunft und Hoffen [...]«[49]. Aus den von Wegner-Korfes wiedergegebenen Briefteilen sind Hinweise auf die Empfängerin des Briefes für Uneingeweihte nicht zu entnehmen, deren Identität Wegner-Korfes aus den Anschriften der Briefe bekannt war. Die Empfängerin ist nämlich Hilde Baier, die spätere zweite Frau Mertz', deren Mann, Oberstleutnant d.R. Dr. Otto Baier, am 9. Mai 1942 im Osten gefallen war. Seine »soldatische und menschliche Erfüllung« war sein Soldatentod. Ein Bezug auf Otto Korfes ist dem Zusammenhang nach ausgeschlossen.

Seit etwa 1951 begann die Bundesregierung unter Führung der Christlich-Demokratischen Union in etwas widersprüchlicher Weise zum Widerstand zustimmend Stellung zu nehmen. Acht Jahre nach Kriegsende sollten Hinterbliebene und Überlebende des Widerstandes in die den Opfern des Nationalsozialismus zugutekommende Wiedergutmachung einbezogen werden. Witwen der qualvoll mit dünner Schnur oder mit Draht erwürgten Widerstandskämpfer mußten jedoch *beweisen*, daß und wie sie gelitten hatten, und viele fanden das so erniedrigend, daß sie keine Anträge stellen wollten. Kommunistische Widerstandskämpfer wurden seit dem Verbot der KPD 1956 von der Opfer-Versorgung ausgeschlossen[50].

Regelmäßige öffentliche Thematisierung des Widerstandes in Reden und Stellungnahmen seit 1952 erfolgte unter dem Gesichtspunkt des politischen Nutzens in beiden Teilen Deutschlands. Schon bei den Vorüberlegungen zum Neuaufbau deutscher militärischer Streitkräfte seit 1950 wurden Überlebende der militärischen Fronde einbezogen, anscheinend auch, um Besorgnisse innerhalb und außerhalb Deutschlands hinsichtlich einer möglichen Remilitarisierung auszuräumen. Veteranenvereine erklärten dagegen laut ihre Empörung und nannten die Widerstandskämpfer eidbrüchige Verräter; der Bundestag errichtete einen Personalgutachterausschuß, vor dem alle Kandidaten für Offiziersstellen in der neuen Bundeswehr ab Oberst aufwärts ihre Einstellung gegenüber den Widerstandskämpfern darlegen mußten[51]. In der damaligen DDR sollte die Reklamation Stauffenbergs für die nationale Ahnenreihe offenbar auch der Ausbildung patriotischen Bewußtseins in der Nationalen Volksarmee dienen[52]. Bundespräsident Theodor Heuss steigerte sich in seiner Gedenkrede auf die Kämpfer gegen Hitler am 19. Juli 1954 zu der Behauptung: »Die Scham, in die Hitler uns Deutsche gezwungen hatte, wurde durch ihr Blut vom besudelten deutschen Namen wieder weggewischt[53].« Die CDU sah sich im Widerstand wurzelnd und berief sich auf Gedanken der Kreisauer. Der Vorsitzende der SPD, Kurt Schumacher, wollte sogar nur solche SPD-Funktionäre in der Partei dulden, die Widerstand geleistet hatten[54].

Es gab aber bald neue Kontroversen um die Kämpfer gegen Hitler und um die Aufrichtigkeit der Ehrungen. Prozesse gegen Einsatzgruppen- und Konzentrationslagertäter, der Eichmann-Prozeß in Jerusalem, »neonazistische« Umtriebe, die Debatte im Bundestag über die Aufhebung der Verjährungsfrist für Kapitalverbrechen, eine Rezession, die Studentenunruhen und -bewegungen seit 1967, der anarchistische Terror der »Rote Armee Fraktion« und nicht zuletzt die von der DDR-Führung gesteuerten Medienkampagnen veränderten allmählich das öffentliche Klima in der Bundesrepublik. Gegner der westdeutschen Gesellschaftsordnung erklärten sich zum »Widerstand«, sie konnten und wollten sich nicht auf den Geist des Widerstandes gegen den

Unrechtsstaat berufen, trugen aber dazu bei, das Bild nicht so sehr der einzelnen Gegner Hitlers als des Gesamtphänomens zu verrücken und zu verdunkeln. Seit etwa 1982 fand der Widerstand gegen den Nationalsozialismus wieder mehr Interesse und Anerkennung, Jüngere, lange nach dem Krieg Geborene interessieren sich für die Gestalten der Gegner der Tyrannei.

Der Bundeskanzler sprach 1984 bei der alljährlichen offiziellen Gedenkfeier im Hof des früheren Kriegsministeriums an der Bendlerstraße, heute Stauffenbergstraße, der Bundesminister der Verteidigung veranstaltete eine Wanderausstellung, Anleitungen für den Schulunterricht über den Widerstand wurden entwickelt, eine 1987 erschienene Dokumentation der Bundeszentrale für politische Bildung verzeichnet über fünfhundert Gedenkstätten für die Opfer des Nationalsozialismus[55]. Ausstellungen über den deutschen Widerstand insgesamt und über die Studentengruppe der »Weißen Rose« sowie zahlreiche Veröffentlichungen in fremden Sprachen machten den deutschen Widerstand auch im Ausland weithin bekannt. 1992 wurde ein von einer amerikanischen Jüdin hergestellter Film, »The Restless Conscience«, für einen Preis (»Oscar«) als bester Dokumentarfilm nominiert. Die Produzentin erhielt vom Bundespräsidenten das Bundesverdienstkreuz[56].

Trotz alledem wachsen Kenntnisse über den Widerstand gegen den Nationalsozialismus und Verständnis für ihn in Deutschland nur langsam, wie die Meinungsumfragen des Instituts für Demoskopie Allensbach in den Jahren 1951, 1956, 1960, 1970 und 1985 zeigen. 1951 erinnerten sich 89% an die Vorgänge des 20. Juli 1944, 40% nahmen für die Widerstandskämpfer Partei, 30% gegen sie. 1956 wußten nur 59%, in welchem Jahr sich der »20. Juli« ereignet hatte, in der Altersgruppe 18—29jähriger nur 50%. 1970 konnten 48% der damals 16 bis 29 Jahre alten Befragten überhaupt keine konkreten Angaben über die Vorgänge des 20. Juli 1944 machen; 51% derselben Altersgruppe kannten keinen der Namen der führenden Widerstandskämpfer; den Namen Stauffenberg kannten 32%, Goerdeler 6%, Beck 4%, Witzleben 1%; die Namen von Sozialisten wie Leber oder Leuschner waren weniger als 1% bekannt; in den Altersgruppen der damals 30jährigen lagen die Zahlen jeweils um 10 bis 15 Prozent höher. Nach über dreißig Jahren öffentlicher Stellungnahmen, nach einer Häufung öffentlicher Veranstaltungen, Buch- und Zeitschriftenpublikationen sowie Fernsehsendungen zum 40. Jahrestag verzeichnete der Bericht des Instituts über die Befragung von 1985 »Wachsende Sympathie für die Widerstandskämpfer des 20. Juli 1944«. Nun machten 62% der Befragten aller Altersklassen, doch nur 39% der 16—29 Jahre alten Befragten richtige Angaben, 2% aller Altersklassen ungefähr richtige, 3% falsche, 33% wußten nichts. 1985 kannten 68% der Bevölkerung den Namen Stauffenberg, 12% den Namen Goerdeler, 6% den Namen Beck, 3% den Namen Witzleben. Immerhin wurde im Gegensatz zu 1964 (29%) die Beteiligung am Widerstand gegen den Nationalsozialismus 1985 von 60% der Bevölkerung zustimmend beurteilt, von 12% ablehnend, 28% waren unentschieden; bei Befragten der höchsten Bildungsstufe betrugen die Zahlen für 1964 bzw. 1985 42% bzw. 81% (zustimmend), 42% bzw. 3% (ablehnend)[57].

VII.

Seit dem Widerstand gegen das NS-Regime ist der Gedanke des Widerstandsrechts, sogar der Widerstandspflicht tief in das allgemeine politische Bewußtsein eingedrungen. 1968 verabschiedete der Bundestag einen Zusatz zum Grundgesetz, das in Artikel 20 Deutschland als demokratischen und sozialen Bundesstaat definiert: »Gegen jeden, der es unternimmt, diese Ordnung zu beseitigen, haben alle Deutschen das Recht zum Widerstand, wenn andere Abhilfe nicht möglich ist[58].« An der Überwindung des Nationalismus, den vor allem Moltke und Yorck angestrebt hatten, arbeiten Politiker und andere, nicht ganz ohne Erfolg. Ein großer Teil der deutschen Gesellschaft bemüht sich tätig um die Überwindung der Diskriminierung aus religiösen, rassischen und nationalistischen Gründen.

Der Freiheitsbegriff Stauffenbergs verstand Recht und Gerechtigkeit nicht als Gleichheit, sondern als Wirken des einzelnen im jeweils gegebenen Lebenskreis, Verwurzelung in der Erde der Heimat, Glück und Genüge des einzelnen in seiner ihm zugewachsenen organischen Stellung[59]. Dietrich Bonhoeffer erkannte den notwendigen und beginnenden Umschwung am Ende des Jahres 1943: »Wir Deutschen haben in einer langen Geschichte die Notwendigkeit und die Kraft des Gehorsams lernen müssen. In der Unterordnung aller persönlichen Wünsche und Gedanken unter den uns gewordenen Auftrag sahen wir Sinn und Größe unseres Lebens. Unsere Blicke waren nach oben gerichtet, nicht in sklavischer Furcht, sondern im freien Vertrauen, das im Auftrag einen Beruf und im Beruf eine Berufung sah. Es ist ein Stück berechtigten Mißtrauens gegen das eigene Herz, aus dem die Bereitwilligkeit entsteht, lieber dem Befehl von ›oben‹ als dem eigenen Gutdünken zu folgen. Wer wollte dem Deutschen bestreiten, daß er im Gehorsam, im Auftrag, im Beruf immer wieder das Äußerste an Tapferkeit und Lebenseinsatz vollbracht hat? Seine Freiheit aber wahrte der Deutsche darin — und wo ist in der Welt leidenschaftlicher von der Freiheit gesprochen worden als in Deutschland von Luther bis zur Philosophie des Idealismus? —, daß er sich vom Eigenwillen zu befreien suchte im Dienst am Ganzen[60].« Eberhard Zeller hatte Stauffenbergs Gedankengänge 1952 dargelegt, aber sie wurden gar nicht mehr begriffen. Auch Stauffenbergs Vorstellungen vom Soldatentum kennt man allenfalls im heutigen Militär.

Das Grundgesetz kennt nur die Würde des Menschen, das Grundrecht auf die freie Entfaltung der Persönlichkeit, soweit nicht Rechte anderer oder die verfassungsmäßige Ordnung oder das Sittengesetz verletzt werden, die Unverletzlichkeit der Freiheit der Person im Rahmen der Gesetze, die Gleichheit vor dem Gesetz[61]. Die Ahnenreihe dieses individuellen »westlichen« Freiheitsbegriffs führt auf das Jahr 1789 zurück.

In den langen Jahren seit 1954, als sich das offizielle Deutschland zuerst öffentlich mit dem Wollen der Erhebung vom 20. Juli 1944 identifiziert hatte, ist aber deutlich geworden, daß Bundespräsident Heuss zu früh gemeint hatte, durch das Blut der Märtyrer des deutschen Widerstandes sei die Schande vom deutschen Namen »wieder weggewischt«. Die Toten des Zweiten Weltkrieges, die mehr als drei Millionen in deutscher Gefangenschaft umgekommenen Soldaten der Roten Armee, die mehr als fünf Millionen systematisch ermordeten Juden werden das Bewußtsein der Welt und den deutschen Namen für immer belasten. Der letzte Satz der Rede des Bundespräsidenten von 1954 traf den Kern: »Das Vermächtnis ist noch in Wirksamkeit, die Verpflichtung noch nicht eingelöst[62].«

Das Opfer derer, die ihr Leben im Widerstand gegen Hitlers Herrschaft gaben, verschafft der deutschen Gesellschaft kein Alibi, sondern eine ethische Perspektive, in der sie ihrer Vergangenheit gegenübertreten kann. Die Verzweiflung über das deutsche Jahrhundertverbrechen ist gemildert durch das Zeugnis des Widerstandes.

Anmerkungen

[1] Dietrich Bonhoeffer, Drei Führertypen in der jungen Generation, in: Kreuz-Zeitung, 26. Feb. 1933.
[2] Verhandlungen des Reichstags, VIII. Wahlperiode 1933, Bd 457, S. 34.
[3] Der Prozeß gegen die Hauptkriegsverbrecher vor dem Internationalen Militärgerichtshof Nürnberg 14. November 1945—1. Oktober 1946, Bd 33, Nürnberg 1949, S. 424.
[4] Ministerial-Blatt für die Preußische innere Verwaltung, T. I, 94 (1933), S. 170; Völkischer Beobachter, Münchener Ausgabe, 21.2.1933, S. 1f.
[5] Ursachen und Folgen. Vom deutschen Zusammenbruch 1918 und 1945 bis zur staatlichen Neuordnung Deutschlands in der Gegenwart, hrsg. von Herbert Michaelis und Ernst Schraepler, Bd 9, Berlin o.J., S. 38—40.
[6] Der lautlose Aufstand. Bericht über die Widerstandsbewegung des deutschen Volkes 1933—1945, hrsg. von Günther Weisenborn, Hamburg 1953, S. 39f.; Inge Scholl, Die weiße Rose, Frankfurt a.M. 1952.
[7] Der Prozeß (wie Anm. 3), Bd 38, S. 362—365; Martin Broszat, Nationalsozialistische Konzentrationslager 1933 bis 1945, in: Konzentrationslager, Kommissarbefehl, Judenverfolgung, hrsg. von Martin Broszat, Hans-Adolf Jacobsen, Helmut Krausnick, Olten, Freiburg i.Br. 1965, S. 158f.; We Survived. The Stories of Fourteen of the Hidden and the Hunted of Nazi Germany, ed. by Eric H. Boehm, New Haven, Connecticut 1949, S. VIII (auf Grund von Unterlagen der Geheimen Staatspolizei); so auch Gabriel A. Almond, The German Resistance Movement, in: Current History, 10 (1946), S. 409—527; vgl. Wolfgang Sofsky, Die Ordnung des Terrors: Das Konzentrationslager, Frankfurt a.M. 1993, S. 56f.; ferner Walter Wagner, Der Volksgerichtshof im nationalsozialistischen Staat, Stuttgart 1974, S. 945; Manfred Messerschmidt, Fritz Wüllner, Die Wehrmachtjustiz im Dienste des Nationalsozialismus, Baden-Baden 1987, S. 49f., 70, 73; Georg Kießel, Das Attentat des 20. Juli 1944 und seine Hintergründe, Masch., Sandbostel 6. Aug. 1946, Mikrofilm von David Irving DJ38; Walter Hammer, Die »Gewitteraktion« vom 22.8.1944. Vor 15 Jahren wurden deutsche Parlamentarier zu Tausenden verhaftet, in: Freiheit und Recht, 5 (1959), H. 8/9, S. 15.
[8] Hitlers Rede vor der deutschen Presse (10. November 1938), hrsg. von Wilhelm Treue, in: Vierteljahrshefte für Zeitgeschichte, 6 (1958), S. 175—191, hier S. 188.
[9] Albert Speer, Erinnerungen, Frankfurt a.M., Berlin 1969, S. 173.
[10] Acta, das Felix Mendelssohn-Bartholdy-Denkmal btr. Ergangen vor dem Rathe der Stadt Leipzig 1859—1947. Stadtarchiv Leipzig Cap. 26A Nr. 39; Haake an Goerdeler, 16. Nov. 1936, Nichtöffentliche Beratung des Bürgermeisters mit den Ratsherren, 2. Dez. 1936, Haake an Reichsstatthalter und Gauleiter Marin Mutschmann, 4. Dez. 1936, alle in: Goerdelers Personalakte, Stadtarchiv Leipzig Kap. 10 G Nr. 685 Bd 1 and 2. Manfred Unger, Die »Endlösung« in Leipzig. Dokumente zur Geschichte der Judenverfolgung 1933—1945, in: Zeitschrift für Geschichtswissenschaft, 11 (1963), hier S. 944, zitiert nur Goerdelers Äußerung, die Denkmalfrage könne disku-

tiert werden, und unterdrückt Goerdelers wirkliche Einstellung und Haakes Anschuldigungen; Unger war damals Direktor des Stadtarchivs in Leipzig und hatte Zugang zu den Akten, die er nur selektiv zitiert.

11 Friedrich Hoßbach, Zwischen Wehrmacht und Hitler 1934—1938, Göttingen ²1965, S. 181—192; Walter Bußmann, Zur Entstehung und Überlieferung der »Hoßbach-Niederschrift«, in: Vierteljahrshefte für Zeitgeschichte, 16 (1968), S. 373—384; Karl-Heinz Janßen, Fritz Tobias, Der Sturz der Generäle, München 1994.
12 Klaus-Jürgen Müller, General Ludwig Beck, Boppard a. Rh. 1980, S. 556.
13 Ebd., S. 557—560.
14 Peter Hoffmann, Generaloberst Ludwig Becks militärpolitisches Denken, in: Historische Zeitschrift, 234 (1982), S. 118f.
15 William L. Shirer, Berlin Diary. The Journal of a Foreign Correspondent, 1934—1941, New York 1941, S. 142f.; Alfred-Ingemar Berndt, Der Marsch ins Großdeutsche Reich, München ⁴1940, S. 222.
16 Hitlers Rede (wie Anm. 8), S. 182.
17 [Franz] Halder, Kriegstagebuch, Bd 1, Stuttgart 1962, S. 120; Helmuth Groscurth, Tagebücher eines Abwehroffiziers 1938—1940. Mit weiteren Dokumenten zur Militäropposition gegen Hitler hrsg. von Helmut Krausnick, Harold C. Deutsch, Stuttgart 1970, S. 224f.; Hans Bernd Gisevius, Bis zum bittern Ende, Bd 2, Zürich 1946, S. 157f.; Erich Kosthorst, Die deutsche Opposition gegen Hitler zwischen Polen- und Frankreichfeldzug, Bonn ³1957, S. 99.
18 Peter Hoffmann, Widerstand, Staatsstreich, Attentat. Der Kampf der Opposition gegen Hitler, München, Zürich ⁴1985, S. 165—214.
19 Ders., Maurice Bavaud's Attempt to Assassinate Hitler in 1938, in: Police Forces in History, ed. by George L. Mosse, London 1975, S. 173—204; Klaus Urner, Der Schweizer Hitler-Attentäter, Frauenfeld, Stuttgart 1980; Anton Hoch, Das Attentat auf Hitler im Münchner Bürgerbräukeller 1939, in: Vierteljahrshefte für Zeitgeschichte, 17 (1969), S. 383—413; Hoffmann, Widerstand (wie Anm. 18), S. 321—324.
20 Hoffmann, Widerstand (wie Anm. 18), S. 327—388; ders., Claus Schenk Graf von Stauffenberg und seine Brüder, Stuttgart 1992, S. 252—268.
21 Hoffmann, Widerstand (wie Anm. 18), S. 447f.
22 Hoffmann, Stauffenberg (wie Anm. 20), S. 364—371.
23 Hoffmann, Widerstand (wie Anm. 18), S. 448—455.
24 Thomas Childers, The Kreisau Circle and the Twentieth of July, in: Contending with Hitler. Varieties of German Resistance in the Third Reich, ed. by David Clay Large, Cambridge 1991, S. 105.
25 Hoffmann, Widerstand (wie Anm. 19), S. 446f., 457f.; ders., The Question of Western Allied Co-operation with the German Anti-Nazi Conspiracy, 1938—1944, in: The Historical Journal, 34 (1991), S. 437—464.
26 Hoffmann, Stauffenberg (wie Anm. 20), S. 356f., 362—371; Dietrich Bonhoeffer, Gesammelte Schriften, Bd 1, München 1958, S. 320, 373; Eberhard Bethge, Dietrich Bonhoeffer. Theologe, Christ, Zeitgenosse, München ³1970, S. 732—737, 824—835; Michael Balfour, Julian Frisby, Helmuth von Moltke. A Leader against Hitler, London 1972, S. 215—224.

²⁷ Mitteilung von Rudolf Fahrner, zit. in: Eberhard Zeller, Geist der Freiheit. Der zwanzigste Juli, München ⁵1965, S. 254f.; Berthold Graf Stauffenberg, in: Spiegelbild einer Verschwörung. Die Kaltenbrunner Berichte an Bormann und Hitler über das Attentat vom 20. Juli 1944. Geheime Dokumente aus dem ehemaligen Reichssicherheitshauptamt, hrsg. vom Archiv Peter für historische und zeitgeschichtliche Dokumentationen, Stuttgart 1961, S. 447f.

²⁸ Spiegelbild einer Verschwörung (wie Anm. 27), S. 147–156; Reichsverfassung Art. 114, 115, 117, 118, 123, 124, 153, Reichsgesetzblatt 1933, T. I, Nr. 17.

²⁹ Spiegelbild einer Verschwörung (wie Anm. 27), S. 147–156, 199–202, 213–217.

³⁰ Hoffmann, Stauffenberg (wie Anm. 20), S. 317–350.

³¹ Rudolf Fahrner, mündliche Mitteilungen an d. Verf., 9. Mai 1977, 19. Nov. 1985; Hoffmann, Stauffenberg (wie Anm. 20), S. 464.

³² Ger van Roon, Neuordnung im Widerstand. Der Kreisauer Kreis innerhalb der deutschen Widerstandsbewegung, München 1967, S. 589; Hans Mommsen, Der Kreisauer Kreis und die künftige Neuordnung Deutschlands und Europas, in: Vierteljahrshefte für Zeitgeschichte, 42 (1994), S. 361–377.

³³ Stauffenberg an Sodenstern, 6.2.1939, Sodenstern an Stauffenberg, 6.3.1939, Stauffenberg an Sodenstern, 13.3.1939, in: Hoffmann, Stauffenberg (wie Anm. 20), S. 457–460.

³⁴ Ebd., S. 342, 396f.

³⁵ Siehe dazu (alle Titelangaben stark verkürzt): [Hans W. Hagen], Zwischen Eid und Befehl (Revolte um Hitler), Wien 1951; ders., Zwischen Eid und Befehl, München ⁴1968; [Otto Ernst] Remer, 20. Juli 1944, Hamburg, Neuhaus/Oste 1951; Annelies von Ribbentrop, Die Kriegsschuld des Widerstandes, Leoni am Starnberger See 1974; Karl Balzer, Der 20. Juli und der Landesverrat, Pr. Oldendorf 1971; Verrat und Widerstand im Dritten Reich. Referate [...], Coburg 1978; Hans Mommsen, Gesellschaftsbild und Verfassungspläne des deutschen Widerstandes, in: Der deutsche Widerstand gegen Hitler, hrsg. von Walter Schmitthenner, Hans Buchheim, Köln, Berlin 1966, S. 73–167; vgl. Hans Mommsen, Nationalsozialismus oder Hitlerismus? In: Persönlichkeit und Struktur in der Geschichte, hrsg. von Michael Bosch, Düsseldorf 1977, S. 62–71; Andreas Hillgruber, Tendenzen, Ergebnisse und Perspektiven der gegenwärtigen Hitler-Forschung, in: Historische Zeitschrift, 226 (1978), S. 600–602. Eugen Gerstenmaier im Dritten Reich, hrsg. von Fabian von Schlabbrendorff, Stuttgart 1965; Hans Mommsen, Haupttendenzen nach 1945 und in der Ära des Kalten Krieges, in: Geschichtswissenschaft in Deutschland, hrsg. von Bernd Faulenbach, München 1974, S. 119; Hans Rothfels, The German Opposition to Hitler, Hinsdale, Illinois 1948; ders., Die deutsche Opposition gegen Hitler, Krefeld 1949; Eberhard Zeller, Geist der Freiheit, München [1952]; Gerhard Ritter, Carl Goerdeler und die deutsche Widerstandsbewegung, Stuttgart ³1956; Joachim Kramarz, Claus Graf Stauffenberg 15. November 1907–20. Juli 1944, Frankfurt a.M. 1965; Die im Braunschweiger Remerprozeß erstatteten moraltheologischen und historischen Gutachten nebst Urteil, hrsg. von H. Kraus, Hamburg 1953; Vollmacht des Gewissens, hrsg. von der Europäischen Publikation

e. V., 2 Bde, Frankfurt a. M., Berlin 1960, 1965. Detlev Peukert, Volksgenossen und Gemeinschaftsfremde, Köln 1982; Der Widerstand gegen den Nationalsozialismus, hrsg. von Jürgen Schmädeke, Peter Steinbach, München, Zürich 1985, ²1986; Germans Against Nazism, ed. by Francis R. Nicosia, Lawrence D. Stokes, New York, Oxford 1990; Vera Laska, Nazism, Resistance, and Holocaust in World War II. A Bibliography, Metuchen, New Jersey, London 1985; Ulrich Cartarius, Bibliographie »Widerstand«, München, New York, London, Paris 1984; Christof Dipper, Der Deutsche Widerstand und die Juden, in: Geschichte und Gesellschaft, 9 (1983), S. 349—380.

36 Reichsgesetzblatt 1922, T. I, S. 585—590.
37 Ebd., 1934, T. I, S. 341—342.
38 Vgl. Entscheidungen des Reichsgerichts in Strafsachen, Bd 65, Berlin, Leipzig 1931, S. 422—433.
39 Über Oster und die Rote Kapelle gibt es zahlreiche Veröffentlichungen, aber keine gründliche wissenschaftliche Darstellung.
40 Vorwürfe dieser Art erheben Unger, Die »Endlösung« (wie Anm. 10), S. 941—957; Dipper, Der deutsche Widerstand (wie Anm. 35).
41 Spiegelbild einer Verschwörung (wie Anm. 27), S. 471.
42 Vgl. Wolfgang Scheffler, Wege zur »Endlösung«, in: Antisemitismus, hrsg. von Herbert A. Strauss, Norbert Kampe, Frankfurt a. M., New York 1985, S. 188—193; Saul Friedländer, Vom Antisemitismus zur Judenvernichtung: Eine historiographische Studie zur nationalsozialistischen Judenpolitik und Versuch einer Interpretation, in: Der Mord an den Juden im Zweiten Weltkrieg, hrsg. von Eberhard Jäckel, Jürgen Rohwer, Stuttgart 1985, S. 20 f.
43 Spiegelbild einer Verschwörung (wie Anm. 27), S. 110, 199—202, 420, 431, 443, 450, 471—474, 501, 520; Veit Osas, Walküre. Die Wahrheit über den 20. Juli mit Dokumenten, Hamburg 1953, S. 98; Bethge, Dietrich Bonhoeffer (wie Anm. 26), S. 322 f., 796 f.; Der Prozeß (wie Anm. 3), Bd 33, S. 424; Philipp Freiherr von Boeselager, Der Widerstand in der Heeresgruppe Mitte, Berlin 1990, S. 10; Bonhoeffer, Gesammelte Schriften, Bd 2 (wie Anm. 26), S. 44—53, 115—117, 144; Dietrich Bonhoeffer, Werke, Bd 6, München 1992, S. 93—95, 98—100, 113—115; Eberhard Bethge, Dietrich Bonhoeffer und die Juden, in: Konsequenzen. Dietrich Bonhoeffers Kirchenverständnis heute, hrsg. von Ernst Feil, Ilse Tödt, München 1980, S. 171—214; Hoffmann, Widerstand (wie Anm. 18), S. 334 f., 399; [Constantin von Dietze], Vorschläge für eine Lösung der Judenfrage in Deutschland, Tübingen 1979, S. 146—151; Ritter, Carl Goerdeler (wie Anm. 35), S. 523 f., Anm. 71; Ivar Anderson, Tagebuch 14. Dez. 1942, Kungliga Biblioteket, Stockholm, Ivar Andersons papper L 91; Eugen Gerstenmaier im Dritten Reich (wie Anm. 35), S. 42 f.; Scholl, Die weiße Rose (wie Anm. 6), passim; The White Rose. The Resistance by Students against Hitler. Munich 1942/43, Munich 1991, S. 60; Ulrich von Hassell, Die Hassell-Tagebücher 1938—1944, Berlin 1988, S. 62—68, 70, 130, 330; Theodor Haubach in seinem Prozeß am 17. Jan. 1945, Volksgerichtshof-Prozesse zum 20. Juli 1944: Transskripte von Tonbandfunden, Frankfurt a. M. 1961, S. 100; Benedicta Maria Kempner, Priester vor Hitlers Tribunalen, Gütersloh o. J., S. 231—233; Spiegelbild einer Verschwörung

(wie Anm. 27), S. 501; Balfour, Frisby (wie Anm. 26), S. 218; Freya von Moltke, Michael Balfour, Julian Frisby, Helmuth James von Moltke 1907—1945, Stuttgart [1975], S. 215; Helmuth James von Moltke, Briefe an Freya 1939—1945, München 1988, S. 317—319; Bericht über Popitz' Prozeß, Princeton University, A. W. Dulles Papers, IV g 10 b 57/44 gRs 4. Okt. 1944; Detlef Graf von Schwerin, »Dann sind's die besten Köpfe, die man henkt«. Die junge Generation im deutschen Widerstand, München, Zürich [1991], S. 426; Ger van Roon, Wilhelm Staehle, München 1969, S. 88; Hoffmann, Stauffenberg (wie Anm. 20), S. 249, 251; [Helmuth Stieff], Ausgewählte Briefe von Generalmajor Helmuth Stieff (hingerichtet am 8. August 1944), hrsg. von Hans Rothfels, in: Vierteljahrshefte für Zeitgeschichte, 2 (1954), S. 300, 303; Henry O. Malone, Adam von Trott zu Solz, Berlin 1986, S. 143, 160, 209; Diana Hopkinson, The Incense Tree, London 1968, S. 163; Landesbischof D. Wurm und der nationalsozialistische Staat 1940—1945, hrsg. von Gerhard Schäfer, Richard Fischer, Stuttgart 1968, S. 159f., 164f.

[44] Bussche, mündliche Mitteilungen an den Verf., 19. Juli 1984.

[45] Ulrike Emrich, Jürgen Nötzold, Der 20. Juli in den öffentlichen Gedenkreden der Bundesrepublik und in der Darstellung der DDR, in: Aus Politik und Zeitgeschichte, 26 (1984), hier S. 10.

[46] Dafür konnten sie sich auf die von Gisevius im Januar und Februar 1945 nach seiner Flucht in die Schweiz Dulles gegenüber vertretene Version stützen, wonach Stauffenberg und einige andere Offiziere der Erhebung sich mit der Sowjetunion verständigen und womöglich liieren wollten; diese Version verwendete Dulles zu dem Versuch, die Kriegsleitung in Washington zu überreden, separate Kapitulationen deutscher Streitkräfte im Westen entgegenzunehmen und die Rote Armee möglichst aus Deutschland fernzuhalten. Es handelte sich also, von Gisevius' Animosität gegen Stauffenberg abgesehen, um eine Zweckversion. Siehe Daniil Melnikow, 20. Juli 1944. Legende und Wirklichkeit, Berlin 1966; Kurt Finker, Stauffenberg und der 20. Juli 1944. Berlin [1967]; ders., Graf Moltke und der Kreisauer Kreis, Berlin 1978; Sigrid Wegner-Korfes, Der 20. Juli 1944 und das Nationalkomitee »Freies Deutschland«, in: Zeitschrift für Geschichtswissenschaft, 27 (1979), S. 535—544; Heinrich Scheel, Die »Rote Kapelle« und der 20. Juli 1944, ebd., 33 (1985), S. 325—337; Hoffmann, Stauffenberg (wie Anm. 20), S. 472—474.

[47] Wegner-Korfes, Der 20. Juli (wie Anm. 46); Hoffmann, Stauffenberg (wie Anm. 20), S. 572—574.

[48] Wegner-Korfes, Der 20. Juli (wie Anm. 46), S. 540; BA-Abt. Potsdam 90 Me6 N1. Mertz v. Quirnheim; die in Wegner-Korfes' Anm. stehende Datierung 1943 ist vielleicht ein Satzfehler.

[49] Hilde von Mertz, Albrecht Ritter Mertz von Quirnheim, Oberst i. G., Masch., o. O. o. J.; Mertz an H. Baier, 8. und 10. Mai 1944, BA-Abt. Potsdam 90 Me6 N1. Mertz v. Quirnheim.

[50] Reichsminister der Justiz [Georg] Thierack an Heinrich Himmler, 24.10. 1944, Bundesarchiv Koblenz, Slg Schumacher; David Clay Large, Uses of the Past: The Anti-Nazi Resistance Legacy in the Federal Republic of Germany, in: Contending (wie Anm. 24), S. 167.

[51] Vgl. dazu Georg Meyer, Zur inneren Entwicklung der Bundeswehr bis 1960/61, in: Anfänge westdeutscher Sicherheitspolitik 1945/1956, Bd 3: Die NATO-Option, München 1993, S. 851—1162, hier insbes. S. 1020—1120; Large, Uses (wie Anm. 50), S. 175f.

[52] Emrich/Jürgen Nötzold, Der 20. Juli (wie Anm. 45), S. 10.

[53] Large, Uses (wie Anm. 50), S. 168f.; Theodor Heuss, Dank und Bekenntnis, in: Bekenntnis und Verpflichtung, Stuttgart 1955, S. 21.

[54] Torsten Dietrich Schramm, Der deutsche Widerstand gegen den Nationalsozialismus, Berlin 1980, S. 69.

[55] Aufstand des Gewissens. Der militärische Widerstand gegen Hitler und das NS-Regime 1933—1945, hrsg. vom Militärgeschichtlichen Forschungsamt, Herford, Bonn 1984 (erw. Aufl. 1994); Hans-Jochen Markmann, Der deutsche Widerstand gegen den Nationalsozialismus 1933—1945, Mainz 1984; Ulrike Puvogel, Gedenkstätten für die Opfer des Nationalsozialismus, Bonn 1987.

[56] Neue Zürcher Zeitung, Fernausgabe Nr. 165, 21.7.1993, S. 4.

[57] Jahrbuch der öffentlichen Meinung 1947—1955, Allensbach ³1956, S. 138; 1957, S. 144f.; 1958—1964, S. 235; Institut für Demoskopie Allensbach: Der 20. Juli 1944. Ergebnisse einer Bevölkerungs-Umfrage über das Attentat auf Hitler, [Allensbach 1970]; Inst. f. Dem. Allensbach an den Verf., 20.11.1978; Allensbacher Archiv, IfD-Umfrage 4056, April 1985.

[58] Grundgesetz mit Deutschlandvertrag, Menschenrechts-Konvention, Bundeswahlgesetz, Bundesverfassungsgerichtsgesetz und Parteiengesetz, München 1972, S. 35.

[59] Siehe Stauffenbergs »Schwur« in: Hoffmann, Stauffenberg (wie Anm. 20), S. 396f. »Die Freiheit ist nicht Gleichheit, sondern Dienst des Einzelnen an seinem Ort in der ihm zukommenden Organstellung«, aus: Ernst Troeltsch, Die deutsche Idee von der Freiheit, in: ders., Deutscher Geist und Westeuropa, Tübingen 1925, S. 94.

[60] Dietrich Bonhoeffer, Nach zehn Jahren. Rechenschaft an der Wende zum Jahr 1943, in: Widerstand und Ergebung, hrsg. von Eberhard Bethge, München 1970, S. 14f.

[61] Grundgesetz (wie Anm. 58), S. 29f.

[62] Heuss (wie Anm. 53), S. 21.

Constantin Goschler

Nachkriegsdeutschland und die Verfolgten des Nationalsozialismus

Bei den abschließenden Beratungen des Bundesentschädigungsgesetzes 1953 rechnete der SPD-Politiker Hermann Brill einmal vor, wie sich die Relation von KZ-Häftlingen zu entschädigungsberechtigten Verfolgten des Nationalsozialismus verhalte. Am Beispiel des ihm als ehemaligem Häftling wohlvertrauten Konzentrationslagers Buchenwald erklärte er, »dieses habe zuletzt eine Belegstärke von etwa 42 000 Häftlingen gehabt. Von diesen seien in der Schlußphase noch etwa 35 000 im Lager gewesen, von denen 22 000 Russen gewesen seien. Unter den Häftlingen hätten sich in der Auflösungsphase nur 1800 Deutsche befunden, von denen lediglich 700 politische Gefangene gewesen seien. Alle übrigen seien Asoziale, Homosexuelle, Sicherungsverwahrte, Berufsverbrecher usw. gewesen [...] Die letzteren fielen ja nicht unter das vorliegende Gesetz. Man müsse also von der Zahl von 42 000 heruntergehen auf 700. Ähnlich seien die Verhältnisse in Dachau, Ravensbrück und Sachsenhausen gewesen[1].« Diese Bemerkungen Brills verdeutlichen ein Grundproblem der Frage nach dem Umgang mit den Opfern des Nationalsozialismus in Deutschland nach dem Krieg: Zwischen der Gesamtzahl derer, die im Dritten Reich oder durch dieses diskriminiert, verfolgt oder ermordet, und der Zahl derer, die nach dem Krieg in Deutschland als Verfolgte des Nationalsozialismus in Betracht gezogen wurden, herrscht eine erhebliche Diskrepanz.

Vergegenwärtigen wir uns kurz das Ausmaß der nationalsozialistischen Verfolgung: Dazu gehörten zunächst die Menschen, die seit 1933 im Deutschen Reich Opfer von Diskriminierung und Terror wurden. Das waren anfänglich vor allem politische Gegner, namentlich Kommunisten und Sozialdemokraten, Juden, kritische Kirchenleute, Zeugen Jehovas, später zunehmend auch sogenannte »Gemeinschaftsfremde«: »Asoziale«, Zigeuner, Homosexuelle, Gewohnheitsverbrecher etc. Dabei lag der Häftlingsbestand aller deutschen Konzentrationslager pro Jahr vor Kriegsbeginn noch unter 10 000[2]. Der NS-Terror wurde jedoch, beginnend mit dem Anschluß Österreichs und mit einer im Verlaufe des Zweiten Weltkrieges rapide zunehmenden Radikalität, nach außen getragen und erreichte dort gewaltige Größenordnungen, die sich nur noch in Millionen fassen lassen. Vor allem im Osten wurde ein ideologischer Vernichtungskrieg geführt, der auch Teile der Zivilbevölkerung systematisch einbezog. Juden und »Russen« bildeten dabei die größten Opfergruppen. Die Gesamtzahl der Menschen, die unter Verfolgungsmaßnahmen des Nationalsozialismus inner- und außerhalb Deutschlands zu leiden hatte, läßt sich nur schätzen, doch überstieg sie vermutlich die 20-Millionen-Grenze[3].

Die beiden deutschen Nachkriegsstaaten haben jedoch aus dieser gewaltigen Menge nur mehr oder weniger begrenzte Gruppen als Opfer des Nationalsozialismus definiert. Der größere Teil wurde hingegen allenfalls als Opfer von Exzessen »normaler« Gesetzbarkeit oder Kriegführung angesehen. Damit besteht die Schwierigkeit, daß unter dem Begriff »Opfer bzw. Verfolgte des Nationalsozialismus« sowohl die Gesamtheit der vom NS-Regime geschädigten Menschen verstanden werden kann als auch der in West- und Ostdeutschland nach dem Krieg jeweils in Betracht gezogene Personenkreis. Hieraus ergibt sich die Frage nach den Definitionen der Verfolgten des Nationalsozialismus in Ost und West: Wer wurde jeweils dazu gezählt und wer ausgeschlossen? Welche Unterschiede und Gemeinsamkeiten bestanden dabei in der Bundesrepublik und in der DDR? Und welche politischen und gesellschaftlichen Faktoren sind dafür verantwortlich? Wie war der Umgang mit den materiellen und moralischen Wiedergutmachungsansprüchen dieser Menschen? Dies mündet schließlich in die allgemeine Thematik der Stellung der ehemaligen Verfolgten in den beiden deutschen Nachkriegsgesellschaften.

1. Erste Hilfe und Fürsorge für befreite KZ-Häftlinge

Am Ende des Zweiten Weltkrieges traten die Verfolgten des Nationalsozialismus zunächst vor allem als ein akutes Fürsorgeproblem in das Bewußtsein der Deutschen bzw. der Besatzungsmächte ein. Im Zuge des alliierten Vormarsches waren Hunderttausende von Häftlingen aus den deutschen Konzentrationslagern befreit worden, allein in Buchenwald etwa 35 000, in den beiden großen bayerischen Lagern Dachau und Flossenbürg etwa 32 000 bzw. 15 000, weitere 50 000—60 000 Häftlinge wurden dort in Außenlagern oder auf Evakuierungsmärschen befreit[4]. Diese völlig mittellosen und meist gesundheitlich sehr geschwächten Menschen benötigten unverzüglich elementare Hilfe und Betreuung.

Die ersten Schritte hatten die Alliierten bereits ein knappes Jahr vor Kriegsende festgelegt. Bei gemeinsamen Beratungen in London beschlossen sie, daß die deutschen Behörden alle diejenigen Personen, die »aus politischen Gründen oder in Folge irgendwelcher NS-Handlungen, Gesetze oder Verordnungen, die aus Gründen der Rasse, des Glaubensbekenntnisses oder der politischen Überzeugung« inhaftiert waren, freilassen und betreuen sollten. Diese Bestimmungen wurden auch zum Bestandteil der bedingungslosen Kapitulation der Deutschen Wehrmacht[5]. Neben der Umsetzung der politischen Ziele der Allianz ging es dabei nicht zuletzt um die Aufrechterhaltung der öffentlichen Ordnung. Deutsche und Ausländer wurden im Rahmen dieser von den Alliierten angeordneten ersten Fürsorge strikt getrennt. Die Betreuung der ausländischen und staatenlosen Verfolgten übernahmen Organisationen der UN oder private, insbesondere jüdische Hilfsorganisationen wie das American Joint Distribution Committee. Die Verantwortung für die deutschen Verfolgten lag demgegenüber, abgesehen von einer ersten Versorgung unmittelbar nach der Befreiung aus einem KZ, bei deutschen Stellen[6]. Unter der deutschen Nachkriegsbevölkerung wurde dabei zumeist gar nicht realisiert, »daß die größten Opfergruppen der Naziherrschaft Ausländer waren und auch überwiegend außerhalb des Reichsgebietes getötet wurden«[7].

So empfand die deutsche Bevölkerung die vielen Millionen ehemaliger ausländischer Zwangsarbeiter nach ihrer bei Kriegsende erfolgten Verwandlung in »Heimatlose Ausländer« in erster Linie als Belästigung und Sicherheitsrisiko und nicht etwa als ehemalige Opfer des Nationalsozialismus[8]. Bis zu ihrer Repatriierung lebten die Displaced Persons (DPs) in den drei westlichen Besatzungszonen in Lagern, die Hilfsorganisationen der United Nations versorgten. Erst 1950 ging die Verantwortung für die noch verbliebenen mehr als 100 000 DPs in deutsche Verantwortung über[9]. Anfeindungen durch die deutsche Bevölkerung erlebten auch diejenigen ausländischen wie deutschen Juden, die in der ersten Nachkriegszeit Hilfe von amerikanischen Hilfsorganisationen erhielten. Besonders ihre Versorgung mit manchen Konsumgütern, die in der Nachkriegszeit in Deutschland kaum erhältlich waren, diente der nachträglichen Bestätigung antisemitischer Stereotypen. Symptomatisch dafür ist etwa die Art und Weise, in der der mecklenburgische Minister für Volksbildung, Gottfried Grünberg (SED), auf die Hilfslieferungen des American Joint anspielte, als er Anfang 1948 den Antrag, in Mecklenburg eine jüdische Kultusgemeinde wiederaufzubauen, abschmetterte: »Ihr seid keine jüdische Gemeinde, sondern eine amerikanische Speckpaketempfängerorganisation[10].«

Auf deutscher Seite entstanden nach Kriegsende teils aufgrund der Bemühungen kommunaler oder Landkreisbehörden, vor allem aber aufgrund der Eigeninitiative befreiter Häftlinge an zahlreichen Orten KZ-Betreuungsstellen. Von KZ-Häftlingen gegründete Ausschüsse übernahmen dabei einen Teil der Aufgaben der kommunalen Sozialbehörden[11]. Der Charakter der ersten Betreuungsmaßnahmen unterschied sich anfänglich in den verschiedenen Teilen des besetzten Deutschlands nur wenig. Er war in erster Linie von den dringenden Bedürfnissen der befreiten Häftlinge einerseits und den bescheidenen Möglichkeiten andererseits diktiert. Ein typisches Beispiel ist etwa Stuttgart, das nach einem kurzen französischen Intermezzo der US-Zone zugehörte: Dort hatten die ersten Heimkehrer aus den Konzentrationslagern und Gefängnissen, die meisten davon langjährige Häftlinge, in Verbindung mit dem städtischen Wohlfahrtsamt eine Betreuungsstelle gegründet. Sie kümmerten sich zunächst darum, die Rückkehr befreiter Stuttgarter Häftlinge in ihre Heimatstadt zu organisieren. Jeder Rückkehrer bekam neben der üblichen Wohlfahrtsunterstützung einen Betrag von 30 RM. Ein kleiner Teil erhielt zudem eine Ehrengabe der Stadt Stuttgart in Höhe von 200 bis 300 RM, manche auch einige hundert Reichsmark für Kleider und Hausratbeschaffung aus Wohlfahrtsmitteln[12]. Ähnlich bescheiden schaute es für die Verfolgten in den ersten Monaten nach ihrer Rückkehr fast überall aus.

Noch in den Jahren 1945/46 erließen die Länder der verschiedenen Besatzungszonen eine Reihe von Regelungen, die die Fürsorge für die notleidenden ehemalige Verfolgten vereinheitlichten. Diese besaßen durchwegs provisorischen Charakter und sollten vor allem die soziale Wiedereingliederung erleichtern[13]. Eine wichtige Rolle spielten aber auch Maßnahmen der Alliierten oder der einzelnen Besatzungsmächte: So erließ die britische Militärregierung am 4. Dezember 1945 für alle Länder ihrer Zone die Zonenpolitische Anweisung Nr. 20, in der

Sondervergünstigungen bei der Lebensmittelversorgung, bei der Arbeitsplatz- und Wohnraumbeschaffung sowie finanzielle Hilfen zugunsten rassisch, religiös und politisch Verfolgter angeordnet wurden[14]. Auch die amerikanische Militärregierung intervenierte wiederholt in dieser Richtung[15]. Das alliierte Kontrollratsgesetz Nr. 18 räumte zudem den Verfolgten Priorität bei der Vergabe freien Wohnraums durch die deutschen Wohnungsämter ein[16]. Überdies leiteten die Alliierten auch erste Maßnahmen zur rechtlichen und moralischen Rehabilitierung der ehemaligen Verfolgten ein: Die Kontrollratsproklamation Nr. 3 über Grundsätze für die Umgestaltung der Rechtspflege ordnete die Aufhebung von Verurteilungen aus rassischen, religiösen und politischen Gründen an[17]. Im Sommer 1946 waren in allen vier Besatzungszonen etwa 250 000—300 000 Menschen durch Ausschüsse der Opfer des Faschismus (OdF) erfaßt[18]. In dieser Zahl fehlen diejenigen ausländischen Verfolgten, die in Deutschland von Einrichtungen der United Nations oder jüdischen Hilfsorganisationen unterstützt wurden. Die Zusammensetzung der anerkannten Verfolgten des Nationalsozialismus in Ost und West ähnelte sich in der Anfangszeit insofern, als der Anteil der politisch Verfolgten jeweils mindestens 50 Prozent ausmachte[19]. Das lag vor allem daran, daß politisch Verfolgte in stärkerem Maße als rassisch Verfolgte nach ihrer Befreiung wieder nach Hause zurückkehrten. Für letztere gab es hingegen meist kein solches »zu Hause« mehr.

Die Festlegung des Berechtigtenkreises für Betreuungsmaßnahmen zugunsten ehemaliger Verfolgter, bei der anfänglich die Häftlings-Ausschüsse maßgeblich beteiligt wurden, war jedoch mit manchen Problemen verbunden. So kam es in der sowjetischen Besatzungszone als Folge der starken Dominanz der politischen Häftlinge in den OdF-Ausschüssen anfänglich zu einer kategorialen Trennung zwischen »Kämpfern gegen den Faschismus« und »Opfern des Faschismus«. Zu den »Kämpfern« zählten vor allem langjährig inhaftierte Mitglieder der KPD bzw. der SPD, die aktiv politisch motivierten Widerstand gegen das NS-Regime geleistet hatten. Zu den »Opfern« gehörten in erster Linie die rassisch Verfolgten, darunter vor allem Juden und Zigeuner, sowie die »Zeugen Jehovas«. Diese politisch-moralische Abstufung führte nicht nur zur Ausgabe unterschiedlicher Ausweise für »Kämpfer« und »Opfer«. Vielmehr schlug sie sich auch in einer Reihe der frühesten Fürsorgeregelungen in handfesten materiellen Benachteiligungen der »Nur-Opfer« nieder[20]. Zwar entfiel diese Diskriminierung in den folgenden Regelungen wieder, doch nahm die zugrundeliegende Unterscheidung von »Kämpfern« und »Opfern« die spätere Entwicklung in der DDR vorweg.

In den westlichen Besatzungszonen konnte sich eine solche politischmoralische Dichotomisierung der Verfolgten trotz gleichgerichteter Bemühungen der dortigen politisch Verfolgten nicht durchsetzen. Der württemberg-badische Justizminister Josef Beyerle hatte sich 1948 solchen Vorstößen mit der bissigen Bemerkung widersetzt, daß es nicht darum gehe, »Widerstandskämpfer zu prämieren, sondern Verfolgte zu entschädigen«[21]. Zudem besaßen die jüdischen Verfolgten im Westen insbesondere bei der amerikanischen Militärregierung einen größeren Rückhalt als in der SBZ, so daß die politisch Verfolgten weniger stark dominierten.

Der deutschen Bevölkerung war nur schwer begreiflich zu machen, daß die ehemaligen Verfolgten keine ungerechtfertigten Privilegien empfingen, sondern nur einen bescheidenen Ausgleich ihrer erlittenen Schäden. So führte schlichter Neid zu Abgrenzung. Hinzu kam, daß die vor allem in der zweiten Hälfte des Dritten Reiches erfolgte Inhaftierung zahlreicher »gewöhnlicher« Krimineller in den Konzentrationslagern dazu beigetragen hatte, daß deren Insassen im breiten Bewußtsein der Bevölkerung pauschal als Verbrecher galten, und diese Bewertung wirkte auch nach dem Ende der NS-Zeit noch kräftig nach. Ehemalige Widerstandskämpfer oder Juden wehrten sich dagegen, in einen begrifflichen Zusammenhang mit diesen Menschen gestellt und auf diese Weise diskriminiert zu werden. So erklärten ehemalige politisch Verfolgte 1946 in Hessen: »Asoziale und kriminelle Elemente schädigen unser Ansehen. Wir haben es nicht verdient, daß man uns in einem Atemzug mit diesen Elementen nennt[22].« Deshalb wurde zur Hebung des Ansehens der Verfolgten besonders streng auf die Aussiebung aller »zur Betreuung Unwürdigen« geachtet. Konkret hieß dies, daß etwa Menschen, die als »Asoziale« oder als Homosexuelle verfolgt worden waren, generell von der Betreuung ausgeschlossen wurden. Die Sorge ehemaliger Verfolgter um das eigene Ansehen traf sich dabei natürlich häufig mit den Interessen der auf Kostensenkung bedachten Behörden. Zudem wird deutlich, daß manche NS-Verfolgungsmaßnahmen auf Einstellungen beruht hatten, die quer durch die gesamte Bevölkerung gegangen waren und weiterhin bestanden.

2. Ein politisches Mandat für Verfolgte des Nationalsozialismus?

Aus den KZ-Betreuungsstellen erwuchsen aber auch Bemühungen um einen umfassenden organisatorischen Zusammenschluß der ehemaligen Verfolgten, der neben ihren sozialen Interessen auch den moralischen Anspruch auf Mitwirkung an der politischen Neugestaltung Deutschlands vertreten sollte. Dies mündete schließlich im März 1947 in die Gründung der Vereinigung der Verfolgten des Naziregimes (VVN). Hierbei handelte es sich um einen gesamtdeutschen »überparteilichen« Zusammenschluß der deutschen »Opfer des Faschismus«. Bildete das gemeinsame Verfolgungserlebnis eine Grundlage für eine gemeinsame politische Plattform?

Noch im April 1948 pries Eugen Kogon, der zu dieser Zeit selbst dem Vorstand der hessischen VVN angehörte, in den Frankfurter Heften diese Organisation »mit ihren dreihunderttausend Mitgliedern in Deutschland« als das »einzige große politische Forum, wo Deutsche der verschiedensten Herkunft, Konfession und Parteizugehörigkeit aufgrund einer gemeinsam durchkämpften und durchlittenen Vergangenheit noch zusammenwirken«. Die VVN genieße zwar »beim deutschen Volk kein sonderlich gutes Ansehen«, da ihre Mitglieder immer noch mit dem Odium der einstigen Verfolgung behaftet seien. Doch sei sie »kein Verband der Einflußlosen: Dutzende von deutschen Ministern, Staatssekretären und Parteiführern in allen Besatzungszonen, Hunderte von maßgebenden Männern und Frauen des öffentlichen Lebens gehören ihr an[23].« Doch genau ein Jahr später trug Kogon an selber Stelle seine früheren Hoffnungen auf eine tragende politische Rolle des europäischen Widerstandes zu Grabe. Und enttäuscht revidierte er seine euphorischen Bemerkungen über die Rolle der VVN in der deutschen Gesellschaft: »Legen wir's zum übrigen[24].«

Das Ziel vor allem der politisch Verfolgten, mit Hilfe der VVN eine tragende Rolle bei der politischen Neugestaltung Deutschlands zu spielen, war schon bald an den Klippen des Ost-West-Konflikts gescheitert. Da die VVN der SBZ von Anfang an unter dem politischen Druck der SED stand, übte sich insbesondere die von Kurt Schumacher auf einen harten antikommunistischen Kurs gebrachte SPD ihr gegenüber frühzeitig in Abgrenzung. Im Mai 1948 untersagte ein Unvereinbarkeitsbeschluß des SPD-Parteivorstandes die gleichzeitige Mitgliedschaft in beiden Organisationen[25]. In der Folge zersplitterten sich im Westen die Verfolgtenvereinigungen durch die Bildung neuer Gruppierungen wie der 1948 gegründeten »Arbeitsgemeinschaft verfolgter Sozialdemokraten« (AvS) und des 1950 als ausdrückliche Gegengründung zur VVN ins Leben gerufenen »Bundes der Verfolgten des Naziregimes« (BVN). Diesem gelang allerdings nie ein zahlenmäßig bedeutender Durchbruch, während andererseits die VVN als einstmals größte deutsche Verfolgtenorganisation im Westen immer weiter marginalisiert wurde. Zugleich nahm ihre Abhängigkeit von der DDR immer mehr zu. Das äußerte sich unter anderem in einer aggressiven Rhetorik gegen Adenauers Westintegrationspolitik. Deshalb beschloß das Bundeskabinett im September 1950, die Zugehörigkeit zur VVN künftig mit Berufsverbot im öffentlichen Dienst zu ahnden. Am 26. Juli 1951 folgte schließlich das Verbot des Rates der Vereinigung der Verfolgten des Naziregimes, d.h. der Dachorganisation der VVN[26].

Aber auch in der DDR blies der VVN der Wind immer stärker ins Gesicht. Grund war, daß ein »politisch nicht überbrückbarer Interessengegensatz zwischen der SED-Führung — die von der Moskauer Remigration dominiert wurde — und der politisch mehrheitlich im Untergrund sozialisierten VVN-Mitgliedschaft bald Grenzen der Instrumentalisierung des Verbandes« deutlich machte. Besonders die starken Vorbehalte innerhalb der VVN gegen den 1948 beschlossenen Abschluß der Entnazifizierung und die darauffolgende Integration ehemaliger Nationalsozialisten führten zu heftigen Spannungen[27]. Im Februar 1953 nötigte die SED schließlich die VVN in einer pseudodemokratischen Farce zur Selbstauflösung[28]. Die Diskreditierung der VVN in beiden Teilen Deutschlands Anfang der 50er Jahre ist somit ein Symbol für das Scheitern des Anspruchs der ehemaligen Verfolgten auf ein eigenes politisches Mandat bei der Gestaltung Nachkriegsdeutschlands.

An die Stelle der VVN trat nun im Osten das »Komitee der antifaschistischen Widerstandskämpfer der DDR«. Die Bezeichnung brachte bereits eine wichtige Funktion dieser Veränderung zum Ausdruck: die stärkere Betonung des kommunistischen Widerstandskampfes. Im Zuge der Anstrengungen zur Legitimierung der SED-Herrschaft gewann das Antifaschismus-Konzept eine Schlüsselstellung[29]. Zu diesem Zweck wurden vor allem die »Kämpfer« bei vielen Gelegenheiten zu Wegbereitern der DDR erklärt. Aus dem Andenken an den Kampf gegen den Faschismus wurde dann die Verpflichtung zum Einsatz für die DDR, wie es dort vor allem die zahlreichen Denkmäler für antifaschistische Widerstandskämpfer auf den Punkt brachten. Auf diese Weise erfolgte eine Instrumentalisierung der »Kämpfer« zu »Ikonen des Antifaschismus«. Aber nicht allein in symbolischer, sondern auch in praktischer Hinsicht waren gerade die »Kämpfer« unter den Verfolgten des Nationalsozialismus (VdN) in der SBZ/DDR stark gefordert: Sie stellten anfangs einen wichtigen Bestandteil der Kaderreserve der SED dar. Von ihnen wurde in hohem Maße politisches und gesellschaftliches Engagement erwartet. Unter der politischen Elite nahmen sie einen wichtigen Platz ein und erfüllten auch damit wieder ein Stück Legitimierungsaufgabe. So resultierte aus der Tatsache, »daß Honecker immerhin unter den Nazis im Gefängnis gesessen habe«, bis zuletzt noch ein gewisser Bonus unter der DDR-Bevölkerung.

Für die »Nur-Opfer« in der DDR bestand hingegen zumindest eine paternalistische Betreuung auf hohem Niveau. Zumal die wenigen, nach dem Exodus zu Anfang der 50er Jahre noch in der DDR verbliebenen Juden (Ende der 80er Jahre zählten die jüdischen Gemeinden kaum noch 350 überwiegend im Rentenalter stehende Personen[30]) hätschelte die DDR sorgsam zum (welt-)öffentlichen Beweis der eigenen Anstrengungen zur Überwindung von Antisemitismus und Nazismus. Der Staat trug die Kosten der jüdischen Gemeinden, er sorgte für den Unterhalt von Synagogen und jüdischen Friedhöfen, Altersheimen etc. Bezeichnend für den musealen Charakter dieser Fürsorge ist, daß die DDR Anfang der 60er Jahre kaum 1500 Juden, aber 160 000 jüdische Gräber betreute[31].

Anders als in der DDR, wo die VdN als Aushängeschild der grundlegenden gesellschaftlichen Erneuerung und des antifaschistischen Charakters des Systems im öffentlichen Leben dienten, standen die Verfolgten in der Bundesrepublik nicht derartig im Rampenlicht. Vielmehr wurden sie im Zuge der Wiedergutmachung weitgehend individualisiert[32]. Sofern die Verfolgten innerhalb (West-)Deutschlands lebten, zielte die offizielle Politik der Bundesrepublik auf ihre möglichst unauffällige gesellschaftliche Integration. Für die Bundesrepublik wurden dagegen die ausländischen Verfolgtenorganisationen, vor allem die Jewish Conference on Material Claims against Germany, zunehmend wichtiger, die sich jedoch weniger für die innere gesellschaftliche und politische Entwicklung Deutschlands als für die materielle Rehabilitierung von Verfolgten interessierten.

Es zeichnete sich bereits in der Anfangszeit der Bundesrepublik ab, daß sich die Stellung der Verfolgten in der Gesellschaft insgesamt veränderte. Dahinter stand ein weitverbreitetes Bedürfnis, die Polarisierung zwischen Opfern des Nationalsozialismus und des Krieges zu überwinden. So gingen die Länder seit Beginn der 50er Jahre dazu über, den seit 1947 in ganz Deutschland am zweiten Sonntag des September begangenen Tag der Opfer des Faschismus bzw. Nationalsozialismus mit dem Volkstrauertag im November zusammenzulegen[33]. Bundespräsident Theodor Heuss erklärte bei seiner Rede zum Volkstrauertag am 20. November 1952:

»Die Mahl- und Mahnsteine wachsen — dies gilt den Opfern der Bombenangriffe, dies wächst an dem Rand eines Konzentrationslagers, dies steht auf dem und dem jüdischen Friedhof [...] Hier die Folge der wüsten technischen Gewalt, dort die Folge der sittlichen Zerrüttung. Und wir stehen betreten, bedrückt vor *beiden* steinernen Zeugen. Es wird schon so sein: mancher wird murren, daß ich diese Opfer einer bösen Politik in *einem* nenne[34].«

In der Tat stieß diese symbolische Überwölbung von Opfern des Nationalsozialismus und Opfern des Krieges bei den ehemaligen Verfolgten auf heftige Kritik. Die Debatte um diese Frage nahm in vielem die Auseinandersetzung von 1993 um die Neugestaltung der Zentralen Gedenkstätte der Bundesrepublik für die Opfer von Krieg und Gewaltherrschaft in der Neuen Wache in Berlin vorweg.

3. Verfolgte des Nationalsozialismus in Amt und Würden?

Der unterschiedliche Umgang mit den Verfolgten in beiden Teilen Deutschlands läßt sich am Beispiel des öffentlichen Dienstes demonstrieren: In der SBZ/DDR vollzog sich im Zeichen der gesellschaftlichen Umwälzungen ein radikaler Elitenwechsel. Viele der im Zuge der Entnazifizierung frei werdenden Stellen wurden dabei anfänglich mit Verfolgten des Naziregimes besetzt, wobei traditionelle Rekrutierungsmerkmale wie die fachliche Eignung stark an Bedeutung verloren.

»Laut einer Befragung von 11 360 VVN-Mitgliedern waren 1948 fast 1000 (8,8 Prozent) im Polizeidienst, 160 (1,4 Prozent) Lehrer, 779 (6,9 Prozent) Angestellte in Parteien und Massenorganisationen, 68 (0,6 Prozent) leitende Angestellte bei den Landesregierungen. Die Mitglieder der VVN in der SBZ stellten 1948 insgesamt 17 Minister, 23 Ministerialdirektoren, 31 Ministerialräte, 50 Oberbürgermeister, 73 Landräte, 230 Partei- und Gewerkschaftsvorsitzende sowie 58 Landtagsabgeordnete[35].«

Doch mit der 1948 einsetzenden Integration der ehemaligen Parteigenossen und der zunehmenden Instrumentalisierung der VVN für die Deutschlandpolitik der SED verloren die VdN auch im Osten Deutschlands an Bedeutung, vor allem aber an politischer Selbständigkeit.

Auch in Westdeutschland bescherte die Integration ehemaliger Nationalsozialisten den Verfolgten des Nationalsozialismus, die nach dem Krieg zunächst auf eine bevorzugte Behandlung bei der Vergabe von Wohnungen und Arbeitsplätzen rechnen konnten, eine zunehmend stärkere Konkurrenz. In Bayern führte dieses Problem 1949 zu einer Untersuchung im Landtag. Die von der Regierung vorgelegten Zahlen über Einstellungen und Entlassungen ehemaliger Parteigenossen und Verfolgter im öffentlichen Dienst zeigten dabei, daß 6239 nichtentlassenen Beamten 14 400 wiedereingestellte ehemalige Parteigenossen gegenüberstanden, bei den Angestellten betrug das entsprechende Verhältnis 2535 zu 9527. Demgegenüber wurden 282 Verfolgte als Beamte eingestellt, von denen 17 wieder entlassen wurden; von 801 eingestellten Angestellten aus diesem Kreis wurden sogar 266 wieder gekündigt. Der SPD-Abgeordnete Josef Kiene zog daraus im Mai 1949 vor dem Bayerischen Landtag den Schluß, »daß die Personalpolitik darauf abgestellt ist, die ehemaligen Parteigenossen-Beamten wieder in Stellungen unterzubringen«[36]. Eine ähnliche Entwicklung zeigte sich auch in den anderen westdeutschen Ländern[37].

Aufschlußreich ist auch der Vergleich der Regelung der Versorgung der seit Kriegsende brotlosen ehemaligen Bediensteten des Deutschen Reiches, den sogenannten »131ern«, mit den von den Nationalsozialisten nach 1933 entlassenen Angehörigen des öffentlichen Dienstes. Nach einer Zählung von Januar 1950 fielen unter den Artikel 131 GG etwa 450 000 Personen — darunter als größte Gruppe ehemalige Berufssoldaten, gefolgt von Beamten aus den deutschen Ostgebieten, der DDR und anderen Staaten sowie im Zuge der Entnazifizierung entlassenen Beamten aus den Westzonen[38]. Gleichzeitig mit dem Gesetz zur Regelung der Rechtsverhältnisse der 131er beschloß der Deutsche Bundestag am 11. Mai 1951 das Gesetz zur Regelung der Wiedergutmachung nationalsozialistischen Unrechts für Angehörige des öffentlichen Dienstes (BWGöD)[39]. So wurde der Gefahr begegnet, daß man die unter Artikel 131 GG fallenden Personen, die dem NS-Regime bis zum Schluß gedient hatten und zum Teil selbst Nationalsozialisten gewesen waren, günstiger stellen würde als die häufig schon 1933 durch das

Gesetz zur Wiederherstellung des Berufsbeamtentums geschädigten Beamten. Bis Ende 1986 wurden über 10 000 positiv entschiedene Fälle nach dem BWGÖD gezählt[40]. Folgt man den Klagen der Betroffenen, so funktionierte allerdings in der Praxis die Wiedereinstellung bei den vertriebenen und entnazifizierten Beamten erheblich besser als bei den verfolgten. So bleibt als ein Schatten auf der erfolgreichen »Verwandlung unserer Nachkriegsbevölkerung in die Bürgerschaft der Bundesrepublik Deutschland«[41], daß dort (sieht man einmal von der Parteiprominenz ab) in der Regel den ehemaligen Nationalsozialisten die gesellschaftliche Rehabilitierung schneller gelang als den vormalig Verfolgten.

4. Die Rückerstattung geraubten und entzogenen Vermögens

Eine andere Frage war die der materiellen Rehabilitierung. Schon frühzeitig hatten an verschiedenen Orten Überlegungen begonnen, inwieweit über eine Fürsorge für bedürftige Verfolgte hinaus auch die im Dritten Reich erlittenen Schädigungen wiedergutgemacht werden könnten. Dabei besaß zunächst die Rückerstattung von geraubten oder entzogenen Vermögen Priorität. Vor allem ging es um das im Zuge der sogenannten »Arisierung« den Juden weggenommene Vermögen, aber auch um das von den Nationalsozialisten enteignete Vermögen politischer, gewerkschaftlicher, sozialer und karitativer Organisationen.

Am frühestens wurde diese Frage im sowjetisch besetzten Thüringen geregelt. Das durch die Sowjetische Militäradministration am 14. September 1945 in Kraft gesetzte Wiedergutmachungsgesetz ging auf Überlegungen im Umkreis des damaligen thüringischen Regierungspräsidenten Hermann Brill zurück. Rückerstattet werden sollten diesem Gesetz zufolge wiederauffindbare Vermögensgegenstände wie Grundstücke, Unternehmen und Handelsgeschäfte, die entweder aus jüdischer Hand oder aus dem Vermögen ehemaliger Parteien, Gewerkschaften sowie ehemaliger politischer, religiöser oder ähnlicher Vereinigungen stammten[42]. In der SBZ blieb das Thüringische Wiedergutmachungsgesetz allein auf weiter Flur. Zudem wurde es im Zuge seiner Durchführung seit etwa 1947 schrittweise demontiert, bis es 1952 schließlich ganz aufgehoben wurde. Grund dafür war, daß es der Veränderung der Eigentumsverhältnisse im sozialistischen Sinne im Wege stand.

Hinzu kam, daß für die Sowjetunion von Anfang an eine klare Priorität ihrer eigenen Reparationsansprüche gegenüber derartigen individuellen Rückerstattungsansprüchen bestanden hatte[43].

Das verdeutlicht auch die Geschichte des Versuches, die Rückerstattung für das Gebiet der gesamten SBZ zu regeln. Auf Initiative einer Gruppe von SED-Funktionären, zu denen vor allem Paul Merker und Leo Zuckermann gehörten, wurde seit 1947 an einem Gesetzesvorschlag der SED gearbeitet, der diese Frage mitberücksichtigen sollte. Von Anfang an war dabei die Rückerstattung von solchem Vermögen, das durch Enteignungsmaßnahmen nach 1945 betroffen war, ausdrücklich ausgenommen. Auch gegen den verbleibenden Umfang der Rückerstattung liefen Teile der politisch Verfolgten wie der SED Sturm, bis schließlich unter den veränderten politischen Rahmenbedingungen des Jahres 1949 das ganze Vorhaben fallengelassen wurde[44]. Die SED bzw. die SMAD machten sich damit in der SBZ/DDR in erheblichem Maße zum Nutznießer der nationalsozialistischen »Arisierungen«, die der nun betriebenen Sozialisierung tatkräftig vorgearbeitet hatten.

In den westlichen Besatzungszonen, wo der Grundsatz des Privateigentums unangetastet blieb, wurde hingegen die Rückerstattung vorrangig geregelt. Den Vorreiter bildete dabei die US-Zone, was vor allem ein Erfolg der amerikanischen jüdischen Organisationen war[45]. Da weder die deutschen Vertreter aus der US-Zone noch die anderen Alliierten bereit waren, so weit zu gehen wie die amerikanische Militärregierung, verkündete diese schließlich am 10. November 1947 ihren Entwurf einseitig als Militärregierungsgesetz Nr. 59. Dort wurde die Rückerstattung des aus rassischen, religiösen oder politischen Gründen entzogenen oder geraubten wiederauffindbaren Vermögens in sehr umfassender Art und Weise geregelt. Dabei übertraf es die Bestimmungen des Thüringer Wiedergutmachungsgesetzes bei weitem an Strenge. Während die französische Militärregierung am gleichen Tage die Verordnung Nr. 120 erließ, die stark durch die innerfranzösische Restitutionsgesetzgebung inspiriert war, folgten die Briten am 12. Mai 1949 mit einer vereinfachten Variante des Rückerstattungsgesetzes der US-Zone.

Insgesamt wurden in der Bundesrepublik einschließlich Westberlins auf diese Weise Vermögen im Umfang von etwa 3,5 Milliarden DM an ihre früheren Eigentümer zurückerstattet[46]. Dies blieb weit hinter den von den Gegnern der Rückerstattung verbreiteten Horrorzahlen zurück. Als problematisch galt insbesondere, daß ein großer Teil der

Ansprüche vom Ausland aus gestellt wurde, was natürlich beträchtliche Transferprobleme mit sich brachte. Dahinter stand aber, daß aufgrund der Verfolgung in Deutschland nur wenige jüdische Erbberechtigte überlebt hatten. Im Gegensatz zum Thüringischen Gesetz, dessen Durchführung in zunehmendem Maße politisch behindert wurde, sorgten die westlichen Alliierten für eine strenge und relativ zügige Durchführung der Rückerstattung wiederauffindbarer Vermögenswerte. Sie behielten bei der Durchführung die Fäden weitgehend in der Hand, vor allem durch die Besetzung der eigens geschaffenen Obersten Rückerstattungsgerichte mit einer Mehrheit von alliierten Richtern. Gegen diese und andere Bestimmungen wurde bis zum weitgehenden Abschluß der Verfahren Mitte der 50er Jahre deutscherseits Sturm gelaufen, was auch im Deutschen Bundestag sowie in den Länderparlamenten heftig nachhallte. Wie kein anderer Bereich der sogenannten Wiedergutmachung sorgte die Rückerstattung für offene Konflikte zwischen der deutschen Bevölkerung und ehemaligen Verfolgten des Nationalsozialismus. Das lag vor allem daran, daß hier eine große Zahl von Deutschen direkt von Forderungen betroffen war und nicht nur indirekt über den Staatshaushalt. So wurden allein in der US-Zone insgesamt etwa 160 000 Rückerstattungsansprüche geltend gemacht[47]. Zudem bestand eine beträchtliche Kluft bei der Bewertung des Unrechtscharakters von Kaufgeschäften zwischen »Ariern« und Juden in nationalsozialistischer Zeit[48]. Im Osten wie im Westen Deutschlands war zu dieser Zeit der mehr oder weniger unterschwellige Appell an antisemitische Vorurteile über »jüdischen Kapitalismus« ein Bestandteil der Auseinandersetzung um die Rückerstattung »arisierten« Vermögens.

5. Entschädigung oder erweiterte Sozialfürsorge?

Neben der Rückerstattung wiederauffindbaren Eigentums wurde aber auch daran gearbeitet, die ersten, am Prinzip der Bedürftigkeit orientierten Fürsorgeregelungen durch weiterreichende Entschädigungsmaßnahmen abzulösen. Im Westen war dabei bis zur Anfangszeit der Bundesrepublik ein »Flickenteppich« von Regelungen zustande gekommen, die eine solche Entschädigung von rassisch, religiös und politisch Verfolgten für Schäden an Leib, Leben, Gesundheit, Freiheit, beruflichem Fortkommen oder Eigentum auf sehr unterschiedlichem Niveau regelte.

Am weitesten ging dabei die US-Zone, die eine einheitliche Regelung schuf. Das im Sommer 1949 beschlossene Entschädigungsgesetz der US-Zone (USEG) war die Grundlage der späteren bundeseinheitlichen Entschädigungsgesetzgebung. Das Schlußlicht bildete hingegen die britische Zone.

Auch in der SBZ wurde seit Ende 1946 an einer einheitlichen Regelung dieser Frage gearbeitet[49]. Dabei war die innerdeutsche Konkurrenz in Wiedergutmachungsfragen ein wichtiger Motor der Entwicklung. Die Arbeiten mündeten schließlich in die am 5. Oktober 1949, d.h. zwei Tage vor Gründung der DDR, von der Deutschen Wirtschaftskommission erlassene »Anordnung zur Sicherung der rechtlichen Stellung der anerkannten Verfolgten des Naziregimes«. Dort wurde die Problematik auf andere Weise als im Westen gelöst: Das nach Kriegsende entwickelte Fürsorgeprinzip wurde beibehalten. Im Mittelpunkt stand die verbesserte Sozialfürsorge für anerkannte Verfolgte des Naziregimes im Rahmen der Sozialversicherung. Die Verordnung gewährte einen verbesserten Anspruch auf Alters- und Arbeitsunfähigkeitsrenten, besondere Berücksichtigung bei der Wohn- und Gewerberaumvergabe, ausreichende Versorgung mit Hausrat, umfassende Leistungen zur gesundheitlichen Rehabilitierung sowie besondere Studienbeihilfen für Kinder. In Verbindung mit den Bestimmungen zur Auswahl des Berechtigtenkreises wurden diese Leistungen jedoch streckenweise zu einer Wohlverhaltensprämie. Es handelte sich also hier um eine für die DDR charakteristische paternalistische Betreuung und Privilegienverteilung[50]. Ansprüche besaßen dabei jedoch lediglich anerkannte Verfolgte, die auf dem Territorium der DDR bzw. Ost-Berlins lebten. Das waren 1953, nach einer Welle von politisch motivierten Aberkennungen des VdN-Status, insgesamt 40622 Personen[51].

Da die Bundesrepublik sich als Rechtsnachfolger des Deutschen Reiches definierte, mußte sie sich der Wiedergutmachungsfrage in umfassenderer Weise stellen. Anders als zuvor die einzelnen Länder konnte sie sich nicht mehr strikt auf diejenigen Verfolgten beschränken, die auf ihrem Territorium lebten. So fand seit Gründung der Bundesrepublik eine bedeutende Verschiebung statt: Im Mittelpunkt standen nun nicht mehr wie bisher die in Deutschland lebenden Verfolgten, was zu einem gewissen Übergewicht der politisch Verfolgten geführt hatte. Vielmehr wurden nun in zunehmendem Maße auch Forderungen von Verfolgten aus dem Ausland (in der Regel jüdische oder andere

Emigranten) bedeutsam. Insgesamt stand hier die Angelegenheit der Verfolgten seit Gründung der Bundesrepublik also stärker unter außen- als unter innenpolitischem Primat. 1953 wurden mit dem Bundesentschädigungsgesetz die bisher bestehenden Länderregelungen vereinheitlicht und dabei zugleich manche bislang in einzelnen Ländern bestehenden Lücken geschlossen. Anspruch auf Entschädigung für Schädigung an Leib, Leben, Gesundheit, Freiheit, beruflichem Fortkommen oder Eigentum besaß demnach, wer aus rassischen, religiösen oder politischen Gründen verfolgt worden war. Entscheidend war, daß nun auch Verfolgte im Ausland Ansprüche besaßen, sofern sie während der Verfolgungszeit einen territorialen Bezug zum Deutschen Reich besessen hatten, d.h. in der Regel, deutsche Staatsbürger gewesen waren. Die Ansprüche ausländischer Staatsbürger wurden hingegen weiterhin als Bestandteil der Reparationsforderungen betrachtet[52].

Im Unterschied zur DDR vollendete die Bundesrepublik im Zuge dessen auch die Abkehr vom anfänglichen Fürsorge- zum Entschädigungsprinzip. Diese Entschädigungsansprüche zielten allerdings nicht auf einen vollen Schadensausgleich im Sinne des bürgerlichen Rechts, sondern waren nach Maßgabe der Leistungsfähigkeit der Bundesrepublik beschränkt. Nachdem diese sich aber in zuvor unvorstellbarer Weise entwickelte, führte dies dazu, daß am Ende mehr gezahlt wurde, als am Anfang irgendjemand für möglich gehalten hätte. Dazu trugen auch mehrere Novellierungen des Bundesentschädigungsgesetzes bei, die schließlich 1965 ein Ende fanden: In diesem Jahr beschloß der Bundestag das sogenannte Bundesentschädigungs-Schlußgesetz. Die Zahl der Verfolgten, die nach diesem Gesetz Entschädigung erhalten haben, liegt bei rund einer Million. Zu zwei Dritteln verteilt sich dies auf Menschen, die in Gettos oder in Lagern gelitten haben, ein weiteres Drittel auf Emigranten. Die Ausgaben gingen dabei zu über 80 Prozent ins Ausland mit Schwerpunkt in die USA und nach Israel[53]. Allein bis 1988 transferierte die Bundesrepublik etwa 55,6 Milliarden DM an individuellen Wiedergutmachungszahlungen. Der Gesamtbetrag der bis heute insgesamt geleisteten Wiedergutmachung — das Bundesentschädigungsgesetz bedingt dabei den Löwenanteil — beträgt ca. 90 Milliarden DM und wird vermutlich bis zum endgültigen Abschluß noch auf ca. 120 Milliarden DM ansteigen[54].

Das Jahr 1965 bedeutete auch für die Verfolgten des Nationalsozialismus in der DDR eine wichtige Zäsur. Damals wurde die seit 1949 geltende Fürsorgeregelung für anerkannte Verfolgte des Naziregime (VdN) durch die »Verordnung über Ehrenpensionen für Kämpfer gegen den Faschismus und für Verfolgte des Faschismus sowie für deren Hinterbliebene« abgelöst. Damit erfüllte sich endlich die vor allem seitens der ehemaligen politischen Verfolgten bereits seit langem erhobene Forderung, wonach die Leistungen an VdN nicht mehr im Rahmen der Sozialversicherung zugeteilt, sondern in Form einer staatlichen Pension gewährt werden sollten, deren Höhe nicht mehr vom früheren Einkommen, sondern vom Status als »Kämpfer« oder »Verfolgter« abhing. Der sich dahinter verbergende prinzipielle Gegensatz zwischen dem Umgang mit den Verfolgten in Ost und West wurde dort bereits in den 50ern einmal treffend auf folgende Formel gebracht: Während die westliche Frage gelautet habe, »Was haben wir gelitten?«, müsse sie im Osten lauten »Was hast Du getan und was tust Du«. Der »Wichtigkeit des verlorenen Vermögens« im Westen stehe dabei »die Bedeutung der Leistung im antifaschistischen Widerstandskampf« gegenüber[55].

Mit dieser Wiederaufnahme der bereits in der unmittelbaren Nachkriegszeit getroffenen Unterscheidung der VdN nach dem Kriterium ihrer politischen Haltung unter dem NS-Regime wurden die politischen Momente dieser Bezüge wieder stärker zur Geltung gebracht. »Kämpfer«, die das um fünf Jahre herabgesetzte Pensionsalter erreicht hatten oder invalide waren, erhielten künftig eine Ehrenpension in Höhe von monatlich 800 Mark, für »Opfer« waren demgegenüber lediglich 600 Mark vorgesehen[56]. Das war in jedem Fall eine beträchtliche Summe, betrug doch 1966 die durchschnittliche Altersrente der Arbeiter und Angestellten in der DDR etwa 164,— Mark[57]. Hauptgrund für diesen Sinneswandel der DDR-Führung bildete der Umstand, daß der Kreis der in Frage kommenden Berechtigten mittlerweile recht klein war. So gab es dort Ende 1964 insgesamt 25200 anerkannte VdN, wozu etwa 10500 Hinterbliebene kamen. Bei der letzten Zählung Ende 1988 waren es schließlich noch etwa 10300 Ehrenpensionäre, die dann später von der Bundesrepublik übernommen wurden[58]. Die Behauptung, daß die DDR keine Wiedergutmachung geleistet habe, ist so gesehen also sicherlich unrichtig. Doch beschränkte sie sich im Kern auf eine sozialpolitische Privilegierung bzw. paternalistische Fürsorge für auf ihrem Staatsgebiet lebende Verfolgte des Nationalsozialismus, was auch die geringe Zahl der Betroffenen erklärt. Die Bundesrepublik leistete dagegen in einer Anzahl von Globalabkommen in bescheidenem Umfange auch Hilfen für Verfolgte aus anderen Ländern. Dabei wurden pauschale Beträge an deren Heimatstaaten gezahlt. Es lassen sich drei Phasen unterscheiden, die in engem Zusammenhang mit außenpolitischen Konjunkturen standen: Den Auftakt bildete 1953 das Wiedergutmachungsabkommen mit Israel und der Jewish Claims Conference, bei dem 3,45 Milliarden DM geleistet wurden. In der zweiten Phase Ende der 50er/Anfang der 60er Jahre schloß die Bundesrepublik insgesamt 12 Abkommen mit Ländern, die politisch dem Westen zugehörten, und zwar im Gesamtvolumen von 1 Milliarden DM. Nach der deutschen Vereinigung kamen schließlich noch ähnliche Abkommen über Wiedergutmachungsleistungen für ehemalige Zwangsarbeiter mit Polen und Rußland zustande, während eine Regelung für Opfer des Nationalsozialismus aus der Tschechischen Republik bislang an der deutschen Gegenforderung für Vertreibungsschäden scheiterte.

Demgegenüber lehnte die DDR alle derartigen Leistungen ins Ausland ab, die sie als Reparationsforderungen deklarierte, so namentlich den Anfang der 50er Jahre aufgestellten Anspruch Israels auf Wiedergutmachung für die vom Dritten Reich verfolgten Juden. Dabei pochte die DDR unter Berufung auf das Völkerrecht darauf, daß sie alle aus dem Potsdamer Abkommen resultierenden Reparationspflichten sorgfältig erfüllt habe[59]. So hatte sie nach neuesten Berechnungen bis zum Abschluß der Reparationen Ende 1953 an Polen und die Sowjetunion Leistungen in Höhe von etwa 56 Milliarden RM erbracht[60]. Nach der dort bestehenden Auffassung handelte es sich bei diesen Ländern um die primären Opfer des Faschismus. Noch einmal wird deutlich, welche Rolle die unterschiedlichen Interpretationen des Wesens des nationalsozialistischen Terrors spielten.

6. Das Muster der An- und Aberkennung in Ost und West

Faßt man also die Entwicklung in der Frage der Abgrenzung des Verfolgtenkreises seit der Gründung der beiden deutschen Staaten zusammen, so ergeben sich bezeichnende Unterschiede. Vor allem die Bewertung des jeweiligen Anteils von Juden und »Russen« bzw. Kommunisten unter den Gesamtopfern des Krieges und der Verfolgung war in den beiden deutschen Nachkriegsstaaten einander diametral entgegengesetzt. In der SBZ/DDR wurden zwar prinzipiell die Juden als Opfer des Nationalsozialismus, sprich: Faschismus angesehen, doch traten sie hier gleichsam nur in der bescheideneren Rolle der Opfer eines »Nebenwiderspruchs« auf. Auch das jahrzehntelang stark unterkühlte Verhältnis der DDR zu Israel, das im Zeichen eines partiell antisemitische Traditionen fortführenden »Antizionismus« stand, trug zu dieser Einstellung bei. Aus der sowjetmarxistischen Faschismusdefinition folgte zudem, daß die Hauptstoßrichtung des Hitler-Faschismus gegen die Kommunisten und die Sowjetunion gerichtet gewesen sei.

Aus dieser Sichtweise resultierte jedoch zugleich, daß in der DDR der individuellen Wiedergutmachung eine geringere Rolle beigemessen wurde als den Reparationen vor allem an die Sowjetunion. Von der Bedeutung des hier zugrundeliegenden, nicht auf das NS-Regime begrenzten Faschismus-Begriffes zeugt auch etwa die Tatsache, daß in den 50er Jahren nicht nur ehemalige deutsche pro-republikanische Spanien-Kämpfer, sondern auch etwa 1000 nach dem verlorenen kommunistischen Partisanenkrieg in die DDR geflüchtete Griechen als Verfolgte des Nationalsozialismus anerkannt wurden[61]. Die Unterscheidung zwischen »Kämpfern« und »Opfern« wurde dabei zwar bis Mitte der 60er Jahre durch die gemeinsame Bezeichnung »Verfolgte des Nazismus« überwölbt, kam dann aber 1965 wieder zu neuen Ehren.

In der Bundesrepublik nahm man hingegen die vielen Millionen sowjetischen Opfer — ermordete Kriegsgefangene, Zwangsarbeiter und Zivilisten — lange Zeit erst gar nicht zur Kenntnis bzw. ließ sie aufgrund von Gegenrechnungen oder aktuellen Bedrohungsängsten weitgehend unter den Tisch fallen. Ähnlich stießen die von den Nationalsozialisten verfolgten Kommunisten in der Bundesrepublik in der Hochzeit des Kalten Krieges auf erhebliche Schwierigkeiten bei der Anerkennung ihrer Wiedergutmachungsansprüche, wenn sie sich weiterhin in Parteifunktionen betätigten, da ihnen weniger der Widerstand gegen ein vergangenes als der Einsatz für ein gegenwärtiges Gewaltregime angerechnet wurde[62]. Den Katalysator dieser Entwicklung bildete dabei die politisch gespannte Situation in der »Frontstadt« Berlin.

Nachdem in der ersten Nachkriegszeit, ähnlich wie in der SBZ, auch im Westen die politisch Verfolgten noch sehr stark dominiert hatten, nahmen etwa seit Anfang der 50er Jahre die Juden den ersten Rang im bundesrepublikanischen Opfer-Pantheon ein. Dabei handelte es sich allerdings in erster Linie um jüdische Emigranten. Der ostdeutschen Metamorphose des alten Antisemitismus in den neuen Antizionismus stand hier eine verwickelte Dialektik von Antisemitismus und Philosemitismus gegenüber[63]. In beiden deutschen Staaten stießen dagegen vor allem diejenigen auf Schwierigkeiten bei der Anerkennung als Verfolgte des Nationalsozialismus, die außerhalb der »bürgerlichen« Normen standen, also etwa diejenigen, die als »Asoziale«, Arbeitsscheue, Bummelanten, Homosexuelle etc. verfolgt worden waren.

So hatten Sinti und Roma über Jahre hinweg beträchtliche Schwierigkeiten, als Opfer einer rassischen Verfolgung angesehen zu werden, da man die vorgeschobenen kriminaltechnischen Begründungen der Nationalsozialisten oftmals für bare Münze nahm. Demnach sei die Verfolgung der Zigeuner vielfach im Zuge der vorbeugenden Verbrechensbekämpfung erfolgt. Im Westen wie im Osten Deutschlands wurde deshalb die Anerkennung als Verfolgte des Nationalsozialismus sowie die Gewährung daran geknüpfter Leistungen sowohl etwa in der US-Zone als auch in der SBZ/DDR an den Nachweis einer seßhaften Lebensweise sowie einer geregelten Arbeitstätigkeit gebunden[64]. In der Bundesrepublik bedeutete ein Urteil des Bundesgerichtshofes von 1963 die Wende, das im Gegensatz zur früheren Rechtsprechung und Entschädigungspraxis feststellte, eine allgemeine rassische Verfolgung der Zigeuner sei bereits seit 1938 erfolgt[65]. Seit einigen Jahren zählt diese Gruppe — nunmehr unter der Rubrik Sinti und Roma — in der Bundesrepublik zum quasi kanonisierten Teil der anerkannten Verfolgten. Signifikant dafür ist die als Ergebnis einer langen Diskussion um die Neugestaltung der »Neuen Wache« in Berlin als Zentrale Gedenkstätte für die Opfer von Krieg und Gewaltherrschaft dort angebrachte Gedenktafel, die sie namentlich an zweiter Stelle hinter den Juden hervorhebt. Dies wäre noch vor zehn Jahren kaum selbstverständlich gewesen.

7. Fazit

Die Definition des Kreises der Verfolgten in beiden deutschen Staaten spiegeln nicht einfach das Muster der Verfolgung wider. Vielmehr waren sie abhängig von innen- und außenpolitischen Entwicklungen, von veränderten Interpretationen des Nationalsozialismus und seiner Folgen und nicht zuletzt von finanziellen Zwängen. Vereinfacht gesprochen, läßt sich sagen, daß im Westen die Juden und im Osten die Kommunisten bzw. die »Russen« als Hauptopfer des Nationalsozialismus/Faschismus angesehen wurden[66]. Damit korrespondierte, daß Reparationen und Wiedergutmachung in der Bundesrepublik und der DDR in einem diametral entgegengesetzten Verhältnis standen.

Die DDR konzentrierte sich auf die Reparationen an Polen und Rußland einerseits und auf eine zwischen Paternalismus und Privilegierung schwankende Betreuung der ehemaligen Verfolgten auf ihrem Staatsgebiet. Dabei dienten vor allem die aktiven Kämpfer gegen den Faschismus sowohl als Kaderreserve der SED wie als antifaschistische Legitimationsinstanz der DDR. Während die Bundesrepublik dagegen im Bereich der Reparationen durch das Londoner Schuldenabkommen von 1952 recht glimpflich davonkam, leistete sie in erheblichem Maße individuelle und kollektive Wiedergutmachung, wovon ein erheblicher Teil ins Ausland floß.

In der westdeutschen Gesellschaft nahmen die ehemaligen NS-Verfolgten keine politisch-moralische Sonderstellung ein. Vielmehr bildete deren möglichst konturenlose Integration in die entstehende Nachkriegsgesellschaft der Bundesrepublik die oberste Maxime des Umgangs mit dieser Gruppe. Der Bedeutungszuwachs vor allem ausländischer jüdischer Organisationen Anfang der 50er Jahre, der mit dem Bedeutungsrückgang der deutschen politisch Verfolgten einherging, unterstützte dabei den Trend, wonach zunehmend nicht mehr die gesellschaftliche und moralische, sondern vor allem die materielle Rehabilitierung der NS-Verfolgten in den Vordergrund rückte. Für die Bundesrepublik ist dies in engem Zusammenhang mit der Wiedergewinnung des internationalen »politischen Kredits« nach dem Zweiten Weltkrieg zu sehen. So bildete der Umgang mit den Verfolgten in beiden deutschen Staaten ein besonders kompliziertes Kapitel der Bewältigung der Folgen von Krieg und Nationalsozialismus. Aufgrund der ungeheuren Ausmaße dieser Vorgänge ist dieser Prozeß 50 Jahre nach dem Ende des Dritten Reiches bis heute noch nicht zum endgültigen Abschluß gelangt.

Anmerkungen

[1] Protokoll der 254. Sitzung des Bundestagsausschusses für Rechtswesen und Verfassungsrecht am 4.5.1953, Bundesarchiv (BA), B 141/618.
[2] Lutz Niethammer, Juden und Russen im Gedächtnis der Deutschen, in: Der historische Ort des Nationalsozialismus. Annäherungen, hrsg. von Walter H. Pehle, Frankfurt a.M. 1990, S. 114—134, hier S. 118.

[3] Ludolf Herbst, Einleitung, in: Wiedergutmachung in der Bundesrepublik Deutschland, hrsg. von Ludolf Herbst und Constantin Goschler, München 1989, S. 7—31, hier S. 19.
[4] Günther Kimmel, Das Konzentrationslager Dachau. Eine Studie zu den nationalsozialistischen Gewaltverbrechen, in: Bayern in der NS-Zeit, hrsg. von Martin Broszat und Elke Fröhlich, Bd 2, Herrschaft und Gesellschaft im Konflikt, München 1979, S. 349—413, hier S. 410; Toni Siegert, Das Konzentrationslager Flossenbürg. Ein Lager für sogenannte Asoziale und Kriminelle, ebd., S. 429—492, hier S. 483—485.
[5] Minutes of the Seventh Formal Meeting of the European Advisory Commission, London, 25.7.1944, in: Foreign Relations of the United States, 1944, vol. 1: General, Washington, D.C. 1971, S. 259. Vgl. auch Constantin Goschler, Wiedergutmachung. Westdeutschland und die Verfolgten des Nationalsozialismus, 1945—1954, München 1992, S. 70.
[6] Goschler, Wiedergutmachung (wie Anm. 5), S. 74.
[7] Niethammer, Juden (wie Anm. 2), S. 116.
[8] Vgl. Juliane Wetzel, »Mit szeinen doh«. München und Umgebung als Zuflucht von Überlebenden des Holocaust, 1945—1948, in: Von Stalingrad zur Währungsreform. Zur Sozialgeschichte des Umbruchs in Deutschland, hrsg. von Martin Broszat, Klaus-Dietmar Henke, Hans Woller, München 1988, S. 327—364.
[9] Vgl. Wolfgang Jacobmeyer, Vom Zwangsarbeiter zum Heimatlosen Ausländer. Die Displaced Persons in Westdeutschland 1945—1951, Göttingen 1985, S. 224f.
[10] Kurt Friedländer an Dahlem und Gniffke, 12.3.1948, Stiftung Archiv der Parteien und Massenorganisationen im Bundesarchiv (SAPMO-BA), ZPA, IV 2/2.027/31.
[11] Ebd. Olaf Groehler, Integration und Ausgrenzung von NS-Opfern. Zur Anerkennungs- und Entschädigungsdebatte in der Sowjetischen Besatzungszone Deutschlands 1945 bis 1949, in: Historische DDR-Forschung: Aufsätze und Studien, hrsg. von Jürgen Kocka, Berlin 1993, S. 105—127, hier S. 106—109.
[12] Goschler, Wiedergutmachung (wie Anm. 5), S. 81. Für Beispiele aus der SBZ vgl. Constantin Goschler, Paternalismus und Verweigerung. Die DDR und die Wiedergutmachung für jüdische Verfolgte des Nationalsozialismus, in: Jahrbuch für Antisemitismusforschung, 2 (1993), hier S. 95—97; Groehler, Intergration (wie Anm. 11), S. 106f.
[13] Zu derartigen Regelungen in der US-Zone vgl. Goschler, Wiedergutmachung (wie Anm. 5), S. 128—130; zur SBZ vgl. ders., Paternalismus (wie Anm. 12), S. 95—97. Siehe auch Ernst Feaux de la Croix, Der Werdegang des Entschädigungsrechts unter national- und völkerrechtlichem und politologischem Aspekt, München 1985, S. 16—33.
[14] Nils Asmussen, Der kurze Traum von der Gerechtigkeit. »Wiedergutmachung« und NS-Verfolgte in Hamburg nach 1945, Hamburg 1987, S. 27f.
[15] Goschler, Wiedergutmachung (wie Anm. 5), S. 76—86.
[16] Kontrollratsgesetz Nr. 18 vom 8.3.1946, in: Amtsblatt des Kontrollrats in Deutschland, Nr. 5, 31.3.1946, S. 117—121.

17 Ebd., Nr. 1, 29.10.1945, S. 22f.
18 Bericht über die Tagung des Zonenbeirats »OdF« am 19.8.1946, SAPMO-BA, ZPA, IV 2/2.027/29.
19 In Großhessen beispielsweise waren Mitte 1947 von 10487 Betreuten 5439 politisch, 3564 rassisch und 326 religiös Verfolgte, wozu 1157 Hinterbliebene kamen. Vgl. Goschler, Wiedergutmachung (wie Anm. 5), S. 77, 83, 86. Eine Aufstellung über die Parteimitgliedschaft der betreuten Verfolgten in der SBZ ohne Berlin vom 1.10.1947 weist insgesamt 35737 Personen aus, wovon 17287 der KPD und 4857 der SPD angehörten. Protokoll über die 2. Sitzung des engeren Zentralvorstandes der VVN am 18.10.1947, SAPMO-BA, ZPA, IV 2/2.027/3.
20 Vgl. dazu Goschler, Paternalismus (wie Anm. 12), S. 97.
21 Josef Beyerle an Walter Römer, 26.8.1947, Archiv des Bayrischen Justizministeriums, München, 1101b, H. 1.
22 Die Vorsitzenden der Betreuungsstellen von Hanau, Wiesbaden, Giessen, Fulda, Darmstadt, Offenbach, Frankfurt a.M. an das großhessische Innenministerium, 10.8.1946, Hessisches Hauptstaatsarchiv, Wiesbaden, Abt. 502, Nr. 2772c.
23 Eugen Kogon, Politik der Versöhnung, in: Frankfurter Hefte, 3 (1948), hier S. 321.
24 Eugen Kogon, Der politische Untergang des europäischen Widerstandes, in: Frankfurter Hefte, 4 (1949), hier S. 410f.
25 Susanne Miller, Die Behandlung des Widerstands gegen den Nationalsozialismus in der SPD nach 1945, in: Das Unrechtsregime. Internationale Forschung über den Nationalsozialismus, Bd 2: Verfolgung — Exil — Belasteter Neubeginn, hrsg. von Ursula Büttner, Hamburg 1986, S. 407—420, hier S. 417f.
26 Goschler, Wiedergutmachung (wie Anm. 5), S. 196.
27 Jan Foitzik, Vereinigung der Verfolgten des Naziregimes (VVN), in: SBZ-Handbuch. Staatliche Verwaltungen, Parteien, gesellschaftliche Organisationen und ihre Führungskräfte in der Sowjetischen Besatzungszone Deutschlands 1945—1949, hrsg. von Martin Broszat, Hermann Weber, München 1990, S. 748—759, hier S. 748.
28 Siehe etwa Protokoll Nr. 11/53 der Sitzung des Sekretariats des ZK der SED am 12.2.1953, SAPMO-BA, ZPA, J IV 2/3/362.
29 Vgl. dazu Sigrid Meuschel, Legitimation und Parteiherrschaft in der DDR. Zum Paradox von Stabilität und Revolution in der DDR 1945—1989, Frankfurt a.M. 1992, S. 29—40.
30 Monika Richarz, Juden in der BRD und DDR seit 1945, in: Jüdisches Leben in Deutschland seit 1945, hrsg. von Michael Brumlik u.a., Frankfurt a.M. 1986, S. 13—31, hier S. 21. Wichtig ist dabei allerdings die Unterscheidung zwischen denen, die sich nach 1945 zum jüdischen Glauben bekannten, und denen, die vor 1945 von den Nationalsozialisten als Juden verfolgt wurden. Die Zahl der letzteren lag in der DDR einiges über der der Glaubensjuden. So befanden sich unter insgesamt 31347 anerkannten VdN (Stand: 1.12.1968) 13465 Kämpfer und 3271 rassisch Verfolgte sowie 141 Zigeu-

ner. Den Rest machen hauptsächlich Angehörige von selbst verfolgten VdN aus. Analyse des Ministeriums für Gesundheitswesen vom 1.12.1968, Archiv der Interessenvereinigung Verfolgte des Naziregimes (IVVdN-Archiv), Akte Statistik 1.

[31] Jerry E. Thompson, Jews, Zionism, and Israel: The Story of the Jews in the German Democratic Republic, Diss. Ann Arbor (Mich.) 1978, S. 249.

[32] Christian Pross, Wiedergutmachung. Der Kleinkrieg gegen die Opfer, Frankfurt a.M. 1988, S. 295.

[33] Goschler, Wiedergutmachung (wie Anm. 5), S. 217 ff.

[34] »Unser Opfer ist Eure Verpflichtung: Frieden!« Die Ansprache des Bundespräsidenten Theodor Heuss am Volkstrauertag im Bundeshaus, in: Bulletin des Presse- und Informationsamtes der Bundesregierung, 20.11.1952, Nr. 181, S. 1597 f.

[35] Foitzik, Vereinigung (wie Anm. 27), S. 751.

[36] Anfrage MdL Josef Kiene (SPD), Personalpolitik der Regierung, Bayerischer Landtag, 1. Wp. 1946—1950, 111. Sitzung vom 31.5.1949, in: Stenographische Berichte, S. 192.

[37] Vgl. dazu Goschler, Wiedergutmachung (wie Anm. 5), S. 214—217.

[38] Bernd Wunder, Geschichte der Bürokratie in Deutschland, Frankfurt a.M. 1986, S. 164 u. 166 f.; Udo Wengst, Beamtentum zwischen Reform und Tradition. Beamtengesetzgebung in der Gründungsphase der Bundesrepublik Deutschland 1948—1953, Düsseldorf 1988, S. 222—235.

[39] Vgl. zum Folgenden Goschler, Wiedergutmachung (wie Anm. 5), S. 234—241.

[40] Deutscher Bundestag, 10. Wp 1982—1986, Drucksache Nr. 6287, Bericht der Bundesregierung über Wiedergutmachung und Entschädigung für nationalsozialistisches Unrecht sowie über die Lage der Sinti, Roma und verwandter Gruppen vom 31.10.1986, S. 25, in: Anlagen, Bd 341.

[41] Hermann Lübbe, Der Nationalsozialismus im deutschen Nachkriegsbewußtsein, in: Historische Zeitschrift, 236 (1983), S. 579—599, hier S. 585.

[42] Wiedergutmachungsgesetz vom 14.9.1945, in: Regierungsblatt für Thüringen 1945, T. I, S. 24 ff. Siehe dazu auch Thomas Schüler, Das Wiedergutmachungsgesetz vom 14. September 1945 in Thüringen, in: Jahrbuch für Antisemitismusforschung, 2 (1993), S. 118—138, hier S. 119 ff.

[43] Goschler, Wiedergutmachung (wie Anm. 5), S. 118—121.

[44] Siehe dazu die Dissertation von Andreas Rhaue (München) über die Wiedergutmachung in der DDR, die kurz vor ihrer Fertigstellung steht.

[45] Vgl. Goschler, Wiedergutmachung (wie Anm. 5), S. 106—128.

[46] Walter Schwarz, Rückerstattung nach den Gesetzen der Alliierten Mächte, München 1974, S. 364.

[47] Dabei handelte es sich um etwa 87 000 Individualansprüche, zu denen noch einmal ca. 80 000 Ansprüche der Jewish Restitution Successor Organization (JRSO) kamen. Letztere betreffen solches rückerstattungspflichtige Eigentum, für das infolge der Ermordung ganzer Familien keine natürlichen Erben mehr ausfindig gemacht werden konnten. Siehe dazu Goschler, Wiedergutmachung (wie Anm. 5), S. 180 f.

⁴⁸ Siehe dazu Schwarz, Rückerstattung (wie Anm. 46), S. 70—81; Constantin Goschler, Die Auseinandersetzung um die Rückerstattung »arisierten« jüdischen Eigentums nach 1945, in: Die Deutschen und die Judenverfolgung im Dritten Reich, hrsg. von Ursula Büttner, Hamburg 1992, S. 339—356.

⁴⁹ Vgl. dazu Angelika Timm, Der Streit um Restitution und Wiedergutmachung in der Sowjetischen Besatzungszone Deutschlands, in: Babylon, H. 10/11 (1992), S. 125—138; Groehler, Integration (wie Anm. 11), S. 119—125.

⁵⁰ Vgl. Jürgen Habermas, Was bedeutet ›Aufarbeitung der Vergangenheit‹ heute? Bemerkungen zur ›doppelten Vergangenheit‹, in: ders., Die Moderne — ein unvollendetes Projekt. Philosophisch-politische Aufsätze 1977—1992, Leipzig ²1992, S. 242—267, hier S. 251.

⁵¹ Vorschläge zur Änderung bzw. Ergänzung der Anordnung zur Sicherung der rechtlichen Stellung der anerkannten VdN vom 5.10.1949, o. Autor, 8.3.1945, SAPMO-BA, ZPA, IV 2/611/86.

⁵² Vgl. dazu Ulrich Herbert, Nicht entschädigungsfähig? Die Wiedergutmachungsansprüche der Ausländer, in: Wiedergutmachung (wie Anm. 3), S. 273—302.

⁵³ Karl Heßdörfer, Die finanzielle Dimension, ebd., S. 55—59.

⁵⁴ Jörg Fisch, Reparationen nach dem Zweiten Weltkrieg, München 1992, S. 120f.; unter Einschluß der Wiedergutmachung in der Sozialversicherung käme man sogar auf einen mutmaßlichen Gesamtbetrag von 130 Mrd. DM, vgl. Heßdörfer, Die finanzielle Dimension (wie Anm. 53), S. 57.

⁵⁵ Hans Fahrland an Hanna Sielaff, 26.2.1955, SAPMO-BA, ZPA, IV 2/611/86.

⁵⁶ Verordnung über Ehrenpensionen für Kämpfer gegen den Faschismus und für Verfolgte des Faschismus sowie deren Hinterbliebene vom 8.4.1965, Gesetzblatt der Deutschen Demokratischen Republik 1965, II, S. 295, sowie Erste Durchführungsbestimmung vom 8.4.1965, ebd., S. 295.

⁵⁷ Siehe Denkschrift: »Entwicklung auf dem Gebiet der Renten und der allgemeinen Sozialfürsorgeleistungen«, 15.2.1967, SAPMO-BA, ZPA, IV A 2/611/11.

⁵⁸ Siehe Übersicht über die Anzahl der anerkannten Kämpfer gegen den Faschismus, Verfolgten des Naziregimes und deren Hinterbliebene per 31.12.1988, Sassenbach-Stiftung, Archiv der Gewerkschaftsbewegung, A 200.13457; Günther Saathoff, Von der »Ehrenpension« zum »Entschädigungsrentengesetz«. Eine gesetzliche Neuregelung für Opfer des Nationalsozialismus im Beitrittsgebiet, in: Deutschland-Archiv, 25 (1992), S. 532—536.

⁵⁹ Peter Dittmar, DDR und Israel. Ambivalenz einer Nicht-Beziehung, T I, in: Deutschland-Archiv, 10 (1977), S. 736—754, hier S. 752f.

⁶⁰ Rainer Karlsch, Allein bezahlt? Die Reparationsleistungen der SBZ/DDR 1945—53, Berlin 1993, S. 231; Fisch, Reparationen (wie Anm. 54), S. 196, gibt eine nur wenig abweichende Schätzung von 53 bis 55 Mrd. RM an.

⁶¹ Zahl der anerkannten VdN und VdN-Hinterbliebenen in der DDR und Berlin, Stand: 20.3.1954, IVVdN-Archiv, Akte Sozialpolitik 1.

⁶² Gotthard Jasper, Die disqualifizierten Opfer. Der Kalte Krieg und die Entschädigung für Kommunisten, in: Wiedergutmachung (wie Anm. 3), S. 361—384.

[63] Vgl. dazu Frank Stern, Im Anfang war Auschwitz. Antisemitismus und Philosemitismus im deutschen Nachkrieg, Gerlingen 1991.
[64] Zur US-Zone vgl. Goschler, Wiedergutmachung (wie Anm. 5), S. 90; zur SBZ/DDR siehe Richtlinien für die Anerkennung als Verfolgte des Naziregimes vom 10.2.1950, in: Gesetzblatt der DDR, 1950, 14, S. 92ff.
[65] Siehe dazu Arnold Spitta, Entschädigung für Zigeuner? Geschichte eines Vorurteils, in: Wiedergutmachung (wie Anm. 3), S. 385—401, hier S. 393—401.
[66] Niethammer, Juden (wie Anm. 2), S. 131f.

Ernst Klee

Die Ermordung der Unproduktiven.
Euthanasie im Dritten Reich und ihre Aufarbeitung im Nachkriegsdeutschland

I. Zur Vorgeschichte

Der Psychiater Alfred E. Hoche hat viel veröffentlicht, unter dem Pseudonym Alfred Erich auch Gedichte. Sein Werk ist längst vergessen. Doch 17 Seiten Text haben ihn berühmt gemacht und abertausend Menschen den Tod gebracht.

Hoche, 1865 in einem sächsischen Pfarrhaus geboren, war nicht aus Passion für das Irrenwesen Psychiater geworden, sondern weil es sich so fügte. Mit 25 Jahren wird er Oberarzt in der Straßburger Psychiatrie, mit 32 läßt er sich als Nervenarzt nieder. Nebenbei erprobt er die Reizung des Rückenmarks mittels elektrischen Stromes: Stehen Hinrichtungen an, lauert er mit seinem Gerät hinter der Guillotine (»die Anatomie legt Wert auf allerfrischestes Untersuchungsmaterial«). Hoches Erkenntnis: »15 bis 20 Minuten nach dem Tode hört die Erregbarkeit des Rückenmarks auf[1].« In seinen Lebenserinnerungen (»Jahresringe«) kokettiert der Nervenarzt mit seinen Fallbeil-Fällen, in früheren Jahrhunderten habe man »bessere Nerven« gehabt: »Eine Zeit, in der gebildete Richter Leute auf der Folter verhören konnten, ertrug auch den Anblick der Gehängten[2].« So verwundert es nicht, daß ihn Zeitgenossen als Zyniker empfunden haben.

Mit 37 Jahren wird der Straßburger Nervenarzt Direktor der Psychiatrie in Freiburg. Doch die Versorgung der Patienten interessierte ihn wenig[3]. Und obgleich man über Tote nur Gutes sagen soll, heißt es im Nachruf von Hoches Nachfolger Kurt Beringer: »Mit grundlegenden Entdeckungen oder Fortschritten seines Faches ist sein Name nicht verknüpft[4].« Hoches Weltbild war im Ersten Weltkrieg zerbrochen, nachdem im Sturm auf Langemarck sein einziger Sohn als Kriegsfreiwilliger gefallen war. Als 1918 Preußens Gloria erlosch, zweifelte Hoche, Vorsitzender der Badischen Vaterlandspartei, an der Gerechtigkeit. Zwei Jahre später publizierte er eine 62 Seiten schmale Broschüre: »Die Freigabe der Vernichtung lebensunwerten Lebens.« Co-Autor ist der während der Drucklegung verstorbene Strafrechtsdogmatiker Karl Binding.

Binding, für den juristischen Teil zuständig, stammte aus einer Frankfurter Bierbrauerfamilie und hatte in Leipzig Recht gelehrt. In der Broschüre tritt Binding für die Tötung auf Verlangen bei unheilbar Kranken ein. Eine »Brechung des Lebenswillens« solcher, die diese sichtbar äußerten[5], sei auszuschließen, die Tötung »unheilbar Blödsinniger«[6] aber freizugeben. Eine staatliche Kommission (ein Allgemeinmediziner, ein Psychiater, ein Jurist) solle darüber entscheiden[7]. Hoche steuert, wie erwähnt, nur 17 Seiten bei. Doch er prägt jene Begriffe, die bei den Nazis Todesurteile bedeuten werden: »geistig Tote«, »Ballastexistenzen«, »lebensunwertes Leben«[8]. Hoche gibt unheilbar Kranke wie »unheilbar Blödsinnige« (»Zustände geistigen Todes«) zur Vernichtung frei[9]. Es sei »eine peinliche Vorstellung«, meint er, »daß ganze Generationen von Pflegern neben diesen Menschenhülsen dahinaltern«[10].

Der Freiburger Psychiater bewertet den menschlichen Lebenswert am produktiven Nutzen. Die Tötung der »Ballastexistenzen« begründet er ökonomisch: Rechne man die Zahl der in Anstaltspflege befindlichen Idioten zusammen, so sei »leicht zu ermessen, welches ungeheure Kapital in Form von Nahrungsmitteln, Kleidung und Heizung, dem Nationalvermögen für einen unproduktiven Zweck entzogen wird«[11]. Die Aufrechnung hat allerdings einen Fehler: Die deutsche Wirtschaft krankt 1920 nicht an den Pflege-, sondern an den Kriegsfolgekosten deutscher Großmachtpolitik.

Hoche hat 1920 ein Tabu gebrochen. Wohl baute er auf den Sozialdarwinisten auf, die behaupteten, im »Kampf ums Dasein« setzten sich die Tüchtigsten durch (letztlich eine Legitimierung der Kolonialpolitik und wirtschaftlicher Verdrängungsprozesse). Wohl war die Sterilisierung von »biologisch Minderwertigen« diskutiert worden[12]. Doch Hoche ist der erste namhafte Psychiater, der ein Vernichtungs-Verdikt verfaßt. Er versuchte erst gar nicht, sein ökonomisch begründetes Vernichtungsgebot mit den zu dieser Zeit grassierenden Aufnordungs- und Aufartungstheorien zu untermauern.

Nach dem »Schandfrieden von Versailles«, nachdem die Völkerschlacht verloren ist, zeigt Hoche ein Schlachtfeld, auf dem Sieger und Verlierer von vornherein feststehen. Die Broschüre wird ein Vernichtungs-Bestseller. Geisteskranke, Krüppel, Fürsorgezöglinge, Arbeitslose, Epileptiker, Trinker, Dirnen etc. etc. werden in den folgenden Jahren von

Wissenschaftlern und Fürsorgepraktikern als Minderwertige, die die Wohlfahrt brandschatzen, zur Disposition gestellt[13]. Sie unterfüttern, was Rassenideologen wie der Wahldeutsche (und Schwiegersohn Richard Wagners) Housten Stewart Chamberlain und eine Flut pseudowissenschaftlicher Traktate ohnedies verkünden: Die germanische Rasse sei durch die »Minderwertigen« bedroht. Besonders populär wird die These, im Krieg seien die Besten gefallen, während die Minderwertigen zu Hause gehätschelt wurden. Eine dreiste Behauptung: Während des Ersten Weltkriegs hatte die Psychiatrie niemanden verhätschelt, viele Patienten waren vielmehr qualvoll verhungert.

II. Dr. Irmfried Eberl — eine Mordkarriere

Hoche reicht im Mai 1933, kurz vor dem 68. Lebensjahr, seine Entlassung ein und zieht nach Baden-Baden. Er hatte in Straßburg die Jüdin Hedwig Goldschmidt geehelicht und gilt als »jüdisch versippt«. Zu dieser Zeit studiert Dr. Irmfried Eberl, am 8. September 1910 im österreichischen Bregenz geboren, an der medizinischen Fakultät der Universität Innsbruck[14]. Eberl war mit 21 Jahren in Österreich der NSDAP beigetreten und mit 22 Jahren in Innsbruck als NS-Vertreter in die Studentenkammer gewählt worden (außerdem gehörte er dem SA-Sturm 14 an). Mit 24 Jahren promoviert er, findet aber in Österreich keine feste Anstellung, weil die NSDAP 1933 verboten worden war[15].

Eberl wechselt ins Reich und übernimmt 1936, inzwischen 25 Jahre alt, die Leitung der Abteilung Volksgesundheit des Amtes für Volkswohlfahrt bei der Gauleitung der NSDAP Magdeburg-Anhalt in Dessau. Nach einigen Zwischenstationen[16] wird er Ende Oktober 1937 wissenschaftlicher Mitarbeiter beim Hauptgesundheitsamt Berlin, Abteilung Sozialhygiene. Im Dienst trägt er stets das Parteiabzeichen der NSDAP[17].

1938 verlobt er sich mit seiner späteren Ehefrau Ruth. Sie arbeitet im Frauenamt der Deutschen Arbeitsfront, dem NS-Ersatz für die zerschlagenen Gewerkschaften. Am 23. Juni 1938 heiraten beide. Im Sommer 1938 sucht Ruth Eberl den Chef des Berliner Gesundheitswesens auf, um ihren Mann zu protegieren[18]. Es ist Leonardo Conti, seit 1923 in der SA, seit 1927 in der NSDAP und ab 1930 in der SS. Conti hatte den NS-Ärztebund gegründet und war maßgeblich an der Vertreibung der jüdischen Ärzte beteiligt.

Conti wird April 1939 Reichsgesundheitsführer, Staatssekretär für das Gesundheitswesen im Innenministerium und ist an der Planung der Euthanasie beteiligt, die spätestens im Februar in der Kanzlei des Führers, einer Parteidienststelle, begonnen hatte[19]. Die Kanzlei des Führers untersteht Reichsleiter Philipp Bouhler, einem ehemaligen Berufsoffizier, zu diesem Zeitpunkt SS-Obergruppenführer[20].

Im September 1939 sind die Planungen abgeschlossen. Da die Kanzlei des Führers nicht als Firmenschild von Krankenmorden dienen kann, wird aus Gründen der Geheimhaltung eine Zentraldienststelle geschaffen, die nach ihrem späterem Sitz in der Berliner Tiergartenstraße 4 T 4 genannt wird[21]. Eberl hat bei der Planung des Massenmords wahrscheinlich keine Rolle gespielt, denn in seinen Unterlagen befindet sich u. a. ein Vertrag vom 12. September 1939, der ihn zum nebenamtlichen Betriebsarzt bei Edeka macht[22]. Noch am 18. Dezember 1939 vereinbart er mit der Altmärkisches Kettenwerk GmbH. nebenberuflich eine Tätigkeit als Werksarzt für 300 Mark im Monat[23]. Sein Arbeitsbuch weist ihn ab Februar 1940 als Mitarbeiter der Gemeinnützigen Stiftung für Anstaltspflege, das ist der Tarnname für die Personalstelle von T 4, aus. Die Berliner Firma Alkett, Altmärkisches Kettenwerk GmbH., teilt Eberl noch am 11. März 1940 mit, daß seine Nebentätigkeit als Werksarzt durch die Rückkehr des bisherigen Werksarztes »aus dem Felde« aufgehört habe[24].

Eberl wird, 29 Jahre alt, Direktor der Vergasungsanstalt Brandenburg/Havel. Bereits vor seinem offiziellen Dienstantritt, in der ersten Hälfte des Januar 1940[25], trifft er seinen Förderer Conti, Hitlers Begleitarzt und Euthanasie-Beauftragten Professor Karl Brandt, den medizinischen Leiter der Mordzentrale Professor Werner Heyde sowie weitere T 4-Funktionäre[26] in Brandenburg zu einer Probe-Vergasung. Der Chemiker und SS-Untersturmführer Dr. August Becker, vom Reichssicherheitshauptamt zur Kanzlei des Führers abgestellt, hat die Gasflaschen bei den I. G. Farben in Ludwigshafen abgeholt. Nach Beckers Aussage ist Eberl hierbei in die Bedienung eingewiesen[27], anschließend wahrscheinlich in der Vergasungs-Anstalt Grafeneck auf der Schwäbischen Alb in die »Arbeit« eingeführt worden[28], wo die Vernichtungs-Aktion im Januar 1940 beginnt. Viktor Brack, 1940 SS-Standartenführer, Chef des Hauptamtes II in der Kanzlei des Führers und für die Organisierung der Mordaktion zuständig: »Letzten Grundes bezweckte Hitler [...] jene Leute auszumerzen, die in Irrenanstalten und ähnlichen Anstalten verwahrt und für das Reich von keinem irgendwelchen Nutzen mehr waren. Diese Leute wurden als nutzlose Esser angesehen, und Hitler war der Ansicht, daß durch die Vernichtung dieser sogenannten nutzlosen Esser die Möglichkeit gegeben wäre, weitere Ärzte, Pfleger, Pflegerinnen und anderes Personal, Krankenbetten und andere Einrichtungen für den Gebrauch der Wehrmacht freizumachen[29].«

In der Praxis wurden dagegen in den ersten Monaten viele Patienten abtransportiert, die zwar seit vielen Jahren in der Anstalt lebten, dort aber als Haus- oder Gartenarbeiter nahezu unersetzlich waren. Es existiert ein Foto, das Patienten bei Holzarbeiten an der Zwiefalter Gaubergsteige zeigt, die am Tage nach der Aufnahme in die Vergasungsanstalt Grafeneck geschafft wurden[30]. Eine Augenzeugin aus der Anstalt Emmendingen: »Bei allen von mir gesehenen Abtransporten gingen viele solche Patienten mit, die kaum als krank anzusehen waren, solche, die von morgens bis abends gearbeitet haben [...] Die besten Arbeitskräfte der Anstalt gingen fort, während viele Vollidioten in der Anstalt blieben.« Die Augenzeugin weiter: »Ich erinnere mich noch gut, daß eine Patientin laut um Hilfe gerufen hat. Sie rief ›Hilfe, Hilfe, die Mörder kommen‹[31].«

Erreichen die Selektierten die Vergasungsanstalt, werden sie in Empfang genommen, ausgezogen, zu pseudo-wissenschaftlichen Zwecken fotografiert und zur Untersuchung durch T4-Ärzte gebracht. Die Untersuchung dient dazu, die nackten Opfer zu täuschen, es gehe zum Duschen, und erleichtert den Ärzten, eine glaubhafte Todesursache in die Sterbedokumente einzutragen. Jeder ankommende Transport wird ohne Rücksicht auf die Tageszeit sofort vergast.

Wie Schafe zur Schlachtbank sind viele der Opfer nicht in die Gaskammer gegangen. Sie wehren sich verzweifelt, schreien, flehen um ihr Leben. Ihr Tod ist qualvoll. Die Leichen liegen im Todeskampf ineinandergekrallt, voller Urin, Kot, Regelblut. Sogar die Schreibkräfte der Mordanstalten, junge Frauen oft, begaffen das »Schauspiel« durch ein schmales Fenster neben der Stahltür. Sind die Menschen in der Gaskammer tot, wird ihnen das Zahngold herausgebrochen und bei der Degussa zu Feingold verarbeitet.

In Brandenburg beginnt der Massenmord im Februar mit der Tötung von 105 Menschen[32]. Die T4-Anstalt ist ein umgebautes ehemaliges Zuchthaus mitten in der Stadt. Die Leichen werden zunächst in fahrbaren Verbrennungsöfen verbrannt. Da der Schornstein zu niedrig ist, schlagen Flammen heraus. Nach Protesten der Anwohner wird die Verbrennungsanlage auf ein Grundstück in Paterdamm bei Brandenburg verlegt.

In Brandenburg beginnt die systematische Vergasung jüdischer Patienten. Der erste Transport, soweit feststellbar, kommt im Juni 1940 aus der Berliner Anstalt Buch. Im Juli folgen weitere Transporte, die Irmfried Eberl in seinem Taschenkalender mit einem »J« kennzeichnet. Die »arischen« Opfer der NS-Euthanasie werden nach ihrer Arbeitsfähigkeit selektiert, bei den nichtarischen Patienten genügt die Diagnose »Jude«.

Im Sommer 1940 trifft Viktor Mathes, Direktor der Heil- und Pflegeanstalt Emmendingen, den Vordenker der »Vernichtung lebensunwerten Lebens«, Alfred Erich Hoche, zufällig in der Baden-Badener Straßenbahn. Hoche hat gerade eine Urne mit der Asche einer euthanasierten Verwandten zugestellt bekommen. Mathes: »Professor Hoche hat unmißverständlich zum Ausdruck gebracht, daß er die Maßnahmen aufs schärfste mißbillige. Er erkundigte sich noch, wie ich mich in meiner Anstalt dagegen wehre[33].« Von Hoches Freigabe der Vernichtung bis zum Vollzug der Vernichtung sind nur 20 Jahre vergangen.

Nur wenige Kilometer von der Vergasungsanstalt Brandenburg entfernt liegt die psychiatrische Anstalt Brandenburg-Görden. Direktor der Einrichtung ist der Psychiater Hans Heinze, der 1939 an den Vorbereitungen der Erwachsenen-Euthanasie in den Vergasungsanstalten beteiligt war und zu den ersten Gutachtern der Vergasungs-Euthanasie gehörte. Heinze war zudem ab Frühjahr 1939 bei der Planung der Kinder-Euthanasie hinzugezogen worden. Die Kinder-Euthanasie unterscheidet sich von der Vergasungsaktion durch die Erfassung der Opfer und die Mordmethode:

Die Kranken, die z. B. im ehemaligen Zuchthaus in Brandenburg in der Gaskammer sterben, sind Menschen, die in einer Anstalt gelebt hatten. Die behinderten Kinder werden dagegen nach der Geburt von Hebammen und Amtsärzten nach Berlin gemeldet, wo die Kanzlei des Führers eine Abteilung unterhält, die aus Gründen der Tarnung »Reichsausschuß zur wissenschaftlichen Erfassung von erb- und anlagebedingten schweren Leiden« genannt wird. Hans Heinze ist Obergutachter beim Kindermord und leitet seit Herbst 1939 die reichsweit erste von etwa 30 »Kinderfachabteilungen« (Tarnbezeichnung) zur Ermordung behinderter Kinder. Gemordet wird mit Überdosierungen von Medikamenten oder mit Spritzen.

Am 19. April 1940 nehmen Aquilin Ullrich, Euthanasie-Arzt in der Vergasungsanstalt Brandenburg, und sein Chef Eberl an einer Tagung in den Diensträumen der Kanzlei des Führers in der Voßstraße teil. Anstaltsleiter und Lehrstuhlinhaber diskutieren die »Erhaltung und pathologische Untersuchung von wertvollen Gehirnen für die wissenschaftliche Forschung«. Ullrich, vier Jahre jünger als Eberl und wie dieser ohne jede psychiatrische Ausbildung, erinnerte sich nach dem Krieg, die Lehrstuhlinhaber hätten »Klage geführt über die unersetzlichen Verluste durch die sofortige Verbrennung der Leichen, die die Forschung behinderten«[34].

Die Mörder folgen dem Hinweis und lassen den Ermordeten fortan die Gehirne herausschneiden. Die Wissenschaftler sind damit aber noch nicht zufrieden. Ihre Überlegung: wenn Kranke und Behinderte ohnedies getötet werden, könnten sie zuvor noch als menschliche Versuchskaninchen benutzt und anschließend seziert werden. Zentren dieser sogenannten Euthanasie-Forschung werden die Universitätspsychiatrie in Heidelberg und die Brandenburgische Landesanstalt Görden.

Einer der Wissenschaftler, die von der »Euthanasie-Forschung« profitieren, ist Julius Hallervorden, nach 1945 als Altmeister der deutschen und internationalen Neuropathologie vielfach gewürdigt. Hallervorden hatte lange Jahre an der Landesanstalt Landsberg an der Warthe die zentrale Prosektur in Brandenburg geleitet, aber im November 1935 beantragt, sein Sezier-Institut nach Potsdam zu verlegen, wo zu dieser Zeit Hans Heinze Direktor ist. Zugleich hatte Hallervorden vorgeschlagen, alle bildungsunfähigen Schwachsinnigen des Landes dort zu konzentrieren, da diese die wichtigste Gruppe der Erbkranken darstellten. Die Verlegung der Prosektur nach Potsdam ermöglichte ein ausgiebiges Studium derselben in klinischer, pathologisch-anatomischer und erbbiologischer Beziehung[35].

Im April 1936 war Hallervorden nach Potsdam umgezogen und Oberarzt bei Hans Heinze geworden. Im Laufe des Jahres werden epileptische Kranke in andere Landesanstalten verlegt und gegen »bildungsunfähige Schwachsinnige«, vor allem aus der Landesanstalt Lübben, eingetauscht. Hallervorden wird 1938 als Abteilungsleiter und stellvertretender Direktor an das Kaiser-Wilhelm-Instituts für Hirnforschung berufen, das in der Berliner Anstalt Buch residiert. Hallervordens Aufgabe ist die Erforschung der anatomischen Grundlagen der Idiotie und des Schwachsinns bei Kindern. Hans Heinze wird zeitgleich zum Sachverständigen für die Erforschung des Schwachsinns und zur besonderen Betreuung der Abteilung Hallervorden berufen.

1938 wechseln Ärzte und Patienten der Anstalt Potsdam in die Anstalt Brandenburg-Görden, unter ihnen das aus Lübben bestellte »Forschungsmaterial«, insgesamt 118 Kinder und Jugendliche. Von diesen Kindern und Jugendlichen kommen 58 allein am 28. Oktober 1940 in die Gaskammer, wovon sich 37 Gehirne in Hallervordens Gehirnsammlung nachweisen lassen[36].

Der Brandenburger »Euthanasie«-Arzt Heinrich Bunke: »Ein Teil der Kinderleichen wurden von Professor Hallervorden aus Berlin (Histologe am Kaiser-Wilhelm-Institut) seziert und zur wissenschaftlichen Auswertung mitgenommen. Ich nehme an, daß dies aufgrund einer Vereinbarung mit Professor Heinze geschah [...] Professor Heinze war damals selbst in Brandenburg[37].« Bestätigt wird Bunkes Aussage durch einen Blick in Eberls Taschenkalender. Am Sonnabend, dem 5. Oktober, ist darin ein Treffen in Berlin-Buch (Sitz des Kaiser-Wilhelm-Instituts) eingetragen: »Heinze-Buch-Hallervorden«. Am 28. Oktober steht in Eberls Kalender: »Hallervorden abholen« und »Görden K«, Eberls Abkürzung für Kinder.

Eberl und sein Mordpersonal wechseln im Herbst 1940 in die anhaltische Anstalt Bernburg/Saale. Der erste Euthanasie-Transport trifft am 21. November ein, es sind 25 Männer aus Neuruppin[38]. Insgesamt gibt es sechs Vergasungsanstalten: Brandenburg, das von Bernburg abgelöst wird, Grafeneck, das 1941 durch Hadamar ersetzt wird, sowie Sonnenstein in Pirna und Hartheim bei Linz. Bernburg ist die einzige Anstalt, in der in einem Teil gemordet und im anderen Teil weiterhin Psychiatrie betrieben wird. Querelen, Denunzitationen und Korruption prägen das Klima in der T4-Abteilung. Abmahnungen wegen mangelnder Leistungen betreffen z.B. den Urnenversand, weil Urnen doppelt an die Hinterbliebenen versandt wurden[39]. Es gibt sogar Klagen, daß der Mitarbeiter Kochan sein Zimmer nicht sauber halte (im Vergasungstrakt gab es immerhin drei Reinemachefrauen)[40].

Der Ton mit der Berliner Zentrale ist barsch. Am 8. Juli 1941 ist z.B. Polizei-Hauptmann Christian Wirth von der T4-Zentrale zu einer Art Geschäftsprüfung in Bernburg. Wütend schreibt Eberls ärztlicher Vertreter Bunke am nächsten Tag einen Aktenvermerk: »Der Zentrale gegenüber erkläre ich hiermit eindeutig, daß bei einem nochmaligen Erscheinen des Hauptmann Wirth in der Anstalt Bernburg ich nicht länger hier verbleiben kann, weil ich als Vertreter von Herrn Dr. Eberl die psychische und moralische Belastung, die dadurch in der Gefolgschaft entstehen würde, nicht verantworten kann[41].«

Übergriffe auf die Todesopfer hat es ebenso gegeben. »Die Pflegerin Hilde Rank und der Pfleger Erwin Braatz«, heißt es in einer Aussage der Bürokraft Schellenberg, »mußten oft gerügt werden, wegen grober Behandlung der Opfer, wenn sie unbekleidet vor der Vergasung dem Arzt vorgeführt wurden[42].« Braatz, SA-Rottenführer, stammte aus der Anstalt Wittstock bei Neuruppin. Hildegard Rank, im westpreußischen Neustadt geboren, zuerst in Grafeneck eingesetzt, wurde im Anschluß an Bernburg (wie zwölf weitere Pflegerinnen) nach Hadamar versetzt, wo bis Kriegsende die Kranken mit Medikamenten vergiftet wurden.

Zahlreiche Liebschaften, allen voran Eberl, beeinträchtigten das Betriebsklima. Eberl in einem Brief an den gefeuerten Leiter des Sonder-Standesamtes, Hermann Holzschuh: »Die mindere Leistung von Frl. Hartmann ist meines Erachtens auf die vielen Gelage in Verbindung mit Herrn Spengler zurückzuführen[43].« T4-Schwester Gertrud Simon, die ihren Mann in der Mordanstalt Hadamar kennengelernt hatte, über die Bürokräfte Dalades: »Sie weinten, als sie weg mußten[44].«

Eine Bernburger Arzttochter, bei Kriegsende 16 Jahre alt, erinnert sich noch heute, das T4-Personal habe großstädtischer und flotter in der Aufmachung gewirkt als das Bernburger Personal. Die T4-Sekretärinnen, die sich für etwas Besseres hielten, weil sie bei einem Sondereinsatz mitmachten, seien mit manikürten Fingernägeln herumgelaufen und hätten einen freudigen Eindruck gemacht. Im übrigen hätten alle Familien am Ort eine Schweigeerklärung unterschreiben müssen. Professor Willi Enke, Direktor der Hauptanstalt (nach 1945 Ärztlicher Leiter der Diakonischen Anstalten Hephata im hessischen Treysa), sei meist in SA-Uniform herumgelaufen und sein Sohn ein großer HJ-Führer gewesen. Gutsinspektor Düring, NSDAP-Ortsgruppenleiter, habe einen Sohn mit einem angeborenen Hüftleiden gehabt. Nach dem Krieg habe Düring von ihrem Vater eine ärztliche Bescheinigung gewollt, wonach die Familie unter dem Nationalsozialismus gesundheitliche Schäden erlitten habe. Die Arzttochter: »1945 verschwanden manche schlagartig. Einige Oberpfleger, die früher überzeugte Nationalsozialisten waren, waren plötzlich alte, erfahrene Kommunisten[45].«

III. Die Ausweitung der Euthanasie auf KZ-Häftlinge

Ab Frühjahr 1941 bereisen T4-Ärzte die Konzentrationslager, um Häftlinge zu selektieren, die krank, unproduktiv oder politisch unerwünscht (z.B. »Wehrunwürdige«) sind. Juden werden ohne Rücksicht auf Krankheitszustand oder Arbeitsfähigkeit vergast. Nach einer Aussage des Buchenwalder Lagerarztes Dr. Waldemar Hoven hat Lagerkommandant Karl Koch 1941 einen Geheimbefehl Himmlers bekanntgegeben, wonach »alle jüdischen Häftlinge« in dem »Ausrottungsprogramm« inbegriffen seien: »Gemäß dieser Befehle wurden 300—400 jüdische Gefangene verschiedener Nationalitäten zur Ausrottung der ›Euthanasiestation‹ in Bernburg geschickt[46].«

Das »Ausrottungsprogramm« läuft unter der Bezeichnung »Sonderbehandlung 14 f 13«, wobei Sonderbehandlung das Tarnwort für Exekution und 14 f 13 das Aktenzeichen ist, unter dem die Mordaktion beim Inspektor der Konzentrationslager geführt wird (14 f 5 hieß z.B. »Auf der Flucht erschossen«). Friedrich Mennecke, Direktor der rheinhessischen Anstalt Eichberg, der am häufigsten zur Selektion eingesetzte Arzt, schreibt am 28. Januar 1941, ehe er nach Buchenwald aufbricht, seiner Ehefrau: »Auf geht's zum fröhlichen Jagen[47]!«

Drei Vergasungs-Anstalten übernehmen die Tötung der KZ-Häftlinge: Hartheim, Sonnenstein und Bernburg. Von Bernburg sind einige wenige Dokumente erhalten, die eine brutale Geschäftsmäßigkeit belegen. In einem internen Papier von Eberl heißt es zum Beispiel, die Anstalt solle in nächster Zeit KZ-Häftlinge »bearbeiten«[48]. Gerhard Godenschweig, stellvertretender Büroleiter, schreibt am 3. März 1942 an das KZ Buchenwald: »Uns erscheint der 24.3.1942 als Ankunftstag der geeignetste, da wir in der Zwischenzeit von anderen Konzentrationslagern beliefert werden und für uns arbeitstechnisch ein Zwischenraum notwendig ist[49].«

Die Transportbegleiterin Gertrud Simon erinnerte sich in einer Aussage, 1942 einen Männertransport aus Sachsenhausen gesehen zu haben. Es seien Polen dabei gewesen, denn die Bernburger Oberschwester Wanda von Kulanowski habe sie auf polnisch gefragt, ob sie Geld hätten. Der Bernburger Büroleiter, Hauptmann der Schutzpolizei Fritz Hirche, habe die abgemagerten KZ-Häftlinge mit einer Ansprache begrüßt, falls sie gut arbeiteten, könnten sie mit ihrer Entlassung rechnen. Eberl sei nicht anwesend gewesen, vielmehr sei ein großer korpulenter Arzt gekommen, der stets seine Frau mitgebracht habe. Als man ihr ein Fotoalbum vorlegt, identifiziert sie Dr. Theodor Steinmeyer, Direktor der thüringischen Anstalt Pfafferode/Mühlhausen, und dessen Frau[50]. Dies ist glaubhaft, da in Steinmeyers Klinik ohnedies mit Medikamenten gemordet wurde und er in den KZ's vielfach Häftlinge selektiert hatte. Seine Frau hat ihn — wie Fotos belegen — auf Selektionsreisen begleitet. Steinmeyer richtete sich selbst am 25. Mai 1946.

Die KZ-Häftlinge kommen, wie bei den Krankenmorden, gleich nach der Ankunft in die Gaskammer. Haben sie Zahngold, werden die Zähne herausgebrochen und an die Euthanasie-Zentrale in Berlin geschickt. Kleider, Brillen, Prothesen und andere Habseligkeiten gehen an das KZ zurück, das auch die Beurkundung des Todes und die Benachrichtigung der Angehörigen übernimmt. Nachweislich sind Häftlinge der Konzentrationslager Groß-Rosen, Ravensbrück, Buchenwald und Flossenbürg in Bernburg ermordet worden. Der ehemalige Rapportführer Josef Schmatz, der im Frühjahr 1942 einen Transport von Flossenbürg nach Bernburg führte: »Als ich in Bernburg eintraf [...] standen 4 Omnibusse am Bahnhof[51].« Ein uniformierter Polizist habe die Wagenkolonne in die Anstalt geleitet.

Der ehemalige Buchenwalder Kommandoschreiber Wilhelm Schumann erinnerte sich 1961, die ersten Abtransporte seien 1941 nach Sonnenstein (Pirna), die weiteren nach Bernburg gegangen. 1941 seien es jeweils über 300, im Frühjahr 1942 jeweils 270—280 Häftlinge gewesen. Unter ihnen auch der Graphologe Möricke, der für die politische Abteilung graphologische, d.h. charakterliche Beurteilungen über SS-Angehörige anfertigen mußte und beim Abschied meinte: »Ich habe mir mein Todesurteil durch meine Arbeit als Graphologe selbst gefällt[52].«

IV. T4-Tötungs-Technologie im Dienste der Judenvernichtung

»Die Arbeit«, heißt es in einem Aktenvermerk Eberls, ruhe seit dem 24. August 1941: »Seit dieser Zeit sind Desinfektionen nur in ganz geringem Umfange vorgenommen worden[53].« Das Datum markiert das Ende der Vergasungs-Euthanasie. Nach einer internen T4-Statistik sind exakt 70 273 Personen »desinfiziert«, d.h. vergast worden[54].

Der Vergasungs-Stopp hat wohl mehrere Gründe. Einmal ist die Geheime Reichssache längst nicht mehr geheim. In Brandenburg rauchte der

Schornstein anfangs mitten in der Stadt, in Hadamar, Bernburg und Pirna war der Rauch weithin zu sehen. Daß tausende von Patienten unmittelbar nach ihrem Abtransport an fingierten Todesursachen starben, war trotz Pressezensur bald bekanntgeworden. Es gab Unmut und Widerstand in der Bevölkerung. Zudem hatte am 22. Juni 1941 der Krieg gegen die UdSSR begonnen. Hitler kann sich angesichts des Rußlandfeldzuges eine Auseinandersetzung in der Heimat nicht leisten, zumal die Angst umgeht, schwerverletzte Soldaten würden ebenfalls ein Opfer der Euthanasie. Dafür werden im Rußlandfeldzug Krankenhäuser und Behindertenheime durch Himmlers Einsatzkommandos leergemordet, zum Teil in Verbindung mit oder auf Bitten der Wehrmacht[55].

Ende 1941 wird die Tötungs-Technologie von T 4 in den Dienst der Judenvernichtung gestellt. Weit mehr als 100 Euthanasie-Gehilfen, Leichenverbrenner (»Brenner« oder »Desinfektoren« genannt), Pfleger, Fahrer, Wachmänner und Verwaltungsleute, stellen die Funktionärsschicht in den Vernichtungslagern. T 4 baut die Gaskammern, organisiert die Tötungen, stellt die Lagerkommandanten. Die Personalakten bleiben bei T 4. Als im Herbst 1943 die Vernichtungslager aufgelöst werden, wird das Personal zusammen mit einem T 4-Bus[56] in den Raum Triest gebracht, um auch diese Gegend »judenfrei zu machen«[57]. Die verhaftete Juden werden vor allem nach Auschwitz deportiert oder in einer ehemaligen Reismühle (Risiera) im Triester Vorort San Saba mit Gas getötet[58]. Die Leichen werden in einer Anlage verbrannt, die der Krematoriums-Experte von T 4, Erwin Lambert, gebaut hat. Der ehemalige »Brenner« Josef Oberhauser, noch Januar 1945 zum SS-Obersturmführer befördert: »Juden, die durch Motorenabgase getötet worden waren, [sind] in dieser Verbrennungsanlage verbrannt worden[59].«

Die Vernichtungslager Belzec, Sobibor und Treblinka sind eine gigantische Kopie der Euthanasie-Anstalten gewesen. Der Unterschied: es werden mehrere Gaskammern errichtet, und es wird mit Motorenabgasen gemordet. Aus Bernburg sind zahlreiche Mitarbeiter dazu abkommandiert. Einer von ihnen ist Otto Stadie, 1933 der NSDAP und der SA beigetreten. Stadie, 1897 in Berlin geboren, hatte als Seziergehilfe in Brandenburg und Bernburg gearbeitet. In Treblinka wird er, wegen seiner geringen Größe und der Leibesfülle von den Häftlingen »Dickwanst« genannt, Spieß der Lagermannschaft und der ukrainischen Hilfsmannschaften. Er hat sich nach 1945 als Privatpfleger und Verkäufer in einem Andenkengeschäft durchgeschlagen und ist im Treblinka-Prozeß zu 9 Jahren Zuchthaus verurteilt worden[60].

Erich Fuchs, Eberls Fahrer in Brandenburg und Bernburg, wird in Belzec, Sobibor und Treblinka eingesetzt. In Sobibor installiert und bedient er den Vergasungsmotor bei der Probevergasung und den ersten Vergasungen. Er kommt Ende 1942 zurück nach Bernburg und wechselt im Frühjahr 1943 zur Euthanasie-Forschung nach Heidelberg. Fuchs wurde 1966 wegen gemeinschaftlicher Beihilfe zum Mord an mindestens 79 000 Menschen zu vier Jahren Zuchthaus verurteilt[61]. Willi Mätzig, der in Bernburg Büroarbeiten verrichtete, macht dagegen in Treblinka die Buchhaltung. Mätzigs Name steht auf einer Liste »der besten Männer aus allen drei Lagern« vom 13. April 1943, deren Beförderung Himmler nach der Besichtigung des Lagers Sobibor grundsätzlich zugestimmt hatte[62]. Zu diesen besten Männer der Vernichtungslager gehört ebenso Erwin Fichtner, in Bernburg in der Küche beschäftigt. Er ist Rechnungsführer in Belzec und wird am 29. März 1943 durch Partisanen in Polen getötet.

Aus Bernburg sind sämtliche Leichenverbrenner zur Judenvernichtung abkommandiert. Unter ihnen Karl Pötzinger, der in Treblinka die Aufsicht an den Gaskammern hat. Wenzel Rewald überwacht in Sobibor die Entkleidung und das Scheren der Frauen. Rewald gehört zu den von Himmler ausgezeichneten Judenvernichtern wie Johann Niemann, genannt »Jonny«. Er bringt es sogar zum Stellvertretenden Kommandanten in Sobibor und ist der erste, der beim Lageraufstand der jüdischen Häftlinge am 14. Oktober 1943 erschlagen wird. Josef Oberhauser, in Grafeneck, Brandenburg und Bernburg als »Brenner« im Einsatz, wird ebenfalls durch Himmler befördert. Oberhauser beginnt in Belzec und avanciert Weihnachten 1941 zum Adjutanten des Inspekteurs der Vernichtungslager, Christian Wirth. Oberhauser wurde 1948 in Magdeburg wegen Verbrechen gegen die Menschlichkeit zu 15 Jahren Zuchthaus verurteilt, aber im April 1956 bereits wieder entlassen. 1964 ist er in München zu 4 1/2 Jahren Haft verurteilt worden. Er hatte in Bernburg die T4-Stenotypistin Elfriede von Holten geheiratet. Sie hat sich nach dem Krieg scheiden lassen und wurde Lehrerin in Hamburg.

Stellvertretender Kommandant in Belzec wird Gottfried Schwarz, dessen Ehefrau Erna Transportbegleiterin in Bernburg ist. Auch Schwarz wird durch Himmler befördert. Er stirbt am 19. Juni 1944 in Italien, dem letzten Einsatzort der T4-Mörder. Bürokraft Albert Rittler, in Treblinka eingesetzt, stirbt 1942 schwerkrank in der Heimat. Seine Ehefrau Olga, als Pflegerin in den Mordanstalten Grafeneck, Brandenburg, Bernburg und Hadamar tätig, meldet sich nach dem Tode ihres Mannes erneut bei der Berliner Zentrale zum Einsatz. Sie wird 1944 in die bayerische Anstalt Kaufbeuren beordert, wo sie auf der Frauenabteilung Patientinnen mittels Luminaltabletten und Morphium-Scopolamin-Spritzen tötet. Das Landgericht Augsburg verurteilte sie 1949 wegen »Beihilfe zum Totschlag« zu einer Gefängnisstrafe von 1 Jahr und 9 Monaten[63].

Berüchtigt wie kein anderer ist in Treblinka Max Biala, zuvor Wachmannschaft in Bernburg. Er soll der sadistischste aller Lagerfunktionäre gewesen sein, so jedenfalls Richard Glazar, ein jüdischer Arbeitssklave, der beim Häftlingsaufstand in Treblinka 1943 fliehen konnte[64]. Biala (oder Biela) wütete so schrecklich, daß ihn ein Häftling am 11. September 1942 in seiner Vezweiflung erstach. Biala gehörte wie Rudi Baer, Oberhauser und Fichtner zu einem Trupp von 10 SS-Leuten aus Oranienburg, die im Januar 1940 nach Brandenburg geschickt worden waren[65]. Zu diesen Leuten zählt auch Werner Dubois, ein gelernter Pinselmacher, der am 1. Januar 1937 bei der »SS-Totenkopfstandarte Brandenburg« begonnen hatte. Dubois, »Brenner« in Bernburg, trägt beim Lageraufstand in Sobibor am 14. Oktober 1943 eine schwere Kopfverletzung und einen Lungendurchschuß davon.

Einer der brutalsten Lagerfunktionäre wird Karl Frenzel. Frenzel, ursprünglich Zimmermann und Mitglied im Sozialistischen Zentralverband der Zimmerleute, war 1930, zu dieser Zeit arbeitslos, der NSDAP und der SA beigetreten. Als kinderreicher Familienvater brauchte er, inzwischen SA-Truppführer, 1939 nicht zur Wehrmacht. Er wandte sich an seine SA-Standarte, um dennoch am Krieg teilnehmen zu können, wurde aber T 4 zugewiesen. In Grafeneck und Hadamar gehört er zur Wachmannschaft, in Bernburg ist der Verbrennungsofen sein Arbeitsplatz, ehe er Ende April 1942 nach Sobibor kommt. Er soll fast alle Lagerfunktionen ausgeübt haben und genoß es, daß die sogenannten Arbeitsjuden ihn fürchteten[66].

Der Bernburger Büroleiter Gottlieb Hering wird Kommandant von Belzec. Er ist zuletzt als SS-Obersturmführer im Italien-Einsatz und heiratet noch im April 1945 die BDM-Jungmädelscharführerin Helene Riegraf, die er in Hadamar kennengelernt hatte. Hering stirbt Oktober

1945 in Stuttgart im Krankenhaus. Herings Nachfolger in Bernburg, Franz Stangl, wird zunächst Kommandant in Sobibor. Die größte Karriere unter den Bernburger Judenmördern schien aber Irmfried Eberl vorbehalten. Er wird der erste Kommandant des größten Vernichtungslagers Treblinka. Vielleicht sollte damit demonstriert werden, daß auch — analog zur Euthanasie — die »Desinfektion« der Juden eine ärztliche Maßnahme (»Vernichtung lebensunwerten Lebens«) sei.

Am 29. Juni 1942 schreibt Eberl seiner Ehefrau aus Warschau über Verzögerungen bei der Errichtung des Vernichtungslagers Treblinka: »Die letzten Tage waren eine tolle Hetzjagd, umsomehr als sich die Aufbauarbeiten dem Ende nähern und wir den Termin, 1.7. nicht halten können, aber nur so wenig als möglich überschreiten wollen. Durch verschiedene Vorkommnisse (Liegenbleiben von Wagen, Unfall, nicht zuletzt Papierkrieg) wurde die Fertigstellung verzögert.« Weiterhin schreibt er: »die Wagen des Panzer-AOKs sind sehr oft für uns gefahren. Beinahe jede Woche lief ein Wagen und blieb 1—2 Tage da. [...] Im Laufe dieser Woche werde ich dann endgültig nach T. übersiedeln[67].«

»Seit dem 22.7.«, heißt es in einem Brief des Staatssekretärs im Reichsverkehrsministerium, Dr. Theodor Ganzenmüller, an SS-Obergruppenführer Karl Wolff, »fährt täglich ein Zug mit je 5.000 Juden von Warschau [...] nach Treblinka[68].« Es sind Juden aus dem Warschauer Getto, die in Güterzügen antransportiert werden. Wenige Tage später schreibt Eberl seiner Frau, in Treblinka habe ein Tempo eingesetzt, »das geradezu atemberaubend ist«. Rücksichtslos habe er seine Leute eingesetzt: »Und auf diese Leistung bin ich froh und stolz[69].«

In Treblinka kommen täglich mehr Juden an, als in den Gaskammern im »alten Gashaus« ermordet, bzw. deren Leichen beseitigt werden können (die »Vergasungs-Kapazität« wird im September 1942 durch einen Neubau verdoppelt). In dieser Anfangszeit wird der T4-Mitarbeiter Franz Suchomel nach Treblinka beordert. Er fährt mit einem Transportzug, der Juden des Warschauer Gettos nach Treblinka bringt. Suchomel: »In Treblinka herrschten zu dieser Zeit fürchterliche Zustände. Es trafen viel mehr Züge ein, als in Treblinka bewältigt werden konnten. Manche Menschen mußten drei Tage [...] auf ihre Tötung warten[70].«

Wahrscheinlich Ende August taucht SS-Obersturmführer Christian Wirth in Treblinka auf. Der ehemalige Kriminalkommissar hatte in der Vergasungsanstalt Grafeneck angefangen und war Mann »fürs Grobe« in allen Mordanstalten worden. Wirth entläßt Eberl auf der Stelle und ordnet einen Transportstopp an, damit zunächst einmal die Leichenberge beseitigt werden können. Eberls Nachfolger wird SS-Obersturmführer Franz Stangl, zuerst Verwaltungsleiter der Euthanasie-Anstalt Hartheim und im Herbst 1941 nach Bernburg gekommen.

Eberl kehrt Ende August 1942 nach Bernburg zurück. Es muß für den Karristen eine fürchterliche Demütigung gewesen sein. Über die Phase nach seiner Rückkehr wissen wir wenig. In einer Aktennotiz vom 15. Januar 1943 heißt es, 25 Gefolgschaftsmitglieder seien zum 31. März zur Disposition zu stellen, Vergasungen sollten aber »auch weiterhin in sehr beschränktem Umfange«[71] vorgenommen werden. Die Zusammenarbeit zwischen Buchenwald und Bernburg besteht ebenfalls noch. SS-Hauptsturmführer Dr. Waldemar Hoven, Lagerarzt in Buchenwald, notiert am 19. März 1943, er habe Schwierigkeiten gehabt, die Häftlingsleichen zweier Außenlager zu beseitigen, und sich deshalb mit dem Chefarzt der Anstalt Bernburg in Verbindung gesetzt: »Dr. Eberl zeigte ein außergewöhnliches Verständnis und Entgegenkommen. Sämtliche anfallenden Häftlingsleichen von Schönebeck und Wernigerode wurden zu Dr. Eberl nach Bernburg transportiert und dort, auch ohne Totenschein, sofort verbrannt[72].«

Der Bernburger Vergasungstrakt wird nach einem vorhandenen Vertrag am 30. Juli 1943 der Landes-Heil- und Pflegeanstalt Bernburg zurückgegeben. Der von der Gauleitung Frankfurt/Main nach Bernburg delegierte SS-Mann Heinrich Stoffel hat allerdings ausgesagt, bis Ende September in der Anstalt gewesen zu sein. Bei seinem Abschied seien noch »einige« T4-Mitarbeiter dagewesen[73]. Irmfried Eberl, so die letzte Eintragung in seinem Arbeitsbuch, wird noch am 20. November 1943 als Arzt der Euthanasie-Zentrale geführt[74]. Wenige Monate zuvor, am 16. Mai 1943, ist Alfred Erich Hoche, der die theoretischen Grundlagen geliefert hatte, gestorben.

V. Die Ausweitung der Euthanasie auf alle Anstalten und die »Aufarbeitung« nach 1945

Eberls Karriere als Direktor der Vergasungs-Anstalt Bernburg ist zu Ende. Er wird nicht mehr benötigt, weil viele psychiatrische Anstalten die Tötung ihrer Patienten längst in eigener Regie betreiben[75]. Die Mordmethode: Die Patienten sterben durch Spritzen, Überdosierungen von Medikamenten oder an einem bewußt herbeigeführten qualvollen Hungertod. Allein in Meseritz-Obrawalde bei Posen werden innerhalb von drei Jahren 18000 Menschen ermordet. Sie werden abgespritzt, manchmal auch erschlagen oder erschossen. Ebenso gehen die Kindertötungen weiter. »Auch in diesem Jahr beabsichtige ich«, heißt es z.B. in einem Schreiben des »Reichsausschusses zur wissenschaftlichen Erfassung von erb- und anlagebedingten schweren Leiden« vom 18. November 1943 an Oberarzt Walter Schmidt, de facto Leiter der Landesheilanstalt Eichberg, »dem in der Kinderfachabteilung tätigen besonders bewährten Pflegepersonal eine einmalige Sonderzuweisung zum Jahresabschluß zukommen zu lassen.« Eine Weihnachtsgratifikation für Kindermörder[76].

Daß weitergemordet wurde, blieb der Bevölkerung nicht verborgen. Ende 1943 soll beispielsweise in der Anstalt Eichberg ein Altersheim eingerichtet werden. Es soll Menschen aufnehmen, die aus luftschutzbedingten Gründen evakuiert werden müssen. Tötungsarzt Dr. Schmidt lehnt das ab: »Im Zuge der Durchführung geheimer Staatsaufgaben«, schreibt er am 4. Dezember 1943 an den Oberpräsidenten in Wiesbaden, sei die Anstalt »erheblich der Kritik der Bevölkerung ausgesetzt« gewesen. Es seien »bereits jetzt schon Stimmen laut geworden, wovon ich mich selbst überzeugen konnte, daß die Insassen von Altersheimen lieber den Freitod wählen, als die Verbringung in die Landesheilanstalt Eichberg über sich ergehen zu lassen«[77]. In allen Anstalten wurde im übrigen weitergemordet, bis die alliierten Truppen unmittelbar vor der Tür standen.

Die Strafverfolgung, und wie sich im nachhinein herausstellen sollte, auch die historische Aufklärung der Krankenmorde, oblag nach 1945 der Justiz, deren Repräsentanten Komplizen beim Massenmord gewesen waren: Jeweils 34 Oberlandgerichtspräsidenten und Generalstaatsanwälte (oder ihre Vertreter) sowie zahlreiche Beamte aus dem Reichsjustizministerium waren bei einem Treffen am 23./24. April 1941 in Berlin über den Ablauf der Krankenmorde informiert und instruiert worden. Der Frankfurter Generalstaatsanwalt Kurt Wackermann war sogar mehrmals in der Mordanstalt Eichberg gewesen[78]. Und Bodo Gorgaß, Vergasungsarzt in Hadamar, behauptete über Wackermann: »Eines Tages erschien der Generalstaatsanwalt, erkundigte sich nach dem Betrieb, sprach uns gut zu und ermutigte uns, unsere schwere Arbeit zu tun[79].«

Die Aussage mag als Rache eines Mannes erscheinen, der als einziger von 14 Vergasungsärzten eine langjährige Freiheitsstrafe verbüßen mußte. Der zunächst unter falschem Namen untergetauchte Gorgaß war bereits am 21. März 1947 in sogenannten Hadamar-Prozeß vom Landgericht (LG) Frankfurt/Main verurteilt worden[80]. Irmfried Eberl wird Ende 1947 vom amerikanischen Geheimdienst im süddeutschen Blaubeuren entdeckt und im Januar 1948 verhaftet. Eberl bestreitet, in Bernburg gewesen zu sein. Am 18. Januar identifiziert ihn Schwester Erna Schwarz anhand eines Fotos. Am 9. Februar identifizieren ihn ebenfalls anhand eines Fotos die T4-Schwester Pauline Kneißler und Eberls Standesbeamter Hermann Holzschuh. In ausweglöser Lage erhängt sich Eberl am 16. Februar 1948 in seiner Zelle.

Ärzte, die Kranke in den Vergasungsanstalten der Gaskammer zugeführt und den Krankenmord mit verlogenen Beleidschreiben an die Angehörigen vertuscht hatten, konnten weiterhin praktizieren[81]. Einer von ihnen ist Dr. Kurt Borm, der 1940 als SS-Obersturmführer zur Euthanasie gekommen war. Er wurde freigesprochen, weil er als überzeugter Nationalsozialist kein Unrechtsbewußtsein gehabt habe[82]. Ende 1990 wurde das letzte Verfahren gegen Dr. Klaus Endruweit (Sonnenstein) eingestellt. Begründung: der Angeklagte habe nur das äußere Tatgeschehen eingeräumt und sich auf einen unvermeidbaren Verbotsirrtum berufen. Endruweits Auslagen trägt die Staatskasse, die Auslagen der Nebenkläger, das sind Angehörige von Ermordeten, haben diese selbst zu tragen[83].

Professor Werner Heyde, der medizinische Leiter der Nazi-Euthanasie, war 1947 aus der Untersuchungshaft entkommen und lebte bis zu seiner Verhaftung 1959 als vielbeschäftigter Gutachter in Schleswig-Holstein unter dem Decknamen Sawade. Er wurde zwar all die Jahre per Steckbrief gesucht, doch die Kollegen deckten ihn. Heyde erhängte sich am 13. Februar 1964, kurz vor Prozeßbeginn. In einem Abschiedsbrief klagte er: »Mehr als ein Drittel der damals amtierenden psychiatrischen Ordinarien haben als Gutachter mitgewirkt und ihr Tun nicht als Unrecht empfunden[84].«

Die Ordinarien blieben im Amt. Es gab sogar einen Medizin-Preis, der nach einem Euthanasie-Gutachter benannt war: der Friedrich Panse-Preis, verliehen von der Deutschen Gesellschaft für Neurotraumatologie und klinische Neuropsychologie. Professor Werner Villinger, der als Euthanasie-Gutachter ebenfalls Kranke für die Gaskammern zu selektieren hatte, wurde nach dem Kriege sogar Wiedergutmachungs-Experte der Bundesregierung. Ärzte, die behinderte Kinder ermordet hatten, mußten weder straf- noch standesrechtlich etwas befürchten, zumal sie nach Ansicht der Hamburger Ärztekammer »keine schweren sittlichen Verfehlungen« begangen hatten[85]. Die Täter waren sozusagen durch die »Minderwertigkeit« der Opfer entschuldigt.

Auf dem Gebiet der DDR hat es, neben einigen wenigen Einzelverfahren, nur einen Prozeß gegeben, mit dem die Krankenmorde gesühnt wurden. Am 7. Juli 1947 verurteilte das LG Dresden (nach dem Gesetz Nr. 10 der Alliierten Kontrollbehörde vom 20. Dezember 1945) u. a. Heydes Nachfolger bei T4, Professor Paul Nitsche, zum Tode[86]. In der DDR wurde der Nimbus gepflegt, man habe alle an den Euthanasieverbrechen Beteiligten bestraft und die vom Faschismus propagierten Abwertung psychisch Kranker als »lebensunwertes Leben« überwunden. Noch 1989 gab Achim Thom im VEB Verlag Volk und Gesundheit das Buch »Medizin unterm Hakenkreuz« heraus. Im Vorwort wirft der Leipziger Professor der westdeutschen Ärzteschaft eine Tendenz zur Verdrängung der Medizinverbrechen vor, unterschlägt aber zugleich jene NS-Mediziner, die in der DDR Karriere gemacht hatten[87].

Im Herbst 1992 besuchte ich erstmals die Anstalt Brandenburg-Görden, die als Ausbildungsstätte für Kindermord und »Euthanasie-Forschung« gedient hatte. Die Zeit schien stehengeblieben zu sein. Auf Heinzes ehemaliger Kinderstation verdrehten sich Kinder infolge jahrelanger Hospitalisierung in bizarren Bewegungen. Die DDR-Psychiatrie hatte von den Nazis (bewußt oder unbewußt) die Eingruppierung in förderungswürdige und bildungsunfähige Kranken übernommen. Wer aussortiert war, wurde lediglich elend verwahrt.

1944 hatten sich Heinzes und Hallervordens Wege getrennt. Hallervorden schaffte seine »Gehirn-Sammlung« in den Westen, wurde wenige Jahre später Leiter der Neuropathologischen Abteilung des Max-Planck-Instituts für Hirnforschung in Gießen. Hans Heinze war am 17. Oktober 1945 von der GPU verhaftet und einige Jahre inhaftiert worden. Sein Nachfolger wurde Dr. Hans Fischer, zu dessen Doktorarbeit die Zwillinge Günter und Werner beide am 2. Mai 1941 »an Masern« gestorben waren. Fischer wurde 1947 Leiter der Poliklinischen Abteilung für Lungenkrankheiten und Tuberkulose Brandenburg und ist später mit dem Titel »Verdienter Arzt des Volkes« geehrt worden. Karl-Heinz Pospiech, der ebenfalls mit dem Gördener »Menschen-Material« promoviert hatte, wurde Kreisarzt in Burg bei Magdeburg. Dr. Friederike Pusch, die die Kinderfach-, d. h. die Kindermordabteilung geleitet hatte, wurde Kinderärztin in Blankenburg am Harz, Bezirk Magdeburg. Arnold Asmussen, Oberarzt der Gördener »Kinderfachabteilung«, arbeitete an der Universitätsnervenklinik in Greifswald. Wilhelm Schuhmacher, ebenfalls zur »Euthanasie-Forschung« eingesetzt, kam an der Jugendpsychiatrischen Abteilung der Universitätsnervenklinik in Rostock unter. Der im Westen lebende Julius Hallervorden wurde 1957 Mitglied der Naturwissenschaftlichen Akademie »Leopoldina« in Halle. Zu dieser Zeit ist Heinze schon drei Jahre Leiter der jugendpsychiatrischen Klinik im niedersächsischen Wunstorf.

Psychisch Kranke wie Behinderte waren schon vor 1933 als minderwertiges oder lebensunwertes Leben diffamiert, sie blieben es über 1945 hinaus. Zaghafte Versuche der Überlebenden oder der Angehörigen, nach 1945 eine Entschädigung zu bekommen, wurden kalt abgewehrt, im Westen wie im Osten. Die Vergasungsopfer in Hadamar wie in Bernburg wurden niemals rechtlich als Verfolgte des NS-Regimes anerkannt. Die Kinder der Opfer leiden noch heute unter den Folgen dieser Demütigung.

Anmerkungen

[1] Alfred E. Hoche, Jahresringe. Innenansicht eines Menschenlebens, München, Berlin 1941, S. 229.
[2] Ebd., S. 227.
[3] Heinz Faulstich, Von der Irrenfürsorge zur ›Euthanasie‹. Geschichte der badischen Psychiatrie bis 1945, Freiburg i. Br. 1993, S. 61.
[4] Kurt Beringer, Alfred Erich Hoche, in: Deutsche Medizinische Wochenschrift, 69 (1943), S. 705.
[5] Karl Binding und Alfred Hoche, Die Freigabe der Vernichtung lebensunwerten Lebens. Ihr Maß und ihre Form, Leipzig 1920, S. 34.
[6] Ebd., S. 31.
[7] Ebd., S. 36.
[8] Ebd., S. 45—62.
[9] Ebd., S. 51.
[10] Ebd., S. 55.
[11] Ebd., S. 54.
[12] Zur Vorgeschichte der NS-Euthanasie: Ernst Klee, »Euthanasie« im NS-Staat. Die »Vernichtung lebensunwerten Lebens«, Frankfurt a. M. 1993, S. 15—53.
[13] Ebd., S. 34—65.

14 Die Angaben folgen einem undatierten Lebenslauf Eberls, Akten Eberl II/611. Die Akten Eberl enthalten Dokumente, Briefe, Personalaufstellungen, die Eberl 1945 in seiner Berliner Wohnung zurückließ und die in den Besitz der französischen Militärregierung gelangten. Sie wurden 1960 der Frankfurter Generalstaatsanwaltschaft übergeben und galten als Beweismittel im Verfahren Js 17/59 GStA Frankfurt-Main gegen den medizinischen Leiter der Euthanasie-Zentrale, Werner Heyde.
15 1935 arbeitet Eberl für ein halbes Jahr als Vertretungsarzt in der Heilanstalt Grimmenstein, wo an Lungentuberkulose Erkrankte behandelt werden. Interims-Zeugnis der Heilanstalt Grimmenstein für die Tätigkeit vom 28.5.—21.12.1935, Akte Eberl II/629.
16 Ab dem 1. April 1937 hospitiert Eberl an den städtischen Krankenanstalten in Dessau auf der Tuberkulose-Station. Die Abteilungsleitung bei der Gauleitung führt er nebenamtlich weiter. Vom 14. Juni bis 30. September 1937 ist er Assistenzarzt im Berliner Sanatorium Birkenhaag, Klinische Lungenheilanstalt. Arbeitsbuch Eberls, Akten Eberl II/654.
17 Aussage Rudolf Briest, Hauptgesundheitsamt Berlin, vom 29.1.1948, 4 Js Nr. 9849/47 OStA Ulm.
18 Brief Eberls vom 9.9.1938 an Conti, Akten Eberl II/645/29.
19 Die Gründungsphase ist ausführlich beschrieben bei: Klee, »Euthanasie« (wie Anm. 12).
20 In der Kanzlei des Führers wird das Hauptamt II (Angelegenheiten betr. Staat und Partei) für die Krankentötungen zuständig. Die Leitung hat Oberdienstleiter Viktor Brack, SS-Oberführer. Im Sommer 1939 werden Bouhler und Hitlers Begleitarzt Karl Brandt (er wurde wie Brack im Nürnberger Ärzteprozeß zum Tode verurteilt und hingerichtet) mit der Durchführung der Mordaktion beauftragt. Namhafte Ordinarien und Anstaltsleiter sind beratend hinzugezogen. Ende Juli 1939 erklärt Bouhler etwa 15 bis 20 nach Berlin geladenen Medizinern, mit den Tötungen würden »unnütze Esser« beseitigt, zugleich werde notwendiger Lazarettraum gewonnen. Hitler habe aus außenpolitischen Gründen ein Euthanasie-Gesetz abgelehnt, alle Beteiligten seien jedoch vor Strafverfolgung geschützt. Niemand werde zum Mitmachen gezwungen (tatsächlich wurde auch niemand zur Mitarbeit gezwungen, und wer ablehnte, erfuhr auch keine Nachteile). Die Mediziner diskutieren den Personenkreis der zu Tötenden, die Prozedur der Erfassung und die geeignetste Tötungsart. Man einigt sich auf Kohlenoxyd (CO).
21 Die einzelnen Abteilungen von T 4 verhandeln und befehlen unter verschiedenen Briefköpfen als Schein-Firmen. So werden z. B. die Transporte der Todeskandidaten (mittels Reichspostbussen und Reichsbahn) von einer »Gemeinnützigen Kranken-Transport G. m. b. H.« organisiert. Eine »Zentralverrechnungsstelle Heil- und Pflegeanstalten« rechnet alle »Sterbefälle« auf Mark und Pfennig mit den verschiedenen Kostenträgern ab. Ein Millionenbetrug: man kassiert angebliche Pflegegelder für längst getötete Patienten. Die Gewinne aus dem Massenmord werden an den Reichsschatzmeister der NSDAP abgeführt. Irgendwann im Oktober 1939, das genaue Datum ist nicht bekannt, unterschreibt Hitler einen von den T 4-Verantwortlichen

mehrfach überarbeiteten Text. Es ist ein einziger Satz, auf einem Privatbriefbogen Hitlers geschrieben: »Reichsleiter Bouhler und Dr. med. Brandt sind unter Verantwortung beauftragt, die Befugnisse namentlich zu bestimmender Ärzte so zu erweitern, daß nach menschlichem Ermessen unheilbar Kranken bei kritischster Beurteilung ihres Krankheitszustandes der Gnadentod gewährt werden kann.« Diese sogenannte Euthanasie-Ermächtigung Hitlers wird auf den 1. September 1939, den Kriegsbeginn, zurückdatiert.

[22] Akten Eberl II/621.
[23] Brief vom 19.12.1940. Akten Eberl II/624.
[24] Akten Eberl II/628.
[25] Aussage August Becker vom 4.4.1960, Verfahren Ks 1/60 GStA Frankfurt a.M.
[26] Aussage Werner Heyde vom 2.11.1961, Verfahren Js 17/59, ebd.
[27] Wie Anm. 25.
[28] Aussage der T4-Schwester Pauline Kneißler vom 9.2.1948, 4 Js Nr. 9849/47 OStA Ulm. Wörtlich sagte sie über Eberls Grafeneck-Einarbeitung: »Ein Irrtum ist ausgeschlossen.«
[29] Eidesstattliche Erklärung Viktor Brack vom 12.10.1946, Nürnberger Dokument NO-426. Die Selektion findet nach einem dilettantischen Verfahren statt: Alle Anstalten müssen Patienten nach Berlin melden, die nicht oder nur mit mechanischen Arbeiten zu beschäftigen sind. Zu melden sind ebenso z. B. an Schizophrenie, Epilepsie, senilen Erkrankungen oder Schwachsinn Leidende. Ebenso sog. kriminelle Geisteskranke und Personen, die sich seit mindestens fünf Jahren in Anstalten befinden. Die Bögen werden von jeweils drei T4-Gutachtern und anschließend von einem Obergutachter bearbeitet. Alle sind angewiesen, zuungunsten der Patienten zu entscheiden.
[30] »Euthanasie« in den staatlichen Heilanstalten Zwiefalten und Schussenried, hrsg. vom Psychiatrischen Landeskrankenhaus Zwiefalten, 1991, S. 9.
[31] Aussage Getrud Braun vom 7.2.1948, Verfahren 1 Ks 5/48 StA Freiburg.
[32] Hartheimer Statistik, abgedruckt in: Dokumente zur »Euthanasie«, hrsg. von Ernst Klee, Frankfurt a.M. 1992. Die Hartheimer Statistik, eine Aufstellung der T4-Zentrale über die Vergasungen (»Desinfektion«) und die daraus zu errechnenden Einsparungen an Lebensmitteln und Geldern, wurde am 27. Juni 1945 in einem Stahlfach der Vergasungsanstalt Hartheim bei Linz gefunden.
[33] Aussage Mathes vom 27.8.1947, Verfahren 1 Ks 5/48 StA Freiburg.
[34] Aussage Ullrich vom 26.9.1961, Verfahren Js 15/61 GStA Frankfurt a.M.
[35] Ausführlich dokumentiert in Klee, Irrsinn Ost — Irrsinn West. Psychiatrie in Deutschland, Frankfurt a.M. 1993, S. 82—92.
[36] Eine Aufstellung »Fälle aus der Anstalt Görden« der Gehirnsammlung Hallervordens überließ mir das Neurologische Institut (Erdinger Institut) der Johann Wolfgang-Goethe-Universität in Frankfurt.
[37] Aussage Bunke vom 16.4.1962, Js 4/62 GStA Frankfurt a.M.
[38] Dietmar Schulze, Magisterarbeit Zur Geschichte der Landes-Heil- und Pflegeanstalt Bernburg/Anhaltischen Nervenklinik in der Zeit von 1934 bis 1945, Halle-Wittenberg 1993.

Die Ermordung der Unproduktiven

[39] Undatierter Antwortentwurf des ehemaligen Sonderstandesbeamten Hermann Holzschuh an Friedrich Tillmann, Leiter der Büroabteilung von T 4, nach dem 17. 11. 1941 verfaßt und wohl als Vorlage für Eberl verfaßt. Akten Eberl II/648.
[40] Brief Eberls an den ehemaligen Bernburger Standesbeamten Hermann Holzschuh vom 26. 9. 1941, Akten Eberl II/157c.
[41] Aktenvermerk über das Auftreten des Hauptmann Wirth in der Anstalt Bernburg am 8. Juli 1941, gez. Dr. Bunke. Akten Eberl II/151.
[42] Aussage Schellenberg vom 3. 11. 1945, Verfahren 4b Js 173/45 StA Bernburg.
[43] Wie Anm. 40.
[44] Aussage Simon vom 25. 11. 1965, Verfahren Js 7/63 GStA Frankfurt a. M.
[45] Mündliche Mitteilung von Ursula M.
[46] Eidesstattliche Versicherung Hoven vom 24. 10. 1946, Nürnberger Dokument NO-429.
[47] Mennecke schrieb auf seinen Selektionsreisen Briefe an seine Frau, sofern diese ihn nicht begleitete. Ein Teil der Briefe wurde als Beweismittel im Prozeß gegen Mennecke ausgesondert, ich fand die (fast) komplette Sammlung anläßlich von Recherchen bei der GStA Frankfurt a. M.
[48] »Organisation der Anstalt Bernburg«, Undatierter Aktenvermerk Eberls, Akten Eberl I/250/6.
[49] Nürnberger Dokument PS 1151 (16).
[50] Aussage Simon vom 16. 9. 1963, Verfahren Js 18/61 GStA Frankfurt a. M.
[51] Aussage Schmatz vom 10. 2. 1961 vor einem Untersuchungsrichter beim LG Weiden, Az.: II AK 8/59.
[52] Aussage Schumann vom 12. 10. 1961, Leitzordner 14 f 13 der GStA Frankfurt a. M., Bd S-Z.
[53] Aktenvermerk Eberls vom 15. 1. 1943, Akten Eberl II/138b.
[54] Wie Anm. 32.
[55] Der systematische Krankenmord hatte mit dem Überfall auf Polen begonnen. Die ersten Opfer sind Patienten aus Anstalten in Pommern, Westpreußen und Polen. Sie werden in stundenlangen Einzelerschießungen von SS-Kommandos ermordet. Spätestens im Dezember sind auch Gaswagen im Einsatz, die mit Gasflaschen arbeiten. In Chelm-Lubelski werden die Anstaltsinsassen dagegen mit dem Maschinengewehr niedergemacht. Die leergemordete Anstalt Stralsund wird Dezember 1939 SS-Verbänden übergeben, die gleichfalls leergemordete Anstalt Treptow wird 1941 Lazarett. Auf den engen Zusammenhang der Beschaffung von Lazarettplätzen und Krankenmord kann in diesem Rahmen nur hingewiesen werden. Beispiele der Ermordung von Kranken und Behinderten im Krieg gegen die Sowjetunion sind dokumentiert in: »Gott mit uns«. Der deutsche Vernichtungskrieg im Osten 1939—1945, hrsg. von Ernst Klee und Willi Dreßen, Frankfurt a. M. 1989, S. 83—99. So meldet z. B. das Generalkommando des XXVIII. Armeekorps (Ic) am 20. 12. 1941 an das Armeeoberkommando 18, Abt. Ic, in Makarjewo sei ein Invalidenhaus, in dem in erster Linie Geisteskranke untergebracht seien. Kranke »dieser Art« könnten »auch Menschen anfallen [...] Es kommt dazu, daß die Insassen der Anstalt auch im Sinne deutscher Auffassung

Objekte nicht mehr lebenswerten Leben darstellen.« Nürnberger Dokument NOKW-2268.
56 Aussage Karl Schluch vom 31.7.1967 vor dem LKA/NW, Dez.15 (kein Az.).
57 Aussage Franz Suchomel vom 16.3.1962, Verfahren Js 18/61 GStA Frankfurt a.M.
58 Aussage Karl Schiffner vom 3.4.1968, Verfahren Ks 2/66 LG Frankfurt a.M. Aussage des in Triest inhaftierten Paolo Sereni vom 10.10.1967, Verfahren Js 7/63 GStA Frankfurt a.M. und vom 16.6.1967 vor dem LG Venedig, Az.: 9360/2 E-27 606/66. Aussage des inhaftierten Giovanni Wachsberger vom 5.2.1968, Verfahren Js 15/63 GStA Frankfurt a.M. Aussage Heinrich Barbel am 10.12.1965 vor dem LG Linz, Az. 27 Hs 979/65.
59 Aussage Oberhauser vom 3.5.1971, Verfahren Js 1/66 GStA Frankfurt a.M.
60 Urteil LG Düsseldorf vom 3.9.1965, 8 I Ks 2/64.
61 Urteil LG Hagen vom 6.9.1965, 11 Ks 1/64 StA Hagen.
62 Die Beförderungsliste wurde in den DC-Unterlagen Christian Wirths gefunden.
63 Urteil des LG Augsburg vom 30.7.1949, Ks 1/49.
64 Richard Glazar, Die Falle mit dem grünen Zaun. Überleben in Treblinka, Frankfurt a.M. 1992, S. 58.
65 Aussage Erich Sporleder vom 31.5.1947, OStA Bernburg 13 Aufs. 96/48. Sporleder spricht von Biela.
66 Wie Anm. 61. Im Urteil heißt es: »Im Jahre 1943 hatte sich an einem nicht näher feststellbaren Tage ein Häftling nachts die Pulsadern geöffnet, um sich das Leben zu nehmen. Beim Morgenappell lebte er noch, lag aber in der Baracke im Sterben [...] Frenzel ließ den Sterbenden in einer Decke aus der Baracke auf den Appellplatz vor die versammelten Arbeitshäftlinge tragen. Er hielt eine Ansprache [...]: Kein Jude habe das Recht, sich das Leben zu nehmen; die Entscheidung über Leben und Tod der Juden liege allein bei den Deutschen [...] Frenzel peitschte dann den noch lebenden, aber schon dem Tode nahen Häftling und erschoß ihn mit der Pistole.«
67 Akten Eberl III/683/5.
68 Brief vom 28.7.1942, Nürnberger Dokument 2207-NO.
69 Brief Eberls vom 30.7.1942, Akten Eberl III/683/6.
70 Aussage vom 24.4.1964, 141 Js 192/60 OStA Hamburg.
71 Wie Anm. 53.
72 Dokumentenband Verfahren Ks 2/66, GStA Ffm.
73 Aussage Stoffel vom 24.5.1963, Verfahren (54) 4/62 LG Hamburg.
74 Eberls Sonderauftrag endet offiziell im August 1944 mit der Einberufung zur Wehrmacht, wie einem Aktenvermerk eines Kriminal-Assistenten nach Einsicht in die Personalunterlagen des Landesgesundheitsamtes Berlin vom 30.1.1948 zu entnehmen ist, Az.: K.I.F. 5, Verfahren 4 Js Nr. 9849/47, OStA Ulm. Ein Brief Eberls vom 24.9.1944 an den Vater, Anlaß ist der Tod von Ehefrau Ruth, hat als Adresse: Berlin-Spandau, Seeckt-Kaserne, 1. Schütz. Ausbild. Kompanie, Gren. Ers. u. Ausb. Btl. 203. Eberl schreibt, er habe sich zum Einsatz in Italien gemeldet, »da mir ja laut Führerbefehl der Osten versperrt ist«. Akten Eberl I/179.

[75] Zahlreiche Einrichtungen sind bekannt, in denen durch Spritzen, Tabletten oder Hungerkost getötet wurde (z.B. Hadamar, Tiegenhof/Gnesen, Eglfing-Haar, Kaufbeuren). Sie wurden im allgemeinen nur bekannt, wenn Staatsanwaltschaften Ermittlungen ernsthaft betrieben. Die hessische Justiz hat sich mit Abstand am intensivsten um eine Aufklärung bemüht, drei Verfahren über die Morde in den Anstalten Eichberg, Hadamar und Idstein/Taunus geführt. Der berechtigten Frage, ob nicht auch in anderen hessischen Einrichtungen gemordet wurde, z.B. in Weilmünster, Gießen oder Marburg, ist selbst die hessische Justiz nicht mehr nachgegangen, der Zeitgeist stand dagegen. Nach 14 Jahren intensiver Forschung gehe ich inzwischen davon aus, daß, sollte nicht das Gegenteil bewiesen sein, in allen staatlichen psychiatrischen Einrichtungen »dem Sterben nachgeholfen wurde«.

[76] Verfahren 4 KLs 15/46 StA Frankfurt a.M.

[77] Sonderheft I, 2 Js 476/45 StA Frankfurt a.M.

[78] Aussage Walter Schmidt am 10.3.1947 im Hadamar-Prozeß.

[79] Aussage Bodo Gorgaß vom 2.10.1969 in Öffentlicher Sitzung des Frankfurter Schwurgerichts I/69 im Prozeß gegen Renno u.a.

[80] Gorgaß wurde zum Tode verurteilt. Die später in lebenslang umgewandelte Strafe endete 1958 gnadenhalber. 14 Ärzte hatten in den Vergasungsanstalten den Mordbetrieb in Gang gehalten. Von ihnen waren 4 während des Krieges gestorben. Ernst Baumhard und Günther Hennecke, beide in Grafeneck und Hadamar eingesetzt, Friedrich Berner (Hadamar) und Curt Schmalenbach (Sonnenstein). Rudolf Lonauer (Hartheim) hatte am 5. Mai 1945 Selbstmord begangen. Ein Arzt (Wortmann) wurde nicht verfolgt, weil man ihm glaubte, er sei nur kurz dabei gewesen und habe sich geweigert, mitzumachen. Die Ärzte Horst Schumann (Sonnenstein) und Georg Renno (Hartheim) wurden als »verhandlungsunfähig« erklärt.

[81] Außer Borm die Ärzte Aquilin Ullrich, Heinrich Bunke und Klaus Endruweit. Sie galten als »verhandlungsunfähig«, praktizierten aber weiterhin. Ullrich und Bunke wurden am 18.5.1987 vom LG Frankfurt zu jeweils 4 Jahren verurteilt, der Bundesgerichtshof entschied am 14.12.1988: drei Jahre Haft wegen Beihilfe zum Mord an 2340 bzw. 9200 Menschen.

[82] Urteil LG Frankfurt a.M. vom 6.6.1972, Ks 1/66.

[83] Einstellungsbeschluß des LG Hildesheim vom 16.10,1990, 12 Ks 17 Js 27816/89.

[84] Der Brief befindet sich in den Prozeßakten des Verfahrens Ks 2/63, GStA Frankfurt a.M.

[85] Approbation wird nicht entzogen. Gemeinsame Erklärung der Hamburger Gesundheitsbehörde und der Ärztekammer Hamburg, in: Ärztliche Mitteilungen, (1961) 5.

[86] Im Urteil vom 7.7.1947, 1 Ks 58/47, gab es Todesurteile (gegen Nitsche vollstreckt), hohe Zeitstrafen und Freisprüche.

[87] Medizin unterm Hakenkreuz, hrsg. von Achim Thom und Genadij Ivanovič Caregorodcev, Leipzig 1989, S. 7—13.

Clemens Vollnhals

Entnazifizierung.
Politische Säuberung unter alliierter Herrschaft

»Das Ganze ist ein Trauerspiel, das auch durch die Erkenntnis, daß die Alliierten angesichts der Verhältnisse keine andere Wahl hatten, nicht weniger traurig wird. Die einzig denkbare Alternative zum Entnazifizierungsprogramm wäre eine Revolution gewesen – der Ausbruch einer spontanen Wut des deutschen Volkes gegen all diejenigen, die als prominente Vertreter des Naziregimes bekannt waren. So unkontrolliert und blutig eine solche Erhebung auch gewesen wäre, sie hätte sicherlich gerechtere Maßstäbe angesetzt, als das in einem papiernen Verfahren geschieht. Doch die Revolution blieb aus [...][1].«

Mit diesem bitteren Kommentar, 1950 nach einem Besuch in Westdeutschland verfaßt, sprach Hannah Arendt vielen NS-Opfern aus dem Herzen. Die Hoffnung, daß die Aktivisten, Schergen und Nutznießer der NS-Diktatur unnachsichtig zur Verantwortung gezogen würden, hatte sich allzu oft nicht erfüllt. Vielmehr war der politische Säuberungswille bald in den Mühlen eines bürokratischen Massenverfahrens erstickt, die Spruchkammern zu »Mitläuferfabriken« mutiert. Daß die Chance zum radikalen Bruch mit der NS-Vergangenheit nicht genutzt bzw. fahrlässig verspielt worden sei, prägt bis heute den Tenor einer engagierten Publizistik. Manchen gilt dies gar als die zweite Schuld, die die deutsche Gesellschaft nach den singulären Verbrechen des Nationalsozialismus auf sich geladen habe[2]. Eine solche Sichtweise war Hannah Arendt, die 1933 als Jüdin Deutschland verlassen mußte, nicht fremd. Sie verlor sich jedoch nicht im moralischen Raisonnement über die »trübsinnige Nachkriegsgeschichte«, sondern reflektierte auch die konkrete historische Situation: »Letztendlich bleibt die zweifache Frage: Was konnte man überhaupt von einem Volk nach 12 Jahren totalitärer Herrschaft erwarten? Was konnte man überhaupt von einer Besatzung erwarten, die sich der unmöglichen Aufgabe gegenübergestellt sah, ein Volk wieder aufzurichten, das den Boden unter den Füßen verloren hatte[3]?«

I.

Entgegen den Erwartungen vieler NS-Gegner führte die unvermeidliche Kriegsniederlage zu keiner eruptiven Abrechnung mit dem NS-Regime, geschweige denn zu einer der Novemberrevolution von 1918 vergleichbaren revolutionären Erhebung. Zu tief hatte sich die deutsche Gesellschaft auf den Nationalsozialismus eingelassen und sich zum Komplizen eines rassenideologischen Vernichtungskrieges gemacht, als daß 1944/45 eine eindeutige Scheidung zwischen Regime, Staat und Volk noch möglich gewesen wäre. Das NS-Regime wurde nicht von innen gestürzt, sondern mußte von Alliierten militärisch niedergerungen werden.

Dennoch sollte man das bei Kriegsende eindeutig konstatierbare Ausmaß an ideologischer Desillusionierung und innerer Abkehr nicht geringschätzen. Die kriminelle, letztendlich selbstzerstörerische Energie des Nationalsozialismus hatte sich in der Endphase seiner Herrschaft in einer Orgie blutrünstigen Terrors gegen die eigene Bevölkerung entladen. Nichts dokumentierte den verbrecherischen Fanatismus der NS-Clique sinnfälliger als die militärisch völlig sinnlosen Zerstörungsbefehle, die noch in den letzten Kriegstagen die verbliebenen Existenzgrundlagen zur Disposition stellten. Es war dieser Trennungsstrich, den das NS-Regime selbst zog, der auch fanatisierten, dem »Führermythos« verfallenen Volksgenossen die Augen über die wahre Natur des Regimes öffnete. Nicht heroische Selbstaufopferung im trotzig beschworenen »Endkampf« bestimmte das Verhalten der lokalen NS-Prominenz, sondern feige Massenflucht vor dem anrückenden Feind. Dieser Erfahrungsschock desavouierte den Nationalsozialismus als Regime und Weltanschauung endgültig[4]; er prägte eine ganze Generation und immunisierte sie gegen jegliche Wiederbelebungsversuche.

Zurück blieb eine kriegsmüde, skeptisch-apathische Bevölkerung, die einer ungewissen Zukunft entgegenging und ihre Zuflucht in einem nüchternen Überlebenspragmatismus suchte. Schloß die Kompromittierung breitester Gesellschaftsschichten, die auch vor der Arbeiterschaft keinen Halt gemacht hatte, die revolutionäre Abrechnung mit dem NS-Regime aus, so strafte dieser Pragmatismus Goebbels' Propaganda Lügen: Die Aktion »Wehrwolf«, der Partisanenkrieg gegen die alliierten Besatzer, fand nicht statt. Zweifellos begriff die deutsche Bevölkerung in ihrer überwiegenden Mehrheit die bedingungslose Kapitulation des Deutschen Reiches nicht als Befreiung, sondern als Kriegsniederlage und den Beginn einer demütigenden Besatzungsherrschaft. Insofern verweist das Ende auf den Anfang zurück: Die deutsche Gesellschaft war nicht, wie es nach 1945 in apologetischer Rede gerne hieß, vom Dämon Hitler überwältigt und wider Willen mit hemmungslosem Terror in Schach gehalten worden; der 8. Mai 1945 konnte deshalb auch nicht als Tag der Befreiung in die Erinnerung eingehen. Den Nationalsozialismus jedoch wünschte sich kaum jemand zurück.

II.

Daß die moralisch wie politisch gebotene Generalabrechnung hart ausfallen müsse, verstand sich für die Alliierten von selbst. Hieran ließ das Kommuniqué der Konferenz von Jalta keinen Zweifel: »Es ist unser unbeugsamer Wille, den deutschen Militarismus und Nazismus zu vernichten und die Garantie dafür zu schaffen, daß Deutschland nie wieder in der Lage sein wird, den Weltfrieden zu brechen; [...] alle Kriegsverbrecher einer gerechten und schnellen Bestrafung zuzuführen; [...] die Nazi-Partei, die nazistischen Gesetze, Organisationen und Einrichtungen vom Erdboden zu tilgen; alle nazistischen und militärischen Einflüsse aus öffentlichen Einrichtungen, dem Kultur- und Wirtschaftsleben des deutschen Volkes zu entfernen[5].«

War die justizielle Abrechnung, beginnend mit dem Hauptprozeß vor dem Internationalen Militärgerichtshof in Nürnberg[6], ihrer Natur nach primär der Vergangenheit zugewandt, so verschränkte sich in der Entnazifizierung der Gedanke von Generalabrechnung und Generalprävention unmittelbar. Genügte für den Bruch mit der NS-Vergangenheit der politische Systemwechsel und die Entmachtung der alten Führungsschicht? Oder mußte nicht vielmehr die Ausrottung des Nazismus auf halbem Wege steckenbleiben, solange das Millionenheer ehemaliger Parteigenossen weiterhin in Amt und Würden saß? Sollte die Entnazifizierung als begrenzte politische Säuberung vornehmlich den Elitenaustausch befördern, so war das Hauptaugenmerk auf die Besetzung eines weit definierten Kreises von Schlüsselpositionen in Politik, Verwaltung, Wirtschaft und Kultur mit zuverlässigen Demokraten zu richten. Oder sollte sie im Sinne der Abrechnung all jene mit Entlassung bestrafen, die sich, in welcher Form auch immer, als Parteigänger der NS-Diktatur betätigt hatten?

Diese Frage mußte in der konkreten Besatzungspraxis beantwortet werden. Da sich die alliierten Siegermächte auf keine gemeinsamen Zielvorgaben und Verfahren verständigen konnten, ging jede von ihnen eigene Wege. Zwar beschlossen sie auf der Potsdamer Konferenz einige allgemeine Grundsätze zur politischen Säuberung, doch hatten diese mehr deklamatorischen als verfahrenspraktischen Wert. Erst im Januar 1946 verabschiedete der Alliierte Kontrollrat in Berlin auf amerikanisches Drängen eine konkrete Entnazifizierungsrichtlinie. Aber auch nach dem Erlaß der Kontrollratsdirektive Nr. 24, die nahezu unverändert die schematischen Formalbelastungskategorien der amerikanischen USFET-Direktive von Juli 1945 übernahm, blieben Verfahren und Ergebnisse in jeder Zone unterschiedlich[7]. Allein dieses Faktum mußte, je mehr sich die Verhältnisse normalisierten, den moralischen Kredit untergraben. Der Eindruck einer mehr oder minder willkürlichen Säuberungspolitik verstärkte sich zwangsläufig, wenn selbst innerhalb einer Besatzungszone die Verfahren von Land zu Land differierten und einem mehrfachen Wechsel unterlagen, wie dies in unterschiedlichem Ausmaß in der britischen, französischen und der sowjetischen Zone der Fall war.

Am schärfsten verfuhr von den Westmächten die amerikanische Besatzungsmacht. Sie hatte die Entnazifizierung als »personelle Lösung der Antifaschismusfrage«[8] konzipiert und zu einem Kernstück ihrer Besatzungspolitik erhoben. Die Briten und Franzosen agierten wesentlich pragmatischer und räumten von Anfang an der Verwaltungseffizienz und dem Wiederaufbau den Vorrang ein. Einen völlig anderen Verlauf nahm die Entnazifizierung in der sowjetischen Besatzungszone. Hier wurde sie zur Durchsetzung des kommunistischen Machtanspruchs instrumentalisiert. Im folgenden sollen in erster Linie Grundzüge und Ergebnisse der amerikanischen und der sowjetischen Politik skizziert werden.

III.

Die ursprünglichen Planungen des State Department hatten die Entnazifizierung als politische Personalsäuberung vorgesehen und als Zielgruppe NS-Funktionäre und politische Beamte im Bereich des öffentlichen Dienstes, der staatlichen und kommunalen Selbstverwaltung definiert[9]. Die grundlegende Besatzungsdirektive der Joint Chiefs of

Staff (JCS) Nr. 1067 beschränkte die Entnazifizierung nicht mehr auf die Säuberung von Schlüsselstellungen, sondern schrieb die Entlassung aller »aktiven Nationalsozialisten« vor. Die Ausführungsbestimmungen folgten mit der USFET-Direktive vom 7. Juli 1945[10]. Sie führte zur Überprüfung aller Beschäftigen des öffentlichen Dienstes den »großen Fragebogen« ein, der nach rein schematischen Gesichtspunkten von der Militärregierung ohne deutsche Mitwirkung ausgewertet wurde. Als entlassungspflichtig galten u. a. alle NSDAP-Mitglieder vor dem 1. Mai 1937, dem Inkrafttreten des Reichsbeamtengesetzes, alle Mitglieder der SS, der Gestapo und alle vor dem 1. April 1933 eingetretenen SA-Mitglieder. Ingesamt umfaßte der Disqualifizierungskatalog über 125 Einzelmerkmale, in zahlreichen weiteren Fällen blieb die Entscheidung dem Ermessen überlassen.

Nach groben Schätzungen wurden in der amerikanischen Zone bis Ende Juli 1945 rund 70 000 Personen als NS-Aktivisten entlassen[11]. Im August berichtete die Militärregierung, daß die Entnazifizierung gute Fortschritte mache, und führte als vorbildliches Beispiel die Säuberung der Stadtverwaltung Frankfurt mit über 4 400 und des Landbezirks Mannheim mit über 5 000 Entlassungen an[12]. In der Münchner Stadtverwaltung war bereits im Frühsommer 1945 ein Viertel des gesamten Personals entlassen worden, in Nürnberg mußte jeder dritte, im Bamberg jeder zweite gehen, und in Würzburg konnten nur etwa 30 Prozent der Beamten auf ihren Posten bleiben[13]. Die Massenentlassungen führten zwangsläufig zum Zusammenbruch der kommunalen Verwaltungen — und dies in einer Zeit, als Not und Hunger herrschten.

Den letzten Schritt zur Aufhebung einer politisch vernünftigen Säuberungskonzeption vollzog das Militärgesetz Nr. 8 vom 26. September 1945. Es dehnte die Entnazifizierung auf den gesamten Wirtschaftsbereich aus und ordnete die Entlassung aller NSDAP-Mitglieder an, sofern sie nicht in »gewöhnlicher Arbeit« beschäftigt waren. Die verhängnisvolle Eskalation der Direktiven resultierte aus dem außerordentlichen Druck der amerikanischen Öffentlichkeit, die unter dem Schock des nationalsozialistischen Zivilisationsbruchs von der Militärregierung harte Maßnahmen und schnelle Resultate forderte. Verhängnisvoll war weniger der Schematismus, schließlich brauchte es irgendwelche Kriterien, als vielmehr die uferlose Überdehnung der Bestimmungen, die sich gegen alle irgendwie Belastete richtete, ungeachtet ihrer konkreten Position und Funktion.

Zielten die Direktiven tendenziell auf die Entlassung aller NSDAP-Mitglieder ab, so konzentrierte sich in der Praxis die Säuberungsenergie auf den öffentlichen Dienst. Bis Ende März 1946 hatte die Militärregierung 1,26 von 1,39 Millionen Fragebogen ausgewertet. Entlassen waren bis zu diesem Zeitpunkt 140 000 Beschäftigte des öffentlichen Dienstes und 68 600 Beschäftigte aus Handel, Gewerbe und Industrie; gleichzeitig hatte die Militärregierung 50 500 Bewerbern für den öffentlichen Dienst und 22 900 Bewerbern für die Wirtschaft aus politischen Gründen die Anstellung bzw. die Wiederanstellung nach der Rückkehr aus Kriegsdienst und Gefangenschaft verweigert. Rechnet man die Anzahl der Entlassenen oder Zurückgewiesenen aus anderen Bereichen hinzu, so ergibt sich die Zahl von 336 900 Personen, die unmittelbar von der Entnazifizierung betroffen waren[14]. Offen bleibt dabei allerdings die Dunkelziffer der umgangenen Entlassungsverfügungen.

Die Entnazifizierung führte 1945/46 zu einer tiefgreifenden Umstrukturierung des öffentlichen Dienstes. So mußten bis zum 1. Mai 1946 in Hessen 57 Prozent aller Beamten ihren Abschied nehmen, bei den Angestellten waren es 34 Prozent, bei den Arbeitern 15 Prozent. Zum gleichen Stichtag betrug der Gesamtpersonalstand 86 290 Bedienstete, von denen 55,4 Prozent aus der Zeit vor 1945 übernommen, 42,7 Prozent neu eingestellt und 1,9 Prozent wiedereingestellt worden waren; zur letzten Gruppe zählten Personen, die von den Nationalsozialisten aus politischen oder rassischen Gründen entlassen worden waren. Vergleichsweise glimpflich kam dagegen die wirtschaftliche Führungsschicht davon. So verloren in Hessen »nur« 26,4 Prozent aller leitenden Angestellten aus der privaten Wirtschaft ihre Posten[15]. Dies waren drastische, in ihren Auswirkungen geradezu dramatische Einschnitte. Die gesellschaftspolitischen Auswirkungen des personellen Strukturwandels kamen jedoch infolge der Expansion des öffentlichen Dienstes und der zügigen Wiedereinstellung der 1945/46 Entlassenen nur begrenzt zum Tragen.

Die Entnazifizierung, so wie sie von der amerikanischen Militärregierung mit missionarischem Eifer betrieben und in stolzen Erfolgsbilanzen dokumentiert wurde, richtete das Ansehen der politischen Säuberung zugrunde: Denn sie war weder praktikabel noch gerecht. Der Kahlschlag fegte die Ämter einer hochspezialisierten Bürokratie leer, er traf gleichermaßen NS-Aktivisten wie Mitläufer, leitende Regierungsdirektoren wie einfache Postboten. 1946 befanden sich unter den

Entlassenen allein 23 640 Mitarbeiter der Reichsbahn und 20 070 Beschäftigte der Reichspost[16]. Die Massenentlassungen waren mit zahlreichen Fehlgriffen und Ungerechtigkeiten verbunden und bewirkten unvermeidlich fatale Solidarisierungstendenzen. Aus verständlichen Gründen bestimmte nicht die Tatsache, daß die vollzogenen Entlassungen weit unter den normativen Entlassungskriterien lagen, die öffentliche Diskussion und Meinung, sondern die Befürchtung, daß sie erst den Anfang darstellten.

In der britischen und erst recht in der französischen Zone gewann die Entnazifizierung mangels konkreter Vorarbeiten und politischer Vorgaben erst Ende 1945 an Dynamik, nicht zuletzt, um die Kritik des amerikanischen Bündnispartners aufzufangen. Auch erreichte sie bei weitem nicht die Schärfe der amerikanischen Maßnahmen. Charakteristisch für beide Zonen waren großzügig erteilte Ausnahmeregelungen, die auch die Weiterbeschäftigung schwerbelasteter Verwaltungsfachleute und anderer Spezialisten erlaubten, sowie die faktische Privilegierung ganzer Berufsgruppen, insbesondere des Bergbaus und der Landwirtschaft. Im Unterschied zur amerikanischen Politik stützte sich die französische Militärregierung jedoch von Anfang auf die Mitarbeit deutscher Stellen, denen ein großer Ermessensspielraum zugestanden wurde. Die erste Stufe des Säuberungsapparats stellten die Untersuchungsausschüsse auf Kreisebene dar. Sie arbeiteten den zentralen Reinigungskommissionen zu, die ihrerseits der Militärregierung die ins Auge gefaßten Sanktionen zur Genehmigung vorlegen mußten. Ähnlich verfuhr man seit Anfang 1946 auch in der britischen Zone, während die amerikanische Militärregierung bis zur Verabschiedung des Befreiungsgesetzes im März 1946 die Entnazifizierung in eigener Regie durchführte.

In der britischen Zone hatte die Militärregierung bis Ende 1945 rund 538 800 Fragebogen ausgewertet. Als entlassungspflichtig galten 43 290 Personen, bei weiteren 28 580 Fällen blieb die Entscheidung den Behörden anheimgestellt. Zugleich hatte die Militärregierung 41 490 Bewerbern aus politischen Gründen die Anstellung verweigert[17]. In der französischen Zone sind bis Ende 1945 rund 18 800 Personen entlassen, weitere 9 400 vorläufig suspendiert worden[18]. Nach einer Statistik des Alliierten Kontrollrats wurden in der britischen Zone allein zwischen Januar und Ende Juni 1946 56 600 Personen entlassen, weitere 25 000 durften trotz ihrer Belastung im Amt verbleiben. In der französischen

Zone entließ die Militärregierung im selben Zeitraum 27 000 Personen und behielt 45 000 Belastete im Dienst, die nach der Klassifizierung der Kontrollratsdirektive Nr. 24 als entlassungspflichtig galten bzw. mit besonderer Sorgfalt überprüft werden sollten. Zudem wurde 35 500 Personen in beiden Zonen die Anstellung verweigert[19]. Diese Angaben sind sicherlich mit einem gewissen Vorbehalt zu bewerten, dürften jedoch die realen Größenordnungen annäherungsweise wiedergeben. Sie belegen den Säuberungsrückstand der französischen Zone, stellen aber in Übereinstimmung mit der neueren Forschung das überlieferte Bild einer besonders laxen Entnazifizierungspolitik nachhaltig in Frage.

Auch wenn die Maßnahmen der britischen und der französischen Militärregierung nicht die verhängnisvolle Radikalität der amerikanischen Säuberungspraxis erreichten, so besaß der 1945/46 geführte Schlag doch eine enorme Wucht. Von den Massenentlassungen bzw. von verweigerter Anstellung waren in den Westzonen mehrere hunderttausend NSDAP-Mitglieder in ihrer beruflichen Existenz betroffen. Allein in der amerikanischen Besatzungszone, die statistisch am besten dokumentiert ist, zählte man im März 1946 fast 337 000 Personen, die wegen ihrer politischen Vergangenheit erst einmal disqualifiziert wurden.

IV.

Zu nennen ist in diesem Zusammenhang auch die Verhaftungs- und Internierungspolitik der alliierten Besatzungsmächte. Die mit Abstand größte Gruppe der Internierten fiel unter die Bestimmungen des »Automatischen Arrests«, die das gemeinsame britisch-amerikanische Oberkommando (SHAEF) 1944 als Anweisung für die Besatzungstruppen entwickelt hatte[20]. Er betraf im wesentlichen das politische Leiterkorps der NSDAP bis zur Kreisebene, später erweitert bis auf Ortsebene, alle Führer und Unterführer der SS und Waffen-SS, alle Gestapo- und SD-Mitarbeiter, die Leiter der Militär- und Zivilverwaltungen in den besetzten Gebieten sowie hohe Beamte. Die präventive Verhaftung gefährlicher NS-Aktivisten sollte in erster Linie die Bildung einer NS-Untergrundbewegung verhindern. Die Internierung mutmaßlicher Kriegsverbrecher schuf zugleich die Voraussetzung für die justizielle Strafverfolgung, die seit 1943 von der »United Nations War Crimes Commission« vorbereitet worden war.

Das Gros der Inhaftierten stellten mittlere und kleine Funktionäre der NS-Bewegung und Angehörige des öffentlichen Dienstes, gefolgt von Mitgliedern der SS und Waffen-SS. Die summarischen Verhaftungen, denen in aller Regel keine persönlichen Verdachtsmomente zugrunde lagen, füllten innerhalb weniger Monate die Lager. Die amerikanische Militärregierung schätzte die Zahl der von ihr bis Ende Juli 1945 verhafteten Personen auf rund 80000[21]. Insgesamt zählte man in den drei westlichen Besatzungszonen 182000 Internierte, von denen bis zum 1. Januar 1947 allerdings 86000 aus den Lagern entlassen wurden[22]. Da die Überprüfungsausschüsse der Militärregierungen bzw. die deutschen Lagerspruchkammern vorrangig die »kleinen Fische« bearbeiteten, blieben vor allem Personen mit hoher Formalbelastung in den Internierungslagern. Vom Abbruch der Entnazifizierung im Sommer 1948 profitierten deshalb in erster Linie die Schwerbelasteten. Sie kamen nun in den Genuß unverhältnismäßig milder Urteile, so daß für viele NS-Aktivisten die Internierungshaft die eigentliche Strafe darstellte.

Ein unvergleichbar härteres Schicksal traf die in der sowjetischen Besatzungszone inhaftierten Personen, deren Gesamtzahl nach offiziellen sowjetischen Angaben mit rund 122600 angegeben wird. Unter den Verhafteten befanden sich nicht nur Funktionäre von NS-Organisationen, Mitarbeiter des SS-SD-Gestapo-Komplexes und mutmaßliche Kriegsverbrecher, sondern auch zahlreiche Personen, die unabhängig von ihrer Einstellung zum Nationalsozialismus verhaftet worden waren. Häufig genügte eine schlichte Denunziation, um tatsächliche oder vermeintliche Widersacher der sowjetischen Besatzungspolitik jahrelang in ein von der Außenwelt abgeschnittenes »Speziallager« zu bringen. Hinzu kamen weitere 34700 Personen ausländischer Nationalität, überwiegend sowjetische Bürger, die als Fremd- bzw. Zwangsarbeiter in Deutschland tätig gewesen waren[23].

In den Lagern herrschten furchtbare Haftbedingungen: An den Folgen von Überfüllung, Unterernährung, mangelhafter Bekleidung, fehlender Hygiene und Seuchen starben nach sowjetischen Angaben mindestens 42800, nach anderen Schätzungen bis zu 80000 Menschen. Die letzten Internierungslager, die bis zuletzt ausschließlich sowjetischer Kontrolle unterstanden, wurden im Januar 1950 aufgelöst; ihre Insassen entweder entlassen oder zur weiteren Strafverbüßung bzw. Aburteilung (Waldheimer Prozesse[24]) ostdeutschen Behörden überstellt.

V.

Mit der weitgehenden Paralysierung der öffentlichen Verwaltung, deren Funktionsfähigkeit für den Neuaufbau eines demokratischen Deutschland unverzichtbar war, war die Entnazifizierung in der amerikanischen Besatzungszone bereits Ende 1945 in eine Sackgasse geraten. Die Eskalation der Direktiven rächte sich nun, denn der verfehlte Start rigoroser Massenentlassungen ließ sich nicht mehr rückgängig machen. Das Entnazifizierungsverfahren mußte revidiert werden, und im Mittelpunkt jeder Revision hatte die Rehabilitierung der Masse bereits entlassener NS-Mitläufer zu stehen. Dies wiederum hatte zur Folge, daß der in der deutschen Gesellschaft ohnehin nur schwach entwickelte politische Säuberungswillen sich nicht auf die Verfolgung der politischen NS-Kriminalität konzentrierte, sondern in einer Flut von Bagatellfällen verschlissen wurde.

Angesichts der tiefgreifenden nazistischen Infizierung der deutschen Gesellschaft konnte die Entnazifizierung als politische Säuberung nur erfolgreich sein, solange sie sich ihres prekären machtpolitischen Charakters bewußt und auf die Säuberung von Schlüsselstellungen sowie die Verfolgung wirklicher NS-Aktivisten beschränkt blieb. Jede bürokratische Massenentnazifizierung mußte hingegen allein an dem hohen Erfassungsgrad der deutschen Gesellschaft durch das NS-Regime scheitern. Schließlich waren 2,45 Millionen Deutsche der NSDAP vor dem Aufnahmestopp am 1. Mai 1933 beigetreten, deren Gesamtmitgliedschaft sich bis Kriegsende im »Altreich« auf rund sechs Millionen erhöht hatte[25]; hinzu kamen weitere Millionen von Personen, die einer der zahlreichen NS-Organisationen angehört hatten. So paradox es klingen mag, gerade weil sich der Nationalsozialismus in Deutschland auf eine Massenbasis stützen konnte und eine breite gesellschaftliche Akzeptanz besaß, konnte die Säuberung nicht so radikal ausfallen wie die Abrechnung mit faschistischen Kollaborationsregimes in anderen Ländern, die von der Bevölkerung überwiegend als Handlanger einer feindlichen Besatzungsmacht wahrgenommen worden waren. Hier war der Trennungsstrich einfacher zu ziehen und häufig auch von exzessiver Gewaltanwendung begleitet[26].

Die strafrechtliche Verfolgung krimineller Tatbestände kann unter rechtsstaatlichen Bedingungen ohnehin nur von ordentlichen Gerichten geleistet werden. Sie setzt individuell nachweisbare Schuld voraus, während die politische Säuberung bestimmten Personengruppen aufgrund ihrer politischen Vergangenheit die Mitwirkung an der Neugestaltung von Staat und Gesellschaft verwehrt. Die Festlegung pauschaler Disqualifizierungskriterien wie der zu säubernden Positionen ist eine genuin politische Entscheidung, die streng von strafrechtlichen Aspekten und der Frage des individuellen Schuldanteils geschieden werden sollte.

VI.

Im deutschen Widerstand besaß man in vielerlei Hinsicht eine realitätsgerechtere Einsicht in Wesen und Charakter der NS-Herrschaft. So maß man der bloßen Mitgliedschaft in der NSDAP oder einer anderen NS-Organisation allgemein wenig Bedeutung bei. Die ersehnte Abrechnung sollte sich gegen die »echten« Nazis richten, die Masse der Mitläufer aber schonen. Carl Goederler sprach nicht nur für den nationalkonservativen Widerstand, als er die systematische Mißachtung von Recht, Moral und Anstand in den Mittelpunkt seiner vorbereiteten Rundfunkansprache stellte, um nach dem geglückten Staatsstreich des 20. Juli öffentlich mit dem NS-Regime abzurechnen: Es gehe nicht um die Frage »Parteigenosse oder Volksgenosse [...] SS, SA oder welche Organisation auch immer. Es geht um die Frage: anständig oder unanständig[27]!« Die Differenzierung zwischen »anständigen« und »unanständigen« Nazis bedurfte unter deutschen NS-Gegnern keiner Rechtfertigung. Sie entsprach der Lebenserfahrung unter der NS-Diktatur, dem Zwang zum »strukturellen Opportunismus«[28], und wurde zur eigentlichen Scheidelinie. Zur Verantwortung gezogen werden sollten in erster Linie hohe NS-Funktionäre, korrupte Parteibonzen, Denunzianten, Gestapo-Mitarbeiter und Gewalttäter, also jene Personenkreise, die sich selbst außerhalb des bürgerlichen Normen- und Wertesystems gestellt hatten. Allein dieses Minimalprogramm war 1945 in der deutschen Zusammenbruchsgesellschaft konsensfähig.

Auch die Bestrafung der Steigbügelhalter und Nutznießer des NS-Regimes konnte noch auf eine relativ breite Zustimmung rechnen, solange sie auf prominente Personen wie Franz v. Papen, Hjalmar Schacht oder Gustav Krupp v. Bohlen und Halbach zielte. Darüber hinausgehende sozialrevolutionäre Forderungen, wie sie in den Programmen sozialistischer und kommunistischer Widerstandsgruppen verkündet wurden, entsprangen hingegen mehr politischem Wunschdenken und der extremen Isolierung in den Konzentrationslagern oder in kleinen Exilzirkeln, fern der Heimat. Selbst in industriellen Großbetrieben entwickelten die Betriebsräte 1945/46 nur in seltenen Fällen säuberungspolitische Aktivitäten, die über den genannten Minimalkonsens hinausgingen[29]. Der alltägliche Kampf ums nackte Überleben, der mühsame Wiederaufbau der Produktionsstätten und der öffentlichen Infrastruktur setzte andere Prioritäten.

Auch die Antifaschistischen Ausschüsse (Antifa), die unmittelbar nach dem Zusammenbruch der NS-Diktatur in vielen Städten spontan entstanden waren, suchten die Zusammenarbeit mit den örtlichen Besatzungskommandanten und begnügten sich mit der Säuberung leitender Verwaltungspositionen, wobei im Zweifelsfall unentbehrliche Fachleute im Amt verbleiben durften. Nicht anders verfuhren die bald überall ausgeschalteten Antifa-Ausschüsse in der sowjetischen Besatzungszone[30]. Die Abrechnung mit dem Nationalsozialismus, hierin waren sich die deutschen NS-Gegner einig, sollte nicht im Zuge wilder Selbstjustiz, sondern nach dem Fall der Diktatur in einem geordneten Verfahren stattfinden. Recht, nicht Rache im Bürgerkrieg sollte die Grundlage des neuen Staates bilden.

VII.

Am 5. März 1946 trat in der amerikanischen Zone das »Gesetz zur Befreiung von Nationalsozialismus und Militarismus« in Kraft[31]. Das Gesetz, das mit einigen Änderungen Mitte 1947 auch in der französischen Zone Geltung erlangte und Ende 1947 zum Vorbild einer neuen Regelung in der britischen Zone wurde, stellte die Entnazifizierung auf eine neue Grundlage. Es war ein von den deutschen Ministerpräsidenten erlassenes Gesetz, während die bisherigen Bestimmungen auf Besatzungsrecht beruhten und von der Militärregierung per Verwaltungsanordnung vollzogen wurden. Der entscheidende Unterschied lag aber in der Transformation des politischen Säuberungsprozesses in ein justizförmiges Verfahren. Zuständig für die Durchführung der Entnazifizierung waren die neugeschaffenen Spruchkammern, eine von den Parteien getragene Laienbürokratie in schöffengerichtlicher Verfassung.

Kernstück des Gesetzes stellte aus deutscher Sicht die Einführung der individuellen Fallprüfung dar: »Die Beurteilung des Einzelnen erfolgt in gerechter Abwägung der individuellen Verantwortlichkeit und der tatsächlichen Gesamthaltung [...] Äußere Merkmale wie die Zugehörigkeit zur NSDAP, einer ihrer Gliederungen oder einer sonstigen NS-Organisation sind nach diesem Gesetz für sich allein nicht entscheidend für den Grad der Verantwortlichkeit. Sie können zwar wichtige Beweise für die Gesamthaltung sein, können aber durch Gegenbeweise ganz oder teilweise entkräftet werden« (Art. 2 BefrG)[32]. Damit war zugleich der Weg zur Rehabilitierung der bereits Entlassenen geöffnet.

Festgelegte Verfahrensvorschriften waren die Erforschung der Wahrheit von Amts wegen, die Vernehmung von Zeugen, auch unter Eid, der Anspruch des »Betroffenen« (Angeklagten) auf rechtliches Gehör und Rechtsbeistand. Die Widerlegung der Schuldvermutung oblag dem Betroffenen und stellte die Hauptaufgabe der Verteidigung dar, was in der deutschen Öffentlichkeit heftige Kontroversen hervorrief. Die Spruchkammern entschieden über die Einstufung der Betroffenen und setzten in ihrem »Spruch« (Urteil) die »Sühnemaßnahmen« (Strafen) fest. Gegen die Entscheidung konnte Berufung bei der Berufungskammer eingelegt werden, der ein zum Richteramt befähigter Jurist vorsitzen mußte.

Grundlage des neuen Verfahrens bildete die Registrierung der gesamten erwachsenen Bevölkerung, die den berühmt-berüchtigten »Fragebogen« auszufüllen hatte (in der britischen und französischen Zone bestand keine Registrierungspflicht). Anschließend nahm der »öffentliche Kläger« (Staatsanwalt) die vorläufige Einstufung der Betroffenen in fünf Gruppen vor: Hauptschuldige (I), Belastete (II: NS-Aktivisten, Militaristen, Nutznießer), Minderbelastete (III), Mitläufer (IV) und Entlastete (V). Dieser vorläufigen Einstufung lagen die Formalbelastungskategorien der Kontrollratsdirektive Nr. 24 zugrunde, auf deren Übernahme die amerikanische Militärregierung ultimativ bestanden hatte. Als mutmaßliche Hauptschuldige galten u. a. alle leitenden Mitarbeiter des Reichssicherheitshauptamtes, der Grenz-, Ordnungs- und Kriminalpolizei, die Offiziere der SS sowie alle Angehörige der Gestapo. Hinzu kamen alle Amtsträger der NSDAP, einschließlich der Amtsleiter auf Kreisebene, und die höheren und mittleren Amtsträger zahlreicher NS-Organisationen, aber auch Generalstabsoffiziere und Führungskräfte der Militär- und Zivilverwaltungen in den besetzten Gebieten. Zu den Belasteten (II) zählten generell die unteren Chargen der NS-

Organisationen, alle NSDAP-Mitglieder vor dem 1. Mai 1937, alle Mitglieder der SS und Waffen-SS sowie hohe Berufsoffiziere nach 1936.

Für diese Personengruppen hatte die vorläufige Einstufung schwerwiegende Folgen, da sie bis zum Abschluß ihres Verfahrens nur in »gewöhnlicher Arbeit« beschäftigt sein durften (Art. 58 BefrG), sofern sie nicht schon bereits von der Militärregierung entlassen worden waren. Das vorläufige Beschäftigungsverbot stellte denn auch die eigentliche Härte des Gesetzes dar. Die Entlassung aus gehobenen Positionen traf in hohem Maße die Mittelschicht, während der soziale Status belasteter Arbeiter und kleiner Angestellter zumeist unberührt blieb.

Die Sühnemaßnahmen reichten von einmaligen Geldbußen bis zum Pensionsverlust, bei Hauptschuldigen konnten bis zu zehn Jahre Arbeitslager und vollständiger Vermögenseinzug verhängt werden. Tatsächlich erstickte jedoch das bürokratische Massenverfahren bald den Säuberungswillen. In dem justizförmigen Spruchkammerverfahren verschmolzen Entnazifizierung und Rehabilitierung zu ein und demselben Vorgang[33]. Die Spruchkammern bemühten sich vorrangig um die Rehabilitierung der Mitläufer und stellten mit der Aufhebung amerikanischer Entlassungsverfügungen oft auch ein Stück Gerechtigkeit für zu Unrecht Disqualifizierte her. Entnazifiziert wurden Personen — nicht Positionen. An diesem Kardinalfehler der Entnazifizierungspolitik hatte sich nichts geändert.

In der US-Zone waren von insgesamt 13,41 Millionen überprüfter Personen 3,66 Millionen (27%) vom Befreiungsgesetz betroffen und hatten mithin der NSDAP oder einer anderen NS-Organisation angehört. Die meisten Fälle wurden aufgrund der im September 1946 erlassenen Jugendamnestie bzw. der Mitte 1947 in Kraft tretenden Amnestie für nominelle Mitläufer mit kleinem Einkommen mit einem geringen finanziellen Sühnebescheid eingestellt. Zur öffentlichen Verhandlung führten »nur« 950 000 Spruchkammerverfahren. In der Praxis billigten die Spruchkammern fast allen Betroffenen das vielbeschworene Recht auf den politischen Irrtum zu und folgten in ihrem Urteil nur selten dem Antrag des öffentlichen Klägers gemäß der Formalbelastung. Mit wahrhaft gigantischem Verwaltungsaufwand hatten die Spruchkammern in der amerikanischen Zone bis Ende 1949 1654 Hauptschuldige (Gruppe I), und 22 122 NS-Aktivisten, Militaristen und Nutznießer des NS-Regimes (Gruppe II) namentlich ausfindig gemacht; hinzu kamen 106 422 Minderbelastete (Gruppe III), die bereits einer Bewährungsgruppe mit einer Höchstfrist von drei Jahren angehörten. In der britischen und der französischen Besatzungszone fiel die Urteilspraxis noch milder aus[34].

VIII.

In der sowjetischen Besatzungszone verfolgte die Entnazifizierung ein doppeltes Ziel. Sie diente einerseits der Abrechnung mit dem Nationalsozialismus und zugleich als Instrument für die Durchsetzung des kommunistischen Machtanspruchs in Staat und Gesellschaft. Diese Entwicklung war allerdings 1945 noch nicht in dieser Schärfe absehbar.

Das Fehlen zentraler Direktiven seitens der sowjetischen Militärregierung bot den deutschen Auftragsverwaltungen zunächst einen großen Spielraum und führte zu einer bemerkenswerten Spannbreite normativer Säuberungsvorgaben und Verfahrensregelungen. Von Juli 1945 bis zum Dezember 1946 erfolgte die Entnazifizierung auf der Grundlage unterschiedlicher Landesgesetze bzw. -verordnungen. In Thüringen bestimmte das Reinigungsgesetz vom 23. Juli 1945 die Entlassung der »alten Kämpfer« (Parteieintritt vor dem 1. April 1933) sowie von NSDAP-Mitgliedern in bestimmten Führungspositionen, während nominelle Parteigenossen im öffentlichen Dienst verbleiben durften. In der Provinz Brandenburg und im Land Mecklenburg-Vorpommern galten hingegen alle ehemaligen Nationalsozialisten generell als entlassen. In Sachsen wurde bei der angestrebten Entlassung aller belasteten Funktionsträger der Dienstrang als Kriterium benutzt, in der Provinz Sachsen-Anhalt wiederum griff man zum Verfahren der individuellen Fallprüfung[35]. Verantwortlich für die Durchführung der Entnazifizierung waren in den Ländern und Provinzen die jeweils 1. Vizepräsidenten, die überall von den Kommunisten gestellt wurden. Am schärfsten gingen Bernhard Bechler in Brandenburg und Johannes Warnke in Mecklenburg-Vorpommern vor, während die Landesverwaltungen in Sachsen, Thüringen und in der Provinz Sachsen 1945 noch an der deutschen NS-Gegnern selbstverständlichen Differenzierung zwischen NS-Aktivisten und nominellen Parteimitgliedern festhielten. Eine Verschärfung der Entlassungspraxis forderte die sowjetische Militärregierung erstmals im Herbst 1945, was eine Reaktion auf entsprechende amerikanische Maßnahmen darstellen dürfte.

Bis Ende 1946 waren in der sowjetischen Besatzungszone 306 500 Personen (ohne Mecklenburg-Vorpommern), nach anderen Angaben insgesamt rund 390 500 Personen entlassen bzw. nicht wieder angestellt worden[36]. Diese Zahlen sind, wie nahezu alle Entnazifizierungsstatistiken, wegen unpräziser, lückenhafter oder gar vorsätzlich falscher Meldungen nur als grobe Richtwerte zu betrachten. Die Entnazifizierung in der sowjetischen Besatzungszone dürfte sich im Umfang jedoch nicht wesentlich von der anfangs rigiden Entlassungspolitik der amerikanischen Militärregierung unterschieden haben.

Der entscheidende Unterschied lag in den politischen Vorgaben, die die Neubesetzung der leergefegten Ämter regelten. In den Westzonen griffen die Militärregierungen bei der Besetzung politischer Ämter und hoher Verwaltungspositionen zumeist auf altgediente Politiker und Fachleute aus dem gesamten demokratischen Spektrum der Weimarer Republik zurück, in der Ostzone hingegen wurden auf allen Verwaltungsebenen zielstrebig KPD/SED-Mitglieder gegenüber Mitbewerbern aus bürgerlichen Reihen bevorzugt. Nicht zuletzt diente die Entnazifizierung vielfach als Vorwand, um »wilde« Enteignungsmaßnahmen und Berufsverbote für Unternehmer und kleine Gewerbetreibende auszusprechen[37]. Die oftmals völlig willkürliche Anwendung der geltenden Vorschriften war Ausfluß einer klassenkämpferischen Politik, die insgesamt auf die Ausschaltung bürgerlich-liberaler und konservativer Kräfte abzielte. Einen weiteren Stützpfeiler der angestrebten sozialistischen Umgestaltung stellten die Bodenreform, die Verstaatlichung der Banken sowie der Groß- und Mittelbetriebe dar, die ebenfalls durchweg als antifaschistische Maßnahmen legitimiert wurden.

Im Dezember 1946 führte die sowjetische Militärregierung als neue Verfahrensgrundlage die bereits im Januar 1946 verabschiedete Kontrollratsdirektive Nr. 24 ein, um amerikanischer Kritik auf der Moskauer Außenministerkonferenz vorzubeugen. Zuständig für die Überprüfung aller Beschäftigten gemäß der neuen Richtlinie waren 262 hoffnungslos überlasteten Entnazifizierungskommissionen, in denen jetzt zumeist die SED mit Hilfe der von ihr dominierten Massenorganisationen über die Stimmenmehrheit verfügte. Wie in den Westzonen setzten sich die Parteien für mildere Durchführungsbestimmungen ein. So heißt es in einem gemeinsamen Schreiben der Parteiführungen von SED, LDPD und CDU an die sowjetische Militärregierung vom 17. Februar 1947:

»Eine schematische Durchführung dieser Direktive, wie sie vielfach zu beobachten ist, würde das Ausscheiden vieler Fachleute und Spezialisten in Wirtschaft und Verwaltung zur Folge haben. Dieser Umstand erfüllt die Einheitsfront mit ernster Sorge für die Sicherung und den Fortbestand des in der Ostzone erreichten wirtschaftlichen Fortschritts[38].«

Im August 1947 änderte die Militärregierung in einem abrupten Schwenk ihre Politik und ebnete mit dem Befehl Nr. 201 der Sowjetischen Militäradministration in Deutschland (SMAD) den Weg zur Rehabilitierung aller nominellen NSDAP-Mitglieder. Gleichzeitig ging die Aburteilung der Nazi- und Kriegsverbrecher mit wenigen Ausnahmen auf deutsche Gerichte über; die Ermittlungsverfahren wurden einer Spezialeinheit der Kriminalpolizei, der K 5 übertragen[39]. Die Überprüfung mutmaßlicher NS-Aktivisten, die sich nicht strafbar gemacht hatten, fiel hingegen in die Zuständigkeit abermals neugebildeter Kommissionen. Sie mußten nach dem SMAD-Befehl Nr. 35 bis Mitte April 1948 ihre Tätigkeit einstellen. Mit diesem Befehl zog die sowjetische Militärregierung als erste Besatzungsmacht einen offiziellen Schlußstrich unter die Entnazifizierung und setzte die Westmächte unter erheblichen Druck, die nun ihrerseits auf einen beschleunigten Abschluß drängten.

Die Gesamtzahl der von der Entnazifizierung betroffenen Personen wurde von DDR-Historikern zumeist mit rund 520000 angegeben, um den antifaschistischen Gründungsmythos der DDR zu belegen. Diese Angabe beruht auf der additiven Fortschreibung unterschiedlicher Statistiken, die sich aus dem mehrmaligen Durchgang der Entnazifizierungsverfahren ergaben (Säuberung ohne Rechtsgrundlage, Landesverfahren bis Ende 1946, Verfahren nach Kontrollratsdirektive Nr. 24, Verfahren nach SMAD-Befehl Nr. 201). Sie umfaßt zudem sowohl entlassene bzw. in untergeordnete Positionen versetzte Personen als auch abgewiesene Bewerber. Realistisch erscheint die Schätzung von insgesamt 200000 Entlassungen. Auch in der sowjetischen Zone verfolgte man im Interesse des raschen Wiederaufbaus eine pragmatische Rehabilitierungspolitik, die noch einer genaueren Untersuchung bedarf. So waren im August 1947 von 828300 in einer Statistik erfaßten NSDAP-Mitgliedern nurmehr 1,6 Prozent als arbeitslos gemeldet[40]. Während in den Westzonen jedoch die Rückflut ehemaliger Parteimitglieder die personelle Kontinuität im öffentlichen Dienst weitgehend wiederherstellte, blieb ihnen in der Ostzone in aller Regel die Rückkehr in den Bereich der inneren Verwaltung, des Polizei- und Justizapparates verwehrt.

Die gezielte kommunistische Kaderpolitik führte zu einer tiefgreifenden politischen und sozialen Umstrukturierung. Bereits 1948 stellte die SED in allen Ländern und auf allen Verwaltungsebenen 43,6 Prozent der Mitarbeiter des Staatsapparats, während die Mitglieder anderer Parteien nur noch knapp zwölf Prozent der staatlichen Angestellten ausmachten[41]. Der politischen Integration ehemaliger Nationalsozialisten und Berufsoffiziere diente vor allem die im Mai 1948 gegründete National-Demokratische Partei Deutschlands. Auch die SED, die bereits 1946 intensiv den »kleinen Parteigenossen« umworben hatte, verschloß sich nicht. Nach einer parteiinternen Statistik zählte sie zum Jahresende 1953 in ihren Reihen 8,7 Prozent ehemalige NSDAP-Mitglieder, weitere 6 Prozent der SED-Mitglieder bzw. -Kandidaten hatten einer NSDAP-Gliederung angehört. Damit stellten ehemalige NS-Mitläufer einen höheren Prozentsatz als frühere Sozialdemokraten (ca. 6,5 Prozent)[42].

IX.

Der Erfolg oder Mißerfolg der Entnazifizierung läßt sich weder allein nach dem Maßstab von Entlassungsquoten oder der Rigorosität des Säuberungsapparats bemessen, noch von den politischen Zielsetzungen ablösen, die mittels des repressiven Instruments einer politischen Personalsäuberung verfolgt wurden. Gerade das Beispiel der sowjetischen Besatzungszone zeigt, daß Entnazifizierung und Demokratisierung der deutschen Gesellschaft nicht zwangsläufig miteinander verbundene Prozesse darstellten.

Die politische und gesellschaftliche Rehabilitierung des Millionenheeres ehemaliger NSDAP-Mitglieder war nach einer gewissen Karenzzeit unvermeidlich. Man konnte sie, wie Eugen Kogon in seinem vielzitierten Aufsatz *Das Recht auf den politischen Irrtum* 1947 drastisch formulierte, »nur *töten oder gewinnen*, anders sollen nach den Erfahrungen der Weltgeschichte Feinde nie behandelt werden. (Und wieviele echte Feinde befinden sich schon unter diesen Millionen!)[43].« In der Praxis folgten die Spruchkammern dieser Maxime und betrieben eine großzügige Rehabilitierungspolitik, die vielfach Gnade vor Recht ergehen ließ. Die Reintegration ehemaliger Nationalsozialisten war im wesentlichen bereits Ende 1948 abgeschlossen. Nach Statistiken der amerikanischen Militärregierung besaßen 41,5 Prozent der Beamten der Bayerischen

Staatsregierung einen »Nazi-Fleck«; von ihnen waren zwei Fünftel durchgehend im Dienst beibehalten und drei Fünftel nach Abschluß ihres Spruchkammerverfahrens wieder übernommen worden. In der Landesverwaltung von Württemberg-Baden stellten im Frühjahr 1948 ehemalige Parteigenossen 44,3 Prozent der Beamten des gehobenen Dienstes, im höheren Dienst lag ihr Anteil bei 41,2 Prozent[44]. Dieser Prozeß, von kritischen Zeitgenossen besorgt als »Renazifizierung« wahrgenommen, stellte in den Westzonen die bürokratische Kontinuität weitgehend wieder her und trug erheblich zur Leistungsfähigkeit von Verwaltung und Wirtschaft bei. Auch entfalteten die Wiedereingestellten, so fragwürdig ihre Vergangenheit und persönliche Integrität im Einzelfall auch sein mochte, keine neonazistischen Aktivitäten, sondern ordneten sich loyal den normativen Vorgaben des demokratischen Neubeginns unter.

Eine genauere Betrachtung zeigt freilich auch, daß die Säuberungsbereitschaft in der deutschen Nachkriegsgesellschaft nur gering entwickelt, daß die kleine Minderheit aufrechter NS-Gegner als Träger eines umfassenden Selbstreinigungsprozesses viel zu schwach war. Das Geflecht kollegialer, sozialer und familiärer Verpflichtungen und Rücksichtnahmen bildete einen höchst wirksamen Puffer, der den Säuberungswillen der Spruchkammern weitgehend ins Leere laufen ließ. Großzügig ausgestellte, nicht selten wahrheitswidrige Entlastungszeugnisse, die sogenannten »Persilscheine«, bescheinigten zumeist, daß der Betreffende der NSDAP nur aus Opportunismus beigetreten sei und niemandem geschadet habe. Der lokale »Filz aus Nachbar- und Freundschaften«[45] übte einen regelrechten Zwang zur Rehabilitierung aus. Wer dennoch belastende Aussagen machte und sie gar im Berufungsverfahren aufrechterhielt, galt schnell als Denunziant und wurde als sozialer Störenfried aus dem Kreis der ehrbaren Bürger ausgegrenzt. Zeugenstreik und Gleichgültigkeit prägten bald die Atmosphäre, sofern es sich nicht um die lokale NS-Prominenz, gefürchtete Denunzianten oder korrupte Parteifunktionäre handelte. Die massivste Fürsprache erfuhren ehemalige Nationalsozialisten von evangelischen Kirchenführern, die die Entnazifizierung von Anfang an als schweres Unrecht verurteilten[46].

Es wäre deshalb verfehlt, wollte man für die unbefriedigende Bilanz des Entnazifizierungsverfahrens allein die in vielem verkehrte Politik der Besatzungsmächte verantwortlich machen; ohne ihren Druck wäre das Ergebnis noch erheblich dürftiger ausgefallen. Wie unbekümmert man nach 1949 mit diesem Problem umging, zeigen die Personalpolitik in einzelnen Ministerien, namentlich des Auswärtigen Amtes, und die umstrittenen Regelungen des 1951 erlassenen Ausführungsgesetzes zu Artikel 131 GG, die Tausenden von schwerbelasteten Beamten die Rückkehr in den öffentlichen Dienst, sogar in die Justiz, ermöglichten[47].

Wenngleich die Entnazifizierung, gemessen an ihrer ursprünglichen Intention, der dauerhaften Ausschaltung aller NSDAP-Mitglieder, scheitern mußte, so war sie doch nicht folgenlos. Ihre nachhaltigste Wirkung war die temporäre soziale Deklassierung und gesellschaftliche Demütigung; sie stellten die eigentliche Quittung für Opportunismus und politisches Abenteurertum dar. Die Prägekraft solcher Erfahrung läßt sich kaum bemessen, doch wird man ihre mittelbare Wirkung nicht unterschätzen dürfen[48]. Die zeitweilige Entlassung oder Internierung traf 1945/46 nicht nur Hunderttausende einfacher NSDAP-Mitglieder, sondern auch belastete Ministerialbeamte, Juristen, Hochschullehrer oder Unternehmer, die die Führung ihres Betriebes einem unbelasteten Treuhänder übergeben mußten. Auch wird man die Öffentlichkeit des Spruchkammerverfahrens in Anschlag bringen müssen. Schließlich handelte es sich um ein Verfahren, das in jedem größeren Ort stattfand und in dem sich über einige Jahre tagtäglich Tausende von NSDAP-Mitgliedern vor anderen Mitbürgern für ihre Handlungen im »Dritten Reich« zu verantworten hatten. Auch wenn dieser »Denkzettel« nicht automatisch zur inneren Läuterung beitrug, was man vernünftigerweise auch nicht erwarten konnte, so besaß er doch eine aufklärende und heilsam disziplinierende Wirkung, die der Stabilität der jungen Bundesrepublik zugute kam.

Die großzügige Rehabilitierungspolitik erleichterte Millionen ehemaliger Nationalsozialisten, geläuterten wie eher verstockten, die Identifikation mit dem neuen Staatswesen. Die Bildung einer konsensfähigen Demokratie bedurfte der Integration und ließ sich nicht auf der Ausgrenzung großer Bevölkerungsteile aufbauen. Die moralischen Kosten waren freilich hoch. Viele NS-Gegner fühlten sich in den frühen fünfziger Jahren von der »unaufhaltsamen Wiederkehr der Gestrigen« zunehmend an die Wand gedrückt[49]. Als problematisch erwies sich weniger der vielschichtige, insgesamt jedoch geglückte Integrationsprozeß, sondern in erster Linie die mangelnde Sensibilität im Umgang mit der NS-Vergangenheit. So hätte es der jungen Bundesrepublik gut angestanden, wenn hohe und höchste Ämter in Politik, Verwaltung und Justiz ausschließlich Personen vorbehalten geblieben wären, deren

Vergangenheit keiner peinlichen Rechtfertigung bedurfte. Ein solches Signal von hoher politischer Symbolwirkung hätte den auf normativer Ebene unstrittig erfolgten Bruch mit der NS-Vergangenheit nachdrücklich unterstrichen. Die schwerste Hypothek des bald massiv einsetzenden Verdrängungsprozesses stellt jedoch die Tatsache dar, daß in den fünfziger Jahren auch die justizielle Strafverfolgung von NS-Verbrechen nahezu zum Stillstand kam[50]. Diese Entwicklung konnte von den Opfern der NS-Diktatur nur in ohnmächtiger Empörung oder stiller Resignation registriert werden. Die kritische Auseinandersetzung mit der NS-Vergangenheit setzte in der deutschen Öffentlichkeit auf breiterer Basis erst wieder in den frühen sechziger Jahren ein[51].

Anmerkungen

[1] Hannah Arendt, Besuch in Deutschland (1950), Berlin 1993, S. 49.

[2] Vgl. beispielsweise Ralph Giordano, Die zweite Schuld oder Von der Last Deutscher zu sein, Hamburg, Zürich 1987.

[3] Arendt, Besuch (wie Anm. 1), S. 64.

[4] Vgl. dazu ausführlich Klaus-Dietmar Henke, Die amerikanische Besetzung Deutschlands. Teil 2: Ins Innere des Reiches, Kap. VII (erscheint demnächst); sowie die Lokalstudie von Herfried Münkler, Machtzerfall. Die letzten Tage des Dritten Reiches, dargestellt am Beispiel der hessischen Kleinstadt Friedberg, Berlin 1985.

[5] Zit. nach Teheran, Jalta, Potsdam. Die sowjetischen Protokolle von den Kriegskonferenzen der »Großen Drei«, hrsg. von Alexander Fischer, Köln 1968, S. 184 f.

[6] Vgl. u. a. Bradley F. Smith, Der Jahrhundert-Prozeß. Die Motive der Richter von Nürnberg. Anatomie einer Urteilsfindung, Frankfurt a. M. 1977; Politik als Verbrechen. 40 Jahre »Nürnberger Prozesse«, hrsg. von Martin Hirsch [u. a.], Hamburg 1986; Frank M. Buscher, The U. S. War Crimes Trial Program in Germany, 1945 to 1955, New York 1989.

[7] (USFET = United States Forces European Theater). Als Überblicksdarstellung vgl. Entnazifizierung. Politische Säuberung und Rehabilitierung in den vier Besatzungszonen 1945—1949, hrsg. von Clemens Vollnhals, München 1991; Klaus-Dietmar Henke, Die Trennung vom Nationalsozialismus. Selbstzerstörung, politische Säuberung, »Entnazifizierung«, Strafverfolgung, in: Politische Säuberung in Europa. Die Abrechnung mit Faschismus und Kollaboration nach dem Zweiten Weltkrieg, hrsg. von Klaus-Dietmar Henke und Hans Woller, München 1991, S. 21—83.

[8] Lutz Niethammer, Entnazifizierung in Bayern. Säuberung und Rehabilitierung unter amerikanischer Besatzung, Frankfurt a. M. 1972, S. 18. Neuausgabe unter dem Titel: Die Mitläuferfabrik. Die Entnazifizierung am Beispiel Bayerns, Berlin, Bonn 1982.

[9] Zur Planungsphase ebd., S. 32—68.
[10] Vgl. ebd., S. 150ff.
[11] Office of Military Government for Germany, United States (OMGUS), Monthly Report of the Military Governor for July 1945, Institut für Zeitgeschichte, MA 560.
[12] Ebd.
[13] Niethammer, Entnazifizierung (wie Anm. 8), S. 181f.
[14] Druck der Statistik: Entnazifizierung (wie Anm. 7), S. 159.
[15] Wolf-Arno Kropat, Hessen in der Stunde Null 1945—1947. Politik, Wirtschaft und Bildungswesen in Dokumenten, Wiesbaden 1979, S. 243f.
[16] OMGUS, Monthly Report of the Military Governor for March 1946, Institut für Zeitgeschichte, MA 560.
[17] Jan D. Turner, Denazification in the British Zone, in: Reconstruction in Post-War-Germany. British Occupation Policy and the Western Zones 1945—1955, ed. by Jan D. Turner, Oxford 1989, S. 263. Vgl. ferner Wolfgang Krüger, Entnazifiziert! Zur politschen Säuberung in Nordrhein-Westfalen, Wuppertal 1982; Entnazifizierung in Nordrhein-Westfalen. Richtlinien, Anweisungen, Organisation, bearb. von Irmgard Lange, Siegburg 1976.
[18] Rainer Möhler, Entnazifizierung in Rheinland-Pfalz und im Saarland unter französischer Besatzung von 1945 bis 1952, Mainz 1992, S. 67. Vgl. ferner Reinhard Grohnert, Die Entnazifizierung in Baden 1945—1949. Konzeptionen und Praxis der »Epuration« am Beispiel eines Landes der französischen Besatzungszone, Stuttgart 1991; Klaus-Dietmar Henke, Politische Säuberung unter französischer Besatzung. Die Entnazifizierung in Württemberg-Hohenzollern, Stuttgart 1981.
[19] Druck der Statistik: Entnazifizierung (wie Anm. 7), S. 164f.
[20] Druck: ebd., S. 238ff. Vgl. auch Christa Horn, Die Internierungs- und Arbeitslager in Bayern 1945—1952, Frankfurt a.M. 1992; Heiner Wember, Umerziehung im Lager. Internierung und Bestrafung von Nationalsozialisten in der britischen Besatzungszone, Essen 1991; Möhler, Entnazifizierung (wie Anm. 18), S. 358—393; sowie die Beiträge von Niethammer, Möhler und Wember in dem Sammelband: Internierungspraxis in Ost- und Westdeutschland nach 1945. Eine Fachtagung, hrsg. von Renate Knigge-Tesche [u.a.], Erfurt 1993.
[21] OMGUS, Monthly Report of the Military Governor for July 1945, Institut für Zeitgeschichte, MA 560.
[22] Zahlen nach Wolfgang G. Friedmann, The Allied Military Government of Germany, London 1947, S. 332.
[23] Zum Forschungsstand vgl. Bodo Ritscher, Die NKVD/MVD-»Speziallager« in Deutschland. Anmerkungen zum einem Forschungsgegenstand, in: Internierungspraxis (wie Anm. 20), S. 69—89. Dort auch weitere Beiträge von Helga Schatz, Eva Ochs und Andreas Graf. Der Band enthält eine umfangreiche Bibliographie zur Internierungslagerproblematik. Zahlreiche Erlebnisberichte bei Jan v. Flocken und Michael Klonovski, Stalins Lager in Deutschland 1945—1950. Dokumentation, Zeugenberichte, Frankfurt a.M. 1991.
[24] Vgl. Wolfgang Eisert, Die Waldheimer Prozesse. Der stalinistische Terror 1950. Ein dunkles Kapitel der DDR-Justiz, Esslingen 1993.

[25] Martin Broszat, Der Staat Hitlers. Grundlegung und Entwicklung seiner inneren Verfassung, München 1969, S. 252 ff.
[26] Vgl. Politische Säuberung in Europa (wie Anm. 7).
[27] Deutscher Widerstand 1938–1944. Reaktion oder Fortschritt? Hrsg. von Bodo Scheurig, München 1969, S. 282 ff. Zu den Säuberungsvorstellungen der deutschen Opposition vgl. Niethammer, Entnazifizierung (wie Anm. 8), S. 68–116; Entnazifizierung (wie Anm. 7), S. 65–93; Henke, Die Trennung (wie Anm. 7), S. 23–28.
[28] Vgl. Hans Buchheim, Die Lebensbedingungen unter totalitärer Herrschaft, in: Möglichkeiten und Grenzen für die Bewältigung historischer und politischer Schuld in Strafprozessen, hrsg. von Karl Forster, Würzburg 1962, S. 89–106.
[29] Vgl. Michael Fichter, Aufbau und Neuordnung: Betriebsräte zwischen Klassensolidarität und Betriebsloyalität, in: Von Stalingrad zur Währungsreform. Zur Sozialgeschichte des Umbruchs in Deutschland, hrsg. von Martin Broszat [u.a.], München 1988, S. 469–549; Martin Rüther, Zwischen Zusammenbruch und Wirtschaftswunder. Betriebsratstätigkeit und Arbeiterverhalten in Köln 1945–1952, Bonn 1991, S. 289 ff.; Paul Erker, Die Arbeiter bei MAN 1945–1950, in: Arbeiter im 20. Jahrhundert, hrsg. von Klaus Tenfelde, Stuttgart 1991, S. 546–572, hier: S. 548 ff.
[30] Vgl. Arbeiterinitiative 1945. Antifaschistische Ausschüsse und Reorganisation der Arbeiterbewegung in Deutschland, hrsg. von Lutz Niethammer [u.a.], Wuppertal 1976; Manfred Wille, Entnazifizierung in der Sowjetischen Besatzungszone Deutschlands 1945–48, Magdeburg 1993, S. 14–43.
[31] Zur Entstehungsgeschichte vgl. Niethammer, Entnazifizierung (wie Anm. 8), S. 260–332.
[32] Gesetz zur Befreiung von Nationalsozialismus und Militarismus mit den Ausführungsvorschriften und Formularen, hrsg. von Erich Schullze, München ²1947, S. 3 ff.
[33] Zur Spruchkammerpraxis vgl. Niethammer, Entnazifizierung (wie Anm. 8), S. 538–652; Hans Woller, Gesellschaft und Politik in der amerikanischen Besatzungszone. Die Region Ansbach und Fürth, München 1986, S. 119–165; Elmar Ettle, Die Entnazifizierung in Eichstädt, Probleme der politischen Säuberung nach 1945, Frankfurt a. M. 1985.
[34] Vgl. Statistik des Bundesinnenministeriums für die Länder der Westzone 1949/50, abgedr. in: Entnazifizierung (wie Anm. 7), S. 333.
[35] Zur Gesetzgebung vgl. Wille, Entnazifizierung (wie Anm. 30), S. 44 ff. Vgl. ferner Helga Welsh, Revolutionärer Wandel auf Befehl? Entnazifizierungs- und Personalpolitik in Thüringen und Sachsen (1945–1948), München 1989; Wolfgang Meinicke, Die Entnazifizierung in der sowjetischen Besatzungszone unter Berücksichtigung von Aspekten politischer und sozialer Veränderungen 1945–1948, Diss. Berlin (Ost) 1983; Ralf Schäfer, Die Entnazifizierung von Verwaltung, Justiz und Volksbildung – wichtiger Bestandteil der antifaschistisch-demokratischen Umwälzung. Dargestellt am Land Brandenburg, Diss. Magdeburg 1986.
[36] Wille, Entnazifizierung (wie Anm. 30), S. 209; Wolfgang Meinicke, Die Entnazifizierung in der sowjetischen Besatzungszone 1945–1948, in: Zeitschrift

für Geschichtswissenschaft, 32 (1984), S. 968—979, hier: S. 975. Zum Vergleich mit der US-Zone siehe die Analyse der amerikanischen Militärregierung vom 3.9.1946, in: Entnazifizierung (wie Anm. 7), S. 224ff.

[37] Vgl. Wille, Entnazifizierung (wie Anm. 30), S. 110ff., 180ff.

[38] Abgedr. in: Entnazifizierung (wie Anm. 7), S. 205f. Zur Werbung der SED um den »kleinen Parteigenossen« vgl. Beschluß des SED-Parteivorstandes vom 20.6.1946, ebd., S. 191ff.

[39] (K 5 war Vorläufer des späteren Ministeriums für Staatssicherheit.) Vgl. Wille, Entnazifizierung (wie Anm. 30), S. 190ff.

[40] Vgl. Entnazifizierung (wie Anm. 7), S. 234.

[41] Dieter Staritz, Die Gründung der DDR. Von der sowjetischen Besatzungszone zum sozialistischen Staat, München 1984, S. 102. Vgl. auch die Statistiken in Entnazifizierung (wie Anm. 7), S. 229, 235f.

[42] Stiftung Archiv der Parteien und Massenorganisationen der DDR im Bundesarchiv, ZPA IV 2/5/1371.

[43] Frankfurter Hefte, 2 (1947), S. 655 (Hervorhebung im Original).

[44] Niethammer, Entnazifizierung (wie Anm. 8), S. 531; Wiesbadener Kurier vom 3.2.1948.

[45] Woller, Gesellschaft (wie Anm. 33), S. 147.

[46] Vgl. Clemens Vollnhals, Evangelische Kirche und Entnazifizierung 1945—1949. Die Last der nationalsozialistischen Vergangenheit, München 1989; ders., Die Hypothek des Nationalprotestantismus. Entnazifizierung und Strafverfolgung von NS-Verbrechen nach 1945, in: Geschichte und Gesellschaft, 18 (1992), S. 51—69.

[47] Vgl. Curt Garner, Der öffentliche Dienst in den 50er Jahren: Politische Weichenstellungen und ihre sozialgeschichtlichen Folgen, in: Modernisierung im Wiederaufbau. Die westdeutsche Gesellschaft der 50er Jahre, hrsg. von Axel Schildt und Arnold Sywottek, Bonn 1993, S. 764ff., 769ff.; Klaus-Detlev Godau-Schüttke, Ich habe nur mein Recht gedient. Die »Renazifizierung« der Schleswig-Holsteinischen Justiz nach 1945, Baden-Baden 1993.

[48] Vgl. Henke, Die Trennung (wie Anm. 7), S. 56ff.

[49] Eugen Kogon, Beinahe mit dem Rücken zur Wand, in: Frankfurter Hefte, 9 (1954), S. 641—645. Vgl. auch Peter Merz, Und das wurde nicht ihr Staat. Erfahrungen emigrierter Schriftsteller mit Westdeutschland, München 1985.

[50] Vgl. Martin Broszat, Siegerjustiz oder strafrechtliche »Selbstreinigung«? Aspekte der Vergangenheitsbewältigung der deutschen Justiz während der Besatzungszeit 1945—1949, in: Vierteljahrshefte für Zeitgeschichte, 29 (1981), S. 477—544; Peter Steinbach, Nationalsozialistische Gewaltverbrechen. Die Diskussion in der deutschen Öffentlichkeit nach 1945, Berlin 1981; Albert Rückerl, NS-Verbrechen vor Gericht. Versuch einer Vergangenheitsbewältigung, Heidelberg ²1984.

[51] Vgl. Clemens Vollnhals, Zwischen Verdrängung und Aufklärung. Die Auseinandersetzung mit dem Holocaust in der frühen Bundesrepublik, in: Die Deutschen und die Judenverfolgung im Dritten Reich, hrsg. von Ursula Büttner, Hamburg 1992, S. 357—392.

Ruth Bettina Birn

Die Strafverfolgung nationalsozialistischer Verbrechen

I.

1945 stellte nicht das Ende eines Krieges im herkömmlichen Sinne dar, es war der erfolgreiche Ausgang eines Kreuzzuges. Die zivilisierte Welt hatte sich in einer Allianz zusammenfinden müssen, um den Verbrechen des nationalsozialistischen Deutschland entgegenzutreten. Die Kapitulation der deutschen Wehrmacht bedeutete das Ende des Unrechtsstaates.

Wer bis Kriegsende noch der Meinung war, daß die Verbrechen des Nationalsozialismus ungeachtet alliierter Warnungen ungesühnt bleiben würden und die entsprechende Moskauer Erklärung vom 1. November 1943 nur Kriegspropaganda sei, wurde spätestens mit der Befreiung der Konzentrationslager eines anderen belehrt. Für viele Soldaten der Westalliierten, besonders die Amerikaner, war dies die erste wirkliche Konfrontation mit den Realitäten der NS-Herrschaft, die einen tiefen Eindruck hinterließ. Die sowjetischen Soldaten hatten zumeist im eigenen Lande Gelegenheit gehabt, die Vorgehensweise der deutschen Besatzer kennenzulernen. In der öffentlichen Meinung war die Forderung nach der Ahndung dieser Untaten eindeutig.

In dieser Beziehung ist 1945 wirklich als eine Zeitenwende anzusehen. Die seit der Aufklärung gehegte Hoffnung auf die Verbesserungsfähigkeit der Welt durch Erziehung und Bildung war erschüttert worden. Eine Kulturnation hatte das schwerste Verbrechen der erinnerten Geschichte begangen. In vielen Bereichen wie Theologie, Philosophie oder den Künsten wurde dies zum Anstoß für neue Denkansätze. Der Nationalsozialismus (und vielfach implizit Deutschland) wurde Synonym für Verbrechen. Diese moralische Dimension stand bei jeder rechtlichen Auseinandersetzung mit nationalsozialistischen Verbrechen vor Augen.

Die vier alliierten Siegermächte fanden sich 1945—46 zum Nürnberger Prozeß zusammen, der über die Unrechtstaten der obersten Vertreter des NS-Staates — soweit man ihrer habhaft werden konnte, in einigen Fällen war ein institutioneller Repräsentant angeklagt worden — befand. Die Debatte über die Rechtmäßigkeit des Nürnberger Prozesses, die schon vor dessen Beginn eingesetzt hatte, ist bis heute nicht zu Ende geführt[1]; Hauptgesichtspunkte sind, ob eine internationale Jurisdiktion notwendig oder rechtens gewesen sei, oder ob die Strafverfolgung deutschen Gerichten hätte überlassen werden müssen, und ob zumindest einige der Straftatbestände deutschem Recht entsprachen oder den Angeklagten von alliierter Seite oktroyiert worden seien. Auf diese juristische Debatte kann hier nicht näher eingegangen werden[2]. Es sollte aber hervorgehoben werden, daß der Nürnberger Gerichtshof in ganz eindeutiger Weise Recht sprach, und nicht etwa Unrecht. Schon allein die breite Fächerung des Strafmaßes bis hin zu Freisprüchen ist Beweis, daß es sich hier nicht um ein summarisches Schauprozeßverfahren handelte. Das muß hervorgehoben werden, weil sich neben ernsthaften Kritikern des Prozesses Apologeten einschlichen, die unter dem Stichwort »Siegerjustiz« den Unrechtscharakter des NS-Regimes zu verwischen trachteten. Viele Deutsche waren davon überzeugt, daß die Sieger eben nicht willkürliche Strafmaßnahmen vorhatten, sondern um eine rechtlich angemessene Ahndung bemüht waren.

Der Nürnberger Prozeß hatte zwei Folgen für die Geschichtswissenschaft: erstens wurde für die Prozeßvorbereitung eine breite Akten-Dokumentation zusammengestellt, die eine Zeitlang die wichtigste Quellensammlung über den Nationalsozialismus blieb. Zweitens führte das Bestreben, Einsicht in die Psyche von Verbrechern dieses Ausmaßes zu gewinnen, zu einer Reihe von psychologischen Fallstudien. Wenngleich deren Aussagewert stark unterschiedlich ist, so stellen sie doch interessantes Material dar, das nur unter den damaligen Verhältnissen zu gewinnen war[3].

Die Kritiker der Nürnberger Verfahren, denen es um die Beschönigung oder die schlichte Verleugnung der NS-Verbrechen ging, begannen sich in Organisationen wie der »Stillen Hilfe« zu formieren und sich unter dem Deckmantel humanitärer Hilfe für die in Landsberg inhaftierten Repräsentanten des Dritten Reiches einzusetzen[4]. Die unterschwelligen Sympathien werden in der Sprache und Argumentationsweise deutlich, in der nationalsozialistische Wertevorstellungen tradiert wurden. Kritik richtete sich besonders gegen die von den Amerikanern geführten Nürnberger Nachfolgeprozesse und die Dachauer Militärgerichtsverfahren gegen KZ-Personal. Vorwürfe wegen der Unrechtmäßigkeit der Verfahren, der Folterung von Angeklagten wurden auch von bestimmten politischen Kreisen in den USA aus innenpolitischer Motivation untermauert[5]. Ihre Argumentation wird dadurch in Frage gestellt, daß sie mit nationalsozialistischen Rassevorstellungen und einer generellen Apologie der NS-Verbrechen verwoben ist. Der Chef des SS-Wirtschafts-Verwaltungshauptamtes, Oswald Pohl, zum Beispiel, dem unter anderem die Inspektion der Konzentrationslager unterstellt war, berichtete über erlittene Mißhandlungen, die ihm »mit unverhohlener Wollust« von jüdischen Offizieren angetan worden seien, und setzt hinzu: »Ich war 54 Jahre alt, hatte 33 Jahre meinem Vaterland makellos gedient und war mir keines Verbrechens bewußt[6].«

Die Argumentation, daß Nachkriegsverurteilungen nicht legitim gewesen seien, weil die ihnen zugrundegelegten Taten unter den damaligen Verhältnissen als rechtens anzusehen gewesen seien, wird seit der unmittelbaren Nachkriegszeit bis heute vorgebracht. Das entbehrt der historischen Grundlage. Eine Analyse der Verlautbarungen und Korrespondenzen aus der Zeit des Dritten Reiches zeigt, daß der Unrechtscharakter, zum Beispiel der Verfolgung der Juden, den Beteiligten sehr wohl klar war, man aber hoffte, den Krieg zu gewinnen und deshalb nie zur Rechenschaft gezogen zu werden[7].

In der unmittelbaren Nachkriegszeit haben Verfahren wegen NS-Verbrechen auch vor deutschen Gerichten stattgefunden. Bis 1951 bestand die Möglichkeit, neben dem deutschen Recht auch nach Kontrollratsgesetz Nr. 10 vorzugehen. In der Praxis ergaben sich aber keine allzu großen Abweichungen, weil die abgeurteilten Straftatbestände auch nach deutschem Recht strafwürdig waren. Es mag Grenzfälle gegeben haben, etwa im Falle Streichers, der für seine antisemitische Haßpropaganda in Nürnberg wegen Verbrechen gegen die Menschlichkeit zum Tode verurteilt wurde, oder Denunziationsfälle; aber auch Denunziation konnte nach deutschem Recht abgeurteilt werden[8]. Darauf muß hingewiesen werden, weil die Unterschiede zwischen den beiden Rechtssystemen als Argument dafür benutzt wurden und werden, daß »ex post facto« und damit unrechtmäßig geurteilt worden sei. Der Mordparagraph blieb von 1933 bis 1945 in Kraft, und es gab keinerlei gesetzliche Grundlage, die zum Beispiel die Ermordung von Juden rechtmäßig gemacht hätte.

Ende der vierziger Jahre änderten sich die politischen Vorzeichen: Der Kalte Krieg, der Deutschland als Bündnispartner gegen die Sowjetunion interessant machte, ließ die westlichen Alliierten an einer raschen Abwicklung der Kriegsverbrechensverfolgung interessiert sein. Die noch in Landsberg einsitzenden Täter wurden hingerichtet oder, in der Mehrzahl, Mitte der fünfziger Jahre freigelassen. Das hatte gesellschaftliche Signalwirkung: Man glaubte (je nach politischem Standpunkt), die eigentlichen Verbrecher seien abgeurteilt, weitere Strafverfolgungen erübrigten sich. Die Ahndung nationalsozialistischer Verbrechen ging danach gänzlich an die deutschen Gerichte über.

II.

Bei der Betrachtung der Periode der deutschen Strafverfolgung müssen mehrere Phasen unterschieden werden, sowohl was die strukturellen Bedingungen als auch die politisch-moralische Zeitstimmung betrifft.

In bezug auf die strukturellen Bedingungen ist für die Zeit bis 1958 von Bedeutung, daß Ermittlungen nur von Geschädigten initiiert werden konnten. Die Alliierten hatten demgegenüber ein systematisches Fahndungsprogramm nach NS-Tätern gehabt. Das bedeutete, daß ein Verfahren — außer bei Mord — nur aufgenommen werden konnte, wenn eines der Opfer einen Täter identifizierte. Damit blieb der Kreis der verfolgbaren Straftaten auf diejenigen eingeschränkt, bei denen es zu einer längerdauernden Konfrontation zwischen Tätern und Opfern gekommen war, die eine Identifizierung erlaubte, also zum Beispiel in Konzentrationslagern oder in Gettos. Ein Großteil der nationalsozialistischen Massenverbrechen, wie Mordaktionen mobiler Einheiten, durch Einsatzkommandos oder während der Partisanenbekämpfung, blieb davon ausgeschlossen. Im übrigen war die Strafverfolgung der deutschen Gerichte durch Bestimmungen der Kontrollratsgesetze (Nr. 4 und Nr. 10) auf Taten an Deutschen beschränkt.

Manche Überlebenden versuchten auf eigene Faust, ihre ehemaligen Peiniger im Nachkriegsdeutschland zu finden[9]. Einzelne Anzeigen basierten auf Prahlereien der Täter, wie in einem Fall, wo im Freundeskreis Bilder über Judenexekutionen herumgezeigt wurden und sich die geraubten Wertsachen der ermordeten Juden noch in der Wohnung befanden[10]. Die wenigen Überlebenden wurden von Vereinigungen wie dem »Rat der befreiten Juden in der amerikanischen Zone« unterstützt, die systematisch Berichte von nach Kriegsende häufig in Displaced-Persons-Lagern befindlichen Überlebenden sammelten, die Täter zu ermitteln trachteten und dann Anzeige erstatteten. Die Akten des »Rats« machen die Schwierigkeiten dieser Arbeit lebendig: Die Opfer, die unter der traumatischen Last ihrer Erinnerungen lebten und nicht alle fähig waren, damit schon wieder konfrontiert zu werden, die völlig bruchstückhaften historischen Kenntnisse und letztlich die chaotischen Nachkriegsjahre bereiteten Schwierigkeiten, wenn zum Beispiel wegen mangelnder Verkehrsverbindungen keiner der Zeugen zum Gerichtstermin erschien und deshalb Freispruch erfolgte[11].

Ein 1958 in Ulm stattfindender Prozeß veränderte die Situation grundlegend. Der ehemalige Polizeidirektor von Memel, Bernhard Fischer-Schweder, der sich, wie viele andere auch, in der Atmosphäre der fünfziger Jahre sicher glaubte, hatte auf Wiedereinstellung in den Staatsdienst geklagt und war aufgrund eines Zeitungsberichts über diesen Vorgang als maßgeblich an der Massenerschießung von Juden in Litauen beteiligt identifiziert worden. Im Verlauf der Ermittlungen wurde deutlich, daß, entgegen der allgemeinen Annahme, bisher nur die Spitze des Eisbergs der nationalsozialistischen Verbrechen sichtbar geworden war[12].

Eine »Zentrale Stelle der Landesjustizverwaltungen zur Aufklärung nationalsozialistischer Verbrechen« wurde 1958 in Ludwigburg gegründet. Damit war es jetzt möglich, systematisch wegen NS-Verbrechen zu ermitteln. Neben Zeugenaussagen wurden die im »Dritten Reich« entstandenen Akten ausgewertet, die vor allem in zunehmendem Maße von einigen Ostblockstaaten zur Verfügung gestellt wurden[13]. In jüngerer Zeit hat die Zusendung der lange Zeit unzugänglich gewesenen Unterlagen der United Nations War Crimes Commission noch einmal zu einer Reihe neuer Ermittlungen geführt. Die von der Zentralen Stelle aufgebauten Personen-, Tatort- und Einheitskarteien sind zu unentbehrlichen Hilfsmitteln für alle danach mit der Verfolgung von NS-Verbrechern befaßten Behörden im In- und Ausland geworden.

Beschränkungen waren der Verfolgung von nationalsozialistischen Verbrechen durch Verjährungsfristen aufgelegt. Eine Reihe von Delikten war bereits 1955 verjährt, ab 1960 selbst Totschlag. Diese Fristen berechneten sich aufgrund der Tatsache, daß durch Nationalsozialisten begangene Verbrechen erst ab 1945 verfolgt werden konnten. Verfolgt wurde also nur noch Mord, mit allen Schwierigkeiten, die sich aus den Bestimmungen des Mordparagraphen ergaben. Mord sollte 1965 verjähren; die Frist wurde dann zweimal verlängert. Die Zentrale Stelle bemühte sich jeweils, wenn Verjährungstermine anstanden, die Fristen durch die Einleitung der größtmöglichen Zahl von Verfahren zu unterbrechen. Eine grundsätzliche Lösung brachte aber erst eine nach eingehenden Debatten vom Bundestag beschlossene Gesetzesänderung: 1979 wurde die Verjährung für Mord generell aufgehoben[14].

Man kann verschiedene Phasen der Einstellung zur Verfolgung von NS-Verbrechern im politischen öffentlichen Bewußtsein erkennen. Die Hauptperioden sind hinreichend bekannt: Nach dem ursprünglichen Erschrecken unmittelbar nach Kriegsende über die aufgedeckten Untaten folgte Ende der vierziger/Anfang der fünfziger Jahre eine Zeit kollektiver Abwehr und Verleugnung. Erst mit dem sich anbahnenden Generationswechsel änderte sich dies allmählich. Die Auswirkungen der kollektiven Einstellung in der deutschen Bevölkerung waren nur sehr subtil und wenig deutlich zu fassen. Sie schlugen sich nieder in der Bereitwilligkeit von Zeugen, Aussagen zu machen, im Wahrheitsgehalt, den Polizei und Staatsanwaltschaften Tatvorwürfen beimaßen, im Nachdruck, mit dem Ermittlungen verfolgt wurden, und dem Gewicht, das Gerichte Verteidigungsstrategien gaben.

In den fünfziger Jahre trafen die eingeschränkten strukturellen Möglichkeiten der Strafverfolgung mit der verhärteten öffentlichen Meinung zusammen. Vom Problem wurde nicht selten durch Hinweise auf die Verbrechen anderer, hauptsächlich »der Kommunisten«, abgelenkt. Die Gründe für diese abweisende Haltung scheinen noch nicht ausreichend erforscht: Handelte es sich um Probleme nationaler Identifikation, den Wunsch, zur Nachkriegsnormalität zurückzukehren, um Trotzreaktionen auf kollektive Strafaktionen der Alliierten, Tradierung der nationalsozialistischen Ideologie, um die Enttäuschung darüber, daß die Täter von gestern alsbald wieder obenschwammen, oder um eine Mischung von all dem? Deutlich ist allerdings, daß diejenigen, die sich seit Kriegsende in Deutschland kontinuierlich um das öffentliche Bewußtwerden und -machen der NS-Verbrechen bemühten, in eine sie stark prägende Außenseiterposition gedrängt wurden.

Trotzdem bestand die Möglichkeit, zu angemessenen Ergebnissen zu kommen. Zwei Gerichtsurteile sollen als Beispiele für die gesamte Bandbreite dienen.

Der Fuhrparkleiter im Getto Łódź (Litzmannstadt), Heinrich Schwindt, hatte sich wegen mehrerer Tötungshandlungen in West-Berlin zu verantworten. Schwindts eigene Argumentation vor Gericht spiegelt die gängigen gesamtgesellschaftlichen Exkulpationsstrategien wider: Die Aussagen der jüdischen Zeugen seien nur Reklame für den »Wiedergutmachungsschwindel«, er selbst sei »sein Leben lang ein guter Soldat gewesen und nicht gewohnt, ein Meuchelmörder zu sein«. Das Gericht zeigte sich in durchaus einfühlsamer Weise fähig, auf die emotionale Lage der Zeugen einzugehen, und nahm Ausdrücke von Wut und Haß nicht zum Anlaß, die Aussage pauschal als wertlos zu erklären. Es hielt Schwindt entgegen, seine Äußerungen diskreditierten »nicht nur den Stand des deutschen Soldaten, sondern jede anständige deutsche Gesinnung«. Er habe »alle Menschlichkeit beleidigt und zutiefst beschämt«. Schwindt wurde zu lebenslanger Haft verurteilt[15].

Einen Gegenpol dazu stellt das Kasseler Urteil gegen Franz Lechthaler und Willy Papenkort dar, das nur als völliges Versagen des Gerichts anzusehen ist, sowohl in bezug auf die Tatsachenfeststellung als auch auf die angemessene Bestrafung. Es ging um das Polizeibataillon 11 und eine sehr blutige Gettoaktion in Sluzk im Herbst 1941, die durch eines der seltenen Beweisdokumente belegt ist. Der Vorgang an sich war also nicht abzuleugnen. Es den gelang Angeklagten jedoch, alle Tatsachen zu minimalisieren und umzudeuten. Sie legten dar, zu der Aktion von der zuständigen Sicherungsdivision gezwungen worden zu sein, sie deshalb für eine Repressalie gegen Partisanen gehalten zu haben, weshalb sie sich in diesem Einzelfall dem Befehl nicht hätten entziehen können. Tatsache ist, daß die Aktion in Sluzk nur eine Station eines Mordzuges des Polizeibataillons 11 durch Weißrußland war. Viele der Schutzbehauptungen sind völlig durchsichtig, wurden aber von dem Gericht akzeptiert. Es waren nur deutsche Zeugen befragt worden, darunter mehrere ehemalige hohe Offiziere der Ordnungspolizei und der Wehrmacht, die, obwohl sie damals die Befehle gegeben haben sollen, denen die Angeklagten nur widerstrebend gefolgt sein wollen, unbehelligt den Gerichtssaal wieder verließen. Erst während der Hauptverhandlung wurde eine jüdische Überlebende in New York einvernommen, die bei der Aktion ihre fünf jüngeren Geschwister verloren hatte. Die Tatsache, daß Kinder unter den Opfern waren, brachte das Gericht immerhin dazu, die Schutzbehauptung der »Partisanenaktion« nicht uneingeschränkt zu akzeptieren. Der Bataillonskommandeur Lechthaler wurde zu dreieinhalb Jahren verurteilt, Papenkort freigesprochen[16].

Das Gericht scheint von der Argumentation, im Partisanenkampf gestanden zu sein, der damals auf breite gesellschaftliche Akzeptanz stieß, beeinflußt gewesen zu sein, wobei auch die nationalsozialistische Propagandafloskel von der Verquickung von Partisanen und Juden noch durchscheint. Dazu kommt, daß die Angeklagten »nur« Angehörige der Ordnungspolizei gewesen seien. NS-Täter wurden in der öffentlichen Meinung in einer Weise klassifiziert, daß man KZ-Personal, SS-Angehörige und Gestapo am ehesten als verbrecherisch ansah, während die Identifizierung von Ordnungspolizei und Wehrmacht als »anständig« dagegen sehr verbreitet war. Das Gericht in Kassel hatte auch den Aussagen einer ganzen Reihe ehemaliger Polizeioffiziere, die alle die »Sauberkeit« ihrer Organisation beschworen, Glauben geschenkt. Die massive Beteiligung der Ordnungspolizei an der Judenvernichtung, und zwar sowohl von Polizeibataillonen als auch von lokalen Polizeidienststellen, ist so oft Gegenstand von Gerichtsverfahren gewesen, daß sie in späterer Zeit nicht mehr wegzuleugnen war[17].

Gerichtsurteile reflektierten nicht nur den Zeitgeist; die öffentliche Bewußtseinslage und die Strafverfolgung sind in einer Wechselbeziehung zu sehen, in der auch die öffentliche Meinung durch die in Strafverfahren zutagegetretenen Informationen beeinflußt wurde. Einige Prozesse haben große Auswirkungen gehabt und sind zu Marksteinen in der Bewußtseinsentwicklung geworden. Das soll am Beispiel von drei KZ-Prozessen dargestellt werden.

Bei der Entlassung der letzten deutschen Kriegsgefangenen aus der Sowjetunion nach dem Adenauerbesuch 1955 in Moskau wurde bekannt, daß sich im letzten Transport »nichtamnestierte Kriegsverbrecher«, das Lagerpersonal des KZ Sachsenhausen, befanden. Einer von ihnen zeigte sich in seinem Heimatdorf, was die Dorfbewohner in große Aufregung versetzte und zu einer Anzeige bei der zuständigen Staatsanwaltschaft führte. Die Jahre 1955/56 befanden sich inmitten des Zeitabschnittes, während dessen das Interesse an der Strafverfolgung am geringsten und die gesellschaftlichen Abwehrmechanismen am stärksten wirkten. Die Staatsanwaltschaft verhielt sich daher zunächst auch eher zögerlich, wurde aber in den folgenden Wochen von einer Flut von Anzeigen, Sachsenhausen betreffend, überschwemmt. Diese Anzeigen kamen von ehemaligen Häftlingen aus allen Teilen der deutschen Nachkriegsgesellschaft, von Gewerkschaftsführern, Kommunisten, Kirchenleuten, Sozialdemokraten. Der Dekan einer Fakultät der Universität Köln erstattete Anzeige wegen der Ermordung eines Amtsvorgängers. Ein Verwandter des Bundespräsidenten Heuss war im Lager ermordet worden. Es wurde deutlich, daß der Kreis der KZ-Opfer so breit gestreut war und durch alle sozialen Schichten ging, daß an eine Ausgrenzung in dem Sinne, »daß ja doch nur Kommunisten und Verbrecher im KZ gesessen hätten«, nicht mehr zu denken war. Dazu trug auch die fortbestehende Solidarität unter den ehemaligen Häftlingen bei; zum Beispiel wurde der einstige Lagerälteste Harry Naujoks, der Kommunist war, allgemein mit der größten Hochachtung erwähnt. Opfer des KZ-Systems konnten alle Deutschen geworden sein, nicht nur irgendwelche Randgruppen.

Im Verlauf des Prozesses stellte man sehr akribisch ein ungeheuerliches Ausmaß von Verbrechen fest, die von beiden Angeklagten, Gustav Sorge und Willy Schubert, Tag für Tag aufs neue begangen worden waren. Das ließ keinen Platz für Ausflüchte , »nur auf Befehl gehandelt zu haben«. Dem Gericht (die Verteidiger inbegriffen) blieben keine Zweifel an der moralischen Verwerflichkeit dieser Taten. Als ein Zeuge berichtete, wie der Angeklagte Schubert einen blinden Häftling so mißhandelt hatte, daß dieser an den Folgen starb, fragte Schubert: »Glauben Sie, daß ich einen Blinden schlage?« und der Vorsitzende antwortete: »Ja, das glaube ich und das ganze Gericht glaubt es mit mir[18].«

Das Verfahren, das die größte Wirkung auf die Veränderung im deutschen Bewußtsein erzielte, war der Auschwitzprozeß in Frankfurt a. M. 1964/65 (nicht, wie vor allem im Ausland häufig argumentiert wird, der Prozeß gegen Eichmann in Israel). Über diesen Prozeß berichteten die Medien eingehend und, wie eine Beobachterin anmerkte, in erstaunlich breiter Weise, wenn man bedenkt, wie unpopulär der Gegenstand immer noch war[19]. Eine große Anzahl von Zeugen war geladen worden, jüdische und nichtjüdische, aus vielen Ländern. Manche sprachen zum ersten Mal öffentlich über ihre Erlebnisse, alle waren mit ihren Peinigern zum ersten Mal wieder konfrontiert. Die 22 Angeklagten kamen aus allen sozialen Schichten, alle hatten sich aber in die Gesellschaft der Bundesrepublik wieder eingepaßt, ein Umstand, der die Möglichkeit bot, sie gegenüber primitiven und sadistischen Tätern abzugrenzen. Jedermann oder jedermanns Nachbar konnte ein solcher Täter sein.

Auschwitz stellt das Kernstück der nationalsozialistischen Verbrechen dar und ist zu Recht zum Symbolbegriff dafür geworden. Alle Details des organisierten, fabrikmäßigen Mordes durch Massenvergasungen wurden vor Gericht nüchtern beschrieben, übrigens nicht nur von den Überlebenden, sondern von den Angeklagten selbst. Der Versuch der Ermordung der europäischen Juden war damit als Tatsache festgestellt.

Die Angeklagten verwahrten sich zumeist nur gegen Vorwürfe persönlicher Exzesse, die mit dem normalerweise faßbaren menschlichen Verhalten nicht leicht zu vereinbaren sind. So der Angeklagte Wilhelm Boger, als eine Zeugin berichtete, wie er ein soeben eingeliefertes Kind, das einen Apfel in der Hand hatte, bei den Füßen packte, ihm den Kopf zerschmetterte und dann den Apfel des Kindes aufaß[20].

Im Kontext des Auschwitzprozesses ist auch eine der negativsten Erscheinungen der Strafverfolgung von NS-Verbrechen zu erwähnen, die Verteidiger, die sich als Apologeten des Nationalsozialismus gebärdeten. Es handelte sich dabei um eine bestimmte Gruppe von Anwälten, die sich aus ideologischen Gründen auf die Verteidigung von NS-Tätern spezialisiert hatten und übrigens bis heute, jetzt auch in internationaler Vernetzung, aktiv sind. Im Frankfurter Prozeß, wo eine größere Gruppe von Angeklagten zu verteidigen war, traten diese Verteidiger aktiv hervor. Von diesen Anwälten wurde und wird die nationalsozialistische Massenvernichtungspolitik geleugnet, was sie in direkten Konflikt mit den Aussagen ihrer Mandanten brachte. Durch diese Anwälte und ihr Verhalten kam es zu abenteuerlichen Behauptungen wie dieser, daß es eine große Verschwörung der Justizbehörden zur Produktion der »Auschwitzlüge« gegeben habe. Als einziger Aufrechter unter den Angeklagten habe sich der Auschwitzkommandant Richard Bär (der in Untersuchungshaft gestorben war) der Verbreitung dieser Lüge verweigert und sei deshalb, unter tätiger Mithilfe des »jüdischen« Generalstaatsanwalts von Hessen, Fritz Bauer (einer der von den Revisionisten bestgehaßten Personen), ermordet worden[21].

Hinzuweisen ist noch auf eine Anzahl von Publikationen, zu denen der Auschwitzprozeß Anlaß gegeben hat, seien es Prozeßberichte, Erinnerungsberichte oder künstlerische Verarbeitungen. Auf wissenschaftlichem Gebiet ist eine der grundlegenden Publikationen über den SS-Polizeiapparat aus vor Gericht vorgetragenen Gutachten entstanden[22].

An dritter Stelle ist der Majdanek-Prozeß zu erwähnen, der von 1975 bis 1981 in Düsseldorf stattfand. Er macht deutlich, daß sich die Zeichen der Zeit mittlerweile geändert hatten. Es stand nicht mehr die Konfrontation mit den Tatsachen im Vordergrund. Diese waren inzwischen von großen Teilen der deutschen Bevölkerung, bereit, sich den historischen Tatsachen zu stellen, akzeptiert worden. In den Vordergrund des Interesses rückten vielmehr die moralische und politische Verarbeitung und Probleme der pädagogisch-didaktischen Aufarbeitung und Weitergabe des Geschehenen. Die Aufmerksamkeit der Medien war groß und beschränkte sich nicht auf die Wiedergabe der Fakten. Es gab Diskussionsveranstaltungen, und es wurde ein Film über den Prozeß gedreht. Das Thema fand Aufnahme bei Bildungseinrichtungen; Schulklassen besuchten den Prozeß. Es wurde anschließend mit ihnen diskutiert oder sie wurden veranlaßt, ihre Eindrücke schriftlich niederzulegen. Darin drückt sich auch der mittlerweile stattgefundene Generationswechsel aus; die NS-Zeit war ein historisches Ereignis aus der Ära der Eltern oder Großeltern geworden und hatte an unmittelbarer Eindrücklichkeit und Bedrohung für das eigene Selbstverständnis verloren[23].

Angesichts dieses Generationswechsels, vom dem auch Anwälte mit NS-Vergangenheit allmählich hätten betroffen sein müssen, ist es erstaunlich, daß der Graben zwischen Anklage und einigen der Verteidiger gegenüber früher noch tiefer geworden war. Das zeigte sich in virtuos gezogenen Registern von Verzögerungstaktiken, auf die zum Teil die sehr lange Verhandlungsdauer zurückzuführen ist, in der Behandlung von Zeitzeugen, in einem Fall der Mittäterschaft bezichtigt, oder im Antrag, einen Historiker als Gutachter wegen Befangenheit abzulehnen, weil sein Doktorvater Jude gewesen sei und er deshalb Geschichte nur verzerrt wiedergeben könne. Der Nationalsozialismus hat auch für nachfolgende Generationen seine emotionale Sprengkraft beibehalten, die zu gesellschaftlichen Polarisierungen führt.

III.

Es gibt eine Reihe von Problemen, die Strafverfahren wegen NS-Verbrechen schwierig machen. Zunächst ist das auf individuelle Täter abgestellte Strafrecht nicht zur Anwendung auf politisch motivierte Verbrechen geeignet. Das schafft Probleme, durch die die Justiz überfordert ist und die nur durch Einrichtung einer Sondergerichtsbarkeit vermeidbar sind, falls dazu der politische Wille besteht. Weiter werden alle von der Zentralen Stelle eingeleiteten Verfahren an die zuständigen

Staatsanwaltschaften abgegeben, wodurch das Expertentum der Ludwigsburger Staatsanwälte zum Teil verlorengeht und sich große Unterschiede in weiteren Prozessen ergeben. Es muß allerdings erwähnt werden, daß sich auch außerhalb der Zentralen Stelle eine Reihe von Staatsanwälten zu Kennern der Materie entwickelt haben. Als Historiker muß man selbstkritisch anmerken, daß die Geschichtsschreibung mehr von der Arbeit der Juristen profitiert als umgekehrt. Viele Themen sind überhaupt nur mit Hilfe von Strafakten zu bearbeiten; ein wichtiges Beispiel dafür sind die Vernichtungslager der »Aktion Reinhardt«, die erstmals umfassend vom früheren Leiter der Zentralen Stelle, Adalbert Rückerl, dargestellt worden sind[24].

Bei NS-Verfahren wurde häufig das Argument gebraucht, daß es nun doch zu spät sei und man die Vergangenheit ruhen lassen solle. Für diejenigen, die dieses Argument benutzen, gab es nie den richtigen Zeitpunkt für NS-Verfahren. Bereits 1949 ist von Rudolf Seck, dem Kommandanten des Lagers Jungfernhof bei Riga, vorgebracht worden, daß alles doch zu lange her sei[25].

Alle NS-Verfahren unterlagen und unterliegen bestimmten Sachproblematiken, die den kollektiven Strategien der Vergangenheitsverarbeitung der Nachkriegsgesellschaft entsprechen und nicht losgelöst von diesen betrachtet werden können.

Wahrheitsfindung

Nur in den seltensten Fällen kann sich die Staatsanwaltschaft dabei primär auf Dokumente stützen, weil diese zumeist wegen ihres Verbrechen entlarvenden Inhalts von den NS-Machthabern zerstört worden sind. Die Tatsachenfeststellung beruht also in der Hauptsache auf Zeugenaussagen. In der Frühphase der Ahndung von NS-Verbrechen kam es noch vor, daß Täter bei ihrer ersten Befragung durch Polizei oder Staatsanwaltschaft ehrliche Bekenntnisse ablegten; sei es, weil das Entsetzen über die begangenen Verbrechen noch unmittelbar war, oder weil es eine seelische Erleichterung bedeuten konnte, endlich über die eigene Vergangeheit zu reden[26]. Und doch blieb das die Ausnahme. Das Ausmaß der Lüge erwies sich als außergewöhnlich groß, und dies macht den grundsätzlichen Unterschied zu anderen Strafverfahren aus. Nicht nur die Täter selbst, die sehr eigenbezogene Gründe dafür hatten, in Polen nie mit dem Judenproblem konfrontiert oder immer genau zum Zeitpunkt von Gettoaktionen (von denen sie aber nichts gewußt haben wollen) krank oder auf Heimaturlaub gewesen zu sein, leugneten vielfach jede Kenntnis, auch Zeugen, die strafrechtlich nichts zu befürchten hatten. Dies erklärt sich auch aus der über 1945 hinausreichenden Identifikation mit dem Nationalsozialismus, die sich in unterschiedlicher Intensität findet.

So wurden, als Beispiel, Angehörige einer Polizeieinheit vernommen, die als Wachmannschaften Eisenbahnzüge an einer Grenzstation übernommen und nach Auschwitz begleitet hatten. Vernommen, sagten etliche aus, daß mit dem Einfahren des Zuges in Birkenau jedem klar war, welches Schicksal auf die Deportierten wartete: »Aus den viereckigen Kaminen schossen 4 bis 5 Meter hohe Flammen. Auf der Rampe wurden wir dann gewahr, was hier los war[27].« Andere versicherten, »uns ist nicht bekanntgegeben worden, was mit den Juden passierte[28],« während eine dritte Gruppe überhaupt nicht in Auschwitz gewesen sein wollte[29]. Diejenigen, die das Geschehen wahrgenommen hatten, erwiesen sich auch als fähig, die qualvolle Lage der in den Viehwaggons eingepferchten Menschen zu beschreiben[30], und wollen damals versucht haben, ihnen, entgegen den gegebenen Befehlen, Wasser zu geben[31]. Sie konnten in der für sie risikolosen Nachkriegssituation auch ein Wort des Mitleids und Abscheus finden[32]. Die anderen dagegen bekundeten schon durch die abschätzige Beschreibung der Opfer Billigung der nationalsozialistischen Judenverfolgung[33].

Bei den Aussagen von Tätern findet man häufig sprachliche Wendungen, die auf eine tiefgreifende nationalsozialistische Überzeugung oder auf während der NS-Zeit gebräuchliche Stereotypen hindeuten. Das sind einmal antisemitische Vorurteile, etwa die Meinung, Opfer einer jüdischen Verschwörung geworden zu sein[34]. Zum anderen findet sich die für das nationalsozialistische Denken typische Aufteilung in »die Guten« (wir) und »die Bösen« (die anderen), die sich aus der Herrenmenschentheorie ergab, was sich in den Beteuerungen völliger Unschuld widerspiegelte, weil man ja ein »anständiger Mensch« und der ganzen »inneren Veranlagung« nach zu etwas Bösem nicht fähig war[35]. In von keinerlei Selbstkritik getrübter Form tritt diese Argumentation — gepaart mit Selbstmitleid über das eigene, harte Nachkriegsschicksal — in den Verlautbarungen von Ehefrauen von SS-Tätern hervor[36].

Eine zweite Gruppe von Stereotypen spiegelt weitverbreitete Meinungen der deutschen Nachkriegsgesellschaft wider: man war »nur

Soldat« gewesen, der Befehlen gehorcht hatte, der jetzt aber als Ziel kommunistischer Nestbeschmutzungskampagnen und durch Kriegsfolgen und Vertreibung zum eigentlichen Opfer wurde[37]. Die Beteuerungen von Unschuld und Befehlsnotstand sind Ausdruck zur Tatzeit bereits unternommener Anstrengungen, individuelles Unrechtsbewußtsein erst gar nicht aufkommen zu lassen bzw. zu unterdrücken[38]. Ein Beispiel dafür ist eine Aussage aus dem Jahr 1964, in der der Angeschuldigte auf die Frage, warum er an den Tötungshandlungen (durch den Selbstschutz Danzig-Westpreußen) teilgenommen habe, antwortete: »Diese Frage stellte sich nicht für einen SS-Führer [...] heute denkt man über diese Sachen ja anders, aber damals habe ich diese Maßnahmen durchaus gebilligt und für richtig gehalten«. Die Erschießungen bezeichnete er zwar als »unangenehm«, das habe er aber »als persönliche Schwäche empfunden und alles getan, um diese Schwäche zu überwinden. Besonders möchte ich betonen, daß ich keineswegs aus niederen Beweggründen gehandelt habe. Vielmehr habe ich die damaligen Aktionen im Interesse Deutschlands für notwendig gehalten[39].«

Mangelnde Fähigkeit oder fehlender Wille, Unrechtsakte wahrzunehmen, sind anders motiviert. Ein Beispiel hierfür bilden deutsche Frauen, die als Sekretärinnen oder in anderen Positionen zur Zivilverwaltung ins besetzte Polen oder in die Sowjetunion kamen. Strafverfolgung hatten sie in der Regel nicht zu befürchten; man sollte also annehmen, daß sie ein ungeschminktes Bild ihrer Wahrnehmungen und Erfahrungen geben würden. Weit gefehlt: Diese Zeuginnen hatten in der Regel nichts Relevantes wahrgenommen, denn »als Frau« kümmerte man sich im NS-Staat nicht um Politik, allenfalls um Männer und Unterhaltung. »Sich um Politik kümmern«, hieß in der damaligen Situation zuzusehen, daß die gesamte jüdische Bevölkerung des Wohnortes ermordet und deportiert wurde und man morgens auf dem Weg zur Arbeit über Leichen ging. Zur Erklärung dieses Verhaltens muß man sich vor Augen führen, in welchem Ausmaß diese Frauen am deutschen »Herrenleben« im Osten Anteil hatten. Das Überlegenheitsgefühl der Herrenrasse gestattete es, Polen oder Russen vom Trottoir auf die Straße zu weisen. Man genoß erhebliche materielle Vorteile wie Schneidernlassen im Getto, Wochenenden auf SS-Gütern, Reitsport, besondere Verpflegung usw. Vor diesem Hintergrund blieben NS-Verbrechen auch in der Erinnerung ausgeblendet[40].

Verleugnungsmechanismen traten auch bei Gruppen auf, die nach dem Krieg in engem Kontakt zueinander blieben und sich auf eine Sprachregelung kollektiver Erinnerung an die Kriegsereignisse geeinigt hatten. Das wird deutlich bei Volksdeutschen aus Polen und Rußland. Volksdeutsche wurden nicht selten unmittelbar nach dem Einmarsch von SS- und Polizeiorganen organisiert und an Massenmordaktionen beteiligt. Alte Animositäten entluden sich in den Mordtaten des volksdeutschen Selbstschutzes an Polen. Zeugenaussagen weisen bis in die sechziger Jahre hinein Ausfälle anti-polnischer und anti-jüdischer Art auf[41].

Bei den wegen NS-Verbrechen angestrengten Ermittlungen ist auffällig, wie massiv und kollektiv von ehemaligen Dorfbewohnern, auch denjenigen, die nicht als Täter in Betracht kamen, alles abgeleugnet wird. Aufgebrochen wird diese starre Front durch vereinzelte Zeugen, die erkennen lassen, schon damals Außenseiter der Gemeinschaft gewesen zu sein, weil sie die vorherrschenden nationalen und rassischen Vorurteile nicht teilten[42]. Insgesamt hat man anzunehmen, daß der durch die fortdauernde enge Verbindung ausgelöste Gruppendruck und das als Defensivmechanismus verwendete Vertriebenenschicksal eine angemessene Verarbeitung der Vergangenheit bisher verhindert hat.

Was die volksdeutschen Siedlungen in Rußland angeht, die seit Jahrhunderten keinen unmittelbaren Kontakt zu Deutschland mehr hatten, so kann man ihre Unrechtshandlungen im SS- und Polizeiapparat gegen die sowjetische Bevölkerung und ihre Beteiligung an Judenmorden kaum auf deutsche nationalistische und speziell nationalsozialistische ideologische Indoktrination zurückführen. Sie zogen aber sehr handgreiflichen Nutzen aus der deutschen Besatzung, bis hin zur Verteilung der Bekleidung ermordeter Juden[43].

Die Wahrheitsfindung in Strafverfahren gegen NS-Täter wurde erschwert durch organisierte Verdunklungsstrategien. Der enge Zirkel von Anwälten mit nationalsozialistisch-apologetischer Einstellung, der sich zunehmend als Problem bei der sachgemäßen Durchführung von Prozessen erwies, ist schon erwähnt worden. Als noch schwerwiegender erwiesen sich Behinderungen durch Hilfsorganisationen, die entstanden waren, um Prozesse zu vereiteln. Das trat besonders bei der Ordnungspolizei hervor, die in der Nachkriegszeit zunächst weitgehend als respektabel galt. Mehrere ihrer ehemaligen Generale waren als Zeitzeugen bis in die sechziger Jahre für glaubwürdig erachtet worden[44]. Eine große Zahl ehemaliger Polizisten hatte nach dem Krieg wieder

Aufnahme in den Staatsdienst gefunden, was Möglichkeiten der Behinderung von Strafverfahren bot und die Solidarität seitens anderer Vertreter staatlicher Autorität bedeuten konnte. Es gelang der Staatsanwaltschaft u. a., Beweismaterial zu beschlagnahmen, aus dem hervorging, daß durch den oben erwähnten, aus nicht nachvollziehbaren Gründen freigesprochenen Willy Papenkort eine »Kameradschaftshilfe« der Ordnungspolizei aufgebaut worden war, die auf Vereitelung der Strafverfolgung hinarbeitete. Vielfach wurde gegen geschlossene Einheiten oder größere Polizeidienststellen ermittelt, so daß Absprachen von Zeugenaussagen untereinander effektiv zustande kamen. Die »Kameradenhilfe« half beim Aufbau eines Argumentationsgebäudes für die Verteidigung, vermittelte einschlägige Anwälte usw. Das reichte bis zur Beeinflussung von Zeugen, die nicht sofort die eingeschlagene Generallinie verfolgt hatten. Zahlreiche Prozesse zeigen, daß diese Aktivitäten erfolgreich waren; bemerkbar macht sich das besonders dann, wenn gegen zwei Paralleleinheiten ermittelt wurde, im ersten Fall die Wahrheit herausgefunden werden konnte, was im zweiten zum Aufbau einer kompletten Abwehrfront führte[45].

Befehlsnotstand

Bei Verfahren gegen Angehörige von militärischen und Polizeieinheiten kann zu deren Verteidigung geltend gemacht werden, unter Strafandrohung zu einer Handlung gezwungen worden zu sein. Das Argument hat im Rahmen von NS-Verfahren allerdings eine eigene Dynamik entwickelt. Von zahlreichen Angeklagten ist zu ihrer Verteidigung vorgebracht worden, bei Befehlsverweigerung »wäre ich ja selbst an die Wand gestellt worden«. Hingewiesen wurde ferner auf die Bedrohung durch SS- und Polizeigerichte für diesen Fall unter Benennung einer Person, die erschossen oder ins KZ gesteckt worden sei. Die Zentrale Stelle ist jeder dieser Angaben nachgegangen, und es steht fest, daß niemandem wegen der Nichtbefolgung von Erschießungsbefehlen Schaden an Leib und Leben entstanden ist. Dem stehen auch die Bestimmungen des Paragraphen 47 des Militärstrafgesetzbuches entgegen. Es ist auch nachgewiesen, daß die Strafgewalt von SS- und Polizeigerichten nicht dazu ausreichte, jemanden einfach verschwinden zu lassen. In den meisten Verfahren ist die Verteidigung mit der Berufung auf den Befehlsnotstand von deutschen Gerichten als unbegründet zurückgewiesen worden⁴⁶. Das entspricht den historischen Gegebenheiten, denn die SS-Führung dachte gar nicht daran, Mordbefehlsverweigerer zu bestrafen. Wer nicht die »erforderliche Härte« eines SS-Führers besaß, wurde lediglich an einen anderen Platz gestellt, was negativen Einfluß auf die Karriere hatte. Ein Beschuldigter bezeichnete eine Äußerung Himmlers, wer zu »weich« sei, solle das eben melden, als »üblen Trick«, denn »welcher Führer hätte sich auf diese Weise schon selbst unmöglich gemacht«⁴⁷, sprich, seine Karriere aufs Spiel gesetzt!?

Die hartnäckig vorgebrachte These vom Befehlsnotstand ist einzuordnen in eine gesamtgesellschaftliche Entlastungsstrategie, hier unter dem Vorwand, nur ausübendes Werkzeug gewesen zu sein, das Befehle auszuführen hatte, um dann letztlich so auf tragische Weise selbst zum Opfer zu werden. Zudem wurde die Vorstellung von »Befehl und Gehorsam« als Verhaltensgrundmuster im Krieg begriffen und dargestellt, um letztlich die NS-Verbrechen in den Kontext des Krieges zu rücken und auf diese Weise zu entkriminalisieren. Nicht umsonst wurde von NS-Apologeten bezüglich verurteilter Verbrecher immer von »deutschen Kriegsgefangenen in alliierter Haft« gesprochen. Das Motiv des einfachen Befehlsempfängers suggeriert auch eine gewisse Gleichwertigkeit zwischen Kriegsgegnern durch Hinweis auf die Kriegsverbrechen der Feinde, was von der Aggression der Deutschen ablenkt und zugleich Gelegenheit gibt, auf die eigenen Leiden durch Bomben oder Vertreibung aufmerksam zu machen⁴⁸. Aus diesem Zusammenhang heraus erklärt sich u. a., warum die historische Wissenschaft so lange gebraucht hat und sie auf so starken Widerstand stieß, bis der Beitrag der Wehrmacht an den Massenverbrechen in angemessener Weise dargestellt werden konnte.

Täterwille

Es gibt im deutschen Rechtsdenken die Tradition, auf die subjektive Motivation abzustellen und zwischen dem Täter, der die Tat als eigene will, und seinem Gehilfen zu unterscheiden, auch wenn der Gehilfe die Tat ganz selbständig ausgeführt hat. Das hat Einfluß auf die Entscheidung, auf Mord oder Beihilfe zum Mord zu plädieren, und damit auf das Strafmaß. Ein Urteil von Anfang der sechziger Jahre, das nichts mit NS-Verbrechen zu tun hatte, hat diese Unterscheidung in den Vordergrund gerückt. In der Folgezeit sind viele deutsche Gerichte in Urteilen über NS-Verbrechen dieser Entscheidung gefolgt, und man findet die qualitative Aufspaltung in die »Täter« Hitler, Himmler, Heydrich und in die im jeweiligen Fall vor Gericht stehenden »Gehilfen«. Hierauf beruhte das häufig geringe Strafmaß, wenn man es im Vergleich zur Anzahl der Opfer und zur Schwere des Verbrechens sieht. Nicht umsonst ist von »zehn Minuten Haft pro Getötetem« gesprochen worden. Hervorzuheben ist, daß die Gerichte diesen Weg nicht hätten einschlagen müssen, da der Bundesgerichtshof gerade für Taten wie NS-Verbrechen andere Bewertungsmöglichkeiten offengehalten hat[49].

Es ist auffällig, wie sehr diese für die Rechtsprechung maßgebliche Vorstellung der nationalsozialistischen vom »Führerstaat« entspricht, in dem Hitler ganz oben stand, die Masse sich als Gefolgschaft zu verstehen hatte. Die Entlastungsfunktion dieses Selbstverständnisses für das Gewissen des einzelnen ist evident. Von der SS-Führung war auch schon zur Tatzeit darauf hingewiesen worden, daß man sich gänzlich unbeschwert als Werkzeug fühlen könne, denn alle Verantwortung für die angeordneten Taten lägen allein bei der Führung. Es ist anzunehmen, daß die häufige Inanspruchnahme der Theorie vom Täterwillen vor diesem Hintergrund zu sehen ist.

Insgesamt sind in der Bundesrepublik bis 1982 = 88587 Ermittlungsverfahren gelaufen, die zu 6465 Verurteilungen geführt haben, darunter 158 zu lebenslanger Haft[50]. Das ist kein beeindruckendes Gesamtbild und hat zu der Annahme kontinuierlicher Identifikation der Nachkriegsdeutschen mit dem Nazionalsozialismus geführt[51]. Der niederländische Jurist Rüters hat allerdings darauf hingewiesen, daß die holländische Rechtsprechung unter völlig anderen strukturellen Vorzeichen und anderer politischer Einstellung zu vergleichbaren Resultaten gekommen sei. Rüters führt das auf die Funktion, die das Strafrecht habe, nämlich Normverhalten zu erzeugen, zurück[52]. Es scheinen aber auch noch andere Komponenten mitzuspielen. Vergleichbare Prozesse in verschiedenen westlichen Ländern in den letzten 15 Jahren haben ganz erstaunliche Ähnlichkeiten mit der deutschen Situation gezeigt. Es handelt sich um dieselben Verteidigungsstrategien der Angeklagten, um das Auftreten revisionistischer Anwälte, vor allem aber um sehr ähnliche mentale Einstellungen der Gerichte und von Teilen der Bevölkerung.

So ist 1994 vom Obersten Gerichtshof Kanadas ein Revisionsurteil ergangen, das alle Merkmale aufweist, die man von deutschen Urteilen aus den fünfziger Jahren in der Bundesrepublik kennt. Der Holocaust als organisierte Massenvernichtung wird geleugnet[53], die Judenverfolgung wird in den Zusammenhang des Kriegsgeschehens gerückt, mit allen sich daraus ergebenden Entschuldigungsgründen[54], das heißt, es wird nicht von einem organisierten, rassisch begründeten Massenmord ausgegangen. Für die Vertreter staatlicher Autorität (wie der Polizei) wird jede mögliche Entschuldigung akzeptiert, bis hin zur Annahme, daß antisemitische Propaganda Beteiligung am Massenmord hätte rechtmäßig erscheinen lassen[55].

Das erschreckt, denn es deutet darauf hin, daß die bewußte oder unbewußte Identifikation mit den Tätern, sofern sie staatliche Autorität repräsentieren und als politische Verbrecher nicht mit dem üblichen Bild von Schwerverbrechern übereinstimmen, tief und fundamental in der Psyche der Gesellschaft verankert zu sein scheint, über die Kriegsgeneration und über das deutsche Volk hinaus. Das läßt wenig Hoffnung zu, daß die Opfer politischer Verfolgung in der Zukunft im internationalen Rahmen mehr Gerechtigkeit erfahren.

IV.

Während über die Verfolgung von NS-Verbrechen in der Bundesrepublik aufschlußreiches Material vorliegt, ist die Situation bezüglich der DDR sehr viel schwieriger. Die letzten Jahre haben verdeutlicht, daß die sogenannten NS-Prozesse unmittelbar nach Kriegsende nicht nur wirklichen NS-Tätern galten, sondern auch zur Ausschaltung politischer Gegner benutzt wurden. Die statistischen Angaben über in der DDR geführte NS-Prozesse dürften damit weitgehend wertlos sein[56]. Die Ermittlungsakten, die durch den Stasi geführt wurden, sind der Forschung noch nicht in ausreichender Form zugänglich. Feststellen läßt sich nur, daß Prozesse sehr straff geführt wurden und die Beweise individueller Tatbeteiligung in keiner Weise den Standards westdeutscher Gerichte entsprachen. Die Eröffnung von Verfahren unterlag, so wie in den anderen kommunistischen Ländern auch, politischer Planung[57]. Das macht es schwer festzustellen, wie massiv oder wie selektiv gegen in der DDR befindliche NS-Täter vorgegangen wurde.

Noch schwieriger gestaltet sich die Frage nach dem Widerhall in der Bevölkerung der DDR. Es steht zu befürchten, daß der vom Regime propagierte Antifaschismus und die strikte Abgrenzung zum Nationalsozialismus, auch dessen historisch-ideologische Einordnung, eine kritische Aufarbeitung eher verhindert, denn gefördert hat[58]. Von seiten überlebender Juden wird allerdings die Existenz in der Nachkriegsgesellschaft der DDR als leichter bezeichnet als in der Bundesrepublik[59].

Die Strafverfolgung von NS-Verbrechen durch deutsche Gerichte hat, generell gesehen, sicherlich nicht die Verbrechen angemessen geahndet, noch viel weniger der Gerechtigkeit zum Sieg verholfen. Ein positives Resultat bleibt: Die nationalsozialistischen Massenverbrechen und der Versuch der Ermordung der europäischen Juden ist so oft und in so vielen Details vor deutschen Gerichten bezeugt worden, daß diese Tatsachen nicht mehr zu bezweifeln sind.

Anmerkungen

[1] So hat der Artikel von Istvan Deak, Misjugdement at Nuremberg, in: New York Review of Books, October 7, 1993, zu einer erregten Leserbriefkontroverse geführt, die im April 1994 noch andauerte. Deak argumentiert, daß Strafprozesse deutschen Gerichten hätten überlassen werden sollen; zur Untermauerung seiner These führt er an, daß alle drei in Nürnberg Freigesprochenen in der Folge von deutschen Gerichten verurteilt worden seien.

[2] Einen Überblick über die große Zahl von Publikationen gibt War Crimes, War Criminals and War Crimes Trials. An Annotated Bibliography and Source Book, ed. by Norman Tutorow, New York 1986; Telford Taylor, The Anatomy of the Nuremberg Trials. A Personal Memoir, New York 1992.

[3] Am bekanntesten ist der Bericht des Gerichtspsychologen G. M. Gilbert geworden, der auf täglichen Kontakten mit den Angeklagten beruht (Nürnberger Tagebuch, Frankfurt a. M. 1962).

[4] Ernst Klee, Was sie taten — Was sie wurden, Frankfurt a.M. 1986; ders., Persilscheine und falsche Pässe. Wie die Kirchen den Nazis halfen, Frankfurt a. M. 1991.

[5] Frank M. Buscher, The US War Crimes Trial Program in Germany 1946—55, New York 1989, S. 34 ff. Prozesse wurden auch von britischen, französischen und sowjetischen Militärgerichten in Deutschland geführt sowie in allen von Deutschland im Krieg besetzten Ländern. Eine dafür eingesetzte Kommission stellte fest, daß Vorwürfe bezüglich Mißhandlungen und Folterungen unbegründet waren; vgl. dazu Robert Sigel, Im Interesse der Gerechtigkeit. Die Dachauer Kriegsverbrecherprozesse 1945—48, Frankfurt a.M. 1992, S. 150 ff.

[6] Peter-Ferdinand Koch, Himmlers Graue Eminenz — Oswald Pohl und das Wirtschafts-Verwaltungshauptamt der SS, Hamburg 1988, S. 154—159.

[7] »Mißbrauch des ›Rechts‹ [...] wird sicherer als von einem Staatsgerichtshof vom Schicksal selbst nach den verletzten ›Lebensgesetzen‹ mit Unglück und

Umsturz und Scheitern vor der Geschichte bestraft«. Werner Best, Die Deutsche Polizei, Darmstadt 1941, S. 27.

[8] Detailliert zum Krontrollratsgesetz Nr. 4 und Nr. 10 und zu den juristischen Folgen des Überleitungsvertrages vom 5. Mai 1955: Adalbert Rückerl, Die Strafverfolgung von NS-Verbrechen 1945—1978. Eine Dokumentation, Heidelberg 1979, S. 33 ff.; Die Annotated Bibliography (wie Anm. 2) führt Verfahren unter Kontrollratsgesetz Nr. 10 und wegen Denunzination auf, S. 376—386, 393—398.

[9] Aussage J. H., sie sei »nach dem Krieg in Deutschland auf allen Bahnhöfen herumgefahren, um einen Mörder zu finden«. Zentrale Stelle der Landesjustizverwaltungen zur Aufklärung national-sozialistischer Verbrechen (Zentrale Stelle), 207 AR-Z 18/58.

[10] Aussage R. Sch. Zentrale Stelle, 213 AR-Z 294/60, Bd 21.

[11] Die Hauptaktivitäten des ›Rats‹ haben in der Besatzungszeit stattgefunden. Die Akten befinden sich in der Jerusalemer Gedenkstätte Yad Vashem, Bestand M I.

[12] Zum »Ulmer Einsatzgruppenprozeß« vgl. Rückerl, Strafverfolgung (wie Anm. 8), S. 49 ff.; Reinhard Henkys, Geschichte und Gesicht der nationalsozialistischen Gewaltverbrechen, in: Die nationalsozialistischen Gewaltverbrechen. Geschichte und Gericht, hrsg. von Dietrich Goldschmidt, Stuttgart, Berlin 1964, S. 25—266, hier S. 196 ff.

[13] Mit der Übersendung von Material waren natürlich propagandistische Absichten verbunden, denen zufolge immer »häppchenweise« geliefert wurde, was die Strafverfolgung nicht erleichtert hat. Aufgrund der Erfahrung der Verfasserin mit KGB-Archiven läßt sich aber sagen, daß nicht nur die historischen Dokumente korrekt, sondern auch die Beschuldigungen in der Regel begründet waren.

[14] Vgl. dazu Rückerl, Strafverfolgung (wie Anm. 8), S. 52 ff.; Zur Verjährungsdebatte Martin Hirsch, Anlaß, Verlauf und Ergebnis der Verjährungsdebatten im Deutschen Bundestag, in: Vergangenheitsbewältigung durch Strafverfahren? Prozeßberichte über den Lischka-Prozeß in Köln und den Auschwitz-Prozeß in Frankfurt a. M., hrsg. von Peter Steinbach und Jürgen Weber, München 1984, S. 40—50.

[15] Zentrale Stelle, 203 AR 2524/67; Interessanterweise ist dieser Fall in der historischen Forschung nicht ausreichend beachtet worden. Während in den großen Darstellungen der Geschichte der Judenvernichtung, zum Beispiel der von Raul Hilberg, The Destruction of the European Jews, Chicago 1961, die durch die Ordnungspolizei begangenen Verbrechen beschrieben werden, gibt es bis heute keine Spezialuntersuchung dazu.

[16] Zentrale Stelle, 202 AR-Z 262/59; Justiz und NS-Verbrechen. Sammlung deutscher Strafurteile wegen nationalsozialistischer Tötungsverbrechen 1945—1966, Bd 18, Amsterdam 1968, S. 781 ff. Nach einer Revision durch den BGH wurde das Urteil gegen Lechthaler auf zwei Jahre herabgesetzt, unter Anrechnung der Untersuchungshaft. Das Wüten des Polizeibataillons 11 in Sluzk war dermaßen, daß sich selbst der Generalkommissar Kube in Minsk darüber empörte.

[17] Justiz und NS-Verbrechen (wie Anm. 16), Bd 10, Amsterdam 1973, lfd. Nr. 323—360.

[18] KZ-Verbrechen vor deutschen Gerichten, hrsg. von Hendrik George van Dam, Ralph Giordano, Bd 1, Frankfurt a. M. 1962, S. 151—510, hier S. 207; Zentrale Stelle, SA 70, LG Bonn 8 Ks 2/59. Hervorzuheben ist die ursprüngliche Anzeige des Dorfbürgermeisters: »Ich bemerke noch, daß 90 v.H. der Einwohner seines Geburtsortes [...] ihn für die ihm in der oben erwähnten Zeitung zur Last gelegten Verbrechen für fähig halten«.

[19] »Natürlich ist der Auschwitz-Prozeß unpopulär, darum ist es eine seltsame Sache, daß sich trotzdem fast die gesamte Presse, wenn auch meist nicht sehr ausführlich, täglich damit beschäftigt und einen Bericht bringt, den eigentlich niemand hören möchte«. Emmi Bonhoeffer, Zeugen im Auschwitz-Prozeß. Begegnungen und Gedanken, Wuppertal-Barmen 1965, S. 15.

[20] Bernd Naumann, Auschwitz. Bericht über die Strafsache Mulka und andere vor dem Schwurgericht Frankfurt a. M., Frankfurt a. M. 1968, S. 126 ff.; LG Frankfurt a. M. 4 Ks 1/67. Es gab auch nichtbelastete Angehörige des SS-Personals, die sehr klar die Massenvernichtung beschrieben. So ist der Kraftfahrer Richard Böck, Angehöriger der Fahrbereitschaft, zu erwähnen, der in seinen Aussagen nichts zu beschönigen versuchte. Zentrale Stelle, 402 AR-Z 37/58, SB 39, 85 u. 3.

[21] Hans Laternser, Die andere Seite im Auschwitz-Prozeß 1963/65, Stuttgart 1966; Rudolf Stäglich, Der Auschwitz-Mythos, Tübingen 1979. Ein prominenter Angehöriger dieser Gruppe ist auch Dr. Rudolf Aschenauer, der neben anderen einschlägigen Publikationen auch als Eichmann-Editor hervorgetreten ist. Vgl. Rudolf Aschenauer, Ich, Adolf Eichmann, Leoni 1980.

[22] Anatomie des SS-Staates, hrsg. von Hans Buchheim [u.a.], 2 Bde, München 1967. Die Literatur zu Auschwitz ist sehr umfangreich. Neben dem schon zitierten Prozeßbericht von Naumann soll hingewiesen werden auf Hermann Langbein, Menschen in Auschwitz, Berlin, Wien 1980; ders., ... nicht wie die Schafe zur Schlachtbank. Widerstand in den nationalsozialistischen Konzentrationslagern 1938—1945, Frankfurt a. M. 1980; Primo Levi, Ist das ein Mensch? Erinnerungen an Auschwitz, Frankfurt a. M. 1979; Die polnische Edition: KL Auschwitz in den Augen der SS/ Höß, Broad, Kremer, Katowice 1981; Peter Weiß, Die Ermittlung. Oratorium in 11 Gesängen, Reinbek 1979.

[23] Heiner Lichtenstein, Majdanek — Reportage eines Prozesses, Frankfurt a. M. 1979; Ingrid Müller-Münch, Die Frauen von Majdanek. Vom zerstörten Leben der Opfer und der Mörderinnen, Reinbek 1982. Weitere Literatur in Annotated Bibliography (wie Anm. 2), S. 201.

[24] Adalbert Rückerl, NS-Vernichtungslager im Spiegel deutscher Strafprozesse, München 1977.

[25] Zentrale Stelle, 207 AR-Z 7/59, auch Justiz und NS-Verbrechen (wie Anm. 16), Bd 9, Amsterdam 1972, S. 179 ff.

[26] Das findet sich in Aussagen wie: »Ich will endlich fertig werden, wieder zur inneren Ruhe kommen«, A.K., Zentrale Stelle, 207 AR-Z 51/58; oder »Lange Jahre war ich nicht fähig, ein Kind schreien zu hören«, W.G., Zen-

trale Stelle, 213 AR 1900/60, Bd VII. Sehr selbstkritische Äußerungen finden sich von Personen unmittelbar nach dem Krieg in sowjetischem Gewahrsam. Das wird häufig als Folge von KGB-Vernehmungsmethoden abgetan; dagegen spricht, daß diese Äußerungen sehr ausführlich und handschriftlich sind, so daß sie eher als durchaus genuiner Ausdruck von Selbstreflexion anzusehen sind, die durch die Konfrontation mit einer moralisch völlig anders bewerteten Umgebung ausgelöst wurde. So W.B., Zentrale Stelle, 207 AR-Z 18/58, Bd IIXX: »daß ich mich eigentlich selbst wundere und nach meiner Erinnerung damals wie betäubt war. Ich glaube, man kann das nur verstehen, wenn man die damalige Situation bedenkt. Wir standen angetreten in Reih und Glied, es ertönten die Kommandos [...] man kann sich aus dem Bann solcher Kommandos schwer lösen«.

[27] Zit. n. Aussage von H.G., ebenso E.G., G.E.: »Kranke und Gebrechliche wurden von den SS-Leuten aus den Waggons rausgeworfen«, K.S.: »wir konnten ja die Krematorien sehen«, sämtlich Zentrale Stelle, 502 AR-Z 60/58.

[28] So die Zeugen P.B., E.E., H.R., A.H., L.K., M.L., G.L., O.P., F.R., G.W., H.W., die auch von »Maßnahmen gegen den jüdischen Bevölkerungsteil« 1944 in Ungarn (denen in wenigen Monaten eine halbe Million Menschen zum Opfer fielen) nichts gemerkt haben wollen, sämtlich Zentrale Stelle, 502 AR-Z 60/58.

[29] F.Z., der seinen Transport irgendwo in Polen verloren haben will, Zentrale Stelle, 502 AR-Z 60/58.

[30] »Grundsätzlich gab man den Juden unterwegs keine Möglichkeit auszusteigen, um ihre Notdurft zu verrichten. Ich erinnere mich noch, daß aus den Lüftungsschlitzen der Waggons ein bestialischer Gestank herauskam«, G.E.; ein anderer Zeuge hatte sich mit den Deportierten heimlich unterhalten, H.G., sämtlich Zentrale Stelle, 502 AR-Z 60/58.

[31] H.G. »Die Waggons durften nicht aufgemacht werden, aber wir haben es trotzdem getan und den Leuten Wasser gegeben. Leutnant Otto hat das übersehen, weil es nicht sein durfte«; G.F., sämtlich Zentrale Stelle, 502 AR-Z 60/58.

[32] »Das Ganze war fürchterlich und unmenschlich«, W.M., auch E.G., Zentrale Stelle, 502 AR-Z 60/58.

[33] Die Opfer werden »angetrieben« (wie Vieh) oder »betteln« um Wasser, H.W.A., F.B. oder der Zeuge H.Sch., der knapp berichtet, daß Luftklappen an den Waggons vorschriftsmäßig von ihm am Abend geschlossen wurden, sämtlich Zentrale Stelle, 502 AR-Z 60/58.

[34] Die Weltverschwörung hatte sich mittlerweile zur »israelischen« gewandelt, Angeklagter T., Zentrale Stelle, 207 AR-Z 367/59; Beschuldigte L. und K. (vom Sonderkommando Eichmann), Zentrale Stelle, 502 AR-Z 60/58; vom Leiter der Kripo Lódź wird ausgesagt, »der jüdische Ordnungsdienst schlägt erbarmungslos auf die jüdischen Mitmenschen ein«, W.Z., Zentrale Stelle, 203 AR-Z 161/67.

[35] Stellvertretend für viele ein Beschuldigter, der sich »meiner ganzen Veranlagung nach [...] völlig unschuldig« fühlt und sich darüber empört, »wie ein Krimineller« verhaftet worden zu sein, F.G., Zentrale Stelle, 502 AR-Z 60/58.

[36] So die Ehefrau eines Einsatzkommandoführers. »Mein Mann ist ein höchst anständiger Mensch, und wir haben in den vergangenen Jahren viel gelitten«, Frau K., Zentrale Stelle, 207 AR-Z 18/58; die Frau des SS- und Polizeiführers Weißrußland: »Aus sich heraus hat mein Mann niemals jemandem etwas zuleide getan«, Frau Z., Zentrale Stelle, 202 AR 538/59; die Frau eines KZ-Aufsehers in der »festen Überzeugung«, daß ihr Mann »niemals einem Menschen das geringste Leid zugefügt hat«, Frau H., Zentrale Stelle, SA 70.

[37] So die Frau eines Angehörigen des Sonderkommandos Eichmann, deren Mann »als anständiger Mensch [...] anständig geblieben« sei und nur seine »Pflicht als Soldat wie andere Soldaten auch« getan habe, während diejenigen, die dieses »teuflische Spiel« gegen ihn in Gang gesetzt hätten, »keine ruhige Nacht« mehr haben dürften, Frau K., Zentrale Stelle, 502 AR-Z 60/58.

[38] Willi Schumacher, Psychologische Mechanismen bei der Manipulierung des Rechtsbewußtseins in Totalitären Systemen, in: Vom Nutzen und Nachteil der Sozialwissenschaften für das Strafrecht, hrsg. von Klaus Lüderssen, Fritz Sack, Frankfurt a.M. 1980, S. 167—199.

[39] Beschuldigter H.M., Zentrale Stelle, 203 AR-Z 113/60.

[40] Zwei Beispiele für viele: Zeugin I.W. »Ich habe mich als Frau auch nicht darum gekümmert«, Zentrale Stelle, 203 AR-Z 113/60; Zeugin Frau W. »sie sei damals Anfang zwanzig gewesen, hätte einen Verlobten im Felde gehabt, und habe sich wenig für diese Dinge interessiert«, d.h., wie sie sich selbst ausdrückt, daß 10000 Juden ihrer Heimatstadt »abkassiert« worden seien, Zentrale Stelle, 203 AR-Z 161/67. Einer der seltenen Ausnahmefälle von Strafverfolgung wird dargestellt von Heiner Lichtenstein, Im Namen des Volkes. Eine persönliche Bilanz der NS-Prozesse, Köln 1984, im Kapitel über das Verfahren gegen Westerheide und Zelle, S. 113ff.

[41] So wird von den »bestialischen Gewalttaten« an den Volksdeutschen berichtet, wenn der »Mob [...] jüdischer Weiber« jüngere Männer »molestieren und zertrampeln«, Bericht 22. Dezember 1960, Zeugen W.Sch., C.T., R.Z., H.P., E.N., P.Z., sämtlich Zentrale Stelle, 203 AR-Z 113/60. Zum Selbstschutz in Polen siehe: Christian Jansen, Arno Weckbecker, Der »Volksdeutsche Selbstschutz« in Polen 1939/40, München 1992.

[42] So etwa die Zeugin L. Z.-G., Zentrale Stelle, 203 AR-Z 113/60, über die Stimmung zwischen Deutschen und Polen oder der als Seelsorger in Transnistrien tätige Pater N.P., Zentrale Stelle, 213 AR-Z 294/60. Ein Zeuge warf dem Dorfbürgermeister vor, daß es nicht angehe, »sonntags in die Kirche (zu) gehen und am anderen Tage Juden zu erschießen«, C.K., Zentrale Stelle, 213 AR-Z 294/60. Juden wurden zum Teil sofort nach Abzug der Roten Armee in ihren Häusern ermordet; zum jüdisch-volksdeutschen Verhältnis die Aussage eines Zeugen, dessen jüdische Frau und ihr gemeinsames Kind vom Selbstschutz erschossen wurde: »Befragt erkläre ich, daß es mir nach Einmarsch der deutschen Truppen peinlich war, mit einer Jüdin verheiratet zu sein«, die auch »ein fremdes Wesen« gehabt hätte. »Der Erschießung meiner Frau stand ich ziemlich gleichgültig gegenüber. Dagegen tat mir die Erschießung meines Kindes leid«, J.W., Zentrale Stelle, 213 AR-Z 294/60.

43 Von einem Volksdeutschen so formuliert: »Außerdem wurde die Parole ausgegeben, daß wir Deutschen jetzt nicht mehr zu arbeiten brauchten, denn dafür seien jetzt die anderen da. Mein bisheriges Leben war kümmerlich verlaufen und so sah ich eine Möglichkeit, besser und leichter Geld zu verdienen«, J. G., Zentrale Stelle, 203 AR-Z 113/60. In Südrußland waren die Volksdeutschen vom Sonderkommando R der Volksdeutschen Mittelstelle in Selbstschutzeinheiten organisiert worden, die dann die Erschießungen der jüdischen Bevölkerung besorgten, Zentrale Stelle, 213 AR-Z 294/60.
44 Hinzuweisen ist besonders auf Adolf von Bomhard, der, neben anderen Dienststellungen, Befehlshaber der Ordnungspolizei in der Ukraine war, also wenig Grund hatte, von der Rechtmäßigkeit des Vorgehens der Ordnungspolizei überzeugt zu sein. Zum Selbstverständnis in der Nachkriegszeit Verlautbarungen des »Salzburger Kreises«, Zentrale Stelle, 302 AR 1405/69; 204 AR 248/70. Bomhard zum Befehlsnotstand: Zentrale Stelle, 401 AR 869/62.
45 Bericht Zentrale Stelle, vom 7. August 1967, 302 AR 1405/69, Sonderband; und vom 13. Oktober 1967, 208 AR-Z 267/60. Es gab auch wirtschaftliche Hilfs- und Auffangunternehmen für SS-Angehörige, Zentrale Stelle 207 AR-Z 367/59, Bd V. Die Folgen der Absprachen sind eindrücklich beschrieben von Lichtenstein, Im Namen des Volkes (wie Anm. 40), S. 63 ff.
46 Eine Ausnahme ist das Urteil des LG Freiburg, das Polizeibataillon 322 betreffend, Justiz und NS-Verbrechen, Bd 19, S. 413 ff. Das Gericht hat jedoch keinen »allgemeinen Befehlsnotstand« anerkannt. Aufgrund der detaillierten Behauptung des Angeklagten, in seinem Verband hätten Verhältnisse vorgeherrscht, die zu einem Befehlsnotstand zwingend führten, hat es vielmehr seine Einlassung mangels Gegenbeweises als wahr unterstellt. In einem (später aufgefundenen) Kriegstagebuch des Polizeibataillons wurde eine Gettoaktion mit folgenden Worten beschrieben: »Bei der Durchführung der Aktion konnte sehr häufig die Feststellung gemacht werden, daß sich Juden in feiger und hinterhältiger Weise in allen nur möglichen Winkeln versteckt hielten, so daß es oftmals sehr schwer wurde diese vor Schmutz starrenden Elemente aus ihren Winkeln herauszuholen.« Der Unterzeichner des KTB wurde, wie die übrigen Angeklagten auch, freigesprochen.
47 W. M., Zentrale Stelle, 207 AR-Z 18/58.
48 Zur Frage des Befehlsnotstandes: Herbert Jäger, Verbrechen unter totalitärer Herrschaft. Studien zur nationalsozialistischen Gewaltkriminalität, Frankfurt a. M. 1982.
49 Henkys, Geschichte und Gesicht (wie Anm. 12), S. 229 ff.; Jürgen Baumann, Die strafrechtliche Problematik der nationalsozialistischen Gewaltverbrechen, in: Henkys, Die nationalsozialistischen Gewaltverbrechen (wie Anm. 12), S. 267—321.
50 Adalbert Rückerl, Staatsanwaltschaftliche Ermittlungen der NS-Verbrechen. Schwierigkeiten und Ergebnisse, in: Vergangenheitsbewältigung (wie Anm. 14), S. 71—83.
51 Ein Beispiel für Ungleichbehandlung zitiert Henkys, Geschichte und Gesicht (wie Anm. 12), S. 236 ff.: »Der Einsatzkommandoführer Bradfisch war für

vielfachen Mord zu zehn Jahren verurteilt worden, ein ehemaliger Kapo in einem KZ, der nach dem Kriege zwei SS-Leute getötet hatte, zu zwölf Jahren.« Starkes Entgegenkommen für NS-Täter im Strafvollzug und in der Gnadenpraxis beschreibt Ulrich-Dieter Oppitz, Strafverfahren und Strafvollzug bei NS-Gewaltverbrechen, Ulm 1976.

[52] Christiaan Frederik Rüters, Die strafrechtliche Ahndung von Staatsverbrechen, begangen durch Militär und Polizei, in: Licht in die Schatten der Vergangenheit. Zur Enttabuisierung der Nürnberger Kriegsverbrecherprozesse, hrsg. von Jörg Friedrich, Jörg Wollenberg, Frankfurt a.M. 1987, S. 67—82.

[53] Supreme Court of Canada, Regina v. Finta, March 24, 1944, file nos 23027, 23097; »The implementation of the ›final Solution‹ by the German government meant that Jews were deprived of all means of earning an income, of their property, and eventually were deported to camps in eastern Europe, were they provided forced labour for the German war effort. In these dreadful camps many were put to death« (S. 1ff.).

[54] Ebd., S. 37ff., S. 68.

[55] Unter den Gründen, warum Befehlsnotstand anzunehmen sei, finden sich »2, the existence of a war, 3, an imminent invasion by Soviet forces, 4, the Jewish sentiment in favour of the Allied forces, 5, the general, publicity stated belief in the newspapers in Hungary that the Jews were subversive and disloyal to the war efforts of Hungary«, ebd., S. 76.

[56] Vgl. neuerdings dazu Wolfgang Eisert, Die Waldheimer Prozesse, Esslingen 1993.

[57] Diese Einschätzung basiert nur auf den Eindrücken, die die Verfasserin noch in der DDR-Zeit im Stasi-Archiv sammeln konnte; sie wird bestätigt durch die Prozeßberichterstattung der DDR selbst, so Horst Busse, Udo Krause, Lebenslänglich für NS-Verbrecher. Der Fall Schmidt, Pfaffenweiler 1989; Rudolf Hirsch, Um die Endlösung, Rudolstadt 1982; auch durch Lichtenstein, Im Namen des Volkes (wie Anm. 40), S. 132—151.

[58] Irma Hanke, Alltag und Politik. Zur politischen Kultur der DDR, Opladen 1987.

[59] Dargestellt zum Beispiel bei Lutz Niethammer, Die volkseigene Erfahrung. Eine Archäologie des Lebens in der Industrieprovinz der DDR, Berlin 1991, S. 248ff.

Juliane Wetzel

Trauma und Tabu.
Jüdisches Leben in Deutschland
nach dem Holocaust

Zum Zeitpunkt der nationalsozialistischen Machtübernahme lebten im Deutschen Reich etwas mehr als eine halbe Million Menschen, die sich zum Judentum bekannten und sich als religiöse Minderheit (0,76 Prozent der Gesamtbevölkerung) verstanden. Der Tatsache, daß sie in einigen Berufssparten, vor allem in den Bereichen des Handels (darunter Makler und Bankiers) sowie in medizinischen und juristischen Berufen überproportional vertreten waren und insbesondere im kulturellen Bereich eine wichtige Rolle spielten, bediente sich die nationalsozialistische Propaganda, um von einer »verjudeten« Weimarer Republik zu sprechen, der es nun mit allen Mitteln entgegenzutreten galt.

Diese Vorwürfe waren nicht neu. Schon der Berliner Hofprediger Adolf Stoecker hatte 1879 in seiner ersten antisemitischen Rede über die Juden konstatiert: »In ihrem Besitz sind die Geldadern, Bank und Handel[1].« Von Stoecker über Hitler bis hin zu den heutigen Rechtsextremen spielt die Frage der »Überfremdung« der Wirtschaft durch die Juden eine zentrale Rolle in der antisemitischen Propaganda. Bewußt wird der Eindruck erweckt, die Wirtschaft werde von der jüdischen Minderheit einseitig beherrscht, und der volkstümlichen Vorstellung vom reichen, wuchertreibenden Juden neue Nahrung gegeben. Die Konzentration der jüdischen Wirtschaftstätigkeit auf einige wenige besonders im Blickpunkt der Öffentlichkeit stehende oder krisenanfällige Wirtschaftszweige — etwa die Textilindustrie — bot eine hervorragende Angriffsfläche für solche Vorurteile. Tatsächlich waren die Juden etwa in der Weimarer Republik nur in wenigen unbedeutenden Spezialbranchen verhältnismäßig stark vertreten; der jüdische Anteil in der konjunkturell wichtigen Schwerindustrie jedoch machte nur einen geringen Prozentsatz aus. Die 1929 einsetzende Wirtschaftskrise, unter der die Juden nicht weniger zu leiden hatten als die Nichtjuden, traf die jüdischen mittelständischen Betriebe und die kleinen Kaufleute besonders hart. Hineingezogen in den inflationären Strudel wurden ebenso die jüdischen Privatbanken, deren Bedeutung im übrigen bereits seit 1896/97 stark zurückgegangen war.

Die einseitige Berufsstruktur der Juden hatte weit zurückliegende soziale und politische Gründe, an denen die Juden selbst die geringste Schuld traf. Die traditionelle Judenfeindschaft mit ihren lange über die formelle bürgerliche Gleichstellung der Emanzipationszeit hinaus wirksamen gesellschaftlichen Diskriminierungen maß Ursachen und Wirkung keine Bedeutung zu. Die Antisemiten waren nicht daran interessiert, wie die Juden als kulturelle und religiöse Minderheit in Deutschland lebten; ihnen war nur an der Bestätigung eines seit Jahrhunderten tradierten Vorurteils, dem Zerrbild einer allem Deutschen feindlich gesonnenen, Wucher und Schacher treibenden Schar fremdartiger Schmarotzer, gelegen, das sich als politisch propagandistisches Instrument gebrauchen ließ.

Schlimmer als diese auf bewußter Karikatur oder absichtsvollem Mißverständnis beruhende Konkretisierung des Jüdischen in der nationalsozialistischen Propaganda waren freilich die Verschwörungstheorien, die auf sozialem Neid aufbauten und die — keineswegs in der Überzahl befindlichen — wohlsituierten Juden zum Ausgangspunkt nahmen, um Machenschaften eines »Weltjudentums« gegen »die Deutschen« zu unterstellen. Das war insbesondere bei Kleinbürgern und verarmten Angehörigen des Mittelstands wirksam, weil es simple Erklärungsmuster für die kaum zu durchschauenden Ursachen der ökonomischen Katastrophe von 1929 lieferte.

Mit der vermeintlichen nationalen Erhebung Anfang 1933 war der Antisemitismus in seiner schlimmsten Ausprägung zur Staatsdoktrin geworden. Alle gängigen Vorurteile wurden zur Konsolidierung der neu etablierten Herrschaft benutzt und planmäßig angewendet zur moralischen Diskreditierung, sozialen Diffamierung und rechtlichen Diskriminierung der jüdischen Minderheit in Deutschland. Für den gebildeten deutschen Juden war es in den ersten Wochen nach der Machtübernahme durch die Nationalsozialisten einfach nicht denkbar, daß seine bürgerlichen Rechte und wirtschaftliche Existenz durch den Nationalsozialismus zerstört werden könnten, von Schlimmerem ganz zu schweigen.

Pöbeleien, tätliche Angriffe, immer neue, die Verfolgungen legalisierende antijüdische Gesetze und Verordnungen — die Diskriminirungen wirkten sich mehr und mehr auf das Leben der deutschen Juden aus, immer enger wurde der Kreis gezogen, ihre Bewegungsfreiheit schließlich auf ein Minimum begrenzt. Die Zeitspanne von der Einführung des »Gesetzes zur Wiederherstellung des Berufsbeamtentums« im April 1933 über den Novemberpogrom 1938 bis hin zur Gettoisierung in sogenannten Judenhäusern und schließlich zum Beginn der Deportationen betrug achteinhalb Jahre und konnte spätestens seit November 1938 der deutschen Öffentlichkeit nicht mehr verborgen bleiben. Wer nicht direkt an den staatlichen Maßnahmen beteiligt war, nahm bestenfalls eine indifferente Haltung ein, nur wenige erklärten sich zur Hilfe bereit. Aus Nachbarn wurden bald Fremde, und als schließlich im Herbst 1941 die Deportationen aus dem »Altreich« einsetzten, erwies sich die nationalsozialistische Propaganda, die auf einen latent vorhandenen Antisemitismus setzen konnte, als so erfolgreich, daß die zu »Untermenschen« degradierten Juden aus ihrem nachbarschaftlichen Umfeld ohne Widerspruch der Bevölkerung aus Städten und Dörfern abtransportiert werden konnten und im Ungewissen verschwanden. Nur wenige haben versucht, sich nach dem Verbleib der im selben Haus, vielleicht sogar nebenan wohnenden Familien zu erkundigen, vielen genügte die Auskunft »unbekannt in den Osten verzogen«, manche bereicherten sich am Hab und Gut der Nachbarn, andere bezogen schnellstmöglich die »frei werdenden« Wohnungen.

Der Indoktrinierung widerstanden haben nur wenige, jene nämlich, die halfen, ein Versteck zu finden, die Lebensmittelkarten heimlich zusteckten, die ihr eigenes Leben und das ihrer Familie riskierten, um einen einzelnen verfolgten Juden oder ganze Familien in Kellern, auf Dachböden, in Verschlägen oder in Lauben unterzubringen. Zu Recht werden diese uneigennützigen Helfer von der in der Jerusalemer Gedenkstätte Yad Vashem eigens dafür eingerichteten Stelle »Gerechte unter den Völkern« genannt.

Der jüdischen Bevölkerung selbst blieb nur der Versuch, näher zusammenzurücken, religiöse und politische Differenzen zu überwinden und das Leben — soweit möglich — noch eigenständig zu gestalten. Der Handlungsspielraum war begrenzt, und zwischen denjenigen, die sich für ein Bleiben in Deutschland aussprachen, und jenen, die für eine sofortige Auswanderung plädierten, lag ein ganzes Spektrum verschiedener Meinungen, deren Beweggründe in mehr oder weniger starkem

Maße immer von der Suche nach einem Ausweg aus dem Verfolgungsdilemma geprägt oder einfach nur Ausdruck einer perspektivenlosen Lethargie waren. Die einen hatten sich dem Appell »tragt ihn mit Stolz, den gelben Fleck«, den der ehemalige Redakteur der »Jüdischen Rundschau« Robert Weltsch am 4. April 1933 ausgegeben hatte[2], verschrieben, die anderen sahen die einzig vertretbare Möglichkeit, den Verfolgungen zu entgehen, in einer sofortigen Ausreise nach Palästina, dem Land, das ihrer Meinung nach allein eine sichere Heimstätte für die Juden bieten konnte. Die restriktive Einwanderungspolitik der Briten ließ diesen Wunsch für die meisten jedoch zur Utopie werden. Das breite Meinungsspektrum fand seinen Ausdruck in einer Vielfalt von politisch-zionistischen, karitativen und kulturellen Aktivitäten; in- und ausländische Hilfsorganisationen wurden tätig.

Der am 13. April 1933 erfolgte Zusammenschluß der jüdischen Organisationen zum »Zentralausschuß für Hilfe und Aufbau«, dem Vorläufer der Reichsvertretung der deutschen Juden bzw. der Juden in Deutschland, die am 4. Juli 1939 zum Zwangsverband der »Reichsvereinigung der Juden in Deutschland« wurde, bot einerseits den Nationalsozialisten eine leicht kontrollierbare, aber auch zweckdienliche Möglichkeit, Einfluß auf das jüdische Leben in Deutschland zu nehmen. Andererseits wurde dadurch — gezwungenermaßen — ein Abwehrmechanismus gegen die äußere Bedrohung in Form von organisierter jüdischer Selbsthilfe in Gang gesetzt. Von der Einrichtung eines eigenen Schulwerks, das zunächst die Kinder vor dem täglich erlebten Antisemitismus schützen sollte und ab Juli 1939 durch Zusatzverordnung zum Reichsbürgergesetz verpflichtend war, über den Versuch, durch kulturelle Programme — vor allem durch die Gründung des Kulturbundes — eine Alternative zur alltäglichen Diskriminierung zu schaffen, bis hin zur Hilfe bei allen Auswanderungsangelegenheiten und der Vorbereitung auf eine solche Emigration in Hachscharahs und Ausbildungsfarmen, war ein Netz von Betreuern und Betreuten entstanden.

Trotz allem aber müssen die Fakten und Auswirkungen der nationalsozialistischen Diskriminierung und Verfolgung als eine Art Folie bei der Betrachtung des jüdischen Alltags immer präsent bleiben, da das jüdische Leben in Deutschland letztlich nur noch eine Reaktion auf die äußeren Umstände sein konnte; bei aller bewundernswerten Eigeninitiative darf doch nicht Ursache und Wirkung aus dem Blickfeld geraten. Ereignisse wie der Boykott 1933, die Nürnberger Gesetze

1935, der Novemberpogrom 1938, die Fabrik-Aktion im Februar 1943, waren Stationen einer Entwicklung von dominierendem Einfluß auf das jüdische Leben und die innerjüdischen Reaktionen.

Nur wenige deutsche Juden hatten bereits 1933 mit Auswanderung auf die Bedrohung reagiert. Nach dem Erlaß der Nürnberger Gesetze 1935 war es sogar vereinzelt zur Rückkehr von bereits in westeuropäische Länder ausgewanderten Juden gekommen. Man war der Illusion erlegen, daß ein Leben in Deutschland durch die nun eingeführte neue gesetzliche Grundlage wieder möglich war. Als die Mehrheit der deutschen Juden schließlich erkannte, daß nur die Auswanderung sie vor weiterer Verfolgung bewahren konnte, hatten sich die Tore fast aller Länder geschlossen. Nachdem im Oktober 1941 von deutscher Seite die Auswanderung verboten worden war, begann für die noch in Deutschland lebenden 164 000[3] Juden der Weg in die Konzentrations- und Vernichtungslager. Spätestens dann endete der jüdische Alltag, auch für die wenigen Juden, die in Deutschland untergetaucht waren. Jene, die sich dafür entschieden hatten, den gelben Stern abzulegen und mit Hilfe von Freunden, christlichen Verwandten, Nachbarn oder wildfremden Menschen ihr Dasein in dauernd wechselnden Verstecken zu verbringen, hatten vielleicht eine größere Chance zu überleben, als diejenigen, die unmittelbar in die Vernichtungslager deportiert wurden. Aber sie fristeten ihr Leben unter enormen Spannungen und in ständiger Angst, entdeckt zu werden.

Ausgrenzung und Pauperisierung

Durch die Vernichtung der wirtschaftlichen Existenz, also die von den Nationalsozialisten propagierte sogenannte Entjudung der Wirtschaft, wurde der Handlungsspielraum für die in Deutschland lebenden Juden immer kleiner und schränkte die Möglichkeiten, ein noch einigermaßen erträgliches Leben zu führen, von Jahr zu Jahr, von Monat zu Monat weiter ein. 1936 waren bereits 20 bis 22 Prozent der jüdischen Bevölkerung auf die Wohlfahrtspflege angewiesen, weitere etwa 25 Prozent lebten von einem Teil des »Erlöses« ihrer arisierten Firmen. Wer Kinder hatte, versuchte sie schnellstmöglich ins Ausland zu schicken. »Wer keine Kinder hat«, so ein Beobachter der Lage in Deutschland 1936, »sitzt und zählt die Markstücke und die Jahre und bittet den Himmel, daß die Jahre Gott behüte nicht länger andauern als die Markstücke«[4].

Anfang 1938 waren die Vorbereitungen für die Ausschaltung der deutschen Juden aus der Wirtschaft weitgehend abgeschlossen. Mit dem Gesetz »zur Wiederherstellung des Berufsbeamtentums« am 7. April 1933 hatte die Reihe der Berufsverbote begonnen, die es bald etwa Ärzten und Rechtsanwälten nur noch gestattete, als »Krankenbehandler« und »Konsulenten zur rechtlichen Beratung und Vertretung« ausschließlich jüdische Klientel zu versorgen, bis auch sie einem generellen Verbot unterlagen[5]. Weitere finanzielle Einbußen folgten: Gleichzeitig mit dem Verlust der Erwerbsquelle wurden die jüdischen Ansprüche auf Renten, Pensionen und Versicherungen gekündigt. Ständig neue Steuer- und Abgabeforderungen führten schließlich zu einer völligen Verarmung der jüdischen Bevölkerung, an deren Kapital sich die NS-Behörden bereicherten[6].

Der von den Nationalsozialisten beabsichtigte wirtschaftliche Ruin beschränkte sich nicht allein auf den Einzug des jüdischen Vermögens, sondern es folgten weitere Aktionen, die einen massiven Eingriff in den persönlichen, privaten Bereich der jüdischen Bevölkerung bedeuteten. Bis auf die Trauringe und einige Silbersachen mußten zwischen Januar und März 1939 alle Wertgegenstände abgegeben werden. Unmittelbar nach Ausbruch des Krieges im September 1939 wurde den Juden auch der Besitz von Radioapparaten untersagt. Wie bei anderen vergleichbaren Anlässen wählten die Nationalsozialisten aus dem jüdischen Kalender ein bestimmtes Datum, in diesem Fall den höchsten Feiertag Jom Kippur — den Versöhnungstag —, um die Abgabepflicht mit der Schmähung des jüdischen Religionsgesetzes zu verbinden.

Nach der Ausschaltung aus dem Wirtschaftleben und der Beschlagnahmung des persönlichen Besitzes wurde schließlich noch die Arbeitskraft ausgebeutet. Mit der »Fabrikaktion« im Februar 1943, als die jüdischen Zwangsarbeiter Berlins aus den Fabriken abgeholt und nach Auschwitz deportiert wurden, war auch die Phase der jüdischen Zwangsarbeit in Deutschland beendet. Die Deportationen waren für die Nationalsozialisten Anlaß, den Juden auch die letzten Rechte abzuerkennen und die wenigen verbliebenen Habseligkeiten zu beschlagnahmen. Als Faustpfand stand nur noch die Arbeitskraft zur Verfügung. Ihre Ausbeutung bis zur völligen Erschöpfung, an deren Ende der Tod stand, erfolgte von nun an in den Konzentrations- und Vernichtungslagern.

Flucht durch Auswanderung

Die langsam, aber stetig betriebene Pauperisierung der Juden hatte letztlich auch einen negativen Einfluß auf den einzigen Ausweg, der Verfolgung zu entgehen — die Auswanderung. Die Pflichtabgaben in Deutschland und die Kosten für Schiffspassagen, Leumundszeugnisse und ähnliches verschlangen Unsummen. Die Zeiten, in denen man Opfer politischer oder religiöser Verfolgung unterstützt und mit offenen Armen aufgenommen hatte, waren seit der Weltwirtschaftskrise vorbei. Welcher Staat wollte in den wirtschaftlich schwierigen Zeiten schon sein eigenes Proletariat durch mittellose Immigranten noch vergrößern? Erwägungen dieser Art bestimmten vor allem in den USA den politischen Kurs gegenüber dem Strom der jüdischen Einwanderungswilligen[7].

Waren nach den Ereignissen des 9. November 1938 die Auswanderungsmöglichkeiten durch den nun ausgelösten Massenandrang und die gleichzeitig immer enger werdenden Einwanderungsbeschränkungen im Ausland stark limitiert, so schrumpften sie mit dem Ausbruch des Zweiten Weltkrieges auf ein Minimum. Die kriegführenden Länder sperrten sich gegen jede Einwanderung, die neutralen Staaten begrenzten die Zahl der Einwanderer rigoros. Die wenigen Wege, die noch offenstanden, konnten meist wegen der Transportschwierigkeiten und aufgrund des Devisenmangels nicht genutzt werden. Im ersten Kriegsjahr gelang es noch einer kleinen Anzahl von Juden, mit der transsibirischen Eisenbahn nach Shanghai zu entkommen. Als aber die sowjetische Eisenbahngesellschaft kein deutsches Geld mehr annahm, war auch dieser Weg versperrt[8].

Schon im Juni 1941 hatte sich abgezeichnet, daß die Hoffnung der Juden, Deutschland noch verlassen zu können, immer aussichtsloser wurde. Einen Monat später schlossen die USA ihre Konsulate in den von Deutschen besetzten Gebieten. Im Herbst stiegen die Preise für lateinamerikanische Visa drastisch an, die Flucht aus Deutschland wurde immer unwahrscheinlicher. Kurze Zeit später, am 15. September 1941, trat die von den Nationalsozialisten am 1. September erlassene Verordnung, daß Juden den gelben Stern tragen mußten, in Kraft. Bereits ab 6. September war die Emigration für Personen zwischen 18 und 45 Jahren verboten worden. Der Reichsvereinigung gelang es aber immer noch, Menschen nach Spanien und Portugal zu schleusen. Am 17. Oktober erreichten 21 deutsche Juden mit Visa für die Dominikanische Republik die spanische Grenze, 16 wurden in Barcelona aufgenommen und die übrigen weitergeschickt. Offensichtlich war dies die letzte deutsch-jüdische Gruppe, der es noch gelang, Deutschland zu verlassen, denn ab 23. Oktober 1941 wurde jegliche Auswanderung für die Dauer des Krieges verboten[9].

Deportation und Ermordung

Im Herbst 1941 begann mit der systematischen, bürokratisch geregelten und bis ins Detail programmierten Deportation aus Deutschland die letzte Phase nationalsozialistischer Judenpolitik. Sie war nunmehr zielstrebig und ausschließlich darauf gerichtet, die europäische Judenheit auszurotten. Die Vorbereitungen waren mit Gründlichkeit erfolgt und Mitte Oktober abgeschlossen. Überall erhielten Juden jetzt vervielfältigte Aufforderungen, sich zur »Evakuierung« an Sammelplätzen einzufinden. Sie hatten Verhaltensmaßregeln empfangen, was sie »zur Ansiedlung im Osten« mitbringen sollten, in welchem Zustand sie ihre Wohnungen zurücklassen mußten (Licht-, Gas-, Wasserrechnungen waren vor der Abreise zu zahlen), es war ihnen eröffnet worden — unter gleichzeitiger Erteilung einer »Evakuierungsnummer« —, daß ihr gesamtes Vermögen rückwirkend zum 15. Oktober 1941 staatspolizeilich beschlagnahmt war. Der solchermaßen angekündigte Raub jüdischen Vermögens war formal legalisiert durch die 11. Verordnung zum »Reichsbürgergesetz« vom 25. November 1941, die die Einziehung jüdischen Vermögens bei der Deportation vorschrieb. Das »Reichsbürgergesetz«, Bestandteil der Nürnberger Gesetze von 1935, hatte bereits den Verlust der Staatsbürgerschaft im Falle »der Verlegung des gewöhnlichen Aufenthalts ins Ausland« festgelegt und war inzwischen auch auf die »Ansiedlung im Osten«, also auf deutsches »Einflußgebiet«, ausgedehnt worden. Der Zweck dieser Bestimmung war eindeutig: »Das Vermögen des Juden verfällt mit dem Verlust der Staatsangehörigkeit dem Reich.«

Der gesetzliche Rahmen für die Vertreibung der Juden aus Deutschland war also längst gesteckt, als im Oktober 1941 die Deportationen aus dem Reichsgebiet begannen. Erste Erfahrungen hatte man bereits an verschiedenen Stellen gesammelt: Zur Vertreibung der jüdischen

Bevölkerung im großen Stil war es unmittelbar nach dem Ende des Polenfeldzuges im Herbst 1939 schon anläßlich der Annexion westpolnischer Gebiete gekommen. Die im »Gau Wartheland« ansässigen polnischen Juden waren in die Gegend von Lublin und in andere Gebiete des »Generalgouvernements« deportiert worden. Ein knappes halbes Jahr nach Kriegsbeginn wurden aus Pommern erstmals deutsche Juden abtransportiert: Am 12. Februar 1940 erfolgte die Verschickung von 1000 Juden aus Stettin und Umgebung in drei Dörfer bei Lublin[10].

Während die Einsatzgruppen der SS im Osten längst Massenmord im großen Stil an polnischen, ukrainischen und russischen Juden begingen, bereitete die Gestapo im Westen die Deportationen vor. Schon vor der Wannsee-Konferenz, bei der am 20. Januar 1942 die organisatorischen Details der Abschiebung und Ermordung der europäischen Juden besprochen wurden, war die Maschinerie bereits voll im Gang. Der Befehl zur Deportation von ca. 50 000 Juden aus dem »Altreich«, Österreich und Böhmen-Mähren in den Osten erfolgte schließlich am 24. Oktober 1941. Am 4. November wurden jene Juden, die nicht in volkswirtschaftlichen Betrieben beschäftigt waren, in die besetzen Ostgebiete abgeschoben[11]. Transport auf Transport folgte, bis im Februar 1943 mit der letzten großen Aktion die jüdischen Zwangsarbeiter aus Berlin nach Auschwitz deportiert wurden, also auch die Arbeit in der Rüstungsindustrie nicht mehr vor der »Evakuierung in den Osten« schützte. Geblieben waren nur wenige Funktionäre der Reichsvereinigung der Juden in Deutschland, bis auch diese im Juni 1943 aufgelöst wurde. Als Propagandaminister Joseph Goebbels am 19. Juni 1943 Berlin für »judenfrei« erklärte, fristeten dennoch einige wenige Juden ihr Leben in der Stadt. Es waren nicht nur diejenigen, die durch den »privilegierten« Status einer »Mischehe« relativ geschützt waren, sondern auch Menschen, die im letzten Moment ihren Häschern entkommen waren und als sogenannte U-Boote hatten untertauchen können.

Als die Alliierten im Frühjahr 1945 Deutschland befreiten — manche Deutsche empfanden es eher als Zusammenbruch —, zogen sie Bilanz. Der nationalsozialistischen Verfolgung waren zwischen 160 000 und 195 000 deutsche Juden zum Opfer gefallen. Von den rund 500 000 Juden, die 1933 in Deutschland lebten, waren bis 1941 etwa 278 000 ausgewandert, wobei die Emigration keineswegs für alle die Rettung vor dem Holocaust bedeutet hatte. Viele, die sich in Frankreich, Belgien, Holland, Italien in Sicherheit wähnten, wurden dort von der nationalsozialistischen Verfolgung eingeholt. Weniger als 6000 deutsche Juden überstanden die Lager im Osten (die meisten wurden in Theresienstadt befreit). In Deutschland selbst konnten ungefähr 15000 Juden befreit werden. Sie hatten entweder als Partner in »Mischehen« oder in der Illegalität überlebt. Die Zahl der »U-Boote«, in der Literatur meist mit 5000 angegeben, ist noch weniger genau zu bestimmen als die der Ermordeten.

Der »Rest der Geretteten«.
Jüdisches Leben in Deutschland nach der Befreiung

Für die Überlebenden war mit der Befreiung die psychische Belastung der Verfolgung keineswegs beendet. Traumatische Erinnerungen prägten ihr Dasein. Alpträume hielten die Erlebnisse im Konzentrationslager, die alltäglichen Drangsalierungen, den Hunger und Durst, die Angst vor dem Weiterleben wach. Mit dieser Vergangenheit umzugehen, überforderte viele Überlebenden, manche flüchteten sich in Lethargie und verfielen in tiefe Depressionen. Als quälend erwiesen sich auch die Fragen nach dem eigenen Überleben, das man glaubte, auf Kosten von Familienangehörigen oder engsten Freunden verwirklicht zu haben. Dieses Überlebenstrauma, die Auseinandersetzung mit der eigenen Unzulänglichkeit, die mit einer Idealisierung der Ermordeten kontrastierte, stellte sich bald als eine der unüberwindlichsten Barrieren heraus, mit dem Leben fertig zu werden. Ein aus Wien stammender, in Mauthausen befreiter Jude beschreibt seine Empfindungen bei der Befreiung:

»Ich lag in meine Decke eingewickelt im Block. Irgendjemand sah aus dem Fenster und ich hörte ihn auf jiddisch sagen: ›Ein amerikanischer Soldat.‹ Ich stand nicht auf. Ich bewegte mich nicht. Ich lag einfach da. Das Gefühl kann ich nicht beschreiben, man müßte ein neues Wort dafür erfinden. ›Ich habe es geschafft. Es ist mir gelungen.‹ Aber dann dachte ich: Wer hat überlebt? Ich. Ich allein. Mein Vater ist eben gestorben. Meine Schwester und meine Mutter sind weg. Ich bedeckte meinen Kopf und weinte. Das war der Augenblick meiner Befreiung[12].«

Die meisten Darstellungen über jüdisches Leben in Deutschland enden an diesem Punkt, also mit dem Ende des NS-Regimes, so als hätte es eine Stunde Null gegeben. Die Mehrheit der Überlebenden, die 1945 aus den Konzentrationslagern befreit wurden, betrachteten jedoch die

Phase der Verfolgung erst als abgeschlossen, nachdem sie Deutschland endgültig verlassen hatten und auch das Kapitel der jüdischen Displaced-Persons-Lager mit der Schließung des letzten Lagers Föhrenwald bei Wolfratshausen im Februar 1957 beendet war.

Für die überwiegende Mehrheit der Juden in der Welt schien der Wiederaufbau jüdischen Lebens in Deutschland nach dem Holocaust undenkbar. Das Land der Mörder mußte für die Davongekommenen tabu sein; es durfte allenfalls als Durchgangsstation auf dem Weg nach Erez-Israel oder Amerika dienen. Hilfe für die aus den Konzentrationslagern Zurückgekehrten kam aus Übersee, aus Großbritannien und aus Palästina, aber sie galt nur denen, die auf Auswanderung warteten. Die neugegründeten Kultusgemeinden wurden erst viel später — nach massivem Drängen — in das Verteilungssystem einbezogen. Robert Weltsch, der 1933 noch mit Durchhalteparolen zum Verbleib in Deutschland aufgerufen hatte, anstatt die sofortige Auswanderung zu empfehlen, war 1938 nach Palästina emigriert. Er schrieb 1946 nach einem Besuch in Deutschland:

»Wir können nicht annehmen, daß es Juden gibt, die sich nach Deutschland hingezogen fühlen [...] Aber tatsächlich leben heute noch ein paar Tausend in Deutschland [...] Dieser Rest jüdischer Siedlung soll so schnell wie möglich liquidiert werden [...] Deutschland ist kein Boden für Juden[13].«

1948 dann erklärte der Jüdische Weltkongreß, künftig werde kein Jude mehr deutschen Boden betreten. Die Tabuisierung führte sogar dazu, daß lange Zeit kein Vertreter der in der Bundesrepublik lebenden Juden an zionistischen Kongressen teilnehmen durfte. Dennoch, wenn auch z. T. immer auf »gepackten Koffern« lebend, begannen sich in Deutschland wieder Juden in Gemeinden zu organisieren und Teil der Nachkriegsgesellschaft zu werden.

Zu den etwa 15000 deutschen Juden, die die Befreiung innerhalb der Grenzen des sogenannten Altreichs erlebt hatten, kamen Juden aus den verschiedensten Ländern, die von den Alliierten in den Konzentrationslagern Buchenwald (11. April), Bergen-Belsen (15. April), Sachsenhausen (22. April), Dachau (29. April), Ravensbrück (30. April) etc. und auf den Evakuierungsmärschen befreit worden waren. Exakte Angaben über die Zahl aller aus den Konzentrationslagern befreiten Juden liegen nicht vor. Die Todesmärsche, während deren die SS-Wachmannschaften die überstürzt evakuierten Häftlinge mit äußerster Brutalität von der vorrückenden Front in Richtung Reichsinneres trieben, forderten unter den völlig geschwächten Menschen zahlreiche Opfer. Yehuda Bauer nimmt an, daß noch etwas mehr als eine halbe Million Juden vor Beginn dieser Todesmärsche in den Konzentrationslagern lebten. Etwa 60 Prozent davon starben während der Evakuierung oder in den letzten Wochen vor der Befreiung durch Epidemien und Mangelerscheinungen in den überfüllten Lagern im Reich. Dies würde bedeuten, daß insgesamt etwa 200000 Juden befreit werden konnten[14], wobei auf das Gebiet der späteren westlichen Besatzungszonen Deutschlands etwa 50000 bis 75000 entfielen[15]. Diese Zahlen können aber lediglich als vorläufige Anhaltspunkte dienen, da für diesen frühen Zeitraum keine genauen statistischen Angaben vorliegen und bei den wenigen Zählungen nicht zwischen Juden und Nichtjuden, sondern ausschließlich nach Nationalitäten unterschieden wurde. Zu berücksichtigen bleibt ferner die enorm hohe Todesrate in den ersten Tagen und Wochen nach der Befreiung, die zuverlässige Statistiken schneller zunichte machte, als sie entstehen konnten.

Die alliierten Armeen fanden im Frühjahr 1945, im späteren Gebiet der drei westlichen Besatzungszonen, etwa 6,5[16] bis 7[17] Millionen »Displaced Persons« (DPs) vor. Unter den Status »DP« fielen all jene Personen, die infolge des Zweiten Weltkriegs aus ihrer Heimat durch Kriegseinwirkungen und deren Folgen vertrieben, geflohen oder verschleppt worden waren[18]. In der Praxis schloß diese Definition Zwangsarbeiter ein, die während des Krieges in deutschen Betrieben beschäftigt gewesen waren, Kriegsgefangene, ehemalige Konzentrationslagerhäftlinge und Osteuropäer, die entweder freiwillig nach Kriegsbeginn die deutsche Wirtschaft unterstützt hatten oder 1944 vor der sowjetischen Armee geflüchtet waren. Eine vergleichsweise kleine Gruppe unter den DPs stellten die jüdischen Überlebenden dar, die aber durch die Verfolgung und Erfahrungen während der NS-Zeit mehr als alle anderen auf besondere Hilfe angewiesen waren. Sie nannten sich selbst Sche'erit Haplejta, der »Rest der Geretteten«, nach einem biblischen Begriff aus dem Buch Esra (9,14; 9,15)[19].

Jüdische DPs der westlichen Nationen konnten bald in ihre Heimatländer repatriiert werden. Die Alliierten versuchten auch die Überlebenden, die aus den Ländern Osteuropas stammten, in diesen Repatriierungsplan einzubeziehen, aber der Erfolg war gering, denn inzwischen hatten die Nachrichten über einen ungebrochenen Antisemitismus, vor allem in Polen, Deutschland erreicht. Diesem Sachverhalt mußte rasch durch die Einrichtung entsprechender Unterbringungsmöglichkeiten in den westlichen Besatzungszonen Rechnung getragen werden; ehemalige Kasernen, Arbeitersiedlungen, Hotels, Schulen wurden zu DP-Lagern umfunktioniert und zunächst nach Nationalitäten belegt. Dieser für die Juden unerträgliche Zustand änderte sich — allerdings nur in der US-Zone — im Sommer/Herbst 1945, als dort durch Umstrukturierung ausschließlich jüdische Lager entstanden sind[20].

Tradioneller Zwiespalt:
deutsche und osteuropäische jüdische Überlebende

Zu den wenigen deutschen Juden, die die Befreiung im Frühjahr 1945 erlebt hatten und zumindest vorläufig in Deutschland bleiben wollten, kamen bald noch einige Emigranten hinzu, die entweder ein neues demokratisches Deutschland mit aufbauen helfen wollten oder aus rein persönlichen Gründen aus dem Exil zurückgekehrt waren. Viele von ihnen hatten bereits vor der NS-Herrschaft am Rande des Judentums gelebt und sich jüdischer Tradition und Religion entfremdet. Das traf vor allem auf jene zu, die durch die Ehe mit einem christlichen Partner den nationalsozialistischen Repressalien nur bedingt ausgesetzt waren und sich deshalb hatten retten können. Nach der Befreiung dem Judentum wieder Sinn und Inhalt zu geben, konnten sie also kaum in der Lage sein. Das jüdische Nachkriegsleben in Deutschland wurde deshalb getragen von den ostjüdischen Einwanderern, deren größter Strom im Sommer und Herbst 1946 nach erneuten Pogromen in Polen (insbesondere in Kielce) die westlichen Besatzungszonen Deutschlands erreichte[21].

Mehr als 100 000 Juden vor allem aus Polen, aber auch aus anderen osteuropäischen Ländern, fanden auf illegalen Routen mit Hilfe jüdischer Fluchthilfeorganisationen über die tschechische und österreichische Grenze ihren Weg in die bereits bestehenden oder hastig eingerichteten DP-Lager, wo sie auch weiterhin in ihren alten Traditionen lebten, jiddisch sprachen und aus den Lagern Föhrenwald (bei Wolfratshausen), Bergen-Belsen, Landsberg, Feldafing, Deggendorf, Lechfeld, Pocking, Zeilsheim, Eschwege und vielen weiteren größeren und kleineren »assembly centers« kulturelle Zentren mit einem regen religiösen Leben machten. Jüdische Hilfsorganisationen aus den USA, Großbritannien, Frankreich und Palästina unterstützten die Überlebenden nicht nur mit finanziellen Zuwendungen, leisteten medizinische Hilfe und verteilten Lebensmittel, sondern gaben den körperlich und seelisch geschwächten jüdischen DPs die dringend notwendige psychische Unterstützung. Die Befreier, jene auf den Zustand der Überlebenden nur unzureichend vorbereitete Soldaten der alliierten Armeen, mußten sich im Chaos Nachkriegsdeutschlands zunächst auf die Organisation des täglichen Lebens besinnen, die dringend benötigten Unterbringungsmöglichkeiten nicht nur für die jüdischen, sondern für Millionen nicht-jüdische DPs schaffen und ihre möglichst schnelle Repatriierung planen, waren also kaum in der Lage, den Juden die notwendige besondere Betreuung zukommen zu lassen. Erst nach und nach entwickelten die Militärs der Westalliierten mehr Verständnis für die speziellen Probleme der jüdischen DPs; vor allem in der amerikanischen Regierung und Armeeführung erfolgte seit Sommer 1945 ein deutliches Umdenken, das positive Auswirkungen auf die Situation der Juden in der amerikanischen Besatzungszone zeigte. Die britische Militäradministration und die Regierung in London allerdings folgten weder der liberalen amerikanischen Handhabung in der Frage, wer unter den besonderen Status eines DPs fiel, noch der Einsicht, daß jüdische Überlebende getrennt von anderen DPs unterzubringen waren. Geleitet wurde die britische Politik von der Rücksicht auf die Probleme in Palästina. Als Mandatsmacht befürchtete Großbritannien arabische Reaktionen auf eine Liberalisierung der jüdischen Einwanderung nach Erez-Israel. Diese Fragen standen wiederum in engem Zusammenhang mit der britischen Haltung gegenüber den jüdischen DPs in der von ihnen verwalteten Besatzungszone Deutschlands.

Waren in der britischen Zone in der Höchstphase etwa 15 000 Juden in Lagern untergebracht, so mußten die amerikanischen Besatzungstruppen nach dem Massenzustrom aus Polen im Sommer 1946 mehr als 150 000 jüdische DPs in den Lagern, vor allem in Bayern versorgen. In der französischen Zone hingegen befanden sich Ende 1945 etwa 1 000 Juden in DP-Lagern und kleineren landwirtschaftlichen Ausbildungsstätten, den sogenannten Kibbuzim. In der sowjetischen Besatzungszone wurde das Problem der jüdischen DPs nicht als solches erkannt, also den Überlebenden kein besonderer Status zugesprochen. Dies war vor allem auf das gänzlich andere Verständnis der sowjetischen Behörden von ihrer Funktion als Besatzungsmacht zurückzuführen. Die vollständige Umstrukturierung der Gesellschaft und die Besetzung der wichtigsten Ämter durch Anhänger der kommunistischen Herrschaftsvorstellung, die zum Teil die NS-Zeit im Konzentrationslager zugebracht hatten, war vorrangigstes Ziel ihrer Politik. Die Verfolgten selbst übernahmen die politische Führung, was gleichzeitig bedeutete, daß die Angehörigen dieser Gruppe als rehabilitiert galten, also keiner besonderen oder besseren Fürsorge bedurften. Wer sich in die neue Gesellschaftsform einfügte, wurde Teil von ihr. Einzig diese Klassenzugehörigkeit zählte und nicht die Einstellung zum Nationalsozialismus. Der langjährige Vorsitzende der Ostberliner jüdischen Gemeinde, Peter Kirchner, bemerkte dazu:

»Die Proklamation einer antifaschistisch-demokratischen Grundordnung gab uns, den ehemals Verfolgten, das Gefühl, auf der Seite derer zu stehen, die schon zuvor zu den Gegnern des mörderischen faschistischen Systems gehört hatten. Dabei übersahen wir — oder auch nicht —, daß die globale Auslegung dieses Umstandes die gesamte Bevölkerung des ostdeutschen Territoriums ohne Unterschied in diese Identifizierung miteinbezog[22].«

Der Aufenhalt in Deutschland war für die überwiegende Mehrheit der jüdischen DPs nur eine durch die äußeren Umstände erzwungene Zwischenstation auf dem Weg nach Erez-Israel. Sich in Deutschland längerfristig niederzulassen, kam für sie unter keinen Umständen in Frage. Die Ursache, warum dieser nur als vorübergehend geplante Aufenthalt Züge einer gewissen Stabilität annahm, lag in der Beschränkung der Auswanderungsmöglichkeiten, die bereits in den 30er Jahren für viele die Flucht unmöglich gemacht hatte. Die Vereinigten Staaten verfuhren mit ihrer restriktiven Einwanderungspolitik auch weiterhin nach altem Muster; erst die Verabschiedung des sogenannten DP-Gesetzes im Jahre 1948 und dessen Erweiterung im Jahre 1950 liberalisierte die Zuwanderung. Auch Palästina blieb aufgrund der britischen Mandatspolitik, die nur unter bestimmten Voraussetzungen und innerhalb bestimmter festgelegter Quoten die Einreise erlaubte, für die meisten noch immer ein Wunschtraum. Erst nach der Staatsgründung Israels im Mai 1948 konnten sich die meisten jüdischen DPs auf den Weg in den neuen jüdischen Staat machen. Als auch jene, deren Ziel die Vereinigten Staaten waren, nach der Liberalisierung der amerikanischen Einwanderungsgesetzgebung emigrieren konnten, hatte die Mehrheit der Sche'erit Haplejtah 1949/1950 Deutschland verlassen.

Damit aber war das Kapitel der jüdischen DP-Geschichte keineswegs beendet, noch immer lebten mehrere Tausend in den DP-Lagern. Einige aber waren nicht mehr willig, dieses Provisorium weiter zu ertragen, das verbunden war mit unpersönlicher Umgebung und mangelnder privater Atmosphäre. Deshalb machten sie sich auf den Weg in die Städte, um sich dort niederzulassen und einem normalen Alltag nachzugehen. Trotz verständlicher anfänglicher Abwehr gegen eine Beteiligung am Wiederaufbau der deutschen Wirtschaft wurden neue Existenzen gegründet und schließlich auch die Integration in den Kultusgemeinden angestrebt. Die DPs mit ostjüdischer Tradition wurden bald zu einem wichtigen Faktor im Gemeindeleben; ihre Nachkommen stellen noch heute die Mehrheit der Mitglieder in den Gemeinden.

Eher unfreiwillig schloß sich in den 50er Jahren eine weitere Gruppe den Kultusgemeinden an. Es waren vor allem Kranke und alte Menschen, die sich entweder nicht für ein Auswanderungsland hatten entschließen können, sich nicht entscheiden wollten oder die wegen ansteckender Krankheiten keine Aufnahme im Ausland finden konnten. Nachdem spätestens 1951 die meisten DP-Lager geschlossen worden waren, fand sich dieser letzte »Rest der Geretteten« in dem einzigen noch verbliebenen jüdischen DP-Lager Föhrenwald bei Wolfratshausen wieder. Erst als auch dieses im Februar 1957 aufgelöst wurde, war für die Sche'erit Haplejtah das Lagerleben endgültig beendet. Gleichzeitig aber bedeutete dies auch den Schlußpunkt einer beeindruckenden Phase jiddischen Lebens in Deutschland, das sich allerdings völlig unabhängig von der deutschen Bevölkerung in den »Gettos« der DP-Lager abspielte.

Zusammen mit ihren Angehörigen integrierten sich auch die letzten »Föhrenwalder«, verteilt auf mehrere deutsche Großstädte, in den jeweiligen Kultusgemeinden[23]. Damit verschmolzen in den 50er Jahren zwei zunächst völlig voneinander getrennt verlaufende Strömungen. Die Einbeziehung der ostjüdischen DPs in die Kultusgemeinden kristallisierte sich bald, vor allem in bezug auf die religiöse und kulturelle Entwicklung, als zentrale Aufgabe der Gemeinden heraus, denn das Judentum in Deutschland hatte gegenüber 1933 eine völlige Bevölkerungsumschichtung erfahren, der der Verlust eines mit Inhalt gefüllten Gemeindelebens drohte.

Die ostjüdischen DPs, die eher durch widrige Umstände denn aus Überzeugung in Deutschland ansässig wurden, trafen in den Kultusgemeinden auf deutsche Überlebende, die sich meist aus Überzeugung für ein Bleiben oder für eine Rückkehr aus dem Exil entschlossen hatten. Als sie 1945 mit dem Wiederaufbau von Kultusgemeinden begannen, wurden sie nicht nur von ihren in den Lagern lebenden ostjüdischen Glaubensbrüdern, sondern von jenen der ganzen Welt angeklagt und des Verrats am jüdischen Volk beschuldigt. Das Unverständnis über eine Entscheidung für ein Leben in Deutschland führte sogar so weit, daß die jüdische Wohlfahrtsorganisation American Jewish Joint Distribution Committee (kurz: Joint) in Absprache mit der Sche'erit-Haplejtah-Vertretung, dem Zentralkomitee der befreiten Juden in der US-Zone, bis zum 1. Januar 1948 die jüdischen Gemeinden von der Versorgung mit Hilfsgütern ausschloß[24]. Allerdings hatten auch die Kultusgemeinden eine ablehnende Haltung gegenüber einer Integration der osteuropäischen DPs gezeigt. So sollte etwa die Satzung der Münchner Israelitischen Kultusgemeinde, wäre es nach ihren Gründungsmitgliedern gegangen, einen Passus enthalten, der nur jene Juden als wahlberechtigt eingestuft hätte, die »1938 bereits in Deutschland einer jüdischen Gemeinde angehört haben«[25]. Schenkt man den Akten des Bayerischen Kultusministeriums Glauben, mußte die amerikanische Militärregierung erheblichen Druck ausüben, um die Einbeziehung der jüdischen DPs in der Münchner Gemeinde zu gewährleisten[26].

Die Schwierigkeiten der gegenseitigen Akzeptanz von Zentralkomitee und Gemeinden in der amerikanischen Zone hatten in der britischen kein Pendant. Dort war von Beginn an eine starke Kooperation zwischen DPs und deutschen Juden beabsichtigt und konnte auch in die Praxis umgesetzt werden. Der Massenstrom aus Osteuropa hatte sich in der britischen Zone kaum ausgewirkt, ein ostjüdischer Einfluß besaß also wenig Relevanz. Dies machte den engeren Kontakt zwischen DPs und jüdischen Gemeinden möglich, der in der US-Zone eher eine Ausnahmeerscheinung blieb. Josef Rosensaft, Präsident des Zentralkomitees der befreiten Juden in der britischen Zone und Integrationsfigur dieser verdienstvollen und zukunftweisenden Zusammenarbeit, sowie Vizepräsident Norbert Wollheim knüpften Kontakte zu den überlebenden deutschen Juden, engagierten sich für die Gründung der Landesverbände der Kultusgemeinden und waren schließlich maßgeblich an der Entstehung des Zentralrats der Juden in Deutschland, der am 19. Juli 1950 in Frankfurt a.M. ins Leben gerufen wurde, beteiligt. Neben dem bayerischen Staatskommissar für rassisch, religiös und politisch Verfolgte, Philipp Auerbach, dem in Bergen-Belsen befreiten, späteren langjährigen Vorsitzenden der Berliner jüdischen Gemeinde und späteren Vorsitzenden des Zentralrats Heinz Galinski, dem auf Wiedergutmachungsfragen spezialisierten Juristen Benno Ostertag und den beiden Mitgliedern des Zentralkomitees in der US-Zone, Peisach Piekatsch und Chaskiel Eife, gehörten auch Rosensaft und Wollheim dem ersten Direktorium des Zentralrats an[27]. Gemeinsam hatten sie die Grundlagen für die künftige Organisation des Judentums in Deutschland geschaffen.

Für die Entscheidung, in Deutschland zu bleiben oder wieder dahin zurückzukehren, waren die unterschiedlichsten Gründe ausschlaggebend. In der Erinnerung verblassen die tatsächlichen Motive — persönliche Bindungen an die Heimat, das Verwurzeltsein in deutscher Kultur —, vorgeschoben wurden politisch motivierte Erklärungen. Man habe zwar auf »gepackten Koffern« gesessen, aber doch das Wagnis eingehen wollen, die im Entstehen begriffene Demokratie auf ihre Standhaftigkeit zu prüfen und ihre Durchsetzungsfähigkeit auf die Probe zu stellen. Jene, die Hilfe und Solidarität von ihren nicht-jüdischen Freunden, Nachbarn oder gar von Unbekannten erfahren hatten und nur durch sie der Verfolgung und Deportation entgangen waren, wollten diese »Gerechten unter den Völkern«[28] beim Aufbau eines neuen Deutschland unterstützen. Aber auch hier zählten viel mehr die tiefen Wurzeln, die die Überlebenden deutschen Juden mit Deutschland verbanden. Die positiven Erfahrungen mit den Helfern machten es ihnen leichter, dieser Verbundenheit nachzugeben, und verhalfen ihnen zu selbstbewußterem Auftreten gegenüber der Kritik der Juden in der Welt.

»Wenn sich auch der weitaus größte Teil der überlebenden Juden aus Mischehepartnern zusammensetzte, also aus Juden, die meistens an der Peripherie des Judentums lebten, so war doch bei den meisten unverkennbar der Wille vorhanden, den bisherigen zwangsweisen Zusammenschluß freiwillig fortzusetzen. Die Jahre der Verfolgung hatten zu tiefe Eindrücke hinterlassen und vielen ihr Judesein schmerzlich zu Bewußtsein gebracht. Neben dem Gefühl der Dankbarkeit sprach eine beinahe stolze Befriedigung der bisher Unterdrückten gegenüber den Bedrückten mit, und man wollte unter sich bleiben[29].«

Hochkommissar John McCloy hatte 1949 in einer Rede vor Vertretern der jüdischen Gemeinden Westdeutschlands den Umgang der deutschen Bevölkerung mit den Juden als »Feuerprobe der deutschen Demokratie«[30] bezeichnet. Selbst wenn solche Fragen in der Öffentlichkeit immer wieder eine Rolle spielten, so waren es in der Regel keine politischen Ideale, sondern vielmehr ganz pragmatische Gründe, die dazu führten, daß die deutsch-jüdischen Überlebenden in Deutschland wieder Kultusgemeinden gründeten. Zu den ersten gehörte die Kölner Gemeinde. Am 6. März 1945, einige Tage nach der Befreiung, genehmigte der für Erziehung und Religion zuständige Offizier der amerikanischen Besatzungsmacht überlebenden Juden die Abhaltung von Gottesdiensten; zwei Monate später, am 28. April, konstituierte sich dort eine neue Gemeinde mit etwa 80 Mitgliedern[31]. In München war die Initiative für die Neugründung der Gemeinde von dem jüdischen Rechtsanwalt Siegfried Neuland ausgegangen, der in seiner Heimatstadt als Zwangsarbeiter in einer Munitionsfabrik und schließlich im Untergrund überlebt hatte. Als die Gründungsversammlung am 19. Juli 1945 erfolgte, hatten sich inzwischen einige Hundert Juden in der bayerischen Landeshauptstadt eingefunden, darunter etwa 120 Münchner Juden, die aus Theresienstadt zurückgekehrt waren[32].

Jüdisches Leben in Deutschland nach 1945 war nicht nur in der Bundesrepublik von einem Strukturwandel durch den Zuzug osteuropäischer nichtassimilierter Juden geprägt, sondern ein solcher Wandel vollzog sich auch — allerdings auf ganz andere Weise — in der DDR. Dort waren es nicht zwei zunächst getrennt voneinander verlaufende Entwicklungen, die schließlich in den Kultusgemeinden zu einem Strang zusammenwuchsen, sondern es blieben getrennte Strömungen.

Die Volkszählung in der sowjetischen Besatzungszone (SBZ) hatte ergeben, daß sich 2096 Personen zum Judentum bekannten. Kurze Zeit darauf konnte die Jüdische Gemeinde Ostberlins 2442 Mitglieder melden. Diesen standen 3500 jüdische Emigranten gegenüber, die bald nach Kriegsende in die SBZ gekommen waren. Ihre Identität basierte nicht auf Religion oder Herkunft, sondern auf politischer Überzeugung[33]. Schon bald nahmen sie wichtige Positionen als Funktionsträger des neuen Staates ein. Auseinandersetzungen zwischen den einzelnen Verfolgtengruppen blieben nicht aus, wobei sich bald herauskristallisierte, daß als Verfolgter oder als Bedürftiger nur galt, wer aktiv am Kampf gegen den Faschismus teilgenommen hatte. Bei dieser Trennung von »Opfern« und »Kämpfern« fielen die meisten Juden durch das Raster, d. h. sie wurden materiell schlechter gestellt als die politisch Verfolgten[34]. Die materielle Diskriminierung sollte sich schon bald zu einer weiterreichenden ausweiten. Die durch den Slansky-Prozeß in der Tschechoslowakei Ende 1952 ausgelöste antisemitische Welle, die vor allem in der Sowjetunion zu judenfeindlichen Willkürakten geführt hatte, holte bald auch die DDR ein. Betroffen waren in erster Linie diejenigen, die während der NS-Zeit in westlichen Ländern im Exil gelebt hatten; sie wurden einer Zusammenarbeit mit dem Westen bezichtigt und als Werkzeuge des Imperialismus bezeichnet[35]. In der Folge kam es zu einer jüdischen Fluchtwelle aus der DDR in den Westen. Allein im Januar 1953 flohen 400 Personen, darunter auch führende Mitglieder der jüdischen Gemeinden[36]. Von den Folgen dieser antisemitischen Kampagne hat sich das Judentum in der DDR nie wieder erholt. 1953 trennten sich die jüdischen Gemeinden vom Zentralrat der Juden in Deutschland, dem sie bis dahin angehört hatten; ein eigener »Verband der jüdischen Gemeinden der DDR« wurde gegründet[37]. Alltäglicher Antisemitismus, insbesondere von staatlicher Seite, aber auch die stark dezimierte Mitgliederzahl und die Überalterung der Gemeinden führten dazu, daß jüdisches Leben im zweiten deutschen Staat kaum noch Perspektiven haben konnte[38]. Kritik einzelner Gemeindevertreter etwa bezüglich antisemitischer Strömungen unter der Jugend wurde, wie Peter Kirchner im Rückblick 1990 berichtete, »beschwichtigend zur Seite geschoben — wohl, weil nicht sein konnte, was nicht sein durfte«[39]. Der verordnete Antifaschismus überdeckte alle Unzulänglichkeiten der DDR-Gesellschaft bei der Auseinandersetzung mit der NS-Vergangenheit. Erst anläßlich des Jahrestages des Novemberpogroms 1988 vollzog sich in der Führungsspitze der DDR eine Wandlung, die allerdings in erster Linie mit der schlechten wirtschaftlichen Lage und der Absicht Erich Honeckers, die Vereinigten Staaten zu besuchen, zusammenhing[40]. Mit der folgenden »Gedenkepidemie«, so Salomea Genin in ihren Erinnerungen »Wie ich in der DDR aus einer Kommunistin zu einer Jüdin wurde«, kam die »Enttabuisierung«. Drei Jahre zuvor hatte Frau Genin erlebt, welches beklommene Schweigen die Zuhörer befiel, als sie einen Vortrag über Israel im Rahmen eines Lehrgangs der Akademie der Wissenschaften hielt:

»Für Antisemitismus oder die Wurzeln des Zionismus, geschweige denn für Relevantes zur Nazizeit interessiert sich anscheinend keiner. Jetzt wußte ich, es war die Angst vor dem tabuisierten Thema.«

Nach 26 Jahren in der DDR zog sie 1989, ein halbes Jahr vor der Wende, Resümee:

»Es gibt in diesem Land unter den Machthabenden vorwiegend Mißtrauen gegenüber den vielfach selbständig denkenden Juden und unter der ›Normal-

Bevölkerung den schon immer dagewesenen Antisemitismus. Er ist seit 1945 von sehr vielen Menschen zusammmen mit der echten Schuld und den dazugehörigen Schuldgefühlen nur verdrängt worden [...] Trotz der ›Gedenkepidemie‹ vom Frühjahr bis November 1988 und einem neuen Bewußtsein, daß es Juden hier gibt, wird um das vergangene Schweigen keine Auseinandersetzung geführt. Damit hat kaum jemand eine Chance, sich mit seinem eigenen, oft unbewußten Antisemitismus auseinanderzusetzen. So bleibt alles beim alten, denn die DDR hat einen ›Taptenwechsel‹ nicht nötig!«

Dieser »Taptenwechsel« kam schneller und auf andere Weise, als es Frau Genin damals voraussehen konnte, aber mit der Wiedervereinigung wurde eher ein weiterer Verdrängungsprozeß in Gang gesetzt als eine Diskussion um die Auseinandersetzung mit der NS-Zeit angeregt. Die Beschäftigung mit SED-Staat und Stasi-Vergangenheit überlagerte den notwendigen Diskurs um die nationalsozialistische Diktatur. Wirtschaftliche Zwänge hatten die DDR-Führung 1988 dazu veranlaßt, ein Dogma aufzubrechen, damit war aber keineswegs, weder im Politbüro noch in der Bevölkerung, ein wirkliches Umdenken oder ein kritischer Umgang mit der antifaschistischen Fassade verbunden. Die DDR erklärte sich zwar bereit, ihre bisherige Weigerung, Wiedergutmachung zu leisten, zu modifizieren und Gelder für die im Dritten Reich verfolgten Juden bereitzustellen, ein offizielles Bekenntnis zur Mitverantwortung der DDR an den Verbrechen des NS-Staates allerdings erfolgte erst nach dem Fall der Mauer im Februar 1990 und wurde schließlich durch die demokratisch gewählte Volkskammer im April 1990 bestätigt[41].

Jüdische Überlebende und die Bevölkerung der Bundesrepublik

Die Mitglieder der Kultusgemeinden in der Bundesrepublik bemühten sich schon bald — im Gegensatz zur Mehrheit der jüdischen DPs — um eine Verständigung mit der deutschen Bevölkerung; sichtbare Ergebnisse zeigten sich schließlich in der Gründung der Gesellschaften für christlich-jüdische Zusammenarbeit; die erste entstand im Juli 1948 in München. Es handelte sich allerdings nur um ein Aufeinanderzugehen im kleinen Kreis, zwischen jenen Überlebenden nämlich, die während der Verfolgung Hilfe und Rettung von einzelnen Deutschen erfahren hatten, und einigen wenigen Deutschen, die sich um eine Auseinandersetzung mit der NS-Zeit bemühten und die kollektive Verantwortung spürten. Trotz der positiven Intentionen, die von den Gesellschaften für christlich-jüdische Zusammenarbeit ausgingen, waren sie doch nicht aus eigenem Antrieb entstanden, sondern gehörten zum Demokratisierungsplan der amerikanischen Besatzungspolitik und dienten auch später oft mehr einer Dokumentation des Lernprozesses dem Ausland gegenüber als einem wirklich christlich-jüdischen Dialog, zumal in den meisten Gesellschaften keineswegs eine Parität zwischen Juden und Nichtjuden bestand; die Christen überwogen[42]. Weite Teile der deutschen Bevölkerung aber verschlossen sich überhaupt jeglichem Bemühen um ein verantwortliches Handeln und der Auseinandersetzung mit der Vergangenheit.

Mit den Kriegsverbrecherprozessen und der Entnazifizierung glaubten die Alliierten, Deutschland von »Nationalismus und Militarismus« — so auch der Wortlaut des im März 1946 vom Länderrat der US-Zone verabschiedeten und von der Militärregierung genehmigten Gesetzes — befreien zu können. Die Mehrheit der deutschen Bevölkerung betrachtete nach Beendigung der Verfahren das Kapitel ihrer Mitverantwortung für abgeschlossen. Gleichzeitig entstand das Phänomen eines Antisemitismus wegen Auschwitz, das aus einem verdrängten Schuldbewußtsein gegenüber der Ermordung von Millionen Juden resultierte und nichts von seiner Aktualität eingebüßt hat. Dieser sekundäre Antisemitismus entsteht nicht mehr aus Gruppenkonflikten um Rechtsgleichheit und soziale Integration, sondern er findet seine Rechtfertigung durch eine vermeintlich diskreditierte Vergangenheit, ist also ursächlich mit dem Problem von Schuld und Verantwortung verbunden. Ein solcher Verdrängungsmechanismus kann zu einem bestenfalls indifferenten oder verharmlosenden Umgang mit der NS-Vergangenheit führen und trifft auf breite Zustimmung nicht nur in extrem rechts orientierten Kreisen, sondern deckt ein breites Feld ab, das bis in die bürgerliche Mitte reicht, aber mit besonderer Hartnäckigkeit von der Neonazi-Szene vertreten wird. Dieses Thema ist Teil einer Strategie, die in ihrer schlimmsten Ausprägung den Holocaust als solchen leugnet.

Deshalb war für die jüdischen Überlebenden eine Zukunft in der Diaspora gleichbedeutend mit der Gefahr einer wiederkehrenden Bedrohung. Sie hatten nicht nur die Deutschen als Verfolger gesehen, sondern unabhängig von nationalsozialistischen Einflüssen erneut Pogrome in Polen erlebt und besonders nach der Befreiung die restriktive Einwanderungspolitik der USA und Großbritanniens erfahren. Hinzu kam der immer noch in vielen Ländern latent vorhandene Antisemitismus, der seine spürbarsten Auswirkungen in Osteuropa gezeigt hatte, aber auch in Deutschland keineswegs der Vergangenheit angehörte.

Nur wenige Monate nach der Befreiung wird in einem Brief des Beauftragten des Landsberger Stadtrates für das Wohnungsamt an den Staatskommissar für die Betreuung der Juden in Bayern, Hermann Aumer, deutlich, welche Rolle der Antisemitismus in der gespannten Beziehung zwischen jüdischen Überlebenden und deutscher Bevölkerung spielte:

»Die Lage auf dem Wohnungsmarkt dahier ist dermaßen katastrophal [...] Der Expansionstrieb der hiesigen Juden und deren Methoden zur Erlangung ihrer Ziele nimmt Formen an, die über kurz oder lang zu einer nicht wieder gutzumachenden Episode führen, das zu verhindern für sämtliche verantwortlichen Stellen vordringlichste Aufgabe sein dürfte [...] Nach meiner und anderer persönlicher Beobachtung wurden aus den Häusern geplünderte Haushaltmöbel in die Kaserne gebracht und dort nach Zertrümmerung als Heizmaterial verwendet [...] Gleichzeitig bemerke ich, daß ein Teil der Juden unter Angebot einer größeren Summe Geldes oder Versprechungen von Belieferung mit Nahrungsmitteln sich den Besitz von Zimmern sichert, andere wieder mit Hilfe von Zetteln, ausgestellt vom ›Wohnungsamt in der Kaserne‹ Räume verschaffen, während die dritte Sorte durch ihr freches Auftreten die entnervten und geängstigsten Leute zur Abgabe von Zimmern veranlaßt [...] Hier kann nur rücksichtslosester Zugriff durch das Wohnungsamt Abhilfe schaffen, wie bereits durchgeführt, da ansonsten die ganze Vorstadt in kürzester Zeit ein Getto sein würde[43].«

Man könnte sagen, daß dieser Stadtbeauftragte — ähnlich wie später weite Kreise der Öffentlichkeit — schon damals einen »Schlußstrich« unter die Vergangenheit gezogen hatte, obgleich das tatsächliche Ausmaß der nationalsozialistischen Judenverfolgung gerade erst bekanntgeworden war. Die Unterstützung der jüdischen Überlebenden durch die ausländischen Hilfsorganisationen erweckte den Neid der im zerstörten Nachkriegsdeutschland schlechter versorgten Bevölkerung und ließ so alte antisemitische Vorurteile wiederaufleben. Anstatt sich mit dem Schicksal der wenigen jüdischen Überlebenden auseinanderzusetzen, begann man damit, Auschwitz gegen Dresden aufzurechnen und die Vertreibung der Deutschen aus dem Osten mit der Judenverfolgung zu vergleichen. Bezeichnend dafür ist auch die Haltung des Bamberger Flüchtlingsausschusses, der sich im Juli 1950 in einer Petition gegen die Unterbringung von jüdischen DPs zusammen mit Heimatvertriebenen wehrte, »da es den Heimatvertriebenen nicht zugemutet werden könne, mit Elementen unter einem Dach zu wohnen, die zu hohem Prozentsatz kriminell sind, keiner geregelten Arbeit nachgehen und denen weder an einer sittlichen Einordnung noch an einer Respektierung der staatlichen Autorität liege«. Auch der Oberbürgermeister der Stadt, der — wie ihm die Bamberger Jüdische Gemeinde attestiert — »sonst in seinen Reden auf gegenseitiges Verstehen, auf Gottesfurcht und Nächstenliebe hinweist«, bezeichnete die jüdischen DPs bei gleicher Gelegenheit »als die Hauptwanzenträger«, die »in einem der großen, noch nicht verwendeten Stallgebäude unterzubringen« seien[44].

Die Schließung fast aller DP-Lager bis 1951 und die Auswanderung der überwiegenden Mehrheit der jüdischen Überlebenden bedeutete keinesfalls das Ende antisemitischer Vorurteile in der jungen deutschen Demokratie. Im Gegenteil, die Anwesenheit der ostjüdischen Überlebenden, die in Deutschland bleiben wollten und sich in den Städten niederließen, löste Befremden aus. Dabei spielten nicht nur das »Fremde« und die Angst vor Konkurrenz auf dem Arbeits- und Wohnungsmarkt sowie die schlechte Versorgungslage eine Rolle, sondern vielmehr das Gefühl, auf mangelndes Schuldbewußtsein hingewiesen zu werden, also durch das lebende Beispiel eines Verfolgten im Verdrängen der Erinnerung behindert zu werden. Reaktionen zeigten sich zunächst nur in verbal geäußerten Vorurteilen, aber auch in antisemitischen Übergriffen.

Ein Vorfall in Stuttgart führte dazu, daß keine deutsche Polizei mehr in den Lagern zugelassen wurde. Am 29. März 1946 hatten etwa 180 deutsche Polizisten in Begleitung von Hunden sowie acht amerikanischen Militärpolizisten in dem jüdischen DP-Lager Stuttgart in der Reinsburgerstraße eine Razzia durchgeführt, um angebliche Schwarzmarktgeschäfte aufzudecken. Als eine Person verhaftet worden war, wollten die Lagerbewohner die deutsche Polizei aus dem Lager drängen. Dabei fielen Schüsse, und ein KZ-Überlebender, der erst kürzlich seine Frau und seine zwei Kinder wiedergefunden hatte, wurde getötet. Drei weitere DPs, aber auch 28 deutsche Polizisten trugen Verletzungen davon. Die Razzia hatte lediglich den Schwarzhandel mit einigen Hühnereiern ans Tageslicht gebracht. Nach diesem Vorfall verbot die amerikanische Militärregierung der deutschen Polizei, jüdische DP-Lager zu betreten[45].

Auch später zeigte sich immer wieder, daß Mitarbeiter deutscher Behörden oftmals wenig Verständnis für die Situation der in Deutschland verbliebenen Juden aufbrachten. Warum manche, wie die »Föhrenwalder«, noch immer ihr Dasein in einem Lager fristeten, konnten viele nicht verstehen. Am 28. Mai 1952 kam es zu einem größeren Zwischenfall, der die aufgestaute Wut und die Ängste zum Ausbruch kommen ließ. 115 Zoll- und Steuerbeamte trafen, bewacht von 33 Beamten der Landpolizei, am Morgen im Lager ein, um eine Überprüfung der kleinen Geschäfte vorzunehmen. Das überraschende und massive Auftreten der Behörden — der Direktor des Joint-Deutschland, Samuel Haber, verglich es gar mit dem Stil der nationalsozialistischen »Einsatzgruppen«[46] — rief die Bewohner auf den Plan. Sie bewarfen die Fahrzeuge der Beamten mit Steinen und hinderten sie an der Weiterfahrt. Daraufhin wurden unter den verärgerten Staatsdienern Schmährufe laut wie: Die Krematorien gibt es noch. Oder: Die Gaskammern warten auf Euch[47]. Als daraufhin noch ein Schuß fiel, drohte die Situation zu eskalieren. Der leitende Beamte brach die Aktion ab[48], sie hinterließ aber auf beiden Seiten große Verbitterung.

Antisemitismus in der öffentlichen Meinung

Bereits 1946 hat die amerikanische Militärregierung (OMGUS) in der US-Zone Erhebungen durchgeführt, die die Bevölkerungsstimmung zu verschiedenen Fragen ergründen sollten; eingeschlossen war auch die Problematisierung noch vorhandener antisemitischer Vorurteile. In den ersten Jahren nach Kriegsende wurden Ressentiments gegen Juden mit Rücksicht auf die Besatzungsmacht in der Öffentlichkeit kaum geäußert, allerdings zeigen Umfrageergebnisse, daß der Antisemitismus weiterlebte: Zunächst wird überraschend offen Stellung bezogen, später ist antisemitische Latenz nur durch geschicktes Fragen zu ermitteln[49]. Im Dezember 1946 ermittelte die OMGUS-Umfrage 21% Antisemiten und 18% »harte« Antisemiten. Eine Befragung nach demselben Muster, ebenfalls von der amerikanischen Militärverwaltung in der US-Zone im April 1948 durchgeführt, ergab einen leichten Rückgang: 19% Antisemiten und 14% »harte« Antisemiten. Die Werte werden allerdings im Hinblick auf möglicherweise problematische Frageformulierungen dahingehend korrigiert, daß etwa 20% der Bevölkerung als deutlich antisemitisch, 30% als indifferent und 50% als nicht-antisemitisch einzustufen seien[50]. Die erste bundesweit erhobene Repräsentativumfrage erfolgte im Jahre 1949 durch das »Institut für Demoskopie Allensbach«. 23 % zeigten »demonstrativ-antisemitische« und »gefühlsmäßig-ablehnende« Einstellungen gegenüber Juden, drei Jahre später (Dezember 1952) bei der Wiederholung der auch 1949 gestellten Frage »Wie ist überhaupt Ihre Einstellung gegenüber Juden?« 34 %, also diejenigen mit materiellen Vorbehalten hatten sich um immerhin 11 Prozentpunkte vermehrt[51]. Die deutliche Zunahme ist vermutlich auf die Wiedergutmachungsdiskussion[52] zurückzuführen, die in der Bevölkerung hohe Wellen schlug: Im Sommer des Jahres hatten sich 44 % negativ über Wiedergutmachungsleistungen an Israel geäußert, und 24 % stimmten zwar grundsätzlich zu, aber hielten die Höhe für übertrieben[53]. Obwohl die Verbreitung des Antisemitismus mit dem Nachwachsen neuer Generationen abgenommen hat, sind für die späten 80er und frühen 90er Jahre immer noch 12 bis 15 Prozent Antisemiten zu konstatieren, wobei extremer Antisemitismus mit dem Bekenntnis zu diskriminierenden Maßnahmen von 5 Prozent der Bevölkerung vertreten wird[54].

Antisemitismus ist nicht abhängig von einer tatsächlichen Präsenz der Juden. Das Niveau antisemitischer Vorurteile lag in den ersten Nachkriegsjahren höher als heute, obgleich die Zahl der in Deutschland lebenden Juden, die als Mitglieder der Kultusgemeinden registriert sind, seit 1945 von ca. 22 000[55] bis in die 80er Jahre auf etwa 30 000[56] zugenommen und durch die Zuwanderung der russischen Juden in den 90er Jahren heute die 40 000-Marke[57] überschritten hat. Dennoch handelt es sich im Vergleich zur Weimarer Republik, als etwa 600 000 Juden in Deutschland lebten, um eine verschwindend kleine Gruppe, die aber trotz allem immer wieder zum Ziel wellenartiger antisemitischer Angriffe wurde. Traurige Berühmtheit erlangte die Schändung der Kölner Synagoge zu Weihnachten 1959, der innerhalb von vier Wochen 470 antisemitische und neonazistische Vorfälle folgten[58]. Diese Schmierwelle schwappte interessanterweise auch auf die DDR über; im Januar 1960 wurden in Leipzig, Berlin und Magdeburg ähnliche Fälle bekannt[59]. Parallelen sind auch 1965 wieder zu konstatieren. Ein Jahr nach Gründung der »Nationaldemokratischen Partei Deutschlands« (NPD) stellte der Verfassungsschutz ein sprunghaftes Ansteigen nazistischer und antisemitischer Vorkommnisse in der Bundesrepublik fest[60]. Auch für die DDR läßt sich zur selben Zeit eine Zunahme »neofaschistischer« Strömungen nachweisen, die sich allerdings in den Akten des Ministeriums für Staatssicherheit nur unter der Aussage »rowdyhafte Ausschreitungen und Zusammenrottungen« finden lassen. In Wirklichkeit drehte es sich aber um eine vermehrt festzustellende Hitler-Verherrlichung in Form von verbalen Ausbrüchen und Wandschmierereien vor allem bei Jugendlichen im Alter von 16 bis 19 Jahren[61]. Offensichtlich handelte es sich um einen Nachahmungseffekt der Übergriffe in der Bundesrepublik, die verschiedene Ursachen hatten. Neben der Gründung der NPD spielte die Debatte um die Verjährung nationalsozialistischen Unrechts im März 1965, die Aufnahme diplomatischer Beziehungen zu Israel im Mai und schließlich das Urteil im Auschwitz-Prozeß im August desselben Jahres eine Rolle.

In der Bundesrepublik kam es in den 50er Jahren zu Gerichtsverfahren wegen Beleidigung jüdischer Mitbürger, Verbreitung antisemitischer Schriften sowie Verbote von rechtsextremen Vereinen und Gemeinschaften[62]. In der ersten Hälfte der 60er Jahre wurden rund 600 Personen wegen strafbarer Handlungen, die auf rechtsradikalen oder antisemitischen Motiven beruhten, schuldig gesprochen[63].

Im Gegensatz zur statistisch ermittelten Abnahme antisemitischer Vorurteile in den Jahrzehnten seit Gründung der Bundesrepublik hat die Zahl der Friedhofschändungen in demselben Zeitraum deutlich zugenommen. Eine Dokumentation von 1982 registriert in den Jahren 1945 bis 1980 insgesamt 446 Schändungen (1945—1964: 159; 1965—1980: 276), wobei sich die überwiegende Mehrzahl in der Bundesrepublik ereignet hat und nur wenige Fälle in der DDR zu verzeichnen waren[64]. Die Angaben der Verfassungsschutzberichte liegen allerdings eher noch höher. Mit 49 Schändungen ist dort das Jahr 1980 als Höhepunkt verzeichnet, danach ist die Tendenz sinkend (1981: 42, 1982: 43, 1983: 34, 1984: 28), steigt dann aber wieder kontinuierlich an (1985: 35, 1986: 38, 1987: 42, 1988: 62, 1989: 56). Die Schändung des Friedhofes von Carpentras in Südfrankreich am 10. Mai zog im Sommer 1990 in verschiedenen europäischen Ländern eine erneute Welle derartiger Übergriffe nach sich, erreichte aber in Deutschland mit 34 Schändungen von Friedhöfen, Synagogen etc. einen Tiefstand, der allerdings 1991 mit 84 (40 Friedhofschändungen) Fällen mit einem Anstieg um mehr als das Doppelte einen beunruhigenden Grad erreichte, der sich 1992 mit 125 Fällen (61 Friedhofsschändungen) nochmals steigerte; für 1993 ist eine leichte Abnahme (57 Friedhofschändungen) zu vermerken[65].

Waren aufgrund harter Bestrafung bis zur Wende in der DDR Schändungen jüdischer Friedhöfe eher selten, zeigt sich doch, daß die DDR-Behörden trotz restriktiv-autoritärer Maßnahmen nicht in der Lage waren, Übergriffe auf jüdische Friedhöfe ganz einzudämmen. Der Friedhof der Gemeinde »Adass Jisroel« in Berlin-Weißensee war von 1986 bis 1990 30 Mal Ziel antisemitischer Übergriffe[66]. 1988 wurden fünf Jugendliche im Alter von 15 bis 17 Jahren zu Haftstrafen von zweieinhalb und fünfeinhalb Jahren verurteilt, weil sie den Friedhof an der Schönhauser Allee in Berlin schwer verwüstet hatten; 200 Grabsteine waren umgeworfen, beschmiert oder beschädigt worden[67]. Abschreckung durch Strafe funktionierte also auch in der DDR nur bedingt, obgleich das Strafmaß im Vergleich zur Bundesrepublik sehr hoch lag. Seit Mai 1990 stieg die Zahl der Friedhofschändungen in den neuen Bundesländern sprunghaft an. Nach dem Fall der Mauer hatte sich auf dem Territorium der DDR vorübergehend ein rechtliches Vakuum aufgetan, bisher unterdrückten und tabuisierten Ressentiments konnte plötzlich ohne weitere Sanktionen Ausdruck verliehen werde.

Jüdische Normalität in Deutschland

Friedhofschändungen sind also kein ungewöhnliches Ereignis im Alltag der Bundesrepublik. Wurden sie bis vor einigen Jahren noch als »Dumme-Jungen-Streiche« heruntergespielt, wird heute ihr rechtsextremistischer Hintergrund sehr wohl wahrgenommen; für die in Deutschland lebenden Juden bleibt es trotzdem ein Indikator für einen nicht nur latent vorhandenen Antisemitismus, der sich inzwischen auch vermehrt in telefonischen Beleidigungen und Drohbriefen gegenüber jüdischen Gemeinden und jüdischen Bürgern zeigt. Da wundert es nicht, wenn sich ein »deutscher Staatsbürger jüdischen Glaubens«, wie sich der Vorsitzende des Zentralrats der Juden in Deutschland, Ignatz Bubis, keineswegs zum Gefallen anderer in Deutschland lebender Juden begreift, eben aus diesem Grund in Israel beerdigen lassen will[68].

Es stellt sich die Frage, ob jüdisches Leben in Deutschland je einen gewissen Grad an Normalität erreichen kann. Seit Kriegsende ist das Verhältnis zwischen Juden und Christen in der Bundesrepublik von gegenseitigen Ressentiments gekennzeichnet. Die nicht-jüdische Bevölkerung, aber auch die politische Führung, zeigt immer wieder mangelnde Sensibilität gegenüber den jüdischen Mitmenschen. Das brachte die hier lebenden Juden regelmäßig in Zugzwang gegenüber ihren Glaubensgenossen in der Welt; sie mußten sich für ihr Dasein rechtfertigen. Hinzu kamen Probleme, die sich aus der ambivalenten Haltung zu Deutschland ergaben. Die deutsche Staatsbürgerschaft anzunehmen, waren viele nicht bereit; das trifft auch auf die zweite Generation zu, jene Juden, die nach dem Krieg geboren wurden. Für viele dieser jungen Juden war die Ablehnung eines deutschen Passes Ausdruck tiefer Identitätsprobleme. Im Gegensatz zu ihren Eltern wurden sie in Deutschland geboren, Deutsch ist ihre Muttersprache, sie sind in Deutschland sozialisiert, und die deutsche Kultur ist ihnen am nächsten, aber sie können sich nicht mit diesem Land identifizieren. Latenter Antisemitismus, alltäglich erlebter Mangel an Sensibilität und die immer präsente Erinnerung an die deutsche Verantwortung für die Ermordung der europäischen Juden sind nur ein Teil der rationalen Ursachen, ganz zu schweigen von unzähligen emotionalen Gründen.

Nachdem das letzte jüdische DP-Lager Föhrenwald 1951 in deutsche Verwaltung übergangen war, galten die dort Lebenden nicht mehr als DPs, sondern als »heimatlose Ausländer«. Auch nach ihrer Unterbringung in verschiedenen deutschen Großstädten 1957 behielten die meisten ihre Staatenlosigkeit bei, mit allen Konsequenzen, die sich daraus ergaben; jeder Grenzübertritt nach Österreich, in die Niederlande etc. bedurfte eines Visums. Trotz der damit verbundenen Unwegsamkeiten zogen die meisten die Staatenlosigkeit vor. Alternativen gab es kaum, Besitzer eines israelischen Passes etwa durften nicht nach Deutschland einreisen, so jedenfalls hatten es die staatlichen israelischen Behörden bestimmt: Im Paß stand der Vermerk »Not valid for travel to or in Germany«. Die israelische Regierung behielt sich in jedem einzelnen Fall vor, darüber zu entscheiden, ob dieses Verbot gelöscht werden konnte. Die deutschen Behörden waren angewiesen, keine Genehmigungen zur Einreise zu erteilen[69].

Israel betrachtete Deutschland als eine Art Tabuzone, mit dem es keinerlei Dialog geben durfte. Als sich erste Zeichen für eine Annäherung beider Staaten andeuteten, war die Gegenwehr in Israel groß. Aber sowohl David Ben-Gurion als auch Konrad Adenauer konnten sich schließlich gegen innere Widerstände in ihren Ländern durchsetzen. Auch das Einreiseverbot nach Deutschland wurde im Laufe der 50er Jahre von seiten Israels aufgehoben.

Nach Gründung der Bundesrepublik bekundete Bundeskanzler Konrad Adenauer im November 1949 in einem Interview mit der »Allgemeinen Jüdischen Wochenzeitung« seine Bereitschaft zu einer materiellen Wiedergutmachung an den jüdischen Opfern des nationalsozialistischen Regimes. Eine solche Wiedergutmachung war die Grundvoraussetzung für eine Kontaktaufnahme mit Israel. Dort war man allerdings zu diesem Zeitpunkt noch nicht dazu bereit. Erst die schwierige wirtschaftliche Lage veranlaßte die israelische Regierung im Januar 1951 zu indirekten Verhandlungen mit der Bundesrepublik. Israelische Vertreter übergaben den Siegermächten eine Note zur Weiterleitung an die Bundesregierung. Verlangt wurden eine Milliarde Dollar von West-, 500 Millionen Dollar von Ostdeutschland. Die Sowjets gaben keine Antwort, die Westmächte drängten auf direkte deutsch-israelische Verhandlungen[70]. Den Weg dazu ebnete Bundeskanzler Adenauer mit seiner Rede vor dem Deutschen Bundestag am 27. September 1951. Er sprach davon, daß im Namen des deutschen Volkes unsagbare Verbrechen begangen worden seien, die zu einer moralischen und materiellen Wiedergutmachung verpflichteten. Adenauer wörtlich:

»Die Bundesregierung wird für den baldigen Abschluß der Wiedergutmachungsgesetzgebung und ihrer gerechten Durchführung Sorge tragen[71].«

Die Aufnahme diplomatischer Beziehungen zwischen der Bundesrepublik und Israel zog sich wegen unterschiedlichster politischer Bedenken auf beiden Seiten bis Mai 1965 hin. Die Kontakte, die sich zwischen beiden Ländern im Laufe der Wiedergutmachungsverhandlungen ergeben hatten, hätte die Bundesregierung bereits 1952 gerne weiter ausgebaut. Aus außenpolitischen Gründen war Konrad Adenauer sehr daran gelegen, möglichst schnell alle psychologischen Hindernisse beiseite zu räumen und diplomatische Beziehungen mit Israel aufzunehmen. Eine »Aussöhnung« mit dem jüdischen Staat war die Voraussetzung, um dem westlichen Ausland gegenüber ein geläutertes Deutschland glaubhaft zu machen und die Aufnahme in den internationalen Staatenbund positiv zu beeinflussen. Aber die israelische Regierung konnte zu diesem Zeitpunkt einen solchen weitreichenden Schritt innenpolitisch noch nicht durchsetzen; das Trauma der Verfolgung und Vernichtung war noch zu präsent, um den erforderlichen Versöhnungswillen aufzubringen. Nachdem die Bundesrepublik im Laufe der 50er Jahre außenpolitisch immer mehr an Gewicht gewonnen hatte, wurde sich Israel der Notwendigkeit einer Intensivierung der Beziehungen bewußt. Nun war es die Bundesrepublik, die Zurückhaltung übte. Einige arabische Staaten hatten für den Fall der Aufnahme diplomatischer Beziehungen mit Israel einen Wirtschaftsboykott der Bundesrepublik angekündigt. Noch entscheidender aber war die arabische Drohung, die DDR gegebenenfalls anzuerkennen. Eine solche Aufwertung der Regierung in Ost-Berlin konnte nicht im Interesse der Bundesrepublik liegen. Die Begegnung zwischen David Ben-Gurion und Bundeskanzler Konrad Adenauer im März 1960 in New York leitete schließlich die Verhandlungen zum Botschafteraustausch ein. Am 12. Mai 1965 erfolgte die Aufnahme diplomatischer Beziehungen. In den folgenden Tagen brachen zehn von 13 arabischen Staaten ihrerseits die Beziehungen mit der Bundesrepublik ab und hofierten die DDR[72].

Obgleich mit dem Austausch der Beglaubigungsschreiben der beiden ersten Botschafter im August 1965 ein neues Kapitel der deutsch-israelischen Beziehungen begonnen hatte, war der Dialog zwischen beiden Staaten doch immer wieder starken Schwankungen unterworfen. Insbesondere die mangelnde Sensibilität auf deutscher Seite führte häufig zu Mißverständnissen. Israel beobachtete die politische Entwicklung der Bundesrepublik sehr genau. Ereignisse wie der Anschlag auf die Kölner Synagoge und andere antisemitische Aktionen im Jahre 1959 trübten die Beziehungen. Der Prozeß gegen den »Judenreferenten« im Reichssicherheitshauptamt Adolf Eichmann 1961/62 in Israel brachte dann beiden Seiten die Vergangenheit wieder schmerzlich zu Bewußtsein.

Da die Generation der Täter und Mitläufer mit Verdrängung oder Indolenz reagierte, mußte eine Auseinandersetzung mit der NS-Diktatur in den Schulen ansetzen. Bereits die antisemitische Schmierwelle als Folge des Anschlags auf die Kölner Synagoge im Januar 1960 hatte zu ersten positiven Entwicklungen im Bildungsbereich geführt. Konkrete Ergebnisse zeigten sich in der Umorientierung des Schulunterrichts und eine damit verbundene Revision der Schulbücher. Die Kultusministerkonferenz gab 1960 ein Statement ab, das deutlich hervorhob, eine politische Erziehung in Deutschland sei nicht ohne eine dezidierte Analyse des Nationalsozialismus möglich. Weiter stellten die Mitglieder der Konferenz fest, daß die Beschäftigung mit militärischen Sachverhalten des Zweiten Weltkriegs weniger Beachtung finden sollte, vielmehr aber die sozialen, wirtschaftlichen und psychologischen Folgen und hier insbesondere das Leid der Verfolgten in den Vordergrund gestellt werden müßten. Als Reaktion auf den Eichmann-Prozeß gab die Kultusministerkonferenz im Juli 1962 eine weitere Empfehlung heraus, die die Einsicht dokumentierte, daß eine politische Erziehung in Deutschland nicht ohne eine Analyse des Nationalsozialismus möglich sei[73]. Allerdings wurde noch immer nicht deutlich genug hervorgehoben, daß die Problematik des Antisemitismus in seiner gesamten historischen Entwicklung und der geplante Massenmord an den Juden ein eigenes Thema im Unterricht zu bilden hatte. Erst in der Folge des Jom-Kippur-Krieges 1973 und noch deutlicher nach der Ausstrahlung des Films »Holocaust« 1979 im Fernsehen wurde die Einzigartigkeit des Massenmords an den Juden auch im Schulunterricht adäquat behandelt[74]. Obgleich 30 000 Telefonanrufe, zahllose Briefe und hunderte von Lehrern um entsprechendes Unterrichtsmaterial bei den Kultusministerien nachsuchten, blieb der »Holocaust«-Film nur ein schnellebiges Medienereignis, das zwar durch die Identifikationsmöglichkeit mit der Filmfamilie Weiß eine Lawine der Betroffenheit auslöste, die aber ebenso rasch wieder verebbte. Positive Auswirkungen lassen sich allerdings auf dem Bildungssektor feststellen. Die Erkenntnis, daß persönliche Identifikationsmöglichkeiten die nationalsozialistische Judenverfolgung besser begreifbar machen, haben ein Umdenken bei Schulbuchautoren bewirkt. Die Opfer werden nicht mehr als entpersonalisierte Masse dargestellt, sondern etwa durch autobiographische Berichte individualisiert. Demgegenüber versucht die Beschreibung der Täter-Seite eine Personalisierung, d. h. die Reduzierung auf Adolf Hitler, die nur allzu leicht zu einem Verdrängungsmechanismus der deutschen Verantwortung führen kann, zu vermeiden. Schüleraustausch mit Israel und, soweit noch möglich, Überlebende als Gesprächspartner in Schulen, dies alles sind positive Entwicklungen, die allerdings nicht ausschließen, daß rechtsorientierte Tendenzen bei einem — allerdings kleinen — Teil der Jugendlichen Konjunktur haben.

Die in Deutschland lebenden Juden fühlen sich durch rechtsextreme Auswüchse bedroht. Viel größer allerdings ist die Angst vor den Brandstiftern im Nadelstreifenanzug und dem latenten Antisemitismus, der in jeder gesellschaftlichen Gruppe auftritt. Bittere Erfahrungen bleiben den Juden nicht erspart. Inge Deutschkron, die mit ihrer Mutter die NS-Zeit in Berlin versteckt überlebt hatte und später nach einem England-Aufenthalt als Journalistin in Bonn arbeitete, beschreibt ihre Gefühle:

»Ich war isoliert. Ich begriff das nicht. Natürlich hatte ich nicht erwartet und auch nicht gewollt, daß man einer unter den Nazis verfolgten Jüdin, die trotz allem nach Deutschland zurückgekehrt war, mit Ehrfurcht oder Demut begegnete. Aber ich hatte erwartet, daß man sie aufnahm, vielleicht sogar mit Freude darüber, daß eine Jüdin durch ihre Rückkehr ihr Vertrauen zu einem neuen Deutschland bekundete. Und daß man mit ihr gemeinsam den Versuch unternehmen konnte, zu verstehen, was damals geschehen und wie es zu den grausamen Verbrechen Deutscher gekommen war. Statt dessen wurde eine Barriere aufgerichtet, und sie stand nicht nur zwischen den Bonner Journalisten und mir, sondern zwischen Deutschen und Juden überhaupt[75].«

Hatten sich die Überlebenden aus eigenem freien Willen entschlossen, in Deutschland zu wohnen, so war dies für viele der zweiten Generation mit traumatischen Erinnerungen verbunden. Unter den Überlebenden gab es nur wenige Kinder; bald jedoch sorgten die jüdischen DPs für Aufsehen, als sie die höchste Geburtenrate aller jüdischen Gemeinden der Welt aufwiesen. Die starke Überalterung der jüdischen Gemeinden konnte erst behoben werden, als DP-Familien Mitglieder wurden. Die Kinder waren die Hoffnungsträger für die Zukunft, das heißt aber auch, daß an sie Forderungen gestellt wurden, die sie nicht erfüllen konnten. Sie mußten die Last der Geschichte ihrer Eltern, über deren Verfolgungszeit sie oftmals kaum etwas oder gar nichts erfuhren, verarbeiten.

Richard Chaim Schneider, 1957 als Sohn von Überlebenden in München geboren, beschreibt dieses Leben zwischen zwei Welten:

»Was es unseren Eltern wohl bedeutet haben mag, ihre Kinder in der Synagoge zu erleben. Mitten in Deutschland, nur wenige Jahre nachdem sie der Hölle der Konzentrations- und Vernichtungslager entkommen waren? Natürlich wußten wir Kinder das nicht. Wir wußten nicht, welcher Druck auf uns lastete, aber wir spürten ihn [...] Und die Diskrepanz zwischen drinnen und draußen, die erlebten wir tagtäglich, diese Grenze zwischen Gefilte Fisch und Weißwürsten. Jedesmal, wenn wir die Synagoge verließen, am Ende des Gottesdienstes, durchschritten wir einen Zeit- und Kulturtunnel, der uns am anderen Ende wieder hinausspuckte in eine fremde, mißgünstige und kalte Welt[76].«

Ebenso wie viele junge Juden, die in Deutschland geboren wurden, versucht auch Schneider diesem inneren Zwiespalt zu entfliehen; einen Teil des Jahres verbringt er in Israel. Andere fühlten sich schon früher »Fremd im eigenen Land«[77] und verließen die Bundesrepublik, um nach Israel auszuwandern. Aber es gibt auch jene, die bleiben und sich politisch engagieren wie Michel Friedmann, der Mitglied der CDU und Kulturdezernent der jüdischen Gemeinde in Frankfurt ist. Friedmann äußerte sich anläßlich einer Podiumsdiskussion gegenüber jungen nicht-jüdischen Leuten, die die kontinuierliche Beschäftigung mit dem Holocaust kritisierten:

»Der Unterschied in der Wahrnehmung der Zeit bei Juden und Deutschen liegt darin, daß für Deutsche die Shoa Vergangenheit ist, für uns jüngere Juden jedoch so lange lebendige Wirklichkeit bleibt, wie unsere Eltern am Leben sind[78].«

Vielen Juden wird dieses zeitliche Limit zu eng gefaßt sein. Die Auseinandersetzung mit der Geschichte der Verfolgung wird die zweite, aber auch die dritte Generation weiterhin beschäftigen. Manche werden sie im öffentlichen Diskurs führen, andere im ganz privaten Bereich, und wenige werden versuchen, Normalität zu erzielen, indem sie polemisch wie der Schriftsteller Rafael Seligmann[79] mit ihrer Vergangenheit und ihrer jüdischen Tradition ins Gericht gehen.

Anmerkungen

[1] Adolf Stoecker, Unsere Forderungen an das moderne Judentum, Rede gehalten am 19. September 1879 vor der christlich-sozialen Arbeiterpartei, in: ders., Christlich-soziale Reden und Aufsätze, Berlin ²1890, S. 359—369, hier S. 367.

[2] Jüdische Rundschau vom 4. 4. 1933; auch abgedruckt in: Robert Weltsch, Tragt ihn mit Stolz den gelben Fleck. Zur Lage der Juden in Deutschland 1933. Eine Aufsatzreihe der »Jüdischen Rundschau« zur Lage der deutschen Juden, Berlin 1933, S. 24—29.

[3] Konrad Kwiet, Nach dem Pogrom: Stufen der Ausgrenzung, in: Die Juden in Deutschland 1933—1946. Leben unter nationalsozialistischer Herrschaft, hrsg. von Wolfgang Benz, München 1993, S. 545—659, hier S. 545.

[4] Ebd., S. 546.

[5] Vgl. ebd., S. 548 f.

[6] Vgl. ebd., S. 562.

[7] Arthur Prinz, Der Stand der Auswanderungsfrage, in: Jüdische Wohlfahrtspflege und Sozialpolitik, Mai—Juni 1935, S. 77.

[8] Juliane Wetzel, Auswanderung aus Deutschland, in: Die Juden in Deutschland (wie Anm. 3), S. 413—498, hier S. 421; vgl. auch Paul Sauer, Die Schicksale der jüdischen Bürger Baden-Württembergs während der nationalsozialistischen Verfolgungszeit 1933—1945, Stuttgart 1969, S. 141 f.

[9] Yehuda Bauer, American Jewry and the Holocaust. The American Jewish Joint Distribution Committee, 1939—1945, Detroit ²1982, S. 64.

[10] Ino Arndt, Heinz Boberach, Deutsches Reich, in: Die Dimension des Völkermords. Die Zahl der jüdischen Opfer des Nationalsozialismus, hrsg. von Wolfgang Benz, München 1991, S. 23—65, hier S. 40 f.

[11] Ebd., S. 46 ff.

12 Anton Gill, The Journey Back From Hell. Conversations With Concentration Camp Survivors, London 1988, S. 199.
13 Zit. nach Monika Richarz, Juden in der Bundesrepublik Deutschland und in der deutschen Demokratischen Republik seit 1945, in: Jüdisches Leben in Deutschland seit 1945, hrsg. von Micha Brumlik [u.a.], Frankfurt a.M. 1988, hier S. 14.
14 Yehuda Bauer, Out of Ashes. The Impact of American Jews on Post-Holocaust European Jewry, Oxford 1989, S. 36.
15 Wolfgang Jacobmeyer, Jüdische Überlebende als »Displaced Persons«. Untersuchungen zur Besatzungspolitik in den deutschen Westzonen und zur Zuwanderung in den deutschen Westzonen und zur Zuwanderung osteuropäischer Juden 1945—1947, in: Geschichte und Gesellschaft, 9 (1983), S. 421—452, hier S. 452; Institut für Zeitgeschichte (IfZ), Fi 01.76. J.J. Schwartz, DP-Report, 19.8.1945; Displaced Persons in Europe. Report of the Committee on the Judiciary Pursuant to Senate Resolution 137, März 1948, S. 16.
16 IfZ, Fi 01.76. J.J. Schwartz, DP-Report, 19.8.1945, S. 1.
17 Leonard Dinnerstein, America and the Survivors of the Holocaust, New York 1982, S. 9.
18 American Jewish Committee, Blaustein Library, New York: The Problem of the Displaced Persons. Report of the Survey Committee on Displaced Persons of the American Council of Voluntary Agencies for Foreign Service Inc., June 1946.
19 Angelika Königseder, Juliane Wetzel, Lebensmut im Wartesaal. Jüdische DPs (Displaced Persons) im Nachkriegsdeutschland, Frankfurt a.M. 1994, S. 7f.
20 Vgl. ebd., das Kapitel »Der Harrison-Bericht und seine Folgen«, S. 35—46.
21 Ebd., S. 47—57.
22 Peter Kirchner, Die jüdische Minorität in der ehemaligen DDR, in: Zwischen Antisemitismus und Philosemitismus. Juden in der Bundesrepublik, hrsg. von Wolfgang Benz, Berlin 1991, S. 29—38, hier S. 29.
23 Angelika Schardt, Eine Minorität am Rande der Nachkriegsgesellschaft: Jüdische Displaced Persons am Beispiel des Lagers Föhrenwald bei Wolfratshausen, Magr.-Arbeit, Ludwig-Maximilians-Universität, München 1990, S. 102—105.
24 YIVO-Institute for Jewish Research (YIVO), Leo W. Schwarz Papers (LWSP), fol. 121: Brief von Charles Passman, Zone Director AJDC an Dr. Blumowicz, Central Committee, 16.11.1947; siehe auch ebd., fol. 149: Korrespondenz zwischen Vertretern der deutschen Juden und AJDC sowie UNRRA, März 1947; vgl. auch Juliane Wetzel, Jüdisches Leben in München 1945—1951. Durchgangsstation oder Wiederaufbau?, München 1987, S. 13ff.
25 Wetzel, Jüdisches Leben (wie Anm. 24), S. 10 (Bayerisches Ministerium für Unterricht und Kultus, Brief an Herrn Min.Rat Emnet vom 10.1.1946, AZ II 34882).
26 Ebd., S. 11.
27 Ebd., S. 36.
28 Bezeichnung für Nichtjuden, die unter bestimmten Bedingungen Juden in Ländern, die von Deutschland besetzt waren, gerettet haben. Das Depart-

ment »Righteous among the Nations« in der Gedenkstätte Yad Vashem in Jerusalem vergibt an die nach strengen Kriterien geprüften Retter Medaillen. Die Ausgezeichneten dürfen außerdem in der Allee der Gerechten in Yad Vashem einen Baum pflanzen. Vgl. Mordecai Paldiel, The Path of the Righteous. Gentile Rescuers of Jews during the Holocaust, New Jersey, New York 1993.

29 So Harry Goldstein aus Hamburg stellvertretend für viele, siehe Harry Maor, Über den Wiederaufbau der jüdischen Gemeinden in Deutschland seit 1945, Diss. Mainz 1961, S. 5 f.

30 Vgl. zu McCloys Rede, die schließlich zur Veröffentlichung eines antisemitischen Leserbriefs von »Adolf Bleibtreu« in der »Süddeutschen Zeitung« geführt hatte, Werner Bergmann, Medienöffentlichkeit und extremistisches Meinungsspektrum. Die Süddeutsche Zeitung und der Fall »Adolf Bleibtreu«, in: Jahrbuch für Antisemitismusforschung, 3 (1949), S. 51—67.

31 Frank Stern, Im Anfang war Auschwitz, in: Dachauer Hefte, 6 (1990), S. 25—42, hier S. 28.

32 Juliane Wetzel, »Mir szeinen doh«. München und Umgebung als Zuflucht von Überlebenden des Holocaust 1945—1948, in: Von Stalingrad zur Währungsreform. Zur Sozialgeschichte des Umbruchs in Deutschland, hrsg. von Martin Broszat, Klaus-Dietmar Henke, Hans Woller, München 1988, S. 327—364, hier S. 334.

33 Constantin Goschler, Paternalismus und Verweigerung. Die DDR und die Wiedergutmachung für jüdische Verfolgte des Nationalsozialismus, in: Jahrbuch für Antisemitismusforschung, 2 (1993), S. 93—117, hier 95.

34 Ebd., S. 97; vgl. auch Olaf Groehler, SED, VVN und Juden in der sowjetischen Besatzungszone Deutschlands (1945—1949), in: Jahrbuch für Antisemitismusforschung, 3 (1994), S. 282—302; Helmut Eschwege, Die jüdische Bevölkerung der Jahre nach der Kapitulation Hitlerdeutschlands auf dem Gebiet der DDR bis zum Jahre 1953, in: Siegfried Theodor Arndt [u. a.], Juden in der DDR. Geschichte, Probleme, Perspektiven, Duisburg 1988, S. 70.

35 Goschler, Paternalismus und Verweigerung (wie Anm. 33), S. 103; vgl. auch Robin Ostrow, Jüdisches Leben in der DDR, Frankfurt a. M. 1988.

36 Lothar Mertens, Staatlich propagierter Antizionismus, in: Jahrbuch für Antisemitismusforschung, 2 (1993), S. 139—153, hier S. 141.

37 Eschwege, Die jüdische Bevölkerung (wie Anm. 34), S. 91.

38 Vgl. den beeindruckenden autobiographischen Beitrag von Salomea Genin, »Wie ich in der DDR aus einer Kommunistin zu einer Jüdin wurde«, in: Das Exil der kleinen Leute, hrsg. von Wolfgang Benz, München 1991, S. 309—326.

39 Kirchner, Die jüdische Minorität (wie Anm. 22), S. 33.

40 Goschler, Paternalismus und Verweigerung (wie Anm. 33), S. 110.

41 Ebd., 111 f.

42 Vgl. Josef Foschepoth, »Helfen Sie uns, und Sie helfen Deutschland ...« Die Anfänge der Gesellschaften für Christlich-Jüdische Zusammenarbeit, in: Zwischen Antisemitismus und Philosemitismus (wie Anm. 22), S. 63—70. Vgl. Josef Foschepoth, Im Schatten der Vergangenheit. Die Anfänge der Gesellschaften für christlich-jüdische Zusammenarbeit, Göttingen 1992.

43 YIVO, Displaced Persons Germany (DPG), fol. 68: Brief vom Beauftragten des Stadtrates für das Wohnungsamt Landsberg a. Lech an Kommissar Aumer, 28.11.1945.
44 Ebd., fol. 49: Protestschreiben der Jüdischen Gemeinde Bamberg, 16.7.1950.
45 Dinnerstein, America (wie Anm. 17), S. 49 f.; IfZ, Fi 01.82. History — U.N.R.R.A. — U.S.-Zone, Report Nr. 31, Juli 1947, 10.
46 AJDC Archives, New York. Germany DP's Camp Föhrenwald 1945—1953. Sam Haber an C. Jordan, AJDC Paris, 29.5.1952.
47 Manchester Guardian vom 9.9.1952.
48 STA München, LRA Wolfratshausen 144 809, Monatsbericht an die Regierung von Oberbayern, 29.5.1952.
49 Vgl. Werner Bergmann, Sind die Deutschen antisemitisch? Meinungsumfragen von 1946—1987 in der Bundesrepublik Deutschland, in: Antisemitismus in der politischen Kultur nach 1945, hrsg. von Werner Bergmann, Rainer Erb, Opladen 1990, S. 108—130, hier S. 112.
50 Ebd., S. 113.
51 Ebd.
52 Vgl. den Beitrag von Constantin Goschler in diesem Band.
53 Bergmann, Sind die Deutschen antisemitisch (wie Anm. 49), S. 114.
54 Werner Bergmann, Antisemitismus in der öffentlichen Meinung Ost- und Westdeutschlands, in: Forschung Aktuell (TU Berlin), 39/41 (1993), S. 11—15.
55 Maor, Wiederaufbau (wie Anm. 29), S. 17.
56 1955 war die Zahl auf 15 684 gesunken, vgl. Die Juden in Deutschland. Ein Almanach, hrsg. von Hanz Ganther, Hamburg 1959, S. 460.
57 Stand 1.1.1994: 40 823 (Berlin 9488, Hamburg 1795, Frankfurt 5777, München 4006), Auskunft: Zentralrat der Juden in Deutschland, Bonn.
58 Angelika Königseder, Zur Chronologie des Rechtsextremismus. Daten und Zahlen 1946—1993, in: Rechtsextremismus in Deutschland. Voraussetzungen, Zusammenhänge, Wirkungen, hrsg. von Wolfgang Benz, Frankfurt a.M. 1994, S. 246—315, hier S. 253 f.
59 Berliner Zeitung vom 22.1.1960 und vom 26.1.1960.
60 Königseder, Chronologie (wie Anm. 58), S. 255.
61 Walter Süß, Zur Wahrnehmung und Interpretation des Rechtsextremismus in der DDR durch das MS. Analysen und Berichte, Hrsg.: Der Bundesbeauftragte für die Unterlagen des Staatssicherheitsdienstes der ehemaligen Deutschen Demokratischen Republik, 1 (1993), S. 8.
62 Königseder, Chronologie (wie Anm. 58), passim.
63 Vgl. Ebd.
64 Adolf Diamant, Jüdische Friedhöfe in Deutschland. Eine Bestandsaufnahme, Frankfurt a.M. 1982, S. 204—207.
65 Verfassungsschutzberichte, hrsg. vom Bundesminister des Innern, passim.
66 Sieghard Bußenius, Inseln des Friedens oder Grundstücke ohne verkehrswert? Jüdische Friedhöfe und ihre Schändungen, in: Informationen zur Schleswig-Holsteinischen Zeitgeschichte, 21 (1991), S. 30.
67 Ebd., S. 27.

[68] Die Reportage: Ignatz Bubis. Ein Jude in Deutschland, eine Sendung des ZDF vom 2. April 1993.

[69] Der deutsch-israelische Dialog. Dokumentation eines erregenden Kapitels deutscher Außenpolitik, Teil I: Politik, Bd 1, München, New York 1987, S. 145 f.

[70] Ebd., passim.

[71] Verhandlungen des deutschen Bundestages, 1. Wahlperiode, 165. Sitzung am 27. September 1951, S. 6697 f.

[72] Niels Hansen, Verbindungen in die Zukunft. 25 Jahre diplomatische Beziehungen zwischen Deutschland und Israel, in: Aus Politik und Zeitgeschichte, B15/90 vom 6. 4. 1990, S. 8—18, hier S. 9 f.

[73] Martin und Eva Kolinsky, The Treatment of the Holocaust in West German Textbooks, in: Yad Vashem Studies, 10 (1974), S. 149—216, hier S. 162 ff.

[74] Vgl. Chaim Schatzker, Die Juden in den deutschen Geschichtsbüchern. Schulbuchanalyse zur Darstellung der Juden, des Judentums und des Staates Israel, Bonn 1981.

[75] Inge Deutschkron, Unbequem. Mein Leben nach dem Überleben, Bielefeld 1992, S. 79.

[76] Richard Chaim Schneider, Zwischenwelten. Ein jüdisches Leben im heutigen Deutschland, München 1994, S. 97.

[77] Fremd im eigenen Land. Juden in der Bundesrepublik, hrsg. von Henryk Broder, Frankfurt a. M. 1980.

[78] Schneider, Zwischenwelten (wie Anm. 76), S. 104 f.

[79] Rafael Seligmann, Rubinsteins Versteigerung, Frankfurt a. M. 1989; ders., Die jiddische Mamme, Frankfurt a. M. 1990; ders., Mit beschränkter Hoffnung. Juden, deutsche Israelis, Hamburg 1991.

Richard James Overy

Rationalization and the ›Production Miracle‹ in Germany during the Second World War*

The rationalization of industrial production played a significant part in transforming the productive performance of all the major warring states between 1939 and 1945. Wartime economic pressure, brought about as a result of the high demand for industrial products and the limited resources available, compelled efforts to use industrial capacity more efficiently. The state had a primary interest in getting the most out of industry: ›the greatest output is to be achieved with the smallest expenditure of resources,‹ ordered Hitler in March 1942.[1] Rationalization in the context of war production meant, according to the Luftwaffe's time-and-motion expert, ›the systematic saving of materials and manpower in order to achieve the highest possible quantities of output‹.[2] This involved the application of modern mass-production techniques and the scientific management of labour and material resources, not with the profit motive in mind, but in order to approach as far as possible the optimum use of national resources for the country's war effort.

Rational production made most progress in the United States before the war. Automated production and scientific management had become characteristic of a range of industries, but was associated chiefly with the motor and electrical industries. Rational methods had begun to appear in Europe in the 1920s, but the impact of the slump and the depressed state of the European economy in the 1930s inhibited its development. It featured mainly in the European car industry, and was not general even there. During the war rationalized production spread rapidly in American war industry. When British officials and industrialists visited the United States in 1942 on a mission to investigate the American aviation industry, they found an unbridgeable gap between British practice and the scale and modernity of American plants. Efforts were made in Britain in the last years of war to plan production and the flow of resources and components more rationally, and to modernize British factory practice.[3]

Progress was also slow in Germany. When British technical experts visited German plants at the end of the war they found factory practice there was not as different from their own as they had expected. In both states industry exploited rational methods where it was feasible to do so. The degree of automation and rational labour and resource utilization was considerably higher in both economies by the war's end. The United States Strategic Bombing Survey [USSBS] concluded in 1945 that ›the expansion of German industrial output from 1939 to 1944 was made possible largely by improvements in the productivity of labour‹. The survey found that most of the 30 per cent increase occurred in the later period of the war and was brought about by ›simplification, standardization, and a certain modernization of industry long accustomed to highly skilled workers and multi-purpose machines‹.[4] It has long been accepted that rationalization played a part in the so-called ›production miracle‹ in Germany between 1942 and 1944, though its nature and effects have not been assessed or measured in much detail. The survey that follows here is a preliminary assessment of how and why rationalization was introduced into the German war economy and of the extent to which it was responsible for the trebling of weapons output in Germany between 1941 and 1944.

I

The impact of rationalization after 1941 can only be understood in the wider framework of the development of Germany's military economy from the late 1930s. During the period of accelerated rearmament in Germany after 1936 the demands of the state for military production and the development of strategic heavy industry together placed enormous demands on German resources. It was recognized that greater rationalization would reduce these strains and some efforts were made before the outbreak of war to encourage better factory practice and more rational labour use, and to simplify and standardize major products and components. Much of this activity took the form of recommendations from semi-official commissions set up to advise firms about new production systems and forms of labour use. In December 1938 Hermann Göring as head of the Four Year Plan gave the Economics Minister, Walther Funk, the task of raising the overall level of industrial efficiency through ›improvements in the layout of factories, in production means and production methods‹.[5] On the whole such efforts met with only limited success. Funk's powers were ill-defined and industry was generally hostile to bureaucratic intervention in the actual processes of production or in commercial strategy. In the aircraft industry, which boasted a great deal of up-to-date equipment, officials appointed to encourage standardization and scientific management found resistance from both managers and workers, who could either not understand the new processes or were reluctant to change from more conventional skilled-work methods. Industrial sectors such as motor vehicles, where modern rational production was more widespread, were poorly integrated into the military economy, and remained so in the early years of the war.[6]

With the outbreak of war in September 1939 the demands made of the industrial economy for military production expanded rapidly and substantially. The proportion of the industrial labour force engaged on orders for the armed services leapt from 21 to 55 per cent by early 1941, and was not much higher than this by 1944. In the metalworking and engineering industries, where armaments production was concentrated, almost 70 per cent of the work-force was committed to military orders by the summer of 1941, and remained at or around this level until 1944. Both these figures exceeded levels of mobilization in Britain. At the same time the output of goods for the civilian market declined sharply; by late 1940 most of the consumer industries were devoting between 40 and 50 per cent of their output to the military, leaving very little for the civilian population.[7] Labour and raw-material shortages for both military and civilian production became widespread during 1940 and 1941. When Albert Speer was appointed Armaments Minister by Hitler in February 1942 on instructions to expand war production even further, he and his colleagues regarded the task as ›scarcely soluble‹ on account of the ›extraordinary degree‹ to which the economy was already committed to war.[8]

During the first years of war the problem for the German leadership was not the extent to which resources were converted to the war effort, but the poor productive performance of the military industries for which the resources had been released. The large increase in the proportion of the industrial work-force involved in military production did not produce a proportionate increase in military output. The supply of weapons grew much more slowly than the supply of resources to produce them. Output per worker in the arms industry fell by 24 per cent between 1939 and 1941. In certain branches the performance was much worse than the average. The output of aircraft stagnated between 1939 and 1941. Though the industry got 50 per cent more labour, the output of finished aircraft incrased by only 15 per cent. The output of tanks and armoured vehicles was only on-third of British levels in 1941; the output of heavy vehicles actually declined between 1940 and 1941. Britain outproduced Germany in most major classes of weapon in the first three years of war, even though a smaller proportion of the British industrial labour force was converted to war production, and despite the fact that Germany had more than twice the steel output and a total labour force half as large again as the British.[9] This was not what Hitler wanted. In December 1939, and again in the summer of 1940 and the summer of 1941, he ordered very great increases in military output of all kinds. Hitler wanted German production to exceed the levels of the First World War. Speer told his interrogators in 1945 that Hitler ›knew the supply figures of the last war in detail and could reproach us with the fact that the output in 1917/18 was higher than we could show in 1942‹. According to Speer ›these were requirements which had been fixed in his mind for a long time. They were in nearly every case three to six times the armament production in 1941.‹[10] In the end the output of finished weapons matched neither the quantity of resources transferred to war production nor the plans insisted upon by Hitler.

There are plenty of explanations for the low level of productive performance, many of which were recognized by officials at the time. The economy had to cope with completing expensive capital projects in industrial sectors essential for war as well as producing larger quantities of finished weapons. The synthetic oil and rubber programmes, the chemical plans essential for expanding the output of explosives, the expansion of domestic iron-ore and steel output, the expansion of facilities and plant for armaments, all of these soaked up substantial quantities of labour, materials, and managerial effort. The problems produced by the competition for resources might well have mattered less if there had existed an effective and co-ordinated administration for the war economy to sort out the different claims and organize priorities. In practice priority was claimed for every new programme, so that a real ordering of needs was difficult to produce. The armed forces demanded more resources and capacity on a pro rata basis to meet every new programme. The wartime economic administration developed in a fragmented and piecemeal way with a great deal of jurisdictional conflict and little centralization and co-ordination.

The situation was made worse by the tension that existed between the military and the civilian authorities. Once war had broken out the armed forces argued that weapons procurement was largely their responsibility. The technical branches of the services took the lead in developing new weapons and updating existing types, planning the quantities needed and monitoring what industry did with the orders. This was done with almost no co-operation between the three armed services, which led to endless duplication of productive effort and the jealous guardianship of resources and factory space. It was also done with virtually no attention to the wider problems of the industrial economy or with rational production methods in mind.[11]

Instead the armed forces insisted on very high technical standards at the expense of greater quantities of production, and generally remained hostile to suggestions that they should simplify the design of weapons, or reduce the number of different types, or embrace a production strategy favourable to mass production. The forces regarded mass production as something inherently incompatible with the high standards of workmanship and careful attention to technical detail and finish required by modern weaponry. They gave priority to the technical requirements of the frontline soldiers, which were assessed and communicated to industry by the engineering officers who jealously guarded their specialized and professional function.[12] Looked down on by the more glamorous combat officers, the engineers were keen to establish their authority over mere civilians. They insisted that industry would have to accept military interference at every stage of the production process, including the regular refinement and modification of weapons already in production even at the expense of the flow of finished weapons. Under these circumstances it proved very difficult to sustain long production runs and to achieve the economies in labour and resource use that large-scale production permitted. The officers responsible for procurement rarely consulted the manufacturers and saw no reason why they should. Civilian ministers were tolerated only to the extent that they continued to supply the men, materials, and machines to fuel the armaments sector. Even the Speer Ministry was regarded, according to officials of the Army Ordnance Office, as ›an inexperienced intruder‹.[13] The prduct of poor co-ordination, inter-service rivalry, and the relative exclusion of industry from decision-making was a war economy characterized, as one official of the Labour Front put it in the autumn of 1940, by ›a steady decline in efficiency‹.[14]

Manufacturers complained regularly about the disorganization and apparent planlessness of the war exonomy. They resented the subordinate role assigned to them by the military authorities, and argued that they could do the job better themselves.[15] But in the face of encroaching state power, industry sat back and did what it was told. Under the circumstances there was little incentive to rationalize production further. Since the mid-1930s a great many German businesses had relied on state orders. The rearmament boom brought guaranteed contracts and a steady rate of profit. Contracts were negotiated on a cost-plus basis. The state reimbursed costs in full and gave a profit rate of between 3 and 6 per cent of the costs.[16] The more expensive and inefficient the production, the higher the profit. Rather than operate existing capacity more productively, many firms built additional factory capacity and enlarged their capital assets at the expense of the state. By 1941 only a small proportion of war industry worked more than one shift, while large resources were tied up building new plant. In the absence of commercial pressure to adopt rational methods, industry adopted a conservative position. The collusion between armed forces which placed a premium on old-fashioned production and high quality, and industries which profited from high-cost production and asset-building, pushed up the cost of Germany's war effort and greatly exaggerated the resource problem. It also encouraged a low level of exchange of information and resources between businesses, which preferred to maintain an exclusive relationship with particular sectors of the military establishment. By the summer of 1941 German industry had arrived at a state which Karl Otto Saur, Speer's deputy in the Armaments Ministry, later described as ›completely unrationalized‹.[17]

Nor did efforts to improve the productive performance of labour have much greater success. Since under the cost-plus system wage costs were passed on to the consumer — in this case the state or the armed forces — firms were under little pressure to rationalize labour use. Wage controls and limited bonuses reduced the incentive for labour to increase earnings, unlike British or American workers who benefited substantially more from war employment. Even workers on piece-rates found it difficult to increase earnings by working harder or suggesting improvements in labour use from the shop floor. When their hourly output increased the rate per unit produced was renegotiated to a lower level, so that they ended up earning the same amount of money for harder work. Foremen and workers colluded together to deceive the time-fixers and work at the pace of the slowest workers.[18] In this way labour, too, had a vested interest in maintaining high-cost, unrationalized output and workers resisted where they could attempts to reorganize factory practice or methods of payment.[19]

II

The German war economy reached an impasse in 1941. It lacked any centralized control of its key physical resources. The armed forces had adopted practices in procuring weapons which strongly militated against the introduction of mass or automated production and encouraged old-fashioned skills. Neither industry nor labour had incentives for greater efficiency and both had vested interests in preserving unrationalized, high-cost production. The military planners continued to pile up demands one on top of the other for technically complex weapons, with little eye to the effect these demands had on the economy as a whole; and no civilian office, whether the Four Year Plan, the Economics Ministry, or the Ministry of Munitions set up under Fritz Todt in February 1940, had sufficient political strength to compel the forces to use the economic resources more efficiently.

From the late autumn of 1940 there was a growing awareness in official circles that the demands made of the economoy were producing a crisis. In November General Georg Thomas, head of the War Economy Office at Supreme Headquarters, complained that it was ›a generally acknowledged fact with all those offices concerned with formulating and carrying out the demands of the supreme leadership that they bear no relationship to the capacity of the German economy‹.[20] That same month the State Secretary in the Economics Ministry, Friedrich Landfried, wrote to Hitler's headquarters to insist that the armed forces confine their programmes to the productive capacity of industry. According to Landfried, production for the military threatened to endanger not only the production of basic ration-card goods for the German consumer, but even the production of heavy-industrial goods for the war effort, and the maintenance of the transport network. By this stage of the war the armed forces took almost three-quarters of all German steel production, leaving only 5 per cent for exports and 20 per cent for all remaining industrial, service, and civilian needs.[21] In the case of most other metals the armed forces took between two-thirds and four-fifths of German supplies. Almost two-thirds of the industrial work-force were engaged in war or war-related work. By the spring of 1941 Thomas reported to a meeting of armaments inspectors that little more could be squeezed out of the remaining non-war sectors: ›On the question of cutting back civilian production, on conversion and closures there is nothing more to say.‹[22]

The pressures in 1941 were especially acute in labour supply. By the spring of 1941 there were outstanding demands for a further 2.5 million men for the armed services and the arms industry. When Hitler ordered a new programme for aircraft production in July 1941 for quadrupling the size of the air force, it was calculated that another 2.9 million workers would be needed, in addition to current demands for 1.9 million from the rest of war industry. This problem was compounded with the declining quality of labour. By 1941 a great number of skilled men bad been taken by the armed forces — Thomas calculated that over 800,000 metalworkers had been conscripted by July 1941 — leaving less skilled, older, or very young workers in industry. During 1941 high levels of conscription reduced the stock of young male workers by a total of 6 million, while industry was compensated for their loss with labour that was less skilled or completely untrained. The result was increasing pressure on firms to apply labour more rationally or face further falls in productivity.[23]

There was no simple solution to the labour problem. It was recognized that not much more was to be gained by increasing hours. Average hours worked per week peaked in 1941. There were limits to increasing labour input. The addition of more female workers, foreigners, and prisoners of war in 1941 failed to compensate for the loss of workers to the armed forces. The only remaining option was to utilize existing labour resources more productively in order to raise output. In February 1941 General Thomas called for ›*the use of more rational methods*‹.[24]

It was soon discovered that much was to be gained from rationalization. That same month Thomas's office undertook a widespread survey of industrial production methods. The survey demonstrated how great was the gap between the best and worst firms producing army weapons. In the production of fuses for bombs the worst firm, AEG in Berlin, used 9.2 workers for every 1,000 fuses produced; the best firm used only 4.1. In the production of cartridge cases the best firm used 3, the worst firm 60 workers per 1,000 cases. According to the report ›the first firm worked completely mechanically, the second with handworker methods‹.[25]

The same situation was evident in aircraft production. Although the air industry was the largest and most recently developed industry in Germany, with a great deal of modern plant and equipment, habits of handwork and unit rather than mass production persisted. Its productive performance since the beginning of the war was a key element in the overall production failure. Large additional resources for aircraft production produced a negligible increase in output. Lack of rationalization was by no means the only cause of the problem. Poor technical planning and leadership in the Air Ministry and major misjudgements in the development of new types of aircraft made it very difficult for aircraft producers to plan rational production or develop long production runs. In the spring of 1941, at the prompting of the State Secretary in the Air Ministry, Erhard Milch, efforts were finally made to improve planning and productive performance.[26] In May Göring appointed an Industrial Council for the air industry, staffed by engineers and industrialists, to investigate the production crisis and recommend ways of rationalizing the industry and reducing the planning muddle.[27]

At this stage Hitler became aware of the growing economic crisis. In February he let it be known that ›he would not allow these economic difficulties to influence his plans‹.[28] The planned invasion of the Soviet Union had a strong economic impulse behind it. Soviet labour, food, and raw material resources were to be seized for the German war effort. But this would not bring immediate benefits, neither would the Soviet economy supply skilled labour and factory capacity for the output of German weapons. At some point in the spring of 1941 Hitler, like Thomas, arrived at the view that rationalization was the way to increase output. On 18 May he invited Thomas and Todt to meet him at Berchtesgaden, where he outlined to them his plans for increasing the efficiency of the war economy.

Hitler took as his starting-point the view that the armed forces made too many technical demands on industry which worked against mass production, simplified construction, and ease of maintenance at the front line. He argued that military insistence on very high quality equipment ›overburdened industry excessively and endangered the whole military output in relation to the utilization of labour‹. He called for a return to ›more primitive, robust construction‹, which would permit ›the promotion of crude mass production‹.[29] His chief-of-staff, Field Marshal Keitel, drew up a decree based on Hitler's instructions, calling on the three commanders-in-chief to reduce the number and complexity of weapons ordered from industry and to promote designs which saved on raw materials and manpower.[30]

Over the next four months the original order was supplemented by further directives from Hitler's headquarters. In July Hitler authorized substantial new programmes for the war economy, including a large battle-fleet, a quadrupling of air force strength, and an army with thirty-six motorized divisions. The new plans could only be met by more efficient production. Hitler ordered the military and civilian authorities to squeeze out any remaining inessential production ›even more than hitherto‹. In August he ordered contracts to be concentrated in ›the firms that worked most efficiently‹[31] The armed forces were again directed in October to co-ordinate and rationalize their planning and procurement policy, and to adjust designs to make them suitable for modernized production methods.[32]

There was already some basis on which to build the new production policy. German industry may have been poorly rationalized but it was certainly modern. A large amount of new factory capicity and machinery was acquired during the rearmament period. Between 1936 and 1941 some RM 26,000 m. was spent on capital equipment.[33] There were pockets of rationalized production in German industry, particularly in sectors which had pioneered modern processing before 1939. Even in the aircraft industry highly rationalized sectors coexisted with suppliers and producers where rational methods had made very little progress.[34] For many firms the problem was not lack of equipment or experience but the failure to plan programmes in ways which permitted the use of rational methods, or provided sufficient incentive to rationalize. Despite Hitler's directives, progress towards reversing this situation was slow during 1941. This was partly because Hitler did not at the same time resolve the problem of military intervention in the economy, or the lack of central, co-ordinated direction. Bureaucratic self-interest and political conflict continued to militate against more rational and co-operative planning; the armed forces vigorously resisted efforts by civilians to interfere with procurement policy.[35]

Indeed, the slow development of rationalization during the second half of 1941 prompted Hitler to take firmer steps. On 3 December he published a widely circulated Führer Order on ›Simplification and Increased Efficiency in Armaments Production‹, which provided the foundation for the more thorough rationalization of the military economy in 1942. Hitler in this decree returned to the argument that the increases in military output he had ordered in 1940 and 1941 could only be met by industry if there were corresponding improvements in productivity. This could be achieved through ›a correction in the construction of our weapons and equipment, in the sense of making possible mass production on modern principles, and by this means achieving the rationalization of our manufacturing methods‹.[36] Increased efficiency, he added, could also be achieved by giving orders only to the most rationally organized and best-operated firms, and finally through the strict limitation of military products to those most suitable for mass production. All this would produce ›considerably simplified manufacturing methods‹ and would ›save raw materials, skilled labour and time‹. Industry was instructed to make recommendations for increased productivity, simplification, and standardization; the armed forces were ordered to comb through their programmes in order to reduce the number of types in production, to adapt designs for mass production, and to avoid excessive modificatiion or technical complexity.[37]

This time Hitler was determined that his objectives would be met. He threw his political weight behind the strategy to increase efficiency, which had been patchily pursued during 1941. Rationalization was finally recognized to be political issue as well as a practical problem. ›It is significant‹, Saur later reflected, ›that rationalisation in Germany was only really put into operation for all practical purposes after Hitler‹s order of December 3rd 1941 and that his intervention was needed to carry it from theory to practice'.[38] The power structure of the Reich was such by 1941 that only Hitler could resolve the problems of who organized and directed the industrial economy, and on what terms. During December Fritz Todt won Hitler's backing for a complete overhaul of army production. On 20 December Todt established a system of Main Committees *(Hauptschüsse)*, each one responsible for directing the production of a particular class of weapon or equipment. The first committees were set up for armoured vehicles, munitions, weapons, machine tools, and general military equipment. In aircraft production a similar system of production ›Rings‹ was introduced by Erhard Milch, in which all the firms involved in the production of each aircraft type were grouped under the direction of the main producers. These reforms increased the degree of centralization and co-ordination, and gave much greater responsibility to industrialists in organizing production.[39]

After the December decree rationalization came to be regarded as the panacea that would resolve all the dilemmas facing the war effort. All the major departments scrambled to meet Hitler's objectives, now that rationalization was politically fashionable. Special commissioners for rationalization were appointed by the Four Year Plan organization, and, in February 1942, by the Economics Ministry. Todt appointed Dr Theodor Hupfauer to produce a survey of German industry in order to register levels of efficiency. He told his interrogators in 1945 that his research proved that ›the degree of efficiency in German industry and even in the most modern firms was bad‹. The results of the efficiency comparison showed that ›the production times of individual processes varied often between fifteen- and twentyfold, though for total operations it was only four- or fivefold ... As this was not a rare occurrence the slogan for the rest of the war became: *increased efficiency* on as broad a basis as possible, using all possible means.‹[40]

One of the factors governing Hitler's decision to enforce rationalization was his intention, in the light of reverses on the Soviet front, to increase arms production again in January 1942, even before solutions had been found to the problems raised by the increased production ordered the previous July. Another factor was his desire to involve industrialists and engineers much more fully in running the productive side of the economy, and to reduce the responsibility of the armed force and the Four Year Plan organization. Hitler favoured strengthening the position of Todt's Munitions Ministry and the industrial committees set up by Todt in 1941. On 6 February 1942 Todt called together the heads of the new Main Committees to discuss the establishment of a central organization for production and the distribution of resources. Two days later Todt was killed in an air crash. Hitler took the opportunity of his death to complete the restructuring of the organization of the war economy in ways that gave him a much more direct say in economic affairs than he had enjoyed hitherto.

He appointed Albert Speer, Todt's deputy and the party's pet architect, as Minister of Armaments with wide executive powers, and deliberately reduced the role of the armed forces and the Göring apparatus. His object was to try to eliminate the political infighting and jurisdictional arguments that had characterized the first two years of war, and to reduce the stifling effect of excessive bureaucratization, which produced, he told Himmler, the ›satrap‹s mentality'.[41] Speer enjoyed Hitler's direct political support, which no other war economic leader had been able to count on until then. ›The backing of the Fuehrer‹, Speer wrote in his memoirs, ›counted for everything.‹[42] Speer was able to resolve the disputes over technical and economic issues by reference to Hitler. When Speer arrived at his post the new rationalization drive was in full swing. He quickly saw that the only way to increase output in an economy already committed to war ›to an extraordinary degree‹ was the widespread adoption of ›new production methods‹.[43]

III

The so-called ›production miracle‹ of 1942—4 was based largely on the revolution in levels of industrial efficiency initiated during 1941. The watchwords of the economy were announced by Walter Funk in April 1942: ›Rationalization and Concentration‹.[44] Rationalization took two forms. The first involved a more general rationalization and centralization of the administration and tighter central control over important physical resources — raw materials, factory equipment, and labour. The second comprised the rationalization of factory practices and labour processes and the imposition of common production standards across German industry.

An effective rationalized administration was the essential precondition for the success of reforms in distributing resources and production practices. The framework for the administration of war production was provided by the Speer Ministry. In discussions with Hitler in the weeks following his appointment Speer was given full executive power ›to achieve a greater centralization and simplification of the leadership of the whole economy‹.[45] This was achieved in a number of ways. In April Speer established a Central Planning agency (*Zentrale Planung*), which became an inner economic cabinet concerned with the allocation of material resources for all German industry. Labour supply was placed under a single Plenipotentiary, the *Gauleiter* Fritz Sauckel. The work of Fritz Todt in establishing a system of industrial committees was continued and strengthened. In addition to the Main Committees set up in December, Speer added committees for shipbuilding, vehicles, airframes, aero-engines, air armament, and radio apparatus. Each Main Committee was served by subordinate Special Committees (*Sonderausschüsse*) which were responsible for a particular model of weapon or a particular piece of equipment. All the firms involved in the production of weapons were controlled by the committees, and work practices, the flow of resources, and the allocation of labour were placed under central review. Finally a number of Armaments Commissions were established to oversee the technical development of weapons in co-operation with the armed forces, in order to avoid as far as possible duplication of effort, or excessive complexity of design. The development commissions worked closely with the Main Committees on production questions.[46]

At Hitler's prompting Speer was encouraged to continue the work begun by Todt in staffing the new offices and committees with men from an engineering and business background. In February Hitler told Speer that ›in industry there stands ready an enormous amount of untapped expertise among designers and engineers‹.[47] Speer brought younger men with business experience into his ministry. His deputy, Karl Saur, had been responsible for rationalization at Vereinigte Stahlwerke in the 1930s before working for the Organisation Todt. The Main and Special Committees were staffed almost entirely by industrialists. Their appointment helped to bridge the gulf that had developed between the state apparatus and industry, and gave industrial leaders the kind of responsibility they had argued for since the beginning of the war. The ›self-responsibility principle‹ gave industry the chance to put its own house in order under the guiding hand of the Ministry and the Committees.[48]

At the same time the state altered the way in which industry was paid for war production in order to provide real financial incentives for the reform of factory methods and labour use. The cost-plus contract gave way to the fixed-price contract, which forced firms to adjust production to meet what the contractor was prepared to pay, or risk making a loss. The decree on fixed-price contracts was signed by Göring in October 1941, despite strong hostility from other ministries and from the army, but not until January was Todt able to introduce it.[49] Under Speer it became one of the main instruments in encouraging greater efficiency. The new contract prices were worked out on the basis of official investigation of the production costs of a particular weapon. Firms could either opt to work to a fixed price which reflected average performance, and be freed from corporation taxes if they could produce at 10 per cent below the norm, or they could accept an even lower fixed price and try to rationalize production further to undercut the agreed price and make higher profits. Either way profitability was linked to productive performance: the more successful a business was in promoting rationalized production, the greater the margin of profit.[50]

With the new administrative structure in place it proved possible to organize the production and distribution of materials on a national, coordinated basis, and to utilize existing industrial capacity more fully. Speer's priority was to use existing plant and facilities more thoroughly, rather than rely on building expensive new plant. When Speer visited twenty major firms in Berlin one night in the spring of 1942 he found not a single one operating a double shift. At the time 1.8 million men were engaged in constructing new plant, and RM 11,000m. had been spent on expanding floor-space, much of which could not be fully utilized because of shortages of energy supply and machine tools. Speer authorized the termination of RM 3,000m. worth of industrial building and other construction projects, and would have closed down more but for Hitler's resistance. The Ministry encouraged higher levels of shift work and the more rational use of floor-space as a substitute for constructing new plant.[51]

The most important policy adopted to cope with the better exploitation of factory space was the concentration of production, reducing the number of different firms engaged in the manufacture of weapons, components, and equipment of all kinds and concentrating output in the largest or most efficient. The effect was actually to reduce the amount of floor-space needed and to increase output at the same time. At Messerschmitt production of the Me 109 fighter increased from 180 per month in seven factories to 1,000 per month in three. The production of machine tools was distributed among 900 firms; by October 1943 the figure was reduced to 369. The strategy was also applied to consumer goods. It was discovered that out of 117 carpet firms still in operation, 5 produced 90 per cent of the output, while 112 accounted for only 10 per cent. The 112 were closed down and their capacity and labour made available for war work.[52]

Concentration of production was particularly significant for the supply of small parts and components. It was recognized that, without rationalizing the small subcontractors the gains in the assembly plants would be vitiated. The small firms tended to be less efficient than the larger ones, yet the supply of components and equipment had to match the increased pace of production in the larger firms. The component industries were subjected to strict control for the first time. Production was concentrated in the most efficient, and the range of products greatly reduced in number. In 1942 there were 300 different types of prismatic glass produced; by 1943 the number was reduced to 14, and the 23 firms engaged in production were reduced to 7. Fire-fighting equipment for the air force was produced at 334 factories in 1942; by the beginning of 1944 the figure was 64, with a saving of 360,000 manhours per month: and so on.[53] By this means great savings could be made in manpower, equipment, and floor-space, and output raised with fewer resources. As well as concentrating production, the Ministry, in co-operation with the Main Committees, set up a centralized control over and statistical review of the flow of parts and components, to avoid excessive stockholding and to ensure that products went to where they were needed at the right time. A delicate supply web was established to make sure that a continuous stream of industrial resources, components, and sub-assemblies fed the final assembly plants. The large firms introduced more effective stock control systems using the new Hollerith calculating machines. Bottlenecks could be quickly identified and efforts concentrated on products temporarily in short supply.[54]

The same controls were established over the distribution of raw-material stocks. When the rationalization drive began it was found that the armed forces had greatly inflated the demand for raw materials by exaggerating the quantity needed for each unit of production. The large firms held substantial stocks of scarce materials, particularly aluminium, which had been allocated on the basis of 16,000 lb. for each aircraft, regardless of the fact that a fighter required only a quarter of this quantity. Aircraft firms had so much ingot aluminium in store that they used it to produce non-essential goods — ladders, greenhouses, even mosquito-nets — with the unused material.[55] Once the problem was identified firms were forced to give up their stocks, and allocations were based on the actual quantity of raw material required by the most efficient factory for a given unit of production. This encouraged widespread rationalization, for firms risked losing their quotas of material if they failed to meet the new performance criteria. An extraordinary degree of wastage and scrapping was discovered in existing work processes, much of which was due to the survival of handwork and the use of general-purpose tools. In the production of a single aero-engine it was found that 1,500 lb. of aluminium was wasted. With better control over stocks, the centralized distribution of material, and the introduction of more rational raw material use, substantial savings were recorded. The quantity of aluminium allocated to the aviation industry fell in 1942, but the structure weight of finished aircraft increased by 43 per cent.[56] The supply of all major raw materials for the armed forces either declined or remained stagnant from 1942 and 1944, while the quantity and weight of weapons produced increased steadily.

Some of the savings in raw materials can be explained by the internal redistribution of resources within the military economy. Up to 1942 large capital projects deemed to be essential for the war effort soaked up large quantities of raw materials. By 1942 much of this building was either completed or suspended. The end of the phase of heavy industrial and engineering industry expansion released raw materials and manpower for the production of finished weapons. Internal redistribution of resources also came from imposing priority rankings on military contracts, weeding out non-essential or less essential military output, and transferring those resources to more urgent projets.[57] The same effect was derived from the better co-ordination of the different service programmes to avoid duplication where there were products in common. Rationalization was in this sense a case of using resources already earmarked for the military economy more effectively, rather than transferring additional resources from civilian sectors.

The next step was to improve efficiency at the level of the individual firm. Rationalization was brought about in a number of different ways. First of all it proved necessary to find out what constituted optimum production performance. Engineers trained in scientific management techniques were recruited to examine the production processes for all major products and components. It was found that even the best factory undertook some parts of the production process less efficiently than firms with a lower overall efficiency level. The production norm was arrived at by breaking down the production of a weapon or machine into the different processes involved in order to discover the most efficient form of each process. Once this was done aggregate norms could be established and contract prices fixed which reflected the optimum use of resources through the production line. A team of consulting engineers then toured the plants, teaching managers how to put optimum time schedules into effect. Production was reviewed every six months to see if further savings had been made or new approaches introduced.[58] Information on new processes or savings were then sent to all the firms involved in the production of a particular item. The exchange of information between businesses was made compulsory, and this, together with the widespread introduction of suggestion schemes designed to involve the work-force more in the rationalization programme, contributed to the rapid dissemination of rational practices throughout industry.[59] Where the ratio between the best and worst practice had averaged 1:5, rationalization reduced it to 1:1.5. In the production of some weapons the performance of all firms after rationalization was better than the practice of the best firm beforehand.[60]

The major gains in productivity were made by utilizing existing space, labour, and equipment more rationally. The gains reflected how poorly resources had been exploited in the early years of war. In some cases greater efficiency involved a transition to mass-production techniques, though great gains were made simply by better stockholding, more rational use of machinery, and a better distribution of workers using existing techniques. The application of flow production using conveyor belts or overhead cables to supply the production line, together with a higher level of automation, spread more slowly than changes in layout and the pattern of operations. Where it was feasible to do so the workforce was spread out along an assembly line where the product was brought to the workers, in contrast to unit or batch production where a team of workers moved from product to product. Flow production was generally more suitable for large components, such as engines, or major sub-assemblies, but towards the end of the war it was used in the final assembly of tanks and fighter aircraft.[61] Great savings were also made in reducing the degree of finishing demanded by the armed forces. The polishing, lacquering, and grinding of external surfaces was reduced or scrapped and cruder machining or higher tolerances permitted where this did not seriously affect the quality of a product. Finally considerable savings were achieved through simplifying the packaging and delivery of goods.[62]

The switch to rational, automated production depended to a considerable extent on the degree to which the new economic administration could persuade the armed forces to reduce the number of modifications to products in the pipeline, and to accept both a reduction in the number of types of weapon and a standardization of parts and components. Though the forces resisted as long as they could the right to order design changes at any stage in the production process, the only way to ensure large-scale production was to insist on longer production runs and fewer interruptions. The number of minor design changes could run to enormous figures. By the end of 1942 some 18,000 design alterations had been recommended for the Junkers Ju 88 bomber. For the Heinkel He 177 heavy bomber there were fifty-six files of modifications stored in Heinkel's design offices. The reduction in the number and frequency of modifications was a major aim of the Speer Ministry, but although longer production runs did become possible it proved very difficult to eliminate the pressure to modify designs altogether. In tank production the army only accepted the reduction of technical modification in 1944, when it was agreed to establish a committee to reduce and screen product refinement.[63]

What could be achieved was a greater simplification and standardization of equipment. Here the gains were chiefly in the production of components and machinery, for the armed forces resisted as long as they could efforts to simplify the number of models currently in production because of their fear that the quality of weapons would suffer. In 1943 Speer established an Armaments Commission to bring greater co-ordination between weapon design and production needs. The Commission recommended that for the production drive in 1944 the war economy should concentrate on a narrower range of weapons best suited for mass production. In January 1944 the army finally announced plans to reduce the number of types of weapon in production as follows:[64]

light-infantry weapons	from 14	to 5
heavy-infantry weapons	6	3
anti-tank weapons	12	1
light and heavy Flak	10	2
artillery	26	8
flame-throwers	10	6
vehicles	55	14
tanks, armoured vehicles	18	7

When Speer took over air production fully in the spring of 1944 the number of aircraft models was progressively reduced from 42 to 20, then to 9, and finally to 5.[65]

The concentration of production on a narrow range of standard products made much greater ground in the components industry and in non-armaments engineering. The number of lorries was reduced from 151 to 23 in 1942, and the number of motor-cycle models from 150 to 26. The coal industry reduced the number of types of one machine from 120 to 12, of another from 80 to 8. The number of mechanical and hydraulic presses was reduced from 440 models to 36; and so on. In one year alone the number of types of cylinder produced was cut from 3,232 to 1,138. Standardization simplified production. The Ju 88 bomber used over 4,000 different types of bolt and screw. Its successor, the Ju 288, used only 200 and was put together with automatic riveting machines rather than by hand.[66] The process of standardization continued down to the end of the war, freeing labour and resources for other production essential for war.

The whole programme of simplification, standardization, and reorganisation of production processes was designed to permit more rational use of labour resources. The introduction of higher levels of automation and special-purpose machine tools reduced the need for skilled workers. The new machinery allowed a more rational division of labour to take account of the dilution of the work-force with female, foreign, or untrained labour. The long apprentice training was replaced with short courses lasting a few weeks to familiarize the new labour with simple and repetitive mechanical operations. Skilled German workers took on the responsibility of inspection and work discipline.

In general, areas of production that had previously required a high level of skilled handwork were reduced in favour of processes requiring only semi-skilled labour operating more specialized equipment. The introduction of time-and-motion studies on a widespread basis was intended to find norms for average work efficiency that could be applied across the work-force.[67]

The result of de-skilling, increased automation, and the greater division of labour was a sharp rise in the productivity of labour in the armaments industries of over 100 per cent between 1941 and 1944. But in practice there remained a great number of obstacles to the more efficient use of labour, and the productivity gains reflected how prodigally labour had been used before 1942 rather than great gains in labour output per hour. The authorities recognized that labour needed greater incentives to compensate for fixed wages, longer hours, the deteriorating supply of consumer goods and food, and the demoralizing effects of strategic bombing. Many firms offered welfare payments, social amenities, and bonuses in kind for German workers.[68] Improvements were made in overtime pay, holiday, and Sunday working payments. A range of state-sponsored improvements in conditions were also introduced, similar to those promoted in Britain or the United States during the war. Working women were provided with crêche facilities. Hostels were built for German and foreign workers. Canteen facilities were provided to ensure that all German workers got a hot meal once a day. Leave rosters were introduced, and health and safety provision in German firms improved.[69]

The German Labour Front had also argued for some time the need to overhaul the whole wage structure in German industry to remove what was regarded as an anachronistic division into skilled, semi-skilled, and unskilled categories. The rationalization drive provided the opportunity to introduce a wage structure based on a graded measure of achievement *(Leistung)* rather than on acquired skill. The wartime dilution of the work-force led to a situation where the gap between unskilled an skilled pay levels narrowed while the division in function actually became more diverse.[70] To reverse this trend, and find a wage structure which fitted better with the actual achievement of individual workers under rationalized production, a new pay structure was introduced in the iron and metalworking industries. The new system involved eight graded wage groups, from Group I for unskilled labourers to Group VIII for highly skilled operatives. Under the new system the gap in pay between the highest and lowest wage group was 66 per cent, considerably greater than the gap between skilled and unskilled workers of 25 per cent. It was hoped that the graded structure of pay would encourage workers to acquire new skills and improve their achievement level so that they could move up to a higher wage category and improve the productive efficiency of the workforce.[71]

For the wartime authorities there were other motives involved. The wage-group system gave factories a clear check on the rational use of their labour resources, and permitted state officials to see more easily where firms were holding on to excess skilled labour. The wage catalogue was introduced in the iron and metalworking industries in 1942, but it spread only slowly and was used very little in other industrial sectors. Some firms were worried that the system would leave many workers worse off and were concerned about the effect that this would have in labour relations and efficiency. In January 1943 the Labour Front insisted that other industries should develop their own wage catalogue but by 1944 little was achieved and the idea was shelved (though it was revived again after the war).[72] Where possible the authorities tried to produce a more rational piece-rate system, which like the wage catalogue would operate across whole industries for work of a comparable kind, and which would give incentive to better workers to increase earnings above the norm. But this programme of *Akkordbereinigung* (piece-rate rationalization) was held up on the resistance of workers and the Trustees of Labour, and the shortage of time-and-motion engineers to fix the piece-rate norms.[73]

By the last years of war the pressures to maximize production militated against further steps to provide incentives to German labour through restructuring pay. In 1943—4 a great number of foreign workers were introduced into the factory work-force, for whom the division of labour and new factory practices were necessary not as incentives but as a means of control and coercion. By this stage of the war absenteeism and low morale among the German work-force led to high labour turnover (particularly of the female workers) and declining discipline. At the Ford factories in the Ruhr it was estimated that the absenteeism rate for German labour increased from 4 per cent in 1940 to 25 per cent in 1944. Foreign workers could be disciplined much more easily. The rate of absenteeism for foreign workers at Ford was a steady 3 per cent between 1942 and 1944.[74] To keep up the morale of German workers later in the war the regime resorted to short-term incentives such as increases in rations, or special bonuses known as ›Speer recognition‹ paid to workers for exceptional efforts. These payments were made in kind, since cash was no guarantee that goods could actually be acquired in the shops.[75] Foreign workers, on the other hand, were subjected to a much harsher regime in the large automated assembly halls, under the watchful eye of German foremen and company policemen. Despite deteriorating conditions and widespread brutality, and despite the fact that foreign workers performed at an estimated 50—80 per cent of the level of German workers, the high gains in productivity brought about by new production methods were sustained through 1944.[76]

IV

[...]

What effect all these frictional issues had on the rationalization programme is impossible to assess quantitatively, thought in their absence it is fair to assume that rationalization would have achieved even higher levels of output in 1942—4. Even by 1944 the German economy was not operating at the optimum. What can be measured is the impact of strategic bombing, which did have clear physical effects on efforts to promote rationalization. By 1944 rationalization was in full swing throughout the military economy, and the large gains in increased scale and speed of production promised large additional gains in output. Bombing placed a ceiling on this achievement by undermining some of the more important features of the rationalized system. Bombing had obvious effects in reducing worker morale and destroying facilities. But it also had the effect of interrupting in arbitrary and unpredictable ways the web of supplies of materials and parts on which the whole industrial structure depended. The gradual collapse of the supply system forced firms to carry larger stocks again, and left regular gaps in the supply of components or scarce materials.[77] Bombing also forced the authorities to disperse production at just the time that concentration was providing rich dividends. Dispersal meant longer transport hauls between factories, a greater reliance on skilled labour in small firms, and eventually a large programme of underground construction which once again took resources away from arms production. The effects of bombing could only be mediated by insisting on even more rigorous rationalization — concentrating production on a handful of weapons, reducing all unnecessary and sophisticated equipment, and cutting back on all military production not directly concerned with priority weapons.[78] It also meant higher levels of exploitation for the work-force, with fewer goods available and the regular threat of bombardment. The foreign labour force was subjected to harsher disciplin and poorer diet, and the SS and Gestapo increased the level of terror and intimidation to keep the work-force in place.

In January 1945 German officials from the Ministry of Armaments assessed what might have been produced in 1944 without the bombing. They estimated that German industry turned out 35 per cent fewer tanks, 31 per cent fewer aircraft, and 42 per cent fewer lorries than would otherwise have been possible. This would have given Germany over 55,000 aircraft in 1944 and 30,000 tanks.[79] Without the diversion of men and weapons to combat the bombing offensive, output of weapons for the front would have been higher still. After the war the major department heads of the Ministry were interviewed by Allied intelligence teams to help them assess the effect of bombing. All the officials interviewed stated that bombing was the factor responsible for the declining gains from rationalization and for the eventual collapse of the economic structure after January 1945.[80]

V

If rationalization might have achieved more under different political and military conditions, there can be little doubt that it was the chief factor responsible for transforming Germany's war economic performance from 1942 onwards. In August 1944 Dr Tomberg from OKW, in a general review of the war economy, pointed out that the great gains in military output were ›less a result of expansion of capacity than of rationalization‹.[81] In a speech made the same month, Speer told an audience of officials from the Main Committee for Munitions that the recruitment of industrialists and engineers to the task of modernizing the economy had achieved efficiency levels ›which had previously appeared to be impossible‹. He attributed the quadrupling of munitions output with virtually the same quantity of steel to better production methods, savings in raw materials, and the better distribution and allocation of resources. He called on the industrialists present to return to their firms with the urgent question: ›what can still be simplified, and what can be made better?‹[82]

Since the war this perspective on the German economy has given way to the view that the increases in output were largely the result of switching resources from the civilian to the military economy after 1942. This view does not exclude rationalization as a contributory factor, but it places most emphasis on the conversion of unused resources. The evidence presented here shows a different story. The change in economic strategy was conditioned before 1942 by the discovery in the spring and summer of 1941 that there were few significant resources left to switch to arms production, and that the only way to fulfil Hitler's ever-escalating demands for weapons was to conquer more resources or to use existing ones more productively. Both were tried simultaneously. The failure to defeat the Soviet Union in 1941 undermined the first option. Rationalization became the primary instrument for raising levels of military output, and would have achieved even more but for the effects of surviving structural and institutional constraints and the effects of bombing.

Rationalization needed the backing of the state and the co-operation of industry to be successful. Until these were secured in the winter of 1941–2 the German war economy remained dominated by military rather than productionist priorities, and German industry, though capable of producing weapons and machinery of the highest quality, had neither the economic incentive nor political opportunity to challenge military control. Under military direction German industry fell back on its traditions of skilled craftsmanship and high-quality, high-cost production; under civilian control quality was not abandoned, but the emphasis shifted to the modernization of work practices and the scientific management of resources. In this lay the key to the ›Production Miracle‹.

Notes

* Gekürzter Abdruck aus: R. J. Overy, War and Economy in the Third Reich, Oxford 1994, S. 343—375. Im vorliegenden Abdruck entsprechen die Fußnotenziffern 77—82 den Ziffern 99—104 der Vorlage. In eckigen Klammern Zusätze des Hrsg. H.-E. V.

1. NA [National Archives, Washington, D. C.], Microcopy T83, Roll 76 frame 3447503, OKW, Führerbefehl, 21 Mar. 1942.
2. NA T177, Roll 14, frame 3698898, ›Rationalisierung der Luftwaffengerät-Fertigung‹, 1 June 1941.
3. Public Record Office, Kew, London (PRO), AVIA 10/104, ›Report of British mission to USA to study production methods, Sept.—Oct. 1942‹. Aircraft assembly plants in the USA were four to five times the size of a typical British plant. On changing practice in British firms see W. Hornby, Factories and Plant (HMSO, 1958), 299—334. On planning in Britain and America see A. Cairncross, Planning in Wartime (London, 1991), esp. 7—41, 158—71.
4. USSBS, Report 134A, Industrial Sales, Output and Productivity, Pre-War Area of Germany 1939—1944 (Washington, DC, Mar. 1946), 17, 23. For more recent accounts see L. Zumpe, Wirtschaft und Staat in Deutschland, i. 1933 bis 1945 (Berlin, 1980), 340—3; D. Eichholtz, Geschichte der deutschen Kriegswirtschaft 1939—1945, ii. 1941—1943 (Berlin, 1985), 265—316; H.-J. Braun, The German Economy in the Twentieth Century (London, 1990), 129—32.
5. Cited in R. Hachtmann, Industrieabeit im ›Dritten Reich‹: Untersuchungen zu den Lohn- und Arbeitsbedingungen in Deutschland 1933—1945 (Göttingen, 1989), 71—2. See too M. H. Geyer, ›Soziale Sicherheit und wirtschaftlicher Fortschritt: Überlegungen zum Verhältnis von Arbeitsideologie und Sozialpolitik im Dritten Reich‹, Geschichte und Gesellschaft, 15 (1989), 388—9.
6. NA T177, Roll 14, frames 3698898—903, General-Engineer Bauer, ›Rationalisierung der Luftwaffengerät-Fertigung‹; on the motor industry see BIOS [British Intelligence Objectives Sub-Committee], Overall Report 21, The Motor Car Industry in Germany during the Period 1939—1945 (HMSO, 1949), 7—11.
7. Details in R. J. Overy, ›Mobilization for Total War in Germany 1939—1941‹, English Historical Review, 103 (1988), 626—9.
8. IWM [Imperial War Museum, London], Speer Collection, FD 4369/45, Albert Speer, ›Rede auf der Großkundgebung im Sportpalast, Berlin, 5 Juni 1943‹, 6—7.
9. On aircraft production see BA-MA [Bundesarchiv-Militärarchiv, Freiburg i. Br.] RL 3/46 ›Gefolgschaft für Flugzeugzellen-Herstellung, 1 Apr. 1940‹; USSBS, European Report 4, Aircraft Industry Division Report, (Washington, DC, Jan. 1947), charts 6—7; on lorries, USSBS Report 77, German Motor Vehicles Report (Washington, DC, 1946), 8.
10. IWM, Speer Collection, Box 368, Report 54, Speer Interrogation 13 July 1945. The technical interrogation reports were based mainly on written sub-

missions from the German officials rather than on oral testimony. Some officials had access to reports and statistics in compiling their responses.

[11] For a general discussion of the role of the military see B. A. Carroll, Design for Total War: Arms and Economics in the Third Reich (The Hague, 1968), 213—31; R. J. Overy, Goering: The ›Iron Man‹ (London, 1984), 158—62.

[12] IWM Box 368, Report 59, interrogation of Alfred Jodl, 31 Oct. 1945; Report 95, interrogation of Friedrich Geist, 1—7, 16—17; Report 81, interrogation of Kurt Weissenborn, 5 Dec. 1945, ›German Methods of Design and Production in the Manufacture of Weapons‹, 1—7; Report 83, interview with Geist, Oct. 1945, 12—16.

[13] IWM Box 368, Report 83, ›Relationship between the Army Ordnance Board and the Speer Ministry‹, Oct. 1945, 2. It was Speer's view that ›the General Staff lacked any understanding of technical and economic matters‹, Speer interrogation, Report 56, 31 Oct. 1945, 1.

[14] IWM, EDS papers, Mi 14/294, Dr Tomberg (OKW), ›Die Probleme der deutschen Rüstungswirtschaft im Kriege, Sept. 1940‹, 24.

[15] e.g. BA-MA Wi I F 5.412, discussion between Col. Thomas and leading industrialists, 18 Dec. 1939. ›Industry could manage much more if clear tasks are given to it‹, Wilhelm Kissel of Daimler-Benz told Thomas. See too IWM EDS Mi 14/521, Bochumer Verein to Army High Command, 4 Mar. 1940.

[16] IWM Box 368, Report 90 I, interrogation of Karl Otto Saur, 3.

[17] Ibid. 4.

[18] IWM Box 368, Report 85, Dr T. Hupfauer, ›Incentives used to increase the output of labour in Germany during the Second World War‹, 10 Sept. 1945, 5; T. Siegel, ›Wage Policy in Nazi Germany‹, Politics and Society, 14(1985), 20.

[19] In aircraft production see BIOS Final Report 537, Investigation of Production Control and Organisation in German Factories, 7—8; Combined Objectives Sub-Committee (CIOS), Report XXV-42, Survey of Production Techniques used in the German Aircraft Industry, 6; Hachtmann, Industriearbeit, 198—206.

[20] IWM EDS Mi 14/463 file 2, OKW (WiRüAmt), memorandum 20 Nov. 1940, ›Überhöhung der Programme‹, 1.

[21] IWM EDS Mi 14/463 (file 2), Landfried to Keitel, 14 Nov. 1940, 1—3; Landfried to Keitel, 26 Nov. 1940, 2—4. Landfried concluded: ›I am convinced that the release of labour in larger quantities is no longer possible.‹

[22] IWM, Speer collection, FD 5444/45, ›Protokoll über die Inspekteurbesprechung, »Die Ersatzlage der Wehrmacht«‹, 22 Feb. 1941, 64.

[23] IWM EDS Mi 14/433 (file 2), Vortragsnotiz für Chef OKW, ›Die Lage auf dem Arbeitseinsatz‹, 30 June 1941; ›Vermerk über Steigerung der Luftwaffenfertigung‹, 27 June 1941.

[24] IWM, Speer Collection, FD 5444/45, ›Inspekteurbesprechung‹, 65 (italics in the original).

[25] IWM EDS Mi 14/463 (file 3), OKW (WiRüAmt), ›Einwirkung des Beschäftigungsgrades auf dem Arbeitsbedarf‹, 7 Mar. 1941, 2—3.

[26] R. J. Overy, ›German Aircraft Production 1939—1942: A Study in the German War Economy‹, Ph. D. thesis, Cambridge, 1978, 23—39.

27 IWM, Milch Documents (hereafter MD), vol. 54, 1555, Göring order establishing the Industrierat, 14 May 1941; D. Eichholtz et al. (eds.), Anatomie des Krieges (Berlin, 1969), Doc. 161, ›Rundschreiben von Generaloberst Ernst Udet vom 22. Mai 1941 über die Berufung eines Industrierats für die Luftwaffenindustrie‹.
28 IWM EDS AL 1571, OKW/WiRüAmt, Aktennotiz 8 Feb. 1941.
29 IWM EDS Mi 14/463 (file 3), OKW, Aktenvermerk über die Besprechung bei Chef OKW, Reichskanzler, Berchtesgaden, 19 May 1941, 2—3; Draft OKW directive, May 1941.
30 IWM EDS Mi 14/463 (file 3), Chef OKW, ›Technische Ausstattung der Wehrmacht‹, May 1941.
31 IWM EDS Mi 14/433 (fifle 2), Keitel (OKW) to General Becker on ›Umstellung der Rüstung‹, 10 Aug. 1941.
32 IWM EDS Mi 14/433 (file 2), Keitel (OKW) to the commanders-in-chief, 10 Oct. 1941; NA T84 Roll 8, Göring-Stabsamt, frames 8005—6, ›Notiz betr. die Rede des Herrn Reichsmarschalls am 20. Mai 1942‹.
33 K.-H. Ludwig, Technik und Ingenieure im Dritten Reich (Düsseldorf, 1974), 421.
34 NA T177, Roll 14, frames 3698898—903, Bauer report, 1 June 1941; IWM MD vol. 57, 5288, Besprechungsnotiz beim Reichsmarschall, 29 June 1942.
35 IWM EDS Mi 14/433 (file 3), OKW, Vortrag des Oberst Neef, 21 Jan. 1942, 21—31; OKW/WiRüAmt, ›Rationalisierung des Menscheneinsatzes im zivilen Sektor‹, 27 Jan. 1942, 2—12; IWM, Speer Collection, Box 368, Report 54, interrogation of Albert Speer, 13 July 1945, 5—6: ›you cannot imagine the bureaucracy and red tape with which we had to contend in the Army Ordnance Board and other offices‹.
36 IWM EDS Mi 14/433 (file 2), Der Führer, ›Vereinfachung und Leistungssteigerung unserer Rüstungsproduktion‹, 3 Dec. 1941, 1.
37 Ibid. 2—4.
38 IWM Box 368, Report 90 I, ›The Rationalisation of the German Armaments Industry‹, 8.
39 Zumpe, Wirtschaft und Staat, 339—41; W. Boelcke, Die deutsche Wirtschaft 1930—1945: Interna des Reichswirtschaftsministeriums (Düsseldorf, 1983), 281—3.
40 IWM Box 368, Report 85 II, 4 (emphasis in the original).
41 H. Trevor-Roper (ed.), Hitler's Table Talk 1941—1944, 2nd edn. (London, 1979) 129, entry for 16 Nov. 1941.
42 A. Speer, Inside the Third Reich (London, 1970), 210.
43 IWM, Speer Collection, FD 4369/45, ›Rede auf der Großkundgebung im Sportpalast Berlin, 5. Juni 1943‹, 7—8
44 Boelcke, Deutsche Wirtschaft, 281; see too Eichholtz et al., Anatomie des Krieges, 383—7, Doc. 199, ›Besprechung von Wilhelm Zangen mit den Geschäftsführern der Wirtschaftsgruppen, 5. März 1942‹.
45 IWM EDS AL 1371, OKW/WiRüAmt, Aktennotiz über Besprechung mit Minister Speer',3 Mar. 1942, 1.
46 IWM Box 368, Report 81, ›German Methods of Design and Production in

the Manufacture of Weapons‹, Dec. 1945, 6—8; Report 95 ›Design and Development of Armaments in Germany during the War‹, 10—16.

[47] IWM, Speer Collection, FD 1434/46, no. 167, Speer speech to Gau economic advisers, 17 Apr. 1942; see also NA T83, Roll 76, frames 3447503—4, Führerbefehl, 21 Mar. 1942.

[48] A. Speer, ›Selbstverantwortung in der Rüstungsindustrie‹, Der Vierjahresplan, 7(1943), 242—3.

[49] IWM Box 368, Report 90 I, 3.

[50] Zumpe, Wirtschaft und Staat, 341—2.

[51] IWM, Speer Collection, FD 1434/46, no. 167, Speer speech to Gau economic advisers, 17 Apr. 1942, 10—12.

[52] IWM EDS AL 1746, interrogation of Saur, 10 Aug. 1945, 14; FD 4921/45, folder 1, Papers of Sonderausschuß F2 (Messerschmitt) general report, 6; on the machine-tool industry, Eichholtz, Kriegswirtschaft, ii. 314—15.

[53] IWM Box 368, Report 90 V, ›Rationalisation in the Components Industry‹, 34.

[54] T. Spandau, ›Abgrenzung der Rüstungsaufgaben zwischen Handwerk und Industrie‹, Der Vierjahresplan, 8(1944)); H. Block, ›Industrial Concentration and Small Business: The Trend of Nazi Policy‹, Social Research, 10 (1943); on Hollerith machines BIOS Final Report 537, app. 1, ›Production Control in the Heinkel Aircraft Organisation‹, 1—3. See too CIOS Report XXX-94, ›Administration, Plastics, Production Tooling, Spare Parts and Servicing in the German Aircraft Industry‹, 17—23.

[55] IWM, Speer Collection, Zentrale Planung, 14th Meeting, 4 Sept. 1942, 417; IWM MD vol. 53, 1162.

[56] In 1941 200,000 tons of aluminium produced 11,700 aircraft with a structure weight of 64m. lb. In 1942 185,000 tons of aluminium produced 15,400 aircraft with a structure weight of 92m. lb.

[57] See e.g. IWM Box 368, unnumbered file, Reichswirtschaftsministerium, ›Development of German metal supplies from the beginning of the War, and projected to 1946‹, July 1943.

[58] IWM Box 368, Report 90 I, 4, 6—7.

[59] Ibid. 12.

[60] Ibid. 4; Report 90 IV, ›Rationalization of the Munitions Industry‹, 44: ›This idea of compelling firms under the leadership of the most competent one was the first big step towards the realisation of successful rationalization‹ (testimony of Otto Merker, head of Main Committee, Shipbuilding).

[61] On the progress of automation in the aircraft industry see Overy, ›German Aircraft Production‹, 266—8. Messerschmitt converted where possible to flow production in 1942; Heinkel, Junkers, BMW, and Henschel by 1943. See too IWM Box 368, Report 90 V, 32—5 on the components industry, where flow production was widely introduced from 1942.

[62] IWM Box 368, Report 90 I, 8: ›Much could be saved in the finishing processes, such as polishing, varnishing and grinding of parts not subject to wear‹; also 90 VI, ›Rationalization of the Optics and Precision Instrument Industry‹, 39.

[63] On Junkers see BA-MA RL 3/247, Aktenvermerk Sonderausschuß F1, 16 Nov. 1942; on Heinkel see E. Heinkel, He 1000 (London, 1956), 203. See Göring's views on modification in IWM MD vol. 62, 5314—15, ›Bericht über Besprechung des Reichsmarschalls Göring mit Vertretern der Luftfahrtindustrie‹, 13 Sept. 1942.

[64] IWM EDS Mi 14/133, Army High Command (OKH), ›Studie über Rüstung 1944‹, 25 Jan. 1944. The army general staff ordered ›simplification of construction‹ in order ›to assist the mass production of the main equipment‹.

[65] IWM EDS AL 1746, Saur interrogation, 6.

[66] Details from Zumpe, Wirtschaft und Staat, 342; Ludwig, Technik, 421; Speer, ›Selbstverantwortung‹, 242; CIOS Report XXX-94, 21; Eichholtz, Kriegswirtschaft, 314.

[67] Hachtmann, Industriearbeit, 81—9; E. Homze, Foreign Labor in Nazi Germany (Princeton, NJ, 1967), 240—63. On the position of women see A. Tröger, ›Die Planung des Rationalisierungsproletariats: Zur Entwicklung der geschlechtsspezifischen Arbeitsteilung und des weiblichen Arbeitsmarktes im Nationalsozialismus‹, in A. Kuhn and J. Rüsen, (eds.), Frauen in der Geschichte (Düsseldorf, 1982), 245—313.

[68] Hachtmann, Industriearbeit, 254—301; on Daimler-Benz, H. Pohl, S. Habeth and B. Brüninghaus, Die Daimler-Benz AG in den Jahren 1933 bis 1945 (Stuttgart, 1986), 172—80.

[69] IWM Box 368, Report 85, ›Incentives used to increase the output of labour‹, 1—3.

[70] Ibid., Report 85 I, 5; Siegel, ›Wage Policy‹, 20—1.

[71] Hachtmann, Industriearbeit, 207—12; the system was first pioneered at Daimer-Benz from 1938. See B.P. Bellon, Mercedes in Peace and War: German automobile workers, 1903—1945 (New York, 1990), 224—6.

[72] M.-L. Recker, Nationalsozialistische Sozialpolitik im Zweiten Weltkrieg (Munich, 1985), 242—50; Siegel, ›Wage Policy‹, 23.

[73] IWM Box 368, Report 85 I, 6—7. Efforts were also made to raise hours worked by paying overtime and bonuses above 48 hours.

[74] IWM, Speer Collection, FD 4369/45, British Bombing Survey Unit, ›Manuscript Notes on Ford, Cologne‹. On rising illness and absenteeism rates see Eichholtz, Kriegswirtschaft, 264—5.

[75] IWM Box 368, Report 85 II. It was apparently proposed to militarize factory labour in 1944 but this was judged to be too risky and was abandoned in favour of increased incentives.

[76] U. Herbert, Fremdarbeiter: Politik und Praxis des ›Ausländer-Einsatzes‹ in der Kriegswirtschaft des Dritten Reiches (Bonn, 1985), chs. 8—9. A.S. Milward, ›Arbeitspolitik und Produktivität in der deutschen Kriegswirtschaft unter vergleichendem Aspekt‹, in F. Forstmeier and H.-E. Volkmann (eds.), Kriegswirtschaft und Rüstung 1939—1945 (Düsseldorf, 1977), 82—4.

[77] IWM Box 368, Report 67, ›Causes of the Decline in German Industrial Production‹, Dec. 1945, 2: ›The decline in production was causes by the fact that raw material, semi-finished products and components could not be delivered in sufficient quantities‹ (evidence of Otto Messer); ›The ever in-

creasing air attacks on the transport system led to the fatal paralysis of the regular supply of materials and semi-finished products and finally made allocation impossible‹ (evidence of Dietrich Stahl), 4.

[78] IWM EDS AL 2786/3, ›Reichsminister Speer auf der Sitzung des Rüstungsstabes am 21. Aug. 1944‹, 1—9; Mi 14/133, OKH-Studie, ›Sturm-Programm 9. Jan. 1945‹.

[79] IWM Box 368, Report 67, Saur evidence, 14. See too Report 65, 18. Ernst Blaicher claimed that 28,000—30,000 tanks could have been produced without bombing. Output of 36,000 was planned for 1945. These figures show considerably higher losses than those calculated by the bombing survey teams in 1945. The survey estimated a loss of 14% in arms production in 1944, 19% for aircraft production, and 16,5% for tanks. See PRO AIR 10/3871, BBSU ›Potential and Actual Output of German Armaments in Relation to the Combined Bombing Offensive‹, 7, 11, 23.

[80] IWM Box 368, Report 67, ›Causes of the Decline in German Industrial Production Autumn 1944‹, Dec. 1945, 1—14.

[81] IWM EDS AL 2719, OKW (Dr Tomberg), ›Deutschlands gegenwärtige wehrwirtschaftliche Lage: Stand Anfang Juni 1944‹, 19. See too BA-MA RL 2/9, General Unruh, ›Probleme der deutschen Rüstungsindustrie‹, report dated 25 Mar. 1945, 42—3, on the success of the rationalization drive.

[82] IWM EDS AL 2786/2, ›Rede Reichsminister Speer auf der Arbeitstagung des Hauptausschusses Munition, 11. Aug. 1944‹, 12—13.

Willi A. Boelcke

Der wirtschaftliche Wiederaufbau Nachkriegsdeutschlands. Pläne, Konzeptionen, Probleme

I. Wirtschaftspolitische Konzeptionen und Planungen vor Kriegsende 1945

Alle Planungen und Konzeptionen zum wirtschaftlichen Wiederaufbau Nachkriegsdeutschlands zwischen der Vernichtungsschlacht in Stalingrad 1942/43 bis etwa zur Gründung der beiden deutschen Staaten Jahre 1949 unterlagen einem noch heute kaum durchschaubaren, einst in ständigem Wandel begriffenen Beziehungsgeflecht von Einflußfaktoren. Kennzeichnend für die Planungen bis zur deutschen Kapitulation 1945 war die Formulierung allgemeiner Prinzipien, in denen politische und wirtschaftliche Grundanschauungen zur Geltung kamen.

1. Geistige Wurzeln der sozialen Marktwirtschaft

Die Konzeption der Sozialen Marktwirtschaft, die als begriffliche Schöpfung von Alfred Müller-Armack aus der Zeit nach dem Zweiten Weltkrieg stammt, hat verschiedene geistige Wurzeln. Es herrscht Übereinstimmung darüber, daß der Gedanke der Sozialen Marktwirtschaft nicht aus Parteiprogrammen erwachsen ist, sondern

»aus einer wissenschaftlichen Bemühung, die unabhängig von späterer Parteizugehörigkeit einiger Vertreter im wissenschaftlichen Bereich zu suchen ist. Schon während des letzten Weltkrieges haben an den verschiedenen Stellen Nationalökonomen und Soziologen mit der Frage gerungen, wie denn nach dem sicher vorausschaubaren Zusammenbruch des Nationalsozialismus das Weiterleben des deutschen Volkes wirtschaftlich, gesellschaftlich und politisch gesichert werden könnte[1].«

Ein Diskussionsforum der Sozialen Marktwirtschaft erwuchs in Freiburg im Breisgau bereits seit den 1930er Jahren. Die scharfe Herausarbeitung der idealtypischen Formen der »zentralgeleiteten Wirtschaft« durch den in Freiburg lehrenden Ökonomen Walter Eucken (1891 bis

1950) stieß die wissenschaftliche Diskussion um die Überspannung der gelenkten und geplanten Wirtschaft und die konkret anzustrebende und auszugestaltende Wirtschaftsordnung wesentlich an. Das Denken in Ordnungen, Kennzeichen des Ordo-Liberalismus der sogenannten Freiburger Schule, führte aufgrund des Erlebnisses des totalitären Nationalsozialismus zu einer Renaissance des Wettbewerbsgedankens. Für Müller-Armack fehlte dem überlieferten Wirtschaftssystem »die Läuterung durch eine soziale Idee«[2].

Während des Zweiten Weltkrieges fanden sich namhafte Wissenschaftler in verschiedenen, gegen die nationalsozialistische Politik gerichteten Arbeitskreisen zusammen und erarbeiteten Gutachten zu aktuellen wirtschaftspolitischen Themen. Der Freiburger »Bonhoeffer Kreis« entwarf eine auf christlicher Ethik aufbauende Wirtschaftsordnung. Zwischen März 1943 und Juli 1944 traf sich, ebenfalls in Freiburg, ein Relikt der einstigen »Arbeitsgemeinschaft Volkswirtschaftslehre« der im März 1943 kriegsbedingt großenteils geschlossenen Akademie für Deutsches Recht, die nunmehr private »Arbeitsgemeinschaft Erwin von Beckerath«. Es war ein ebenso kleiner wie vertraulicher Kreis von liberalen, regimekritischen Professoren der Wirtschaftswissenschaften, der das Ziel verfolgte — wie der Vorsitzende Bonner Ordinarius v. Beckerath nach dem Kriege formulierte —, »die Grundlinien einer Übergangswirtschaft aus dem Krieg in den Frieden und die Gestaltung einer neuen Wirtschaftsordnung nach dem Zusammenbruch des Regimes« zu erarbeiten. In einer Neufassung der Ausarbeitung »Wichtigste Probleme des Wiederaufbaus der Friedenswirtschaft« von Ende November 1943 wurde ein

»unvermittelter Übergang von diesem nun schon seit Jahren bestehenden System, das weitgehend zentral getroffene Dispositionen mit dezentralisierter Verantwortung verbindet, zu einer auf Wettbewerb gegründeten Marktwirtschaft«

ausgeschlossen. Vielmehr müsse die Wirtschaftspolitik »einer möglichst abkürzenden Übergangsperiode« unter diesen Umständen »den Abbau der Zwangswirtschaft mit Ordnungsmaßnahmen verbinden«[3].

Gutachten und Diskussionsbeiträge, gewissermaßen »Halbfabrikate« für eine künftige Friedenswirtschaft, lieferten innerhalb des elitären Expertenkreises u.a. Heinrich Frhr. v. Stackelberg, Theodor Wessels, Franz Böhm, Adolf Lampe, Constantin v. Dietze, Erich Preiser und Gerhard Albrecht. Mitglieder der Arbeitsgemeinschaft unterhielten Kontakte zur Widerstandsbewegung, zum »Kreisauer Kreis« und namentlich zu Carl Goerdeler. Er vertrat schon 1941 die Überzeugung, daß ein abrupter Übergang zur Wettbewerbswirtschaft nicht möglich sei:

»Solange Knappheit an wichtigsten Lebensgütern und den zu ihrer Herstellung erforderlichen Rohstoffen besteht, muß die jetzige Planwirtschaft beibehalten werden. Die totale Politik des Staates auf allen Gebieten muß als wichtigstes anstreben, daß die Mangellage so schnell wie möglich beseitigt wird. In dem Maße, in dem diese Politik Erfolg hat, wird die Planwirtschaft abgebaut, bis ihre letzten Reste eines Tages völlig verschwinden können[4].«

Eine weitere neoliberale Wurzel der Sozialen Marktwirtschaft führt zu prominenten im Ausland wirkenden Sozialökonomen wie Wilhelm Röpke[5] in Genf, Alexander Rüstow[6] in Istanbul und der Nobelpreisträger Friedrich v. Hayek[7] in New York. Ihre Schriften wurden unmittelbar nach dem Kriege in Deutschland bekannt und festigten vor allem die Überzeugung,

»daß aller Sozialismus ein Weg in die Knechtschaft sei und daß es daher gelte, anstelle des falschen Liberalismus des 19. Jahrhunderts [...] einen neuen, gereinigten, theoretisch stichhaltigen, politisch umsichtigeren Liberalismus zu verwirklichen«[8].

Neoliberalismus und Stalinismus standen damals im Banne des Unvereinbarkeitsdogmas, so daß eine Entscheidung nur zwischen Markt- oder Zentralverwaltungswirtschaft möglich erschien.

2. Nachkriegsplanungen in der Anti-Hitler-Koalition

Britische Nachkriegsplanungen fanden, soweit der Öffentlichkeit im Kriege bekannt geworden, seit Ende 1942 in Deutschland ein nicht zu unterschätzendes Interesse. Im Dezember 1942 wurde in London der von der Britischen Regierung in Auftrag gegebene Beveridge-Plan für soziale Sicherheit veröffentlicht, dem 1944 ein zweiter Beveridge-Bericht über die Frage der Vollbeschäftigung in einer freien Gesellschaft folgte[9]. An der heftigen Reaktion der deutschen Propaganda auf beide, soziale Leitprinzipien in den Vordergrund rückende Friedensplanungen ist zumindest die vom Regime befürchtete positive Resonanz abzulesen[10]. Nach dem Kriege wurde der Beveridge-Plan Grundlage für den Aufbau des Wohlfahrtsstaates und damit aller Sozialreformen in Großbritannien. Die Herstellung der Vollbeschäftigung nach dem Kriege war ein kardinales Anliegen von Lord Beveridge:

»Im totalen Krieg verschwindet die Arbeitslosigkeit. Können wir das Gleiche nicht auch unter Friedensbedingungen fertigbringen? — Nur dann, wenn wir das Privatinteresse durch eine gemeinsame Friedensaufgabe ersetzen können, wenn wir für die Bedürfnisse des Friedens, die an sich unbegrenzt sind wie die des Krieges, genügend Kaufkraft bereitstellen, die den Bedarf in wirksame Nachfrage umsetzt. Das Organ, für die Durchführung dieser Aufgabe ist der demokratisch kontrollierte Staat[11].«

Auf die Anfang 1943 einsetzenden britischen Wirtschaftsplanungen für das besetzte Deutschland hatten die Beveridge-Pläne und der Keynes-Plan sicher nicht weniger Einfluß als der berüchtigte Morgenthau-Plan und der White-Plan auf die wirtschaftliche Nachkriegspolitik der Amerikaner. Die britischen Planungen setzten sich die prinzipielle ökonomische Überlebensfähigkeit Deutschlands zum Ziel, während amerikanische besatzungspolitische Grundsätze zunächst eine wirtschaftliche Rehabilitierung des besiegten und besetzten Deutschlands faktisch ausschlossen[12]. Ein britischer Direktiven-Entwurf verwies ausdrücklich »auf die Überlegungen, daß lange und verbreitete Arbeitslosigkeit die Besatzungsmächte in Schwierigkeiten bringen kann«[13]. Nach dem britischen wirtschaftspolitischen Konzept zu Beginn der Besatzungszeit 1945 mußte Deutschland unter effizienter Kontrolle ökonomisch wiederaufgebaut werden, wobei auf überlieferte, verfügbare deutsche Institutionen und Kontrollmechanismen zurückgegriffen werden sollte[14].

Auf der Konferenz von Quebec im Herbst 1944 zwischen Franklin Roosevelt und Winston Churchill wurde allerdings der Morgenthau-Plan zur nahezu völligen Vernichtung der Industriekapazität Deutschlands vorgelegt und in seinem Grundgedanken akzeptiert. Dem britischen Premier — amerikanische Finanzhilfe für die Nachkriegszeit in Aussicht gestellt — erschien es nicht als »unbillige Forderung, Deutschlands Industriepotential so weit zu beschränken, daß der Lebensstandard des Landes nicht höher sein würde als der seiner Nachbarn«. Doch am Ende konnte sich in London der Gedanke nicht durchsetzen, »Deutschland zu einem Land der Schäfer und Hirten zu machen«[15]. Der im Sommer 1944 verfaßte und nach dem amerikanischen Finanzminister Henry Morgenthau benannte Plan stand im krassen Gegensatz zu den unter der Zuständigkeit des State Departments entwickelten und bereits vorgelegten Memoranden über die künftige wirtschaftliche Behandlung Deutschlands. Darin war nach der Beseitigung der wirtschaftlichen Vorherrschaft Deutschlands in Europa dessen eventuelle Wiedereingliederung in die Weltwirtschaft in Aussicht genommen worden[16]. Roosevelt schränkte seine Zustimmung zu dem von amerikanischen Kritikern zu Fall gebrachten Morgenthau-Plan ein. Sein Nachfolger Harry Truman lehnte ihn und die Teilnahme Morgenthaus an der Potsdamer Konferenz (Juli/August 1945) ostentativ ab. Innerlich aber vermochte Roosevelt vom Sühne- oder Rache-Geist des Morgenthau-Planes, dem der nachhaltigen Bestrafung der bösartigen, kollektivschuldigen Deutschen, ebensowenig wie viele Sieger abzurücken, die nach Einstellung der Feindseligkeiten die Idee des Ruins der deutschen industriellen Basis verwirklichen wollten[17].

Zwangsläufig entwickelte sich die Diskussion über die wirtschaftliche Nachkriegspolitik zunächst zu einer britisch-amerikanischen Auseinandersetzung, deren erste Höhepunkte vom Keynes-Plan und vom Morgenthau-Plan markiert wurden. Zur Kluft zwischen grundsätzlichen Auffassungen gesellten sich bei den Amerikanern »antibritische« Ressentiments und »prosowjetische« Neigungen, die den notwendigen Brückenschlag nicht erleichterten. Grundsätzlich blieb bei den Planungen in London und Washington (Post-War Programs Committee des State Department) die deutsche Eigentumsordnung tabu. Der Aspekt einer Landreform kam seit August 1944 unter den Aspekten der Aufnahme von Flüchtlinge aus dem Osten und der Demokratisierung des politischen Lebens zur Sprache[18].

Die Entscheidung über Deutschlands wirtschaftliche Zukunft lag wesentlich bei Josif Stalin, der 1944/45 eine überragende Machtstellung innehatte und sich in seinen Überlegungen von den internationalen Machtverhältnissen leiten ließ. Er war nicht überzeugt von einem dauerhaften friedlichen Nebeneinander von Kapitalismus und Sozialismus[19], hatte deshalb in den von der Roten Armee eroberten Teilen Osteuropas einen sich um die Sowjetunion legenden Kordon von Vasallenstaaten geschaffen, deren Wirtschaftpotential überdies dazu diente, die geschwächte Wirtschaftskraft der UdSSR zu stärken. Bezüglich der wirtschaftlichen Zukunft des besiegten Deutschlands waren seine Vorstellungen nicht zuletzt wegen der verheerenden Kriegsverwüstungen in der Sowjetunion dem Geist des Morgenthau-Planes sehr nahe. Bereits auf der Konferenz in Teheran 1943 hatte er, Fürsprecher eines harten Straffriedens für Deutschland, die Liquidierung der deutschen Schwerindustrie gefordert und in Jalta (Februar 1945) auf einer Demontage von 80 Prozent der deutschen Industrie binnen zweier Jahre nach der deutschen Kapitulation beharrt[20]. Die Kluft zwischen Deutschland und der Sowjetunion war abgrundtief, so daß sich Stalin auch nicht der Illusion einer kommunistischen Revolution in Deutschland hingab. Dem polnischen Exilministerpräsidenten Stanislaus Mikołajczyk gegenüber soll er bemerkt haben: »Der Kommunismus passt für die Deutschen wie der Sattel für die Kuh[21].« Damals und bis in die 1950er Jahre hatte Moskau nicht die Absicht, eine Kopie der Sowjetwirtschaft auf Deutschland zu übertragen. Dennoch bestand für Stalin kein Zweifel daran, daß derjenige, der das Machtmonopol in einem Lande ausübte, auch das sozioökonomische System zu bestimmen habe[22]. Der Taktiker Stalin wußte, daß die Verwirklichung dieses Maximalzieles von den gegebenen Realisierungsmöglichkeiten abhing und damit eine Frage der Zeit war.

Der schnelle Vormarsch der sowjetischen Truppen beschleunigte auch in Moskau die vorbereitenden Planungsarbeiten für die Nachkriegspolitik im besetzten Deutschland. Umittelbar nach der Jalta-Konferenz bestand die wichtigste Tätigkeit des KPD-Emigranten Walter Ulbricht darin, zusammen mit einigen anderen deutschen KP-Führern Grundsätze und Ziele der sowjetischen Nachkriegspolitik in Richtlinien und Argumentationshilfen für deutsche Kommunisten zu übertragen und so die emigrierten KP-Kader auf ihre künftige Arbeit im sowjetischen Besatzungsgebiet einzuschwören[23]. Über Ziele und Absichten der Wirtschaftspolitik der sowjetischen Besatzungsmacht erfuhren sie wohl recht wenig, eigentlich nur das für ihre begrenzten Aktivitäten Notwendige: Es sei mit Sicherheit anzunehmen, daß

»Maßnahmen gegen den Monopolkapitalismus und eine Boden- und Schulreform geplant seien. Es käme darauf an, unter peinlichster Beachtung der alliierten Vorschriften bei diesen Reformen aktiv mitzuarbeiten und für ihre konsequente Durchführung zu sorgen. Die Bodenreform werde eine der bedeutendsten Aufgaben sein, die wir in Deutschland durchzuführen hätten, aber sie könne frühestens Anfang 1946 beginnen. [...] Im Sommer 1945 sei alles zu tun, um die Einbringung der Ernte zu gewährleisten und eine Hungerkatastrophe zu verhindern[24].«

Eine Agrarreform, bereits im Morgenthau-Plan aufgenommen und Kernstück der sowjetischen Nachkriegspolitik spätestens seit Jalta, war unter den politischen und wirtschaftlichen »Grundsätzen« des Potsdamer Abkommens nicht vorgesehen[25].

Im Vordergrund von Stalins Überlegungen stand die Sicherung eines Maximums an Reparationen zum Wiederaufbau der Sowjetunion. Bereits 1944 wurde sein Vertrauter Georgii Malenkov, seit 1943 Vorsitzender des Komitees für den Wiederaufbau der befreiten Gebiete, auch Vorsitzender des für die Demontage der deutschen Industrie zu Reparationszwecken zuständigen Komitees[26]. Charles de Gaulle erinnerte sich an eine Metapher Churchills zur Charakteristik der britisch-sowjetischen Beziehungen vor Kriegsende:

»Was Rußland betrifft, so ist es ein plumpes Tier, das lange Zeit gehungert hat. Zur Zeit kann man es nicht am Fressen hindern, zumal es eines der am schwersten betroffenen Opfer ist. Aber es geht darum, daß es nicht alles frißt. Ich bemühe mich, Stalin zu mäßigen, dem es übrigens, wenn er auch großen Appetit hat, nicht an realem Sinn fehlt[27].«

4. Deutsche Nachkriegsplanung

Seit 1943/44, als mit den Niederlagen und Rückzügen der deutschen Wehrmacht die einen überwältigenden militärischen Sieg Hitlers und Deutschlands politisch-militärische Vorherrschaft in Europa voraussetzenden wirtschaftlichen Kriegszielplanungen von 1939 bis 1942[28] nicht mehr aktuell erschienen und Anpassungen an die Realität erforderlich wurden, begann allmählich in Ministerien und Wirtschaftsorganisationen — wahrscheinlich auch in der Großindustrie, soweit dafür überhaupt Kräfte verfügbar waren —, die Diskussion und Ausarbeitung von neuen, in ihren Ansprüchen reduzierten Konzeptionen über die Friedenswirtschaft der Nachkriegszeit[29]. Im Zeitraum vom Frühjahr 1944 bis zum Jahreswechsel 1945 stellten sich die Planungen, wenn auch nicht alle[30], mehr und weniger auf eine deutsche Niederlage ein. Ein Kernproblem bildete in der schon seit 1941/42 von wissenschaftlicher Seite in Deutschland geführten Diskussion das virulente Kaufkraftproblem, die künftige Beseitigung des in der Folge der inflationistischen Kriegsfinanzierung entstandenen gewaltigen Kaufkraftüberhanges, also die Wiederherstellung einer gesunden Geldordnung in Deutschland[31]. Ende 1943 hatte die Reichsgruppe Industrie bei Ludwig Erhard, damals Leiter des Instituts für Industrieforschung in Nürnberg, eine Studie über die »Kriegsfinanzierung und Schuldenkonsolidierung« in Auftrag gegeben. Seine im März 1944 vorgelegte, 268 Schreibmaschinenseiten umfassende Denkschrift fügte sich unter Berücksichtigung von industriewirtschaftlichen Belangen weitgehend in den Rahmen der vorangegangenen deutschen Expertendiskussion, aber nahm zugleich vieles gedanklich vorweg, was nach dem Zusammenbruch des

Dritten Reiches während der Besatzungszeit durch Kriegsschuldenkonsolidierung, Währungsreform und Lastenausgleich dann mühselig zustande kam. Eine mögliche inflationäre Kriegsschuldenbereinigung schloß Erhard kategorisch aus. Seiner Meinung nach würde »in der kritischen Stunde der Überführung der Kriegswirtschaft in eine Friedenswirtschaft gerade zur Aufrechterhaltung der physischen Fortexistenz des deutschen Volkes« ein bescheidener Notenumlauf »von wenigen Milliarden (2—4) ausreichen«[32].

Träger der deutschen Nachkriegsplanungen von 1944/45 waren verständlicherweise die Spitzen der legitimierten Wirtschaftskorporationen, die Reichsgruppe Industrie und die Reichswirtschaftskammer, in engem Kontakt mit dem Reichswirtschaftsministerium und von diesem gesteuert[33]. Eine Schlüssel- und Vordenkerrolle beanspruchte der NS-Ideologe Otto Ohlendorf, für den der künftige »Neuaufbau« nationalsozialistischer Herrschaft ein Mittelweg zwischen Liberalismus und Sozialismus sein sollte. Eine schlüssige Lösung für eine ideologische Renaissance des irrationalen Nationalsozialismus in neuem Gewande hat er nicht gefunden, dieser war noch weniger von den namhaften Vertretern aus Wirtschaft, Verwaltung und Wissenschaft zu erwarten, die in den letzten Kriegsmonaten Denkschriften, Entwürfe und Anregungen zum Übergang von der Kriegs- zur Friedenswirtschaft lieferten und damit ein den Umständen entsprechendes langsames Abkoppeln vom Nationalsozialismus einleiteten. Dieses auf die Organisation der Nachkriegswirtschaft gerichtete »geistige Erbe« aus der Untergangsphase des Dritten Reiches sollte nicht als quantité négligeable eingestuft werden. Nicht wenige namhafte, vom Nationalsozialismus nicht oder weniger belastete Exponenten der Nachkriegsplanungen waren später in den Wirtschaftsverwaltungen der Westzonen unentbehrlich und maßgeblich am wirtschaftlichen Wiederaufbau beteiligt, so daß sich vielfältige und nachhaltig wirksame planerische, personelle und strukturell-funktionale Kontinuitätslinien abzeichnen, die die letzten Kriegsjahre mit der Nachkriegszeit über die sogenannte »Stunde Null«, den totalen Zusammenbruch der Besiegten hinweg miteinander verbanden. Das Kontinuitätsdenken hatte auch groteske Züge. Noch im Juli 1945 sammelte das volkswirtschaftliche Referat des Reichswirtschaftsministeriums verstreute Materialien über Konzernverflechtungen und meinte, der »Neuaufbau« der deutschen Industrie werde »analog« zu den Aufgaben erfolgen, die das Reichswirtschaftsministerium dem Referat vorher stelle[34].

II. Wirtschaftspolitische Prioritäten zwischen Potsdamer Konferenz und Anfang des Kalten Krieges

Auf der Potsdamer Konferenz einigten sich die drei Siegermächte (nach der Konferenz auch Frankreich) über die wirtschaftlichen Grundsätze ihrer Deutschlandpolitik für das besetzte Deutschland, obwohl sie sehr unterschiedliche, wenn nicht entgegengesetzte Interessen vertraten.

Der vagen, deutsche Hoffnungen weckenden und mehr als Zielprojektion gedachten Formulierung: »Während der Besatzungszeit ist Deutschland als ein einziges wirtschaftliches Ganzes zu betrachten«[35], stand die seit Monaten Realität gewordene, in der Potsdamer Erklärung nachträglich legitimierte Besatzungsautonomie in den einzelnen Zonen gegenüber (Politische Grundsätze, Absatz 1). Adäquat war der Reparationspartikularismus, ohne daß die Reparationsentnahmen bemessen wurden. Alleinige Ausnahme machten die an Bedingungen geknüpften zusätzlichen Ergänzungen der Reparationen der UdSSR aus westlichen Zonen (Abschnitt IV/4—6). Es war auch konsequent, für die in Potsdam vereinbarte, gemeinsam zu verfolgenden wirtschaftspolitischen Zielsetzungen (betr. Erzeugung, Verteilung, Löhne, Preise, Währung, Banken, Verkehr) eine gemeinsame alliierte Kontrolle in Aussicht zu nehmen, die Durchführung aber zu dezentralisieren und selbst die Kontrolle »nur in den Grenzen« zuzulassen, »die notwendig sind«. Im Potsdamer Papier deklarierte wirtschaftliche Sofortmaßnahmen waren ohnehin schon von den jeweiligen Besatzungsmächten eingeleitet worden.

Der Verzicht auf eine gemeinsame alliierte Zentral- oder Regierungsgewalt für das gesamte besetzte Deutschland legitimierte jedes Kontrollratsmitglied, in seiner Zone die wirtschaftspolitischen Kompetenzen so auszuüben, wie immer es seiner jeweiligen Regierung beliebte. So wurde auch die wirtschaftliche Perspektive der einzelnen Besatzungszonen, ihre Wiederaufbauplanung, Sache der jeweiligen Militärverwaltung und der sie instruierenden Regierungen. Unter der Herrschaft des Hungers vollzog sich seit April/Mai 1945 ein Verfall der Wirtschaftsordnung des Krieges und eine Rückbildung der Wirtschaft zu primitiven Formen des Naturaltausches, der Eigenwirtschaft und den verschiedensten Erscheinungsformen von Beschaffungskriminalität.

1. Sowjetische Besatzungszone: Vorsprung bei der »Revolution von oben«

Rechtliche Grundlage für die Bildung und Tätigkeit der sowjetischen militärischen und zivilen Machtorgane war der Befehl Nr. 5 des Militärrates der 1. Weißrussischen Front vom 23. April 1945: »Die ganze Verwaltungsgewalt in dem von der Roten Armee besetzten Gebiet Deutschlands wird vom Militärkommando durch die Militärkommandanten der Städte und Bezirke ausgeübt[36].« Verordnungen von Militärräten befahlen die Ingangsetzung von kommunalen Wirtschaftsbetrieben, bestimmten Normen für Lebensmittelzuteilungen, verteilten beschlagnahmte Waren. Beispielhaft dafür, wie weitgehend Stalin seine Entscheidungsgewalt über die Belange der Sowjetzone wahrnahm, ist, daß er während der Potsdamer Konferenz u.a einen ihm von Marschall Grigori Žukov vorgelegten Beschluß des Militärrats der Front zur »Organisierung des Fischfangs vor der Ostseeküste« unterzeichnete[37].

Die wirtschaftliche Wiederaufbauplanung, die die sich im Hintergrund haltende sowjetische Führung in ihrer Zone mit den damals dort lebenden 20 Millionen Deutschen verfolgte — desweiteren über 30 Prozent der Ende 1945 für die Rationierungskontrolle erfaßten Deutschen[38] —, wurde in den Befehlen der Militärs bzw. der Sowjetischen Militäradministration in Deutschland (SMAD) in ihren perspektivischen Zielsetzungen nicht angesprochen[39]. Die frühen Parteiprogramme der Kommunistischen Partei Deutschlands (KPD) und der Sozialistischen Einheitspartei Deutschlands (SED) versprachen kein »Sowjetparadies«[40], um nicht Anhänger und Mitläufer zu verlieren. Wenig tröstlich war es für die von Hunger und Angst geplagten Deutschen zu lesen, was Ende 1945 Generaloberst Vladimir Semënov in einer Unterredung mit dem Basler Theologen Professor Fritz Lieb sybillinisch sagte:

> »Dieses Land [...] zwischen Elbe und Oder ist zu großem berufen: zum Westen gehörig, hat es die Begegnung mit dem Osten vollzogen. In ihm kann jene Brücke zwischen den zwei Welten geschlagen werden, die uns einzig vor einem neuen Krieg bewahrt, die Synthese sich bilden zwischen dem westlichen Individualismus und dem östlichen Geist der Gemeinschaft[41].«

Realistischer interpretierte das Geschehen der sowjetische »Polit«-Oberst Sergej Tuljpanov, wenn er von einer »sozialistischen Okkupation« sprach. Planungen und Handlungen des Kreml liefen letztlich auf die Errichtung einer Art Zwischenregime, weniger auf eine »Symbiose zwischen West und Ost« hinaus, alles aber zunächst hinter der Fassade der von den Kommunisten deklarierten »antifaschistisch-demokratischen Ordnung« und wenig später der der »Volksdemokratie«. Streit darüber, ob das neue ökonomische Konstrukt weder kapitalistisch noch sozialistisch sein sollte, ist müßig. Eine »Revolution von oben« leitete in der Sowjetischen Besatzungszone (SBZ) 1945 eine sozioökonomische Übergangsphase ein. Sicherlich wußte man anfangs nicht, wie sie im einzelnen funktionierte, ohne daß deshalb Zweifel plagten. Die sozialistische Planwirtschaft in der Sowjetunion besaß ebenfalls ihre Vor- und Übergangsstadien (Neue Ökonomische Partei = NÖP) und war ihrem Ursprung nach als Wirtschaftssystem aus der administrierten Kriegswirtschaft des Ersten Weltkriegs hervorgegangen, wenngleich diese Patenschaft von der stalinistischen Argumentation mit ihren Eigentumskriterien energisch bestritten wurde. Bis 1949/50 reichte aus der Sicht des damaligen SED-Chefökonomen die erste Etappe einer sozioökonomischen Übergangsphase, deren charakteristisches Merkmal die sukzessive Substitution sogenannter »kapitalistischer« durch »sozialistische Produktionsverhältnisse« bildete[42].

Fast an vergangene Wundergläubigkeit erinnert die noch zeitweilig auch in Westdeutschland vorhandene Hoffnung, der »Marsch in den Sozialismus« könne plötzlich irgendwie abgeblasen werden. Die in Freiburg/Breisgau erschienene Zeitschrift »Gegenwart« ernüchterte Ende Dezember 1945 mit der Feststellung:

»Leider hat, wenn nicht alles trügt, die innerrussische Übung in der Verpflanzung ganzer Werkseinrichtungen schon zu besonders zahlreichen, sich auch sozial auswirkenden Rekuperations- und Reparationseingriffen geführt [...] Aber in der russisch besetzten Zone tritt dabei etwas Besonderes auf. Die reparations- und verwaltungspolitische Aktivität ist gemischt mit weit vorausgreifenden Wirtschaftseingriffen dogmatischen Hintergrundes[43].«

Zwei Tage nachdem die vom Bankkredit abhängige Industrieproduktion in der SBZ anlaufen sollte, verfügte ein SMAD-Befehl vom 23. Juli 1945 eine Bankensperre, die Einstellung der Tätigkeit der bereits seit April durch Befehl Nr. 1 geschlossenen Banken, mit Ausnahme der wiedereröffneten genossenschaftlichen Institute, als ersten Schritt zu ihrer Verstaatlichung und verbot jegliche Kreditoperation[44]. Aufgrund von Landtagsgesetzen erfolgte 1947/48 »posthum« die Bankenenteignung mit Wirkung vom 9. Mai 1945. Der SMAD-Befehl Nr. 9 vom 21. Juli 1945, der die Wiederaufnahme der industriellen Produktion angeordnet hatte, erleichterte die Auswahl des Industriepotentials für Reparationszwecke. Befehl Nr. 43 vom 28. August 1945 sollte die verzögerte Ingangsetzung der Industrie beschleunigen. Primär zur Sicherung der begonnenen umfangreichen sowjetischen Demontageprogramme, die nicht ohne deutschen Widerstand in mehreren Wellen bis Anfang 1948 liefen, dekretierte der SMAD-Befehl Nr. 124 vom 30. Oktober 1945 (Sequesterbefehl) die Beschlagnahme und provisorische Übernahme des Eigentums des deutschen Staates, der Naziaktivisten und einigen weiteren Eigentums[45]. Erst der Befehl Nr. 64/48 vom 17. April 1948 beendete die Etappe der von der Besatzungsmacht erzwungenen Sequestierungen.

Anfangs übereilt demontierte, in die Sowjetunion verfrachtete Reparationsgüter, für deren nutzvolle Verwendung beim Industrieaufbau aber dort nicht die Voraussetzungen bestanden, führten zur Einsetzung einer sowjetischen Regierungskommission unter der Leitung von Anastas Mikojan. Sie empfahl statt der Demontage von Betrieben ihre Überführung in sowjetisches Eigentum, dann sollten sie an ihrem bisherigen deutschen Standort Güter für die Sowjetunion produzieren[46]. Der SMAD-Befehl 167 vom 5. Juni 1946 nahm insgesamt 213 Unternehmungen »aus dem deutschen Eigentum heraus« und überführte sie zur teilweisen Befriedigung der Reparationsansprüche in das der UdSSR. Zusammengefaßt in Sowjetischen Aktiengesellschaften (SAG)[47], unterstanden sie einer Generaldirektion in Berlin-Weißensee als rein sowjetischer Institution. Von der Sequestierung durch Befehl 110/45 waren insgesamt 9 281 gewerbliche Unternehmungen, darunter 3 843 Industriebetriebe, betroffen. Für die entschädigungslose Enteignung der in einer Liste A zusammengefaßten Betriebe wurde das Votum eines Volksentscheides in Sachsen am 30. Juni 1946 herbeigeführt, auf das sich danach Enteignungsverordnungen der anderen Länder und Provinzen beriefen. Etwa 2 200 Industriebetriebe mit mehr als 350 000 Beschäftigten erfuhren in dieser Sozialisierungsphase ihre zwangsweise Verwandlung in »Landeseigene Betriebe«[48].

Die Enteignung der sogenannten »Kriegs- und Naziverbrecher«, bei der sich die Sowjets und ihre deutschen Vasallen auf das Potsdamer Abkommen (A. Abs. 5) beriefen und die unter dem Gewaltmonopol der Besatzungsmacht stand, schuf seit 1945/46 die materielle Basis für das Staats- bzw. »Volkseigentum« in der gewerblichen Wirtschaft und im tertiären Sektor der Sowjetzone. Ungeprüfte Voraussetzung für diesen umwälzenden entschädigungslosen Enteignungsprozeß war die generelle Identifizierung von Eigentümern und Miteigentümern aller größeren Unternehmen mit Kriegsgewinnlern und Naziaktivisten[49]. Die scharfe Waffe der massiven politischen Diffamierung, gerichtet gegen Großgrundbesitzer und bäuerliche Nationalsozialisten, verhalf der zeitlich nur Monate vorausgegangenen sogenannten »demokratischen Bodenreform« zur Scheinlegitimation im Sinne der Präambel zu Abschnitt III des Potsdamer Abkommens. Unter dem Druck der sowjetischen Besatzungsmacht, zudem der Rigorosität russischer Tradition entsprechend, wurde sie in inhaltlich gleichlautenden, im Verlaufe einer Woche erlassenen Verordnungen von den Landes- und Provinzialverwaltungen eingeleitet und überstürzt durchgeführt[50]. Die entschädigungslose, auf erhebliche Widerstände stoßende schematische Enteignung von Großbetrieben ab 100 ha Bodenfläche, ebenfalls ein Novum in der deutschen Geschichte, vernichtete existentiell eine einst führende deutsche Elite. Der enteignete Grundbesitz — bis 10. November 1945 über zwei Mio. ha — wurde in einem staatlichen Bodenfond eingebracht und an notdürftig neu eingerichtete, auf die Dauer nicht lebensfähige über 292 000 bäuerliche Kleinbetriebe (darunter rund 270 000 Neubauern) mit maximaler Größe von ca. 8 ha zu limitierter Nutzung mit Besitzbeurkundung übertragen. In Mecklenburg sollten 44 Prozent der Ackerfläche von Neubauern mit unzureichender Spannkraft bestellt werden. Gravierende Ertragseinbrüche[51] mit katastrophalen ernährungswirtschaftlichen Folgen wurden in Kauf genommen. Die Bevölkerungsstatistik ermittelte für 1946 über 4,5 Mio. und 1947 über 3 Mio. Verstorbene bei exorbitanten Sterberaten von 22,9 bzw. 19,0 je 1 000 Einwohner[52].

Die rasche Entmachtung alter Eliten in der Wirtschaft und in der Verwaltung der SBZ bestärkte den Altfunktionär der KPD, Anton Ackermann, Ende 1945 in der Überzeugung, daß in Deutschland der »Sieg der Arbeitermacht« erleichtert sei und sich die »Entfaltung der sozialistischen Demokratie« weniger opferreich als in der Sowjetunion gestalte[53]. Mit Billigung der Besatzungsmacht formulierte der damalige Sekretär des Zentralkomitees (ZK) der KPD 1946 seine These vom »besonderen deutschen Weg« zum Sozialismus, die bis 1948 ideologische Grundlage der SED war. In diesem Zusammenhang lag auch der Gedanke nahe, das vom Primat der Schwerindustrie ausgehende stalinistische Industrialisierungsmodell nicht sklavisch zu kopieren und demzufolge die Konsumgüterindustrie (Leichtindustrie) stärker in den

Vordergrund zu rücken, wie es die »Feinde« Stalins einst wollten. Ende 1946 vollzog jedoch die Industriepolitik der Besatzungsmacht auch wegen des notwendigen Zulieferbedarfs ihrer SAG-Betriebe die folgenschwere und nicht mehr revidierbare Schwenkung zugunsten der Grundstoff- und Metallindustrie[54].

Doch die Geburt der »sozialistischen« Planwirtschaft verzögerte sich wegen der Insuffizienz des Patienten. Von Berlin-Karlshorst war vergeblich Druck gemacht worden: Mitte März 1946 hatte nämlich der Vorsitzende der Staatlichen Plankommission den neuen, angeblich bedeutendsten Fünfjahresplan der UdSSR verkündet, der nicht zuletzt dem hohen weltpolitischen Rang der Sowjetunion Rechnung tragen sollte. Unter Planwirtschaft wurde in der damaligen Welt, weil sie nicht einhellig der Euckenschen Systematik folgte, mancherlei verstanden. Damals bekannte makro-ökonomische Planungssysteme zeichneten sich im Prinzip dadurch aus, daß die Steuerung der Wirtschaft bzw. der Produktion dem »Spiel der freien Kräfte« entzogen und die Zusammensetzung des Sozialprodukts planmäßig verändert wurde, wobei Investitionen und Gemeinschaftsverbrauch wie Rüstungen eine Steigerung und der rationierte Einzelverbrauch gewöhnlich eine Beschränkung erfuhren.

Die SMAD beanspruchte in der SBZ von Anbeginn die Planungshoheit und übte sie, soweit möglich, durch Produktions- und Distributionsbefehle aus, über Betriebe der Liste C bis Ende 1947 unmittelbar[55]. Hohe Substanzverluste und minimalste Investitionsquoten sowie Energie- und Materialmangel beengten die Produktionsmöglichkeiten[56]. Die Arbeitsproduktivität erreichte einen Tiefstand (1947 = 56 Prozent von 1936). Hunger und miteinander konkurrierende Bürokratien schienen verschwistert. Zur Aufnahme der Reparatur von Schmalspurlokomotiven in den Mechanischen Werkstätten Freital bei Dresden z.B. bedurfte im März 1946 das Reichsbahnpräsidium der Bestätigung sowjetischer Behörden in Berlin und Moskau[57]. Marschall Žukovs Machtworte erreichten nicht die entsprechenden Wirtschaftsbehörden in Moskau und insbesondere nicht die gefürchteten »Reparationsbrigaden« vor Ort[58]. Der 1946 begonnene Aufbau einer landeseigenen Industrieverwaltung und -planung mit Hilfe dezentralisierter Planungsämter[59] führte in eine Sackgasse, weil die Länder infolge der sich rapide erhöhenden Produktionskosten nicht die Mittel für den Wiederaufbau aufbringen konnten. Als Ausweg erschien die zentrale Steuerung bzw. Leitung der Wirtschaft, die aber nicht kurzfristig durchsetzbar war, weil sie eine entsprechende Kooperation mit der stets mißtrauischen Besatzungsmacht erforderte.

Zunächst zwölf als Kontroll- und Vollzugsorgane dienende zentrale deutsche Fachverwaltungen, bis Ende 1945 errichtet[60], entbehren jeder Mitsprache. In der vom Stellvertreter des Obersten Chefs der SMAD, General Konstantin Koval', bestätigten Verordnung über die Deutsche Verwaltung für Land- und Forstwirtschaft in der SBZ — unter dem schwäbischen Altkommunisten Edwin Hörnle — vom 26. Juli 1946 heißt es z. B.:

»Die Grundaufgaben der Verwaltung für Land- und Forstwirtschaft bestehen in der Verwirklichung der Maßnahmen, welche der höchsten Entwicklung der Landwirtschaft, Forstwirtschaft und Fischzucht der sowjetischen Besatzungszone Deutschlands und der Sicherung einer genauen und rechtzeitigen Durchführung der Befehle der SMAD — diese Wirtschaftsgebiete betreffend — dienen.

Die Deutsche Verwaltung für Land- und Forstwirtschaft trägt die volle Verantwortung für die rechtzeitige Durchführung der festgesetzten Pläne der Entwicklung der Landwirtschaft, Tierzucht und Forstwirtschaft als Ganzes in der sowjetischen Besatzungszone Deutschlands.

Die Deutsche Verwaltung für Land- und Forstwirtschaft arbeitet unter der unmittelbaren Leitung der Verwaltung für Land- und Forstwirtschaft der SMAD. i. D.[61].«

Bis Ende 1948 bestand auf Makroebene in der Sowjetzone eine fast lupenreine, mit viel Korruption durchsetzte Befehlswirtschaft. Wiederholte Absichtserklärung der SMAD, die volkswirtschaftliche Gesamtplanung auf deutsche Organe zu delegieren[62], um die Produktivität und damit die Produktion zu steigern, ließen sich während der schweren Wiederaufbaukrise der Ostzonenwirtschaft im Jahre 1947 nicht realisieren. Statt der gemäß SMAD-Befehl 138 vom 4. Juni 1947 vorgesehenen Errichtung einer Deutschen Wirtschaftskommission wurde wenigstens eine Abteilung Wirtschaftsplanung bei der Zentralverwaltung für Industrie geschaffen[63]. Regionale Quartalspläne und einfache Bilanzen sollten nun koordiniert werden. Die Wirtschaft der Ostzone bewegte sich in einem Teufelskreis: Angesichts sehr knapper Ressourcen korrespondierte die niedrige Arbeitsproduktivität mit einer schlechten Ernährungslage, so daß ohne Überwindung des Hungers die notwendige Steigerung der Arbeitsproduktivität nicht möglich schien.

2. Bis zu den Anfängen der Bizone

Das Problem der Erschöpfung der moralischen und materiellen Reserven Deutschlands stellte sich Mitte 1947 auch den westlichen Besatzungsmächten. Der sich allmählich etablierende Zonenisolationismus hat Deutschland wirtschaftlich deformiert, die Zone gewissermaßen in »Vorfelder« der wirtschaftspolitischen Ideologien und Zielsetzungen der jeweiligen Besatzungsmächte verwandelt und eingebunden in die machtpolitischen Antagonismen der großen Mächte. In allen Zonen stellten sich seit 1945/46 die Deutschen die bange Frage: wie kommen wir über den nächsten Winter? Im zerstörten, abgerüsteten und demontierten Deutschland gab es unüberhör- und unübersehbare Signale der Not, die die Frage berechtigt erscheinen ließen, was die Deutschen aus eigener Initiative unternehmen sollten, um den Notstand zu überwinden.

Die britischen Besatzungsplanungen verfolgten von Anbeginn die Absicht eines kontrollierten Wiederaufbaus der Wirtschaft zur Konsolidierung der labilen ökonomischen Situation. In London bekannte Feldmarschall Bernard L. Montgomery 1945[64], er lasse die Ausmerzung des Nazismus nicht aus den Augen, stelle aber angesichts der Winternähe aus prophylaktischen Gründen die Hebung der Beschäftigung obenan. Obwohl sich die Siegermacht Großbritannien nach dem Kriege in wirtschaftlich-finanziellen Engpässen befand, half sie schon im Sommer 1945 mit kanadischem Weizen und der Wiederaufrichtung einer Nordseefischerei bei der Ankurbelung des Ruhrbergbaus und importierte im Frühjahr 1946 aus eigenen Reserven große Mengen Lebensmittel in ihr Besatzungsgebiet, das strenger Befehlshierarchie, Bewirtschaftungsplanung[65] und Kontingentierung unterlag. Dieses Gebiet war übrigens die bevölkerungsstärkste Zone — mit der zudem geringsten landwirtschaftlichen Nutzfläche je Einwohner. Im Vordergrund der britischen Wirtschaftspolitik stand anfangs der rasch voranschreitende »organisatorische Aufbau der Wirtschaft«, die Reorganisation des überlieferten Verbändesystems und der Lenkungsstellen als institutionelle Voraussetzung zur langsamen Verbesserung der Wirtschaftslage angesichts des mangelbedingten Zwangs zur Aufrechterhaltung der grundsätzlich als provisorisch betrachteten Bewirtschaftung[66]. Das sogenannte »Sparta-System der Industrieplanung«, auf dem Prinzip der Herstellerkontingentierung beruhend, förderte die Grundstoffindustrien und die Wiederherstellung des Produktionsapparates, um nicht zuletzt für den britischen Steuerzahler die Belastung mit Importkosten für die britische Zone zu verringern. Aufgebaut wurde dazu eine zentralistische Verwaltung, eine im Kern ministrable Organisation unter Beibehaltung des in der Kriegswirtschaft erprobten Systems der Kooperation von Staat und Privatwirtschaft bzw. Selbstverwaltung. In diesem Zusammenhang erfolgte noch vor Errichtung der Länder und damit im Unterschied zu den entsprechenden Vorgängen in der Sowjetzone Anfang 1946 der Aufbau des German Economic Advisory Board, bzw. des Zentralamtes für Wirtschaft in Minden unter Viktor Agartz. Es gilt als »Keimzelle des späteren Bundeswirtschaftsministeriums«[67]. Das Zentralamt für Ernährung und Landwirtschaft leitete der gemäßigt konservative, frühere Großgrundbesitzer aus der Nähe Stettins, Hans Schlange-Schöningen (1886—1960), einst Minister ohne Geschäftsbereich im Kabinett Brüning. Die mit Deutschen besetzten sogenannten »Zentralämter« bildeten die die Staatsautorität unzureichend durchsetzenden Hilfs- und Exekutivorgane der als oberste Zonenbehörde fungierenden britischen Kontrollkommission.

Agartz, bis 1947 linker Ideologe von SPD und Gewerkschaftsbewegung, erschien nach dem Zusammenbruch 1945 das »Ende des Kapitalismus« eine vollzogene Tatsache. Für den linken SPD- sowie Gewerkschaftsflügel führte, wie Agartz auf dem vielbeachteten SPD-Parteitag vom Mai 1946 darlegte, die »Dynamik des kapitalistischen Systems [...] mit innerer Notwendigkeit [...] zu einer neuen sozialistischen Wirtschaftsordnung« und sozialistischen Wirtschaftsgesellschaft ohne »Gegensätzlichkeit der Klassen«. Die Sozialisierung habe bei Bodenschätzen und Grundstoffindustrien zu beginnen. Eine Bodenreform sei notwendig. In der »sozialistischen Planwirtschaft« erblickten Teile der SPD das erforderliche Instrument zur Steuerung bzw. mehr der »indirekten Lenkung« der Produktion und Verteilung des Sozialprodukts in einem demokratischen Staat. Agartz lehnte »einen zentralistischen Staats-Kapitalismus« ebenso ab wie »den im Entstehen begriffenen Neu-Liberalismus«[68]. Es bleibt bemerkenswert, daß der linke Flügel der Sozialdemokratie in den Westzonen eine »sozialistische Planwirtschaft« zur Gegenwartsaufgabe erhob, während dieser Begriff in der Ostzone noch tabu war, wenngleich die Weichen dahin im Rahmen des zentralistischen Stalinismus bereits gestellt waren. Realitätsbezogener waren Einschätzungen von Agartz zur Wiederingangsetzung der deutschen Wirtschaft:

»Nur ein erheblicher Güter-Einschuß von außen kann den gegenwärtigen Verfallprozeß in Deutschland aufhalten. Er allein ist in der Lage, diese deutsche Wirtschaft auf eigene, wenn auch nur schwache Füße zu stellen[69].«

Auch das Ahlener Programm der CDU sah die Sozialisierung von Monopolbetrieben und Bergwerken vor. Nur im Grundsatz-Programm der CSU in Bayern vom Dezember 1946 wird ausdrücklich die »Planwirtschaft als Ausfluß eines kollektivistischen Denkens« abgelehnt.

Bis zur Potsdamer Konferenz wurden die gegen den wirtschaftlichen Wiederaufbau gerichteten Planungen der amerikanischen Deutschlandpolitik von der stark vom Morgenthau-Plan beeinflußten, wenn auch widersprüchlichen Direktive der Joint Chiefs of Staff (JCS) 1067 bestimmt. Obwohl die Potsdamer Wirtschaftsdirektiven auch Affinität zu Morgenthau-Ideen offenbarten, lockerten sie doch manche Verbote von JCS 1067 auch unter dem Aspekt der Deckung des friedlichen deutschen Inlandsbedarfs. Der stellvertretende amerikanische Militärgouverneur, General Lucius Clay (1897—1978), beraten von Vertretern aus dem amerikanischen Spitzenmanagement und im Konflikt auch mit den »Morgenthauboys«, sah sich verpflichtet, »eine ausgeglichene Wirtschaft zu entwickeln, die Deutschland auf eigene Füße stellen sollte«[70]. Die Prioritäten der amerikanischen Besatzungspolitik lagen anfangs bei der Durchführung der sogenannten vier »D's«: Demilitarisierung, Dekartellisierung, Denazifizierung und Demokratisierung. Eiserne Besen der politischen Säuberung sorgten für ein personelles Revirement im öffentlichen Dienst und in den Führungsetagen von Handel, Banken und Industrie, ohne daß aber geeignete Ersatzkräfte zur Verfügung standen. Bewußt wurde die damit verbundene Gefahr einer Verlangsamung des Anlaufens der Wirtschaft in Kauf genommen[71]. Der Aufbau der Wirtschaftsverwaltung und die Bewirtschaftungsplanung wurden dezentral-föderativ organisiert, jedoch mit dem Ziel einer zoneneinheitlichen Versorgung.

Den ersten grundlegenden, wenn auch nichtoffiziellen amerikanischen Plan über die Zukunft der deutschen Wirtschaft nach Potsdam präsentierte der im einzelnen nicht unanfechtbare Hoover-Bericht vom 10. September 1945[72], der in überprüfter Fassung unter dem Titel »A Minimum German Standard or Living in Relation to the Level of Industry« dem Industrieniveauausschuß des Alliierten Kontrollrats vorlag. Nach Reduzierung der deutschen Wirtschaft auf die im Industrieniveauplan vorgesehenen Kapazitäten bis März 1946 erwarteten die USA, daß sich die deutsche Wirtschaft in einer zweiten Phase bis 1948 langsam erhole und die Voraussetzungen für Anfänge einer Exportproduktion geschaffen würden. Eine Finanzierung lebensnotwendiger Minimaleinfuhren durch die Besatzungsmächte wurde einkalkuliert. Nach dem Willen der USA durfte Deutschland nach Beendigung der Demontagen in einer dritten Phase voll über seine Wirtschaft verfügen. Die Vorstellung seiner Integration in die Weltwirtschaft lag nicht nur auf der Linie der Hullschen Handelspolitik, sondern auch im Interesse der amerikanischen Wirtschaft. Nach schwierigen Verhandlungen verabschiedete der Alliierte Kontrollrat im März 1946 den Industrieniveauplan, der die Reduzierung der industriellen Tätigkeit Deutschlands auf 50 bis 55 Prozent des Wertes von 1938 festlegte. Den Deutschen wurde ein mittlerer europäischer Lebensstandard und nach Abschluß der Reparationen eine Existenz ohne auswärtige Hilfe verheißen[73].

Vjačeslav Molotov, der die sowjetische Außenpolitik vertrat, befürwortete vor dem Außenministerrat im Juli 1946 in Paris, als die wirtschaftliche Misere in Deutschland noch weit von den Projektionen des von den Sowjets auf möglichst niedrige Werte gedrückten Industrieniveauplans entfernt war, einen einheitlichen, selbständigen und lebensfähigen deutschen Staat als wichtigen Faktor des Welthandels. Er erwartete aber eine effektive interalliierte Kontrolle der deutschen Industrie, insbesondere des Ruhrgebiets[74], und eine Sicherstellung der Reparationslieferungen. An der prioräen Position der Reparationen in der sowjetischen Außenpolitik hatte sich nichts geändert; dennoch fand er ein positives Echo unter vielen Deutschen. Gleichzeitig gab der amerikanische Außenminister James Byrnes in Paris — als Erwiderung auf die sowjetischen deutschlandpolitischen Vorschläge — die Antwort, daß die USA beabsichtigten, eine »Vereinigung der Besatzungszonen mit oder ohne die Sowjetunion« herbeizuführen[75]. Schon am folgenden Tage stimmte die Britische Regierung, ebenfalls besorgt um die Deckung der Außenhandelsdefizite ihrer Besatzungszone, dem Verschmelzungsvorschlag der beiden Zonen im Prinzip zu. Die Franzosen wollten sich nur dann am Zusammenschluß beteiligen, wenn sich die opponierenden Sowjets, deren Haltung von den benötigten Reparationen aus laufender Produktion abhängig war, zur Mitarbeit bereitfinden würden.

Der wirtschaftliche Zusammenschluß der amerikanischen und britischen Besatzungszone zur Bizone wurde als vorläufige Maßnahme angesehen und konnte weder als wirtschaftliches Allheilmittel — auch nicht gegen Hunger — noch als Alternative zur wirtschaftlichen Vereinigung der vier Besatzungszonen gelten. Um in eine reguläre ökonomische Rentabilität hineinzuwachsen, mahnte der Heidelberger Nationalökonom und Soziologe Alfred Weber in seinem 1946 veröffentlichten Aktionsprogramm »Freier Sozialismus«, dazu

»brauchten wir die Wiederherstellung der wirtschaftlichen Integriertheit Deutschlands, in die alle seine industriellen Produktionssegmente arbeitsteilig angefügt waren, und, das will besagen, den freien nicht nur landmäßigen, sondern interzonalen Wirtschaftsverkehr. Erst er vermöchte den wirtschaftlichen Blutkreislauf in Deutschland wiederherzustellen und die Masse seiner auch heute in Wahrheit noch von Anämie bedrohten ökonomischen Teilorgane, die aufs engste ineinander geflochten und auf einander angewiesen sind, wieder zu beleben[76].«

Als seit August/September 1946 die Zweizonen-Verwaltung aufgebaut wurde, galt es nicht nur, Gebiete mit unterschiedlichen Verwaltungs- und Wirtschaftsstrukturen, Zentralismus und Föderalismus miteinander zu verbinden, sondern es war auch über verschiedene Ansichten über die künftige Wirtschaftspolitik und den Wiederaufbau zu entscheiden. Die inzwischen etablierten politischen Parteien machten zudem Ansprüche auf Mitsprache und -wirkung geltend. Ende Oktober 1946 erhielt der neugewählte Vorsitzende des bizonalen Verwaltungsrats, der Parteilose Rudolf Mueller, den Auftrag, nach Maßgabe der Bestimmungen des Industrieniveauplans für die Bizone einen Ein- und Ausfuhrplan in Erwartung höherer deutscher Exportleistungen ausarbeiten zu lassen[77]. Auf entschiedenste Ablehnung stieß die vom Bipartite Board vorgegebene Tagesration des Normalverbrauchers von 1550 Kalorien, da mit Recht darauf verwiesen werden konnte, daß der »bedrohliche Verfall der Wirtschaftsmoral« wesentlich durch die Unterernährung der Bevölkerung verursacht worden sei[78]. Dennoch bildete die wirtschaftliche Vereinigung von britischer und amerikanischer Besatzungszone die Voraussetzung für die Verwirklichung eines neuen Außenhandelskonzeptes für den Großteil von Potsdam-Deutschland mit unumgänglicher Westorientierung.

3. Die Französische Zone als »Ausbeutungskolonie«

1945/46 waren wohl alle Gruppen im durch Krieg und deutsche Okkupation notleidenden Frankreich der Überzeugung, daß der Hauptzweck des Besitzes einer eigenen Besatzungszone die Ausbeutung des zu bestrafenden Aggressors sei. Sogleich mit den Anfängen der Besetzung drängte sich der wieder erstandenen französischen Militärmacht

»verständlicherweise primär das Verlangen nach Selbstversorgung und Reparationsanfang auf, und dem entsprachen in der französischen Zone die Aktionen der Truppen und Verwaltungen mindestens strichweise und in der ersten Zeit«[79].

General de Gaulles öffentliche Bekundungen eilten mit der politischen Vision einer Versöhnung zwischen Deutschen und Franzosen der schweren Zeit der Requisitionen, Demontagen, des Hungers und eines tyrannischen Wirtschaftsdirigismus[80] weit voraus, denn den Haß und das Mißtrauen gegenüber dem unterworfenen Besiegten vermochte er nicht zu überwinden. Der französische Generaladministrator Laffon sprach von einer terre brûlée administrative et économique. In der Ökonomie herrschte bei den Franzosen ein ausgeprägter Zonenzentralismus, verknüpft mit einer schwerfälligen kasuistischen Verwaltungspraxis. Sie griffen wesentlich tiefer in das Wirtschaftsgeschehen ein als die verwaltungswirtschaftlichen Systeme in der britischen und amerikanischen Besatzungszone, ließen aber auch viele Ausnahmeregelungen und Abweichungen von »Kontrollratsnormen« zu. Überraschend war die enge Zusammenarbeit von deutschen und französischen Experten beim Wiederaufbau der chemischen Industrie (BASF)[81].

Der französische Militärgouverneur und Oberbefehlshaber, der Gaullist General Pierre Koenig (1898—1970), gebot zwar durch Ordre vom 4. September 1945 über allumfassende wirtschaftliche Vollmachten, doch erwies sich das Fehlen präziser Regierungsinstruktionen infolge der politisch instabilen Situation in Paris von Nachteil. Im Sommer 1945 erfolgte auf Weisung der Militärregierung und in ihrem Auftrag eine mehr punktuelle Ingangsetzung von Industriebetrieben und -branchen bei gleichzeitiger Reservierung von Industriepotential für französische Belange, denen ab August 1946 in ihrem Roh-, Hilfsstoff- und Arbeitskräftebedarf bevorzugte »Prioritätsbetriebe« dienten. Die Produktionskurve glich während der ersten Besatzungsjahre wegen zahlreicher Engpässe einer stark oszillierenden Fieberkurve. Die entscheidende Konstante in der Wirtschaftspolitik während der ersten Jahre französischer Besatzungsherrschaft blieb die deutsche »Pflicht zur Wiedergutmachung«. Nicht zuletzt deshalb bewegte sich die Entwicklung der industriellen Produktion im französischen Besatzungsgebiet deutlich unter dem Vergleichsniveau der anderen Besatzungszonen (Tabelle S. 511)[82].

III. Im Zeichen der Währungsreform

1. Ausgangslage 1947/48 und neue Lösungsansätze

Spätestens zur Jahreswende 1947/48 besaßen Militärregierungen und Kontrollrat statistische Vorstellungen von den Leistungen der verbliebenen deutschen Volkswirtschaft. Es war unschwer zu erkennen, daß die Überwindung des niedrigen, weit unterhalb des physiologischen Existenzminimums liegenden Lebensstandards der Deutschen von der Volkswirtschaft die stärkste Steigerung ihrer Leistungen und der Leistungsfähigkeit jedes Arbeitenden erforderte[83]. Ein kritischer Rückblick auf die Wirtschaftsentwicklung des Landes Bayern seit der Kapitulation war im Grunde eine Bilanz des nicht gelungenen Wiederaufbaus im Besatzungszonen-Deutschland. Die vom Kontrollrat angeordneten Steuererhöhungen haben Deutschland zu dem am höchsten steuerlich belasteten Land der Welt gemacht. Die durch den Zusammenbruch der Geldordnung verursachte Hortung der Sachwerte führte ebenso wie der hohe Steuerdruck zu einer weiteren Verlangsamung des Wirtschaftskreislaufs. Der Ausfall des freien Preises als Marktsteuerung hat die Fehlleitung wertvollster Produktivkräfte und unwirtschaftlicher Umwege von Produktion und Absatz im Kreislauf des Kompensationsverkehrs zur Folge.

Unter diesen Umständen führten die verschiedensten Ansätze der Wirtschaft für einen Wiederaufbau zwar zu Teilerfolgen, die unter Berücksichtigung der entgegenstehenden Hemmnisse anerkennenswerte Leistungen bedeuteten, jedoch konnte das bereits in der zweiten Jahreshälfte 1946 erzielte Ergebnis 1947 nicht mehr wesentlich verbessert werden:

»Die Hauptursachen der andauernden Stagnation — die Unterernährung, der Kohlen- und Rohstoffmangel, das entwertete Geld, die Bürokratisierung des Außenhandels, der lähmende Steuerdruck — können nur durch Beschlüsse der Besatzungsmacht beseitigt werden. Dabei wird es in der Zukunft entscheidend darauf ankommen, daß man sich nicht auf einzelne isolierte Maßnahmen beschränkt, sondern ein umfassendes Gesundungsprogramm zur Durchführung bringt, welches neben der Währungsreform die für ihr Gelingen ausschlaggebenden Maßnahmen zur Verbesserung der Ernährungslage, zur Ankurbelung der Rohstoffeinfuhr sowie eine wohlausgewogene Kredit- und Finanzpolitik und schließlich eine durchgreifende Rationalisierung der Produktionsmethoden der Industrie und Landwirtschaft vorsieht[84].«

Nicht zuletzt die Erfahrungen 1946/47 im Winter sowie mit der Ernte-, Ernährungs- und Hungerkrise von 1947/48[85] hatten bei allen Besatzungsmächten bzw. Militärregierungen die Überzeugung bestärkt, daß nach Lösungen für den Wirtschaftsaufschwung gesucht werden mußte. Allzu enttäuschend waren die bisher an der statistischen Oberfläche abzulesenden Resultate der industriellen Produktionsentwicklung (siehe Tabelle). Die Steigerung der Arbeitsproduktivität erschien als Zauberformel. Etwa seit dem Sommer/Herbst 1947 zeigten sich vor dem Hintergrund der neuen Akzentsetzungen in der internationalen politischen Großwetterlage und einer mit Widersprüchen sich wandelnden französischen Deutschlandpolitik sogar erste Anzeichen einer sich den deutschen Interessen öffnenden Wirtschaftspolitik in der französischen Besatzungszone. Zuständigkeitsverlagerungen zugunsten deutscher Institutionen führten zu einer Neuorganisation der industriellen Planung und Verteilung, wobei die vorrangigen Wirtschaftsinteressen Frankreichs — trotz heftiger Auseinandersetzungen mit der amerikanischen Wirtschaftspolitik[86] — keine Abstriche erfahren sollten. Über den Umfang der wirtschaftlichen Befugnisse, die in den jeweiligen Besatzungszonen in deutsche Hände übergeben werden könnten oder sollten, waren die Besatzungsmächte 1947/48 verschiedener Auffassung und sich nicht schlüssig.

Die Industrieproduktion in deutschen Besatzungszonen (1936 = 100)

Jahr	Amerikanische Zone	Britische Zone	Französische Zone	Sowjetische Zone
1945 IV	19	22	15	22
1946	41	34	29	44
1947	Bizone 44		37	46
1948	63		49	72

Unüberbrückbar wurde die Kluft zu den tektonischen Verschiebungen im Osten Deutschlands, den stalinistischen Fundamenten einer anderen Wirtschaft, an deren Spitze sich gemäß Befehl 32 vom 12. Februar 1948 die nach fast einjähriger Verzögerung errichtete, den Marktautomatismus eliminierende Deutsche Wirtschaftskommission (DWK) schob[87]. Fortan hingen die Leistungen beim wirtschaftlichen Wiederaufbau »Mitteldeutschlands« von der Effizienz einer »sozialistischen Planwirtschaft« ab, deren autarke Energiebasis die kostenintensive, umweltschädliche Braunkohle wurde. Der Steinkohlenkrise in den Westzonen entsprach die Braunkohlenkrise im Osten infolge des Absinkens der Förderung von Rohbraunkohle 1947 etwa auf das Niveau von 1936[88]. Eingestellt wurde in der Ostzone im April 1948 die Sozialisierung nach dem Sequester-Verfahren, während die Enteignung von Privatbetrieben aus anderen Gründen oder Scheingründen bis in die 1970er Jahre weiterlief. Der von der Deutschen Wirtschaftskommission vorgelegte, nur die Grundstoffindustrie betreffende Halbjahresplan für Juli bis Dezember 1948 leitete den ersten Versuch einer zonengesteuerten, auf Materialkontingentierungen basierenden Wirtschaftsplanung ein. Dabei wurden die landesgesteuerten Betriebe der Länder und Provinzen in die Planung der DWK und deren Plan wiederum in die der Planökonomischen Abteilung der SMAD eingebaut[89], was die »entscheidende Rolle der Sowjetunion« betonte. Erfüllung der Reparationen aus der laufenden Produktion und Export rangierten an erster Stelle, so daß sich alle anderen Produktionen — ähnlich wie in der französischen Zone — diesen von der Besatzungsmacht diktierten Prioritäten unterzuordnen hatten. Häufige Produktionsstockungen und Materialengpässe wurden auf die nachgeordneten Kontingentsträger abgewälzt. So wurden u. a. 1952 von den Volkseigenen Betrieben (VEB) 190 Mio. Mark für Wartegelder durch unproduktive Stillstandszeiten ausgegeben. Nicht zuletzt deshalb fehlten die Mittel, das Wohnungsproblem seit der Nachkriegszeit[90] bis zum Ende der DDR befriedigend zu lösen. Ohne hinreichende Kenntnis der Produktionskapazitäten wurde dann mit Hilfe von naturalen »Materialbilanzen« der Zweijahresplan für 1949 und 1950 angeblich »zur Wiederherstellung der Volkswirtschaft« aufgestellt, von Ulbricht großsprecherisch und mißverständlich als Plan des »Wiederaufbaus der Friedenswirtschaft« apostrophiert[91]. Bis Ende 1949 erreichte man einen aus Mengenstatistiken und Meßwerten in DDR-Mark ermittelten und deshalb mit den westdeutschen Wertindices der industriellen Produktion nicht vergleichbaren Produktionsstand von ca. 87 v. H. gegenüber 1936[92], wobei allerdings laut Plankommission seit 1948 ca. 22 Prozent der industriellen Bruttoproduktion als Anteil der SAG-Betriebe, also als Reparationsleistung in Abzug zu bringen waren[93]. Von Anbeginn bildete zudem eine relativ niedrige Arbeitsproduktivität bei entsprechend hohen Arbeitskosten das permanente Dilemma der »sozialistischen Planwirtschaft«[94]. Ihre Zielsetzungen, die im Zweijahresplan die Errichtung neuer Produktionsstätten ausschlossen, waren auch letztlich nicht auf ein Maximum an wirtschaftlicher Rationalität im Interesse einer optimalen Bedürfnisbefriedigung der Menschen gerichtet. Der Konsument, am Ende einer langen Schlange priorärer Privilegien, konnte 1948/49 froh sein, wenn er das Notwendigste überhaupt bekam[95].

Im Unterschied zur Sowjetzone zeichnete sich die westdeutsche Wirtschaft seit Mitte 1947 durch stetige und hohe Zuwachsraten der Produktion aus[96]. Ausgeklammert wurde die viel diskutierte Frage einer neuen Wirtschafts- und Sozialordnung, insbesondere die Sozialisierung. Das galt auch für die Agrarreform[97]. Jede Sozialisierung drohte die private Unternehmerinitiative zu lähmen, wie die Erfahrungen in der Sowjetzone zeigten. Eingeführte Punktsysteme im Bergbau und andere Anspornmittel wirkten als Hebel der Produktivitäts- und Produktionssteigerung. Ab Sommer 1947 konnte auch von »volkswirtschaftlicher Effizienz« bei der Eisen- und Stahlsteuerung (Branchenplanung) über Mengen und Kontingente bei alliierter Schwerpunktsetzung die Rede sein. Das wirkte 1947/48 mit als Initialfunktion für den Wirtschaftsaufschwung, der dann seit der Währungsreform Mitte 1948, unterstützt von den angelaufenen Kreditprogrammen, Eigendynamik entwickelte[98]. Auch die zwangsbewirtschaftete Textilproduktion in den Westzonen erlebte noch vor der Währungsreform 1948 einen deutlichen Aufschwung[99].

Die im Osten und Westen Deutschlands 1947/48 erkennbaren und mühsam erzielten wirtschaftlichen Wachstumserfolge gewährleisteten und versprachen der deutschen Bevölkerung auf der verbliebenen verringerten Bodenfläche aber noch nicht einen nur halbwegs befriedigenden Lebensstandard. Um sich aus dem Abgrund des allgegenwärtigen Elendsdaseins zu retten, auch aus der Wohltätigkeit von Besatzungsmächten zu lösen, bedurfte es außergewöhnlicher wirtschaftlicher Anstrengungen, mußte vor allem unter Beseitigung der Handelshindernisse der deutsche Export gewaltig gesteigert werden, um Deutschland mit den notwendigen Lebensmitteln und Rohstoffen versorgen zu können. Bloßer wirtschaftlicher Wiederaufbau, so war unschwer zu erkennen, genügte in diesem Zusammenhang nicht. Um ergiebiger, wettbewerbsfähiger arbeiten zu können, brauchte Deutschland eine moderne, hochleistungsfähige, neue Industrie. Visionen von einer auferstehenden deutschen Handels- und hochmodernen deutschen Industriemacht tauchten schon 1947 auf[100].

Für die amerikanisch-britische Wirtschaftsplanung und insbesondere für General Clay gewann die Verbesserung der deutschen Exportfähigkeit seit 1946 aus humanitären Gründen und wegen der »kostspieligen Okkupation« einen ständig steigenden Stellenwert[101]. Als im Januar 1948 die amerikanische Militärregierung einen umfassenden Plan zur Umsetzung der Marshallplan-Hilfe in der Bizone anforderte, mußte der in der Konzeption begriffene Aufbauplan 1948/49 namentlich unter dem Aspekt des Außenhandels überarbeitet werden[102]. Der aufgestellte Long-term-Plan sollte als wichtigstes Ziel unter erheblicher Steigerung der Industrieproduktion über den Stand von 1948 eine gesunde Wirtschaft unabhängig von außerordentlicher Auslandshilfe zunächst bis 1952 gewährleisten. Clay führte nicht nur einen energischen Kampf um die Zuteilung von mehr unabdingbaren Marshallplan-Mitteln für Westdeutschland, sondern bemühte sich auch den Außenhandel, für den die Kohle wichtigster Exportartikel war, ins Gleichgewicht zu bringen[103]. Der Marshall-Plan, auch für das östliche Europa bestimmt, das auf Druck Moskaus darauf verzichten mußte, weil als amerikanisches Instrument zur Kolonisierung Europas denunziert, ist als Wirtschaftserfolg unbestritten[104]. Hinter dem Historikerstreit darüber, ob die deutsche Wirtschaft den erlittenen gewaltigen Kapitalverlust seit dem Zweiten Weltkrieg unter den gegebenen Umständen ohne Kredite aus dem European Recovery Program (ERP) hätte besser, rascher und leichter ausgleichen können, verbirgt sich die von 1944 bis heute stets virulente Frage nach dem »Dritten Weg« zwischen Kapitalismus und Sozialismus.

2. Die Währungsreform 1948: Vorgeschichte, Durchführung, Defizite

Das Abschlußkommuniqué der Londoner Sechsmächtekonferenz[105] vom März 1948 sah u.a. die Errichtung einer Internationalen Ruhrbehörde ohne Beteiligung der Sowjetunion, die Einbeziehung der drei Westzonen in den Marshall-Plan — nach dessen Ablehnung durch die Sowjets für ihren Machtbereich — und eine, soweit mögliche, Angleichung der Wirtschaftspolitik von Bizone und französischer Zone vor. Es waren wesentliche Schritte für den wirtschaftlichen Wiederaufbau

Westdeutschlands, auf die nach einem Konzept bereits von 1947 nach der Steigerung des Industrieniveaus, der Kohleförderung und des Exports der Bizone für Mitte 1948 eine auf die Tagesordnung des Kontrollrats zu setzende Währungsreform in Aussicht genommen wurde. Als dringend notwendig erachtet wurde die Währungsreform im besetzten Deutschland zum Dauerthema, hatte vom Frühsommer 1945 bis zum Frühsommer 1948 — angestachelt immer wieder von neuer deutscher Inflationsangst — eine Flut von fast 300 Reformvorschlägen, Gutachten und sonstigen Konzepten hervorgebracht[106]. Die in der deutschen und internationalen Geldgeschichte ungewöhnliche Währungsdiskussion kreiste um drei Hauptprobleme: die Beseitigung des Geldüberhangs als Folge der inflationistischen Kriegsfinanzierung, die Regelung des Problems der hohen Reichsverschuldung und die aus Gründen der sozialen Gerechtigkeit gebotene Durchführung eines Lastenausgleichs. Unterschiedliche theoretische Perspektiven führten zu verschiedenen Lösungsvarianten. Einhellig vertraten jedoch westdeutsche Währungssachverständige und Regierungsstellen die Ansicht, daß auf deutscher Seite wie auf der der Siegermächte »mit äußerster Beschleunigung die Voraussetzungen für eine dauerhafte Sanierung des deutschen Geldwesens« geschaffen werden müßten, »wenn die Notlage Deutschlands sich nicht in katastrophaler Weise zuspitzen soll«[107].

Seit Herbst 1946 erfuhr die Währungsdiskussion zusätzliche Impulse, als der seit Ende 1945 von einer Expertengruppe in Washington im Kontakt mit deutschen Sachverständigen ausgearbeitete amerikanische Dodge-Colm-Goldsmith-Plan der deutschen Öffentlichkeit zugänglich gemacht wurde[108]. Er schockierte durch seine radikalen Einschnitte zur Sanierung der Währung im Verlaufe von drei Phasen, wollte mit Ausnahme eines auszuzahlenden geringen Kopfgeldes bestehende RM-Forderungen im Verhältnis 10:1 reduzieren und schlug für die nachfolgenden zwei Phasen die Schaffung eines Kriegslastenausgleichsfonds und »einen Ausgleich zwischen Reich und Arm« vor. Etwa seit Mitte 1947 spitzte sich die Diskussion mehr und mehr auf die Quoten des Geld- und Kapitalschnitts — die prozentuale Höhe des Eingriffs — zu, wobei der amerikanische Flügel der Sachverständigen für eine Neugeldquote von 10 Prozent und die Gruppe der für weniger Radikalität votierenden deutschen Sachverständigen hauptsächlich für eine solche von 20 Prozent plädierte[109]. Bei dem vielleicht vordergründig als »Poker« anmutenden Ringen um Quoten ging es nicht nur um die Sicherung der Stabilität der neuen »Mark«, sondern es entstanden nun grundsätzliche Entscheidungen von wirtschaftspolitischer, sozialer und letztlich politischer Tragweite für das wiederaufzubauende Deutschland. Währungs-, Finanz- und Wirtschaftspolitik wurden richtig als Einheit und im Kontext mit den jeweils vertretenen ordnungs- und eigentumspolitischen Ideen gesehen. Für Verfechter der sozialen Marktwirtschaft bestand zwischen der Währungsreform und einer den Wiederaufschwung ermöglichenden Wirtschaftsreform ein unlöslicher funktionaler Zusammenhang: Sie biete nicht nur die Chance für einen »gesunden«, von freien Unternehmerinitiativen zu nutzenden Leistungswettbewerb, sondern ermögliche den Sprung aus dem Chaos in die Freiheit der natürlichen Ordnung, in die Marktwirtschaft. In den teilweise euphorischen, neoliberalen Optimismus über prognostizierte Wirkungen der Geldreform mischte sich aber viel Skepsis sowohl aus Kreisen, die die Marktwirtschaft befürworteten, als auch der Protagonisten einer sozialistischen Planwirtschaft in demokratischem Gewande. Der Währungsstabilisierung von 1923 war bekanntlich ein schmerzlicher Abschwung gefolgt.

Den genauen Termin der Währungsreform des Jahres 1948 bestimmte nicht der Zustandsbericht der deutschen Wirtschaft, auch hatten deutsche Stellen darauf keinen Einfluß. Abhängig war er vom Verlauf der Währungsdiskussion und der taktischen Manöver im Alliierten Kontrollrat, dem Zusammenprall der Machtinteressen der beiden Großmächte, dem wechselseitigen Mißtrauen und daraus resultierender Handlungshektik. Die von der amerikanischen Militärregierung geplante und vorbereitete sowie durch Oktroi der drei westlichen Besatzungsmächte durchgesetzte Währungsreform nahm am 18. Juni 1948 mit Verkündung von zwei Militärgesetzen ihren Anfang. Am Sonntag, dem 20. Juni, erhielt jeder Bewohner der Westzonen ein Kopfgeld von 40 DM, zwei Monate danach weitere 20 DM ausgezahlt (die Wirtschaft 60 DM je Beschäftigten). Die hergestellte »Kopf-Egalität« war sicher im ersten Augenblick beängstigend und trübte etwas die Hoffnung vom Ende des Elends. Begünstigt waren alle Eigentümer von Sachwerten. In der Folgezeit wurden Altgeld und Bankguthaben im Verhältnis 100 Reichsmark zu 6,50 DM umgetauscht, wodurch die Inhaber von Sparguthaben hart getroffen wurden. Verbindlichkeiten des ehemaligen Deutschen Reiches erloschen vorerst. Eine abgewirtschaftete, inflationäre Papierwährung wurde durch eine neue, mit vielen Zweifeln über ihre Stabilität behaftete Papierwährung abgelöst[110]. Nun befanden sich die offenbar vom Reformtempo der Westmächte überraschten Sowjets im Zugzwang und ordneten durch Befehl Nr. 111 vom 23. Juni 1948 die Durchführung einer Währungsreform vom 24. bis 28. Juni 1948 für ihre Zone und in dem von ihnen nach Einführung der neuen Währung in den Westzonen total blockierten Berlin an. Im Juni wurde je Privatperson ein Kopfgeld von 70 RM 1:1 in Kuponmark, ferner bis zu 5000 RM Altgeld im Verhältnis 10:1 umgetauscht und im Juli 70 Kuponmark in 70 DM (Ost) eingewechselt. Spareinlagen aus der Zeit vor dem 8. Mai 1945 blieben blockiert und waren aus der Zeit danach mit großen Abstrichen nur bis maximal ausgezahlte knapp 545 DM (Ost) zum Umtausch zugelassen.

Im Unterschied zu den Produktionsimpulsen, die von der Geldreform im Westen bei einer mehrheitlich optimistischen Erwartenshaltung befragter Unternehmer[111] herrührten, wirkte die Reform im Osten zunächst eher wirtschaftslähmend, rief Unzufriedenheit und Unsicherheit hervor. Dem Osten brachte sie keine Zäsur im wirtschaftlichen Ordnungssystem. Für landeseigene Betriebe Sachsens war zunächst eine »Kontensperre« verhängt worden. »Natürlich ist auch z.Zt. die Ernährung ein Hauptfaktor bei der Haltung der Belegschaft«, vertraute ein sächsischer Unternehmer seinem Tagebuch an und fuhr fort:

»Auf jeden Fall kann gesagt werden, daß das Unternehmen durch die Währungsreform stark durchrüttelt wurde und noch nicht über den größten Berg seiner finanziellen Schwierigkeiten hinweg ist. So wird z.B. für die nächste Lohn- und Gehaltszahlung gebangt, da eine Hauptforderung an die landeseigenen Betriebe nicht eingeht[112].«

Geldmangel machte allgemein pessimistisch. Die Reaktion derjenigen auf die Geldreform, die ein geringes Einkommen hatten, unterschied sich in Ost und West im Juni/Juli 1948 kaum. »Die Arbeiterschaft zeigt sich besorgt. Nach den Rentnern und Witwen und nach den Bauern kommt von den Arbeitern die größte Zahl bedrückter Stimmen«, kommentierte Elisabeth Noelle ihre Umfrageergebnisse[113].

Einleuchtende währungspolitische Zweckmäßigkeit hinterließ viel soziale Ungerechtigkeit. Für Neoliberale, Sozialdemokraten und nicht minder für die Kommunisten in der Ostzone stand die zwar unterschiedlich definierte soziale Gerechtigkeit nicht am Anfang, sondern war mit Verwirklichung des in Aussicht gestellten Lastenausgleichs[114] oder der unbezahlbaren sozialistischen Gesellschaft ein weniger und mehr in die Zukunft projeziertes Ziel. Nicht zu hören war damals die denkbare Forderung: Wir wollen mit deutschen Menschen, auf deutschem Boden, mit deutschen Methoden und unter deutscher Leitung Deutschland wirtschaftlich wiederaufbauen, weil es die Forderung der Nationalsozialisten, der Verursacher und Mittäter der wirtschaftlichen Zerstörung gewesen wäre. Sie hielten sich bedeckt, waren untergetaucht oder mit Zwangsmaßnahmen aus dem Verkehr gezogen worden. Die um 1949 aufgeworfene Frage, welche Wirtschaft die Deutschen nach 1945 wirklich wollten, als es um das nackte Überleben ging, und ob Chancen beim wirtschaftlichen Wiederaufbau versäumt worden seien, ist inzwischen von der Geschichte beantwortet worden, weil es außer den von den Siegermächten bestimmten alternativen Wegen des wirtschaftlichen Wiederaufbaus keinen Spielraum mehr für einen »dritten Weg« gab[115].

Anmerkungen

[1] Alfred Müller-Armack, Genealogie der Sozialen Marktwirtschaft, Bern, Stuttgart 1974, S. 8.
[2] Ders., Genealogie der Wirtschaftsstile, Stuttgart ³1944, S. 274f.
[3] Der Weg in die Soziale Marktwirtschaft, bearb. von Christine Blumenberg-Lampe, Stuttgart 1986, hier S. 251.
[4] Carl Goerdeler, Das Ziel: Beseitigung der Kollektivwirtschaft, in: Grundtexte der Sozialen Marktwirtschaft, hrsg. von der Ludwig-Erhard-Stiftung, Stuttgart, New York 1981, S. 13f. Das Kreisauer Wirtschaftsprogramm stand unter dem Einfluß sozialistischer Ideen. Vgl. dazu Gerhard Ritter, Carl Goerdeler und die deutsche Widerstandsbewegung, Stuttgart ²1955, S. 303—305.
[5] Wilhelm Röpke, Die Gesellschaftskrise der Gegenwart, Erlenbach b. Zürich 1942; ders., Civitas humana, Zürich 1944.
[6] Alexander Rüstow, Ortsbestimmung der Gegenwart, 3 Bde, Erlenbach b. Zürich 1950—1957.
[7] Friedrich August v. Hayek, The Road of Serfdom, London, Chicago 1944.
[8] Edgar Salin, Politische Ökonomie, Tübingen, Zürich ⁵1967, S. 164.
[9] William Henry Lord Beveridge, Vollbeschäftigung in einer freien Gesellschaft, Hamburg 1946, S. 3—5.
[10] »Wollt Ihr den Totalen Krieg?« Die geheimen Goebbels-Konferenzen, 1939—1943, hrsg. von Willi A. Boelcke, Stuttgart 1967.
[11] Beveridge, Vollbeschäftigung (wie Anm. 9), S. 52.
[12] Werner Plumpe, Vom Plan zum Markt. Wirtschaftsverwaltung und Unternehmerverbände in der britischen Zone, Düsseldorf 1987, S. 18.
[13] Ebd., S. 24.

¹⁴ Ebd., S. 26.
¹⁵ Winston Spencer Churchill, Memoiren. Der Zweite Weltkrieg, Bd 6,1, Bern 1953, S. 192.
¹⁶ Henry jr. Morgenthau, Germany is our Problem, New York, London 1945.
¹⁷ Erich Achterberg, General Marshall macht Epoche, Berlin, Frankfurt/M., Wien 1964, S. 53 ff.; Charles P. Kindleberger, Zur Entstehung des Marshall-Plans. Erinnerungen an die politischen Entwicklungen in Deutschland 1945—1947, in: Deutschland und der Marshall-Plan, hrsg. von Charles S. Maier und Günther Bischof, Baden-Baden 1992, S. 91—99.
¹⁸ Belege bei Sylvia Schraut, Von der politischen Entmachtung der Großgrundbesitzer zum Siedlungsgesetz. Die Bodenreform und das Flüchtlingsproblem in der amerikanischen Besatzungszone am Beispiel Württemberg-Badens (1945—1949), in: Christiane Grosser [u.a.], Amerikanische Besatzungspolitik, deutsche Verwaltung und die Flüchtlinge in Württemberg-Baden 1945—1949, Mannheim 1993, S. 129—163, hier S.130.
¹⁹ Vgl. Ernst Nolte, Deutschland und der Kalte Krieg, München, Zürich 1974, S. 178.
²⁰ James Byrnes, In aller Offenheit, Frankfurt a.M. 1947, S. 44f.
²¹ Zit. nach Isaac Deutscher, Stalin, Stuttgart 1962, S. 565.
²² Vgl. Milovan Djilas, Gespräche mit Stalin, Frankfurt a.M. 1962, S. 146.
²³ Vgl. dazu Wolfgang Leonhard, Die Revolution entläßt ihre Kinder, Berlin ²1956, S. 324—327.
²⁴ Ebd., S. 326 f.
²⁵ Mitteilung über die Berliner Konferenz der Drei Mächte, hrsg. vom Verlag »Tägliche Rundschau« 1945, S. 14—18.
²⁶ Zu den sowjetischen Reparationsforderungen bis Kriegsende 1945 siehe: Die unheilige Allianz. Stalins Briefwechsel mit Churchill 1941—1945, Reinbek 1964, S. 312 ff., 420; Byrnes, In aller Offenheit (wie Anm. 20), S. 112—122.
²⁷ Die unheilige Allianz (wie Anm. 26), S. 310.
²⁸ Willi A. Boelcke, Die deutsche Wirtschaft 1930—1945, Düsseldorf 1983, S. 293 f.
²⁹ Plumpe, Vom Plan zum Markt (wie Anm. 12), S. 30.
³⁰ Boelcke, Die deutsche Wirtschaft (wie Anm. 28), S. 332 f.; Heinz Höhne, Der Orden unter dem Totenkopf, Gütersloh 1967, S. 475.
³¹ Willi A. Boelcke, Die Kosten von Hitlers Krieg, Paderborn 1985, S. 92 f., 187 f.
³² Ludwig Erhard, Kriegsfinanzierung und Schuldenkonsolidierung, Faximiledruck Frankfurt a.M. 1977, hier S. 166 f.
³³ Ludolf Herbst, Der Totale Krieg und die Ordnung der Wirtschaft, Stuttgart 1982, S. 351—356, 388—398. Außerhalb des Apparates stand der Münchener Nationalökonom Adolf Weber; ders., Übergangswirtschaft und Geldordnung, München 1946. Das Manuskript war Ende April 1945 abgeschlossen.
³⁴ Boelcke, Die deutsche Wirtschaft (wie Anm. 28), S. 361.
³⁵ Theodor Eschenburg, Jahre der Besatzung 1945—1949. Geschichte der Bundesrepublik Deutschland, Bd I, Stuttgart, Wiesbaden 1983, S. 45—52.
³⁶ Georgi K. Schukow, Erinnerungen und Gedanken, Stuttgart 1969, S. 615 f.

[37] Ebd., S. 655.
[38] Brit. Zone = ungefähr 22 Mio., US-Zone = 17 Mio., franz. Zone = ungefähr 6,4 Mio., in: Le Monde, 27.12.1945.
[39] Befehle des Obersten Chefs der Sowjetischen Militärverwaltung. Aus dem Stab der Sowjetischen Militärverwaltung, Sammelhefte 1 und 2, Berlin 1946. Ab 1947 im Zentralverordnungsblatt veröffentlicht.
[40] Dörnberg, Stefan, Die Geburt eines neuen Deutschlands 1945—1949. Die antifaschistisch-demokratische Umwälzung und die Entstehung der DDR, Berlin (Ost) 1959, S. 59. Zentralverwaltungsblatt 1959, S. 45f., 73f.
[41] Weltwoche, 14.1.1946.
[42] Fred Oelßner, Die Übergangsperiode vom Kapitalismus zum Sozialismus in der Deutschen Demokratischen Republik, Berlin 1955, S. 8, 30.
[43] Die Gegenwart, 1 (24.12.1945), S. 29.
[44] DDR-Handbuch, hrsg. vom Bundesministerium für innerdeutsche Beziehungen, Bd 1, Köln ³1985, S. 143.
[45] Ebd., Bd 2, S. 1121f.
[46] Allan Bullock, Hitler und Stalin, Berlin 1991, S. 1185.
[47] Über SAG vgl. Europa-Archiv, 2 (1947), S. 1030—1041.
[48] Ebd., S. 1037.
[49] Waltraud Falk, Die politische, organisatorische und ökonomische Konstituierung des volkseigenen Sektors der Wirtschaft und seine Entwicklung in der ersten Etappe der volksdemokratischen Revolution in der DDR, 1945—1950, in: Wissenschaftliche Zeitschrift der Humboldt Universität, Gesellschafts- und sprachwissenschaftl. Reihe, 16 (1967) 1, S. 19—32.
[50] Vgl. u.a. Leonhard, Die Revolution (wie Anm. 23), S. 408—414.
[51] Statistischer Vergleich mit den Westzonen bei Willi A. Boelcke, Der Schwarzmarkt 1945—1948, Braunschweig 1986, S. 140.
[52] Statistisches Jahrbuch der Deutschen Demokratischen Republik 1955, Berlin (Ost) 1956, S. 34. Sterberate in Bayern 1946 = 13,0, 1947 = 11,9. Zur Verproviantierung durch die Sowjetarmee siehe Bernard Law Montgomery, Memoiren, München 1958, S. 439.
[53] Anton Ackermann, Gibt es einen besonderen deutschen Weg zum Sozialismus? In: Einheit. Monatsschrift zur Vorbereitung der Sozialistischen Einheitspartei, 1 (1946), S. 22—32.
[54] Prozentuale Anteile der industriellen Bruttoproduktion in der SBZ:

	1936	1946	1947	1948	1949
Grundstoff- und Metallindustrie	49,6	49,4	56,5	56,3	58,3
Konsumgüterindustrie	50,4	50,6	43,5	44,0	41,7

[55] Johannes Vogler, Von der Rüstungsfirma zum volkseigenen Betrieb. Aufzeichnungen eines Unternehmers in der sowjetischen Besatzungszone Deutschland von 1945—1948, hrsg. von Burghard Ciesla, München 1992, S. 12f.
[56] Geschäftsbericht der »Volkseigenen Betriebe Sachsens« (abgeschlossen Okt. 1947).
[57] Vogler, Von der Rüstungsfirma (wie Anm. 55), S. 27.
[58] Leonhard, Die Revolution (wie Anm. 23), S. 416.

[59] Walter Ulbricht, Zur sozialistischen Entwicklung der Volkswirtschaft seit 1945, Berlin ²1960, S. 36, 41.
[60] SMAD-Befehl, Nr. 17, 27.7.1945.
[61] Bundesarchiv Potsdam (BA-P), Ministerium für Landwirtschaft, Ernährung und Forst (MLEF), K-1/10588.
[62] Ulbricht, Zur sozialistischen Entwicklung (wie Anm. 59), S. 52, 47, 49, 77f.
[63] Zehn Jahre Volkswirtschaft der Deutschen Demokratischen Republik, Berlin 1959, S. 56.
[64] Montgomery, Memoiren (wie Anm. 52), S. 439.
[65] Vgl. Gerold Ambrosius, Die Durchsetzung der sozialen Marktwirtschaft in Westdeutschland, 1945—1949, Stuttgart 1977, S. 48.
[66] Vgl. Alexander Drexler, Planwirtschaft in Westdeutschland. Eine Fallstudie über die Textilwirtschaft in der britischen und Bizone, Wiesbaden 1985; Wolfgang Krumbein, Wirtschaftssteuerung in Westdeutschland 1945—1949. Organisationsformen und Steuerungsmethoden am Beispiel der Eisen- und Stahlindustrie in der britischen/Bizone, Wiesbaden 1969.
[67] 50 Jahre Deutsches Wirtschaftsministerium, Bonn 1967, S. 71. Agartz, bekanntester linker Theoretiker der SPD bis 1946, war 1948—1955 Leiter des Wirtschaftswissenschaftlichen Instituts des Deutschen Gewerkschaftsbundes (DGB).
[68] Victor Agartz, Sozialistische Wirtschaftspolitik, Hamburg [1946], S. 10, 16f., 39f.
[69] Ebd., S. 28f.
[70] Lucius D. Clay, Entscheidung in Deutschland, Frankfurt a.M. 1950, S. 57; vgl. John H. Backer, Die deutschen Jahre des General Clay, 1945—1949, München 1983, S. 69—76.
[71] Werner Abelshauser, Wirtschaftsgeschichte der Bundesrepublik Deutschland 1945—1980, Frankfurt a.M. 1983, S. 34 (Produktionsindex 1945); Gerhard Hetzer, Unternehmer und leitende Angestellte zwischen Rüstungseinsatz und politischer Säuberung, in: Von Stalingrad zur Währungsreform, München 1989, hrsg. von Martin Broszat, Klaus-Dietmar Henke und Hans Woller, S. 551—591.
[72] Friedrich Jerchow, Deutschland in der Weltwirtschaft 1944—1947, Düsseldorf 1978, S. 182—186; Backer, Die deutschen Jahre (wie Anm. 70), S. 85—88.
[73] Vgl. Jerchow, Deutschland (wie Anm. 72), S. 190, 202f.
[74] W. Molotow, Fragen der Außenpolitik. Reden und Erklärungen April 1945—Juni 1948, Moskau 1949, S. 69—74.
[75] Byrnes, In aller Offenheit (wie Anm. 20), S. 261f.
[76] Alfred Weber, Haben wir Deutschen nach 1945 versagt?, München, Zürich 1979, S. 169.
[77] Vgl. Jerchow, Deutschland (wie Anm. 72), S. 450—483.
[78] Ebd., S. 452.
[79] Die Gegenwart, 1 (1945), S. 29.
[80] Jacques Rueff, Il faut choisir: Monnais saine ou État totalitaire d'après l'Ordre social, Paris 1947.

[81] Marie-France Ludmann-Obier, Die Kontrolle der chemischen Industrie in der französischen Besatzungszone, Mainz 1989, S. 168 ff.
[82] Willi A. Boelcke, Industrie und Technologie in der französischen Besatzungszone, in: France—Allemagne 1944—1947. Akten des deutsch-französischen Historiker-Kolloquiums, Baden-Baden, 2. September 1986, Paris Dez. 1989/ Jan. 1990 (= Cahiers de l'institut des histoires du temps present, no. 13/14), S. 177—200.
[83] Otto Hoffmann, Der Zwang zur Produktivität, in: Die Gegenwart, 2 (1947), Nr. 11/12, S. 38 f.
[84] Berichte zur Wirtschaftslage, hrsg. vom Bayerischen Statistischen Landesamt, 1 (1948), H. 1, S. 36.
[85] Rainer Hudemann, Sozialpolitik im deutschen Südwesten zwischen Tradition und Neuordnung 1945—1953, Mainz 1988, S. 107 (Hungerunruhen); Wolfgang Benz, Von der Besatzungsherrschaft zur Bundesrepublik, Frankfurt a. M. 1984, S. 72—78 (Kartoffelkrieg).
[86] Michael J. Hogan, Europäische Integration und deutsche Reintegration. Die Marshallplaner und die Suche nach Wiederaufbau und Sicherheit in Westeuropa, in: Deutschland und der Marshallplan (wie Anm. 17), S. 139—199, hier S. 143 f.
[87] Zehn Jahre Volkswirtschaft (wie Anm. 63), S. 56; Fritz Schenk, Im Vorzimmer der Diktatur, Köln, Berlin 1962, S. 108.
[88] Statistisches Jahrbuch der Deutschen Demorkatischen Republik 1957, Berlin 1958, S. 153; folgend u. a. BA-P, DWK, C 15/111.
[89] Nachlaß Gleitze. Deutsches Institut für Wirtschaftsforschung, Berlin; Formulare zur zonalen Wirtschaftsplanung in deutscher und russischer Sprache, BA-P, DWK, C 15/99; Differenzen zwischen dem bestätigten Produktionsplan der SMAD und dem der DWK, ebd., 110.
[90] Max Seydewitz, Deutschland zwischen Oder und Rhein, Berlin ²1960; Rudolf Meinberg, Die wirtschaftliche Entwicklung in Westberlin und in der sowjetischen Zone, Berlin, München 1952.
[91] Zehn Jahre Volkswirtschaft (wie Anm. 63), S. 56, 81—83; Der deutsche Zweijahrplan für 1949—1950, Berlin 1948.
[92] Mengenvergleich in: Zehn Jahre Volkswirtschaft (wie Anm. 63), S. 82, 85, 87—95; Gerd Leptin, Die deutsche Wirtschaft nach 1945, Opladen 1970, S. 43.
[93] Manfred Heinrich, Der Einfluß der deutsch-sowjetischen Wirtschaftsbeziehungen auf die Entwicklung der Deutschen Demokratischen Republik in den Jahren 1949 bis 1955, Diss. Phil., Halle, Wittenberg 1965, S. 23. Zu addieren sind noch die Reparationen und sowjetischen Besatzungskosten, die 1948 angeblich 14,6% der industriellen Bruttoproduktion ausmachten. Finanzwirtschaft 4 (1950) I, S. 52. Überliefert sind Reparationspläne für die Vereinigung Volkseigener Betriebe (VVB) und für landeseigene Betriebe von 1947/48.
[94] Amtlicher Index der Arbeitsproduktivität: 1936 = 100; 1947 = 56; 1948 = 60; 1949 = 85; 30. 6. 1950: 93,8. Der Staat subventionierte die übertuerte Produktion und garantierte so um so höhere Gewinne, je teurer die

Betriebe arbeiteten. Finanzwirtschaft, 5 (1951), H. II, S. 210. Dazu kam die Bürokratisierung der Bewirtschaftung mit sich überschneidenden Kompetenzen deutscher und sowjetischer Verwaltungsinstanzen.

[95] Alexander Rüstow, Zwischen Kapitalismus und Kommunismus, Godesberg 1949, S. 28—31; Rudolf Meinberg, Die wirtschaftliche Entwicklung in Westberlin und in der sowjetischen Zone, Berlin, München ²1952, S. 61—63.

[96] Abelshauser, Wirtschaftsgeschichte (wie Anm. 71), S. 44f.

[97] Vgl. dazu Schraut, Von der politischen Entmachtung (wie Anm. 18), S. 129—162; Günter J. Trittel, Die Bodenreform in der britischen Zone 1945—1949, Stuttgart 1975; Dörte Winkler, Die amerikanische Sozialisierungspolitik in Deutschland 1945—1948, in: Politische Weichenstellungen im Nachkriegsdeutschland 1945—1953, Göttingen 1979, S. 88—109.

[98] Krumbein, Wirtschaftssteuerung (wie Anm. 66), S. 227f.

[99] Drexler, Planwirtschaft (wie Anm. 66), S. 242, 101. Die Gegenwart, 2 (1947), H. 11/12, S. 39.

[100] Vgl. Die Gegenwart (wie Anm. 99).

[101] Clay, Entscheidung (wie Anm. 70), S. 225—203.

[102] Krumbein, Wirtschaftssteuerung (wie Anm. 66), S. 198f.

[103] Thomas A. Schwartz, Europäische Integration und ›Special Relationship‹. Zur Durchführung des Marshall-Planes in der Bundesrepublik Deutschland 1948—1951, in: Deutschland und der Marshall-Plan (wie Anm. 17), S. 201—249, hier S. 201—209.

[104] Der Marshall-Plan und die europäische Linke, hrsg. von Othmar Nikola Haberl und Lutz Niethammer, Frankfurt a.M. 1986; Klaus Schwabe, Das Echo Westdeutschlands auf den Marshall-Plan 1947—1949, in: Deutschland und der Marshall-Plan (wie Anm. 17), S. 261—320.

[105] Vgl. Wielfried Loth, Der Weg nach Europa, Göttingen 1990, S. 60—68.

[106] Näheres bei Boelcke, Die Kosten von Hitlers Krieg (wie Anm. 31), S. 188—193.

[107] Ebd., S. 191.

[108] Ebd., S. 191f.

[109] Ebd., S. 194f.

[110] Benz, Von der Besatzungsherrschaft (wie Anm. 85), S. 132—144.

[111] Die Gegenwart, 3 (1948), H. 18, S. 17.

[112] Eintragung von Anfang Juli 1948, in: Vogler, Von der Rüstungsfirma (wie Anm. 55), S. 116.

[113] Die Gegenwart, 3 (1948), H. 18, S. 17.

[114] Heinz Lampert, Familienlastenausgleich, Köln 1990.

[115] Rudolf Hagen, Die verpaßten Chancen, Hamburg 1979, S. 12; Barbara Wotton, Freiheit in der Planwirtschaft, Hamburg 1948.

Rainer Karlsch

Kriegszerstörungen und Reparationslasten

1. Einleitung

Noch vor Kriegsende versuchten sich die Oberbefehlshaber der Alliierten Streitkräfte einen Überblick von den Kriegsschäden in Deutschland zu verschaffen. Erste Analysen zeichneten ein verheerendes Bild. Von Journalisten wurden Vergleiche mit dem Zerfall der deutschen Zivilisation nach dem dreißigjährigen Krieg bemüht[1].

Als der Stellvertreter Dwight D. Eisenhowers (Oberbefehlshaber der alliierten Landungsarmee), General Lucius D. Clay, im April 1945 in Deutschland eintraf und Reisen durch das Land unternahm, zeigte er sich beeindruckt vom Ausmaß der Zerstörungen[2]. Am 26. April 1945 schrieb er an den Stellvertretenden Kriegsminister John J. McCloy, daß »die verbleibenden Industrien, selbst wenn sie wiederaufgebaut werden, gerade eben für die Aufrechterhaltung eines sehr niedrigen Lebensstandards in Deutschland ausreichen werden«[3].

Zu einer ähnlichen Lageeinschätzung kamen zunächst auch das Staatliche Verteidigungskomitee der UdSSR und die sowjetische Militäradministration in Deutschland (SMAD). Am 9. Mai 1945 traf einer der Stellvertreter Stalins, Außenhandelsminister Anastasij Mikojan, in Berlin ein und verschaffte sich ebenfalls einen Eindruck von den Kriegszerstörungen[4].

Im engsten Beraterkreis Stalins war noch kurz vor Kriegsende von der völlig daniederliegenden deutschen Industrie die Rede gewesen. Stalin selbst hatte jedoch die Regenerationsfähigkeit der deutschen Wirtschaft weniger skeptisch beurteilt und behielt in diesem Punkt, wie sich später herausstellen sollte, Recht. Er erklärte seinen Beratern:

»Nein, sie [die Deutschen — R.K.] werden sich wieder erholen, und zwar sehr rasch. Sie sind eine hoch entwickelte Industrienation mit einer äußerst qualifizierten und zahlreichen Arbeiterklasse und einer technischen Intelligentsia. Gebt ihnen zwölf oder fünfzehn Jahre Zeit und sie werden wieder auf den Beinen stehen[5].«

In der Tat mußte das anfängliche, sowohl auf deutscher als auch alliierter Seite dominierende Bild von der weitgehend zerstörten deutschen Wirtschaft bis zum Herbst 1945 relativiert werden. Detaillierte Erfassungen des Industriepotentials wurden nach der Potsdamer Konferenz in allen Besatzungszonen vorgenommen. Sie sollten der Vorbereitung der Reparationsentnahmen und der Ausarbeitung eines alliierten Industrieniveauplans für Deutschland dienen.

So ging insbesondere aus den umfangreichen Erhebungen des amerikanischen strategischen Bomberkommandos hervor, daß der alliierte Luftkrieg zwar die Infrastruktur und den Wohnungsbestand in den Ballungsgebieten schwer geschädigt, das industrielle Anlagevermögen jedoch nicht entscheidend getroffen hatte[6].

»Das wirkliche Opfer des Luftkrieges [war] die Zivilbevölkerung, die weit mehr zu leiden hatte als die Industrie[7].«

In der SBZ veranlaßte die SMAD im Herbst 1945 mehrfach ausgedehnte Industriestättenzählungen und Analysen der Wirtschaftslage[8]. Die daraufhin von der Deutschen Zentralverwaltung für Industrie (DZVI) gegebenen Einschätzungen bestätigten ebenfalls die These vom relativ gut erhaltenen Kapitalstock[9].

Somit sind die Kriegszerstörungen in ihren Wirkungen auf die deutsche Industrie anfangs allgemein überschätzt worden.

2. Die Kriegszerstörungen

Eine bis in Einzelheiten exakte Darstellung der durch den Krieg verursachten Zerstörungen in der deutschen Wirtschaft gibt es nicht[10]. Dennoch erlauben die vorliegenden Schätzungen tendenziell verläßliche Aussagen.

Die industrielle Produktion im Deutschen Reich erfuhr erst ab 1943/44 durch den Bombenkrieg einen spürbaren Rückgang[11]. Das Ausweichen auf unterirdische Produktionsstätten, die teilweise Dezentralisierung der Produktion und andere Schutzmaßnahmen erwiesen sich bis 1945 als ausreichend, um die Rüstungswirtschaft aufrechtzuerhalten. Nicht zuletzt wurde die Inganghaltung der Kriegsproduktion durch eine rücksichtslose Ausbeutung von Millionen Zwangsarbeitern, Häftlingen und angeworbenen Arbeitskräften erkauft.

Schwerwiegender als die direkten Bombenschäden wirkten sich die erheblichen Schädigungen der Infrastruktur sowie die gegen Kriegsende zunehmende Desorganisation in der Industrie aus[12]. Dies betraf alle deutschen Industrieregionen.

Die in der Zeit des Kalten Krieges von östlicher Seite immer wieder vorgebrachte These von den weitaus höheren Kriegszerstörungen und damit verbundenen Verlusten an industrieller Kapazität auf dem Gebiet der sowjetischen Besatzungszone (SBZ) ist widerlegt. Aus der Luft gegriffene Zahlen von Kriegssachschäden in der Industrie in Höhe von 40 Prozent[13] hielten keiner ernsthaften Prüfung stand[14] und dienten in erster Linie der Verschleierung der weitaus schwerwiegenderen Substanzverluste, die durch die sowjetischen Demontagen eintraten.

Die nachfolgend wiedergegebenen Berechnungen des Deutschen Instituts für Wirtschaftsforschung Berlin (DIW) aus dem Jahr 1972 erwiesen sich demgegenüber, auch nach Prüfung anhand von Archivalien, in der Tendenz als stichhaltig.

Schätzung der deutschen Kriegssachschäden, untergliedert nach Gebieten (in Mrd. RM und in Prozent)[15]

	Westzonen	*SBZ*	*Ostgebiete*
Volksvermögen insg.	270,22	106,98	53,15
Kriegsschäden	40,50	12,70	4,03
Restvermögen 1945	229,72	94,28	49,12
Kriegssachschadensquote			
Industrie	22%	—	—
— Reproduzierbares Vermögen	18%	12%	8%
— Lagervermögen	40%	30%	30%
Landwirtschaft	2%	2%	—
Verkehrswesen	10%	10%	8%
Handel, Banken	15%	15%	10%
Wohnungsbauten	24%	14%	—
öffentliche Hand	15%	15%	—

Obwohl die vorstehende Übersicht keine Angaben über die Kriegssachschadensquote der Industrie der SBZ enthält, können als Obergrenze für die Verluste an industriellen Kapazitäten, bezogen auf den Stand von 1944, ca. 15 Prozent angesetzt werden. Lediglich in einzelnen Branchen (Fahrzeugbau, Elektroindustrie, Werkzeugmaschinenbau und Holzindustrie) lagen die Kriegsverluste in der SBZ etwas höher[16]. Unabhängig davon, ob sich noch geringe Korrekturen bei der jeweiligen Kriegsschadensquote ergeben, ist zumindest von einer in etwa gleich großen Schädigung, wahrscheinlich jedoch stärkeren Beeinträchtigung der Industrie durch Bombenangriffe in den späteren Westzonen auszugehen.

Auch die Zerstörungen des Eisenbahnwesens wurden von DDR-Autoren überhöht angegeben, um die These von den Startnachteilen der SBZ zu untermauern[17]. Inzwischen ausgewertete Statistiken des Ministeriums für Verkehrswesen weisen für das Gleisnetz der SBZ jedoch nur eine Zerstörungsquote von 4% aus[18]. Für die Westzonen wurden 6% angegeben. Ein größeres Ausmaß an Verlusten war im Osten Deutschlands hingegen bei den Eisenbahnbrücken zu verzeichnen. Weitaus nachhaltiger wurde das Eisenbahnwesen in der SBZ auch durch die Mitnahme von rollendem Material durch die Westalliierten und die Sowjets sowie durch die ausgedehnten Demontagen beeinträchtigt[19].

Für die Landwirtschaft fehlen detaillierte Daten über die Kriegsschäden, so daß die obigen Angaben nur als grobe Schätzung anzusehen sind. Zweifellos haben die ländlichen Gebiete um Berlin, vor allem das Oderbruch, in besonderem Maße unter den heftigen Kämpfen der letzten Kriegswochen gelitten[20]. Der Viehbestand wurde in der SBZ stärker reduziert als in den Westzonen. So wird für 1946 der Rückgang der Rinderbestände gegenüber 1943 für die drei Westzonen mit 7%, für die SBZ hingegen mit 22% angegeben. Die Schweinebestände gingen in den Westzonen um 28%, in der SBZ sogar um 51% und die Schafbestände um 14% bzw. 59% zurück[21].

Allerdings ist die deutlich stärkere Dezimierung der Viehbestände in der SBZ nicht allein auf Kriegseinwirkungen, sondern in hohem Maße auf die ausgedehnten sowjetischen Beuteentnahmen in der unmittelbaren Nachkriegszeit zurückzuführen[22].

Verglichen mit den Westzonen wird für die SBZ eine niedrigere Schadensquote an Wohnungsbauten ausgewiesen. Eine Erklärung dafür bildet die alliierte Luftkriegsstrategie, die ca. 1 Jahr eher mit voller Wucht die westdeutschen Ballungsräume traf.

	Westdeutschland	SBZ[23]
Zahl der Wohnungen	10,8 Mio. (1943)	4,7 (1939)
— total zerstört	2,2 Mio.	0,433
— schwer beschädigt	—	0,207
	24 v. H	14 v. H

Zeitgenössische Statistiken weichen nur geringfügig von der vorstehenden Tabelle ab. Sie beziffern den in der SBZ vorhandenen Wohnungsbestand (1939) mit 4,513 Mio., die total zerstörten Wohnungen mit 428 000 (9,5 Prozent) und die beschädigten Wohnungen mit 649 000 (14,4 Prozent), zusammengerechnet knapp 24 Prozent[24]. Das heißt, allein die Quote der in Westdeutschland total zerstörten Wohnungen lag in etwa genau so hoch wie die Gesamtzahl der in der SBZ zerstörten und beschädigten Wohnungen.

Beachtet werden müssen jedoch die erheblichen regionalen Unterschiede. So hat Berlin mit weit über 500 000 vernichteten Wohnungen die absolut größten Wohnungsverluste hinnehmen müssen.

Resümierend bleibt zum Problem der Kriegsschäden festzuhalten: Die einzelnen Gebiete Deutschlands waren in sehr unterschiedlichem Maße von Kriegsverwüstungen betroffen. Als schwerste Hypothek erwies sich die Zerstörung von Wohnraum in den Großstädten. Das industrielle Anlagevermögen hingegen überstand den Krieg weit besser als erwartet. Alles in allem wiesen die Westzonen einen etwas höheren Zerstörungsgrad auf als die SBZ.

In welchem Maße und in welchem Tempo es gelingen würde, die kriegsbedingten Verluste auszugleichen, hing entscheidend von der Politik der Siegermächte ab. Da ihre Koalition nach Kriegsende rasch zerfiel und gravierende Unterschiede in ihren Vorstellungen über die politische und wirtschaftliche Behandlung Deutschlands hervortraten, mußte dies Auswirkungen auf die Rekonstruktionschancen in den vier Besatzungszonen haben. Eine zentrales Problem war dabei die Reparationspolitik.

3. Differenzen in der alliierten Reparationspolitik

Neben den Kriegszerstörungen, dem Hunger, der Wohnungsnot und dem Flüchtlingselend gehörten die Gebietsabtretungen und Reparationsleistungen zu den nachhaltigsten Kriegsfolgen.

Trotz der negativen Erfahrungen mit den Reparationsregelungen nach dem Ersten Weltkrieg hatten die meisten Siegerstaaten einen großen Reparationsbedarf angemeldet. Verständlicherweise war dieser in den Staaten am größten, die am stärksten unter den Kriegshandlungen gelitten hatten.

Die Unterschiede in den Nachkriegsplanungen der Alliierten hatten eine entscheidende Ursache in der unterschiedlichen deutschen Kriegführung an der Ost- und Westfront[25]. Im Osten hatte ein rassenideologischer Vernichtungskrieg gewütet. Die Sowjetunion, Polen und Jugoslawien waren davon am härtesten betroffen.

Obwohl die Höhe der Kriegsschäden in der Sowjetunion auch nicht annähernd genau ermittelt wurde, war klar, daß über deutsche Reparationsleistungen nur ein Bruchteil der Kriegsverluste ersetzt werden konnte. Insofern mußte die Sowjetunion nach hohen deutschen Reparationen streben. Ihre Reparationskommission, geleitet vom Stellvertretenden Volkskommissar für Auswärtige Angelegenheiten, Ivan M. Majskij, und maßgeblich mitgeprägt vom Volkswirt Eugen Varga, forderte daher möglichst hohe Leistungen von allen am Krieg gegen die UdSSR beteiligten Staaten[26].

Die ersten amerikanischen und britischen Reparationskonzepte gingen ebenfalls von sehr hohen deutschen Leistungen aus, wobei sich die Forderungen zwischen 4 und mehr als 200 Mrd. $ bewegten[27]. Auch nach den frühen amerikanischen Vorstellungen sollten die Reparationen hauptsächlich aus der laufenden Produktion entnommen und durch Demontagen sowie die Einziehung des Auslandsvermögens der Feindstaaten erbracht werden.

Seit Mitte 1944 wurden die Reparationen jedoch mit dem Ziel der radikalen wirtschaftlichen Schwächung des Kriegsgegners verbunden. Die Inkarnation des Konzeptes vom »Karthago-Frieden«, nach dem Deutschland durch ausgedehnte Demontagen auf das Niveau eines Agrarlandes zurückgeworfen werden sollte, stellte der Morgenthau-Plan dar.

Die Morgenthau-Planungen sind nicht verwirklicht worden. Dennoch fanden Elemente seines Konzepts zunächst Eingang in die amerikanische Besatzungspolitik. Der im Prinzip auf die bloße Zerstörung von industriellen Kapazitäten gerichtete Plan mußte das Verhältnis zu allen Staaten belasten, die an Reparationen aus der laufenden Produktion interessiert waren.

»Diese Perversion des Reparationsgedankens wirkte sich bis in die Terminologie hinein aus. Im Sprachgebrauch der Westmächte wurde ›Reparationen‹ seit 1945 mehr und mehr auf die Bedeutung von ›Demontagen‹ reduziert, während letzterer Ausdruck vermieden wurde[28].«

Zwischen den Plänen des amerikanischen Schatzministers Morgenthau und den britischen Reparationsplanungen bestand eine deutliche Diskrepanz[29]. Noch vor der Jalta-Konferenz zeigte sich bei den Briten die Tendenz, das deutsche Wirtschaftspotential, soweit es nicht ausgesprochenen Rüstungszwecken diente, weitgehend zu erhalten, die deutsche Konkurrenz jedoch für einen gewissen Zeitraum von den Weltmärkten fernzuhalten.

Die Konferenz von Jalta im Februar 1945 stellte dann den Höhepunkt und zugleich Wendepunkt in der Zusammenarbeit der drei großen Kriegsalliierten dar. In Fragen der Reparationen ging die Initiative auf der Krim-Konferenz eindeutig von der Sowjetunion aus. Diese unterbreitete einen konkreten Vorschlag, nach dem Deutschland Reparationen im Wert von 20 Mrd. $ leisten sollte. Die Hälfte davon sollte die Sowjetunion erhalten. Die Reparationen sollten je zur Hälfte aus einmaligen Entnahmen (Auslandsvermögen und Demontagen) sowie Lieferungen aus der laufenden Produktion bestehen. Die Rüstungsindustrie sollte vollständig beseitigt und die schwerindustriellen Kapazitäten auf 20% geschrumpft werden[30].

Damit hatte auch die Sowjetunion außerordentlich hohe Demontageforderungen erhoben, möglicherweise vom Morgenthau-Plan und von Churchills Äußerungen während eines Moskau Besuchs im Oktober 1944 beeinflußt[31].

Die immensen sowjetischen Demontageforderungen liefen im Prinzip dem Verlangen nach möglichst hohen Entnahmen aus der laufenden Produktion zuwider. In der Tat erwies sich dies als eines der größten Probleme der sowjetischen Reparationspolitik.

Das Schlußprotokoll der Jalta-Konferenz legte drei Reparationsarten fest: einmalige Entnahmen aus dem Nationaleigentum sowohl innerhalb als auch außerhalb deutschen Territoriums im Zeitraum von zwei Jahren; jährliche Warenlieferungen aus der laufenden Produktion für einen noch festzulegenden Zeitraum sowie die Verwendung deutscher Arbeitskräfte[32]. Während die britische Delegation die Auffassung vertrat, keine feste Reparationssumme zu benennen, einigten sich Sowjets und Amerikaner auf den Vorschlag der sowjetischen Delegation als Gesprächsgrundlage für eine noch zu bildende alliierte Reparationskommission. In Jalta hatte Stalin zumindest einen Teilerfolg erzielt. Von einer Einigung blieb man jedoch weit entfernt. In den folgenden Monaten konnte die in Moskau tagende alliierte Reparationskommission kaum Fortschritte erzielen.

Nach der bedingungslosen Kapitulation des gemeinsamen Gegners begannen sich die Wege der ungleichen Koalition zu trennen. Die Vorstellungen der Westalliierten, die ursprünglich denen der UdSSR recht ähnlich waren, wurden zunehmend durch die Sorge vor den Lasten, die auf sie in dem kriegsgeschwächten Deutschland zukommen könnten, und auch von Befürchtungen geprägt, die UdSSR könne in Europa eine überragende Machtposition erlangen.

An die Stelle des Streites mit den Verlierern wie nach dem Ersten Weltkrieg traten jetzt Auseinandersetzungen der Sieger untereinander. Insbesondere für die Sowjetunion waren hohe Reparationen eine entscheidende Prämisse ihrer Deutschlandpolitik. Die USA und mehr noch Großbritannien lehnten hingegen nunmehr die Reparationsarten ab, an denen die Sowjets das größte Interesse besaßen[33].

Nach dem enttäuschenden Verlauf der Moskauer Expertengespräche konnte nur noch auf höchster Ebene ein Kompromiß ausgehandelt werden. Vom 17. Juli bis 2. August 1945 fand daraufhin die Potsdamer Konferenz statt.

Dort ging es nicht nur um die Reparationen, sondern in erster Linie um die Wirtschaftsordnung der Nachkriegszeit. Nach den alarmierenden Berichten über die rigorosen sowjetischen Beute- und Demontageaktionen im Vorfeld der Konferenz war auf westlicher Seite das Mißtrauen gegenüber der sowjetischen Politik gewachsen. Die Westmächte befürchteten, daß die Sowjetunion mit ihren Reparationsforderungen Deutschland ruinieren und damit den Wiederaufbau ganz Europas beeinträchtigen würde[34].

Die Sowjetunion wiederum argwöhnte, sie solle um die Reparationen gebracht und von der Mitbestimmung über Deutschland schrittweise ausgeschlossen werden.

In Potsdam konnte man sich in wichtigen Punkten nicht mehr einigen, und das Protokoll verbarg den aufgetretenen Dissens nur notdürftig. Mit ihrem Reparationsplan, der auf dem Protokoll von Jalta aufbaute und wiederum von einer Gesamtsumme in Höhe von 20 Mrd. $ ausging, drang die sowjetische Delegation nicht durch.

Im Ergebnis der Interessenkonflikte der Sieger wurde eine reparationspolitische Teilung Deutschlands und Europas ausgehandelt. Jede Besatzungsmacht sollte grundsätzlich ihre Ansprüche aus ihrer eigenen Zone befriedigen. Zusätzlich sollte die UdSSR allerdings 25% der aus den Westzonen zu entnehmenden Ausrüstungen erhalten, 60% davon im Austausch gegen Nahrungsmittel und Rohstoffe aus der sowjetischen Besatzungszone.

Damit gelang es den Westmächten, ihre Besatzungszonen weitgehend dem reparationspolitischen Zugriff der Sowjetunion zu entziehen. Die Potsdamer Regelung stellte einen Sieg der Westmächte dar[35]. Eine feste Reparationssumme wurde nicht vereinbart. Lediglich für die Demontagen fand man eine Quotenregelung. Reparationslieferungen aus der laufenden Produktion wurden nicht vereinbart, und auch Arbeitsleistungen blieben im Potsdamer Abkommen, im Unterschied zur Jalta-Konferenz, unerwähnt.

Nach der Potsdamer Konferenz gab es noch keine umfassende politische Teilung, doch die reparationspolitische und damit de facto wirtschaftliche Teilung war festgeschrieben. Für die SBZ beinhaltete die reparationspolitische Teilung besondere Nachteile. Anstelle von Gesamtdeutschland wurde die SBZ/DDR mehr und mehr zum alleinigen Adressaten der sowjetischen und polnischen Reparationsforderungen.

Aus den skizzierten Gründen stellte sich der Verlauf und die Wirkungen der alliierten Reparationspolitik in den einzelnen Besatzungszonen höchst unterschiedlich dar.

4. Die Reparationsentnahmen aus den vier Besatzungszonen

SBZ/DDR

In der SBZ begannen die Demontagen noch vor Kriegsende im Rahmen der Beute- und Trophäenaktionen der Roten Armee. Sie erreichten Ende 1945/Anfang 1946 ihren Höhepunkt und wurden in der Industrie Mitte 1948 und im Verkehrswesen Ende 1948 beendet[36]. Insbesondere die Wirkungen der ersten, von einem Moskauer Sonderkomitee organisierten Demontagewellen waren einschneidend und gaben im In- und Ausland Anlaß zu schlimmsten Befürchtungen.

Stellvertretend für die Stimmungslage in der SBZ Ende 1945 soll aus den Memoiren des Ministerpräsidenten von Thüringen, Rudolf Paul, zitiert werden:

»In die Advents- und Voradventszeit der ersten Weihnacht nach dem formellen Ende des Krieges fielen erneut bittere Tropfen. Die Reparationsforderungen der Sowjetunion meldeten sich in zweifacher Gestalt: Demontage und Sequestration. Das Vorspiel vermied laute Akkorde — leise, einige Werke treffend, begannen die Demontagen, um wenige Monate später, nachdem die Bevölkerung sich schon an den Gedanken der Reparationen, der Demontagen gewöhnt hatte, nunmehr nach sowjetischer Taktik mit unverhüllter Härte herzutreten. Es hat in Deutschland keinen denkenden Menschen gegeben, der den Gewinnern des Krieges nicht Ersatzansprüche auf Schäden zugestanden hätte, die durch die militärischen Handlungen deutscher Truppen oder sonst deutscherseits angerichtet worden sind. Darüber hinaus erkannte jedermann an, daß das Land, welches weitaus am meisten gelitten hatte und mit der Dringlichkeit seiner Ansprüche auf Ersatz das bevorrechtigste sein konnte, die Sowjetunion war. Mit der Erkenntnis unserer Wiedergutmachungspflicht und unserem Willen wiedergutzumachen, Schäden durch Ersatz, durch Arbeit, Opfer der verschiedensten Art unsererseits zu beheben, ist Böses, ist Schlimmstes getrieben worden[37].«

Doch nicht nur in der SBZ wurden die sowjetischen Demontagen kritisch beurteilt. Amerikanische Volkswirte hielten bereits im Sommer 1946 die Wirtschaftsstrukturen der SBZ für »tief erschüttert« und befürchteten für den Fall des Zonenzusammenschlusses zusätzliche Belastungen durch den deindustrialisierten Osten[38].

In der Tat wurden die im weitesten Sinne auf die militärische Entwaffnung gerichteten Demontagen von der UdSSR in ihrem Besatzungsgebiet, wie militärgeschichtliche Forschungen belegen, mit Konsequenz und Härte betrieben[39]. Zugleich scheute sich die UdSSR nicht, Teile der in Mitteldeutschland vorgefundenen Rüstungsbetriebe, im Widerspruch zu den alliierten Vereinbarungen, zunächst noch bis zum Herbst 1946 weiter zu betreiben[40]. Gleichzeitig wurden im Rahmen der Geheimoperation »Ossawakim«, vergleichbar mit dem amerikanischen »Project Paperclip«, ca. 3 000 bis 3 500 »Spezialisten« in die UdSSR verbracht[41].

Welche Ausmaße die Demontagen erreichten, verdeutlichen zeitgenössische sowjetische und deutsche Analysen. So wurden allein in Sachsen, laut Abschlußbericht der SMAD Sachsen von 1948, 979 Betriebe demontiert und aus ihnen ca. 358 000 Maschineneinheiten, darunter 115 000 Werkzeugmaschinen, entnommen[42]. Auch mehrere von den Verwaltungen der Provinz Sachsen, dem späteren Sachsen-Anhalt, 1946/47 zusammengestellte Demontagelisten verdeutlichen die starke sicherheitspolitische Motivation der sowjetischen Demontagepolitik[43]. Im wesentlichen finden sich folgende Schwerpunkte der sowjetischen Demontagen: Waffen- und Munitionsherstellung, Metallurgische Industrie, Flugzeugindustrie, Fahrzeugbau und Werkzeugmaschinenbau[44]. In diesen Bereichen erfolgten die Demontagen ohne Rücksicht auf die sich dadurch erheblich vertiefenden strukturellen Disparitäten in der SBZ. Ab der Mitte 1946 beginnenden Trendwende in der sowjetischen Reparationspolitik mußten genau die Bereiche (Metallurgische Werke, Aluminiumwerke, Reifenwerke, pharmazeutische Industrie, Blechwaren- und Schraubenindustrie, Werkzeugmaschinenindustrie), die zwischen 70% und 100% ihrer Kapazitäten verloren hatten, schwerpunktmäßig wieder aufgebaut werden. Bisweilen liefen Demontagearbeiten und Aufbauprogramme parallel.

Neben den sicherheitspolitischen Motiven ist zu beachten, daß die UdSSR in ungleich größerem Maße als die Westalliierten einen nahezu unbegrenzten Bedarf an Gütern aller Art hatte. Ihre Demontagepolitik war daher auch durch eine besondere Rigorosität gekennzeichnet. Diese Praxis läßt außerdem den Schluß zu, daß die sowjetische Führung längere Zeit auf einen deutschlandpolitischen Kompromiß hoffte und zuvor einen möglichst großen Reparationsanteil aus ihrer Zone entnehmen wollte.

Erhebliche Einbußen erlitt nicht nur die Industrie. Auch das Transportwesen wurde durch die Demontagen weit zurückgeworfen. Bis März 1947 führten die Sowjets schienen mit einer Gesamtlänge von 11 800 km ab[45]. Damit wurde das Schienennetz, bezogen auf den Stand von 1938, um 48 Prozent verringert[46]. Die schwerste Beeinträchtigung erfuhr der Eisenbahnverkehr durch die weitgehende Demontage des zweiten Gleises, insgesamt 6 300 km Schienen[47]. Auch der Güterwagenpark und der Lokomotivenbestand wurden stark dezimiert. Die Folge war, daß die Transportleistungen auf dem Gebiet der SBZ 1946 auf ca. $\frac{1}{7}$ des Standes von 1936 sanken und 1950 erst etwas mehr als die Hälfte des Vorkriegsniveaus erreichten.

Der Demontage anheim fielen vor allem die neuesten und bestausgerüsteten Werke. Dabei belief sich der Anteil der industriellen Totaldemontagen, vorsichtig geschätzt, auf mehr als 50 Prozent. Nach Abschluß der Demontagen gab es praktisch keine Metallurgie mehr in der SBZ. Ohne Stahl- und Walzwerke wäre die Rumpfwirtschaft der SBZ jedoch nur kurze Zeit lebensfähig gewesen. Daher mußte die künftige Investitionspolitik nahezu zwangsläufig zuerst auf den Wiederaufbau einer metallurgischen Basis gerichtet sein.

Andere Strukturschäden waren in den ersten Nachkriegsjahren nicht sofort spürbar. Insofern dürfen die unmittelbaren Folgen der Demontagen auch nicht überbewertet werden. Denn bei einem beträchtlichen Teil der abgebauten Kapazitäten handelte es sich um Rüstungskapazitäten.

Des weiteren ist zu beachten, daß das Produktionsvolumen in der Nachkriegszeit vor allem von der Rohstoffzufuhr abhing. Die Teilung Deutschlands in Besatzungszonen und die Gebietsabtretungen an Polen und die UdSSR hatten die traditionellen Güterströme weitgehend unterbunden. Die einschneidendsten Beschränkungen für die Produktion resultierten daher aus der Rohstoffknappheit und aus den Transportengpässen. Nachdem sich die Wirtschaft von ihrer Lähmungskrise zu erholen begann, wurden jedoch die durch die Demontagen hervorgerufenen strukturellen Schäden spürbarer.

Schwerwiegende Auswirkungen hatten die Demontagen auch auf das Produktivitätsniveau der Wirtschaft. Viele Werke mußten auf völlig veraltete Maschinen und Anlagen zurückgreifen. Nicht selten erfolgte eine Rückkehr zu überholten Technologien, wobei Autarkiebestrebungen ein übriges taten. Teilweise ausgeglichen wurden die Demontageverluste durch den Mehreinsatz von Arbeitskräften, was wiederum zu Produktivitätsproblemen führte[48]. Ganz im Gegensatz zur Entwicklung in der Bundesrepublik führten die Demontagen in der DDR nicht zu einer erhöhten Investitionsneigung. Bis Mitte der fünfziger Jahre lag die Investitionsquote unter 10%, das heißt, es fand keine grundlegende Erneuerung des Produktionsapparates statt. Im Zuge der Realisierung der sowjetischen Reparationsforderungen enstand eine riesige Investitionslücke[49].

Die Negativwirkungen des reduzierten Kapitalstocks im Osten Deutschlands wären unter anderen politischen und wirtschaftlichen Rahmenbedingungen leichter zu überwinden gewesen. Unter den Restriktionen einer teilautarken, von den traditionellen Handelspartnern weitgehend abgedrängten Staatswirtschaft blieben die strukturellen Folgen der Demontagen länger als nötig spürbar.

Nicht nur unter den Folgen der einmaligen Entnahmen hatte die SBZ in stärkerem Maße zu leiden als die Westzonen. Große volkswirtschaftliche und gleichermaßen soziale Belastungen verursachten die Entnahmen aus der laufenden Produktion. Diese begannen unmittelbar nach dem Wiederanlaufen der Wirtschaftstätigkeit. Sie endeten entsprechend der Vereinbarung zwischen der UdSSR und der DDR vom 22. August 1953 offiziell am 31. Dezember 1953.

Vom Anlaufen der Reparationsproduktion Ende 1945 sowie einigen eigens dafür von der Sowjetunion in die SBZ gelenkten Rohstofflieferungen gingen kurzzeitig auch positive Effekte für den Wiederaufbau aus. Am wichtigsten war die Abwendung des durch die Demontagen drohenden »ökonomischen Vakuums«, so der Stellvertretende Chef der SMAD und Wirtschaftsfachmann Konstantin Ivanovič Koval[50]. Indem sich deutsche Firmen und Wirtschaftsbehörden nach Kräften um Reparationsaufträge bemühten, unterstützten sie die in der SMAD-Führung seit Herbst 1945 an Einfluß gewinnende Tendenz in Richtung einer flexibleren Reparationspolitik.

In der Folgezeit wurden Firmen mit Reparationsaufträgen im Bewirtschaftungssystem bevorzugt. Eine Hortung von Rohstoffen, wie in den Westzonen zu beobachten, war in der SBZ kaum möglich. Zudem erschien der Absatz der Reparationsprodukte garantiert und oft über Jahre gesichert. Die Hinwendung der Besatzungsmacht zu einer Wiederaufbaustrategie bedeutete auch eine Entlastung des Arbeitsmarktes. Die Trendwende in der sowjetischen Reparationspolitik fand ihren deutlichsten Ausdruck durch die Überführung von mehr als 200 der wichtigsten Industriebetriebe in sowjetische Aktiengesellschaften im Juni 1946. Diese Werke wurden in jeder Hinsicht privilegiert und beschleunigt ausgebaut[51].

Den kurzfristig positiven Effekten der Reparationsproduktion standen jedoch schwerwiegende Nachteile gegenüber.

Von 1945 bis 1953 wurden für die direkten Reparationslieferungen, inklusive sämtlicher Preissteigerungen und Nebenkosten, ca. 11,5 Mrd. RM/M (zu laufenden Preisen) aufgewandt[52], auf dem Reparationskonto gutgeschrieben jedoch nur eine Summe von ca. 6,65 Mrd. RM/M zu Preisen des Jahres 1944[53].

Diese anhand der Unterlagen des Amtes für Reparationen gewonnenen Zahlen liegen weit unter den älteren Schätzungen[54]. Allerdings muß diesen offiziellen Angaben noch eine Reihe von »verdeckten Entnahmen« hinzugefügt werden. Die Schwierigkeit besteht darin, diese indirekten Reparationen — Lieferungen der SAG-Betriebe a conto »Gewinne« bzw. »Pachten«, Unterbewertung von Exporten, Aufkäufe sowjetischer Handelsgesellschaften mit Beute- bzw. Besatzungsgeld — auch nur einigermaßen verläßlich zu schätzen. Alles in allem haben auch die »indirekten Reparationsentnahmen« nicht die in der Vergangenheit vermuteten Ausmaße angenommen[55]. Die immer wieder vorgebrachte These von den enorm hohen Entnahmen aus der laufenden Produktion der SBZ/DDR entspricht nicht mehr dem heutigen Kenntnisstand. Zwar belasteten diese Lieferungen die Wirtschaft der SBZ/DDR schwer, schnürten sie aber nicht ab. Doch gravierender als die gegenwertlosen Warenabzüge wirkten sich die über die Reparationsproduktion beschleunigte Ostorientierung und die Strukturveränderungen aus.

Zu gegenwertlosen Lieferungen an die Besatzungsmacht wurden bis 1947 praktisch alle Bereiche der Wirtschaft herangezogen. Danach erfolgte eine deutliche Konzentration der Reparationsproduktion auf ausgewählte Branchen. An vorderster Stelle auf der sowjetischen Prioritätenliste standen Erzeugnisse des Schwermaschinenbaus, des Schiffbaus und des Schienenfahrzeugbaus. So wurden 1950 alle auf den Werften der DDR gefertigten Schiffe als Reparationen geliefert. Der Schwermaschinenbau und der Waggonbau mußten ungefähr die Hälfte ihrer Erzeugnisse für Reparationszwecke zur Verfügung stellen, der Stahlbau gar 70% und der Maschinenbau ca. 30%[56].

Der größte Teil des Schiffbaus an der Ostseeküste, Teilbereiche des Schwermaschinenbaus und insbesondere der Uranbergbau der Wismut AG in Sachsen und Thüringen waren überhaupt erst im Zuge der sowjetischen Reparationsforderungen aufgebaut worden. Es handelte sich im Prinzip um reine Reparationsindustrien[57].

Neben den Demontagen und Lieferungen aus der laufenden Produktion muß noch eine Reihe von weiteren Belastungen genannt werden, die zum Kontext der Reparationen gehören. Die folgende Aufstellung vermittelt einen Überblick:

Reparationsbilanz der SBZ/DDR
(in Mio. RM/Mark/laufende Preise)[58]

Trophäenaktion	= 1,00
Demontagen	= 6,10
Besatzungskosten	= 16,80
laufende Lieferungen	= 11,48
»verdeckte Lieferungen«	= 3,50
Uranbergbau	= 7,30
Besatzungs- und Beutegeld	= 5,00
Rückkauf der SAG-Betriebe	= 1,75
Außenhandelsverluste	= 1,10
Summe	= 53,93

Die Tabelle weist allerdings erhebliche methodologische Unzulänglichkeiten auf, da einmalige Entnahmen und laufende Leistungen zusammengefaßt wurden. Zudem müssen bei einer Umrechnung in Dollar, je nach dem jeweiligen Zeitraum und den volkswirtschaftlichen Zusammenhängen, die einzelnen Leistungskategorien zu verschiedenen Dollarkursen bewertet werden. Die Bewertungsprobleme können hier nicht vertieft werden. Unzulänglich ist jedoch eine bloße Summierung der einzelnen Reparationskategorien, wodurch die Belastungen in der Tendenz überhöht ausgewiesen werden.

Nach unseren Berechnungen hat die SBZ/DDR für ca. 14 Mrd. Dollar (Preisbasis 1938) Reparationen und Besatzungskosten geleistet. Die bisher zuverlässigsten Rechnungen kommen auf Grundlage anderer Schätzmethoden auf ca. 16,3 Mrd. Dollar[59]. Eine weitere Präzisierung der Reparationsbilanz für die SBZ/DDR wird, wenn überhaupt, so erst nach Auswertung der relevanten russischen Archivbestände möglich sein. Während in etwa bis Mitte der 50er Jahre die Reparationen das größte Hemmnis für die Wirtschaftsentwicklung im Osten Deutschlands darstellten, sind spätestens danach und auf längere Sicht die entscheidenden Defizite im ineffizienten Wirtschaftssystem zu suchen. Gegeneinander aufrechnen bzw. messen lassen sich diese Effizienzverluste nicht.

Französische Besatzungszone (FBZ)

Auch in der französischen Besatzungspolitik überwog das Sicherheits- und Reparationsdenken. Dabei befand sich die französische Politik in einem Widerspruch besonderer Art. Eine engere Anlehnung an die USA war im Interesse des Wiederaufbaus der französischen Wirtschaft unumgänglich, was jedoch den Handlungsspielraum der französischen Regierung einzuengen drohte. Gerade deshalb erschien die Ausnutzung des Wirtschaftspotentials der Besatzungszone für den Wiederaufbau Frankreichs als besonders wichtig[60].

Das französische Vorgehen in der Reparationsfrage wies deutliche Parallelen zum sowjetischen auf.

Der weitaus größte Teil der Demontagen in der FBZ wurde vor ihrem offiziellen Beginn durchgeführt. Alle bis zum ersten September 1945 entnommenen Maschinen gingen a conto »Kriegsbeute« und wurden nicht auf dem Reparationskonto angerechnet[61]. Nach Angaben des Archive de l'Occupation wurden im Rahmen der ersten Demontagewelle ca. 12 700 Maschinen, hauptsächlich Werkzeugmaschinen aus Rüstungsbetrieben, entnommen[62].

Eine zweite Demontagewelle folgte in der Phase der »unilateralen Entnahmen«. Im Juni 1946 fiel der Interalliierten Reparationsagentur (IARA) die Kontrolle der Demontagen zu. Bis zur Bekanntgabe der offiziellen Demontageliste im November 1947 summierten sich die französischen Entnahmen nach deutschen Angaben auf 43 000 Maschinen (Anschaffungswert 220 Mio. RM)[63], was immerhin fast 40% aller in der FBZ vorhandenen Werkzeugmaschinen entsprach.

Insgesamt wurden in der FBZ 110 Werke und 225 km Gleisanlagen demontiert[64]. Infolge der Demontagen lag der Kapitalstock der FBZ 1948 nach zeitgenössischen Schätzungen nur noch bei ca. 50% des Standes von 1936[65]. Nach wahrscheinlich realistischeren Schätzungen war 1948 der Kapitalstock in der FBZ etwas unter dem Vorkriegsstand anzusetzen.

Obwohl die französische Reparationspolitik wiederholt mit der sowjetischen verglichen und in ihren Wirkungen zumindest bis Ende 1947 fast gleichgesetzt wurde[66], läßt eine genauere Betrachtung die Unterschiede in den Belastungen deutlich werden. Schon die rein quantitativen Demontageziffern weisen auf eine weitaus höhere Belastung der SBZ hin. Die SBZ hatte ungefähr die dreifache Einwohnerzahl der FBZ.

Doch die bloße Anzahl der abgebauten Werke belief sich in der SBZ ungefähr auf das 20 fache im Vergleich zur FBZ. Allein aus Sachsen wurden ca. zweieinhalb mal soviel Werkzeugmaschinen abtransportiert, wie die französische Besatzungsmacht insgesamt Maschinen aus ihrer Zone herausholte. Beim Abbau von Eisenbahnschienen betrug das Verhältnis zwischen SBZ und FBZ ungefähr 50:1.

Bereits dieses grobe Vergleichsraster läßt erkennen, daß die Pro-Kopf-Verluste an industriellen Anlagevermögen und Infrastruktureinrichtungen in der SBZ weitaus größer gewesen sein müssen.

Qualitative Kriterien für die Demontagen zu benennen, ist allerdings schwieriger. So konnten durch die Entnahme produktionsstrategischer Maschinen überproportionale Produktionsausfälle verursacht werden[67]. Die alleinige Angabe der Kapazitätsverluste je Industriezweig sagt für sich genommen relativ wenig über den wahren Umfang der Beeinträchtigung der industriellen Leistungsfähigkeit aus. Bei der Entnahme von industriellen Ausrüstungen zielten sowohl Sowjets als auch Franzosen zuerst auf die modernsten Anlagen, das heißt, auch der Versuch, qualitative Demontagekriterien zu berücksichtigen, dürfte die zuvor getroffenen Aussagen nicht entscheidend relativieren.

Hatten die Demontagen in der FBZ unbestreitbare volkswirtschaftliche Negativwirkungen, so gilt dies paradoxerweise nicht in gleichem Maße, wie vielfach angenommen, für den Außenhandel der französischen Besatzungszone[68]. Ursprünglich als Instrument der Ausbeutung gedacht, entwickelte sich der Export der FBZ letztlich zu einer Belastung für Frankreich.

Die »Selbstausbeutung« des Reparationsgläubigers Frankreich resultierte aus den im Kontrollrat vereinbarten Regelungen, nach denen Im- und Exporte der Besatzungszonen in Dollar verrechnet wurden.

Bis 1947 gingen 85% der Exporte der französischen Zone nach Frankreich[69]. Pro Kopf der Bevölkerung wurden im Vergleich zur Bizone dreimal so hohe Exporte getätigt.

Frankreich vernachlässigte bei den Einkäufen in der Besatzungszone volkswirtschaftliche Prioritäten[70]. So wurden vielfach auch sekundäre Güter, wie z.B. Textilien und Holz, aus dem Besatzungsgebiet abgefordert. Infolgedessen flossen weit mehr knappe Dollar als nötig in die FBZ. Die beabsichtigte Ausbeutung der Besatzungszone verkehrte sich durch die Dollar-Klausel ins Gegenteil. Der hohe Anteil Frankreichs an der erstaunlich großen Ausfuhr seiner Zone dokumentiert daher nicht die wirkliche Reparationsleistung, sondern stellte eher eine unfreiwillige Finanzhilfe für die notwendigen Dollarimporte der FBZ dar[71].

Diese ungewollten Wirkungen des Exports der Besatzungszone nach Frankreich dürften auch ein Argument für den Zusammenschluß mit der Bizone gewesen sein.

Das Bild von den hohen Reparationsbelastungen der FBZ, die denen der SBZ nahe kamen, ist demnach korrekturbedürftig. Es trifft mit Einschränkungen nur auf die einmaligen Entnahmen zu.

Die Entnahmen aus der laufenden Produktion, sei es in Form von direkten Reparationslieferungen oder Außenhandelsgeschäften zu ungünstigen Konditionen, zielten in die gleiche Richtung. Das deutsche Wirtschaftspotential sollte in den Dienst der besonders vom Krieg geschädigten Siegermächte gestellt werden. Die konkreten Umstände führten jedoch zu einer »Selbstausbeutung« des Reparationsgläubigers Frankreich. Die Sowjetunion hingegen erhielt die Lieferungen aus der laufenden Produktion der SBZ kostenlos und war auch nicht veranlaßt, die 1948 beginnenden Importe aus ihrem Besatzungsgebiet in Dollar zu bezahlen.

Britische und amerikanische Besatzungszone sowie Bizone

Auch die britische Demontagepolitik war zunächst von einer drastischen Reduktion des deutschen Industriepotentials ausgegangen[72]. Allerdings herrschte unter den verantwortlichen Offizieren in der Militärregierung von Anfang an Zweifel an der Notwendigkeit der Verwirklichung der industriellen Abrüstung. Sehr zeitig setzte sich in der britischen Besatzungspolitik ein »konstruktiver Pragmatismus« durch[73]. Der Prozeß der Auswahl und Schätzung der für Demontagen vorgesehenen Maschinen und Anlagen ging in der BBZ nur langsam voran. Nach der Wende in der britischen Deutschlandpolitik im Frühjahr 1946 wurde der Umfang der ursprünglich vorgesehenen Demontagen reduziert.

Die vielfach in der älteren deutschen Literatur geäußerte These von den britischen »Konkurrenzdemontagen« ist in neueren Studien stark in Zweifel gezogen worden[74].

Ab Anfang 1948 sah sich die britische Regierung gezwungen, auf den amerikanischen Kurs in der Demontagefrage einzuschwenken. Demnach sollte die Lieferung von Demontagegut an die Sowjetunion weitgehend eingestellt und der Gesamtumfang der Demontagen reduziert werden[75].

Amerikanische Versuche zu einer Revision des Demontageprogramms im Sommer 1948 schlugen allerdings fehl. Noch war der britische Außenminister Ernest Bevin zu einer Revision der Reparationspolitik nicht bereit. In einer Note vom 7. September 1948 teilte er dem amerikanischen Außenminister mit:

»Nach der Bildung einer westdeutschen Regierung in einigen Monaten wird der deutsche Widerstand gegen die Demontage mit Sicherheit zunehmen. Deshalb steht jetzt nicht die Zukunft bestimmter Betriebe zur Debatte, sondern die ganze Reparationspolitik der drei Westmächte. [...] Wenn ich Hoffmanns [Vertreter der deutschen Wirtschaft] Vorschlag [erneute Prüfung der Demontagelisten — R.K.] akzeptiere und es weitere drei oder vier Monate Verzögerung gibt, sind die Reparationen ein für allemal erledigt[76].«

Noch immer machten die Briten sicherheitspolitische Bedenken gegen die Beendigung der Demontagen geltend. Das Konkurrenzmotiv, vor allem Ängste vor dem Wiedererstarken der deutschen Industrie, dürften indessen insbesondere bei den beabsichtigten Einschränkungen der Stahlproduktion, des Schiffbaus und der Synthesekautschukindustrie eine nicht unwesentliche Rolle gespielt haben.

Erst mit dem Washingtoner Abkommen der drei Militärgouverneure der westlichen Besatzungszonen vom 13. April 1949 zeichnete sich eine Lösung der Demontageproblematik ab. Die Demontagelisten wurden weiter reduziert und ein Teil der Produktionsverbote und Beschränkungen aufgehoben. Außerdem verabschiedeten die Westmächte auf ihrer Beratung in Washington ein Besatzungsstatut für die künftige Bundesrepublik. Darin behielten sie sich die Entscheidung über die Kontrolle der Ruhr, des Außenhandels und der Devisen vor. Zu einem leidlichen Ende gebracht wurde die Demontagefrage schließlich mit dem Petersberger Abkommen vom 24. November 1949. Mit diesem Abkommen wurde nicht nur die baldige Beendigung der Demontagen in Aussicht gestellt, sondern auch das Aufsichtsrecht der drei westlichen Großmächte und der Beneluxstaaten über die westdeutsche Schwerindustrie fixiert (Ruhrstatut). Vereinfacht ausgedrückt, zielte das Petersberger Abkommen auf eine Kontrolle und nicht mehr auf die Demontage der westdeutschen Schwerindustrie. Obgleich umstritten, stellte das Ruhrstatut den ersten Schritt in Richtung einer engeren wirtschaftlichen Integration Westeuropas dar.

Im Unterschied zur Demontagefrage spielten Entnahmen aus der laufenden Produktion in der britischen und amerikanischen Besatzungspolitik kaum eine Rolle. Lediglich die Unterbewertung deutscher Exporte (Steinkohle) kann als eine indirekte Form von Entnahmen aus der laufenden Produktion angesehen werden. Ihr Ausmaß wird von der Forschung unterschiedlich beurteilt, sollte jedoch nicht überschätzt werden[77]. Mehr als aufgewogen wurden die Reparationstransfers durch die amerikanischen Dollarhilfen und die Dollarklausel. Angesichts der enormen Bedeutung der Auslandshilfen sind die Reparationsentnahmen im Vergleich dazu als sekundär einzustufen[78].

5. Die Folgen der Reparationsentnahmen

Welche Ergebnisse brachten die Reparationsentnahmen für die Sieger?

Aus der Sicht der Sowjetunion kann ihre Reparationspolitik, bei vorrangiger Berücksichtigung quantitativer Aspekte, mit einiger Berechtigung als erfolgreich charakterisiert werden[79].

Zwar blieb der Nutzen des ausgedehnten Demontageprogramms weit hinter den ursprünglichen Erwartungen zurück, was vor allem mit den unsachgemäßen Entnahmen, der mangelhaften Logistik, den Differenzen in den industriellen Standards und den Schwierigkeiten bei der Remontage zusammenhing; die sicherheitspolitischen Ziele wurden jedoch erreicht. Wichtiger als die einmaligen Entnahmen waren für die Sowjetunion die Lieferungen aus der laufenden Produktion und der Know-how-Transfer über die eigens dafür gebildeten wissenschaftlich-technischen Büros (WTB) sowie Forschungs- und Entwicklungsabteilungen der SAG.

Allerdings waren die sowjetischen Reparationsentnahmen kaum auf die Bedürfnisse der schwer geprüften eigenen Bevölkerung zugeschnitten. Die größtenteils auf den schwerindustriellen Bedarf gerichteten Reparationsaufträge brachten für den sowjetischen Konsumgütermarkt keine nennenswerte Entlastung. Die Reparationsgüter aus der SBZ/DDR wurden von der sowjetischen Führung in erster Linie für den Ausbau des schwerindustriellen und Rüstungspotentials eingesetzt.

Die Reparationsinteressen Polens gegenüber der SBZ/DDR nahm weitgehend die Sowjetunion wahr. Daraus ergaben sich für die polnische Seite offensichtlich Nachteile. Die polnischen Reparationsansprüche waren auf einer Konferenz in Moskau im August 1945 geregelt worden[80], als deren Ergebnis Polen eine Zusage über die Teilhabe an deutschen Reparationslieferungen in Höhe von 600 bis 750 Mio. $ erhielt. Im Gegenzug mußte sich das Land zu hohen jährlichen Steinkohlenlieferungen aus den »wiedergewonnenen Gebieten« (Schlesien) weit unter Weltmarktpreis an die Sowjetunion verpflichten. Hatten bereits die umfangreichen Demontageaktionen der Roten Armee in den neuen west- und nordpolnischen Gebieten — von polnischen Historikern werden die Demontageverluste auf ein Viertel aller dortigen Industrieanlagen geschätzt — zu Spannungen zwischen Warschau und Moskau geführt, so wurden diese durch die im August 1945 getroffenen Regelungen noch verstärkt. In der Tat entfiel nur ein kleiner Teil der direkten Lieferungen aus der laufenden Produktion der SBZ/DDR auf Polen. Von 1950 und 1953 lag der Polen zugute kommende Anteil zwischen 9% bis 13%[81]. Für die Jahre bis 1949 liegen keine Angaben vor. Die zur Verfügung stehenden Daten hochgerechnet, ergibt sich ein polnischer Anteil an den Reparationslieferungen der SBZ/DDR in Höhe von 100 bis 150 Mio. $ (Preisbasis 1938). Alles in allem dürfte der Reparationszugewinn Polens noch nicht einmal die Nachteile aus der sowjetisch-polnischen Steinkohlenverrechnung aufgewogen haben[82].

Ganz im Gegensatz zur Sowjetunion hatten die USA keine Verwendung für Produktionsanlagen und Arbeitskräfte. Ihr Interesse galt vornehmlich dem Transfer von Know-how, der bis Mitte 1947 mit großer Intensität erfolgte. Über dessen Ergebnisse gehen die Ansichten weit auseinander[83]. Neuere Arbeiten schätzen den Nutzen des Transfers von Patenten und Wissenschaftlern jedoch weit höher ein, als ursprünglich angenommen[84]. Die amerikanischen und britischen Gewinne aus dem Know-how-Transfer werden auf bis zu 10 Mrd. $ veranschlagt[85]. Dabei sollte jedoch nicht vergessen werden, daß auf längere Sicht auch die westdeutsche Industrie vom »Rückkopplungseffekt« des Know-how-Transfers profitierte. In Deutschland verbotene Forschungen konnten in den USA weitergeführt werden, und die westdeutsche Industrie blieb auch auf diesem Weg der internationalen scientific community verbunden. Dies war ein wesentlicher Unterschied zum Know-how- und Experten-Transfer in die UdSSR. Relativ isoliert, erhielten die deutschen Spezialisten nur punktuell Einblick in den Stand der Forschung[86]. Nach ihrer Rückkehr befand sich ihr Expertenwissen nicht mehr auf dem aktuellen Stand.

Großbritannien und Frankreich gehörten zu den Empfängerländern von Demontagegut aus Deutschland. Sie erhielten laut Aufstellung der IARA 20% bzw. 23% aller aus den Westzonen entnommenen Anlagen.

Der absolute Umfang der Großbritannien und Frankreich zugute kommenden Demontagegüter hielt sich in engen Grenzen und wurde von der IARA bis Ende 1949 mit 99,1 Mio. $ bzw. 85,6 Mio. $ ausgewiesen (Restwerte).

Dennoch haben einzelne Branchen der britischen und französischen Industrie in nennenswertem Maß von den Demontagelieferungen profitiert. So erfolgte die Modernisierung der britischen Eisenhüttenindustrie, auf die allein mehr als die Hälfte aller Großbritannien zustehenden Zuweisungen entfielen, 1949/51 vor allem auch durch die deutschen Reparationsleistungen.

Die französische Industrie zog einen vergleichsweise größeren Nutzen durch Zuweisungen aus der chemischen Industrie (33,2 %) und des Maschinenbaus (23,8 %)[87]. Der erhoffte Modernisierungseffekt für die chemische Industrie Frankreichs bleibt jedoch schätzungsweise gering[88].

Zeitweilige Vorteile zogen beide Siegermächte auch aus der Unterbewertung der westdeutschen Exporte, insbesondere bei Holz und Kohle. Allerdings läßt sich eine Unterbewertung nur bis 1947 nachweisen. Insgesamt summierte sie sich nach einer Berechnung auf 132 Mio. $[89].

Den Zugewinnen der Siegermächte standen die Verluste auf deutscher Seite gegenüber. Dabei waren die Startbedingungen der deutschen Wirtschaft, wie anfangs dargelegt, für den Wiederaufbau günstiger, als unter dem Eindruck der Kriegszerstörungen zunächst angenommen. Das industrielle Anlagevermögen war geschädigt worden, insgesamt jedoch nach Kriegsende erstaunlich intakt. Sicher noch wichtiger war der Umstand, daß die deutsche Industrie über gut qualifizierte Belegschaften und ein großes wissenschaftlich-technisches Potential verfügte. Das Human capital stellte einen potentiellen Wachstumsfaktor allererster Güte dar. Der Erfolg des Wiederaufbaus hing davon ab, wie rasch die Produktionsfaktoren Kapital, Arbeit und Rohstoffe wieder kombiniert werden konnten.

Beeinträchtigt wurden diese an und für sich günstigen Voraussetzungen für den Wiederaufbau durch die Zonenteilung und damit verbundene Tendenzen zur Zonenautarkisierung, durch die alliierten Reparationsforderungen und nicht zuletzt durch die von den Siegermächten maßgeblich geprägten unterschiedlichen ordnungspolitischen Rahmenbedingungen.

Verfügte die SBZ unter Zugrundelegung des bis 1944 erreichten Industrialisierungsgrades und der Pro-Kopf-Agrarproduktion gegenüber den drei Westzonen eher über die etwas besseren Startchancen, so wurden diese durch die Zonenteilung und die sowjetischen Reparationsforderungen konterkariert.

Die unterschiedliche Größe der beiden Teile Deutschlands war für deren weitere Entwicklung bedeutungsvoll. Der größere, in sich homogenere Landesteil besaß die günstigeren Voraussetzungen für die Überwindung der teilungsbedingten Defizite. Mitteldeutschland, d.h. die spätere DDR, war nicht nur das bis 1944 im intensivsten industrialisierte Gebiet Deutschlands, sondern auch das mit Abstand am stärksten auf die interregionalen wirtschaftlichen Verbindungen angewiesen gewesene[90]. Für einen wirtschaftlichen Wettlauf mit den Westzonen fehlten der SBZ von Anfang an die Voraussetzungen.

Bei der allgemeinen Feststellung, daß die SBZ und Berlin weitaus stärkeren Demontagen unterworfen waren und die Entnahmepolitik der sowjetischen Besatzungsmacht das dortige Wirtschaftspotential mehr zerstört hat als die unmittelbaren Kriegseinwirkungen[91], sollten wir es nicht bewenden lassen. Trotz der Schwierigkeiten bei der Bestimmung der Demontage-, insbesondere der Kapazitätsverluste, sind Vergleiche zwischen den Besatzungszonen möglich.

In den drei Westzonen gingen durch Demontagen 668 Industriewerke verloren. Die Angaben über den Wert der entnommenen Anlagen schwanken je nach Wertansatz (Zeitwert, Marktwert, Anschaffungswert) und je nachdem, ob die Wertermittlung von den Siegermächten oder von den deutschen Stellen vorgenommen wurde, ganz erheblich.

Für die drei Westzonen wurde die Restwerte der in Westdeutschland demontierten Anlagen von der IARA offiziell mit 143,5 Mio. $ bewertet. Die Restwertangaben eigneten sich nur als interner Vergleichsmaßstab, nach dem die IARA den berechtigten Nationen ihre Anteile entsprechend dem auf der Pariser Reparationskonferenz festgelegten Verteilungsschlüssel zuwies.

Der Handelswert wurde im Durchschnitt auf das Dreifache des Restwertes beziffert, was einer Summe von 575,15 Mio. $ entspricht[92].

Demgegenüber haben deutsche Stellen bis zu 1 Mrd. $ (Preisbasis 1938) bzw. zwischen 2,5 bis 5,3 Mrd. RM (Preisbasis 1938) ermittelt[93]. Die zuverlässigsten Schätzungen der westdeutschen Demontageverluste gehen von einem Marktwert von 2,7 Mrd. RM (1938)[94] bzw. ca. 3 Mrd. RM Wiederbeschaffungswert aus[95].

Die größten Einbußen in Westdeutschland mußten die Eisen- und Stahlindustrie, gefolgt vom Maschinenbau und der chemischen Industrie hinnehmen[96].

Noch schwieriger ist eine Wertermittlung für die SBZ. Laut der 1953 bekanntgegebenen offiziellen sowjetischen Reparationsbilanz[97] wurde ein Demontagewert in Höhe von 1 484 Mio. $ ausgewiesen[98]. Deutsche Gutachter haben auf der Grundlage unvollständiger Erhebungen für die SBZ Inlandsverluste in Höhe von ca. 6 100 Mio. RM (Preisbasis 1938) ermittelt[99].

Das Ausmaß der mehrfachen Demontagewellen in der SBZ konnte bisher nur grob geschätzt werden. Die bisher publizierten Zahlen über die Anzahl der demontierten Betriebe schwanken zwischen 675 und 2033[100]. Inzwischen ausgewertete Demontagelisten der Zentralen Kommission für Sequester der Deutschen Wirtschaftskommission (DWK)[101] weisen 1 855 Objekte aus, ohne Berücksichtigung von Ostberlin. Unter Einbeziehung der von den Ämtern für Reparationen der Landes- und Provinzialregierungen 1946/47 zusammengestellten Übersichten und dem bereits genannten Bericht der SMA Sachsen ist von 2 000 bis 2 400 in der SBZ demontierten Betrieben aller Größenordnungen auszugehen.

Die Berechnung der tatsächlichen Kapazitätsverluste durch Demontagen ist sehr kompliziert. Gutachter des Bundesamtes für gewerbliche Wirtschaft[102] haben geschätzt, daß die industriellen Kapazitäten der SBZ durch Kriegsschäden, Verschleiß und Demontagen auf 50% des Standes von 1936 reduziert wurden. Ähnliche Einschätzungen finden sich bei Harmssen[103]. Die gesamten Demontageverluste der Wirtschaft werden in der beim Bundeswirtschaftsministerium geführten Reparationskartei (Ost) mit ca. 6,1 Mrd. RM angegeben[104].

Während die reinen Wertangaben anhand des inzwischen gesichteten Archivmaterials weitgehend bestätigt werden können, bedarf der Ausweis der Kapazitätsverluste weiterer Präzisierungen. In der Regel tendierten sowohl die Unternehmen als auch die deutschen Wirtschaftsbehörden zu einer überhöhten Angabe der Verluste. Nach unseren Schätzungen wurde das industrielle Anlagevermögen der SBZ, bezogen auf den Stand von 1944, durch Demontagen um durchschnittlich ca. 30% und durch Kriegsschäden um ca. 10% gemindert[105]. Hinzu kommen noch die Kapazitätseinbußen durch Verschleiß. Die industriellen Kapazitäten dürften demnach nach Abschluß der Demontagen, d.h.

Ende 1948, bei ungefähr der Hälfte des Standes von 1944 bzw. $\frac{2}{3}$ des Standes von 1936 anzusetzen sein. Demgegenüber lagen die industriellen Kapazitäten in der Bi-Zone Ende 1948 nach Angaben von Abelshauser noch deutlich über den Stand von 1936[106].

Diese Angaben verdeutlichen, daß durch die unterschiedliche Demontageintensität erhebliche Ungleichgewichte zwischen West- und Ostdeutschland entstanden waren.

Zwar trafen die Demontagen auch einige Bereiche der westdeutschen Industrie durchaus empfindlich und führten zu Engpässen, doch insgesamt blieben ihre Wirkungen, entgegen besorgten zeitgenössischen Äußerungen, marginal. Mittelfristig erwies sich der Abbau von Überkapazitäten im schwerindustriellen Bereich eher als förderlich. Zudem hat die alliierte Demontagepolitik den Druck auf die Investitionstätigkeit der Unternehmen verstärkt. Dabei darf allerdings nicht übersehen werden, daß der Wiederaufbau und die Modernisierung der demontagegeschädigten Industrie großteils aus öffentlichen Mitteln bezahlt wurde und zu einer hohen Verschuldung der Landeshaushalte führte.

Letztlich muß die Demontagefrage im Zusammenhang mit der von den Alliierten betriebenen Entflechtung der westdeutschen Industrie gesehen werden. In dem Maße, wie die Entflechtung der Schwerindustrie und der chemischen Industrie Gestalt anzunehmen begann und ein Zweckverband der Schwerindustrie Westeuropas (Montanunion) zur Diskussion stand, wurde die Weiterführung der Demontagen mehr und mehr überflüssig.

Die reparationspolitische Teilung Deutschlands hatte schwerwiegende Auswirkungen auf das Ausmaß der wirtschaftlichen Belastungen der einzelnen Besatzungszonen durch die Reparationsentnahmen der Sieger. Die SBZ wurde nahezu zum alleinigen Adressaten der sowjetischen und polnischen Reparationsforderungen. Von 1945 bis 1953 entnahm die Sowjetunion aus ihrem Besatzungsgebiet mehr Reparationen, als sie ursprünglich von ganz Deutschland gefordert hatte.

Bei Wiederherstellung der Zoneneinheit hätten die Kapazitätsengpässe der ostdeutschen Wirtschaft in überschaubaren Zeiträumen ausgeglichen werden können. Unter den tatsächlichen politischen Rahmenbedingungen war dies jedoch für die Wirtschaft der SBZ/DDR nur in wesentlich längeren Zeiträumen möglich.

Infolge der Transformation der ostdeutschen Wirtschaft in eine auf dem sowjetischen Modell beruhende Planwirtschaft und einer vorrangig auf das Wachstum der schwerindustriellen Bereiche ausgerichteten Wirtschaftspolitik blieben die Folgen der Demontagen in einzelnen Wirtschaftsbereichen (Transportwesen, Automobilbau, Werkzeugmaschinenbau) über Jahrzehnte spürbar.

Nur für den westlichen Teil stellten die Demontagen demnach mittelfristig einen »verkappten Segen« für die Industrie dar. Eine vergleichbare Modernisierungschance bestand für die Wirtschaft im Osten Deutschlands nicht. Der bis Ende 1953 fortgesetzte Reparationstransfer entzog der Wirtschaft im Osten Deutschlands die dringend benötigten Kapitalgüter und führte zum Ausbau und zur Verfestigung von wenig innovativen Wirtschaftsstrukturen.

Langfristig wurden die Teilungsfolgen und Reparationslasten in der SBZ/DDR von den Belastungen durch die Installation eines ineffizienten Wirtschaftssystems, die Verdrängung der alten Wirtschaftseliten, den systematischen Ruin des Mittelstandes und nicht zuletzt durch die Einbindung in den rückständigen osteuropäischen Wirtschaftsraum noch um ein Vielfaches übertroffen.

Anmerkungen

[1] Vgl. z. B. Isaac Deutscher, Reportagen aus Nachkriegsdeutschland, Hamburg 1980, S. 42.
[2] Vgl. Lucius D. Clay, Entscheidung in Deutschland, Frankfurt a. M. 1950, S. 30f., 36.
[3] Zit. in: The Papers of General Lucius D. Clay. Germany 1945—1949, vol. 1, ed. by Jean Edward Smith, Bloomington 1974, S. 8 (Übers. d. Verf.).
[4] Vgl. Georgi K. Schukow, Erinnerungen und Gedanken, Stuttgart 1969, S. 617f.
[5] Zit. in: Milovan Djilas, Gespräche mit Stalin, Frankfurt a. M. 1962, S. 147.
[6] Vgl. The United States Strategic Bombing Survey. The Effects of Strategic Bombing on the German War Economy, in: The United States Strategic Bombing Survey, vol. 1, ed. by David Mc Isaac, European Report No. 3, Oktober 1945.
[7] Deutscher, Reportagen (wie Anm. 1), S. 125.
[8] Vgl. Werner Matschke, Die industrielle Entwicklung in der Sowjetischen Besatzungszone Deutschlands (SBZ) 1945 bis 1948, Berlin 1988, S. 161f. Matschke verweist auf die SMAD-Befehle Nr. 43 vom 28. August 1945 und Nr. 72 vom 25. September sowie die Volkszählung vom 1. Dezember 1945; Horst Barthel, Sachzwänge und Freiräume der SBZ-Wirtschaftsentwicklung, in: Die Gründung der DDR, Berlin 1993, S. 212. Barthel schreibt von einer

»fast lückenlosen ökonomischen Bestandsaufnahme« im Rahmen des Befehls Nr. 72. Allerdings konnten bisher nur Bruchstücke dieser Bestandsaufnahme in den Archiven gefunden werden, so daß ihr Wert für die wirtschaftshistorische Forschung bis auf weiteres unklar bleibt.

9 Vgl. Bundesarchiv Abteilungen Potsdam (BAP), Ministerium für Schwerindustrie (G-2), Nr. 1311.
10 Vgl. Dokumente deutscher Kriegsschäden, Bd 3, hrsg. vom Bundesminister für Vertriebene, Flüchtlinge und Kriegsgeschädigte, Bonn 1962, S. 35.
11 Vgl. Rolf Wagenführ, Die deutsche Industrie im Kriege 1939—1945, Berlin 1955.
12 Vgl. Helga Grebing, Peter Pozorski, Rainer Schulze, Die Nachkriegsentwicklung in Westdeutschland 1945—1949, Stuttgart 1980, S. 5f.
13 Vgl. Hans Müller, Karl Reißig, Wirtschaftswunder DDR, Berlin (Ost) 1968, S. 15.
14 Vgl. dazu insbesondere Matschke, Die industrielle Entwicklung (wie Anm. 8), S. 63—68; Jörg Roesler, Veronika Siedt, Michael Elle, Wirtschaftswachstum in der Industrie der DDR 1945—1970, Berlin 1986. Für 10 ausgewählte Zweige weisen die Autoren Kriegszerstörungen zwischen 1 und maximal 21 Prozent nach; Heinz Köhler, Economic Integration in the Soviet Bloc, New York, Washington, London 1965, S. 13, gibt die Kapazitätsverluste durch Kriegszerstörungen (bezogen auf den Stand von 1936) in einzelnen Wirtschaftszweigen der SBZ wie folgt an: Kohleindustrie = 3 Prozent; Metallurgie = 8 Prozent; Leichtindustrie = unter 15 Prozent; chemische Industrie = 15 Prozent; metallverarbeitende Industrie = 15 bis 21 Prozent.
15 Vgl. Doris Cornelsen, Maria-Elisabeth Ruban, Dieter Teichmann, Kriegsschäden und Nachkriegsbelastungen in der Bundesrepublik Deutschland und in der DDR, unveröff. Gutachten im Auftrage des Bundesministeriums für Finanzen, DIW Berlin 1972, S. 97 Tabellen.
16 Vgl. Roesler/Siedt/Elle, Wirtschaftswachstum (wie Anm. 14); Matschke, Die industrielle Entwicklung (wie Anm. 8).
17 Vgl. Günther Mittag, Elfriede Rehbein, Zwei Wege im deutschen Eisenbahnwesen, Berlin (Ost) 1959, S. 8—15; Horst Barthel, Die wirtschaftlichen Ausgangsbedingungen der DDR, Berlin (Ost) 1979, S. 44f.
18 Vgl. Jörg Schmalz, Reparationen und Rekonstruktion bei der deutschen Reichsbahn, Diplomarbeit, Humboldt-Universität zu Berlin 1994, S. 4.
19 Ebd., S. 4—15; Matschke, Die industrielle Entwicklung (wie Anm. 8), S. 183f., 196—198.
20 Vgl. Barthel, Die wirtschaftlichen Ausgangsbedingungen, S. 45f.
21 Vgl. Mathias Kramer, Die Landwirtschaft in der sowjetischen Besatzungszone. Bonner Berichte aus Mittel- und Ostdeutschland, o. J., S. 32.
22 Vgl. Vassily Yershov, The First Phase of the Occupation, in: Soviet Economic Policy in Postwar Europe, ed. by Robert Slusser, New York 1953, S. 1—14.
23 Die im DIW-Gutachten angeführten Zahlen der total zerstörten Wohnungen in der SBZ stimmen mit Berechnungen, die in der DDR vorgenommen wurden, weitgehend überein. Abweichungen ergeben sich bei der Eingruppierung von schwer beschädigten bzw. beschädigten Wohnungen. Vgl.

Barthel, Die wirtschaftlichen Ausgangsbedingungen (wie Anm. 17), S. 40—46; Wolfgang Meinicke, Probleme der Integration der Vertriebenen in der sowjetischen Besatzungszone, in: Jahrbuch für Ostdeutsche Volkskunde, Kiel 1993, S. 8—20.

[24] Vgl. Bundesarchiv (BArch), Stiftung Archiv der Parteien und Massenorganisationen der DDR (SAPMO), IV 2/2027/41.

[25] Vgl. Jochen Laufer, Kriegsschäden und Wiedergutmachungsforderungen der Hauptmächte der Anti-Hitler-Koalition, Manuskript in Bearb., Berlin 1993 (im Besitz des Verf.).

[26] Vgl. Jochen Laufer, Eugen Varga und die sowjetische Reparationspolitik, Manuskript in Bearb., Berlin 1992 (im Besitz des Verf.).

[27] Vgl. Otto Nübel, Die amerikanische Reparationspolitik gegenüber Deutschland 1941—1945, Frankfurt a. M. 1980, S. 75—85; Philip Andrew Baggaley, Reparations, security, and the industrial disarmament of Germany: origins of the Potsdam decisions, Diss. Yale University 1980, S. 100—105.

[28] Jörg Fisch, Reparationen nach dem zweiten Weltkrieg, München 1992, S. 50.

[29] Vgl. Friedrich Jerchow, Deutschland in der Weltwirtschaft 1944—1947, Düsseldorf 1978, S. 70.

[30] Vgl. Foreign Relations of the United States, Yalta, S. 620f.

[31] Vgl. Alec Cairncross, The price of war. British policy on German reparations 1941—1949, Oxford 1986, S. 56.

[32] Vgl. Teheran, Jalta, Potsdam. Die sowjetischen Protokolle von den Kriegskonferenzen der »Großen Drei«, hrsg. von Alexander Fischer, Köln 1985, S. 192f.

[33] Vgl. Fisch, Reparationen (wie Anm. 28), S. 12.

[34] Vgl. ebd., S. 70.

[35] Vgl. ebd., S. 78.

[36] Vgl. Rainer Karlsch, Allein bezahlt? Die Reparationsleistungen der SBZ/DDR 1945—1953, Berlin 1993, S. 55—93.

[37] Zit. in: Jürgen John, Thüringen im Spannungsfeld der Nachkriegsmächte, Manuskript in Bearb., Jena 1993, S. 47 (im Besitz des Verf.).

[38] Vgl. BArch, SAPMO, Nachlaß Grotewohl, 90/337.

[39] Vgl. Kurt Arlt, Die militärische und ökonomische Entwaffnung in Sachsen 1945 bis 1948, in: Militärgeschichtliche Mitteilungen, 52 (1993), S. 371—408. Allerdings geht Arlt zu weit, wenn er von einen Rückfall der sächsischen Industrie »in die Bedeutungslosigkeit« schreibt. Trotz der hohen Demontageverluste blieb Sachsen das industriell am höchsten entwickelte Land der SBZ.

[40] Vgl. Ullrich Albrecht, Andreas Heinemann-Grüder, Arend Wellmann, Die Spezialisten, Berlin 1992; Burghard Ciesla, Von der Luftkriegsrüstung zur zivilen Flugzeugproduktion: Über die Entwicklung der deutschen Luftfahrtforschung und Flugzeugproduktion in der SBZ und UdSSR 1945 bis 1954, Manuskript in Bearb., Berlin 1994 (im Besitz des Verf.).

[41] Vgl. Albrecht u. a., Die Spezialisten (wie Anm. 40); Burghard Ciesla, Der Spezialistentransfer in die UdSSR und seine Auswirkungen in der SBZ und DDR, in: Aus Politik und Zeitgeschichte, B 49—50/93, S. 23—31; Ders., Das »Project Paperclip« — deutsche Naturwissenschaftler und Techniker

in den USA (1946 bis 1952), in: Historische DDR-Forschung. Aufsätze und Studien, hrsg. von Jürgen Kocka, Berlin 1993, S. 287–302.

[42] Vgl. Arlt, Die militärische und ökonomische Entwaffnung (wie Anm. 39), S. 403.

[43] Vgl. Landesarchiv Magdeburg, Rep. K, Ministerium für Wirtschaft, Nr. 6089, Bl. 2–106. In Sachsen-Anhalt konzentrierten sich die Demontagen auf die Junkers-Flugzeugwerke, die Unternehmen der I. G. Farbenindustrie AG, Stahl- und Eisenwerke, Maschinenfabriken sowie Salzwerke.

[44] Vgl. Gustav-Wilhelm Harmssen, Am Abend der Demontage, Bremen 1951, S. 76–87.

[45] Ebd., S. 78; Jörg Roesler, Das zweite Gleis, in: Spuren suchen (1990) 4, S. 43–51.

[46] Vgl. Martin Dube, Die Entwicklung des Schienenfahrzeugbaus in der DDR von 1945 bis 1970, in: Jahrbuch für Wirtschaftsgeschichte 1988, Sonderband, S. 111.

[47] Vgl. Harmssen, Am Abend (wie Anm. 44), S. 112.

[48] Vgl. Matschke, Die industrielle Entwicklung (wie Anm. 8), S. 212; Albrecht O. Ritschl, An exercise in futility: East German economic growth and decline 1945–1989, Manuskript in Bearb., München 1994, S. 13–16 (im Besitz des Verf.). Der Auffassung von Ritschl, daß der Bevölkerungszugewinn der SBZ die Folgen der Kapitalreduktion überkompensiert habe, kann sich der Autor allerdings nicht anschließen.

[49] Vgl. Lothar Baar, Ursachen des wirtschaftlichen Zusammenbruchs der DDR, Tokio 1994.

[50] Vgl. Jochen Laufer, Konfrontation oder Kooperation? Zur sowjetischen Politik im Alliierten Kontrollrat 1945–1948, in: Studien zur Geschichte der SBZ/DDR, hrsg. von Alexander Fischer, Berlin 1993, S. 57–80, S. 6.

[51] Vgl. Johannes Bähr, Rainer Karlsch, Die sowjetischen Aktiengesellschaften (SAG) in der SBZ/DDR, Bochum 1994.

[52] Vgl. Karlsch, Allein bezahlt? (wie Anm. 36), S. 194.

[53] Die Umrechnung in Preise von 1944 bzw. Dollarpreise von 1938 ist kompliziert, da von den DDR-Behörden teilweise mit »Meßwerten« gerechnet wurde. Die Meßwerte der Staatlichen Plankommission beruhten auf den Preisen des Jahres 1944, waren mit ihnen jedoch nicht identisch. Ab 1951 wurden die Reparationslieferungen in $ ausgewiesen, wobei von 1951 bis 1953 jeweils 122,5 Mio. $ auf dem Reparationskonto gutgeschrieben wurden. Der tatsächlich von der DDR getätigte Aufwand betrug zu laufenden Inlandspreisen in diesem Zeitraum zwischen 1 110 Mio. Mark und 1 250 Mio. Mark, d. h. im Inland mußten jeweils ca. 10 Mark aufgewandt werden, um eine Gutschrift von 1 Dollar auf dem Reparationskonto zu erhalten.

[54] Vgl. Lothar Baar, Rainer Karlsch, Werner Matschke, Kriegsfolgen und Kriegslasten Deutschlands, Berlin 1993, S. 65–69.

[55] Vgl. z. B. DDR-Handbuch, Stichwort Reparationen, Köln 1985, S. 1121 f.

[56] Vgl. Bundesarchiv Abteilung Potsdam (BAP), C-2, Nr. 17 091 und 17 113.

[57] Vgl. Dietrich Strobel, Günter Dame, Schiffbau zwischen Elbe und Oder, Berlin 1993; Rainer Karlsch, »Ein Staat im Staate« — Der Uranbergbau der

Wismut AG in Sachsen und Thüringen, in: Aus Politik und Zeitgeschichte, B 49—50/93, S. 14—22; Mathias Thiry, Zur Entwicklung der Reparationsleistungen des Krupp-Gruson Werkes Magdeburg in den Jahren 1945 bis 1953, Belegarbeit, Humboldt-Universität zu Berlin 1992.

[58] Vgl. Karlsch, Allein bezahlt? (wie Anm. 36), S. 230.
[59] Vgl. Fisch, Reparationen (wie Anm. 28), S. 196f.; Köhler, Economic Integration (wie Anm. 14), S. 23 ff.
[60] Vgl. Werner Abelshauser, Wirtschaftsgeschichte der Bundesrepublik Deutschland 1945—1980, Frankfurt a. M. 1983, S. 37.
[61] Vgl. ders., Wirtschaft und Besatzungspolitik in der französischen Zone 1945—1949, Nachwort, in: Mathias Manz, Stagnation und Aufschwung in der französischen Besatzungszone 1945—1948, Ostfildern 1985, S. 90—116, insbes. S. 104.
[62] Vgl. Marie-France Ludmann-Obier, Die Kontrolle der chemischen Industrie in der französischen Besatzungszone 1945—1949, Mainz 1989, S. 119.
[63] Vgl. Abelshauser, Wirtschaft (wie Anm. 61), S. 104.
[64] Vgl. Bundesarchiv Koblenz (BAK), B 102, Nr. 3810, H. 2; Abelshauser, Wirtschaft (wie Anm. 61), S. 105 f.
[65] Vgl. BAK, B 102, Nr. 3810, H. 2.
[66] Vgl. z. B. Fisch, Reparationen (wie Anm. 28), S. 219.
[67] Vgl. Abelshauser, Wirtschaftsgeschichte (wie Anm. 60), S. 26.
[68] Vgl. Jerchow, Deutschland (wie Anm. 29), S. 431—441.
[69] Vgl. Christoph Buchheim, Die Wiedereingliederung Westdeutschlands in die Weltwirtschaft 1945—1948, München 1990, S. 37.
[70] Ebd., S. 40—45.
[71] Ebd., S. 42.
[72] Vgl. Alan Kramer, Die britische Demontagepolitik am Beispiel Hamburgs 1945—1950, Hamburg 1990, S. 85—90.
[73] Vgl. Werner Plumpe, Wirtschaftsverwaltung und Kapitalinteresse im britischen Besatzungsgebiet 1945/46, in: Wirtschaftspolitik im britischen Besatzungsgebiet 1945—1949, hrsg. von Dietmar Petzina, Walter Euchner, Düsseldorf 1984, S. 121—152.
[74] Vgl. Kramer, Die britische Demontagepolitik (wie Anm. 72), S. 128, 447—456.
[75] Ebd., S. 322.
[76] Zit. ebd., S. 331.
[77] Vgl. Fisch, Reparationen (wie Anm. 28), S. 212 f.
[78] Vgl. Buchheim, Die Wiedereingliederung (wie Anm. 69), S. 98 f.
[79] Vgl. Peter J. Nettl, The eastern zone and soviet policy in Germany 1945—1950, London 1951.
[80] Vgl. Tadeusz Marczak, Ziemie Odzyskne w ploskim bilansie strat i zyskow II wojny swiatowej, in: Zaranie Slaskie (1990) 3—4, S. 309—321.
[81] Vgl. BAP, C-2, Nr. 16820, Bl. 47; C-2, Nr. 17089, Bl. 220.
[82] Ende 1956 sind die Steinkohlenpreise korrigiert worden, und Polen erhielt von der UdSSR eine Gutschrift in Höhe von 500 Mio. Dollar. Um diese Summe wurde die polnische Verschuldung gegenüber der UdSSR gesenkt.

Vgl. Jerzy Tomaszewski, Die wirtschaftliche Entwicklung der Volksrepublik Polen, Berlin 1975, S. 31f. In diesem Zusammenhang haben polnische Historiker daran erinnert, daß Polen von 1947 bis 1956 von der UdSSR Kredite in Höhe von ca. 900 Mio. $ erhalten hat, von denen nur ein Bruchteil zurückgezahlt wurde. Vgl. Zbigniew Landau, Jerzy Tomaszewski, Wirtschaftsgeschichte Polens im 19. und 20. Jahrhundert, Berlin 1986, S. 278f.

[83] Vgl. Intellectual Reparations or Allied Technology Transfer? In: Unveröffentlichtes Manuskript des Deutschen Historischen Instituts Washington.

[84] Vgl. John Gimbel, Science, Technology, and Reparations, Stanford 1990.

[85] Ebd., S. 152.

[86] Vgl. u. a. Johannes Bähr, The Allied Transfer of technology an the Reparations from Postwar Germany: Correspondences and Differences, Manuskript in Bearb., Berlin 1993 (im Besitz des Verf.).

[87] Vgl. Helmut Fiereder, Demontagen in Deutschland nach 1945 unter besonderer Berücksichtigung der Montanindustrie, in: Zeitschrift für Unternehmensgeschichte (1989) 4, S. 235.

[88] Vgl. Ludmann-Obier, Die Kontrolle (wie Anm. 62), S. 128—132.

[89] Vgl. Buchheim, Die Wiedereingliederung (wie Anm. 69), S. 94f.

[90] Vgl. Ferdinand Grünig, Die innerdeutsche Wirtschaftsverflechtung, in: Wirtschaftsprobleme der Besatzungszonen, Berlin 1948, S. 66f.

[91] Vgl. Knut Borchardt, Wachstum und Wechsellagen 1914—1970, in: Handbuch der deutschen Wirtschafts- und Sozialgeschichte, Bd 2, Stuttgart 1976, S. 721.

[92] Vgl. Fisch, Reparationen (wie Anm. 28), S. 206f.

[93] Während Harmssen 1951 seine früheren Rechnungen korrigierte und den Wert der Demontagen nur noch mit 1,3—1,4 Mrd. RM bezifferte und sich damit an der unteren Grenze der Schätzungen bewegt, werden in der letzten Fassung der Reparationskartei des Bundeswirtschaftsministeriums Demontageverluste in Höhe von 5,3 Mrd. RM ausgewiesen. Damit war die obere Grenze der Schätzungen zu einem deutlich überhöhten Ausweis gegeben.

[94] Vgl. Buchheim, Die Wiedereingliederung (wie Anm. 69), S. 86.

[95] Vgl. Kramer, Die britische Demontagepolitik (wie Anm. 72), S. 444f.

[96] Vgl. Walter Först, Die Politik der Demontage, in: Entscheidungen im Westen, hrsg. von Walter Först, Köln, Berlin 1979, S. 111—143, hier S. 139.

[97] Vgl. Keesings Archiv der Gegenwart, 23.8.1953, S. 4129.

[98] Allerdings ist darauf zu verweisen, daß die sowjetischen Angaben vom August 1953 weitgehend fiktiven Charakter trugen. Sie spiegeln nur schätzungsweise ca. $\frac{1}{3}$ der von der SBZ/DDR erbrachten tatsächlichen Reparationsleistungen wider.

[99] Vgl. Bundesarchiv der gewerblichen Wirtschaft Eschborn, Gutachten zu den Demontageschäden in der SBZ, Frankfurt a.M. 1959.

[100] Vgl. Barthel, Die wirtschaftlichen Ausgangsbedingungen (wie Anm. 17), S. 96 = 676; Glaser, Die Reparationen der Sowjetzone. Die Sowjetunion kassierte 79 Milliarden, in: SBZ-Archiv (1961) 12, S. 65—72 = 2033; Harmssen, Am Abend (wie Anm. 44), S. 75—100 = 2033; Harald Winkel, Die Wirtschaft im geteilten Deutschland 1945—1970, Wiesbaden 1974, S. 44

= 1900; Mathias Judt, Die Demontagen und die Bildung von SAG als Potentialverluste, Manuskript, Berlin 1991, S. 4f. = 1532; Fisch, Reparationen (wie Anm. 28), S. 188, schätzt die Angaben von Glaser als wenig zuverlässig ein, ohne zu bemerken, daß sich Glaser lediglich auf die Angaben von Harmssen stützt.

[101] Vgl. BAP, O-3, Nr. 1395 bis 1428.
[102] Vgl. Bundesarchiv der gewerblichen Wirtschaft Eschborn, Gutachten zu den Demontageschäden in der SBZ.
[103] Vgl. Harmssen, Am Abend (wie Anm. 44).
[104] Vgl. Cornelsen, Ruban, Teichmann, Kriegsschäden (wie Anm. 15), S. 116a.
[105] Vgl. Baar, Karlsch, Matschke, Kriegsfolgen (wie Anm. 54), S. 47—50.
[106] Vgl. Werner Abelshauser, Wirtschaft in Westdeutschland 1945—1948, Stuttgart 1975, S. 121.

Johannes-Dieter Steinert

Die große Flucht und die Jahre danach.
Flüchtlinge und Vertriebene in den vier Besatzungszonen

Als der Krieg vorüber war und Europa in Schutt und Asche lag, kamen die Menschen nicht zur Ruhe. Flüchtlinge und Heimkehrende prägten das Bild der Dörfer und Städte in den meisten Staaten vom Ural bis hin zum Atlantik, von Skandinavien bis zum Mittelmeer. Rund 20 Millionen Deutsche, Polen, Tschechen, Slowaken, Ukrainer, Weißrussen, Litauer und Ungarn verloren im Gefolge des Zweiten Weltkrieges ihre Heimat[1]. Deutschland war in Besatzungszonen aufgeteilt, seine östlichen Provinzen wurden unter polnische Verwaltung gestellt. Über die notdürftig geräumten Straßen zog ein Millionenheer von Kriegsgefangenen und Displaced Persons, von deutschen Flüchtlingen aus den Ostgebieten und von sogenannten volksdeutschen Flüchtlingen aus den Siedlungsgebieten in Ost- und Südosteuropa, von Evakuierten und Heimkehrern. Von den rund 18 Millionen Deutschen und Volksdeutschen in den Ostprovinzen bzw. osteuropäischen Siedlungsgebieten wurde die Mehrheit von Flucht und Vertreibung betroffen. Hinzu traten rund 1 Million in die Sowjetunion Verschleppte oder Zangsrepatriierte, von denen etwa 300 000 bis 1950 das Land wieder verlassen konnten[2]. 1,71 Millionen Menschen starben während der Zwangswanderungen[3].

Mehr als 10 Millionen deutsche und volksdeutsche Flüchtlinge ermittelte die Volkszählung Ende Oktober 1946 in den vier Besatzungszonen und in Berlin; 1950 waren es insgesamt 12,45 Millionen. Davon lebten 7,9 Millionen in der Bundesrepublik und 4,065 Millionen in der DDR sowie 370 000 in Österreich und 115 000 in anderen europäischen oder in überseeischen Ländern[4]. Zu den Folgen der nationalsozialistischen Herrschaft zählen darüber hinaus die Fluchtwanderungen aus der DDR sowie die anhaltenden Wanderungen aus den Staaten des ehemaligen Warschauer Paktes in die Bundesrepublik.

Von den vielfältigen sozialen, ökonomischen, kulturellen oder politischen Problemen im Gefolge der millionenfachen Zwangswanderungen können in diesem Beitrag nur einige wenige skizziert werden. Nach einem groben Abriß der Zwangswanderungen geht es zunächst um die Verteilung der Flüchtlinge auf die einzelnen Zonen und Länder, sodann um Fragen von Unterbringung und Arbeit. Den Abschluß bilden einige Ausführungen über Weiterwanderungen in den späten 1940er und frühen 1950er Jahren.

Flucht und Vertreibung

Massen- und Zwangswanderungen waren kein Charakteristikum allein der letzten Kriegsphase und der ersten Friedensjahre, sondern sie prägten bereits die Zeit ab 1933. Zu erinnern ist an hunderttausende Flüchtlinge aus dem Deutschen Reich, die der Verfolgung aus politischen, religiös-weltanschaulichen oder rassistischen Gründen zu entgehen suchten, an die Flüchtlinge aus Österreich und der Tschechoslowakei 1938/ 39 sowie allgemein aus dem sich ab 1939 vergrößernden nationalsozialistischen Machtbereich. Hinzu traten die von 1940 bis 1944 zum Teil auf der Basis bilateraler Vereinbarungen vollzogenen Umsiedlungen von 910 000 Volksdeutschen aus Polen, den baltischen Staaten, der Sowjetunion, Rumänien und Jugoslawien in die ›Eingegliederten Ostgebiete‹ (575 000), in das ›Generalgouvernement‹ (75 000), ins Deutsche Reich (220 000) oder nach Österreich (40 000) sowie die Zwangsumsiedlungen von rund 700 000 Volksdeutschen innerhalb der Sowjetunion 1941—1944[5].

Ferner gilt es auf die während des Krieges erfolgten Wanderungen innerhalb des Deutschen Reiches hinzuweisen: So erfaßte die Volkszählung von 1950 in der Bundesrepublik 686 000 Personen, die nach dem 1. September 1939 ihren Wohnsitz aus den westlichen Reichsgebieten in die später von Flucht und Vertreibung betroffenen Regionen verlegt hatten[6]. Weitere 10 Millionen Evakuierte und Bombenflüchtlinge lebten über das Reich verstreut. Sie stammten hauptsächlich aus den ab 1943 immer stärker den alliierten Luftangriffen ausgesetzten Städten und hatten dazu beigetragen, daß bis zum Sommer 1944 einige der fernab vom Kriegsgeschehen liegenden Ostgebiete einen Bevölkerungsanstieg zu verzeichnen hatten[7].

Als die Sowjets ab Sommer 1944 die deutsche Grenze erreichten und sie im Januar 1945 massiv überschritten, veranlaßte das einen Großteil der dort lebenden Bevölkerung zur panikartigen Flucht, deren Tempo und Richtung vom Vordringen der sowjetischen Truppen abhängig war. Millionen schafften es mehr oder weniger direkt, in das Gebiet der späteren vier Besatzungszonen zu kommen. Die übrigen wurden von den schnellen sowjetischen Angriffen überrollt, blieben in den bis dahin erreichten Regionen oder kehrten in die Heimatorte zurück, soweit sie nicht in das Innere der Sowjetunion verschleppt wurden. Andere wiederum gingen freiwillig nach dem Waffenstillstand aus den Gebieten westlich von Oder und Neiße oder aus der Tschechoslowakei in die östlichen Gebiete zurück; rund 5 Millionen blieben indes in den vier Besatzungszonen[8].

Die Zeit vom Waffenstillstand bis zum Sommer 1945 war gekennzeichnet durch gegenläufige Wanderungsbewegungen, die durch die Einschränkung der Freizügigkeit behindert und letztlich durch das Schließen der Übergänge an Oder und Neiße Ende Juni/Anfang Juli 1945 weitgehend zum Stillstand gebracht wurden. Bis dahin konnten noch 30 000—400 000 Flüchtlinge die Sowjetische Zone in östlicher Richtung verlassen. Weitere zehn-, vielleicht hunderttausende andere drängten sich in der Hoffnung auf baldige Rückkehr westlich der Flüsse[9].

Das Chaos dieser Monate wurde noch dadurch verstärkt, daß nach Ende der Kampfhandlungen in den neupolnischen Gebieten wie in der Tschechoslowakei mit Ausweisungen begonnen wurde, begleitet von massiven Aufforderungen zur Ausreise. Dies betraf in Polen vor allem das westliche Grenzgebiet in einer Tiefe von 100 bis 200 km, aus dem im Juni und Juli 1945 innerhalb von zwei bis drei Wochen 200 000— 300 000 Menschen vertrieben wurden, die nun die Bevölkerungszusammenballung westlich von Oder und Neiße noch verstärkten[10]. Auch die tschechischen Behörden begannen nach Kriegsende mit ähnlichen Aktionen, die den ganzen Sommer des Jahres 1945 andauerten und 700 000—800 000 Sudetendeutsche betrafen. Zum Teil versuchten sie, die Flüchtlinge nach Schlesien zu lenken, was jedoch am Widerstand der polnischen Grenzbehörden scheiterte. Die Mehrheit verschlug es in das ohnehin bereits durch Flüchtlinge aus Schlesien überfüllte Sachsen, etwa 150 000 gelangten nach Österreich[11].

Wohl auf sowjetischen Einspruch hin wurden die sogenannten wilden Vertreibungen im Juli 1945 angesichts der unmittelbar bevorstehenden Konferenz von Potsdam, aber auch wegen der durch die Flüchtlingsströme sich chaotisch entwickelnden Zustände in der Sowjetischen Zone gestoppt. Während der Potsdamer Konferenz (17. Juli bis 2. August 1945) ließ die Intensität der Zwangswanderungen nach. Ab August 1945 erreichten jedoch wieder Flüchtlingstransporte die Sowjetische Zone, obgleich sich die »Großen Drei« in Potsdam darauf verständigt hatten, die Regierungen Polens, der Tschechoslowakei und Ungarns zu ersuchen, die Ausweisungen so lange einzustellen, bis der Alliierte Kontrollrat die Aufnahmekapazität der einzelnen Besatzungszonen ermittelt habe[12].

Im November 1945 legte der Alliierte Kontrollrat schließlich seinen »Überführungsplan« vor, in dem er die noch in den ehemaligen Ostgebieten sich befindende deutsche Bevölkerung auf 3,5 Millionen schätzte, von denen 2 Millionen in der Sowjetischen und 1,5 Millionen in der Britischen Zone aufgenommen werden sollten[13]. Die daraufhin über bilaterale Absprachen organisierten Transporte erreichten 1946 ihren quantitativen Höhepunkt, als allein unter dem Decknamen »Operation Schwalbe« 1,375 Millionen Deutsche aus den Gebieten östlich von Oder und Neiße in die Britische Zone gebracht wurden[14]. Insgesamt kamen aus diesem Raum 1946 2 Millionen Flüchtlinge in die vier Besatzungszonen; 1947 waren es »nur« noch 500 000[15]. Ebenfalls auf der Basis des Potsdamer Protokolls bzw. des Alliierten Kontrollratplans erfolgte ab 1946 die organisierte Vertreibung der Sudetendeutschen aus der Tschechoslowakei sowie aus Ungarn in die Amerikanische Zone. Auch hier lag der Höhepunkt im Jahre 1946 mit knapp 1,2 Millionen Ausgewiesenen aus der Tschechoslowakei[16] und 170 000 aus Ungarn[17], ehe die Amerikanische Zone Ende 1946 für weitere Transporte gesperrt wurde, so daß erneut Einweisungen in die Sowjetische Zone erfolgten[18].

Die französische Regierung schließlich verweigerte die Aufnahme von Flüchtlingen in ihre Besatzungszone. Dies lag wohl weniger daran, daß sie an der Konferenz von Potsdam nicht teilnehmen durfte, sondern an sicherheitspolitischen Überlegungen und der Furcht vor Unruhen im Grenzgebiet. Aus französischer Sicht mußte die durch Flucht und Vertreibung bewirkte Verdichtung der deutschen Bevölkerung um so mehr eine Bedrohung darstellen, als der östliche Nachbar in der Zeit des Nationalsozialismus ja gerade die Eroberung von mehr »Lebensraum« propagiert hatte[19]. In diesem Zusammenhang setzte sich die französische Regierung in den folgenden Jahren für eine international organisierte Auswanderung aus Deutschland ein, wobei Außenminister Georges Bidault auch Bereitschaft signalisierte, eventuell einige Millionen Deutsche nach Frankreich einwandern zu lassen[20].

1950 befanden sich in der Bundesrepublik bzw. in der DDR 12,45 Millionen Flüchtlinge. Die größte Gruppe, 6,987 Millionen, stammte aus den ehemaligen deutschen Ostgebieten, gefolgt von 3,055 Millionen aus der Tschechoslowakei und 1,405 Millionen aus Polen. 305 000 kamen aus der Freien Stadt Danzig, 283 000 aus Jugoslawien, 210 000 aus Ungarn, 133 000 aus Rumänien und 72 000 aus den baltischen Staaten[21]. In absoluten Zahlen, aber auch gemessen an der Gesamtbevölkerung, mußte die Sowjetische Zone die meisten Flüchtlinge aufnehmen. Nach dem Stand vom Dezember 1947 befanden sich 4,379 Millionen Flüchtlinge in der Sowjetischen Zone, wo sie einen Anteil von 24,3 % an der Gesamtbevölkerung besaßen, 2,957 Millionen in der Amerikanischen Zone (17,7 %), 3,32 Millionen in der Britischen Zone (14,5 %) und schließlich 60 000 in der Französischen Zone (1 %)[22].

Die disproportionale Verteilung auf die einzelnen Zonen, die sich trotz intensiver Binnenwanderungen noch Jahre später zeigen sollte, war vor allem Folge der 1944 einsetzenden und sich Anfang 1945 steigernden Fluchtbewegungen sowie der »wilden« Vertreibungen, die dazu führten, daß sich die Flüchtlinge westlich von Oder und Neiße sowie in den Grenzgebieten zur Tschechoslowakei regelrecht stauten. Die ab 1946 organisierten Transporte in die amerikanische und britische Zone konnten die bereits geschaffenen Ungleichgewichtungen nur noch korrigieren, jedoch nicht aufheben. Ferner weigerten sich die Militärregierungen beider westlicher Zonen bereits ab Ende 1946 immer häufiger, Flüchtlingstransporte zu übernehmen, die so ebenfalls in die Sowjetische Zone eingewiesen wurden.

Unterbringung

Innerhalb der einzelnen Zonen wurden die Flüchtlinge auf die Länder und Kommunen nach Maßgabe des vorhandenen Wohnraums verteilt. Dies hatte zur Konsequenz, daß die weniger vom Krieg zerstörten ländlichen Gebiete in einer ungleich höheren Zahl Flüchtlinge aufzunehmen hatten. In den westlichen Zonen waren es — gemessen am Flüchtlingsanteil an der Gesamtbevölkerung — vor allem Schleswig-Holstein, Niedersachsen und Bayern, in der Sowjetischen Zone Mecklenburg-Vorpommern[23].

Im allgemeinen ist davon auszugehen, daß die Masse der 1945 eingetroffenen Flüchtlinge selbständig ein Unterkommen fand und allenfalls örtlich oder regional administrativ unterstützt wurde[24]. Erst im Zuge der organisierten Transporte wurden deutscherseits auf Länder- bzw. Zonenebene Lenkungsinstrumentarien geschaffen, die den hohen Grad notwendiger Improvisation bei der Flüchtlingsunterbringung jedoch nur wenig vermindern konnten. Ausreichender Wohnraum war, von Ausnahmen abgesehen, nirgendwo vorhanden. Bereits 1939 fehlten im Deutschen Reich angesichts der damaligen Konzentration in der Bautätigkeit auf sogenannte kriegswichtige Objekte rund 1 Million Wohnungen[25]; nach Kriegsende waren es — statistisch gesehen — in den westlichen Zonen 4,3 Millionen und in der SBZ (ohne Berlin) nochmals 1,9 Millionen[26]. Hinzu kam, daß vor allem in den Städten die noch verbliebene Bausubstanz stark in Mitleidenschaft gezogen war und aufgrund der Materialknappheit nur notdürftig instandgesetzt werden konnte. So ist es kaum verwunderlich, daß als Unterkunft buchstäblich alles genutzt wurde, was vor der Witterung Schutz bot oder zu bieten schien: von fensterlosen Bunkern bis zum »Einraumhaus aus Trümmerschutt oder Wellblech«[27].

Die Versorgung mit Wohnraum stellte das wohl gravierendste Problem der unmittelbaren Nachkriegszeit dar. Es betraf zwar nicht die gesamte Bevölkerung gleichmäßig, bildete aber auch kein ausgesprochenes Spezifikum der Flüchtlinge, mußten doch die Ausgebombten ebenso untergebracht werden wie die ausländischen ehemaligen Zwangsarbeiter, die Besatzungstruppen und deren Angehörige oder die Evakuierten, deren Zahl noch im Dezember 1947 über 3,2 Millionen betrug[28].

Wo Haus- oder Wohnungsbesitzer nicht freiwillig Wohnraum abgaben, wo es auffiel, daß Zugänge zu Wohnräumen zugemauert und übertapeziert worden waren, wurden Flüchtlinge zwangseingewiesen, was mitunter nur mit Hilfe von Polizei oder bewaffneter Militärpolizei möglich war[29]. In Bayern, möglicherweise auch in anderen Ländern, erließen Bürgermeister eigenmächtig Zuzugssperren, die erst auf Intervention der Militärregierung aufgehoben wurden. Die Militärregierung verhängte bei einer Verweigerung der Wohnraumabgabe harte Strafen: drei Monate Gefängnis oder Einweisung in ein Flüchtlingslager für sechs Monate, in dem der unwillige Einheimische unter den gleichen Bedingungen wie die Flüchtlinge leben mußte[30]. Trotz solcher Strafen kann davon ausgegangen werden, daß sich die Belastungen nicht gleichmäßig verteilten. Gerade in den ländlichen Gebieten erhöhten Prestige, Besitz und generationenumspannende Zugehörigkeit zum Dorf die Chancen, bei der Einweisung von Flüchtlingen »vergleichsweise glimpflich davonzukommen«[31].

Damit angedeutet ist das ungeheure Konfliktpotential zwischen Einheimischen und Flüchtlingen, das sich über Jahre aus der Konkurrenz um Wohnung, Nahrung und Kleidung speiste. Obwohl kommunale oder staatliche Quellen nur selten die alltäglichen Spannungen festhielten, wäre es fatal, das Leben der Nachkriegszeit mit der Aura einer solidarischen Notgemeinschaft umhüllen zu wollen. Ein niedersächsischer Pfarrer verglich das Anwachsen der Flüchtlingspopulation mit der Vermehrung von Kartoffelkäfern, in Süddeutschland erfolgten Wallfahrten, um von den »Vertriebenenhaufen verschont zu bleiben«[32]. Die Konflikte entluden sich meist dort, wo sonst die Privatsphäre herrschte und nun die Menschen notgedrungen aufeinanderstießen, da geteilt werden mußte: in der Küche und im sanitären Bereich, wenn fremde Zimmer durchquert werden mußten, um in den eigenen Teil der Wohnung zu gelangen, wenn Hausrat oder Mobiliar gemeinschaftlich genutzt wurden. Eine systematisch angelegte sozialhistorisch orientierte Untersuchung der alltäglichen Konflikte steht zwar noch aus, doch bietet die Tatsache, daß sich allein in der Provinz Brandenburg im Jahre 1946 über 45 000 Flüchtlinge schriftlich beim Umsiedleramt über das Zusammenleben mit Einheimischen beschwerten, einen Anhaltspunkt über die quantitative Dimension[33].

Bereits zeitgenössische Untersuchungen wiesen auf die Zunahme der Spannungen in den ersten Nachkriegsjahren hin. Während die Flüchtlinge 1945 noch überwiegend wie kurzzeitige Gäste aufgenommen wurden, änderte sich die Situation nach Beendigung des Krieges und dann noch einmal nach Beginn der organisierten Transporte, die nun eindeutig signalisierten, daß sich »Gastgeber« und »Gäste« über einen wohl längeren Zeitraum zu arrangieren hatten und Konkurrenten waren. Nun wurde vollends deutlich, daß das eigene Heim keinen Schutz mehr bot vor direkten Eingriffen und nicht mehr der persönlichen Verfügungsgewalt unterstand. Aus dem ehemals überwiegend freiwilligen Charakter der Aufnahme Fremder wurde nun offener Zwang: Zwangseinweisungen, Zwangsmietverträge, Zwangswohnungstausch usw.[34].

Mit der Steigerung der Fluchtintensität und dem Beginn der organisierten Vertreibung gelangte aber auch die Flüchtlingsunterbringung in Häusern oder Wohnungen an ihre Grenzen. Immer schwerer wurde es nun, die Ankommenden direkt einzuweisen, so daß in allen Zonen Flüchtlingslager entstanden. Dort wurden die Flüchtlinge registriert, ärztlich untersucht, mit Essen und Kleidung versorgt, ehe sie an die Kommunen weitergeleitet wurden, wo sie mitunter wiederum eine Zeitlang in einem Lager zubringen mußten. Als Flüchtlingslager dienten ehemalige Arbeitsdienst-, Kriegsgefangenen- oder auch Zwangsarbeiterlager, Fabrikhallen, Bunker, Turnhallen, Scheunen oder einzelne Häuser. Je nach Zweckbestimmung kann zwischen Durchgangs-, Quarantäne- und Wohnlagern unterschieden werden. Zwar sollte der Lageraufenthalt nach dem Willen der Militärregierungen möglichst kurz bemessen sein, doch konnte angesichts der herrschenden Wohnraumnot nicht verhindert werden, daß er sich verlängerte und mitunter über Jahre hinzog.

1950 lebten im Bundesgebiet über 900 000 Flüchtlinge (12 %) und über 1,3 Millionen weitere Personen in »Notwohnungen und Unterkünften außerhalb von Wohnungen«[35]; 1955 waren es noch 185 750 Flüchtlinge in insgesamt 1907 Lagern[36]. Nach einer nicht sonderlich zuverlässig erscheinenden Statistik sollen sich hingegen im Oktober 1948 in der SBZ nur noch 87 175 (2 %) der Flüchtlinge in Notwohnungen aufgehalten haben, wobei allerdings Waschküchen oder Ställe als ordentliche Wohnungen gezählt wurden[37].

Gekennzeichnet war das Leben in den Massenlagern von dem Verlust der Privatsphäre, die sich nur als Illusion mittels Abtrennen einzelner Räume durch Decken, Säcke oder Kreidestriche aufrechterhalten ließ[38]. Hinzu traten in vielen Fällen eine kaum vorstellbare Enge sowie katastrophale hygienische Verhältnisse und unzureichende Versorgung mit Betten, Decken, Strohsäcken, Matratzen oder Lebensmitteln, die noch im Herbst 1948 zu Hungerstreiks in einigen bayerischen Lagern führten[39].

Vor den segregierenden Folgen eines langen Lageraufenthaltes warnte bereits im März 1946 eindringlich ein Bericht des Evangelischen Hilfswerks: »Hier entsteht ein wurzelloses Proletariat, das, an Leib und Seele, von der Bevölkerung als Fremdkörper, als eine Art Zigeuner angesehen wird und schließlich die Bevölkerung selbst vergiften wird[40].« Tatsächlich scheinen die am Rande vieler Gemeinden über Jahre bestehenden Lager immer wieder die Verachtung und den Spott von Einheimischen auf sich gezogen zu haben, wie die Bezeichnungen »Barackingen«, »Bretterhausen« oder »Kittelweiberdorf« bezeugen[41]. Als besonders problematisch erwies es sich, wenn als Lager ehemalige Kriegsgefangenen- oder Zwangsarbeiterunterkünfte genutzt wurden, da die Flüchtlinge von den Einheimischen oftmals nur als neue »Insassen« unter Beibehaltung der alten Vorurteile und Einstellungen gesehen wurden[42]. Für einen Teil der Flüchtlinge wird ein längerer Lageraufenthalt aber durchaus die Funktion eines sich längeren Eingewöhnens an die fremde Umwelt im Sinne einer sozialen und kulturellen Schleuse besessen und als Rückzugsraum gegenüber einer nicht immer freundlich gesonnenen Umwelt gedient haben.

In der Sowjetischen Zone erhielten die Flüchtlingslager eine weitere Funktion, indem einzelne Parteien und Organisationen versuchten, eine politische Umerziehung in Gang zu setzen. Das Ziel bestand vor allem darin, die Flucht oder die Vertreibung als unumkehrbar und die rasche Eingliederung als notwendig hinzustellen sowie die Flüchtlinge für die gesellschaftspolitischen Ziele der SED zu gewinnen[43].

Wie erfolgreich diese Bemühungen waren, läßt sich kaum abschätzen, ebensowenig die Frage beantworten, wann unter der Masse der Flüchtlinge die Vorstellung von einer raschen Rückkehr aufgegeben wurde zugunsten eines sich längerfristigen bzw. dauerhaften Arrangierens in der neuen Umwelt. Eine derartige mentale Änderung war jedoch notwendig zur Überwindung des durch das traumatische Fluchterlebnis herbeigeführten Schockzustandes, der nicht selten zunächst in eine Phase subjektiver Verweigerung gegenüber der Umwelt mündete[44]. Diese Verstörtheit konnte durch einen längeren Lageraufenthalt allenfalls in Lethargie und Gleichgültigkeit eines rein als Betreuungsobjekt verstandenen und sich verstehenden Individuums umschlagen. Allgemeine Merkmale dieser »Flüchtlingsneurose« waren konstante Erschöpfung, Apathie, Sprachstörungen bei Kindern, Schreckhaftigkeit und Gereiztheit[45]. Insofern verwundert es nicht, daß sich insbesondere das Lagerleben auf die Bereitschaft auswirkte, eine Arbeit aufzunehmen[46].

Arbeit

Bei einer Betrachtung der Erwerbsmöglichkeiten für Flüchtlinge ist zunächst und vor allem zu berücksichtigen, daß es in den ersten Nachkriegsjahren keinen einheitlichen Arbeitsmarkt gab und die Arbeitsaufnahme in erster Linie nicht dazu diente, einen Gegenwert in Geld zu erhalten, sondern das Überleben zu sichern. Berufsfremde Tätigkeiten und Gelegenheitsjobs gegen Naturalentlohnung bzw. materielle Güter, die sich auf dem Schwarzen Markt umsetzen ließen, waren oft entscheidender als eine herkömmliche Lohnarbeit.

Folgt man den Arbeitmarktstatistiken und den Berichten der Arbeitsverwaltung, so waren die ersten Nachkriegsjahre trotz der Anwesenheit von Millionen erwerbsfähiger Flüchtlinge vielerorts durch Arbeitskräftemangel geprägt. Dieser betraf die Industrien Sachsens ebenso[47] wie die Zechen des Ruhrgebiets, wo auch wieder ehemalige Zwangsarbeiter beschäftigt wurden[48], oder die landwirtschaftlich dominierten Gebiete. Bayern gab im April 1946 seinen ungedeckten Landarbeiterbedarf mit 62 000 an, Württemberg-Baden mit 14 000, Großhessen mit 20 000. Die Ursachen hierfür waren indes hauptsächlich — wie in früheren oder späteren Jahren — die niedrigen Löhne und schlechten Arbeits- und Wohnbedingungen für Landarbeiter[49].

Zunehmend zeigten sich aber auch die Folgen der Flüchtlingseinweisungspraktiken aller Zonen, die zu starken Dislokationen zwischen Arbeitsplatz- und Arbeitskräfteangebot geführt hatten, da sie, diktiert von der Intensität von Flucht und Vertreibung, ohne Rücksichtnahme auf die beruflichen Qualifikationen der Flüchtlinge erfolgen mußten. So besaßen Flüchtlinge ohne landwirtschaftliche Fähigkeiten wenig Neigung, bei den Bauern, bei denen sie einquartiert waren, längerfristig zu arbeiten, während diese aufgrund der Einweisungen keinen Wohnraum für Landarbeiter mehr besaßen. Insgesamt erfüllten sich die Hoffnungen vieler Landwirte und Behörden nicht, die gravierenden Arbeitskräfteprobleme in der Landwirtschaft mittels der Flüchtlinge zumindest vorübergehend lösen zu können. In Bayern beispielsweise betrug der Anteil der in der Landwirtschaft im Oktober 1946 beschäftigten Flüchtlinge lediglich 10,6%[50].

Die Unfähigkeit bzw. Unwilligkeit von Flüchtlingen, in der Landwirtschaft zu arbeiten, schuf im dörflichen Milieu auf beiden Seiten neue Disharmonien. Während manche Bauern in ihnen nur billige Arbeitskräfte oder gar »neue Ostarbeiter« sahen, die mit Versorgungsansprüchen auftraten, wollten Flüchtlinge mitunter keinen Statusverlust durch die Annahme berufsfremder Arbeit hinnehmen, bis hin zur »Arroganz der Landwirte von den großen Gütern im Osten«, die eine Beschäftigung als Landarbeiter ablehnten[51].

Trotz dieser Schwierigkeiten stieg die Zahl der offiziell Beschäftigten in den Besatzungszonen sprunghaft an, was sowohl an dem immensen Arbeitskräftebedarf als auch an der Praxis der Arbeitsverwaltung lag, nur registrierten Arbeitskräften Lebensmittelkarten auszuhändigen. In der SBZ erhöhte sie sich von Oktober 1945 bis Ende 1946 um 2,1 Millionen auf 7,3 Millionen, während im gleichen Zeitraum die Zahl der gemeldeten Arbeitslosen von rund 581 000 auf 208 000 zurückging, von denen fast 57 % laut ärztlicher Bescheinigung als erwerbsbeschränkt galten[52]. In den westlichen Besatzungszonen stieg die Zahl der beschäftigten Arbeitnehmer von 1946 auf 1947 von knapp 10 auf knapp 13 Millionen bei einem Rückgang der erfaßten Arbeitslosen von 397 000 auf 302 000 und einer Zunahme der bei den Arbeitsämtern registrierten offenen Stellen von 290 000 auf 311 000[53].

Statistische Angaben über Beschäftigte, Arbeitslose und Arbeitsuchende können den Arbeitsmarkt dieser Zeit jedoch kaum beschreiben, der ein überaus »verwirrendes Bild«[54] strukturbedingter Unausgeglichenheit bot, die erst später als strukturelle Arbeitslosigkeit deutlicher sichtbar werden sollte. Neben einem latent vorhandenen Arbeitskräftemangel war eine deutliche Minderung der individuellen Leistungsfähigkeit zu beobachten und mit ihr der Produktivität durch schlechte Ernährung, Bekleidung und knappen Wohnraum, Erschwernisse im Berufsverkehr, unzureichende Arbeitsmittel und Versorgung der Betriebe mit Rohstoffen, Kohlen oder Strom. Hinzu trat eine desolate Infrastruktur, die häufig entweder keine Produktion gestattete oder den Transport der Waren oder Rohstoffe ver- oder behinderte[55].

Auch hatten sich bei weitem nicht alle Beschäftigungslose bei den Arbeitsämtern gemeldet. Die Furcht, eine Arbeit zwangsweise zugewiesen zu bekommen, überwog bei vielen die Anziehungskraft der nur kargen Vorteile der Arbeitslosenunterstützung, ausbezahlt in einer Währung, in der es kaum etwas zu kaufen gab. Unterbeschäftigung, berufsfremde Tätigkeiten, Gelegenheitsjobs und Schwarzmarktaktivitäten auf der einen sowie das Horten von Arbeitskräften in vielen Betrieben auf der anderen Seite kennzeichneten die Besatzungszeit. Ein Ausgleich zwischen Angebot und Nachfrage über die Grenzen eines Arbeitsamtsbezirks oder der Zonen fand angesichts der Zuzugsbeschränkungen kaum statt.

Das Jahr 1948 brachte dann einige Zäsuren. Fast zeitgleich mit der westlichen Weichenstellung zur Bildung der Bundesrepublik betrachteten die Behörden der Sowjetischen Zone das »Umsiedlerproblem« als gelöst, was es schwierig macht, die Eingliederung der Flüchtlinge in der DDR zu analysieren. Im Westen katalysierte die Währungsreform den Arbeitsmarkt und beendete die Illusion einer »reibungslosen Eingliederung«[56]. Die vordem verdeckte Arbeitslosigkeit wurde nun langsam sichtbar. Von 1948 auf 1949 verdoppelte sich die Zahl der bei den Arbeitsämtern im Jahresdurchschnitt gemeldeten Arbeitslosen, unter denen nun die Flüchtlinge überproportional vertreten waren. Im Februar 1949 wurde die Millionengrenze überschritten (erst im August 1953 sollte sie für zunächst drei Monate wieder unterschritten werden). Monat für Monat wuchs die Zahl bis auf 1,9 Millionen im Februar 1950.

Obgleich die Zahl der gemeldeten Arbeitslosen nach der Währungsreform drastisch anstieg, vergrößerte sich diejenige der im Jahresdurchschnitt beschäftigten Arbeitnehmer. Die Ursache für die vermehrte Arbeitslosigkeit kann mithin nicht in Entlassungen gefunden werden, obwohl solche durchaus stattfanden: Zuvor gehortete Arbeitskräfte wurden im sekundären, vor allem aber im primären Sektor freigesetzt, die durchschnittliche Wochenarbeitszeit nahm zu[57], das Leistungsprinzip wurde stärker betont, die Produktivität stieg, die Betriebe modernisierten und rationalisierten, um den Anschluß an den Weltmarkt zunächst zu finden, dann zu halten[58]. Ferner nahm nun die Zahl derjenigen zu, die sich beim Arbeitsamt meldeten. Die in den ersten Nachkriegsjahren zum Teil noch vorhandenen Geldreserven waren erschöpft, die Preis-Lohn-Schere zwang zuvor nicht berufstätige Frauen und mithelfende Familienangehörige zur Aufnahme von Lohnarbeit, ehemals Selbständige verloren ihre Existenzgrundlage, wofür meist eine zu dünne Kapitaldecke verantwortlich war[59].

Die wirtschaftliche Entwicklung der Bundesrepublik in den 1950er Jahren wird häufig als Wirtschaftswunder bezeichnet. Davon war sie jedoch am Beginn des Jahrzehnts noch weit entfernt. Der Marshallplan und die Währungsreform unterstützten zwar den wirtschaftlichen Rekonstruktionsprozeß, doch erst der Koreakrieg brachte die endgültige Wende. In der westlichen Welt besaß die Bundesrepublik zu diesem Zeitpunkt als einziger Industriestaat freie Produktionskapazitäten[60]. Diesen Vorteil konnte die westdeutsche Wirtschaft nicht nur kurzfristig nutzen, sondern die errungenen Positionen langfristig behaupten, ihre Exporte und das Sozialprodukt steigern. Die Konzentration auf den das Wirtschaftswunder tragenden sekundären Sektor war indes nur möglich durch das immense Arbeitskräfteangebot, an dem die Flüchtlinge einen wesentlichen Anteil hatten.

Die Beschäftigungsstruktur folgte dabei Trends, die lange vor dem Zweiten Weltkrieg angelegt waren, nun aber beschleunigt wurden: Einer Erhöhung der Zahl der Erwerbspersonen stand ein absoluter wie prozentualer Rückgang der in der Land- und Forstwirtschaft, Tierhaltung und Fischerei Beschäftigten gegenüber. Rückläufig war zunächst auch die Zahl der Beschäftigten im Dienstleistungsbereich; Steigerungen traten hingegen beim Produzierenden Gewerbe sowie bei Handel und Verkehr ein[61]. Diese Verschiebungen trugen zur strukturellen Arbeitslosigkeit bei, die sich insbesondere in den »Hauptflüchtlingsländern« bemerkbar machte, konnten doch z.B. Flüchtlinge, die zuvor in der Landwirtschaft oder im Dienstleistungsbereich beschäftigt oder selbständig gewesen waren, vollständig und auf Dauer in diesen Wirtschaftsbereichen kein Auskommen mehr finden.

Im landwirtschaftlichen Bereich zeigte sich am deutlichsten die strukturelle Arbeitslosigkeit. Es herrschte zwar Bedarf an Arbeitskräften — der Primärsektor gehörte schon wenige Jahre später neben der Bauwirtschaft zu den ersten Branchen, für die ausländische Arbeitskräfte angeworben wurden —, der Arbeitsmarkt konnte jedoch trotz hoher Arbeitslosenzahlen nur kurzzeitig solche Kräfte anbieten, die aus Lohnkostengründen von den Arbeitgebern bevorzugt wurden: junge, unverheiratete Landarbeiter. Für die Masse der ehemals selbständigen Landwirte unter den Flüchtlingen, die keinen eigenen Hof erwerben konnten, blieb meist nur der Ausweg eines Berufswechsels. Ähnlich schlecht waren die Perspektiven für ehemalige Angehörige des öffentlichen Dienstes wie (mittelfristig) fast des gesamten Dienstleistungsbereichs, für Selbständige usw.[62]. Zu den strukturellen Disproportionalitäten gesellten sich regionale. Mit Abstand am höchsten war die Arbeitslosigkeit in den agrarisch geprägten Hauptflüchtlingsländern, während sie in anderen Regionen meist unter 5% lag, wobei fast durchgängig der Flüchtlingsanteil an den Arbeitslosen höher war als ihr Anteil an der Wohnbevölkerung[63].

Weiterwanderungen

Ein Mittel, der Arbeitslosigkeit, beruflicher Deklassierung, wirtschaftlichen Schwierigkeiten oder auch dem »real existierenden Sozialismus« zu entgehen, bot sich für viele Flüchtlinge in einer erneuten Wanderung. Sie konnte innerhalb der Grenzen der beiden deutschen Staaten erfolgen, zwischen diesen sowie aus Westdeutschland ins europäische Ausland oder nach Übersee.

Über die Binnenwanderung von Flüchtlingen in der DDR liegen keine Angaben vor, da das Flüchtlingsproblem ab 1948 als gelöst galt. Hingegen finden sich Hinweise, daß innerhalb der SBZ 1946 mit einer gezielten Umsiedlung von industriellen Arbeitskräften begonnen wurde[64]. In der Bundesrepublik begann die staatlich gelenkte und finanziell geförderte Umsiedlung von Flüchtlingen aus Schleswig-Holstein, Niedersachsen und Bayern im Jahre 1949, als insgesamt 32 165 Flüchtlinge überwiegend nach Baden-Württemberg gelangten. Ab 1950 folgten größere Programme, an denen bis 1960 — 957 462 Flüchtlinge aus den drei »Hauptflüchtlingsländern« partizipierten. Daneben verlegten in diesem Zeitraum über 1,7 Millionen Flüchtlinge in freier Wanderung ihren Wohnsitz in ein anderes Bundesland[65].

Über die Zahl der Flüchtlinge, die vor Gründung der beiden deutschen Staaten die Sowjetische Zone verließen, fehlen zuverlässige Angaben. Die bundesdeutsche Statistik setzte 1950 ein und ermittelte bis 1961 rund 3,6 Millionen Zuzüge aus der DDR und aus Ostberlin ins Bundesgebiet sowie 487 000 Fortzüge in umgekehrter Richtung. Etwa ein Viertel der mitunter unter dramatischen Umständen Zugewanderten stammte aus den ehemaligen Ostprovinzen oder den Siedlungsgebieten in Ost- und Südosteuropa[66]. Dies entsprach etwa dem Bevölkerungsanteil der Flüchtlinge in der DDR.

Von Wanderungsmöglichkeiten aus den westlichen Besatzungszonen konnten zunächst vor allem volksdeutsche Flüchtlinge[67] profitieren, was hauptsächlich daran lag, daß sie von den Regierungen potentieller Einwanderungsländer weniger als deutsche Flüchtlinge gesehen wurden, sondern ihrem Status nach eher als Displaced persons (DP). Sofern eine Einwanderungserlaubnis vorlag, erhielten sie zudem leichter die für das Überschreiten der äußeren Zonengrenzen notwendige alliierte Erlaubnis. Die Möglichkeit einer organisierten Einwanderung bot sich volksdeutschen Flüchtlingen zunächst in Frankreich und Großbritannien, wenig später auch in Kanada und in den USA[68].

Grundlage der französischen Anwerbungen in der britischen bzw. amerikanischen Zone bildeten bilaterale Vereinbarungen vom September/Oktober 1947, nach denen 25 000 bzw. 20 000 Arbeitskräfte angeworben werden durften[69]. »Frankreich bietet Arbeit. Frankreich bietet ein Heim. Frankreich bietet ein neues Leben«, versprachen die Plakate[70]. Doch nur relativ wenige folgten diesem Slogan, obgleich die Anwerbungen auf Regionen mit hohem Flüchtlingsanteil (Schleswig-Holstein und Franken) konzentriert wurden[71], die französischen Werber sogar Flüchtlingslager aufsuchten und sich dabei nicht »wählerisch« verhalten haben sollen[72]. Die Zahl der Wanderungen auf der Basis der Abkommen kann indes nicht exakt angegeben werden, da die französischen Statistiken lediglich die Gesamteinwanderungen von Deutschen — einschließlich derjenigen aus der französischen Zone — erfaßt haben. Mit rund 26 000 Arbeitskräften und 11 000 Angehörigen in den Jahren 1948 und 1949 wurden die vereinbarten Kontingente jedoch bei weitem nicht erreicht[73].

Gründe für dieses Desinteresse gab es mehrere. Zum einen werden mentale Momente eine Rolle gespielt haben: Das über Jahrzehnte entworfene Feindbild, das negative Image Frankreichs angesichts der andauernden Beschäftigung deutscher Kriegsgefangener, vielleicht auch die Angst, in Frankreich persönlich Verantwortung und Schuld für die Vergangenheit zu spüren. Zum anderen gab es in Deutschland zu dieser Zeit kaum offene Arbeitslosigkeit. Schließlich trug auch das Anwerbeverfahren selbst dazu bei, Wanderungen nicht gerade zu fördern, was besonders diejenigen beschäftigungslosen, unterbeschäftigten oder berufsfremd tätigen Arbeitskräfte betraf, die einen Gang zum Arbeitsamt scheuten, um nicht in die Maschen der Arbeitslenkung zu geraten. Um sich für eine Arbeit in Frankreich anwerben zu lassen, mußten jedoch die Arbeitsämter aufgesucht werden. Hatte der Interessent indes sein Mißtrauen überwunden, wuchs damit auch die Möglichkeit, daß er sich für eine Vermittlung innerhalb der Zone oder für eine zonenüberschreitende Wanderung bereitfand.

Die Aus- und Arbeitswanderungen nach Großbritannien ordneten sich ein in die in den ersten Nachkriegsjahren großangelegten Anwerbeaktionen von über 90 000 Arbeitskräften auf dem europäischen Kontinent[74]. Teil dieses Gesamtprogramms bildeten die Operationen »Westward Ho« zur Anwerbung von DPs und »North Sea Scheme« zur Anwerbung von deutschen weiblichen Arbeitskräften sowie eine gesonderte Aktion in der amerikanischen Zone zur Anwerbung sudetendeutscher Arbeiterinnen.

Bei den Anwerbungen von deutschen Arbeitskräften verfolgte die britische Regierung vor allem das Ziel, die Textilindustrie langfristig mit Arbeitskräften zu versorgen. Hierbei erhielten die unter »Westward Ho« bis Ende 1950 angeworbenen Volksdeutschen (insgesamt 738 Männer und 630 Frauen) einen Vorzug, da sie ihrem Status nach als DPs galten und auf Dauer in Großbritannien verbleiben durften. Die unter dem »North Sea Scheme« angeworbenen deutschen Frauen erhielten demgegenüber lediglich einen befristeten Arbeitsvertrag und unterlagen den allgemeinen ausländerrechtlichen Bestimmungen. Angehörige durften zwar nicht mitgenommen werden, doch wirkten sich diese Einschränkungen offenbar kaum nachteilig auf die Anwerbungen aus. Insgesamt wanderten über 9 000 deutsche Frauen unter dem North Sea Scheme nach Großbritannien[75].

Daneben existierten Überlegungen, bis zu 10 000 sudetendeutsche Frauen in der amerikanischen Zone für die britische Textilindustrie anzuwerben, denen das Recht auf einen dauerhaften Verbleib in Großbritannien zugesichert werden sollte. Die nach Abschluß einer bilateralen Vereinbarung[76] gestarteten Anwerbungen blieben jedoch weit hinter den Erwartungen zurück: Lediglich 1300 Frauen nahmen das Angebot an. Der Mißerfolg wurde im britischen Arbeitsministerium eingehend analysiert. Gefragt wurde dabei allerdings nicht, ob die im Unterschied zur Anwerbung in der britischen Zone in diesem Fall definitive Auswanderung — ohne die Möglichkeit, Angehörige mitzunehmen — bei ledigen jungen Frauen wanderungshemmend wirkte. Hingegen wurden, neben einer Steigerung des Lebensstandards in Westdeutschland, hauptsächlich die eigenen Auswahlkriterien als das schwerwiegendste Hemmnis angesehen. Doch Abhilfe konnte nicht geschaffen werden, da es z. B. der Wohnungsmarkt nicht erlaubte, Angehörige einwandern zu lassen.

Bevorzugte Einwanderungbedingungen wurden volksdeutschen Flüchtlingen zunächst auch von Kanada eingeräumt, wo mit Unterstützung der Eisenbahngesellschaften Hilfs- und Einwandererorganisationen am 23. Juni 1947 den »Canadian Christian Council for Resettlement of Refugees« gründeten[77], dessen Arbeit wenig später auch von der Regierung finanziell gefördert wurde. Entscheidend für den Erhalt einer Einwanderungserlaubnis war die namentliche Benennung, die Übernahme der Passagekosten und die Bürgschaft kanadischer Staatsangehöriger sowie die Staatsangehörigkeitsfrage, die einer äußerst gründlichen Prüfung unterzogen werden mußte. Als Auswanderer unter der Obhut des Councils kamen nur Flüchtlinge in Betracht, »die von deutscher Abstammung sind, die aber in einem Land außer Deutschland oder Österreich geboren sind und die inzwischen niemals deutsche Staatsangehörigkeit angenommen haben«[78]. Die ersten etwa 50 volksdeutschen Einwanderer erreichten Weihnachten 1947 auf der »Aquitania« Kanada[79]. Bis zur Mitte der 1950er Jahre konnten mit Hilfe des »Councils« rund 35 000 Flüchtlinge nach Kanada einwandern[80].

Auch die amerikanische Regierung verfolgte anfänglich das Ziel, volksdeutsche Flüchtlinge in die Nähe von DPs zu rücken. Mit dem am 25. Juni 1948 verabschiedeten »Displaced Persons Act«, der die Einwanderung von 202 000 DPs zwischen dem 1. Juli 1948 und dem 1. Juli 1950 gestattete, wurde auch ein Präferenzsystem geschaffen, das u. a. vorsah, 50 % der deutschen bzw. der österreichischen Quote für volksdeutsche Flüchtlinge zu reservieren[81]. Für jeden dieser Einwanderer mußte eine amerikanische Bürgschaft vorliegen. Die Bürgen hatten für Wohnraum und Arbeit zu sorgen und mit ihrem Vermögen bzw. Einkommen zu garantieren, daß die Einwanderer der öffentlichen Wohlfahrt nicht zur Last fielen, ferner den Nachweis zu erbringen, daß Amerikaner nicht von ihren Arbeitsplätzen oder aus ihrem Wohnraum verdrängt würden[82].

Dem Kräftemangel in der amerikanischen Landwirtschaft trug der DP-Act dadurch Rechnung, daß 30 % der Visa an landwirtschaftliche Arbeitskräfte (einschließlich Ehefrauen und unverheiratete Kinder unter 21 Jahren) vergeben werden sollten, die sich bereit erklärten, auch weiterhin in diesem Bereich tätig zu sein. Bevorzugt werden sollten ferner ausgebildete Kräfte für die Hauswirtschaft, das Baugewerbe und die Textilindustrie, Personen mit wissenschaftlichen oder technischen Qualifikationen sowie Verwandte von amerikanischen Staatsbürgern oder Personen mit dauerndem Aufenthaltsrecht in den USA[83].

Die wohl wichtigste Änderung erfolgte 1950, als die Bevorzugung volksdeutscher Flüchtlinge aufgegeben wurde und ein »German Expellee Program« in Kraft trat, das spezielle Einwanderungsmöglichkeiten für gut 54 000 deutsche Flüchtlinge schuf. Im Zähljahr 1948/49 erfaßte die amerikanische Statistik 165 Einwanderer im Rahmen des Programms, 1949/50 waren es 8447, 1950/51 2040 und 1951/52 schließlich 42796[84]. Der Anteil der volksdeutschen gegenüber den übrigen deutschen Flüchtlingen überwog. 31,4% waren in Jugoslawien, 16,5% in Deutschland (hierunter fielen auch Flüchtlingskinder), 12,1% in Polen, und 10,8% in Rumänien geboren worden[85].

Am 7. August 1953 verabschiedete der Kongreß den »Refugee Relief Act«. Er bot innerhalb eines Zeitraums von zunächst drei Jahren 205000 Flüchtlingen — unter ihnen 90000 aus der Bundesrepublik, den Westsektoren Berlins und Österreich — eine Einwanderungsmöglichkeit außerhalb der Quote[86]. In Westdeutschland meldeten sich bis Jahresende 1956 92641 Interessenten, davon zogen jedoch 40917 ihre Anträge zurück (oder wurden abgelehnt), so daß lediglich 51724 Visa erteilt wurden[87].

Angesichts der besonderen Einwanderungsmöglichkeiten für Flüchtlinge kann es kaum überraschen, daß diese unter den deutschen Auswanderern der Nachkriegszeit überproportional vertreten waren. Aber auch für sie galt, daß eine Einwanderungserlaubnis unabdingbare Voraussetzung für den Vollzug der Wanderung war. Die Einwanderungsländer wählten »ihre« Einwanderer gezielt aus. Humanitäre Gesichtspunkte spielten hierbei mitunter eine Rolle, vor allem aber die beruflichen Qualifikationen. 1,49 Millionen deutsche und ausländische Auswanderer nach Übersee nennt die zum Teil auf Schätzungen beruhende deutsche Statistik für den Zeitraum 1946 bis 1961. Von den 779700 Deutschen unter ihnen erhielten 384700 ein Visum für die USA, 234300 für Kanada und 80500 für Australien[88].

Das relativ geringe Interesse an einer Auswanderung in die USA im Rahmen des »Refugee Relief Act« verdeutlicht ebenso wie die Arbeitslosenstatistik, daß in der Mitte der 1950er Jahre die materielle Eingliederung der Flüchtlinge in Westdeutschland weitgehend abgeschlossen war. Nur die wenigsten verließen wohl noch aufgrund ökonomischer Not das Land. Der Anfang des Jahrzehnts einsetzende Wirtschaftsaufschwung beseitigte die in der unmittelbaren Nachkriegszeit noch als gravierend erachteten Probleme und sozialen Spannungen[89] und führte zu einer raschen und dauerhaften wirtschaftlichen Eingliederung am Vorabend einer massenhaften Zuwanderung ausländischer Arbeitskräfte in die Bundesrepublik, die den häufig beruflich deklassierten Flüchtlingen Aufstiegschancen mittels einer neuen Unterschichtung boten.

Anmerkungen

[1] Klaus-Dietmar Henke, Der Weg nach Potsdam — Die Alliierten und die Vertreibung, in: Die Vertreibung der Deutschen aus dem Osten. Ursachen, Ereignisse, Folgen, hrsg. von Wolfgang Benz, Frankfurt a.M. 1985, S. 49—69. Überblicke in: Anthony Trawick Bouscaren, International Migrations since 1945, New York 1963; International Migration 1945—1957, ed. by International Labour Office, Genf 1959, S. 57—66; Bruno Kiesewetter, Europäische Wanderungsbilanz der Weltkriege, in: Europa-Archiv, 5 (1950), S. 3044—3050, 3083—3090, 3123—3126; Michael R. Marrus, The Unwanted. European Refugees in the Twentieth Century, New York, Oxford 1985.

[2] Die deutschen Vertriebenen in Zahlen, hrsg. von Gerhard Reichling, Tl. 1, Bonn 1986, S. 26.

[3] Ebd., S. 29.

[4] Angaben für 1946: Gerhard Reichling, Die Heimatvertriebenen im Spiegel der Statistik, Berlin 1958, S. 15; für 1950: Die deutschen Vertriebenen, Tl. 1 (wie Anm. 2), S. 26.

[5] Die deutschen Vertriebenen, Tl. 1 (wie Anm. 2), S. 23.

[6] Dokumentation der Vertreibung der Deutschen aus Ost-Mitteleuropa, hrsg. vom Bundesministerium für Vertriebene, Bd I/1, Berlin 1953, S. 1 E.

[7] Ebd., S. 4 E, 23 E.

[8] Ebd.

[9] Ebd., S. 74 E.

[10] Ebd., S. 141 E—143 E.

[11] Dokumentation der Vertreibung (wie Anm. 6), Bd IV/1, Berlin 1957, S. 105—113.

[12] Zur Konferenz von Potsdam bes.: Henke, Weg (wie Anm. 1), S. 49—69; Josef Foschepoth, Potsdam und danach — Die Westmächte, Adenauer und die Vertriebenen, in: Die Vertreibung (wie Anm. 1), S. 70—90; Alfred M. de Zayas, Die Anglo-Amerikaner und die Vertreibung der Deutschen. Vorgeschichte, Verlauf, Folgen, München 1977.

[13] Dokumentation der Vertreibung, Bd I/1 (wie Anm. 6), S. 147 E.

[14] Ebd., S. 149 E.

[15] Ebd., S. 155 E.

[16] Dokumentation der Vertreibung (wie Anm. 11), S. 123.

[17] Dokumentation der Vertreibung (wie Anm. 6), Bd II, Berlin 1956, S. 64 E.

[18] Ebd., S. 65 E; ebd., Bd IV/1 (wie Anm. 11), S. 125.

[19] Siegfried Kogelfranz, »Eine Tragödie ungeheuren Ausmaßes«. Die Vertreibung der Deutschen, in: Die Vertriebenen, Hamburg 1985, S. 7—30, hier S. 27 f.; Karl O. Kurth, In der Sicht des Auslandes, in: Die Vertriebenen in Westdeutschland. Ihre Eingliederung und ihr Einfluß auf Gesellschaft, Wirtschaft, Politik und Geistesleben, hrsg. von Eugen Lemberg, Friedrich Edding, Bd 3, Kiel 1959, S. 511—577, hier S. 544.

[20] National Archives, Washington, RG 59 740.00119 Control (Germany)/11—2745, Jefferson Caffery (US Botschafter Paris) an Secretary of State, 27. 11. 45.

[21] Einschließlich der nach dem 31.12.1937 in diese Gebiete zugezogenen Reichsdeutschen und Österreicher sowie Umsiedler. Hinzu traten rund 135000 Deutsche, die zuvor ihren Wohnsitz in den übrigen Staaten Europas hatten, sowie rund 20000 aus Übersee. Die deutschen Vertriebenen, Tl. 1 (wie Anm. 2), S. 26, 59.

[22] Regine Just, Die Integration der Umsiedler im Land Sachsen, in: Sächsische Heimatblätter (1989), S. 145—174, hier S. 156.

[23] Flüchtlinge in den Ländern und ihr prozentualer Anteil an der Gesamtbevölkerung: Brandenburg 655466 (24,8%); Mecklenburg-Vorpommern 922088 (43,3%); Sachsen 997798 (17,2%); Sachsen-Anhalt 1051024 (24,4%); Thüringen 685913 (23,0%); Schleswig-Holstein 856943 (33,0%); Hamburg 115981 (7,2%); Niedersachsen 1851472 (27,2%); Bremen 48183 (8,6%); Nordrhein-Westfalen 1331959 (10,1%); Hessen 720583 (16,7%); Rheinland-Pfalz 152267 (5,1%); Baden-Württemberg 861526 (13,4%); Bayern 1937297 (21,1%). Stand: 19.4.1949 für die Länder der SBZ bzw. 13.9.1950 für die Länder der Bundesrepublik. Johannes Hoffmann, Manfred Wille, Wolfgang Meinicke, Flüchtlinge und Vertriebene im Spannungsfeld der SBZ-Nachkriegspolitik, in: Sie hatten alles verloren. Flüchtlinge und Vertriebene in der sowjetischen Besatzungszone, hrsg. von Manfred Wille, Johannes Hoffmann, Wolfgang Meinicke, Wiesbaden 1993, S. 12—26, hier S. 19; Reichling, Die Heimatvertriebenen (wie Anm. 4), S. 17.

[24] Franz J. Bauer, Flüchtlinge und Flüchtlingspolitik in Bayern 1945—1950, Stuttgart 1982, S. 161.

[25] Wolfgang Meinicke, Flüchtlinge, Umgesiedelte, Vertriebene in der Sowjetischen Besatzungszone, in: Alexander von Plato, Wolfgang Meinicke, Alte Heimat — neue Zeit. Flüchtlinge, Umgesiedelte, Vertriebene in der Sowjetischen Besatzungszone und in der DDR, Berlin 1991, S. 23—81, hier S. 45.

[26] Ebd., S. 45; Georg Müller, Heinz Simon, Aufnahme und Unterbringung, in: Die Vertriebenen in Westdeutschland (wie Anm. 19), Bd 1, S. 300—446, hier S. 312.

[27] Joachim Schöps, »Die Bauern werden euch mit Heugabeln verjagen«. Die Eingliederung der Vertriebenen, in: Die Vertriebenen, hrsg. von Kogelfranz (wie Anm. 19), S. 31—73, hier S. 39.

[28] Just, Die Integration (wie Anm. 22), S. 156.

[29] Schöps, Die Bauern (wie Anm. 27), S. 32.

[30] Paul Erker, Vom Heimatvertriebenen zum Neubürger. Sozialgeschichte der Flüchtlinge in einer agrarischen Region Mittelfrankens 1945—1955, Wiesbaden 1988, S. 22—25.

[31] Bauer, Flüchtlinge (wie Anm. 24), S. 192f., 200.

[32] Schöps, Die Bauern (wie Anm. 27), S. 32, 37f.

[33] Meinicke, Flüchtlinge (wie Anm. 25), S. 48.

[34] Vgl. Doris von der Brelie-Lewien, »Dann kamen die Flüchtlinge«. Der Wandel des Landkreises Fallingbostel vom Rüstungszentrum im »Dritten Reich« zur Flüchtlingshochburg nach dem Zweiten Weltkrieg, Hildesheim 1990, S. 129; Marion Frantzioch, Die Vertriebenen. Hemmnisse, Antriebskräfte und Wege ihrer Integration in der Bundesrepublik Deutschland, Berlin 1987, S. 118f.

35 Müller/Simon, Aufnahme (wie Anm. 26), S. 357.
36 Die letzten Flüchtlingslager wurden erst 1971 aufgelöst. Vgl. Frantzioch, Die Vertriebenen (wie Anm. 34), S. 205.
37 Hoffmann/Wille/Meinicke, Flüchtlinge (wie Anm. 23), S. 20f.
38 Frantzioch, Die Vertriebenen (wie Anm. 34), S. 118.
39 Bauer, Flüchtlinge (wie Anm. 24), S. 194f.
40 Zit. ebd., S. 188.
41 Frantzioch, Die Vertriebenen (wie Anm. 34), S. 118.
42 Gerald Christopeit, Die Herkunft und Verteilung der Evakuierten, Flüchtlinge und Vertriebenen in der Provinz Mark Brandenburg und ihr Verhältnis zu der einheimischen Bevölkerung, in: Sie hatten alles verloren (wie Anm. 23), S. 86—109; Martina Krug, Karin Mundhenke, Flüchtlinge im Raum Hannover und in der Stadt Hameln 1945—1952, Hildesheim 1988, S. 42.
43 Hoffmann/Wille/Meinicke, Flüchtlinge (wie Anm. 23), S. 16—18; Torsten Mehlhase, Die SED und die Vertriebenen. Versuche der politischen Einflußnahme und der »Umerziehung« in den ersten Nachkriegsjahren in Sachsen-Anhalt, in: Sie hatten alles verloren (wie Anm. 23), S. 159—177.
44 Frantzioch, Die Vertriebenen (wie Anm. 34), S. 197.
45 Schöps, Die Bauern (wie Anm. 27), S. 52.
46 Bauer, Flüchtlinge (wie Anm. 24), S. 196.
47 Just, Die Integration (wie Anm. 22), S. 167.
48 Bundesarchiv, Koblenz (BA) Z40 321, »Besprechung bei der Manpower Division«, 9.11.46.
49 BA OMGUS 7/43—2/23, Georges S. Wheeler (Manpower Allocation Branch): »Field Trip to Investigate Reported Shortages of Agricultural Laborers and to Optain Advice in Regard to Labor Advisory Committees«, 7.5.46.
50 Bauer, Flüchtlinge (wie Anm. 24), S. 210.
51 Brelie-Lewien, Dann kamen die Flüchtlinge (wie Anm. 34), S. 98, 144.
52 Meinicke, Flüchtlinge (wie Anm. 24), S. 65f.
53 Anselm Faust, Arbeitsmarktpolitik in Deutschland im 19. und 20. Jahrhundert: die Arbeitsvermittlung im Wechsel arbeitsmarktpolitischer Strategien, in: Auswanderer, Wanderarbeiter, Gastarbeiter. Bevölkerung, Arbeitsmarkt und Wanderung in Deutschland seit der Mitte des 19. Jahrhunderts, hrsg. von Klaus J. Bade, 2 Bde, Ostfildern 1984, S. 216—253, hier S. 248.
54 Valentin Siebrecht, Grenzen der Arbeitslenkung (1947), in: ders., Arbeitsmarkt und Arbeitsmarktpolitik in der Nachkriegszeit, Stuttgart 1956, S. 31—34, hier S. 31.
55 BA Z1 901, »Bericht des Sozialpolitischen Ausschusses für General Clay«, 17.9.47.
56 Bauer, Flüchtlinge (wie Anm. 24), S. 212.
57 Vor der Währungsreform durchschnittlich 41,1 Stunden pro Woche, im September 1949 47,4. Entwicklung und Ursachen der Arbeitslosigkeit in der Bundesrepublik Deutschland (1946—1950), hrsg. vom Bundesminister für Arbeit, Bonn 1950, S. 4.
58 Ebd., S. 3; Dieter Borchert, Arbeitsmarkt und Arbeitsmarktpolitik in Nord-

rhein-Westfalen seit dem Ende des II. Weltkrieges bis 1949/50, Frankfurt a. M. [...] 1987, S. 98, 102.
59 Valentin Siebrecht, Erste Wirkungen auf dem Arbeitsmarkt (Oktober 1948), in: ders., Arbeitsmarkt (wie Anm. 54), S. 54—57, hier S. 56.
60 Werner Abelshauser, Wirtschaftsgeschichte der Bundesrepublik Deutschland 1945—1980, Frankfurt a. M. 1983, S. 68.
61 Bevölkerung und Wirtschaft 1872—1972. Hrsg. vom Statistischen Bundesamt Wiesbaden, Stuttgart, Mainz 1972, S. 142.
62 Siebrecht, Erste Wirkungen (wie Anm. 59), S. 55.
63 Am 31.1.1949 betrug der Anteil der Flüchtlinge an den Arbeitslosen in: Schleswig-Holstein 58,5%, Württ.-Hohenzollern 44,4%, Niedersachsen 43,4%, Bayern 39,9%, Württ.-Baden 34,9%, Hessen 27,3%, Baden 15,1%, Nordrh.-Westfalen 13,0%, Bremen 8,3%, Hamburg 2,0%. Entwicklung und Ursachen (wie Anm. 57), S. 7.
64 Hoffmann/Wille/Meinicke, Flüchtlinge (wie Anm. 23), S. 22.
65 Die deutschen Vertriebenen (wie Anm. 2), Tl. 2, Bonn 1989, S. 39.
66 Siegfried Bethlehem, Heimatvertreibung, DDR-Flucht, Gastarbeiterzuwanderung. Wanderungsströme und Wanderungspolitik in der Bundesrepublik Deutschland, Stuttgart 1982, S. 24f.
67 Nach dem Ergebnis der Volkszählung vom 13.9.1950 lebten im Bundesgebiet 7,877 Mio. Flüchtlinge, darunter nach Herkunftsgebieten (Wohnsitz am 1.9.1939; in 1000): Sowjetunion einschließlich Baltische Staaten und Memelland (158); Tschechoslowakei (1912); Ungarn (178); Jugoslawien (147); Rumänien (149); Österreich (111); Übriges Ausland (117). Reichling, Die Heimatvertriebenen (wie Anm. 4), S. 22.
68 Zum folgenden Johannes-Dieter Steinert, Westdeutsche Wanderungspolitik, internationale Wanderungskooperation und europäische Integration (erscheint 1995).
69 BA Z1 882; BA OMGUS 7/43—2/20.
70 Peter Grubbe, Fremdenlegionäre der Arbeit, in: Frankfurter Neue Presse, 27.10.1947.
71 BA Z35 323, Deutsches Büro für Friedensfragen: »Zwischenstaatliche Regelung der Auswanderung. Ein Vergleich der italienischen Auswanderungsabkommen mit den von der britischen und amerikanischen Militärregierung für ihre Besatzungszonen in Deutschland abgeschlossenen Verträge«, 11.10.48.
72 Bundesverwaltungsamt 2/21/217/01—02, Ständiges Sekretariat für das Auswanderungswesen: »Niederschrift über die Tagung aller Leiter gemeinnütziger Auswanderer-Beratungsstellen und Auswanderer-Berater«, 10./11.5.49. Public Record Office, London (PRO) HO 213/702, Immigration Officer's Report, Munster D.P. Transit Camp, Operation Westward Ho: »Progress Report for August, 1948«, 31.8.48.
73 Pierre Bidebery, Bilan de vingt années d'immigration 1946—1966, in: Revue Française des Affaires Sociales (1967), S. 7—30, hier S. 14.
74 Zur britischen Anwerbepolitik nach dem Zweiten Weltkrieg Diana Kay, Robert Miles, Refugees or Migrant Workers? European Volunteer Workers in Britain 1946—1951, London, New York 1992.

[75] PRO HO 213/596, »Operation Westward Ho. European Volunteer Workers and Dependants in the United Kingdom«.
[76] BA OMGUS 7/43—1/5, »U.S. - G.B. Agreement concerning the Recruitment of Voluntary Labor for Great Britain in the U.S. Zone of Germany«, 20.7.48.
[77] Daran beteiligt waren: Catholic Immigrant Aid Society, Canadian Mennonite Board of Colonization, Sudeten Committee, German Baptist Colonization and Immigration Society, Baptist Convention of Ontario and Quebec, Canadian Lutheran World Relief, Latvian Relief Fund of Canada; National Archives of Canada, Ottawa (NAC) RG 76 C-10592, »Report of Meeting Held in Ottawa«, 23.6.47.
[78] NAC RG 76 C-10592, CCCRR, »Auskunft über Auswanderung nach Canada«.
[79] NAC MG28 V120/30—2, T.O.F. Herzer: CCCRR »A Brief History«, 3.3.51.
[80] NAC RG 76 C-10592, Statistik CCCRR, 12.3.49; siehe auch David C. Corbett, Canada's Immigration Policy. A Critique, Toronto 1957, S. 15.
[81] BA OMGUS 7/43—1/8, Displaced Persons Act, 25.6.1948, Sec. 12.
[82] Ebd., Sec. 2.
[83] Ebd., Sec. 6.
[84] Memo to America: The DP Story. Final Report of the United States Displaced Persons Commission, Washington 1952, S. 84.
[85] Geburtsländer der »German Expellees« (Stand: 31.5.52, in Prozent): Jugoslawien (31,4), Tschechoslowakei (5,5), Deutschland (16,5), Österreich (4,6), Polen (12,1), Litauen (2,8), Rumänien (10,8), Lettland (1,1), UdSSR (7,4), Estland (0,4), Ungarn (6,7), Sonstige (0,7). Resettlement of Refugees and Displaced Persons in the United States, in: International Labour Review, 67 (1953), S. 559—576, hier S. 571.
[86] Refugee Relief Bill of 1953 (83d Congress, 1st Session, House of Representatives, Report No.1069), Washington 1953, Sec. 2.
[87] Annual Report of the Immigration and Naturalization Service, Washington, D.C. 1958, S. 26.
[88] WiSta 1963, S. 191*.
[89] Wilfried Schlau, Integration von Flüchtlingen und Vertriebenen, in: Flucht und Vertreibung. Vorträge eines Symposiums, veranstaltet vom Institut für Völkerrecht der Universität Würzburg, 19.—22. November 1985, hrsg. von Dieter Blumenwitz, Köln, Berlin, München, Bonn 1987, S. 297—316, hier S. 299.

Jost Hermand

Der Kalte Krieg in der Literatur.
Über die Schwierigkeiten bei der Rückeingliederung
deutscher Exilautoren und -autorinnen nach 1945

I.

Im Hinblick auf die mangelnde Beachtung der Exilliteratur in den drei westlichen Besatzungszonen ist von wohlmeinenden Liberalen oft behauptet worden: man hätte den vertriebenen Schriftstellern und Schriftstellerinnen nach dem 8. Mai 1945 sofort die Rückkehr anbieten, man hätte ihnen antifaschistisch eingestellte Verleger vermitteln, man hätte sich für die Verbreitung ihrer Schriften einsetzen sollen usw. Thesen solcher Art liegen höchst trügerische Vorstellungen kulturpolitischer Prozesse und ein ebenso problematisches Vertrauen auf einen allein vom ›guten Willen‹ beeinflußbaren Geschichtsverlauf zugrunde. Genau betrachtet hat es nämlich ›die‹ Exilliteratur als homogene Einheit überhaupt nicht gegeben. Und auch diese ›man‹, an die in solchen Äußerungen gern appelliert wird, lassen sich nirgends konkret festmachen. Was es nach dem Untergang des Dritten Reichs in literarischer Hinsicht tatsächlich gab, war zweierlei: 1. ein reichlich zerstrittenes, in mehrere Lager gespaltenes Schrifttum von aus NS-Deutschland vertriebenen linken, jüdischen, bürgerlich-humanistischen, religiösen und anderen systemfeindlich eingestellten Autoren und Autorinnen sowie 2. eine äußerst widerspruchsvolle Nachkriegssituation, in der sowohl die Kulturoffiziere der vier Besatzungsmächte als auch die in Deutschland verbliebenen Schriftsteller und Schriftstellerinnen aus dem Bereich der konfessionellen, abendländisch-humanistischen oder edelfaschistischen ›Inneren Emigration‹ recht unterschiedliche Literaturkonzepte vertraten. Alle diese Gruppen waren in ihren Anschauungen politisch, ideologisch und kulturell so gespalten, daß sich auf diesem Sektor jede fahrlässige Verallgemeinerung, jeder plebiszitäre ›Man‹-Gestus von vornherein verbietet. Konzentrieren wir uns also — stärker als bisher — auf die tatsächlichen Gruppierungen und die durch die politische Situation bedingten Rezeptionsmöglichkeiten, statt uns weiterhin mit den Klischees eines eindimensional gesehenen Exils und einer ebenso eindimensional gesehenen Nachkriegszeit zu begnügen.

Die Tatsache, daß es im Exil nur wenig politische und menschliche Solidarität gegeben hat, ist von seinen Hauptvertretern immer wieder in aller Offenheit zugegeben worden. »Emigrant und Emigrant, das war von Anfang an durchaus nicht dasselbe«, schrieb Wolf Franck bereits 1935 in seinem *Führer durch die deutsche Exilliteratur*, »die Geschäftsleute wollten nichts von den Politikern wissen, die Sozialdemokraten nichts von den Kommunisten, die mit Beziehungen Versehenen schon gar nichts von ihren armen Schicksalsgenossen[1].« Daher war auch die deutsche Exilliteratur, trotz aller Bemühungen des Volksfront-Komitees, ihr einen gemeinsamen ideologischen Nenner zu geben, eine recht ›zerklüftete‹, wie Lion Feuchtwanger 1940 erklärte[2]. Auf ihr politisches Engagement befragt, hatten Thomas Mann und Bertolt Brecht, Franz Werfel und Willi Bredel, Alfred Döblin und Anna Seghers, Max Hermann-Neiße und Erich Weinert, Annette Kolb und Lily Körber oder Richard Beer-Hofmann und Johannes R. Becher kaum irgendwelche Gemeinsamkeiten. Selbst der Antifaschismus reichte als Solidarisierungsbasis nicht aus. Schließlich gab es auch im Exil eine Reihe von Autoren wie Bernard von Brentano und Ernst Glaeser, die sich sogar in diesem Punkt nicht ganz eindeutig verhielt. Es wäre darum unangemessen, einfach von einer geschlossenen ›antifaschistischen‹ oder ›humanistischen Front‹ zu sprechen, wie das auf liberaler Seite zum Teil geschehen ist[3]. Auch Klassifizierungsversuche in eine ›streitbare‹ und eine ›resignierende‹ Exilliteratur sowie eine nazistische ›Sklavenliteratur‹ und eine ›gute deutsche Literatur drinnen und draußen‹ sind viel zu grob gerastert[4]. Etwas differenzierter wirkt dagegen jene Dreiteilung in eine konservative, humanistische und geistrevolutionäre Strömung, die Alfred Döblin bei seiner Überschau der Exilliteratur vorgenommen hat[5]. Allerdings bleibt bei ihr kein Raum für die marxistisch orientierten Schriftsteller und Schriftstellerinnen, welche im Exil — mit Unterstützung der KPdSU und ihrer Kulturorganisationen — eine Fülle weitreichender Aktivitäten entfalten konnten. Vielleicht wäre es daher besser, die Exilautoren und -autorinnen — in leichter Abwandlung dieses Schemas — in Zukunft aufgrund ihrer ideologischen Haltung, die sie zwischen 1933 und 1946 eingenommen haben, in 1. resignierend-eskapistische wie Richard Beer-Hofmann, Hermann Broch, Max Herrmann-Neiße, Annette Kolb, Else Lasker-Schüler, Robert Musil, Albrecht Schaeffer, Kurt Tucholsky, Franz Werfel, Stefan Zweig, 2. humanistisch-liberale wie Ferdinand Bruckner, Bruno Frank, Leonhard Frank, Kurt Hiller, Hermann Kesten, Thomas Mann, Ludwig Marcuse, Robert Neumann und 3. aktiv-antifaschistische wie Johannes R. Becher, Bertolt Brecht, Willi Bredel, Lion Feuchtwanger, Oskar Maria Graf, Heinrich Mann, Klaus Mann, Anna Seghers, Ernst Toller, Bodo Uhse, Erich Weinert, Friedrich Wolf und Arnold Zweig einzuteilen, ohne dabei mögliche Überschneidungen oder Übertritte aus dem einen ins andere Lager aus dem Auge zu verlieren[6].

Und auch die Nachkriegszeit zwischen 1945 und 1949 war, wie sich nicht leugnen läßt, keine homogene Einheitsperiode, sondern ein Zeitraum, innerhalb dessen sich mindestens zwei Phasen unterscheiden lassen: 1. eine eher demokratisch oder gar sozialistisch orientierte Anfangsphase, in der in allen vier Besatzungszonen auch den antifaschistisch eingestellten Aktivisten und Aktivistinnen, welche aus den Konzentrationslagern, Gefängnissen, Strafbataillonen, dem Untergrund oder aus dem Exil anliegender Länder wie der Sowjetunion, der Schweiz, England oder Schweden zurückkehrten, die Möglichkeit einer politischen und kulturellen Mitbestimmung gegeben wurde, sowie 2. eine Phase, die im Sommer/Herbst 1947 begann und in der — im Zeichen des Kalten Krieges — in den drei westlichen Besatzungszonen die antitotalitaristische Stimmung der unmittelbaren Nachkriegszeit aus einer Verdammung des Nationalsozialismus in eine Verdammung des Kommunismus umschlug, während zum gleichen Zeitpunkt in der sowjetischen Besatzungszone — im gegenläufigen Sinne — an die Stelle antifaschistischer Proklamationen eine Kampagne gegen den ›American Way of Life‹ nebst all seinen kapitalistischen ›Entartungserscheinungen‹ einsetzte. Damit wurde für jene Autoren und Autorinnen, die sich immer noch im Exil befanden, die Frage einer möglichen Rückkehr in das viergeteilte Deutschland immer stärker zu einer politischen Entscheidungsfrage. Statt wie von 1945 bis 1947, also vor Beginn des Kalten Krieges, ohne ideologische Festlegungen in das von den Alliierten befreite Restdeutschland zurückzukehren, war es jetzt nur noch möglich, in eine der drei Westzonen, die sich schnell zur Bizone und dann zur Trizone zusammenschlossen, oder in die sowjetische Besatzungszone, die SBZ, zu gehen — und sich somit als Vertreter oder Vertreterin amerikanischer Demokratievorstellungen oder sowjetischer Kommunismuskonzepte zu erkennen zu geben. Eine solche Entscheidung fiel manchen Exilautoren oder -autorinnen, die lange Zeit der Idee eines Dritten Wegs zwischen Kapitalismus und Kommunismus angehangen hatten, nicht leicht. Vor allem als sie hörten, zu welch scharfen Auseinandersetzungen es im Oktober 1947 zwischen den westlichen und östlichen Kulturoffizieren auf dem ersten deutschen Schriftstellerkongreß in Berlin gekommen war, wurden sie noch zögerlicher. Schließlich waren nach diesem Zeitpunkt alle Anschauungen, die im Sinne der älteren Volksfrontstrategien oder der durch den Stalin-Roosevelt-Pakt geweckten Hoffnungen an der Idee einer radikalen Neuordnung des gesamten deutschen Territoriums festzuhalten versuchten, endgültig ›out‹. Und so blieben viele von ihnen lieber weiterhin im Exil oder zogen es vor, wie Hans Habe, Thomas Mann, Walter Mehring, Robert Neumann, Alfred Polgar, Erich Maria Remarque und Carl Zuckmayer, in ein deutschsprachiges, aber neutrales Land wie die Schweiz zu gehen, wo sie sich aus dem Streit der Ideologien herauszuhalten hofften. In die drei westlichen Besatzungszonen kehrten deshalb in der Folgezeit nur noch religiös-gesinnte, liberal-unverbindliche, ästhetisierende oder betont antikommunistische Autoren und Autorinnen zurück, während in die sowjetische Besatzungszone lediglich marxistisch orientierte Antifaschisten und Antifaschistinnen gingen.

II.

Schon diese skizzenhafte Einleitung läßt ahnen, daß einer bruchlosen Rückeingliederung der Exilautoren und -autorinnen, selbst der Rückkehrwilligen unter ihnen, von vornherein große Hemmnisse entgegenstanden. Am wenigsten behindert — jedenfalls von sowjetischer Seite aus — wurde die Remigration jener Exilschriftsteller und -schriftstellerinnen, die bereits in der Weimarer Republik mit den kulturpolitischen Aktivitäten der damaligen Linksparteien, vor allem der KPD, sympathisiert oder sich im Exil den Kommunisten als der aktivsten Gruppe im antifaschistischen Kampf angeschlossen hatten. Wer von diesen Autoren — wie Becher, Bredel, Weinert oder Friedrich Wolf — nach 1933 nach Moskau gegangen war, konnte bereits im Sommer 1945 oder kurze Zeit später, als alle anderen Grenzen noch geschlossen waren, wieder nach Deutschland zurückkehren. Andere dieser Linken oder Linkssympathisanten, die Palästina, Mexiko, Kuba oder die USA als

Exilland gewählt hatten, wurden im November 1945 in einem *Ruf an die deutschen Emigranten*, der auf eine Initiative Bechers zurückging, dazu aufgefordert, möglichst bald in ihre frühere Heimat zurückzukehren und sich in den Dienst des kulturellen Aufbaus zu stellen. Allerdings mußten viele dieser Linken, die nach 1933 in westliche Länder geflüchtet waren und sich bereit erklärten, diesem Ruf Folge zu leisten, oft noch zwei bis drei Jahre warten, bis sie ein Einreisevisum bekamen, und konnten selbst dann erst nach kurzen Zwischenaufenthalten in Frankreich, der Tschechoslowakei, der Schweiz oder Österreich nach Deutschland zurückkehren. Und zwar gingen fast alle diese linksorientierten Autoren und Autorinnen, zu denen unter anderem Alexander Abusch, Erich Arendt, Bertolt Brecht, Eduard Claudius, Louis Fürnberg, Adam Scharrer, Anna Seghers, Bodo Uhse, Franz Carl Weiskopf, Grete Weiskopf und Arnold Zweig gehörten, in die sowjetische Besatzungszone. Nach dem Beginn des Kalten Krieges folgten ihnen auch einige jener Exilautoren nach, die wie Stephan Hermlin, Stefan Heym, Hans Marchwitza und Hans Mayer nach dem Untergang des Dritten Reichs erst einmal in eine der drei westlichen Besatzungszonen gegangen waren[7].

Diese Autorengruppen, ob nun die der Früh- oder der Spätheimkehrer und -heimkehrerinnen, blieben von gravierenden Rückeingliederungsproblemen weitgehend verschont. Ihre Vertreter und Vertreterinnen hatten schon im Exil die ›Dritte Sache‹ über das eigene Wohlbefinden gestellt, ja sogar ihre ›rassische‹ Herkunft, falls sie Juden oder Jüdinnen waren, als relativ belanglos erachtet und wurden deshalb kaum von irgendwelchen ›bürgerlichen‹ Identitätssehnsüchten heimgesucht. Fast alle diese Autoren und Autorinnen huldigten seit langem den Idealen der revolutionären Arbeiterbewegung und hatten bereits in ihren Exilwerken das zu Freiheit, Gleichheit und Frieden zu erziehende Nachkriegsdeutschland ins Auge gefaßt. Diese Gruppe wurde darum in der SBZ, wie auch der späteren DDR, deren Führungsschicht sich fast ausschließlich aus früheren Widerstandskämpfern und Exilanten zusammensetzte, mit offenen Armen empfangen. Ihre Vertreter und Vertreterinnen erhielten die höchsten Preise und Positionen und bildeten schon nach kurzer Zeit die tonangebende Schicht in der Gegenwartsliteratur und im Theaterleben dieses Staates. Zugegeben, es gab bei dieser Rückeingliederung in die rauhe Wirklichkeit der Nachkriegszeit auch Probleme, wie etwa die Schwierigkeiten, die Brecht mit seinen linksradikalen Umfunktionierungsvorstellungen, Weinert mit seinen an den Bedingungen der Weimarer Republik orientierten Agit-Prop-Konzepten und Seghers mit ihren Ausflügen ins Psychologisierende hatten, durch welche sie zwangsläufig mit den kulturpolitischen Vorstellungen der Nachkriegsära, das heißt einer bürgerlich-humanistischen Bündnis- und Erbekonzeption sowie einer auf den aktuellen gesellschaftlichen Auftrag reduzierten Ästhetik in Konflikt gerieten. Doch trotz einiger Komplikationen behaupteten diese Exilautoren und -autorinnen, obwohl es manchen von ihnen erst nach einigen inneren Widerständen gelang, ihre im Exil entwickelten Kunstvorstellungen in eine Aufbauästhetik umzuwandeln, bis weit in die fünfziger Jahre hinein ihre absolute Spitzenstellung innerhalb des Kulturbetriebs der DDR. Von einer neuen Literatursituation läßt sich im Hinblick auf diesen Staat erst gegen Ende der fünfziger Jahre sprechen, als neben die älteren Exilschriftsteller und -schriftstellerinnen mit Heiner Müller, Erik Neutsch, Brigitte Reimann, Erwin Strittmatter und Christa Wolf eine Gruppe von Autoren und Autorinnen trat, die ihre politische und geistige Prägung allein dem neuen Staat verdankte.

Fast alle Werke der ebengenannten Exilautoren und -autorinnen, die nach 1945 als alte Linke in die SBZ gingen, erschienen in den folgenden Jahren bei sowjetisch lizensierten Verlagen, und zwar häufig in extrem hohen Auflagen. So wurden von Bechers *Abschied* in kurzer Zeit 53 000 und von Seghers' *Das siebte Kreuz* 80 000 Exemplare verkauft[8]. Für westliche Leser und Leserinnen waren die meisten dieser Bücher, falls sie sich überhaupt dafür interessierten, nur bis zum November 1948 zugänglich.

Danach erfolgte in den drei Westzonen im Zuge des verschärften Kalten Krieges ein endgültiges Verbot aller sowjetisch lizensierten Schriften[9]. Dieses Verbot betraf vor allem frühere Exilschriftsteller wie Willi Bredel, Julius Hay, Hans Marchwitza, Jan Petersen, Ludwig Renn, Adam Scharrer, Bodo Uhse, Erich Weinert und Franz Carl Weiskopf, die bis 1945 fast ausschließlich bei linken Verlagshäusern wie den Internationalen Arbeiterverlagen in Moskau und Kiev, dem Deutschen Staatsverlag in Engel's (der Hauptstadt der Deutschen Wolgarepublik), bei Carrefour in Paris, beim Londoner Malik-Verlag, beim Aurora-Verlag in New York — und nur in Ausnahmefällen bei sogenannten bürgerlichen Verlagen in Zürich, Amsterdam oder Stockholm veröffentlicht hatten. Zwischen 1945 und 1949 erschienen ihre Werke lediglich bei

SBZ-Verlagen wie Henschel, Aufbau, Hinstorff, Dietz, Volk und Wissen, Neues Leben, Rütten & Loening, Volk und Welt, dem Mitteldeutschen Verlag und dem Leipziger Reclam-Verlag. Selbst das einzige Werk von Ernst Toller, das in diesem Zeitraum erhältlich war, nämlich das Bühnenmanuskript seines antifaschistischen Dramas *Pastor Hall*, konnte nur durch den Ostberliner Henschel-Verlag bezogen werden.

Sowohl in der sowjetischen Besatzungszone als auch in den drei Westzonen zu veröffentlichen, gelang damals nur wenigen, besonders berühmten Exilschriftstellern und -schriftstellerinnen. Zu dieser Gruppe gehört als Hauptfigur Bertolt Brecht, der, wie andere Linke, im Exil beim Amsterdamer Allert de Lange-Verlag, bei der Moskauer Verlagsgenossenschaft ausländischer Arbeiter, beim Londoner Malik-Verlag, beim Pariser Carrefour-Verlag und beim New Yorker Aurora-Verlag publiziert hatte — und in den Jahren nach der Niederlage des Faschismus, auf Bergen unveröffentlichter Manuskripte sitzend, erst einmal sorgfältig sondierte, wo sich für ihn — politisch gesehen — die größten Wirkungsmöglichkeiten boten. Daher brachte er seine *Kalendergeschichten* 1949 sowohl beim Westberliner Gebrüder-Weiss-Verlag als auch beim Ostberliner Verlag Neues Leben heraus. Sein *Dreigroschenroman* erschien nach dem Krieg erstmals 1944 bei Desch in München. Von seinen Dramen ließ Brecht 1948 *Furcht und Elend des Dritten Reichs* beim Aufbau-Verlag und *Mutter Courage und ihre Kinder* bei Suhrkamp drucken. Anschließend handelte er einen Vertrag mit Peter Suhrkamp aus, der es ihm erlaubte, alle seine Werke bei Suhrkamp und zugleich beim Aufbau-Verlag, also im Osten und Westen, herauszubringen. Auch Anna Seghers, die wie Brecht bis 1947 in Moskau, Amsterdam, Paris und New York publiziert hatte, erreichte, daß manche ihrer Bücher nach dem Krieg in beiden Teilen Deutschlands erscheinen konnten. Während in der SBZ ihre Werke seit 1946 beim Aufbau-Verlag herauskamen, veröffentlichte sie 1947 bei Desch den Roman *Das siebte Kreuz*, der 1948 nochmals bei Rowohlt erschien, 1948 bei Weller in Konstanz den Roman *Transit* und 1949 bei Suhrkamp der Roman *Die Toten bleiben jung*. Und auch Arnold Zweig, der im Exil seine Bücher bei Querido, beim Viking-Verlag in New York und bei Workers Book Guild in Tel Aviv herausgebracht hatte, gelang es nach 1945, neben seinen Veröffentlichungen in der SBZ und späteren DDR, auch einige Werke beim Neuen Verlag in Stockholm, beim Wiener Verkauf-Verlag und beim Münchner Desch-Verlag unterzubringen[10].

Andere linke oder linksliberale Exilautoren, die noch immer in den Vereinigten Staaten lebten, konnten sich dagegen zwischen 1945 und 1949 keine so günstigen Bedingungen aushandeln wie Brecht, Seghers und Zweig. Da ihre Werke in der sowjetischen Besatzungszone zum Teil in großen Auflagen erschienen, wurden sie in Westdeutschland nur in Ausnahmefällen und auch dann nur in kleinen Auflagen verlegt. So konnte zwar Lion Feuchtwanger in der unmittelbaren Nachkriegszeit viele seiner Romane beim Aufbau-Verlag, bei Volk und Wissen und beim Rudolstädter Greifen-Verlag herausbringen, jedoch im gleichen Zeitraum in den Westzonen nur einen Nachdruck seines *Simone*-Romans bei dem relativ unbekannten Fleischer-Verlag in Frankfurt plazieren. Das gleiche gilt für Heinrich Mann, dessen Werke beim Aufbau-Verlag, beim Weimarer Kiepenheuer-Verlag und bei Leipziger Verlagen wie Reclam, Insel sowie Volk und Wissen in Zehntausenden von Exemplaren herauskamen, während sich in den Westzonen bloß der Weichert-Verlag und die Deutsche Buchgemeinschaft entschlossen, Nachdrucke seiner Romane *Die kleine Stadt* und *Der blaue Engel* herauszubringen. Auch Oskar Maria Graf, der bis Kriegsende vor allem bei linken Verlagen in Moskau, London und New York publiziert hatte, konnte nach 1945 in den Westzonen lediglich *Das Leben meiner Mutter*, und *Die Eroberung der Welt* bei Desch sowie seinen Roman *Anton Sittinger* beim Münchner Freitag-Verlag unterbringen — und das zu einer Zeit, als er mit seinen Publikationen beim Aufbau-Verlag und bei der Märkischen Druck- und Verlagsgesellschaft in der SBZ bereits große Erfolge erzielte. Noch geringer war die Beachtung, die nach 1947 im Westen Schriftstellern zuteil wurde, welche wie Stephan Hermlin und Wolfgang Langhoff bis zu diesem Zeitpunkt in den drei Westzonen und danach in der SBZ veröffentlichten. Und auch Dramatiker, die wie Kurt Goetz die Aufführungsrechte ihrer Werke dem Rostocker Hinstorff-Verlag oder wie Ferdinand Bruckner dem Ostberliner Aufbau-Verlag übertrugen, wurden in den Westzonen nur in Ausnahmefällen nachgedruckt.

Die beiden großen Ausnahmefälle unter den linken Exilautoren, deren Werke zu dieser Zeit auch in den Westzonen große Erfolge hatten, waren Kurt Tucholsky und Theodor Plivier. Daß das Werk Tucholskys hüben und drüben, bei Rowohlt in Hamburg und beim Mitteldeutschen Verlag in Halle in großen Auflagen erscheinen konnte, hängt weitgehend damit zusammen, daß in diesen Jahren das unterhaltsam Plaudernde, der *Rheinsberg-* und *Gripsholm*-Tucholsky, in den Vordergrund gerückt wurde, der politisch keinen Anstoß erregte. Der Fall Plivier liegt dagegen anders. Er, der bis 1945 vornehmlich in Moskau publiziert hatte, ließ nach seiner Rückkehr in den östlichen Teil Deutschlands seine Werke erst einmal beim Aufbau- und beim Weimarer Kiepenheuer-Verlag erscheinen, setzte sich aber 1947 plötzlich in den Westen ab und wurde hier zu einem der großen Stars des Antikommunismus, dessen Werke in den folgenden zwei Jahren bei sechs westdeutschen Verlagen herausgebracht wurden, die sogar seine Romane der zwanziger Jahre wieder auf den Markt brachten. In ihm hatten die Verfechter des Kalten Krieges endlich einen Dissidenten gefunden, mit dem sie politisch Furore machen konnten. Allerdings entzog sich Plivier diesem Rummel schon kurze Zeit später und siedelte in die Schweiz über.

Der einzige linksliberale Autor, der damals nicht in der SBZ erschien und deshalb, wie immer, eine Klasse für sich bildete, war Thomas Mann. Er blieb auch in diesen Jahren dem einen großen Verlag seines Lebens, nämlich S. Fischer treu, der zu diesem Zeitpunkt noch nicht nach Deutschland zurückkehren konnte, die Bücher seiner Autoren und Autorinnen weiterhin in Stockholm oder Wien verlegte und die westdeutschen Verlagsrechte zeitweilig Peter Suhrkamp überließ, der sie in den dreißiger Jahren schon einmal übernommen hatte. Da Suhrkamp die Bücher der S. Fischer- oder Bermann-Fischer-Autoren und -autorinnen nur in den drei Westzonen herausbringen durfte, erschienen demzufolge alle relevanten Werke von Thomas Mann zwischen 1945 und 1949 entweder weiterhin in Stockholm, Amsterdam und Zürich oder bei Suhrkamp in Frankfurt, während der Ostberliner Aufbau-Verlag mit seiner Thomas-Mann-Ausgabe erst in den fünfziger Jahren beginnen konnte.

III.

In den drei westlichen Besatzungszonen war dagegen die literarische Situation von Anfang an eine andere. Und das hatte auch auf die mögliche Rückeingliederung von Exilautoren und -autorinnen einen entscheidenden Einfluß. Von einer relativ kurzen Anfangsphase abgesehen, in der auch hier oppositionelle Schriftsteller wie Günther Weisenborn, welche die NS-Gefängnisse und Konzentrationslager überlebt hatten, als die ›Helden der ersten Stunde‹ begrüßt wurden, setzten sich im Westen weitgehend diejenigen Autoren und Autorinnen durch, die aus den Bereichen der sogenannten Inneren Emigration stammten[11]. Obwohl auch in diesen Zonen — unter Berufung auf das Potsdamer Abkommen — anfangs von einer gründlichen Entnazifizierung und ideologischen Umorientierung des deutschen Schrifttums die Rede war, blieben solche Parolen, denen keine konkreten Maßnahmen von seiten der politisch Verantwortlichen folgten, weitgehend im Deklamatorischen stecken. Es gab zwar einige wohlinformierte, zum Teil deutsch-jüdische Besatzungsoffiziere, die selbst im Bereich der hohen Literatur auf einer Democratic Re-Education bestanden, das heißt frühere NS-Verlage verboten, die Bibliotheken säubern ließen, die Theater einer strengen Kontrolle unterstellten, nur besatzungskonforme Verlage mit dem nötigen Druckpapier belieferten, ja sogar hin und wieder von ihrem Recht auf Zensur Gebrauch machten. Und es gab auch einige überzeugte Antifaschisten unter den westdeutschen Verlegern und Literaturkritikern, die sich in diesem Zeitraum für eine durchgreifende politische und kulturelle Wandlung einsetzten. Dafür sprechen zwischen 1946 und 1947 gegründete Zeitschriften wie *Der Ruf*, *Frankfurter Hefte*, *Die Epoche*, *Neues Europa*, sowie *Volk und Zeit*, die sich für eine Neuordnung Deutschlands im Sinne eines ›Dritten Wegs‹ einsetzten.

Die überwältigende Mehrheit der in den drei westlichen Besatzungszonen lebenden Schriftsteller und Schriftstellerinnen schrieb jedoch einfach so weiter, wie sie vor 1945 geschrieben hatte. Schließlich hatten sich diese Autoren und Autorinnen auch unter Hitler nur in Ausnahmefällen politisch engagiert und ihr Schreiben weitgehend als eine Fortführung jener bürgerlich-humanistischen, religiösen, pseudoromantischen oder großspurig als ›abendländisch‹ bezeichneten Traditionen verstanden, in denen sich der ›reine Geist‹ manifestierte. Und dieser Geist, sagten sie, habe ohnehin zu allen Zeiten über den jeweiligen politischen Ideologien gestanden und könne daher nicht für jene Verbrechen verantwortlich gemacht werden, welche von halbgebildeten Kleinbürgern, wie Hitler und seinen braunen Horden, verübt worden seien. Sie wollten in aller Öffentlichkeit demonstrieren, daß sie sich als bildungsbewußte Vertreter und Vertreterinnen jener ›geistigen Provinz‹ empfanden, in der die guten Humanisten, Christen und Abendländer seit eh und je gewohnt hätten. Diese Autoren und Autorinnen favorisierten darum auch nach 1945 eine Literatur, die in erster Linie Trost, Segen und Heilung spendete, statt sich für irgendwelche politischen Zielsetzungen zu engagieren. Literatur sollte vor allem ›Lebenshilfe‹ bieten, wie es in ihren Schriften immer wieder hieß[12] und damit auf das Wesentliche, Eigentliche, wenn nicht gar Ewige im menschlichen Dasein verweisen. Diese Autoren und Autorinnen ließen daher über die Krater und Trümmerberge einfach Gras wachsen. In romantisch-utopischem Antikapitalismus und zugleich romantisch-utopischem Antisozialismus bemühten sie sich, von jener ›Mitte‹, jenem Nullpunkt des Seins auszugehen, dem sie Namen wie Gott, Natur, Wesen, Ursprung, Substanz oder Mythos gaben. Alles Aufrüttelnde, Verheutigende, Politisierende wurde deshalb von ihnen scharf abgelehnt. Ihre dichterischen Leitbilder waren nicht Autoren wie Lessing, Heine oder Thomas Mann, sondern ein unpolitisch gesehener Goethe, Stifters *Nachsommer* oder Hesses *Glasperlenspiel*. Ja, als Hesse für diesen Roman 1946 den Nobelpreis erhielt, während alle politisch engagierten Autoren wieder einmal leer ausgingen, fühlten sich die Vertreter und Vertreterinnen solcher Traditionen nicht nur auf innerdeutscher, sondern sogar auf internationaler Ebene bestätigt.

Grob geschätzt, machten die Werke dieser Gruppe bis weit in die fünfziger Jahre etwa 70 bis 80 Prozent des westdeutschen Belletristikangebots aus. Für viele dieser Schriftsteller und Schriftstellerinnen bildeten der Untergang des Dritten Reichs sowie die unmittelbare Nachkriegszeit überhaupt keinen Einschnitt in ihrem Leben oder Werk. So erschienen etwa von Werner Bergengruen sowohl 1943 und 1944 als auch 1945 und 1946 neue Werke auf dem Buchmarkt. Friedrich Georg Jünger kam 1942, 1944, 1946 und 1947, Gertrud von Le Fort 1940, 1943, 1946 und 1947, Bernt von Heiseler 1942, 1943, 1945 und 1947 mit neuen Publikationen heraus, die sich in Thematik und Tenor kaum voneinander unterschieden. Während sich im Hinblick auf die literarische Situation in der sowjetischen Besatzungszone viel eher von einer ›Stunde Null‹ sprechen läßt, da die dortigen Besatzungsbehörden viel stärker mit antifaschistisch-umerziehender Absicht in den Kulturbetrieb eingriffen, schrieben im Westen, wie gesagt, die meisten erst einmal so weiter, wie sie als Nichtfaschisten oder Nichtfaschistinnen bis 1945 geschrieben hatten, ja benutzten diese Kontinuität geradezu als politisches Alibi, als ›Persilschein‹. Und die Mehrheit der westdeutschen Kritiker und Kritikerinnen, die ebenfalls aus dem Bereich der Inneren Emigration stammte, stimmte dieser Haltung durchaus zu. Wie hätten sonst in den drei westlichen Besatzungszonen fast alle wichtigen Literaturpreise zwischen 1945 und 1949 an Autoren und Autorinnen wie Emil Barth, Werner Bergengruen, Peter Dörfler, Gertrud von Le Fort, Wolf von Niebelschütz, Hans Schiebelhuth, Rudolf Alexander Schröder, Georg Schwarz, Ina Seidel und Fritz Usinger verliehen werden können, die alle auch im Dritten Reich publiziert hatten, während die antifaschistischen Exilschriftsteller und -schriftstellerinnen bei solchen Preisverleihungen fast immer übersehen wurden[13].

All dies leuchtet jedem, der mit der politischen Situation nach 1945 in Deutschland vertraut ist, sofort ein. Was dagegen auf Anhieb unverständlich wirkt, ist die Tatsache, daß selbst die meisten der demokratisch-engagierten westdeutschen Autoren und Autorinnen, vor allem die jüngeren unter ihnen, die nach Kriegsende mit einer provozierenden Kahlschlag- oder Trümmerliteratur auftraten[14], kaum Kontakte zu den Exilschriftstellern und -schriftstellerinnen aufnahmen. Lediglich ein Exilautor wie Walter Kolbenhoff schloß sich dieser Gruppe an[15]. Ansonsten verhallte der Appell, daß es möglichst schnell zu einer »Vereinigung der Emigranten mit Deutschlands junger Generation« kommen müsse, der sich 1946 in einem Beitrag von Alfred Andersch zum ersten Heft der Zeitschrift *Der Ruf* findet, weitgehend im Leeren[16]. Auch die frühe ›Gruppe 47‹, die auf Initiative Hans Werner Richters entstand, knüpfte nicht an die Exilerfahrung an. Ihr ging es vornehmlich um die Verarbeitung der eigenen Erfahrungen im Faschismus, im Krieg, in der Gefangenschaft oder während der unmittelbaren Nachkriegszeit[17]. Da sie hierbei so karg, so einfach, so existentiell wie nur möglich verfuhr, fand sie in den Schriften der Exilautoren und -autorinnen, sofern ihr diese überhaupt zugänglich waren, weder sprachlich noch erfahrungsmäßig irgend etwas Verwandtes oder gar Vorbildliches. »Wir haben eine andere Sprache«, hieß es in diesen Kreisen, »und wir sehen unsere Gegenwart anders[18].« Selbst die Werke der französischen Existentialisten, vor allem die von Jean-Paul Sartre und Albert Camus, kamen manchen dieser Autoren und Autorinnen verwandter vor als die der deutschen Exilliteratur, die aus einem ›Leiden an Deutschland‹ entstanden war, das ihnen, die jede Form des Nationalsozialismus ein für allemal überwinden wollten, völlig fern lag. Und so fanden selbst diese beiden Gruppen nicht zusammen.

Daher nimmt es nicht wunder, daß von den bedeutenden Exilautoren und -autorinnen nach 1945 fast niemand in die drei westlichen Besatzungszonen ging. Sogar viele der bürgerlich-humanistischen oder eskapistisch-resignierenden, deren Werke denen der Inneren Emigration gar nicht so unähnlich waren, konnten sich nicht zu diesem Schritt entschließen. Die Gründe hierfür waren allerdings nicht nur politische. Das hing auch damit zusammen, daß viele der älteren Exilautoren und -autorinnen in den jeweiligen Gastländern, vor allem den USA, bereits heimisch geworden waren, hier ihren Lebensunterhalt verdienten, englisch sprechende Freunde und Kinder hatten — und all dies nicht für eine höchst unsichere Existenzmöglichkeit in dem weitgehend zerstörten Deutschland aufgeben wollten. Was viele dieser Schriftsteller und Schriftstellerinnen außerdem von der Rückkehr nach Deutschland abhielt, war die weitverbreitete Kollektivschuldthese im Sinne Vansittarts oder Morgenthaus, welche vor allem auf bildungsbürgerliche Autoren und Autorinnen, die ohnehin gern zu geistesgeschichtlichen Pauschalisierungen neigten, eine große Anziehungskraft ausübte. Während die Linken im Exil stets zwischen dem NS-Regime und dem Deutschland der Widerstandskämpfer und -kämpferinnen, der klassenbewußten Arbeiterschaft und der in Gefängnissen und Konzentrationslagern eingesperrten Systemgegner und -gegnerinnen unterschieden hatten und daher nach Kriegsende möglichst schnell nach Europa zurückgekehrt waren, um sich beim Aufbau eines neuen Deutschland zu beteiligen, neigten viele bürgerliche Liberale aufgrund ihrer geistbetonten Sehweise, nach der es nur Menschen, aber keine Klassen gibt, wegen der Meldungen über die Auschwitz-Greuel nach 1945 häufig dazu, alles Deutsche auf phänomenologische Weise als negativ zu verteufeln und in den Vertretern und Vertreterinnen dieser Nation — unter Ausschaltung konkreter politischer und sozialer Kriterien — vornehmlich staatsorientierte, autoritätshörige, aggressive und damit militaristisch gesinnte Wesen zu sehen. Diese Schichten hegten daher in der Folgezeit große Zweifel, ob es ›den‹ Deutschen jemals gelingen würde, sich von solchen offenbar angeborenen oder zumindest historisch verfestigten Charakterzügen zu befreien.

Zu den schärfsten Urteilen dieser Art neigten die jüdischen Vertreter und Vertreterinnen dieser Gruppe, die sich wie Emil Ludwig im New Yorker *Aufbau* voll und ganz hinter die Morgenthausche Kollektivschuldthese stellten und jeden weiteren Kontakt mit Deutschland geflissentlich vermieden[19]. Diese Autoren und Autorinnen begrüßten die USA weitgehend als ein Land, das ihren Vorstellungen am meisten entsprach, das heißt ein Land ohne einen völkisch-orientierten Nationalismus, ohne übersteigerte Kollektivvorstellungen, ohne ein Zuviel an öffentlicher Moral. Im Gegensatz zu Deutschland fanden sie hier einen Staat, der auf dem Prinzip des ethnischen Pluralismus beruhte, der einen großen jüdischen Bevölkerungsanteil aufwies und in dem weniger das Allgemeine, alle Staatsbürger und -bürgerinnen Betreffende, als das Individuelle, Psychologische, ja Private als positiv herausgestrichen wurde. Und das mußte ihnen als Juden und Jüdinnen, die seit altersher einen nur allzu begründeten Außenseiteraffekt gegen sie gefährdende staatliche Normen hatten, besonders entgegenkommen. Es waren daher diese Schichten, die den Antitotalitarismus sowie die Ideologie der Ideologielosigkeit, welche im Zuge des Kalten Krieges in den Vordergrund traten, am lebhaftesten begrüßten und zu überzeugten Anhängern und Anhängerinnen einer alle Staatsgrenzen aufhebenden Weltzivilisation im Sinne des von Franklin D. Roosevelt anvisierten ›One World‹-Konzepts wurden. Nur eins störte sie an den USA: ihre nicht zu übersehende ›Kulturlosigkeit‹. In dieser und nur in dieser Hinsicht schlossen sie darum ihren Frieden mit ›dem‹ Deutschen, das heißt der deutschen Kultur in ihrer sublimsten Form: der idealistischen Philosophie, der Literatur eines Goethe sowie der klassisch-romantischen Musik, in denen sie etwas Autonomes, von aller Politik und Gesellschaft weit Abgehobenes erblickten.

Daher blieb selbst im Rahmen dieser Gruppe eine gewisse Verbundenheit mit Deutschland erhalten, zumal viele von ihnen, die sich im Alltag überwiegend auf englisch verständigen mußten, weiterhin deutsch dachten und deutsch schrieben. Ja, manche von ihnen bemühten sich sogar, mit west- oder ostdeutschen Verlegern Kontakte aufzunehmen, um in jenem Deutschland, an dem sie so litten, als dem Land der höheren Kultur, wenigstens publiziert zu werden. Zu dieser Gruppe, die auch nach dem Ende des Krieges weiterhin im Exil blieb, gehörten vor allem bürgerlich-kulturbewußte, deutsch-jüdische Autoren und Verleger wie Hugo Perls, Kurt Pinthus, Felix Pollak, Hans Sahl und Kurt Wolff sowie Schriftsteller wie Walter Bauer, Joachim Maass, Ludwig Marcuse und Heinz Politzer, die als Professoren an amerikanischen oder kanadischen German Departments ihr Auskommen fanden. Ebenso verbunden mit Deutschland fühlten sich ›freischwebende‹ Linke wie

Lion Feuchtwanger und Oskar Maria Graf, die jedoch weiterhin in den USA blieben, da sie keine amerikanischen Staatsbürger waren und befürchteten, nach einem Verlassen der Vereinigten Staaten, wie der als Kommunist verdächtigte Charlie Chaplin, kein offizielles Re-Enter-Permit zu bekommen. Andere, wie Hermann Kesten, pendelten in diesen und den folgenden Jahren ständig zwischen den USA, der Schweiz, Italien und Westdeutschland hin und her, weil ihnen die Heimat zur Fremde, aber die Fremde nicht zur Heimat geworden war. Derselbe Kesten publizierte deshalb später beim List-Verlag den vielbeachteten Sammelband *Ich lebe nicht in der Bundesrepublik,* in dem über 30 Exilautoren ihre Gründe darlegten, warum sie nach dem Krieg nicht nach Deutschland zurückgekehrt sind[20].

In den drei Westzonen dagegen suchten zwischen 1945 und 1949 nur sehr wenige Exilautoren und -autorinnen wieder heimisch zu werden. Einer der ersten und aktivsten unter diesen Rückkehrern, der nicht wie Stephan Hermlin, Stefan Heym und Hans Mayer nach dem Beginn des Kalten Krieges in die sowjetische Besatzungszone überwechselte, war Alfred Döblin. Um der deutschen ›Rumpfliteratur‹, wie er sie nannte[21], wieder auf die Beine zu helfen, empfahl Döblin — neben der schnellen Verbreitung von Schriften humanistischer und religiöser Exilautoren — vor allem die Neuveröffentlichung von Werken jüdischer Autoren wie Peter Altenberg, Max Brod, Hugo von Hofmannsthal und Jakob Wassermann sowie expressionistischer Lyriker und Lyrikerinnen wie Ernst Blaß, Albert Ehrenstein, Else Lasker-Schüler, Alfred Mombert und Paul Zech, schwieg sich dagegen über linke Autoren und Autorinnen wie Seghers, Toller, Tucholsky usw. weitgehend aus. Trotz seiner konservativen Anschauungen haftete jedoch Döblin selbst in diesen Jahren noch immer der Makel des ehemaligen Linken an. Daß er überhaupt wirken konnte, verdankte er ausschließlich seiner Funktion als französischer Kulturoffizier und seiner offenen Angriffe auf den Marxismus. Auch ein Exilrückkehrer wie Fritz von Unruh machte sich in diesen Jahren vor allem als Antikommunist einen Namen[22]. Allerdings hielten es beide — aus unterschiedlichen Gründen — nur wenige Jahre in Westdeutschland aus. Unruh ging wieder in die USA, Döblin nach Frankreich. Wer sonst mit kulturpolitischen Ambitionen in die drei Westzonen remigrierte und sich nicht als Antikommunist hervortat, hatte wenig Chancen, beachtet zu werden. So kam etwa Leonhard Frank 1950 nach München zurück, blieb jedoch ein relativ mittelloser Außenseiter, der von der bundesrepublikanischen Literaturkritik kaum beachtet wurde[23]. Auch Hans Henny Jahnn lebte in Hamburg anfangs recht ärmlich und galt als ›überlebt‹. Dasselbe trifft auf Kurt Hiller zu, der für jeden Tag, den er unter dem Faschismus in Schutzhaft verbracht hatte, sage und schreibe fünf Mark ›Wiedergutmachung‹ erhielt[24].

Aber selbst im Hinblick auf solche Schicksale wäre es kurzschlüssig, rein moralisch zu argumentieren. Beschwörungen wie »Man hätte ...« helfen auch hier nicht weiter. Daß all dies so ablief, war weder die Schuld der Westdeutschen noch der Exilrückkehrer. Die staatlichen Stellen hätten sich tatkräftiger für eine finanzielle Unterstützung der Remigrationswilligen einsetzen müssen. Die einzige Erklärung dieser Art, welche die westdeutschen Ministerpräsidenten abgaben und die im Juni 1947 durch die Presse ging, war recht allgemein und wurde nicht durch konkrete Einzeleinladungen, geschweige denn durch detaillierte Stellungs- und Wohnungsangebote ergänzt[25]. Aber selbst wenn die hier ins Auge gefaßten Exilautoren und -autorinnen tatsächlich zurückgekommen wären, hätte ›man‹ — innerhalb der privatwirtschaftlichen Rahmenbedingungen des westdeutschen Kulturbetriebs — niemanden zwingen können, ihre Bücher zu publizieren oder gar zu lesen. Und darin besteht das eigentliche Problem. Wäre denn die konservative bis rechtsliberale Intelligenz in den drei Westzonen — ohne staatlichen Zwang wie im Osten — überhaupt bereit und willens gewesen, sich mit den Schriften dieser Autoren und Autorinnen ernsthaft auseinanderzusetzen? Daß sie es *nicht* war, belegt unter anderem der bekannte Briefwechsel über die Frage der Kollektivschuld zwischen Walter von Molo und Thomas Mann vom Herbst 1945, in den auch Frank Thiess und Manfred Hausmann eingriffen[26]. Schon hier wurde klar, welch ein Abgrund zwischen einem bürgerlich-humanistischen Autor mit Exilerfahrung wie Thomas Mann und den Vertretern der sogenannten Inneren Emigration klaffte. Und dieser Abgrund vertiefte sich in der Folgezeit, als Thomas Mann im Zuge des Kalten Krieges ideologisch weiter nach links rückte und schließlich sogar die USA verließ. Demzufolge wurde er 1949, als er nach den Goethe-Feiern in Frankfurt auch zu den Goethe-Feiern in Weimar fuhr, von den Rechten in den USA und der eben gegründeten Bundesrepublik in aller Öffentlichkeit als »Kommunistenfreund« angepöbelt[27]. So schrieb etwa Gerhard Nebel anläßlich des 65. Geburtstags von Thomas Mann am 6. Juni 1950 in der *Frankfurter Allgemeinen*, daß sich dieser Autor in den letzten Jahren als »Exponent einer bis zur Dummheit gehenden Abneigung gegen Deutschland« und als »Anwalt der östlichen Schinderwelt« bloßgestellt habe, der ständig im »Schmutz« wühle und stets dann am »schwächsten« sei, wenn er »zu denken beginne«[28].

Wenn schon die Mehrheit westdeutscher Intelligenz Thomas Mann so feindlich gegenüberstand[29], um wieviel abweisender muß sie sich jenen exponierten Linken gegenüber verhalten haben, die nach 1945 in die sowjetische Besatzungszone übergesiedelt waren. Das zeigte sich bei fast allen Versuchen, die Vertreter und Vertreterinnen des antifaschistischen Exils mit den Repräsentanten und Repräsentantinnen der Inneren Emigration an einen Tisch zu bringen. Das bekannteste Beispiel dafür ist jener bereits erwähnte erste deutsche Schriftstellerkongreß, der im Herbst 1947 in Berlin stattfand und auf dem es zu scharfen Konfrontationen zwischen beiden Gruppen kam[30]. Auch der Sammelband *Verboten und Verbrannt. Deutsche Literatur 12 Jahre unterdrückt*, den Richard Drews und Alfred Kantorowicz im gleichen Jahr veröffentlichten und der Textproben aus beiden Bereichen enthielt, löste deshalb höchst unterschiedliche Reaktionen aus; in der Folgezeit, als sich der Kalte Krieg voll entfaltete, wurden solche Annäherungsversuche immer schwieriger. Es verwundert daher nicht, daß die Bücher der antifaschistischen Exilautoren und -autorinnen im Belletristikprogramm der westdeutschen Verlage zwischen 1945 und 1949 eine recht marginale Rolle spielten, während sie zu gleicher Zeit in der SBZ in hohen Auflagen herauskamen. Zugegeben, hierbei gab es im einzelnen durchaus Imponderabilien, die sich nicht ohne weiteres in das politische und kulturelle Gesamtbild dieser Epoche einfügen. Schließlich haben wir es auf diesem Gebiet nicht nur mit ideologisch gesteuerten Machinationen, sondern auch mit privatwirtschaftlichen Copyright-Fragen, Verlagsentscheidungen, persönlichen Beziehungen, Nachlaßkomplikationen und anderen Faktoren zu tun, die in Einzelfällen einen wichtigen Einfluß hatten. Doch im großen und ganzen waren es in Westdeutschland meist folgende Motivationen, die bei verlegerischen Entscheidungen, ob das Werk eines früheren Exilautors oder einer Exilautorin gedruckt werden solle oder nicht, den entscheidenden Ausschlag gaben: der finanzielle Aspekt und die Frage, welche Rolle das betreffende Werk im Hinblick auf die ideologischen Entscheidungen des Kaltes Krieges spielen würde.

Wer diesen Kriterien positiv entsprach, konnte deshalb nach 1945 selbst als Exilschriftsteller auf dem westdeutschen Buchmarkt beachtliche Erfolge erzielen. Am leichtesten gelang das alten Bestsellerautoren wie Alfred Neumann mit seinen Romanen *Rebellen* und *Der Teufel*. Auch manche Werke von Stefan Zweig, darunter sein Lebensrückblick *Die Welt von gestern*, erreichten schnell hohe Auflagen. Als ebenso erfolgreich erwiesen sich Romane wie *Das Lied von Bernadette* und *Stern der Ungeborenen* von Franz Werfel, die erst bei Bermann-Fischer in Stockholm und dann 1948 bzw. 1949 bei Suhrkamp herauskamen. Ebenso häufig nachgedruckt und besprochen wurden die Werke ehemaliger Kommunisten wie Arthur Koestler und Gustav Regler, welche wie die Romane von Theodor Plivier ein willkommenes Politikum im Kalten Krieg darstellten. Wesentlich schwerer hatte es dagegen Alfred Döblin, der in diesem Zeitraum selbst seinen weltberühmten Roman *Berlin Alexanderplatz* lediglich beim Schleber-Verlag in Kassel unterbringen konnte. Noch unbeachteter blieben Werke früherer Exilautoren wie *Tibbs* von Robert Neumann, *Das zweite Geben* von Peter de Mendelssohn, *Ob Tausend fallen* von Hans Habe, *Die Blendung* von Elias Canetti und *Glückliche Menschen* von Hermann Kesten, die alle fünf im Jahr 1948 erschienen, sowie jene Romane von Irmgard Keun, welche der Düsseldorfer Komet-Verlag und der Kölner Epoche-Verlag nach 1945 herausbrachten. Von ausgesprochen linken Romanen, falls sie überhaupt auf den Markt kamen, nahm fast niemand Notiz oder man kanzelte sie mit den üblichen Kriterien des Kalten Krieges als ›totalitaristisch‹ gesinnte Propagandamachwerke ab.

IV.

Kommen wir zu Folgerungen. Während in der sowjetischen Besatzungszone bereits in den ersten Nachkriegsjahren die Werke all jener Autoren und Autorinnen erschienen, die im Exil auf der Grundlage linker, links-liberaler oder bürgerlich-humanistischer Anschauungen eine klare antifaschistische Haltung bezogen hatten, handelte es sich bei den Exilwerken im Belletristikprogramm der westdeutschen Verlage zwischen 1945 und 1949 um eine wesentlich kleinere und zugleich höchst unterschiedliche Gruppe von Werken, deren Gemeinsamkeit meist nur darin bestand, daß sie weder antifaschistische noch linke Tendenzen aufwiesen. Was in dieser Werkgruppe im Vordergrund stand, war entweder christliches wie in Werfels *Das Lied der Bernadette* oder antikommunistisches Gedankengut wie in Koestlers *Sonnenfinsternis*. Manche dieser Autoren, wie Erik von Kuehnelt-Leddhin in seiner Utopie *Moskau 1977* (1949), verbanden diese beiden Elemente sogar. Als ebenso positiv in politischer Hinsicht empfanden viele westliche Kritiker und Kritikerinnen in diesem Zeitraum jene Literatur, die — wie die Serenus-Zeitbloom-Passagen in Thomas Manns *Doktor Faustus*[31] — aus dem Erfahrungsbereich der Inneren Emigration oder — wie die Oderbruch-Szenen in *Des Teufels General* von Carl Zuckmayer[32] — aus dem Erfahrungsbereich des bürgerlich-konservativen Widerstands gegen das Dritte Reich stammte. Das beweisen nicht nur die Aufführungsziffern des Zuckmayerschen Stücks, die anfänglich wesentlich höher waren als die aller anderen Dramen aus dem Exil, einschließlich der von Bertolt Brecht, sondern auch die Nachdrucke von Romanen ehemaliger Exilautoren in westdeutschen Zeitungen zwischen 1945 und 1949, bei denen, wie die einschlägigen Statistiken belegen[33], Autoren wie Werfel, Koestler und Thomas Mann eindeutig an der Spitze lagen.

Im Gegensatz zu den Verlagen der sowjetischen Besatzungszone, die im Zuge einer entschiedenen Vergangenheitsbewältigung vor allem die antifaschistische Exilliteratur in großen Auflagen unter die Leute zu bringen versuchten, um so einen allgemeinen Gesinnungswandel herbeizuführen, wurde also in den drei Westzonen innerhalb der Exilliteratur gerade das ausgespart, bei dem es um eine kritische Darstellung des Nationalsozialismus oder gar einen Widerstand von links gegen das NS-System ging. Daher blieb der ›sozialistisch oder kommunistisch engagierte Teil der Exilliteratur‹ in diesen Breiten weitgehend draußen vor der Tür[34]. Und zwar bediente sich die westdeutsche Presse bei diesem Selektionsprozeß meist einer Argumentationsweise, die zwar selbst in den ›heil'gen Hallen‹ der Literatur — wie in dem 1947 gegründeten Kalten-Kriegs-Organ *Der Monat* — die Kritik am Kommunismus durchaus duldete, ja zum Teil sogar lebhaft förderte, dagegen eine linksorientierte Kritik am Faschismus als unangebrachte Aktualitätshascherei, wenn nicht gar Depravierung des Dichterischen ins Ideologische, Tendenziöse und damit Totalitaristische hinstellte, der man nach der ›teuflischen‹ NS-Zeit den älteren bürgerlichen Drang ins Höhere, Mystische, Magische, Religiöse, Transzendentale, Idealistische, kurz: Unpolitische entgegensetzen müsse. Dementsprechend schrieb ein Kritiker der *Kölnischen Rundschau* nach einer Aufführung von Friedrich Wolfs *Professor Mamlock*, einem Exildrama gegen den Antisemitismus der NSDAP, schon gegen Ende 1946: »Was fangen wir mit Tendenzstücken wie ›Professor Mamlock‹ an? Mit solchen Sachen wurden wir im Dritten Reich gefüttert! Wir wollen Werke sehen, die uns erheben aus unserer Enge, hoch hinaus über unser armseliges Dasein zu größeren Dingen[35]!« In dieser Äußerung kommt bereits vieles zum Ausdruck, was für einen Großteil der späteren Literaturentwicklung in der Bundesrepublik der frühen fünfziger Jahre ausschlaggebend werden sollte: die Wendung ins Höhere und Unrealistische, ein vages, aber geschickt kaschiertes Schuldbewußtsein, das nur noch in verschleiernden ›Wir‹-Gesten zum Ausdruck kam, sowie die Ablehnung aller politisch motivierten Literatur im Sinne der Totalitarismustheorien des Kalten Krieges, die vorgaben, daß zwischen Braun und Rot nicht der geringste Unterschied bestehe.

Die meistdiskutierten Werke dieser Jahre waren daher in den drei Westzonen — neben der *Sonnenfinsternis* und dem *Lied der Bernadette* — Romane wie *Das Glasperlenspiel* (1943) von Hermann Hesse, *Wir sind Utopia* (1943) von Stefan Andres, *Die Gesellschaft vom Dachboden* (1946) von Ernst Kreuder, *Das unauslöschliche Siegel* (1946) von Elisabeth Langgässer, *Die Stadt hinterm Strom* (1947) von Hermann Kasack, *Heliopolis* (1949) von Ernst Jünger und ähnliche Werke — und nicht Romane wie *Die Geschwister Oppenheim* (1933) von Lion Feuchtwanger, *Die Prüfung* (1934) von Willi Bredel. *Die Jugend des Königs Henri Quatre* (1935) von Heinrich Mann, *Pardon wird nicht gegeben* (1935) von Alfred Döblin, *Anton Sittinger* (1937) von Oskar Maria Graf, *Abschied* (1940) von Johannes R. Becher, *Das siebte Kreuz* (1942) von Anna Seghers, *Das Beil von Wandsbek* (1947) von Arnold Zweig oder die Dramen Bertolt Brechts und Friedrich Wolfs, mit denen man sich damals in der SBZ auseinandersetzte. Von den letzteren waren vielen westdeutschen Lesern und Leserinnen nicht einmal die Titel bekannt[36]. Das Interesse in der frühen Bundesrepublik an solchen Werken war äußerst gering. Weder die Zeitungskritiker noch die Literaturhistoriker beschäftigten sich in ihren Feuilletons bzw. Seminaren mit den Werken der antifaschistischen Exilliteratur. Es gab zwar einige Sammelbände und Aufsätze, in denen auch die linken Exilschriftsteller und -schriftstellerinnen erwähnt wurden, doch sie stammten fast ausschließlich von Autoren wie Stephan Hermlin, Alfred Kantorowicz und Hans Mayer, die sich nach 1947 in die sowjetische Besatzungszone absetzten. Lediglich an der Deutschen Bibliothek in Frankfurt wurden seit 1948, angeregt durch Hanns W. Eppelsheimer, erste Versuche unternommen, alle Werke der zwischen 1933 und 1945 im Exil publizierten Literatur zu erfassen und anzukaufen. Doch auf dem Buchmarkt war nach der von den Westmächten einseitig durchgeführten Währungsreform und der von den Sowjets als Revanche gedachten Berliner Blockade, die 1948 in den drei westlichen Besatzungszonen eine scharfe Aversion gegen den Kommunismus auslöste, für eine solche Literatur kaum noch jemand zu interessieren. Aufgrund dieser Entwicklung schrieb der Verleger Kurt Desch im August dieses Jahres, und zwar mit »Rücksicht auf die ›Innere Emigration‹«, wie er ausdrücklich betonte, an Walter A. Berendsohn in Schweden, daß er den zweiten Band der *Humanistischen Front*, den dieser gerade abgeschlossen hatte, angesichts der gewandelten Situation nicht mehr herausbringen könne[37].

An dieser Situation änderte sich auch in den frühen fünfziger Jahren wenig. Nach der Gründung der beiden deutschen Staaten auf dem Rumpfterritorium des früheren NS-Staates sowie der Verschärfung der politischen Polarisierung im Zuge des Korea-Krieges (1950—1953) wurden auch die literarischen Auseinandersetzungen immer erbitterter. Während die Parteigewaltigen in der DDR zwischen 1949 und 1956 — im Zuge der von Stalin und A. A. Ždanov inszenierten Formalismus-Debatte — im Bereich des Literarischen fast nur noch zwischen westlicher ›Dekadenz‹ und einem recht eng gefaßten ›Sozialistischen Realismus‹ unterschieden, wodurch selbst manche der früheren linken Exilautoren und -autorinnen in Schwierigkeiten gerieten, begann die Mehrheit der westdeutschen Kritiker und Kritikerinnen im gleichen Zeitraum — im Rahmen der allseits propagierten Kontinuitäts- und Restaurationsparolen — sowohl die ältere als auch die gegenwärtige Literatur zusehends in ein westliches, sprich: pluralistisches und damit gutes, und ein östliches, sprich: kommunistisches und damit schlechtes Schrifttum auseinanderzudividieren.

In der Bundesrepublik führte das dazu, daß an die Stelle des Unterschieds zwischen innerer und äußerer Emigration, der bis 1950 in den Literaturdebatten des Feuilletons immer wieder hochgespielt worden war, jetzt nur noch der als aktuell empfundene Gegensatz zwischen totalitär-überformter und abendländisch-freiheitlicher Literatur diskutiert wurde[38]. Diejenigen Werke eines Hermann Broch, Thomas Mann,

Robert Musil, Franz Werfel, Carl Zuckmayer und Stefan Zweig, die aus dem ästhetisierenden, religiösen, bürgerlich-humanistischen oder existentialistischen Bereich der Exilliteratur stammten, hatten es darum in diesen Jahren nicht schwer, die Gunst der westdeutschen Kritik und damit der an Hochliteratur interessierten Theaterbesucher und Leserschichten zu erringen. Dagegen wurden die linken Schriftsteller und Schriftstellerinnen des Exils, vor allem jene, die jetzt in der DDR lebten, nach 1948/49 westlich des Eisernen Vorhangs entweder verteufelt oder totgeschwiegen, was oft noch folgenreicher war[39]. So drangen etwa auf die Ideologie des Kalten Krieges eingeschworene CDU/CSU-Stadträte in den fünfziger und frühen sechziger Jahren immer wieder darauf, keine Stücke des ›Kommunisten‹ Brecht mehr auf den Spielplan zu setzen[40] oder einem zum ostdeutschen Kultusminister aufgestiegenen Exilautor wie Johannes R. Becher die Einreise in die Bundesrepublik zu verweigern[41]. Sogar ein SPD-Politiker wie Willy Brandt wurde damals von manchen Vertretern der Regierungsparteien noch vornehmlich als linker Exilant angegriffen. Franz Josef Strauß zum Beispiel erklärte im Jahr 1961, als Brandt erstmals als Kanzlerkandidat der SPD auftrat: »Eines wird man doch aber Herrn Brandt fragen dürfen: Was haben Sie zwölf Jahre lang draußen gemacht? Wir wissen, was wir drinnen gemacht haben[42].« Auch Ludwig Erhard, der allgemein als ›besonnen‹ Geltende, sagte im Oktober 1965 in der Hitze des Wahlkampfs: »Ich habe schon an der Stabilität der D-Mark gearbeitet, als Herr Brandt noch nicht wieder deutschen Boden betreten hatte[43].« Allerdings mußten Strauß und Erhard noch erleben, daß bereits zwei bis drei Jahre darauf — durch die liberalen bis linksliberalen Demokratisierungswellen im Kultur- und Geistesleben seit 1961, den ersten Rückschlag in der wirtschaftlichen Entwicklung um 1966/67 und schließlich den Wahlerfolg der SPD im Jahr 1969 — ein ehemaliger Exilant wie Willy Brandt zum wichtigsten Vertreter neuer Entwicklungstendenzen in der westdeutschen Politik aufsteigen konnte. Und auch auf literarischem Gebiet waren nach diesen Veränderungen die im Exil entstandenen antifaschistischen Werke von Bertolt Brecht, Lion Feuchtwanger, Oskar Maria Graf, Heinrich Mann, Anna Seghers, Ernst Toller wie auch anderer Exilautoren und -autorinnen keine unbekannten Größen mehr, sondern erfuhren endlich jenen Respekt, den ihnen die westlichen Exponenten des Kalten Krieges fast zwanzig Jahre lang verweigert hatten.

Anmerkungen

[1] Wolf Franck, Führer durch die deutsche Emigration, Paris 1935, S. 17; vgl. auch Jan Hans, Die Heterogenität des Exils, in: Sozialgeschichte der deutschen Literatur von 1918 bis zur Gegenwart, hrsg. von Jan Berg [u. a.], Frankfurt a. M. 1981, S. 426 ff.
[2] Lion Feuchtwanger, Exil, Amsterdam 1940, S. 151.
[3] Walter A. Berendsohn, Die humanistische Front. Einführung in die deutsche Emigranten-Literatur, Zürich 1946.
[4] Hermann Kesten, Fünf Jahre nach unserer Abreise, in: Das Neue Tagebuch, 6 (1938), H. 5, S. 114—117.
[5] Vgl. Matthias Wegner, Exil und Literatur. Deutsche Schriftsteller im Ausland 1933—1945, Frankfurt a. M. 1967.
[6] Zum Problem der ›Etikettierungen‹ der Exilliteratur vgl. u. a. Jost Hermand, Schreiben in der Fremde. Gedanken zur deutschen Exilliteratur seit 1789, in: Exil und Innere Emigration, hrsg. von Reinhold Grimm und Jost Hermand, Frankfurt a. M. 1972, S. 7—30; Lutz Winckler, Antifaschistische Literatur. Ein Diskussionsvorschlag, in: Antifaschistische Literatur, hrsg. von Lutz Winckler, Bd 1, Kronberg 1977, S. 30—52.
[7] Vgl. Jost Hermand, Kultur im Wiederaufbau. Die Bundesrepublik Deutschland 1945—1965, München 1986, S. 147.
[8] Vgl. Literarisches Leben in der DDR 1945 bis 1960, hrsg. von Ingeborg Münz-Koenen, Berlin 1979, S. 30.
[9] Gerhard Roloff, Exil und Exilliteratur in der deutschen Presse 1945—1949. Ein Beitrag zur Rezeptionsgeschichte, Worms 1976, S. 165.
[10] Zu weiteren Details der Publikationsgeschichte der Exilliteratur vgl. Jost Hermand, Der geteilte Himmel. Exilliteratur im Verlagsprogramm der vier Besatzungszonen (1945—1949), in: Frühe DDR-Literatur. Traditionen, Institutionen, Tendenzen, hrsg. von Klaus Scherpe und Lutz Winckler, Berlin 1988, S. 22—27.
[11] Vgl. hierzu Reinhold Grimm, Innere Emigration als Lebensform, in: Exil und Innere Emigration (wie Anm. 6), S. 31—73.
[12] Vgl. Hermand, Kultur im Wiederaufbau (wie Anm. 7), S. 154 ff.
[13] Vgl. Friedhelm Kröll, Literaturpreise nach 1945. Wegweiser in die Restauration, in: Nachkriegsliteratur in Westdeutschland 1945—1949, hrsg. von Jost Hermand [u. a.], Bd 1, Berlin 1982, S. 143—164.
[14] Vgl. u. a. Volker Christian Wehdeking, Der Nullpunkt. Über die Konstituierung der deutschen Nachkriegsliteratur (1945—1946) in den amerikanischen Kriegsgefangenenlagern, Stuttgart 1971.
[15] Vgl. Marita Müller, Kontinuität engagierter Literatur vor und nach 1945. Zum Werk Walter Kolbenhoffs, in: Nachkriegsliteratur (wie Anm. 13), Bd 2, Berlin 1983, S. 41—51.
[16] Vgl. hierzu auch Alfred Andersch, Deutsche Literatur in der Entscheidung, Karlsruhe 1948.
[17] Vgl. Frank Trommler, Die Nichtrezeption der Exilliteratur, in: Tendenzen der deutschen Gegenwartsliteratur, hrsg. von Thomas Koebner, Stuttgart 1984, S. 29—32.

[18] Zit. nach Peter Mertz, Und es wurde nicht ihr Staat. Erfahrungen emigrierter Schriftsteller mit Westdeutschland, München 1985, S. 134.
[19] Johanna W. Roden, Emil Ludwig's Political Writings during his U.S. Exile, in: Jahrbuch für Internationale Germanistik, Reihe A, 10 (1981), S. 22—28.
[20] Vgl. auch Ich bleibe Emigrant. Gespräche mit George L. Mosse, hrsg. von Irene Runge und Uwe Stellbrink, Berlin 1991.
[21] Alfred Döblin, Die literarische Situation, Baden-Baden 1947, S. 36.
[22] Vgl. Roloff, Exil und Exilliteratur (wie Anm. 9), S. 157 ff.
[23] Vgl. Reinhold K. Bubser, Leonhard Frank. Nachkriegsjahre und Rezeption seiner letzten Werke, in: Jahrbuch für Internationale Germanistik, Reihe A, 10 (1981), S. 28—37.
[24] Vgl. Mertz, Und es wurde nicht ihr Staat (wie Anm. 18), S. 110.
[25] Vgl. Roloff, Exil und Exilliteratur (wie Anm. 9), S. 130 ff.
[26] Vgl. Die große Kontroverse. Ein Briefwechsel um Deutschland, hrsg. von Johannes F. Grosser, Hamburg, Genf, Paris 1963.
[27] Vgl. Roloff, Exil und Exilliteratur (wie Anm. 9), S. 158; Thomas Mann im Urteil seiner Zeit. Dokumente 1891—1955, hrsg. von Klaus Schröter, Hamburg 1969, S. 412 ff.
[28] Zit. nach Die fünfziger Jahre, hrsg. von Dieter Bänsch, Tübingen 1985, S. 418.
[29] Als etwa 200 Intellektuelle in der amerikanischen Besatzungszone befragt wurden, ob sie eine Rückkehr von Thomas Mann, Annette Kolb und Carl Zuckmayer für wünschenswert hielten, sprachen sich über 60 Prozent der Befragten gegen eine solche Aktion aus. Vgl. hierzu allgemein Wigand Lange, Theater in Deutschland nach 1945. Zur Theaterpolitik der amerikanischen Besatzungsbehörden, Frankfurt a. M. 1980.
[30] Vgl. Hans Mayer, Konfrontation der inneren und äußeren Emigration, in: Exil und Innere Emigration (wie Anm. 6), S. 75 ff.
[31] Vgl. Frank Trommler, Emigrations- und Nachkriegsliteratur. Zum Problem der geschichtlichen Kontinuität, ebd., S. 191.
[32] Vgl. Werner Röder, Zur Situation der Exilforschung, in: Exil und Innere Emigration II, hrsg. von Peter Uwe Hohendahl und Egon Schwarz, Frankfurt a. M. 1973, S. 141—153.
[33] Vgl. Roloff, Exil und Exilliteratur (wie Anm. 9), S. 177.
[34] Vgl. Wolfgang Emmerich, Nullpunkt, in: Kulturpolitisches Wörterbuch, hrsg. von Wolfgang R. Langenbucher [u. a.], Stuttgart 1983, S. 539.
[35] Kölnische Rundschau, 13.12.1946.
[36] Als ich 1955 in Marburg meinen ersten Brecht-Vortrag hielt, fragte mich einer meiner neugermanistischen Lehrer erstaunt: »Wer ist denn dieser Herr Brecht?«
[37] Zit. nach Alexander Stephan, Die deutsche Exilliteratur 1933—1945, München 1979, S. 236.
[38] Vgl. auch Jost Hermand, Unbewältigte Vergangenheit. Westdeutsche Utopien nach 1945, in: Nachkriegsliteratur, Bd 1 (wie Anm. 13), S. 102—127.
[39] Vgl. hierzu u. a. Wulf Köpke, Die Exilliteratur und ihre Rezeption im Nachkriegsdeutschland, in: Deutsche Studien, 19 (1981), S. 302—310; Jost Hermand, Zur deutschen Exilliteratur zwischen 1933 und 1950, in: Tendenzen

der deutschen Literatur zwischen 1918 und 1945, hrsg. von Theo Buck und Dietrich Steinbach, Stuttgart 1985, S. 73—100; Die Resonanz des Exils. Gelungene und mißlungene Rezeption deutschsprachiger Exilautoren, hrsg. von Dieter Sevin, Amsterdam 1992.

[40] André Müller, Kreuzzug gegen Brecht. Die Kampagne in der Bundesrepublik 1961/62, Darmstadt 1963.
[41] Vgl. Hermand, Kultur im Wiederaufbau (wie Anm. 7), S. 266.
[42] Frankfurter Allgemeine Zeitung, 16.2.1961.
[43] Zit. nach Roloff, Exil und Exilliteratur (wie Anm. 9), S. IX.

Curt Garner

Schlußfolgerungen aus der Vergangenheit? Die Auseinandersetzungen um die Zukunft des deutschen Berufsbeamtentums nach dem Ende des Zweiten Weltkrieges

Mit dem Ende des »Dritten Reiches« entbrannte ein Streit um die bisherige Rolle und die Zukunft des deutschen Berufsbeamtentums. Diese Institution, deren eigentümliche Rechtsverhältnisse die Struktur und die soziale Zusammensetzung des gesamten öffentlichen Dienstes prägten, schien vielen Kritikern dringend reformbedürftig oder gar historisch überholt, da von vordemokratischen und obrigkeitsstaatlichen Wesenszügen charakterisiert. Darüber hinaus galten viele Beamte als politisch kompromittiert angesichts ihrer inneren Distanz zur Weimarer Republik, ihrer raschen, oft begeisterten Anpassung an das neue Regime 1933 und ihrer jahrelangen Pflichterfüllung im Rahmen eines offenkundigen Unrechtssystems. Andere hingegen verteidigten das Berufsbeamtentum als eine Einrichtung, die zwar von den Nationalsozialisten instrumentalisiert und mißbraucht wurde, aber im Kern bewahrenswert, ja für einen zügigen Wiederaufbau unter demokratischen Vorzeichen sogar unverzichtbar sei.

Welche Schlußfolgerungen zog man aus der Vergangenheit? Welche Reformversuche wurden nach Kriegsende unternommen, von welchen Kräften, mit welchen Zielen und mit welchen Ergebnissen[1]?

1. Alliierte Reformvorstöße bilden den Rahmen für den deutschen Konflikt

Nach Kriegsende zeigte sich bald, daß die vier Besatzungsmächte in der Beamtenfrage unterschiedliche politische Ziele verfolgten. Besonderes Aufsehen erregte das Vorgehen der Sowjetischen Militäradministration in Deutschland (SMAD). Mit ihrem Befehl Nr. 66 vom 17. September 1945 stufte sie das Deutsche Beamtengesetz von 1937 (DBG) als »faschistisch« ein und hob es für das Gebiet der sowjetischen Besatzungszone (SBZ) auf[2]. Mit diesem Schritt schlug die SMAD demonstrativ einen anderen Weg ein als der Alliierte Kontrollrat in Berlin: Dort hatten sich die Vertreter der vier Mächte lediglich darauf geeinigt, die spezifisch nationalsozialistischen Bestimmungen des DBG zu annullieren. So galten die übrigen Teile des deutschen Beamtenrechts in den Westzonen zunächst fort, um eine verwaltungsrechtliche Kontinuität sicherzustellen.

Die sowjetische Politik war allerdings nicht so konsequent und widerspruchsfrei wie rückblickend oft angenommen: In der SBZ kam es nicht schlagartig zur »Abschaffung des Berufsbeamtentums bereits im Jahre 1945«[3]. Auch nach dem Befehl Nr. 66 blieben Gesetze und Verordnungen, die Fragen wie Besoldung und Pensionszahlungen regelten, in Kraft. Das konstatierte die SMAD selbst, als sie mit ihrem Befehl Nr. 100 vom 16. Oktober 1945 die Grundlage dafür schuf, daß alle Beschäftigten »in den deutschen Behörden und Unternehmen« weiterhin ihr Grundgehalt erhielten gemäß »den Gesetzesverordnungen über die Gehälter der Beamten und Angestellten [...], die bis zur Besetzung Deutschlands galten«. Darüber hinaus war die Dienstalterszulage, ein Grundprinzip der Beamtenbesoldung, ausdrücklich beizubehalten[4]. Dieser Befehl bildete die besatzungsrechtliche Basis für die weitere Anwendung der bis zum 8. Mai 1945 geltenden Reichsbesoldungsordnung in der SBZ.

Außerdem gab es nach der Aufhebung des DBG zunächst keinen Versuch, das öffentliche Dienstrecht in der SBZ neuzuordnen. Nur für einen Teilbereich, für die Reichsbahn, ließ die SMAD einen entsprechenden Entwurf ausarbeiten. Der einschlägige Befehl vom 12. Dezember 1945 nannte als Hauptziel die »Erhöhung der Arbeitsleistung«; zu diesem Zweck sei der Akkordlohn für Arbeiter und der Leistungslohn »für Angestellte einschließlich der früheren Beamten« einzuführen[5]. Ein entsprechendes Konzept wurde im Frühjahr 1946 fertiggestellt. Es sah die Entlohnung des Personals nach einheitlichen Prinzipien vor: Die »ehemaligen Beamten« sollten keine Vorteile gegenüber den Arbeitern genießen, Alterszulagen waren daher ausdrücklich untersagt — ebenso wie Zuschläge für Verheiratete und Familienväter, weil sie dem Prinzip des Leistungslohns widersprachen[6]. Doch selbst dieser fertige Plan wurde nicht umgesetzt, sondern lediglich dem Kontrollrat als Beratungsgrundlage für eine gesamtdeutsche Reform zugeleitet. Dort begannen im Sommer 1946 die Verhandlungen, die bis ins

Jahr 1947 hinein andauerten und schließlich ergebnislos vertagt werden mußten[7].

Somit verzichteten die Sowjets vorerst auf eine Neuordnung des öffentlichen Dienstrechts, sie verfuhren auf diesem Gebiet weniger konsequent als etwa in der Frage der Bodenreform. Anscheinend hofften sie auf eine Vier-Mächte-Einigung. Als erster Schritt in diese Richtung war der Vorstoß auf dem Eisenbahnsektor taktisch gut überlegt, denn auch unter den Briten und Amerikanern fragte man sich, ob der Beamtenstatus bei der Reichsbahn überhaupt zweckmäßig sei oder ob das Unternehmen nicht lieber privatisiert werden sollte.

Für die *britische Militärregierung* hatte die Neuordnung des öffentlichen Dienstes einen hohen politischen Stellenwert. Sie sei »genauso ein Teil unseres Abrüstungsprogramms wie die Zerstörung von Kriegswaffen«[8]. Die Beamtenrechtsreform galt als integraler Bestandteil eines breit angelegten Demokratisierungsprogramms, das Lehren aus der deutschen Geschichte seit 1870 ziehen sollte. Es galt, »den autoritären Geist von Preußen« zu bekämpfen und die strukturellen Schwächen, die zum Scheitern der Weimarer Republik geführt hätten, zu beseitigen. In diesem Sinne arbeitete die zuständige Administration and Local Government Branch der Militärregierung eine Direktive aus, die auf gewachsene Strukturen und deutsche Verwaltungstraditionen bewußt keine Rücksicht nahm, sich dafür um so stärker an den vertrauten englischen Verhältnissen orientierte. »Unsere Demokratie, die robusteste der Welt«, sollte »exportiert« werden und »deutsche Autoritätshörigkeit« ablösen[9].

Die Direktive ging davon aus, daß sich das Berufsbeamtentum vor 1933 zu einem demokratisch nicht legitimierten Faktor der deutschen Innenpolitik entwickelt hatte, der eigene Ziele verfolgte und damit den Willen der gewählten Volksvertreter hintertrieb. Als Gefahr für die Demokratie erschien der Behördenapparat erst recht angesichts der weitreichenden Zentralisierung, die während der NS-Zeit vorgenommen wurde[10]. Um die bürokratische Eigendynamik ein für allemal zu unterbinden, sollte jedes Parlament »vollkommene Kontrolle« über die Bediensteten seiner Gebietskörperschaft erhalten. Demzufolge würde jeder Gemeinderat, Kreistag und Landtag in eigener Verantwortung über die Einstellung, Beförderung und Entlassung der ihm unterstellten Beschäftigten entscheiden. Außerdem sollte jedes dieser Parlamente nach englischem Vorbild das Recht erhalten, innerhalb eines gesetzlich vorgegebenen Rahmens ein eigenes Dienstrecht zu beschließen und somit selbständig über Fragen wie Arbeitszeiten, Bezahlung und Pensionssystem zu entscheiden. Darüber hinaus plante man Sonderregelungen für die Polizei, die Feuerwehr und die Post. Im Zuge dieser radikalen Dezentralisierung war schließlich vorgesehen, einige Bereiche ganz aus dem öffentlichen Dienst auszugliedern, so etwa die Bahn, die Hafenbehörden und die Wasserstraßenverwaltung.

Die britische Direktive prangerte das »überhebliche Kastenbewußtsein« des Berufsbeamtentums an und sah Schulungs- und Erziehungsprogramme vor, um den Beamten »einzuschärfen«, daß sie »Diener des Volkes und nicht dessen Herren« seien. Ferner galt es, die soziale Rekrutierungsbasis der Verwaltungsbeamten zu erweitern und »die gesellschaftlichen Barrieren, die die verschiedenen Dienstränge voneinander [...] und alle Dienstränge von der breiten Bevölkerung trennten«, abzubauen[11]. Traditionell entschied der formale Bildungsabschluß, den ein Kandidat *vor* dem Eintritt in die Verwaltung erworben hatte, über seine späteren Karrierechancen. Nur Hochschulabsolventen kamen für den höheren Verwaltungsdienst in Frage, während der gehobene Dienst Abiturienten vorbehalten blieb. Wer lediglich die mittlere Reife besaß, kam über den mittleren Dienst nicht hinaus, und alle anderen mußten sich mit einer Tätigkeit im einfachen Dienst zufriedengeben. Ausnahmen von dieser Regel blieben bis 1933 selten. Die Briten zeigten sich entschlossen, dieses traditionelle Laufbahnrecht zu reformieren und neue Möglichkeiten für den Aufstieg von einer Verwaltungslaufbahn zur nächsten zu schaffen. Darüber hinaus sollte die Zahl der Beamten nach britischem Vorbild reduziert werden, indem man den Beamtenstatus auf Bedienstete der Hoheitsverwaltungen beschränkte. Parallel dazu war geplant, die scharfe soziale Trennungslinie zwischen den Verwaltungsangehörigen im Angestellten- und Beamtenverhältnis abzuschwächen, so z. B. durch bessere Bezahlung und größere rechtliche Sicherheit für die Angestellten. Diese waren nach damaligem Tarifrecht leicht kündbar; die Briten hielten eine frühe Daueranstellung für erstrebenswert.

Es gehört zu den Widersprüchen der britischen Besatzungspolitik, daß die Beamtenrechtsreform trotz wiederholter Ankündigung lange in der Schwebe blieb. Die Militärregierung hatte die Möglichkeit, das Konzept durch rechtskräftige Verordnungen sofort in die Praxis umzusetzen, doch derartige Schritte unterblieben. Das lag erstens daran, daß man im Kontrollrat mit den Vertretern der anderen drei Mächte über eine gemeinsame Neuordnung des öffentlichen Dienstes verhandelte und so lange lieber von einseitigen Schritten absehen wollte. Zweitens schien noch ausreichend Zeit für begrenzte Experimente auf der lokalen und regionalen Ebene vorhanden zu sein, zumal die britische Deutschlandpolitik zunächst von der Annahme ausging, daß die Besetzung rund zwanzig Jahre andauern würde. Drittens waren in den britischen Reihen grundsätzliche Meinungsunterschiede über die Mittel und Ziele der Beamtenrechtsreform aufgekommen. Die Grundzüge des Konzepts stammten von Harold Ingrams, einem langjährigen Kolonialbeamten, der erst im Spätsommer 1945 zum zuständigen Unterabteilungsleiter der Militärregierung ernannt wurde und durch keine Kenntnisse des deutschen öffentlichen Dienstes belastet war. Manche britischen Vertreter kritisierten die von Ingrams vorgelegte Direktive, weil sie zum Teil nur historisch erklärbare englische Verhältnisse transplantiere, statt an die brauchbaren Elemente deutscher Tradition anzuknüpfen. Andere warnten vor einer umfassenden Neugestaltung aus pragmatischen Gründen: Die Militärregierung sei auf die deutsche Verwaltung angewiesen und könne es sich angesichts der massiven Probleme in der Zone jetzt nicht leisten, die Funktionsfähigkeit des ohnehin angeschlagenen Behördenapparats durch weitreichende Umbaumaßnahmen zusätzlich zu beeinträchtigen. Im Moment sei Effizienz wichtiger als Reform[12].

Welch erhebliche Rolle die Vertreter dieses letzten Standpunktes spielten, zeigt sich daran, daß sie wesentlich zum Scheitern der Vier-Mächte-Verhandlungen um eine Neuordnung der Personalverhältnisse bei der Reichsbahn beitrugen. Vor dem Beginn der offiziellen Beratungen über die sowjetische Vorlage im Sommer 1946 notierte ein einflußreicher britischer Vertreter, daß man von dem Konzept wohl positive Folgen erwarten könne: Das neue Entlohnungssystem würde den Kostenaufwand für die stark defizitäre Reichsbahn senken, zugleich aber das Durchschnittseinkommen vieler Betroffener erhöhen[13]. Doch die britischen Offiziere in der Transport Division, die unmittelbar dafür verantwortlich waren, die schwer angeschlagene Eisenbahn in Betrieb zu halten, wandten sich entschieden gegen den Vorschlag. Angesichts der krisenhaften Verkehrslage hatte ihre Stimme großes Gewicht, denn vom Erfolg ihrer Arbeit hing die Lebensmittelversorgung der deutschen Bevölkerung, aber auch der Besatzungstruppen ab. Brigadier Sir Robert Marriott, Director General of Railways für die britische Zone, verlangte

»den stärksten Widerstand« gegen die sowjetische Initiative. Zum gegenwärtigen Zeitpunkt lehnten er und sein Stab jedwede Modifizierung der vorhandenen Verhältnisse ab, es sei denn, sie bringe unmittelbare Vorteile für die Betriebsführung. Die vorgeschlagenen Veränderungen würden aber »unweigerlich« zur »Erregung unter den Arbeitskräften« führen und seien daher »höchst unratsam«. Das Fazit lautete: »Egal welche Entscheidung letztlich getroffen werden soll, *jetzt* ist NICHT die Zeit, um [...] Änderungen einzuführen[14].« Dieses Votum trug maßgeblich dazu bei, daß die britischen Vertreter im zuständigen Kontrollratsausschuß eine Verzögerungstaktik betrieben. Schließlich fiel die sowjetische Vorlage der fortschreitenden Ost-West-Polarisierung zum Opfer.

Im Gegensatz zu den Briten setzten die *Amerikaner* noch 1946 eine Beamtenrechtsreform in ihrer Zone durch. Die Mitarbeiter der zuständigen Civil Service Branch verwarfen dabei ihren ursprünglichen Plan, ein eigenes Reformgesetz auszuarbeiten und zu erlassen, und beschränkten sich auf die Formulierung einer kleinen Anzahl allgemeiner Demokratisierungsgrundsätze. Die US-Militärregierung (OMGUS) übermittelte diesen Katalog den ernannten Landesregierungen von Bayern, Hessen und Württemberg-Baden Anfang 1946 und beauftragte die Ministerpräsidenten, entsprechende Landesgesetze entwerfen zu lassen[15]. Die Entwürfe wurden anschließend von der Leitung der Civil Service Branch geprüft und mit Korrekturwünschen versehen.

Nicht nur im Verfahren, sondern auch im Stil unterschied sich die amerikanische Politik grundlegend von der Herangehensweise der britischen Kollegen. In der US-Zone war man bestrebt, die Demokratisierung des öffentlichen Dienstes so weit wie möglich mit demokratischen Mitteln zu erreichen. Daher weigerte sich die Leitung der Civil Service Branch ausdrücklich, fertige Lösungen zu diktieren, und bemühte sich statt dessen, die verantwortlichen Politiker und Ministerialbeamten in freiem Meinungsaustausch davon zu überzeugen, daß die Beachtung der amerikanischen Demokratisierungsgrundsätze sinnvoll sei. Im übrigen stand es den Deutschen frei, bei der praktischen Umsetzung dieser Prinzipien eigenständige Lösungen zu entwickeln; somit konnte die Reform von Land zu Land durchaus unterschiedliche Gestalt annehmen[16].

Diese augenfälligen Unterschiede zum Vorgehen in der britischen Zone lassen sich zum Teil durch personelle Faktoren erklären. Die amerikanische Civil Service Branch stand unter der Leitung von Howard Jones, einem Verwaltungsfachmann, der sich im Zeichen des New Deal jahrelang mit den Problemen einer Reform und Modernisierung des amerikanischen öffentlichen Dienstes beschäftigt hatte. Somit war er auch mit Strategien zur politischen Durchsetzung solcher Konzepte angesichts institutionalisierter Widerstände vertraut. Der deutsche öffentliche Dienst war für Jones ebenfalls kein Neuland, er hatte bereits 1934 einen Studienaufenthalt in Deutschland verbracht und arbeitete seit 1944 in der Planungsgruppe, die das Vorgehen der US-Militärregierung auf diesem Gebiet inhaltlich vorbereitete. Im übrigen zögerte er nicht, deutschen Sachverstand heranzuziehen. Zu seinen wichtigsten Beratern gehörte der in Deutschland habilitierte und 1933 emigrierte Karl Loewenstein, der seit 1934 Öffentliches Recht und Politische Wissenschaften an renommierten amerikanischen Universitäten lehrte[17].

Bei allem Verständnis für die in Deutschland gewachsenen Verhältnisse ging die amerikanische Politik freilich ebenfalls davon aus, daß man Lehren aus der Geschichte ziehen müsse. Deshalb reiche es nicht, den Staatsdienst zu »entnazifizieren«; die weit vor 1933 zurückreichenden »bürokratischen und antidemokratischen Traditionen von Beamten, insbesondere in den höheren und mittleren Rängen«, galten als »ein genauso ernstes Problem«. Vieles spreche dafür, daß die republikfeindliche Einstellung dieser Kräfte zum Niedergang der Weimarer Demokratie »beigetragen« habe[18]. So verlangten auch Jones und seine Mitarbeiter fundamentale Änderungen in der Einstellungs- und Beförderungspraxis, um das soziale Rekrutierungsfeld der Beamten zu erweitern und die Durchlässigkeit für fachlich geeignete Kräfte aus den mittleren und unteren Schichten der Gesellschaft zu erhöhen:

1) Unter dem Stichwort des »freien Wettbewerbs« nach Leistungskriterien sollten die Einstellungsgrundsätze völlig neu formuliert und die Aufstiegschancen stark vermehrt werden. Freie Stellen waren öffentlich auszuschreiben und die fähigsten Bewerber durch allgemein zugängliche Prüfungen zu ermitteln, ohne Rücksicht auf formale Bildungsabschlüsse, soziale Herkunft, Parteibuch oder Beziehungen. Ein neu zu gründendes, unabhängiges Personalamt nach dem Vorbild der amerikanischen Civil Service Commissions sollte die Prüfungsverfahren entwickeln und durchführen, die Bearbeitung von Personalangelegenheiten in der gesamten Verwaltung überwachen und Weiterbildungsprogramme organisieren, damit die Beschäftigten die Gelegenheit erhielten, sich für höhere Positionen zu qualifizieren[19].

2) Gehaltserhöhungen und Beförderungen durften nicht mehr automatisch bzw. nach Dienstalter erfolgen, sondern mit Blick auf Leistung und die Bereitschaft zur Fortbildung. Umgekehrt sollten unfähige oder leistungsunwillige Bedienstete entlassen werden.
3) Die überkommene Zweiteilung des Verwaltungspersonals in Beamte mit Lebenszeitanstellung und Angestellte mit geringerer sozialer Sicherheit war zu beseitigen. Alle Bediensteten mit Daueraufgaben müßten zu gleichen Bedingungen beschäftigt werden, daher sollten so gut wie alle Verwaltungsangehörigen den neuzugestaltenden Beamtenstatus erhalten. Behörden durften Angestellte nur noch für zeitlich befristete Aufgaben einsetzen, und ihr Anteil am Gesamtpersonal sollte 10 Prozent nicht übersteigen.
4) Entgegen der preußisch-deutschen Tradition durften Bewerber, die in den Streitkräften gedient hatten, nicht mehr bevorzugt werden. Im Kaiserreich waren sämtliche Beamtenstellen im einfachen Dienst und mindestens 50 Prozent im mittleren Dienst ehemaligen Berufssoldaten vorbehalten. Diese Praxis wurde nach 1918 modifiziert, aber keineswegs abgeschafft, und dann nach 1933 erneut stark ausgeweitet, bis man sogar den gehobenen Dienst mit einbezog. Eine derartige Personalpolitik, die auch nach dem Zweiten Weltkrieg von manchen Behördenleitungen fortgesetzt wurde, galt in amerikanischen Augen als militaristisch[20].
5) Die Militärregierung bestand auf der Abschaffung »all der alten, bösartigen Diskriminierungen, die sich gegen Frauen im öffentlichen Dienst richten«. Dazu gehörte die traditionsreiche Praxis der Entlassung von weiblichen Angestellten und Beamten im Heiratsfall[21].

Im Juni 1946 griffen die drei Ministerpräsidenten persönlich in die Gesetzesarbeit ein. Sie baten die Militärregierung, das Deutsche Beamtengesetz von 1937 in »entnazifizierter« Form weiter gelten zu lassen, bis die für den Herbst geplanten Landtagswahlen es gestatteten, die Parlamente an der Ausarbeitung der neuen Gesetze zu beteiligen. Die amerikanischen Vertreter erblickten darin einen Verschleppungsversuch und bestanden darauf, daß die Landesregierungen die Beamtengesetze noch vor dem Zusammentreten der Parlamente fertigstellten und verkündeten. Unter dem anhaltenden Druck der Militärregierung stimmten die Ministerpräsidenten dem Erlaß der Reformgesetze schließlich im Oktober/November 1946 zu[22].

Damit war der Versuch, eine Demokratisierung des öffentlichen Dienstrechts durch Überzeugungsarbeit zu erreichen, gescheitert. Das inhaltliche Ergebnis dieser Anstrengungen ließ aus amerikanischer Sicht ebenfalls zu wünschen übrig, denn während der monatelangen Bemühungen um einen Konsens mit den deutschen Vertretern hatte man sich auf viele Kompromisse eingelassen. Innerhalb der Militärregierung hielt man daher fest, daß die Landesbeamtengesetze von 1946 »lediglich eine Etappe [markieren], nicht den Abschluß des Kampfes um einen demokratischen öffentlichen Dienst«[23].

Die Beamtenpolitik der *Franzosen* unterschied sich grundlegend vom Vorgehen der anderen Besatzungsmächte. Nicht zuletzt infolge der eigenen Amtstradition brachten die Franzosen dem deutschen Berufsbeamtentum größeres Verständnis entgegen, sie stellten das klassische Beamtenrecht »zu keiner Zeit grundsätzlich in Frage«[24]. Doch zumindest in einem wichtigen Teilbereich strebte die Militärregierung weitreichende Änderungen an: Eine Reform der Beamtenausbildung nach französischem Muster sollte für eine Begabtenauslese sorgen und damit das traditionelle Laufbahnrecht durchbrechen. Der Aufbau einer »Höheren Verwaltungsakademie« in Speyer, die als zentrale Ausbildungsstätte für alle Beamten des höheren Dienstes in der französischen Zone konzipiert war, stellte einen wesentlichen Baustein dieser Politik dar. Ein strenger Auswahlwettbewerb sollte über die Zulassung entscheiden. Die von der Militärregierung erlassenen Statuten bestimmten, daß Studenten mit einem Universitätsstudium von mindestens sechs Semestern sich um die Teilnahme an der Aufnahmeprüfung bewerben durften. Als Gegenstand dieser Prüfung waren »die Gebiete der Allgemeinausbildung« vorgeschrieben: Deutsch, Französisch, Rechtswissenschaft, Nationalökonomie, Geschichte und Geographie. Schon diese Bestimmung erregte Aufsehen, denn sie bedeutete das Ende der klassischen Praxis, wonach Stellen im höheren Verwaltungsdienst hauptsächlich Juristen vorbehalten waren (»Juristenmonopol«). Noch stärkere Beachtung fand eine Vorschrift, die im Sinne einer sozialen Öffnung eine Anzahl von Plätzen reservierte »für besonders befähigte und verdienstvolle Beamte der mittleren Laufbahn, die nicht in der Lage waren, sich eine Universitätsausbildung zu leisten«. Diese Plätze sollten aufgrund schriftlicher Bewerbungen vergeben werden. Die Statuten garantierten allen Absolventen der Akademie gleiche Rechte und eine Stelle im höheren Dienst. Im übrigen sollte das Diplom der neuen

Anstalt bald zur »Voraussetzung für jede Ernennung zum Beamten der höheren Verwaltungslaufbahn« in der französischen Zone werden[25].

Die französische Initiative zur Gründung der Verwaltungsakademie erfolgte vergleichsweise spät. Konkrete Pläne lagen erst im Herbst 1946 vor; die Militärregierung veröffentlichte die offizielle Gründungsverfügung erst im Januar 1947. Ein Grund dafür waren innerfranzösische Kontroversen um die Reichweite und die Ziele des Vorhabens. Einflußreiche Kritiker wandten sich gegen das Konzept einer zonalen Ausbildungsstätte, weil sie darin einen Verstoß gegen das grundsätzliche Streben der französischen Deutschlandpolitik nach Sicherheit durch Dezentralisierung erblickten. Diese vom Pariser Außenministerium unterstützte Intervention hatte schließlich Erfolg: Noch vor der Aufnahme des Lehrbetriebs im Sommer 1947 mußte die Anstalt umorganisiert werden. Sie ging in die Trägerschaft des Landes Rheinland-Pfalz über, stand aber Bewerbern aus Baden und Württemberg-Hohenzollern nach wie vor offen, sofern sich diese Länder bereit erklärten, sich an der Finanzierung und Verwaltung der Schule zu beteiligen. Unter aktiver Mitwirkung der Militärregierung kam es rasch zu entsprechenden Abkommen, was den Initiator des französischen Reformkonzepts, Raymond Schmittlein, optimistisch stimmte. Er zeigte sich überzeugt, daß die Hochschule selbst in föderalisierter Form die ihr zugedachten Aufgaben gut erfüllen werde:

»Es kann als sicher gelten, daß in zehn Jahren alle Beamten im Range eines Regierungsrates oder eines sous-préfet aus dieser Schule stammen werden [...] Man kann davon ausgehen, daß in 15 Jahren die Besten unter ihnen [...] die vergreisten und unfähigen Beamten der obersten Verwaltungen [...] ersetzt werden[26].«

2. Die Reformdebatte in den deutschen Reihen: Positionen, Kräfte und Initiativen in den Westzonen 1945—1948

Weil die heftigen deutsch-alliierten Auseinandersetzungen um die Zukunft des Berufsbeamtentums viel Aufmerksamkeit auf sich gezogen haben, ist eine andere wesentliche Ebene des Entscheidungsprozesses 1945—1948 fast unbeachtet geblieben. Zur gleichen Zeit fand nämlich ein bewegter innerdeutscher Konflikt um Reformvorstöße aus den eigenen Reihen statt. Die deutschen Reformverfechter entwickelten eigenständige Konzepte, oft im Rückgriff auf Vorstellungen aus der Weimarer Zeit, und lehnten dafür Kernpunkte der alliierten Pläne ab. Diese Reformkräfte versuchten, ihre Ziele in den neuen Länderverfassungen zu verankern oder durch Landesgesetze zu verwirklichen, was ihnen zum Teil gelang. Solche Initiativen stießen auf entschiedenen Widerstand bei den Befürwortern des traditionellen Berufsbeamtentums, teilweise aber auch bei den Militärregierungen, die an ihren eigenen Reformplänen festhielten.

Kritiker des hergebrachten Berufsbeamtentums befanden sich nicht nur in den Reihen der KPD, sondern auch in der SPD. Besonderes Aufsehen erregten die vehementen Angriffe Kurt Schumachers, der die traditionelle Mentalität und die konservative politische Einstellung der Beamten als Gefahr für die Demokratie geißelte. In der Verwaltung herrsche ein »Geist[...] der Bürokratie, der Reaktion und des Nazismus«; es fehle dem »deutschen Beamten [...] die Selbstverständlichkeit der Demokratie und die Erziehung zum Gehorsam gegenüber dem Willen des Volkes«. Die traditionelle Lehre von der objektiven Amtsführung der Beamten bezeichnete Schumacher als eine »Lüge«, die von der »Reaktion« verbreitet werde, »um die Autarkie eines Beamtentums aus ihren eigenen Reihen zu erhalten«[27].

Um Wandel zu schaffen, forderten die Delegierten des ersten SPD-Nachkriegsparteitages am 11. Mai 1946 Reformen: »ein einheitliches Dienstrecht« sei für die »Angestellten und Beamten der öffentlichen Körperschaften« einzuführen. Damit griff man wörtlich auf das Heidelberger Programm von 1925 zurück und dokumentierte den Willen, an früheren sozialdemokratischen Reformplänen festzuhalten[28]. Dazu zählte eine Kernforderung, die mit den Ansichten der Amerikaner und der Briten übereinstimmte: Die soziale Rekrutierungsbasis der Beamten in den gehobenen und höheren Laufbahnen sollte verbreitert werden, etwa durch gezielte Fortbildungsprogramme für Kandidaten aus dem einfachen und mittleren Dienst. Ein weiterer zentraler Programmpunkt aus der Weimarer Zeit war die Forderung nach einem einheitlichen Arbeitsrecht, das auch für die Beamten gelten sollte. Man wollte den öffentlich-rechtlichen Beamtenstatus durchaus bestehen lassen, aber in das allgemeine Arbeitsrecht einordnen. Die Vertreter dieses Konzepts meinten, damit einen Weg gefunden zu haben, um das Berufsbeamtentum einerseits als staatspolitische Notwendigkeit beizubehalten, es andererseits jedoch in seinen Grundlagen zu demokratisieren[29].

Dieses Konzept wirkte nach 1945 in einer Weise fort, die von Funktionären und Beratern des SPD-nahen Allgemeinen Deutschen Beamtenbundes (ADB) geprägt war. Ihnen ging es nach 1918 darum, Lehren aus der Vergangenheit zu ziehen: Damit das Beamtenrecht nicht mehr »das Recht einer Kaste« darstelle, »die künstlich gegenüber der übrigen Arbeitnehmerschaft abgeschnürt wird«, müsse es den neuen demokratischen Verhältnissen angepaßt werden; künftig dürfe der Beamte »nicht mehr Diener eines über dem Volke oder sogar im Gegensatz zum Volke stehenden Staates« sein, sondern »Beauftragter des Volkes«[30]. 1926 legte der ADB schließlich den Entwurf für ein entsprechendes Beamtengesetz vor. Darin war u. a. vorgesehen, die Beamten in die Sozialversicherung einzubeziehen; die Staatsdiener per Vertrag anzustellen statt, wie bisher, durch staatlichen Hoheitsakt zu ernennen; die Arbeitsbeziehungen in Verhandlungen zwischen den Beamtenverbänden und den Verwaltungsspitzen zu regeln statt durch einseitige Maßnahmen des Gesetzgebers und Tarifkonflikte durch ein Schlichtungswesen, wie es im Arbeitsrecht vorgesehen war, zu lösen. Weil dieses Modell die Vorstellungen von einflußreichen SPD-Vertretern auch nach 1945 bestimmte, fand es Eingang in Landesverfassungen wie in die Beamtengesetzgebung[31].

Kritiker des traditionellen Berufsbeamtentums gab es auch in Teilen der CDU und der CSU. Das galt insbesondere für den Arbeitnehmerflügel dieser Parteien, der vielerorts von ehemaligen christlichen Gewerkschaftssekretären angeführt wurde. In solchen Kreisen hatte die Forderung nach einer tiefgreifenden Reform Tradition: Vor 1933 hatten führende Vertreter der christlichen Arbeitergewerkschaften, allen voran der langjährige Vorsitzende ihres Dachverbandes, Adam Stegerwald, wiederholt eine radikale Senkung der Beamtenzahl zugunsten von Angestellten und Arbeitern verlangt. Dieser Schritt sollte mit einer grundlegenden Neuordnung des öffentlichen Dienstes einhergehen, begleitet von einschneidenden Maßnahmen zur Verwaltungsvereinfachung und zur Privatisierung.

Stegerwalds Problemanalyse von 1927 wirkt in ihrem Kernpunkt noch heute aktuell: Bliebe es bei der »Fortführung des früheren Beamtensystems« und dem gegenwärtigen »großen Beamtenheer«, so sei »die stete Gefahr« vorhanden, daß die Parteien entweder die Unabhängigkeit des Berufsbeamtentums untergraben und es politisch instrumentalisieren würden oder »daß sich die Beamten der Parteien und Parlamentsführung bemächtigen und so praktisch der ›demokratische‹ Staat wieder von seinen eigenen Angestellten und Pensionären regiert wird«. Die Gefahr lasse sich nur durch eine beherzte Strukturreform bannen: Demokratie und »politische Reinlichkeit« seien »als Dauerzustand nur möglich bei einem verhältnismäßig nur kleinen eigentlichen Beamtenstab« — »ähnlich wie in England«. Aber auch vom »amerikanischen Leistungssystem« sollte man lernen: »die durch Examina abgestempelte Vorbildung [darf] nicht das Entscheidende sein«, sondern »auf die Dauer [müssen] die gleichen Aufstiegsmöglichkeiten für jene, die von unten kommen, geschaffen werden, wie das in Amerika schon längst der Fall ist«. Stegerwald und seine Mitstreiter verbanden ihre Forderungen mit heftigen Angriffen auf die Höhe der Beamtenbesoldung und der Pensionen, die ja von den »breiten Massen« bezahlt werden müßten. In diesem Zusammenhang zitierte er die Warnung des christlichen Bergarbeiterverbandes: »der schwer schuftende, produktiv tätige Mensch [darf] nicht zum hungernden Kuli einer Herrenkaste herabgewürdigt« werden[32].

1945 knüpfte Stegerwald ausdrücklich an diese Politik wieder an. Briefwechsel mit ehemaligen Parteifreunden und Gewerkschaftskollegen, eine bald nach Kriegsende einsetzende Reisetätigkeit und die Veröffentlichung von zwei programmatischen Schriften in hoher Auflage trugen dazu bei, seine Ansichten zu verbreiten. Wie vor 1933 verlangte Stegerwald die konsequente Zurückdrängung des »Beamtenheer[es]«, nicht nur aus finanziellen Gründen, sondern auch weil »die aus dem monarchischen Obrigkeitsstaat übernommene Struktur des deutschen Beamtenkörpers mit seinem Massenberufsbeamtentum« eine Gefahr für die Demokratie darstelle[33]. Stegerwalds beamtenpolitische Vorstellungen wurden 1945/46 von führenden Arbeitnehmervertretern der CDU und der CSU rezipiert und diskutiert. Einige Mitglieder der Sozialausschüsse erhoben darüber hinaus die Forderung, die Beamten in die Sozialversicherung einzugliedern.

Selbst führende Vertreter der FDP zeigten in der Beamtenfrage Reformbereitschaft, obwohl die Partei auf vielen anderen Gebieten betont konservative Positionen vertrat. Die mittelständischen Unternehmer, Selbständigen und leitenden Angestellten der Schwerindustrie, die über erhebliches Gewicht in einigen regionalen Gliederungen der Partei verfügten, empfanden die öffentliche Verwaltung als bürokratische Gängelung und die Beamten als Kostenfaktor, der minimiert werden sollte. Für die FDP der britischen Zone galt seit Februar 1946 ein Programm, das die Sicherung des Berufsbeamtentums mit keiner Silbe erwähnte, dafür aber den Abbau der Wirtschaftsbürokratie. Vorschläge zur dauerhaften Senkung der Beamtenzahl wurden von FDP-Politikern lebhaft begrüßt.

Prominente Gewerkschaftsführer gehörten ebenfalls zu den Kritikern des traditionellen Berufsbeamtentums. Hans Böckler etwa erklärte, die deutschen Beamten hätten sich bislang dadurch ausgezeichnet, daß sie »nach oben dienstwillig waren« und »nach unten getreten« hätten, »von Hochmut und Dünkel durchdrungen«. Die Beamten müßten »endlich einmal« lernen, »im Sinne der Bedürfnisse des Volksganzen zu denken«. Böckler ging davon aus, daß es zu einer »Neugestaltung des Beamtenrechts« kommen werde. Seiner Ansicht nach hätten die »Beamten [...] damit zu rechnen, daß ihre Sonderstellung im Staat möglicherweise beseitigt oder zum mindesten auf eine um vieles kleinere Zahl beamteter Kräfte beschränkt« werde[34]. Ähnlich kritisch äußerte sich Willi Richter, Vorsitzender des hessischen Gewerkschaftsbundes. Das Berufsbeamtentum leide »noch heute unter seiner Vergangenheit«; es sei »bewiesen«, daß bei den Beamten »der Nazismus und besonders der Militarismus vor 1933 und erst recht nach 1933 im Verhältnis [zur Arbeiterschaft] sehr stark ausgebreitet war«. Richter verlangte Maßnahmen, um eine radikale »geistige Umstellung der Beamten« zu bewirken, damit sie sich »zu demokratischen Bürgern« entwickelten. Noch drastischer äußerte sich Franz Spliedt, der maßgebliche Gewerkschaftsführer in Hamburg: »Ich darf sagen, daß in Arbeiterkreisen die Meinung herrscht, daß endlich mit dem deutschen Beamtenrecht aufgeräumt werden müsse[35].«

Solche Äußerungen bieten gleichzeitig einen Beleg für die beamtenkritischen Ressentiments, die in der Arbeiterschaft, aber auch in den übrigen Teilen der Bevölkerung weit verbreitet waren. Angriffe und Spötteleien im Rundfunk wie in den Zeitungen spiegelten diese Stimmung wider und verstärkten sie. Im Konflikt um das Berufsbeamtentum bildete diese spannungsgeladene Atmosphäre eine wichtige Rahmenbedingung: Sie verlieh den deutschen Reformbefürwortern Auftrieb, während sie die Position ihrer Widersacher schwächte[36]. Mehrere Faktoren trugen dazu bei, diese beamtenkritische Stimmung zu erzeugen bzw. zu verschärfen:

— Die Kluft zwischen der Höhe der Renten und der Pensionen empfanden viele als ungerecht. Der Kontrast zwischen den niedrigen Renten, die den vielen Kriegsinvaliden und Kriegerwitwen zustanden, und den Ruhegehältern der höheren Beamten erregte die Gemüter ganz besonders.
— Viele sahen in den Beamten noch die einstigen Hoheitsträger des NS-Staates. Diese Assoziation wurde wachgehalten durch die herablassende Art und den Befehlston, die zahlreiche Beamte bei dienstlichen Kontakten mit der Bevölkerung weiterhin pflegten.
— Die Behörden waren augenscheinlich überfordert durch die mannigfaltigen politischen, wirtschaftlichen und sozialen Probleme der Nachkriegsjahre. Der Fehlschlag der öffentlichen Bewirtschaftung von Lebensmitteln und Konsumgütern führte zu einem gravierenden Vertrauensverlust. Für den Normalverbraucher verschlechterte sich die Versorgungslage von Monat zu Monat, während der Schwarzhandel blühte. Wesentliche Ursachen dieser Entwicklung lagen außerhalb der Kontrolle der deutschen Behörden, aber viele hungrige und gereizte Menschen differenzierten nicht: In ihren Augen war es die Unfähigkeit »der Beamten«, die die Misere verursacht oder zumindest wesentlich verschlimmert hatte.
— Die um sich greifende Korruption in der öffentlichen Verwaltung war ebenfalls abträglich für das Ansehen der Beamten. Mit dem fortschreitenden Währungsverfall und der schrumpfenden Kaufkraft der Gehälter wuchs die Bestechlichkeit.
— Jenseits aller konkreten Mißstände enthielt die Beamtenkritik dieser Jahre eine irrationale Komponente. Viele unzufriedene und aggressive Menschen machten »die Beamten« für Probleme verantwortlich, die eigentlich zu den Folgen des Nationalsozialismus und des Krieges zählten. »Die Beamten« gerieten in die Rolle eines Sündenbocks: Die Kritik an ihnen entlastete und lenkte von der eigenen Mitverantwortung an der gegenwärtigen Misere ab.

Andererseits gab es gewichtige Stimmen, die das traditionelle Berufsbeamtentum vehement verteidigten. Dazu zählten führende Politiker der CDU und der CSU. Sie erinnerten daran, daß vor 1933 die deutsche Verwaltung ob ihrer Qualität und ihrer Effizienz auch von ausländischen Experten gerühmt wurde, und zogen aus der jüngsten Vergangenheit die Schlußfolgerung, daß man zu den früheren Verhältnissen zurückkehren müsse. Daher forderten sie die »Wiederherstellung des Berufsbeamtentums« in seiner traditionellen Gestalt: Der öffentliche Dienst sollte von den korrupten und unqualifizierten Kräften gesäubert werden, die seit 1933 Einzug gehalten hatten, und man müsse die früheren Eingangsvoraussetzungen wieder konsequent anwenden[37]. Es galt, den Beamtenapparat zu erneuern und wieder zu einem leistungsfähigen Instrument zu formen, um die Fülle der Nachkriegsprobleme besser bewältigen zu können. In diesem Sinne erklärte Konrad Adenauer im März 1946 kurz nach seiner Wahl zum Vorsitzenden der CDU für die britische Zone: Das Berufsbeamtentum sei »unentbehrlich beim Neuaufbau«; alle »Experimente in dieser Hinsicht« wies er als »gefährlich« zurück[38].

Implizit, zum Teil aber auch explizit hatte die konservative Verteidigung des Berufsbeamtentums eine gesellschaftspolitische Dimension. Die Konsolidierung der Verhältnisse im öffentlichen Dienst und die Wiederherstellung des Berufsbeamtentums in seiner früheren Form würden dazu beitragen, soziale Strukturen, die nach 1933 in Bewegung geraten waren und sich dann im Zeichen des Totalen Krieges und der totalen Niederlage verflüssigt hatten, zu stabilisieren. Das alte Berufsbeamtentum war in seiner Zusammensetzung und Binnenschichtung immer Ausdruck und zugleich Stütze einer sozialen Hierarchie. Sie beruhte auf gesellschaftlicher Chancenungleichheit, die sich im Bildungssystem fortsetzte und durch das traditionelle Laufbahnrecht gefestigt wurde[39]. Diese vertraute Hierarchie und die mit ihr verbundenen Wertvorstellungen schienen durch Pläne einer sozialen Öffnung für Bewerber ohne formalen Abschluß in Frage gestellt. Zumindest parteiintern wurden solche Bestrebungen unverhohlen mit Hinweis auf die allgemeineren gesellschaftlichen Folgen verworfen. So warnte etwa ein prominenter Vertreter der CSU, eine derartige Reform gefährde nicht nur das Berufsbeamtentum, sondern bedeute die »Nivellierung der Gebildeten schlechthin«[40].

Schließlich brachte die Verteidigung des überkommenen Beamtenrechts auch partei- und machtpolitische Vorteile mit sich. Aufgrund ihrer sozialen Herkunft und ihrer Ansichten standen die meisten Verwaltungsbeamten den konservativen Parteien nahe. Schon aus wahltaktischen Gründen verdienten die Interessen dieser Gruppe Beachtung. Noch wichtiger war allerdings eine machtstrategische Überlegung: Das Festhalten am traditionellen Laufbahnrecht versprach, die konservative Hegemonie in der öffentlichen Verwaltung zu perpetuieren, denn diejenigen, die über die formale Qualifikation für die höheren Laufbahnen verfügten, zählten in aller Regel nicht zu den Anhängern der Arbeiterparteien. Das alliierte Bestreben, die soziale Rekrutierungsbasis der Beamtenschaft zu erweitern, bedrohte diese konservative Hegemonie und wurde daher auch aus parteistrategischen Gründen abgelehnt. Erst recht wies man die Reformvorschläge der Linksparteien zurück.

Einen Einblick in die Rolle, die solche Erwägungen in der christdemokratischen Beamtenpolitik spielten, bietet ein Briefwechsel zwischen Konrad Adenauer und dem mit ihm persönlich befreundeten CDU-Politiker Josef Baumhoff. Dieser war vor 1933 Vorsitzender des Reichsbeamtenbeirats der Zentrumspartei, seit 1945 Präsident der Oberpostdirektion Köln und ein maßgeblicher Sprecher der Beamten in der rheinischen CDU. Baumhoff wandte sich im Oktober 1947 an Adenauer, um ihn vor den nachteiligen Folgen der sozialdemokratischen Reformbestrebungen für die CDU zu warnen. Sie hätten »eine tiefgehende Beunruhigung« unter den Beamten ausgelöst, und diese Situation habe sich »übel« auf die »Parteibegeisterung« der Beamtenschaft ausgewirkt. Grundsätzlich sah Baumhoff die CDU in einen Stellungskampf mit der SPD verwickelt: Überall dort, wo es den Sozialdemokraten gelinge, einen ihrer Anhänger in der öffentlichen Verwaltung zu plazieren, sei diese Position für die CDU »unwiederbringlich verloren«. Dennoch schienen viele Christdemokraten den Ernst der Lage nicht zu erkennen: Die Beamten seien »aufs tiefste enttäuscht«, weil sie überall »ein schwächliches Nachgeben« der CDU sähen statt der erwarteten »zuverlässigste[n] Unterstützung ihrer Standesinteressen«. Adenauer antwortete, daß er Baumhoffs Einschätzungen für »durchaus zutreffend« halte und beabsichtige, den Brief »innerhalb der Partei [... zu] verwenden«, um einen Meinungsumschwung herbeizuführen. Bald darauf trat der CDU-Vorsitzende erstmals auch öffentlich gegen die Reformpläne der SPD an[41].

Eine vergleichbare Sichtweise findet sich bei maßgebenden Vertretern der Linksparteien. Sie befürworten eine Reform des Beamtenrechts um so energischer, als sie darin die Gelegenheit erblickten, den Anteil ihrer Anhänger im Verwaltungsapparat dauerhaft zu erhöhen. Davon versprach man sich bessere politische Informations- und Einflußmöglichkeiten. Ein aufschlußreiches Beispiel für das Denken in solchen Kategorien bietet ein Brief von Kurt Oppler (SPD), seit Oktober 1947 Leiter des Personalamtes der bizonalen Verwaltung in Frankfurt, an Kurt Schumacher. Der Verfasser vertrat den Standpunkt:

»Es gehört auch zu der Grundauffassung des marxistischen Denkens, den Staatsapparat zu erobern. Wie man es macht, wird am besten in den östlichen Ländern und auf dem Balkan gezeigt [sic!]. Es ist absolut erforderlich, bestimmte Schlüsselstellungen in die Hand zu bekommen.«

Schumachers schroffe Weigerung, ein Koalitionsangebot der CDU/CSU im Wirtschaftsrat anzunehmen und Sozialdemokraten an der Leitung der bizonalen Verwaltungen mitwirken zu lassen, hielt Oppler für verhängnisvoll, denn nun hatten die konservativen Kräfte freie Hand, die Situation in ihrem Sinne auszunutzen. Die Folgen: »Was sich im Augenblick vollzieht, ist alles andere als eine Eroberung des Apparats. Im Gegenteil werden gegenwärtig die letzten SPD-Anhänger aus den Verwaltungen herausgesetzt.« Als »besonders tragisch« empfand Oppler die Entwicklung in den bizonalen Bahn- und Postverwaltungen, die zusammen rund 750 000 Bedienstete zählten, darunter zahlreiche sozialdemokratische Beamte:

»Die Menschen sind nicht Idealisten, [...sie] denken real, sie traten teilweise der SPD bei, weil sie glaubten, dadurch eher einmal Chancen zu haben, als die große Summe der CDU-Beamten. Jetzt sehen sie sich enttäuscht, und die Entwicklung vollzieht sich im entgegengesetzten Sinne.«

Schließlich verwies Oppler auf die längerfristigen Konsequenzen der beamtenpolitischen Weichenstellungen in Frankfurt für die Politik der SPD:

»Hier werden Apparate aufgebaut, wie man sie selbst 1918 nicht einmal geändert hat. Hier wird jetzt eine Bürokratie verankert, die man, im ganzen gesehen, auch bei der Übernahme einer Verantwortung nicht mehr loswerden kann. Man wird also später in eine Situation kommen, wo man mit einem Apparat arbeitet, der absolut einseitig mit Reaktionären zusammengesetzt ist[42].«

Somit ist festzuhalten, daß die von den Alliierten vorangetriebene Diskussion um das Beamtenrecht rasch um eine originär deutsche Ebene bereichert wurde: um den Kampf um die parteipolitische Zusammensetzung der Beamtenschaft. Wenn führende Politiker für die »Wiederherstellung des Berufsbeamtentums« eintraten oder die »Demokratisierung der Verwaltung« verlangten, so verfolgten sie oft auch handfeste parteistrategische Ziele. Damit gerieten solche Forderungen zu Chiffren, die in einem anderen Bezugssystem für die Verteidigung bestimmter personal- und machtpolitischer Verhältnisse bzw. für deren Beseitigung standen.

Dennoch läßt sich der deutsche Konflikt um das Berufsbeamtentum nicht allein auf diese parteipolitische Ebene reduzieren, er blieb mehrschichtig. Auch in der SPD gab es Kräfte, die sich gegen eine Neuordnung stemmten. Häufig handelte es sich um eine Frage der politischen Prioritäten: Einflußreiche Funktionäre plädierten dafür, die durchaus für nötig befundene Umgestaltung des öffentlichen Dienstes vorerst zurückzustellen, um den ohnehin schwierigen Wiederaufbau nicht zusätzlich zu komplizieren. Außerdem hatten Initiativen zugunsten der Sozialisierung Vorrang, und man sah sich für die Umsetzung dieser Strukturreform auf eine wohlfunktionierende Verwaltung angewiesen. Darüber hinaus gab es Stimmen, die darauf drängten, die soziale Basis der Partei zu erweitern, und auf den Stellenwert der vielen unteren und mittleren Beamten als potentielles Wählerreservoir hinwiesen. Wollte man diese Gruppe als Klientel gewinnen, so durfte man sie nicht durch allzu heftige Reformforderungen verschrecken. Wie früh sich die Vertreter solcher Ansichten zu Wort meldeten, zeigt ein Brief an Kurt Schumacher von Theanolte Bähnisch, einer mit ihm bekannten Verwaltungsjuristin, vom 11. Februar 1946. Sie hatte zwei öffentliche Reden des Parteivorsitzenden verfolgt und kritisierte seine Ausführungen zur Beamtenfrage als

»zu stark [...] Wir wollen und müssen doch die Beamtenschaft für uns gewinnen. Ihre Äußerungen haben sie nur empört und sie in ihrem empfindlichen Selbstgefühl gekränkt. Viele, die vor Ihrer Rede schwankten, ob sie SPD wählen sollten, werden es nun m. E. nicht tun, weil sie sich als Stand nicht genügend ästimiert fühlen. Ich meine damit vor allem die unteren und mittleren Beamten, die ich in ihrer Psyche aus meiner alten Tätigkeit als Verwaltungsbeamtin gut kenne. Sollten Sie da nicht etwas zu demagogisch gewesen sein[43]?«

Der Aufstieg einer wachsenden Zahl von SPD-Mitgliedern in Beamtenpositionen führte ebenfalls dazu, daß die Reformfreudigkeit in Teilen des Funktionärskörpers allmählich nachließ. Es gab immer mehr sozialdemokratische Stadtdirektoren, Bürgermeister und Landräte. Zudem wuchs die Zahl der Sozialdemokraten bei der Polizei, unter anderem weil Parteigliederungen ihre Mitglieder dazu aufriefen, für den Aufbau einer demokratisch zuverlässigen Polizei zu sorgen, indem sie junge Männer aus ihrem Bekanntenkreis dazu aufforderten, sich um Aufnahme in den Polizeidienst zu bemühen[44]. Eine Reihe ehemaliger Beamter, die 1933 wegen ihres Engagements für die SPD aus dem öffentlichen Dienst entfernt wurden, erhielt im Rahmen der Wiedergutmachung neue Stellungen. Noch größer war die Zahl der ehemals gemaßregelten Arbeiter und Angestellten des öffentlichen Dienstes, die im Zeichen der Wiedergutmachung nun ebenfalls in Beamtenstellen aufrückten. Diese zunehmende Verbeamtung von SPD-Mitgliedern hatte politische Folgen, denn auch sozialdemokratische Staatsdiener waren vor Besitzstandsdenken nicht gefeit. Zudem hofften weitere SPD-Anhänger, ebenfalls bald in den Beamtenstatus aufzusteigen, und zeigten dementsprechend wenig Interesse an seiner Nivellierung.

Noch schneller und heftiger brachen die Meinungsunterschiede in den gewerkschaftlichen Reihen auf. Die Gewerkschaften des öffentlichen Dienstes formierten sich noch 1946 zur Verteidigung der traditionellen Beamtenrechte und widersetzten sich somit dem Kurs von Böckler, Richter und den anderen gewerkschaftlichen Spitzenfunktionären. Hinter dieser Politik stand ein Kalkül: Man hoffte, den geringen Organisationsgrad der Beamten kräftig steigern zu können, wenn man sich demonstrativ für ihre Partikularinteressen engagierte. Die bisherigen Werbebemühungen der ÖTV und ihrer Schwestergewerkschaften hatten keine größeren Erfolge erzielt, die meisten Staatsdiener blieben auf Distanz. Sie zeigten kein Interesse am neuen Konzept der Einheitsgewerkschaft, sondern bevorzugten die Wiedergründung des Deutschen Beamtenbundes. Indessen ließen die Militärregierungen den Aufbau reiner Beamtenorganisationen vorerst nicht zu. Die Gewerkschaften des öffentlichen Dienstes versuchten, diesen Startvorteil zu nutzen, um sich als wirksame Interessenvertretung der Beamten zu profilieren. Um zu beweisen, daß die Gründung eines Beamtenbundes überflüssig sei, griff die ÖTV sogar bewußt auf das standespolitische Vokabular der Weimarer Ära zurück[45].

In der britischen Zone fanden sich Hans Böckler und die meisten anderen gewerkschaftlichen Spitzenfunktionäre mit dieser Form der Beamtenpolitik schließlich ab, da in ihren Augen die Verwirklichung der Einheitsgewerkschaft absolute Priorität hatte. Damit fiel die Gewerkschaftsbewegung hier als Reformkraft aus, ja sie warf ihr Gewicht zugunsten des tradierten Berufsbeamtentums in die Waagschale. In der amerikanischen Zone hingegen beharrten die Spitzenfunktionäre in den Dachverbänden auf ihren Reformzielen und taten ihr Bestes, um den Einfluß der Gewerkschaften des öffentlichen Dienstes zurückzudrängen. Folglich bestand dort größerer Spielraum für eine Reformpolitik.

Welche konkreten politischen Folgen hatte dieser innerdeutsche Streit um das Berufsbeamtentum? Wo gelang es, den Gang der alliierten Reformbestrebungen bis 1948 zu beeinflussen — oder gar aufzuhalten — und eigene Vorstellungen durchzusetzen? Beginnen wir mit der *amerikanischen Zone*, wo das entschlossene Vorgehen der Militärregierung die deutsche Seite noch 1946 vor Grundsatzentscheidungen stellte. Das lag nicht allein daran, daß OMGUS auf den baldigen Erlaß von Landesbeamtengesetzen drängte, sondern auch daran, daß die Amerikaner im Rahmen ihrer Föderalisierungsstrategie zur raschen Ausarbeitung von neuen Landesverfassungen aufforderten und die Wahlen zu den entsprechenden Landesversammlungen schon für den 30. Juni 1946 ansetzten. Als ihre Mitglieder dann am 15. Juli zusammentraten, sahen sie sich mit der Frage konfrontiert, wie sie sich zum Thema des Berufsbeamtentums äußern sollten. Die umstrittenen »Beamtenparagraphen« der Weimarer Verfassung standen ihnen als Präzedenzfall vor Augen: Diese weitreichenden Bestimmungen hatten nicht nur den Fortbestand des Berufsbeamtentums garantiert, sondern den Beamten auch die »Unverletzlichkeit« ihrer »wohlerworbenen Rechte« zugesichert und darüber hinaus noch weitere Schutzvorkehrungen getroffen, indem sie Fragen regelten, die normalerweise Gegenstand der parlamentarischen Gesetzgebung waren[46]. So weit ging man diesmal in keinem der drei Länder. Die Beratungen über die Zukunft des Berufsbeamtentums führten zu recht unterschiedlichen Ergebnissen, und zwar nach Maßgabe der parteipolitischen Kräfteverhältnisse.

Am einen Ende des Spektrums stand Bayern, wo die CSU mit einer absoluten Mehrheit aus den Wahlen hervorgegangen war. Hier entstand die einzige Landesverfassung der US-Zone, die die Aufrechterhaltung des Berufsbeamtentums ausdrücklich vorschrieb, und ein Beamtengesetz, das den personellen Umfang des Beamtentums auf eine Größenordnung ausweitete, wie sie zuletzt vor 1918 existiert hatte. Nicht nur Bedienstete mit hoheitlichen Aufgaben sollten den Beamtenstatus erhalten, sondern alle, die ständig und hauptamtlich im Dienst einer Gebietskörperschaft standen, sofern sie nicht »Handarbeit« verrichteten[47].

Am anderen Ende des Spektrums befand sich Hessen, wo SPD und KPD über eine Mehrheit in der Verfassungberatenden Landesversammlung verfügten. Hier bestimmten die sozialdemokratischen Vorstellungen von einer Neuordnung des Beamtenrechts das Bild, nicht zuletzt dank des beharrlichen Einsatzes von Willi Richter, dem Vorsitzenden des hessischen Gewerkschaftsbundes. Die Landesverfassung schrieb die Schaffung eines einheitlichen Arbeitsrechts vor, das auch für den öffentlichen Dienst zu gelten habe. Die Verfassung trug diesem Ziel bereits Rechnung, indem sie von »Arbeitnehmer[n] der öffentlichen Verwaltung« statt von Beamten und Angestellten sprach (Art. 29, Art. 135). Das am 12. November 1946 erlassene Gesetz über ein neues öffentliches Dienstrecht strebte eine weitgehende Vereinheitlichung der Beschäftigungsverhältnisse von Beamten und Angestellten an. Grundsätzlich galten die Vorschriften des Arbeitsrechts auch für die Beamten, ihr Dienstverhältnis begründete sich durch einen Anstellungsvertrag, und sie wurden in die Sozialversicherung aufgenommen. Angestellte erhielten nach fünfjähriger Beschäftigungszeit eine beamtenähnliche Dauerstellung und erwarben Ansprüche auf Ruhegehalt und Altersversorgung gemäß den Vorschriften für die Beamten. Dieser vielbeachtete Vorstoß ins rechtliche Neuland traf auf Kritik von zwei Seiten. Konservative Politiker und Staatsrechtler lehnten das Gesetz ab, weil es ihrer Ansicht nach das traditionelle Berufsbeamtentum schlichtweg abgeschafft habe. Die Militärregierung zeigte sich ihrerseits unzufrieden, weil das Gesetz die Statusunterschiede unter den dauerhaften Verwaltungsbediensteten nur tendenziell ausglich, statt sie vollständig einzuebnen[48].

Noch in einem weiteren Punkt setzte sich die deutsche Seite über die Vorgaben der Militärregierung hinweg: Die Landespersonalämter spielten nicht die maßgebende Rolle, die ihnen die amerikanischen Reformpolitiker zugedacht hatten. Das lag zum einen an der deutschen Gesetzgebung, die den Personalämtern von vornherein nur beschränkte Kompetenzen einräumte. Zum anderen zeigte sich rasch, daß einflußreiche Kräfte in den Landesregierungen und selbst in den Personalämtern sich hartnäckig dagegen wehrten, daß diese ihren gesetzlich verbrieften Handlungsspielraum überhaupt ausschöpften. In Bayern wollten die zuständigen amerikanischen Offiziere schließlich intervenieren und den Generalsekretär des Landespersonalamtes wegen seiner Obstruktionspolitik entlassen. Doch General Clay verweigerte die Genehmigung für einen derart aufsehenerregenden Schritt. Der pragmatische Militärgouverneur wich vor einem Zusammenprall mit der deutschen Seite zurück — allerdings auch deswegen, weil er die Reform des öffentlichen Dienstrechts persönlich nicht für einen entscheidenden Teil des amerikanischen Demokratisierungsprogramms hielt. Eine Äußerung Clays machte unter den enttäuschten und verärgerten Reformbefürwortern in der Militärregierung bald die Runde: »Wenn die Deutschen ihre alte Bürokratie zurückhaben wollen, so sollten sie sie bekommen, das ist ihr Problem[49].«

Im Land Bremen, das erst zum 1. Januar 1947 voll in die amerikanische Zone eingegliedert wurde, stellten die Vertreter der SPD/KPD-Mehrheit ebenfalls die Weichen in Richtung auf ein einheitliches öffentliches Dienstrecht. Die Bremer Landesverfassung vom 21. Oktober 1947 war die einzige im amerikanischen Besatzungsgebiet, in der das Wort »Beamter« überhaupt nicht vorkam. Statt dessen hieß es: »für alle Personen in Betrieben und Behörden« sei »ein neues soziales Arbeitsrecht zu schaffen« (Art. 50, Abs. 1). Ein Gesetz, das die Vorstellungen der Linksparteien konkretisiert und in die Praxis umgesetzt hätte, ließ indes auf sich warten[50].

In der *britischen Zone* erzielten die deutschen Reformkräfte keine vergleichbaren Ergebnisse. Das lag jedoch zu einem wichtigen Teil am ungünstigen besatzungspolitischen Rahmen. Erstens: Auf verfassungspolitischem Gebiet gab sich die Militärregierung zunächst mit provisorischen Lösungen zufrieden (vorläufige Verfassungen, die eher den Charakter von Organisationsstatuten trugen). In der Folgezeit verstanden es die Briten nicht, ihrem Wunsch nach der zügigen Ausarbeitung von ausführlichen Landesverfassungen Geltung zu verschaffen[51]. So kam es auf diesem Feld nicht zu Weichenstellungen, die sich auf den Konflikt um eine Neuordnung des öffentlichen Dienstes ausgewirkt hätten.

Zweitens: Das Vorgehen der Militärregierung auf dem Gebiet der Beamtenpolitik verunsicherte die deutschen Reformbefürworter und stärkte ungewollt die Position ihrer Gegner. Als die deutschen Landesverwaltungen im Sommer 1946 von der britischen Beamtendirektive erfuhren, gingen sie davon aus, daß es sich um ein weitgehend verbindliches Konzept handelte, zumal hohe Vertreter der Militärregierung schon seit 1945 entschlossene Schritte angekündigt hatten. Für deutsche Augen wirkte der schließlich vorgelegte Plan indes so radikal und fremd, daß er selbst bei den meisten Kritikern des alten Berufsbeamtentums auf Ablehnung stieß. Anschließend sorgten die Briten für weitere Verwirrung, als sie infolge ihrer internen Meinungsunterschiede keinen klaren Kurs einschlugen, sondern von Land zu Land unterschiedlich verfuhren. Diese Phase ging erst im August/September 1947 zu Ende, als sich die Briten nach längeren internen Debatten auf eine grundlegende Neuorientierung ihrer Beamtenpolitik verständigten: Die Militärregierung rückte nun endgültig vom Ziel einer radikalen Umgestaltung des öffentlichen Dienstes ab und beschränkte sich auf die Bekanntgabe eines kurzen Katalogs allgemeiner Reformgrundsätze, den die deutschen Politiker bei der Ausarbeitung neuer Landesbeamtengesetze zu beachten hätten. Erst jetzt, mehr als zwei Jahre nach Kriegsende, bestand Klarheit über die Ziele der britischen Beamtenpolitik, und die Militärregierungsdienststellen verfolgten auf allen Ebenen einen einheitlichen Kurs[52].

Trotz der nachteiligen Folgen der britischen Politik in den ersten beiden Nachkriegsjahren gab es deutsche Reformer, die sich nicht beirren ließen. In Nordrhein-Westfalen, dem größten und politisch gewichtigsten Land der britischen Zone, legte das sozialdemokratisch geführte Innenministerium im Mai 1947 den Entwurf für ein Landesgesetz »über den Dienst in der öffentlichen Verwaltung« vor, das sich stark am hessischen Vorbild orientierte. Die Mehrheitsverhältnisse, die nach der Landtagswahl vom 20. April 1947 herrschten, bildeten einen wichtigen Hintergrund dieser Initiative. Der Einfluß des konservativen Flügels der CDU, der sich um Konrad Adenauer scharte, war geschwächt. Der Sprecher des starken Arbeitnehmerflügels, der christliche Gewerkschafter Karl Arnold, bildete eine breite Koalition unter Einschluß der Linksparteien und übernahm das Amt des Ministerpräsidenten. Seine Regierung schrieb die Neuordnung von Wirtschaft und Gesellschaft auf ihre Fahne. Zu den Kernpunkten des Regierungsprogramms zählten die Sozialisierung der Großbetriebe der Stahl-, Eisen-, Kohle- und Chemieindustrien, eine durchgreifende Bodenreform sowie eine weitreichende betriebliche und überbetriebliche Mitbestimmung der Arbeitnehmer in der Wirtschaft[53]. Die Reformbefürworter im Innenministerium hofften, ihre Vorlage im Sog der politischen Aufbruchstimmung durch den Landtag bringen zu können.

Die Wahlergebnisse in den anderen Ländern der britischen Zone ließen dort ebenfalls Aufbruchstimmung aufkommen. In Niedersachsen übernahm die SPD als stärkste Partei die Führung einer Allparteienregierung, während die Sozialdemokraten in Schleswig-Holstein und Hamburg gar über eine absolute Mehrheit verfügten und nun zu Sozialisierungsmaßnahmen und anderen Strukturreformen ansetzten. Die Chancen, daß die nordrhein-westfälische Reforminitiative bei diesen Kräften auf Zustimmung stoßen würde, mußten günstig erscheinen. In Schleswig-Holstein wurde mit Hermann Lüdemann ein Sozialdemokrat zum Ministerpräsidenten gewählt, dessen Ansichten über eine Neuordnung des Beamtenrechts bis in die Wortwahl hinein mit den Positionen der nordrhein-westfälischen Reformer übereinstimmten. Max Brauer, der in Hamburg als Oberbürgermeister regiere, befürwortete weitreichende Reformen vor dem Hintergrund seiner eigenen Herkunft als Arbeiterkind, aber auch aufgrund der Beobachtungen, die er während seines jahrelangen Exils in den USA gemacht hatte[54]. In Niedersachsen, wo einflußreiche Stimmen in der SPD eine tiefgreifende Reform des Berufsbeamtentums forderten, trat ein Sozialdemokrat an die Spitze des Innenministeriums[55].

Hatten die nordrhein-westfälischen Reformverfechter gehofft, in der britischen Zone eine Vorreiterrolle zu spielen und die anderen Länder mitzureißen, so sahen sie ihre Initiative unversehens durch die Militärregierung blockiert. Weil die Briten gerade im Begriff waren, ihre Beamtenpolitik neu zu bestimmen, brauchten sie fast ein halbes Jahr, um eine abschließende Stellungnahme zum nordrhein-westfälischen Gesetzentwurf zu formulieren. Das Urteil, das den Deutschen schließlich Ende Oktober 1947 mitgeteilt wurde, fiel dann recht positiv aus: Es handle sich um »einen hervorragenden Entwurf«, der hoffentlich »bald in den Landtag kommen« werde[56].

Diese Verzögerung durch die Militärregierung hatte schwerwiegende Folgen. Während der Monate des Abwartens erfuhr die Gewerkschaft ÖTV auf Umwegen von der Existenz des Entwurfs; sie organisierte kurzentschlossen eine breitangelegte öffentliche Protestkampagne, die mit heftiger Polemik und — offenbar gezielten — Falschbehauptungen geführt wurde. Dadurch entstand ein verzerrtes Bild von den Zielen des Reformentwurfs nicht nur bei den Beamten, sondern auch bei vielen Mitgliedern der SPD und der Gewerkschaften. Durch den Feldzug der ÖTV-Führung erfuhren auch andere potentielle Reformgegner vom Vorhaben des Innenministeriums. Einflußreiche Kräfte in der CDU und im Deutschen Städtetag, die mit Blick auf die beamtenkritische Stimmung in der Bevölkerung nicht offen gegen die Reforminitiative antreten wollten, griffen den Protest der ÖTV dankbar auf und führten ihn als Argument gegen die Vorlage an.

Nachdem die Briten die Revision ihrer Beamtenpolitik bekanntgegeben hatten, zeigten sie sich entschlossen, die Länder ihrer Zone nun zur Verabschiedung entsprechender Reformgesetze anzuhalten. Doch erneut löste die Politik der Militärregierung einen Konflikt mit maßgeblichen deutschen Kräften aus, der den Weg zum selbstgesteckten Ziel versperrte. Im Rahmen des neuen Grundsatzkatalogs bestand die Militärregierung darauf, die politische Betätigungsfreiheit der Verwaltungsbediensteten einzuschränken, um den öffentlichen Dienst zu entpolitisieren. Nach traditionellem britischem Verständnis sollten sich Staatsdiener politisch neutral verhalten, um keinen Zweifel an der Unparteilichkeit ihrer Amtsführung aufkommen zu lassen. Die deutschen Parteiführungen hatten entsprechende Pläne bereits 1945/46 kategorisch abgelehnt, allen voran die SPD, die auf die Dezimierung ihres Führungspersonals während der NS-Zeit verwies und argumentierte, daß die Partei daher nicht in der Lage sei, auf die Mitarbeit der vielen erfahrenen Funktionäre zu verzichten, die sich seit Kriegsende beim Wiederaufbau der Verwaltung engagierten. Um den Konflikt zu entschärfen, hatte die Militärregierung im September 1947 eine Vorschrift aufgestellt, die aus ihrer Sicht eine Minimallösung darstellte: Angestellte und Beamte vom mittleren Dienst aufwärts mußten sich in der Öffentlichkeit politisch zurückhalten; es würde ihnen erlaubt sein, Parteien beizutreten und an parteiinternen Veranstaltungen teilzunehmen, aber sie durften nicht als Parteimitglied für ein öffentliches Amt kandidieren oder ihre politische Haltung auf andere Weise öffentlich zu erkennen geben, etwa durch Vorträge oder Veröffentlichungen zu politischen Themen.

Eine weitere britische Konzession bestand in der zeitlichen Beschränkung dieser Vorschrift: Sie sollte für mindestens zwei, aber höchstens fünf Jahre gelten. Dabei hoffte man freilich, daß während dieser Periode viele Deutsche die Vorteile eines politisch neutralen Beamtenapparats erkennen würden, so daß die Parteien am Ende keine andere Wahl hätten, als die Vorschrift beizubehalten. Doch die deutschen Parteiführungen zeigten sich nicht bereit, auch nur diesen halben Schritt hin zur Entpolitisierung des öffentlichen Dienstes zu akzeptieren.

Damit geriet die britische Beamtenpolitik in eine Krise, denn die Strategie der Militärregierung basierte auf der Annahme, daß es möglich sein würde, die Parteien und Landtage durch Überzeugungsarbeit und indirekten Druck zur Verabschiedung der gewünschten Gesetze zu bewegen. Als Ausweg erwog man im Frühjahr 1948 den Erlaß eines Militärregierungsgesetzes, aber diese Alternative wurde schließlich aus Rücksicht auf übergeordnete deutschlandpolitische Prioritäten verworfen. Denn die Außenminister Großbritanniens und der USA hatten sich im Dezember 1947 darauf verständigt, die Gründung eines deutschen Weststaates so rasch wie möglich herbeizuführen. Dafür brauchte man die aktive Mitarbeit der westdeutschen Politiker, von denen sich viele allerdings noch gegen den Aufbau eines Teilstaates sträubten. Ein Gesetzesoktroi, um eine partielle Entpolitisierung des öffentlichen Dienstes durchzusetzen, hätte das Verhältnis zu den maßgeblichen Parteiführern ernsthaft gestört und eine ohnehin schwierige Situation zusätzlich kompliziert. Außerdem stand zu befürchten, daß die deutschen Parlamente ein derartiges Gesetz gleich nach dem Ende der Besatzungsära wieder aufheben würden.

Schließlich sah die Militärregierung keine andere Alternative, als auf diesen Kernpunkt ihres Reformprogramms zu verzichten. Man hoffte, damit nun endlich den Weg für die Verabschiedung von Beamtengesetzen durch die Landesparlamente freigemacht zu haben, zumal es im Zeichen der britischen Dezentralisierungspolitik wichtig erschien, das öffentliche Dienstrecht noch auf der Landesebene regeln zu lassen, bevor der Weststaat aus der Taufe gehoben wurde. Doch maßgebliche deutsche Politiker verweigerten die Mitwirkung — nun mit dem Hinweis, daß es wenig sinnvoll erscheine, viel Zeit und Kraft in die Ausarbeitung von Landesgesetzen zu investieren, die bald durch eine Neuregelung auf überzonaler Ebene überholt sein könnten.

Im Ergebnis hatte das britisch-deutsche Tauziehen bis Mitte 1948 zu keinen wesentlichen Änderungen im Beamtenrecht geführt. Wohl gab es auf deutscher Seite Kräfte, die an einer Neugestaltung des öffentlichen Dienstes interessiert waren, aber ihre Ziele unterschieden sich allzu stark von denen der Militärregierung. Somit hatten sich die deutschen und britischen Reformer gegenseitig behindert und blockiert. Davon hatten die deutschen Reformgegner profitiert.

In der *französischen Zone* traf die Initiative zur Reform der Beamtenausbildung auf hartnäckigen deutschen Widerstand. Landespolitiker und Verwaltungsleiter lehnten die französischen Eingriffe in das Laufbahnrecht ab, und die Rektoren der Universitäten wehrten sich gegen den Einbruch in ihre traditionellen Rechte bei der Ausbildung von Staatsdienern. Behörden rieten ihren Beamten vom Besuch der Höheren Verwaltungsakademie ab und suchten nach Vorwänden, um erfolgreiche Absolventen nicht einstellen zu müssen. Auf besonders starke Ablehnung stießen diejenigen Absolventen, die aus dem gehobenen Dienst stammten und aufgrund ihrer Begabung und bisherigen Verdienste zur Speyerer Anstalt zugelassen worden waren. Wiederholt mußten französische Vertreter eingreifen, um die deutschen Behörden zur Einhaltung der geltenden Vorschriften zu ermahnen. Nach der Währungsreform beriefen sich die Länder Baden und Württemberg-Hohenzollern auf die leeren Staatskassen und zogen sich aus der Mitfinanzierung der Hochschule zurück. Rheinland-Pfalz kürzte seinen Beitrag um 60 Prozent und schlug vor, die Einrichtung aufzulösen. Um den Kritikern entgegenzukommen und die Krise zu entschärfen, beschloß der Verwaltungsrat der Akademie, von sich aus auf die im Gründungsdekret verankerte Anstellungsgarantie für die Absolventen zu verzichten. Letztlich konnte sich die Speyerer Anstalt behaupten und wurde in deutsche Rechtsträgerschaft übernommen, allerdings nur in stark veränderter Form und mit anderen Aufgaben, als von ihren französischen Gründern vorgesehen[57]. Damit war auch dieser Ansatz zur Reform des Berufsbeamtentums fehlgeschlagen.

3. Das Tauziehen in der sowjetischen Zone 1945—1948

Schon 1945 gewannen die Auseinandersetzungen in der SBZ eine andere inhaltliche Qualität als in den Westzonen. Rasch spitzte sich der Konflikt auf die Grundfrage zu: »Abschaffung des Berufsbeamtentums, ja oder nein?« Zu dieser Entwicklung trugen nicht nur die Sowjets, sondern auch deutsche Kräfte bei: Vertreter der Arbeiterparteien trieben den Prozeß der Zuspitzung durch entsprechende Forderungen und Initiativen voran.

Arthur Pieck (KPD), der neue Leiter der Personalabteilung des Berliner Magistrats, bestimmte schon am 8. Juni 1945: »Alle bei der Stadtverwaltung Berlins jetzt beschäftigten Personen«, die nicht im Arbeiterverhältnis stehen, »sind [...] Verwaltungsangestellte[58].« Die bisherigen Beamten wurden kurz darauf in die Sozialversicherung aufgenommen. Es ist anzunehmen, daß Pieck im Sinne der aus Moskau eingeflogenen »Gruppe Ulbricht« handelte: Walter Ulbricht hatte Piecks Ernennung Mitte Mai veranlaßt, damit alle Personalfragen in der Stadtverwaltung fortan von der KPD-Führung beeinflußt werden konnten. Zu diesem Zweck stand Ulbricht mit Pieck in ständigem Kontakt[59].

Im Juli und August 1945 erließ die neue Landesverwaltung im »roten« Sachsen Verordnungen, die von ihren Urhebern als wegweisend erachtet wurden und Kernpunkte des bisherigen Beamtenrechts negierten. Dazu zählten die Unkündbarkeit, die Lebenszeitanstellung und der Anspruch auf Ruhegeld. Ferner wurden die Beamtengehälter und -pensionen stark gekürzt, man reduzierte sie auf die Sätze für Angestellte. Parallel dazu traten Entnazifizierungsrichtlinien in Kraft, die den Ausschluß aller ehemaligen Mitglieder der NSDAP und ihrer Gliederungen aus dem öffentlichen Dienst vorschrieben. Diese Bestimmungen, die auf einem Entwurf führender KPD-Vertreter basierten, differenzierten nicht zwischen aktiven und nominellen Mitgliedern. Zudem war eine Einspruchsmöglichkeit nicht vorgesehen. In dieser pauschalen Form lief die politische Säuberung auf die Entfernung der meisten alten Beamten hinaus[60].

Noch radikaler verfuhr der Präsident der neuen Zentralverwaltung für das Post- und Fernmeldewesen der SBZ, Dr. Wilhelm Schröder (SPD, vor 1933 DNVP). In einer Verfügung vom 8. September 1945 zog er Schlußfolgerungen aus der Vergangenheit, indem er das Berufsbeamtentum bei der Post für erloschen erklärte:

»Hitler und seine Partei haben durch ihre Katastrophenpolitik das Deutsche Reich zerstört. Die Voraussetzungen für die Wirksamkeit der wohlerworbenen Beamtenrechte sind demnach nicht mehr vorhanden. Diese Rechte haben aufgehört zu bestehen. Das alte preußisch-deutsche Berufsbeamtentum gehört damit der Vergangenheit an [...] Die Dienstverhältnisse [... des] Personals müssen neu geregelt werden[61].«

Schröders Politik erregte Aufsehen über die Grenzen der SBZ hinaus, zumal sie gravierende Folgen auch für Pensionäre, Witwen und Waisen hatte. Die Postverwaltung stellte sämtliche Versorgungsleistungen kurzerhand ein, da — so Schröder — mit dem alten Berufsbeamtentum auch die damit verbundenen Ansprüche erloschen seien[62].

Andererseits gab es deutsche Kräfte, die sich solchen Bestrebungen widersetzten. Die Liberal-Demokratische Partei (LDP) hatte bereits in ihrem Gründungsaufruf vom 5. Juli 1945 »die Wiederherstellung eines unabhängigen, leistungsfähigen Berufsbeamtentums« gefordert. Damit war die LDP gegen die Politik von Arthur Pieck und der KPD in der Berliner Stadtverwaltung angetreten. In diesem Sinne bezog auch Andreas Hermes, der Vorsitzende der CDU in der SBZ, im Oktober 1945 öffentlich Stellung. Dabei räumte er ein, daß die »formale ›Treue‹ des Berufsbeamtentums eine starke Stütze für das Terrorsystem Hitlers gewesen« sei. Aber unter den Staatsdienern habe es auch »aufrechte

Männer« gegeben, »die nach Mitteln und Wegen suchten, das deutsche Volk vom Verbrechersystem Hitlers zu befreien« und dafür mit ihrem Leben bezahlten. »Darum kann die Frage nach dem Berufsbeamtentum an sich überhaupt nicht gestellt werden.« Für diese Schlußfolgerung sprachen aus Hermes' Sicht auch praktische Argumente:

> »Kein moderner und geordneter Staat kann auf ein Berufsbeamtentum als kontinuierliches Element seiner Verwaltung verzichten. Eine moderne Verwaltung verlangt Fachkräfte, die nicht ausschließlich nach den Gesichtspunkten der politischen Gesinnung gefunden werden können [...] Ein solches Berufsbeamtentum wird von der Christlich-Demokratischen Union als unentbehrliches Organ einer modernen Staatsführung bejaht und gefordert[63].«

Nicht nur Hermes, sondern auch viele andere verstanden die Aufhebung des Deutschen Beamtengesetzes durch den Befehl Nr. 66 vom 17. September 1945 nicht als das Ende des Berufsbeamtentums schlechthin. In Thüringen reagierte die ernannte Landesverwaltung am 5. Oktober mit einem Gesetz, das »das frühere, demokratische Thüringische Staatsbeamtengesetz von 14. März 1923« wieder in Kraft setzte. Dieser Schritt erfolgte mit Zustimmung der Sowjetischen Militäradministration für Thüringen. Dieser Vorgang deutet darauf hin, daß der Befehl Nr. 66 selbst innerhalb der sowjetischen Reihen nicht als Abschaffung des Berufsbeamtentums galt[64].

Aktiv wehrte sich auch die größte damals zugelassene Beamtenvertretung in der SBZ, der Verband für Eisenbahn, Post- und Fernmeldewesen im FDGB. Diese sozialdemokratisch geführte Gewerkschaft berief eine Beamtenkonferenz ein, deren Teilnehmer »Einspruch gegen alle Bestrebungen zur Beseitigung des Berufsbeamtentums« erhoben. Man bejahte zwar eine »Anpassung« des Beamtenrechts an die gewandelten Verhältnisse, zeigte sich aber überzeugt, daß »gerade der kommende neue demokratische Staat mit seinen vielfachen schweren Aufgaben [...] diese nur mit einem zuverlässigen, pflichteifrigen Beamtentum richtig lösen kann [...] Die heutige schwere Zeit ist keine Zeit für neuartige Experimente[65].« Ferner trat die Führung des Eisenbahn- und Postverbandes mit den Vorständen der anderen vier Gewerkschaften des öffentlichen Dienstes in Kontakt, um eine gemeinsame Gegenwehr zu organisieren. Diese Entwicklung brachte die Führung des FDGB in Verlegenheit, denn ihre sozialdemokratisch-kommunistische Mehrheit hatte die Vorstöße zur Abschaffung des Berufsbeamtentums bislang wohlwollend verfolgt. Nun sah sich die FDGB-Leitung gezwungen, sich in ihren Gesprächen mit hohen Vertretern der Verwaltung und der SMAD vorsichtiger zu äußern, und mußte mit ihren Mitgliedsverbänden über einen gemeinsamen Kurs verhandeln[66].

Selbst die SED ging zunächst vom Fortbestand des Berufsbeamtentums aus. Die »Grundsätze und Ziele«, die der Vereinigungsparteitag am 22. April 1946 einstimmig verabschiedete, forderten sogar die »systematische Ausbildung befähigter Werktätiger als Beamte der Selbstverwaltungsorgane«[67]. Drei Tage später erschien ein programmatischer Artikel, »Die deutsche Beamtenschaft und die SED«, in dem ausgerechnet Dr. Wilhelm Schröder seine frühere Position relativierte. Zwar sei »das alte preußisch-deutsche Berufsbeamtentum« zusammen mit der »Hitlerdiktatur [...] in Trümmer« gegangen, aber ein neuer Staatsapparat »muß aufgebaut werden«; »ein neues Beamtentum« sei »im Entstehen« — »aus den antifaschistisch und demokratisch eingestellten Teilen der alten Beamtenschaft in Verbindung mit neuen, fortschrittlichen Kräften aus allen Teilen unseres Volkes«. Dieses »sich neu bildende Beamtentum« betrachtete Schröder als »Helfer und Bundesgenosse[n]« der »geeinte[n] deutsche[n] Arbeiterklasse«, die das Volk »einer neuen glücklicheren Zukunft« entgegenführen sollte[68].

Doch ein halbes Jahr später war diese Bündnisofferte hinfällig. Die SED hatte einen politischen Kurswechsel vollzogen und steuerte nun offen auf die Beseitigung des Berufsbeamtentums hin. Dies zeigte sich deutlich, als das SED-Zentralorgan »Neues Deutschland« am 16. November 1946 den Entwurf einer Verfassung für die künftige, aus allen vier Besatzungszonen zu bildende »Deutsche Demokratische Republik« abdruckte. Darin kam das Berufsbeamtentum mit seinem klassischen öffentlich-rechtlichen Dienst- und Treueverhältnis überhaupt nicht vor, statt dessen war lediglich von »Angestellten« die Rede, also von kündbaren Beschäftigten auf arbeitsrechtlicher Grundlage. »Die Angestellten im öffentlichen Dienst sind Diener des Volkes.« Dieser Satz fand sich ebenso in dem Musterentwurf für eine Landesverfassung, den der SED-Parteivorstand wenig später veröffentlichte. Alle fünf Landtage der SBZ akzeptierten diesen Entwurf als Grundlage für die im Dezember 1946 einsetzenden Verfassungsberatungen[69].

Welche rechtlichen und politischen Ziele man mit diesem Satz verfolgte, war den Vertretern aller Parteien klar. Ein SED-Jurist brachte es etwas später auf den Punkt: Man »erkenn[e] ein Berufsbeamtentum, d.h. lebenslänglich eingesetzte und nur unter besonders erschwerten

Bedingungen absetzbare Beamte, nicht an«. Damit habe man »die demokratischen Konsequenzen gezogen« aus »den verhängnisvollen politischen Erfahrungen, die in der Weimarer Verfassung mit einem veralteten und reaktionären Beamtenapparat gemacht worden sind«. Die Arbeitsverhältnisse der neuen öffentlichen Angestellten sollten im Rahmen des allgemeinen Arbeitsrechts per Tarifvertrag geregelt werden[70].

In vier der fünf Länder der SBZ beschlossen die Landtage, die von der SED entworfene Bestimmung in die Landesverfassung aufzunehmen: in Brandenburg, Sachsen-Anhalt, Sachsen und Thüringen. Diese um die Jahreswende 1946/47 gefaßten Entscheidungen markierten eine politische Zäsur in der Beamtenfrage. Erstmals hatten demokratisch gewählte Volksvertretungen sich klar und unzweideutig gegen den Fortbestand des traditionellen Berufsbeamtentums gewandt. Alle Anträge von Vertretern der CDU und der LDP, das Wort »Berufsbeamtentum« doch noch aufzunehmen, scheiterten, ebenso wie die Bestrebungen, das Thema auszuklammern und bis auf Verfassungsberatungen auf der nationalen Ebene zu vertagen[71]. Das gilt selbst für die Verhandlungen im fünften Länderparlament, in Mecklenburg, wo CDU und LDP über eine klare Mehrheit verfügten. Dort entschied man sich für eine Formulierung, die den Fortbestand des Berufsbeamtentums nicht ausschloß, verzichtete aber darauf, eine Bestandsgarantie auszusprechen[72].

Die Situation in der SBZ blieb gleichwohl ambivalent, denn auf diese politische Zäsur folgte keine rechtliche. Das bislang angewendete Beamtenrecht blieb weiterhin in Kraft, weil die Bemühungen, den Status der öffentlich Beschäftigten per Tarifvertrag neuzuordnen, bald im Sande verliefen. Dabei hatte die SMAD diese Bestrebungen vorangetrieben, indem sie im Februar und März 1947 Befehle erließ, die den Abschluß entsprechender Vereinbarungen zwischen den Verwaltungen und den Gewerkschaften des öffentlichen Dienstes gestatteten[73]. Doch allein für die *Arbeiter* der Bahn und der Post traten neue Tarifverträge tatsächlich in Kraft[74].

Einflußreiche Kreise bremsten, weil sie Zweifel hegten, ob es wirklich klug sei, auf den öffentlich-rechtlichen Beamtenstatus zu verzichten. Gegen diese Bedenken zog ein prominenter SED-Journalist, Johannes Puhlmann, im Dezember 1947 zu Felde. Er erinnerte an den »Klassencharakter« des alten Beamtentums und kritisierte, daß »vor allem die Post, die Eisenbahn und die Polizei interessiert« seien, »ein neues

Berufsbeamtentum« zu schaffen. Sie würden einwenden, daß man »eine starke Fluktuation der Angestellten im öffentlichen Dienst« nur verhindern könne, indem man ihnen »besondere Vorrechte« nach dem Vorbild des bisherigen Beamtenstatus anbiete. Offenbar setzten sich diese Verwaltungen insbesondere dafür ein, das bisherige Lebenszeitprinzip und das Pensionssystem beizubehalten, weil es nur unter diesen Voraussetzungen möglich schien, die benötigten Fachkräfte zu gewinnen bzw. zu halten. Puhlmann verlangte statt dessen Lösungen innerhalb des Arbeitsrechts: Es genüge, »in die Tarifverträge Sicherungen gegen willkürliche Entlassungen einzubauen«; die Altersversorgung, »die grundsätzlich im Rahmen der allgemeinen Sozialversicherung stattfinden muß«, könne durch eine Zusatzversicherung für die öffentlich Beschäftigten auf ein höheres Niveau angehoben werden. In der sich herausbildenden »Volksdemokratie« dürfe man jedoch »keine grundsätzlichen Unterschiede zwischen den Angestellten im öffentlichen Dienst und den übrigen Arbeitnehmern« mehr zulassen[75].

Die Kernfrage lautete: War es möglich, den herkömmlichen Beamtenstatus abzuschaffen und dennoch die Arbeitsverhältnisse der öffentlich Bediensteten so attraktiv zu gestalten, daß sie bei den benötigten Fachkräften eine hinreichende Loyalität gegenüber dem neuen Regime stifteten? Eine Lösung, die die Betroffenen nicht zufriedenstellte, gefährdete die Stabilität des neuen Herrschaftssystems, denn ohne eine wohlfunktionierende und politisch ergebene Polizei konnte der Aufbau einer »Volksdemokratie« stalinistischer Prägung schwerlich gelingen. Gleichzeitig mußte man Rücksicht nehmen auf das technische Personal bei der Bahn und der Post, das bislang im Beamtenverhältnis gestanden hatte. Das optimale Funktionieren beider Unternehmen war für den wirtschaftlichen Wiederaufbau essentiell. Aber auch die Effektivität der sowjetischen Besatzungsherrschaft hing vom Post- und Fernmeldenetz sowie von den Truppen-, Lebensmittel- und Materialtransporten der Bahn ab. Kam bei den dort tätigen Fachkräften Unzufriedenheit auf, so hatten sie immer die Möglichkeit, in die Westzonen zu ziehen und in den Dienst des entsprechenden Parallelunternehmens zu treten.

Vor diesem Hintergrund signalisierte die SMAD am 7. Februar 1948, daß die Abschaffung des Berufsbeamtentums keineswegs endgültig beschlossen war. Marschall Vasilij Danilovič Sokolovskij, Oberster Chef der SMAD und Oberkommandierender der sowjetischen Besatzungstruppen in Deutschland, äußerte sich zur Zukunft des Berufsbeamtentums in einer offiziellen Stellungnahme, die als Kommuniqué veröffentlicht wurde:

»Es ist selbstverständlich, daß man ohne die Berufsbeamten nicht den Staat leiten kann. Anständige und demokratisch gesinnte Beamte verdienen in jeder Hinsicht Achtung der demokratischen Gesellschaft [...] Wir sind der Meinung, daß es notwendig ist, die Arbeit [des Verwaltungsapparates] ebenso zu schätzen wie die alten Beamten und besonders die Fachleute, die bei der Erfüllung ihrer Dienstobliegenheiten ehrlich und loyal arbeiten.«

Der Marschall stellte zudem fest: »man kann noch nicht von jedem Beamten fordern, daß er bereits ein überzeugter Demokrat ist.« Aus seiner Sicht zählte etwas anderes: »Ehrliche und loyale Arbeit, das ist es, was vor allem von jedem Beamten gefordert wird[76].«

Somit zeigt ein genauerer Blick auf die Vorgänge in der SBZ, daß die Entwicklung seit 1945 keineswegs geradlinig oder auch nur konsequent verlief. Wohl hatten die Sowjets das Beamtengesetz von 1937 aufgehoben, aber es gab nach wie vor Beamte, und wichtige Teile des alten Beamtenrechts galten weiterhin. Eine rechtliche Neuordnung war bislang unterblieben, zunächst aus Rücksicht auf die Arbeit im Kontrollrat, dann aufgrund interner Meinungsunterschiede und pragmatischer Erwägungen.

4. Weichenstellungen im Rahmen der doppelten Staatsgründung

Sowohl in den Westzonen als auch in der SBZ spitzte sich der Konflikt um das Berufsbeamtentum in der zweiten Hälfte des Jahres 1948 zu. In der *Bizone* waren sich Vertreter der britischen und amerikanischen Militärregierungen einig: Angesichts der unbefriedigenden Bilanz der bisherigen Reformpolitik und der sich anbahnenden Weststaatsbildung wollte man jetzt einschneidende Änderungen durchsetzen. Die Zwei-Zonen-Instanzen in Frankfurt sollten zur Verabschiedung eines neuen Beamtenrechts bewegt werden, das den alliierten Vorstellungen voll entsprach. Formal gesehen würde dieses Mustergesetz nur für die Beschäftigten der bizonalen Verwaltungen gelten, aber das eigentliche Hauptziel bestand darin, durch diese Weichenstellung auch die Verhältnisse im künftigen Weststaat zu präjudizieren.

Am 13. August wandte sich das anglo-amerikanische Zweimächte-kontrollamt an Hermann Pünder (CDU), den Vorsitzenden des bizonalen Verwaltungsrates, und bat um konkrete Ergebnisse innerhalb von sechs Wochen. Pünder sollte »alle notwendigen Schritte unternehmen«, damit ein Gesetzentwurf für »ein umfassendes demokratisches Dienstrecht« bis zum 1. Oktober fertiggestellt und dem Wirtschaftsrat zur Beschlußfassung vorgelegt werde[77]. Diese kurze Frist hatte eine lange Vorgeschichte. Seit anderthalb Jahren versuchten die anglo-amerikanischen Dienststellen, die bizonalen Instanzen für eine Reformgesetzgebung zu gewinnen. Interessiert zeigten sich weder die konservativen Mehrheitsfraktionen im Wirtschaftsrat (CDU/CSU, FDP, DP) noch die Direktoren der Zwei-Zonen-Verwaltungen, die sämtlich den Mehrheitsparteien angehörten oder nahestanden.

Auch jetzt hatten sie nicht die Absicht, ein derartiges Gesetz zu verabschieden. In einer Unterredung mit den beiden Militärgouverneuren nannten Politiker der CDU/CSU die Gründe, die aus ihrer Sicht dagegen sprachen, mit bemerkenswerter Offenheit: Ein solcher Schritt würde »natürlich« Weichen für die künftige Gesetzgebung der Länder stellen; zudem würde er die Beratungen des Parlamentarischen Rates hinsichtlich der Beamtenfrage beeinflussen, ja das Ergebnis möglicherweise vorwegnehmen[78]. Trotz fortgesetzten Drängens der bizonalen Militärregierung lag der Gesetzentwurf erst Anfang November vor, und er entsprach den anglo-amerikanischen Vorstellungen in zentralen Punkten nicht. Die anschließenden Beratungen im Wirtschaftsrat und Länderrat verliefen zäh, die Vorlage drohte in den Ausschüssen steckenzubleiben. Führende Vertreter der konservativen Mehrheitsfraktionen rühmten sich intern, die Angelegenheit »bewußt nach den Grundsätzen der Prolongation« zu behandeln, ja »Verschleppungsmethoden eingeführt« zu haben[79].

Das Frankfurter Tauziehen gewann an Brisanz aufgrund der zunehmenden Verflechtung mit den Beratungen des Parlamentarischen Rates in Bonn. Dort stellten die konservativen Parteien ebenfalls die Mehrheit der Abgeordneten, und in ihren Reihen gab es Bestrebungen, die alliierte Reformpolitik auf indirektem Weg zu Fall zu bringen, indem man das hergebrachte Beamtenrecht im Grundgesetz festschreiben wollte. Darauf reagierte der britische Militärgouverneur, General Robertson, verärgert: Er hielt den Plan für »durch und durch beanstandenswert aus unserer Sicht«. Die Aufnahme einer entsprechenden Formulierung in das Grundgesetz werde die Militärgouverneure vor die Alternative stellen, entweder das gesamte Verfassungswerk wegen dieses Punktes abzulehnen, oder — was weitaus wahrscheinlicher wäre — »eine Entscheidung, die wir gänzlich mißbilligen, in dieser wichtigen Frage dennoch zu genehmigen«. Um diese Situation abzuwenden, regte Robertson in einer Besprechung mit dem US-Militärgouverneur Clay »entschlossene Maßnahmen« an[80].

Doch General Clay bremste und wies den aufgebrachten Kollegen darauf hin, daß der Parlamentarische Rat mehrheitlich aus Beamten bestehe[81]. Nehme man in dieser Frage eine zu feste Position ein, so werde es wohl nie gelingen, seine Mitglieder zur Verabschiedung einer Verfassung zu bewegen. Damit stand der Erfolg der anglo-amerikanischen Deutschlandpolitik, die auf eine rasche Staatsbildung hinzielte, auf dem Spiel. Robertson blieb jedoch hart und schlug vor, ein neues öffentliches Dienstrecht für die Bizone per Militärregierungsgesetz zu verfügen. Offenbar hoffte er, durch eine derartige Demonstration alliierter Entschlossenheit dem Parlamentarischen Rat einen Schuß vor den Bug zu setzen: Die Abgeordneten sollten von den Überlegungen, das traditionelle Beamtenrecht im Grundgesetz festzuschreiben, Abstand nehmen. Clay zögerte: Zwar versicherte er dem britischen Kollegen, daß er diese Meinung grundsätzlich teile, aber er betonte, daß es sich um »eine sehr gefährliche Angelegenheit« handle. Mit Blick auf die Beamtenmehrheit im Parlamentarischen Rat, »diese privilegierte Gruppe«, bedauerte er, daß die Militärregierung in den Jahren zuvor nicht konsequent gehandelt hatte, um Beamte von einer Mitwirkung in den Parlamenten auszuschließen. 1946 hätten die Amerikaner in diesem Punkt nachgegeben, was er heute bereue[82].

Auf der Suche nach einem Ausweg bemühte sich die Militärregierung, die deutsche Öffentlichkeit zu mobilisieren und damit Druck auf die konservativen Mehrheitsfraktionen auszuüben. Alliierte Vertreter gaben den deutschen Zeitungen Interviews, um die Ziele ihrer Politik zu erläutern, und die Radiosender in Frankfurt, Stuttgart und München — die unter amerikanischer Kontrolle standen — strahlten Beiträge über die »privilegierte Stellung des Beamten« aus. Angesichts der beamtenkritischen Ressentiments in der Bevölkerung stießen derartige Berichte durchaus auf Resonanz[83]. Zudem brachte das Zweimächtekontrollamt den Konflikt auf den Punkt, indem es die alliierten Reformforderungen in einem kurzen Katalog zusammenfaßte, der

offiziell an den Wirtschaftsrat und den Länderrat gerichtet war, aber schon einen Tag später auch der Presse übergeben wurde:
— für die Anstellung und Beförderung im öffentlichen Dienst sollten nicht das bisherige Laufbahnprinzip und der formale Bildungsabschluß maßgeblich sein, sondern allein die Frage, ob ein Bewerber über die erforderliche Eignung und Qualifikation für die ausgeschriebene Stelle verfüge;
— sofern es sinnvoll erscheine, bei der Besetzung von höheren Positionen eine akademische Vorbildung vorauszusetzen, dürften Juristen nicht einseitig bevorzugt werden; Absolventen der Wirtschafts-, Staats- und Sozialwissenschaften müßten gleiche Behandlung erfahren;
— gleiche Rechte und Pflichten sollten für alle Verwaltungsangehörigen gelten, daher müsse der »Kastenunterschied zwischen Beamten und Angestellten« verschwinden; die Umsetzung dieses Grundsatzes erfordere indes keine Änderung bestehender Beschäftigungsverhältnisse, sondern könne allmählich erfolgen, indem das neugestaltete Beamtenverhältnis bei Neueinstellungen zum Tragen käme;
— die politische Betätigungsfreiheit war einzuschränken, damit kein Verwaltungsangehöriger »als aktiver Anwalt der Interessen einer bestimmten Partei oder eines bestimmten politischen Programms« öffentlich in Erscheinung trete. Zudem sollte eine klare Trennung zwischen Exekutive und Legislative herrschen: Falls ein Verwaltungsangehöriger in ein Parlament gewählt werde, müsse er seine Stellung aufgeben, bevor er die Wahl annehme;
— ein unparteiisches Personalamt, das allen Verwaltungen diene, sollte die einheitliche Anwendung dieser Grundsätze sicherstellen[84].
Somit war es schlichtweg wahrheitswidrig, wenn Konrad Adenauer nun zum Widerstand rief mit der Behauptung: »Das ganze Beamtentum soll im Sinne der Sozialdemokratie abgeschafft werden.« Auf einer Tagung führender Unionspolitiker am 8./9. Januar 1949 wandte sich Adenauer entschieden gegen die zunehmende Kompromißbereitschaft in den eigenen Reihen[85]. Beispielsweise hielt es der Vorsitzende der CDU/CSU-Fraktion im Wirtschaftsrat, Friedrich Holzapfel, aus pragmatischen Gründen für notwendig, im Konflikt mit der Militärregierung einzulenken: Auch er lehne die alliierten Reformpläne ganz und gar ab, aber es sei »besser, [...] ein Gesetz aus deutschem Recht vom Wirtschaftsrat zu machen, auch wenn es etwas schlechter ist, als ein

Gesetz der Militärregierung zu bekommen; denn das Gesetz der Militärregierung würden wir nicht wieder ändern können. Aber das deutsche Gesetz können wir möglicherweise ändern.« Adenauer verlangte aber kompromißlose Opposition, da die Frage »für uns als Partei [...] von entscheidender Bedeutung« sei, auch »für unsere innere Organisation«.

Im übrigen ging es dem Parteiführer nicht nur um das Berufsbeamtentum, sondern auch um ein größeres Ziel: um die »Erziehung der Besatzung« schlechthin. Er steuerte bewußt auf einen offenen Konflikt zu, weil er hoffte, dadurch die Militärregierung zum Rückzug zu zwingen und somit politisch zu schwächen. Der Wirtschaftsrat müsse sich weigern, ein Reformgesetz zu verabschieden, »dann möchte ich mal sehen, ob die Generale Clay und Robertson es wagen werden, den Wirtschaftsrat zu zwingen. Ich bin der Auffassung, darauf soll man es ruhig ankommen lassen.« Adenauer suchte den Zusammenstoß auch vor dem Hintergrund seiner Tätigkeit als Präsident des Parlamentarischen Rates: Auf der Bonner Bühne befand er sich seit Monaten in einem heftigen Tauziehen mit Vertretern der Westmächte um Kernpunkte des Grundgesetzes. Auch aus dieser Perspektive mußte er daran interessiert sein, die Position der Alliierten zu unterminieren, indem er ihnen eine augenfällige Niederlage zufügte. Die versammelten Unionspolitiker folgten ihm in dieser Frage und verabschiedeten eine Resolution, die als »Rückenstärkung« für die CDU/CSU-Fraktion im Wirtschaftsrat dienen sollte und eine kategorische Absage an das alliierte Reformprojekt enthielt: Es müsse »jede präjudizierende bizonale gesetzliche Regelung des Beamtenrechts unterbleiben«. Der unionseigene Pressedienst sorgte alsbald für die Verbreitung dieses Textes in der deutschen Öffentlichkeit. Damit die Militärgouverneure ihn nicht übersehen konnten, schickte Adenauer jedem ein persönliches Exemplar zu[86].

Diese Konfrontationsstrategie erwies sich als Fehlkalkulation, denn die Militärregierung wich nicht zurück. Im Zweimächtekontrollamt plante man schon seit geraumer Zeit auch für den schlimmsten Fall und arbeitete daher an dem Entwurf für ein entsprechendes Militärregierungsgesetz. Diese Vorbereitungen wurden keineswegs geheimgehalten; in den Tagen nach der ablehnenden Stellungnahme der CDU/CSU berichteten die Zeitungen sogar wiederholt von Hinweisen alliierter Vertreter, wonach die Militärregierung einen eigenen Entwurf in Kraft setzen werde, wenn der Wirtschaftsrat nicht bald ein geeignetes Gesetz verabschiede. Am 14. Januar bat General Clay den zuständigen amerikanischen Sachbearbeiter sogar ausdrücklich, den alliierten Entwurf so rasch wie möglich Vertretern der deutschen Seite zu zeigen: Sie sollten wissen, was sie erwartete, wenn sie nicht rechtzeitig handelten[87]. Indes hoffte man, die Abgeordneten durch diese Schritte doch noch zum Einlenken zu bewegen, denn selbst in den anglo-amerikanischen Reihen galt der Oktroi einer Reform als ein heikles Unterfangen.

Im Februar 1949 gelangte man jedoch zu der Auffassung, daß weiteres Abwarten politisch untunlich wäre. Infolge des anhaltenden alliierten Drucks registrierte man zwar gewisse Fortschritte bei den Beratungen im Wirtschaftsrat, aber selbst im günstigsten Fall werde es wahrscheinlich drei Montate dauern, bis ein deutsches Gesetz in Kraft trete, wie General Robertson meinte. Ihm kam es darauf an, die Reform noch in den Monaten vor der Bildung der ersten Bundesregierung durchzusetzen, um diese vor vollendete Tatsachen zu stellen. Robertson hielt es daher für wichtig, nicht weiter zu zögern, sondern das Militärregierungsgesetz jetzt zu verkünden. Für diesen Kurs spreche außerdem, daß das Gesetz »wahrscheinlich« in der Öffentlichkeit auf Zustimmung stoßen und sich somit »selbst verkaufen« werde. Clay war schon seit Mitte Januar der Meinung, daß man sich lange genug geduldet habe und nun für klare Verhältnisse sorgen sollte[88]. Hinzu kam die Entwicklung im Parlamentarischen Rat: Dort verabschiedete der Hauptausschuß am 10. Februar 1949 einen Gesamtentwurf für das Grundgesetz, dessen Bestimmungen in offenem Widerspruch zum alliierten Reformkonzept standen. Er sah überhaupt keine Einschränkung der politischen Betätigung von Beamten vor, sondern bestimmte im Gegenteil: »Niemand darf gehindert werden, das Amt eines Abgeordneten zu übernehmen und auszuüben.« Ein weiterer Artikel zielte darauf ab, die Gestaltungsfreiheit des Bundestages auf beamtenrechtlichem Gebiet einzuschränken und eine Neuordnung zu verhindern: »Die hergebrachten Grundsätze über die Rechtsstellung der Berufsbeamten sind für die gesetzliche Regelung maßgebend[89].« Am 15. Februar teilten die Militärgouverneure dem Vorsitzenden des bizonalen Verwaltungsrates mit: Aufgrund »unserer Ansichten über die überragende Bedeutung der Materie« hätten die beiden sich jetzt am Vormittag darauf geeinigt, den vorbereitenden Entwurf für ein eigenes Beamtengesetz zu genehmigen. Es trat als Militärregierungsgesetz Nr. 15 am 15. März 1949 in Kraft[90].

Diese von den Zeitgenossen vielbeachtete Demonstration anglo-amerikanischer Entschlossenheit erscheint rückblickend eher als einen Schlag ins Wasser — und zugleich als ein Lehrbeispiel für die Grenzen des alliierten Gestaltungsspielraums unter dem Primat der Weststaatsbildung. Denn noch in den Monaten vor der formellen Konstituierung der Bundesrepublik fielen Entscheidungen, die das Militärregierungsgesetz Nr. 15 zum Mißerfolg werden ließen.

Von zentraler Bedeutung war der Ausgang der deutsch-alliierten Auseinandersetzungen um das Grundgesetz. Die Militärgouverneure der drei Westzonen zeigten sich mit mehreren Aspekten des Entwurfs vom 10. Februar unzufrieden und forderten Änderungen. Eine Delegation des Parlamentarischen Rates erhielt am 3. März eine Liste der Artikel, die in besonders schwerwiegender Weise von den alliierten Vorstellungen abwichen. Dazu gehörten die Bestimmungen über das öffentliche Dienstrecht: Falls man sie überhaupt in die Verfassung aufnehmen wolle, so die Militärgouverneure, dann nur in abgeänderter Form, damit sie den bekannten alliierten Grundsätzen entsprächen[91]. Intern war die Mitteilung der Militärgouverneure allerdings umstritten. Insbesondere bei den Briten, aber auch im amerikanischen Außenministerium bestanden Bedenken, weil der Entwurf vom 10. Februar auf einem schwierigen Kompromiß zwischen den Vertretern der CDU und der SPD beruhte. Sollten nun die Militärgouverneure auf einer Reihe von wichtigen Änderungen bestehen, so warnten diese Stimmen, daß dies dazu führen könne, daß der fragile innerdeutsche Konsens zerbreche, das Grundgesetz zum Objekt des Parteienstreits verkomme und von einigen Landtagen nicht ratifiziert werde. Am Ende könnten die Westalliierten vor der Alternative stehen, entweder das Grundgesetz per Erlaß in Kraft zu setzen — und die Bundesrepublik von der östlichen Propaganda als Diktat der Besatzungsmächte anprangern zu lassen — oder die Verfassungsgebung scheitern zu lassen und damit auf den Weststaat zu verzichten, obwohl er aus wirtschaftlichen und sicherheitspolitischen Erwägungen dringend erwünscht war[92].

Eine Richtungsentscheidung trafen die drei westalliierten Außenminister Anfang April 1949 in Washington. Die Forderungen der Militärgouverneure wurden in ihrer Verbindlichkeit relativiert; selbst in Kernfragen durften die Deutschen nun andere Lösungen finden. Vor diesem Hintergrund kam es am 25. April zu abschließenden Verhandlungen zwischen den Militärgouverneuren und einer Abordnung des

Parlamentarischen Rates. Die deutsche Delegation rang sich dazu durch, Änderungen in einigen Punkten vorzunehmen, während andere — darunter die Beamtenartikel — höchstens kleinere Modifizierungen erfuhren. Das Grundgesetz, das am 23. Mai 1949 in Kraft trat, enthielt somit Bestimmungen, die eine Reform nicht förderten oder gar vorschrieben, sondern erschwerten.

Auch auf anderen Ebenen blieb das Militärregierungsgesetz Nr. 15 ohne nachhaltige Folgen. Die bizonalen Verwaltungen sabotierten es, indem sie die Umsetzung der neuen Vorschriften nach Kräften hinauszögerten. Die Mitarbeiter des Zweimächtekontrollamtes, die sich dafür einsetzten, die Anwendung noch im Sommer 1949 per Militärregierungsverordnung zu erzwingen, erhielten dafür keine Erlaubnis von ihren Vorgesetzten[93]. In der amerikanischen Zone gab es mit Rückendeckung General Clays einen dezidierten Versuch, die Landesregierungen dazu zu bewegen, noch vor der Konstituierung der Bundesrepublik neue Beamtengesetze nach dem Vorbild des Gesetzes Nr. 15 auf den Weg zu bringen. Für den Verweigerungsfall stellte man den Erlaß entsprechender Militärregierungsgesetze auf der Landesebene in Aussicht. Diese Bestrebungen verloren ebenfalls im Laufe des Sommers 1949 an Schwung[94].

Ein Grund für diese Fehlschläge war der entmutigende Verlauf des Verfassungsstreits. Sein Ausgang zeigte, daß Clays Versuch, noch kurz vor Toresschluß die Demokratisierungsziele der Militärregierung durch eine aktive Interventionspolitik durchzusetzen, nicht über die erforderliche Unterstützung in Washington verfügte. Hinzu kamen personelle Faktoren, die mit diesem Konflikt eng zusammenhingen: Clay, der während der Auseinandersetzung um das Grundgesetz mehrfach gegenüber Washington gedroht hatte, seine Amtsgeschäfte sofort niederzulegen, trat dann tatsächlich kurze Zeit später ab und verließ Deutschland schon am 15. Mai 1949[95]. Eine Interimslösung ließ die Militärregierung ohne klare politische Führung; die Reformbefürworter in ihren Reihen blieben ohne ausreichenden Rückhalt von oben. John McCloy trat als neuer Militärgouverneur erst im Juli an und brauchte anschließend Wochen, um sich einzuarbeiten. Ende August schlug er sich dann um so entschiedener auf die Seite der Reformer[96] — zu spät, um den Lauf der Entwicklung noch vor der Konstituierung der Bundesorgane zu beeinflussen.

Bald kam es erneut zu einer Konfrontation zwischen den alliierten Reformverfechtern und den deutschen Traditionalisten, diesmal unter maßgeblicher Mitwirkung McCloys. Mittlerweile hatten sich die Kräfteverhältnisse allerdings verschoben, seit dem 21. September 1949 galt das Besatzungsstatut[97]. Darin hatten die Westmächte den Rahmen festgesteckt, innerhalb dessen das neugegründete Staatswesen selbstverantwortlich handeln durfte, und zugleich die eigenen Kompetenzen fixiert und eingegrenzt. Da das öffentliche Dienstrecht nicht in der Liste der Angelegenheiten genannt war, die sich die Alliierten ausdrücklich vorbehalten hatten, stand es den Bundesorganen frei, auf diesem Gebiet eine selbständige Regelung vorzunehmen. In der Alliierten Hohen Kommission, die an die Stelle der bisherigen Militärregierungen getreten war, betrachtete man diese Situation mit Unbehagen, denn die neue Regierungskoalition bestand aus denselben Parteien, die sich im Wirtschaftsrat gegen das alliierte Reformprogramm zur Wehr gesetzt hatten, und sie wurde jetzt von Konrad Adenauer persönlich angeführt. In dem Versuch, diesen Kräften zuvorzukommen, gab die Alliierte Hohe Kommission am 28. September bekannt, daß das Gesetz Nr. 15 auch für das Bundesgebiet gelte, und zwar so lange, bis die Bundesorgane ein eigenes Dienstrecht beraten und verabschieden sollten. Damit glaubte man, die Anwendung des Militärregierungsgesetzes für die entscheidende Aufbauphase der Bundesverwaltungen festgeschrieben zu haben, denn die Ausarbeitung eines neuen Gesetzeswerks galt auch in deutschen Augen als schwieriges und zeitaufwendiges Unterfangen.

Doch die Bundesregierung konterte, indem sie binnen Tagen den Entwurf für ein vorläufiges Bundespersonalgesetz erstellen ließ. Die Vorlage schrieb die sinngemäße Anwendung des Beamtengesetzes von 1937 in einer »entnazifizierten« Form vor. Während der parlamentarischen Beratung des Entwurfs, die Mitte März 1950 ihren Abschluß fand, ignorierten die Bundesbehörden das Militärregierungsgesetz.

Der Konflikt erreichte seinen Höhepunkt, als die Bundesregierung die Alliierte Hohe Kommission um die formelle Genehmigung des neuen Gesetzes bat. Die Hartnäckigkeit, mit der die deutsche Seite in wochenlangen Verhandlungen ihre Position vertrat, ist bereits mehrfach geschildert worden. Entscheidend für den Ausgang war dennoch ein anderer Faktor, wie die Quellen jetzt zeigen: schwere inneralliierte Meinungsverschiedenheiten, die die Handlungsfähigkeit der Alliierten Hohen Kommission stark einengten. In der entscheidenden Sitzung der drei Hohen Kommissare am 13. April 1950 traten ihre gegensätzlichen Ansichten deutlich zu Tage. Der Amerikaner McCloy sah keine andere Alternative, als das vorläufige Bundespersonalgesetz offen zurückzuweisen. Dabei sollte sich die Hohe Kommission auf den Artikel 5 des Besatzungsstatuts berufen (»Die Besatzungsbehörden werden Gesetze nicht beanstanden, es sei denn, [...] daß sie eine schwere Bedrohung für die grundlegenden Zwecke der Besatzung darstellen.«) McCloy hielt die Wiederverwendung des Deutschen Beamtengesetzes von 1937 für höchst problematisch: Es sei »wahrscheinlich einer der Ecksteine der [nationalsozialistischen] Bösartigkeit, was den öffentlichen Dienst anbelangt,« und selbst die gereinigte Fassung enthalte »eine Reihe von Bestimmungen, deren autoritäre Aspekte mich ziemlich schockierten«. Den Erklärungen der Bundesregierung über den Geist, in dem sie das vorläufige Personalgesetz anwenden wolle, mißtraute McCloy »gänzlich«. Bislang habe die Bundesregierung auch keine Bereitschaft gezeigt, den Alliierten auf vernünftige Weise entgegenzukommen. »Ich wünschte, ich könnte ihnen ein bißchen mehr Vertrauen entgegenbringen, aber es ist mir einfach nicht möglich.« McCloys Plädoyer gipfelte in der Warnung, daß es ein schwerer Fehler wäre, das Bundespersonalgesetz zu genehmigen und damit zuzulassen, daß das Gesetz Nr. 15 außer Kraft trete, weil man danach über kein Druckmittel mehr verfügen würde, um die Bundesorgane zur Beachtung der alliierten Reformprinzipien zu bewegen[98].

Der britische Hohe Kommissar Robertson vertrat die Gegenposition. Er betonte, daß er eine Reform des deutschen öffentlichen Dienstes nach wie vor für äußerst wichtig halte und daß er den Absichten der Bundesregierung genauso mißtraue. Aber es handle sich eindeutig nicht um eines der Gebiete, die sich die Alliierten im Besatzungsstatut vorbehalten hätten. Seinerzeit habe er sich dafür eingesetzt, »genau diese Frage« in das Dokument aufzunehmen, aber die Außenminister hätten »in ihrer großen Weisheit« entschieden, das Besatzungsstatut kurz zu halten und die Hohen Kommissare anzuweisen, es im Zweifelsfall zugunsten der Deutschen auszulegen. Schließlich verwies Robertson auf die möglichen politischen Folgen einer Zurückweisung des Bundespersonalgesetzes: Ein solcher Schritt würde »nicht nur den Kanzler und die Bundesorgane in Bonn in Verlegenheit bringen«, sondern »bis zu einem gewissen Grade das gesamte Staatsgebäude erschüttern, das wir unter solch großen Mühen errichtet haben.«

Einen Ausweg bot der Kompromißvorschlag des französischen Amtskollegen André François-Poncet. Er hielt es ebenfalls für berechtigt, das vorläufige Bundespersonalgesetz unter Berufung auf Artikel 5 des Besatzungsstatuts zurückzuweisen: Die Vorlage sei »unzufriedenstellend«, ja im Grunde gebe sie »das Nazi-Gesetz von 1937« wieder und nehme »nur sehr geringe Modifizierungen« vor. Aber angesichts der mangelnden Einigkeit der Hohen Kommissare empfahl er eine andere Vorgehensweise: Man könne das Bundespersonalgesetz zunächst akzeptieren, aber das Militärregierungsgesetz nur bis zum 31. Dezember 1950 außer Kraft setzen. Sollte der Bundestag bis zu diesem Zeitpunkt kein befriedigendes endgültiges Beamtengesetz verabschiedet haben, so würde das Gesetz Nr. 15 erneut in Kraft treten. Damit behielte man das von McCloy gewünschte Druckmittel in der Hand, ja man hätte das Militärregierungsgesetz wie ein »Damoklesschwert« über die Köpfe der Deutschen gehängt, wie François-Poncet meinte.

Dieser Vermittlungsvorschlag bestimmte die Grundzüge der künftigen Politik der Alliierten Hohen Kommission. Nach weiteren Verhandlungen, in denen der Bundeskanzler und andere Regierungsvertreter ihre Absichten zusätzlich erläuterten und ihre grundsätzliche Bereitschaft zur Berücksichtigung der alliierten Reformprinzipien zusicherten, stimmten die Hohen Kommissare dem vorläufigen Bundespersonalgesetz im Mai 1950 zu. Es galt nur bis zum 31. Dezember; für diese Zeitspanne hob man das Militärregierungsgesetz auf. Dieses zweigleisige Vorgehen, das mitunter als Ausdruck alliierter Flexibilität und taktischer Raffinesse betrachtet wurde, erweist sich somit als das genaue Gegenteil: Es handelte sich um eine reine Notlösung, mit der man die unüberbrückbaren Meinungsunterschiede unter den Hohen Kommissaren zu kaschieren suchte.

Kurz vor dem Ende des Jahres 1950 befanden sich die Hohen Kommissare erneut in einem ähnlichen Entscheidungsdilemma. Der Bundeskanzler teilte mit, daß aus Zeitmangel bislang nicht einmal der Regierungsentwurf für das endgültige Beamtengesetz vorliege, und bat um Aufschub. McCloy plädierte erneut für Härte: Es habe sich gezeigt, daß Adenauers Zusicherungen »nichts« bedeuteten, »er zieht diese Sache einfach hinaus, bis wir in einer Position sind, wo wir überhaupt keine Macht mehr haben, und dann werden sie zu ihren alten Angewohnheiten zurückkehren[99].« Robertson dagegen erklärte sich mit Adenauers Vorschlag einverstanden. Das hinter ihm stehende Foreign Office betrachtete die Zeit der Hohen Kommission zunehmend als Durchgangsstadium, das die Wiederherstellung deutscher Selbstverwaltung und normaler diplomatischer Beziehungen vorbereiten sollte. Aus dieser Perspektive erschienen weitere alliierte Reformvorstöße unzeitgemäß und zudem aussichtslos. Schließlich einigten sich die Hohen Kommissare darauf, die Kompromißlösung von Mai 1950 fortzuschreiben: Das vorläufige Bundespersonalgesetz durfte für weitere sechs Monate, also bis zum 30. Juni 1951, in Kraft bleiben, während man das Militärregierungsgesetz Nr. 15 für denselben Zeitraum erneut suspendierte.

Nach Ablauf dieser zweiten Frist war die Verhandlungsposition der Reformverfechter in den alliierten Reihen noch schlechter als zuvor. Mit der Verschärfung des Kalten Krieges drängten sich außen- und sicherheitspolitische Prioritäten immer stärker in den Vordergrund. Im Sommer 1951 verhandelten die Alliierten Hohen Kommissare mit dem Kanzler über ein Abkommen, wonach die Bundesrepublik sich verpflichten sollte, sich finanziell an den westlichen Verteidigungsanstrengungen zu beteiligen. In Washington legte man großen Wert auf eine rasche deutsche Wiederbewaffnung, um das westeuropäische Verteidigungspotential zu stärken, und man sah sich auf Adenauers Kooperation angewiesen, um dieses in der Bundesrepublik umstrittene Ziel politisch durchzusetzen[100]. In dieser Situation mußte es als taktisch unklug erscheinen, Adenauer und sein Kabinett durch ein Festhalten an dem von ihnen so entschieden abgelehnten Reformprogramm zu verstimmen.

Im Frühjahr 1952 gab die Alliierte Hohe Kommission schließlich auf. Sie teilte mit, daß sie beabsichtige, den Deutschen bei der Beamtengesetzgebung fortan freie Hand zu lassen, und hob das Militärregierungsgesetz Nr. 15 am 27. März endgültig auf. Das Bundesbeamtengesetz, das am 14. Juli 1953 endlich verabschiedet wurde, trug dem Reformprogramm der Westalliierten »nur in ganz wenigen Bereichen und dort auch nur ansatzweise Rechnung«[101]. Das Gesetz ist daher zu Recht als »Fortschreibung der Tradition« bzw. als »förmliche Renaissance« des hergebrachten Beamtenrechts charakterisiert worden[102].

Damit verwarf man alle Pläne für eine breitere Öffnung der Beamtenschaft und für die Förderung einer größeren sozialen Mobilität nach Leistungskriterien. Statt dessen leistete das Bundesbeamtengesetz einen Beitrag zur Stabilisierung der seit dem Krieg in Bewegung geratenen gesellschaftlichen Verhältnisse und zur Konservierung hierarchischer Strukturen. Wirkungsvolle Maßnahmen zur Entpolitisierung des öffentlichen Dienstes enthielt das Gesetz nicht.

In der *sowjetischen Besatzungszone* spitzte sich der Kampf um die Neuordnung des öffentlichen Dienstes ebenfalls im Sommer 1948 zu. Den Hintergrund bildete, wie in der Bizone, die sich abzeichnende Staatsgründung. Hier war es allerdings nicht die Militärregierung, die als Schrittmacher der Reformbemühungen öffentlich in Erscheinung trat, sondern eine deutsche Kraft: die SED.

Wegweisend waren Beratungen, die am 23./24. Juli 1948 in Werder a.d. Havel stattfanden und später zur »ersten staatspolitischen Konferenz der SED« erklärt wurden. Zu den Teilnehmern zählten die Mitglieder des Parteivorstandes, die Landesvorsitzenden der SED, führende Vertreter der zonalen Verwaltungen, der Landesregierungen und der Landtage sowie leitende Gewerkschaftsfunktionäre. Walter Ulbricht hielt das Hauptreferat über »Die gegenwärtigen Aufgaben unserer demokratischen Verwaltung«. Erich Mielke stellte neue Richtlinien der SED für die Personalpolitik in der öffentlichen Verwaltung vor. Er war damals Vizepräsident der Innenverwaltung der SBZ und in dieser Eigenschaft für den Aufbau der Politischen Polizei, aber auch für allgemeinere Fragen der Personalpolitik zuständig. Die Referate und Beschlüsse der Konferenz hielt man für so wichtig, daß sie bald in gedruckter Form verbreitet wurden. Im Vorwort dieser bemerkenswert offenherzigen Schrift hieß es, die vorgelegten Materialien seien »von grundsätzlicher und richtunggebender Bedeutung«; sie sollen es den »Funktionären unserer Partei und allen übrigen Werktätigen erleichtern, sich mit den Problemen des Neuaufbaus der demokratischen Verwaltung in unserer Zone vertraut zu machen«. Die Veröffentlichung diente außerdem als »Wegweiser« für Diskussionen der SED-Organisationen und der Betriebsgewerkschaftsgruppen in der Verwaltung[103].

Zur zeitlichen und politischen Einordnung der SED-Konferenz ist daran zu erinnern, daß sie einen Monat nach dem offenen Bruch der vier Mächte in der Deutschlandfrage stattfand. Am 20. Juni hatten die Westalliierten die Währungsreform in ihrem Kontrollgebiet durchführen lassen, am 24. Juni weitete die Sowjetunion ihre seit Monaten anhaltende Behinderung der Transportwege nach West-Berlin zur totalen Blockade aus. Andererseits ist die Konferenz von Werder auch im Kontext einer Reihe von Maßnahmen zu sehen, die zwischen März und September 1948 getroffen wurden und darauf hinausliefen, das sowjetische Modell auf die SBZ zu übertragen. Die Gründung eines Zonenstaates zur Machtabsicherung, als Option der sowjetischen Deutschlandpolitik spätestens seit 1946 im Spiel, rückte nun immer stärker in den Vordergrund. So kam es im März 1948 zur Eingliederung der meisten Zonenverwaltungen in die Deutsche Wirtschaftskommission (DWK), die »fast diktatorische Kompetenzen« erhielt und mit »Rückendeckung der SMAD« zum »Hebel eines umfassenden Zentralisierungsprozesses« wurde. Man stellte anschließend einen zonalen Wirtschaftsplan auf, verstaatlichte zahlreiche Betriebe, leitete zur Schwächung der LDP und der CDU einen Umbau des Parteiensystems ein, begann mit der Transformation der SED in eine straff zentralisierte marxistisch-leninistische Partei nach stalinistischem Vorbild, baute den Sicherheitsapparat aus und bereitete die Aufstellung einer paramilitärischen »Kasernierten Volkspolizei« vor[104].

Walter Ulbricht charakterisierte diesen Prozeß in seinem Hauptreferat als die Schaffung einer »demokratischen staatlichen Ordnung [...] in der sowjetischen Besatzungszone«. Dabei werde durchaus »Zwang [...] angewendet«, um die »Feinde der Demokratie aus dieser Demokratie aus[zu]stoßen«; man befinde sich »inmitten eines verschärften Klassenkampfes und einer zunehmenden Auseinandersetzung mit den enteigneten faschistischen Großkapitalisten und Elementen, die monopolkapitalistische oder formaldemokratische Verhältnisse restaurieren möchten«. Entsprechend der »marxistisch-leninistische[n] Erkenntnis über das Wesen der Demokratie« entstehe in der SBZ gegenwärtig »eine höhere Form der Demokratie«, die »den wirtschaftlichen und politischen Zuständen in Westdeutschland überlegen ist«. In Westdeutschland werde nämlich ein »Protektorat der anglo-amerikanischen Monopolkapitalisten« errichtet, ein »Weststaat [... als] Maschinerie der imperialistischen Räuber« zur »Niederhaltung und Ausbeutung« der werktätigen Massen. Dort fungiere die öffentliche Verwaltung als »Organ der Reaktion«. In der SBZ dagegen werde sie jetzt konsequent neugestaltet, um sie zur »Vollstreckerin des Willens der Arbeiterklasse« und zum »Vorbild einer neuen demokratischen Verwaltung« für ganz Deutschland zu machen[105].

Für Berufsbeamte gab es in der neuen Verwaltung keinen Platz, das ging aus den neuen SED-Richtlinien unmißverständlich hervor. Darin hieß es: »Die Mitarbeiter des Verwaltungsapparates sollen keine ›Berufsbeamten‹ [...] sein.« Beamte wurden gleichgesetzt mit »Bürokraten, [...] die die besten Absichten zunichte machen, die die Arbeit hemmen, die Beschlüsse nicht durchführen und dadurch zu Saboteuren werden«. Solche »Elemente« müßten »entlarvt und entlassen werden«. Mit dieser drastischen Stellungnahme wandte sich die SED-Spitze nicht zuletzt gegen die Stimmen in der eigenen Partei, die nach wie vor die Aufrechterhaltung des Beamtenstatus favorisierten. Erich Mielke kritisierte namentlich die Zonenverwaltung für Volksbildung, die »in einem Memorandum davon spricht, daß der Lehrer später wieder zu einem Beamten werden müsse«.

Das Hauptanliegen Mielkes und Ulbrichts war die personalpolitische Neuordnung der öffentlichen Verwaltung, um sie zu einem schlagkräftigen und politisch zuverlässigen Herrschaftsinstrument zu formen. Ihre Vorstellungen, die für die weitere Entwicklung des öffentlichen Dienstes in der SBZ tatsächlich richtungweisend waren, lassen sich in drei Punkten zusammenfassen:

1) Das Arbeitsverhältnis der Verwaltungsangestellten sollte endlich konsequent neugestaltet werden. Durch einen Tarifvertrag und eine Arbeitsordnung seien die Beschäftigten des öffentlichen Dienstes den anderen Werktätigen gleichzustellen. Zwischen den Betriebsarbeitern und den Verwaltungsangestellten dürfe, so Mielke, »keine Kluft mehr bestehen«. Im Entlohnungssystem sollte das Leistungsprinzip voll durchgesetzt werden — auch mit der Folge, daß die geringer qualifizierten Arbeitskräfte künftig weniger verdienten. »Ungerechtfertigtes Hochtreiben der Gehälter« in den unteren Diensträngen galt als Problem, zumal es die Stellung und das Ansehen der höher qualifizierten Kräfte unterminiere[106].

2) Umfangreiche Säuberungsmaßnahmen, der Aufbau einer zentral gesteuerten Personalpolitik und die Intensivierung der Parteigruppenarbeit sollten die Beschäftigten disziplinieren und politisch kontrollieren. Sämtliche Personalämter waren zu überprüfen und mit zuverlässigen SED-Mitgliedern zu besetzen. In der Zonenverwaltung für Inneres und in jedem Landesinnenministerium sollte eine »Hauptabteilung Personal und Schulung« entstehen, um die gesamte Personalpolitik in der öffentlichen Verwaltung zu steuern. Hinsichtlich der Parteiarbeit bemängelte Ulbricht, daß bislang »nur ein Bruchteil unserer Genossen in der Verwaltung« aus »bewußten Genossen« bestehe; »die Mehrzahl« seien »nominelle SED-Mitglieder«. Daher müsse nun »eine feste Parteiorganisation der SED mit einer eisernen Parteidisziplin geschaffen« werden. Ferner gelte es, die Genossen durch ständige politische Schulung »zu erziehen«, »syste-

matisch zu beeinflussen« und »in ihrer Arbeit zu kontrollieren«. Grundlegend für die gute fachliche Arbeit des Verwaltungspersonals seien Kenntnisse der »moderne[n] wissenschaftliche[n] Staatslehre« — von Marx, Engels, Lenin und Stalin. »Zur Festigung der Demokratie« bedürfe es zudem einer »weitgehende[n] Gesinnungsänderung hinsichtlich eines bewußten Freundschaftsverhältnisses zur Sowjetunion und den volksdemokratischen Staaten«. Daher werde man jetzt dazu übergehen, so Ulbricht, »Leute mit antisowjetischer Einstellung aus dem Staatsapparat zu entfernen. Eine andere Lösung gibt es nicht.« Diese und andere »Feinde der Demokratie, Agenten, Schumacherleute, Spione, Saboteure usw., die sich in den Verwaltungsapparat eingeschlichen haben«, so hieß es dann in den SED-Richtlinien, »müssen entlarvt und entlassen werden.«

3) Rationalisierungsmaßnahmen sollten die Produktivität der Verwaltungsangestellten steigern und Geld sparen. Alle Behörden mußten ihren Personalbestand verringern und die Personalausgaben um mindestens 20 Prozent senken. Diese finanzpolitisch motivierte Vorgabe schuf zusätzlichen Spielraum für politische Entlassungen. Schließlich waren die Verwaltungsstrukturen in allen fünf Ländern neuzuordnen, gemäß einem einheitlichen Muster, das sich nach der Ressortverteilung in der Deutschen Wirtschaftskommission richtete.

Eine weitere Konsequenz dieser Politik war die Beseitigung des Thüringer Landesbeamtengesetzes. Dieses letzte noch geltende Beamtengesetz der SBZ war der SED-Führung seit langem ein Dorn im Auge, und die Landesregierung beantragte nun seine Aufhebung. Am 23. Juli 1948, zeitgleich mit dem Beginn der SED-Konferenz in Werder, wurde die Vorlage erstmals im Thüringer Landtag behandelt. Dabei kam es zur ersten großen parlamentarischen Grundsatzdebatte um das Berufsbeamtentum in der SBZ (die Diskussionen anläßlich der Verfassungsgebung 1946/47 hatten sich hauptsächlich hinter den Kulissen abgespielt). Während der Beratungen nannten die Kontrahenten Zahlen, die zeigen, wie weit die frühere Dominanz der Beamten bereits durch Entlassungen im Zuge der Entnazifizierung, durch politische Gleichschaltung und durch Flucht in den Westen ausgehöhlt worden war: Unter den rund 2500 Beschäftigten der Ministerien gab es nur noch »30 Beamte«, in den Kreis- und Gemeindeverwaltungen »wohl einige Hundert«. Trotzdem traten CDU und LDP entschieden für die Beibehaltung des Berufsbeamtentums ein. Das Ergebnis der Abstimmung stand jedoch von Anfang an fest, da die Mehrheit der Abgeordneten der SED angehörte. Nach einer letzten leidenschaftlichen Debatte am 7. Oktober 1948 stimmte der Landtag für die Aufhebung des Beamtengesetzes — und zwar rückwirkend zum Tag seines Inkrafttretens am 5. Oktober 1945. Damit wurde der Beamtenstatus nun auch in Thüringen endgültig beseitigt[107].

Dennoch wendeten die Verwaltungen der SBZ wichtige Teile des alten Beamtenrechts weiterhin an, darunter die Reichsbesoldungsordnung und selbst die Laufbahnrichtlinien, weil die Neuregelung per Tarifvertrag auf sich warten ließ. Die Verhandlungen zwischen der Industriegewerkschaft Öffentliche Betriebe und Verwaltungen und den fünf Ländern hatten bereits am 15. Dezember 1947 begonnen, und man hatte sich dann parallel zur SED-Konferenz von Werder im Juli 1948 auf einen Vertragsentwurf geeinigt. Dagegen erhob die Hauptverwaltung Finanzen der Deutschen Wirtschaftskommission Einspruch, offenbar mit Blick auf die zu erwartenden Kosten. Anschließend zog die DWK die Angelegenheit ganz an sich und verlangte von der Gewerkschaft Nachbesserungen. Noch während der Verhandlungen erließ die DWK eine Verordnung, die wichtige Rahmenbedingungen einseitig festlegte. So erlangten die von der SED-Führung beschlossenen Sparmaßnahmen, die in Teilen der Verwaltung nur unzureichend umgesetzt worden waren, nun in verschärfter Form Gesetzeskraft: Eine »mindestens 20prozentige Kürzung der Besoldungsmittel des gesamten Verwaltungsapparates« sei vorzunehmen, und erstmals wurde auch »eine entsprechende Einschränkung der Planstellen« vorgeschrieben. Zusätzlich bestimmte die Verordnung, daß bei der Berechnung von Gehältern Dienstzeiten vor dem 9. Mai 1945 nicht mehr berücksichtigt werden durften. Diese Auflage traf insbesondere die älteren Angestellten, wie die Gewerkschaft kritisch hervorhob. Erst am 28. Dezember 1948 konnte der neue Tarifvertrag unterschrieben werden; die DWK gestattete sein Inkrafttreten zum 1. Februar 1949[108].

Erst jetzt, fast vier Jahre nach Kriegsende, hatte man das öffentliche Dienstrecht neugeordnet. Ebenfalls zum 1. Februar 1949 setzte die DWK die in diesem Bereich bislang gültigen Bestimmungen des Arbeits- und Beamtenrechts außer Kraft. Für die »mehr als 800 000« Betroffenen bedeuteten diese Schritte »eine revolutionäre Wandlung«, wie der Vorsitzende der Industriegewerkschaft Öffentliche Betriebe und Verwaltungen, Karl Oltersdorf, erklärte. Ein Sprecher der Zonenverwaltung für Arbeit und Soziales begrüßte den Abschluß des Tarifvertrages als »eine politische Entscheidung [...] von besonderer Tragweite«, die »der Gestaltung der gesellschaftlichen Verhältnisse in der sowjetischen Besatzungszone entspricht«. Im Gegensatz zu den Westzonen habe man hier »Konsequenzen aus den politischen Fehlern« gezogen, »die man bei der Gestaltung der Rechte des Berufsbeamtentums in der Zeit der Weimarer Republik gemacht hat«[109].

Im einzelnen enthielt der Tarifvertrag Bestimmungen, die eine tiefgreifende soziale Umschichtung im öffentlichen Dienst förderten. Bei der Einstellung spielten formale Bildungsabschlüsse überhaupt keine Rolle mehr, entscheidend waren allein die »Leistungsfähigkeit«, die von dem Betreffenden »erwartet werden kann«, die »moralische Eignung« und die im marxistisch-leninistischen Sinne verstandene »antifaschistisch-demokratische Gesinnung«. Zudem hieß es ausdrücklich, daß der soziale Aufstieg von »befähigten Angestellten der unteren Tarifgruppen und befähigten Arbeitern« ermöglicht werden sollte (§ 2). Bei der Gestaltung der Entlohnungskategorien gab es indes keine Nivellierungstendenzen, sondern im Gegenteil, eine starke Hierarchisierung: Ein ungelernter Arbeiter mit leichten Aufgaben erhielt in der höchsten Ortsklasse 77 DPf pro Stunde, der Vorarbeiter beinahe das Doppelte (130 DPf). Noch größer waren die Unterschiede innerhalb der Angestelltenschaft: In der obersten Kategorie erhielt man 850,- Mark Grundgehalt, etwa als Hauptreferent, in der untersten erst 200,- Mark (so z.B. als Bote, Pförtner, Straßenwärter oder Stenotypist). Der Wegfall der bisherigen Laufbahnrichtlinien machte die Neueingruppierung des gesamten Personals erforderlich. Zuständig für die Evaluierung waren Lohn- und Gehaltskommissionen, die sich paritätisch aus Vertretern der Gewerkschaft und der Behörde zusammensetzten. Bei Stimmengleichheit entschied allerdings der Dienststellenleiter. Diese Kommissionen vergaben zudem die im Tarifvertrag vorgesehenen, überaus stattlichen Leistungszulagen. Höchstens 35 Prozent der Beschäftigten durften solche Prämien erhalten; die Vergabe war spätestens jährlich zu überprüfen und neu zu entscheiden. Dadurch hoffte man, eine spürbare Leistungssteigerung in der Verwaltung zu erzielen. Einschneidend war schließlich die Neuregelung der Kündigungsfrist, die nun für alle Beschäftigten sechs Wochen zum Quartalsende betrug. Damit war sie noch ungünstiger als die bisherigen Bestimmungen für die Arbeiter und Angestellten. In der Liste der Gründe, die zur fristlosen Kündigung eines Beschäftigten berechtigten, stand an erster Stelle: »wenn sein politisches Verhalten (insbesondere antidemokratische Betätigung) eine Beschäftigung im öffentlichen Dienst nicht mehr zulassen« (§ 11).

Selbst nach Inkrafttreten des Tarifvertrages wurden Teile des alten Beamtenrechts weiterhin angewendet. Das lag daran, daß er keine Bestimmungen über Fragen wie Reisekostenrecht, Umzugsvergütung, Tagegeld, Amtshaftung, Zeugnisverweigerungsrecht, Vergehen im Amt, Bestechung und Geheimnisverrat enthielt. Zudem galt der Tarifvertrag für einige wichtige Bereiche des öffentlichen Dienstes nicht. Dazu gehörten die Bahn und die Post, die immer eine besonders hohe Zahl von Beamten beschäftigt hatten. Dort behielt das alte Beamtenrecht nach wie vor seine Gültigkeit.

Bemerkenswert inkonsequent war auch die Regelung der Beamtenfrage im Entwurf für die Verfassung der Deutschen Demokratischen Republik, der im März 1949 vom Deutschen Volksrat beschlossen wurde. Diese 400köpfige Versammlung war das Arbeitsgremium des Deutschen Volkskongresses, der seinerseits eine nach undurchsichtigem Modus delegierte, von der SED dominierte »Volksvertretung« ohne demokratische Legitimation darstellte. Die Verfassungsberatungen des Volksrates, die bereits im April 1948 aufgenommen worden waren, hatten einen Doppelcharakter: Sie dienten sowohl der nationalen Agitation als auch der Vorbereitung eines ostdeutschen Separatstaates. Im ersten Verfassungsentwurf, den der Volksrat am 22. Oktober 1948 billigte und der Öffentlichkeit zur Diskussion vorlegte, blieb die Frage des öffentlichen Dienstrechts vollkommen ausgeklammert. Die dahinterliegende Absicht erläuterte ein SED-Sprecher so: »Da die Verfassung nicht mehr den unabsetzbaren Berufsbeamten der früheren Zeit kennt, ist nunmehr mit der Selbstherrlichkeit des bürokratischen Verwaltungsapparates gebrochen[110].«

In der letzten Runde der Ausschußberatungen im Frühjahr 1949 trat ein Wandel ein. Der maßgebliche SED-Verfassungsjurist, Prof. Peter Alfons Steiniger, plädierte am 24. Februar dafür, »unsere Auffassung über die Angestellten des öffentlichen Dienstes« jetzt auch explizit zum Ausdruck zu bringen, und zwar als »Reaktion« auf das Bekenntnis des Parlamentarische Rates zur »Berufsbürokratie«. Steiniger dachte offenkundig an einen Satz, wie er bereits in den meisten Landesverfassungen der SBZ stand; damit sollte die Beschäftigung von (leicht kündbaren) Angestellten in der öffentlichen Verwaltung vorgeschrieben und das klassische Berufsbeamtentum implizit ausgeschlossen werden. Doch in den nächsten Tagen zeigte sich, daß dieses Vorhaben nicht nur mit den Vorstellungen namhafter Vertreter der CDU und der LDP kollidierte, sondern auch in führenden SED-Kreisen auf Widerspruch stieß. Folglich schlug Steiniger am 2. März eine völlig andere Lösung vor: Nach der »sehr eingehenden Debatte in allen Gruppierungen« unterbreitete er nun eine neutrale Formulierung, die »der gesamtdeutschen Entwicklung nicht vorauseilt«. Grundsätzlich sollten im Verfassungsentwurf, wie Steiniger jetzt meinte, »keine prinzipiellen Fragen aufgeworfen werden, die für Gesamtdeutschland nicht diskussionsreif sind«. Somit verzichtete man auf eine Formel, die den faktischen Stand in der Ostzone widerspiegelte, und beschloß aus Rücksicht auf den gesamtdeutschen Anspruch des Volksrates den Artikel 3 (6): »Die im öffentlichen Dienst Tätigen sind Diener der Gesamtheit und nicht einer Partei[111].«

Dieser Satz ließ die Frage des Berufsbeamtentums offen: Er garantierte dessen Fortbestand nicht, schloß ihn aber auch nicht aus. Die erklärte Absicht der SED, den öffentlichen Dienst politisch gleichzuschalten, war nach Artikel 3 (6) im übrigen unzulässig. Doch der Satz blieb Fiktion. Selbst nach dem Inkrafttreten dieser Verfassung am 7. Oktober 1949 in der neuausgerufenen DDR hatte er keinen Einfluß auf die reale Entwicklung.

Die Gründung der DDR zog weitere Schritte nach sich, die den Prozeß der Ablösung des Beamtenrechts vorantrieben und zum vorläufigen Abschluß der Neugestaltung des öffentlichen Dienstrechts führten. Schon seit 1948 hatte man wiederholt die Einführung einer Arbeitsordnung angekündigt, die mit der Gewerkschaft ausgehandelt werden sollte, um Fragen der Arbeitsdisziplin und der Arbeitsabläufe zu regeln. Jetzt schritt die neue Regierung zur Tat und erließ am 3. November 1949 eine »Dienstordnung« — einseitig und ohne erkennbare Rechtsgrundlage, wie selbst die DDR-Jurisprudenz feststellte[112]. Die Dienstordnung war in sämtlichen Verwaltungen der Republik anzuwenden und enthielt Vorschriften über die Pflichten und Rechte der Angestellten, über ihre Arbeitsweise und über die formale Organisation des inneren Dienstes.

Erst nach heftigen Auseinandersetzungen gelang es, neue Tarifverträge für die Bahn und die Post durchzusetzen und damit das Beamtenrecht auch in diesen wichtigen Bereichen abzulösen. Die Bestrebungen, das System der Dienstalterszulagen abzuschaffen und das Personal nach Leistungskriterien völlig neu einzugruppieren, stießen auf massive Ablehnung. Die Stimmung der Beschäftigten war von vornherein gespannt, denn beide Unternehmen litten über längere Zeit unter drückendem Personalmangel. Folglich verlangte man von den »Angestellten« Woche für Woche Überstunden, die gemäß der noch angewandten Reichsbesoldungsordnung nicht einmal bezahlt werden mußten. Umstritten waren zudem die neuentwickelten Bemessungsverfahren für die Arbeitsnormen: Viele sahen die Gefahr unverschuldeter Lohneinbuße, weil sich der Arbeitsanfall in wichtigen Betriebsbereichen unregelmäßig gestaltete. Überdies stand von Anfang an fest, daß das neue System niedrigere Löhne für Tausende, die bislang Dienstalterszulagen erhalten hatten, bedeuten würde. In diesem Zusammenhang war von »unvermeidliche[n] Härten« bei der Post die Rede; man rechtfertigte diese Entwicklung bei der Bahn mit dem Verweis auf die neugewonnene arbeitswissenschaftliche Erkenntnis, »daß bisher ein erheblicher Teil der Angestelltentätigkeit zu hoch bewertet wurde und die vorgesehene Bezahlung in keinem Verhältnis zum gesellschaftlichen Wert der Arbeit steht«[113].

Gleichzeitig handelte es sich um die entscheidende Endphase eines Konflikts um soziale Positionen und Besitzstände. Zahlreiche Post- und Bahnbeschäftigte hofften bis zuletzt auf die Aufrechterhaltung des Beamtenstatus in ihren Unternehmen. Die Verfechter der neuen Entlohnungsgrundsätze traten ihrerseits mit sozialreformerischem Elan auf und proklamierten, daß jetzt endlich der Schlußstrich unter die Vergangenheit gezogen werde. So kündigte man den Tarifvertrag für die Post als klaren Bruch mit dem Beamtentum an: Nach dem Inkrafttreten gebe es keine »beamtenrechtlichen Besonderheiten« und »keine *wohlerworbenen Rechte* mehr«; damit bestehe auch »kein Raum mehr für Diskussionen über ein Beamtenrecht innerhalb der Postangestellten«. Bei der Bahn hatte dieser soziale Konflikt auch eine dramatische gewerkschaftspolitische Dimension. Der Vorsitzende der IG Eisenbahn, der langjährige sozialdemokratische Gewerkschaftsfunktionär Theodor Kotzur, wurde Anfang 1949 zum Rücktritt gedrängt und durch den Kommunisten Roman Chwalek ersetzt, weil die Gewerkschaftsführung es bislang versäumt hatte, für »ideologische Klarheit« zu sorgen: Statt die »im Personalkörper der D[eutschen] R[eichsbahn] nach wie vor [...] tief verwurzelte rückständige Beamtenideologie« zu bekämpfen, hätten Kotzur und andere durch ihre Politik »Illusionen zur Wiederherstellung privilegierter Beamtenrechte aufrechterhalten, wenn nicht sogar gefördert«. Auch ein Bezirksleiter mußte zurücktreten, weil er es geduldet habe, »daß die Eisenbahner ihre Gewerkschaft [...] als eine Berufsinteressenvertretung betrachteten, die verpflichtet sei, die alten Beamtenrechte zu wahren«[114].

Anscheinend entschloß man sich, die anhaltende Unzufriedenheit der Bahnbeschäftigten zu dämpfen, indem man die Arbeitsnormen des Tarifvertrages großzügiger gestaltete und damit höhere Lohnkosten in Kauf nahm. Dafür gab es gute Gründe, denn gerade diese Berufsgruppe nahm eine volkswirtschaftliche Schlüsselstellung ein: Die Bahn war »der größte volkseigene Betrieb« überhaupt, sie bewältigte rund 80 Prozent des gesamten Verkehrsaufkommens der DDR und spielte bei der Erfüllung des Zweijahrplans 1949/50 eine zentrale Rolle[115]. Hinzu kam das augenfällige sowjetische Interesse an einer Leistungssteigerung bei der ostdeutschen Eisenbahn, wohl auch aus militärstrategischen Gründen sowie mit Blick auf die Gewährleistung pünktlicher Reparationslieferungen[116].

Jedenfalls meldeten Zeitungen Ende 1949, daß die Kosten des neuen Tarifvertrages für die Bahn mit 87 Millionen Mark so hoch lagen, daß sie die neue Staatsregierung in finanzpolitische Verlegenheit brachten. So konnte zwar der Tarifvertrag für die rund 100 000 Postbeschäftigten schon am 21. Oktober 1949 unterzeichnet werden und am 1. November in Kraft treten, aber der fertige Tarifvertrag für die ca. 250 000 Eisenbahner blieb vorerst ohne Unterschrift. Wie es hieß, mußten sich die beteiligten Stellen zunächst darüber einigen, wie die erforderlichen Zusatzmittel aufzubringen waren. Mit dieser Begründung wurden die Tarifverhandlungen erst am 26. Februar 1950 offiziell abgeschlossen, der Tarifvertrag trat dann zum 1. April 1950 in Kraft[117].

Damit fanden die bewegten Auseinandersetzungen um die Abschaffung des Berufsbeamtentums in der SBZ/DDR ihren Abschluß. Betroffen von den drei großen Tarifverträgen 1949/50 waren mehr als 1,1 Millionen Arbeitnehmer. Die Gesamtzahl der Beschäftigten betrug zu diesem Zeitpunkt rund 7 Millionen[118]. Dieser Zahlenvergleich macht deutlich, daß die Neuordnung des öffentlichen Dienstrechts nicht nur gewichtige juristische und politische Folgen hatte. Gleichzeitig war sie ein entscheidender Schritt auf den Weg zur Umgestaltung der gesellschaftlichen Verhältnisse in der SBZ/DDR.

Hatte man Schlußfolgerungen aus der Vergangenheit gezogen? Mit diesem Anspruch waren nach dem Ende des Zweiten Weltkrieges nicht nur die Militärregierungen, sondern auch alle relevanten deutschen Kräfte angetreten, um Änderungen im Beamtenrecht durchzusetzen. Doch die Lehren, die die Beteiligten aus der Geschichte ziehen wollten, waren so unterschiedlich wie ihre politischen Grundauffassungen. Bisweilen drängt sich der Eindruck auf, daß historische Argumente lediglich bemüht wurden, um bereits gefaßte Vorsätze zu legitimieren. Aus der Bandbreite der verschiedenen Reformkonzepte setzten sich vor dem Hintergrund der Ost-West-Polarisierung und der doppelten Staatsgründung zwei diametral entgegengesetzte Modelle durch. Im Westen Deutschlands führten die konservativen Mehrheitsparteien die Wiederherstellung des traditionellen Berufsbeamtentums herbei, während die SED dessen vollständige Beseitigung im Osten bewerkstelligte. Beide Entscheidungen hatten weitreichende Folgen für das politische System und für die Gesellschaftsstruktur des jeweiligen Landes.

Anmerkungen

[1] Da zahlreiche Aspekte dieses Themas noch nicht hinreichend erforscht sind, beschränkt sich der folgende Beitrag nicht darauf, die bislang veröffentlichten Erkenntnisse zusammenzufassen. Vielmehr gilt es, auf der Grundlage eigener Quellenstudien auch einige bislang vernachlässigte und doch zentrale Entwicklungsebenen und Erklärungsmomente aufzuzeigen. Aus folgenden Archiven wurde Material herangezogen: Public Record Office, Großbritannien (PRO); Institut für Zeitgeschichte, München (IfZ); Archiv für Christlich-Demokratische Politik der Konrad-Adenauer-Stiftung, St. Augustin (ACDP); Archiv der sozialen Demokratie der Friedrich-Ebert-Stiftung, Bonn (AsD); Archiv der Stiftung Bundeskanzler-Adenauer-Haus, Rhöndorf (StBKAH); Parlamentsarchiv des Deutschen Bundestages, Bonn (PA); Bundesarchiv, Koblenz (BAK); Hauptstaatsarchiv Stuttgart (HSAS); Hauptstaatsarchiv Hannover (HSAH); Hauptstaatsarchiv Düsseldorf (HSAD). Bei den Mitarbeitern dieser Einrichtungen bedanke ich mich für ihre tatkräftige Unterstützung.

[2] Der Befehl Nr. 66 in: Jahrbuch Arbeit und Sozialfürsorge, 1945 bis 31. März 1947. Hrsg. von der Deutschen Verwaltung für Arbeit und Sozialfürsorge der Sowjetischen Besatzungszone in Deutschland, Berlin o. J. (Jb AuS 1945/47), S. 290 f.

[3] Georg Brunner, Die Verwaltung in der SBZ und DDR, in: Deutsche Verwaltungsgeschichte, Bd 5, Stuttgart 1987, S. 1218–1283, hier S. 1274. Vgl. zur sowjetischen Beamtenpolitik insbes. Gustav Leissner, Verwaltung und

öffentlicher Dienst in der sowjetischen Besatzungszone Deutschlands. Eine kritische Würdigung aus gesamtdeutscher Sicht, Stuttgart 1961, S. 255 ff.; Joachim Heilmann, Das Arbeitsrecht der Sowjetischen Besatzungszone (1945—1949). Ein Beitrag zur Entstehungsgeschichte der DDR, Diss. jur. Bremen 1973, S. 116—118, 246—248; Dieter Marc Schneider, Innere Verwaltung/Deutsche Verwaltung des Innern, in: SBZ-Handbuch. Staatliche Verwaltungen, Parteien, gesellschaftliche Organisationen und ihre Führungskräfte in der Sowjetischen Besatzungszone 1945—1949, München 1990, S. 207—217, hier S. 207—211.

[4] Das gleiche galt für das Wohngeld; alle anderen Zuschläge fielen dagegen fort. Der Befehl Nr. 100 und die dazugehörige »Ergänzung« in: Jb AuS 1945/47 (wie Anm. 2), S. 292 f.

[5] Befehl Nr. 168, ebd., S. 298 f.

[6] Vgl. E. Huhn, Neue Lohn-, Gehalts- und Arbeitsbedingungen für das Personal der deutschen Reichsbahn, in: Arbeit und Sozialfürsorge. Amtliches Organ der Deutschen Verwaltung für Arbeit und Sozialfürsorge der Sowjetischen Besatzungszone in Deutschland (AuS), 1 (1946), S. 58 f.

[7] Zu diesen bislang unbekannten Vorgängen auf der Kontrollratsebene vgl. Proposal of the Soviet Delegation, DMAN/W/P (46) 12, 1.7.1946, und die Vorgänge über die anschließenden Beratungen in: PRO, FO 1051/471.

[8] Brigadegeneral Bridge gegenüber den deutschen Chefs der Länder und Provinzen der britischen Zone, 19.11.1945, in: Akten zur Vorgeschichte der Bundesrepublik Deutschland 1945—1949, Bd 1, München, Wien 1976 (AVBD), S. 161. Für das folgende Zitat: ebd., S. 158.

[9] Military Government Directive on Administration, Local and Regional Government and Public Services, Part II, S. 7 f., PRO, FO 371/55617/C 9548. Ausführlich zur Genese und zu den Inhalten: Ulrich Reusch, Deutsches Berufsbeamtentum und britische Besatzung. Planung und Politik 1943—1947, Stuttgart 1985, S. 143 ff., 179 ff.; für Ergänzungen und Korrekturen hinsichtlich des Stellenwertes der Direktive: Curt Garner, »Zerschlagung des Berufsbeamtentums«? Der deutsche Konflikt um die Neuordnung des öffentlichen Dienstes 1946—1948 am Beispiel Nordrhein-Westfalens, in: Vierteljahrshefte für Zeitgeschichte (VfZ), 39 (1991), S. 55—101.

[10] Beispielsweise hatte das Deutsche Beamtengesetz von 1937 sämtliche Beamte zu mittelbaren oder unmittelbaren Reichsbediensteten erklärt. Hierzu wie zum Folgenden siehe Military Government Directive (wie Anm. 9), S. 9 f., 11, 13, 20, 31, 41 ff.

[11] Ebd., S. 9, 11.

[12] Vgl. Reusch, Berufsbeamtentum (wie Anm. 9), S. 234 ff., 281 ff.; Garner, Zerschlagung (wie Anm. 9), S. 60 ff.

[13] Vgl. Stellungnahme R. Luce, 19.6.1946, PRO, FO 1051/471. Luce war Chef der Manpower Division, der für Arbeitskräftefragen zuständigen Abteilung der britischen Militärregierung.

[14] W. Pullin, Proposal by Soviet Delegates for uniform wage scales for Railway Workers, 12.7.1946 (Hervorhebungen im Original); Appendix A, 11.7.1946, beides: PRO, FO 1051/471.

15 Vgl. OMGUS an Directors, Land Military Governments, 7./8.2.1946, IfZ, Bestand Office of Military Government, United States (OMGUS), 1945—46—21/7 AG. Obwohl die Akten der US-Militärregierung seit Jahren auf Mikrofiche in deutschen Archiven vorliegen, fehlt es nach wie vor an einer Studie zur amerikanischen Beamtenpolitik 1945—1949. Für diesen Aufsatz wurden die OMGUS-Unterlagen erstmals ausführlich herangezogen, um die Grundzüge dieser Politik skizzieren zu können. Eine detailliertere Darstellung ist in Vorbereitung.

16 Maßgebliche amerikanische Vertreter betonten diese Grundsätze während Beratungen mit den zuständigen Referenten der Landesinnenministerien am 30. April/1. Mai 1946. Vgl. die Niederschrift in: HSAS (wie Anm. 1), EA 1/20 — D 1/2, S. 1f., 6.

17 Jones (1899—1973) war seit 1933 Secretary der National Municipal League und Mitglied des Governing Board des U.S. Public Administration Service, ab 1939 dann Civil Service Commissioner für den Bundesstaat New York. 1945—1951 arbeitete er in der Militärregierung bzw. in der Amerikanischen Hohen Kommission in Deutschland; während dieser Zeit bestand er die Aufnahmeprüfung für den diplomatischen Dienst und wurde anschließend in China und Indonesien eingesetzt, zuletzt als Botschafter. Zu Loewenstein: Biographisches Handbuch der deutschsprachigen Emigration nach 1933, Bd 2, München [usw.] 1983, S. 743f. Zur Rolle Loewensteins 1946 vgl. Niederschrift (wie Anm. 16); Loewenstein an Wolfsperger, 9.4.1949, IfZ, OMGUS, 3/404—1/11.

18 OMGUS, Civil Service Branch, Staff Study »German Governmental Structure«, 18.9.1945, S. 11, IfZ, OMGUS, POLAD 730/20. Zum Stellenwert vgl. Carrier Sheet, 20.—25.9.1945, ebd.

19 Vgl., auch für das Folgende, Niederschrift (wie Anm. 16).

20 Vgl. Civil Administration Branch, OMGUS, an Director, Office of Military Government for Greater Hesse (OMGH), 22.4.1946, S. 3, IfZ, OMGUS, 8/47—3/22; OMGUS Press Release, 28.8.1946, in: Occupation of Germany, Policy and Progress 1945—46. Ed.: Department of State, Washington, D.C., [1947], S. 186—188. Zum Stellenwert der sog. Zivilversorgung von Militäranwärtern für die Beamtenrekrutierung seit dem Kaiserreich vgl. Bernd Wunder, Geschichte der Bürokratie in Deutschland, Frankfurt a.M. 1986, S. 57ff., 85, 128; M. Adam, Deutsche Zivilversorgung, in: Die Geschichte des deutschen Unteroffiziers. Hrsg. vom Reichstreubund ehemaliger Berufssoldaten, Berlin 1939, S. 881—1081; Tibor Süle, Die Militäranwärter als Personalproblem der zivilen Staatsverwaltung im wilhelminischen Preußen, in: Die Verwaltung, 19 (1986), S. 198—212.

21 [OMGH], Civil Service, July 1, 1946—31 December 1946, S.5, IfZ, OMGUS, 8/47—3/22. Dagegen sah die britische Beamtendirektive die fortgesetzte Entlassung verheirateter Frauen ausdrücklich vor (Appendix E, § 11). In den Ländern der britischen und französischen Zonen wurden die alten Regelungen z.T. noch bis in die 1950er Jahre hinein angewandt, vgl. Curt Garner, Der öffentliche Dienst in den 50er Jahren: Politische Weichenstellungen und ihre sozialgeschichtlichen Folgen, in: Modernisierung im Wie-

deraufbau. Die westdeutsche Gesellschaft der 50er Jahre. Hrsg. von Axel Schildt und Arnold Sywottek, Bonn 1993, S. 759—790, hier S. 778 ff.
22 Vgl. AVBD (wie Anm. 8), S. 564, sowie zahlreiche Vorgänge in: IfZ, OMGUS, 8/47—3/22; HSAS, EA 1/20 — D 1/2. Die drei Gesetze in: GVBl. für Groß-Hessen 1946, S. 205—215; Bayer. GVBl. 1946, S. 349—368; Regbl. für die Regierung Württ.-Bad. 1946, S. 249—262.
23 Civil Service (wie Anm. 21), S. 1.
24 Reusch, Berufsbeamtentum (wie Anm. 9), S. 20; vgl. Theodor Eschenburg, Der bürokratische Rückhalt, in: Die zweite Republik. 25 Jahre Bundesrepublik Deutschland — eine Bilanz. Hrsg. von Richard Löwenthal und Hans-Peter Schwarz, Stuttgart 1974, S. 64—94, hier S. 68 f.
25 Verfügung Nr. 194, 11. 1. 1947, in: Journal Officiel du Commandement en Chef Français, 2 (1947), S. 538—540. Vgl. Franz Knipping, Umerziehung der Verwaltung? Zur Gründungsgeschichte der Hochschule für Verwaltungswissenschaften in Speyer, in: Frankreichs Kulturpolitik in Deutschland, 1945—1950. Hrsg. von Franz Knipping und Jacques Le Rider, Tübingen 1987, S. 91—110; Rudolf Morsey, 40 Jahre Hochschule für Verwaltungswissenschaften Speyer (1947—1987), in: Die Öffentliche Verwaltung, 40 (1987), S. 609—621; Reinhard Grohnert, Die Entnazifizierung in Baden 1945—1949. Konzeptionen und Praxis der »Epuration« am Beispiel eines Landes der französischen Besatzungszone, Stuttgart 1991, S. 108—116.
26 Raymond Schmittlein, Die Umerziehung des deutschen Volkes, 27. 1. 1948: Französische Kulturpolitik in Deutschland 1945—1949. Berichte und Dokumente. Hrsg. vom Jérôme Vaillaint, Konstanz 1984, S. 161—184, hier S. 171. Schmittlein war seit 1945 Leiter der Abteilung für das öffentliche Bildungswesen in der Zonen-Militärregierung.
27 Kurt Schumacher, Reden — Schriften — Korrespondenzen 1945—1952. Hrsg. von Willy Albrecht, Berlin, Bonn 1985, S. 366, 368. Für weitere Beispiele vgl. ebd., S. 207 f., 262 ff., 365 ff.; Protokoll der Verhandlungen des Parteitages der Sozialdemokratischen Partei Deutschlands vom 9. bis 11. Mai 1946, Hannover 1947, S. 41, 198.
28 Dokumente zur parteipolitischen Entwicklung in Deutschland seit 1945, Bd 3, Teil 2, Berlin 1963, S. 21; vgl. Sozialdemokratischer Parteitag 1925 in Heidelberg. Protokoll mit dem Bericht der Frauenkonferenz, Berlin 1925, S. 8.
29 Vgl. Beamtenprogramm der SPD von 1924, in: Sozialdemokratie und Berufsbeamtentum, Berlin 1927, S. 28—30; zur Vorgeschichte: Gabriele Hoffmann, Sozialdemokratie und Berufsbeamtentum. Zur Frage nach Wandel und Kontinuität im Verhältnis der Sozialdemokratie zum Berufsbeamtentum in der Weimarer Zeit, Diss. Hamburg 1973, S. 103—137.
30 Warum sind die Einigungsverhandlungen zwischen DBB und ADB gescheitert?, Berlin 1923, S. 10; Richtlinien des ADB für die Neuordnung des Beamtenrechtes, in: Allgemeine Deutsche Beamtenzeitung, 3 (1924), S. 452 f.
31 Vgl. Entwurf eines Beamtengesetzes, Berlin (Verlagsgesellschaft des Allgemeinen Deutschen Beamtenbundes) 1926. Trotz der Bedeutung dieses Entwurfs für die sozialdemokratische Beamtenpolitik wird er in der einschlä-

gigen Studie von Hoffmann, Sozialdemokratie (wie Anm. 29), nicht einmal erwähnt.

[32] Adam Stegerwald, Zur Reform der Beamtenbesoldung, Berlin 1927, S. 4, 14f., 36f., 43. Vgl. Helmut J. Schorr, Adam Stegerwald. Gewerkschaftler und Politiker der ersten deutschen Republik, Recklinghausen 1966, S. 116ff.; Karsten Ruppert, Im Dienst am Staat von Weimar. Das Zentrum als regierende Partei in der Weimarer Demokratie 1923—1930, Düsseldorf 1992, S. 274ff.

[33] Stegerwald an Albers, 20.8.1945, in: Quellen zur Geschichte der deutschen Gewerkschaftsbewegung im 20. Jahrhundert (QGG), Bd 8, Köln 1989, S. 72f.; Adam Stegerwald, »Wohin gehen wir?«, Würzburg 1946, S. 27. Vgl., auch zum Folgenden, Garner, Zerschlagung (wie Anm. 9), S. 66ff.

[34] Protokoll der ersten Gewerkschaftskonferenz der britischen Zone vom 12. bis 14. März 1946 im Kath. Vereinshaus in Hannover-Linden, o.O. o.J., S. 50; Protokoll der Gewerkschaftskonferenz für die Nord-Rheinprovinz, 7.12.1945, in: QGG (wie Anm. 33), Bd 6, Köln 1987, S. 255—266, hier S. 262.

[35] Niederschrift der Verhandlungen des 1. Hessischen Gewerkschaftskongresses und des 1. Bundestages des Freien Gewerkschaftsbundes Hessen in Frankfurt am Main-Enkheim, Volkshaus, am 24. und 25. August 1946, o.O. o.J., S. 25f.; Wortprotokoll, Zonenbeirat, 8. Sitzung, 23.—24.10.1946, Bl. 207, PA, 1/254.

[36] Hierzu wie zum Folgenden: Garner, Zerschlagung (wie Anm. 9), S. 63ff.

[37] Vgl. etwa die Leitsätze der Christlich-Demokratischen Partei im Rheinland und Westfalen vom September 1945 (»Ein zuverlässiges und staatstreues Berufsbeamtentum wird wiederhergestellt«): Dokumente zur parteipolitischen Entwicklung in Deutschland seit 1945, Bd 3, Teil 1, Berlin 1963, S. 34—36.

[38] Konrad Adenauer, Reden 1917—1967. Hrsg. von Hans-Peter Schwarz, Stuttgart 1975, S. 91. Adenauers Engagement in der Beamtenfrage hatte auch eine biographische Komponente. Er hatte selbst die höhere Beamtenlaufbahn eingeschlagen, nachdem er in traditioneller Manier zuerst das Zweite juristische Staatsexamen erworben hatte. Später wechselte er in die Kommunalpolitik und amtierte bis 1933 als Wahlbeamter.

[39] Vgl. Hartmut Kaelble, Soziale Mobilität und Chancengleichheit im 19. und 20. Jahrhundert. Deutschland im internationalen Vergleich, Göttingen 1983, S. 73—102; Wunder, Bürokratie (wie Anm. 20), S. 75—81, 94f., 121—123.

[40] So Hans Schuberth während einer Tagung führender Politiker der CDU und der CSU am 8./9. Januar 1949. Schuberth war Diplomingenieur und seit 1947 Direktor der bizonalen Verwaltung für Post- und Fernmeldewesen; im Herbst 1949 wurde er Bundespostminister. Wortprotokoll der Tagung in: Die Unionsparteien 1946—1950. Protokolle der Arbeitsgemeinschaft der CDU/CSU Deutschlands und der Konferenzen der Landesvorsitzenden, Düsseldorf 1991, S. 252—367, hier S. 333.

[41] Baumhoff an Adenauer, 14.10.1947; Adenauer an Baumhoff, 19.10.1947, StBKAH, 07.13. Wenige Wochen später organisierte Baumhoff die Gründung eines Landesbeamtenbeirats der CDU und übernahm dessen Vorsitz, vgl. Landesbeamtenbeirat (Baumhoff) an Adenauer, 1.12.1947, ebd., 07.22.

[42] Oppler an Schumacher, 23.2.1948, in: Entscheidung für die SPD. Briefe und Aufzeichnungen linker Sozialisten 1944—1948. Hrsg. von Helga Grebing, München 1984, S. 91—94. Dort auch zur Biographie Opplers (seit 1926 SPD, 1931 SAP, 1938—1946 Exil in den Niederlanden und in Belgien, ab Mai 1946 Ministerialdirektor im hessischen Justizministerium).

[43] AsD, PV, Schumacher, 126. Zur SPD-internen Diskussion um die Überwindung der Grenzen der Arbeiterpartei, indem man sich verstärkt für Beamte und andere Angehörige des »Mittelstandes« öffnen wollte, vgl. etwa Rhein-Echo, Jg. 1, Nr. 63, 12.10.1946 (»Wahl und Mittelstand«, »SPD und Berufsbeamtentum«); SPD — Wochenzeitschrift für Sozialismus und Demokratie. Hrsg. von der SPD, Region Hannover, Jg. 2, Nr. 6, 8.2.1947, S. 6.

[44] Vgl. etwa Mitteilungsblatt, SPD Hamburg, Nr. 2, 8.9.1945, S. 8, in: AsD, Bestand SPD-Landesorganisation Hamburg, 668.

[45] Vgl. Garner, Zerschlagung (wie Anm. 9), S. 69—71, 79—84.

[46] Dazu zusammenfassend: Wunder, Bürokratie (wie Anm. 20), S. 111—113. Allgemein zur Verfassungsgebung in der amerikanischen Zone: Frank R. Pfetsch, Ursprünge der Zweiten Republik. Prozesse der Verfassungsgebung in den Westzonen und in der Bundesrepublik, Opladen 1990, S. 159—183; Barbara Fait, »In einer Atmosphäre von Freiheit«. Die Rolle der Amerikaner bei der Verfassunggebung in den Ländern der US-Zone 1946, in: VfZ, 33 (1985), S. 420—455.

[47] Vgl., auch zum Folgenden, Gerhard Wacke, Zur Entwicklung des Beamtenrechts in der amerikanischen Zone, in: Deutsche Rechtszeitschrift, 3 (1948), S. 465—470; Carl Heyland, Das Berufsbeamtentum im neuen demokratischen Staat. Eine staatsrechtliche Studie (Nach dem Stande vom 1. Oktober 1948), Berlin 1949, S. 140—156. Ausführlich zur Debatte um die Verankerung des Berufsbeamtentums in der bayerischen Landesverfassung: Annette Zimmer, Demokratiegründung und Verfassungsgebung in Bayern. Die Entstehung der Verfassung des Freistaates Bayern von 1946, Frankfurt a. M. [usw.] 1987, S. 335 ff.

[48] Hierzu sehr deutlich: Civil Service (wie Anm. 21), S. 8.

[49] Office of Military Government for Bavaria (OMGB), Civil Administration Division (CAD), A Short Chronological Report of the Progress of Civil Service Reform in Bavaria up to 1 August 1949, o.D., S. 3, IfZ, OMGUS, 1949/58/3 AG. Vgl. Parkman an Wells, 24.9.1946, IfZ, Selected Records, MA 1420/8; OMGB, CAD, an Chairman, Interdivisional Committee, 7.5.1947, IfZ, OMGUS, 3/160—3/33; OMGB, Intelligence Branch, an Director, OMGB, 22.10.1947, ebd., 15/102—2/15.

[50] Vgl. einstweilen Paul Glause, Reform des öffentlichen Dienstes in Bremen nach 1945. Alliierte und deutsche Bemühungen und ihr Ausgang, in: Bremisches Jahrbuch, 64 (1986), S. 205—228, hier S. 209 f.

[51] In allen vier Ländern wurden die Verfassungsberatungen sogar erst nach der Gründung der Bundesrepublik abgeschlossen. Damit war es den Beteiligten gelungen, sich dem britischen Einfluß weitgehend zu entziehen. Vgl. Pfetsch, Ursprünge (wie Anm. 46), S. 183—213.

⁵² Vgl. Garner, Zerschlagung (wie Anm. 9), S. 72—77, 84—88. Die Parallelen zwischen der neuen britischen Politik und der Strategie, für die sich die amerikanischen Kollegen schon Ende 1945 entschieden hatten, sind unübersehbar.

⁵³ Vgl. Walter Först, Geschichte Nordrhein-Westfalens, Bd 1: 1945—1949, Köln, Berlin 1970, S. 241 ff.; Peter Hüttenberger, Nordrhein-Westfalen und die Entstehung seiner parlamentarischen Demokratie, Siegburg 1973, S. 241 ff., 409 ff.; Detlef Hüwel, Karl Arnold. Eine politische Biographie, Wuppertal 1980, S. 109 ff.

⁵⁴ Vgl. die Forderungen Brauers in: Hamburger Echo, Jg. 1, Nr. 73, 11.12.1946, S. 3; Protokoll des SPD-Landesparteitages, April 1947, S. 117 f. (»Rekrutierung der Beamten und Angestellten nach den alten Grundsätzen gibt es in Hamburg überhaupt nicht mehr [...] Ich will den Weg offen machen für alle, die das Zeug dazu haben«), AsD, SPD-Landesorganisation Hamburg, 5. Zur Politik Lüdemanns in Schleswig-Holstein vgl. Rundschreiben des Innenministers, 6.1.1947, »Betr.: Auflockerung des Berufsbeamtentums«; es fand weit über die Grenzen Schleswig-Holsteins hinaus Beachtung, vgl. etwa HSAH, Nds. 100, Acc. 60/55, Nr. 1035.

⁵⁵ Für Beispiele der überaus scharfen sozialdemokratischen Beamtenkritik in diesem Land vgl. SPD — Wochenzeitschrift (wie Anm. 43), Jg. 1, Nr. 32, 21.12.1946, S. 6; Jg. 2, Nr. 31, 2.8.1947, S. 2; Nr. 37, 13.9.1947, S. 4; Nr. 38, 20.9.1947, S. 4; Nr. 39, 27.9.1947, S. 4; Jg. 3, Nr. 3, 17.1.1948, S. 1. Noch vor der Bildung des Landes Niedersachsen hatte das SPD-geführte Innenministerium der Provinz Braunschweig Reformvorschläge vorgelegt, vgl. Niederschrift über die 5. Sitzung des Beamtenausschusses für die britisch besetzte Zone, 29.11.1946, S. 1, HSAD, NW 110—790.

⁵⁶ British Zone, Public Services Meeting, Hannover, 28.10.1947, S. 2, PRO, FO 371/64912/C 14879. Vgl., auch zum Folgenden, Garner, Zerschlagung (wie Anm. 9), S. 78—100.

⁵⁷ Vgl. Knipping, Umerziehung (wie Anm. 25), S. 103—109; Morsey, 40 Jahre (wie Anm. 25), S. 614—621.

⁵⁸ VOBl. der Stadt Berlin, 1945, S. 29.

⁵⁹ Arthur Pieck, Sohn des KPD-Vorsitzenden Wilhelm Pieck, emigrierte 1933 und hielt sich seit 1934 in der UdSSR auf. 1941—1945 war er im politischen Aufklärungsdienst der sowjetischen Armee tätig. Er traf am 29. April 1945 in Berlin ein und arbeitete zunächst im »Büro Ulbricht«. Vgl. »Gruppe Ulbricht« in Berlin, April bis Juni 1945. Von den Vorbereitungen im Sommer 1944 bis zur Wiedergründung der KPD im Juni 1945. Eine Dokumentation. Hrsg. und eingeleitet von Gerhard Keiderling, Berlin 1993, S. 64 f., 67 f., 330, 338, 341 f.; SBZ-Handbuch (wie Anm. 3), S. 995.

⁶⁰ Vgl. Leissner, Verwaltung (wie Anm. 3), S. 256, 270 f.; Helga A. Welsh, Revolutionärer Wandel auf Befehl? Entnazifizierungs- und Personalpolitik in Thüringen und Sachsen (1945—1948), München 1989, S. 38—40, 50—56.

⁶¹ Die Verfügung in: Wilhelm Schröder, Das Werden einer demokratischen Postverwaltung. Vom Chaos zum Zweijahrplan. Reden, Aufsätze und Materialien, Berlin 1949, S. 23 f. Schröder bekleidete dieses Amt bis zur Grün-

dung der DDR; 1949—1954 diente er als Staatssekretär im DDR-Postministerium, anschließend war er Professor an der Hochschule für Verkehrswesen der DDR.

62 Vgl. Hamburger Nachrichten-Blatt der Militärregierung, Nr. 88, 4.10.1945, S. 3.
63 Neue Zeit, Jg. 1, Nr. 34, 27.10.1945, S. 2. Der Aufruf der LDP in: Berlin, Quellen und Dokumente 1945—1951, 1. Halbband, Berlin 1964, S. 767f., hier, S. 768.
64 Regierungsblatt für das Land Thüringen I, 1945, S. 41. Zur Zustimmung der SMA Thüringen vgl. Landtags-Drucksache Nr. 384, 1948, in: Akten und Verhandlungen des Thüringer Landtages 1946—1952 (AVTL), Bd II.1, Reprint, Frankfurt a.M. 1992, S. 848.
65 Entschließung der Beamtenkonferenz, 18.10.1945, in: Klaus Kittner, Die historischen Wurzeln für die Herausbildung der Aktivisten der ersten Stunde und ihre Entwicklung zur selbständigen gesellschaftlichen Kategorie während der antifaschistisch-demokratischen Ordnung. Dargestellt am Beispiel der Deutschen Reichsbahn, Diss. Dresden 1969, S. 197—199.
66 Vgl. die FDGB-Vorstandsprotokolle vom 31.8., 12.9., 31.10. und 13.12.1945 in: Gewerkschaftlicher Neubeginn. Dokumente zur Gründung des FDGB und zu seiner Entwicklung von Juni 1945 bis Februar 1946. Hrsg. und eingeleitet von Horst Bednareck [u.a.], Berlin 1975, S. 90, 97ff., 139, 163.
67 Protokoll des Vereinigungsparteitages der Sozialdemokratischen Partei Deutschlands (SPD) und der Kommunistischen Partei Deutschlands (KPD) am 21. und 22. April 1946, Berlin 1946, S. 175; zum Abstimmungsergebnis: S. 148.
68 Die Freie Gewerkschaft. Zeitung des Freien Deutschen Gewerkschaftsbundes, Jg. 2, Nr. 96, 25.4.1946, S. 2. Die Veröffentlichung des Artikels an diesem Ort erhöhte die Chancen, daß Schröder auch die Beamten erreichte, die der SED nicht angehörten.
69 Entwurf einer Verfassung für die Deutsche Demokratische Republik: Neues Deutschland, Jg. 1, Nr. 176, S. 3f. (Art. 5). Der SED-Musterentwurf für eine Landesverfassung wurde ebenfalls im November herausgegeben und dann nach kurzer Zeit revidiert. Dabei blieb der Wortlaut des hier zitierten Satzes unverändert. Für den Text beider Fassungen: Gerhard Braas, Die Entstehung der Länderverfassungen in der Sowjetischen Besatzungszone Deutschlands 1946/47, Köln 1987, S. 427—448. Zu den Hintergründen: ebd., S. 52ff.
70 Karl Schultes, Der Aufbau der Länderverfassungen in der sowjetischen Besatzungszone, Berlin 1948, S. 13.
71 Alle fünf Landesverfassungen in: Braas, Entstehung (wie Anm. 69), S. 480ff. Zu den Beratungen um die Frage des Berufsbeamtentums vgl. ebd., S. 130—132.
72 Der Landtag beschloß, die Worte »die Angestellten im öffentlichen Dienst« durch die Formulierung »die im öffentlichen Dienst Tätigen« zu ersetzen. Unzutreffend ist daher die Darstellung von Gerhard Braas, wonach die Landesverfassungen der SBZ das »Prinzip des Berufsbeamtentums [...] überall annulliert« hätten und »nun von ›Angestellten im öffentlichen Dienst‹ die Rede« gewesen sei, in: SBZ-Handbuch (wie Anm. 3), S. 364.

73 Vgl. Befehl Nr. 34, 19.2.1947; Befehl Nr. 35, 19.2.1947; Befehl Nr. 61, 14.3.1947: Jb AuS 1945/47 (wie Anm. 2), S. 352f., 357f. Nach wie vor orientierte sich die sowjetische Politik am Gang der Beratungen im Kontrollrat: Diese Befehle ergingen erst, nachdem feststand, daß der Vorstoß zugunsten einer gesamtdeutschen Neuordnung des Dienstrechts bei der Reichsbahn gescheitert war. Vgl. PRO, FO 1051/471.

74 Vgl. Max Herm, Tarifverträge für Eisenbahn und Post in der sowjetischen Besatzungszone, in: AuS (wie Anm. 6), Jg. 2, Nr. 7, 1.4.1947, S. 133f.

75 Johannes Puhlmann, Brauchen wir ein neues Berufsbeamtentum?, in: Demokratischer Aufbau, 2 (1947), S. 350. Puhlmann gehörte der KPD seit 1926 an; 1946—1954 war er Chefredakteur der theoretischen Zeitschrift des FDGB, »Die Arbeit«, vgl. SBZ-Handbuch (wie Anm. 3), S. 999.

76 Der Eisenbahner. Mitteilungsblatt für die Funktionäre der Industriegewerkschaft Eisenbahn im FDGB, Sowjetisch besetzte Zone Deutschlands, 3 (1948), S. 16. Zum hohen Stellenwert dieser Erklärung für die weitere Diskussion in der SBZ vgl. Johannes Dieckmann, Die gegenwärtigen Länderverfassungen in Deutschland vergleichend betrachtet, Berlin 1948, S. 20f.

77 Wörtliche Berichte und Drucksachen des Wirtschaftrates des Vereinigten Wirtschaftsgebietes 1947—1949. Hrsg. vom Institut für Zeitgeschichte und dem Deutschen Bundestag, Wissenschaftliche Dienste, München, Wien 1977, Bd 4, Ds. 492. Wichtige Aspekte der nachfolgend skizzierten Vorgänge sind inzwischen untersucht worden; eine umfassende Darstellung auf der Grundlage der jetzt verfügbaren Quellen steht noch aus. Vgl. Udo Wengst, Beamtentum zwischen Reform und Tradition. Beamtengesetzgebung in der Gründungsphase der Bundesrepublik Deutschland 1948—1953, Düsseldorf 1988, S. 21—48; Wolfgang Benz, Versuche zur Reform des öffentlichen Dienstes in Deutschland 1945—1952. Deutsche Opposition gegen alliierte Initiativen, in: VfZ, 29 (1981), S. 216—245, hier, S. 225—238; Reusch, Berufsbeamtentum (wie Anm. 9), S. 28—35; Hermann-Josef Rupieper, Die Wurzeln der westdeutschen Nachkriegsdemokratie. Der amerikanische Beitrag 1945—1952, Opladen 1993, S. 170—183; Jörg Grotkopp, Beamtentum und Staatsformwechsel. Die Auswirkungen der Staatsformwechsel von 1918, 1933 und 1945 auf das Beamtenrecht und die personelle Zusammensetzung der deutschen Beamtenschaft, Frankfurt a. M. [usw.] 1992, S. 208—243; Dieter Johannes Blum, Das passive Wahlrecht der Angehörigen des öffentlichen Dienstes in Deutschland nach 1945 im Widerstreit britisch-amerikanischer und deutscher Vorstellungen und Interessen, Göppingen 1972, S. 275—311.

78 Meeting between the Military Governors and Bizonal German Officials, 15.9.1948 (Wortprotokoll), IfZ, OMGUS, 11/110—2/6.

79 So Friedrich Holzapfel (CDU), der Vorsitzende der Unionsfraktion im Wirtschaftsrat, und Erich Köhler (CDU), der Präsident des Wirtschaftsrates, vor führenden Politikern der CDU und der CSU am 8./9. Januar 1949: Die Unionsparteien (wie Anm. 40), S. 330, 338.

80 Fourth Joint Staff Conference of US and UK Military Governors, Verbatim Draft, 15.11.1948, IfZ, OMGUS, 11/110—2/10—17, S. 14f. Das Fol-

gende in Modifizierung der bisherigen Sichtweise, wonach die Amerikaner die treibende Kraft auf alliierter Seite darstellten.

[81] Die Mitglieder des Parlamentarischen Rates, die von den Landtagen bestimmt waren, setzten sich zu mehr als 60% aus Beamten zusammen. Dies wurde schon von Zeitgenossen heftig kritisiert, vgl. Konrad Mommsen, Bonn — ein Beamtenparlament. Kleine Analyse des Parlamentarischen Rates, in: Die Wandlung, 4 (1949), S. 250—254. Mommsen sah in »dieser Verfilzung von Exekutive und Legislative« den »wunde[n] Punkt der neuen deutschen Demokratie«.

[82] Fourth Joint Staff Conference (wie Anm. 80), S. 15f. Clay selbst hatte damals beschlossen, die amerikanischen Pläne zur Einschränkung der politischen Betätigung von Beamten fallenzulassen — gegen den Rat der zuständigen Militärregierungsabteilung. Vgl. IfZ, OMGUS, 3/156—3/13, 20.—26.9.1946; ebd., MA 1420/8, 20.—26.9.1946.

[83] General Clay's Briefing Meeting, 14.1.1949, Draft Verbatim Minutes, S. 20f., IfZ, OMGUS, 3/407—2/1—8; vgl. Sixth Joint Staff Conference of US and UK Military Governors, 14.1.1949, S. 2f., ebd.; 46th Meeting, Civil Service Group and Bizonal Personnel Director, 28.12.1948, S. 1, ebd., 17/8205—12.

[84] Zweimächtekontrollamt an die Präsidenten des Wirtschaftsrates und des Länderrates, 2.12.1948, in: Wörtliche Berichte (wie Anm. 77), Bd 4, Ds. 799. Vgl. Bipartite Press Release No. 453, 3.12.1948, IfZ, OMGUS, 3/153—3/13.

[85] Das Wortprotokoll dieser Beratungen, eine zentrale Quelle zur Beamtenpolitik der Unionsführung, ist in der Forschung bislang kaum beachtet worden; vgl. Die Unionsparteien (wie Anm. 40), S. 252—367. Das obige und die folgenden Zitate auf S. 332, 338f.

[86] Der Text in: Die Unionsparteien (wie Anm. 40), S. 368; das Schreiben an die Militärgouverneure in: Adenauer. Briefe 1947—1949. Bearbeitet von Hans Peter Mensing, Berlin 1984, S. 382.

[87] Vgl. Sixth Joint Staff Conference (wie Anm. 83), S. 2. Zur Zeitungsberichterstattung vgl. Benz, Versuche (wie Anm. 77), S. 230; Blum, Wahlrecht (wie Anm. 77), S. 294—296. Zu den Vorarbeiten am alliierten Entwurf vgl. BICO, Civil Service Group, an General Adcock, 14.12.1948; BICO, Civil Service Group, Subject: Personnel Law für Bizonal Public Servants, 5.1.1949; BICO, Civil Service Group, an Joint Chairmen, 24.1.1949, sämtlich: IfZ, OMGUS, 4/404—1/11.

[88] 44th Meeting of the Bipartite Board, Draft Verbatim Minutes, 15.2.1949, S. 2, IfZ, OMGUS, 3/407—2/1—8; vgl. Sixth Joint Staff Conference (wie Anm. 83), S. 4.

[89] Detailliert zur Entstehung des Wortlautes der späteren Artikel 33, 48 und 137 (1) vgl. Jahrbuch des öffentl. Rechts, N.F., 1 (1951), S. 305—324, 375—378, 892—896.

[90] Meeting of US and UK Military Governors with German Bizonal Officials, 15.2.1949, Draft Verbatim Minutes, S. 14, IfZ, OMGUS, 3/407—2/1—8. Einen Eindruck von der heftigen öffentlichen Debatte, die dieser Schritt auslöste, bieten die Beiträge zum Thema »Ende des deutschen Berufsbeamtentums?«, in: Die Wandlung, 4 (1949), S. 122—144.

[91] Der Text in: Foreign Relations of the United States, 1949, Bd 3, Washington, D.C. 1974 (FRUS), S. 217—220, hier: Nr. 8. Clay, Robertson und ihre politischen Berater hatten die Beamtenartikel schon während der vorangegangenen inneralliierten Beratungen kritisiert; vgl. ebd., S. 200f., 206.

[92] Vgl., auch zum Folgenden, Hans-Jürgen Grabbe, Die deutsch-alliierte Kontroverse um den Grundgesetzentwurf im Frühjahr 1949, in: VfZ, 26(1978), S. 393—418; Erich J. Hahn, U.S. Policy on a West German Constitution, 1947—1949, in: American Policy and the Reconstruction of West Germany, 1945—1955. Ed. by Jeffrey M. Diefendorf [u.a.], Washington, D.C., Cambridge 1993, S. 21—44; Adolf M. Birke, Großbritannien und der Parlamentarische Rat, in: VfZ, 42 (1994), S. 313—359.

[93] Vgl. General Hays' Briefing Meeting, 31.5.1949, Draft Verbatim Minutes, S. 33f.; 100th Meeting of the Chairmen of the Bipartite Control Office, 8.6.1949, S. 12—14, beides: IfZ, OMGUS, 4/407—2/1—8.

[94] Vgl. General Clay's Briefing Meeting, 13.4.1949, Draft Verbatim Minutes, S. 13, IfZ, OMGUS, 3/407—2/1—8; OMGUS, Civil Service & Administrative Courts Branch, an Landesmilitärregierungen, 23.5.1949, ebd., 3/153—3/13; A Short Chronological Report (wie Anm. 49), S. 4ff. Zur Entwicklung in Bremen: Glause, Reform (wie Anm. 50), S. 214—224.

[95] Vgl. Wolfgang Krieger, General Lucius D. Clay und die amerikanische Deutschlandpolitik 1945—1949, Stuttgart 1987, S. 428ff., insbes. 464f., 503. Für das Folgende: A Short Chronological Report (wie Anm. 49), S. 6—9.

[96] Vgl. Mr. John J. McCloy's Briefing Meeting, 31.8.1949, Draft Verbatim Minutes, S. 9f.; 58th Meeting of the Bipartite Board, 1.9.1949, S. 3—6, IfZ, OMGUS, 3/407—2/1—8. Zur Biographie und Politik McCloys allgemein: Thomas Alan Schwartz, America's Germany. John J. McCloy and the Federal Republic of Germany, Cambridge, Mass., London 1991.

[97] Vgl. zu dieser Phase des Konflikts Wengst, Beamtentum (wie Anm. 77), S. 108—141, 253—301; Rupieper, Wurzeln (wie Anm. 77), S. 183—199; Reusch, Berufsbeamtentum (wie Anm. 9), S. 20—27; Benz, Versuche (wie Anm. 77), S. 239—245.

[98] Diese und die folgenden Zitate nach: 24th Meeting of the Council of the Allied High Commission, Verbatim, 13.4.1950, S. 12—24, PRO, FO 1005/1103. Eine Mikrofilmkopie der Wortprotokolle der Beratungen der Hohen Kommissare befindet sich in: ACDP. In der bisherigen Forschung ist eine Auswertung dieser aussagekräftigen Quellenreihe nicht erfolgt.

[99] 50th Meeting of the Council of the Allied High Commission, 21.12.1950, S. IVf., PRO, FO 1005/1104 (»he's merely pushing this thing off until we're in a position where we've no longer any power and they'll go back to their tricks«).

[100] Zu dieser Situation aus McCloys Sicht vgl. Verbatim Report of Council Meeting [der Alliierten Hohen Kommission], 6.7.1951, S. 1—12, PRO, FO 1005/1105. Nach Gesprächen in Washington mit Vertretern des Kongresses und des Generalstabes, die er in Krisenstimmung fand, habe McCloy in einer Unterredung mit dem Bundeskanzler betont: »the whole defense of the west« hänge von prompten Schritten der deutschen Seite ab.

[101] Reusch, Berufsbeamtentum (wie Anm. 9), S. 20.
[102] Wengst, Beamtentum (wie Anm. 77), S. 253; Reusch, Berufsbeamtentum (wie Anm. 9), S. 14. In diesem Sinne auch Rupieper, Wurzeln (wie Anm. 77), S. 199.
[103] Die neuen Aufgaben der demokratischen Verwaltung, Berlin 1948, S. 3. Angesichts des damaligen Verbreitungsgrades überrascht es, daß die Forschung zur Beamtenfrage die Bedeutung dieser Schrift ebenso wie der SED-Konferenz bislang übersehen hat (zur einschlägigen Literatur siehe Anm. 3).
[104] Wolfgang Zank, Wirtschaftliche Zentralverwaltungen und Deutsche Wirtschaftskommission, in: SBZ-Handbuch (wie Anm. 3), S. 253–290 (Zitate: 267, 269); vgl. Hermann Weber, Geschichte der DDR, München ³1989, S. 158–183; Wilfried Loth, Stalins ungeliebtes Kind. Warum Moskau die DDR nicht wollte, Berlin 1994, S. 115–160; Schneider, Innere Verwaltung (wie Anm. 3); Günther Glaser, Errichtung des Machtmonopols der SED auf sicherheits- und militärpolitischem Gebiet (April bis Oktober 1948), in: Beiträge zur Geschichte der Arbeiterbewegung, 33 (1991), S. 336–348; Volksarmee schaffen – ohne Geschrei! Studien zu den Anfängen einer »verdeckten Aufrüstung« in der SBZ/DDR 1947–1952. Im Auftrag des Militärgeschichtlichen Forschungsamtes hrsg. von Bruno Thoß, München 1994.
[105] Aufgaben (wie Anm. 103), S. 8, 10f., 13, 17, 21, 29. Die folgenden Zitate auf S. 61, 95f.
[106] Ebd., S. 62, 96. Die folgenden Zitate auf S. 33f., 38f., 67, 96f.
[107] Vgl. Regierungsblatt für das Land Thüringen I, 1948, S. 102; AVTL (wie Anm. 64), Bd I.3, S. 1260–1264, 1338–1341 (Zitate: 1260f., 1338).
[108] VO zur Senkung der Personalkosten, 24.11.1948: Zentralverordnungsblatt 1948, S. 545f. Vgl., auch für das Folgende, Otto Kirchhoff, Unser Tarifvertrag, in: Die Gewerkschaft, 3 (1949), S. 22–26; Gustav Schaum, Tarifvertragsrecht für alle Arbeiter und Angestellten im öffentlichen Dienst, in: AuS (wie Anm. 6), S. 49–58 (unter Abdruck des Vertrages); Über den neuen Tarifvertrag, in: Demokratischer Aufbau, 4 (1949), S. 86f.
[109] Karl Oltersdorf, Zur Arbeit der Betriebsgewerkschaftsleitungen in der öffentlichen Verwaltung, ebd., S. 85f. (Zitate: S. 86); Schaum, Tarifvertragsrecht (wie Anm. 108), S. 49, 52.
[110] Götz Berger, Der Verfassungsentwurf des Deutschen Volksrates, in: Demokratischer Aufbau, 3 (1948), S. 268f., hier S. 269. Allgemein: Manfred Koch, Volkskongreßbewegung und Volksrat, in: SBZ-Handbuch (wie Anm. 3), S. 349–357; Gerhard Braas, Verfassungsgebung auf Landes- und zonaler Ebene, ebd., S. 358–377.
[111] Deutscher Volksrat, Verfassungs-Unterausschuß, Sitzungsbericht, 24.2.1949, S. 13; Verfassungsausschuß, 14. Sitzung, 2.3.1949, Unkorrigierte Niederschrift, S. 21f., beides: BAK, NL 185 (Karl Schultes), Bd 34 (z.Z. aufbewahrt in IfZ als ED 188). Vgl. Detlev A. Travers, Entwicklung und ideologische Hintergründe der Verfassungsarbeiten in der sowjetischen Besatzungszone Deutschlands bis zur Gründung der »Deutschen Demokratischen Republik«, Diss. jur. Wiesbaden, Freiburg i.Br. 1962, S. 66–70 (die Aus-

führungen dort sind allerdings nicht immer zuverlässig; selbst wörtliche Zitate aus den Quellen werden fehlerhaft wiedergegeben).

[112] Vgl. Günter Grundmann, Die Rechtsstellung der Angestellten des öffentlichen Dienstes in der Deutschen Demokratischen Republik. Diss. jur. Leipzig 1952, S. 52—57. Die Dienstordnung in: Ministerialblatt der DDR, 1950, S. 3—15.

[113] AuS, 4 (1949), S. 521; Der Eisenbahner (wie Anm. 76), 3 (1949), S. 46. Vgl. ebd., 2 (1948), S. 10f., 20f.; 3 (1949), S. 43—45; AuS, 4 (1949), S. 232f.

[114] Ebd., S. 521 (Hervorhebungen im Original); Der Eisenbahner, 3 (1949), S. 17f. Kotzur war vor 1933 hauptamtlicher Funktionär des freigewerkschaftlichen Eisenbahnerverbandes, dann 2. Vors. des Allgemeinen Deutschen Beamtenbundes und 1919—1924 auch MdR; er führte den Vorsitz der IG Eisenbahn für die SBZ seit ihrer Konstituierung im Juni 1946. Chwalek war vor 1933 Funktionär der Revolutionären Gewerkschaftsopposition und MdR für die KPD, 1945—April 1946 Bezirksleiter der KPD Groß-Berlin und 1946—1949 Landesvorsitzender des FDGB Berlin. Die Auseinandersetzungen in der IG Eisenbahn fanden vor dem Hintergrund eines allgemeinen »Kampfes gegen den Opportunismus und Reformismus« im FDGB statt; er richtete sich nicht zuletzt gegen die Reste der Autonomie der Einzelgewerkschaften; vgl. Werner Müller, Freier Deutscher Gewerkschaftsbund, in: SBZ-Handbuch (wie Anm. 3), S. 626—664, hier, S. 643f.

[115] Der Eisenbahner, Ausg. Groß-Berlin, 2 (1948), S. 45; vgl. ebd., Ausg. SBZ, 3 (1949), S. 18, 45.

[116] Propagandistisch verbrämt hieß es: »Unsere Lokomotiven und Waggons [... sind] die Mittler für einen dauerhaften Frieden mit der Sowjetunion«: Der Eisenbahner, Ausg. Groß-Berlin, 4 (1950), S. 3. Generalmajor Kwaschnin, der Leiter der Transportabteilung der SMAD, und sein Stellvertreter, General Wojewudski, nahmen wiederholt an Konferenzen der Eisenbahnergewerkschaft teil und betonten die Notwendigkeit höherer Leistungen, vgl. Der Eisenbahner, Ausg. Groß-Berlin, 2 (1948), S. 21; 3 (1949), S. 6; Ausg. SBZ, 3 (1949), S. 45; AuS, 4 (1949), S. 232f.

[117] Vgl. Der Eisenbahner, Ausg. Groß-Berlin, 3 (1949), S. 46; AuS, 4 (1949), S. 521; 5 (1950), S. 154. Zur Zahl der Eisenbahner vgl. Der Eisenbahner, Ausg. SBZ, 3 (1949), S. 3. 1952 betrug die Zahl der Postbeschäftigten 115931, vgl. Statistisches Jahrbuch der DDR, 7 (1962), S. 173.

[118] 1952 verzeichnete man 7309659 Beschäftigte in der DDR, vgl. ebd., S. 171 (ohne Berücksichtigung der Lehrlinge, deren Zahl 543555 betrug). Nach Angaben des Statistischen Zentralamtes hatte es im Dezember 1945 5806284 Beschäftigte gegeben, im Jahre 1955 waren es 7766216. Vgl. Christoph Kleßmann, Die doppelte Staatsgründung. Deutsche Geschichte 1945—1955, 5., überarb. u. erw. Aufl., Göttingen 1991, S. 507.

Siegfried Mielke/Peter Rütters

Die Deutsche Arbeitsfront (DAF): Modell für den gewerkschaftlichen Wiederaufbau? Diskussion in der Emigration und in der Gründungsphase der Bundesrepublik Deutschland

Am 2. Mai 1933 zerschlugen die Nationalsozialisten die Freien Gewerkschaften, indem sie die Gewerkschaftshäuser besetzten, Gewerkschaftsfunktionäre und Sekretäre in ›Schutzhaft‹ nahmen und das Gewerkschaftsvermögen beschlagnahmten[1]. Gescheitert war der Versuch der ADGB-Gewerkschaften, sich den Pressionen des NS-Regimes, seit Februar 1933 in Form von Überfällen auf Gewerkschaftshäuser, Verschleppung und Mißhandlung von Gewerkschaftern[2], durch Konzessionen und Anpassung (u. a. durch Distanzierung von der SPD, Austritt aus dem Internationalen Gewerkschaftsbund, rhetorische und auch programmatische Anlehnungen an die NS-Vorstellungen) zu entziehen und die Organisation zu erhalten[3]. Ebensowenig gelang es den christlichen und hirsch-dunckerschen Gewerkschaftern, obgleich sie sich entschieden anpassungsbereiter gezeigt hatten, ihre organisatorische Selbständigkeit langfristig zu bewahren[4].

Die am 10. Mai 1933 pompös gegründete Deutsche Arbeitsfront (DAF)[5] wurde als organisatorischer Ersatz für die Gewerkschaften geschaffen, ohne jedoch deren Funktionen wahrnehmen zu können. Reduziert auf die Verwaltung, Kontrolle und ideologische Indoktrination der Mitglieder, auf berufliche Fortbildung sowie auf Ferien- und Unterhaltungsaufgaben (»Kraft durch Freude«) wurde die DAF 1933/35 zu einer Einheitsorganisation aus- und umgebaut, die Arbeitnehmer und Unternehmer erfaßte. Wesentliche Strukturelemente der DAF waren ein zentralistischer Aufbau mit territorial gegliederten Organisationseinheiten, organisatorisch unselbständige und eingegliederte Reichsbetriebsgemeinschaften (18 Branchenorganisationen), Zwangsmitgliedschaft und Zwangsbeiträge.

Die Frage, inwieweit die Deutsche Arbeitsfront Modellcharakter für die Neubildung der Gewerkschaften nach 1945 hatte, mag auf den ersten Blick überraschen und irritieren, da die emigrierten Gewerkschafter ebenso wie die meisten Gewerkschaftsgründer nach 1945 zu den Verfolgten und Inhaftierten des NS-Regimes gehörten. Zudem waren NSDAP-Mitglieder und DAF-Funktionäre, die gegebenenfalls die Kontinuität zur NS-Zeit hätten bilden können, aufgrund der Anordnungen der Besatzungsmächte von der Teilnahme an den Gewerkschaftsgründungen ausgeschlossen.

So gesehen, wird folgende Feststellung verwundern: »Obwohl die DAF die Perversion einer Gewerkschaft darstellte, ist doch ihr nachgemachtes, formales Organisationsmodell nicht ohne Eindruck auf die geblieben, die in Widerstand und Exil den Neuaufbau der Gewerkschaften planten[6].«

Der bemerkenswerte Modellcharakter der DAF für Reorganisationsplanungen und für verschiedene Gründungsansätze von Gewerkschaften nach 1945 mutet auf den ersten Blick befremdlich an, allein schon wegen der gegensätzlichen Funktionen von Gewerkschaften und DAF. War die DAF ein Surrogat für die am 2. Mai 1933 zerschlagenen freien Gewerkschaften, sollten die nach 1945 neugegründeten Gewerkschaften — nach den Vorstellungen gewerkschaftlicher Emigrantengruppen und einflußreicher Gewerkschaftsorganisatoren der ›Stunde Null‹ — eine wichtige, wenn nicht gar die zentrale Säule eines demokratisch-pluralistischen Staates, einer demokratischen Gesellschaft und einer demokratisierten Wirtschaft werden.

Der Modellcharakter wird verständlicher, wenn zwei Aspekte berücksichtigt werden: 1. Soweit das DAF-Modell »nicht ohne Eindruck« blieb, ging es um dessen Struktur als zentralisierte Einheitsorganisation mit integrierten, abhängigen Branchen-/Industriegruppen, die sämtliche Arbeitnehmer erfaßt. Eine Anlehnung oder gar Übernahme programmatischer Ansätze der DAF verbot bereits deren pseudogewerkschaftliche Funktion. 2. Das »DAF-Modell« stellt an sich kein organisatorisches Novum für die Gewerkschafter dar. Überlegungen zu einer Konzentration und Zentralisierung der Gewerkschaftsstrukturen begleiten die Gewerkschaftsentwicklung seit der Gründungsphase und wurden vor allem während der Weimarer Republik intensiv diskutiert[7]; Ansätze zu einer Überwindung von politischen und weltanschaulichen Richtungsgewerkschaften kennzeichnen die Beziehung zwischen freien, christlichen und hirsch-dunckerschen Gewerkschaften am Ende der Weimarer Republik (sogenannter Führerkreis)[8].

Hinzu kommt, daß die Gewerkschafter in der Emigration und in der Gründungsphase 1945/46 sich mit der Situation konfrontiert sahen, daß ihre Organisationen zerstört waren. Das führte zu Diskussionen und Planungen zum Neuaufbau und (eventuell) zur Neubestimmung der Funktion von Gewerkschaften, die von einem relativ großen Gestaltungsfreiraum ausgingen, den Traditionen und Beharrungsvermögen bestehender Gewerkschaften nicht unmittelbar blockierten oder hemmten. Die Rahmenbedingungen für die Diskussionen in der Emigration einerseits und in der Phase unmittelbar nach Beendigung des Krieges andererseits waren indes unterschiedlich. Diskussionen und Planungen in der Emigration waren losgelöst von unmittelbaren Entscheidungsanforderungen. Sie gingen zeitweise noch von einem erheblichen gewerkschaftlichen Widerstand in Deutschland aus, der einen relevanten Beitrag zur Überwindung des NS-Systems leisten würde, und sahen sich mit dem Problem konfrontiert, die DAF als intakte Organisation übernehmen oder ersetzen zu müssen, während Restriktionen durch eine militärische Besetzung weniger in Erwägung gezogen wurden. Hingegen zielten die Planungen und Gründungsaktivitäten 1945 unmittelbar auf den Aufbau von neuen Gewerkschaften, und dies unter den Bedingungen der Besatzungsherrschaft. Die DAF, die als NS-Organisation von den Militärregierungen verboten wurde, hatte 1945 aufgehört zu bestehen, so daß für den Neuaufbau der Gewerkschaften irgendeine Art der Übernahme gar nicht mehr zur Debatte stand, sondern sich auf die Rückgabe des ehemaligen Gewerkschaftsvermögens, mitunter auf die Nutzung von DAF-Büros und die Weiterführung des Lohnabzugs der DAF-Beiträge reduzierte.

Dennoch gab es bei verschiedenen Organisationsmodellen, die 1945/ 46 von Gewerkschaftern beschlossen oder angestrebt wurden, bemerkenswerte Annäherungen an den Organisationsaufbau der DAF. Inwieweit solche Ähnlichkeiten eher aus einem pragmatischen Herangehen an den Gewerkschaftsaufbau resultierten und vor allem auf die erheblichen Probleme reagierten, mit denen die Gründungen von Gewerkschaften konfrontiert waren — lokale und regionale Begrenzungen für den Aufbau, Kommunikationsbeschränkungen, Mangel an erfahrenen Gewerkschaftern, geringe Ressourcen, die Übernahme von Ordnungsfunktionen durch den Zusammenbruch der Gesellschaft —, oder ob sich mit ihnen programmatische Ziele für die Funktion und den Einfluß der Gewerkschaften in einer reorganisierten Gesellschaft verbanden, soll im folgenden untersucht werden.

In der Diskussion über die Organisationsfrage standen insbesondere folgende Probleme im Vordergrund:
— Gewerkschaftsaufbau ›von oben‹ oder ›von unten‹;
— richtungsübergreifende Einheitsgewerkschaft oder Pluralismus der Organisationen;
— zentralistische Einheitsgewerkschaft mit untergeordneten Industriegruppen oder Einheitsgewerkschaftsbund mit autonomen Industrieverbänden;
— Industrieverbände oder Berufsgewerkschaften;
— Industriegewerkschaftsprinzip oder getrennte Arbeiter- und Angestelltenverbände.

Diese Optionen weisen, pointiert ausgedrückt, entweder eine — unterschiedlich ausgeprägte — Nähe zur Organisationsstruktur der DAF auf, wenn beispielsweise der Gewerkschaftsaufbau von oben und eine zentralistische Einheitsorganisation angestrebt wurden, oder sie sind durch Distanz zum DAF-Modell gekennzeichnet, wenn Gründungsinitiativen von unten Geltung zugewiesen wurde und ein föderal strukturierter Gewerkschaftsbund Ziel des Aufbaus sein sollte.

Einleitend sei nochmals betont, daß solche Nähe oder Distanz zur DAF auf Organisationsstrukturen bezogen sind — nicht auf die politisch-ideologische Position und Funktion der DAF — und daß der Modellcharakter des Organisationsaufbaus der DAF Lösungen für Probleme anzubieten schien, die in den Gewerkschaften in den 20er und frühen 30er Jahren breit debattiert wurden, ohne jedoch — angesichts des Beharrungsvermögens der bestehenden Organisationen — eine realistische Chance der Umsetzung zu finden.

Diskussionen und Positionen gewerkschaftlicher Emigrantengruppen

In der Diskussion der gewerkschaftlichen Emigrantengruppen findet sich sowohl die Position, die einen demokratischen Aufbau der Gewerkschaften von unten anstrebte, als auch die Position, die für eine Übergangsphase einen zentralistischen Gewerkschaftsaufbau von oben als erforderlich ansah.

Charakteristisch für die erste Gruppe waren die German Labor Delegation und das Council for a Democratic Germany in den USA, ferner bis 1944 die Gewerkschaftsgruppen in der Schweiz und in Frankreich. Typisch für die von diesen Gruppen vertretene Position war, daß sie den Betrieb in den Mittelpunkt eines Gewerkschaftsaufbaus von unten stellten und dadurch »gleichzeitig einen Weg zur Demokratisierung des Landes auf der Basis einer Massenbewegung sehen«[9]. Darüber hinaus forderte das Council, »ein größeres Eigenleben der lokalen Organisationen [zu] sichern, wie es bereits in den englischen und amerikanischen Trade Unions besteht«, während die früheren deutschen Gewerkschaften wegen ihrer ›Überzentralisierung‹ kritisiert wurden[10]. Insofern ist es konsequent, wenn sie den »Vorschlag, die Errichtung von Gewerkschaften technisch zu erleichtern, indem man einfach die Deutsche Arbeitsfront als Organisationsgerippe übernimmt und die von Nazis besetzten Ämtern mit zuverlässigen Vertrauensleuten bestellt«, als »unmöglich« zurückwiesen[11]. Dennoch sollte nach Auflösung der DAF das »ihr gehörige mobile und immobile Vermögen der neuen Gewerkschaftsbewegung« zugeführt werden[12].

Wie alle anderen Gruppierungen traten die Vertreter des Councils auch für eine Überwindung der Richtungsgewerkschaften ein. Begründet wurde diese Forderung damit, daß »schon in den letzten Jahren vor Hitler [...] in weiten Kreisen die Spaltung der deutschen Arbeiterschaft als historisch überholt angesehen« wurde, und weil »aus allen Berichten aus Deutschland erwiesen [sei], daß die Arbeiter *in* Deutschland künftig nur noch *eine* Gewerkschaft wünschen«[13].

Beide Elemente, der Aufbau der Gewerkschaften von unten und die Überwindung der früheren Richtungsgewerkschaften, wurden als »ein Teil des Aufbaues einer neuen Wirtschaftsdemokratie« angesehen, die die »gleichberechtigte Mitwirkung der Arbeitnehmer in einer späteren Wirtschaftsorganisation und -verfassung« ermöglichen sollte[14].

Die gleiche Position vertrat auch die German Labor Delegation in den USA[15]. Ein wichtiger Grund für die fast identischen Aussagen dürfte darin zu sehen sein, daß Siegfried Aufhäuser, der bis 1943 Mitglied der German Labor Delegation und danach Vorsitzender der Gewerkschaftsgruppe des Councils war, in beiden Organisationen die programmatischen Aussagen zum Gewerkschaftsaufbau im nachfaschistischen Deutschland wesentlich mitformulierte. Darüber hinaus ist nicht zu verkennen, daß beide Positionen durch die Erfahrungen mit der Organisationsstruktur der amerikanischen Gewerkschaften beeinflußt wurden.

Soweit programmatische Aussagen von emigrierten deutschen Gewerkschaftern in der Schweiz vorliegen[16], decken sich diese weitgehend mit den Positionen des Councils und der German Labor Delegation: Gewerkschaftsaufbau von unten, kein Organisationszwang, Verfechtung des Prinzips demokratischer Selbstverwaltung, Verhinderung von Bürokratisierung. Um dies zu erreichen, sollten möglichst viele ehrenamtlich tätige Mitarbeiter in die Gewerkschaftsarbeit eingeschaltet werden. Die im September 1945 veröffentlichte Position der Union deutscher Sozialisten und Gewerkschafter in der Schweiz zum Aufbau der »Unabhängigen Gewerkschaft Deutschlands« hielt zwar am Aufbau von unten, an freiwilliger Mitgliedschaft und demokratischer Selbstverwaltung fest, schlug jedoch im Unterschied zur früheren Position den Aufbau einer zentralistischen Einheitsgewerkschaft mit abhängigen Industriegruppen und Finanzhoheit der Zentralorganisation vor[17]. Die Schaffung einer einheitlichen, zentralisierten Gewerkschaft wurde als Voraussetzung gesehen, um als »Trägerin« einer »organisch wachsenden Plan- und Bedarfswirtschaft« fungieren und »in Gemeinde und Staat den Umbau der Verwaltung ermöglichen und sicherstellen« zu können[18].

Die These von der Notwendigkeit einer zentralistischen Gewerkschaftsstruktur, um wirtschaftsdemokratische Vorstellungen durchsetzen zu können, vertrat auch die Deutsche Sprachgruppe in der Confédération Générale du Travail (CGT) in Frankreich, in der kommunistische Gewerkschafter dominierten[19]. Im Unterschied zu den oben genannten, entwickelte sie jedoch das Modell eines Gewerkschaftsaufbaus von oben und von unten. Zwar lehnte die Deutsche Sprachgruppe in der CGT einen Organisationszwang ab, betonte jedoch, daß es »die Aufgabe der Gewerkschaftler [sei], allen Werktätigen klarzumachen, daß es ihre gesellschaftliche Pflicht ist, sich mit ihren Arbeitskameraden zusammenzufinden, um ihre gemeinsamen Interessen zu vertreten und das deutsche Volk vor dem Untergang zu retten«[20].

Im Unterschied zu den bisher genannten Gruppen deutscher Gewerkschaftsemigranten wurde in der Londoner Vertretung der freien Arbeiter-, Angestellten und Beamtengewerkschaften (ADGB-AFA-ADB) und vorübergehend auch in ihrer Nachfolgeorganisation, der Landesgruppe Deutscher Gewerkschafter in Großbritannien, in den Jahren 1939 bis 1942 sowie in der Landesgruppe Deutscher Gewerkschafter in Schweden, hier allerdings bis 1944, die Möglichkeit diskutiert, die DAF in reformierter Form für den Neuaufbau der Gewerkschaften zu übernehmen. So heißt es beispielsweise in einer programmatischen Stellungnahme der Londoner Vertretung im Januar 1940: »Das organisatorische Gerippe der Deutschen Arbeitsfront ist als Ausgangspunkt für den Aufbau einer einheitlichen Organisation aller Gruppen von Arbeitnehmern zu verwerten[21].« Einer der führenden Vertreter der Landesgruppe, Willi Derkow, sah in der DAF »die rohe Form« einer Einheitsgewerkschaft und empfand es als »töricht, sie aus rein gefühlsmäßigen Erwägungen heraus völlig zu zerschlagen. Unsere Aufgabe muß es vielmehr sein, sie zu polieren und ihr den rechten Inhalt zu geben[22].«

Als Vorteile der Übernahme einer reformierten DAF wurden die Überwindung der Richtungsgewerkschaften, eine Zusammenfassung der zahlreichen gewerkschaftlichen Organisationen[23], insbesondere im Angestelltenbereich, die Zwangsmitgliedschaft sowie die Nutzung des umfangreichen DAF-Vermögens für den Gewerkschaftsaufbau angesehen. Als wichtiger Effekt einer Übernahme galt die größere ›Schlagkraft‹ der zu schaffenden Einheitsgewerkschaft.

Die Gegner dieses Konzepts, die eher zu den Jüngeren gehörten und überwiegend aus den sozialistischen Splittergruppen wie Sozialistische Arbeiterpartei (SAP), Internationaler Sozialistischer Kampf-Bund (ISK) und Neu-beginnen kamen, traten ebenfalls für die Schaffung einer Einheitsgewerkschaft ein und begründeten dies mit der Zusammenarbeit von Gewerkschaftern in der Illegalität und mit dem Willen der Mitglieder[24], bestritten jedoch die vermeintlichen Vorteile der Übernahme einer reformierten DAF. Weckel und Walter vertraten die These, daß zwangsorganisierte Mitglieder ›keine Kämpfer‹ seien, folglich eine Erhöhung der Kampfkraft nicht zu erwarten sei, Kressmann hob die Gefahr einer Verbürokratisierung von Zwangsorganisationen hervor, während Erwin Schoettle Bedenken gegen eine kampflose Einheit von oben anmeldete[25]. Grundsätzlicher sprachen sich Salomon und H. von Waldheim gegen die Zwangsmitgliedschaft aus, indem sie aus demokratietheoretischen Erwägungen für »freie Gewerkschaften durch freien Entschluß zur Mitgliedschaft« plädierten[26].

»Zwischen den Anhängern einer Zwangsmitgliedschaft zur Gewerkschaft einerseits und den Verfechtern der absoluten Organisationsfreiheit andererseits« stand nach Darstellung von Hans Gottfurcht, dem Vorsitzenden der Landesgruppe Deutscher Gewerkschafter in Großbritannien, »eine starke Gruppe, welche die Gewährung gewisser sozialpolitischer und auch anderer Rechte von der Organisationszugehörigkeit abhängig machen« wollte[27]. Diese Position vertrat Gottfurcht noch im Oktober 1941, während das Konzept der Übernahme einer reformierten DAF zu diesem Zeitpunkt in Großbritannien nicht mehr ernsthaft in Erwägung gezogen wurde. Wie einem Schreiben von Hans Gottfurcht an Fritz Tarnow vom 22. Oktober 1941 zu entnehmen ist, war dies in erster Linie Resultat des Drucks von Trades Union Congress (TUC) und Labour Party[28].

Die Mehrheitsposition der Landesgruppe in den folgenden Jahren charakterisiert W. Heidorn (d.i. Werner Hansen, später Landesvorsitzender des DGB in Nordrhein-Westfalen) in einem Brief an Hans Gottfurcht vom 5. April 1943: »Die Landesgruppe lehnt jede Art von Zwangsgewerkschaft ab und tritt darum auch für die vollständige Liquidierung der Deutschen Arbeitsfront ein. Diese Organisation kann weder in ihrer Organisationsform noch in ihren Methoden als Grundlage für den gewerkschaftlichen Neuaufbau dienen. Dieser Neuaufbau muß von unten unter der lebendigen und freiwilligen Mitarbeit der Arbeiterschaft erfolgen. Es wird eine der wesentlichen Aufgaben einer neuen deutschen Gewerkschaftsbewegung sein, organisatorische und sonstige Sicherungen dafür zu schaffen, daß diese lebendige Mitarbeit ihrer Mitglieder nicht wieder von einem bürokratischen Apparat erstickt wird. Von der aktiven Teilnahme der Mitglieder am Leben und an den Aufgaben der Organisation wird es vor allem abhängen, ob die Gewerkschaftsbewegung zu einem wichtigen Faktor in einem neuen, freien und fortschrittlichen Deutschland [werden] wird[29].«

Im Unterschied zur Diskussion in Großbritannien, wo die Möglichkeit einer Umwandlung bzw. Übernahme der DAF Ende 1941 definitiv abgewiesen wurde, beschäftigte sich die Landesgruppe Deutscher Gewerkschafter in Schweden mit dieser Frage bis 1944. Für eine Umwandlung der DAF trat in Schweden nicht nur Fritz Tarnow ein[30], sondern dafür sprachen sich auch zahlreiche ehemals führende Gewerkschaftsfunktionäre wie Carl Polenske, Walter Kwasnik, Martin Krebs, Fritz Fricke, Otto Elchner aus.

Ausgangspunkt für die DAF-Diskussion war bis 1943 die Annahme, daß das NS-System durch ein eher autoritäres Regime ersetzt werden würde. Da nach der Auffassung von Tarnow die Ablösung der NS-Diktatur »für den Staat im Beginn ein autoritäres Regime erforderlich« machte, konnte »auch die neue Gewerkschaftsbewegung nicht sofort mit der inneren Demokratie beginnen«[31]. Wenngleich er stets darauf hinwies, daß das Ziel einer DAF-Übernahme die Umwandlung in eine demokratische Gewerkschaftsbewegung sein sollte, sind seine Überlegungen vor allem davon geleitet, wie in der Übergangsphase eine Machtsicherung zugunsten der Gewerkschaften erreicht werden könnte.

Eine Übernahme der DAF schloß selbstverständlich ein, diese von den DAF-Funktionären zu säubern sowie Arbeitgeber und leitende Angestellte von einer Mitgliedschaft auszuschließen. Zwar sollten die Reichsbetriebsgemeinschaften in Gewerkschaften umgewandelt werden, die Aufgliederung der DAF jedoch im wesentlichen übernommen werden, da, wie es Martin Krebs, der Vorsitzende der Landesgruppe Deutscher Gewerkschafter in Schweden, in einem Schreiben an den Generalsekretär des IGB, Walter Schevenels, vom 10. Juni 1942 betonte, »die DAF eigentlich nach den früheren ADGB-Plänen die Einteilung vorgenommen« hätte. »Wenn wir nun zu Gewerkschaften zurückverwandeln, kann man die Einteilung so lassen, da bereits nach einem Jahr ein Gewerkschaftskongreß endgültig entscheiden soll«[32]. Hinsichtlich der Funktion dieser neuen Gewerkschaften und des zu schaffenden ›Deutschen Gewerkschaftsbundes‹ knüpften die Vorstellungen im wesentlichen an die Weimarer Zeit an. Im Hinblick auf die Organisationsstrukturen sollte für eine Übergangszeit an einer Reihe autoritärer Maßnahmen festgehalten werden. Plädiert wurde z. B. für einen »indirekten Organisationszwang«, indem durch Verordnung bestimmt werden sollte, daß »niemand gegen Lohn oder Gehalt beschäftigt werden darf, der Nicht-Mitglied des DGB ist«[33]. Begründet wurde diese Maßnahme u. a. als ein »Akt ausgleichender Gerechtigkeit, wenn nun auch die wiedererstandenen Gewerkschaften Gelegenheit bekämen, sich [...] an die Gesamtheit der Arbeitnehmer zu wenden«. Wichtiger für diese Position war jedoch die Annahme, daß aufgrund der erwarteten hohen Arbeitslosigkeit und unzureichenden Versorgungslage die Gewerkschaften nur »geringe Möglichkeiten« hätten, »ihren Mitgliedern große Erfolge zu bieten«, und sie daher »bei sofortiger Wiedereinführung der unbeschränkten Koalitionsfreiheit [...] viel kleiner wieder anfangen müßte[n], als sie aufgehört« hätten. Die Erwartung eines Demokratiedefizits auch in weiten Teilen der Arbeiterschaft führte dazu, daß die Forderung nach obligatorischer Mitgliedschaft mit ›erziehungsdiktatorischen‹ Erwägungen verbunden wurden, wenn beispielsweise F. Tarnow feststellte: »Die Zusammenhaltung aller Arbeitnehmer in einer Einheitsorganisation zur besseren Aufrechterhaltung der Ordnung während der schicksalentscheidenden Übergangszeit und zu Schulungs- und Erziehungszwecken entspricht ebenso dem gewerkschaftlichen wie dem Staatsinteresse[34].«

Durch den angestrebten Organisationszwang wollte man zudem die Neugründung von Gewerkschaften durch extremistische Parteien (Nationalsozialisten und Kommunisten), das Wiederaufleben von Richtungsgewerkschaften und Differenzen um das Organisationsprinzip (Industrie- oder Berufsverband) verhindern.

Darüber hinaus sollte auch nach der Umwandlung der DAF deren »Führungsprinzip [...] vorläufig beibehalten werden«, da »die neuen Gewerkschaften [...] in der ersten Zeit weder ›frei‹ noch in sich demokratisch geordnet sein« könnten, denn sie müßten »die Voraussetzungen für die innere Demokratie erst wieder herstellen [...], bevor sie zur demokratischen Praxis übergehen« könnten. Daher wurde für eine »straffe, zentrale Direktion« in den neuen Gewerkschaften plädiert[35]. Geschaffen werden sollte nach diesen Vorstellungen ein »elfköpfiges Direktorium von zuverlässigen Gewerkschaftern«, das u. a. die Kompetenz haben sollte, für die Dauer eines Jahres die »Leitung der einzelnen Verbände« zu ernennen[36].

Dieser zentral geleitete Gewerkschaftsaufbau von oben wurde nicht zuletzt auch aus machtpolitischen Erwägungen angestrebt, um in der Übergangsphase, in der noch nicht mit der Existenz von Parteien gerechnet wurde, einen maßgebenden Einfluß auf den Wiederaufbau zu erlangen.

Unterstützung fand diese Position bis in die Reihen der KPD. Herbert Warnke lehnte zwar eine Umwandlung der DAF ab, trat jedoch dafür ein, diese »als Ausgangspunkt für den Aufbau der neuen deutschen Gewerkschaftsbewegung« zu nutzen[37]. Dies sei um so naheliegender, als die Keimzellen der neuen Gewerkschaften sich »infolge der Zwangsmitgliedschaft innerhalb der DAF« befänden. Eine sofortige Auflösung würde zudem der »Herausbildung einer einheitlichen Gewerkschaftsbewegung viel schaden« und in der Arbeiterschaft »starke Unzufriedenheit hervorrufen«[38]. Im Unterschied zu den Vorstellungen von Fritz Tarnow trat Herbert Warnke jedoch für eine Aufhebung der Zwangsmitgliedschaft und gegen eine Einsetzung gewerkschaftlicher Zentralleitungen ein, »gleichgültig, ob [...] vom Staat, von Besatzungsbehörden oder von sonst einer Seite« installiert[39].

Gegen die Position einer Umwandlung oder Nutzung des ›organisatorischen Gerippes‹ der DAF gab es von Anfang an auch in der Landesgruppe deutscher Gewerkschafter in Schweden Widerstand, der hauptsächlich von Vertretern der ›Opposition‹[40] getragen wurde. Bereits im Herbst 1942 formulierten August Enderle und Stefan Szende ihre Gegenposition in einer Denkschrift, in der sie sich »gegen die Umwandlungsversuche der DAF« aussprachen, für eine freiwillige Mitgliedschaft, für einen Aufbau aus den Betrieben heraus und für eine starke Stellung der Betriebsräte in den Gewerkschaften als Sicherung gegen eine Verbürokratisierung der Organisation eintraten, in der sie jedoch konzedierten, daß im Übergangsstadium »nicht alles nach streng demokratischen Regeln« verlaufen und »eventuell auch staatlich[er] (gesetzlicher) Zwang« nicht ausgeschlossen sein sollte, um die Gewerkschaftseinheit wahren zu können[41]. Auch diese Oppositionsvertreter waren bereit, die DAF-Aufgliederung zu übernehmen, mit der Begründung, daß dies keine Erfindung der DAF sei, sondern daß diese nur »die Pläne und Forderungen der Verfechter des Prinzips der Industrieorganisationen übernommen« hätte[42].

Ein Kompromißpapier einer Arbeitsgruppe der Stockholmer Mitglieder der Landesgruppe konnte die Gegensätze zwischen den beiden skizzierten Positionen nicht lange überdecken, obwohl an diesem Arbeitskreis Mitglieder aller Gruppen und Strömungen der Landesgruppe beteiligt waren. Dies lag sicherlich auch an der Widersprüchlichkeit der Ausarbeitung, in der einerseits von der Auflösung der DAF gesprochen wurde, in der andererseits vom neuen demokratischen Staat eine Anordnung zur »sofortige[n] Überführung der in der DAF organisierten Arbeitnehmer in den neu zu schaffenden Gewerkschaftsbund« erwartet wurde[43]. Dazu trug zweifellos auch das im Rundbrief der Landesgruppe Schweden veröffentlichte Ergebnis der Organisationsdebatte der Landesgruppe deutscher Gewerkschafter in Großbritannien bei[44], das die Position der Opposition in der Landesgruppe in Schweden stärkte. Vorschläge von Ernst Galanty (KPO) und Gerhard Scholz (SAP) für eine vollständige Zerschlagung der DAF, für einen demokratischen Aufbau der Gewerkschaften von unten, für freiwillige Mitgliedschaft innerhalb der Gewerkschaften wurden in erster Linie demokratietheoretisch begründet, wenn Galanty u. a. formulierte: »Die Frage der Zugehörigkeit zur neuen Gewerkschaftsbewegung zu einer administrativen Angelegenheit zu machen, zu einem einfach Akt der Überführung aus einer faschistischen Zwangsorganisation in eine angeblich demokratische Organisation, heißt die Demokratie zur Phrase zu machen«. Das Wesentliche sei nicht die Organisation, sondern der freiheitlich-demokratische Charakter der neu zu schaffenden Gewerkschaften[45].

Während Galanty jedoch jeden Aufbau von oben ablehnte und für einen demokratischen Aufbau, ausgehend von der lokalen Ebene, eintrat, konzedierte Scholz neben einem Aufbau von unten auch die Bildung einer provisorischen Leitung, die im Unterschied zur Position von Fritz Tarnow aus gewählten Funktionären der neugebildeten örtlichen Gewerkschaften zusammengesetzt sein sollte[46]. Diese Position wurde im wesentlichen von der ersten Landeskonferenz der Landesgruppe deutscher Gewerkschafter in Schweden im Februar 1944 übernommen[47]. Zu dieser Änderung hatte nicht nur der Einfluß der Landesgruppe deutscher Gewerkschafter in Großbritannien, die Stellungnahmen internationaler Gewerkschaftsorganisationen zu einer DAF-Übernahme, sondern wohl auch die Tatsache beigetragen, daß im Unterschied zu Herbert Warnke Karl Mewis als KPD-Vertreter in der Landesgruppe sich in dieser Frage für die Position der Opposition einsetzte[48].

Modellcharakter der DAF für den Wiederaufbau der Gewerkschaften 1945/1949

Im Gegensatz zu den Planungen der Emigration stellte sich für die Gewerkschafter, die 1945 im lokalen und regionalen Rahmen den Aufbau der Gewerkschaften begannen, die Frage nicht mehr, wie mit der DAF zu verfahren sei. Die Arbeitsfront war als eine tragende Organisation des NS-Systems bereits vom Oberkommando der Alliierten Streitkräfte (SHAEF) verboten worden. An ihre Stelle sollten unabhängige und demokratische Gewerkschaften entstehen[49]. Auch waren die Gewerkschafter der vermeintlichen ›Stunde Null‹ nicht damit konfrontiert, ein noch irgendwie handlungsfähiges Organisationsgebilde übernehmen zu müssen oder ›beerben‹ zu können. Soweit in den Aufzeichnungen und Protokollen aus dem Frühjahr/Sommer 1945 die DAF Erwähnung findet und es nicht darum ging, das von der DAF geraubte Gewerkschaftsvermögen wiederzuerhalten[50] oder DAF-Büros nutzen zu können, wurde sie durchgängig mit großer Ablehnung dargestellt und galt nur als negative Referenzorganisation für die aufzubauenden Gewerkschaften. So stellte beispielsweise Gustav Sander im Rundschreiben Nr. 1 der Duisburger Einheitsgewerkschaft Deutscher Arbeitnehmer fest, »die Bonzen der gewesenen Arbeitsfront ließen nur leere Kassen zurück«[51]. Dramatischer formulierte es Bernhard Junker auf der Gründungsversammlung des Gewerkschaftsbundes für den Bezirk Aschaffenburg, als er hervorhob, »rauchende Trümmer, leere Kassen und zerstörte Einrichtungen haben die Nazi- und DAF-Bonzen der Arbeiterschaft als Erbe hinterlassen[52].« Und ähnlich charakterisierte auch Fritz Fleck in den Richtlinien für die Gründung der Tuttlinger Gewerkschaften vom 14. August 1945 die Ausgangsposition: »Die von Hitler ausgehaltenen DAF-Führer [haben], nachdem sie 12 Jahre lang das deutsche Volk gebrandschatzt haben, nach völliger Vernichtung aller Organisations- und Verwaltungsunterlagen, Akten und Belege vor den einmarschierenden Truppen feige die Flucht ergriffen und die Arbeiterschaft schmählich im Stich gelassen[53].«

Die Ausgangssituation für den Neuaufbau der Gewerkschaften war 1945 durch eine tiefgreifende Fragmentierung der Gesellschaft bestimmt[54]. Hinzu kamen Restriktionen (Verbot oder Einschränkung von Versammlungen, Organisationsgründungen, von Reisen, des Briefverkehrs etc.) der Besatzungsmächte bzw. Militärregierungen, bei denen anfangs Sicherheitserwägungen im Vordergrund standen[55]. Nach einer Anweisung vom 31. Juli 1945 sah zum Beispiel die amerikanische Militärregierung ihre Aufgabe darin, »unter allen Umständen sicherzustellen, daß die Organisation der Arbeiter nicht dazu dient, um unter diesem Deckmantel Nazi- oder militaristische Tätigkeiten zu entfalten oder Feindseligkeiten gegen die Absichten und Maßnahmen der Besatzungstruppen vorzubereiten oder politische Tätigkeiten auszuüben«[56]. Die gleichen Bedenken lassen sich der »Bekanntmachung über die Wahl von Arbeitnehmervertretern« entnehmen, die wenige Tage nach der Potsdamer Konferenz veröffentlicht wurde und auf Betriebsebene die Wahl von Arbeitnehmervertretern auf die Dauer von drei Monaten in der gesamten amerikanischen Besatzungszone erlaubte und nach der Auffassung der amerikanischen Militärregierung »den ersten Schritt zur Wiederherstellung von freien und demokratischen Gewerkschaften« bilden sollte. Antragsteller und die zu wählenden Arbeitnehmer durften weder Mitglied der NSDAP noch Funktionäre der Deutschen Arbeitsfront noch »Nazi-Anhänger oder Militaristen« sein[57]. Während

Löhne und Fragen der Arbeitszeit nicht Gegenstand von Kollektivverhandlungen sein durften, d.h. Aufgaben und Funktionen der zu gründenden Gewerkschaften erheblich eingeschränkt wurden, erlaubte diese Anweisung den Arbeitnehmervertretern, mit den Arbeitgebern über die »Entfernung von Nazis und Militaristen aus der Betriebsleitung und aus den Kreisen der Arbeitnehmer« und über die »Wiedereinstellung von Opfern der Nazi-Verfolgung« zu verhandeln[58]. Diese Bedingungen galten auch für die Bildung und die Tätigkeit der zu gründenden Gewerkschaften in der amerikanischen Besatzungszone[59].

Neben dem Bemühen, faschistische Elemente vom Gewerkschaftsaufbau fernzuhalten, betonten die Anordnungen der Militärregierungen in erster Linie die Notwendigkeit eines demokratischen Aufbaus der Gewerkschaften von unten und einer demokratischen Willensbildung innerhalb der Gewerkschaften[60]. Der stufenweise, ständig kontrollierte Aufbau von der Betriebs- über die Orts- und Bezirks- bis zur Landesebene sollte diesem Ziel dienen. Zur Sicherung der innerverbandlichen Demokratie mußten die Gewerkschaften in ihren Statuten »eine demokratische Wahl für ihre Funktionäre in regelmäßigen Zeitabständen vornehmen«[61]. Das komplizierte Genehmigungsverfahren und die ständigen Eingriffe der Militärregierungen führten zwar zu einer erheblichen Verzögerung der Rekonstruktion der Gewerkschaften, sie sind jedoch aus demokratietheoretischer Sicht ein wichtiger Beitrag zur Verhinderung oder Hemmung von Gründungsmodellen, die in Anlehnung an die DAF Zwangsmitgliedschaft und Zwangsbeiträge sowie zentralistische Strukturen favorisierten[62].

Unter diesen, hier nur angedeuteten Bedingungen gab es im Frühjahr/Sommer 1945 Initiativen zur Gründung von Gewerkschaften auf zwei Ebenen: 1. Eine Vielzahl mehr oder weniger ›spontaner‹ Gewerkschaftsgründungen auf lokaler Ebene und aus den Betrieben heraus; sie gingen von Betriebsräten und ehemaligen Gewerkschaftern mit zumeist lokaler Bedeutung in der Weimarer Republik aus und verstanden sich in der Regel als (lokaler) Teil einer neuen Gewerkschaftsorganisation[63], sofern sie nicht sogar von regionalen Gründungsansätzen initiiert und auf diese bezogen waren[64]. 2. Bestrebungen zur Organisationsbildung auf regionaler Ebene; diese gingen von Gewerkschaftern wie Hans Böckler, Albin Karl, Franz Spliedt, Willi Richter, Markus Schleicher aus, die bereits in der Weimarer Republik einflußreiche Funktionen in den Gewerkschaften innehatten. Trotz erzwungener lokaler/

regionaler Beschränkung sahen sie ihre Gründungsinitiativen als Kern oder Modell für einen gesamtdeutschen Gewerkschaftsaufbau an.

Soweit es die Vielzahl *lokaler* Gewerkschaftsgründungen betrifft, machen diese zunächst deutlich, daß latent eine Opposition und Alternative zur DAF bestand, die von den Erfahrungen und Traditionsbeständen der Weimarer Republik geprägt war. Organisatorisch kennzeichnet die Mehrzahl der lokalen Gründungsansätze zwei Elemente:

1. Bis auf wenige Ausnahmen[65] entstanden sie als *richtungübergreifende* Einheitsgewerkschaften. Die Zusammensetzung der Gründungsausschüsse war dabei unterschiedlich; ihnen gehörten selten Vertreter aller vier Richtungen der Weimarer Zeit an. Wenngleich sozialdemokratische und christliche Gewerkschafter durchweg vertreten waren und häufig eine dominierende Position einnahmen, konnten in einigen Orten und Regionen[66] kommunistisch orientierte Gewerkschafter einen erheblichen Einfluß gewinnen. Motiviert war diese richtungübergreifende Organisationsbildung durch eine pragmatische Orientierung am Organisationsaufbau; stabilisiert wurde sie durch die zunächst begrenzten Aufgaben der Gewerkschaften, den zeitweiligen Bedeutungsverlust politisch-ideologischer Differenzen sowie unterschiedliche Traditionen, von denen aus die Bildung von Einheitsgewerkschaften angestrebt wurde.

2. Als Organisationsstruktur wurde anfangs überwiegend die Bildung einer *zentralistischen* Einheitsgewerkschaft, die intern nach nicht-autonomen Industrie- und Branchengruppen untergliedert sein sollte, angestrebt[67]. Zum Teil handelt es sich dabei um pragmatische Entscheidungen, da durch die lokale Begrenzung kaum die notwendigen Voraussetzungen für den Aufbau einer strukturdifferenzierten, berufs- oder industriebezogenen Organisierung vorhanden waren. Hinzu kamen der weitgehende Stillstand der Produktion, geringe Ressourcen und ein Mangel an erfahrenen Gewerkschaftern, was auf lokaler Ebene für eine Zentralisierung der Gewerkschaft sprach. Zum Teil wurde die Entscheidung zugunsten zentralistischer Einheitsgewerkschaften auch mit programmatischen Argumenten wie höhere Durchsetzungsfähigkeit bei Arbeitskämpfen und bei den Neuordnungsvorstellungen (Wirtschaftsdemokratie, Sozialisierung etc.) abgestützt. Ein enger Zusammenhang zwischen der Notwendigkeit einer zentralistischen Struktur und der Durchsetzung von Neuordnungsforderungen wurde jedoch auf der lokalen Ebene selten explizit hergestellt[68].

Regionale Initiativen

Für die Festlegung der Struktur der zukünftigen Gewerkschaft von weitreichenderer Bedeutung als die Vielzahl lokaler Gründungsinitiativen wurden die ›regionalen‹ Gewerkschaftsinitiativen. Sie verstanden sich meist nicht wie die lokalen Gründungen als Teil einer zukünftigen Gesamtorganisation, der sie sich eingliedern würden, sondern als maßgebender Kern einer neu aufzubauenden gesamtdeutschen Gewerkschaft.

Ohne Zweifel bestand bei all diesen Gewerkschaftern — Hans Böckler, Willi Richter, Albin Karl, Franz Spliedt, Markus Schleicher, um die wichtigsten zu nennen —, die wesentlich die regionalen Organisationsinitiativen beeinflußten, eine grundsätzliche Ablehnung der DAF und ihrer Funktionen im NS-Regime[69]. Dennoch scheint bei den Befürwortern einer zentralistischen Einheitsgewerkschaft eine strukturelle Anlehnung an das Organisationsmodell der DAF eine Rolle gespielt zu haben. Das betrifft den zentralistischen Organisationsaufbau, Überlegungen zur Zwangsmitgliedschaft und zu Zwangsbeiträgen, die Konzentration auf wenige (nicht-autonome) Industrie-/Branchengruppen, die Zentralisierung der Kassenführung und die umfangreichen Kompetenzen des Vorstandes gegenüber den Industrie- und Branchengruppen sowie gegenüber den untergeordneten territorialen Gliederungen.

Bezogen auf Intentionen und Haltung, die hinter der ›Idee des Zentralismus‹ standen, wird meist eine enge Verbindung zwischen der angestrebten Organisationsform und den Neuordnungsvorstellungen hergestellt und die These vertreten, diese Idee sei »weniger auf ein mangelndes Demokratieverständnis bei den deutschen Gewerkschaftern zurückzuführen. Vielmehr manifestiere sich darin der Wille, in einer zentral geplanten, gemeinwirtschaftlich funktionierenden Wirtschaftsordnung [...] eine starke, schlagkräftige Gewerkschaftsorganisation zur Verfügung zu haben«[70]. Diese These leuchtet auf den ersten Blick ein angesichts der breiten Neuordnungsdiskussion, die in der Emigration geführt wurde, und angesichts der Neuordnungsforderungen, die nach 1945 von den Gewerkschaften erhoben und vertreten wurden[71]. Eine gewisse Skepsis scheint jedoch angebracht. Denn zum einen wurde das Organisationsmodell ›zentralistische Einheitsgewerkschaft‹ in fast allen Regionen und Besatzungszonen angestrebt, während die anfangs einheitlich scheinenden Vorstellungen und Programme über die Neuordnung von Staat, Gesellschaft und Wirtschaft kaum mehr darstellten als formelhafte Forderungen, die unterhalb dieses Konsenses weiterbestehende divergierende politische Traditionen und Richtungen verdeckten[72]; zum anderen vertraten auch die Vertreter einer föderalen Einheitsgewerkschaft durchaus Neuordnungsforderungen und verbanden ihr Gewerkschaftsmodell mit dem Anspruch auf einen maßgebenden Einfluß auf die Gestaltung des Neuaufbaus[73].

Generell lassen sich bei den relevanten regionalen Gründungsinitiativen in der britischen und in der amerikanischen Zone zwei Ansätze finden. Für einen zentralistischen Organisationsaufbau traten in der Nord-Rheinprovinz Hans Böckler[74] und in Niedersachsen Albin Karl ein; in Württemberg(-Baden) stand Markus Schleicher für dieses Modell, in Bayern Gustav Schiefer und Lorenz Hagen. Für die Bildung eines föderalen Dachverbandes, basierend auf eigenständigen Industrie- oder Berufsgewerkschaften, sprachen sich Franz Spliedt in Hamburg/Schleswig-Holstein und Willi Richter in Hessen aus.

Gemeinsam war beiden Ansätzen, daß sie eine Überwindung der Richtungsgewerkschaften, wie sie vor 1933 bestanden, anstrebten. Ebenso hatten beide Modelle die Intention, die vor 1933 separat in Dachverbänden zusammengeschlossenen Verbände der Arbeiter, der Angestellten und der Beamten in einer einheitlichen Organisation zusammenzufassen. Allerdings unterschieden sich die einzelnen Organisationsmodelle — unabhängig davon, ob eine föderale oder eine zentralistische Einheitsgewerkschaft angestrebt wurde — dadurch, ob mit der Durchsetzung des Industrieverbandsprinzips (eine Gewerkschaft, ein Betrieb) auf eine eigenständige Erfassung der Angestellten verzichtet werden sollte[75]. Beide Organisationsmodelle sahen aber eine Konzentration der Vielzahl von Berufs- und Industrieverbänden, die noch die Gewerkschaftslandschaft der Weimarer Republik kennzeichnete, auf vergleichsweise wenige Industrieverbände bzw. Fach- oder Industriegruppen vor[76]. — Im Vergleich zur Weimarer Republik stellten daher die geplanten zentralistischen Einheitsorganisationen, aber auch die bis 1949 etablierten föderalen Einheitsgewerkschaften eine enorme Konzentration und Zentralisierung dar, die ohne die Situation des Neuaufbaus 1945 wohl kaum möglich gewesen wären.

Zu den Elementen, die vor allem die zentralistische Einheitsgewerkschaft strukturell in die Nähe der DAF stellten, gehörten neben dem

Verzicht auf autonome Industrie- oder Berufsgewerkschaften die angestrebte zentrale Kassenführung, mitunter eine Tendenz zur Zwangsmitgliedschaft und zu Zwangsbeiträgen (wobei das Lohnabzugsverfahren gelegentlich durchaus akzeptabel schien) sowie die Kompetenzverlagerung (bei Streiks, Personalfragen) und Aufgabenzuweisung zugunsten der Gewerkschaftsspitze bzw. der Organe oder Einrichtungen der Einheitsorganisation.

Um die Bedeutung dieser ›strukturellen Nähe‹ beurteilen zu können, soll im folgenden vor allem nach den Gründen und Begründungen, den Motiven und Zielen gefragt werden, mit denen das Modell der zentralistischen Einheitsgewerkschaft vertreten oder abgelehnt wurde.

Einen der exponiertesten Vorschläge für den Gewerkschaftsaufbau vertrat Adam Stegerwald, als er empfahl, den Gewerkschaften sollte, »ähnlich wie der Industrie- und Handelskammer, Handwerkskammer und Landwirtschaftskammer, der Charakter von Körperschaften des öffentlichen Rechts verliehen werden«[77], was u. a. Zwangsmitgliedschaft und Zwangsbeiträge einschloß. Das schien Stegerwald als probates Mittel, um zu verhindern, »daß die deutschen Gewerkschaften im Hinblick auf ihre Vergangenheit wieder zu Tummelplätzen politischer und weltanschaulicher Fragen« benutzt werden[78]. Entsprach die Vorstellung Stegerwalds, die parteipolitischen Differenzen von den Gewerkschaften fernzuhalten, der generellen Tendenz der Gründungsinitiativen nach richtungübergreifenden Einheitsorganisationen, so ging der Vorschlag für Zwangsmitgliedschaft darüber hinaus und in die Nähe des DAF-Modells.

Stegerwald stand mit diesen Vorstellungen nicht allein. Sie wurden z.B. von Markus Schleicher und anderen ehemaligen Gewerkschaftsfunktionären in Württemberg geteilt, von denen Fritz Eberhardt im Juni 1945 berichtete, sie wollten das ›Gute‹ der DAF übernehmen, »daß alle Arbeitnehmer zu zahlen haben. [...] Man will also Zwangsmitgliedschaft und Zwangsbeitrag, vom Arbeitgeber kassiert«[79], wie es bei der DAF gehalten wurde. Der Grund hierfür lag in pragmatischen Überlegungen. Mit diesem nicht unumstrittenen und zumindest für eine Übergangszeit angestrebten Verfahren sollte der Aufbau der Gewerkschaften finanziert werden, da befürchtet wurde, daß angesichts der wirtschaftlichen Lage es schwierig sein würde, Beiträge zu kassieren[80]. Darüber hinaus sollte mit Zwangsmitgliedschaft und Zwangsbeiträgen, die — nach dem Organisations- und Verwaltungsplan für den Neuaufbau des Württembergischen Gewerkschaftsbundes von Gottlob Sigmund vom Juni 1945 — »im Betrieb durch die Lohn- und Gehaltsabteilungen erfaßt und an die Kasse der Gewerkschaften überwiesen werden« sollten[81], das alte gewerkschaftliche Problem der ›Trittbrettfahrer‹ gelöst werden[82]. — Ähnliche, wenn auch nicht weiter begründete Vorstellungen vertraten auch Hans Böckler[83] in der Nord-Rheinprovinz und Gustav Schiefer[84] in Bayern.

Zwangsmitgliedschaft und Zwangsbeiträge hatten die pragmatische Funktion, sowohl die Ressourcen für die neu zu schaffenden Gewerkschaften sicherzustellen als auch zu verhindern, daß durch die Konkurrenz richtungsorientierter Gewerkschaftsgründungen die angestrebte Einheitsorganisation geschwächt oder gefährdet wurde. — Beide Elemente, die sich gegenüber den Militärregierungen nicht durchsetzen ließen, waren Bestandteil eines zentral gelenkten und koordinierten Organisationsaufbaus. Denn aus der Sicht der ›regionalen‹ Initiatoren ließ ein Aufbau ›von unten‹ nicht erwarten, zu einer einheitlichen und handlungsfähigen Gewerkschaft zu kommen. Entsprechend hob der Bericht der provisorischen Gewerkschaftsleitungen in Württemberg rückblickend 1946 hervor: »Es ist eine irrige Auffassung, Gewerkschaften könnten ohne Organisatoren von ›unten her‹ aus dem Nichts heraus entstehen und ohne organisatorische Pflege wachsen und gedeihen[85].« Nicht zuletzt mit dem Ziel, die verschiedenen lokalen Organisationsansätze schnell in eine handlungsfähige und kontrollierbare Organisation zu überführen sowie einen einheitlichen Gewerkschaftsaufbau zu initiieren, plädierte auch Böckler dafür, »daß der Bund nicht als Dachorganisation, sondern eben als die Einheits- und einzige Gewerkschaft, in straffer Zentralisation 17 Industrie- bzw. Berufsgruppen, jede in sich Arbeiter, Angestellte und Beamte vereinigend, umfassen sollte«[86]. Diese Intention unterscheidet sich nicht grundsätzlich von den Vorstellungen, die Albin Karl in Hannover zu der Forderung führten: »Die gesamte Gewerkschaftsbewegung muß in einer Organisation in *einheitlichem* [Hervorhebung A. Karl] Guß aufgebaut werden. Wir brauchen die ›Allgemeine Gewerkschaft‹[87].«

Von der Intention her, rasch zu einem einheitlichen Gewerkschaftsaufbau zu gelangen, der durch einen richtungübergreifenden Einheitsverband einerseits und Konzentration der Vielzahl von Branchengewerkschaften in wenige Industrieverbände andererseits handlungs- und einflußfähiger sein sollte als die Gewerkschaften der Weimarer Republik, bestand bei den Befürwortern eines föderalen Gewerkschaftsaufbaus wie Willi Richter und Franz Spliedt kein prinzipieller Unterschied zu Böckler, Karl, Schleicher und Schiefer[88].

Neben dem Bemühen, durch die Festlegung von Organisationsmodellen rasch eine einheitliche und kontrollierbare Organisation ›von oben‹ zu schaffen, verbanden sich mit den angestrebten Formen hochgradig konzentrierter oder zentralisierter Einheitsorganisationen sowohl spezifische Verarbeitungen der Gewerkschaftsentwicklung von vor 1933 als auch Vorstellungen über die zukünftige Funktion und die gesellschaftliche Position der Gewerkschaften.

In der Literatur, aber auch bei den lokalen Gewerkschaftsgründungen wird die Bildung von Einheitsgewerkschaften nach 1945 als Lernprozeß verstanden, der die politische und organisatorische Zersplitterung der Gewerkschaften in der Weimarer Republik als entscheidenden Grund für ihre Einflußschwäche gegen Ende der Weimarer Republik und ihre Handlungsunfähigkeit gegenüber der nationalsozialistischen Machtübernahme ansieht. Im Vergleich dazu spielt das politische Scheitern 1933 für die Begründung einer zentralistischen oder föderalen Einheitsorganisation für die ›regionalen‹ Organisatoren kaum ein Rolle[89].

Soweit in den programmatischen Äußerungen der führenden Organisatoren des Gewerkschaftsneuaufbaus überhaupt eine auf die Erfahrungen der Weimarer Republik und die Zerschlagung der Gewerkschaften 1933 rekurrierende Begründung für die Bildung einer zentralistischen oder föderalistischen Einheitsgewerkschaft erfolgte, wurde kaum auf Defizite Bezug genommen, die die Position der Gewerkschaften am Ende der Weimarer Republik und gegenüber dem aufkommenden Faschismus schwächten. Hingegen wurde für die Begründung der angestrebten Organisationsform, wie es z.B. Willi Richter in Hessen im Juni 1945 formulierte, auf »historische Entwicklungen der gewerkschaftlichen Organisationsformen« hingewiesen, die sich »im organischen Wachstum [...] stets den Verhältnissen angepaßt haben«. Entsprechend zeigte es sich, so Richter, bereits in der Weimarer Republik als Folge der wachsenden Bedeutung der Gewerkschaften im Staat und in der Gesellschaft »als immer notwendiger und zweckmäßiger, daß sich die Entwicklung der Gewerkschaften zu großen, leistungsfähigen Industrieorganisationen vollziehen mußte«[90]. In ähnlicher Weise sah auch Hans Böckler in seiner Denkschrift »Warum Einheitsgewerkschaften?«

vom 5. November 1945 die »Vereinheitlichung und Zusammenfassung als geschichtliche[n] Entwicklungsprozeß« der Gewerkschaftsbewegung. »Die Idee des Umbaus des ADGB zu einer Einheitsorganisation«, die bereits in den 20er Jahren diskutiert und nach Böcklers Auffassung »allgemein als notwendig erachtet« wurde, stieß jedoch »auf gruppenmäßig bedingte Widerstände« bei den einzelnen Verbänden[91]. Auch Albin Karl griff in der Begründung für die ›Allgemeine Gewerkschaft‹ auf die Organisationsentwicklung und Erfahrung in der Weimarer Republik zurück. Zwar war die Gewerkschaftsbewegung durch eine vielgestaltige Zersplitterung geprägt, die Zeit und Kraft u. a. durch Abgrenzungsstreitigkeiten und Richtungsdifferenzen forderte, zugleich zeigte sich aber auch »eine weitgehende Nivellierung im Verhalten zueinander«, was für Karl als wesentliche Erfahrung beim Neuaufbau der Gewerkschaften zu berücksichtigen war und (u. a.) die Form einer zentralistischen Einheitsorganisation begründete[92].

Gewichtiger als der Rückgriff auf die Erfahrungen vor 1933 waren für die ›regionalen‹ Organisatoren die Anforderungen der Gegenwart und die gesellschaftspolitischen Ziele, die mit der angestrebten Organisationsform verbunden wurden.

Als programmatische Forderungen für die zukünftige Gestaltung von Wirtschaft und Gesellschaft, auf die Gewerkschaften einen maßgebenden Einfluß haben sollten, was wiederum nur über eine Konzentration der Gewerkschaften in einer richtungübergreifenden Einheitsorganisation möglich schien, dürften die Vorstellungen von Willi Richter vom Mai 1945 bei den meisten Gewerkschaftern anfangs konsensfähig gewesen sein. Richter, der einen föderalen Aufbau der Einheitsgewerkschaft anstrebte, sah den Freien Deutschen Gewerkschaftsbund als »wesentlichste[n] Träger der sozialen und wirtschaftlichen Neugestaltung« und dessen »größte Aufgabe« darin, an der »Überführung des individuell-kapitalistischen in das sozialistisch-gemeinwirtschaftliche System« mitzuwirken[93]. Mit dieser abstrakt formulierten Zielsetzung unterscheidet sich Richter, trotz sozialistischer Rhetorik, nicht grundsätzlich von Vertretern zentralistischer Organisationsmodelle. Beispielsweise wollte Gustav Schiefer in Bayern, der einen zentralistischen Organisationsaufbau präferierte, in der Gewerkschaftsbewegung »Fundament und Träger einer wahrhaft demokratischen Wirtschaft und eines wirklich demokratischen Staatswesens« sehen[94]. Und auch Gottlob Sigmunds Organisationsplan für den Württembergischen Gewerkschaftsbund forderte für die Gewerkschaften u. a. einen »maßgebenden Einfluß auf die Gestaltung der Wirtschaftsverhältnisse in Staat und Gemeinde [...] wie auch auf die Umgestaltung der Wirtschafts- und Handelsbeziehungen« sowie eine »gleichberechtigte Mitwirkung beim Wiederaufbau der privaten und öffentlichen Wirtschaft«[95]. Kaum präziser waren auch Albin Karls Vorstellungen, der die wirtschaftspolitische Aufgabe der ›Allgemeinen Gewerkschaft‹ vor allem darin sah, »die Demokratisierung der deutschen Wirtschaft [...] durchzuführen und zu sichern«[96].

Aber auch Hans Böckler, der neben Albin Karl am entschiedensten für eine zentralistische Einheitsgewerkschaft eintrat, entwickelte kaum deutlichere programmatische Vorstellungen über Veränderungen von Wirtschaftsstrukturen und einen darauf bezogenen Organisationsaufbau der Gewerkschaften. In seiner Denkschrift »Warum Einheitsgewerkschaft?« vom November 1945 begründete er die Bildung einer zentralistischen Einheitsgewerkschaft mit dem Wandel der »Demokratien, die sich mehr und mehr zu sozialen Demokratien, mit weitgehenden Eingriffen des Staates in das Wirtschaftsleben entwickeln« und die »der Gewerkschaftsbewegung größere Aufgaben und Verantwortungen [übergeben], die nicht mehr mit alten gewerkschaftlichen Methoden und ohne eine straffe Organisation gelöst werden können«[97]. Die angestrebte »straffste Zusammenfassung aller Kräfte« sollte vor allem der »Einflußnahme auf alles wirtschaftliche Geschehen« dienen. Intendiert war eine »neue Form der Wirtschaft«, die »das System privatkapitalistischer Wirtschaft« ersetzte. Verbunden sein sollte damit auch eine Regelung der Arbeits- und Lohnbedingungen durch unmittelbare Einflußnahme auf die Wirtschaft, was Arbeitskämpfe und Streiks überflüssig machen würde[98]. Auch für Böckler war noch offen, welche konkrete Form ein Umbau der Wirtschaft annehmen würde. Und so operierte er zunächst einmal mit der Formel, daß die politische Demokratie wirtschaftliche Demokratie zur Voraussetzung habe. Die von Böckler angestrebte zentralistische Einheitsgewerkschaft, mit deren Hilfe die ökonomische Neuordnung durchgesetzt werden sollte, bei der der »allergrößte Einfluß der Arbeitnehmer auf die Wirtschaft« sicherzustellen war[99], verband er mit der Auffassung, daß die Gewerkschaften nicht mehr »den alten Klassengegner [...] gegenüber« hätten, und mit der Erwartung, daß sie eine maßgebende Kontrolle der ganzen Wirtschaft erreichen würden. Diese Funktion konnte nach Böcklers

Auffassung nur eine zentralistisch organisierte Gewerkschaft wahrnehmen. In dieser Wirtschaftsordnung würden zudem traditionelle Formen der Interessenvertretung und Tarifkonflikte obsolet werden[100].

Gegenüber den doch eher vagen und formelhaften Vorstellungen über einen grundsätzlichen Funktionswandel der Gewerkschaften in einer neuzuordnenden Wirtschaft und Gesellschaft waren die Gründe und Begründungen für eine Zentralisierung der Gewerkschaftsstrukturen vorrangig auf die Anforderungen und unmittelbaren Aufgaben abgestellt, denen die Gewerkschaften in der fragmentierten Nachkriegsgesellschaft gegenüberstanden.

Entsprechend ging auch Hans Böckler, als er in »Einige Erläuterungen zur Absicht der Wiedererrichtung einer Gewerkschaft« vom Juni 1945 für den Aufbau einer zentralistischen Einheitsgewerkschaft eintrat, vor allem von der gegebenen Situation aus, die ihm als von den Nationalsozialisten geschaffener »Trümmerhaufen« und als »Chaos« erschien, »aus dem herauszukommen nur mit übermenschlichsten Anstrengungen möglich sein wird«. Die »Zusammenfassung aller Kraft« und »absolute Hingabe aller Willigen« sei dazu vonnöten. Als »Hauptfaktor für den Wiederaufbau des Zerstörten« wurden die Arbeitnehmer angesehen, jedoch »nicht als direktionsloser Haufen«, sondern zusammengefaßt in einer »demokratische[n] Organisation«, der »altvertraute[n] Gewerkschaft, um [...] einen Leistungseffekt zu erzielen, der anders sich gewiß nicht erreichen läßt«[101]. In der vom falschen Pathos der NS-Zeit gelösteren Diktion Albin Karls ging es darum, daß »die Notwendigkeit und Dringlichkeit des Wiederaufbaues [...] die Mitwirkung der Gewerkschaften im gebietlichen Ausmaß der gesamten Wirtschaft« erfordere[102]. Damit meinte Karl nicht nur die Beteiligung der Gewerkschaften an der formelhaft formulierten Aufgabe, »die deutsche Wirtschaft [...] total in neue Form« zu bringen und »bei der Wirtschaftsführung und Lenkung maßgebend mit[zu]wirken«, sondern konkreter u. a. die notwendige Reform der Sozialversicherung[103]. In ähnlicher Weise führte auch Böckler die Notwendigkeit einer zentralistischen Gewerkschaft nicht nur auf die Funktion zurück, »gewerkschaftlich-demokratische Einflüsse in genügender Stärke wirksam werden zu lassen bei dem Wiederaufbau der deutschen Wirtschaft«, sondern auch auf die »Wahrnehmung der gemeinsamen Belange der Arbeitnehmer in der Sozialversicherung«[104]. Mit diesen Aufgabenbestimmungen unterscheiden sich Böckler und Karl nicht grundsätzlich von den Vorstellungen, die Willi Richter für den föderalen F(D)GB in Hessen entwickelt hatte[105].

Neben der nach außen gerichteten einflußmächtigen und möglichst maßgebenden Interessenvertretung gegenüber Staat und Wirtschaft wurde der Aufbau föderaler und zentralistischer Einheitsgewerkschaften — und der dadurch ermöglichten effizienten Nutzung von Ressourcen — auch mit der nach 12 Jahren faschistischer Herrschaft notwendigen Erziehungsfunktion der Gewerkschaften begründet. Als eine der wichtigsten Aufgaben der neuen Gewerkschaften sahen alle Organisatoren, daß »ganz besonderes Gewicht [...] der demokratischen Erziehung der Jugend beigemessen werden« mußte[106]. Aber auch bezogen auf die erwachsenen Gewerkschaftsmitglieder sollte es — nach der NS-Zeit — zu den wichtigen und notwendigen gewerkschaftlichen Aufgaben zählen, »die demokratische Schulung der Arbeiter, Angestellten und Beamten durchzuführen«[107]. Auch die Wahrnehmung dieser Aufgabe — die »geistige Umstellung der arbeitenden Masse entschieden in Angriff zu nehmen«, wie es Böckler formulierte — sahen Vertreter einer zentralistischen Einheitsgewerkschaft eher durch eine ›Allgemeine Gewerkschaft‹, denn durch eigenständige Industrieverbände sichergestellt[108].

Es entbehrte sicherlich nicht einer realistischen Einschätzung der (potentiellen) Gewerkschaftsmitglieder, wenn Marcus Schleicher im Dezember 1945 feststellte: »Es ist schon so, daß die 12 Jahre Nazizeit die demokratischen Grundsätze verwischt haben und daß die Arbeiterschaft in der wahren Demokratie noch nicht bewandert ist[109].« Neben einfluß- und machtpolitischen Zielen dürften derartige Einstellungen der führenden Gewerkschafter[110] mit dazu beigetragen haben, bereits in der Bildung von freien Gewerkschaften, die als ›demokratische Organisationen‹ per se galten, ein wesentliches Element zur Sicherung einer demokratischen Gesellschaft zu sehen, auch wenn »eine freie Entfaltung der Gewerkschaften auf demokratischer Grundlage [...] erst nach ihrer vollendeten Neubildung« als möglich angesehen wurde[111]. Von dieser Position her ist es nicht verwunderlich, wenn Argumentationen, die gegen einen zentralistischen Organisationsaufbau einwendeten, daß »in einer zu starken Konzentration die Gefahr des Erdrückens der Demokratie und des Willens der großen Masse« liege, wenig Beifall fanden[112]. Ebenso selten sind in dieser Zeit Stellungnahmen führender Gewerkschafter, die wie Hermann Henseler in Baden gegen Reorganisationspläne, die auf ›ein arbeitsfrontähnliches Monstrum‹ hinausgelaufen wären, den von der französischen Militärregierung durchgesetzten föderalen Gewerkschaftsaufbau von unten akzeptierten und befürworteten und die in einer möglichst weitgehenden Selbständigkeit der Ortsgewerkschaften nach einem Zusammenschluß zu einem landesweiten Gewerkschaftsbund ein wichtiges, Partizipation förderndes Potential sahen[113].

Die Debatten in der Emigration und unmittelbaren Nachkriegsphase lassen erkennen, daß die DAF als Organisationsgebilde hinsichtlich ihrer internen Aufgliederung und der Zwangsmitgliedschaft, hinsichtlich der Überwindung der Richtungsgewerkschaften und ihrer zentralistischen Struktur, hinsichtlich ihres Vermögens und der ihr angeschlossenen Betriebe insbesondere auf die älteren, bereits in der Weimarer Republik aktiven Funktionäre ›nicht ohne Eindruck‹ blieb.

In der Emigration war das zentrale Motiv für eine Übernahme oder Umwandlung der DAF das Bestreben, nach dem erwarteten Sturz des NS-Regimes eine mächtige, sofort präsente Einheitsorganisation der Gewerkschaften sicherzustellen und mit dieser Organisation von mehr als 20 Millionen Mitgliedern die Politik wesentlich in Richtung demokratischer Reformen zu beeinflussen. In der unmittelbaren Nachkriegsphase wurde zwar von den ›Organisatoren‹, die eine zentralistische Einheitsgewerkschaft anstrebten, dieses Konzept eng mit einer grundlegenden Neuordnung von Wirtschaft und Gesellschaft verbunden, die jedoch 1945/46 vergleichsweise vage und formelhaft blieb; nach dem Zusammenbruch ging es zunächst darum, das Organisations- und Machtvakuum durch einen schnellen Aufbau von oben auszufüllen, konkurrierende Organisationsansätze auszuschließen, die knappen Ressourcen zu bündeln, um dadurch den Einfluß der Gewerkschaften auf Wiederaufbau und Gestaltung der Nachkriegsgesellschaft sicherzustellen.

Einflußnahmen der Gewerkschaften der Gastländer und Stellungnahmen der internationalen Gewerkschaftsorganisationen trugen in der Zeit der Emigration ebenso wie Gegenpositionen insbesondere jüngerer Gewerkschafter, die politisch überwiegend aus den sozialistischen Splitterorganisationen kamen, dazu bei, daß Konzeptionen, die eine Übernahme oder Umwandlung der DAF als Ausgangspunkt für den Neuaufbau der Gewerkschaften nahmen, sich nicht durchsetzen konnten. In der Nachkriegsphase scheiterten Überlegungen, die eine zentralistische Einheitsgewerkschaft anstrebten und damit Elemente der Organisationsstruktur der DAF übernehmen wollten, vor allem an den

Anordnungen der Besatzungsmächte, die einen gewerkschaftlichen Aufbau von unten und eine föderale und demokratisch strukturierte Gewerkschaft verlangten, und an den wachsenden Bestrebungen innerhalb der deutschen Gewerkschaftsbewegung, die autonome Industrieverbände und einen föderalen Dachverband befürworteten.

Anmerkungen

[1] Vgl. u. a. Gerhard Beier, Das Lehrstück vom 1. und 2. Mai 1933, Frankfurt a. M. 1975.

[2] Vgl. z. B. Detlev Peukert und Frank Bajohr, Spuren des Widerstands. Die Bergarbeiterbewegung im Dritten Reich und im Exil, München 1987.

[3] Vgl. Gerhard Beier, Einheitsgewerkschaft. Zur Geschichte eines organisatorischen Prinzips der deutschen Arbeiterbewegung, in: ders., Geschichte und Gewerkschaft. Politisch-historische Beiträge zur Geschichte sozialer Bewegungen, Köln 1981, S. 315—356, hier S. 336—350; ferner Ulrich Borsdorf, Der Weg zur Einheitsgewerkschaft, in: Arbeiterbewegung an Rhein und Ruhr. Beiträge zur Geschichte der Arbeiterbewegung in Rheinland-Westfalen, hrsg. von Jürgen Reulecke, Wuppertal 1974, S. 385—413, hier S. 388 ff.

[4] Vgl. Michael Schneider, Die christlichen Gewerkschaften 1894—1933, Bonn 1982, S. 757 f.; vgl. ferner Dietmar Ross, Gewerkschaften und soziale Demokratie. Von der Richtungs- zur Einheitsgewerkschaft, von Weimar zur Nachkriegszeit. Untersuchungen zur gewerkschaftlichen Programmatik für den Aufbau einer demokratischen Gesellschaft, Diss. phil. Bonn 1975, S. 74 ff.

[5] Zur DAF vgl. Hans-Gerd Schumann, Nationalsozialismus und Gewerkschaftsbewegung, Hannover 1958; Dieter von Lölhöffel, Die Umwandlung der Gewerkschaften in eine nationalsozialistische Zwangsorganisation, in: Ingeborg Esenwein-Rothe, Die Wirtschaftsverbände von 1933 bis 1945, Berlin 1965, S. 145—184; Timothy W. Mason, Arbeiterklasse und Volksgemeinschaft. Dokumente und Materialien zur deutschen Arbeiterpolitik, 1936—1939, Opladen 1975.

[6] Grundlagen der Einheitsgewerkschaft. Historische Dokumente und Materialien, hrsg. von Ulrich Borsdorf [u. a.], Frankfurt a. M. 1977, S. 220.

[7] Vgl. z. B. ebd., S. 106 ff., 196 ff.; ferner Beier, Einheitsgewerkschaft (wie Anm. 3), passim; Quellen zur Geschichte der deutschen Gewerkschaftsbewegung im 20. Jahrhundert, hrsg. von Hermann Weber, Bd 3.1: Die Gewerkschaften von der Stabilisierung bis zur Weltwirtschaftskrise 1924—1930, bearb. von Horst-A. Kukuck und Dieter Schiffmann, Köln 1986, S. 52—72.

[8] Vgl. Beier, 1. und 2. Mai (wie Anm. 1); Borsdorf, Einheitsgewerkschaft (wie Anm. 3), S. 385—391.

[9] Denkschrift des Council for a Democratic Germany, »Wiederaufbau einer Gewerkschaftsbewegung in Deutschland«, S. 10, in: Institut für Zeitgeschichte (IfZ), Bestand ED 119/2.

10 Ebd., S. 13.
11 Ebd., S. 11.
12 Ebd.
13 Ebd., S. 13. Hervorhebungen im Original.
14 Ebd., S. 14.
15 Vgl. German Labor Delegation, Resolution zur Gewerkschaftsfrage, 3./4.7. 1943, in: IfZ, Sammlung Kurt Glaser, ED 202, Bd 1, Bl. 90f.
16 Vgl. »Grundsätze für den Aufbau der Freien deutschen Einheitsgewerkschaft« vom August 1944, in: August Enderle, Die Einheitsgewerkschaft, Bd 1, [Masch.], Düsseldorf 1959, S. 195—199; allgemein vgl. Ross, Gewerkschaften (wie Anm. 4), S. 138ff.; Jürgen Klein, Vereint sind sie alles? Untersuchung zur Entstehung von Einheitsgewerkschaften in Deutschland. Von der Weimarer Republik bis 1946/47, Hamburg 1972, S. 110f.
17 Neues Deutschland im neuen Europa, Nr. 6, September 1945 — »Vorwärts zur Gewerkschaftseinheit«.
18 Ebd.
19 Vgl. »Der Aufbau der Deutschen Einheitsgewerkschaft auf der Grundlage von Industrieverbänden«, in: Die Einheitsgewerkschaft, Nr. 7, Juli 1945 (Sondernummer), S. 1—10.
20 Ebd., S. 5.
21 Zit. nach Jutta Schneider, Die Landesgruppe deutscher Gewerkschafter im Exil in Großbritannien, Staatsexamensarbeit Berlin 1979, S. 88.
22 Die Arbeit (1941), H. 6, S. 9.
23 In einer Diskussion vom 29.2.1940 über den Vorschlag Tarnows, die DAF als Organisation in reformierter Form zu übernehmen, betont z.B. Schöttle, obwohl Gegner einer DAF-Übernahme, daß diese »mit den Splitterorganisationen aufgeräumt« habe, in: Archiv der Hans-Böckler-Stiftung (HBS), Nachlaß Hans Gottfurcht.
24 Die Arbeit (1941), H. 4, S. 7.
25 Vgl. »2. Versammlung der Representative im Transport House am 29.2. 1940«, in: HBS, Nachlaß Hans Gottfurcht.
26 Ebd.
27 Vgl. »2. Bericht« der Londoner Vertretung der freien Arbeiter-, Angestellten- und Beamtengewerkschaften vom 15.5.1940, S. 3, in: Internationaal Instituut voor Sociale Geschiedenis (IISG), Bestand IFTU, Nr. 257.
28 So schreibt Gottfurcht z.B.: »Einige vorsichtige Äußerungen, die ich hier zum Gewerkschaftsthema gemacht habe, etwa in der Richtung Einheitsgewerkschaft mit zwangsähnlichem Druck zum Organisiert-Sein haben mir im Transport House bei einigen englischen Genossen den Ruf des undemokratischen, typischen Deutschen eingebracht. Das Bekanntwerden Deines Entwurfs über Umwandlung der DAF in die neue Gewerkschaft würde einen Sturm auslösen. Wir brauchen für unsere Arbeit die aktive Hilfe der englischen Arbeiterbewegung [Letzter Satz im Original hervorgehoben]. Jede undemokratische Exposition verbarrikadiert diese Hilfe,« in: HBS, Nachlaß Hans Gottfurcht.
29 HBS, Nachlaß Werner Hansen, Box XXI.

30 Tarnow hatte bereits 1935 und 1939 die Position einer Umwandlung der DAF vertreten, vgl. Dieter Günther, Die Tätigkeit der Landesgruppe deutscher Gewerkschaften in Schweden 1938—1945, Diss. phil. masch. Marburg 1980, S. 191f.
31 Stockholmer Arbeitskreis deutscher Sozialdemokraten: Betrachtungen und Richtlinien zur Politik am Tage nach Hitler, Dezember 1941, Archiv der sozialen Demokratie (AdsD), Parteivorstand, Emigration/SOPADE 179.
32 IISG, Bestand IFTU, Nr. 263.
33 Fritz Tarnow, Die Wiederherstellung der Gewerkschaften, 14.9.1941, in: HBS, Nachlaß Hans Gottfurcht. In einem »Entwurf zu einer Verordnung — Gesetzes — über die Errichtung von Gewerkschaften« von C. Polenske, heißt es in Paragraph 3: »Die Zugehörigkeit zu den Gliederungen des Deutschen Gewerkschaftsbundes ist für alle Arbeitnehmer, incl. der Beamten und Lehrer, obligatorisch,« ebd.
34 Stockholmer Arbeitskreis deutscher Sozialdemokraten: Betrachtungen und Richtlinien zur Politik am Tage nach Hitler, Dezember 1941, AdsD, Parteivorstand, Emigration/SOPADE 179.
35 Ebd.
36 Ebd.
37 Landesgruppe Schweden, Rundbrief 11, Oktober 1943, S. 2f. — »Deutsche Arbeitsfront — Auflösung oder Umwandlung«.
38 Ebd.
39 Ebd.
40 Nach Helmut Müssener, Exil in Schweden. Politische und kulturelle Emigration nach 1933, München 1947, S. 124, bestand die ›Opposition‹ aus Vertretern der Kommunistischen Partei-Opposition (KPO), einigen Trotzkisten, unabhängigen Sozialisten und Anhängern Kurt Heinigs, d. h. rechten Sozialdemokraten.
41 »Neuaufbau der Gewerkschaften«, Herbst 1942, in: HBS, Nachlaß Hans Gottfurcht.
42 Ebd.
43 »Gedanken über den Wiederaufbau freier, unabhängiger Gewerkschaften in Deutschland«, März 1943, in: AdsD, Bestand SOPADE/Emigration, Mappe 166.
44 »Die Gewerkschaftsbewegung im neuen Deutschland«, Juni 1943, in: HBS, Nachlaß Hans Gottfurcht.
45 Vgl. »Vorschlag Galanty«, Herbst 1943, in: Västeras Stadsbibliothek, Akte Deutsche Gewerkschaften in Schweden.
46 »Die neuen Gewerkschaften in Deutschland«, in: Arbetarrörelsens Arkiv, Stockholm, Mappe Landesgruppe deutscher Gewerkschafter in Schweden.
47 Vgl. Erste Landeskonferenz der deutschen Gewerkschafter in Schweden, 26./27.2.1944, als Manuskript gedruckt für die Mitglieder der Landesgruppe Schweden der Auslandsvertretung Deutscher Gewerkschafter, Stockholm 1944, S. 44—48.
48 Vgl. ebd., S. 81.
49 Vgl. Quellen zur Geschichte der deutschen Gewerkschaftsbewegung im

20. Jahrhundert, hrsg. von Hermann Weber, Bd 6: Organisatorischer Aufbau der Gewerkschaften 1945—1949, bearb. von Siegfried Mielke [u.a.], Köln 1987, S. 126f. (Dok. 9).
50 Zur Rückerstattung des ehemaligen Gewerkschaftsvermögens (vor allem Gewerkschaftshäuser) vgl. Die Gewerkschaftsbewegung in der britischen Besatzungszone. Geschäftsbericht des Deutschen Gewerkschafts-Bundes (britische Besatzungszone) 1947—1949, hrsg. vom Bundesvorstand des Deutschen Gewerkschaftsbundes (brit. Besatzungszone), Köln 1949, S. 590—612; ferner Quellen, Bd 6 (wie Anm. 49), S. 133f. (Dok. 13), 138f. (Dok. 16), 173—176 (Dok. 29).
51 Ebd., S. 220 (Dok. 45); ähnlich auch im Aufruf zur Gründung eines Demokratischen Einheits-Gewerkschaftsbundes in Bonn vom August 1945, ebd., S. 234 (Dok. 53).
52 Ebd., S. 501 (Dok. 145).
53 Ebd., S. 750 (Dok. 237). — Ähnlich auch Markus Schleicher, wenngleich (ungewollt) ambivalent, in dem notariell beglaubigten Gründungsprotokoll des Württembergischen Gewerkschaftsbundes vom 31.5.1945, der als Grund für die Gewerkschaftsgründung anführt, »daß die Sachwalter der Deutschen Arbeitsfront bei Annäherung der Alliierten Truppen aus Stuttgart geflohen sind und die arbeitende Bevölkerung somit keinerlei Gemeinschaftsvertretung besitzt«, ebd., S. 564 (Dok. 168).
54 Vgl. z.B. Christoph Kleßmann, Die doppelte Staatsgründung. Deutsche Geschichte 1945—1955, Göttingen 1982, S. 37—65; Zwischen Befreiung und Besatzung. Analysen des US-Geheimdienstes über Positionen und Strukturen deutscher Politik 1945, hrsg. von Ulrich Borsdorf und Lutz Niethammer, Wuppertal 1976.
55 Vgl. Siegfried Mielke, Der Wiederaufbau der Gewerkschaften: Legenden und Wirklichkeit, in: Politische Weichenstellungen im Nachkriegsdeutschland 1945—1953, hrsg. von Heinrich August Winkler, Göttingen 1979, S. 74—87, hier S. 81f.; ferner Quellen, Bd 6 (wie Anm. 49), S. 20—28.
56 Ebd., S. 448f. (Dok. 123).
57 Ebd., S. 450 (Dok. 124).
58 Ebd., S. 451.
59 Vgl. ebd., S. 458f. (Dok. 126, 127).
60 Vgl. ebd., S. 457—472 (Dok. 126—132).
61 Ebd., S. 462 (Dok. 129).
62 Vgl. z.B. den »Organisations- und Verwaltungsplan für den Neuaufbau der Gewerkschaften« vom 30.6.1945 für Württemberg-Baden von Gottlob Sigmund: »Das Gewerkschaftsrecht macht es allen Arbeitnehmern zur Pflicht, Mitglied ihrer zuständigen Gewerkschaft zu werden. Es wird Aufgabe der Gewerkschaften sein in Verbindung mit den gewerkschaftlichen Betriebsvertretungen dahin zu wirken, daß diese Verpflichtung von allen Arbeitnehmern erfüllt wird. Alle Arbeitnehmer, die guten Willens sind, haben die Möglichkeit, am Wiederaufbau des wirtschaftlichen, sozialen und kulturellen Lebens teilzunehmen. Voraussetzung hierfür ist die Mitgliedschaft in der zuständigen Industrie- und Berufsgruppe. Seinen guten Willen kann

jeder zeigen, indem er seiner Gewerkschaft beitritt. Es entspricht durchaus dem demokratischen Prinzip, daß alle Arbeitnehmer in ihre Gewerkschaft eintreten müssen, weil ja die von den Gewerkschaften aufgrund ihrer Betätigung geschaffenen Arbeitsbedingungen und soziale Hilfe allen Arbeitnehmern zugute kommen,« ebd., S. 579f. (Dok. 171); vgl. ferner Christfried Seifert, Entstehung und Entwicklung des Gewerkschaftsbundes Württemberg-Baden bis zur Gründung des DGB 1945 bis 1949, Marburg 1980, S. 26f.; Anne Weiß-Hartmann, Der Freie Gewerkschaftsbund Hessen 1945—1949, Marburg 1977, S. 63ff.

[63] Vgl. zu den lokalen Gründungsinitiativen u.a. Arbeiterinitiative 1945. Antifaschistische Ausschüsse und Reorganisation der Arbeiterbewegung in Deutschland, hrsg. von Lutz Niethammer [u.a.], Wuppertal 1976; ferner die in der Einleitung zu Quellen, Bd 6 (wie Anm. 49), Anm. 1, 3 und 6 angegebene Literatur.

[64] Vgl. ebd., S. 33—38.

[65] Eine der bedeutendsten Ausnahmen war die Sozialistische Freie Gewerkschaft (SFG) in Hamburg, die als zentralistische Einheitsorganisation mit sozialistischer Prägung vom Mai bis Juni 1945 bestand; zur SFG vgl. Holger Christier, Die Sozialistische Freie Gewerkschaft in Hamburg, in: Arbeiterinitiative 1945 (wie Anm. 63), S. 305—329; ferner Quellen, Bd 6 (wie Anm. 49), S. 331—346 (Dok. 77—84).

[66] Dieser Einfluß war zumeist vermittelt über industrielle Struktur auf lokaler/regionaler Ebene, da vor allem im Bergbau (Ruhrgebiet) und in der Metallindustrie kommunistisch orientierte Gewerkschafter vergleichsweise stark vertreten waren.

[67] Zu Ansätzen von Gründungen autonomer Industrieverbände bereits 1945 vgl. Mielke, Wiederaufbau (wie Anm. 55).

[68] Vgl. Weiß-Hartmann, Der Freie Gewerkschaftsbund (wie Anm. 62), S. 48ff., 61ff., 69ff.

[69] Vgl. z.B. die Ausführungen von A. Karl in seinem Bericht über den Gewerkschaftsaufbau in Hannover vom Februar 1946, abgedruckt in: Quellen, Bd 6 (wie Anm. 49), S. 312—324, hier: S. 318f. (Dok. 73).

[70] Grundlagen (wie Anm. 6), S. 227; vgl. zu dieser Position auch Eberhard Schmidt, Die verhindert Neuordnung 1945—1952, Frankfurt a.M. 1970.

[71] Zu den Neuordnungsvorstellungen vgl. u.a. Ross, Gewerkschaften (wie Anm. 4); ferner Quellen zur Geschichte der deutschen Gewerkschaftsbewegung im 20. Jahrhundert, hrsg. von Klaus Schönhoven und Hermann Weber, Bd 7: Gewerkschaften in Politik, Wirtschaft und Gesellschaft 1945—1949, bearb. von Siegfried Mielke [u.a.], Köln 1991, S. 35—41, 707—994.

[72] Ebd., S. 10f., 35ff., 55ff.

[73] Grundsätzliche Unterschiede in den gesellschaftspolitischen Vorstellungen lassen sich z.B. zwischen W. Richter, der in Hessen für einen föderalistischen Gewerkschaftsaufbau eintrat, und M. Schleicher, der ein zentralistisches Modell vertrat, ebensowenig feststellen wie in der britischen Zone zwischen A. Karl und F. Spliedt.

[74] Die im folgenden genannten Gewerkschafter, mit deren Namen die jeweili-

gen Organisationsinitiativen verbunden werden, stehen jeweils für eine Gruppe von Gewerkschaftern, die meist in der Region auf lokaler Ebene im Verlauf des Gewerkschaftsaufbaus eine breite Unterstützung fanden.

75 Während z.B. im föderalen Organisationsmodell Hamburgs das Industrieverbandsprinzip durch die Bildung einer Angestelltengewerkschaft durchbrochen wurde, sah der ebenfalls föderale FGB Hessen keine Zusammenfassung von Angestellten quer zu den Industrieverbänden vor; dieser Unterschied, bezogen auf die zu bildenden Fach-, Wirtschafts- oder Industriegruppen, findet sich auch beim Württembergischen Gewerkschaftsbund, der Berufsgruppen für Angestellte und für Beamte sowie für freie Berufe vorsah, oder bei der Allgemeinen Gewerkschaft (Hannover), während die Organisationsplanung für die Nord-Rheinprovinz eine Integration der Angestellten in den nach dem Industrieverbandsprinzip zu bildenden Fachgruppen festlegte.

76 Beispielsweise sah die Allgemeine Gewerkschaft (Hannover) die Bildung von 15 als Wirtschaftsgruppen bezeichnete Industrie- und Berufsgruppen vor, der Organisationsplan für die Nord-Rheinprovinz ging von einer Untergliederung von 17 bzw. 18 Fachgruppen aus, und nach dem Organisations- und Verwaltungsplan für den Württembergischen Gewerkschaftsbund sollten 13 Industrie- bzw. Berufsgruppen geschaffen werden. Eine ähnliche Konzentration kennzeichnet auch die föderalen Dachverbände, so setzte sich der FGB Hessen aus 15 Landesgewerkschaften zusammen. Vgl. auch die Übersicht über die bis 1948 in den einzelnen Zonen bzw. Ländern entstandenen Einzelgewerkschaften, in: Quellen, Bd 6 (wie Anm. 49), S. 932f. (Dok. 313).

77 Vgl. ebd., S. 121 (Dok. 7).

78 Ebd. — Zugleich schlug Stegerwald für den Fall, »daß für das russisch besetzte Gebiet einheitliche und zentrale Gewerkschaften zugelassen werden«, die Schaffung eines Gegengewichts durch die Zulassung eines einheitlichen Blocks der Gewerkschaften in den westlichen Besatzungszonen vor. — Eine ähnlich explizite Position, die die Form des Organisationsaufbaus auch in der Macht- und Einflußkonkurrenz zu der bereits im Juli 1945 legitimierten Gründung einer zentralistischen Einheitgewerkschaft sieht, findet sich für diese frühe Phase nur noch bei Böckler, wenn er angesichts der Verzögerung der Zulassung zur Gewerkschaftsgründung in der Nord-Rheinprovinz davor warnt, »daß, wenn nicht bald Gewerkschaften unter maßgeblichem Einfluß der vor 1933 bereits organisierten Arbeitnehmer zustande kommen, mit Bildungen zu rechnen ist, die einen wesentlich radikaleren Charakter tragen«, ebd., S. 1043 (Dok. 1043). — Deutlicher war Franz Spliedt auf der ersten Gewerkschaftskonferenz der britischen Zone, 12.–14.3.1946, als er betonte: »Die Zentrale völlig in sich abgeschlossen, ganz einheitlich durchgeführt, ist die Bewegung autoritärer Staaten, ist die Bewegung Hitlers, ist die Bewegung Moskaus, d.h. der Absicht nur staatlicher Lohnsetzung. Wer Demokratie will, muß demokratisch sein,« ebd., S. 1052 (Dok. 348).

79 Ebd., S. 577 (Dok. 170).

[80] Vgl. auch Zwischen Befreiung und Besatzung (wie Anm. 54), S. 66. Die hier gegebene Begründung im Bericht von F. Eberhard unterscheidet sich von seinem Bericht vom 25.6.1945, in dem als Grund angeführt wird: »Nichtorganisierte sollen nicht wieder die Früchte der Gewerkschaftsarbeit umsonst ernten,« Quellen, Bd 6 (wie Anm. 49), S. 577 (Dok. 170).

[81] Ebd., S. 580 (Dok. 171).

[82] In dem »Organisationsplan« heißt es: »Das Gewerkschaftsrecht macht es allen Arbeitnehmern zur Pflicht, Mitglied ihrer zuständigen Gewerkschaft zu werden,« und weiter wird ausgeführt,«es entspricht durchaus dem demokratischen Prinzip, daß alle Arbeitnehmer in ihre Gewerkschaft eintreten müssen, weil ja die von den Gewerkschaften aufgrund ihrer Betätigung geschaffenen Arbeitsbedingungen und sozialen Hilfen allen Arbeitnehmern zugute kommen,« ebd., S. 579 f. (Dok. 171). — In den Richtlinien zum »Aufbau des Württembergischen Gewerkschaftsbundes, Ausführungen Nr. 4, 17.8.45« wird indes bereits die ›freiwillige‹ Mitgliedschaft betont, vgl. ebd., S. 580, Anm. 4.

[83] In »Einige Erläuterungen zur Absicht der Wiedererrichtung einer Gewerkschaft«, abgedruckt ebd., S. 107—110 (Dok. 4), führte Böckler aus: »Die Freiwilligkeit des Beitritts war zu betonen, obwohl triftigste Gründe die obligatorische Mitgliedschaft als höchst wünschenswert, ja notwendig erscheinen ließen;« vgl. auch Borsdorf, Einheitsgewerkschaft (wie Anm. 3), S. 404.

[84] Vgl. Mielke, Wiederaufbau (wie Anm. 55), S. 86, Anm. 48; ferner Weiß-Hartmann, Der Freie Gewerkschaftsbund (wie Anm. 62), S. 63, 82.

[85] Bericht der provisorischen Gewerkschaftsleitung über den Aufbau der Württembergischen und Badischen Gewerkschaften vom Mai 1945 bis August 1946, hrsg. vom Gewerkschaftsbund Württemberg-Baden, Bundesvorstand, Stuttgart 1946, auszugsweise wiedergegeben in: Quellen, Bd 6 (wie Anm. 49), S. 621—629 (Dok. 187), hier S. 625.

[86] »Einige Erläuterungen zur Absicht der Wiedererrichtung einer Gewerkschaft«, 3.6.1945, abgedruckt ebd., S. 107 f. (Dok. 4), hier S. 108. — Vgl. auch Böcklers Denkschrift: »Warum Einheitsgewerkschaft« vom 5.11.1945, in der er anführt, daß in einer zentralistischen Organisation »etwa aufkommende wilde Strömungen [...] sich leichter berichtigen« lassen, ebd., S. 1043 (Dok. 345).

[87] Rundschreiben von Albin Karl, Hannover, an die gewerkschaftlichen Gründungsausschüsse in Niedersachsen zur Frage des Aufbaus von Gewerkschaften, August 1945, ebd., S. 113—120 (Dok. 6), hier S. 118.

[88] Vgl. z.B. die Vorstellung W. Richters über einen reichseinheitlichen Gewerkschaftsaufbau vom Mai und Juni 1945, ebd., S. 99—103 (Dok. 1) und 105 ff. (Dok. 3).

[89] In der Diskussion, die auf der ersten Gewerkschaftskonferenz der britischen Zone vom 12. bis 14.3.1946 über die Organisationsform geführt wurde, meinte von den einflußreichen Gewerkschaftern nur Hans Böhm, daß die Zersplitterung der Gewerkschaften »zu einem wesentlichen Teil mit dazu beigetragen« habe, daß es 1933 zum »Zusammenbruch der Gewerkschaftsbewegung« gekommen sei, abgedruckt in: Quellen, Bd 6, S. 1064 (Dok. 351). Hingegen be-

tonte Franz Spliedt auf dieser Konferenz: »Ich weiß, daß wir Fehler gemacht haben, diese lagen aber nicht an der Form,« ebd., S. 1048f. (Dok. 348).
90 Ebd., S. 105f. (Dok. 3).
91 Ebd., S. 1037—1043 (Dok. 345), hier S. 1038, 1040.
92 Ebd., S. 117 (Dok. 6).
93 Ebd., S. 99 (Dok. 1).
94 Ebd., S. 520 (Dok. 150).
95 Ebd., S. 586 (Dok. 171).
96 Ebd., S. 318 (Dok. 73).
97 Ebd., S. 1041 (Dok. 345).
98 Ebd., S. 257 (Dok. 58).
99 Ebd., S. 1061 (Dok. 350).
100 Im Gegensatz zu Böcklers Vorstellung, die von einer weitgehenden Regelung der Arbeits- und Lohnbedingungen durch zentrale Lenkungs- und Einflußnahmen ausging, sah A. Karl in der zentralistischen Einheitsgewerkschaft mit einer zentralen Kassenführung die Chance, daß »durch die zusammengeballte Finanzkraft Streiks ganz anders durchgefochten werden, als wenn dieses nur die einzelnen Verbände tun«, ebd., S. 1056f. In ähnlicher Weise vermutet auch G. Sigmund, daß ein zentralisiertes Kassenwesen und ein zentraler Kampffonds des Württembergischen Gewerkschaftsbundes »zweifellos von vornherein eine viel größere Durchschlagskraft bei Angriffs- oder Abwehrkämpfen« gewährleisten würde; darüber hinaus nahm er an, »daß viele Forderungen kampflos erfüllt werden, wenn die Öffentlichkeit weiß, daß die ganze Kraft des Gewerkschaftsbundes dahintersteht«, ebd., S. 581 (Dok. 171).
101 Ebd., S. 108 (Dok. 4).
102 Ebd., S. 120 (Dok. 6).
103 Ebd., S. 1054 (Dok. 349).
104 Ebd., S. 1042 (Dok. 345). Vgl. auch entsprechende Überlegungen beim Württembergischen Gewerkschaftsbund, wo die zentralistische Organisationsform mit dem Erfordernis begründet wurde, »daß die neuen Gewerkschaften ihre sozialen und wirtschaftlichen Aufgaben nur dann erfüllen können, wenn sie der Wirtschaft und dem Staat gegenüber als einheitliches Ganzes auftreten«, ebd., S. 1046 (Dok. 1047).
105 Vgl. ebd., S. 99—102 (Dok. 1).
106 Ebd., S. 318 (Dok. 73); ferner W. Richter, ebd., S. 101 (Dok. 1).
107 Ebd., S. 318 (Dok. 73).
108 Ebd., S. 1042 (Dok. 345), ferner S. 1011 (Dok. 335), S. 1057ff. (Dok. 349).
109 Ebd., S. 619 (Dok. 186).
110 Die pointierte Formulierung Johannes Kolbs (Metallgewerkschaften in der Nachkriegszeit. Der Organisationsaufbau der Metallgewerkschaften in den drei westlichen Besatzungszonen Deutschlands, Frankfurt a.M. 1970, S. 51) von einem Demokratieverständnis, das Demokratie als »Herrschaft der ›bewährten Demokraten‹« begreift, dürfte den Kern des Selbstverständnisses der Mehrzahl der führenden Gewerkschaftsgründer durchaus treffend charakterisieren.

[111] Ebd., S. 592 (Dok. 174) — »Richtlinien für den Aufbau des Württembergischen Gewerkschaftsbundes« vom 24.7.1945; weiter heißt es: »Bis dahin [zur Einberufung einer Bundesversammlung] muß aus Gründen der Disziplin und der Zweckmäßigkeit die Beschlußfassung über alle wichtigen Gewerkschaftsfragen beim Bundesvorstand liegen.«

[112] So Franz Spliedt auf der ersten Gewerkschaftskonferenz der britische Zone vom 12. bis 14.3.1946, ebd., S. 1053.

[113] Ebd., S. 732f. (Dok. 229).

Gerhard Besier

Zwischen Neuanfang und Restauration.
Die evangelischen Kirchen in Deutschland nach dem Zweiten Weltkrieg

1. Die evangelische Kirche im Dritten Reich. Eine einführende Skizze[1]

Die NSDAP bemühte sich bis 1933, Konflikte mit den Kirchen zu vermeiden[2]. Von breiten Gruppen des Protestantismus wurde immer wieder auf den im Parteiprogramm verankerten »Standpunkt eines positiven Christentums« (Artikel 24) rekurriert, ohne genügend zu beachten, daß der betreffende Programmpunkt außerdem eine absolute Loyalität und auch Affinität des christlichen Glaubens gegenüber dem rassistischen und nationalen Kern der NS-Ideologie forderte. Da die propagierten nationalen und sozialen Ziele der »Bewegung« nicht wenige Protestanten ansprachen, konnte bereits 1932 eine neue Kirchenpartei unter dem Namen »Deutsche Christen (Nationalsozialisten)«[3] gebildet werden, die bei den preußischen Kirchenwahlen 1932 ein Drittel aller Synodalsitze gewann. Mit seiner Regierungserklärung vom 23. März 1933, die weitgehende Zusicherungen an die Kirchen enthielt, erreichte Hitler eine breite Unterstützung seiner Politik durch die Kirchen. Auf ihrer ersten Reichstagung Anfang April 1933 forderten die »Deutschen Christen« in enger Abstimmung mit der NS-Kirchenpolitik eine einheitliche Reichskirche und die Übernahme des Führerprinzips sowie die Entlassung evangelischer Pfarrer jüdischer Herkunft. Als die Kirchen unter dem Präsidenten des Deutschen Evangelischen Kirchenausschusses, Hermann Kapler, Schritte zur Eigengestaltung unternahmen und am 27. Mai 1933 den Leiter der Betheler Anstalten, Friedrich von Bodelschwingh, zum Kandidaten für das Reichsbischofsamt wählten, berief Hitler den Königsberger Militärpfarrer Ludwig Müller[4] zu seinem Vertrauensmann in Kirchenfragen. Nach Kaplers Demission setzte der NS-Staat am 24. Juni 1933 für die evangelischen Landeskirchen in Preußen den Staatskommissar August Jäger ein. Nun gaben die Kirchen ihren Widerstand auf und stimmten in kürzester Frist der Reichskirchenverfassung der Deutschen Evangelischen Kirche (DEK) vom 11. Juli 1933 zu. Die anschließenden Kirchenwahlen erbrachten eine überwältigende Mehrheit zugunsten der »Deutschen Christen«. Am 27. September 1933 wurde Hitlers Vertrauensmann Ludwig Müller zum Reichsbischof gewählt.

Gegen diese kirchenpolitische Entwicklung opponierten seit Sommer 1933 der in Bonn lehrende Schweizer Theologe Karl Barth[5] und sein Kreis der »Wort-Gottes-Theologen« (»Dialektische Theologie«). Zum Fanal in dieser nunmehr theologisch geführten Auseinandersetzung mit den »Deutschen Christen« wurde Barths Schrift »Theologische Existenz heute«, die entschieden von der kirchenpolitischen auf die theologische Ebene zurückführte[6]. Im Mittelpunkt der Gegenbewegung standen die Betonung der alleinigen Bindung der Kirche an die Heilige Schrift und die reformatorischen Bekenntnisse. Vor diesem Hintergrund gab der Berliner Pfarrer Martin Niemöller im September 1933 die Gründung eines »Pfarrernotbundes«[7] bekannt, der die Anwendung der staatlichen Judengesetzgebung auf den Raum der Kirche (Arierparagraph)[8] als mit dem christlichen Bekenntnis unvereinbar ablehnte und damit über theologische Kriterien zu Aussagen mit politischen Folgen vorstieß. Gleichzeitig mit dem rasch wachsenden »Pfarrernotbund« bildeten sich neben den offiziellen, deutschchristlich beherrschten Synoden auch die ersten freien Synoden im Rheinland und in Westfalen[9].

Währenddessen führte die Radikalisierung des extremen Flügels der deutsch-christlichen Bewegung zu inneren Konflikten, mit der Folge einer organisatorischen Auflösung und dem Verlust von weiten Teilen der Anhängerschaft. Trotzdem gelang die Eingliederung der meisten Landeskirchen in die »Reichskirche«. Eine Ausnahme bildeten die »intakten« Landeskirchen unter den weithin unversehrt gebliebenen Kirchenleitungen in Bayern[10], Württemberg[11] und zum Teil Hannover[12].

Den Höhepunkt der »Kirchenkampf« genannten Auseinandersetzungen bildeten die Reichsbekenntnissynoden von Barmen[13] und Dahlem[14] im Mai bzw. Oktober des Jahres 1934[15]. In Barmen verabschiedeten Vertreter lutherischer, reformierter und unierter Kirchen eine »Theologische Erklärung«, die eine klare Abgrenzung gegen die deutschchristlichen Irrlehren vornahm und den in der Heiligen Schrift bezeugten Jesus Christus als den einzigen Grund des christlichen Glaubens und der christlichen Kirche bekräftigte. Die Reichsbekenntnissynode in Berlin-Dahlem zog daraus die Konsequenzen, sprach die Trennung von den häretischen deutschchristlichen Kirchenleitungen aus, erklärte sich selbst zur rechtmäßigen »Bekennenden Kirche« und forderte die Gemeinden auf, sich aufgrund des proklamierten kirchlichen Notrechtes nunmehr an ihre Weisungen zu halten.

Am 16. Juli 1935 beauftragte Hitler den Reichsminister ohne Geschäftsbereich Hanns Kerrl mit der kirchenrechtlichen und staatskirchenrechtlichen Regelung der Kirchenfrage. Dieser suchte auf dem Wege eingehender Konsultationen zwischen allen Beteiligten die »Kirchenstreitigkeiten« beizulegen und eine »Befriedung« zu bewirken. Dabei gingen seine staatlichen Interventionen von dem Konzept einer staatsloyalen, zentralistisch organisierten Volkskirche der Mitte[16] aus. Aufgrund des »Gesetzes zur Sicherung der Deutschen Evangelischen Kirche« vom 24. September 1935, das Kerrl ermächtigte, Verordnungen mit rechtsverbindlicher Kraft zu erlassen, kündigte der Minister die Bildung eines Reichskirchenausschusses an, der die Leitung der Deutschen Evangelischen Kirche übernehmen sollte. An dessen Spitze stand der ehemalige westfälische Generalsuperintendent Wilhelm Zöllner, ein allseits geachteter Mann[17]. Auf landeskirchlicher Ebene wurden Landeskirchenausschüsse gebildet, die zwar der deutschchristlichen Willkürherrschaft ein Ende bereiteten, aber auch das durch die »Bruderräte« der Bekennenden Kirche ausgeübte Notkirchenregiment nicht anerkannten. Dieser staatliche Versuch einer Vermittlung zwischen den kirchenpolitischen Richtungen unter völliger Außerachtlassung der grundlegenden theologischen Differenzen ließ die schon in der Ersten Vorläufigen Kirchenleitung bestehenden Spannungen innerhalb der »Bekennenden Kirche« zum Ausbruch kommen. Während die »intakten« Landeskirchen und einige lutherisch geprägte Landesbruderräte der Bekennenden Kirche sich zugunsten einer Zusammenarbeit mit den Ausschüssen aussprachen, lehnte der preußische Bruderrat jeden Kompromiß ab[18]. Als der Reichsbruderrat sich für die preußische Haltung entschied, zerfiel die »Bekennende Kirche in eine »gemäßigte« und in eine »radikale« Gruppe. Die erste gab sich am 18. März 1936 mit dem »Rat der Evangelisch Lutherischen Kirche Deutschlands« eine eigene Leitung, die zweite wählte am 12. März 1936 eine neue »Zweite Vorläufige Kirchenleitung«. Unter deren Verantwortung erschien die Denkschrift der Vorläufigen Leitung und des Rates der Deutschen Evangelischen Kirchen an Hitler vom 28. Mai 1936, die den Schritt von der ideologischen Auseinandersetzung zur offenen politischen Kritik am NS-System vollzog[19].

Da Kerrl nun einsehen mußte, daß eine Einigung auf dem Verhandlungswege nicht zu erzielen war, gab er seine Kirchenausschuß-Politik auf. Im Februar 1937 trat der Reichskirchenausschuß zurück. Weitere staatliche Versuche in den Jahren 1937 und 1938, die Kirchen durch administrative Maßnahmen vollständig in den Griff zu bekommen, scheiterten ebenfalls. Mit Beginn des Krieges ließen die Bemühungen staatlicher Kirchenpolitik um eine kirchliche Restrukturierung im »Altreich« immer mehr nach. Hitler verbot im Sinne eines »Burgfriedens« jede Aktion gegen die Kirchen, um deren Unterstützung zu erhalten[20]. Im rechtsfreien Raum der eroberten Gebiete wirkte sich dagegen der Einfluß des radikal kirchenfeindlichen Flügels der NSDAP auf der ideologischen Linie Alfred Rosenbergs[21] zunehmend stärker aus. In dem 1939 neugeschaffenen »Reichsgau Wartheland« setzte Martin Bormann die Grundsätze einer kirchenfeindlichen NS-Politik durch, indem er die Kirchen zu religiösen Kirchengesellschaften im Sinne von Vereinen herabstufte und sie durch weitere Unterdrückungsmaßnahmen auf dem Wege der Sondergesetzgebung für eine Liquidierung vorbereitete[22].

Seit Juli 1940 protestierten der württembergische Landesbischof Wurm und andere gegen das Euthanasieprogramm des NS-Staates, dem Tausende Geisteskranker und Gebrechlicher — auch aus kirchlichen Anstalten — zum Opfer fielen[23]. Einen öffentlichen Protest seitens der Kirchen gegen die Shoah sucht man allerdings vergeblich[24]. Von Einzelunternehmungen — etwa dem »Büro Pfarrer Grüber«[25] — einmal abgesehen, gab es auch keine größeren Hilfsaktionen zugunsten der Bedrängten. Auch am politischen Widerstand im eigentlichen Sinn haben die Kirchen nicht teilgenommen[26]. An der Verschwörung gegen Hitler beteiligte Theologen wie Dietrich Bonhoeffer[27] bildeten die Ausnahme.

Eine innere Konsolidierung der »Bekennenden Kirche« während des »Dritten Reiches« gelang nicht mehr. Insbesondere Karl Barths Haltung im Zusammenhang mit dem Treueeid auf Hitler[28] und sein Brief an Josef Hromádka vom 18. August 1938 trennten den »bruderrätlichen« und den »gemäßigten« Flügel der Bekennenden Kirche für immer[29].

2. Die evangelische Kirche im Frühjahr 1945

Schon vor der offiziellen Kapitulation hatten einzelne kirchenleitende Persönlichkeiten Kontakte zu den Siegermächten aufgenommen: Sobald ein Teil des deutschen Territoriums erobert war, begaben sich die Kirchenvertreter in das jeweilige militärische Hauptquartier, um die neuen Machthaber über ihren Tätigkeitsbereich zu informieren und die Genehmigung einzuholen, wie bisher weiterzuarbeiten.

So schrieb schon im April 1945 Heinz Brunotte, kommissarischer Leiter der Kirchenkanzlei der Deutschen Evangelischen Kirche, »an die Militärregierung Deutschland«:

»In Stolberg/Harz befindet sich seit einem Jahr die oberste Verwaltungsbehörde der Deutschen Evangelischen Kirche, die Kirchenkanzlei. Sie hatte ihren Dienstsitz früher in Berlin-Charlottenburg [...] Nachdem das dortige Dienstgebäude am 15. Februar 1944 durch Luftangriff zerstört war, siedelte die Kirchenkanzlei mit einem verkleinerten Personal von 10 Köpfen nach Stolberg/Harz über, von wo sie die Verwaltungsgeschäfte der Deutschen Evangelischen Kirche in Verbindung mit dem z. Zt. unter der Leitung des Landesbischofs D. Marahrens — Hannover stehenden ›Geistlichen Vertrauensrat‹ weiterführte [...] Die Kirchenkanzlei ist im Besitze fast sämtlicher Akten, aus denen sich ein klares Bild über die Ereignisse in der Deutschen Evangelischen Kirche und über das Verhältnis von Kirche und Staat seit 1933 ergibt [...] Ich habe als dienstältester theologischer Referent der Kirchenkanzlei einstweilen die Leitung der Geschäfte übernommen. Über meine Person können die Herren Landesbischöfe D. Marahrens — Hannover und D. Wurm — Stuttgart Auskunft geben[30].«

Die 1933 geschaffene, offizielle DEK, von der Brunotte sprach, war infolge der innerkirchlichen Auseinandersetzungen während des »Dritten Reiches« freilich nur noch in Bruchstücken vorhanden: Neben der Kirchenkanzlei in Stolberg existierte lediglich noch das Kirchliche Außenamt.

Brunottes Brief an die Militärregierung sollte einen ersten Kontakt der Restkirchenleitung mit den Besatzungsbehörden herstellen und einen Anstoß für den Wiederaufbau gesamtkirchlicher Leitungsstrukturen geben. Dabei dachte er offenbar an eine Regelung, die in klarer personeller wie sachlicher Kontinuität zu den Verhältnissen vor der allgemeinen Auflösung stand. Folgerichtig schrieb er drei Tage nach der Kapitulation an August Marahrens und empfahl ihm, sich mit der Militärregierung und »den wichtigsten Kirchenführern« in Verbindung zu setzen, um einen »neuen Kirchenbund«[31] — in welcher Gestalt auch immer — zu organisieren. Marahrens folgte der Anregung. Drei Wochen nach der bedingungslosen Kapitulation fühlte er sich in seiner »Eigenschaft als dienstältester Landesbischof [...] verpflichtet, für das Zustandekommen einer [...] provisorischen Leitung der DEK durch alsbaldige Einberufung der Kirchenführerkonferenz die erforderliche Mithilfe zu leisten«[32].

Marahrens hatte aber eine völlig andere Neuregelung vor Augen als die bloße Restitution eines Kirchenbundes: Er wollte die Bildung einer Deutschen Lutherischen Nationalkirche. In diesem Sinne schrieb er am 4. Juni 1945 einen Brief an seinen bayerischen Amtskollegen Hans Meiser[33]. Da das Schreiben jedoch erst drei Monate später in München anlangte, blieb es für die Diskussion um eine Neugestaltung der Kirche bedeutungslos. Das Konzept einer lutherischen Kirche war damit freilich nicht hinfällig. Seit den 60er Jahren des vorigen Jahrhunderts hatten die (Neu-) Lutheraner diesen Plan verfolgt[34], ihn nie wirklich fallengelassen und sich 1936 unter Führung der hannoverschen, bayerischen und württembergischen Kirche zum Rat der Evangelisch-Lutherischen Kirche (Lutherrat) zusammengeschlossen. Seither wurden immer wieder Kirchenverfassungsentwürfe für eine Lutherische Kirche entworfen und diskutiert.

Neben dem Lutherrat und in kirchenpolitisch-theologischer Rivalität zu ihm standen vor allem die Bruderräte in der Altpreußischen Union (APU), die nach den Erfahrungen des »Kirchenkampfes« eine grundlegende Erneuerung der Kirchen auf der Basis des Gemeindeprinzips anstrebten. Mitte Januar 1945 verabschiedete der Altpreußische Bruderrat die Denkschrift »Von rechter Kirchenordnung«[35], in der diese Neuordnungsgedanken Gestalt gewonnen hatten.

Der württembergische Landesbischof Theophil Wurm bemühte sich seit 1941 im sogenannten »Kirchlichen Einigungswerk[36]« um eine Sammlung der gemäßigten Kräfte innerhalb der auseinanderfallenden Flügel der »Bekennenden Kirche«. Damit begab er sich in eine gewisse Konkurrenz zu den Unierten wie den Lutheranern, was auch dadurch zum Ausdruck kam, daß in seiner Umgebung ebenfalls über eine Neuordnung der »Deutschen Evangelischen Kirche« (DEK) auf der Basis des »Einigungswerkes« nachgedacht wurde[37].

Ohne Brunottes Brief an Marahrens zu kennen, verhielt sich der württembergische Landesbischof so, wie der Leiter der Kirchenkanzlei es Marahrens empfohlen hatte. Wurm nahm noch im April 1945 Kontakt zur amerikanischen Militärregierung auf und äußerte den Wunsch, mit den wichtigsten kirchlichen Persönlichkeiten des In- und Auslandes in Verbindung treten zu wollen. Welchen Anspruch er damit verband, geht aus einer Rede hervor, die er am 12. Mai im Großen Haus des württembergischen Staatstheaters hielt. Dort bezeichnete er sich nämlich als »Sprecher der ganzen bekennenden Kirche«[38].

Ein wichtiger Grund dafür, daß Wurm seinen Führungsanspruch durchsetzen konnte, ist in dem Votum Bodelschwinghs zu sehen. Der angesehene Leiter der Betheler Anstalten und designierte Reichsbischof von 1933 lehnte selbst alle Anfragen ab, sich an die Spitze der Neuordnung zu setzen, und forderte Wurm auf, »das Einigungswerk [...] wieder in die Hand zu nehmen«[39]. Gleichzeitig schrieben in- und ausländische Persönlichkeiten an die Besatzungsbehörden, Wurm sei ein integrer Mann und genieße in seiner Kirche das größte Vertrauen[40]. Außerordentlich symbolträchtig war dann Wurms Reise zum neuen Inhaber der weltlichen Macht ins amerikanische Hauptquartier nach Frankfurt a. M. und — dort mit einem Passierschein ausgestattet sowie den alliierten Armeen als »Head of the Evangelical Bekennende Church« avisiert — durch das besetzte Deutschland zu Bodelschwingh[41]. In Bethel planten Bodelschwingh, Wurm und ihre Berater eine »Kirchenführerkonferenz«[42], zu der dann für August nach Treysa eingeladen wurde. Der Bericht über einen am 28. Juni 1945 in Bethel gehaltenen Gottesdienst nimmt sich wie eine Amtseinführung Wurms aus[43].

In diese Weichenstellungen war der bruderrätliche Flügel der Bekennenden Kirche nicht einbezogen worden, und auch eine Beteiligung Marahrens' an den Besprechungen hatte nicht stattgefunden. Während letzterer resignierte und auch die Initiative zugunsten des lutherischen Anliegens fortan ganz in Meisers Händen lag, täuschte sich Wurm über Martin Niemöller und jenen Personenkreis, der hinter ihm stand.

Der von tiefem Mißtrauen gegen lutherische Landeskirchen im allgemeinen und deren Bischöfe im besonderen beseelte Niemöller befürchtete wohl zu Recht, daß durch Wurms Vorgehen der bruderrätliche Flügel der Bekennenden Kirche und dessen Neuordnungspläne an den Rand gedrängt werden könnten. Um dem entgegenzuwirken, lud er »die Reste des Reichsbruderrates und die Vertreter der Landesbruderräte«[44] vor der Treysaer Konferenz nach Frankfurt a. M. ein. Außerdem sandte er einen Hilferuf an den seit 1935 in Basel lehrenden Theologen Karl Barth.

Der Basler Systematiker forderte von der deutschen Kirche eine »Wendung von 180°«; die evangelische Kirche müsse »von der Behördenkirche vorwärts [...] kommen zur Gemeindekirche«; sie benötige einen »nicht zu sparsamen Schuß Kongregationalismus«, um das »gotisch stilisierte Dach, die Konsistorien und Oberkirchenräte« mitsamt »dem zierenden Dachreiter des Bischofsamtes« loszuwerden. Diese behördenkirchlich-konsistoriale Struktur entdeckte Barth aber nicht nur in den überkommenen kirchlichen Gestaltungen, sondern auch in der Bekennenden Kirche selbst. All das, kritisierte er, habe »sich auch in der Bekennenden Kirche noch nicht ganz und wesentlich geändert, nur daß hier als das das Bild beherrschende Dach nun eben die Bruderräte zu sehen waren [...] Es hat etwas Beunruhigendes«, fuhr er fort, »feststellen zu müssen, [...] in welchem Maß man auch in den radikalsten Kreisen der bekennenden Kirche, auch wo man kritisieren, korrigieren und reformieren will, immer wieder an der Frage der ›kirchlichen Leitung‹ interessiert ist[45].« Hinter den autoritären Leitungen trete *die wirkliche Kirche, nämlich die Gemeinden*«[46], völlig in den Hintergrund.

Die geschilderten kirchenpolitischen, theologischen und wohl auch menschlichen Unverträglichkeiten sollten den deutschen Nachkriegsprotestantismus nachhaltig prägen. Ungeklärte Differenzen, besonders hinsichtlich des Kirchenverständnisses, kennzeichnen die binnenkirchliche Lage bis heute.

3. Die Kirchenpolitik der vier Besatzungsmächte und ihre Auswirkungen

a) Kirchliche Reorganisation in der SBZ/DDR[47]

Alle fünf auf dem Territorium der SBZ gelegenen Landeskirchen — die Provinzialkirchen der Altpreußischen Union (APU)[48] ebenso wie Sachsen, Thüringen, Mecklenburg und Anhalt — gehörten zu den zerstörten Kirchen, das heißt, ihre offiziellen kirchenleitenden Gremien waren bis 1945 von »deutsch-christlichen« (DC) Theologen und Juristen beherrscht[49].

Der Thüringische DC-Kirchenpräsident Rönck und sein Landeskirchenrat weigerten sich zunächst zurückzutreten[50]. Erst nachdem die amerikanischen Besatzungstruppen Rönck verhaftet hatten, war der

Weg frei für eine Neuordnung. An die Spitze der neuen Kirchenleitung trat Anfang Mai 1945 Moritz Mitzenheim, seit 1943 Leiter der Lutherischen Bekenntnisgemeinschaft.

Die sowjetische Besatzungsmacht gab den Kirchen bei der Neuordnung ihrer innerkirchlichen Verhältnisse zunächst völlig freie Hand[51]. Das bestätigt indirekt auch Moritz Mitzenheim in einem Brief an seinen bayerischen Amtskollegen Hans Meiser vom Juli 1945. Darin heißt es: »Wir hatten noch keinen Anlaß, mit der neuen Besatzungsbehörde Verbindung aufzunehmen. Irgendeine Behinderung ist nicht eingetreten[52].« Auch auf höchster kirchlicher Ebene gestaltete sich das Verhältnis zur sowjetischen Besatzungsmacht zunächst zur vollsten kirchlichen Zufriedenheit. So sandte Bischof Dibelius nach der Kirchlichen Ostkonferenz, die am 2. und 3. April 1946 in Ostberlin stattgefunden hatte, ein überaus herzliches Schreiben an den sowjetischen Oberst Tjulpanov[53], in dem er sich mit wärmsten Tönen dafür bedankte, daß Leutnant Jermolaev an der besagten Sitzung »teilgenommen und den kirchlichen Anliegen ein lebhaftes und verständnisvolles Interesse entgegengebracht hat(te)«. Der Bischof fuhr fort:

»Die Sowjetische Militäradministration hat der Konferenz dadurch einen besonderen Dienst erwiesen, daß sie die Verpflegung für die Teilnehmer zur Verfügung gestellt hat. Für diese großzügige Hilfe spreche ich Ihnen namens der Konferenz meinen aufrichtigen Dank aus[54].«

Die ausgesprochen wohlwollende Haltung der sowjetischen Besatzungsmacht gegenüber den Kirchen erklärt auch, warum es diesen gelang, »die während des Zweiten Weltkrieges wieder stabilisierten volkskirchlichen Strukturen« unbeschädigt und unverändert in die neue Ära hinüberzuretten[55]. Neben der, freilich spezifisch orthodoxen, religiösen Einstellung vieler sowjetischer Soldaten — sie begegneten meist »mit Ehrfurcht den Gotteshäusern und Kruzifixen«[56] —, spielte der gemeinsame Widerstand von Christen und Marxisten gegenüber dem NS-Staat, manifestiert für die Sowjets im Nationalkomitee »Freies Deutschland«, eine gewichtige Rolle[57]. Nicht zuletzt wohl auch unter dem Einfluß kommunistischer und sozialdemokratischer Parteifunktionäre[58] wich allerdings »die anfänglich relativ großzügige Haltung der sowjetischen Militärs gegenüber der Kirche einer zunehmend restriktiven Verhaltensweise«[59].

Ende Juni übernahm der Landesbruderrat der Bekennenden Kirche Mecklenburgs das Kirchenregiment von dem bisherigen Landesbischof

W. Schultz, nachdem britische Truppen Mitglieder der DC-Kirchenleitung verhaftet hatten[60]. Neuer Landesbischof wurde der Vorsitzende des Landesbruderrates, Niklot Beste.

Auf dem zunächst amerikanisch besetzten Territorium des westlichen Teils der sächsischen Landeskirche nahm in den ersten Nachkriegsmonaten Prof. Albrecht Oepke kirchenleitende Funktionen wahr, im östlichen Teil beendeten der Jurist Erich Kotte und der Theologe Franz Lau das DC-Kirchenregiment Klotsche[61]. 1947 wurde Hugo Hahn als Landesbischof eingeführt, Kotte blieb bis 1957 Präsident des Landeskirchenamtes. Die Übernahme des Bischofsamtes durch Hahn, den man als »Rechten« denunziert hatte[62], mußte freilich erst mit Hilfe des Leiters der Informationsabteilung bei der Sowjetischen Militäradministration (SMAD), General Tjulpanov[63], gegen den Widerstand einzelner Pfarrer und der sächsischen Landesregierung durchgesetzt werden.

Im polnisch besetzten Schlesien gelang es der dortigen Bekennenden Kirche unter Ernst Hornig, in Breslau eine neue, von der Provinzialsynode bestätigte Kirchenleitung zu bilden, die mit der polnischen Regierung Verhandlungen führte. Infolge massiver Vertreibungsmaßnahmen aus dem Gebiet östlich von Oder und Neiße mußte Hornig dann Ende 1946 aber den Sitz der Kirchenleitung nach Görlitz verlegen[64].

In der stark lutherisch geprägten Pommerschen Kirche berief das Greifswalder Konsistorium Anfang Juni den bisherigen Vorsitzenden des Provinzialkirchenausschusses, Karl von Scheven, zum Bischof für das noch verbliebene Kirchengebiet westlich der Oder. Trotz des Protestes der in dieser Provinzialkirche nur schwach vertretenen Bekennenden Kirche bestätigte die neugewählte Provinzialsynode im Oktober 1946 Karl von Scheven im Amt[65]. Ihm folgte 1955 — auf Betreiben Otto Dibelius'[66] — der Ost-Berliner Generalsuperintendent Friedrich Wilhelm Krummacher, dem es gelungen war, erneut das Vertrauen des Berliner Bischofs zu gewinnen.

Vormals Oberkonsistorialrat im Kirchlichen Außenamt der offiziellen Reichskirche, hatte sich Krummacher in sowjetischer Kriegsgefangenenschaft dem Nationalkomitee »Freies Deutschland« angeschlossen und innerhalb des 1944 gegründeten »Arbeitskreises für kirchliche Fragen« im Nationalkomitee »Freies Deutschland« (NKFD) mit anderen ein Grundsatzpapier für das zu erneuernde Verhältnis von Kirche und Gesellschaft erarbeitet[67] sowie Ansprachen und Aufsätze verfaßt, die z.T. in Rundfunksendungen und auf Flugblättern zur ideologischen Auseinandersetzung an der Front gebraucht wurden[68]. Am 4. Juni 1945 schlug der Vorsitzende des NKFD, Weinert, den Genossen Kjatkin, Wilhelm Pieck[69] und Koslow »von den Mitgliedern und Mitarbeitern des N.K. in Lunjowo« eine Reihe von Persönlichkeiten für »die Verwendung in Deutschland« vor. Darunter befand sich auch Krummacher. Zur Person des Vorgeschlagenen heißt es in dem Schriftstück: »Wehrmachtspfarrer, Mitglied des Kirchenkreises. *Eignung*: evangelischer Oberkonsistorialrat in Berlin, eine der höchsten geistlichen Funktionen. *Zuverlässigkeit*: Vorurteilsloser Antifaschist. Ehrlicher Freund der Zusammenarbeit mit Kommunisten. Aufrichtiger Charakter[70].« Tags darauf wurde der Kriegsgefangene Krummacher »für die Arbeit in Deutschland freigegeben«. Generaloberst Sarov stellte ihn für Berlin mit folgender Bemerkung frei: »Wir können ihn in Berlin gebrauchen für die Arbeit in der protestantischen Kirche[71].«

»Entsetzt von dieser biographischen Wendung, war Dibelius zunächst nicht bereit gewesen, Krummacher »eine leitende Stelle zu geben«, da — wie er gegenüber Heinrich Grüber erwähnte — »ich nicht weiß, welche Befehle er von Moskau mitgebracht hat«[72]. Krummacher wußte selbst, welche Irritationen sein Beitritt zum Nationalkomitee auslösen mußte. Aus dem Abstand von 20 Jahren schrieb er:

»Wir als evangelische Pfarrer waren uns dessen bewußt, daß unsere Mitarbeit in diesem antifaschistischen Widerstandskampf gegenüber der bisherigen ethischen Tradition des deutschen Luthertums ein ungewöhnlicher, einmaliger, aus letzter Gewissensentscheidung kommender Schritt war. Es stand aber die schlichte Frage vor uns, ob wir durch offenes Reden oder durch Schweigen mehr Schuld auf uns laden würden[73].«

Die Berlin-Brandenburgische Kirche setzte ihn zunächst als Pfarrer in Berlin-Weißensee und Superintendent von Berlin-Land ein. Bereits 1946 wurde Krummacher zum Generalsuperintendenten des Sprengels 2 (Berlin-Ost) befördert[74]. Am 1. April 1946 unterzeichnete er eine eigenhändig niedergeschriebene Erklärung, in der er sich gegenüber dem sowjetischen Geheimdienst »zur Geheimhaltung alles dessen« verpflichtete, »was mir durch meine besondere Verbindung mit der Sowjetbehörde zur Kenntnis kommt«[75]. Für seine Mitarbeit erhielt er auch Operativ-Geld[76].

Nichtsdestoweniger leistete Krummacher auch Dibelius bei dessen Gesprächen mit der SMAD wichtige Dienste.

Im DDR-Ministerium für Staatssicherheit rätselte man später darüber, wie es Krummacher nach der biographischen Wendung — dem Beitritt zum NKFD — noch gelingen konnte, in der nach wie vor nationalprotestantisch gestimmten Kirche weiter zu reüssieren. Die MfS-Offiziere vermuteten, man habe Krummacher wieder aufgenommen, weil er »gegenüber reaktionären Kräften in der Kirche eine umfangreiche Beichte über alle Erlebnisse in der Sowjetunion abgelegt habe und rückhaltlos gegenüber diesen Kreisen berichtete«[77]. In einem anderen MfS-Bericht heißt es: »Eine eingeweihte kirchliche Persönlichkeit erklärte über diese Zeit der Tätigkeit Krummachers, daß Krummacher alle seine Handlungen nach 1945 mit Bischof Dibelius und dessen engsten Mitarbeitern abgesprochen hat[78].« Nach einer dritten MfS-Einschätzung erklärte man sich Krummachers vermeintliche Wandlung so: »Während der Zeit von 1945—1947 verhielt er sich den damaligen Verhältnissen der sowjetischen Besatzungszone gegenüber loyal. Unter dem Einfluß von Bischof Dibelius entwickelte er sich nach und nach zu einem Gegner unserer demokratischen Ordnung[79].« Jedenfalls hielt es der Staatssekretär für Kirchenfragen, Hans Seigewasser, Ende der 50er/Anfang der 60er Jahre für nötig, Appelle an die Loyalität des Greifswalder Bischofs mit der Erinnerung an dessen Tätigkeit im Nationalkomitee zu verbinden[80]. Anfang Dezember 1953 schätzte die SED ihn als »einen etwas verschlossenen Charakter« ein, der versuche, »die marxistische Weltanschauung als Unwahrheit hinzustellen«[81].

Otto Dibelius blieb bis Anfang der 60er Jahre die wichtigste kirchenleitende Persönlichkeit im östlichen Deutschland. Als 1945 in der neu gebildeten Vorläufigen Geistlichen Leitung der preußischen Kirchenprovinz Sachsen neben vier Mitgliedern des Provinzialbruderrates auch drei vom alten Konsistorium Benannte, darunter Konsistorialpräsident Fretzdorf, saßen, intervenierte er in dieser Kirche[82]. Im Dezember 1945 löste Lothar Kreyssig Fretzdorf ab. Von August 1945 bis Frühjahr 1947 hatte der Vorsitzende des Provinzialbruderrates, Ludolf Müller, den Vorsitz der Kirchenleitung inne. Nachdem Dibelius' ursprünglicher Plan gescheitert war, den Betheler Dozenten Wilhelm Brandt zum Bischof der provinzsächsischen Kirche zu bestellen, wurde Müller von der im Herbst 1946 neugebildeten Provinzialsynode 1947 in dieses Amt berufen[83].

In der Berlin-Brandenburgischen Kirche wurde der 1933 zwangspensionierte Generalsuperintendent Otto Dibelius von den letzten rechtmäßigen Vertretern des preußischen Evangelischen Oberkirchenrates (EOK) wieder in sein Amt eingesetzt[84]. Er ergriff sogleich die Initiative und bildete aus einigen bekenntnistreuen und kirchenpolitisch-theologisch nicht gebundenen Pfarrern einen kirchlichen Beirat für Berlin-Brandenburg. Diese nur bedingt legal zustandegekommene Kirchenleitung nahm am 20. Mai 1945 offiziell ihre Tätigkeit auf und wurde von dem sowjetischen Stadtkommandanten, Generaloberst Berzarin, anerkannt. Mit Berzarin machte Dibelius auch sonst außerordentlich gute Erfahrungen.

»Der Generaloberst hat mir von sich aus, ohne daß ich eigentlich darum gebeten hätte, ein Auto zur Verfügung gestellt [...] und mir auch sonst jede weitere Hilfe zugesagt [...] Der Kurs ist keineswegs einfach bolschewistisch-kommunistisch, sondern die deutschen Kommunisten werden ziemlich kurz gehalten, damit wenigstens nach außen das demokratische Prinzip gewahrt bleibt[85].«

In der Sitzung vom 28. Juni 1945 bestätigte auch die neugebildete Kirchenleitung Dibelius im Amt des Generalsuperintendenten, das von der Kurmark auf Berlin ausgedehnt wurde, und erklärte sich damit einverstanden, daß er die Amtsbezeichnung »Bischof« führte. Doch anders als in Rest-Pommern, Rest-Schlesien und auch in der Kirchenprovinz Sachsen tat sich die Berlin-Brandenburgische Kirche mit dem seit 1928 in den lutherischen Landeskirchen üblichen Bischofstitel sehr schwer[86]. Nach anfänglichem Widerstand aus Bruderratskreisen und von der Berliner Kirche konnte Anfang Dezember 1945 aus dem Provisorium aber eine Dauerlösung werden, die vom EOK als oberster Behörde der Altpreußischen Union bestätigt wurde. Nachdem die Tätigkeit des von den Deutschen Christen ernannten EOK-Präsidenten Werner für beendet erklärt worden war, baten die in der Behörde noch verbliebenen Oberkirchenräte Söhngen und Tröger den Berliner Bischof, auch das Präsidentenamt zu übernehmen, was Dibelius — als erster Theologe in dieser Funktion — ihnen zusagte[87].

Neben Dibelius stellten in Berlin der bisherige Präses der brandenburgischen BK, Kurt Scharf, sowie Hans Böhm, Heinrich Grüber und Gerhard Jacobi in zentralen kirchenleitenden Ämtern die personelle Kontinuität zur Bekennenden Kirche während des »Dritten Reiches« her[88].

Auch gesamtkirchlich gewann Dibelius bald eine zentrale Position. Er unterstützte die Anstrengungen des württembergischen Landesbischofs Theophil Wurm, auf der Grundlage seines »Kirchlichen Einigungswerkes«[89] einen neuen kirchlichen Zusammenschluß, die »Evangelische Kirche in Deutschland« (EKD), zu bilden. Mit Dibelius' Hilfe ließ sich der Bruderrat auf den Weg des Kompromisses im Sinne eines grundsätzlichen theologischen und kirchenpolitischen Ja zur Vereinigung der »Kirche der Tradition und Institution« mit der »Kirche der Bewegung und Erneuerung«[90] ein. Dibelius trug die Entwicklung von der »Treysaer Konvention«[91] im August 1945 über das Stuttgarter Schuldbekenntnis[92] bis zur endgültigen Gründung der EKD auf der Kirchenversammlung von Eisenach 1948[93] mit und wurde auf der ersten Tagung der ersten EKD-Synode in Bethel Mitte Januar 1949 mit klarer Mehrheit zum ersten Ratsvorsitzenden gewählt[94]. Außerdem hatte der Berliner Bischof von 1945 bis 1960 den Vorsitz in der von ihm begründeten »Ostkirchenkonferenz« inne, die seit 1950 die Bezeichnung »Konferenz der Evangelischen Kirchenleitungen im Gebiet der DDR« (KKL) trug[95].

b) Die angloamerikanische Religions- und Kirchenpolitik

Als Landesbischof Wurm bei seinen Verhandlungen mit den Westalliierten am 22. Juni 1945 in Frankfurt am Main als oberstes Ziel kirchlicher Arbeit im Nachkriegsdeutschland nichts weniger als die »Rechristianisierung des deutschen Volkes«[96] nannte, stieß er bei den Angloamerikanern auf begeisterte Zustimmung; mit ihrer Unterstützung entwickelten sich die Kirchen zur ersten gesellschaftlichen Kraft in Westdeutschland[97]. Gleichwohl waren die deutschen Kirchen weit davon entfernt, einem umfassenden Eliminations- und Umerziehungskonzept zuzustimmen, das darauf hinzielte, »to stamp out the whole tradition on which German nation has been built up« und »to look to Great Britain and to the English speaking world as their exemplar«[98]. Ganz davon abgesehen, daß sie selbst einen Teil dieser Tradition bildeten, setzte das Programm die Einsicht in die generelle Untauglichkeit der deutschen und die sittlich-moralische Superiorität der angloamerikanischen Denk- und Lebensweisen voraus. Beides war nicht der Fall. Denn sowohl den aufgezeigten historischen Argumentationslinien zuungunsten der Deutschen[99] wie den aktuellen Verhaltensweisen der Alliierten fehlte es an letzter Überzeugungskraft[100]. So mußten die Besatzungsbehörden sehr bald erkennen, daß selbst in den Kirchen die Grenzen für ein »fundamental re-thinking« enger gesteckt waren, als sie ursprünglich gehofft hatten[101].

In der britischen Besatzungszone orientierte man sich bei den ersten Maßnahmen an den amerikanischen Richtlinien, so wie sie in der Direktive JCS 1067 vom 26. April 1945 festgelegt worden waren[102]. Auch im *Allied Religious Affairs Committee* (ARAC), in dem die Alliierten seit August 1945 ihre Religions- und Kirchenpolitik koordinierten, dominierten zunächst eindeutig die Amerikaner. So gelang es ihnen, ihre Direktive JCS 1143 durchzusetzen, die den Grundsatz der Nichteinmischung in kirchliche und religiöse Angelegenheiten vertrat[103]. Dies heißt freilich ebensowenig wie in anderen Bereichen, daß die Briten — nicht zuletzt wegen ihrer bekanntermaßen starken wirtschaftlichen, aber auch außenpolitischen Abhängigkeit von den USA — ganz auf die Verwirklichung eigener Vorstellungen verzichtet hätten[104].

Vorbereitet waren alle Maßnahmen durch die im Frühjahr 1944 gebildete »Religious Affairs Section«, die den angloamerikanischen Supreme Headquarters Allied Expeditionary Forces (SHAEF) unterstand. Der Leiter dieser Religionsabteilung, Major Knappen, bezog seine Informationen durch Gespräche mit Experten aus der Ökumene[105]. Die von Knappen und seinem Stab erarbeiteten Richtlinien wurden in drei Essentials zusammengefaßt:

»a. The guarantee of freedom of religion and respect for religious institutions.
b. Minimizing the abuse of church privileges to promote subversive political activities.
c. Continuation of traditional German Government service to the churches, especially in the field of church finance and the support of denominationally controlled elementary schools[106].«

In der interalliierten European Advisory Commission (EAC) spielten die US-Amerikaner ebenfalls eine dominierende Rolle, was sich schon daraus ergibt, daß der Entwurf für die kirchenpolitische EAC-Direktive Nr. 12 von Knappens Stab stammte[107]. Schließlich entstand in der Knappen-Abteilung auch das Ende Februar 1945 vorgelegte SHAEF-Handbuch »Technical Manual for Education and Religious Affairs«.

Bei allen kirchenpolitischen Direktiven und Ratgebern der Westalliierten nahm — entsprechend ihrer Tradition — der Gedanke der Religionsfreiheit einen hohen Rang ein. Das Recht der freien Ausübung ihrer Religion sollte nach dem Willen der Briten nicht einmal den »Deutschen Christen« genommen werden[108].

Die für die Kirchenpolitik in der amerikanischen Besatzungszone zuständige Religious Affairs Branch war hinsichtlich ihres Personals nicht nur quantitativ dürftig ausgestattet, sondern auch qualitativ. Da Knappen eine Beteiligung von Militärgeistlichen ablehnte, weil er über sie den Einfluß religiöser Denominationen befürchtete, war er ganz auf interessierte Laien angewiesen[109]. Diese Personalpolitik hatte — wie ein Vergleich besonders mit den Briten zeigt — den Nachteil, daß nur etwa 15 wirklich kompetente Personen in der Religionsabteilung arbeiteten.

Die britische Religious Affairs Branch war eine Unterabteilung der Internal Affairs & Communication Division der Kontrollkommission[110] und trug für beinahe vier Jahre die Verantwortung für alle religionspolitischen Entscheidungen in der britischen Besatzungszone. Sie stand unter dem starken Einfluß der Church of England, die auch bei den Stellenbesetzungen der Religionsabteilung maßgeblich mitwirkte. Bei den leitenden Mitarbeitern der Religious Affairs Branch — Oberst Sedgwick[111] und nach ihm Kaplan Iain Wilson[112] — handelte es sich zunächst um demobilisierte Armeekapläne. Trotz der massiven kirchlichen Unterstützung gelang es der Branch aber nur selten, ihre Vorstellungen gegen die politische und die Sicherheitsabteilung der Militärregierung durchzusetzen, weil sie innerhalb der Besatzungshierarchie nur eine recht untergeordnete Rolle spielte[113]. Zu ihren Aufgaben gehörte auch die Überwachung der Entnazifizierung von Geistlichen. Ihre Tätigkeit auf diesem konfliktreichen Feld beeinträchtigte oft eine wirkliche vertrauensvolle Zusammenarbeit mit den deutschen Kirchen in anderen Bereichen. Andererseits brachte das meist größere Verständnis für die deutschen kirchlichen Probleme die Mitarbeiter der Branch gegenüber anderen Einrichtungen der Militärverwaltung in große Schwierigkeiten. Während beispielsweise die Public Safety Branch auf einen sofortigen Rücktritt von Landesbischof Marahrens drängte, versuchte die Religious Affairs Branch den Kollegen vergeblich zu verdeutlichen, aus welchen Gründen ein gewaltsames Vorgehen nicht opportun sei[114]. So nahm die Religionsabteilung eine undankbare Position zwischen den Stühlen ein, die manche ihrer Aktivitäten scheitern ließ.

c) Die französische Religionspolitik

Da Frankreich erst mit der Konferenz von Jalta eine eigene Zone eingeräumt wurde, gab es keine Planungen im Vorfeld der Besetzung[115]. Obwohl sich die französische Militärverwaltung darum im großen und ganzen an den alliierten Direktiven orientierte, setzte auch ihre Religionsabteilung, die Direction de l'Interieur et des Cultes unter Präfekt Holveck, eigene Akzente[116]. Von besonderer Bedeutung waren dabei die obersten Geistlichen (Aumoniers généraux) der verschiedenen Konfessionen, da Militärgouverneur Pierre Koenig sie als Berater in kirchlichen Fragen hinzuzog. Unter den Aumoniers généraux wiederum besaß der Elsässer Marcel Sturm, ein evangelischer Pfarrer, besonderen Einfluß[117]. Im Unterschied zu den Angloamerikanern, die mit der Wort-Gottes-Theologie Karl Barths und seines Kreises ebensowenig anzufangen wußten wie die Skandinavier[118] und die meisten Mitarbeiter des ÖRK, fühlte sich Sturm dem bruderrätlichen Flügel der Bekennenden Kirche besonders verbunden. Anders als die Angloamerikaner, denen Martin Niemöller stets verdächtig war, unterstützte der französische Geistliche diese Zentralgestalt des Reichsbruderrates und betrieb die Gründung eines gemeinsamen deutsch-französischen Bruderrates — auch um die Verständigung zwischen den beiden Völkern zu fördern.

4. Die Haltung der Ökumene gegenüber der deutschen Kirche

Anders als Marcel Sturm, dessen kleine französisch-reformierte Kirche kaum Einfluß auf die französische Politik ausüben konnte, wußten die britischen Militärkapläne die englische Staatskirche hinter sich. Auf ein Hilfeersuchen des britischen Zivilgouverneurs hin legte der erst seit April 1945 im Amt befindliche Erzbischof von Canterbury, Geoffrey Fisher, Anfang Juli 1945 ein Memorandum über »The Church in Germany«[119] vor. Darin stellte er den evangelischen Kirchen im Vergleich zur katholischen ein sehr schlechtes politisches Urteil im Blick auf die NS-Zeit aus. Kurz darauf legte der Bischof von Chichester, George Bell, ebenfalls eine Denkschrift vor, die unter dem Einfluß des Pastors an der deutschen St. Georgs-Gemeinde in London, Julius Rieger, entstanden war und der Bekennenden Kirche ein glänzendes Zeugnis ausstellte. Beide Memoranden stimmten darin überein, den Militärgeistlichen William Tindal eine Erkundungsreise durch die Kirchen der Britischen Zone unternehmen zu lassen und aufgrund seiner Informationen ein Konzept für die Kirchenpolitik der britischen Besatzungsmacht zu entwickeln. Gottfried Michaelis, ein ehemaliger Studienfreund Tindals, begleitete ihn auf seinem »trip« im Juli 1945 und ließ ihn sehen, was in

Bodelschwinghs Wiederaufbaupläne paßte. Entsprechend deutlich stellte Tindal in seinem Bericht Wurms Rolle und das Konzept des Kirchlichen Einigungswerkes heraus[120].

Der im Aufbau begriffene Ökumenische Rat der Kirchen (ÖRK) sandte Ende Juli 1945 den lutherischen Pastor Stewart W. Herman nach Deutschland, um — wie der zukünftige Generalsekretär des ÖRK, Willem A. Visser't Hooft, schrieb — »uns ausführlich über die Lage der Kirche zu berichten und ganz besonders um herauszufinden, was wir konkret für Ihre Kirche unternehmen können«[121]. Vor Herman, nämlich zwischen dem 15. Juni und 12. Juli 1945, hatte bereits Adolf Freudenberg, der Leiter des ÖRK-Sekretariats für nichtarische Flüchtlinge, eine Reise durch Deutschland unternommen, kam aber erst im August dazu, seine Eindrücke zu Papier zu bringen[122]. Der Amerikaner Herman hatte in Deutschland studiert und war von 1936 bis 1941 Pfarrer der amerikanischen Kirche in Berlin gewesen. Von Herbst 1943 an arbeitete Herman in Großbritannien 18 Monate lang für das Office of Strategic Services (OSS), den Geheimdienst der amerikanischen Regierung. Nach der deutschen Kapitulation wechselte er zum ÖRK über und war dort als stellvertretender Direktor des Department of Reconstruction and Relief tätig. Von dort unternahm er insgesamt vier große Reisen durch Deutschland, die ihm nicht nur einen Eindruck von den Lebensbedingungen der Bevölkerung in dem zerstörten Land vermittelten, sondern ihm auch die Möglichkeit gaben, mit allen wichtigen Persönlichkeiten des kirchlichen Lebens Gespräche über die Aufbauarbeit zu führen. Die zahlreichen, von ihm diktierten Reiseberichte bestimmten mehr als alle anderen Informationen das Bild des ÖRK, aber auch der amerikanischen Besatzungsbehörden von den Kirchen in Deutschland.

Die Kirchen der Ökumene befanden sich in einer schwierigen Lage. Ihr Handlungsspielraum gegenüber der Schwesterkirche in Deutschland war im wesentlichen durch die Toleranzgrenzen ihrer Regierungen bestimmt, die — bezogen auf den Aggressor Deutschland — das Stimmungsbild der Menschen in den Siegerstaaten nicht außer acht lassen konnten und wollten. Um den Mitchristen in Deutschland wirkungsvoll helfen zu können, mußte der ÖRK daher eine Atmosphäre schaffen, die eine Voraussetzung bot, in Übereinstimmung mit den großen Kirchen in den USA und England zu handeln. Dazu bedurfte es seitens der Deutschen eines ersten Schrittes.

5. Die Bildung der EKD, das Stuttgarter Schuldbekenntnis, die Entnazifizierungsproblematik und die kirchliche Aufbauhilfe

Zur Verständigung der deutschen Kirche mit der Ökumene erschienen zunächst einmal personalpolitische Konsequenzen nötig. In Genf wie in London bestand bald Einvernehmen darüber, daß der hannoversche Landesbischof Marahrens und der Leiter des kirchlichen Außenamtes bei der DEK, Theodor Heckel, durch Akte der Kooperation mit dem NS-Regime so belastet seien, daß sie aus ihren Ämtern ausscheiden müßten[123]. Marcel Sturm unterstützte die Initiative der französischen Militärverwaltung, den neuen Bischof der pfälzischen Landeskirche, Stichter, zum Rücktritt Gestalt einer Versetzung in den Ruhestand zu bewegen[124].

Eine andere Frage betraf die »Wiederaufnahme der persönlichen brüderlichen Beziehungen«, wie Visser't Hooft am 25. Juli an Dibelius schrieb. Dort heißt es weiter:

»Die Christen in den anderen Ländern [...] möchten so gern, daß offen gesagt wird, [...] daß das deutsche Volk und die Kirche nicht offen und auch laut genug gesprochen haben. Die Äußerungen von Bischof Wurm, von Asmussen, und auch die Berliner Erklärung sind noch so ›apologetisch‹ und machen es daher den anderen nicht leicht, nun auch ihrerseits ohne Pharisäertum ihre eigene andersartige Schuld am ganzen Geschehen zu bekennen[125].«

Grundsätzlich bedurfte es dieses Anstoßes nicht, denn zu diesem Zeitpunkt lag es bereits eine ganze Reihe von Worten einzelner zur Schuldproblematik vor, und die Diskussion darüber, ob die Kirche als solche eine Schulderklärung formulieren solle, war im Gang. Erst am 23. Juli hatte Bodelschwingh gegenüber Wurm die Ansicht einer Frau »aus den Kreisen des Evangelischen Frauenbundes« mitgeteilt. Diese hatte geschrieben:

»Nun warten wir weiter fast fieberd auf eine Kundgebung der evangelischen Kirche in bezug auf unsere Haltung, Weg und Fernziel. Die evangelische Kirche darf jetzt nicht schweigen, das wäre eine zu harte Prüfung für das fragende Kirchenvolk, eine Enttäuschung für die Gefangenen im Auslande und in den Augen der anderen Völker[126].«

Diese und andere Hinweise[127] gab der Leiter der Betheler Anstalten so weiter, daß kein Zweifel hinsichtlich seiner eigenen Position entstehen konnte: Er trat für die Formulierung eines Schuldbekenntnisses ein.

Eine deutliche Mehrheit in der deutschen Bevölkerung und in den Kirchen dachte freilich anders. Vor dem Hintergrund der Kriegsschulddiskussion nach dem Ersten Weltkrieg[128], den von Ost nach West flutenden Flüchtlingsströmen, der drohenden Okkupation durch die Sowjets, der alliierten Bombardements in den letzten Kriegsmonaten und den ersten Entnazifizierungsdirektiven des Sommers 1945 fürchteten weite Kreise, man liefere mit einem öffentlichen Schuldbekenntnis den Besatzungsmächten nur weitere Argumente für harte Vergeltungsmaßnahmen und Willkürakte. Verweigerten die Kirchen andererseits ein solches Wort, mußten sie ebenfalls mit unangenehmen Konsequenzen sowohl seitens des Kirchenvolkes wie der Alliierten rechnen.

Nach dem Hirtenwort des deutschen Episkopats vom 23. August 1945, das zur Schuldfrage Stellung nahm[129], blieb für die Protestanten eigentlich nur noch offen, *wie* sie sich äußern sollten. Was dann Mitte Oktober 1945 in Anwesenheit ökumenischer Vertreter gesagt wurde, war den einen zu viel, den anderen aber zu wenig[130]. Insofern sorgte die Erklärung zwar für einen Neuanfang mit der Ökumene, bildete aber gleichzeitig neuen Konfliktstoff innerhalb der ohnehin zerrissenen evangelischen Kirche. Eine der gravierendsten Schwächen der Stuttgarter Erklärung bestand darin, daß sie zum Verhältnis von Christen und Juden nach dem Holocaust schwieg[131].

Zwar heißt es in der Erklärung: »Mit großem Schmerz sagen wir: Durch uns ist unendliches Leid über viele Völker und Länder gebracht worden.« Freilich sagen die Verfasser auch: »Wohl haben wir wir lange Jahre hindurch im Namen Jesu Christi gegen den Geist gekämpft, der im nationalsozialistischen Gewaltregiment seinen furchtbaren Ausdruck gefunden hat; aber wir klagen uns an, daß wir nicht mutiger bekannt, nicht treuer gebetet, nicht fröhlicher geglaubt und nicht brennender geliebt haben.« Während diese abschwächenden Komparative noch bei den Redenden selbst verharren, deutet ein Satz im letzten Abschnitt auf die »Schuld der anderen«[132]: »Wir hoffen zu Gott, daß durch den gemeinsamen Dienst der Kirchen dem Geist der Gewalt und der Vergeltung, der heute von neuem mächtig werden will, in aller Welt gesteuert werde[133].«

Mitten hinein in die Schulddiskussion und von ihr überschattet, fielen erste Neuordnungsmaßnahmen der evangelischen Kirche. Diejenigen, die rückhaltlose Schuldbekenntnisse und eine grundlegende Umstrukturierung der evangelischen Kirche wünschten, gehörten zumeist dem bruderrätlichen Flügel der Bekennenden Kirche an. Dieser traf sich zu einer Bruderratstagung in Frankfurt vom 21. bis 24. August 1945.

In seinem Eröffnungsreferat schilderte Martin Niemöller die verzweifelte materielle und geistige Situation des deutschen Volkes und sagte in diesem Zusammenhang:

»Wir wissen, daß die Kirche an der Entwicklung der letzten 15 Jahre ihr gemessen Teil Schuld trägt, und daß wir keine Möglichkeit mehr haben zu sagen: Was geht uns das an, wir haben das nicht gewollt[134]!«

Er berichtete dann, daß Dibelius' ihn in einem Brief gemahnt habe, darauf bedacht zu sein, das der Bekennenden Kirche geschenkte »Neue [...] in Versöhnlichkeit gegenüber den andern, die aus Mangel an Opferbereitschaft in die konsistoriale Linie eingelenkt waren, zu verwirklichen«[135]. Die Bekennende Kirche allein — so Dibelius — habe »zu wenig Persönlichkeiten mit geistlicher Führerqualität«[136]. Vor diesem Hintergrund, so Niemöller, seien ihm die »allerschwersten Bedenken« gegenüber der nach Treysa einberufenen »Kirchenführerkonferenz« gekommen. Wurm habe zwar »in der Judenfrage und in der Frage der Beseitigung unwerten Lebens« eine klare persönliche Haltung bewiesen, die aber wohl zu unterscheiden sei von dem »alten Weg« der Lutherischen Kirchen. Sodann hob er die fortdauernde Legitimität und Legalität der BK-Kirchenleitungen im Unterschied zu den »intakten« Kirchenleitungen hervor. Sein Ruf von 1935 »Nie wieder Bischöfe!« sei leider schnell in Vergessenheit geraten; er sehe in dem Hang zu Bischöfen »eine ganz verhängnisvolle Nachwirkung des nationalsozialistischen Führerprinzips im Raum der Kirche« und vermisse das synodale Votum zu diesem Schritt. Von ihnen wolle er hören, rief er den Versammelten zu, welcher Weg eingeschlagen werden solle: »Wohin soll heute der Weg gehen, zu einer Restauration der Verhältnisse vor 1933 oder zu einer Reformation im Sinne des Pfarrernotbundes und der Bekennenden Kirche?«

Otto Kröhnerts stenographisches Protokoll über die Sitzung des Reichsbruderrates[137] läßt hervortreten, wie plural der Kreis sachlich und personell zusammengesetzt war. So spielte neben Niemöller und Barth etwa auch Hans Asmussen[138], der Intimus des württembergischen Bischofs, eine hervorragende Rolle. Die Gegensätze zwischen Barth und Asmussen brachen in der Versammlung über der Frage des Luthertums und der Bewertung der Demokratie in einer Weise auf, daß die theologisch-politische Heterogenität dieser Gruppe nur allzu deutlich vor Augen trat. Wohl nicht zuletzt auch deshalb ermöglichten die schließlich gefaßten Beschlüsse des Reichsbruderrates[139] eine prinzipielle Einigung mit der »Kirchenführerkonferenz«.

Aber auch die Lutheraner waren in sich gespalten. Landesbischof Hans Meiser hatte im Juli 1945 zwei Verfassungsentwürfe zur Bildung einer Lutherischen Kirche Deutschlands in Auftrag gegeben und die Mitgliedskirchen des Rates der Evangelisch-Lutherischen Kirche Deutschlands zu einer Tagung nach Treysa eingeladen, die kurz vor der »Kirchenführerkonferenz« stattfand. Doch Meisers Pläne scheiterten am Widerspruch der durch Wurm und Schlatter vertretenen Württembergischen Landeskirche. Nach kontroverser Diskussion einigte man sich schließlich auf einen von Hanns Lilje formulierten Kompromiß:

»Bei der Neuordnung der DEK die Lutherische Kirche Deutschlands zur Darstellung zu bringen, betrachten sie [scil. die im Rat der Evangelisch-Lutherischen Kirche Deutschlands zu einem Bund zusammengeschlossenen Landeskirchen] als ihre vornehmste Aufgabe[140].«

Unter diesen Voraussetzungen konnte in Treysa eine »Vorläufige Ordnung der Evangelischen Kirche in Deutschland« und die Bildung einer »Vorläufigen Leitung« in Gestalt eines zwölfköpfigen Rates verabschiedet werden[141]. Nach heftigen kirchenverfassungsrechtlichen Debatten wurde das kompromißreiche Provisorium drei Jahre später in Eisenach durch eine Grundordnung abgelöst, die freilich ebenfalls die kontroverse Ausgangslage und die Unabgeschlossenheit der theologisch-politischen Diskussion widerspiegelte[142]. Unter dem offenbar bewegenden Eindruck der überraschenden Einigung in Eisenach erklärte der Bruderrat der EKD Mitte Juli 1948 »seine kirchenleitenden Funktionen für erloschen«[143]. Der neugebildete Rat der EKD wählte im Januar 1949 Otto Dibelius zu seinem ersten Vorsitzenden[144]. Drei Monate später wurde Heinz Brunotte für den entlassenen Hans Asmussen zum Leiter der Kirchenkanzlei bestellt. Aber auch Asmussens Antipode, Martin Niemöller, geriet bei der Neuverteilung der Ämter in der EKD ins Hintertreffen.

Anders als in der EKD konnten die Bruderräte unter Leitung der westlichen preußischen Provinzialkirchen Rheinland und Westfalen ihre Konzeption einer kirchlichen Neuordnung durchsetzen, indem sie im August 1945 eine weitgehende Verselbständigung der ehemaligen Provinzialkirchen beschlossen und die dem Kirchensenat der APU bzw. dem preußischen EOK zustehenden kirchenleitenden Funktionen übernahmen. Auf Initiative der östlichen Provinzialkirchen erhielt die altpreußische Kirchenleitung dann in einem Zusatzabkommen vom 2. Oktober 1945 einige Kompetenzen wieder zurück, um den Zusammenhalt der östlichen Kirchen zu stärken, ohne daß freilich die grundsätzliche Entscheidung über die Selbständigkeit der einzelnen Provinzialkirchen rückgängig gemacht wurde[145]. 1950 wurde dann — als Gegengewicht zu dem in der »Vereinigten Evangelisch-Lutherischen Kirche« (VELKD) 1948 entstandenen lutherischen Block[146] — von den Vertretern der ehemals preußischen Provinzialkirchen die »Evangelische Kirche der Altpreußischen Union« (APU) durch eine Synodaltagung wieder für die kirchliche Öffentlichkeit sichtbar gemacht. 1953 nannte sich die APU durch Synodalbeschluß in »Evangelische Kirche der Union« (EKU) um. An die Stelle des EOK, aus dem Dibelius am 30. November 1951 ausschied, trat die Kirchenkanzlei der EKU.

Über alle innerprotestantischen Kontroversen hinweg waren sich die kirchenleitenden Persönlichkeiten in ihrem negativen Urteil über die alliierte Säuberungspolitik einig. Weder die kirchliche »Selbstreinigung« noch die »Entnazifizierung« der Bevölkerung schien ihnen ein tauglicher Weg zu sein. Bei ihrer Ablehnung der von den Siegermächten geforderten bzw. vorgenommenen Maßnahmen konnten sie sich auf deren Inkompetenz und den darauf beruhenden Fehlentscheidungen der ersten Zeit berufen: den nivellierenden Schematismus und moralischen Rigorismus, der alle Schuldeinsicht schon im Ansatz zunichte werden ließ. Vor diesem Hintergrund zogen sich beide große Kirchen auf einen Rechtspositivismus zurück, der die Bemühungen der Alliierten um eine rechtliche Klärung der Vergangenheit als blanke Siegerjustiz erscheinen ließ. So wandte beispielsweise Wurm namens des Rates der EKD gegen das »Gesetz zur Befreiung von Nationalsozialismus und Militarismus« vom März 1946 ein:

»Es entspricht dem allgemeinen Rechtsempfinden, daß eine Strafe erst dann verhängt werden kann, wenn ein Gesetz vorhanden ist (nulla poena sine lege). Sieht man von der selbstverständlichen Aburteilung von Straftaten ab, so will das hier in Frage stehende Gesetz darüber hinaus Handlungen und Gesinnungen bestrafen, welche lange vor dem Erlaß dieses Gesetzes liegen. Dabei waren Handlungen und Gesinnungen, die heute verurteilt werden, vom damaligen Gesetzgeber als rechtmäßig und gut eingeschätzt[147].«

Am 6. Februar 1948 nahm die in Stuttgart versammelte leitende Geistlichkeit nochmals »zusammenfassend« Stellung. In dieser Erklärung wird einerseits »das echte grundsätzliche Anliegen der politischen Säuberung bejaht«, andererseits auf die verheerenden »Wirkungen der kollektiven Schuldvermutungen« hingewiesen: »An die Stelle aufrichtiger Selbstbesinnung und Umkehr ist Selbstrechtfertigung getreten, die durch eine Unsumme von Entlastungszeugnissen noch besonders glaubhaft gemacht werden sollte[148].« An der Vergabe solcher »Entlastungszeugnisse«, im Jargon der Zeit »Persilscheine« genannt[149], waren in besonderer Weise Pfarrer beteiligt.

Wie wenig selbstverständlich den Kirchen auch »die Aburteilung von Straftaten« war, legen ihre grundsätzlichen Vorbehalte gegen die Nürnberger Prozesse nahe[150]. In zahlreichen Fällen setzten sich kirchenleitende Persönlichkeiten in Eingaben für die Verurteilten ein, plädierten für die Herabsetzung des Strafmaßes, forderten die Verhandlung vor einer zweiten Instanz oder schrieben Gnadengesuche. Mit zunehmendem Nachdruck suchten die Kirchen das Geschehene auf eine kleine Gruppe von Verbrechern zurückzuführen, deren Faszination eine Mehrheit Gutgläubiger erlegen sei. Im Zusammenhang damit erfolgte eine immer schärfere Zurückweisung des Kollektivschuld-Vorwurfs und das immer eindringlichere Plädoyer zugunsten einer Schlußstrich-Strategie, die jetzt als Ermöglichung eines Neuanfangs unter demokratischen Vorzeichen erschien.

Die Wiederaufnahme der ökumenischen Beziehungen — insbesondere durch die angloamerikanischen Kirchen — brachte den deutschen Protestantismus in den Genuß ökumenischer Aufbauhilfe, aber auch in ein konzeptionelles Abhängigkeitsverhältnis zum ÖRK[151]. Aufgrund dieser Konstellation war die Großkirche gehalten, wenigstens im Bereich zwischenkirchlicher Hilfe eine innerdeutsche Ökumene mit den Freikirchen zu entwickeln, die freilich spannungsvoll blieb und Chancen der Verständigung ungenutzt ließ[152].

Anmerkungen

[1] Vgl. zum folgenden Klaus Scholder, Die Kirchen zwischen Republik und Gewaltherrschaft. Gesammelte Aufsätze, hrsg. von Karl Otmar von Aretin und Gerhard Besier, Berlin 1988, bes. S. 131—169; Kurt Meier, Kreuz und Hakenkreuz. Die evangelische Kirche im Dritten Reich, München 1992; Klaus Scholder, Die Kirchen und das Dritte Reich, Bd 1: Vorgeschichte und Zeit der Illusionen 1918—1934, Berlin 1977, Bd 2: Das Jahr der Ernüchterung 1934, Barmen, Rom, Berlin 1985; Kurt Meier, Der evangelische Kirchenkampf. Gesamtdarstellung in drei Bänden, Halle/Saale, Göttingen 1976/1984.

Zwischen Neuanfang und Restauration. Die evangelischen Kirchen 733

[2] Vgl. Gerhard Besier, The Stance of the German Protestant Churches during the Agony of Weimar, in: ders., Die evangelische Kirche in den Umbrüchen des 20. Jahrhunderts. Gesammelte Aufsätze, Bd 1: Kirche am Übergang vom Wilhelminismus zur Weimarer Republik. Von der Weimarer Republik ins »Dritte Reich« — der »Kirchenkampf«, Neukirchen-Vluyn 1994, S. 57—75; Kurt Nowak, Evangelische Kirche und Weimarer Republik. Zum politischen Weg des deutschen Protestantismus zwischen 1918 und 1932, Göttingen 1981.

[3] Vgl. Kurt Meier, Die Deutschen Christen. Das Bild einer Bewegung im Kirchenkampf des Dritten Reiches, Halle, Göttingen 1964.

[4] Vgl. Thomas Martin Schneider, Reichsbischof Ludwig Müller. Eine Untersuchung zu Leben, Werk und Persönlichkeit, Göttingen 1993.

[5] Zu Barth vgl. Eberhard Busch, Karl Barths Lebenslauf, München ³1978.

[6] Vgl. Karl Barth, Theologische Existenz heute! (1933). Neu hrsg. von Hinrich Stoevesandt, München 1984.

[7] Vgl. Wilhelm Niemöller, Der Pfarrernotbund. Geschichte einer kämpfenden Bruderschaft, Hamburg 1973.

[8] Zum »Arierparagraphen« und der hiermit verbundenen Gesamtproblematik vgl. Eberhard Röhm, Jörg Thierfelder, Juden, Christen, Deutsche, Bde 1, 2/I, 2/II, Stuttgart 1990—1992.

[9] Vgl. Bernd Hey, Die Kirchenprovinz Westfalen 1933—1945, Bielefeld 1974.

[10] Vgl. Helmut Baier, Ernst Henn, Chronologie des bayerischen Kirchenkampfes 1933—1945, Nürnberg 1969; Helmut Baier, Kirche in Not. Die bayerische Landeskirche im Zweiten Weltkrieg, Neustadt a. d. Aisch 1979.

[11] Vgl. Die Evangelische Landeskirche in Württemberg und der Nationalsozialismus. Eine Dokumentation zum Kirchenkampf, hrsg. von Gerhard Schäfer, 6 Bde, Stuttgart 1971—1986.

[12] Vgl. Eberhard Klügel, Die lutherische Landeskirche Hannovers und ihr Bischof 1933—1945, Berlin, Hamburg 1964.

[13] Vgl. Gerhard Niemöller, Die erste Bekenntnissynode der Deutschen Evangelischen Kirche zu Barmen, 2 Bde, Göttingen 1959; Carsten Nicolaisen, Der Weg nach Barmen. Die Entstehungsgeschichte der Theologischen Erklärung von 1934, Neukirchen-Vluyn 1985.

[14] Vgl. Die zweite Bekenntnissynode der Deutschen Evangelischen Kirche zu Dahlem. Text — Dokumente — Berichte, hrsg. von Gerhard Niemöller, Göttingen 1958; Gerhard Besier, Zur ekklesiologischen Problematik von »Dahlem« (1934) und »Darmstadt« (1947). Historisch-theologische Überlegungen, ausgehend von einer These Klaus Scholders, in: ders., Die evangelische Kirche in den Umbrüchen des 20. Jahrhunderts, Bd 1 (wie Anm. 2), S. 143—156.

[15] Vgl. dazu Scholder, Die Kirchen und das Dritte Reich, Bd 2 (wie Anm. 1), S. 159—219; 269—355.

[16] Zu diesem Phänomen vgl. Kurt Meier, Volkskirche 1918—1945. Ekklesiologie und Zeitgeschichte, München 1982.

[17] Vgl. dazu Werner Philipps, Wilhelm Zoellner — Mann der Kirche in Kaiserreich, Republik und Drittem Reich, Bielefeld 1985.

[18] Vgl. Andreas Kersting, Kirchenordnung und Widerstand. Der Kampf um den Aufbau der Bekennenden Kirche der Altpreußischen Union aufgrund des Dahlemer Notrechts von 1934 bis 1937, Gütersloh 1994.

[19] Vgl. Zwischen Widerspruch und Widerstand. Texte zur Denkschrift der Bekennenden Kirche an Hitler (1936), hrsg. von Martin Greschat, München 1987.

[20] Vgl. Günter Brakelmann, Kirche im Krieg. Der deutsche Protestantismus am Beginn des Zweiten Weltkriegs, München ²1980; Evangelische Kirche im Zweiten Weltkrieg, hrsg. von Günther van Norden, Volker Wittmütz, Köln 1991.

[21] Vgl. Reinhard Bollmus, Das Amt Rosenberg und seine Gegner. Studien zum Machtkampf im nationalsozialistischen Herrschaftssystem, Stuttgart 1970.

[22] Vgl. Paul Gürtler, Nationalsozialismus und evangelische Kirche im Warthegau. Trennung von Staat und Kirche im nationalsozialistischen Weltanschauungsstaat, Göttingen 1958.

[23] Vgl. Kurt Nowak, »Euthanasie« und Sterilisierung im »Dritten Reich«. Die Konfrontation der evangelischen und katholischen Kirche mit dem Gesetz zur Verhütung erbkranken Nachwuchses und der »Euthanasie«-Aktion, Göttingen, Weimar ²1980.

[24] Vgl. Wolfgang Gerlach, Als die Zeugen schwiegen. Bekennende Kirche und die Juden, Berlin 1987.

[25] Vgl. Hartmut Ludwig, Die Opfer unter dem Rad verbinden. Vor- und Entstehungsgeschichte, Arbeit und Mitarbeiter des »Büro Pfarrer Grüber«. Diss. B, Berlin (Ost) 1988; vgl. auch Gerhard Besier, Heinrich Grüber. Pastor, Ökumeniker, Kirchenpolitiker, in: ders., Die evangelische Kirche in den Umbrüchen des 20. Jahrhunderts. Gesammelte Aufsätze, Bd 2: Von der ersten Diktatur in die zweite Demokratie: Kirchlicher Neubeginn in der Nachkriegszeit. Kirchen, Parteien und Ideologien im Zeichen des Ost-West-Konflikts, Neukirchen-Vluyn 1994, S. 155—176.

[26] Vgl. Klemens von Klemperer, Glaube, Religion, Kirche und der deutsche Widerstand gegen den Nationalsozialismus, in: Vierteljahrshefte für Zeitgeschichte, 28 (1980), S. 293—309; Gerhard Besier, Die Bekennende Kirche und der Widerstand gegen Hitler. Einzelbeobachtungen, in: Wort und Dienst. Jahrbuch der Kirchlichen Hochschule Bethel, N.F., 18 (1985), S. 197—227; ders., Ansätze zum politischen Widerstand in der Bekennenden Kirche. Zur gegenwärtigen Forschungslage, in: ders., Die evangelische Kirche in den Umbrüchen des 20. Jahrhunderts, Bd 1 (wie Anm. 2), S. 227—242; ders., Evangelische Kirche und Widerstand, in: Kirchliche Zeitgeschichte, 7 (1994) 2; Gerhard Ringshausen, Evangelische Kirche und Widerstand, in: Deutscher Widerstand — Demokratie heute. Kirche, Kreisauer Kreis, Ethik, Militär und Gewerkschaften, hrsg. von H. Engel, Bonn, Berlin 1992, S. 62—117; Kurt Nowak, Evangelische Kirche und Widerstand im Dritten Reich. Kirchenhistorische und gesellschaftsgeschichtliche Perspektiven, in: Geschichte in Wissenschaft und Unterricht, 38 (1987), S. 352—364.

[27] Vgl. Eberhard Bethge, Dietrich Bonhoeffer. Theologe — Christ — Zeitgenosse, München ⁶1986; ders., Dietrich Bonhoeffer und die theologische Be-

gründung seines politischen Widerstandes, in: ders., Am gegebenen Ort. Aufsätze und Reden, München 1979, S. 48—62; ders., Widerstand und Terrorismus am Beispiel von Bonhoeffers Schritt in die Gewalt, in: Von der Legitimität der Gewalt, hrsg. von Rüdiger von Voß, Stuttgart 1978, S. 49—70.

28 Vgl. Angelika Gerlach-Praetorius, Die Kirche vor der Eidesfrage. Die Diskussion um den Pfarrereid im »Dritten Reich«, Göttingen 1967.

29 Vgl. Martin Rohkrämer, Karl Barth in der Herbstkrise 1938, in: Evangelische Theologie, 48 (1988), S. 521—545.

30 Zit. n. Kirche nach der Kapitulation. Das Jahr 1945 — eine Dokumentation, hrsg. von Gerhard Besier u.a., Bd 1, Stuttgart, Berlin, Köln 1989, S. 78.

31 Brunotte an Marahrens vom 12.5.1945, zit. n. Gerhard Besier, »Selbstreinigung« unter britischer Besatzungsherrschaft. Die Evangelisch-lutherische Landeskirche Hannovers und ihr Landesbischof Marahrens 1945—1947, Göttingen 1986, S. 116.

32 Schreiben Marahrens an die Kirchenführerkonferenz vom 31.5.1945, Landeskirchliches Archiv (LKA) Stuttgart, D 1/208.

33 Schreiben Marahrens an Meiser vom 4.6.1945, LKA Nürnberg, Meiser 121.

34 Vgl. dazu zuletzt Uwe Rieske-Braun, Zwei-Bereiche-Lehre und christlicher Staat. Verhältnisbestimmung von Religion und Politik im Erlanger Neuluthertum und in der Allgemeinen Ev.-Luth. Kirchenzeitung, Gütersloh 1993.

35 Vgl. Albert Stein, Die Denkschrift des altpreußischen Bruderrates »Von rechter Kirchenordnung«. Ein Dokument zur Rechtsgeschichte des Kirchenkampfes, in: Zur Geschichte des Kirchenkampfes. Gesammelte Aufsätze II, Göttingen 1971, S. 164—196.

36 Vgl. Jörg Thierfelder, Das Kirchliche Einigungswerk des württembergischen Landesbischofs Theophil Wurm, Göttingen 1975; ders., Das Kirchliche Einigungswerk des württembergischen Landesbischofs Wurm und seine Kritiker, in: Evangelische Kirche im Zweiten Weltkrieg (wie Anm. 20), S. 241—257.

37 Vgl. dazu Gerhard Schäfer, Landesbischof Wurm und der Nationalsozialistische Staat 1940—1945, Stuttgart 1968, S. 353.

38 Heinrich Hermelink, Kirche im Kampf, Tübingen, Stuttgart 1950, S. 702f.

39 Theophil Wurm, Erinnerungen aus meinem Leben, Stuttgart 1953, S. 178.

40 Vgl. z.B. Asmussen an die Alliierte Kontrollkommission, in: Kirche nach der Kapitulation, Bd 1 (wie Anm. 30), S. 175f.

41 Vgl. dazu Pressels Reisebericht, ebd., S. 249—255.

42 Vgl. dazu Besier, »Selbstreinigung« (wie Anm. 31), S. 119.

43 Ebd., S. 123f.

44 So Martin Niemöller in seinem Brief an Karl Barth vom 2.8.1945, zit. n. Hartmut Ludwig, Karl Barths Dienst der Versöhnung. Zur Geschichte des Stuttgarter Schuldbekenntnisses, in: Zur Geschichte des Kirchenkampfes (wie Anm. 35), S. 265—326, hier S. 316.

45 Karl Barth, Die evangelische Kirche in Deutschland nach dem Zusammenbruch des Dritten Reiches, Zollikon, Zürich 1945, S. 57, 49, 47f.

⁴⁶ Ebd., S. 48. Vgl. mit ähnlicher Tendenz auch Hermann Diem, Restauration oder Neuanfang in der Evangelischen Kirche? Stuttgart 1946; Paul Schempp, Der Weg der Kirche, in: Kirche nach der Kapitulation, Bd 1 (wie Anm. 30), S. 98—103.

⁴⁷ Vgl. hierzu Gerhard Besier, Der SED-Staat und die Kirche. Der Weg in die Anpassung, München 1993, S. 23 ff.

⁴⁸ Vgl. dazu J. Jürgen Seidel, Die »Evangelische Kirche der altpreussischen Union« nach Kriegsende 1945, in: Theologische Zeitschrift, 49 (1993), S. 115—141.

⁴⁹ Vgl. hierzu und zum folgenden die in Anm. 1 genannten Arbeiten.

⁵⁰ Vgl. Erich Stegmann, Der Kirchenkampf in der Thüringer evangelischen Kirche 1933—1945, Berlin (Ost) 1984.

⁵¹ Zur sowjetischen Deutschlandpolitik vgl. Walrab von Buttlar, Ziele und Zielkonflikte der sowjetischen Deutschlandpolitik 1945—1947, Stuttgart 1980; Viktor N. Belezki, Die Politik der Sowjetunion in den deutschen Angelegenheiten in der Nachkriegszeit 1945—1976, Berlin (Ost) 1977. Die Archivbestände der Sowjetischen Miltäradministration (SMAD) sind noch nicht erschlossen; vgl. dazu Jan Foitzik, Zur Situation in den Moskauer Archiven, in: Jahrbuch für Historische Kommunismus-Forschung 1993, Berlin 1993, S. 299—308.

⁵² Mitzenheim an Meiser am 20.7.1945, zit. n. Kirche nach der Kapitulation, hrsg. von Gerhard Besier u.a., Bd 2, Stuttgart, Berlin, Köln 1990, S. 150. Allerdings beklagte Mitzenheim gegenüber dem Präsidenten des Landes Thüringen am 21.11.1945 sowjetische Übergriffe auf Glieder seiner Landeskirche, in diesem Falle handelte es sich um Gutsbesitzer. Vgl. Evangelisches Zentralarchiv (EZA) Berlin, 4/KB I/423/Bd 1.

⁵³ Zu Sergei Tjulpanov vgl. ders., Erinnerungen an deutsche Freunde und Genossen, Berlin (Ost) 1984, sowie ders., Deutschland nach dem Kriege (1945—1949). Erinnerungen eines Offiziers der Sowjetarmee, Berlin (Ost) 1986.

⁵⁴ EZA Berlin, 4/KB I/024/Bd 1. Auch gab es durchaus ausführliche Berichte der Kirchen an Jermolaev über den Inhalt der Ostkirchenkonferenzsitzungen, die teilweise auch schriftlich abgefaßt wurden. Vgl. hierzu den Bericht von Oberkonsistorialrat Benn vom 8.3.1947, in dem allerdings auch Gravamina benannt wurden, EZA Berlin, 4/KB I/024/Bd 2.

⁵⁵ Martin Onnasch, Kirchliche Situation in der SBZ, in: Kirchliche Zeitgeschichte, 2 (1989), S. 210—220, hier S. 215. Allerdings gab es alsbald kirchliche Sorgen hinsichtlich einer ausreichenden Ausbildung des theologischen Nachwuchses, da die von der Besatzungsmacht zur Verfügung gestellten Studienplätze an den theologischen Fakultäten in den Ländern der SBZ bei weitem nicht hinreichten. Vgl. das Schreiben Krummachers an Jermolaev vom 27.2.1948, EZA Berlin, 4/KB I/5110/Bd 2.

⁵⁶ So Franz Lau in einem Rundbrief an die Amtsbrüder vom 29.6.1945, zit. n. Kirche nach der Kapitulation, Bd 2 (wie Anm. 52), S. 29. Vgl. auch Kurt Meier, Volkskirchlicher Neuaufbau in der sowjetischen Besatzungszone, in: Die Zeit nach 1945 als Thema kirchlicher Zeitgeschichte. Referate der internationalen Tagung in Hünigen/Bern (Schweiz) 1985, hrsg. von Victor Conzemius u.a., Göttingen 1988, S. 213—234, hier S. 221.

[57] Zur Mitarbeit evangelischer und katholischer Geistlicher im Nationalkomitee »Freies Deutschland« vgl.: Christen im Nationalkomitee »Freies Deutschland«, hrsg. und eingel. von Klaus Drobisch, Berlin (Ost) 1973.

[58] Vgl. dagegen Horst Dähn, Konfrontation oder Kooperation? Das Verhältnis von Staat und Kirche in der SBZ/DDR 1945—1980, Wiesbaden 1982, S. 13, der herausstellt, daß die Sowjets wie die KPD meinten, sie benötigten für die »schrittweise Transformation in eine sozialistische Ordnung« Christen und kirchliche Amtsträger als Bündnispartner.

[59] So J. Jürgen Seidel, »Neubeginn« in der Kirche? Die evangelischen Landes- und Provinzialkirchen in der SBZ/DDR im gesellschaftspolitischen Kontext der Nachkriegszeit (1945—1953), Göttingen 1989, S. 84. Vgl. hierzu auch die Gespräche kirchenleitender Persönlichkeiten mit Vertretern der SMAD bzw. SKK sowie auch mit dem sowjetischen Botschafter in Ost-Berlin, Semenov, EZA Berlin, 4/KB I/024/Bd 2; ebd., 4/KB I 42/Bd 1a.

[60] Vgl. Niklot Beste, Der Kirchenkampf in Mecklenburg von 1933 bis 1945. Geschichte, Dokumente, Erinnerungen, Göttingen 1975.

[61] Vgl. Meier, Kirchenkampf, Bd 3 (wie Anm. 1), S. 532 ff. Vgl. auch Georg-Siegfried Schmutzler, Gegen den Strom, Göttingen 1992, S. 85 f. (»Pistolenklotsche«).

[62] Vgl. dazu Jörg Thierfelder, Die Kirchenpolitik der vier Besatzungsmächte und die evangelische Kirche nach der Kapitulation 1945, in: Geschichte und Gesellschaft, 18 (1992), S. 6—21, hier S. 19 f.

[63] Siehe auch Tjulpanow, Deutschland nach dem Kriege (wie Anm. 53), S. 240 f.

[64] Gerhard Besier, Altpreußische Kirchengebiete auf neupolnischem Territorium. Die Diskussion um »Staatsgrenzen und Kirchengrenzen« nach dem Ersten und Zweiten Weltkrieg, Göttingen 1983 (Kirche im Osten, Bd 18) (Lit.).

[65] Meier, Kirchenkampf, Bd 3 (wie Anm. 1), S. 291 ff.

[66] Johannes Jänicke, Ich konnte dabei sein. Lebensweg des Johannes Jänicke (1900—1979), Berlin 1984, S. 160.

[67] Abgedruckt in: Christen im Nationalkomitee (wie Anm. 57), S. 253—262; zum NKFD insgesamt vgl. auch Bodo Scheurig, Verräter oder Patrioten? Das Nationalkomitee »Freies Deutschland« und der Bund Deutscher Offiziere in der Sowjetunion 1943—1945, Berlin 1993.

[68] Vgl. Friedrich Wilhelm Krummacher, Ruf zur Entscheidung. Predigten, Ansprachen, Aufsätze, Berlin (Ost) 1965, bes. S. 76—84.

[69] Zu Pieck vgl. Heinz Voßke, Gerhard Nitzsche, Wilhelm Pieck, Frankfurt a. M. 1975.

[70] SED-Dokument, dem Verf. von Spiegel TV überlassen.

[71] Ebd.

[72] Heinrich Grüber, Erinnerungen aus sieben Jahrzehnten, Köln, Berlin 1968, S. 231 f.

[73] Friedrich Wilhelm Krummacher, 1945—1965, in: Zeichen der Zeit, 19 (1965), S. 121—123, hier S. 122. Vgl. Verrat hinter Stacheldraht? Hrsg. von Bodo Scheurig, München 1965, S. 29 f.; 203.

[74] Der Bundesbeauftragte für die Unterlagen des Staatssicherheitsdienstes der ehemaligen DDR, Abteilung Bildung und Forschung (BStU), Berlin, AP 11422/92, 2ff.
[75] Handschriftliche Verpflichtungserklärung: BStU, Berlin, AP 11319/92, 1.
[76] Handschriftliche Bescheinigung vom 20.10.1948: BStU, Berlin, AP 11319/92, 2.
[77] Auskunftsbericht, BStU, Berlin, MfS AP 11422/92, 6.
[78] Ebd., S. 8.
[79] MfS-Bericht o.O., o.D., BStU, Berlin, MfS AP 11321/92, 70.
[80] Siehe oben.
[81] Bericht der Abt. Staatl. Organe vom 9.12.1953, Institut für die Geschichte der Arbeiterbewegung/Zentrales Parteiarchiv der SED (IfGA ZPA), IV 2/14/53.
[82] Anlaß hierfür war ein Schreiben des Präsidenten der Provinz Sachsen vom 26.9.1945, »in dem gegen die Zusammensetzung der Vorläufigen geistlichen Leitung Bedenken erhoben« wurden. Die Kirchenleitung der APU machte dagegen geltend, »daß [...] für die Auswahl der Persönlichkeiten nur [...] kirchliche Gesichtspunkte ausschlaggebend sein dürften«, wies aber die provinzsächsische Kirche auf eine Berücksichtigung der allgemein geltenden kirchlichen Kriterien hin. Protokoll über die Sitzung der Kirchenleitung am 2. Oktober 1945, EZA Berlin, 7/1289. Am 31.10. erschien Dibelius gemeinsam mit Tröger vom EOK in Magdeburg und erreichte den freiwilligen Rücktritt Fretzdorfs. Allerdings wurde vereinbart, daß der politisch belastete Kirchenjurist »unter Beibehaltung seiner bisherigen Amtsbezeichnung und seines bisherigen Diensteinkommens in die freiwerdende weltliche Oberkonsistorialratsstelle des Konsistoriums Magdeburg zu berufen« sei, um dem Konsistorialpräsidenten unterstützend unter die Arme greifen zu können. Protokoll über die Sitzung der Kirchenleitung am 6. November 1945, EZA Berlin, 7/1289.
[83] Vgl. Thomas Friebel, Kirche und politische Verantwortung in der sowjetischen Besatzungszone und der DDR 1945—1969. Eine Untersuchung zum Öffentlichkeitsauftrag der evangelischen Kirchen in Deutschland, Gütersloh 1992, S. 26.
[84] Vgl. hierzu und zum folgenden Reinhold Stupperich, Otto Dibelius. Ein evangelischer Bischof im Umbruch der Zeiten, Göttingen 1989, S. 356ff.
[85] Dibelius an Wurm am 12.6.1945, zit. n. Kirche nach der Kapitulation, Bd 1 (wie Anm. 30), S. 214.
[86] Vgl. Chr. Stappenbeck, Kirchliche Nachkriegsentwicklung in Berlin 1945 bis 1949, in: Beiträge zur Berliner Kirchengeschichte, hrsg. von Günter Wirth, Berlin (Ost) 1987, S. 327—350.
[87] Vgl. Otto Dibelius, Ein Christ ist immer im Dienst. Erlebnisse und Erfahrungen in einer Zeitenwende, Stuttgart 1961, S. 214f.
[88] Hartmut Ludwig, Die Entstehung der Bekennenden Kirche in Berlin, in: Beiträge zur Berliner Kirchengeschichte (wie Anm. 86), S. 264—304.
[89] Vgl. dazu Thierfelder, Das Kirchliche Einigungswerk (wie Anm. 36).
[90] Wurm am 4.9.1945, zit. n. Gerhard Besier, Gerhard Sauter, Wie Christen ihre Schuld bekennen. Die Stuttgarter Erklärung 1945, Göttingen 1985, S. 15.

91 Vgl. dazu Ralf Tyra, Treysa 1945. Neue Forschungsergebnisse zur ersten deutschen Kirchenversammlung nach dem Krieg, in: Kirchliche Zeitgeschichte, 2 (1989), S. 239—276 (Lit.).
92 Vgl. Besier/Sauter (wie Anm. 90) (Lit.).
93 Vgl. Gerhard Besier, Die Kirchenversammlung von Eisenach (1948), die Frage der »Entstehung einer vierten Konfession« und die Entlassung Hans Asmussens. Zugleich eine Erinnerung an den ersten Leiter der EKD-Kirchenkanzlei, in: ders., Die evangelische Kirche in den Umbrüchen des 20. Jahrhunderts, Bd 2 (wie Anm. 25), S. 57—87.
94 Vgl. Synodalbericht Bethel 1949; Stupperich, Otto Dibelius (wie Anm. 84), S. 381 ff.; 442 ff.
95 Vgl. dazu Michael Kühne, Die Protokolle der Ostkirchenkonferenz von 1945—1950, Diss. theol. Naumburg 1991. Die Protokolle der Kirchlichen Ostkonferenz bis 1951 finden sich in EZA Berlin, 4/KB I 024/Bd 1—3.
96 Kirche nach der Kapitulation, Bd 1 (wie Anm. 30), S. 256.
97 Zur Anerkennung der Bekennenden Kirche als »Widerstandsbewegung« vgl. Gerhard Besier, Ansätze zum politischen Widerstand in der Bekennenden Kirche. Zur gegenwärtigen Forschungslage, in: ders., Die evangelische Kirche in den Umbrüchen des 20. Jahrhunderts, Bd 1 (wie Anm. 2), S. 227—242, bes. S. 231 Anm. 12.
98 The Political Re-Education of Germany & her Allies after World War II, ed. by Nicholas Pronay und Keith Wilson, London 1985, S. 27; S. 2. Der erste Ausspruch stammt aus einem Memorandum von John Troutbek, Adviser für Germany im Foreign Office. Vgl. dazu auch Kurt Jürgensen, British Occupation Policy after 1945 and the Problem of ›Re-Educating Germany‹, in: History, 68 (1983), S. 225—244, bes. S. 229; ders., The Concept and Practice of ›Re-Education‹ in Germany 1945—50, in: Political Re-Education, ed. by N. Pronay und K. Wilson, S. 83—96, bes. S. 87 f. Eine entscheidende Veränderung dieser Sicht der Dinge trat erst Anfang 1947 ein, als Robert Birley Educational Adviser des Militärgouverneurs wurde (ebd., S. 233, 236 ff.); Birley schätzte die deutsche Kultur und sah Anknüpfungspunkte für eine »Umerziehung der Deutschen« in ihren eigenen liberalen Traditionen. Siehe auch Robert Birley, The German Problem and the Responsibility of Britain, London 1947; Hans Kohn, The Mind of Germany. The Education of a Nation, New York 1960.
99 Vgl. dazu Hartmut Ludwig, Die Entstehung des Darmstädter Wortes, in: Junge Kirche, Beih. zu 8/9 (1977), S. 1—34, hier S. 14 f. (Lit.).
100 Besier/Sauter (wie Anm. 90), S. 20. Die Tagebuchaufzeichnungen Hartensteins (LKA Stuttgart) über die Besetzung Stuttgarts machen deutlich, welchen Eindruck z. B. die für den Wiederaufbau so wichtige württembergische Landeskirche von den ethischen Qualitäten der Siegermächte gewinnen mußte. Vgl. auch Karl Hartenstein. Ein Leben für Kirche und Mission. In Gemeinschaft mit einem Kreis von Freunden hrsg. von Wolfgang Metzger, Stuttgart ²1954, S. 183 ff.; 211 ff.
101 Schon bei seinem oben erwähnten Empfang durch die Militärregierung am 10. 5. 1945 sagte Wurm »als Sprecher der ganzen bekennenden Kirche

in Deutschland« im Blick auf zu erwartende Sühnemaßnahmen einschränkend: »Das Herz des deutschen Volkes schlug für den Frieden, der Krieg war ein Parteikrieg. Eben deshalb sollte man nicht das ganze deutsche Volk als verantwortlich für die Gewalt- und Schreckensmethoden eines Systems ansehen, das von einer weit überwiegenden Mehrheit innerlich abgelehnt worden ist. Man muß sich nur deutlich machen, in welcher Weise wir von der Kenntnis der wirklichen Tatsachen abgesperrt waren und welches Terrorsystem bis ins einzelne, bis in die Familie hinein jede Auflehnung unmöglich machte. Besonders die ganze Beamtenschaft stand unter einem ungeheuren Druck. Daß trotzdem nicht wenige gewagt haben zu widersprechen, beweisen die Konzentrationslager und was man dort entdeckt hat. Es würde die Arbeit der Kirche und der Schule und den inneren Gesundungsprozeß sehr erleichtern, wenn Straf- und Sühnemaßnahmen auf den Kreis der an einzelnen Handlungen unmittelbar Schuldigen beschränkt würden und wenn in Bezug auf die Versorgung der Bevölkerung und die Ankurbelung der Wirtschaft bei Männern, die sich Ihnen zur Verfügung gestellt haben, großzügige Förderung zuteil würde. Es gehört in jeder Hinsicht Mut dazu, jetzt eine öffentliche Verantwortung zu übernehmen. Ich bitte Sie, das Vertrauen, das diese Männer zu Ihnen und zum Volk gezeigt haben, zu rechtfertigen. Das Aufkommen einer Verzweiflungsstimmung, wie sie in den Inflationsjahren nach dem ersten Weltkrieg weite Kreise erfaßte, kommt erfahrungsgemäß nur extremen umsturzlustigen Elementen zu gute. Eine Verzögerung der dringendsten Hilfsmaßnahmen könnte die schlimmsten Folgen für Ordnung und Sicherheit und für den Gesundheitszustand in unserem Lande und darüber hinaus nach sich ziehen« (Kirche nach der Kapitulation, Bd 1 [wie Anm. 30], S. 95). Vgl. auch Wurms Bericht in Treysa: Treysa 1945. Die Konferenz der evangelischen Kirchenführer 27.—31. August 1945, hrsg. von Fritz Söhlmann, Lüneburg 1946, S. 12—22, bes. S. 18, 20 f.

[102] Siehe dazu James F. Tent, Mission on the Rhine. Reeducation and Denazification in American-Occupied Germany, Chicago, London 1982, S. 40 f., 50 ff.; vgl. S. 23 ff.; Albrecht Tyrell, Großbritannien und die Deutschlandplanung der Alliierten 1941—1945, Frankfurt a. M. 1987, S. 287 ff.; Clemens Vollnhals, Evangelische Kirche und Entnazifizierung 1945—1949. Die Last der nationalsozialistischen Vergangenheit, München 1989, S. 60 ff.

[103] Vgl. den Text in: Kirchen in der Nachkriegszeit. Vier zeitgeschichtliche Beiträge, hrsg. von Armin Boyens u. a., Göttingen 1979, S. 68 f. Siehe auch Reinhard Scheerer, Kirchen für den Kalten Krieg. Grundzüge und Hintergründe der US-amerikanischen Religions- und Kirchenpolitik im Nachkriegsdeutschland, Köln 1986, S. 91 ff.

[104] Vgl. Donald C. Watt, Hauptprobleme der britischen Deutschlandpolitik 1945—49, in: Die Deutschlandpolitik Großbritanniens und die Britische Zone 1945—1949, hrsg. von Claus Scharf u. Hans-Jürgen Schröder, Wiesbaden 1979, S. 15—28.

[105] Vgl. zusammenfassend Thierfelder, Kirchenpolitik der Besatzungsmächte (wie Anm. 62), S. 7.

[106] Armin Boyens, Die Kirchenpolitik der amerikanischen Besatzungsmacht von 1944 bis 1946, in: Kirchen in der Nachkriegszeit (wie Anm. 103), S. 7—99, hier S. 14f.

[107] Vgl. ebd., S. 18ff.; S. 68f.

[108] Vgl. Besier, »Selbstreinigung« (wie Anm. 31), S. 53ff.

[109] Vgl. Boyens, Kirchenpolitik (wie Anm. 106), S. 25f.

[110] Im Unterschied zu der amerikanischen Religious Affairs Section, die erst 1948 Selbständigkeit erlangte, wurde die britische Religionsabteilung schon im Sommer 1946 aus der gemeinsamen Education & Religious Affairs Branch ausgegliedert und zu einer eigenen Branch erhoben.

[111] Vgl. Besier, »Selbstreinigung« (wie Anm. 31), S. 43f.

[112] Vgl. Iain Wilson, Church Reconstruction in Germany: 1945—1948 — some recollections, in: Kirchliche Zeitgeschichte, 2 (1989), S. 53—58.

[113] Vgl. den Bericht Gwynnes über »Status und Organisation« der Religious Affairs Branch (Lambeth Palace Library [LPL] London, Fisher Papers, Vol. 29, S. 70ff.).

[114] Vgl. Besier, »Selbstreinigung« (wie Anm. 31), S. 43f.

[115] Vgl. hierzu und zum folgenden: Klaus-D. Henke, Politik der Widersprüche. Zur Charakteristik der französischen Militärregierung in Deutschland nach dem Zweiten Weltkrieg, in: Vierteljahrshefte für Zeitgeschichte, 30 (1982), S. 500—537.

[116] Vgl. hierzu und zum folgenden Jörg Thierfelder, Die Kirchenpolitik der Besatzungsmacht Frankreich und die Situation der evangelischen Kirche in der französischen Zone, in: Kirchliche Zeitgeschichte, 2 (1989), S. 221—238. Frédéric Hartweg, Daniela Heimerl, Der französische Protestantismus und die Deutsche Frage, in: Kirchliche Zeitgeschichte, 3 (1990), S. 386—412, hier S. 395—403.

[117] Vgl. Martin Greschat, Marcel Sturm, L'église évangelique en Allemagne depuis Mai 1945, in: Revue d'Allemagne, 21 (1989), S. 567—575. Vgl. auch Sturms, »Impressions d'un récent Voyage dans la Zone Française (Bade-Wurtemberg)« vom Juli 1945, in: Die evangelische Kirche nach dem Zusammenbruch. Berichte ausländischer Beobachter aus dem Jahr 1945, bearb. von Clemens Vollnhals, Göttingen 1988, S. 49—55.

[118] Vgl. Jens Holger Schjørring, Ökumenische Perspektiven des deutschen Kirchenkampfes, Leiden 1985.

[119] Abgedruckt bei Gerhard Besier, Evangelische Kirche und Entnazifizierung in Hannover. Das britische Beispiel, in: ders., Die evangelische Kirche in den Umbrüchen des 20. Jahrhunderts, Bd 2 (wie Anm. 25), S. 13—41, hier S. 31f.

[120] First Impressions of the German Evangelical Church — July 1945, erstmals veröffentlicht bei Besier, Evangelische Kirche und Entnazifizierung (wie Anm. 119), S. 34—41.

[121] Zit. n. Ökumenische Mission in Nachkriegsdeutschland. Die Berichte von Stewart W. Herman über die Verhältnisse in der evangelischen Kirche 1945/46, Teil 1, hrsg. von Gerhard Besier, in: Kirchliche Zeitgeschichte, 1 (1988), S. 151—187. Vgl. auch die Teile 2 und 3, ebd., S. 316—352, und Kirchliche Zeitgeschichte, 2 (1989), S. 294—358.

122 Der Bericht ist abgedruckt in: Die evangelische Kirche nach dem Zusammenbruch (wie Anm. 117), S. 9–14.
123 Vgl. dazu Besier/Sauter (wie Anm. 90), S. 17f. Zu Heckel vgl. jetzt auch Bernd Krebs, Nationale Identität und Selbstbehauptung. Julius Bursche und die Auseinandersetzungen um Auftrag und Weg des Protestantismus in Polen 1917–1939, Neukirchen-Vluyn 1993.
124 Vgl. Thierfelder, Die Kirchenpolitik der vier Besatzungsmächte (wie Anm. 62), S. 15.
125 Zit. n. Besier/Sauter (wie Anm. 90), S. 24.
126 Zit. n. Kirche nach der Kapitulation, Bd 2 (wie Anm. 52), S. 172.
127 Vgl. Besier/Sauter (wie Anm. 90), S. 21f.
128 Vgl. dazu Gerhard Besier, Krieg – Frieden – Abrüstung. Die Haltung der europäischen und amerikanischen Kirchen zur Frage der deutschen Kriegsschuld 1914–1933, Göttingen 1982; ders., Soll die Schuld im Erfolg vernarben? Über den Schmerz alter und neuer historischer Wunden, in: Kirchliche Zeitgeschichte, 4 (1991), S. 493–511.
129 Text in: Akten Deutscher Bischöfe über die Lage der Kirche 1933–1945, bearb. von Ludwig Volk, Bd VI, Mainz 1985, S. 688–694.
130 Vgl. Besier/Sauter (wie Anm. 90), S. 21f.
131 Vgl. Siegfried Hermle, Evangelische Kirche und Judentum – Stationen nach 1945, Göttingen 1990.
132 Vgl. Die Schuld der Anderen. Ein Briefwechsel zwischen Helmut Thielicke und Hermann Diem, Göttingen 1948.
133 Zit. n. Besier/Sauter (wie Anm. 90), S. 62.
134 Zit. n. Niemöllers Konzept vom 19.8.1945, Zentralarchiv der Evangelischen Kirche in Hessen und Nassau (ZEKHN) Darmstadt, 62/3663.
135 Dibelius, zit. n. Niemöller, ebd.
136 Dieses und die folgenden Zitate ebd.
137 Niederschrift im Besitz des Verfassers. Vgl. auch Asmussens Protokoll in: ZEKHN Darmstadt, 36/1.
138 Vgl. Wolfgang Lehmann, Hans Asmussen. Ein Leben für die Kirche, Göttingen 1988, bes. S. 29ff.; zum Gegensatz Asmussen – Barth vgl. Gerhard Besier, Die Auseinandersetzung zwischen Karl Barth und Hans Asmussen – ein Paradigma für die konfessionelle Problematik innerhalb des Protestantismus?, in: ders., Die evangelische Kirche in den Umbrüchen des 20. Jahrhunderts, Bd 1 (wie Anm. 2), S. 121–142.
139 Text: Kirchliches Jahrbuch, 72–75 (1945–1948), S. 2–4.
140 Vgl. Paul Fleisch, Erlebte Kirchengeschichte, Hannover 1952, S. 300f.; vgl. insgesamt Wolf-Dieter Hauschild, Konfessionelles Selbstbewußtsein und kirchliche Identitätsangst. Zur Gründung der Vereinigten Evangelisch-Lutherischen Kirche Deutschlands im Jahre 1948, in: Kirche im Dialog. 40 Jahre Vereinigte Evangelisch-Lutherische Kirche Deutschlands, hrsg. von Jürgen Jeziorowski, Hannover 1988, S. 19–47.
141 Vgl. dazu im einzelnen Tyra, Treysa (wie Anm. 91), S. 239–276.
142 Vgl. dazu insgesamt Annemarie Smith-von Osten, Von Treysa nach Eisenach. Zur Geschichte der Grundordnung der EKD, Göttingen 1980. Ein in den

70er Jahren in Angriff genommener Reformversuch scheiterte am Widerspruch der Württembergischen Landeskirche; vgl. dazu Michael Ahme, Der Reformversuch der EKD 1970—1976, Stuttgart, Berlin, Köln 1990.
[143] Entschließung des Bruderrates der EKD zur Grundordnung der EKD vom 14.7.1948, LKA Stuttgart, D 1/218.
[144] Vgl. hierzu und zum folgenden Besier, Die Kirchenversammlung von Eisenach (wie Anm. 93), S. 57—87.
[145] Auf der Sitzung der APU-Landeskirchenleitung am 4.3.1947 wurde zum Selbstverständnis der APU festgestellt: »Die Einheitlichkeit der altpreußischen Kirche beruhe, im Unterschiede von den Jahren nach 1918, nicht auf den Finanzen und der Beamtenorganisation, sondern auf geistlichen Inhalten und Anliegen.« Die APU »stelle einen Kirchentypus dar, der auf Grund gemeinsamer Geschichte eine ausgeprägte Eigenart besitze.« EZA Berlin, 7/1289.
[146] Vgl. dazu Hauschild, Konfessionelles Selbstbewußtsein (wie Anm. 140).
[147] Brief des Rates der EKD an die Amerikanische Militärregierung für Deutschland vom 26.4.1946, zit. n. Harry Noormann, Protestantismus und politisches Mandat 1945—1949, Bd 2, Gütersloh 1985, S. 109—114; hier S. 110. Vgl. auch die am 17.6.1946 festgehaltenen kritischen Anmerkungen des damaligen Sonderberaters der US-Militärregierung, James K. Pollock, zu dem »recent outburst of Landesbischof Wurm [...] against the denazification program«. James K. Pollock, Besatzung und Staatsaufbau nach 1945. Occupation Diary and Private Correspondence 1945—1948, hrsg. von Ingrid Krüger-Blickle, München 1994, S. 239.
[148] Noormann, Protestantismus (wie Anm. 147), S. 124f.
[149] Vgl. dazu Ernst Klee, Persilscheine und falsche Pässe. Die Kirchen als Nazi-Fluchthelfer, in: Wissenschaft im geteilten Deutschland. Restauration oder Neubeginn nach 1945? Hrsg. von Walter H. Pehle und Peter Sillem, Frankfurt a.M. 1992, S. 74—85.
[150] Vgl. Clemens Vollnhals, Die Hypothek des Nationalprotestantismus. Entnazifizierung und Strafverfolgung von NS-Verbrechen nach 1945, in: Geschichte und Gesellschaft, 18 (1992), S. 51—69.
[151] Vgl. Johannes M. Wischnath, Kirche in Aktion. Das evangelische Hilfswerk 1945—1957 und sein Verhältnis zu Kirche und Innerer Mission, Göttingen 1986, S. 5ff.
[152] Vgl. hierzu Andrea Strübind, Freikirchen und Ökumene in der Nachkriegszeit, in: Kirchliche Zeitgeschichte, 6 (1993), S. 187—211.

Karl-Egon Lönne

Katholizismus 1945:
Zwischen gequälter Selbstbehauptung gegenüber dem Nationalsozialismus und Öffnung zur pluralistischen Gesellschaft

Eine glänzende Selbstbehauptung war es nicht, auf die der deutsche Katholizismus beim Zusammenbruch der nationalsozialistischen Herrschaft 1945 zurückblicken konnte. Dazu hatte die Härte dieser Herrschaft ebensowenig die Möglichkeit geboten, wie die verständliche Unsicherheit in Episkopat und Weltkirche, ob und wo der nationalsozialistischen Herrschaft mehr als Aufforderungen zur Glaubenstreue an die Kirchenmitglieder und papierene Proteste gegen die Rechtsbrüche des Regimes entgegengesetzt werden könne und müsse. Die Hilflosigkeit und das fast spurlose Verschwinden aller anderen oppositionellen politischen und gesellschaftlichen Kräfte im Dritten Reich zeigen ebenso wie das Märtyrertum zahlreicher einzelner und kleiner Gruppen, daß außerordentlicher Einsatz auf allen Ebenen des Katholizismus erforderlich gewesen wäre, wenn die katholische Minderheit mehr als eine gequälte Selbstbehauptung hätte erreichen sollen; gequält durch Schikanen, Rechtsverletzungen, Verbrechen und durch die ausgesprochene und unausgesprochene Drohung mit weiteren unkalkulierbaren Gewaltmaßnahmen des nationalsozialistischen Regimes, gequält aber auch durch die Zweifel, ob je nach der gegebenen Situation alle vorhandenen Möglichkeiten der Gegenwehr oder auch nur des Protestes nach bestem Wissen und Gewissen genutzt worden seien.

Der deutsche Katholizismus von 1945 stand einseitig unter dem positiven Eindruck der kirchlich-religiösen Selbstbehauptung gegen ein totalitäres Regime bisher unbekannter Brutalität. Erst auf längere Sicht wurden für die öffentliche Diskussion und das Ansehen des Katholizismus die offenen Fragen der rückblickenden Bewußtseinsprüfung wichtiger. Ihre Wirkungen trugen zu der Bewußtseinsentfaltung im Hinblick auf die politisch-gesellschaftliche Verantwortlichkeit von Kirche und Katholizismus bei[1], die die Weltkirche im Zweiten Vatikanischen Konzil zu artikulieren suchte[2].

Beim Zusammenbruch des Nationalsozialismus 1945 gab es für den deutschen Katholizismus keine Stunde Null, da seine Ausgangslage stark durch die Jahre der nationalsozialistischen Herrschaft geprägt war. Die deutschen Katholiken und ihre Gestaltungs- und Führungszentren auf den verschiedenen Ebenen der Verbände, der Parteien, des Episkopats und der Kurie hatten 1933 nicht zuletzt aufgrund der taktisch geschickten Mischung von Terror, scheinbarem Entgegenkommen und Verhandlungsbereitschaft von seiten des nationalsozialistischen Staates ein je eigenes Verhältnis zu dem sich etablierenden Regime finden müssen. Dessen Verschärfung hatte schon bald und in den folgenden Jahren mit wachsender Deutlichkeit gezeigt, daß für das angebahnte Arrangement die Grundlage geschwunden war, falls sie überhaupt je anders als in Hoffnungen und Illusionen vorhanden gewesen war. Die katholischen Laien verloren in Gesellschaft und Politik mit ihren Organisationen schnell ihre eigenständigen Äußerungs- und Gestaltungsmöglichkeiten. Episkopat und Kurie gelang es weder im Verhältnis zum nationalsozialistischen Staat noch in seiner Interpretation für die Kirchenmitglieder, ihre 1933 ausgesprochene Anerkennung zu revidieren. Sie beschränkten sich im wesentlichen darauf, die 1933 anerkannte Stellung der eigenen Religionsgemeinschaft, gestützt auf das mit der Regierung Hitler abgeschlossene Reichskonkordat, als rechtmäßig zu behaupten und Beeinträchtigungen und Rechtsbrüche dem übermächtigen Regime in diplomatischen Eingaben und Protesten vorzuhalten. Die Gläubigen wurden zum Zusammenhalt und zur Wahrung ihrer religiös-sittlichen Identität ermahnt. Sie wurden zum Teil mit großer Eindringlichkeit auf ihre Glaubens- und Gewissensverpflichtungen hingewiesen und das unter deutlichem Bezug auf die zu diesen im schärfsten Widerspruch stehenden Lehren und Handlungen des nationalsozialistischen Regimes. Es blieb aber völlig die Gewissenslast der einzelnen, wie sie diesen Verpflichtungen genügten. Denn der Obrigkeitscharakter des sich immer mehr als Unrechtsstaat entlarvenden nationalsozialistischen Staates wurde kirchlicherseits nicht in Frage gestellt.

Diese Haltung fand ihren Bestätigung noch in einzelnen Wendungen eines bischöflichen Rundschreibens aus der unmittelbaren Nachkriegszeit gegenüber der anklagenden Frage, weshalb »die christlichen deutschen Soldaten« nicht durch Meuterei dem Krieg ein Ende gesetzt hätten. »Demgegenüber«, so heißt es dort:

»ist vielleicht die andere Frage erlaubt, die Frage, ob sich das Meutern mit dem geleisteten Fahneneid und den übrigen Eiden vertrug, mit denen man das deutsche Volk bis in die Schuljugend hinein belastete, um es im tiefsten Gewissen ans Dritte Reich zu binden. Man vergesse weiterhin auch nicht, welches entsetzliche Schicksal alle, bis hinauf zu den höchsten Generälen, traf, die von Kriegsschluß und Frieden zu reden wagten oder es unternahmen, die treibenden Kräfte des Krieges durch ein Attentat zu beseitigen. Dazu kennen wir deutschen Katholiken das Urteil unserer Kirche über den Tyrannenmord, den sie geradeso verbietet, wie den Mord im allgemeinen [...] Endlich sei noch als nicht unwesentlich beigefügt, daß es sich bei der Auflehnung gegen das Dritte Reich um eine Stellungnahme zu einer Staatsform gehandelt hätte, die im Jahre 1933 bei der damaligen Lage der deutschen Politik auf gesetzlichem Wege die Weimarer Republik ablöste[3].«

Der deutsche Katholizismus stand also 1945 in mehrfacher Hinsicht im Schatten der Entscheidungen von 1933, wie immer auch diese Entscheidungen interpretiert wurden. Die Situation war weiter durch die Verluste bestimmt, die der Nationalsozialismus dem Katholizismus zugefügt hatte: Verdrängung aus einer breiten gesellschaftlichen Öffentlichkeit durch fast völlige Vernichtung des katholischen Verbandswesens und der katholischen Presse; weitestgehende Ausschaltung des kirchlichen Einflusses auf die schulische Erziehung; Aufhebung und Enteignung zahlreicher kirchlicher und klösterlicher Einrichtungen.

Grundlegend stand dem aber 1945 vor allem gegenüber, daß die religiöse Bindung bei vielen Katkoliken erhalten geblieben war oder sich unter dem äußeren Druck noch vertieft hatte und daß die im direkten Sinne kirchliche Organisation ohne wesentliche Einschränkungen bestehen geblieben war, auch wenn sie durch Kriegsfolgen und durch die lange fortdauernde Gefangenschaft vieler Priester in ihrer Funktion geschwächt und zugleich durch Zerstörungen und andere Auswirkungen des Krieges vor gewaltige zusätzliche Aufgaben gestellt war. Handlungsfähig im deutschen Katholizismus war 1945 zunächst und vor allem die kirchliche Organisation und der Klerus als ihr Träger, während seine gesellschaftliche und politische Präsenz weitgehend neu organisiert werden mußte, was selbstverständlich nicht ohne Bezug auf den Zustand vor 1933 geschehen konnte.

Der deutsche Katholizismus 1945 ist aus den angeführten Gründen nur unter der gewichtigen Einbeziehung der Vorgeschichte seit 1933 zu charakterisieren. Erst aufgrund dieser Vorgeschichte kann auf sein Selbstverständnis eingegangen werden, wie es sich dann in den ersten richtungsweisenden Aktivitäten des Neuanfangs niederschlug.

Eine Minderheit ist der deutsche Katholizismus nicht nur seinem Anteil von ca. 32 Prozent an der Gesamtbevölkerung gewesen, der ihm 1933 statistisch zuzurechnen war. Die Minderheitssituation wurde durch die Tatsache verstärkt, daß der rauschhaft nationalistische Protest gegen wirtschaftliche und politische Verunsicherung und Bedrohtheit in der Krise der Weimarer Republik Anfang der dreißiger Jahre an den Katholiken nicht wirkungslos vorübergegangen war[4].

Zwar konnten die Parteien des politischen Katholizismus, Zentrum und Bayrische Volkspartei, noch im März 1933 mit einem kaum verminderten Wähleranteil von 13,9 Prozent eine größere Widerstandskraft gegen die NSDAP entwickeln als alle übrigen Parteien. Die Selbstauflösung dieser Parteien Anfang Juni 1933 erfolgte dann aber doch auch als Entscheidung der Katholiken selbst, die sich in wachsender Zahl von ihren traditionellen Parteien abwandten oder die mit ihrer Aufgabe eine Fessel der eigenen Entscheidungsfreiheit abzustreifen suchten. Durch die alte Parteibindung fühlten sie sich mehr und mehr behindert, an der nationalen Begeisterung teilzunehmen und die Umgestaltungen möglicherweise im Sinne eigener Ideale zu beeinflussen oder auch nur die Existenzgrundlage für sich und ihre Familien gegen massive Benachteiligungen und Bedrohungen durch die nationalsozialistische Bewegung zu schützen. Längst nicht alle Katholiken, ja nicht einmal die große Gruppe, die ihre politische Vertretung bislang in den genannten Parteien gefunden hatte, waren also jetzt noch bereit, ihr politisch-gesellschaftliches Selbstverständnis in kritischer Abgrenzung von dem nationalsozialistisch geführten Staat zu suchen.

Diese Situation der Katholiken war nicht zuletzt das Ergebnis von Entscheidungen auf verschiedenen Ebenen des Katholizismus, die sich trotz des vielfach zutage tretenden Gewalt- und Willkürcharakters der vom Nationalsozialismus bestimmten Regierungs- und Verwaltungspraxis von dem Wunsch des Zeitgewinns und von der Hoffnung auf eine Normalisierung hatten bestimmen lassen.

Gegen dramatischen Widerstand in den eigenen Reihen votierte die Zentrumsfraktion schließlich zur Wahrung ihrer äußeren Geschlossenheit einstimmig dafür, daß das Ermächtigungsgesetz für die Regierung Hitler angenommen wurde. Dabei hatte die Fraktion für die Einhaltung der verbalen Zugeständnisse Hitlers an ihre konfessions- und verfassungspolitischen Forderungen keine andere Garantie erhalten können, als dessen durch die vorhergegangene Entwicklung schon vielfältig diskreditierte persönliche und politische Glaubwürdigkeit.

Schon drei Tage nach Annahme des Ermächtigungsgesetzes formulierte Kardinal Adolf Bertram als Vorsitzender der Fuldaer Bischofskonferenz in schwer erklärbarer Überstürzung eine Erklärung[5], in der die Verpflichtung der katholischen Staatsbürger gegenüber der nationalsozialistisch bestimmten Regierung in einer Weise positiv akzentuiert war, daß sich daraus trotz der ausdrücklich aufrechterhaltenen weltanschaulichen Vorbehalte leicht eine abrupte Abwendung von der bisherigen Frontstellung gegen die Nationalsozialisten ablesen ließ[6]. Auch das sofortige und bedingungslose Eingehen der Kurie auf das Angebot der nationalsozialistischen Regierung zu Verhandlungen über ein Reichskonkordat Anfang April 1933 mußte eine Signalwirkung haben, die in die gleiche Richtung wies. Allen drei Entscheidungen fehlte ein entschlossener Selbstbehauptungswille, dem ja auch verständliche Zweifel an der Selbstbehauptungskraft des deutschen Katholizismus gegenüber dem Elan und der Skrupellosigkeit der nationalsozialistischen Umwälzung die sichere Grundlage genommen hatte. Sie suchten Zuflucht in der Wahrung der formalen Legalität, in einer nur sehr allgemein konditionierten staatsbürgerlichen Loyalität oder in dem eiligen Aufbau von Rechtssicherungen, an deren Tragfähigkeit kaum noch zu glauben war.

Neben tatsächlichen und vorgestellten Zwängen der Situation wirkten 1933 auch Verführungen und Illusionen, die sich aus der Kampfstellung des Katholizismus gegen Liberalismus und Bolschewismus ergaben[7]. Als das nationalsozialistische Regime teilweise schon parallel zu den Konkordatsverhandlungen die Präsenz des Katholizismus in Öffentlichkeit und Gesellschaft gewaltsam einzuengen begann, da stand ihm der katholische Volksteil also nicht als traditionell kompakte Minderheit gegenüber. Es handelte sich vielmehr bei den entschlossenen katholischen Gegnern des nationalsozialistischen Regimes nur noch um Kräfte, die innerhalb des deutschen Katholizismus verstreut und drastisch in die Minderheit geraten waren. Das dem Nationalsozialismus entgegenstehende Potential innerhalb des deutschen Katholizismus war also weder in seiner Größe noch in seinem Charakter und in seiner Entschlossenheit zweifelsfrei gegeben und abzuschätzen, sondern konnte sich nur den weiteren Konstellationen entsprechend entwickeln und manifestieren.

Die Hoffnungen auf eine positive Entwicklung der nationalsozialistischen Herrschaft schwanden schon bald infolge der Verstärkung der Schikanen und Unterdrückungsmaßnahmen zunächst vor allem gegenüber katholischen Vereinen und Organisationen und gegen katholische Presseorgane. Das Verhältnis zwischen nationalsozialistischem Staat und Kirche bzw. Katholizismus entwickelte sich zu einem an- und abschwellenden, im ganzen aber sich verschärfenden Dauerkonflikt. Ausgetragen wurde er von kirchlicher Seite fast auschließlich durch Widerspruch erhebende Eingaben und auf der Verhandlungsebene. Spontanen Unmutsäußerungen des Kirchenvolkes fehlte die weitere Resonanz. Opponenten gegen das Regime im niederen Klerus blieben weitgehend auf sich selbst gestellt und zählten zu der ständig steigenden Zahl der Opfer des Regimes[8]. Der Vorsitzende der Fuldaer Bischofskonferenz brachte Proteste gegen Übergriffe und Konkordatsverletzungen nur sehr zurückhaltend und in verbindlicher Form vor. Auch der Vatikan beschränkte sich zunächst auf immer wieder erneuerte Beschwerden und Proteste, die er durch seinen Berliner Nuntius der Reichsregierung vortragen ließ[9].

Die Enzyklika »Mit brennender Sorge« von Pius XI., die am Palmsonntag 1937 in den katholischen Kirchen Deutschlands verlesen wurde, brachte dann eine scharfe Anklage der rassistischen und etatistischen Irrlehren der nationalsozialistischen Diktatur und ein Eintreten für die gottgegebenen Rechte der Individuen[10]. Sie löste eine verschärfte Welle antikirchlicher Maßnahmen aus, konnte aber Zugeständnisse von seiten des Regimes nicht erreichen. Ihr Verdienst lag in der Tatsache, daß sie den deutschen Katholiken Charakter und Ausmaß des Konfliktes zwischen Nationalsozialismus und Katholizismus deutlicher machen konnte. Zu einem bleibenden Erfolg dieser Bewußtseinsbildung wäre allerdings ein die Konflikte ständig deutlicher kennzeichnendes Verhalten der Bischöfe notwendig gewesen. Bei ihnen setzte sich jedoch gegen eine Mehrheitstendenz zur Verschärfung der eigenen Stellungnahmen die zurückhaltende, von Loyalitätserklärungen begleitete Eingabepolitik Kardinal Bertrams durch.

Wegen der Entfesselung des Zweiten Weltkrieges durch das nationalsozialistische Deutschland veränderte sich das Verhältnis zwischen deutschem Katholizismus und nationalsozialistischem Staat sehr einseitig. Die nationale Loyalität der Katholiken bekam durch den Krieg — ungeachtet seines Zustandekommens — neuen Auftrieb, während von nationalsozialistischer Seite nach einer kurzen Phase des Burgfriedens einschneidende Maßnahmen gegen kirchliche Einrichtungen und allgemein gegen die Wirksamkeit der Kirche mit Kriegsanforderungen gerechtfertigt wurden. So kam es zur Aufhebung und Enteignung zahlreicher Klöster und kirchlicher Einrichtungen, und es wurde im Zusammenhang mit dem Krieg eine drastische Einschränkung der Gottesdienstzeiten verfügt. Vor allem bei den sich als Kriegsfolgen ergebenden Aufgaben in der Militärseelsorge, bei der religiösen Gefangenenbetreuung und bei der Begleitung der aus den Städten aufs Land verschickten Jugendlichen bedeuteten die enge Begrenzung der einzusetzenden Kräfte, die Behinderung sachgerechter Maßnahmen und die erzwungene Sonderbehandlung und Diskriminierung ausländischer Glaubensbrüder Kampfmaßnahmen gegen die religiöse Selbstbehauptung des Katholizismus, die nach dem Endsieg in eine völlige Beseitigung von Kirche und Religion übergehen sollte. Eine Welle der Enteignung von Klöstern und die Vernichtungsaktion gegen unheilbar Kranke und gegen Geisteskranke lösten 1941 die spektakulären Protestpredigten des Bischofs von Münster, Clemens August Graf v. Galen, aus. Sie veranlaßten die Nationalsozialisten zu einem Abbruch der Aktionen und stellten damit in einmaliger Weise heraus, welche Wirkung das mutige Auftreten eines Bischofs, dem durch die geheime Verbreitung seiner Predigten auch eine untergründige Massenresonanz gegeben wurde, erzielen konnte.

Als gequälte Selbstbehauptung wurde die Lage des Katholizismus im nationalsozialistischen Staat geschildert. So war der Zusammenbruch dieses Staates für den deutschen Katholizismus eine Stunde der Befreiung. Daß sie aber zu einer Stunde des Jubels hätte werden können, das verhinderten schon nicht zuletzt die weiteren Auswirkungen des Krieges, die nun die deutsche Bevölkerung in niederdrückender Wucht trafen. Diese voraussehbaren Folgen einer militärischen Niederlage sind 1945 auch als Hemmnis für ein kraftvolleres Auftreten der Bischöfe gegenüber dem Nationalsozialismus angeführt worden. So heißt es in einem Hirtenbrief:

»Tatsächlich konnten die deutschen Bischöfe im Grunde der Seele auch in der Kriegszeit nur demütig beten: ›Herr, Dein Wille geschehe‹ Denn sie wußten ja, daß der Sieg des Dritten Reiches den radikalsten Kampf gegen das Christentum und die Kirche heraufbeschwören, dessen Niederlage aber ein unvorstellbares Elend zur Folge haben werde[11].«

Es sei dahingestellt, ob für Beurteiler des nationalsozialistischen Regimes, die über Erfahrungen und Informationen verfügten wie die Bischöfe, ein Dilemma dieser Art überhaupt hatte bestehen können. Zu sehr mußte der verbrecherische Charakter der nationalsozialistischen Herrschaft ihren schnellstmöglichen Sturz wünschen lassen. Vergebliche Bemühungen innerhalb des Episkopats und in seinem Umfeld zu deutlicherer und entschlossenerer Kritik an der nationalsozialistischen Herrschaft in den Kriegsjahren lassen erkennen, daß eine falsch verstandene nationale Loyalität für die Bischöfe sogar eine starke Hemmung dargestellt hat, sich in der Öffentlichkeit gegen nationalsozialistische Verbrechen zu wenden[12].

War falsch verstandene Loyalität mit Nation und Kirche auch der Grund dafür, daß ein Schuldbekenntnis für die nationalsozialistische Zeit nur wenig Raum in der ersten gemeinsamen Erklärung der deutschen Bischöfe nach dem Zweiten Weltkrieg einnahm? Ihm ging eine ausführliche Würdigung der Standhaftigkeit der Bischöfe, des Klerus und der Gläubigen gegenüber dem Nationalsozialismus voraus. Erst dann folgte:

»Und dennoch: Furchtbares ist schon vor dem Kriege in Deutschland und während des Krieges durch Deutsche in den besetzten Ländern geschehen. Wir beklagen es zutiefst: Viele Deutsche, auch aus unseren Reihen, haben sich von den falschen Lehren des Nationalsozialismus betören lassen, sind bei den Verbrechen gegen menschliche Freiheit und menschliche Würde gleichgültig geblieben; viele leisteten durch ihre Haltung den Verbrechen Vorschub, viele sind selber Verbrecher geworden. Schwere Verantwortung trifft jene, die auf Grund ihrer Stellung wissen konnten, was bei uns vorging, die durch ihren Einfluß solche Verbrechen hätten verhindern können und es nicht getan haben, ja diese Verbrechen ermöglicht und sich dadurch mit den Verbrechern solidarisch erklärt haben[13].«

Das Schuldbekenntnis schloß Handeln und Unterlassen ein und stellte damit grundsätzlich jeden Zeitgenossen — die Bischöfe selbst nicht ausgeschlossen — vor die Gewissensprüfung. Die Bischöfe vermieden aber andererseits allgemeine Verurteilungen und mahnten ausdrücklich eine Einzelbeurteilung an. Größten Nachdruck legten sie auf die Zurückweisung jeder Behauptung einer Kollektivschuld des deutschen Volkes. Sie konnten sich dabei mit Pius XII. in Übereinstimmung fühlen, der sich gegen Kriegsende bei verschiedenen Gelegenheiten gegen kollektive Verurteilungen ausgesprochen hatte[14].

Die Rolle der Kirche und ihrer Repräsentanten in den Jahren der nationalsozialistischen Zeit wurde 1945 sowohl in der breiten Öffentlichkeit als auch bei den Besatzungsmächten im wesentlichen positiv gesehen. Einen Vorgriff darauf kann man schon Ausarbeitungen des deutschen Widerstandes entnehmen, in denen weltanschaulich, gesellschaftlich und politisch unterschiedlich geprägte Gegner des Nationalsozialismus in der Auffassung übereinstimmten, daß sich die christlichen Kirchen ein hohes moralisches Ansehen erhalten hatten und daß daher die ethische Grundlegung einer neuen gesellschaftlichen und politischen Ordnung auf Recht und Gerechtigkeit die aktive Teilnahme der Kirchen unbedingt erforderlich mache[15].

Aufgrund der positiven Beurteilung der kirchlichen Haltung — allerdings nur durch die westlichen Siegermächte — bekamen kirchliche Würdenträger auf allen administrativen Ebenen einen nicht geringen Einfluß auf die Auswahl von Personen, denen beim Wiederaufbau Funktionen anvertraut wurden. Daneben waren Unbedenklichkeitserklärungen und Fürsprachen von seiten des Klerus für mehr oder minder durch den Nationalsozialismus belastete Personen von nicht geringer Bedeutung. Die Geistlichen wußten, auf welch erzwungene Weise mancher in nationalsozialistische Organisationen hineingekommen war. Sie befürchteten nun neues Unheil von Entnazifizierungsmaßnahmen vor allem kollektiver Art, wie sie zum Beispiel Beamten wegen ihrer Zugehörigkeit zur NSDAP drohte. Schließlich lag dem Klerus von seiner religiösen Prägung her Vergebung näher als eine Verfolgung, die nicht nur Schuldige, sondern auch Minderbelastete oder sogar Unschuldige treffen konnte. Im kirchlichen Bereich wurde Katholiken, die in den Jahren der Diskriminierung aus der Kirche ausgetreten waren, die Wiederaufnahme nicht verwehrt. Sie wurde im allgemeinen nur dann von einer Bewährungsfrist abhängig gemacht, wenn durch den Austritt öffentliches Ärgernis entstanden war.

Nach dem Sturz des Nationalsozialismus fühlten sich Bischöfe und Klerus vor allem legitimiert und verpflichtet, mit aller Energie der vielfältig sich verbreitenden Not im eigenen Volk entgegenzuwirken und Recht und Gerechtigkeit auch für alle Deutschen zu fordern, die jetzt durch direkte und indirekte Kriegsfolgen bedroht und getroffen wurden. Gerechtigkeit und christliche Liebe waren die Werte, auf die sie ihre Argumentation stützten. Die Forderung nach Recht und Gerechtigkeit wurde besonders mit dem Argument unterstrichen, daß die Niederwerfung des nationalsozialistischen Systems durch die Sieger ja gerade im Namen des Rechtes erfolgt sei.

Bei ihrem Eintreten für die Bevölkerung scheuten sich die Bischöfe nicht, in Unterredungen und Verhandlungen Maßnahmen und Unterlassungen der Besatzungsmächte scharf zu kritisieren. Die schlechte Ernährungslage, die Ausschreitungen der »Displaced Persons«, durchweg Menschen, die in der nationalsozialistischen Zeit als Arbeitskräfte gewaltsam nach Deutschland verschleppt worden waren, Maßnahmen gegen ehemalige Nationalsozialisten, forcierte Umerziehungsmaßnahmen und vor allem die These von der Kollektivschuld des deutschen Volkes mit der Schlußfolgerung seiner nunmehrigen allgemeinen Rechtlosigkeit waren die Hauptkonfliktpunkte. Die Auseinandersetzungen, die nicht selten auch in die Öffentlichkeit getragen wurden, lösten immer wieder starke Spannungen zwischen den Besatzungsmächten und kirchlichen Amtsträgern aus. Irritierend wirkte auch, daß die Bischöfe dem alliierten Reeducationprogramm mit seiner ausgeprägten, ja missionarischen Demokratisierungstendenz distanziert oder sogar ablehnend gegenüberstanden.

Bei Galen, aber auch beim Erzbischof von München, Michael v. Faulhaber und bei anderen hohen Geistlichen hatte sich die Selbstbehauptung gegenüber dem Nationalsozialismus keineswegs in Richtung einer Anerkennung demokratischer Partizipations- und Regierungsformen entwickelt. Die Demokratie erschien diesen Kirchenführern eher als die Grundlage, auf der die nationalsozialistische Bewegung ihre demagogische Gewalt hatte entfalten können, denn als geeigneter Rahmen für einen deutschen Wiederaufbau. Galen fürchtete für die Zukunft, daß die Demokratie ein Einfallstor für den Kommunismus werden könne[16]. Das Ziel der inneren Umkehr und der erneuten Verchristlichung konnte in dieser Perspektive konservative, monarchistische oder, wie bei Galen, aristokratische Gesellschafts- und Politikentwürfe als wünschenswert und durchführbar erscheinen lassen.

Zu den von den Bischöfen für die Deutschen geltend gemachten Rechten gehörte auch, an die Hilfsbereitschaft der Welt zu appellieren, als Hunger und Entbehrung 1945 und 1946 noch zunahmen. Die Hoffnungen richteten sich zunächst auf das päpstliche Hilfswerk, nicht zuletzt weil man wußte, daß Pius XII. aufgrund seiner langjährigen Tätigkeit in Deutschland als päpstlicher Nuntius besonderes Interesse und besondere Aufgeschlossenheit für die deutschen Verhältnisse besaß. Von der Kurie wurden denn auch schon bald umfangreiche Hilfsmaßnahmen in die Wege geleitet[17]. Wie sehr Pius XII. sich persönlich für die deutschen Katholiken und allgemein für die Belange des deutschen Volkes engagierte, zeigte sich unter anderem in den Bemühungen, den diplomatischen Einfluß des Vatikans auch gegen Widerstände der Besatzungsmächte zur Geltung zu bringen. Die Erhaltung des 1933 abgeschlossenen Konkordats stellte für die Bemühungen der Kurie einen wichtigen, aber keineswegs den einzigen Antrieb dar[18]. Die Aufnahme von drei deutschen Bischöfen in das Kardinalskollegium bedeutete 1946 für die deutschen Katholiken eine befreiende und Hoffnung gebende Tat.

Die Verteilung der Auslandshilfe der Katholiken übernahm der deutsche Caritas-Verband, dessen Bedeutung auch bei der Organisation innerdeutscher Hilfstätigkeiten sprunghaft stieg. Im Gegensatz zu allen anderen katholischen Verbänden war die Organisation des Caritas-Verbandes im wesentlichen erhalten geblieben. Allerdings waren ihm Mittel und Aktivitäten vom nationalsozialistischen Regime immer wieder beschnitten und eingeengt worden. Jetzt stiegen die Anforderungen an die Organisation weit über die gegebenen Möglichkeiten hinaus. Der Klerus rief daher immer wieder auch zu direkten christlichen Hilfeleistungen zwischen den verschiedenen Bevölkerungsgruppen auf. Ausgebombte und bald auch Ostvertriebene waren in ihren grundlegenden Existenzbedürfnissen auf die Hilfe der Einheimischen angewiesen, selbst nachdem die Besatzungsmächte nach und nach die Versorgungslage von sich aus zu bessern suchten.

Durch die Lage der deutschen Kriegsgefangenen fühlten sich die Bischöfe ebenfalls sofort zur Hilfe und bald auch zur Kritik an den Siegermächten herausgefordert. Sie traten gegen Mißstände der Inhaftierung und für Hafterleichterungen ein. Ihr Ziel war es, eine möglichst baldige Freilassung zu erreichen, da durch die Gefangenschaft wie durch die anderen Kriegsfolgen Schuldlose und Schuldige in gleicher Weise getroffen wurden. Die eigenen kirchlichen Bemühungen galten der Sammlung von Nachrichten über Vermißte und der Herstellung von Kontakten zwischen den Gefangenen und ihren Angehörigen, die vielfach durch die Kriegsereignisse von ihren bisherigen Wohnsitzen vertrieben worden waren. Am Weihnachtsfest 1946 wurden über 7 Millionen Unterschriften zugunsten einer schnellen Entlassung der Kriegsgefangenen durch die Alliierten gesammelt.

Die Vertreibung der Deutschen aus den Ostgebieten wurde von den deutschen Bischöfen als neues Unrecht erkannt und kritisiert. Sie war nicht als Strafe zu verstehen, da sie unterschiedslos Schuldige und Unschuldige traf. Mit Genugtuung vermerkte Kardinal Josef Frings bei seinem Rom-Besuch im Frühjahr 1946 eine Ansprache von Pius XII., aus der sich eine Verurteilung dieser Ausweisung herauslesen ließ[19]. Durch die Vertreibung wurde die ohnehin herrschende materielle Not auf dramatische Weise verschärft, da sie die Möglichkeiten der Eigenversorgung mit Lebensmitteln erneut verminderte und da Wohnraum und elementarste Lebensbedürfnisse in Regionen aufzubringen waren, die infolge der Flucht aus den Städten ohnehin weit überbelegt und völlig ausgesogen waren.

Für Kirche und Katholizismus warf die Vertreibung spezielle zusätzliche Probleme auf[20]. Von der Vertreibung waren u.a. in Schlesien, Ermland und in Böhmen und Mähren große geschlossene Gruppen von Katholiken betroffen. Ihre Aufnahme in die vier Besatzungszonen verstärkte das Mischungsverhältnis der Konfessionen ebenso wie die Vertreibung evangelischer Bevölkerungsteile. Dem mußte die äußere kirchliche Organisation Rechnung tragen. Für das Verhältnis der Konfessionen zueinander brachte die Mischung zwar zusätzliche Impulse der Annäherung, wie sie schon von Gemeinsamkeiten in der Gegnerschaft gegen den Nationalsozialismus ausgegangen waren. Es ergaben sich aber auch Schwierigkeiten gemeinsamer christlicher Identitätswahrung, da ökumenische Formen des christlichen Zusammenlebens nicht vorhanden waren und auch nicht entwickelt wurden.

Nach der Beseitigung der nationalsozialistischen Herrschaft, die Recht und Gesetz in ungeheuerlichem Maße verletzt hatte, konnte der Umschwung nach Auffassung der Bischöfe am besten dadurch manifestiert werden, daß jede Handlung sich von Recht und Gerechtigkeit leiten ließ und daß Ansätze neuer negativer Entwicklungen vermieden wurden. Diese Überzeugung wirkte sich in dem geschilderten Eintreten für die deutsche Bevölkerung aus. Sie ist aber auch maßgeblich gewesen für die Hoffnungen, Erwartungen und Ziele, die im Hinblick auf die Erneuerung des Katholizismus und seines Einflusses in der deutschen Gesellschaft zunächst bestimmend waren. Die nationalsozialistische Gewalt- und Unrechtsherrschaft hatte die negativen Auswirkungen der Säkularisierung so überdeutlich hervortreten lassen, daß sich daraus ein sehr starker Impuls zu einer neuen Verchristlichung zu ergeben schien.

Schon äußerlich standen Kirche und Katholizismus allerdings auch in ihrem eigenen Institutions- und Organisationsbereich vor gewaltigen Aufgaben. Kirchliche Bauten waren in vollem Umfang von den weitgehenden Zerstörungen der deutschen Städte durch den Luftkrieg betroffen. Der Klerus war zahlenmäßig geschwächt durch Verfolgungsmaßnahmen des Regimes, durch Kriegsverluste, durch die Verzögerung der Rückkehr der Gefangenen, durch die Ausbildungsunterbrechungen bei Neupriestern und auch durch vielerlei Beeinträchtigungen, die die geistlichen Orden in ihrem Mitgliederstand durch direkte und indirekte Auswirkungen nationalsozialistischer Zwangsmaßnahmen erlitten hatten.

Vernichtet war das katholische Verbandswesen, auf das sich vor 1933 die gesellschaftliche Präsenz des Katholizismus weitgehend gestützt hatte. Aktivitäten von Laien waren in nationalsozialistischer Zeit nur noch im unmittelbar kirchlichen Umfeld möglich gewesen, und auch da immer wieder verdächtigt und behindert. Einflüsse der von der Kurie zunächst als Selbstbehauptungsform der Kirche gegen den italienischen Faschismus favorisierten Katholischen Aktion und die durch sie erfolgende Konzentration auf den engeren kirchlichen Bereich hatten den Verlust des Verbandswesens, das in größerer Distanz zur Kirche stand, leichter verschmerzen lassen. Sie trugen jetzt dazu bei, daß die Bischöfe der Wiederbegründung der Verbände reserviert gegenüberstanden. Denn konnten nicht besser die kirchliche Pfarr- und Diözesanstrukturen und ein auf die breite Basis der Naturstände gegründetes kirchliches Vereinswesen in den Organisationsformen der katholischen Aktion Träger einer elementaren christlichen Erneuerung werden?

Die großen diözesanübergreifenden katholischen Verbände der Jahre vor 1933 waren in ihrem Selbstbewußtsein und ihrem Einfluß den Bischöfen oft als zu mächtig und unabhängig erschienen. Die Bischöfe wollten sich jetzt erhöhten Einfluß auf die Neugründungen sichern und deren Wirkungsbereich nicht erneut über die einzelnen Diözesen hinaus wachsen lassen. Zurückhaltung und Vorbehalte gegenüber den aus eigener lebendiger Tradition zur Reaktivierung drängenden Verbänden zeichneten sich daher in den ersten bischöflichen Verlautbarungen ab. Sie trugen dazu bei, den Wiederaufbau auf diesem Gebiet zu verlangsamen und die Verbände auf Dauer nicht wieder im alten Umfang entstehen zu lassen. Der früher sehr wichtige Volksverein für das katholische Deutschland wurde überhaupt nicht reaktiviert. Daß die Arbeitervereine eine von der übrigen Entwicklung abweichende Förderung fanden, war eine Reaktion auf das Aufgehen der christlichen Gewerkschaften in der Einheitsgewerkschaft, das eine Lehre zog aus der Schwächung der Gewerkschaften gegenüber dem Nationalsozialismus durch die weltanschauliche Zersplitterung[21].

Vermutlich wirkte auch eine gewisse Organisationsverdrossenheit infolge der Massenmobilisierungen des nationalsozialistischen Regimes hemmend auf die neue Vereinsentwicklung ein. Hinzu kam, daß das alte Wechselspiel zwischen Verbänden und Politik, das im Zentrum bzw. in der Bayrischen Volkspartei von Katholiken getragene Parteien als politische Partner gehabt hatte, mit den sich bildenden interkonfessionellen Unionsparteien nicht wieder aufzunehmen war. Jedenfalls gehört der geminderte Stellenwert der katholischen Verbände innerhalb des deutschen Katholizismus zu den auf Dauer wirksamen Strukturveränderungen. Angesichts der Schwierigkeiten von Kirche und Katholizismus, sich in der Gesellschaft der Bundesrepublik präsent zu halten, will diese Veränderung weniger als Konzentration auf den eigentlichen Kernbereich von Religion und Kirche, denn als Verlust eines breiten Einflußbereiches erscheinen.

Große Wiederaufbauarbeit war im katholischen Pressewesen zu leisten. Die Bistumsblätter bekamen auch nach dem Krieg bald wieder Bedeutung. Im politischen Bereich kam es jedoch infolge der Umstrukturierung des parteipolitischen Katholizismus nicht zum Wiederaufbau von Zeitungen, die, fest im katholischen Publikum verankert, die politische Kommunikation in früherer Weise hätten verbreitern und bereichern können, denn diese war zumeist durch Zeitungen geleistet worden, die dem Zentrum nahestanden. Daß hier trotz der schon 1945 erfolgenden Gründung der katholisch-konservativen Wochenzeitung »Rheinischer Merkur« eine Lücke blieb, zeigte noch die Gründung von »Publik« Ende der 60er Jahre, ebenfalls einer Wochenzeitung, die aber dann schon nach wenigen Jahren die Unterstützung der Bischöfe verlor und eingestellt wurde. Das löste die Frage aus, ob allem konziliaren Aggiornamento entgegen diese Zukunftsinvestition eines weitgespannten Dialogs mit der Gesellschaft als zu hoch erschien.

Normativ begründete Forderungen wurden nicht nur, wie oben ausgeführt, zugunsten der durch die Kriegsfolgen bedrängten Deutschen geltend gemacht, sondern sie bildeten auch den Richtpunkt für die Aufrufe zu innerer und äußerer Erneuerung. So hieß es in dem ersten gemeinsamen Hirtenwort der bayrischen Bischöfe nach dem Krieg:

»Um nun zum inneren Frieden, zum Frieden mit Gott, zum Frieden des Herzens und des Gewissens zu kommen, müssen wir alle mit ganzer Seele und allen Kräften wieder *wahrhaft christlich* werden, nicht bloß scheinbar, nicht bloß äußerlich und oberflächlich, sondern bis in die tiefsten Gründe unserer Seele hinein, nicht bloß in der Kirche, sondern in unserem ganzen Leben. Ein durch und durch christliches Volk müssen wir wieder werden, tapfer und mutig im Bekenntnis des Glaubens, treu und verläßlich in der Erfüllung unserer heiligen Pflichten gegen Gott[22].«

Aus den zurückliegenden Ereignissen der nationalsozialistischen Zeit wurde vor allem die Lehre gezogen, daß eine vertiefte Besinnung auf christliche Werte und Normen erforderlich sei. Eine Umkehr konnte am besten und gründlichsten durch eine tiefgreifende und breite Gesinnungsänderung als Grundlage einer besseren Zukunftsgestaltung erreicht werden.

Der Blick ging in die Zukunft. Das Ziel einer christlichen Erneuerung wurde aufgezeigt. Im Sinne diese Zieles suchten die kirchlichen Repräsentanten zu handeln. Sie fühlten sich dadurch bestätigt, daß die Beteiligung am kirchlich-religiösen Leben deutlich zunahm. Die Menschen schienen in großem Umfang bereit zu sein, sich in der vielfältigen Notsituation innerlich und äußerlich für den katholischen Glauben und für die von ihm vermittelten Tröstungen und Werte und auch für das kirchliche Leben mobilisieren zu lassen. In der illusionär hochgesteckten Erwartung einer neuen Verchristlichung Deutschlands äußerte sich auf ganz eigentümliche Weise die Befreiung von der jahrelangen Bedrückung[23]. Walter Dirks hat 1946 im Hinblick auf das politische Leben ausgesprochen, daß die Niederwerfung des Nationalsozialismus bei Katholiken eine Euphorie der Neugestaltung auslöste, die sie zunächst übersehen ließ, daß auch andere Opponenten des Regimes ihre Reformvorstellungen zu tiefgehender Überwindung des Nationalsozialismus entwickelt hatten und daß sich daraus ein kontroverser Pluralismus der Neugestaltung ergeben mußte[24].

Die Wiederaufnahme der christlichen Traditionen in Deutschland wurde von den Bischöfen als entscheidend angesehen. So hieß es in einem Hirtenbrief des Bischofs von Mainz:

»Darum bekennen wir uns heute, da wir die verhängnisvollen Auswirkungen der Loslösung des öffentlichen Lebens von Gott und Gottesgebot erleben, zum *christlichen Staatsideal* mit all seinen Pflichten, deren Erfüllung trotz Verkennung und Zurücksetzung uns selbstverständlich bleibt [...] *Deutsches Volksleben wird christlich sein oder es wird nicht mehr sein!* Das ist nicht nur meine Überzeugung, sondern das aus der Geschichte abgelesene Urteil über unsere Zukunft[25].«

Der erneuten Festigung der christlichen Ehe als lebenslanger Gemeinschaft und als Grundlage von Gesellschaft und Staat wurde größte Bedeutung beigemessen. Die Wiederherstellung der Konfessionsschule, fußend auf dem Elternrecht der Entscheidung über die religiöse Erziehung der Kinder, wurde für die Kirche auf Jahre ein Hauptziel, für das sich auch, wie schon 1946 in der britischen Besatzungszone, weite Kreise der Elternschaft mobilisieren ließen.

Das geschilderte Eintreten für die vielfältig bedrängte Bevölkerung, die Bevorzugung von Laienorganisationen in den Formen der Katholischen Aktion und die Interpretation des Zusammenbruchs als Ansporn für eine grundlegende Erneuerung durch Verchristlichung zeigten die Bischöfe als aktiv und richtungsweisend. Es darf darüber nicht vergessen werden, daß sie dabei — wenn auch in unterschiedlicher Intensität — in Korrespondenz standen mit Katholiken aller Schichten. Die Anwaltschaft der Bischöfe in den Nöten der Zeit fand weithin Akzeptanz und positive Resonanz. In Hinblick auf die Organisationsform der Katholischen Aktion führte das Gewicht der in vielen ehemaligen Mitgliedern fortwirkenden Tradition der katholischen Laienverbände dazu, daß sich doch auch das Verbandswesen teilweise regenerierte, wenn auch nicht in dem früheren Umfang und mit dem ehemaligen Gewicht. Der Impuls zu neuer Verchristlichung stand im Einklang mit dem Verhalten einer Vielzahl von Menschen, die in den Nachkriegsjahren in der Kirche Trost, Halt und Hoffnung fanden und damit zugleich Ansporn und Gewähr dafür boten, daß ein christlicher Neubeginn, den christentumsfeindlichen Belastungen der unmittelbaren Vergangenheit zum Trotz, eine breite und feste Grundlage besaß.

Mit der Unterstellung des Territoriums der späteren DDR unter die Besatzungsherrschaft von Sowjetrußland begann für den Katholizismus dieser Gebiete eine Sonderentwicklung. Im Gegensatz zu den Westzonen konnte weder speziell die Kirche noch der Katholizismus bei der Besatzungsmacht mit irgendwelchen Sympathien rechnen. Vielmehr besaß in Sowjetrußland, der Führungsmacht des Weltkommunismus, die Unterdrückung des Christentums eine Tradition von mehreren Jahrzehnten, die im Zuge des Kalten Krieges auch für den deutschen Katholizismus insgesamt zur viel beschworenen Bedrohung und ideologischen Herausforderung wurde. Durchweg handelte es sich in der Sowjetzone um Diaspora-Gebiete, in die allerdings infolge der Vertreibung aus den Ostgebieten auch zusätzliche Katholiken einströmten[26]. Ihre Grenzen sowie die besondere Abgrenzung von Berlin überschnitten sich in vielfältiger Weise mit den Bistumsgrenzen und ließen dadurch, wachsend mit der Abschnürung der Sowjetzone, zusätzliche Organisationsschwierigkeiten enstehen.

Die Minderheitssituation der Katholiken, die in den betreffenden Gebieten 10 Prozent der Bevölkerung nur wenig überschritten, war stark ausgeprägt. Sie begrenzte die politisch-gesellschaftliche Bedeutung der Katholiken schon sehr stark, ehe noch die sich verschärfende marxistisch-leninistische Ideologisierung der DDR durch ihre Diskriminierung weitere Terrainverluste erzwang.

Größte Veränderungen erfuhr 1945 die Organisation des politischen Katholizismus. Anfang Juli 1933 hatte der deutsche Katholizismus mit der Selbstauflösung von Zentrum und Bayerischer Volkspartei (BVP) noch vor dem Verbandswesen und der Presse seine traditionelle politische Vertretung verloren. Er hatte auch in Kreisen, die zur Zusammenarbeit mit den Nationalsozialisten bereit waren, jede politische Eigenständigkeit und Einflußmöglichkeit eingebüßt. Zu einer politischen Zusammenarbeit von emigrierten Zentrumsmitgliedern war es nicht gekommen, so daß von der Emigration keine wirksamen Anstöße für die deutsche Nachkriegsentwicklung des politischen Katholizismus ausgehen konnte. Überlegungen von Katholiken über einen politisch-gesellschaftlichen Neuanfang nach dem Sturz des nationalsozialistischen Regimes fielen noch in die Zeit der nationalsozialistischen Herrschaft und bildeten einen Teil der Widerstandstätigkeit, die der Vorbereitung der notwendigen Neuordnung diente. In Kreisau gehörten sie zur Gesamtarbeit des Kreises. In Köln wurden sie in Zusammenarbeit von katholischen Arbeiterführern und Dominikanern des Klosters Walberberg, Laurentius Siemer und Eberhard Welty, entwickelt.

Die Kölner Initiative gewann ihre besondere Bedeutung dadurch, daß sie — nachdem sie wegen der Verhaftung und der Hinrichtung einiger Beteiligter aufgrund eines Prozesses vor dem nationalsozialistischen Volksgerichtshof abgebrochen wurde — nach Kriegsende wiederaufgenommen wurde, was zur Formulierung der »Kölner Leitsätze« führte.

Der Erneuerungsimpuls ging unter dem maßgebenden Einfluß der Dominikanerpatres in die Richtung eines christlichen Sozialismus, in dem auf einer naturrechtlichen Basis die Rechte der Gemeinschaft gegenüber den Individuen betont wurden. Dieser Impuls blieb auch wirksam, als bei einer Beratung christlich-demokratischer Politiker die Wiederanknüpfung an das ehemalige Zentrum verworfen wurde und die Einladung evangelischer Christen zur Mitarbeit die Gründung einer interkonfessionellen christlichen Partei einleitete. Die zusammen mit evangelischen Christen ausgearbeiteten Leitsätze der neuen Partei, die bis Ende 1945 Christlich-Demokratische Partei hieß und erst dann den durch Parallelgründungen bevorzugten Namen Christlich-Demokratische Union annahm, wurden in der Präambel unter einen weit gespannten Anspruch gestellt: »Soziale Gerechtigkeit und soziale Liebe sollen eine neue Volksgemeinschaft beschirmen, die die Gott gegebene Freiheit des einzelnen und die Ansprüche der Gemeinschaft mit den Forderungen des Gemeinwohls zu verbinden weiß[27].«

In dem Programm wurde ein Bekenntnis zum »wahren christlichen Sozialismus« abgelegt. Neben den politischen Forderungen nach Rechtstaatlichkeit und Freiheit der Meinungsäußerung wurden in den Leitsätzen soziale Lohngestaltung, gerechter Güterausgleich und eine Sozialisierung im Interesse des Gemeinwohls angestrebt. Kritik an der Großindustrie und der Wille zur Förderung des mittleren Eigentums, besonders in der Landwirtschaft, wurden zum Ausdruck gebracht.

Die Kölner Leitsätze bekamen Bedeutung für Initiativen zur Gründung einer interkonfessionellen christlichen Partei auch in anderen rheinischen und westfälischen Städten und in Norddeutschland. Die jetzt zustandekommende Zuammenarbeit mit evangelischen Christen in einer politischen Partei war vorbereitet durch die Zeit gemeinsamer Verfolgung durch den Nationalsozialismus. Sie war auch schon 1920 von Adam Stegerwald angeregt worden, aber damals nicht zuletzt an der Unbeweglichkeit des de facto katholischen Zentrums gescheitert. 1945 wurde die interkonfessionelle, politische Zusammenarbeit nicht nur im Rheinland, sondern auch in Bayern und in Berlin und an zahlreichen anderen Orten aufgegriffen und nach und nach zur umfassenden Christlich-Demokratischen bzw. Christlich-Sozialen Union ausgebaut. Der christlich-sozialistische Impuls der Kölner Gründung wurde insbesondere durch die Einflußnahme Konrad Adenauers Schritt für Schritt zurückgedrängt. Dadurch wurde die Integrationsbreite der neuen Partei in Kreise besonders des evangelischen konservativen Bürgertums ausgedehnt. Diese Entscheidung bedeutete aber auch die weitgehende Aufgabe eines christlich-naturrechtlichen Gestaltungsansatzes, der gegenüber den politisch-gesellschaftlichen Mißständen der nationalsozialistischen Zeit einen besonders von der Zeitsituation geprägten Charakterzug der Initiative dargestellt hatte.

Diese Tendenz konnte auch nicht durch Einflüsse des Berliner Gründerkreises der Christlich-Demokratischen Union Deutschlands (CDUD) aufgehalten werden, der wie die Kölner Leitsätze einen als christlichen Sozialismus bezeichneten innerpolitischen Reformkurs vertrat. Das verhinderte nicht zuletzt die Sonderentwicklung in der sowjetischen Besatzungszone, denn sehr bald begann die sowjetische Besatzungsmacht, wachsenden Einfluß auf die CDUD auszuüben. Die Partei wurde immer stärker zur Zusammenarbeit mit der Sozialistischen Einheitspartei gedrängt, die ihrerseits auf dem erzwungenen Zusammenschluß von KPD und SPD beruhte. Die CDUD verfolgte unter der Führung von Jakob Kaiser bis 1947 innenpolitischen Reformkurs. Sie betonte den gesamtdeutschen Zusammenhalt und hatte das Ziel, Deutschland von den Bindungen an die jeweils in den einzelnen Besatzungszonen maßgebenden Großmächten freizuhalten und ihm statt dessen eine Brückenfunktion zwischen Ost und West zu geben. 1948 geriet die CDUD dann gänzlich unter den politischen Einfluß der SED, während ihre Reste als Exil-CDU mit der Gesamtpartei verschmolzen. Der politische Katholizismus fand so in der sowjetischen Besatzungszone und später in der DDR keinen speziellen Ausdruck mehr, während sich ihm in der CDU/CSU der Bundesrepublik ein erweiterter Aktionsraum öffnete.

Den christlich-sozialistischen Impuls des Jahres 1945 hat Walter Dirks in den von ihm zusammen mit Eugen Kogon herausgegebenen Frankfurter Heften über Jahrzehnte hinweg weiter vertreten. Das entsprach seiner Auffassung, daß es sich bei dieser Konzeption um eine »produktive Utopie« handele, die angemessen sei, um über die pragmatischen Erfordernisse des Tages hinaus die Zielrichtung der politisch-gesellschaftlichen Arbeit zu bestimmen[28]. Die christlichen Arbeiter waren als die starke Klammer der CDU gedacht und als ihre »Garantie gegen jede Verbürgerlichung«. Sie sollten der »atheistischen und freidenkerischen Verengung der sozialistischen Arbeiterbewegung« entgegenwirken. Mit dem notwendigen neuen Aufbruch sollte die Partei den »Sinn für die Bindung, die Traditionen, das ›Alte Wahre‹« verbinden. Die Christen haben sich in den meisten Gegenden zur »Christlich-Demokratischen Union« zusammengefunden. Ist sie ein Zentrum auf verbreiterter Grundlage, eine christliche statt einer katholischen Sammelpartei, kommt es auch ihr im Grunde nur auf die zwei festen Punkte Christentum und Verfassung an? Entwickelte sie sich so, dann wäre die Partei in Gefahr, die historische Aufgabe zu verfehlen: sie heißt: europäischer Sozialismus aus christlicher Verantwortung, sie heißt also: die christlichen, die katholischen und die evangelischen Arbeiter, Bauern und Bürger so zu führen, daß sie als wirkliche Glieder jenes Bündnisses den Weg zur zweiten Republik wirklich mitgehen.

Soziale Reformimpulse des Katholizismus wirkten nicht nur in den Kölner, den Berliner und in den Frankfurter Gründerkreis der CDU hinein, sondern boten sich auch durch einen Rückgriff auf den Solidarismus, wie er hauptsächlich von den Jesuiten Heinrich Pesch, Gustav Gundlach und Oswald v. Nell-Breuning entwickelt worden war[29]. Hier war der Einfluß weniger spektakulär programmatisch, aber für lange Jahre der Entwicklung der Unionspolitik konkret wirkungsvoller. Das Gemeinwohl wurde in der solidaristischen Konzeption nicht so beherrschend in den Vordergrund gestellt wie im christlichen Sozialismus. Der Entfaltung des Individuums wurde breiter Raum gegeben. Der Solidarismus war so flexibel, kapitalistische Wirtschaftsmethoden anzuerkennen und doch auch das Gemeinwohl und eine gemeinwirtschaftliche Solidarität zur Geltung zu bringen. Gegenüber der als grundlegend angesehenen freien Initiative der einzelnen wurde staatliches Handeln auf eine subsidiäre und sozialkorrigierende Funktion eingegrenzt. Der Solidarismus wendete sich gleichzeitig gegen kollektivistische Freiheitsbedrohung durch Sozialismus und Staatsallmacht und gegen liberalistische Auflösung jeder Bindung an Gemeinwohl und soziale Verantwortung.

Die Gründung der CDU zusammen mit evangelischen Christen bedeutete zugleich den Entschluß, auf die Anknüpfung an die Zentrumstradition zu verzichten. Er wurde vielen durch die hilflose Selbstaufgabe der Partei 1933 erleichtert. Der Wille zur interkonfessionellen Zusammenarbeit, von der eine Zusammenfassung und Stärkung christlicher Gestaltungsmöglichkeiten in der Politik erwartet wurden, machte die Aufgabe der Zentrumstradition unumgänglich, denn zu eindeutig war das Zentrum als Partei der Katholiken charakterisiert. Zwar kam es auch zur Neugründung des Zentrums, aber der Trend zur interkonfessionellen Partei gewann weithin das Übergewicht[30]. Das Ergebnis eines schnellen politischen Aufstiegs und der Beginn einer langen Erfolgsserie der interkonfessionellen Partei war es dann, daß die CDU/CSU in der ersten Bundestagswahl stärkste Partei wurde und mit Konrad Adenauer den ersten Bundeskanzler stellte. Der Katholizismus hatte sowohl an der politisch-ideologischen Ausrichtung als auch am äußeren Erfolg der Unionsparteien wesentlichen Anteil. Da es der CDU/CSU gelang, sich breite Unterstützung bei den Bischöfen und im Klerus zu verschaffen, fiel auch das Argument der Einheit der politischen Vertretung des Katholizismus bald zu ihren Gunsten ins Gewicht und ließ dem Zentrum nur eine schmale, immer weiter zusammenschrumpfende Basis.

Die neue politische Organisation der Katholiken in einer gemischtkonfessionellen Partei mußte für den Katholizismus selbst tiefgreifende Folgen haben, wie auch immer die politisch-gesellschaftliche Ausrichtung der Partei aussehen würde. Die politische Linie der Partei konnte nur in Zusammenarbeit ihrer verschiedenen weltanschaulichen und gesellschaftlichen Kräfte bestimmt werden. Sie stand der Einflußnahme der katholischen Kirche daher nur noch begrenzt offen. Neben der Verkirchlichung der Laienorganisationen im Sinne der Katholischen Aktion wirkte jetzt auch die veränderte Zuordnung von Konfession und politischer Partei auf eine Lockerung der Verbindung von Kirche und politisch-gesellschaftlichem Handeln der Laien. Das entsprach dem Ziel, den religiösen Aufschwung der Nachkriegszeit frei zu machen von hemmenden Einflüssen politischer und gesellschaftlicher Konflikte. Es brauchte keinen Verlust an Einfluß und gesellschaftlicher Präsenz des Katholizismus zu bedeuten, wenn die religiöse Erneuerung die Menschen von innen her erfaßte und sie in ihren Wertvorstellungen und in ihrem politischen und gesellschaftlichen Handeln bestimmte.

Gerade gegenüber den Möglichkeiten neuer Verchristlichung aber wurden Zweifel geäußert, und zwar im Kontext des ersten Katholikentages nach dem Zweiten Weltkrieg 1948 in Mainz, der nach der Zahl der teilnehmenden Katholiken, nach der Anwesenheit von Vertretern der Weltkirche die Aufbruchstimmung der Nachkriegszeit widerspiegelte. Vorgetragen wurden die Zweifel von dem Jesuiten Ivo Zeiger, der als Hauptberater des Apostolischen Visitators für Deutschland, dem amerikanischen Bischof Aloisius J. Muench in Kronberg im Taunus, beste Kenntnisse über den deutschen Katholizismus besaß. Zeiger faßte die von ihm zwar als nicht unüberwindlich, aber als ernsthaft angesehene Bedrohung des Katholizismus in einigen Stichworten zusammen[31]. Die deutschen Katholiken seien durch die großen Bevölkerungsverschiebungen der jüngsten Zeit allgemein, auch in ländlichen Gegenden, in eine ungewohnte Diasporasituation geraten, der sie nicht gewachsen seien; »die Geschlossenheit unserer Gemeinden [ist] durchbrochen, die Schutzmauern unseres katholischen Eigenheimes sind niedergelegt«. Das eigentliche Ausmaß der Bedrohung wurde für Zeiger auf die Frage hin deutlich, wieviele getaufte Katholiken noch katholisch seien und wieweit der Mensch heute dem christlichen Leben geöffnet sei.

»Die Scheidung der Geister vollzieht sich in viel tieferen Schichten [als in der Parteipolitik]. Und dort ist eine Abkehr von der Kirche, eine Entfremdung zum christlichen Leben nach wie vor im Gang. Nicht nur wie früher bei höheren, gebildeten Schichten, sondern ebenso in der breiten Masse des Bürgertums, in der Arbeiterschaft und in der Bauernschaft. Ja gerade auf dem Lande.«

Die Menschen seien zunehmend von Vermassung erfaßt und von einer Flut äußerer Wahrnehmungen überschüttet, die ihnen die innere Sammlung nähmen.

»Damit aber wird der Mensch in seinen tieferen geistigen Schichten entwurzelt, er verliert den Zusammenhang mit den Ordnungen, die Geborgenheit in Formen, und wird langsam zu einem gestaltlosen Eisenteilchen, das von jedem starken Magneten angezogen, gleichgeschaltet werden kann.«

Zeiger folgerte aus seiner Situationsanalyse: »Deutschland ist ein Missionsland geworden« und er knüpfte daran seine Mahnungen zu einem grundlegenden Neuaufbau.

War der Impetus der neuen Verchristlichung von hochgesteckten Erwartungen getragen, so hatte die Diagnose der Zeitsituation, auf die Zeiger seine Aussage stützte, einen starken Einschlag von Besorgnis. Er sprach Tendenzen an, die vor allem in späteren Wohlstandsjahren die religiöse Substanz des Katholizismus vermindern sollten und damit auch seinem gesellschaftlichen Einfluß engere Grenzen setzten[32]. Daß die Bischöfe ihre Erwartungen zurückschrauben mußten, zeigte das Scheitern ihrer Bemühungen, zur Sicherung der Konfessionsschule das freie Entscheidungsrecht der Eltern im Grundgesetz verankern zu lassen, wenn sie auch andere verfassungspolitische Ziele in Zusammenarbeit mit katholischen CDU-Politikern und mit Vertretern des Zentrums erreichen konnten[33]. Unerwartet groß erschien ihnen das Widerstreben anderer weltanschaulicher und politischer Gruppen, einen von den Katholiken gewünschten weitgehenden Anspruch auf die schulische Erziehung über das Elternrecht festzuschreiben. Die Bischöfe sahen allerdings auch jetzt noch eine so große Zustimmung zu ihrer Forderung nach der verfassungsrechtlichen Sicherung des Elternrechts, daß sie in der letzten Phase der Verfassungsberatungen die Durchführung einer Volksbefragung anstrebten.

Wenn 1960 das entscheidende Charakteristikum der Stellung des deutschen Katholizismus in seiner Einbettung in die pluralistische Gesellschaft gesehen wurde, so war damit die Plattform akzeptiert, die der Normalität der Moderne entspricht. Die referierten Aussagen Zeigers erscheinen rückblickend als Hervorhebung einer langfristigen Tendenz, die 1945 für kurze Zeit hinter der Erwartung einer neuen Verchristlichung zurückgetreten war, die aber Aufgabe und Chance des Katholizismus auf längere Sicht realistischer erfaßte, als das angesichts der Befreiung von der nationalsozialistischen Unrechtsherrschaft möglich gewesen war:

»Die deutschen Katholiken leben in einer ›pluralistischen Gesellschaft‹, was Tag für Tag zum Dialog und zur Auseinandersetzung zwingt. Toleranz und Zusammenarbeit werden von den deutschen Katholiken als notwendig erachtet, weil sich die Katholiken aus der Kraft ihres Glaubens für das Gemeinwohl des ganzen Volkes mitverantwortlich fühlen. Es wäre übrigens irrig, unter den ›Andersgläubigen‹ nur die Protestanten zu verstehen. In der modernen Gesellschaft sind — neben den beiden Konfessionen — liberalistische, humanistische Bewegungen entstanden, mit denen die Katholiken sich geistig und praktisch auseinandersetzen müssen[34].«

Anmerkungen

[1] Ernst-Wolfgang Böckenförde, Das Ethos der modernen Demokratie und die Kirche, in: ders., Schriften zu Staat — Gesellschaft — Kirche, Bd 1: Der deutsche Katholizismus im Jahre 1933. Mit einem historiographischen Rückblick von Karl-Egon Lönne, Freiburg, Basel, Wien 1988, S. 21–38.

[2] Godehard Lindgens, Katholische Kirche und moderner Pluralismus. Der neue Zugang zur Politik bei den Päpsten Johannes XXII. und Paul VI. und dem Zweiten Vatikanischen Konzil, Stuttgart 1980.

[3] Conrad Gröber, Erzbischof von Freiburg, Hirtenbrief über die Anklagen gegen das deutsche Volk, 21. September 1945, in: Hirtenbriefe und Ansprachen zur Gesellschaft und Politik 1945–1949, bearb. von Wolfgang Löhr, Würzburg 1985, S. 45–95, hier S. 49. Zur Ergänzung der aus Raumgründen äußerst eingeschränkten Literaturangaben vgl. die bibliographischen Angaben bei Thomas M. Gauly, Katholiken. Machtanspruch und Machtverlust, Bonn 1991; Karl-Egon Lönne, Politischer Katholizismus im 19. und 20. Jahrhundert, Frankfurt a. M. 1986.

[4] Vgl. dazu sehr eindringlich Walter Dirks, Gegen die faschistische Koalition. Politische Publizistik 1930–1933. Gesammelte Schriften, Bd 2, hrsg. von Fritz Bell [u. a.], Zürich 1990.

[5] Klaus Scholder, Die Kirchen und das Dritte Reich, Bd 1: Vorgeschichte und Zeit der Illusionen 1918—1934, Frankfurt a. M., Berlin, Wien 1977, S. 319.
[6] Akten deutscher Bischöfe über die Lage der Kirche 1933—1945, Bd 1, hrsg. von Bernhard Stasiewski, Mainz 1968, S. 30—32.
[7] Vgl. die Beiträge bei Böckenförde, Das Ethos (wie Anm. 1).
[8] Ullrich v. Hehl, Priester unter Hitlers Terror, Mainz 1985.
[9] Der Notenwechsel zwischen dem Heiligen Stuhl und der Deutschen Reichsregierung, 3 Bde, hrsg. von Dieter Albrecht, Mainz 1965—1980.
[10] Ebd., Bd 1, S. 404—443.
[11] Hirtenbriefe und Ansprachen (wie Anm. 3), S. 49 f.
[12] Akten Kardinal Michael von Faulhabers, Bd 2: 1935—1945, hrsg. von Ludwig Faulhaber, Mainz 1978, S. 826—855.
[13] Die deutschen Bischöfe, Erster gemeinsamer Hirtenbrief nach dem Krieg, Fulda, 23. August 1945, in: Hirtenbriefe und Ansprachen (wie Anm. 3), S. 40—44, hier S. 41. Zu wesentlich konkreteren Schulderklärungen, die den Bischöfen aus Laienkreisen nahegelegt wurden, vgl. Gauly, Katholiken (wie Anm. 3), S. 45—49.
[14] Ludwig Volk, Der Heilige Stuhl und Deutschland 1945—1949, in: Kirche und Katholizismus 1945—1949, hrsg. von Anton Rauscher, München, Paderborn, Wien 1977, S. 53—87, hier S. 62.
[15] Ger van Roon, Neuordnung im Widerstand. Der Kreisauer Kreis innerhalb der deutschen Widerstandsbewegung, München 1967, Dokumentenanhang.
[16] Susanne Leschinski, Clemens August Kardinal von Galen in der Nachkriegszeit 1945/46, in: Neue Forschungen zum Leben und Wirken des Bischofs von Münster, hrsg. von Joachim Kuropka, Münster 1992, S. 245—272, hier S. 260.
[17] Hans-Josef Wollach, Humanitäre Auslandshilfe für Deutschland nach dem Zweiten Weltkrieg. Darstellung und Dokumentation kirchlicher und nichtkirchlicher Hilfen, Freiburg 1976.
[18] Volk, Der Heilige Stuhl (wie Anm. 14).
[19] Josef Kardinal Frings, Für die Menschen bestellt. Erinnerungen des Alterzbischofs von Köln, Köln 1973, S. 74.
[20] Hans Braun, Demographische Umschichtungen im deutschen Katholizismus nach 1945, in: Kirche und Katholizismus (wie Anm. 14), S. 9—25.
[21] Karl Forster, Neuansätze der gesellschaftlichen Präsenz von Kirche und Katholizismus nach 1945, ebd., S. 109—133.
[22] Hirtenbriefe und Ansprachen (wie Anm. 3), S. 31.
[23] Gauly, Katholiken (wie Anm. 3), S. 16.
[24] Walter Dirks, Die geistige Aufgabe des deutschen Katholizismus, in: Frankfurter Hefte, 1 (1946), H. 2, S. 33—52, hier S. 33 f.
[25] Albert Stohr, Bischof von Mainz: Hirtenbrief mit Richtungsgebenden Worten in »einer verworrenen Zeit«, 29. Juni 1945, in: Hirtenbriefe und Ansprachen (wie Anm. 3), S. 32—40, hier S. 36 f.
[26] Paul Nordhues, Christliches Leben und sozialistische Gesellschaft. Die katholische Kirche in der sogenannten »DDR«, in: Bilanz des Deutschen Katholizismus, hrsg. von Norbert Greinacher und Heinz Theo Risse, Mainz 1966, S. 137—150.

[27] Rudolf Uertz, Christentum und Sozialismus in der frühen CDU. Grundlagen und Wirkungen der christlich-sozialen Ideen in der Union 1945—1949, Stuttgart 1981, S. 30.
[28] Walter Dirks, Die Zweite Republik. Zum Ziel und zum Weg der deutschen Demokratie, in: Frankfurter Hefte, 1 (1946), H. 1, S. 12—24, hier S. 15, 23, 22.
[29] Oswald v. Nell-Breuning, Der Beitrag des Katholizismus zur Sozialpolitik der Nachkriegszeit, in: Kirche und Staat in der Bundesrepublik 1949—1963, hrsg. von Anton Rauscher, Paderborn 1979, S. 109—121.
[30] Ute Schmidt, Zentrum oder CDU. Politischer Katholizismus zwischen Tradition und Anpassung, Opladen 1978.
[31] Ivo Zeiger, Die religiös-sittliche Lage und die Aufgabe der deutschen Katholiken, in: Der Christ in der Not der Zeit. Der 72. Deutsche Katholikentag vom 1. bis 5. September 1948 in Mainz, Paderborn 1949, S. 24—39, hier S. 27, 30, 32, 35.
[32] Gauly, Katholiken (wie Anm. 3); Michael Klöcker, Katholisch — von der Wiege bis zur Bahre. Eine Lebensmacht im Zerfall?, München 1991.
[33] Vgl. Klaus Gotto, Die katholische Kirche und die Entstehung des Grundgesetzes, in: Kirche und Katholizismus (wie Anm. 14), S. 88—108.
[34] Joseph Höffner, Der deutsche Katholizismus in der pluralistischen Gesellschaft der Gegenwart, in: Jahrbuch des Instituts für christliche Sozialwissenschaften, 1 (1960), S. 31—50, hier S. 35.

Hermann Glaser

Der Weg nach innen.
Kultur der Stunde Null, die keine war

Kurz vor dem Kriegsende, so berichtet der spätere Mitbegründer des Wochenblattes *Die Zeit*, Josef Müller-Marein, habe er als Soldat der sich auflösenden deutschen Wehrmacht, einen Tag bevor die Engländer kamen, im Stadttheater Lübeck Unterschlupf gefunden. Er zieht seinen Waffenrock aus und besorgt sich aus dem Fundus etwas Lustiges, Friedliches.

»Es hatte alles seine Richtigkeit. Etwas ging weg, ein anderes kam hinzu, Krieg verschwand, Frieden nahte. Tausche Krieg gegen Frieden [...] Hose beige, Jackett zartbraun. Beides von elegantem Schnitt. Und ganz merkwürdige Knöpfe. Auf der Innenseite des Kragens ein eingenähter Zettel unter Cellophan: ›Hochzeitsnacht im Paradies. Buffo Walter Müller‹.«

Fein gekleidet verläßt Müller-Marein am nächsten Vormittag das Theater und entzieht sich so der Kriegsgefangenschaft.

»Das Gewand der ›Hochzeitsnacht‹ trug ich noch, als wir die ›Zeit‹ gründeten, ich hatte keine andere Zivilkleidung und trug sie noch jahrelang[1].«

Die komische Szene ist voll hintersinniger Symbolik. Die ungeheuere wie ungeheuerliche Tragödie des Zweiten Weltkrieges — in Europa 19,6 Millionen Soldaten gefallen oder vermißt (darunter 3,7 Millionen Deutsche), 14,7 Millionen Zivilisten getötet (von den 3 640 000 Deutschen 540 000 Opfer der Bombenangriffe und etwa 2 Millionen Opfer der Vertreibung), etwa 6 Millionen Juden vieler Nationalitäten ermordet (in den Konzentrationslagern insgesamt 9 Millionen Menschen umgekommen) —, die durch den deutschen ideologischen Wahnwitz herbeigeführte weitreichende Zerstörung Europas endete oft genug mit einem Satyrspiel.

Ab Kriegsende waren (fast) alle Nationalsozialisten verschwunden; Wölfe (Werwölfe) verwandelten sich in Unschuldslämmer. Ehrfürchtig war man bis in die letzten Tage des Großdeutschen Reiches dem mit Götterdämmerungsmusik umrahmten Untergangspathos der »Führer« gefolgt und hatte immer noch, wenn auch mit zunehmenden Zweifeln, an den Endsieg geglaubt; kaum war man »okkupiert«, stellte man sich innerhalb weniger Stunden um. Zwei bis drei Tage genügten durchschnittlich für Stadtverwaltungen, sich auf die neue Administration der Militärregierung auszurichten, ohne Effizienzverlust.

»Heute über Tag war der Münchner Sender stundenlang still. Es war, als sende er Schweigen. Abends um zehn Uhr rührte er sich plötzlich wieder. Und was brachte er? ›Heiße‹ Musik! Erst unkommentierte Funkstille, dann undeutschen Jazz ohne Worte, was ist geschehen?«

Diese rhetorische Frage Erich Kästners als Eintrag im Tagebuch (Mayrhofen, 29. April 1945) bedurfte keiner Antwort. Die nun ganz anders klingenden Töne signalisierten das Ende des Nationalsozialismus. Der Kleider- wie Melodienwechsel war Teil eines Kulturenwechsels; genauer: des Wechsels hin zu einer demokratischen Kultur, welche die mit affirmativer Kultur fassadenhaft abgedeckte Barbarei von zwölf Jahren ablöste. Stunde Null. Stunde Null? So viel Anfang war nie. Viel Anfang war nie[2].

Opportunistische Betriebsamkeit

Das Jahr 1945 bedeutete eine tiefe Bruchstelle zwischen Kulturell-Gestrigem und Kulturell-Zukünftigem. Aber die weitgehend opportunistischen Protagonisten des kulturellen Lebens in Deutschland waren wenig bereit, solche Abgründigkeit wahrzunehmen; sie befanden sich, soweit sie im Lande geblieben waren und nun vehement als Exkulpation ihres moralischen Versagens die »innere Emigration« in Anspruch nahmen, weniger auf der Suche nach einem neuen Adam; sie waren viel mehr darum bemüht, in dem nun von den Alliierten dirigierten Kulturbetrieb rasch ihr Unterkommen zu finden. Aus München berichtet Erich Kästner (der als einer der wenigen glaubwürdigen Vertreter der »inneren Emigration« die Leitung des Feuilletons der von der amerikanischen Militärregierung herausgegebenen *Neuen Zeitung* übernommen hatte):

»Man will Auskunft. Man sucht Anschluß. Man hat Pläne. Man fällt alten Kollegen vor Wiedersehensfreude um den Hals. Man wohnt noch auf dem Lande. Man will nach München ziehen. Wer erteilt die Genehmigung? Wird Falckenberg die Kammerspiele behalten? Womit wird er eröffnen? Mit Thornton Wilders ›Our Town‹? Wann? Erst im September?«

Kästner trifft Wolfgang Koeppen und später, im Hof der Kammerspiele, Rudi Schündler und Arthur Maria Rabenalt. Die beiden wollen hier am Theater, mit Genehmigung der Stadt, ein Kabarettprogramm starten. Sie probieren schon; sind Feuer und Flamme. Vorgesehen sind Texte von Villon, Ringelnatz und Baudelaire, Blackouts, Tanzszenen, hübsche Mädchen (hübsche Mädchen seien weniger rar als gute Texte, und Chansons fehlten ihnen völlig).

»Mich schicke der Himmel. Ich müsse mitmachen. Daß ich nichts Neues geschrieben hätte, sei bedauerlich, aber reparabel. Sie würden mir ein paar Tage Zeit lassen.«

Das Gespräch wird fortgesetzt in der Ruine des Nationaltheaters; die Kantine ist dort intakt und wird notdürftig bewirtschaftet. Robert A. Stemmle gesellt sich dazu; er bereitet einen bunten Abend vor, mit dem er die amerikanischen Truppen amüsieren will; eine Art Wehrmachtstournee.

»Ein handfester Plan, Arien gegen Zigaretten, Tänze gegen Konserven, Humor gegen Schnaps, Zauberkunststücke gegen Benzin. Im Augenblick hat er freilich Probenverbot. Warum? Er weiß es nicht. Hat man gegen das eine oder andere Mitglied seines Ensembles politische Bedenken? Oder gegen mehrere Mitglieder? Feststeht, daß er die Proben unterbrechen mußte[5].«

Einen aufschlußreichen exemplarischen Einblick ins künstlerische Psychogramm herausragender »Kulturschaffender« des Dritten Reiches, die nun wieder für »reine Menschlichkeit« zur Verfügung standen, gab das Entnazifizierungsverfahren, das im Dezember 1946 gegen den international bekannten Dirigenten Wilhelm Furtwängler lief. Der Vorsitzende der Entnazifizierungskommission erklärte, daß Furtwängler zwar niemals der Partei oder einer ihrer Gliederungen angehört habe, daß aber in der Hauptverhandlung geklärt werden müsse, in welchem Umfang sich der Dirigent als Staatsrat, als Vizepräsident und Präsidialmitglied der Reichsmusikkammer und als Leiter des Philharmonischen Orchesters an der Verbreitung der nationalsozialistischen Ideologie beteiligt habe. Furtwängler betonte bei seiner Vernehmung, er habe mit der Regierung arbeiten müssen, um gegen die Regierung arbeiten zu können. Er habe den ihm 1933 verliehenen Titel eines Preußischen Staatsrates nicht ablehnen können und hätte es damals außerdem für die Pflicht eines jeden Deutschen gehalten, bei der neuen Regierung auf das Beste zu hoffen. Er hätte mehrmals an Goebbels appelliert, den Parteiterror im Musikleben zu unterbinden. Der Anklagevertreter konterte, indem er einen Brief Furtwänglers an Goebbels vorlegte; darin hatte dieser sich zwar für die Dirigenten Bruno Walter und Otto Klemperer eingesetzt, aber auch die »Bekämpfung zersetzender Elemente« gebilligt. Was Furtwänglers zahlreiche Konzerte im Ausland betraf, so bemerkte der Dirigent, daß er stets die Kunst über die Politik gesetzt habe; es sei ihm allerdings klar gewesen, daß das Propagandaministerium aus kulturpolitischen Gründen an seiner Tätigkeit im Ausland ein Interesse gehabt hätte. Als Protest auf das Verbot, Werke von Paul Hindemith aufzuführen, habe er seine Ämter niedergelegt, lediglich den Staatsratstitel beibehalten. Eine formelle Aussöhnung mit den Führern des Dritten Reiches sei dann durch seine spätere »Loyalitätserklärung« zustande gekommen, die in der Öffentlichkeit bekannt wurde, als er zum ersten Mal wieder das Berliner Philharmonische Orchester zugunsten des Winterhilfswerkes dirigierte. Nach Abschluß des Konzertes habe ihn Hitler mit Händedruck begrüßt[4].

Gustav Gründgens, dem die Nationalsozialisten als Intendant des Berliner Staatstheaters ebenfalls den Titel »Staatsrat« verliehen hatten und der nach 1945 mehrfach verhaftet wurde, schrieb 1946 in einem Aufsatz zur »Soziologie des deutschen Schauspielers«, daß dieser in seiner Gesamtheit politisch uninteressiert gewesen sei.

»Im Vordergrund hat für den Schauspieler die Kunst gestanden oder besser gesagt, die gute Rolle, die interessante schauspielerische Aufgabe. Diesen Mangel an politischer Erziehung teilt der deutsche Schauspieler mit dem gesamten deutschen Volk [...] Der Nationalsozialismus, der eine Lehre der Oberfläche war und nur mit Massenpsychose gearbeitet hat, ging ja nicht — wenigstens für die meisten Menschen bewußt nicht — in die Tiefe, und so kommt das für den Betrachter von außen verwunderliche Bild zustande, daß sich die Schauspieler, die in den letzten 12 Jahren Theater gespielt haben, zum großen Teil nie vom Nationalsozialismus getroffen fühlten und sich auch mit seinen Schandtaten nicht identifiziert haben. Folglich erkennen sie zwar das, was man Kollektivschuld der Deutschen nennt, resigniert auch für sich an, ohne sich einer Einzelschuld bewußt zu sein[5].«

Man könne annehmen, hieß es dagegen im wöchentlichen Informationsbulletin der US-Militärregierung Ende Januar 1946, daß kein namhafter Künstler gezwungen worden sei, Mitglied der Nazi-Partei zu werden. Das Propagandaministerium habe sie mit Glacéhandschuhen behandelt. Theaterleute hätten Lippenbekenntnisse abgelegt entweder der Karriere wegen oder weil sie exponiert waren durch jüdische Verwandtschaft oder kommunistische Aktivität. Viele dagegen, deren Fragebogen in Ordnung sei, hätten sich als Nazis hervorgetan[6].

Solche Ambivalenz des künstlerischen Verhaltens im Dritten Reich führte bei den Alliierten zu entsprechend ambivalenten Reaktionen.

Was Carl Zuckmayer 1943 in einer Expertise für die US-Regierung über führende Persönlichkeiten des deutschen Kulturlebens festgestellt hatte, daß Schauspieler nämlich das Dritte Reich als Inszenierung, in der sie eine Rolle spielten, genössen, entsprach natürlich nicht den moralischen Kategorien, nach denen man das kulturelle Leben ordnen, das heißt vom Nationalsozialismus reinigen wollte.

Anekdotisch erscheinende Vorkommnisse markieren die Unsicherheit der Alliierten solchem »Spielverhalten« gegenüber. (Er halte Gründgens, hatte Zuckmayer erklärt, keineswegs für einen abgründigen Bösewicht, sondern für eine Spielernatur, die auf dem Theater wie im Leben auf »Grand jeu« eingestellt sei⁷). Helge Rosvaenge konnte im Oktober 1945 bereits wieder ein Konzert in Stockholm geben; doch wurde er kurz darauf als Sympathisant der Nationalsozialisten geächtet. Mit anderen Auswanderern machte er sich in einem gebrechlichen Kutter nach Venezuela auf, blieb aber im faschistischen Spanien hängen — und sang dort. Der Luxemburger René Deltgen spielte in München nichtsahnend den Macduff, als er erfuhr, daß er in seiner Heimat als Kriegsverbrecher gelte und sein Eigentum beschlagnahmt worden sei. Mitten aus einer Probe in Stuttgart wurde Rudolf Fernau zum Verhör ins Amtsgericht beordert; kurz darauf wurde er zu neun Monaten Gefängnis und lebenslänglichem Spielverbot verurteilt; das Urteil wurde bereits Anfang Januar 1946 in eine geringe Geldbuße umgewandelt. Ähnlich erging es Victor de Kowa in Berlin. Seine Verhaftung erfolgte, als er ein Chanson vortrug; das Publikum glaubte an einen Regieeinfall und applaudierte. Heinrich George, ehemaliger Intendant des Schiller-Theaters in Berlin (früher Kommunist), kam in ein Internierungslager. Willy Birgel jedoch — belastet durch den von Goebbels sehr geschätzten Film *... reitet für Deutschland* — konnte sich am Wörther See über die Runden bringen. Der Regisseur des Films, Arthur Maria Rabenalt, inszenierte trotz Berufsverbots in Heidelberg; als die Amerikaner protestierten, wechselte er nach Baden-Baden, wo die französischen Behörden erklärten, er sei beim Aufbau des deutschen Kulturlebens wünschenswert. Emil Jannings' Bemühungen um Rehabilitierung — er war von Geburt Schweizer — scheiterten. Im Salzkammergut saßen Karl Böhm und Clemens Krauss untätig. Herbert v. Karajan, 1942 aus der NSDAP ausgeschlossen, gab eine begeistert aufgenommene Vorstellung in der britischen Zone, wurde dann angeklagt und erhielt Auftrittsverbot. Das Ehepaar Attila Hörbiger und Paula Wessely durfte zunächst nur in Innsbruck, aber nicht in Wien spielen. »Verboten« war auch Hans Moser, der mit einer Jüdin verheiratet war. Und so fort ...

Auf der anderen Seite empörten sich diejenigen Künstler mit Recht, die im Dritten Reich mit Berufsverbot belegt worden waren und nun sahen, daß die Routiniers des Opportunismus rasch den Übergang von einem Regime ins andere, den Wechsel von einer einflußreichen Position in die nächste bewerkstelligten und entsprechend reüssierten. Vom Standpunkt des bildenden Künstlers aus hat zum Beispiel Georg Meistermann solche Irrwege bei der Vergangenheitsbewältigung (im Dritten Reich mit Ausstellungsverbot bedacht) kritisiert. Der Zustand geistiger Verrottung sei 1945 keineswegs zu Ende gegangen[8]. Als Theodor Heuss 1949 eine Notgemeinschaft der Kunst ins Leben rief, umfaßte die Liste der einzuladenden Künstler zuerst ausschließlich Namen der im Hitler-Deutschland prominenten Maler und Bildhauer. Meistermann gelang es dann, mit Hilfe einer Alternativliste die Namen derer, die verfemt gewesen und »entartet« genannt worden waren, die man mit Polizeigewalt an künstlerischer Arbeit gehindert hatte, denen man Farbe und Leinwand weggenommen hatte, deren Werke in den dreißiger Jahren zu Tausenden aus den deutschen Museen entfernt, verbrannt oder ins Ausland verkauft worden waren, ins Bewußtsein zu rücken. Fatal wirkte sich zudem aus, daß häufig die Kulturberichterstattung von konservativem Standpunkt aus erfolgte und damit, zwar nicht politisch, aber ästhetisch, restaurative oder gar reaktionäre Wirkungen zeitigte. Dabei kam es zu paradoxen Situationen. So gelang es einer »Kulturmeute«, Hermann Kaspar, der Hitlers Reichskanzlei ausgestattet und den Fackelzug zur Einweihung des »Hauses der Deutschen Kunst« entworfen und organisiert hatte, als den vertriebenen Carl Caspar, der zu rehabilitieren gewesen wäre, den Alliierten unterzuschieben.

Die Widersprüche lagen vor allem in der Situation selbst: Nur ganz wenigen der Kulturschaffenden war es gelungen, sich konsequent jeder Vereinnahmung durch das totalitäre Regime zu entziehen. Schon vor 1933 hatte zum Beispiel Emil Nolde Memoiren geschrieben, in denen er deutsch-völkische Kunst, das, was man später »Blut-und-Boden-Kunst« nannte, propagierte und gegen Cézanne und die französische Kunst polemisierte. 1928 war er in die NSDAP eingetreten.

»Daß er später mit den ›Entarteten‹ in einen Topf geworfen wurde, geschah, um eine Diskussion zu verhindern, die wahrscheinlich viel Staub aufgewirbelt hätte, der den Nazis nicht gelegen sein konnte. Der deutsche Statthalter in Wien hatte nämlich 1941 die Idee, Nolde zu rehabilitieren mit einer großen Ausstellung dieses ›echt‹ völkischen Künstlers und nationalsozialistischen Vorkämpfers deutscher Kunst. Diese Ausstellung verhinderte Goebbels ausdrücklich mit dem Argument, daß man erst den Krieg gewinnen müsse, bevor man in Details käme[9].«

Das Weiterwirken affirmativer Kultur

Eine an Personen »festgemachte« Phänomenologie der Verführbarkeit des Geistes im Dritten Reich verweist strukturell auf den für Kulturpolitik und Kulturvermittlung dominanten Innerlichkeitskult, wie er sich vor allem im Wilhelminismus entwickelt und auch in der Weimarer Republik weitergewirkt hatte. Für das bürgerliche Kulturbewußtsein galt die Trennung zwischen Kunst und Politik, wie sie etwa Thomas Mann selbstkritisch-biographisch in einem Essay beschrieben hat. In diesem Aufsatz aus dem Jahre 1939 stellt Thomas Mann fest, daß sein *jetziges* persönliches Bekenntnis zur Demokratie aus einer Einsicht hervorgehe, die seiner deutsch-bürgerlich-geistigen Herkunft und Erziehung ursprünglich fremd gewesen sei:

»der Einsicht, daß das Politische und Soziale ein Teilgebiet des Menschlichen ausmacht, daß es der Totalität des humanen Problems angehört, vom Geiste in sie einzubeziehen ist, und daß diese Totalität eine gefährliche, die Kultur gefährdende Lücke aufweist, wenn es ihr an dem politischen, dem sozialen Elemente gebricht.«

Thomas Mann hatte selbst auf profilierte Weise in den *Betrachtungen eines Unpolitischen* (1918) — und in seiner Abhandlung nimmt er kritisch darauf Bezug — im Namen der Kultur und der geistigen Freiheit der Politisierung des Geistes mit allen Kräften sich widersetzt.

»Ich sage: sogar im Namen der Freiheit; denn unter dieser verstand ich dem Gepräge meines Denkens gemäß sittliche Freiheit — von deren Beziehung zur bürgerlichen Freiheit ich wenig wußte und wenig wissen wollte.«

Genau aber darum gehe es: die Trennung zwischen sittlicher Freiheit und bürgerlicher Freiheit aufzuheben. Kultur sei nicht der Raum, in den sich der Geist zurückziehen oder in dem er sich, abgelöst von den Realitäten, unbekümmert bewegen könne; er ist der gemeinsame Bereich von Reflexion *und* Tätigkeit. Thomas Mann stellt mit Nachdruck fest, daß es ein Irrtum deutscher Bürgerlichkeit gewesen war, zu glauben, man könne ein unpolitischer Kulturmensch sein. Er wisse nun, daß die Kultur in größte Gefahr gerate, wenn es ihr am politischen Instinkt und Willen mangele;

»kurzum das demokratische Bekenntnis drängte sich auf die Lippen und wollte trotz allen Hemmungen antipolitischer Tradition abgelegt sein«[10].

Thomas Manns Essay aus dem Jahre 1939 steht dem Gedankengang nahe, der Herbert Marcuses Aufsatz »Über den affirmativen Charakter der Kultur« (1937) bestimmt. Was Thomas Mann die »Frucht eines ästhetizistischen Kulturbürgertums« nennt, den Barbarismus der Gesinnung, Mittel und Ziele (er bezieht sich dabei auf den Nationalsozialismus), wird bei Marcuse in differenzierenderer und umfassenderer Art unter dem Begriff der »affirmativen Kultur« gedeutet; diese werde von Zivilisation unterschieden und vom Gesellschaftsprozeß soziologisch und wertmäßig abgetrennt.

»Unter affirmativer Kultur sei jene der bürgerlichen Epoche angehörige Kultur verstanden, welche im Laufe ihrer eigenen Entwicklung dazu geführt hat, die geistig-seelische Welt als ein selbständiges Wertreich von der Zivilisation abzulösen und über sie zu erhöhen. Ihr entscheidender Zug ist die Behauptung einer allgemein verpflichtenden, unbedingt zu bejahenden, ewig besseren, wertvolleren Welt, welche von der tatsächlichen Welt des alltäglichen Daseinskampfes wesentlich verschieden ist, die aber jedes Individuum ›von innen‹ her, ohne jene Tatsächlichkeiten zu verändern, für sich realisieren kann. Erst in dieser Kultur gewinnen die kulturellen Tätigkeiten und Gegenstände ihre hoch über den Alltag emporgesteigerte Würde: ihre Rezeption wird zu einem Akt der Feierstunde und der Erhebung.«

Die affirmative Kultur sei in ihren Grundzügen einseitig idealistisch, d. h. realitätsblind:

»Auf die Not des isolierten Individuums antwortet sie mit der allgemeinen Menschlichkeit, auf das leibliche Elend mit der Schönheit der Seele, auf die äußere Knechtschaft mit der inneren Freiheit, auf den brutalen Egoismus mit dem Tugendreich der Pflicht. Hatten zur Zeit des kämpferischen Aufstiegs der neuen Gesellschaft alle diese Ideen einen fortschrittlichen, über die erreichte Organisation des Daseins hinausweisenden Charakter, so treten sie in steigendem Maße mit der sich stabilisierenden Herrschaft des Bürgertums in den Dienst der Niederhaltung unzufriedener Massen und der bloßen rechtfertigenden Selbsterhebung: sie verdecken die leibliche und psychische Verkümmerung des Individuums[11].«

Der Weg nach innen, wie er nach dem Mai 1945 mit der den totalen Krieg abschließenden totalen Niederlage beschritten wurde, war in signifikanter Weise von »affirmativer Kultur« geprägt. In der 4. Szene von Wolfgang Borcherts Stück *Draußen vor der Tür* wendet sich der

»Hungerkünstler« Beckmann auf Arbeitssuche an den Direktor eines
Kabaretts. Er singt ihm »das Lied von der sau- / das Lied von der sau-
/ das Lied von dem sauberen Soldatenfrau« vor: »Tapfere kleine Soldatenfrau - / ich kenn das Lied noch ganz genau, / das süße schöne Lied,
/ aber in Wirklichkeit: War alles Schiet!« Der Direktor wehrt ab und
fordert »Gelassenheit, Überlegenheit«. »Denken Sie an unseren Altmeister Goethe. Goethe zog mit seinem Herzog ins Feld — und schrieb
am Lagerfeuer eine Operette[12].« »Anstößigkeit« sollte vermieden werden, Menschlichkeit sich als ein großer Glanz von innen erweisen.

Die Goethe-Verehrung fand eine besonders eigenartige Ausprägung
in dem kulturpolitischen Vorschlag, den Friedrich Meinecke in seinen
Betrachtungen und Erinnerungen. Die deutsche Katastrophe 1946 für den
Westen unterbreitete. Er spiegelt die unreflektierte erneute »Indienst-
nahme« des deutschen Idealismus — mit einer Naivität, als ob sich
Auschwitz nicht ereignet hätte. In jeder deutschen Stadt und größeren
Ortschaft wünschte sich Meinecke künftig eine Gemeinschaft gleichgerichteter Kulturfreunde, der er den Namen einer »Goethegemeinde«
geben möchte.

»Den ›Goethegemeinden‹ würde die Aufgabe zufallen, die lebendigsten Zeugnisse des großen deutschen Geistes durch den Klang der Stimme den Hörern
ins Herz zu tragen — edelste deutsche Musik und Poesie zugleich ihnen immer
zu bieten. Die Not, nämlich der Mangel an Büchern, in den wir alle durch
die Verbrennung so vieler Bibliotheken, Büchereien und Verlagshandlungen
geraten sind, unterstützt diesen Vorschlag. Wer ist denn heute noch im vollen
Besitz auch nur seiner Lieblingsbücher, seines vollständigen Goethe, Schiller
usw.? Vielen jungen Menschen kann vielleicht in Zukunft der erste Zugang
zu den unvergänglichen Gedichten Hölderlins, Mörikes, C. F. Meyers, Rilkes
erschlossen werden durch eine jener regelmäßigen musikalisch-poetischen Feierstunden der ›Goethegemeinden‹, die wir uns nun als feste Einrichtung überall
wünschen. Etwa wöchentlich zu einer späten Sonntagnachmittagstunde — und
wo es irgend möglich wird, sogar in einer Kirche! Denn der religiöse Untergrund unserer großen Dichtung rechtfertigt, ja fordert es, daß er auch durch
einen derartig symbolischen Vorgang anschaulich werde. Anfang und Schluß
solcher Feierstunden seien dann immer durch große deutsche Musik, durch
Bach, Mozart, Beethoven, Schubert, Brahms usw. emporgehoben. Lyrik und
Gedankendichtung mögen dann den inneren Kern solcher Feierstunden bilden.
Lyrik von jener wunderbaren Art, wie sie in Goethe und Mörike gipfelt, wo
Seele zu Natur und Natur zu Seele wird, und tiefsinnige Gedankendichtung
von der Art der Goetheschen und Schillerschen sind vielleicht das Deutscheste
vom Deutschen in unserem gesamten Schrifttum. Wer sich ganz in sie ver-
senkt, wird in allem Unglück unseres Vaterlandes und inmitten der Zerstörung etwas unzerstörbares, einen deutschen *charakter indelebilis* spüren[13].«

Ein »ironischer Mythenbewahrer« wie Thomas Mann hätte im Innerlichkeitsland dann eine gewisse Anerkennung gefunden, wenn er aus der Emigration zurückgekehrt wäre; das aber tat er nicht. Das führte zu larmoyanten Emanationen konservativer Tugendwächter.

Walter v. Molo, vor 1933 Präsident der Preußischen Dichterakademie, hatte im August 1945 Thomas Mann aufgefordert, wieder nach Deutschland zu kommen — mit der Suada eines begrifflich entleerten Idealismus (dem jedes Gefühl für die Wirklichkeit der »deutschen Katastrophe« abging):

»Bitte, kommen Sie bald und geben Sie den zertretenen Herzen Trost durch Menschlichkeit und den aufrichtenden Glauben zurück, daß es Gerechtigkeit gibt, man nicht pauschal die Menschheit zertrennen darf, wie es so grauenvoll hier geschah. Dieser Anschauungsunterricht entsetzlicher Art darf für die ganze Menschheit nicht verlorengehen, die nach Glauben und Wissen in einer dämonischen und höchst unvollkommenen Welt zu existieren versucht, mit dem in unserer Epoche die Blutrache beendenden, nach fester Ordnung suchenden Flehen: ›Vergib uns unsere Schuld, wie auch wir vergeben unseren Schuldigern. Erlöse uns von dem Übel!‹ Wir nennen dies Humanität. Bitte, kommen Sie bald und zeigen Sie, daß der Mensch die Pflicht hat, an die Mitmenschheit zu glauben, immer wieder zu glauben, weil sonst die Menschlichkeit aus der Welt verschwinden müßte[14].«

Molos Brief, der nach seiner Veröffentlichung großes Aufsehen erregte, wurde von dem Schriftsteller Frank Thieß in einem Beitrag aufgegriffen, in dem er heuchlerisch für die Einheit von innerer und äußerer Emigration plädierte:

»Auch ich bin oft gefragt worden, warum ich nicht emigriert sei, und konnte immer nur dasselbe antworten: Falls es mir gelänge, diese schauerliche Epoche (über deren Dauer wir uns freilich alle getäuscht hatten) lebendig zu überstehen, würde ich dadurch derart viel für meine geistige und menschliche Entwicklung gewonnen haben, daß ich reicher an Wissen und Erleben daraus hervorginge, als wenn ich aus den Logen und Parterreplätzen des Auslands der deutschen Tragödie zuschaute. Es ist nun einmal zweierlei, ob ich den Brand meines Hauses selbst erlebe oder ihn in der Wochenschau sehe, ob ich selber hungere oder vom Hunger in den Zeitungen lese, ob ich den Bombenhagel auf deutsche Städte lebend überstehe oder mir davon berichten lasse, ob ich den beispiellosen Absturz eines verirrten Volkes unmittelbar an hundert Einzelfällen feststellen oder nur als historische Tatsache registrieren kann[15].«

In seiner Antwort (Oktober 1945) konstatierte Thomas Mann mit angemessener Ironie, daß es ihn natürlich freue, wenn Deutschland ihn als Mensch und Person, und nicht nur seine Bücher, wiederhaben wolle. Aber:

»Sind diese zwölf Jahre und ihre Ereignisse denn von der Tafel zu wischen und kann man tun, als seien sie nicht gewesen? Schwer genug, atembeklemmend genug war, Anno dreiunddreißig, der Choc des Verlustes der gewohnten Lebensbasis, von Haus und Land, Büchern, Andenken und Vermögen, begleitet von kläglichen Aktionen daheim, Ausbootungen, Absagen [...] Schwer genug war, was dann erfolgte, das Wanderleben von Land zu Land; die Paßsorgen, das Hoteldasein, während die Ohren klangen von den Schandgeschichten, die täglich aus dem verlorenen, verwildernden, wildfremd gewordenen Land herüberdrangen. Das haben Sie alle, die Sie dem ›charismatischen Führer‹ (entsetzlich, entsetzlich die betrunkene Bildung!) Treue schworen und unter Goebbels Kultur betrieben, nicht durchgemacht. Ich vergesse nicht, daß Sie später viel Schlimmeres durchgemacht haben, dem ich entging: aber das haben Sie nicht gekannt: das Herzasthma des Exils, die Entwurzelung, die nervösen Schrecken der Heimatlosigkeit.«

Thomas Mann rechnet ab mit der »Verleugnung der Solidarität«, die er erfahren habe[16].

Auch ein anderer großer deutscher Dichter, der freilich schon seit Jahrzehnten in der Schweiz lebte (1919 war er nach Montagnola im Tessin übergesiedelt), Hermann Hesse, lehnte ebenfalls die Aufforderung, nach Deutschland zu kommen, um an der Umerziehung mitzuwirken, ab.

»Ich bin alt und müde geworden, und die Zerstörung meines Werkes hat meinen letzten Jahren den Grundton von Enttäuschungen und Kummer gegeben.«

Hesse beklagte den Opportunismus, der sich in Deutschland ausbreite und aus vielen Briefen, die ihn erreichten, spreche. Es handle sich zwar um Hunderte von Absendern, aber im Grunde doch nur um wenige Grundmuster. Da seien zum Beispiel alle jene alten Bekannten, die in dem Augenblick nicht mehr geschrieben hätten, als sie merkten, daß der Briefwechsel für sie schädlich sein könne.

»Jetzt teilen sie mir mit, daß sie noch leben, daß sie stets warm an mich gedacht und mich um mein Glück, im Paradies der Schweiz zu leben, beneidet hätten, und daß sie, wie ich mir ja denken könne, niemals mit diesen verfluchten Nazis sympathisiert hätten. Es sind aber viele dieser Bekenner jahrelang Mitglieder der Partei gewesen. Jetzt erzählen sie ausführlich, daß sie in all diesen Jahren stets mit einem Fuß im Konzentrationslager gewesen seien, und ich muß ihnen antworten, daß ich nur jene Hitlergegner ganz ernst nehmen könne, die mit beiden Füßen in jenen Lagern waren, nicht mit dem einen im Lager, mit dem anderen in der Partei[17].«

Viel mehr als Thomas Mann vermochte in dieser Zeit jedoch Hermann Hesse zur dichterischen Leitfigur zu werden. Die Brutalität der Wirklichkeit, der tägliche Lebenskampf inmitten der Trümmerwelt rief literar-pietistische Sehnsüchte hervor: innere Ruhe nach dem großen äußerlichen Sturm. Hier liegt auch der Grund für den großen Eindruck, den Hermann Hesses *Glasperlenspiel* hinterließ. Für Weihnachten 1946 — so berichtet Siegfried Unseld in seinen *Begegnungen mit Hermann Hesse* — hatte der Suhrkamp-Verlag als Buchereignis die erste deutsche Ausgabe des *Glasperlenspiels* angekündigt.

»Ich hatte die Bestellung mit einem Brief an den mir persönlich unbekannten, jedoch legendären Verleger Peter Suhrkamp geschrieben, in dem ich begründete, warum ich unbedingt dieses Buch lesen müßte; und das Wunder traf ein, nicht der Chef des Verlags [bei dem Unseld als Volontär arbeitete], sondern der junge Adept bekam ein Exemplar des ›Glasperlenspiels‹; ich kann nicht beschreiben, was dieser ›Besitz‹ für mich bedeutete; ich ließ die beiden Pappbände neu in Leder binden, damit sie dem zu erwartenden Gebrauch standhalten könnten. Die Lektüre dieses Buches war sicherlich ein solches Leseerlebnis, wie es sich im Leben nicht oft ereignen kann. In ihm war alles zusammengefaßt, was ein Mensch für dieses Dasein an intellektueller Hilfe benötigte, ein Buch, durch das ich mich und meine Situation, aber auch meine Möglichkeiten deutlicher sah und das mir Mut gab, von vorne anzufangen, in ungesicherte Regionen aufzubrechen, nicht an Berufsstudium und Karriere zu denken, sondern das zu machen, was mir persönlich wichtig war[18].«

Glasperlenspiel bedeutet bei Hesse ein Spiel, das nach absolvierter Meditation den Spieler »so umschließt, wie die Oberfläche einer Kugel ihren Mittelpunkt umschließt«. Es entlasse den Spieler mit dem Gefühl, eine restlos symmetrische und harmonische Welt aus der zufälligen und wirren gelöst und in sich aufgenommen zu haben. Einer solchen Harmonie-Sehnsucht der jungen Generation, die bislang nur die Schwerkraft des Lebens in ihrer zerstörendsten Form kennengelernt hatte, entsprach auch die Ehrfurcht vor der Mission des Dichters, der nicht als »Macher« oder »Wortproduzent«, sondern als homo religiosus empfunden wurde. »Hochverehrter Herr Hesse«, schrieb Unseld nach der Lektüre des *Glasperlenspiels*, und bereits das Sprachmuster zeigt an, daß Leserschaft vielfach einer Jüngerschaft gleichkam,

»es ist ein einmaliges, ein wundersam-schönes Gefühl für einen jungen Menschen, der sich in Ehrfurcht Ihrem Werk naht, zu wissen, daß eine Studie über Ihr Werk [eine solche hatte Unseld als Rezension in den von Hans Bausch herausgegebenen Tübinger *Studentischen Blättern*, Oktober 1948, angefertigt] bei Ihnen einen solchen Widerhall finden durfte[19].«

Ähnlich schrieb damals auch Otto Friedrich Bollnow in der *Sammlung* über das *Glasperlenspiel*:

»Dieses reife Spätwerk des Dichters ist von der beglückenden Stimmung einer besonnen über den Dingen verweilenden Heiterkeit getragen, die vielleicht überhaupt die besondere Gnade des hohen Alters ist[20].«

Nach Altersweisheit ging das Streben der jungen Menschen, wobei die durch Hunger und Krankheit ausgemergelten Gesichter eine ätherische Seelenhaftigkeit bekundeten — freilich in Widerspruch zur Schlauheit stehend, mit der man in der Not sich einrichtete. Als der Philosoph und Erziehungswissenschaftler Herman Nohl 1947 in London die geistige Lage im gegenwärtigen Deutschland in einem Vortrag beschrieb, stellte er fest, daß aufgrund seiner Erfahrung die Studenten keinen Eigentumswillen mehr besäßen, die Sexualität gering sei, es keine erotische Luft bei den Wanderungen und Festen, ganz anders wie nach 1918 mit den Tanzorgien und dem Auslebenwollen, gebe.

»Gewiß spielt die Ernährung dabei eine Rolle, aber die geistige Linie ist eine ganz andere in dieser Generation. Auch der *Freiheitstrieb* ist nicht da; das Wort Freiheit weckt kein Echo bei ihr. Eine Hochschule forderte mich zu einem Vortrag auf, in dem ich ihren Studenten die Freiheit predigen sollte, was ja doch ein bißchen komisch ist. Was bewegt sie also? Da sagte einer der Seminarmitglieder: *Das einfache Leben*. Und an einem der nächsten Tage brachte mir ein Mädchen aus dem Kreis einen Sonettenkranz, in dem ihre Situation ausgesprochen war und der in den Versen gipfelte:

> O Meister, lehr uns Freude! Jene kleinen
> vertieften Freuden, die den Alltag schmücken,
> lehr uns das Schauen, lehr uns das Entzücken,
> und lehre uns zu sein, da, wo wir scheinen.
> Als zweites lehre uns den Blick nach innen,
> wo wir uns an das Draußen ganz vergeben,
> und weiter lehr uns Stille, eine klare
> erfüllte Stille: lehr uns das Besinnen!
> Und, Meister, als das Höchste: Lehr uns leben!
> Das ist das Große und das einfach Wahre[21].«

Die Kultur der Innerlichkeit, das Gefühl für »einfache Sittlichkeit«, die elementaren Tugenden der Wahrhaftigkeit, Gerechtigkeit und Treue, die tiefe Verehrung des Geistigen wie der Schönheit und dogmenlose Frömmigkeit, die das Ewige suche, artikulierten sich freilich in einer verräterischen Sprache. Die kulturelle Jeunesse dorée der Trümmerzeit verlor sich in »schöner Wortkunst«.

»Mit der strengsten Form hoffte man dem Chaos am ehesten begegnen zu können. Die Übermacht der in zwölf Jahren Naziherrschaft keineswegs fortentwickelten, sondern verkümmerten literarischen Traditionen war gewaltig. Auch wo die Autoren subjektiv völlig offen und konsequent die Auseinandersetzung mit der jüngsten Vergangenheit und ihrer Situation suchten, blieben sie in diese eingebunden. Und es dominierte der Drang, geistig aus der Zeit zu fliehen, heile Welt zu imaginieren, in Romantik und Metaphysik Zuflucht zu finden[22].«

Geistige Erneuerung in West und Ost

In der affirmativen, verinnerlicht-lyrischen Grundbefindlichkeit, die »deutsches Wesen« in den Trümmerjahren bestimmte, lag auch der Wurzelgrund für die in den verschiedenen Landesteilen entstehenden evangelischen bzw. katholischen Akademien — Örtlichkeiten, die für den besinnlichen »Trümmergeist«, für die engagierte Bereitschaft, Probleme des »Wesentlichen« im Geiste offener Brüderschaft anzugehen, charakteristisch waren: Ausdruck einer in den fünfziger Jahren dann ihren Höhepunkt erreichenden Begegnungseuphorie, die Studienräte und Pastoren, musisch aufgeschlossene Hausfrauen und zaghaft-skeptische Oberschüler, inspiriert von ehemals jugendbewegten Erwachsenenbildern, zu Grundsatzdiskussionen in ländlich abgeschiedener Atmosphäre zusammenführte. Die evangelische Kirche habe, so eine kulturpolitische Zeitschrift, mit den Akademien Stätten der Begegnung geschaffen, wo fortlaufend ein systematischer »dialogus christianus« zwischen der evangelischen Kirche und der Welt geführt werde. Es gehe um den Versuch eines offenen Dialogs mit der Welt, deren Kritik sich die evangelische Kirche mit derselben Offenheit aussetze, mit der sie dem Laien die Antwort auf den Ruf Gottes, »Adam, wo bist du?«, abverlange. Hier werde Ernst gemacht mit der Erkenntnis, daß die Meditation ein in der Geschichte ausschlaggebender Faktor sei und daß für das Schicksal eines Volkes die Existenz einer kleinen Schar gottzugewandter Menschen oft mehr bedeute, als alle durch die sogenannten Bedürfnisse herbeigeführten oder ausgelösten »Aktionen«[23].

Die in den Akademien sich bald ritualisierenden Kommunikationsformen erfüllten zwar ein — wie es damals hieß — »echtes Bedürfnis«, eben das der Begegnung (Begegnung, die im Totalitarismus so völlig brachgelegen, der Verdächtigung und Bespitzelung zum Opfer gefallen war); doch führten solche Gespräche selten zu wirklicher Kooperation und zu Handlungsstrategien; sie versickerten leicht im Sande der Unverbindlich- und Beliebigkeit.

Innerlichkeit kennzeichnete auch die Phase des Aufbaus des Erziehungswesens. Nüchternheit, Ehrfurcht, Stille, das waren die Leitvokabeln für die Erziehung einer Jugend, die, bislang vom verlogenen Pathos aufgeputscht, in die furchtbare Hektik eines zerstörerischen Krieges hineingetrieben worden war und jeden Sinn für Maß und Muße verloren hatte.

Der Geist sollte nach den materiellen und ideellen Zerstörungen des Nationalsozialismus und des Zweiten Weltkrieges vor allem an den Universitäten eine neue und freie Heimstatt erhalten. Als am 6. November 1945 die Hamburger Universität wieder »der Jugend übergeben« wurde, rief der zuständige Senator Landahl dazu auf, zum »Besten des schwer geprüften Volkes«, »zum Ruhme der ewig jungen Hansestadt Hamburg«, den »deutschen Anteil an der abendländischen Kultur zur Ehre des unsterblichen deutschen Geistes« wieder mehr zur Geltung zu bringen.

»In dieser Stunde der feierlichen Wiedereröffnung der Universität Hamburg, die nicht mehr und nicht weniger als eine Wiedergeburt aus neuem Geiste sein muß und sein wird, gilt unser erster Gedanke den Studenten aller Universitäten und Hochschulen der alten und der neuen Welt, die in dem sechsjährigen Völkerringen auf den Schlachtfeldern und Meeren der ganzen Erde kämpfend den Tod gefunden haben. Ihr Leben war noch im ersten Anstieg, überstrahlt vom Glanze des Idealismus, der jeden echten Jüngling beseelt. Früh hat sich ihr Leben vollendet. Tränen der Mütter, der jungen Frauen, der Bräute sind um sie geflossen, und werden noch lange fließen [...]
Wir Deutsche wollen der bitteren Wahrheit mutig ins Auge sehen und uns keinen billigen Selbsttäuschungen hingeben. Nur so werden wir Haltung und Würde angesichts des Zusammenbruches finden und bewahren. In zwei gewaltigen Kriegen militärisch besiegt durch die Schuld einer dilettantischen und verantwortungslosen politischen Führung, stehen wir heute nicht nur inmitten der Trümmer unserer Städte, sondern auch unseres Reiches — und unseres Geistes[24].«

Es überrascht, wie trotz Katastrophe, Trümmerfeldern und tiefster Erniedrigung die Metaphern spätidealistischer Denkungsart üppig ins Kraut schossen. Die Sehnsucht nach dem »Guten, Schönen und Wahren« war freilich mit dem trotzigen Unterton eines »Dennoch« versehen; der deutsche Geist sei mißbraucht, entehrt, aber nicht zerstört worden. An der Unsterblichkeit der Klassiker hielt man fest; durch ihren Glanz erhielt auch die eigene Misere einen versöhnlichen Schein. Der Kahlschlag war sehr groß gewesen, die geistige Aufforstung sollte in den Pflanzstätten des Geistes (eben den Universitäten) vorbereitet werden. Aber die Dozenten und Professoren, die aufgrund einer einigermaßen unbedenklichen politischen Vergangenheit wieder lehren durften, besaßen kaum das Rüstzeug, wegweisende Orientierungsmarken für Gegenwart und Zukunft zu setzen. Sie regredierten auf das Bewährte. Goethes Lyrik. Kants Ethik. Die Lebensverhältnisse im Mittelalter ... Statt der Suche nach den »geistigen Ursachen des Zusammenbruchs« in erschütternder Ehrlichkeit, wie sie der Student der Jurisprudenz, Wolfgang Zippel, in Heft 1 der 1945 mit Genehmigung der Militärregierung erschienenen *Göttinger Universitätszeitung* forderte, dominierte der Drang, in Stoffhuberei sich zu vergessen; statt Umwertung der Werte ein Anklammern an den Gott im Detail. — Die klassischen kleinen Universitätsstädte, meist unzerstört, die Aura alter Burschenherrlichkeit, zumindest in ihren altfränkischen, wenn auch ungeheizten Lokalen weiter vermittelnd, kamen atmosphärisch solchem Eskapismus entgegen. Die Kriegsheimkehrer, die diese Universitäten bevölkerten, zogen sich aus den Weiten eroberter Länder zurück in die geistige Muffigkeit der Provinz. Sie hatten die Nase voll von der großen Zeit und ihrem Pathos und vergaßen darüber, verdrängten auch, was zu ihrer Identitätsfindung notwendig gewesen wäre: schonungslose Sichtung dessen, was der schweren Probe stand- und was ihr nicht standgehalten hatte. Die Vorlesungsverzeichnisse dieser Zeit machen jedoch deutlich, daß kaum etwas als zu leicht empfunden wurde.

Auf eine wesentlich mehr bewegende, »beunruhigende« und anregende Weise ereignete sich geistiges Leben in den in dieser Zeit vielfach anzutreffenden Zeitschriften. 1946 war geprägt von einer wahren Gründereuphorie, man konnte geradezu von einer »Flucht in die Zeitschrift« sprechen: *Bogen, Horizont, Lücke, Stuttgarter Rundschau, Heute, Standpunkt, Begegnung, Neues Abendland, Besinnung, Nordwestdeutsche Hefte, Fähre, Literarische Revue, Neubau, Aussaat, Weltbühne, Welt und Wort, Neues Europa, Karussell, Umschau, Goldenes Tor, Weltstimmen, Die Kommenden, Hochland, Prisma, Deutsche Beiträge, Zwiebelfisch, Sammlung, Merkur* — die überwiegende Zahl der Titel bekundet den Willen zur geistigen Konzentration auf das Wesentliche; und dieses Wesentliche war Überlieferung, Besinnung, Erneuerung. Deutschlands Geltung konnte nur noch eine des Geistes sein.

In der SBZ (Sowjetische Besatzungszone) galt der um Innerlichkeit zentrierte bürgerlich-affirmative Kulturbegriff zumindest programmatisch wenig; die kommunistische Ideologie wandte sich gegen »Eskapismus«. Zudem waren viele politisch bzw. sozialistisch engagierte Schriftsteller und Künstler (wie Johannes R. Becher, Bert Brecht, Anna Seghers, Ludwig Renn, Alfred Kantorowicz, Ernst Bloch, Stephan Hermlin, Stefan Heym), häufig aus dem »dekadenten Westen«, ins neue Dorado engagierter Kultur gekommen — entschlossen, die erstarrten Verhältnisse zum Tanzen zu bringen und das Prinzip Hoffnung vom Kopf auf die Füße zu stellen. Die Gründung des »Kulturbundes« 1945 wie der Kulturbund-Zeitschrift *Aufbau* (1945) bedeutete einen Markstein »sozialistischer Renaissance«. Diese wurde, so Frank Trommler, von den Amerikanern abgewürgt, aber zweifellos habe die sowjetische Politik bei diesem Prozeß eine überaus bedrückende Rolle gespielt. Nach dem Eroberungs- und Besatzungsterror, der von denen mit Schweigen übergangen worden sei, die ein Wiederaufleben faschistischer Gedankengänge verhindern wollten, erschütterte auch das Schicksal der Millionen deutscher Kriegsgefangenen in der Sowjetunion das Vertrauen, zumal hierbei ja die Arbeiter- und Bauernklasse am schärfsten bestraft wurde (während man das mittlere und höhere Offizierkorps in der Regel nach der Genfer Konvention behandelte).

»Vor allem aber untergrub die brutale Gleichschaltung sozialistischer und radikaldemokratischer Kräfte die Glaubwürdigkeit des Konzepts der ›Volksdemokratie‹ als besondere Form des Übergangs vom Kapitalismus zum Sozialismus. Die stalinistische Praxis machte die Bemühungen in Ost- und Mitteleuropa um eine breite sozialistische Demokratie auf der Basis der nationalen Selbstbestimmung zunichte[25].«

Als am 4. Juli 1945 im Großen Sendesaal des Berliner Rundfunkhauses die erste öffentliche Kulturbund-Kundgebung stattfand, waren etwa 1500 Berliner und Berlinerinnen, vor allem Bewohner aus den westlichen Bezirken, gekommen.

»Zuversicht und Hoffnung gingen von dieser Kundgebung aus. Die Hoffnung schien um so berechtigter, als sich hier Menschen aller demokratischen Parteien und Weltanschauungen einig waren in dem Gedanken, über Meinungsverschiedenheiten hinweg einen gemeinsamen Weg zu finden im Interesse der fortschrittlichen Erweckung eines neuen deutschen Geisteslebens.«

Das ostdeutsche Festritual unterschied sich freilich wenig vom westlichen. Was offiziell verpönt war, affirmative Kultur nämlich, entfaltete sich voll (nicht nur bei solchen feierlichen Ereignissen) als »roter Plüsch«. Die Berliner Philharmoniker spielten Beethovens Egmont-Ouvertüre; das verabschiedete Manifest sprach von der »großen deutschen Kultur«, dem »Stolz unseres Vaterlandes«, die wiedererweckt werden solle, um ein neues deutsches Geistesleben zu begründen. Dazu müsse das deutsche Volk von allem reaktionären Unrat seiner Geschichte befreit und ihm die Möglichkeit gegeben werden, in die Gemeinschaft der Völker zurückzukehren. Es gelte, die besten Deutschen aller Berufe und Schichten in dieser schweren Notzeit deutscher Geschichte zu sammeln, um eine deutsche Erneuerungsbewegung zu schaffen und auch auf geistig-kulturellem Gebiet ein neues, sauberes, anständiges Leben aufzubauen.

Ein expressiv-kritischer Tenor bestimmte allerdings die Rede des Schriftstellers Bernhard Kellermann: Der »Kulturbund« werde alle zu finden wissen, Dichter, Publizisten, Beamte, hohe Offiziere, Generale, Bankiers oder allmächtige Industrielle.

»Er wird euch an der Brust packen und die fürchterliche Frage ins Gesicht schreien: ›Warum habt ihr Deutschlands Ehre in den Schmutz getreten? Warum? Warum? Antwortet. Und seid verflucht.«

Demgegenüber forderte Paul Wegener dazu auf, den »Geist Goethes wiederzubringen«[26].

Die Dominanz affirmativ-pathetischer gegenüber dialektisch-kritischer Kultur ist eine die Zeit nach dem Mai 1945 insgesamt charakterisierende Tendenz, die von einer »Stunde Null«, als tabula rasa für Neues, auch die Wieder-Holung des vergessenen, verdrängten, verbotenen »Alten« nur bedingt sprechen läßt. Freilich gab es auch ein intensives Streben, endlich den Zugang zur Moderne wieder zu finden. Würde nun, so fragten sich viele bildende Künstler, die in äußerer oder innerer Emigration das Ende des Dritten Reiches erhofft hatten, die große Katharsis stattfinden, oder drohte die Gefahr, daß die Mitläufer, Opportunisten und Angepaßten sich wieder durchsetzten? Wenige Tage nach Kriegsende schrieb der 1902 geborene Maler Ernst Wilhelm Nay dem Kunsthändler Franke, der ein Refugium am Starnberger See gefunden hatte (den Brief nahm ein in diese Gegend entlassener Soldat mit):

»Was wird nun weiter werden? Sicher kann man wohl damit rechnen, daß sich für die Kunst einiges tun wird [...] Hoffentlich gewinnt die Kunst jetzt ihre Freiheit wieder — nach diesen dreizehn bösen Jahren[27].«

Bald entbrannten die Auseinandersetzungen um die Stilfrage. Welcher Stil war der Zeit angemessen — Expressionismus, Surrealismus, Realismus, Abstraktion, absolute Kunst? Karin Thomas spricht vom Sieg des »Großen Abstrakten« über das »Große Reale«[28]. Dies zeigte sich vor allem im Westen und hatte verschiedene Gründe: Von den Kulturabteilungen der amerikanischen Militäradministration wurden zum Beispiel die im Dritten Reich vor allem mit dem Verdikt der Entartung belegten, häufig in die USA emigrierten Künstler der Abstraktion und des Expressionismus mit Reeducation-Absicht gefördert; zudem war man von Trümmern so umstellt, daß man sich gegenüber realer und dann durch die Kunst realistisch abgebildeter Tristesse gerne einem ästhetischen, durch Farben- und Formenvielfalt geprägten Eskapismus überließ.

Im Osten konnte sich der »realistische Realismus« aus ideologischen Gründen ebenfalls nicht entfalten; der »sozialistische Realismus« überlagerte und tötete die Pluralität der künstlerischen Artikulation. Doch wurde solche Repression am Anfang noch sehr zurückhaltend ausgeübt. Unter den Exponaten der 1. Deutschen Kunstausstellung der Deutschen Zentralverwaltung für Volksbildung in der Sowjetischen Besatzungszone und der Allgemeinen Deutschen Kunstausstellung in der Dresdner Stadthalle (beide 1946) befand sich eine stattliche Reihe großer Namen aus dem Kreis der von den Nationalsozialisten verfemten Expressionisten, Bauhäusler, Neuen Sachlichen und Vertreter der ASSO (der in der Weimarer Republik entstandenen Assoziation Revolutionärer Bildender Künstler Deutschlands).

»Mit Berlin und Dresden waren dem Territorium der Sowjetischen Besatzungszone zwei wesentliche Kunstzentren zugefallen, in denen sich tragende Stilrichtungen der Moderne zwischen den beiden Weltkriegen bis zur nationalsozialistischen Machtergreifung entfaltet hatten. Eine recht liberale Kulturpolitik und eine relativ rasch funktionierende, unbürokratische Organisationsstrategie der Sowjetischen Besatzungsmacht zogen in der frühen Nachkriegsphase eine Reihe namhafter Künstler — und nicht nur ehemalige Mitglieder oder Sympathisanten der KPD — in diese Städte der SBZ, weil man hier zunächst die berechtigte Hoffnung hegen konnte, mit Hilfe der sowjetischen Kulturfunktionäre wären die lange Zeit eingefrorenen, individuell gehegten Vorstellungen eines freiheitlich-sozialistischen neuen Deutschland endlich und schnell zu verwirklichen[29].«

Das Mentalitätsmuster, das der Kulturlandschaft der unmittelbaren Nachkriegszeit insgesamt zugrundeliegt, charakterisiert auch den Kunstbereich in West und Ost: Einerseits ästhetische Fluchtbewegungen — aus »Grauzonen« in »Farbwelten« wechselnd[30], mythische Dimensionen sich erschließend, auf »Innerlichkeit« als Wesentlichstem ausgerichtet (in der sowjetisch besetzten Zone weniger ausgeprägt als in den Zonen der westlichen Alliierten); andererseits ein auf die Jahrhundertwende, vor allem den Expressionismus zurückgreifendes, der »Menschheitsdämmerung« sich entgegenstellendes Ringen um den »neuen Menschen« (»Wo warst du, Adam?«), das verschiedene Stilrichtungen human »bewegte«.

Im Osten wurde die pessimistisch-geläuterte Aufbruchsstimmung freilich sehr bald durch die antifaschistische Erziehungsdiktatur des Kommunismus pervertiert. Im Herbst 1947 fand die letzte Ausstellung statt, bei der noch Beiträge aus allen Regionen Deutschlands vertreten waren (»Deutsche Kunst der Gegenwart« in Baden-Baden). Die von Alexander Dymschitz im Namen von KPD und SED in der *Täglichen Rundschau* vom 11. November 1948 eröffnete scharfe Attacke auf die »formalistische Richtung in der deutschen Malerei«, die allerdings noch eine Gegen-Stellungnahme des sozialistisch engagierten Graphikers Herbert Sandberg fand, zeigt eine Position, die, bei antifaschistischer Rhetorik, fatale reaktionäre faschistische Elemente enthält. Picasso etwa wird angegriffen, weil er auf der Suche nach neuen Wegen in die falsche Richtung des formalistischen Experiments geraten sei. Mit der menschlichen Gestalt gehe er so »wüst« um,

»daß es scheint, als stammten alle diese Figuren mit den zerhackten Gesichtern und den Schielaugen, mit den verrenkten Beinen aus der Folterkammer eines mittelalterlichen Inquisitors. So gelangte Pablo Picasso, durch falsch verstandenes Neuerertum auf den Weg des Formalismus gelockt, in seiner Malerei zu einem augenscheinlichen Antihumanismus, zur Darstellung des Menschen als einer ‹geometrischen Kreatur›, zur Ignorierung des Wichtigsten und Bestimmenden im Menschen, seines geistigen Gehalts.«

Ein Jahr vorher hatte Heinz Trökes noch bei seiner Antrittsvorlesung an der Staatlichen »Hochschule für Baukunst und bildende Künste« in Weimar Picassos »asketische, zersplitterte Bilder« als humanen Protest gegen das satte bürgerliche Zeitalter interpretiert, etwa mit »Guernica« die Oberflächen- und Fassadenwelt des Faschismus durchbrechend[31].

Im nun anhebenden Bilderstreit zwischen Ost und West — mit der Auswirkung, daß angesichts des ideologisch forcierten »sozialistischen Realismus« der »kritische Realismus« westlicher Kunst jahrzehntelang unterschätzt blieb — zeigte sich erneut, daß die Stunde Null mit viel Neuanfang und radikaler Reflexion auch immer eine Phase reaktionärer, restaurativer Kontinuität war: bald Umbruch und Aufbruch, bald Fortsetzung ressentimentbesetzter Fehlentwicklung.

Inventur

Auf dem Weg nach innen fehlte weitgehend die Erkenntnis und Bereitschaft zu radikaler Bestandsaufnahme. Auschwitz habe, so Theodor W. Adorno in Gegenposition zu affirmativer Kultur, das Mißlingen der Kultur unwiderleglich bewiesen.

»Daß es geschehen konnte inmitten aller Tradition der Philosophie, der Kunst und der aufklärenden Wissenschaften, sagt mehr als nur, daß diese, der Geist, es nicht vermochte, die Menschen zu ergreifen und zu verändern. In jenen Sparten selber, im emphatischen Anspruch ihrer Autarkie, haust die Unwahrheit[32].«

In *Kulturkritik und Gesellschaft*, geschrieben 1949, also zu einer Zeit, da die Unfähigkeit zu trauern als zweite Schuld sich herauszubilden begann, findet sich ein Diktum, das den Kulturbetrieb gleichermaßen tief ins Herz traf: »Nach Auschwitz ein Gedicht zu schreiben, ist barbarisch[33].«

Das war, als »kulturelle Schocktherapie«, dem geistig-restaurativen Trend der Trümmerzeit entgegengesetzt; statt des Einschnitts einer erhofften Stunde Null wirkten sich weiterhin fatale Kontinuitäten aus. Dies ist freilich nur die eine Seite des kulturellen Mentalitätsmusters gewesen; es gab andererseits auch die Bereitschaft zur rigorosen Bestandsaufnahme, die Bereitschaft zum »Kahlschlag«, den Willen zum Neuanfang. Man wollte nicht nur in einer Elfenbeinruine leben, sondern »Wahrheitsräume« erschließen. Exemplarisch zeigt der Bericht von Hans-Werner Richter über die erste Tagung der Gruppe 47, daß man sich nicht mehr im Innerlichkeitsland einbergen und mit Wurzeldeutsch das Realitätsprinzip hinwegmystifizieren wollte, sondern mit lapidar-ehrlichem Sprach- und Sprechstil affirmativer Kultur eine eindeutige Absage zu erteilen trachtete.

»So hocken wir im Kreis herum auf dem Fußboden in Ilse Schneider-Lengyels Wohnstube, manche mehr liegend als sitzend, hören zu, angestrengt, konzentriert, und nur selten geben wir unserer Zustimmung oder unserem Mißfallen durch Kopfnicken, Lachen oder irgendwelche Gesten Ausdruck. Es gibt keine Zwischenrufe, keine Zwischenbemerkungen. Neben mir auf dem Stuhl nimmt der jeweils Vorlesende Platz. Es ist selbstverständlich, hat sich so ergeben. Nach der ersten Lesung — es ist Wolfdietrich Schnurre — sage ich: ›Ja, bitte zur Kritik. Was habt Ihr dazu zu sagen?‹ Und nun beginnt etwas, was keiner in dieser Form erwartet hatte: Der Ton der kritischen Äußerungen ist rauh, die Sätze kurz, knapp, unmißverständlich. Niemand nimmt ein Blatt vor den Mund. Jedes vorgelesene Wort wird gewogen, ob es noch verwendbar ist, oder vielleicht veraltet, verbraucht in den Jahren der Diktatur, der Zeit der großen Sprachabnutzung. Jeder Satz wird, wie man sagt, abgeklopft. Jeder unnötige Schnörkel wird gerügt. Verworfen werden die großen Worte, die nichts besagen und nach Ansicht der Kritisierenden ihren Inhalt verloren haben: Herz, Schmerz, Lust, Leid. Was Bestand hat vor den Ohren der Teilnehmer sind die knappen Aussagesätze. Gertrude Stein und Ernest Hemingway sind gleichsam unbemerkt im Raum. Der Dialog, der Sprechstil dominiert. ›Ja‹, sagt er, oder auch ›nein‹, und das ›Nein‹ und ›Ja‹ hat Bestand, aber schon die nächste Wortzusammensetzung ›Ja, du Gute‹ wird hohnlachend verworfen. Wer sagt schon noch ›du Gute‹, und wenn er es sagt, kann er es noch lange nicht schreiben, es sei denn ironisch, aber die Ironie ist abwesend in dieser ersten Zeit des Neubeginns.

Was bei allen ebenfalls unbemerkt zum Ausdruck kommt, ist die nur auf die Aussage zielende Sprache der ›Landser‹, die Reduzierung der Sprache auf das Notwendige, eine Abkehr vom Leerlauf der schönen Worte und eine Hinwendung zu ihrem unmittelbaren Realitätsbezug. Sie haben es alle gelernt in der Masse des Volkes, in der sie gelebt haben, jahrelang, tagaus, tagein, in den Kompanien, in den Kasernen, in den Lagern und Gefangenenlagern. Sie haben in dieser Zeit immer am Rand der menschlichen Existenz gelebt. Das hat sie mißtrauisch und hellhörig gemacht[34].«

Im deutschen Innerlichkeitsland der unmittelbaren Nachkriegszeit gab es eine ausgeprägte ästhetisierte Operettenseligkeit des Vergessens. Aber auch den unentwegten Mut des Neuanfangs, der gegen vielerlei Widerstand die Stunde Null zu erzwingen trachtete. Diejenigen, die mit kultureller Radikalität den geistigen Aufbruch wagten, haben das Fundament dafür gelegt, daß die Bundesrepublik Deutschland einen Beitrag zum »stillen Bau besserer Begriffe, reinerer Grundsätze, edlerer Sitten, von denen zuletzt alle Verbesserungen des gesellschaftlichen Zustandes abhängt«, leistete. Mit Verfassungspatriotismus konnte dies erreicht werden. Aber das Gespenst des Verlusts demokratischer Identität blieb präsent. So viel Anfang war nie. Viel Anfang war nie.

Die große Stunde, trotz tiefster Demütigung des eigenen Landes, könne in der Rückkehr Deutschlands zur Menschlichkeit bestehen, so wandte sich Thomas Mann aus dem amerikanischen Exil am 10. Mai 1945 an seine deutschen Rundfunkhörer (in einer Sendereihe der BBC, die seit Oktober 1940 den Dichter zu Wort kommen ließ). Diese Stunde sei hart und traurig, weil Deutschland sie nicht aus eigener Kraft herbeiführen konnte. Furchtbarer, schwer zu tilgender Schaden sei dem deutschen Namen zugefügt worden, und die Macht verspielt worden.

»Aber Macht ist nicht alles, sie ist nicht einmal die Hauptsache, und nie war deutsche Würde eine bloße Sache der Macht. Deutsch war es einmal und mag es wieder werden, der Macht Achtung, Bewunderung abzugewinnen durch den menschlichen Beitrag, den freien Geist[35].«

Die deutsche kulturelle Realität des 19. und 20. Jahrhunderts war zwar mit diesem Diktum nicht charakterisiert; doch ließ sich dadurch der Möglichkeitssinn inspirieren. Fünfzig Jahre nach Kriegende — in Erwartung des 21. Jahrhunderts und im Rückblick auf ein deutsches abgründiges 20. Jahrhundert, inmitten von Politikverdrossenheit und lädiert durch Utopieverlust — wäre zu hoffen, daß das unvollendete Projekt der Aufklärung wieder neu und engagiert angegangen wird.

Anmerkungen

[1] Josef Müller-Marein, Es war eine Kleiderfrage. Vor dreißig Jahren: Plötzlich war der tausendjährige Spuk vorbei, in: Die Zeit, 9.5.1975.
[2] Erich Kästner, Notabene 45. Ein Tagebuch, in: Gesammelte Schriften für Erwachsene, Bd 6, München, Zürich o.J., S. 85.
[3] Ebd., S. 203.
[4] Steht Kunst über Politik? Furtwängler vor der Entnazifizierungskommission, in: Neue Zeitung, 16.12.1946.
[5] Zit. nach Hans Daiber, Deutsches Theater seit 1945, Stuttgart 1976, S. 42.
[6] Zit. ebd., S. 45.
[7] Ebd., S. 42—45.
[8] Georg Meistermann, Die Legende von der Stunde Null. Über die Umwege bei der Vergangenheitsbewältigung, in: Süddeutsche Zeitung, 14./15.2.1981.
[9] Ebd.
[10] Thomas Mann, Kultur und Politik, in: Gesammelte Werke, Bd 12, Berlin 1955, S. 828—830.
[11] Herbert Marcuse, Über den affirmativen Charakter der Kultur, in: Kultur und Gesellschaft I, Frankfurt a.M. 1965, S. 63—66.
[12] Wolfgang Borchert, Draußen vor der Tür, Hamburg 1956, S. 31f.
[13] Friedrich Meinecke, Die deutsche Katastrophe. Betrachtungen und Erinnerungen. Wiesbaden 1946, S. 174—176.
[14] Zit. nach: Die große Kontroverse. Ein Briefwechsel um Deutschland, hrsg. von Johannes F.G. Grosser, Hamburg, Genf, Paris 1963, S. 19.
[15] Ebd., S. 24f.
[16] Thomas Mann, Warum ich nicht nach Deutschland zurückgehe, in: ders., Politische Schriften und Reden, Bd 3, Frankfurt a.M., Hamburg 1968, S. 178f.
[17] Hermann Hesse, Brief nach Deutschland, in: Neue Zeitung, 2.8.1946.
[18] Siegfried Unseld, Begegnungen mit Hermann Hesse, Frankfurt a.M. 1975, S. 18f.
[19] Ebd., S. 39.

[20] Otto Friedrich Bollnow, Hermann Hesses »Glasperlenspiel«, in: Die Sammlung, 8 (1948), S. 57.
[21] Herman Nohl, Die geistige Lage im gegenwärtigen Deutschland, ebd., 11 (1947), S. 604f.
[22] Heinrich Vormweg, Literatur, in: Die Bundesrepublik Deutschland in drei Bänden, Bd 3: Kultur, Frankfurt a.M. 1983, S. 50f.
[23] Heinz Flügel, in: Hochland, 8 (1947), S. 576—578.
[24] Heinrich P.W. Landahl, in: Die Sammlung, 4 (1946), S. 197—199.
[25] Frank Trommler, Sozialistische Literatur in Deutschland. Ein historischer Überblick, Stuttgart 1976, S. 681f.
[26] Magdalena Heider, Politik — Kultur — Kulturbund. Zur Gründungs- und Frühgeschichte des Kulturbundes zur demokratischen Erneuerung Deutschlands 1945—1954 in der SBZ/DDR, Köln 1993, S. 36.
[27] Doris Schmidt, Briefe an Günther Franke. Portrait eines deutschen Kunsthändlers, Köln 1970, S. 179.
[28] Karin Thomas, Zweimal deutsche Kunst nach 1945. 40 Jahre Nähe und Ferne, Köln 1985, S. 9ff.
[29] Ebd., S. 10.
[30] Vgl. Grauzonen — Farbwelten. Kunst und Zeitbilder 1945—1955, hrsg. von Bernhard Schulz, Berlin, Wien 1983.
[31] Vgl. Ausstellung der Akademie der Künste, Berlin, Als der Krieg zu Ende war. Kunst in Deutschland 1945—1950. Berlin 1975, S. 10; Kunst in der DDR, hrsg. von Eckart Gillen und Rainer Haarmann, Bonn 1990.
[32] Theodor W. Adorno, Negative Dialektik, Frankfurt a.M. 1990, S. 359.
[33] Ders., Prismen. Kulturkritik und Gesellschaft, München 1963, S. 26.
[34] Hans Werner Richter, Wie entstand und was war die Gruppe 47?, in: Hans Werner Richter und die Gruppe 47, hrsg. von Hans A. Neunzig, Frankfurt a.M., Berlin, Wien 1981, S. 52ff.
[35] Thomas Mann, Deutsche Hörer! Fünfundfünfzig Radiosendungen nach Deutschland, in: ders., Politische Schriften und Reden (wie Anm. 16), S. 290.

> Das erste Land, das Hitler eroberte,
> war Deutschland;
> das erste Volk, das er unterdrückte,
> das deutsche.
> Es ist nicht richtig, wenn man sagt:
> Die deutsche Literatur vollzog einen
> exodus in toto.
> Es ist richtig, wenn man sagt:
> Die Literatur wurde dem deutschen
> Volk ausgetrieben. (Bertold Brecht)

Rolf Günter Renner

Der Mythos des Neubeginns: Zu Situation, Vorgeschichte und Entwicklungsperspektiven der deutschen Literatur nach 1945

Vorbemerkung

In der unmittelbar nach 1945 entstehenden deutschen Literatur ist die Abwehr gegen das Politische ebenso bestimmend wie der Reflex auf unmittelbare politische Erfahrung. Die Autoren, die den Neuanfang versuchen, stehen im Spannungsfeld unterschiedlicher Traditionslinien, ihre persönliche und literarische Entwicklung sieht sich widersprüchlichen politischen Entwicklungen und Anforderungen ausgesetzt. Rolf Bienek hat dies prägnant in seinem Nachwort zu den literarischen Porträts *Der Blinde in der Bibliothek* skizziert[1].

Die im Dritten Reich unterbrochene Tradition der Klassischen Moderne wird in den ersten Nachkriegsjahren zunächst nicht aufgenommen. Zwar versucht Wolfgang Koeppen schon während des Dritten Reichs den Anschluß an die Literatur der Emigration[2], doch andere Autoren wehren noch nach dem Krieg die Tradition der Moderne sogar bewußt ab[3]. Die jungen Autoren dieser Zeit möchten ›Stimme der Gegenwart‹ sein. Mit dem Ziel der Selbstbesinnung wollen sie die erlebte Vergangenheit aus einigem Abstand literarisch durcharbeiten. Die emotionale Wiedergabe, die Rekonstruktion von Unmittelbarkeit herrscht dabei vor. Man holt das Erlebte »als Gegenwart« zurück, »um sich als Mitlebender selbst erfahrbar zu machen«[4].

Den Neubeginn, den die Autoren versuchen, deuten sie selbst als ein Generationenereignis, er ist geprägt durch gemeinsame Erfahrungen im Krieg oder in den Kriegsgefangenenlagern, überformt durch eine widersprüchliche Haltung zur sogenannten »inneren Emigration« und eine sich wandelnde Einschätzung der Exilliteratur. Zugleich jedoch hat er sich mit weiterlaufenden Traditionen der Weimarer Zeit und der Kriegszeit auseinanderzusetzen.

1. Das Generationenereignis: Kollektive Erfahrungen

Der literarische Neubeginn nach 1945 ist Auseinandersetzung mit den Vätern, obwohl er entscheidend von Angehörigen der älteren Generation wie Wolfgang Koeppen, Günther Weisenborn, Alfred Andersch und Hans Werner Richter mitbestimmt wird. Bereits 1946 spricht Richter von einer tiefen »geistigen Kluft zwischen zwei Generationen« im Nachkriegsdeutschland. Er betont das Schweigen des jungen Menschen seiner Zeit und macht deutlich, daß dieser existentiell verunsichert und »zutiefst in seinen seelischen Bindungen erschüttert« ist. Die neue Generation »weiß, daß jenes Bild des Menschen, das die ältere Generation von ihren Vorvätern ererbt hat und das sie nun wieder errichten möchte, nicht mehr aufgebaut werden kann«. Sie steht vor dem »Trümmerhaufen, den ihr eine wahrhaft ›verlorene‹ Generation zurückgelassen hat«, sieht ihre einzige Möglichkeit in »einer geistigen Wiedergeburt in dem absoluten und radikalen Beginn von vorn«[5]. Diesem Pathos, das vor allem die Zeitschrift *Der Ruf* artikuliert, deren Untertitel *Unabhängige Blätter der jungen Generation* lautet, stehen Angehörige der älteren Generation teilweise distanziert gegenüber. Zu ihnen gehören gerade solche, die sich dem Nationalsozialismus widersetzt hatten: Hans Mayer, damals noch in Leipzig, und Werner Krauss[6]. Die Sammlungsbewegung junger Autoren in der *Gruppe 47* ist von diesem Generationenkonflikt geprägt. Sie faßt Positionen zusammen, die sich zuerst in der Zeitschrift *Der Ruf* und in der Nullnummer des *Skorpion* artikulieren. Kennzeichnend für diese Zielsetzungen ist der Versuch, sich nach der politischen und kulturellen Gleichschaltung im Dritten Reich von allen politischen Fixierungen fernzuhalten. Diese Haltung beruht auf biographischen wie politischen Erfahrungen zugleich.

Die Zeitgenossen sehen in der Literatur nach Kriegsende vor allem zwei Linien: zum einen die »radikale Anklageliteratur, die den Menschen als Opfer und Material zeigt«, zum anderen die Texte, welche die »Möglichkeiten der Freiheit inmitten der Schrecken« zeigen[7]. Unter der Anklageliteratur, der Bastian Müller, Milos Dor und Walter Kolbenhoff zuzurechnen sind, finden vor allem Helmut Pliviers Texte *Stalingrad* (1945) und *Moskau* (1952) und Hans Werner Richters Texte *Die Geschlagenen* (1949) und *Sie fielen aus Gottes Hand* (1951) große Verbreitung[8]. Kennzeichnend für eine neue, lapidare Schreibweise sind Heinrich Bölls Erzählung *Der Zug war pünktlich* (1949), sein Geschichtenband *Wanderer, kommst du nach Spa...* (1950) und der Roman *Wo warst du Adam* (1951). Das Tagebuch von Clemens Graf Podewils über den Marsch der 6. Armee: *Don und Wolga* (1952), Peter Bamms *Die unsichtbare Flagge* (1952), Alfred Goes' *Unruhige Nacht* (1950) und Hugo Hartungs *Der Himmel war unten* (1951) nehmen eine humanistisch-christliche Orientierung auf. Die 1952 erscheinenden *Kriegsbriefe gefallener Studenten, 1939–1945* skizzieren paradigmatisch die Bewußtseinslage dieser Gruppe. Eine Literatur der Deserteure vertreten Hans Hellmut Kirsts *Sie nannten ihn Galgenstrick* (1950), Alfred Anderschs *Kirschen der Freiheit* (1952), die Tagebücher von Gerhard Nebel *Bei den nördlichen Hesperiden. Ein Tagebuch aus dem Jahr 1942* (1948), *Auf ausonischer Erde* (1948) und seine Bücher Unter Partisanen und Kreuzfahrern (1950)[9].

Unter den unterschiedlichen Orientierungen lassen sich einige Linien erkennen, die langfristig bestimmend sind. Viele Autoren der ersten Stunde, die wie Alfred Andersch, Walter Kolbenhoff und Hans Werner Richter eine antifaschistische und sozialistische Herkunft haben und sich später einer links-existentialistisch geprägten Tradition anschließen, sind durch die Erfahrung einer politischen Desillusionierung geprägt. Die Tatsache, daß weder der sozialistische Widerstand noch die bürgerliche Tradition den Hitler-Faschismus verhindern konnten, führt bei ihnen zu einer »Emigration aus der Geschichte« und einer »totalen Introversion«; Anderschs *Kirschen der Freiheit* zeichnen diese Linie beispielhaft vor[10]. Bei Autoren wie Heinrich Böll und Alfred Andersch wird zudem ihre Desertion aus der Wehrmacht zu einem bestimmenden Thema. Nicht wenige unter ihnen beginnen in den amerikanischen Kriegsgefangenenlagern zu schreiben. Vor allem dort begründet sich ihre Hoffnung, den literarischen Anfang mit einem politischen Neubeginn zu verbinden[11]. Ihren ersten Ausdruck findet sie im *Ruf*, der Fortsetzung einer Gefangenenzeitschrift mit dem gleichnamigen Titel. Doch gerade diese Zeitschrift, die auf einen demokratischen, allerdings auch sozialistischen Neubeginn in Deutschland setzt, wird nach kurzer Zeit von den amerikanischen Behörden verboten.

Bei vielen Autoren, die später Mitglieder der *Gruppe 47* sind, leitet sich daraus eine grundsätzliche »Organisationsphobie« her[12]. Dazu kommt eine zunehmend pessimistische Einschätzung der Möglichkeiten demokratischer Elitenbildung. 1947 beginnt Alfred Andersch einen Artikel mit dem Titel *Aktion oder Passivität?*[13] mit dem Satz »Warum verschweigen, daß man sich darüber unterhält, ob es noch einen Zweck hat, irgend etwas zu tun« und folgert: »der Geist hat die Situation bewältigt, aber er hat sie nicht verändert. [...] Denn er ist ein Geist ohne Macht[14].« Die Erkenntnis, daß die Hoffnung »getrogen« hat und die »Illusionen-Dämmerung« radikal ist[15], zeugt vom Schwinden des politischen Aufbruchspathos, das noch den von Hans Georg Brenner stammenden Namen der Gruppe bestimmte. Er schließt assoziativ an die *Generación de 98* an, eine europäische Bewegung, die als geistige Antwort auf die spanische Niederlage gegen die USA gedacht war. Rückblickend führt Richter 1962 aus, damals habe es vor allem zwei Tendenzen gegeben, entweder »in das Gebiet der Literatur verwiesen oder abgedrängt« zu werden oder »sich selbst aus Ohnmacht und frühzeitiger Resignation freiwillig in dieses Gebiet« zu begeben[16]. Er formuliert damit als Analyse, was Andersch 1947 als programmatische Orientierung der Gruppe 47 benennt: »Die Freiheit flüchtet sich in die Kritik«. Dies sei »heute die einzige und allerletzte Garantie dafür, daß die deutschen Dinge irgendwann noch einmal zum Guten sich wenden werden«[17].

Dieser Rückzug auf die Literatur allein, das Bestehen auf Literatur- und nicht auf Gesellschaftskritik, prägen nicht nur viele Autoren; von hier wird zugleich eine Richtung des Schreibens begründet, die bis in die literarische Entwicklung der sechziger Jahre fortwirkt. Auch das von Hans Werner Richter im Anschluß an den *Ruf* geplante Zeitschriftenprojekt *Der Skorpion* nimmt viele Orientierungen der *Gruppe 47* vorweg: Die Abkehr vom »verstiegenen Ästhetizismus« ebenso wie von

»Tendenzkunst« und »Formalismus«, die Abwendung vom »Bildungsideal des 19. Jahrhunderts«, die Zuwendung zur Situation des »technisierten Ruinenmenschen« und das »Bekenntnis zu den Trümmern unserer Zeit«. Der »magische Realismus«, in dem »die Wirklichkeit transparent und das Unwirkliche real«, das »Wirkliche und das Unwirkliche in eine Form gegossen« sind, ist Ausdrucksform des neuen Menschen, der sich im »Niemandsland zwischen den Zeiten« befindet[18]. Doch die Nullnummer des *Skorpion* kann nicht erscheinen, die Zeitung erhält keine Lizenz von den Besatzungsbehörden, wie Hans Werner Richter berichtet. Nicht zuletzt unter dem Einfluß dieser Erfahrung finden die antifaschistischen und die nichtfaschistischen Autoren, die auch während des Faschismus in Deutschland publiziert haben, zu einem Minimalkonsens, dessen Grundlage die Erfahrung von »Zeitgenossenschaft« und das Vertrauen auf einen von gesellschaftlichen Bezügen abgelösten autonomen Bezirk des Ästhetischen ist[19].

2. Traditionslinien der »Inneren Emigration«

Das Pathos des Neubeginns kann nicht darüber hinwegtäuschen, daß in der Nachkriegszeit zunächst nicht die Autoren des *Ruf* und der *Gruppe 47*, sondern vor allem jene, die an literarische Traditionen der Zeit vor 1933 anknüpfen, Bedeutung erhalten: Hans Carossa, Georg Britting, Stefan Andres, Ernst Pentzoldt, Josef Weinheber, Werner Bergengruen, Ernst Wiechert und Reinhold Schneider. Sie alle haben eine vergleichbare Sozialisationsgeschichte in der Weimarer Republik; im Dritten Reich gehören sie, allerdings in unterschiedlicher Weise, zu den ideologisch nicht angepaßten Autoren. Auch bei ihnen führt die Erfahrung der geschichtlichen Katastrophe zu einem Rückzug in den Bezirk des Ästhetischen[20]. Programmatisch stellt Werner Bergengruen 1947 seine Rede vor den Mitgliedern des Börsenvereins für den Deutschen Buchhandel unter den Titel *Am Anfang war das Wort*, und 1949 erhebt Ernst Wiechert in seiner Autobiographie *Jahre und Zeiten* die Frage, ob »die Kunst, und nicht allein die Dichtung, sich zur nackten Realität wenden«, oder ob »das Unbegreifliche noch in ihrer Hand bewahrt werden« wird[21].

Wiechert, der 1945 mit seiner *Rede an die deutsche Jugend* im Münchner Schauspielhaus die Jugend Deutschlands zur Ordnung des Tages ruft, gehört einer Gruppe von Autoren an, die auf den Nationalsozialismus nicht politisch antwortete. Vielmehr benutzte sie die Annahme einer notwendigen Distanz des Geistes zur Gesellschaft, um sich zumindest in der literarischen Produktion von der unmittelbaren Stellungnahme fernzuhalten. Von hier bestimmt sich die gleich nach Kriegsende einsetzende Diskussion über die »innere Emigration«. Die meisten Emigranten im Westen verwenden diesen Begriff im Jahr 1945 zunächst abwertend. Dadurch treten die sofort aufbrechenden Gegensätze zwischen rechts und links, Ost und West noch deutlicher hervor. Dabei hatte die Vorstellung einer »inneren Emigration« schon Jochen Kleppers, Gottfried Benns und Ernst Barlachs Bemerkungen über ihr Emigrantendasein in Deutschland in den Jahren 1933 bis 1937 bestimmt. Der Begriff der »inneren Emigration« wird auch von dem emigrierten Theologen Paul Tillich verwendet. Selbst Thomas Mann, der 1945 in seinem Brief an Walter von Molo die während der nationalsozialistischen Zeit entstandene Literatur brüsk und kompromißlos ablehnt, spricht noch 1938 von den »Deutschen der äußeren und inneren Emigration«. Der Terminus »innere Emigration« findet sich in Klaus Manns *Der Vulkan*, bei Hans Fallada und bei Franz Carl Weiskopf, während Frank Thieß ihn bereits 1933 in einem Protestschreiben verwendet haben will[22].

In der Nachkriegssituation ändert sich dies, bedingt durch unterschiedliche Interessenlagen, grundsätzlich. Zum einen wird versucht, den »Mythos einer literarischen inneren Emigration« zu zerstören und den affirmativen Charakter dieser Literatur, ihre Kompatibilität mit der nationalsozialistischen Literatur zu betonen[23]. Zum anderen zielt man darauf, die Diskussion grundsätzlich zu entpolitisieren. In seiner Situationsanalyse *Deutsche Literatur in der Entscheidung* wehrt Alfred Andersch 1946 die Vorstellung einer kollaborativen oder zumindest affirmativen Funktion der »inneren Emigration« entschieden ab. Statt dessen verpflichtet er sie auf eine unpolitische »reine« Literatur:

»Denn deutsche Literatur, soweit sie den Namen einer Literatur noch behaupten kann, war identisch mit Emigration, mit Distanz, mit Ferne von der Diktatur[24].«

Es ist folgenreich für die literarische Situation im Nachkriegsdeutschland, daß Anderschs Haltung ohne weiteres mit der marxistischen Einschätzung vereinbar ist. Alexander Abusch etwa betrachtet den Begriff »innere Emigration« als Synonym des Antifaschismus und Äquivalent zur äußeren Emigration[25]. Entsprechend äußern sich Alfred Kantorowicz und Karl O. Paetel[26]. Die Idee einer literarischen Volksfront vereint vor allem in der DDR völlig divergente literarische und ideologische Einstellungen[27]. Der Unterschied zwischen illegaler Literatur und solcher, die veröffentlicht wurde, weil die Autoren in der »Sklavensprache« schrieben, wird so nivelliert. Auch marxistische und bürgerliche Autoren sind so vereint, obwohl sich unter den letzteren höchst unterschiedliche Positionen finden, linksbürgerliche wie Günther Weisenborn, Adam Kuckhoff und Werner Krauss, christliche wie Ernst Wiechert, Reinhold Schneider, Werner Bergengruen und national oder antibürgerlich orientierte wie Ernst Jünger oder Gottfried Benn[28]. Gleiches gilt für die literarischen Formen, die diese Zeit hervorbringt. Texte der »Sklavensprache« wie Wiecherts *Das einfache Leben*, allegorische Texte wie *Der weiße Büffel oder Von der großen Gerechtigkeit* vom selben Autor, Bergengruens *Der Großtyrann und das Gericht*, Ernst Jüngers *Auf den Marmorklippen*, historische Romane wie Reinhold Schneiders *Las Casas vor Karl V.* stehen neben der traditionsverhafteten Lyrik Carossas und der Naturlyrik Wilhelm Lehmanns. Nicht zufällig hat man die »innere Emigration« später ideologiegeschichtlich als eine »Lebensform« bestimmt, deren Front »quer durch die weltanschaulichen und politischen Lager« hindurch verlief und die mentalitäts- und ideologiegeschichtlich aus einer Verbindung von »Obrigkeitsmystik« und Innerlichkeit entstand. Elisabeth Langgässer, Hermann Kasack und Hermann Hesse, dessen »außerdeutsches Deutschtum« Thomas Mann als »brüderlich« empfindet, entwickeln hieraus allerdings eine Schreibweise, die sich nicht nur dem Anspruch der Politik entzieht, sondern sich zugleich mit der Tradition der Klassischen Moderne verbindet, die nach dem Krieg auch über das Vorbild Kafkas auf die Autoren des Neubeginns wirkt[29].

In der Folge der nationalsozialistischen Institutionalisierung der *Deutschen Akademie für Dichtkunst*, die bald durch die in Einzelkammern gegliederte *Reichsschrifttumskammer*, in der die Autoren zwangsorganisiert sind, bedeutungslos wird, und nach den Bücherverbrennungen des Jahres 1933 formieren sich die Positionen der »inneren Emigration« völlig unterschiedlich. Als geistige Distanzierung von faschistischer Politik und Kulturpolitik durch das Verfassen nichtfaschistischer Werke, als passiver Widerstand, als geistige Opposition, als Haltung der Innerlichkeit. Schließlich aber als ein Konglomerat unterschiedlicher nichtfaschistischer Werke, einschließlich der aktiven Widerstandsliteratur[30].

Im breiten Spektrum dieser Literatur lassen sich einige Autoren, stellvertretend für andere, betrachten. So repräsentieren Ernst Wiechert und Reinhold Schneider, nicht anders als Werner Bergengruen und Ricarda Huch, eine letztlich religiös motivierte Literatur, die auf Texte der Innerlichkeit hinarbeitet und in unterschiedlichem Maße auch die herrschende Ideologie in Frage stellt. Dagegen vertritt Gottfried Benn eine radikale ästhetizistische Position, während Ernst Jünger die wohl umstrittenste Haltung ästhetischer Indifferenz gegenüber dem Historischen belegt. Sowohl Benn als auch Jünger führen gleichzeitig Traditionen der internationalen Moderne fort.

a) Ernst Wiechert, Werner Bergengruen und Reinhold Schneider

An Person und Werk Ernst Wiecherts lassen sich die inneren Widersprüche der »inneren Emigration« beispielhaft erkennen. Erfolg hat er sowohl mit seinem frühen Roman *Der Totenwald*, der eine deutschnationale Orientierung spiegelt[31], als auch mit dem Roman *Das einfache Leben*, den er nach seiner vorübergehenden Inhaftierung im Konzentrationslager Buchenwald schreibt. Die Nationalsozialisten setzen zunächst alles daran, den konservativen Autor für ihre Propagandazwecke zu benutzen[32]. Dies obwohl der Text des *Einfachen Lebens* trotz seiner konservativen, antimodernistischen Einstellung Rosenbergs *Hauptamt Schrifttum* durchaus nicht angenehm ist. Das belegt ein negatives NS-Gutachten, das 1939 in der *Bücherkunde* erscheint. Offenkundig wird die »individuelle Exzentrizität« Wiecherts von der nationalsozialistischen Propaganda als eine passive Verweigerung aufgefaßt. Von daher ist die Annahme einer Affinität von Wiecherts Menschenbild und literarischem Stil zur nationalsozialistischen Literatur problematisch[33]. Neuere Untersuchungen beurteilen Wiecherts Werk unter dem Blickwinkel der persönlichen und literarischen Entwicklung des Autors angemessener[34]. Seine erzählerisch entfaltete Idee der zurückgezogenen Lebensform, des Fernhaltens von politischer Wirklichkeit und Aktivität, das Ziel weiterzukommen, indem man »alles los wird«[35], wie es das Motto dieses Textes formuliert, stehen zwar in der Tradition »Deutscher Innerlichkeit«, wie sie programmatisch vom Kulturhistoriker Ulrich Christoffel skizziert wird[36]. Doch andererseits bezieht Wiechert in seinen Reden eine bemerkenswert klare politische Position, die sich dem Nationalsozialismus entgegenstellt und entsprechend kritisch im *Völkischen Beobachter* kommentiert wird[37]. Grundsätzlich allerdings besteht zwischen seinen literarischen Texten und seinen politischen Reden ein auffälliger Bruch[38]. In diesem Zusammenhang ist neben der Rede *Der Dichter und die Jugend* im Jahr 1933[39] vor allem die über *Der Dichter und seine Zeit* von 1935[40] hervorzuheben, die noch entschiedener politisch ist. In Anwesenheit von Nazigrößen kritisiert Wiechert dort Erscheinungen der faschistischen Herrschaft in Deutschland. Er verwirft die Aufhebung der Grenze zwischen Recht und Unrecht ebenso wie die »Blutgesänge« der jungen Dichter und die nationalsozialistischen Dichterschulungslager, in denen wie in der Sowjetunion eine »anonyme Gemeinschaftskunst« entstehe und eine »Ermordung der Seele« stattfinde[41]. Die Rede, die nicht veröffentlicht werden darf, gelangt auf Umwegen bis nach Moskau, wo sie in der Zeitschrift Das Wort von Willi Bredel als Dokument des Widerstands gewürdigt wird. Als eine Lesung in Köln durch die Nationalsozialisten gestört wird, wendet sich Wiechert in einem kritischen Brief unmittelbar an Goebbels, und ein Jahr später protestiert er bei diesem gegen die Verhaftung Pastor Niemöllers[42].

Doch nicht allein diese unmittelbare Opposition bringt Wiechert in Gegensatz zu den Nationalsozialisten. Seine Legende *Der weiße Büffel oder Von der großen Gerechtigkeit*[43] läßt sich als ein gegen die faschistische Gewaltherrschaft gerichteter Protest lesen, auch wenn ihr Schauplatz nach Indien verlegt ist. Zwar bleibt der Widerstand gegen die Gewalt in dieser Legende individuell, verlangt er zudem das Opfer, kennt er keine gesellschaftspolitische Perspektive der Veränderung[44]. Doch den Nationalsozialisten genügt diese Form der literarischen Opposition, um Wiechert, wenn auch nur vorübergehend und unter erleichterten Bedingungen, in das Konzentrationslager Buchenwald einzuweisen. In dieser Zeit schreibt er den Text des *Totenwalds*, der 1946 erscheint[45]. Doch erstaunlich bleibt, daß er im gleichen Jahr und noch vor der Niederschrift des *Totenwalds* seinen Roman *Das einfache Leben* beendet, der keinerlei Spuren seiner Erfahrung von Gewalt zeigt. Dort schließt sich Wiechert unmittelbar an eine Haltung an, die schon seine politischen Reden prägt. In *Der Dichter und seine Zeit* entfaltet er einen Dualismus von »Dichtung« und »Zeit«. Während er einerseits die Haltung des geistigen Menschen zu mystifizierten Kriegserfahrungen in Beziehung setzt, weist er andererseits den Dichtern einen Ort »jenseits« der Zeit zu: Er verpflichtet sie auf die Wiedergabe zeitloser mythischer Urbilder[46]. Fern der Geschichte müssen sie bedenken, »wie der Rausch der Zeit sich verwandeln ließe in ein kleines Wort der Ewigkeit«. Dabei sind sie »Bewahrer des Unvergänglichen und die stillen Mahner in einer lauten Welt«[47], zudem sind sie Erben der bürgerlichen Kultur. Politische Revolutionen betrachtet Wiechert vor allem als »Verfälschungen« des Gedankens der Erneuerung[48], der Faschismus wird ihm Gegenstand einer generellen Zeitkritik, selbst das KZ erscheint in der nachträglichen, mit christlicher Symbolik überformten Beschreibung der eigenen Zeit in Buchenwald als Symbol einer »verwesenden Kultur«[49]. Die oppositionelle Kraft von Wiecherts Text liegt in der Formulierung christlich geprägter Humanität[50]. Noch nach dem Krieg deutet der Autor seine politischen Vorausahnungen im Rückblick als Bestätigung dafür, daß die politische Katastrophe gerade durch die Zuwendung zur Politik vorgezeichnet worden sei[51]. Auch sein Festhalten am Grundsatz der Gewaltlosigkeit wird erst jetzt, im Text der 1945/46 geschriebenen und 1947 veröffentlichten *Jahre und Zeiten* teilweise modifiziert, wenn er über die Männer des 20. Juli nachdenkt[52].

Im Roman des *Einfachen Lebens* zeigt sich zudem, charakteristisch für einen großen Teil der »inneren Emigration«, ein auffälliger antimodernistischer Zug. Der Bezirk der Natur, nicht zufällig die ostpreußische Herkunftslandschaft Wiecherts, steht dem Bereich der Zivilisation, der Unübersichtlichkeit der Städte ebenso gegenüber, wie sich nach Wiecherts Auffassung der wahre Dichter den »Literaten der eben versunkenen Zeit« widersetzt[53]. Die frühe Aufforderung an die Münchner Studenten, »in die Wälder« zu gehen, die der Autor noch nach dem Krieg als seine eigene Reaktion auf die Zeit des Faschismus bezeichnet, wird so zur letzten Handlungsperspektive. Der metaphysisch begründete Entwurf einer »Welt der Liebe«, die symbolische Topologie und die Symbolsprache von Wiecherts Text restituieren damit eine verlorene »Behütung« des Menschen[54].

Die Opposition des Individuums gegen den geschichtlichen Prozeß, der Bezug auf ewige Werte, die symbolisch aufgeladene Sprachordnung, die ästhetizistische Haltung und die Distanz gegenüber dem Politischen wie dem Prozeß der technischen und gesellschaftlichen Modernisierung wirken unmittelbar nach Kriegsende im »magischen Realismus« nach. Wiechert selbst bestärkt diesen nahtlosen Übergang von der ästhetischen Ordnung der Kriegszeit zu den Orientierungen der Nachkriegszeit in seinem Resümee der *Jahre und Zeiten*. Um so bemerkenswerter, daß dieser Autor der »inneren Emigration« Deutschland 1948, enttäuscht über die aufbrechenden politischen Gegensätze wie über die allgemeinen Tendenzen der Restauration, verläßt[55].

Das Werk und die politische Einstellung Bergengruens lassen sich in mancher Hinsicht damit vergleichen. Ob seine Schreibweise tatsächlich dem Nationalsozialismus ideologisch »auf halbem Wege entgegen« kam, wie manche Vorstellungen Bergengruens im *Großtyrann und das Gericht* vermuten lassen, ist eine schwer zu beantwortende Frage. Dagegen spricht immerhin, daß der Text von *Am Himmel wie auf Erden* ab 1941 nicht mehr veröffentlicht werden kann[56]. Zudem formuliert der Autor, der wegen seiner religiösen Orientierung wie aus rassenpolitischen Gründen nur eine widerrufliche Sondergenehmigung zur Publikation erhält und als »politisch unzuverlässig« eingestuft wird, erkennbaren Widerstand. Er artikuliert sich am deutlichsten im Text des 1937 anonym in Österreich veröffentlichten *Der ewige Kaiser*, der nach dem Anschluß 1938 sofort verboten wird und dessen Autorschaft von den Nationalsozialisten nur zufällig nicht aufgedeckt werden kann. Er ist aber auch in illegalen Schriften und zeitkritischen Gedichten belegt.

Gleichwohl wendet sich Bergengruen entschieden gegen die sogenannten »Tendenzdichter«[57]. Zwar klassifiziert er selbst den *Großtyrann* wie *Am Himmel wie auf Erden* als Kampfschriften an einer »geistigen Front«[58], doch versteht er seine Texte nicht als Schlüsselromane oder plane Abbildungen der nationalsozialistischen Gesellschaft. Gleichwohl führt er aus, der *Großtyrann* sei mit »sympathetischer Tinte« geschrieben und als »Camouflage« zu verstehen[59]. Wiechert vergleichbar ist auch seine Bestimmung der Rolle des Dichters und seine Bewertung der politischen Entwicklung. Der Dichter soll für ihn danach »trachten, sichtbar zu machen«, dabei kann er allenfalls »absichtslose Nachwirkungen« herbeiführen[60]. Bergengruen verurteilt den Faschismus als Herrschaft des Pöbels, doch er deutet ihn nicht als Ergebnis eines politischen Prozesses, sondern als eine historische Prüfung. Dabei ist das Grauen der Zeit nicht nur ein »reinigendes Feuer«: Die Schuldfrage wird von Bergengruen insofern generalisiert, als Deutschland seiner Meinung nach stellvertretend für andere leidet[61]. Seine politische Opposition richtet sich deshalb nicht allein gegen den Nationalsozialismus, sondern gegen das Institutionelle überhaupt. Dabei kommt es in den Gedichten des *Ewigen Kaisers* auch zur Idealisierung und Verklärung eines vergangenen Reichs, das sich als künftiges wiederholen soll und sich dabei von den Orientierungen Bismarckscher und preußischer Reichsvorstellungen entfernt[62].

Reinhold Schneiders Werk steht in vergleichbaren Spannungen. Der politische Konservativismus dieses Autors, der die Monarchie als Ordnungsmacht propagiert, verrät sich noch in einem Abschnitt seiner Autobiographie *Verhüllter Tag*, der die Überschrift »Potsdam und Doorn« trägt[63]. Andererseits darf sein Buch *Die Hohenzollern*[64] im Dritten Reich nicht wieder aufgelegt werden, da es zu sehr die Tragik des Herrscherhauses betonte[65]. Charakteristisch für den »unerwünschten Autor« ist von Anfang an eine Mischung existenzphilosophischer und christlich-religiöser Elemente, die seine eigene, unter dem Einfluß der Philosophie Unamunos vollzogene Wende vom Nihilismus zum Katholizismus spiegelt[66]. *Las Casas vor Karl dem V. Szenen aus der Konquistadorenzeit* entfaltet einerseits eine idealistische Geschichtsauffassung, die auf eine neue Ordnung nach göttlichem Recht zielt. Andererseits ist der Text eine im Gewand des Historischen vollzogene Auseinandersetzung mit dem faschistischen Staat, die sich gegen dessen universellen Herrschaftsanspruch, gegen seine Eroberungskriege, gegen die Verleumdung Andersdenkender, die Mißachtung anderer Rassen und die Verfolgung der Juden richtet[67]. Nicht nur Reinhold Schneider selbst hat seinen Text rückblickend in dieser Weise gedeutet, auch die Zeitgenossen, allen voran Jochen Klepper und Werner Bergengruen, haben den Text so verstanden[68]. *Las Casas* nimmt Überlegungen auf, die Schneider auch in seinen Sonetten entwickelt, er verleiht aber dem politischen Zeitbezug eine schärfere Kontur[69]. Dies geschieht vor allem dadurch, daß Schneider seine Darstellung auf die historische Disputación zwischen Las Casas und Sepulveda im Jahr 1547 in Valladolid konzentriert[70].

Nicht anders als bei den übrigen christlichen Autoren der »inneren Emigration« ist Schneiders Widerstand nicht konkret politisch entfaltet. Er ist von einer geradezu mystischen Geschichtsauffassung geprägt, die dem Dritten Reich das »Reich unter dem Kreuz« entgegensetzt und auf eine Verwirklichung göttlichen Rechts setzt[71]. Unter diesen Voraussetzungen gerät die Erfahrung des Faschismus zur Bestätigung dafür, daß die Geschichte immer als Tragödie abläuft, daß jeder Protest vergeblich und der einzelne stets zum Opfer gezwungen ist[72]. Nicht zuletzt von hier läßt sich die Ablehnung der Emigration erklären, die Schneider noch nach dem Krieg formuliert[73]. Dahin gehört auch, daß er den Gedanken eines gewaltsamen Widerstandes erst spät als Möglichkeit in Erwägung zieht.

Die theologische Überhöhung der historischen Situation, die Gleichsetzung Hitlers mit dem Antichristen belegen viele Bilder und Szenen in Schneiders Texten. Die Thematik von Schuld und Opfer ist in das Wirken elementarer Kräfte eingefügt. Las Casas' Seefahrt vollzieht sich »in Gottes Hand« und unter dem Eindruck der Allgewalt ewiger Mächte. Dabei zielt die Opposition gegen den Anspruch von Politik und Macht nicht nur auf eine metaphysische Orientierung. Schneiders Rückblick nach dem Krieg zeigt, daß Voraussetzung dieser Einstellung schon immer die Haltung einer »reinen Innerlichkeit« war. Auch er sucht wie Wiechert und Bergengruen nach einem Leben in der Natur, jenseits der Städte.

Die Verweigerung des Politischen und die melancholische Abwehr gesellschaftlicher Modernisierung bei vielen jungen Autoren nach 1945 erhält von hier entscheidende Impulse. Diese Beziehung belegen Alfred Döblins programmatische Schrift *Die literarische Situation* im Jahr 1947 und Werner Bergengruens *Rede über Goethe* im Jahr 1949, von der entscheidende Impulse für die kulturpolitische Diskussion ausgehen[74].

b) Fortwirken der Moderne: Zeiterfahrung und Ästhetizismus: Benn und Jünger

Der Gedanke der ästhetischen Autonomie, der Widerständigkeit des Ästhetischen gegenüber dem Politischen ist nicht nur Merkmal der metaphysisch-christlichen »inneren Emigration«. Er berührt auch eine Traditionslinie der Moderne, die von der Weimarer bis in die Nachkriegszeit reicht. Bei Gottfried Benn verbindet sich das Beharren auf den Anforderungen der ästhetischen Moderne mit einer Einsicht in die »Aporien der Avantgarde«[75]. Dies hat politische und ästhetische Konsequenzen zugleich. Unter den Voraussetzungen einer Autonomie des künstlerischen Subjekts gibt es für Benn keine Kontinuitätsfrage: Das »absolute Gedicht braucht keine Zeitenwende«[76]. Das Modell der »inneren Emigration« ist für ihn deshalb nicht nur gegenüber dem nationalsozialistischen Deutschland, sondern gegenüber den historischen Bewegungen überhaupt angemessen[77]. Gerade diese Abwendung von Politik und Gesellschaft läßt ihn zusammen mit Ernst Jünger nach dem Krieg zum Repräsentanten einer allein ästhetisch bestimmten Moderne werden[78].

Die Bedeutung Benns nach dem Krieg wird durch sein vorübergehendes Sympathisieren mit dem Nationalsozialismus kaum beeinträchtigt[79]. 1951 erhält er als erster den Büchner-Preis der *Deutschen Akademie für Sprache und Dichtung*. Zu dieser Zeit schließt er zum Teil an vor dem Krieg entwickelte Überlegungen an. Schon in der 1932 veröffentlichten Schrift *Nach dem Nihilismus*, ursprünglich erschienen unter dem Titel *Der Nihilismus und seine Überwindung*[80], stellt Benn seine expressionistische Lyrik und Prosa nachträglich in einen weltgeschichtlich-metaphysischen Horizont. Er orientiert sich dabei einerseits an den zivilisations- und vernunftkritischen Schriften in der Nachfolge Nietzsches, wie etwa Oswald Spenglers *Der Untergang des Abendlandes*. Andererseits schließt er sich an die Kunstauffassung Nietzsches, den Ästhetizismus Georges und die futuristische Programmatik F.T. Marinettis an.

Mit antimodernistischem Gestus führt er aus, daß die moderne Wissenschaft mit ihrer Leitformel der »völligen Begreiflichkeit der Welt«[81] die ursprüngliche Einheit von Natur und Geist, Objekt und Subjekt, Anschauung und Begriff zerrissen hätten. Rationalismus und Fortschrittsglaube haben den »materialistisch organisierten Gebrauchstyp« geschaffen[82]. Der einzelne erlebt dies als Absturz in den Nihilismus, als fundamentalen Realitäts- und Wertzerfall. Benn charakterisiert diese Entwicklung zugleich biologistisch, als »organische Ermattung« und »progressive Zerebration« des Menschen[83]. Dagegen muß die Dichtung Widerstand leisten, die Sphäre des Bewußtseins, der Vernunft, der Logik, des Begriffs überwinden und in den Bezirk des Unbewußten, Prälogischen, Organischen, Triebhaften vorstoßen, um so das Schöpferisch-Ursprüngliche freizusetzen, aus dem allein der »konstruktive Geist« die vitalen Impulse empfangen kann[84]. Von der Sehnsucht der Philosophen, das diskursive, systematische Denken verlassen zu können, handelt Benn noch nach dem Krieg[85].

Der Text der *Probleme der Lyrik*, ursprünglich unter dem Titel »Was ist eigentlich ein modernes Gedicht?« als Vortrag in Marburg gehalten, nimmt diese Überlegungen auf und revidiert sie zugleich. Er wird sehr schnell zu einem kanonischen Text der Nachkriegsliteratur. Seine poetologische Neuorientierung widerruft partiell Positionen der Nihilismus-Schrift und knüpft dabei an die avantgardistischen Anfänge des Expressionismus an. Dichtung bestimmt Benn jetzt nicht mehr aus der totalen Opposition zur modernen Welt. Vielmehr soll sie eine Selbstfindung des Menschen inmitten der modernen Zivilisation stiften können. Sie formuliert die »Frage nach dem Ich« innerhalb des allgemeinen Verfalls[86]. Das »lyrische Ich« stellt sich dabei bewußt in die »zivilisatorischen Realitäten« und begreift die von »jahrhundertealter Tradition« ebenso wie von der Wissenschaft, dem öffentlichen Diskurs, der populären Kultur und dem Alltag der Gegenwart vorgeprägte Sprache als »seine Sprache«[87]. Artistisch und nach beschreibbaren Gesetzen[88] ergreift es »Fragmente« aus Sprache und Wirklichkeit, um sie »faszinierend« zu »montieren«[89]. Durch »Wirklichkeitszertrümmerung« und Reaktivierung des Worts mit seinem »Wallungswert«[90], durch die Auflösung der gewohnten Zusammenhänge des Redens, die Freisetzung der im Wort gründenden Assoziationssphäre soll dem modernen Menschen seine »Natursichtigkeit« zurückgegeben werden. Dies gelingt dem »lyrischen Ich« allerdings nur noch in einer »monologischen Kunst«[91], in der es sich dem genormten Sprachgebrauch, der »Mitte« der Sprache zu entziehen vermag. Daraus entsteht eine Selbstbegegnung des Menschen[92], der sich nach »schöpferischen Gesetzen« verhält[93]. Von der Ausrichtung auf alle vorgegebenen Inhalte, Zwecke und Adressaten befreit, kann die Sprache im »absoluten Gedicht« die »unmittelbare Bewegung seiner Existenz« zur Darstellung bringen. Die »Transzendenz der schöpferischen Lust« widersetzt sich so dem »allgemeinen Nihilismus der Werte«[94]. Benns Vortrag beeinflußt Hans Bender, Walter Höllerer, Karl Krolow, Wilhelm Lehmann und Heinz Piontek. Dabei bleibt diese ästhetizistische Haltung mit einer grundsätzlichen Abwehr des Politischen der literarischen Kritik und dem intellektuellen Feuilleton verbunden. Davon zeugt der *Berliner Brief*, den Benn im Juli 1948 an den Herausgeber einer süddeutschen Monatsschrift richtet. Lapidar heißt es dort:

»Ein Volk regeneriert sich durch Emanation von spontanen Elementen, nicht durch Pflege und Hochbinden von historisierenden und deskriptiven. Diese letzteren aber füllen bei uns den öffentlichen Raum. [...] Das Zoon politikon, dieser griechische Mißgriff, diese Balkanidee — das ist der Keim des Untergangs, der sich jetzt vollzieht[95].«

Dem antibürgerlichen und antiaufklärerischen Gestus, der Benns poetologischen Entwurf wie seine politischen Stellungnahmen bestimmt und der nachhaltig auf Literatur und Kritik in den Jahren nach 1945 wirkt, korrespondiert in mancher Hinsicht die Haltung Ernst Jüngers. Dabei bilden die Texte dieses Autors, die einerseits in die europäische Tradition des neunzehnten Jahrhunderts zurückweisen, andererseits eine spezifisch deutsche Geschichtserfahrung spiegeln, durchaus einen bemerkenswerten Sonderfall unter den Orientierungen Nachkriegsdeutschlands. Insbesondere die Kriegsliteratur Jüngers, deren Bestimmungen sich bis in seine Texte während und nach dem Zweiten Weltkrieg fortsetzen, stehen anfänglich auch nationalistischen Orientierungen offen, entsprechend widersprüchliche Beurteilungen sind dem Autor immer wieder zuteil geworden. Thomas Mann etwa erscheint er 1945 als »ein begabter Mann« und zugleich als »Wegbereiter und eiskalter Genüßling des Barbarismus«[96].

Seinen Kritikern erscheint insbesondere die frühe Schrift *Der Kampf als inneres Erlebnis*[97] »als eine hemmungslose Übertragung der Thesen des l'Art pour l'Art auf den Krieg«[98]; die Beziehung dieses Textes auf die Tradition der »poètes maudits«, auf Barrès, Poe, Flaubert und Baudelaire blieb nicht verborgen[99]. Jüngers kriegerisches l'Art pour l'Art kann deshalb nicht nur mit Blick auf seine ideologische Verfüg- und Verführbarkeit kritisiert oder allein nach den Normen einer idealistischen Inhaltsästhetik bewertet werden. Es zielt auch auf eine ästhetische Grenzüberschreitung, erweist sich als ästhetische Infragestellung des auf Vernunft bezogenen politischen und gesellschaftlichen Projekts der Moderne. Dies verbindet Jünger entschieden mit Benn[100]. Zugleich findet sich auch bei ihm eine anthropologische Komponente. Die Poesie weist auf die Nachtseite des Menschen, auf die Erfahrung eines »Anderen«, das in Verstand und Vernunft nicht aufgeht[101].

Die ästhetisch beglaubigte »stereoskopische Wahrnehmung« zielt in späteren Texten auf das »Schöne« wie das »Schreckliche«, das Bewußte wie das Unbewußte[102]. Der »Anarchie des Verstandes«, die auf nichts als die »tödliche Herrschaft der Zahlen« aus ist, setzt Jünger metaphorisch die Anarchie des »Herzens« entgegen[103]. Damit erscheint seine subversive Poetik auch als ein prognostischer Entwurf[104], der auf das Ende der Moderne« weist[105]. Nicht anders als Benn, durchaus vergleichbar den Autoren der »inneren Emigration«, verwandelt sich die geschichtliche Erfahrung in die Darstellung einer existentiellen Gefährdung, die Jünger mit der Metapher des Malstroms ausdrückt[106]. Dieses Bild hat einerseits psychologische Bedeutung, weil es einen unbewußten Wunsch, die Verschränkung von Lust und Schrecken, bezeugt[107]. Andererseits weist es auf Jüngers Handlungsperspektive während des Zweiten Weltkriegs. In einer programmatischen Schrift über den künftigen Frieden, die er im Jahr 1941 zunächst in der sogenannten Georgsrunde vorlegt und deren endgültige Fassung später im Kreis der Männer des 20. Juli gelesen wird[108], enthüllt ihm der Blick auf die Geschichte nur den Widerspruch, erscheint als Voraussetzung des Neuanfangs ein apokalyptischer Untergang der alten Ordnung[109].

Diese Hoffnung auf einen Neubeginn jenseits der Katastrophe, die zugleich ohne Glauben an die Kraft individuellen Handelns ist, findet ihre Entsprechung in den Kriegstagebüchern des Autors, sie bestimmt auch sein essayistisches und ästhetisches Werk nach dem Zweiten Weltkrieg. Der Essay *An der Zeitmauer*[110] macht aus ihnen das Gesetz einer geschichtlichen Erfahrung, die Studie *Über die Linie*[111] begründet sie philosophisch. Zeit und Geschichte scheinen von nun an ohne jedes durch Handeln erreichbare Ziel, eine Auffassung, die Jünger bis ins Jahr 1968 fortschreibt[112]. Unberührt von Krieg und aktueller Politik greift er damit auf Elemente seiner Analyse der modernen Welt zurück, die er bereits 1932 in seiner Schrift über den *Arbeiter* entfaltet, einer negativen Utopie der zum Totalitarismus neigenden Zeit, die objektive Zeittendenz und subjektive, psychische Disposition ihres Verfassers verbindet[113].

Nicht zufällig vollendet sich Jüngers Beschreibung der technischen Welt in der späten Darstellung der durch den Nihilismus begründeten Ordnungssysteme, die er 1950 in seiner Heidegger gewidmeten Schrift *Über die Linie* vorlegt[114]. Er diagnostiziert dabei, in Reaktion auf Heideggers existentialontologischen Entwurf, der seinerseits eine verborgene Leitlinie der Nachkriegsliteratur bildet, ein herrschendes Verfügen des Menschen über Natur und Welt, ein Vertrauen auf die bloß instrumentelle Vernunft, das auch der Philosoph als eine besondere Form der »Seinsvergessenheit« ansieht.

Von hier bestimmt sich für Jünger die erkenntnisleitende Kraft der Kunst. Das ästhetische Programm seines *Sizilischen Briefs an den Mann im Mond* versteht die astronomische Topographie, die das Wissen hervorbringt, und die magische »Trigonometrie« der Phantasie, die sich der »Geometrie der Vernunft« entgegenstellt[115], als die »beiden Masken ein und desselben Seins«[116]. Die Erfahrung der historischen Katastrophe ist jetzt vor allem deshalb zentral, weil sie eine neue Wahrnehmung hervorbringt[117]. Das Wahrnehmungspathos der frühen Schriften wird im gleichen Zug durch die Distanz einer fühllosen Optik abgelöst; sie ist dem Prinzip der Fotografie vergleichbar, das die Studie *Über den Schmerz* zur Sehweise des technischen Zeitalters erklärt[118].

Das hat unmittelbare Konsequenzen für Jüngers Texte nach dem Krieg. Vor allem die geschichtslose Konstellation der *Marmorklippen*, die man, gegen Jüngers nachträgliche Selbstdeutung, als allegorischen Widerstandstext gelesen hat, und der utopische Entwurf von *Heliopolis* verkürzen die geschichtlichen Erfahrungen, die Jüngers Texten vorangehen, zu referenzlosen Bildern, zu den Simulakren einer Kunstwelt, die im Zeichen des Todes steht und alle Hoffnung widerlegt[119].

Diese Form der Anschauung beschreibt Jünger mit der Denkfigur der »Schleife«, die es erlaubt, »inmitten der riesigen Städte und im Sturm der Bewegung die herrliche Windstille der Einsamkeit« zu genießen[120]. Es ist nichts anderes als die Kontrafaktur der Malstrom-Metapher, Signatur eines anarchischen Verhaltens, wie es nur dem »Waldgänger« möglich ist, zugleich Zeichen für den bewußten Austritt aus einer Geschichte, die allein der instrumentellen Vernunft untersteht[121]. Gerade so arbeiten Jüngers Texte einer Haltung zu, die viele Texte der Nachkriegsliteratur bestimmt.

3. »Innere Emigration«, Emigranten und neue Literatur

Zunächst grenzen sich die Autoren des Neubeginns kaum politisch von der »inneren Emigration« ab, dagegen kritisiert Andersch als einer ihrer führenden Vertreter entschieden die ideologiekritische und pazifistische Literatur von Emigranten wie Franz Carl Weiskopf und Heinz Habe. Seine *Notwendige Aussage zum Nürnberger Prozeß* weist die Annahme einer Kollektivschuld zurück[122], sein Essay *Das junge Europa formt sein Gesicht* folgert aus der »Gemeinsamkeit der Haltung und des Erlebens, unabhängig von Ideologie und Ethos«: Das junge Deutschland »stand für eine falsche Sache (und sie war nicht nur falsch, weil sie jetzt verloren ist). Aber es stand[123].«

Die Konfrontation zwischen Emigranten und »innerer Emigration« kurz nach Kriegsende hat eine Vorgeschichte in den Jahren unmittelbar nach 1933. Gottfried Benns *Antwort an die literarischen Emigranten*[124] vor dem Krieg und die öffentlich ausgetragene Kontroverse zwischen Walter von Molo, Frank Thieß und Thomas Mann unmittelbar nach Kriegsende machen dies deutlich[125]. Vor allem Benn, der nach seinem kurzen Hinneigen zum Nationalsozialismus diesen bereits 1934 ablehnt[126], grenzt sich in seinem an Klaus Mann gerichteten Brief nachdrücklich von der Emigration ab. Für ihn kann »man über die deutschen Vorgänge nur mit denen sprechen [...], die sie auch innerhalb Deutschlands selbst erlebten«. Zudem haben die Emigranten nach seiner Meinung versäumt, »das Nationale‹ in seiner realen Bewegung, in seinen echten überzeugenden Ausdrücken [...] wahrzunehmen« und »Geschichte form- und bilderbeladen bei ihrer vielleicht tragischen, aber jedenfalls schicksalbestimmten Arbeit zu sehen«[127]. Benns Wendung gegen den Fortschrittsoptimismus, die Idee Europas, gegen Rationalität und Aufklärung folgt den Leitlinien konservativer Kulturkritik, wie sie schon Thomas Manns später von diesem selbst als »letzte[s] Rückzugsgefecht deutscher Bürgerlichkeit«[128] abgewertete *Betrachtungen eines Unpolitischen* bestimmt. Emphatisch setzt Benn gegen »Großstadt, Industrialismus, Intellektualismus« die »Augenblicke, wo dies ganze gequälte Leben versinkt« und nichts da ist »als die Ebene, die Weite, Jahreszeiten, Erde, einfache Worte —: Volk«[129].

Als Walter von Molo unmittelbar nach Kriegsende Thomas Mann zur Rückkehr nach Deutschland auffordert und dieser zunächst nicht antwortet, rechtfertigt auch Frank Thieß in seiner programmatischen Schrift *Die innere Emigration* sein Zurückbleiben in Deutschland als Rückzug auf einen »innere[n] Raum, dessen Eroberung Hitler trotz aller Bemühungen nicht gelungen ist«, und folgert, es sei schwerer gewesen, »sich hier eine Persönlichkeit zu bewahren, als von drüben Botschaften an das deutsche Volk zu senden, welche die Tauben im Volke ohnedies nicht vernahmen, während wir Wissenden uns ihnen stets einige Längen voraus fühlten«[130]. Diese Kontroverse spitzt sich in zwei Rundfunkreden des gleichen Jahres und dem *Streitgespräch über die äußere und innere Emigration* im folgenden Jahr zu. Wilhelm Hausenstein wirft Thomas Mann schließlich in der Süddeutschen Zeitung unter dem Titel *Bücher — frei von Blut und Schande* Unkenntnis der in Deutschland erschienenen Literatur vor; die *Betrachtungen eines Unpolitischen* von Erich Kästner in der *Neuen Zeitung* können hier nicht vermitteln, die Positionen bleiben zunächst unversöhnlich[131].

Gerade weil durch das Pathos des Neubeginns die Auseinandersetzung mit der faschistischen Vergangenheit zurückgedrängt wird, nur einige wie Elisabeth Langgässer in ihrer Rede über *Schriftsteller unter der Hitler-Diktatur* (1947) und Marie Luise Kaschnitz mit ihrem Gedichtband *Totentanz und Gedichte zur Zeit* machen hier eine Ausnahme[132], schließen sich nicht wenige Autoren der *Gruppe 47* dieser Einschätzung an[133]. Erst allmählich entwickelt sich aus der ursprünglich mehr oder weniger scharfen Ablehnung der Emigranten eine Solidarisierung mit diesen. Dabei ist die Ausgangslage widersprüchlich. 1946 sieht auch noch Andersch nicht nur einen »Rollentausch« zwischen den USA und Europa, was die historische Vorbildfunktion angeht, er erwartet auch »die Vereinigung der Emigration mit Deutschlands junger Generation«[134]. Später wird gerade er den Emigranten politisches Versagen vorwerfen. Noch 1956 wendet er sich in einem Radio-Feature unter dem Titel *Sorgen eines Herausgebers oder: Was mir an der studio frankfurt Reihe nicht gefällt* gegen einen Exilierten von der »gewiß überragenden älteren Generation« und schildert diese als »eine Generation, die das deutsche Unglück namens Hitler entweder direkt unterstützt oder so miserabel gegen es gekämpft hat, daß sie es nicht verhindern konnte und emigrieren mußte«[135].

Damit verbinden sich Ressentiments gegen die Lebensumstände der Emigranten der ersten Generation, die nach Meinung der jungen Autoren nur ein geringes persönliches Risiko auf sich genommen haben. Dabei richtet sich das Wort von der »goldenen Emigranten-Horde« nicht allein gegen die angeblich privilegierten Emigranten der ersten Stunde, sondern auch gegen ihre Söhne, insbesondere Klaus Mann ist hier betroffen[136]. Auf dem Feld der Kulturpolitik beginnt so eine Diskussion, die auch die deutsche Innenpolitik der fünfziger und sechziger Jahre prägt. Für den jungen Böll ist noch 1949 das Exil vieler prominenter Sozialdemokraten ein Grund, nicht SPD zu wählen, während sich derselbe Autor in den sechziger Jahren gerade deshalb dieser Partei nähert, weil sie von Emigranten repräsentiert wird. Erst in der innenpolitischen Auseindersetzung über die Notstandsgesetze in den sechziger Jahren beginnen westdeutsche Intellektuelle, ihren Widerstand nach dem Muster von Emigration und aktivem antifaschistischem Kampf zu stilisieren. 1972 vergleicht Böll gar, ziemlich unangemessen, seine eigene Situation mit der Thomas Manns im Hitlerdeutschland von 1934.

Für Hans Werner Richter ist die Debatte über die Emigranten nicht zufällig eine »Polemik der zwanziger Jahre«. Die apolitische Haltung der *Gruppe 47* folgt für ihn auch aus der notwendigen Abkehr von der älteren Generation der Emigranten. Diese hat für Richter »politisch die intellektuelle Linke zerschlagen, bevor Hitler sie zerschlug«. Der Entschluß, die Fehler dieser Generation zu vermeiden, bringt ihn dazu, »eine Art Corpsgeist unter den linken Literaten zu züchten«, sich auf eine »Kritik an den Texten, nur und ausschließlich an den Texten, und jede Vermeidung einer Grundsatzdiskussion« zu beschränken. Erläuternd fügt er hinzu: »wenn Du einmal wie ich 1933 als ganz junger Mann das erlebt hast, wie sie uns im Stich ließen, sie alle, oder fast alle, die gestern noch bramarbasiert hatten, [...] Todfeinde untereinander, noch hinter der Grenze sich beschimpfend, ja dann gab es nach dem Krieg nur diesen Weg, den wir gegangen sind[137].«

Natürlich haben diese gewiß überzogenen Äußerungen ihre Ursache in der politischen Kontroverse der dreißiger Jahre, die bereits zu einer Polarisierung der Literaten und Intellektuellen führte. Die teilweise unkritische Haltung der deutschen Linken zur UdSSR und zur Politik Stalins, die Glorifizierung des politischen, sozialen und technischen Fortschritts in der UdSSR, die etwa Franz Carl Weißkopfs *Umsteigen ins 21. Jahrhundert* und *Zukunft im Rohbau* belegen, geben dafür ein Beispiel. Die Exkulpierung des stalinistischen Systems wie der Moskauer Schauprozesse durch Lion Feuchtwanger taten hier ein übriges[138].

Nach dem Krieg wiederholt sich diese Polarisierung im Zeichen des beginnenden Ost-West-Konflikts: Auf dem Gesamtdeutschen Schriftstellerkongreß 1947 in Berlin tritt er deutlich hervor. Während Elisabeth Langgässer das Verstummen und die falsche Innerlichkeit der in Deutschland verbliebenen Autoren kritisiert, fordert Alfred Kantorowicz den Ausgleich zwischen innerer und äußerer Emigration im Namen der intellektuellen Solidarität[139]. Klaus Gysi, später Kulturminister der DDR und Leiter des Ostberliner Aufbau-Verlags, sieht die »innere Emigration« dagegen kritisch, Wolfgang Harich wirft ihr eine »Flucht nach Innen« vor, während Ernst Niekisch ihre elitäre Haltung auf das Denken Ortega y Gassets zurückführt[140]. Doch während die deutschen Autoren noch mit sich selbst beschäftigt sind, bewirkt die Rede des amerikanischen Journalisten Melvin J. Lasky einen politischen Eklat, der die neue Frontlinie zwischen Washington und Moskau deutlich macht[141]. Beim zweiten Schriftstellerkongreß 1948 in Frankfurt, auf dem Fritz von Unruh seine *Rede an die Deutschen* hält, fehlen die Autoren aus Ostberlin und der Sowjet-Zone fast völlig. Bereits die Buchmesse von 1949 ist eine Zäsur, bei der sich nicht nur die neuen politischen Gegensätze verfestigt haben; auch eine inhaltliche Neuorientierung der Autoren im Zeichen eines beginnenden Pluralismus deutet sich jetzt an[142].

Dazu trägt bei, daß neben die vorbehaltlose Verklärung von Kommunismus und Sozialismus durch Emigranten wie Feuchtwanger gegen Kriegsende auch eine grundsätzliche Infragestellung der kulturellen Tradition Deutschlands tritt, die keine Unterscheidung zwischen Nationalsozialisten und anderen gelten läßt. Was Thomas Mann im 1947 erscheinenden, anfänglich durchaus zwiespältig aufgenommenen Roman des *Doktor Faustus* entwickelt, greift auf Überlegungen zurück, die er im in den USA gehaltenen Vortrag *Deutschland und die Deutschen*, der bereits 1947, zeitgleich mit dem Künstlerroman auf dem schwarzen Buchmarkt in Deutschland erscheint[143], aber auch in seinen *Rundfunkansprachen an Deutsche Hörer* darlegt[144]. Von hier wird zugleich die politische Einstellung dieses Autors im Kreis der Emigranten nach 1943 erklärbar.

Thomas Mann, der sich nach dem Ersten Weltkrieg in seinen *Betrachtungen eines Unpolitischen* noch gegen die westliche Demokratie und die Vernunft der Aufklärung wendet[145], eine Haltung, die er bereits 1923 in seiner Rede *Von deutscher Republik* korrigiert[146], wird in der Emigration seit 1937 zu einem entschiedenen publizistischen Gegner der Nationalsozialisten: In diesem Jahr äußert er sich in einem offenen Brief an den Dekan der philosophischen Fakultät der Universität Bonn zur Aberkennung seiner Ehrendoktorwürde[147]. Während Bertolt Brecht 1943, bei einem geplanten gemeinsamen Aufruf der beiden Autoren für die Demokratie, die Meinung vertritt, man müsse nach Ende des Krieges zwischen dem progressiven und dem faschistischen Deutschland unterscheiden, ist Thomas Manns Haltung in diesem Punkt kompromißlos[148]. In Übereinstimmung mit der in den USA vorherrschenden und durch den englischen Diplomaten Vansittart geprägten öffentlichen Meinung bringt er grundsätzliche Zweifel an der Existenz bedeutender demokratisch gesinnter Kräfte in Deutschland vor[149]. Für ihn kann ein politischer Neuanfang nur aus der totalen Zerstörung der alten Ordnung hervorgehen, aus dem »Ende der bürgerlichen Kultur-Epoche«, das bereits 1914 begonnen hat[150].

Der Vortrag über *Deutschland und die Deutschen* zeigt, daß diese pessimistische Einschätzung bei Thomas Mann unmittelbar mit einer

Selbstkritik des Künstlers zusammenhängt. Sie greift auf Überlegungen zurück, die er bereits 1938 unter dem provozierenden Titel *Bruder Hitler* vorlegt[151]. Dort vergleicht er die Unverantwortlichkeit des bohèmehaften Künstlertums mit der faschistischen »Primitivität als ›Weltanschauung‹«[152]. Der Vortrag von 1945 stellt die eigene Lebensgeschichte in eine verhängnisvolle Tradition, die kulturelle und psychologische Erfahrungsmuster vorgibt[153]. Die Haltung der Innerlichkeit apostrophiert Thomas Mann als die »Musikalität der deutschen Seele«. Er macht sie für das »Auseinanderfallen des spekulativen und des gesellschaftlich-politischen Elements menschlicher Energie« verantwortlich. Gleichzeitig ist sie ihm Grundlage einer Todessehnsucht, wie sie auch die faschistische Ideologie prägt[154]. Diese Bewertung deutscher Geistesgeschichte verbindet sich mit Überlegungen von Historikern wie Gerhard Ritter, die eine Linie obrigkeitlichen Denkens von Luther über Bismarck bis zu Hitler als Merkmal deutscher Geschichte hervorheben[155]. Thomas Manns Haltung beruht jedoch nicht allein auf Kulturkritik und Selbstkritik, sie folgt auch aktuellen politischen Überlegungen. Er warnt davor, daß Brechts Fürsprache für die guten Deutschen »als ein nichts als patriotischer Versuch gedeutet werden würde, Deutschland vor den Folgen seiner Untaten zu schützen«, und mahnt, es sei »zu früh, deutsche Forderungen aufzustellen und an das Gefühl der Welt zu appellieren für eine Macht, die heute noch Europa in ihrer Gewalt hat und deren Fähigkeit zum Verbrechen keineswegs schon gebrochen ist«[156].

Es ist historische Ironie, daß Thomas Mann in den USA wenig später während der Ära McCarthy zusammen mit seiner ganzen Familie in die öffentliche Kritik gerät. Dies beginnt mit einer Attacke gegen seinen Artikel »What is German« im *Atlantic Monthly* von 1944, auf die er mit dem Artikel *In my defense* antworten muß[157]. Das Schlagwort des »premature anti-fascism«, das auf den Vorwurf des Kommunismus ebenso zielt wie seine öffentlich konstatierte »overeloquence about democracy« geben Material für eine seit 1937 bestehende FBI-Akte über die Familie Mann[158]. Infolge dieser Zuspitzung der öffentlichen Diskussion wird schließlich 1950 der letzte öffentliche Vortrag Manns in der *Library of Congress* auf Anraten von Luther H. Evans, des Librarian of Congress, abgesagt[159]. Im Jahr 1951 fühlt sich Mann schließlich von den »Kommunisten mit ihrem infantilen Amoralismus« ebenso abgestoßen wie von Amerika, der »korrupten und offenbar verurteilten spätkapitalistischen Profitwelt«[160]. Er ist zu diesem Zeitpunkt nicht weit von der Einschätzung Erich Kahlers entfernt, der in einem Brief melancholisch vermerkt, man könne eigentlich nur noch Indien als Auswanderungsland ins Auge fassen[161].

Damit gerät auch der Emigrant Thomas Mann in eine politische Polarisierung, die sehr bald alle öffentlichen Diskussionen in der deutschen Kulturpolitik nach dem Krieg bestimmt. Seine anfängliche, gewiß unrealistische Äußerung »Ich kenne keine Zonen«[162], mit der er seine Teilnahme an den Goethefeiern des Jahres 1949 in Frankfurt und Weimar rechtfertigt, sieht sich durch einen Brief Eugen Kogons in Frage gestellt, der Mann von den Weimarer Feiern mit Hinweis auf die zu diesem Zeitpunkt in Buchenwald Inhaftierten abhalten will. In der neueren Forschung hat man Thomas Manns Brief an Walter Ulbricht von 1951 als eine verspätete, jetzt aber entschiedene Reaktion auf diese Situation gedeutet[163].

Bertolt Brecht, der wie andere marxistisch orientierte Emigranten, Johannes R. Becher, Anna Seghers, Arnold Zweig, Stephan Hermlin, Ernst Bloch, Wolfgang Harich, Hans Mayer und Robert Havemann, aus der Emigration ins östliche Deutschland geht, wird im Westen nur sehr langsam, vor allem aber in erster Linie als Klassiker der Moderne rezipiert. Man schätzt hier vor allem den *Galilei*, die *Mutter Courage* und seine frühe, der bürgerlichen Konvention nahestehende Naturlyrik. Gleichwohl ist es die Brechtsche Theatertheorie, die Ende der sechziger Jahre den Boden für die politischen Stücke von Peter Weiss, insbesondere die *Ermittlung*, die Darstellung des Frankfurter Auschwitzprozesses, und die Agitationsstücke des *Vietnam Diskurs* und des *Lusitanischen Popanz* bereitet[164]. Brechts *Aufsätze zur Literatur*, die zwischen 1934 und 1946 entstehen, wollen sozialistischen und kritischen, bürgerlichen Realismus als kompatibel erweisen[165]. Sie zielen auf den »Durchbruch eines neuen Realismus«[166], versuchen, in der Kritik der deutschen Klassik deren kämpferische Seiten zu bewahren[167]. Auch Brechts im Zusammenhang seiner dramatischen und theaterpraktischen Arbeiten entwickelte Überlegungen zum »epischen Theater« und einer »antiaristotelischen Dramatik« gewinnen unmittelbar nach Kriegsende Einfluß. Schon mit seinen frühen Augsburger Theaterkritiken hatte er sich gegen die herrschende bürgerliche Literatur gewandt, deren Repräsentant für ihn Thomas Mann ist, dessen »fein ziselierende, zartfarbene Wortkunst« er scharf kritisiert[168]. Er selbst fordert dagegen eine Kunst, welche die Widersprüche der Wirklichkeit offenlegt und sich als »unliterarische Kunst« den Gesetzen bürgerlicher Literatur entzieht[169]. Die unter dem Einfluß von Marx entwickelte materialistische Gestaltungsweise, die Erkenntnis des Warencharakters der Kunst[170] verbindet sich mit einer antifaschistischen Orientierung des Schreibens, die auf Sprachkritik und die Herstellung »praktikabler Wahrheiten« aus ist[171]. Dabei benutzen Brechts Techniken der »Verfremdung« und des »Historisierens«, welche die zeitgenössischen Realitäten als überholt entlarven wollen, auch avantgardistische Kunstformen.

Für die Diskussion nach dem Krieg hat vor allem das *Kleine Organon für das Theater* Bedeutung, das 1948 entsteht und 1949 erscheint. Dort faßt Brecht seine Vorstellungen von einem »Theater des wissenschaftlichen Zeitalters« zusammen, das sich nach dem Faschismus nicht nur gegen die Kunst der »Einfühlung« wendet, sondern sich zugleich auf die »neue Wissenschaft« des dialektischen Materialismus verwiesen sieht[172]. Nicht anders als den Autoren des Neubeginns erscheinen Brecht die traditionellen Kunstprinzipien als vom Faschismus korrumpiert, sie gehen zugleich an den gesellschaftlichen und technischen Entwicklungen vorbei[173]. Dagegen soll sein Theater ästhetische Anschauungsmodelle von Realität entwerfen, ihre ›Gesetze‹ sichtbar werden und das Urteil der Zuschauer »dazwischenkommen« lassen[174].

Das *Kleine Organon* löst 1949 im Zusammenhang mit der Aufführung von Brechts *Mutter Courage und ihre Kinder* eine heftige Kontroverse zwischen orthodoxen marxistischen Literaturkritikern wie Fritz Erpenbeck auf der einen, Wolfgang Harich und Paul Rilla, den späteren Literaturtheoretiker und Literaturpolitiker der DDR auf der anderen Seite aus[175]. Diese öffentliche Kontroverse kennzeichnet die widersprüchliche Beurteilung, die Brecht in der DDR findet. Einerseits wird er für den »sozialistischen Realismus« und als »Nationaldichter« der DDR reklamiert, andererseits stößt sein kritischer Realismus auch auf Widerstand und Ablehnung. Sein Eintreten für neue theatralische Formen wird vereinzelt sogar als »volksfremde Dekadenz« abgewertet. Dieser Distanz zur herrschenden Meinung in ästhetischen Fragen korrespondiert eine zunehmende politische Distanz Brechts zu den Machthabern der DDR, die Brechts frühe kritische Betrachtung der »neuen deutschen misere« in der SBZ fortschreibt[176]. Davon zeugt das Gedicht *Die Lösung*, das er nach dem 17. Juni 1953 verfaßt und das erst später bekannt wird: »Nach dem Aufstand des 17. Juni /·/ Ließ der Sekretär des Schriftstellerverbands /·/ In der Stalinallee Flugblätter verteilen /·/ Auf denen zu lesen war, daß das Volk /·/ Das Vertrauen der Regierung verscherzt habe /·/ Und es nur durch doppelte Arbeit /·/ Zurückerobern könne. Wäre es da /·/ Nicht doch einfacher, die Regierung /·/ Löste das Volk auf und /·/ Wählte ein anderes[177]?«

4. Existentialismus, Realismus und ästhetische Kritik

Die reduktionistische Schreibweise vieler junger Autoren nach 1945 ist ebenfalls nicht voraussetzungslos, sondern hat durchaus internationale Vorbilder. Schon im amerikanischen *Ruf* stellt Alfred Andersch dem »epigonalen provinziellen Klassizismus der ›inneren Emigration‹ den ›reinen‹ Realismus, das knappe einfache, unreflektierte Erzählen« von Ernest Hemingway und John Steinbeck gegenüber, auch William Faulkner und andere gewinnen jetzt Bedeutung[178]. Lebensgefühl und Philosophie sind jedoch stark vom französischen Existentialismus beeinflußt.

Dessen zugleich ästhetizistische und ontologische Einstellung erhält durch Jean-Paul Sartre einen politisch-moralischen Akzent. Sein 1947 erscheinender Essay »Was ist Literatur« eröffnet die Diskussion über die Möglichkeiten einer »littérature engagée«, die das Bedürfnis vieler deutscher Autoren nach literarischer, moralischer und politischer Selbstversicherung spiegelt. Sie beeinflußt sowohl den »christlichen Sozialismus« von Eugen Kogon und Walter Dirks in den *Frankfurter Heften* als auch die von Hans Werner Richter und Alfred Andersch im *Ruf* dargestellte Option für einen freiheitlichen, antitotalitären Sozialismus. In seiner Standortbestimmung *Deutsche Schriftsteller in der Entscheidung* beschreibt Andersch deshalb 1948 die notwendige Abkehr von ewigen Werten und rühmt die »bewegende Kraft des existentiellen Denkens«, das schon die französische Résistance prägte. In seinem »Appell an die persönliche Entscheidung«, durch seine Gleichsetzung des »entscheidungslosen Daseins [...] mit Unmenschlichkeit und Tod« wird ihm dieses zu »einer geistigen Bewegung, welche die Welt [...] nicht nur interpretiert, sondern verändert«[179].

Allerdings liefert der Existentialismus nicht nur das Modell einer politisch engagierten Literatur, die der »skeptischen Generation« eine theoretische und philosophische Legitimation für ihre Abkehr von der Tradition wie von den Vätern liefert. Camus' *L'Homme révolté*, 1951 erschienen und bereits 1953 ins Deutsche übersetzt, unterscheidet grundsätzlich zwischen metaphysisch-historischer und künstlerischer Revolte. Beide entstehen beim Anblick der Unvernunft vor einem unverständlichen Leben, doch die ästhetische Revolte der Kunst ist zugleich übergeschichtlich. Sie verneint die Hinfälligkeit und Unabgeschlossenheit des Wirklichen, weist die zerrissene, widersprüchliche Welt zurück. Ihre Umformung des Wirklichen geschieht durch den Form gebenden Geist, durch den Akt einer Stilgebung (»stylisation«). Gerade so erreicht das die »Ursprünge der Revolte bewahrende« künstlerische Schaffen für Camus existentielle Bedeutung, es ist die Existenzweise, in welcher der Mensch seine Würde gewinnt.

Diese Radikalisierung und Ästhetisierung der existentialistischen Einstellung hat ebenfalls Folgen. Sie erklärt, warum Andersch wie auch andere in seinen Texten immer wieder existentielle Grundsituationen entwirft. Zugleich macht sie verständlich, daß sich derselbe Autor 1956 mit einem programmatischen Aufsatz über *Die Blindheit des Kunstwerks* an eine Position annähert, die innerhalb der Kritischen Theorie der Frankfurter Schule später insbesondere Theodor W. Adorno vertreten wird. Das Beharren auf der Autonomie des Kunstwerks, nicht das unmittelbare politische Engagement erscheint dann als Widerstand: »Ästhetik des Widerstands« und »Widerstand in der Ästhetik« werden synonym[180]. Es ist eine Position, die Adornos Aufsatz *Auferstehung der Kultur in Deutschland* durch sein Ignorieren der littérature engagée bereits vorzeichnet[181].

Die Orientierung am französischen Existentialismus gewinnt so bei den deutschen Autoren eine spezifische Kontur. Ziel ihrer symbolischen Überhöhung der Realität ist es, die besondere deutsche Situation und die Erfahrung des Krieges zu einem Paradigma existentieller Erfahrung zu erheben. In seinem *Bekenntnis zur Trümmerliteratur* im Jahr 1952 will Böll daran erinnern, »daß die Zerstörungen in unserer Welt nicht nur äußerer Art sind und nicht so geringfügiger Natur, daß man sich anmaßen kann, sie in wenigen Jahren zu heilen«[182]. Dabei führt das Bemühen um Beseitigung des Faschismuserbes nicht nur bei Böll zur Sprachkritik. Das unter dem Einfluß der *Frankfurter Schule* entstehende *Wörterbuch des Unmenschen* von Th. W. Adorno und W. E. Süskind sowie die Studie über die *Sprache in der verwalteten Welt* von

Karl Korn konstatieren ebenfalls eine Beziehung zwischen faschistischer Sprache und den Sprachmustern der entwickelten kapitalistischen Industrie- und Verwaltungsgesellschaft. Die Autoren thematisieren dies von Anfang an. Bereits 1946 fordert Gustav René Hocke im *Ruf* eine »antikalligraphische Ästhetik«. Sein Aufsatz *Deutsche Kalligraphie oder Glanz und Elend der modernen Literatur*[183] liefert bereits entscheidende Stichworte für die spätere Diskussion um den sogenannten »Kahlschlag«, einen Begriff, den Wolfgang Weyrauch erst 1949 im Nachwort seiner Prosa-Anthologie *Tausend Gramm* prägt[184].

Die Konzentration auf die Antikalligraphie, der Versuch, den »vorgetäuschten Tiefsinn« einer »Schönschreiberei« zu verlassen, die »unter der Diktatur ihren unmißverständlichen Sinn« hatte[185], bringt jedoch nicht allein einfache Formen des Schreibens hervor, langfristig führen auch sie zu einer apolitischen Beschränkung auf die Literatur allein, zu einem Rückzug in den »Elfenbeinturm«, den die Generation der 68er später kritisieren wird. Gerade dies spiegelt die institutionelle Entwicklung der *Gruppe 47*. Ihre Arbeitstagungen, ihre einzige Organisationsform, beschränken sich spätestens seit den fünfziger Jahren auf eine bloße Kritik an Schreibtechniken, die aus einer antiinstitutionellen, gegenaurativen Haltung hervorgeht. Diese strikte Trennung von politischer und literarischer Öffentlichkeit begünstigt die »Verweigerungsliteratur« der fünfziger Jahre. Ihre Ausgangslage ist das Gefühl, einer »postrevolutionären Epoche« anzugehören.

Der Rückzug in den Bezirk des Ästhetischen beruht nicht zuletzt auf der Annahme, daß das Jahr 1945 tatsächlich ein Nullpunkt der gesellschaftlichen und literarischen Entwicklung gewesen sei, der die Möglichkeit eines völligen Neuanfangs bot. Doch in Wahrheit wird der vor allem 1947/48 verwendete Terminus zu einer Zeit benutzt, in der die politische und kulturelle Restauration bereits abzusehen ist[186]. Es ist deshalb kein Zufall, daß die *Gruppe 47* ihre größte kulturpolitische Bedeutung in den Jahren 1950—1957 erhält, in einer Phase politischer Restauration der Bundesrepublik Deutschland, die gleichzeitig eine Periode restaurativer kultureller Grundgestimmtheit ist: Es ist das nach dem damaligen Feuilletonisten der FAZ benannte »Sieburg-Zeitalter«. In dieser Zeitung wird Ernst Jünger wie kein anderer Schriftsteller geehrt, die »innere Emigration« ist dort nicht in Frage gestellt, und Gottfried Benn erscheint als zentrale Orientierungsfigur der jungen Literatur.

Kein Wunder auch, daß das ästhetische Spektrum relativ schmal ist. Neben dem Verismus von Kolbenhoff und Andersch steht die magisch-realistische Erzählweise, die für Wolf Dietrich Schnurre und die frühen Kurzgeschichten von Heinrich Böll und Siegfried Lenz charakteristisch ist. Wolfgang Borchert, von dem spätexpressionistische Einflüsse ausgehen, bildet hier eine Ausnahme, nicht anders die über Günter Eich vermittelte naturlyrische Tradition. Doch nur in begrenztem Umfang etablieren sich auch aggressive und satirische Schreibtechniken wie bei Günter Grass und Enzensberger. Die Gründung der *Gruppe 61*, hervorgegangen als Verbindung von Autoren und Arbeitern, bleibt eine Randerscheinung. Allgemein zeichnet sich dagegen eine Immunisierung des Ästhetischen ab. 1962 beklagt Wolf Dietrich Schnurre die generelle »Flucht aus der Zeitbezogenheit«, welche die Gegenwartsliteratur kennzeichne, und kritisiert sie als Errichten eines »neue[n] Elfenbeinturms«[187].

Dieser Tendenz stehen vor allem Heinrich Böll, Günter Grass und später Dieter Wellershoff auf unterschiedliche Weise entgegen. Sie begründen Linien innerhalb der *Gruppe 47*, welche die Nachkriegsliteratur mit jener der sechziger und siebziger Jahre verbindet. Alle drei entwickeln neue Formen des Realismus. Charakteristisch für Böll ist eine moralisierende Schreibweise, Günter Grass' Zeitdarstellungen sind symbolisch und satirisch zugleich, Dieter Wellershoff dagegen entwickelt sein Konzept des »Neuen Realismus« unter dem Einfluß von Psychologie und Sozialpsychologie.

Die existentiell gedeutete Grenzerfahrung des Krieges bestimmt Bölls frühe Texte. Von der Zerstörung der Kontinuität lebensgeschichtlicher Erfahrung und der Erfahrung des Absurden zeugen die Kurzgeschichten, unter ihnen vor allem *Der Zug war pünktlich* und *Wanderer, kommst du nach Spa...*, in denen das realistische Beschreiben symbolisch aufgeladen ist. Noch 1972 beschreibt Böll sein Schreiben als »Eroberung der Sprache«[188], glaubt er an eine »Ästhetik des Humanen«[189], vertraut er auf die Sprache als letzten »Hort der Freiheit«[190]. Damit nimmt er Überlegungen auf, die schon seine *Frankfurter Vorlesungen* der fünfziger Jahre bestimmen. Sie betrachten Moral und Ästhetik ausdrücklich als kongruent und beschreiben die »Suche nach der bewohnbaren Sprache«[191]. Einerseits folgt daraus der sprachkritische Rigorismus, der noch viele Jahre später die *Verlorene Ehre der Katharina Blum* bestimmt, andererseits ergibt sich daraus eine Abwehr der Avantgarde ebenso wie der wertfreien Literatur. Böll trifft sich zudem partiell mit der religiös und metaphysisch orientierten »inneren Emigration«, wenn er die Verpflichtung auf das Vergangene, die Gebundenheit an die eigene und die nationale Geschichte als Ergebnis von »Zeit und Zeitgenossenschaft« einfordert[192]. Dabei verbinden sich für ihn individuelle und allgemeine Erfahrung. Seine Romane berichten immer auch über das eigene Leben. Im *Bekenntnis zur Trümmerliteratur* wendet er sich zudem gegen die »Blinde-Kuh-Schriftsteller« und fordert soziales Engagement[193]. Sein programmatischer Text versteht sich zugleich als eine *Verteidigung der Waschküchen*, als Zuwendung zum Kleinbürgertum[194].

Die sozial engagierte Erinnerungsarbeit bestimmt auch den Blick auf die Gegenwart. Bereits in *Billard um halbzehn* wird deutlich, daß für Böll Vergangenheit in der Gegenwart fortwirkt[195]. Von hier begründet sich seine Kritik der politischen Restauration und der Verdrängung des Faschismus, die ihn bereits in der Ära Adenauer zu einer moralischen Instanz macht. Allerdings führt sein Bemühen, Moral und Kunst zu verbinden, häufig zu schematischen Handlungs- und Figurenkonstellationen, die nicht selten eine Idyllisierung zur Folge haben; eine originär politische Analyse findet nicht statt. Bölls frühe Äußerung, es gehe ihm um das »Entziffern« eines Unheils, »für das wir die Formel nicht fanden«, deutet diese Entwicklung bereits an[196].

Auch die Texte von Günter Grass sind durch eine vergleichbare Fixierung auf die deutsche Geschichte bestimmt. Auch hier verbindet sich der autobiographische Rückbezug mit einem politisch-moralischen Rigorismus[197]. Doch charakteristisch für Grass' Erzählen ist zugleich ein auffälliges Schwanken zwischen Realismus, Satire und Phantastik[198]. Die satirische Überformung christlicher Ikonographie in *Katz und Maus* gibt dafür ein Beispiel[199]. Überdies läßt bei ihm die Verklammerung von Vorkriegs- und Nachkriegsgeschichte keine Perspektive der Entwicklung deutlich werden. Dies belegt die *Danziger Trilogie*, zu der Grass später die *Hundejahre, Katz und Maus* und die *Blechtrommel* zusammenfaßt.

Der symbolischen, moralischen und satirischen Transformation des Realismus bei Böll und Grass stellt Dieter Wellershoff schließlich eine erst 1965 endgültig ausformulierte psychologische an die Seite. Unter dem Einfluß der sozialpsychologischen Rollentheorie und der Soziologie Arnold Gehlens fordert sein »Neuer Realismus« eine andere Sicht des Alltäglichen, die Aufmerksamkeit für Störungen und Abweichungen, die in einer subjektiv begrenzten, momentanen und bewegten Perspektive erfaßt und deutlich gemacht werden sollen. 1963 entfaltet er in der Auseinandersetzung mit Camus und Hemingway in seinem Essayband *Der Gleichgültige* den Grundsatz des Metaphysikverzichts[200], später orientiert er sich stärker an den theoretischen Schriften von Michel Butor, Alain Robbe-Grillet und Nathalie Sarraute, den Vertretern des französischen nouveau roman. Von ihnen übernimmt Wellershoff die Darstellungstechnik sensualistischer Anschaulichkeit, die in Analogie zu Techniken des Films realisiert werden soll. Literatur ist für ihn eine Simulationstechnik, ein soziales Probehandeln, das verdrängte Möglichkeiten des Menschen freisetzen soll. Dadurch bildet sie die Realität nicht ab, sondern bestimmt sie neu und umfassender[201].

Diese drei poetologischen Konzepte entwickeln sich innerhalb der *Gruppe 47* und überdauern diese. Die Gruppe selbst jedoch verfängt sich in der Dialektik des Politischen. Sie wird zu einer öffentlichen Instanz, die nicht nur literarkritische, sondern auch publizistische, vor allem aber zunehmend ökonomische Bedeutung erhält. Zu Beginn der sechziger Jahre wandelt sich die innerhalb der *Gruppe 47* geübte gegenseitige Kritik der Autoren, unter denen sich spätere Kritiker wie Marcel Reich-Ranicki, Joachim Kaiser und Walter Jens befinden, zu einer institutionalisierten, ritualisierten und akademisierenden Form der Literaturkritik[202], die bereits die Grundlage für die literarische Großkritik im Feuilleton legt; die literarische Mediengesellschaft entsteht. Im gleichen Zug werden die ökonomischen Zwänge des Kulturbetriebs deutlicher. Die Tagungen der *Gruppe 47*, das Ritual der Gruppenkritik werden zur Marktexpertise[203]. Zudem verwebt sich die »provisorische literarische Metropole« der *Gruppe 47* mit anderen Institutionen. Die Verbindungen zur Zeitschrift *Die Literatur*, zu *Texte und Zeichen* und zu *Akzente* geben dafür Beispiele[204]: Ausgerechnet jetzt aber zeigt sich, daß die antiinstitutionell organisierte Gruppe nicht die Kraft hat, politische Sezessionstendenzen abzuwehren. Während sie 1966 auf ihrer Tagung in Princeton Peter Handkes durch die Medien hochstilisierte Attacke auf die »Beschreibungsliteratur« noch absorbieren kann, ist sie unfähig, auf die Herausforderungen der aktuellen Politik zu antworten. Peter Weiß' und Reinhard Lettaus Stellungnahmen gegen den Vietnamkrieg sprengen auf dem gleichen Treffen den Gruppenkonsens. Damit endet auch das elitäre, in intellektuellen Zirkeln wirkende Literaturkonzept. Politisierung und Pluralisierung des Bewußtseins, die Diskussion über den Klassencharakter bürgerlicher Kunst führen ein Jahr später dazu, daß sich die *Gruppe 47* zeitlich parallel zum Ende der Adenauer-Ära und zur Bildung der Großen Koalition auflöst. Der Anspruch der Ideologielosigkeit wird seinerseits ideologisch hinterfragt und als Schein entlarvt.

Die nachfolgende Politisierung der Literatur wie des Kulturbetriebs, die Ideen von 1968, bewirken nicht nur das Ende der Nachkriegsliteratur und einen grundsätzlichen Paradigmenwechsel. Jetzt gewinnen mit einem Schlag theoretische Texte Bedeutung, die in den Vordergrund rücken, was die Diskussionen der Nachkriegsliteraten weitgehend ausgespart hatten: die grundsätzliche Kritik der aufklärerischen Fortschrittsvorstellung, die Adorno und Horkheimer schon 1947 in ihrem Essayband *Dialektik der Aufklärung* mit aller Schärfe formulieren, und die Kritik einer kollektiven Verdrängung von Schuld, die Alexander und Margarete Mitscherlich in ihrem Buch über *Die Unfähigkeit zu trauern* im Jahr 1967 einfordern. Jetzt erst stellt sich die deutsche Literatur dem Problem der gesellschaftlichen wie der ästhetischen Moderne zugleich und muß erfahren, daß deren Kontur bereits bricht.

Anmerkungen

[1] Horst Bienek, Der Blinde in der Bibliothek. Literarische Portraits, München 1986, S. 149—155, hier S. 149.
[2] Vgl. dazu Simone Barck, Ein junger Schriftsteller im Dritten Reich. Wolfgang Köppen: »Die Mauer schwankt«, in: Erfahrung Nazideutschland. Romane in Deutschland 1933—1945. Analysen, hrsg. von Sigrid Bock und Manfred Hahn, Berlin, Weimar 1987, S. 9—43.
[3] Vgl. Helmut Peitsch, Die Gruppe 47 und die Exilliteratur — ein Mißverständnis?, in: Die Gruppe 47 in der Geschichte der Bundesrepublik, hrsg. von Justus Fetscher [u.a.], Würzburg 1991, S. 108—134, hier S. 130f.
[4] Frank Trommler, Die zeitgenössische Prosa I. Aspekte des Realismus I: Das neue Realismus-Interesse in den sechziger Jahren, in: Tendenzen der deutschen Gegenwartsliteratur, hrsg. von Thomas Koebner, Stuttgart ²1984, S. 178—214, hier S. 194.
[5] Hans-Werner Richter, Warum schweigt die junge Generation?, in: Der Ruf, 1 (1946), H. 2, S. 1f. (= Reprint der Jahrgänge 1946—48, Mendeln/Lichtenstein 1975).
[6] Werner Krauss, Das Ende der Generationengemeinschaft, in: ders., Literaturtheorie, Philosophie und Politik, Berlin, Weimar 1984, S. 409; Peitsch, Die Gruppe 47 (wie Anm. 3), S. 113.

[7] Vgl. dazu Helmut Günther, Die deutsche Kriegsliteratur 1945—1952, in: Welt und Wort, 8 (1953), S. 179—184, hier S. 180.
[8] Milo Dor (Pseud. Milutin Doroslovac), Tote auf Urlaub, Stuttgart 1952; Rolf Schroers, Die Feuerschwelle, Stuttgart 1952; Clemens Laar (Pseud. Eberhard Koebsell), Der fünfte Reiter, Stuttgart 1952.
[9] Eine gewisse Rolle spielen zu dieser Zeit auch Texte, die auf die Erfahrung des Krieges mit einer politisch wertfreien Legitimation des Soldatischen antworten, dafür gibt Reinhart Stalmann in seinen Romanen Staub (Wiesbaden 1951) und Die Kavaliere von Kanada (Wiesbaden 1952) ein Beispiel. Günther, Die deutsche Kriegsliteratur (wie Anm. 7), S. 183.
[10] Friedhelm Kröll, Gruppe 47, Stuttgart 1979, S. 17.
[11] Vgl. dazu grundsätzlich Hans-Werner Richter, Die Wandlung des Sozialismus — und die junge Generation, in: Der Ruf, 1 (1946) H. 6, S. 1f.; Kröll, Gruppe 47 (wie Anm. 10).
[12] Kröll, Gruppe 47 (wie Anm. 10), S. 19.
[13] Alfred Andersch, Aktion oder Passivität?, in: Der Ruf, 1 (1947), H. 12, S. 1f.
[14] Ebd., S. 1.
[15] Ebd.; Kröll, Gruppe 47 (wie Anm. 10), S. 20f.
[16] Hans-Werner Richter, Fünfzehn Jahre, in: Almanach der Gruppe 47, 1947—1962, hrsg. von Hans-Werner Richter in Zusammenarbeit mit Walter Mannzen, Frankfurt a.M. ³1964, S. 8—16, hier S. 12.
[17] Andersch, Aktion oder Passivität (wie Anm. 13).
[18] Der Skorpion 1 (1948), H. 1 (Reprint). Mit einer Dokumentation zur Geschichte des »Skorpions« und einem Nachwort zur Geschichte der Gruppe 47 von Heinz-Ludwig Arnold, Göttingen 1991, S. 7—9. Den Bezug zur Realität und die politische Stellungnahme fordert dagegen Walter Kolbenhoff in einem dort abgedruckten Brief *Gegen die Nebelrufer* ein (S. 42f.).
[19] Kröll, Gruppe 47 (wie Anm. 10), S. 22.
[20] Vgl. dazu Ralf Schnell, Traditionalistische Konzepte, in: Literatur in der Bundesrepublik Deutschland bis 1967, hrsg. von Ludwig Fischer, München 1986 (= Hansers Sozialgeschichte der Deutschen Literatur vom 16. Jh. bis zur Gegenwart, Bd 10), S. 214—229, hier S. 215.
[21] Ebd., S. 216.
[22] Reinhold Grimm, Innere Emigration als Lebensform, in: Exil und Innere Emigration, hrsg. von Reinhold Grimm und Jost Hermand, Frankfurt a.M. 1972, S. 31—74, hier S. 42.
[23] Vgl. Walter A. Berendsohn, »Emigrantenliteratur 1933—47«, in: Reallexikon der deutschen Literaturgeschichte, Bd 1, Berlin 1958, S. 336—343; Franz Schonauer, Deutsche Literatur im Dritten Reich. Versuch einer Darstellung in kritisch-polemischer Absicht, Olten, Freiburg 1961. Dagegen spricht Ketelsen generell von Literatur des Dritten Reiches; Uwe-K. Ketelsen, Literatur und Drittes Reich. Schernfeld 1992.
[24] Alfred Andersch, Deutsche Literatur in der Entscheidung. Ein Beitrag zur Analyse der literarischen Situation, Karlsruhe 1948, S. 7.
[25] Alexander Abusch, Die Begegnung. Die innere und äußere Emigration in der deutschen Literatur, in: Aufbau, 3 (1947), H. 10, S. 223.

[26] Vgl. dazu Karl O. Paetel, Deutsche innere Emigration. Antinationalsozialistische Zeugnisse aus Deutschland. Mit Originalbeiträgen von Carl Zuckmayer und Dorothy Thompson, New York 1946; Ralf Schnell, Literarische Innere Emigration. 1933–1945, Stuttgart 1976, S. 3ff.

[27] »Zur Literatur der inneren Emigration wird die Literatur gezählt, deren Autoren wie die des Exils von der Nazi-Ideologie nicht beeinflußt waren, humanistische Werke schrieben und sich von der faschistischen Politik nicht gleichschalten ließen«. Wolfgang Brekle, Die antifaschistische Literatur in Deutschland (1933–1945). Probleme der inneren Emigration am Beispiel deutscher Erzähler (Krauss, Kuckhoff, Petersen, Huch, Barlach, Wiechert u.a.), in: Weimarer Beiträge, 16 (1970), H. 6, S. 67–128, hier S. 71; vgl. auch ders., Schriftsteller im antifaschistischen Widerstand 1933–1945 in Deutschland, Berlin, Weimar 1985; Schnell, Innere Emigration (wie Anm. 26), S. 11.

[28] Brekle, Die antifaschistische Literatur (wie Anm. 27), S. 108.

[29] Thomas Mann — Erich von Kahler. Briefwechsel 1931–1955, hrsg. und kommentiert von Michael Assmann, Frankfurt a.M. 1993, S. 112.

[30] Brekle, Schriftsteller im antifaschistischen Widerstand (wie Anm. 27), S. 37f.

[31] Leonore Krenzlin, Suche nach einer veränderten Lebenshaltung. Ernst Wiechert: Das einfache Leben, in: Erfahrung Nazideutschland (wie Anm. 2), S. 384–411, hier S. 393.

[32] Schnell, Innere Emigration (wie Anm. 26), S. 80; Krenzlin, Suche (wie Anm. 31), S. 399.

[33] Vgl. Schnell, Innere Emigration (wie Anm. 26), S. 85.

[34] Vgl. vor allem Krenzlin, Suche (wie Anm. 31), S. 392–401.

[35] Ernst Wiechert, Das einfache Leben, in: ders., Sämtliche Werke in zehn Bänden, Wien, München, Basel 1957, Bd 10, S. 359–726, hier S. 359.

[36] Ullrich Christoffel, Deutsche Innerlichkeit, München 1940.

[37] Schnell, Innere Emigration (wie Anm. 26), S. 60.

[38] Grimm, Innere Emigration (wie Anm. 22), S. 54, 71.

[39] Ernst Wiechert, Der Dichter und die Jugend (Rede vom 6. Juli 1933 im Auditorium Maximum der Universität München), in: ders., Sämtliche Werke, Bd 10 (wie Anm. 35), S. 349–367.

[40] Ders., Der Dichter und seine Zeit (Rede vom 16. April 1935 im Auditorium Maximum der Universität München), ebd., S. 368–380.

[41] Ebd., S. 374, 375, 379.

[42] Brekle, Die antifaschistische Literatur (wie Anm. 27), S. 138, für das Folgende S. 138f.

[43] Ernst Wiechert, Der weiße Büffel oder Von der großen Gerechtigkeit (1937), in: ders., Sämtliche Werke (wie Anm. 35), Bd 6, S. 553–625.

[44] Brekle, Die antifaschistische Literatur (wie Anm. 27), S. 146f.

[45] Dieter Lattmann, Stationen einer literarischen Republik, in: Kindlers Literaturgeschichte der Gegenwart. Autoren, Werke, Themen, Tendenzen seit 1945, Frankfurt a.M. 1980, S. 3–168, hier S. 24, 32.

[46] Ernst Wiechert, Jahre und Zeiten. Erinnerungen 1945/1946, in: ders., Sämtliche Werke (wie Anm. 35), Bd 9, S. 332–800, hier S. 772–774.

[47] Ders., Der Dichter und die Jugend (wie Anm. 39), S. 362; ders., Der Dichter und seine Zeit (wie Anm. 40), S. 372.
[48] Ders., Der Dichter und die Jugend (wie Anm. 39), S. 378.
[49] Ders., Der Totenwald. Ein Bericht (1939), in: ders., Sämtliche Werke (wie Anm. 35), Bd 9, S. 197—329, hier S. 317; vgl. auch S. 276, 283 f., 326.
[50] Schnell, Innere Emigration (wie Anm. 26), S. 60.
[51] Brekle, Die antifaschistische Literatur (wie Anm. 27), S. 140.
[52] Wiechert, Jahre und Zeiten (wie Anm. 46), S. 713.
[53] Ders., Der Dichter und die Jugend (wie Anm. 39), S. 363.
[54] Schnell, Innere Emigration (wie Anm. 26), S. 88.
[55] Vgl. dazu Wiechert, Jahre und Zeiten (wie Anm. 46), S. 788 ff.
[56] Brekle, Die antifaschistische Literatur (wie Anm. 27), S. 182.
[57] Ebd., S. 170.
[58] Ebd., S. 176.
[59] Ebd., S. 171.
[60] Ebd., S. 170.
[61] Ebd., S. 174—176.
[62] Ebd., S. 173.
[63] Reinhold Schneider, Verhüllter Tag, Köln, Olten 1954, S. 91.
[64] Ders., Die Hohenzollern. Tragik und Königtum, Leipzig 1933.
[65] Brekle, Die antifaschistische Literatur (wie Anm. 27), S. 156.
[66] Schneider, Verhüllter Tag (wie Anm. 63), S. 43; Schnell, Innere Emigration (wie Anm. 26), S. 146.
[67] Brekle, Die antifaschistische Literatur (wie Anm. 27), S. 164.
[68] Vgl. dazu Günter Wirth, Eine Stimme für die Gleichberechtigung der Völker. Reinhold Schneider, »Las Casas vor Karl V. Szenen aus der Konquistadorenzeit«, in: Erfahrung Nazideutschland (wie Anm. 2), S. 298—334, hier S. 326, 329; vgl. Kleppers Brief vom 29. Oktober 1938, in: Jochen Klepper, Briefwechsel 1925—1942, Stuttgart 1973, S. 116; Schneider, Verhüllter Tag (wie Anm. 63), S. 164; Wirth, Eine Stimme (wie Anm. 68), S. 326 f.
[69] Brekle, Die antifaschistische Literatur (wie Anm. 27), S. 158, 162; Reinhold Schneider, Die Sonette von Leben und Zeit, dem Glauben und der Geschichte, Köln 1954, vor allem S. 82, 84, 86, 101.
[70] Reinhold Schneider, Las Casas vor Karl dem V. Szenen aus der Konquistadorenzeit, Leipzig 1938, S. 119, 128, 139; Wirth, Eine Stimme (wie Anm. 68), S. 310; Brekle, Die antifaschistische Literatur (wie Anm. 27), S. 162.
[71] Wirth, Eine Stimme (wie Anm. 68), S. 328.
[72] Schnell, Innere Emigration (wie Anm. 26), S. 149; Schneider, Verhüllter Tag (wie Anm. 63), S. 185, 195, 140.
[73] Schneider, Verhüllter Tag (wie Anm. 63), S. 95.
[74] Schnell, Traditionalistische Konzepte (wie Anm. 20), S. 223, 226.
[75] Ludwig Fischer, Dominante Muster des Literaturverständnisses, in: Hansers Sozialgeschichte, Bd 10 (wie Anm. 20), S. 179—213, hier S. 183.
[76] Gottfried Benn, Gesammelte Werke in der Fassung der Erstdrucke, 4 Bde, hrsg. von Bruno Hillebrand, Bd 3, Frankfurt a. M. 1990, S. 505—535, hier S. 531; Bd 1, S. 527.

77 Fischer, Dominante Muster (wie Anm. 75), S. 190.
78 Ebd.
79 Vgl. insbesondere Gottfried Benn, Der neue Staat und die Intellektuellen aus dem Jahre 1933, in: ders., Gesammelte Werke, Bd 3 (wie Anm. 76), S. 457—464, und die scharfe Revokation dieser Einstellung im Essay »Kunst und Drittes Reich«, ebd., S. 333—351, deren erste Notizen ins Jahr 1938 fallen, während die Reinschrift von 1941 ist.
80 Benn, Gesammelte Werke, Bd 3 (wie Anm. 76), S. 207—213.
81 Ders., Nach dem Nihilismus, in: Gesammelte Werke in vier Bänden, hrsg. von Dieter Wellershoff, Bd 1, Wiesbaden 1966, S. 151—160, hier S. 154.
82 Ebd.
83 Ebd., S. 151 f.
84 Ebd., S. 151.
85 Benn, Probleme der Lyrik, in: Gesammelte Werke, Bd 3 (wie Anm. 76), S. 505—535, hier S. 532.
86 Ebd., S. 511.
87 Ebd., S. 524.
88 Ebd., S. 512—514.
89 Ebd., S. 529.
90 Ebd., S. 519.
91 Ebd., S. 532.
92 Ebd., S. 533.
93 Ebd., S. 530 f.
94 Ebd., S. 510.
95 Ebd., Bd 2: Prosa und Autobiographie, Frankfurt a. M. 1984, S. 349—354; dazu auch Franz Schonauer, Die Prosaliteratur der Bundesrepublik, in: Jost Hermand, Literatur nach 1945. 1: Politische und regionale Aspekte, Wiesbaden 1979, S. 196—272, hier S. 213 f.
96 Thomas Mann, Briefe 1937—1947, hrsg. von Erika Mann, Frankfurt a. M. 1963, S. 464.
97 Ernst Jünger, Sämtliche Werke, Stuttgart 1978 ff., Bd 7, S. 54.
98 Walter Benjamin, Theorien des Deutschen Faschismus. Zu der Sammelschrift »Krieg und Krieger«. Hrsg. von Ernst Jünger, in: Walter Benjamin, Gesammelte Schriften, hrsg. von Rolf Tiedemann und Hermann Schweppenhäuser, Frankfurt a. M. 1980, Bd 8, S. 238—250, hier S. 240.
99 Karl Heinz Bohrer, Die Ästhetik des Schreckens. Die pessimistische Romantik und Ernst Jüngers Frühwerk, München, Wien 1978, S. 120—122, 130.
100 Vgl. dazu grundsätzlich Jürgen Habermas, Die Moderne — ein unvollendetes Projekt (1980), in: ders., Kleine politische Schriften, 4 Bde, Frankfurt a. M. 1981, Bd 4, S. 444—464.
101 Jünger, Sämtliche Werke (wie Anm. 97), Bd 9, S. 144; vgl. auch ebd., S. 67.
102 Bohrer, Ästhetik (wie Anm. 99), S. 183 f.; vgl. auch Jünger, Sämtliche Werke (wie Anm. 97), Bd 7, S. 93; dort werden E. T. A. Hoffmann und Dostojevskij als Dichter der »Durchbrüche« bezeichnet.
103 Jünger, Sämtliche Werke (wie Anm. 97), Bd 9, S. 105.
104 Bohrer, Ästhetik (wie Anm. 99), S. 475.

[105] Ebd., S. 146.
[106] Vgl. Jünger, Sämtliche Werke (wie Anm. 97), Bd 3, S. 91; Bohrer, Ästhetik (wie Anm. 99), S. 175; Jünger, Sämtliche Werke (wie Anm. 97), Bd 2, S. 257.
[107] Jünger, Sämtliche Werke (wie Anm. 97), Bd 2, S. 257.
[108] Ebd., Bd 7, S. 193—236; vgl. dazu Gerhardt Loose, Zur Entstehungsgeschichte von Ernst Jüngers Schrift »Der Friede«, in: Modern Language Notes, 74 (1959), S. 51—88, hier S. 81.
[109] Jünger, Sämtliche Werke (wie Anm. 97), Bd 7, S. 210.
[110] Ebd., Bd 8, S. 397—645, insbesondere S. 408—450.
[111] Ebd., Bd 7, S. 237—279, insbesondere S. 247—263; vgl. die Bestimmung der »Wildnis« als Bereich des »Untergeordneten und Ungesonderten«: »Das ist freilich keine romantische Wildnis mehr. Es ist der Urgrund seiner [des Menschen] Existenz, das Dickicht aus dem er eines Tages hervorbrechen wird«, ebd., S. 273.
[112] Ernst Jünger, Siebzig verweht, Bd 1, Stuttgart 1980, S. 464.
[113] Wolfgang Kaempfer, Ernst Jünger, Stuttgart 1981, S. 28.
[114] Jünger, Sämtliche Werke (wie Anm. 97), Bd 7, S. 237—280.
[115] Ebd., Bd 9, S. 78.
[116] Ebd., S. 22; Eine vergleichbare Perspektivierung findet sich auch im »Arbeiter«. Vgl. dazu ebd., Bd 8, S. 69.
[117] »Beim zweiten Mal, bei Sonnenuntergang, hielt ich ein Glas Burgunder, in dem Erdbeeren schwammen, in der Hand. Die Stadt mit ihren roten Türmen und Kuppeln lag in gewaltiger Schönheit, gleich einem Kelche, der zu tödlicher Befruchtung überflogen wird. Alles war Schauspiel, war reine, von Schmerz bejahte und erhöhte Macht«. Ebd., Bd 3, S. 271.
[118] Ebd., Bd 7, S. 182; vgl. Bohrer, Ästhetik (wie Anm. 99), S. 424.
[119] Über die drei Ordnungen der Simulakren und das Enden selbst des »Ursprungsmythos« in der unbegrenzten Reproduktion des Systems unterrichtet Jean Baudrillard, Der symbolische Tausch und der Tod, München 1983, S. 79, 94.
[120] Jünger, Sämtliche Werke (wie Anm. 97), Bd 9, S. 200; vgl. schon vorher die vergleichbaren Bilder der Loge, ebd., S. 181, der Bibliothek, S. 193, der Insel, S. 229—232 und der Rautenklause ebd., Bd 15, S. 263.
[121] Ebd., Bd 9, S. 306 f., 317—321.
[122] Günter Andersch, Notwendige Aussage zum Nürnberger Prozeß, in: Der Ruf, 1 (1946) 1, S. 2 f.
[123] Ders., Das junge Europa formt sein Gesicht, ebd., S. 1 f., hier S. 2.
[124] Benn, Gesammelte Werke (wie Anm. 76), Bd 2 (1990), S. 295—302.
[125] Vgl. dazu Walter von Molo, Offener Brief an Thomas Mann, veröffentlicht in der Münchner Zeitung vom 13. August 1945, in: Josef F. G. Grosser, Die große Kontroverse. Ein Briefwechsel um Deutschland, Hamburg, Genf, Paris 1963, S. 18—21; Thomas Mann, Warum ich nicht zurückkehre. Antwort an Walter von Molo, in: Augsburger Anzeigen vom 12. Oktober 1945, ebd., S. 27—36; Frank Thieß, Die Innere Emigration, in: Münchner Zeitung vom 18. August 1948, ebd., S. 22—26.
[126] Brief Benn an Ina Seidel, 24. August 1934, in: Gottfried Benn. Lyrik und

Prosa, Briefe und Dokumente. Eine Auswahl, hrsg. von Max Niedermayer und Marguerite Schlüter, Wiesbaden 1962, S. 121: »Ich kann nicht mehr mit. Gewisse Dinge haben mir den letzten Stoß gegeben. Schauerliche Tragödie! Das Ganze kommt mir allmählich vor wie eine Schmiere, die fortwährend ›Faust‹ ankündigt, aber die Besetzung langt nur für ›Husarenfieber‹. Wie groß fing das an, wie dreckig sieht es heute aus. Aber es ist noch lange nicht zu Ende — «.

[127] Benn, Gesammelte Werke (wie Anm. 76), Bd 2, S. 295 f.
[128] Thomas Mann, Gesammelte Werke in dreizehn Bänden, Bd 11, Frankfurt a. M. 1974, S. 129.
[129] Benn, Gesammelte Werke (wie Anm. 76), Bd 2, S. 300 f.
[130] Thieß, Die Innere Emigration (wie Anm. 125), S. 23—25.
[131] Lattmann, Stationen (wie Anm. 45), S. 31—33.
[132] Schnell, Traditionalistische Konzepte (wie Anm. 20), S. 221 f.
[133] Alexander und Margarethe Mitscherlich, Die Unfähigkeit zu trauern, München 1967, S. 24; Peitsch, Die Gruppe 47 (wie Anm. 3), S. 112.
[134] Andersch, Das junge Europa (wie Anm. 123), S. 2.
[135] Peitsch, Die Gruppe 47 (wie Anm. 3), S. 108 f.
[136] Ebd., S. 109.
[137] Ebd., S. 129, verweist auf den Brief an Fritz J. Raddatz, 3. August 1966, Archiv der Gruppe 47.
[138] Zur Kontroverse vgl. André Gide, Retour de l'U.R.S.S., Paris 1936, später ders., Retouches à mon Retour de l'U.R.S.S., Paris 1937. Obwohl Gides negativer Erfahrungsbericht ins Konzept der nationalsozialistischen Propaganda paßt, wahrt man gegenüber dem Gegner des Dritten Reiches deutlich Distanz. Vgl. dazu die Rezension von Alfred Ehrentreich, André Gide über Rußland, in: Archiv für das Studium der neueren Sprachen, 72 (1937) N. F., S. 67—70, S. 30, 34 und 77.
[139] Lattmann, Stationen (wie Anm. 45), S. 54.
[140] Ebd., S. 55.
[141] Ebd., S. 55 f.
[142] Ebd., S. 65 f.
[143] Mann, Gesammelte Werke (wie Anm. 128), Bd 11, S. 1126—1148.
[144] Ebd., S. 983—1123, Bd 13, S. 738—747.
[145] Ebd., Bd 12, S. 9—589.
[146] Ebd., Bd 11, S. 809—811.
[147] Vgl. dazu grundsätzlich Hans E. Hübinger, Thomas Mann, die Universität Bonn und die Zeitgeschichte. 3 Kapitel deutscher Vergangenheit aus dem Leben des Dichters 1905—1955, München, Wien 1974.
[148] Zur Reaktion Brechts auf Manns Rückzug seiner Unterschrift vgl. Bertolt Brecht, Arbeitsjournal 1938—1955. Anmerkungen von Werner Hecht, 3 Bde, Frankfurt a. M. 1973, S. 599.
[149] Hans Mayer, Thomas Mann, Frankfurt a. M. 1984, S. 399.
[150] Mann, Briefe (wie Anm. 96), Bd 2: 1937—1947, S. 475.
[151] Mann, Gesammelte Werke (wie Anm. 128), Bd 12, S. 845—852.
[152] Ebd., S. 849.

[153] Ebd., Bd 11, S. 1129—1131.
[154] Ebd., Bd 12, S. 1132f.
[155] Ebd., Bd 11, S. 1132ff.
[156] Mann, Briefe (wie Anm. 96), Bd 2, S. 340—341. Zur kritischen Haltung gegenüber der inneren Emigration und einer Entwicklung der »renazification« in Deutschland vgl. Mann — Kahler (wie Anm. 29), S. 96, 121.
[157] Thomas Mann, Tagebücher 1944—1.4.1946, hrsg. von Inge Jens, Frankfurt a.M. 1986, S. 72f.
[158] Vgl. dazu Thomas Mann — Agnes Meyer. Briefwechsel 1937—1955, hrsg. von Hans-Rudolf Vaget, Frankfurt a.M. 1992, S. 533, 998, 1020f.; Hans-Rudolf Vaget, Vorzeitiger Antifaschismus und andere unamerikanische Umtriebe. Aus den geheimen Akten des FBI über Thomas Mann, in: Horizonte. Festschrift für Herbert Lehnert zum 65. Geburtstag, hrsg. von Hannelore Mundt [u.a.], Tübingen 1990, S. 173—204. 1949 muß sich Mann unter anderem dafür rechtfertigen, daß er bei einer Pressekonferenz in Wien, einem AP-Bericht zufolge, nicht entschieden genug Stellung gegen den Sozialismus bezogen haben soll. Darüber berichtet ein Brief an die Redaktion des *Aufbau* vom 19.8.1949. Zum Brief an den Journalisten Olberg vom 27.8.1949, vgl. Vaget, Vorzeitiger Antifaschismus (wie Anm. 158), S. 1078.
[159] Abdruck des Briefes von Evans in: Mann — Meyer (wie Anm. 158), S. 1076f.
[160] Brief an Reisiger, 30.4.1951. Fotokopie Thomas Mann-Archiv, Zürich; vgl. Die Briefe Thomas Manns. Regesten und Register, hrsg. von Hans Bürgin und Hans Otto Maier, Bd 4: Die Briefe von 1951 bis 1955 und Nachträge, überarb. u. ergänzt von Gerd Heine, Yvonne Schmidlin, Frankfurt a.M. 1987, S. 46.
[161] Mann — Kahler (wie Anm. 29), S. 124.
[162] Mann, Gesammelte Werke (wie Anm. 128), Bd 11, S. 488.
[163] Vgl. dazu Inge Jens, Thomas Manns Brief an Walther Ulbricht. Vorgeschichte, Hintergründe, Nachspiel, in: Wagner — Nietzsche — Thomas Mann. Festschrift für Eckhard Heftrich, Köln 1993, S. 343—356, bes. S. 344—346. Jens deutet den Brief an Ulbricht als die von Kogon 1949 eingeforderte Antwort, in: Neue Rundschau, 101 (1990), H. 2, S. 5—11.
[164] Hans Gerd Winter, Das »Ende der Literatur« und die Ansätze zu operativer Literatur, in: Hansers Sozialgeschichte der Literatur (wie Anm. 20), Bd 10 (wie Anm. 20), S. 209—317, hier S. 311.
[165] Jan Knopf, Brecht-Handbuch. Lyrik, Prosa, Schriften. Eine Ästhetik der Widersprüche, Stuttgart 1984, S. 485; Bertolt Brecht, Gesammelte Werke in 20 Bänden, hrsg. von Elisabeth Haptmann, Frankfurt a.M. 1967, Bd 19, S. 547.
[166] Brecht, Gesammelte Werke (wie Anm. 165), Bd 19, S. 317.
[167] Knopf, Brecht-Handbuch (wie Anm. 165), S. 487.
[168] Brecht, Gesammelte Werke (wie Anm. 165), Bd 18, S. 23.
[169] Knopf, Brecht-Handbuch (wie Anm. 165), S. 480; Hans Mayer, Bertolt Brecht und die Tradition, München 1965, S. 35.
[170] Knopf, Brecht-Handbuch (wie Anm. 165), S. 481.
[171] Brecht, Gesammelte Werke (wie Anm. 165), Bd 18, S. 229.

[172] Jan Knopf, Brecht-Handbuch. Theater. Eine Ästhetik der Widersprüche, Stuttgart 1980, S. 459.
[173] Ebd., S. 458; Brecht, Arbeitsjournal (wie Anm. 148), S. 814, 828, 864.
[174] Knopf, Brecht-Handbuch. Theater (wie Anm. 172), S. 461.
[175] Ebd., S. 460f.
[176] Brecht, Arbeitsjournal (wie Anm. 148), S. 864.
[177] Bertholt Brecht, »Buckower Elegien«, in: Brecht, Gesammelte Werke (wie Anm. 165), Bd 12, S. 310.
[178] Karl Esselborn, Neubeginn als Programm, in: Hansers Sozialgeschichte der Literatur (wie Anm. 20), Bd 10, S. 230—243, hier S. 233.
[179] Wilhelm Heinrich Pott, Die Philosophien der Nachkriegsliteratur, ebd., S. 274.
[180] Ebd., S. 275.
[181] Schnell, Traditionalistische Konzepte (wie Anm. 20), S. 215.
[182] Heinrich Böll, Werke. Essayistische Schriften und Reden, Bd 1: 1952—1963, hrsg. von Bern Balzer, Köln 1979, S. 31—35, hier S. 35.
[183] Gustav René Hocke, Deutsche Kalligraphie oder Glanz und Elend der modernen Literatur, in: Der Ruf, 1 (1946), H. 7, S. 9f.
[184] Pott, Die Philosophien (wie Anm. 179), S. 237.
[185] Hocke, Deutsche Kalligraphie (wie Anm. 183), S. 9.
[186] Esselborn, Neubeginn (wie Anm. 178), S. 226.
[187] Rainer Nägele, Heinrich Böll. Einführung in das Werk und in die Forschung, Frankfurt a. M. 1976, S. 30f.
[188] Heinrich Böll, Rede zur Verleihung des Nobelpreises am 10.12.1972 in Stockholm, in: Ders., Werke. Essayistische Schriften und Reden (wie Anm. 182), Bd 2: 1964—1972, S. 621—623, hier S. 622.
[189] Heinrich Böll, Frankfurter Vorlesungen, ebd., Bd 1, S. 34—92, hier S. 37, 48, 56.
[190] Ebd., S. 301—305, hier S. 302.
[191] Ebd., S. 72.
[192] Ebd., Bd 2, S. 34.
[193] Ebd., Bd 1, S. 31—35, hier S. 34.
[194] Ebd., Bd 1, S. 298—300, hier S. 300; Nägele, Böll (wie Anm. 187), S. 27.
[195] Jochen Vogt, Heinrich Böll, München 1978, S. 67.
[196] Böll, Werke. Essayistische Schriften (wie Anm. 182), Bd 1, S. 284f., hier S. 285.
[197] Günter Grass, Über das Selbstverständliche. Reden, Aufsätze, Offene Briefe, Kommentare, Neuwied, Berlin 1968; Volker Neuhaus, Günter Grass, Stuttgart 1979, S. 2.
[198] Neuhaus, Günter Grass (wie Anm. 197), S. 12.
[199] Vgl. dazu Gerhard Kaiser, Günter Grass »Katz und Maus«, München 1971.
[200] Dieter Wellershoff, Der Gleichgültige, Köln, Berlin 1963.
[201] Ders., Literatur und Veränderung, Köln, Berlin 1969.
[202] Kröll, Gruppe 47 (wie Anm. 10), S. 41.
[203] Ebd., S. 49—51.
[204] Ebd., S. 52.

Susanne zur Nieden

Chronistinnen des Krieges.
Frauentagebücher im Zweiten Weltkrieg[1]

I.

Kaum etwas läßt sich in der Erinnerung schwerer rekonstruieren als Gefühle, Hoffnungen und Erwartungen, die sich im nachhinein als falsch oder problematisch erwiesen haben und in denen man sich getäuscht hat. Aus der Arbeit mit lebensgeschichtlichen Interviews ist bekannt, daß die Erinnerungen in bezug auf vergangene Wertorientierungen besonders unzuverlässig sind[2]. Dies gilt in verstärktem Maß für die Orientierungen während der Zeit des Nationalsozialismus. In ihrer Untersuchung zur kollektiven psychischen Verfaßtheit der deutschen Mehrheit im Nachkriegsdeutschland, *Die Unfähigkeit zu trauern*, interpretierten Margarete und Alexander Mitscherlich diese Erinnerungslosigkeit nicht nur als eine Verdrängungsleistung, sondern sprachen von »Abwehr«, »Leugnung der inneren Anteilnahme« und einem »globalen Rückzug aus der eigenen Vergangenheit«, die mit der militärischen Niederlage und dem Zusammenbruch des nationalsozialistischen Regimes einsetzten[3].

Zeitgenössische autobiographische Texte, vor allem Tagebücher, in denen die eigene Person im Mittelpunkt steht und in denen die Schreibenden ihre Ängste, Hoffnungen und Handlungsstrategien festhalten, scheinen mir eine geeignete Quelle, um der Frage nach der inneren Anteilnahme und Beteiligung von Menschen am Nationalsozialismus nachgehen zu können. Tagebuchaufzeichnungen ermöglichen einen Blick auf Gefühls- und Gedankenwelten, an die sich diejenigen, die diese Zeit erlebten, seither selbst nur schwer erinnern können und wollen. Die Verflechtung von Politik und Alltag, Öffentlichem und Privatem, Eigensinn und Geschichte können in den autobiographischen Texten dieser Jahre studiert werden. Tagebücher sind auch ein lohnendes Feld, um Geschlechterbeziehungen und -differenzen zu untersuchen. Die jahrelangen Trennungen von Männern und Frauen durch die Kriegs- und Nachkriegsereignisse führten zu einer strikteren Geschlechtersegregation als sie in »normalen« Zeiten üblich ist. Die getrennten Erlebnissphären brachten geschlechtsspezifisch stark differierende Erfahrungs- und Deutungsmuster mit sich[4].

Die Erfahrungen von Frauen während der Jahre des Nationalsozialismus und des Zweiten Weltkrieges sowie der Nachkriegszeit sind mit der Hinwendung zur Alltagsgeschichte in den letzten Jahren zum Gegenstand zahlreicher Publikationen geworden. Diese Untersuchungen stützen sich jedoch fast ausschließlich auf rückblickende Erinnerungen, meist in Form lebensgeschichtlicher Interviews. Im Gegensatz zum Boom neuerer Arbeiten, die mehrheitlich auf der Grundlage mündlicher Lebenserzählungen aufbauen, gibt es bisher kaum Analysen der autobiographischen Aufzeichnungen von Frauen der Kriegs- und Nachkriegsjahre. Da nicht selten einschneidende Differenzen zwischen Wahrnehmungs- und Verarbeitungsmustern, wie sie sich in autobiographischen Texten manifestieren, und der resümierenden Rückerinnerung nach mehreren Jahrzehnten bestehen, kann eine Analyse, die auf autobiographischem Material der Zeit aufbaut, Untersuchungsergebnisse, die auf der Grundlage retrospektiver Erzählungen gewonnen wurden, ergänzen und teilweise auch korrigieren.

II.

Die vorliegende Quellensammlung umfaßt 32 Tage- und Notizbücher, sieben Erinnerungsberichte und drei Briefsammlungen von Frauen. Von Männern stehen 20 Tage- und Notizbücher und zehn Briefsammlungen zur Verfügung. Zählt man die 1984 in der Sammeledition von Heinrich Breloer veröffentlichten Auszüge der zehn Mädchen- und Frauentagebücher hinzu[5], dann ergibt sich ein Quellenkorpus von etwas mehr als 50 autobiographischen Texten mit weiblicher Autorenschaft, deren Umfang allerdings erheblich schwankt[6]. Diese Quellengrundlage ist notwendigerweise nur ein Ausschnitt dessen, was Frauen und Mädchen in den Kriegsjahren an autobiographischen Texten verfaßt haben. Generalisierende Schlußfolgerungen — etwa über die Haltung der weiblichen Mehrheit in Deutschland zu Nationalsozialismus und Krieg — sind auf einer solchen Grundlage aber in Form von Hypothesen möglich, die es weiterzuverfolgen gilt. Allein der Umstand, daß keineswegs in allen Lebensphasen und sozialen Umfeldern der Tagebuchbrauch in gleicher Weise verbreitet ist, macht pauschale Rückschlüsse problematisch. Der in den empirischen Untersuchungen zur Verbreitung des Tagebuchschreibens festgestellte überproportionale Anteil jugendlicher Verfasserinnen zeichnet sich auch bei dieser Quellengrundlage deutlich ab. Ein großer Teil der Diarien wurde von jungen Autorinnen verfaßt. Charakteristisch für die Tagebuchkultur ist auch, daß bei der Mehrzahl der Tagebuchautorinnen ein bildungsbürgerlicher Hintergrund feststellbar ist. Ich greife in erster Linie auf Aufzeichnungen von Frauen aus Großstädten zurück, vor allem aus Berlin. Gerade dieser Umstand macht die Quellengrundlage aber auch in besonderer Weise aufschlußreich für die Interpretation. Die Großstädterinnen waren vor allem gegen Ende des Krieges permanent von Luftangriffen betroffen. Die Berliner Autorinnen erlebten außerdem noch die militärische Eroberung der Stadt.

Die Frauen und Mädchen, deren Tagebücher und Erinnerungsberichte hier zur Verfügung stehen, waren keine politisch exponierten Menschen. Es gibt kein Tagebuch in der Quellensammlung, das man als ein Dokument des Widerstandes bezeichnen könnte, wenn auch einige wenige Verfasserinnen ein deutlich abgegrenztes Verhältnis zum Nationalsozialismus haben. Auf der anderen Seite fällt es schwer, die Aufzeichnungen als durchgängig nationalsozialistisch orientiert auszuweisen. Da glaubt die Sparkassenangestellte Charlotte G. bis kurz vor Kriegsende an den militärischen Sieg, weil sie sich davon nach Kriegsende die Erfüllung ihres privaten Glücks mit Eigenheim und Familie erhofft[7]. Die Schülerin Lieselotte G. kommt aus einem sozialdemokratischen Elternhaus, kann sich jedoch nur mühselig von ihrem Glauben an Nationalsozialismus und Führer lösen, weil beides eng verknüpft ist mit ihrem Ich-Ideal einer opferbereiten preußisch-deutschen Frau. Die über 80jährige Pfarrfrau und Großmutter Marie v. N. lehnt als gläubige Christin alle »ismen« ab, dennoch unterstützt sie die nationalsozialistischen Kriegsziele.

Nicht anders als bei lebensgeschichtlichen Erzählungen aus der Zeit des Nationalsozialismus ist es eine der grundlegenden Erfahrungen, daß sich bei der Mehrheit eine Gradlinigkeit von durchgängiger Resistenz oder ungebrochenem »Mitmachen« nicht ausmachen läßt. Man wird vielmehr mit einer »Gemengelage« von Distanzieren und »Mitmachen«, Hinnehmen und »Sich-Verdrücken« konfrontiert[8]. Unabhängig von den politischen und gesellschaftlichen Orientierungen gingen Lebensziele und Einschätzungen immer auch an den gesellschaftlichen Orientierungen vorbei und über sie hinaus. Scheinbar unvereinbare Gedanken und Gefühle konnten in den Tagebüchern nebeneinander stehen, ohne daß die Schreibenden dies selbst zu bemerken schienen. Der Riß, den sich die Verfasserin zwischen unterschiedlichen Personen und Gruppen vorgestellt hatte, verlief mitten durch die Personen. Schreibend beziehen die Tagebuchverfasserinnen Position, grenzen sich von politischen Ereignissen ab oder stellen im kollektiven »Wir« der deutschen »Volksgemeinschaft« Übereinstimmung zum Geschehen her. Das komplexe Miteinander von Distanznahme und Selbstformierung läßt sich nur durch genauere Analyse einzelner Texte erfassen, als es hier möglich ist[9].

Bei der Auswertung des Gesamtmaterials, einschließlich der von Männern verfaßten Tagebücher, stößt man auf eine Differenz in der autobiographischen Schreibtätigkeit. Männer wurden in verstärktem Maße schon seit Beginn des Krieges zu Tagebuchautoren und Chronisten des Kriegsgeschehens, während viele Frauen erst gegen Ende des Krieges ab 1943 ein Tagebuch begannen. Kriegstagebücher von Frontsoldaten beginnen häufig mit dem Fronteinsatz. Der Schreibzeitraum fällt teilweise mit ihren militärischen Einsätzen zusammen. Die Mehrzahl der Tagebücher und Kalendernotizen von Frauen hingegen beginnt im Jahr 1943, als durch die verstärkte Bombardierung die Heimat zur Front wurde und der Krieg den Alltag zunehmend dominierte. Innerhalb des Schreibzeitraums 1943 bis 1945 sind das Kriegsende und die ersten Nachkriegsmonate deutlich als Schreibschwerpunkte auszumachen. Der Anstieg der diaristischen Aktivität von Frauen fällt zusammen mit der sich verschärfenden und zunehmend aussichtslosen militärischen Situation in Deutschland, in der die »Heimat« vom Krieg dominiert wurde. Während Männer schreiben, wenn sie in den Krieg ziehen, schreiben Frauen, wenn der Krieg zu ihnen kommt. Unterschiedliche Gründe veranlaßten Frauen, in der letzten Kriegsphase Tagebuch zu schreiben. Hier sind zunächst die Trennungen von Familienmitgliedern und die daraus resultierende Einsamkeit zu nennen. Die gewaltsamen Einbrüche des Krieges in den Alltag bringen zudem ein verstärktes Bedürfnis nach autobiographischer Selbstreflexion mit sich. Während für Männer die Kriegswirklichkeit mit der Rekrutierung beginnt, setzt die permanente Durchdringung von Alltag und Krieg in Deutschland für die Daheimgebliebenen — mehrheitlich Frauen und Mädchen — erst in der letzten Kriegsphase ein. Zu Beginn des Jahres 1945 kommt dann der von Deutschland ausgegangene Krieg mit dem Einmarsch der Alliierten ins eigene Land zurück, und viele Frauen werden durch Flucht und Eroberung unmittelbar ins Kriegsgeschehen verwickelt. Der Überhang an Tagebüchern und Erinnerungsberichten dieser Monate, in denen das Zeitgeschehen im Mittelpunkt steht, wie auch die stichworthaften Chronologien in Kalendern führen vor Augen, daß das Kriegsende Frauen in besonderem Maße zu Chronistinnen des Krieges machte.

Briefe waren häufig die einzig mögliche Form, den unfreiwilligen, oft jahrelangen Trennungen der Frontsoldaten von Familie und Freunden zum Trotz den Kontakt aufrechtzuerhalten. So wurde die Feldpostkommunikation zu einer breiten Schreibschule. Frauen und Mädchen, die für die familiäre Kommunikation verantwortlich sind, waren hier stärker involviert als Männer. Die Sorge um die nächsten Anverwandten, die Klage über Einsamkeit und Trennung wird aber auch zum Motiv von Tagebuchaufzeichnungen. Sowohl die Ankunft eines Briefes wie das Ausbleiben von Post sind ein häufiger Schreibanlaß. Beispielhaft sind die Aufzeichnungen der Burgdorfer Sparkassenangestellten Charlotte G., die im Tagebuch ab 1943 detailliert die eingehenden Feldpostbriefe und Päckchen ihres Mannes neben ihren Erlebnissen vom Tage festhält. Die Feldpostbriefe spielen in ihrem durch die Kriegsentsagungen oft harten und arbeitsintensiven Alltag eine zentrale Rolle. Sobald eine längere Pause in der Korrespondenz entsteht, hält Charlotte G. dies im Tagebuch fest.

»Ich habe keine Post von Adolf bekommen und fühle mich schrecklich einsam. [...] 4.8.44 [...] Der letzte Brief ist vom 12.7. Hoffentlich ist nichts passiert. Ernst meldet sich auch nicht[10].«

Markiert die Briefbilanz zum einen die Höhen und Tiefen des Alltags der Tagebuchautorin, so sind Briefresümees auch Ausdruck der Teilnahme am Frontleben des Ehemanns. Kurz vor Ende des Krieges erhält Charlotte G. die Nachricht von der Ostfront, daß ihr Mann als vermißt gilt. Die Einsamkeit, ihre Angst und die Bemühungen, etwas über den Verbleib des Ehemannes zu erfahren, werden zu einem wichtigen Thema des Tagebuchs.

Wie Charlotte G. wissen viele Frauen in den letzten Kriegsmonaten nichts über den Verbleib ihrer Angehörigen und Freunde, ob sie in Gefangenschaft geraten, vermißt oder gestorben sind. Der Abbruch oder die Einschränkung der Korrespondenz veranlaßt manche zu verstärkter Selbstreflexion. Auch das Tagebuch der Marie v. N., das zu einem großen Teil aus Abschriften der Briefe ihrer Enkel besteht, die an den unterschiedlichen Fronten rekrutiert sind, macht den engen Zusammenhang zwischen Feldpostkommunikation und Tagebuch deutlich. Ihr Brieftagebuch dient ihr in den Monaten des Kriegsendes, als sie keine Feldpostbriefe mehr erhält, vor allem zur Selbstreflexion. Andere Autorinnen beginnen ihre Aufzeichnungen, als der Briefverkehr im April 1945 endgültig zusammenbricht. Bei diesen Diarien handelt es sich im Grunde um verhinderte Briefe. »Da ich Dir nun nicht mehr schreiben kann, so will ich wenigstens auf Zetteln so eine Art Tagebuch führen. Nun ist es wohl soweit, die Belagerung der Stadt beginnt in weiterem Umkreis«, lautet der erste Eintrag im Tagebuch der Berlinerin Etti S. am 20. April 1945.

»Du siehst hier geht es alles seinen gewohnten Gang weiter, trotzdem Ihr da draußen so einen umwälzenden und gewaltigen Krieg führt«, schreibt Frau B. noch 1941 ihrem Sohn an die Ostfront. Erst mit dem verstärkten Luftkrieg gegen deutsche Großstädte ab Mitte 1942 beginnt in der »Heimat« jene dichte Durchdringung von Alltag und Krieg, denen sich auch die Daheimgebliebenen nicht entziehen können. Der Krieg dominiert nicht nur den Alltag, er gewinnt auch zunehmend Raum in den Frauendiarien.

In den Tagebüchern von jungen Frauen aus der Kaiserzeit, der Weimarer Republik spielte der Themenbereich »Politik und Zeitgeschehen« eine marginale, zuweilen gar keine Rolle[11]. Anders verhält sich dies in den Frauen- und Mädchentagebüchern der Jahre 1943 bis 1945. Bei den jüngeren Autorinnen nehmen die Auseinandersetzungen, die primär die eigene Person betreffen, zwar einen großen Stellenwert ein. Themenbereiche wie Elternhaus, Freundschaften und Schule sind bedeutsam, aber die Beschreibungen des Zeitgeschehens beanspruchen ebenfalls großen Raum. Wenn auch Nationalsozialismus und Krieg nicht voneinander abzulösen sind, gewinnt der Krieg als Gegenstand und Motiv des Schreibens doch an Eigengewicht. Explizite Auseinandersetzungen mit dem Nationalsozialismus nehmen einen weitaus geringeren Stellenwert ein als die unterschiedlichen Formen der diaristischen Bearbeitungen von Kriegserfahrungen.

Aufschlußreich für den Zusammenhang von autobiographischer Schreibaktivität und Krieg sind die Notizen, die die 17jährige Berlinerin Lilli G. während des ersten Halbjahres 1945 in einem Notizheft festhielt:

»25.2. Mutti und Margit sind krank. Kino mit Inge: Opfergang. Mitten raus wegen Alarm.
28.2. Alarm. Kino. Opfergang — Alarm! — Opfergang. Paul mit Mädel gesehen. Wird aus Berlin wegkommen. Kuchen gebacken.
3.3. Mein Geburtstag. Alarm!
4.3. Geburtstag gefeiert. [...] Herrlich! Nachts 2 Uhr Alarm!
5.3. Fliegeralarm! Zwischenstück der Tasche angefangen.
7.3. Alarm. Weisheitszahn macht Beschwerden.
8.3. Alarm! In Zahnklinik gewesen. Erste Tasche fertig. Post von Horst R.
9.3. Fliegeralarm!
10.3. Alarm! Schwerer Angriff! Wieder in Zahnklinik.
11.3. Alarm! Schwerer Angriff [...]
12.3. Alarm! Gewaschen, geplättet, gerollt u.s.w.
13.3. Alarm!
14.3. Alarm! Matratzen geklopft!
15.3. Alarm! Mit Günter ins Zimmer eingezogen.
16.3. Alarm! Teppiche geklopft.
17.3. Alarm! Ausgebombt! Gerettet!«

»Alarm!«, das ist auch während des gesamten folgenden Monats die häufigste Eintragung der Berlinerin. »Alarm!« scheint generell die verbreitetste Kalendernotiz zu sein, die die Bewohnerinnen größerer Städte während der Jahre 1942 bis 1945 machen. Die Hausfrau Johanna L. führt in einem karierten Schulheft von 1940 bis 1945 ein vollständiges Register der Luftangriffe auf Berlin und notiert Datum, Dauer und Besonderheiten der Alarme. Auch im *Ashelm Wochen-Vormerk Kalender 1945* und in *Mein Tagebuchkalender 1940* werden Luftangriffe und Alarme registriert. Jeder Alarm stellt den Tagesablauf nachhaltig in Frage. Lilli G. wird fast jede Nacht im Schlaf gestört, muß mehrfach das Kino verlassen, ihre Geburtstagsfeier verschieben, verliert kurz vor Kriegsende ihre Wohnung und ihre persönliche Habe und schätzt sich noch glücklich, daß sie wenigstens am Leben blieb — »gerettet!« wurde.

Die Bombenangriffe bekommen in den letzten Kriegsmonaten eine derartige Regelmäßigkeit, daß man Anfang April in Lillis Notizbuch einen neuen, allerdings seltenen Eintrag findet: »Kein Alarm!« notiert sie genau viermal in diesem Monat.

Die Gefahren und Erlebnisse der Bombennächte wurden zu einem Leitthema von Tagebüchern der »Heimat« ab 1943. Ebenso ausführlich wird von Bemühungen berichtet, den schwierigen Bedingungen zum Trotz ein Stück alltäglicher Normalität aufrechtzuhalten. Erzählungen über Feiern im Krieg sind hierbei ein bevorzugter Anlaß des Schreibens. Ein Weihnachtsfest im Schatten des Krieges beschreibt Lieselotte G. in ihrem Tagebuch:

»24.[12.1943] Heut ist heilige Nacht! Um 1/4 4 kam Alarm. [...] Eine halbe Stunde sassen wir im Dunkeln unter entsetzlichem Geknalle, dicht zusammengedrängt u. warteten auf das Letzte. [...] Und dann, dann kam Entwarnung. Wir rauf, voller Dank im Herzen für das Leben. [...] Oben war die ganze Wohnung voller Dreck. [...] Alle Fenster in der Wohnung in Scherben, [...] die Verdunkelungen kaputt, die Erde bedeckt von Scherben u. Mörtel, die Betten schwarz, Einmachtöpfe kaputt, Gurken u. Kürbis ausgelaufen. Die Kugeln des Adventskranz waren kaputt, die Uhren standen auf 5 nach 4, Antenne kaputt u.s.w. Na, mir war es wie im Traume. Sogleich begannen wir aufzuräumen. [...] Obwohl es noch dunkel u. Verdunklung war, waren alle Fenster in der Umgebung hell erleuchtet (Gas, Licht u. Wasser hatten wir noch), weil überall die Verdunklungen und Fenster kaputt waren. Es war ein Bild wie im Frieden!! Und heut war heiliger Abend!!«

Die Diskrepanz zwischen freudiger Erwartung und Realität wird zu einem Aufhänger des Schreibens. Die doppelten Ausrufungszeichen — »Und heut war heiliger Abend!!« — signalisieren Enttäuschung oder Empörung darüber, daß ausrechnet zu Weihnachten, dem Fest des Friedens, der Krieg so nachhaltig den familiären Alltag prägt. Um ein Fest den Erwartungen gemäß zu gestalten, bedurfte es vor allem von seiten der Frauen außergewöhnlicher Anstrengungen. Versorgungsengpässe und die ständige Gefahr, daß die Feierlichkeiten durch Alarme unterbrochen werden könnten, stellten den normalen Ablauf nachhaltig in Frage. Marie v. N. hat diesen Aspekt in ihren Tagebuchaufzeichnungen prägnant auf den Punkt gebracht: »Solch eine Geburtstagsfeier im 6. Kriegsjahr ist wohl nichts Alltägliches, sondern was Besonderes, u. wieviele Wunder mußten geschehen, damit sie zustande kam.«

Feste durchbrechen die alltägliche Routine. Das Immergleiche, das einen Großteil von Normalität ausmacht, wird nur selten zum Gegenstand der Diaristik. Ein Auslöser der Tagebucherzählungen kann sein, daß die Einbrüche des Krieges den gewohnten oder erwünschten Ablauf eines Festes in Frage stellen. Ein unerwartet »friedensmäßiger« Verlauf wird aber ebenso als Besonderheit wahrgenommen und ist der Berichterstattung wert. Das Ungewohnte und nicht das Gewöhnliche, die Ausnahmen und nicht die Normalität werden Gegenstand von Erzählungen im Tagebuch. Dieser Umstand läßt sich auch an einem weiteren

Detail von Lieselottes Beschreibung veranschaulichen: Sie erwähnt die Lichter der Stadt, die für sie zu einem bedeutungsvollen Bild werden, das an Frieden erinnert, aber auch auf die Zerstörung hinweist. Elektrisches Licht und fließendes Wasser aus dem Hahn sind aber in Großstädten des 20. Jahrhunderts im Frieden eine solche Selbstverständlichkeit, daß unter normalen Bedingungen allenfalls ein Stromausfall, keinesfalls jedoch das Vorhandensein der Stadtbeleuchtung in Tagebüchern vermerkt würde.

Die vielen Geschichten in Tagebüchern, die von Bombenangriffen, vom Leben und Feiern im Krieg erzählen, sind somit Zeugnis und Resultat des Alltags im Ausnahmezustand. Erst die ständige Bedrohung und Infragestellung der Normalität und die außerordentlichen Bemühungen, den Alltag aufrechtzuerhalten, machen das Besondere aus, das den Stoff für Erzählbares und Erinnerbares abgibt. Offenbar hilft das Tagebuchschreiben, die Angst, die mit der permanenten Lebensbedrohung einhergeht, zu mindern. Ein Teil der Beunruhigung und Nervosität wird wohl schon durch Schreibaktivität gebunden. Der schreibende Selbstbezug kann dazu dienen, einen imaginären Innenraum herzustellen. Die Tagebuchautorinnnen ziehen sich von der Außenwelt zurück, nehmen sich Zeit für sich, stellen eine konzentrierte, abgeschlossene Situation her. In der Vereinzelung entsteht ein »Drinnen«, das sich vom »Draußen« abgrenzen läßt. Sehr anschaulich hat der Journalist Erich Kuby den Prozeß der Befriedung im Schreibritual in seinem Kriegstagebuch festgehalten. An der Front stellt der Tagebuchautor einen sakralen Raum der Ruhe her:

»Ich brenne drei Kerzen auf meinem großen Schreibtisch. Der am Geburtstag volle Mond scheint in meine weiße klösterliche Zelle. [...] Wie schade, daß da draußen Krieg ist, außerhalb des Lichtkreises meiner Kerzen[12].«

Im Schreibakt kann man etwas Wirklichkeitsbeherrschung oder zumindest einen gewissen Überblick zurückgewinnen. Die Ereignisse lassen sich zu einem Kontinuum anordnen, das die Vergangenheit faßbarer und die Zukunft absehbarer erscheinen läßt. Eine erzählerische Verarbeitung des Geschehens kann mit dazu beitragen, die auf die Menschen einstürzenden Ereignisse zu ordnen und zu konservieren. Erfahrungen, denen man ohnmächtig ausgesetzt ist, können schreibend als eine Ordnung rationalisiert werden, »mit der man sich nicht nur abfinden kann, sondern der man in gewisser Weise schon nicht mehr unterworfen ist, wenn man sie erkennend ausspricht«[13].

Die Bedrohlichkeiten des Krieges vergrößern das Bedürfnis nach Ich-Stärkung, sei es durch die Suche nach Rückhalt im Kollektiv oder nach Schutz im Glauben. Bei einigen Diarien gewinnt die therapeutische Funktion des Schreibens eine vorrangige Bedeutung. Der christlichen Religion, die einen schier unerschöpflichen Vorrat an kollektiven Leidens- und Tröstungsformeln hat, kommt hierbei eine besondere Bedeutung zu. Glaubensbekundungen sind in den Frauentagebüchern dieser Jahre keine Seltenheit. Häufig werden auch längere Zitate aus der Bibel oder Passagen aus religiösen Liedern abgeschrieben. Die »Heilung durch Zitate«[14] scheint mir eine wesentliche Funktion autobiographischen Schreibens zu sein. Die Verallgemeinerung persönlicher Ängste und Leiden hilft psychische Bedrängnis zu lindern, schafft Trost und Beruhigung. Im Kopieren einer Liedstrophe findet ein Prozeß der Aneignung statt, die eigenen Ängste werden als allgemeinmenschliches Phänomen erkannt und gedeutet. Gefahren und Entbehrungen machen die Frage, warum die Not ausgerechnet die eigene Person trifft, dringlich und schaffen ein verstärktes Bedürfnis nach Sinnstiftung. Im Rückgriff auf religiöse Lieder und Sinnsprüche können die Tagebuchautorinnen ihren Ängsten und Leiden nicht nur einen angemessenen Ausdruck geben, beim Abschreiben eines Gedichtes oder eines Sinnspruches versichern sie sich auch, daß sie mit ihren Schmerzen und Ängsten nicht allein sind und daß andere mit und vor ihnen Ähnliches erlitten.

Das Hinnehmen der Kriegsrealität bedarf dabei nicht des Rekurses auf die göttliche Instanz. Literarische Vorbilder, Gedichte oder Spruchweisheiten können eine vergleichbare Funktion haben. So lautet eine Eintragung im Tagebuch von Lieselotte G. am 3. Januar 1944:

»Schiller sagt: Nicht an die Güter hänge dein Herz, die das Leben vergänglich zieren, wer besitzt, der lerne verlieren, wer im Glück ist, der lerne den Schmerz. Und: das Leben ist der Güter höchstes nicht.«

Eine junge Lübeckerin trägt 1942 in ihr Tagebuch ein:

»Nimm Schlacht und Sieg,/nimm Schmerz und Pflicht/nimm Leben, Tod!/Nimm Rausch und Stille./Nenn es nicht Gott und Glauben nicht./Kröne Dich selbst, Mensch,/nenn es — Wille[15].«

»Die Angst ist schon gemindert, wenn derjenige, der das Schicksal in einer Figur benennt, sich dadurch, daß er sich sprechend, denkend mit ihr vereinigt, zum Komplizen dieses Schicksals macht«, schreibt der Religionswissenschaftler Klaus Heinrich[16]. Formen zu finden, um die eigenen Ängste auszudrücken — in eigenen Worten oder mit den Worten anderer — verhilft dazu, den Ängsten und der Trauer auch Grenzen setzen zu können.

Da die Mehrzahl der Aufzeichnungen von Frauen und Mädchen erst im Jahr 1943 beginnt, wird vornehmlich die immer kritischere Kriegslage zum Gegenstand ihrer Tagebücher. Die 14jährige Edelgard B. notiert am 25. August 1944 in ihrem Tagebuch:

»In letzter Zeit ist viel mit dem Krieg los. Es geht immer schiefer [...] Jetzt hat Dr. Goebbels einen Aufruf ergehen lassen: ›Totaler Krieg‹. Wir, unsre Schule, wird wohl auch noch eingesetzt werden für irgendwelche Arbeiten. Das wäre auch richtig, denn wir müssen ja siegen!!! Besser jetzt alles hergeben, als in Sibirien landen[17].«

Die Sparkassenangestellte Charlotte G., von deren Tagebuch schon die Rede war, beginnt ihre Aufzeichnungen Anfang 1943. »Freud und Leid aus schwerer Zeit — Aus dem Zeitgeschehen« hat sie auf den Umschlag des Kontobuches geschrieben, in dem sie in den folgenden Jahren neben Berichten aus ihrem Alltag auch eine laufende Chronologie wichtiger politischer Ereignisse festhält. Schon der Titel ihres Tagebuchs macht deutlich, daß sich Charlotte G. als Chronistin des Krieges versteht. Ihr Tagebuch führt den engen Zusammenhang zwischen der Totalisierung des Krieges und autobiographischer Schreibtätigkeit überaus plastisch vor Augen. Die Proklamation des »totalen Krieges« und der Appell zum Kriegseinsatz der Frauen sind Gegenstand ihrer ersten Eintragung:

»Der ›totale Krieg‹ erfordert strenge Maßnahmen. Alles, was nicht unbedingt kriegsnotwendig ist, muß unterbleiben. Viele Geschäfte werden geschlossen. Papier, Kohle, Strom u. alles muß gespart werden. Dr. Goebbels hat in seiner großen Rede alle Frauen aufgerufen sich zum Kriegseinsatz zu stellen[18].«

»Die Front ist stark ›verkürzt‹«, schreibt sie einige Sätze später im euphemistischen Ton deutscher Kriegspropaganda, die an Stelle von Rückzug und Niederlage gerne von »Frontverkürzung« oder »Frontbegradigung« sprach. Der Krieg, der sich bisher in weiter Ferne abspielte, von dem die Frauen zu Hause aus Erzählungen, Briefen, Wochenschauen und Wehrmachtsberichten erfuhren, rückt im Verlauf der Jahre 1943 und 1944 näher, die Niederlage zeichnet sich immer deutlicher ab. Angst vor der Zukunft und das Gefühl zunehmender persönlicher Bedrohung schafft sich im Schreiben ein Ventil. Auch die Vorstellung, Einsatz und »Opfer« bringen zu müssen, möglicherweise sogar selber »Opfer« in einer Auseinandersetzung von welthistorischem Maßstab zu werden, vermittelt Sinn für die eigene Geschichtlichkeit und motiviert zum autobiographischen Bericht. Immer wieder findet man im Tagebuch von Charlotte G. Passagen, in denen die Autorin Zeitgeschehen in einer Form rapportiert, die an Wehrmachtsberichte erinnert. Das schreibende Ich tritt in den Hintergrund. Wenn nicht im subjektlosen Bericht Fakten und Ereignisse gesammelt werden, so greift die Verfasserin auf das kollektive »Wir« zurück, das sich in der Regel auf die eigene Nation bezieht. Typisch ist hierfür der Rückblick, den sie ihren Tagebucheintragungen des Jahres 1944 vorausschickt:

»Am 21. Mai: Rückblick
Wir stehen im 5. Kriegsjahr und warten täglich auf eine baldige Entscheidung. Im Osten sind wir weit zurückgegangen, bis an die Grenze des Generalgouvernement (ehem. Polen).
Auch in Rumänien sind die Bolschewisten eingedrungen. Der Kuban-Brückenkopf, die Ukraine, die Halbinsel Krim, alles geräumt. In Italien sind z. Zt. schwere Kämpfe mit überlegenen engl.-amerikanischen Truppen im Gange. [...] Die meisten deutschen Großstädte sind schonungslos bombardiert worden. Auch Hannover sieht grauenvoll aus. Der Luftkrieg nimmt immer stärkere Formen an. Wir haben uns auch schon Gasmasken gekauft.«

Charakteristisch ist das Changierende des Textes. Bezieht sich Charlotte G. zu Anfang noch auf das »Wir« der »deutschen Volksgemeinschaft«, so rekurriert sie am Ende des zitierten Auszuges auf das familiäre »Wir«. In der Rolle der Kriegschronistin identifiziert sich die Verfasserin zuweilen vollkommen mit dem nationalen Kollektiv, bis hin zu Sätzen, die in einem Frauentagebuch absurd anmuten. So schreibt sie am 3. September 1944: »Wir warten auf neue Waffen, womit wir den Feind zurückschlagen können.«

Die enge Verknüpfung von nationaler und persönlicher Identität, die Identifikation mit einem heroisierten Deutschtum und einem hohen Grad an Übereinstimmung mit nationalsozialistischen Kriegszielen findet man in vielen Frauen- und Mädchentagebüchern der Kriegsjahre. Die Fronterfahrungen von Männern werden hierbei häufig zu einem orientierenden Maßstab für das weibliche Verhalten. Bezeichnend ist die Eintragung von Lieselotte G. am 4. Januar 1944, die sich selber ermahnt, bei den nächtlichen Bombenangriffen Haltung und Stärke zu zeigen: »Ich muß des deutschen Soldaten würdig sein. Der hat auch den Tod vor Augen.«

Aus den Tagebuchaufzeichnungen der sogenannten »Heimatfront« der Jahre 1943 bis 1945 ist der Prozeß zunehmender Integration der Frauen in den »totalen Krieg« immer wieder herauszulesen. Sie bieten ein reichhaltiges Material, mit Hilfe dessen die sozialpsychologischen Auswirkungen der Städtebombardierung untersucht werden können. So hoffen viele Verfasserinnen zum Beispiel, daß die mit großem propagandistischen Aufwand als »Vergeltungswaffen« gepriesenen neuen Waffensysteme die Wende im Kriegsgeschehen bringen.

»Am 15. Juni 1944 hat Deutschland mit der Vergeltung begonnen. Eine neue Waffe — ›V1‹ mit Namen, ein führerloses Flugzeug sozusagen, das den Engländern sicher viel Sorgen bereitet. [...] Wir warten schon ungeduldig auf die 2. Vergeltungswaffe,«

notiert Charlotte G. im Juni 1944. Einen Zeitungsausschnitt mit einem Bild der V1 hat sie in ihr Tagebuch eingeklebt. Irmela K. schreibt im August desselben Jahres in ihr Diarium:

»4. 8. 44 [...] unsere deutsche Vergeltung hat begonnen und London liegt mit Südengland ständig im Feuer. Man kann gar kein Mitleid haben, liegen unsere Städte zum Teil ja auch in Trümmern da. Mein Heim wurde schon voriges Jahr im Mai zerstört.«

In ihren autobiographischen Aufzeichnungen charakterisierte die Journalistin Margaret Boveri die Stimmung nach einem schweren Bombenangriff zu Beginn des Jahres 1945:

»6. Februar 1945 [...] Bisher hab ich es für einen Zeitungsstuß gehalten, daß nach einem so schweren Angriff die Bevölkerung um so hartnäckiger weiter macht. Aber es stimmt. Nicht Haß, nicht eigentlich Erbitterung, aber das Gefühl: ich lebe noch, und jetzt lebe ich erst recht[19].«

Häufig findet man Passagen, in denen die Verfasserinnen Angst und Zweifel vor einer militärischen Niederlage mit großem sprachlichen Aufwand zu besänftigen oder abzuwehren versuchen. Vor allem die Möglichkeit der Eroberung Deutschlands durch die Rote Armee blieb im Bereich dessen, was die Tagebuchautorinnen sich nicht vorstellen konnten und nicht wahrhaben wollten. Die Schülerin Edelgard B. schreibt am 4. September 1944 in ihr Tagebuch:

»Auf der einen Seite steht der Sieg, der aber immer zweifelhafter wird, und auf der anderen Seite der Bolschewismus. Aber dann lieber alles, aber auch alles opfern für den Sieg, als Bolschewismus. Wenn der einträf', dann darf man gar nicht weiterdenken. Wozu gehe ich dann noch in die Schule, wenn ich doch nach Sibirien komme? Wozu? Wozu? [...] Also Kopf hoch! Unserem Willen und unserem Führer vertrauen!!![20].«

Im 22. Januar 1945 z. B. trägt Lieselotte G. in ihr Tagebuch ein: »Die Russen sind in Deutschland eingebrochen, [...] es kann u. kann doch nicht wahr sein! Heiliges Deutschland musste denn das, musste denn das sein!« Hans Dieter Schäfer zitierte aus den Deutschlandberichten der sozialdemokratischen Partei:

»Die Deutschen stehen zum Nationalsozialismus und gehen mit ihm in den Krieg, nicht etwa, weil sie die tragenden Parolen zu den ihren gemacht haben, sondern weil sie darum bangen, hinter ihm [...] im großen Nichts zu versinken[21].«

Die diaristischen Aufzeichnungen der letzten Kriegsjahre führen diese Unfähigkeit, sich eine Zukunft jenseits des nationalsozialistischen Denkhorizontes vorstellen zu können, eindrucksvoll vor Augen.

Im Frühjahr 1945 eroberten die Westalliierten den Westen und die Rote Armee den Osten Deutschlands. Große Teile der Bevölkerung aus den östlichen Gebieten des »Großdeutschen Reiches« waren in diesen Monaten auf der Flucht vor den Truppen der sowjetischen Armee. Ab März 1945 rüstete man in Berlin verstärkt auf die »große Verteidigungsschlacht«. Während andere Städte, wie z. B. Hamburg, zur offenen Stadt erklärt und kampflos übergeben wurden, kam es im April 1945 zu einem erbitterten Kampf um die Reichshauptstadt, der noch unzählige Menschen das Leben kostete. Am 30. April beging Adolf Hitler Selbstmord. Am 2. Mai, sechs Tage vor dem allgemeinen Waffenstillstand, kapitulierten die deutschen Truppen in Berlin.

Es ist diese Phase des Zusammenbruchs, in der die meisten der autobiographischen Berichte von Frauen verfaßt wurden. Viele dieser Aufzeichnungen beschreiben die Ereignisse um die Eroberung Berlins. In einem Teil der Eintragungen im Jahr 1945 spielt das Zeitgeschehen eine weitaus größere Rolle als die eigene Person. Die Tagebuchautorinnen begeben sich in die Rolle der Berichterstatterinnen, betreiben weniger Selbst- als Weltinterpretation. Manche Tagebücher des Jahres 1945 beschränken sich auf einen abgegrenzten ereignisreichen Lebensabschnitt. Irmela D., die 1945 auf der Flucht durch die sowjetische Front überholt wurde, arbeitete einige Zeit als »Putzfrau« wechselnder sowjetischer Kommandanten am Rande der Überlebensprostitution und verfaßte ihr Tagebuch aus der Russenzeit[22]. Fluchttagebücher wie der Treckbericht der Freifrau v. M. berichten von erzwungenen Reisen. Geschildert wird Fremdes, Beeindruckendes und Schreckliches, Begebenheiten, die man mit eigenen Augen gesehen hat. Häufig findet man detailreich ausgearbeitete, zuweilen verdichtete Ereignis- und Situationsschilderungen. Viele der Geschichten sind von Aufbau und Erzählstrategie mit durchstrukturierten Reportagetexten vergleichbar. Anders als die Tagebücher, in denen die eigene Person im Mittelpunkt steht, wurden diese autobiographischen Aufzeichnungen oft in dem Bewußtsein geschrieben, daß die persönlichen Erlebnisse für Außenstehende, wenn nicht gar für die Allgemeinheit von Interesse sein könnten. Und so versuchten einige Verfasserinnen, ihre Texte später zu veröffentlichen.

Mit dem Kriegsende bestimmen neue Regeln das Leben. Der radikale gesellschaftliche Einschnitt hat für die Mehrheit der Deutschen lebenspraktische und biographische Konsequenzen. Diejenigen, die eine Woche zuvor noch die Macht hatten, sind geflohen oder verhaftet. Was im Dritten Reich als gesellschaftskonform galt, Aufstiegschancen und Einfluß sicherte, wie z.B. die Mitgliedschaft in der NSDAP, wird mit der Niederlage zum kompromittierenden Teil der Lebensgeschichte. Die Verfolgten von gestern gehören nun zu den wenigen, denen die alliierten Sieger ohne Mißtrauen begegnen. Bis Ende April war es gefährlich, als »Defätist« zu gelten. Anfang Mai scheint es angebrachter, eine kriegsfeindliche oder gar antifaschistische Gesinnung vorweisen zu können. Man verbrennt Parteibücher und Hitlerbilder, vergräbt Ehrenzeichen, Frauen schneidern Wehrmachts-, HJ- und BDM-Uniformen oder Hakenkreuzfahnen um und berichten davon in ihren Tagebüchern. Jeder Tag bringt neue Erfahrungen darüber, wie es sich mit den militärischen Eroberern leben läßt. Anfangs ist es nicht leicht, die neuen Bestimmungen zu erfahren und einschätzen zu können. Täglich steht man vor veränderten Situationen, alles muß neu durchdacht werden, man braucht neue Strategien um durchzukommen. Plastisch schildert Lieselotte G. die Umorientierung der Menschen ihrer Umgebung in den Tagen der Niederlage:

»12.4.45 [...] Überhaupt muss man sich wundern, wie offen und unverfroren die Leute hier alle ihre Meinung sagen und die ist größtenteils gegen die Nazis. Keiner hat mehr Angst vorm Reden, trotz der Knute der Gestapo. Es wagt nämlich keiner mehr den anderen anzuzeigen, weil sie denken dafür später von den Amerikanern oder Russen aufgehängt zu werden. Viele Leute hören auch Konzert[23]. Ich verstehe nur nicht, warum mein deutsches Volk sich nicht schon längst gegen die Knute der Regierung gewehrt hat. Aus lauter Angst vor der SS? Sollte mein deutsches Volk aus lauter Feiglingen bestehen? Ich glaube es schon fast. Vielleicht ist es auch der Bombenterror, der mein Volk so stur macht; denn diese Unterwürfigkeit widersteht doch dem Wesen des Deutschen.«

Wie ein Gerüst der Themen, die in den Tagebüchern und Erinnerungsberichten ausführlich behandelt werden, lesen sich die Notizen, die Lilli G. in diesen Tagen in ihrem Kalender festhält:

»22.4. Schlafen jetzt im Keller. Russen sind bis Berlin.
25.4. Kein Wasser! Kein Gas! Kein Licht!
26.4. Artilleriebeschuß!
27.4. Feind bis Kaiserplatz.
28.4. Unser Haus hat den 4. Artillerietreffer!
29.4. Unser Haus hat etwa 20 Treffer. Das Kochen ist sehr erschwert wegen der dauernden Lebensgefahr, wenn man den Keller verläßt.
30.4. War bei Bombeneinschlag mit Frau B. oben an der Treppe zum Keller. Die Russen sind da. Nachts Vergewaltigungen. Ich nicht, Mutti ja. Manche 5—20 mal.
1.5. Russen gehen ein und aus. Alle Uhren sind weg. Die Pferde liegen auf dem Hof auf unseren Betten. Die Keller sind aufgebrochen. [...]
2.5. Erste Nacht Ruhe. Sind von der Hölle in den Himmel gekommen. Haben geweint als wir den blühenden Flieder auf dem Hof entdeckt haben. Alle Radios müssen abgegeben werden.
6.5. Unser Haus hat 21 Treffer. Den ganzen Tag geräumt und gepackt. Nachts Sturm. Bin vor Angst, daß die Russen kommen unters Bett gekrochen. Aber das Haus hat nur durch den Beschuß so geklappert.
7.5. Straße freigeschippt. Nummern für Brot geholt, aufgeräumt, saubergemacht.
8.5. Straße geschippt. Nach Brot angestanden. Nachricht, daß Papa lebt.
9.5. Waffenstillstand. Für Margit gibt es Milch.
10.5. Aufgeräumt.«

In den Aufzeichnungen, die Frauen und Mädchen in den Monaten April und Mai 1945 in Berlin verfaßten, ist die tiefe Verunsicherung spürbar, die der in die Stadt getragene Krieg und der gesellschaftliche Zusammenbruch mit sich brachte. In den letzten Kriegs- und den ersten Friedenstagen weiß niemand, was der nächste Tag bringt, woher man etwas Eßbares wird bekommen können. Wasser- und Stromversorgung sind zusammengebrochen, behelfsmäßige Gräber, Trümmer und Müll dominieren das Stadtbild. Man stellt sich auf eine lange Zeit der Not ein und kann sich eine Zukunft noch gar nicht recht vorstellen. Ein Großteil der Berliner Zivilbevölkerung verbringt die Tage, während die Stadt umkämpft wird, zum Schutz vor Artilleriebeschuß und aus Angst vor den Soldaten der Roten Armee in den Luftschutzkellern. Gerüchte und wilde Spekulationen beherrschen die Gespräche und werden in den Tagebüchern kolportiert. Vergeblich versucht die Schülerin Edelgard B., sich ein Bild der aktuellen Lage zu machen:

»Dienstag, den 1.5.45 [...] Hier erzählt man sich, der Führer sei gefallen, andere, er sei mit Göring und Goebbels verschwunden, andere, er habe sich das Leben genommen. Was stimmt nun von alledem!
Montag, den 7. Mai 1945: Es stimmt also doch nicht, daß der Krieg aus ist. Mal wieder Gerede der Leute. [...] Freitag, den 11. Mai 1945: Jetzt stimmt es aber: Der Krieg ist aus!! Seit einigen Tagen, ein bestimmtes Datum weiß man noch nicht[24].«

Insbesondere um das Verhalten der Roten Armee kreisen die angstvollen Spekulationen; man befürchtet Massendeportationen und Erschießungen. Im Zentrum der Gespräche steht jedoch die Furcht vor Vergewaltigungen durch die Siegersoldaten. Die Nationalsozialisten schürten diese Angst gezielt, um die Berliner Bevölkerung auf den längst aussichtslos gewordenen militärischen Verteidigungskampf einzuschwören. So kann man in einem der letzten nationalsozialistischen Pamphlete vor Kriegsende, im *Panzerbär – Kampfblatt für die Verteidigung Großberlins*, in einem Leitartikel vom 22. April 1945 lesen:

»Wir fühlen die Augen unserer Frauen und Kinder in ernstem Vertrauen auf uns gerichtet. Vor sie treten wir als Beschützer, vor ihnen errichten wir den Wall, der der roten Flut aus dem Osten Einhalt gebieten soll[25].«

Fünf Tage später entwirft das gleiche Journal ein Szenario der bevorstehenden Eroberung:

»Am Abend durchsuchen die innerasiatischen Wüstlinge die Wohnungen nach jungen deutschen Frauen und Mädchen, schänden sie unter brutalster Gewaltanwendung.«

Nach der Phase völliger Ungewißheit und großer nervlicher Anspannung wird die erste konkrete Begegnung mit den Soldaten der Roten Armee, die in vielen Tagebüchern ausführlich beschrieben wird, in der Regel mit Erleichterung kommentiert. So schreibt Stefanie H. von ihren Erlebnissen am 23. April in Berlin-Heiligensee:

»Ich stand gerade bei S. an, es gab in der Schnelligkeit Kaffee-Ersatz, Konserven, Reis u. Erbsen, da sah ich den ersten Iwan in der Nähe [...]. Ich war sehr angenehm enttäuscht, denn der Mann sah keineswegs mongolisch aus, ganz normal und grüsste mit ›Mojen‹.«

Ähnlich wie bei Sabine K. ist es das Schreckbild des »innerasiatischen Wüstlings«, das die Folie der in diesem Fall allerdings humorvollen Beschreibung bildet. Schneller als erwartet löste sich die ungeheure, wochenlange Anspannung. Im Verhältnis zu dem, was die nationalsozialistische Propaganda prophezeite, erwiesen sich die Ereignisse der militärischen Eroberung als weniger bedrohlich, wie es die Mehrheit erwartet hatte. Die Plünderungen und Vergewaltigungen, die sich an die militärische Eroberung anschlossen, führten jedoch zu einem erneuten Stimmungseinbruch. Die Ausschreitungen der sowjetischen Soldaten in den letzten Apriltagen werden in den Tagebüchern ausführlich und mit ausgesprochener Verbitterung kommentiert.

Der Krieg war für die Frauen mit der Eroberung der Stadt nicht zu Ende. Er trat ihnen mit seiner Gewalttätigkeit zu nahe. Die Siegersoldaten bedrohten ihr Leben, ihren Körper, ihre Intimsphäre, ihr Schamgefühl. Aus den Aufzeichnungen der Frauen kann man das Ausmaß der Verstörung, das die Massenvergewaltigungen hervorriefen, deutlich herauslesen. In ihnen werden die Nachfolgeereignisse des Krieges teilweise als die bedrohlichste Zeit beschrieben. In seinem Buch *Die Russen in Berlin 1945* schätzt der Journalist Erich Kuby, es seien »einige zehntausend« Frauen vergewaltigt worden. »Etwa 80 % der Vergewaltigungen im Gebiet von Groß-Berlin haben sich zwischen dem 24. April und dem 3. Mai 1945 ereignet[26].« Die Mehrheit der Frauen und vor allem die jungen Mädchen mußten sich in den ersten Tagen nach der Eroberung, versteckt halten und lebten in ständiger Angst vor den Übergriffen der Soldaten. Viele berichten von ihrer Verzweiflung bis hin zu Selbstmordgedanken. Margarete K., die den Einmarsch der sowjetischen Truppen in Danzig erlebte, wurde wiederholt vergewaltigt und begann ihr Tagebuch nach einem mißglückten Suizidversuch. Die Verletzung und die Erinnerung daran sitzt selbst dann tief, wenn die Frauen nicht persönlich betroffen sind. So liest man bei Ingrid H.:

»Man darf nicht raus, man erschrickt wenn es klopft [...] Am Abend dauernd Hilferufe aus dem Neubaublock, wo drei Russen verschwunden sind. Die armen Mädchen!!! Ach, was ist das schrecklich! Die stete Angst vor Plünderung und Vergewaltigung.«

Diese Gewalt der Siegersoldaten gegen die Frauen der Verlierer war in ihren Auswirkungen auch deshalb fatal, weil sie eine Kontinuität des während des Nationalsozialismus eingeübten rassistischen Vorurteils gegen die russischen »Untermenschen« und die »mongolischen Horden« begünstigte.

Mit dem Ende des Krieges steht die Krisenerfahrung im Mittelpunkt des Schreibens. Viele der Aufzeichnungen lesen sich wie eine nicht abreißende Klage; so schreibt Anni K. am 2. Mai 1945:

»Und heute die furchtbare Nachricht, daß unser Führer am 1. Mai gefallen ist. Wir können es alle nicht begreifen. Mir ist's wie ein schwerer Traum.« »Heute, 8. Mai!!!!!!!! Mir ist alles so furchtbar!!!!!!!!! [...] Meine Gedanken sind nur bei all unseren braven Soldaten draußen, die all die Jahre vergebens so tapfer gewesen sind! [...] Nachdenken darf man gar nicht sehr, man könnte den Verstand verlieren!!«,

liest man bei Dorette K.

Die Verfasserinnen beklagen nicht primär ihre persönlichen Nöte. Es ist vor allem die militärische Niederlage, die sie als Tragik und große Ungerechtigkeit empfinden. Von einem Gefühl der Befreiung oder der Freude darüber, daß der Krieg endlich zu Ende ist, ist in den Texten nur selten etwas zu spüren. Der Grundton der Aufzeichnungen ist oft regelrecht depressiv. Die Niederlage Deutschlands wird als tiefe Kränkung erlebt, die auch das individuelle Selbstwertgefühl nachhaltig in Frage stellt und als einschneidender gesellschaftlicher wie persönlicher Sinn- und Glaubensverlust wahrgenommen wird. So schreibt etwa Hannelore S. am 30. Mai 1945 in ihr Tagebuch:

»Das Leben ist zu grausam. War all das Beten u. Bangen, das Bitten u. Hoffen, all die Opfer umsonst? Hat das deutsche Volk sein Schicksal verdient? Sind dafür all unsere Männer u. Frauen gefallen? Gibt es eine Vorsehung?
Mit der letzten Frage habe ich mich in der letzten Zeit viel beschäftigt. Kann es einen Gott geben, der das alles so mit ansieht? Gott ist gerecht. Aber ist es gerecht, daß ein Volk, das alles geopfert hat, um zu leben, nur um leben und sauber bleiben zu dürfen, auf diese Weise untergehen muß?
Es ist schwer, weiter Idealist zu sein u. nicht schlecht zu werden[27].«

Dieser Kommentar macht deutlich, daß der von außen herbeigeführte gesellschaftliche Zusammenbruch durch einen akuten Mangel an Neuorientierungen und Perspektiven gekennzeichnet war. Diesem »Idealismus« liegt eine Verkehrung der moralischen Werte zugrunde. Hier wurde ausschließlich das »Wohl« des eigenen Kollektivs zum Maßstab des Guten. Die Verbrechen, die im Namen der eigenen Nation an denen begangen wurden, die nicht zur »deutschen Volksgemeinschaft« zählten, wurden ausgeblendet. Wie in anderen Tagebüchern werden die Deutschen und letztlich die eigene Person als betrogene Opfer des Krieges dargestellt.

Wenn das Zeitgeschehen in den Tagebüchern und Erinnerungsberichten der Jahre 1943 bis 1945 auch eine große Rolle spielt, so gibt es doch Themen, die vollkommen ausgespart bleiben. Der Alltag im nationalsozialistischen Deutschland war geprägt durch die ständige Präsenz von Ausgrenzung und Repression gegen Andersdenkende oder diejenigen, die man nicht zur »deutschen Volksgemeinschaft« zählte. Der Historiker Alf Lüdtke spricht von der Gleichzeitigkeit von Privilegierung und »Ausmerze«, die für alle in den Jahren des Nationalsozialismus erlebbar und eine stets gegenwärtige Erfahrung im Alltag gewesen sei[28]. Diese Seite des nationalsozialistischen Alltags wird in den Tagebüchern und Briefen aus Deutschland, die mir zu Verfügung stehen, fast nie zum Gegenstand von Verurteilung. Sie wird weder gerechtfertigt noch begrüßt. Politische Verfolgung, die Existenz von Konzentrationslagern, das Elend der Zwangsarbeiterinnen und -arbeiter, die zunehmende mörderische Diskriminierung der jüdischen Bevölkerung bis hin zur Deportation — Ereignisse, die sich nicht im Geheimen, sondern vor den Augen der Öffentlichkeit abspielten —, werden in diesen Aufzeichnungen nur ausnahmsweise, in der Regel aber gar nicht oder nur am Rande erwähnt.

Diese Leerstellen des Schreibens gehören für mich zu den erschreckendsten Befunden. Daß das Schweigen über die Verbrechen nicht auf einen Mangel an Wissen zurückzuführen ist, belegen die Tagebuchaufzeichnungen, die nach dem Ende des Krieges geschrieben wurden. Denn auch in den Nachkriegsmonaten, als der Genozid an den europäischen Juden von den Alliierten durch Presse und Filme bekannt gemacht wurde, wird dieses Thema nur in seltenen Ausnahmen in den Tagebüchern erwähnt. Eine dezidierte Oppositionshaltung dem Nationalsozialismus gegenüber scheint die Voraussetzung dafür zu sein, daß die Verbrechen zum Thema im Tagebuch werden.

Für die Tagebücher, die unter den extremen Bedingungen von Repression und Bedrohung von jüdischen Menschen in Konzentrationslagern verfaßt wurden, hat Renata Laqueur Zeitzeugenschaft und Selbstbehauptung als wesentliche Schreibmotive herausgearbeitet[29]. Während sich bei diesen Selbstzeugnissen der Verfolgten die Bedeutung des Schreibens als Überlebenshilfe und zur Bewahrung eines Restes inneren Widerstandes eindeutig ausmachen lassen, möchte ich das Widerstandspotential der Diarien, die Frauen, die zur deutschen Mehrheit gehörten, in der Endphase des Krieges verfaßten, in Frage stellen. Auch wenn die Verfasserinnen in den Tagebüchern häufig schreibend Schutz vor einer bedrohlichen Gegenwart suchten, sind die Aufzeichnungen dieser Jahre kein Refugium, in dem sich ein privates Ich von der Außenwelt abgrenzt. Ablesen läßt sich vielmehr die Durchdringung von Öffentlichem und Privatem sowie die Einbindung von Frauen in den

Alltag des »totalen Krieges«. Die Suche nach subjektivem Sinn und eigener Lebensperspektive schließt — neben partiellen Distanzierungen — unterschiedliche Formen von Arrangements mit Nationalsozialismus und Krieg mit ein. Und auch die Versuche, mit dem Ende des Nationalsozialismus Distanz zu gewinnen, lassen selten eine reflektierende Durcharbeitung erkennen, sondern in der Regel jene »Abwendung der inneren Anteilnahme«, die Margarete und Alexander Mitscherlich als verbreitete Form der Verdrängung der deutschen Mehrheit in der Nachkriegszeit analysierten.

III.

»Ein großes Geheimnis bleibt in bezug auf das Ende des Zweiten Weltkrieges bestehen. Wie vermochten die Deutschen während der Niederlage mit so unentwegter Standhaftigkeit weiterzumachen? Die Deutschen selbst können sich jetzt nicht mehr erinnern, und deshalb wird die Antwort nie zu finden sein«,

schrieb der britische Historiker A. J. P. Taylor im *Observer*[30].

Tagebücher, die Frauen am Ende des Krieges verfaßten, tragen dazu bei, etwas von jener Standhaftigkeit zu begreifen, die vielen im nachhinein zum Geheimnis wurde, das sich ihrer Erinnerung entzog. Mit dem Zusammenbruch des kollektiven Wertesystems waren für viele auch die eigenen Handlungsmotivationen nicht mehr nachvollziehbar. Hier bestätigt sich die Auffassung von Maurice Halbwachs, wonach Erinnerungen »bewegliche Reflexe eines sozialen Raums, einer sozialen Zeit, eines sozialen Milieus« sind[31]. Man kann sich nur dann erinnern, wenn die Erinnerung in den unterschiedlichen Bezugsrahmen des kollektiven Gedächtnisses zu verorten ist. Mit dem Ende des Nationalsozialismus fehlte nicht nur der kollektive Rahmen, sondern mit diesem auch die Deckung, der Schutz der Gemeinschaft. Vieles, was vorher gängige Meinung, d.h. fraglos hingenommene Selbstverständlichkeit der deutschen Mehrheit war, hatte an Relevanz verloren. Vorstellungen, die bis zum Kriegsende im Bereich dessen blieben, was man sich nicht ausdenken wollte und durfte, wie die vom Sieg der Roten Armee, wurden zur Realität. Haltungen, die man vor Kriegsende als moralisch integer ansah, galten als inhuman und wurden kompromittierend. Die einzelnen Menschen mußten solche Meinungen mit dem Zusammenbruch des Systems nun selbst verantworten. Aus der kollektiven Übereinkunft, was Deutsche allgemein meinten und glaubten, wurde nun die dringliche Frage, warum man persönlich auch so etwas hatte meinen und glauben können. Das Gefühl, sich selbst nicht mehr zu verstehen, und das Ringen um Verständnis scheint mir ein wesentlicher Grund für das Bedürfnis nach Selbstreflexion zu sein. Versuche, sich selbst der persönlichen Verantwortung zu entziehen, das anklagende Selbstmitleid, das sich für Außenstehende unangemessen und larmoyant anhört, sind als Reaktionen auf den Zusammenbruch kollektiver Wertungs- und Deutungssysteme zu verstehen.

Die Journalistin Margret Boveri sprach im Hinblick auf ihre damaligen Aufzeichnungen *Tage des Überlebens — Berlin 1945* von einem »Zustand belagerter Phantasie«[32].

»Was am damaligen Geisteszustand heute am meisten erstaunt, ist die enge Verbindung von rational Unvereinbarem: von Angepaßtsein an die herrschenden Verhältnisse und von Mißtrauen gegenüber den Taten und Verlautbarungen der jeweiligen Herrschenden.«

Das Bevorstehen der Niederlage sei erkannt worden. »Trotzdem lebte man, als sei das Gegebene von Dauer.«

»Wo immer Angst auftritt, neigt sie dazu, die Umstände, von denen sie hervorgerufen wurde, der Aufmerksamkeit zu entziehen«, schreibt Hans Dieter Schäfer in seiner Untersuchung *Das gespaltene Bewußtsein* und diagnostiziert für die Jahre des Nationalsozialismus einen Prozeß zunehmender kollektiver Versteinerung und Realitätsabspaltung[33]. Tatsächlich schreiben die Tagebuchverfasserinnen gegen ihre eigenen Zweifel und Friedenswünsche an. Darüber hinaus dokumentieren die Tagebücher eben diese Versuche der Realitätsabspaltung: die nationalsozialistischen Verbrechen werden praktisch nie zum Gegenstand diaristischer Reflexion. Vielleicht ist dieses Schweigen, das das »Dritte Reich« überdauerte, der erschreckendste Beweis dafür, wie weit bei vielen der »autobiographische Pakt« mit dem Nationalsozialismus ging. »Niemals haben Menschen so vieles vergessen sollen, um funktionsfähig zu bleiben, wie die, mit denen wir leben,« schreibt Christa Wolf in ihrem Roman *Kindheitsmuster*, in dem sie den Spuren ihrer Geschichte als Kind im Nationalsozialismus nachgeht[34]. »Nicht, daß es nicht gewagt, sondern daß es gar nicht gedacht wurde. Vor dieser Tatsache bleiben die Erklärungsversuche stecken.«

Aus den Frauentagebüchern im zerstörten Deutschland kann man ein Schutzbedürfnis herauslesen, das sich mit Hilfe von Realitätsabwehr und -ausgrenzung zu befriedigen sucht, ein Heilungs- und Therapiebedarf, der mit zunehmender Dauer des Krieges wächst. Hierbei dominiert nicht die Selbstaufklärung, die eine Gestaltung und Durcharbeitung des Verdrängten einschließt, sondern die Selbststabilisierung. Eine dezidierte Oppositionshaltung zum Nationalsozialismus ist offenbar Voraussetzung für eine kritischere Durcharbeitung des Zeitgeschehens.

Die Tagebücher von Mädchen und Frauen, die nicht zum Widerstand gehörten und ebensowenig überzeugte Nationalsozialistinnen waren, lassen — gerade durch ihren Mangel an kritischer Aufarbeitung der eigenen Rolle im Nationalsozialismus — etwas von der psychischen Verfassung der Mehrheit und dem Ausmaß der Verstörung ahnen. Eben deshalb eröffnet die kritische Lektüre dieser persönlichen Texte, die durch die zeittypischen Wahrnehmungsgrenzen geprägt sind, die Möglichkeit, diese Überlieferung erinnernd durchzuarbeiten.

Anmerkungen

[1] Dieser Artikel beruht auf einem Abschnitt des zweiten Teils meines Buches Alltag im Ausnahmezustand. Frauentagebücher im zerstörten Deutschland 1943 bis 1945, Berlin 1993. Ich danke Astrid Becker für die Durchsicht des Textes.
[2] Lutz Niethammer, Fragen — Antworten — Fragen. Methodische Erfahrungen und Erwägungen der Oral History, in: »Wir kriegen jetzt andere Zeiten«. Auf der Suche nach der Erfahrung des Volkes in nachfaschistischen Ländern, hrsg. von dems. und Alexander v. Plato, Berlin, Bonn 1985, S. 392—445, hier S. 396.
[3] Alexander und Margarete Mitscherlich, Die Unfähigkeit zu trauern. München, Zürich 1985 (17. Aufl.), S. 34—38.
[4] Nori Möding, Kriegsfolgen. Kriegserfahrungen von Frauen und ihre Verarbeitung, in: Über Leben im Krieg. Kriegserfahrungen einer Industrieregion 1939—1945, hrsg. von Ulrich Borsdorf und Mathilde Jamin, Hamburg 1989, S. 50—61. Lutz Niethammer, Heimat und Front, in: »Die Jahre, weiß man nicht, wo man die hinstecken soll.« Nachkriegserfahrungen im Ruhrgebiet, Bd 1, hrsg. von dems., Berlin, Bonn 1983, S. 163—232.
[5] Mein Tagebuch. Geschichten vom Überleben 1939—1947, hrsg. von Heinrich Breloer, Köln 1984.
[6] Zitate, die nicht anders ausgewiesen sind, beziehen sich auf unveröffentlichte private Aufzeichnungen und sind im Anhang als Quellen aufgeführt. Bei den Transkriptionen der größtenteils handschriftlichen Aufzeichnungen habe ich auf Texteingriffe verzichtet und orthographische und grammatikalische Fehler übernommen. Auszüge aus 16 dieser Tagebücher und Briefsammlun-

gen sind in einer Sammeledition zugänglich: »Sehr selten habe ich geweint.« Briefe und Tagebücher aus dem Zweiten Weltkrieg von Menschen aus Berlin, hrsg. von Ingrid Hammer und Susanne zur Nieden, Zürich 1992.
7 Zit. nach Mein Tagebuch (wie Anm. 5) S. 460—489.
8 Alf Lüdtke, »Formierung der Massen« oder: Mitmachen und Hinnehmen? »Alltagsgeschichte« und Faschismusanalyse, in: Normalität und Normalisierung. Geschichtswerkstätten und Faschismusanalyse, hrsg. von Heide Gerstenberger und Dorothea Schmidt, Münster 1987, S. 15—49, hier S. 19.
9 In Alltag im Ausnahmezustand (wie Anm. 1) habe ich vier Diarien bzw. Kalendernotizen eingehend interpretiert.
10 Zit. nach Mein Tagebuch (wie Anm. 5), S. 463, 465.
11 Vgl. Marianne Soff, Jugend im Tagebuch. Analysen zur Ich-Entwicklung in Jugendtagebüchern verschiedener Generationen, Weinheim, München 1989, S. 163.
12 Erich Kuby, Mein Krieg. Aufzeichnungen aus 2129 Tagen, München 1975, S. 122.
13 Klaus Heinrich, tertium datur. Eine religionsphilosophische Einführung in die Logik, Basel, Frankfurt a.M. 1981, S. 62 f.
14 In seiner Einleitung zu einer Sammlung von Reportagen und Alltagserzählungen aus den ersten Nachkriegsjahren weist Klaus Scherpe darauf hin, daß »Heilung durch Zitate« ein aktuelles Schlagwort der unmittelbaren Nachkriegszeit war, ein Ausdruck der »Rückbesinnung auf die Werte der Vergangenheit als Antwort auf den Sinnentzug nach dem Zusammenbruch«. In Deutschland unterwegs 1945—48. Reportagen. Skizzen. Berichte, hrsg. von Klaus Scherpe, Stuttgart 1982, S. 9.
15 Zit. nach Mein Tagebuch (wie Anm. 5), S. 249.
16 Heinrich (wie Anm. 13), S. 65.
17 Zit. nach Mein Tagebuch (wie Anm. 5), S. 219 f.
18 Ebd., S. 461; die folgenden Zitate ebd., S. 462, 466 und 464.
19 Margret Boveri, Tage des Überlebens, Berlin 1945, München 1985, S. 37.
20 Zit. nach Mein Tagebuch (wie Anm. 5), S. 220.
21 Hans Dieter Schäfer, Das gespaltene Bewußtsein. Deutsche Kultur und Lebenswirklichkeit 1933—1945, München 1985, S. 206.
22 Vgl. Sehr selten habe ich geweint (wie Anm. 6), S. 451—477.
23 »Konzert hören« war ein Deckbegriff für das verbotene Abhören der ausländischen Nachrichten.
24 Zit. nach Mein Tagebuch (wie Anm. 5), S. 235.
25 Ingrid Schmidt-Harzbach, Eine Woche im April. Vergewaltigung als Massenschicksal, in: Weiterleben nach dem Krieg. Schöneberg/Friedenau 1945—1946, hrsg. vom Bezirksamt Schöneberg von Berlin, Berlin 1992, S. 20—22, hier S. 20.
26 Erich Kuby, Die Russen in Berlin 1945, 1965, S. 312.
27 Zit. nach Mein Tagebuch (wie Anm. 5), S. 502.
28 Lüdtke (wie Anm. 8), S. 24.
29 Renata Laqueur, Schreiben im KZ. Tagebücher 1940—1945, Bremen 1992.
30 In Tage des Überlebens zitiert Margret Boveri (wie Anm. 19) den britischen

Historiker aus dem Observer leider ohne einen genaueren zeitlichen Nachweis. Sie betont, diese Bemerkung habe sie dazu bewogen, ihre persönlichen Aufzeichnungen zu veröffentlichen, S. 10 und 60.

[31] Maurice Halbwachs, Das Gedächtnis und seine sozialen Bedingungen, Berlin, Neuwied 1966, S. 147.

[32] Boveri (wie Anm. 19), S. 30, für das folgende S. 8.

[33] Schäfer (wie Anm. 21), S. 186.

[34] Christa Wolf, Kindheitsmuster, Darmstadt, Neuwied 1977, S. 388 und 292.

Quellen

anonym: Ashelms Wochen-Vormerk-Kalender 1945, mit Notizen, Berliner Geschichtswerkstatt

anonym: Mein Tagebuchkalender 1940, mit Notizen, Berliner Geschichtswerkstatt

Frau B.: Erinnerungsbericht von der Flucht aus Berlin 1945, handschriftlich, Privatbesitz

Irmela D.: Tagebuchaufzeichnungen einer Lehrerin (1945, Mai bis September), maschinenschriftliches Manuskript, Titel: Tagebuch aus der Russenzeit, Privatbesitz, Auszüge veröffentlicht in: Sehr selten habe ich geweint (wie Anm. 6), S. 451—477

Charlotte G.: Tagebuchaufzeichnungen einer Sparkassenangestellten (1943—1947), handschriftlich sowie auch maschinenschriftliches Manuskript. Titel: Freud und Leid aus schwerer Zeit — Aus dem Zeitgeschehen, Privatbesitz, Auszüge veröffentlicht in: Mein Tagebuch (wie Anm. 5), S. 460-489

Lieselotte G.: Tagebuchaufzeichnungen einer Schülerin (1942—1945), handschriftlich, Privatbesitz, Auszüge veröffentlicht in: Sehr selten habe ich geweint (wie Anm. 6), S. 275—317

Lilli G.: Notizkalender 1945 einer Schülerin mit handschriftlichen Notizen, Privatbesitz, Auszüge veröffentlicht ebd., S. 445—449

Ingrid H.: Tagebuchaufzeichnungen einer Schülerin (1945, April bis Mai), handschriftlich, Privatbesitz

Stefanie H.: Fortsetzungsbrief einer Kaufhausangestellten (1945, Mai bis Oktober), handschriftlich, Berlin, Privatbesitz, Auszüge veröffentlicht in: Susanne zur Nieden, Kriegsende in Berlin. Ein Bericht in Briefen, in: Der Wedding hart an der Grenze. Weiterleben in Berlin nach dem Krieg, hrsg. von der Berliner Geschichtswerkstatt, Berlin 1987, 61—68

Anni K.: Tagebuchaufzeichnungen einer Schülerin (1945, April—Juni), Titel: Aus der Zeit im schönen Altenburg!, handschriftlich, Privatbesitz

Charlotte K.: Tagebuchaufzeichnungen (1945, April bis Mai). Hier liegt mir nur die Tonband-Kassette vor, die von der Verfasserin besprochen wurde; Privatbesitz

Dorette K.: Briefe einer Schülerin (1944—45), handschriftlich, Privatbesitz

Irmela K.: Tagebuchaufzeichnungen einer Schülerin (1944), handschriftlich, Privatbesitz

Sabine K.: Tagebuchaufzeichnungen einer Abiturientin (1944—1945), handschriftlich, Titel: RAD, Entlassung, die letzten Wochen des III. Reiches und die ersten Tage unter russischem Regime, Privatbesitz, Auszüge veröffentlicht in: Sehr selten habe ich geweint (wie Anm. 6), S. 379—421

Freifrau v. M.: Treckbericht (1945, Mai bis Juli), maschinenschriftliches Manuskript, Kempowski-Archiv

Marie v. N.: Tagebuchaufzeichnungen (1943—1945), maschinenschriftliches Manuskript von ihrer Tochter Frieda S.; 1971 erstellt, von ihrem Enkel Eberhard W. 1983 zusammen mit dem zeitgleichen Gästebuch seines Vaters Martin W., mit Familiendokumenten und Kommentaren ergänzt, Privatbesitz

Etti S.: Tagebuchaufzeichnungen einer Sängerin (1945, April bis August), maschinenschriftliches Manuskript. Heimatarchiv Schöneberg, Auszüge veröffentlicht in Susanne zur Nieden, Kriegsende in Schöneberg und Friedenau. Das Tagebuch der Etti Sch., in: Weiterleben nach dem Krieg. Schöneberg und Friedenau, hrsg. vom Bezirksamt Schöneberg von Berlin, Berlin 1992, S. 7—14

Hans-Erich Volkmann

Deutsche Historiker im Umgang mit Drittem Reich und Zweitem Weltkrieg 1939—1949

I. Historiker im Spannungsfeld des Nationalsozialismus und des Zweiten Weltkrieges

Die Beschäftigung mit Geschichtswissenschaft in einer fest umrissenen Periode ist nicht nur Beschäftigung mit dem Zeitgeist, sondern auch mit Einzelpersönlichkeiten, die für das, was sie lehrten und veröffentlichten, die inhaltliche Verantwortung trugen. Das Verhalten deutscher Historiker im Dritten Reich und in der unmittelbaren Nachkriegszeit ist Gegenstand zahlreicher Untersuchungen gewesen. Wir engen unser Blickfeld — ohne die gesamtpolitische Konstellation außer acht zu lassen — auf den Zweiten Weltkrieg und die durch sein und nach seinem Ende bei Fachkollegen ausgelösten Reaktionen ein[1].

Obwohl in der Folge der verlorenen Schlacht um Stalingrad immer deutlicher wurde, daß die vielbeschworene Vorsehung Hitler den erhofften Endsieg vorzuenthalten gedachte und daß der entschlossene Wille der alliierten Feindstaaten auf eine bedingungslose Kapitulation der Wehrmacht sowie die Auflösung aller Machtstrukturen des NS-Regimes abzielte, trafen militärische Niederlage und Ende des Dritten Reiches die in Deutschland bis dahin lehrenden und publizierenden Historiker zumeist innerlich unvorbereitet. Hierfür bieten sich beim Blick zurück mehrere Erklärungen an:

Schon während der nationalsozialistisch-deutschnationalen Koalitionsregierung hatte man die jüdische und zahlenmäßig kaum ins Gewicht fallende linke Kollegenschaft von den Universitäten entfernt. Die übrigen verblieben in Amt und Würde; von diesen gehörten bis 1933 nur ausnehmend wenige der NSDAP an, unter ihnen, soweit sich übersehen läßt, kein Ordinarius. Die ihr 1933/34 beitraten, zählten zumeist schon vorher zu den Sympathisanten oder Überzeugten, die übrigen vollzogen in der Regel keinen einschneidenden ideologischen Gesinnungswandel. Die nicht relegierten Historiker blieben sogar gegenüber den nationalsozialistischen Eiferern, nicht selten jüngere Karrieristen, numerisch und an wissenschaftlichem Ansehen und Einfluß überlegen. National-konservativ allzumal, finden wir sie nach dem verlorenen Ersten Weltkrieg und aufgrund des Versailler »Diktatfriedens« in ihrem nationalen Selbstverständnis verunsichert, verletzt. In ihrem Interesse vornehmlich auf die österreichisch-preußisch-deutsche Staatlichkeit, seine Herrschaftsträger fixiert und auch geistesgeschichtlich orientiert, erwies sich ihr wissenschaftliches Selbstwertgefühl von der sich während der Weimarer Republik immer mehr ins historiographische Blickfeld schiebenden sozialen und ökonomischen Frage ebenso verunsichernd tangiert wie durch den Umstand, daß sich die Politik des 20. Jahrhunderts im Weltmaßstab vollzog. Und dies hätte es notwendig gemacht, die nationale Froschperspektive um die europäische und internationale Dimension zu erweitern, was nur den allerwenigsten von ihnen gelang.

Aus dieser Befindlichkeit heraus ergaben sich — Skrupel gegen Zustimmung aufgerechnet — wenngleich nur partielle, so doch auf existentiellen und für beide Seiten bedeutsamen Problemfeldern wie Nationalismus, Revisionismus, schließlich Antibolschewismus und bisweilen auch Rassismus ausgeprägte Affinitäten zum Nationalsozialismus. Der im Fach vorherrschende antiliberale, national-konservative Tenor ließ sich unschwer in einen völkischen umstimmen, und so kam »die Geschichtswissenschaft [...] nicht mit leeren Händen zum neuen deutschen Staat«, wie dies das frühzeitige NSDAP-Mitglied, der spätere Präsident der Bayerischen Akademie der Wissenschaften und Herausgeber der Historischen Zeitschrift, Alexander von Müller, 1936 formulierte[2]. Die nationalsozialistische Forderung, u. a. aufgestellt vom Direktor des Gaumuseums für westpreußische Geschichte in Danzig (1927), Erich Keyser, ist nicht generell befolgt worden:

»Es darf in Zukunft nur noch politische Historiker geben, nicht in dem überholten Sinne, daß jeder Historiker ausschließlich oder vornehmlich Staatengeschichte zu treiben hätte, sondern in dem Sinne, daß er seine Forschung und seine Lehre stets und überall auf die politischen Notwendigkeiten seines Volkes abstimmt[3].«

Sein Aufsatz besaß programmatischen Stellenwert und blieb nicht ohne richtungweisende Wirkung auf die NS-Historiker.

Für notwendig erachtete es Keyser, die deutsche Bevölkerung, speziell die Besucher des von ihm geleiteten Museums, auf die Defizite deutscher Geschichte aufmerksam zu machen, auf die Ziele der Vorfahren, »die sie erstrebten, aber nicht erreichen konnten«, um dazu aufzumuntern, sie »von Neuem zu verfolgen und zu vollenden. Deshalb wird mit guten Gründen die Geschichte immer wieder in den Dienst der nationalsozialistischen Erziehungs- und Bildungsarbeit gestellt werden, wie auch der Führer selbst fast jede seiner großen Reden mit einem Rückblick, einer weitausgreifenden Geschichtsschau einleitet oder ausklingen läßt.« Das deutsche Volk dazu zu befähigen, insbesondere auf der Spur der Ahnen weiter nach Osten zwecks Lebensraumerweiterung vorzustoßen, erachtete Keyser als spezifischen Auftrag des Historikers, der sich insbesondere hinsichtlich der Bereinigung der sogenannten polnischen Frage stellte. Er löste ihn mit seinen musealen Mitteln, indem er eine Danzig-Ausstellung im Rahmen einer deutschkundlichen Woche »Volk und Wehr« dazu nutzte, in 18 Räumen Militärgeschichte und militärhistorische Gegenstände zu exponieren:

»Wehrbauten, Danzigs Wehrgeschichte im Schrifttum, die Herstellung der Waffen, die kriegerischen Ereignisse nach einzelnen Zeitabschnitten, Fahnen und Feldherren, Orden und Ehrenzeichen, Uniformen des XVII. Armeekorps (vor dem Weltkriege), Schutz- und Trutzwaffen, die Feldpost, Kasernen, Kriegerdenkmäler, Wehrgeist nach dem Weltkriege, der politische Soldat der Gegenwart«[4].

Obwohl die angesehenen Akademien ebenso wie die historischen Kommissionen und beispielsweise die Historische Zeitschrift in nationalsozialistische Hände kamen, weisen die dort publizierten Arbeiten der aus Weimars Tagen überkommenen Gelehrten in der Regel ein hohes Niveau auf, selbst dann, wenn die Autoren zwischenzeitlich oder zeitweilig fest in der nationalsozialistischen Weltanschauung wurzelten. Mit dem Hinweis, es sei im »Zeitalter der Ideologien« (ein Terminus von Otto Brunner) bei universitären deutschen Historikern üblich gewesen, ihre wissenschaftlichen Publikationen mit Zitaten von Moeller van den Bruck und Adolf Hitler zu beginnen bzw. zu beschließen — es handle sich also lediglich um modische darstellerische Arabesken —, kann es natürlich nicht sein Bewenden haben, wenn man die weltanschauliche Nähe oder Distanz einzelner Historiker zum Nationalsozialismus bemessen will[5]. Es blieb gewöhnlich der fanatisierten jüngeren Generation überlassen, die Geschichtswissenschaft in den Dienst völkischer und rassischer Propaganda zu stellen. Besonders ausgeprägt geschah dies an dem von Walter Frank gegründeten »Reichsinstitut für Geschichte des neuen Deutschland« und an anderen Einrichtungen der

Partei und ihrer Gliederungen, aber auch an den sogenannten Reichsuniversitäten Straßburg und Posen. Die Historische Zeitschrift bot den Antisemiten eine gesonderte Rubrik an, Ausdruck politischen Zugeständnisses und wissenschaftlicher Ächtung zugleich. Das NS-Regime gab sich mit der Teilakzeptanz seiner Politik durch die bürgerlich-konservative Historikerschar zufrieden, nachdem es sich der wohlwollenden Zustimmung seiner Aufrüstungsbemühungen versichert hatte und sich der beifälligen Begleitmusik seiner erfolgreichen militärischen Unternehmungen erfreuen durfte. Über die Funktion des von Hitler angezettelten Krieges war man sich in national-konservativen Kreisen weitgehend einig: Sie bestand einmal in der Revision der in Versailles »diktierten« Friedensordnung und zum anderen in der Weiterverfolgung der im Ersten Weltkrieg nicht erreichten territorialen und damit politisch-imperialen Ziele: So galt es, »das Problem des europäischen Ostens« zu lösen, das hieß, die deutsche Ostgrenze neu festzulegen. Des weiteren ging es darum, Deutschland die »Führung in Europa« zu sichern, was gleichbedeutend war mit der Niederwerfung Frankreichs. Auf dem Programm stand ferner »das Problem des englischen Weltraumes und dessen Zukunft«, also die Realisierung des deutschen Weltmachtanspruchs, und letztlich ging es um »Krieg und Revolution«, um den Kampf zwischen älterer und neuerer Lebensform, worunter man die Auseinandersetzung mit dem demokratischen System ebenso zu verstehen hatte wie mit dem bolschewistischen[6].

Dennoch, als der Heidelberger Militärhistoriker Paul Schmitthenner, Parteimitglied schon vor 1933, sein Buch über »Politik und Kriegführung in der Neueren Geschichte« (Hamburg 1937) veröffentlichte, löste Fritz Hartung eine kritische wissenschaftliche Diskussion aus, ausgerechnet in der Historischen Zeitschrift, wo der zu den »Märzgefallenen« zählende, zweifellos den Nationalsozialisten schon vorher seelenverwandte Karl Alexander von Müller zwischenzeitlich Friedrich Meinecke als Herausgeber abgelöst hatte. Die Kollegenschelte richtete sich nach den Regeln der Kunst: Danach zeichnete sich der Autor durch fehlende Quellenkenntnis und Sorgfalt sowie oberflächliches Urteil aus, kurz, durch mangelnde Professionalität. Und immerhin stand da auch zu lesen, »unter dem Eindruck des autoritären Führerstaates [rücke] der Vf. die Frage der formalen Einheit der politischen und militärischen Führung allzu sehr in den Vordergrund«[7], was eine vorweggenommene Kritik an Hitler als späterem Oberbefehlshaber war. Dies ist ein beispielhafter Beleg für die Möglichkeit, den wissenschaftlichen Disput auch über politisch heikle Themen und mit Paladinen des NS-Regimes im wissenschaftlichen Gewande zu führen. Eine rassisch-imperial und antisemitisch orientierte Geschichtsauffassung mußte man nicht vertreten, ebensowenig die spezifisch nationalsozialistisch-völkische. Aber gerade hier verwischen sich die Grenzen zwischen den national-konservativen Gelehrten aus Kaiserreich und Republik und den überzeugten nationalsozialistischen, zumal im Taumel der Begeisterung über die politisch-militärischen Erfolge Hitlers bis 1940/41. Aufgrund der Rheinlandbesetzung, der Angliederung Österreichs und der Lösung der sogenannten tschechoslowakischen, polnischen und französischen Frage fand ein graduell unterschiedlicher Verschmelzungsprozeß von deutsch-nationaler und nationalsozialistisch-völkischer Gedankenwelt statt. Der Breslauer Ordinarius Hermann Aubin brachte dies exemplarisch für die meisten Osteuropa- und auch anderen Historiker national-konservativen Zuschnitts zum Ausdruck, und das in einem Aufsatz über das mittelalterliche deutsche Reich:

»In unvorstellbar kurzer Zeit [...] ist die Vereinigung aller geschlossen wohnenden Deutschen mit Ausnahme der Schweizer, Elsässer und Lothringer vollzogen worden; aber ebenso rasch ist die Entwicklung über den eben erreichten Nationalstaat hinausgestürmt. Mit dem Protektorat Böhmen und Mähren, mit der Übernahme des Schutzes über die Slowakei, mit der Unterwerfung Polens bis zum Bug [...] hat das Dritte Reich sein Wesen grundlegend verändert. Und wo wir hinhören, klingt uns heute die Berufung auf das alte, das Erste Reich entgegen[8].«

Daß es sich nicht um eine einmalige verbale Konzession an die NS-Raumpolitik handelte, sondern um den Ausdruck von Revisionsbedürfnis in Verbindung mit dem im deutschen Denken der Zeit tief verwurzelten »Drang nach Osten«, ließ Aubin unter Hinweis auf das östliche deutsche Grenzland durchblicken:

»Außerordentliche Aufgaben und, nach deren Bewältigung, großartige Aussichten für die Zukunft liegen jetzt vor ihm. Es hat die Abwehrfront gegenüber dem weiteren Osten neu zu festigen, und es hat vorzugsweise die Menschen zu stellen, welche in der großen Neuordnung, die sich vollzieht, das deutsche Wesen diesem fremdvölkischen Osten gegenüber vertreten [...] Wie einst K. d. Große unseren seit Jahrhunderten nach Süden und Westen schauenden Ahnen das Antlitz herumgekehrt und die Ziele gewiesen hat, die seiner auch im Osten harrten, so hat zum zweiten Mal Adolf Hitler den Deutschen die Sicherung dieser Front zu einer unabdingbaren Pflicht gemacht. Wir fühlen befreit, in dem Bewußtsein, daß das Reich niemals mehr davon ablassen wird[9].«

Die Reaktion des Deutschtums im deutsch-polnischen Grenzraum bzw. der deutschen Minderheit in Polen selbst auf den 1. September 1939 und auf die ihm folgenden Maßnahmen drückten nicht nur das Revisionsbedürfnis gegenüber dem Friedensschluß von Versailles aus, sondern auch den auf kolonialer Leistung und auf einem Überlegenheitsgefühl basierenden, aus ihrer Sicht geschichtlich legitimierten Anspruch auf Einverleibung großer Teile polnischen Territoriums ins Reich. Uns begegnet ein klischiertes Feindbild vom polnischen Nachbarn, das sich über Jahrhunderte entwickelt und in seiner plakativen Eindringlichkeit bis in die jüngste Gegenwart hinein gehalten hat: So standen die Polen den Deutschen wegen »ihrer höheren Kultur« feindselig gegenüber. Zwei ganz wesensverschiedene Völkertypen stießen sich im Mittelalter eng im Raum: »Deutscher geradliniger, ordnungsliebender und arbeitsamer, aber nüchterner und kühler Sinn von Bürgern und Bauern stand gegen das hochfahrende, phantasievolle und heißblütige, aber ebenso unduldsame wie liderliche Wesen polnischen Adels und polnischer Geistlichkeit« — Parallelen zur Gegenwart waren rein zufällig. Die »polnische Nichtachtung einer friedlichen deutschen Schutzpolitik« mußte notwendigerweise zum Einschreiten des Deutschen Reiches führen, nicht zuletzt auch, und dies schreibt der Mitarbeiter des Osteuropainstituts in Breslau als Sohn eines Superintendenten in Posen, um »einem krankhaften polnisch-katholischen Fanatismus« Schranken zu setzen[10].

An Bekanntheitsgrad und wissenschaftlichem Renommee überragte der aus dem Baltikum stammende Johannes Haller die meisten seiner Kollegen. Deutsch-nationalen politischen Zuschnitts, neigte er aber bereits vor 1933 dem Nationalsozialismus zu, stand mit Publikationsorganen der NSDAP in Kontakt, distanzierte sich allerdings als distinguierter Bourgeois kurzfristig von Adolf Hitler, als er vermutete, dieser werde aufgrund seiner Werbung um die Gunst des Arbeiters dem proletarischen Element in der Partei zum Durchbruch verhelfen[11]. Gleich darauf setzte er jedoch seine Unterschrift unter einen Wahlaufruf für die NSDAP[12]. In der zweiten Auflage seiner in über 100 000 Exemplaren verkauften »Epochen der deutschen Geschichte« bekannte er dann 1934 emphatisch:

»Was Glauben und Hoffnung war, ist Wirklichkeit geworden [...] Schneller, als das kühnste Hoffen und Denken gewagt hätte, ist die Sonne über Deutschland aufgegangen[13].«

Sie bestrahlte letztlich, von Haller mit Wohlgefallen betrachtet, ein diktatorisches Deutschland, zu dem sich durchzuringen die Weimarer Präsidialkabinette — aus seiner Sicht bedauerlicherweise — nicht die Kraft aufgebracht hatten[14]. Das 1940 den »Epochen« hinzugefügte Kapitel über den Aufstieg der NSDAP ist nach Inhalt und Umfang ein Kotau gegenüber Adolf Hitler. 1939 registrierte Haller mit unverhohlener Freude, daß der schmähliche Friedensvertrag nun in Fetzen zerrissen im Staub lag[15], Deutschland mit der Einverleibung Österreichs, Böhmen/Mährens und des Memelgebietes nun annähernd Umfang und Gestalt früherer Zeiten besaß. Auffällig ist, daß über Polen, auch in den späteren Auflagen der »Epochen«, kein Wort verloren wird, ebensowenig über Frankreich und die Sowjetunion. Man sollte meinen, er hätte dies in einer Neuauflage seiner »Tausend Jahre deutsch-französischer Beziehungen« (Stuttgart 1942) bezüglich Frankreichs nachgeholt, doch beließ er es bei der Feststellung, nach der Niederwerfung seiner Feinde im Osten und im Westen öffne »frei und hell [...] sich der Blick in die Zukunft«, und vielleicht weite sich auch die Perspektive für eine dauerhafte friedlich-freundschaftliche deutsch-französische Nachbarschaft[16]. Haller plagte zunehmend die Sorge, daß das NS-Regime das mit so viel militärischem Einsatz Gewonnene wieder politisch verspielen könne, und er traf sich hier, wie sich zeigen wird, mit dem prominentesten Vertreter der Historikerzunft, Friedrich Meinecke.

Der annähernd achtzigjährige legendäre letzte Repräsentant des Historismus konnte sich der Faszination nationalsozialistischer Machtpolitik nicht entziehen. Vernunftrepublikaner wurde er während der Weimarer Zeit aus der Überzeugung heraus, daß die Demokratie am besten geeignet sei, die Gegensätze zwischen Bürgertum und Arbeiterschaft auszugleichen und damit die seiner Meinung nach wichtigste soziale Frage zu lösen. Gegner des Nationalsozialismus und des Bolschewismus war er deshalb schon vor 1933, weil sie seiner Auffassung nach die Klassengegensätze schürten[17]. Selbst als Hitler die Reichskanzlei bezogen hatte, zählte Meinecke noch zu dessen angestammten Kritikern. Das änderte sich, als er die ihn stets umtreibende sogenannte nationale Frage bei dem neuen Regierungschef in guten Händen wähnte, auf einem wichtigen Teilsektor. Ansonsten wahrte er aber innere Distanz, zumal er die Nationalsozialisten für eine Bedrohung deutscher Kultur erachtete. Deutsche Politik im Weltmaßstab hatte stets seine Zustimmung gefunden, zur Judenfrage äußerte er sich nicht, so daß die braunen Machthaber ihrerseits das Auskommen mit ihm übten: Er wurde einiger Ämter enthoben, durfte aber publizieren, öffentlich auftreten und letztlich als Vorzeigegelehrter in den Vereinigten Staaten das dortige Negativklischee vom Dritten Reich zum Positiven hin retuschieren helfen.

Meinecke war beeindruckt von der militärischen Aufbauleistung und den Erfolgen der Wehrmacht, bezweifelte aber zunehmend, daß Hitler diese in dauerhafte politische umzumünzen verstand. Beispielhaft hierfür ist seine Reaktion auf den Einmarsch in Polen, über den er tiefe Genugtuung empfand: »Über den glänzenden Feldzug in Polen werden auch Sie sich gefreut haben«, schrieb er an den Göttinger Fachkollegen Siegfried A. Kaehler; aber »über das Drum und Dran müßten wir uns jetzt gründlich unterhalten[18].« Mit dem »Drum und Dran« meinte er wohl den zu den Voraussetzungen und Rahmenbedingungen des Polenfeldzuges zählenden Pakt mit Stalin, dem er aus seinem kompromißlosen Antibolschewismus und -kommunismus heraus mit großem Mißtrauen gegenüberstand. Ihn trieb sogar die Sorge, man setze nach der Pariser Kriegserklärung mehr auf die innenpolitische destabilisierende Rolle der französischen Kommunisten als auf die Schlagkraft der deutschen Waffen, versäume dadurch unter Umständen nicht nur den rechten Zeitpunkt zum Losschlagen, sondern begebe sich in einer Weise in Abhängigkeit vom Moskauer politischen Lager, die die nationalen Sozialisten in der NSDAP in Versuchung bringen könnte, den Aufstand gegen den Hitler-Flügel zu wagen:

»Im Rücken haben wir den neuen bolschewistischen Freund, in der Front setzen wir auf die defaitistischen Kommunisten in Frankreich gewisse Hoffnungen. Und der ›Nationalbolschewist‹ [...] Otto Strasser als dritte unheimliche Größe dabei in dem ganz widerspruchsvoll scheinenden, letzten Endes aber vielleicht sehr logischen Komplex von Möglichkeiten, Tendenzen, Absichten. Es kann sich schließlich eine ähnliche Stimmung entwickeln, wie einst 1918 im Anfang *vor* der großen Offensive, — die geladenen Gewehre verlangen nach dem Kommando Feuer, — und dann los[19].«

Der Sieg über Frankreich wurde von den nationalsozialistischen Historikern natürlich vorbehaltlos gefeiert. Karl Alexander von Müller versäumte es nicht, der Historischen Zeitschrift ein *politisches* Geleitwort voranzustellen. In der nach dem Polenfeldzug erstarrten Kriegsszenerie die Initiative an sich gerissen zu haben, um »in Vorstößen von atemberaubender Kühnheit, Schnelligkeit und Präzision Norwegen, die Niederlande, Belgien von unseren Truppen« besetzen zu lassen, steigerte die Zustimmung zum NS-Regime zur Begeisterung! »Frankreich ist zu Boden geworfen und aus dem englischen Bündnis gebrochen. Vereinsamt und allein liegt die britische Insel dem deutschen Angriff gegenüber«, den er — wünschend — der politischen Führung gleichsam suggerierte. Darin erblickte er — wie der bisweilen gesinnungsschwankende Parteigänger Hitlers, Johannes Haller — die Feldherrengenialität des »Führers«. Die Vision der vom Kaiserreich vergeblich angestrebten Weltmachtposition, des Untergangs des Manchestertums und des Parlamentarismus als Ausdruck des verhaßten Liberalismus erhielt für ihn Realitätsbezug:

»Die Epoche der vorherrschenden Seemacht, die Epoche der kapitalistischen Weltwirtschaft, und die Epoche der parlamentarischen Demokratie laufen gleichzeitig zu Ende [...] Und der Führer hat zum erstenmal in unserer ganzen Geschichte diese Volkskraft von 80 Millionen Deutschen in der Mitte Europas zu einem gemeinsamen Bewußtsein ihres Lebens und zu einem einheitlichen Willen ihrer Zukunft zusammengeschmolzen[20].«

War dies Ausfluß nationalsozialistischer Weltanschauung? Wohl eher Ausdruck überkommen-konservativen Denkens, wie wir es von Fachkollegen ohne Parteiengagement auch kennen. »Er durfte [...] eher als Vertreter der traditionell orientierten überwiegenden Mehrheit der deutschen Historikerschaft als der schmalen ideologisch nationalsozialistischen Gruppe gelten[21].«

Es hat unter den Historikern zahlreiche Nationalsozialisten gegeben, die über ausgeprägte wissenschaftliche Fähigkeiten verfügten, die aber nicht einer billigen parteispezifischen Historik, einer Mischung aus primitivem völkischem Rassismus, Antisemitismus und imperialem Größenwahn verfielen. Sie trugen in der Regel ihr Parteiabzeichen ostentativ am Revers, ließen aber parteipolitische Bekundungen selten in ihr wissenschaftliches Oeuvre einfließen. Ihnen zuzurechnen ist zum Beispiel Max Hildebert Boehm, der »das eigenständige Volk« zu seinem bevorzugten Forschungsgegenstand gemacht, ja als solches erst definiert hatte, und dies bereits vor 1933[22], und dem nach 1933 die Identitätsforderung von Volk und Staat, zum einen in der »Volksgemeinschaft«, zum anderen durch die »Heim-ins-Reich-Ideologie«, gleichsam zwangsläufig erschien. Man könnte ihn als Volkssoziologen[23] in nationalistischer Absicht bezeichnen, der sich insbesondere der linksrheinischen Kultur- und Bevölkerungsgeschichte in voluminösen und durchaus kenntnisreichen Büchern verschrieb, um die germanische bzw. deutsche Kulturträgertheorie auf die östlichen Teile Frankreichs zu beziehen. Nach dem Westfeldzug erschienen zwei Werke über Lothringen und Burgund[24], die dem Leser zu der historisch begründeten Einsicht zu verhelfen suchten, daß diese Länder unter sichtbaren welschen Mauern doch auf einem aus politischer Vergangenheit und kultureller Tradition bestehenden Fundament beruhten, auf dem man deutsche Herrschaft und neues Grenzlanddeutschtum errichten könne.

Noch subtiler, sehr wahrscheinlich sogar die Kriegsereignisse in ihrer konjunkturellen Schubkraft nutzend, agierte der Bonner Historiker Leo Just, Mitglied des NSD-Dozentenbundes. Im Rahmen der Kriegsvorträge der Rheinischen Friedrich-Wilhelms-Universität Bonn hielt er nach der französischen Kriegserklärung, aber noch vor Beginn der Kampfhandlungen, vier Vorträge über das Verhältnis Frankreichs zu Deutschland von den Anfängen bis zur Gegenwart unter der Fragestellung: »Warum kämpft eigentlich Frankreich gegen uns?«. Er entrollte ein grandioses Bild des Wechselverhältnisses beider Staaten zueinander, um zu der Antwort zu finden, daß es niemals um Grenzstreitigkeiten und kleinere Territorien gegangen sei, sondern stets um das französische Bestreben, dem Deutschen Reich die »Selbstbehauptung als Nation, d.h., sein staatliches und völkisches Lebensrecht streitig zu machen«[25]. Eine nationalsozialistische Terminologie sucht man hier vergebens. Nach siegreichem Abschluß des Westfeldzuges publizierte Leo Just, das gewachsene Frankreich-Interesse nutzend, Aufsätze und Vorträge »Um die Westgrenze des Alten Reiches« (Köln 1941), wobei es sich um Texte handelt, deren Erarbeitung sich auf das ganze Jahrzehnt vor dem Beginn des Zweiten Weltkrieges erstreckte. Politische Bezüge vermißt man[26].

Als Beleg für den möglichen Verzicht auf Elogen zugunsten der NS-Machthaber und -Politik dienen u. a. verschiedene Abhandlungen über Frankreich und das Reich vor allem in der Historischen Zeitschrift, wo auch Gerhard Tellenbach sich mit der Entstehungsgeschichte Deutschlands und Frankreichs[27] befaßte. Fritz Hartung beschäftigte 1943 ohne politisches Sentiment »Der französisch-burgundische Einfluß auf die Entwicklung der deutschen Behördenverfassung«[28].

Ganz anders wiederum Hermann Heimpel, der, im national-konservativen Urteil und Vorurteil befangen, ein historisches Thema zum französisch-deutschen Verhältnis im Mittelalter nutzte, um die Franzosen der Gegenwart, wegen ihres savoir vivre von den Deutschen bewundert, als deren liebste Gegner zu apostrophieren, die aber wegen ihrer traditionellen Gegnerschaft letztlich bis aufs Blut bekämpft werden mußten:

»Kommt man nach Frankreich, fährt man »über die blutigsten Schlachtfelder des Kontinents neben einem friedlichen Weißbrotesser und Rotweintrinker. Aber vielleicht sitzt in der Ecke der peinliche ältere Herr mit der roten Rosette, dem ich die Alleinschuld Deutschlands am Kriege nicht ausreden werde. Hat nicht der Schutzmann, der wegen einer Dame den Verkehr stoppt — humanité ohne Zweifel — vor zwanzig Jahren deutsche Kriegsgefangene gequält? Aber vielleicht gehört der spöttische Bibliotheksbeamte, der durch mein schlechtes Französisch hindurchglotzt als wäre ich reines Fensterglas, zu der still begeisterten Gemeinde eines sehr bekannten deutschen Philosophen? Kurz, dieses Frankreich ist eine Fremde besonderer Art: Das Land der feindlichen, der bösartigen, der heimlich geliebten Brüder [...] Nur Brüder kann man töten und lieben zugleich[29].«

Wie soll man dies anders interpretieren, denn als Aufruf zur militärischen Revanche? Heimpel war sehr wohl ideologisch anfällig. Wie sonst wäre er auf einen Lehrstuhl der NS-Musteruniversität in Straßburg gekommen? Zu seinem Tun und Denken schrieb er später:

»Ganz frei haben sich von unserer Generation im Laufe der Jahre nur wenige gehalten, aber sehr wenige sind Nationalsozialisten geworden[30].«

Das deutsch-französische Verhältnis aber lediglich seit Versailles in den Blick zu nehmen, griff historisch zu kurz. Hier mußte das Mittelalter schon bemüht werden, wenn man deutschen Hegemonialanspruch begründen wollte, im übrigen über Frankreich hinaus gegenüber ganz Europa, und wer hätte diesen Anspruch Wirklichkeit werden lassen können, wenn nicht die Nationalsozialisten als Erben mittelalterlichen Reichsdenkens:

»Der politische Wille nimmt vom Klang des mittelalterlichen Reiches eben das auf, was der Gegenwart Reich sein soll: Einheit, Herrschaft des Führers, abendländische Sendung[31].«

Auch für Meinecke erfüllte sich eine lang gehegte politische Sehnsucht:

»Freude, Bewunderung und Stolz auf dieses Heer müssen zunächst auch für mich dominieren. Und Straßburgs Wiedergewinnung! Wie sollte einem da das Herz nicht schlagen. Das war doch eine erstaunliche, und wohl die größte positive Leistung des 3. Reiches, in vier Jahren ein solches Millionenheer neu aufzubauen und zu solchen Leistungen zu befähigen.«

Bei allem Applaus, den Meinecke vom offenen politischen Balkon aus dem vorzugsweise militärischen Geschehen spendete, geriet doch die

Reflexion in der Gelehrtenstube über dessen Einordnung in den politischen Gesamtzusammenhang nicht zu kurz. Und in diesen gehörte auch die innenpolitische Situation. Lange vergeblich auf eine Demokratisierung wartend, hoffte er nun, in völliger Verkennung der politischen Bewußtseinslage der Wehrmacht, diese könne nach gestärktem Selbstvertrauen in Richtung einer innenpolitischen Entspannung wirken.

»Und die Hoffnung regt sich leise, daß von diesem Heere aus nun auch im Inneren ein freierer Atemraum für unsereinen sich bilden könne. Ich will [...] in Vielem, aber nicht in Allem umlernen[32].«

Soll und Haben waren für Meinecke zwei verschiedene Rubriken der politischen Buchführung. Es war eine Faustregel des Historikers, die Meinecke auch als politischer Zeitgenosse beachtete: daß man einem Problem »nur dann gerecht werden« konnte, »wenn man *alle* Seiten sieht und das Einzelne nicht über dem Ganzen und umgekehrt das Ganze über dem Einzelnen vergißt«[33].

Dies galt auch im Blick auf die außenpolitische Konstellation nach dem Frankreichfeldzug. War es doch im Anschluß daran nicht gelungen, Großbritannien niederzuringen, wie Meinecke dies für notwendig erachtete, wenn man das Versailler System endgültig beseitigen wollte! Daß dies rasch zu geschehen hatte, ergab sich aus der Verbundenheit des Inselstaates mit den USA. Selbst bei deren striktester formeller Neutralität befürchtete er eine wesentliche Verstärkung vor allem der britischen Bomberflotte, die man nach Deutschland herüberschicken würde. Gerade mit der Lektüre des Peloponnesischen Krieges beschäftigt, wo die Landmacht zwar über die Seemacht siegte, kamen ihm erhebliche Zweifel, ob sich dies bezüglich Deutschlands und seiner Verbündeten gegenüber Anglo-Amerika wiederholen ließe. Schließlich hatte dazumal die Landstreitkraft die communis opinio von ganz Hellas hinter sich gewußt, was man von dem Aggressor Hitler nicht sagen konnte. »Das gibt nachdenkliche Vergleiche bis heute[34].«

Mit Befriedigung nahm Meinecke die Niederlage Frankreichs zur Kenntnis, die er als die gerechte »Strafe [...] für den Versailler Frieden« wertete. Er ließ sich zwar von der Woge der Siegeseuphorie und auch des Vergeltungsdranges emportragen, nicht aber fortspülen. Immer wieder hat er sich bemüht, Zeitläufte und geschichtliches Geschehen als Produkt des Zusammenwirkens von Geist und Seele zu verstehen, und »auch selber das, was man davon in sich hat, überall voll einzusetzen«[35].

Über den Tag hinaus gedacht, durfte sich die geschichtliche Revision nicht in der Revanche gegenüber Frankreich und Großbritannien für Versailles erschöpfen. Es mußten historische Lehren gezogen werden, was hieß, daß ein von Deutschland anzustrebender und abzuschließender Friede von ganz anderer Wesensart als der von Versailles zu sein hatte. Als Ziel formulierte er eine europäische Friedensordnung[36] in Anlehnung an Gedanken Friedrich Naumanns über die Schaffung eines wirtschaftlich arbeitsteiligen Europas, von nationalsozialistischen Kreisen zu einem europäischen Großwirtschaftsraum umformuliert, nach dem Westfeldzug lauthals als europäische Neuordnung deklariert. Eine solche Neuordnung hielt er für »unvermeidlich«, warnte allerdings davor, sie unter hegemonialem Vorzeichen zu betrachten. Wie im Reich selbst, so mußte es auch in den anzugliedernden Territorien zu einer inneren Versöhnung kommen, als Prämisse der Bereitschaft zu einem wirtschaftlichen Interessenausgleich.

»Zollgemeinschaft verbunden mit Schutz- und Trutzbündnissen scheint mir die Form zu sein, in der wir mit unseren kleinen Nachbarvölkern, vielleicht sogar Frankreich eingeschlossen, leben könnten. Vergrößerung und Vereinheitlichung der europäischen Wirtschaftsgebiete schafft, nach Überwindung der Übergangsschwierigkeiten, überall neues wirtschaftliches Leben und macht uns Amerika gegenüber äquivalent[37].«

Der Göttinger Historiker Siegfried A. Kaehler qualifizierte derartige Überlegungen als »professorale Friedensträume«. Hinter den Formeln der Heeresberichte verbarg sich, daß die moderne Kampfführung eine wesentlich größere Schneise in die Kulturlandschaft und auch in die Reihen der Menschen geschlagen hatte als der Stellungskrieg 1914—1918. In Rechnung zu stellen waren die hohen Verluste der geschlagenen Armeen und die Ziffern der durch Luftangriffe ums Leben gekommenen Zivilbevölkerung in England, denen die mit zigtausend Tonnen versenkter Schiffe auf den Meeresgrund beförderten Menschen hinzugerechnet werden mußten.

»Die Rache für die Blockade des vorigen Krieges nimmt immer grausigere Formen an [...] Man könnte auch sagen, daß der Herakles, der den Augiasstall des Versailler Vertrages gereinigt hat, im Begriff steht, als Lohn dafür ein Nessusgewand von Völkerhaß anzulegen, das sich vernichtend in das lebendige Fleisch unserer Zukunft einbrennen wird«.

Die Eroberung und Okkupation einer Vielzahl kleiner Länder, die bislang zur Interessensphäre Englands gehörten, potenzierten nicht nur die anglo-amerikanische Feindschaft gegenüber dem Deutschen Reich, stimulierten nicht nur die Aversionen gegenüber Deutschland, sondern provozierten dort auch Verzweiflung wegen der sich herausstellenden Unfähigkeit der Achsenmächte, unter zunehmend erschwerten Kriegsbedingungen deren halbwegs zufriedenstellende ökonomische Versorgung zu gewährleisten. »Zur Niederlage Hunger — beides Fermente künftiger neuer Feindschaft«, Hypotheken auf eine ungewisse Zukunft[38].

Im Antibolschewismus trafen sich nationalsozialistisch indoktrinierte und indoktrinierende Historiker mit ihren national-konservativen Kollegen, wobei die beiderseitigen Zielprojektionen nur ein Stück weit gleichgerichtet waren. Sie stimmten überein in puncto territorialer Ausdehnung des Deutschen Reiches in während des Ersten Weltkrieges bereits leicht unterschiedlich dimensionierte Räume, wie sie z. B. in der von Meinecke verantwortlich mitunterzeichneten und mit Tausenden von Unterschriften versehenen Petition an Reichskanzler von Bethmann Hollweg abgesteckt waren[39]. Daß sich ein solcher östlicher Anbau auf die Pfeiler des Auslandsdeutschtums stützen mußte, entsprach ebenfalls gemeinsamer Überzeugung. Ein Krieg gegen die Sowjetunion erfuhr seine Rechtfertigung selbstverständlich auch aus der allseits empfundenen Bedrohung des christlichen Abendlandes durch die vielbeschworene asiatische Bedrohung in Form des Bolschewismus. Und selbst national-konservative und christlich orientierte Gelehrte sangen in dem von Goebbels intonierten Chor in vielfältigen Variationen das Lied vom Durchhalten mit, als die Rote Armee auf die Reichsgrenze zumarschierte[40].

Bekanntlich kam bei den NS-Historikern die rassenideologische Motivation dazu, das heißt, sie bildete das eigentliche Movens, wie sie in der Lebensraumtheorie ihren Ausdruck fand. Die nationalsozialistisch infizierten jüngeren Historiker betrachteten diese ideologische Komponente, die sie Hitlers »Mein Kampf« entnahmen, als Hauptargument nationalsozialistischer Ostraumpolitik, wobei sich ihr wesentlich ausgeprägteres Bedrohungssyndrom aus der Identifikation von Bolschewismus und Weltjudentum ergab. Der Referent für Landesgeschichte im Statistischen Landesamt in Stuttgart und spätere Dozent für Geschichte an der Universität Berlin, Erwin Hölzle, erläuterte noch vor dem Hitler-Stalin-Pakt den Unterschied zwischen bisheriger nationaler und nunmehriger völkischer Politik gegenüber Rußland: War bisher der Nationalstaat die höchste politische Denkkategorie gewesen, innerhalb dessen sich die Gemeinschaft der Staatsbürger versammelte und der nach außen hin nach Sicherheit und imperialer Machtausdehnung strebte, so war es jetzt das Volk, das als solches seine Lebensbedürfnisse artikulierte. Die Rassenlehre öffnete den Blick für diese veränderte politische Konstellation. Danach war es die völkische Aufgabe in Deutschland, den germanischen Rassenkern im Innern zu schützen und nach außen zu verteidigen. Um beim letzteren zu beginnen, hieß dies, den Versailler Friedensvertrag im Osten zu liquidieren.

»Der neuen mittel- und osteuropäischen Staatenwelt war durch die Westmächte in den Pariser Vorortverträgen jenes von den Juden entscheidend beeinflußte Minderheitenrecht aufgezwungen worden, das trotz aller Schutzbestimmungen die jeder blutmäßigen Volksauffassung widersprechende Assimilation begünstigen sollte. Als das Dritte Reich den Fremdkörper ausmerzte, mußte der völkerrechtlich geschützte, teilweise beherrschende jüdische Einfluß bei den anderen europäischen Völkern ins Wanken kommen[41].«

Eine Intervention in den Osten hinein war unter diesem rassisch-völkischen Gesichtspunkt zu betrachten, nicht als bloße Machterweiterung, und mußte gleichzeitig »als das Zeichen des Rechts der Völker auf Lebensraum« verstanden werden[42].

Kaehler traf sich allerdings mit Meinecke in der Furcht vor dem Bolschewismus.

»Die Dominante in der neuen Melodie des Weltgeschehens bleibt ein gegenseitiger Haß [...] Und im Hintergrund des polnischen ›Freundschaftswalles‹ bleibt die russische Sphinx, die sich die Folgen des August-Paktes 39 wohl erheblich anders vorgestellt haben wird[43].«

Geschrieben war dies vor dem Überfall auf die Sowjetunion, zu dem Hitler sich längst entschlossen hatte. Da Großbritannien nicht in die Knie gezwungen war, allenthalben der Umschwung von maritim bestimmter Rüstung auf die Bedürfnisse des Landkrieges bekannt wurde, schossen die Gerüchte über den bevorstehenden Rußlandfeldzug ins Kraut. Mag sein, so orakelte Meinecke, daß man »eines Tages gleichzeitig in Alexandria und Moskau« stehe, »wohin Napoleon erst nacheinander im Anfang und vor Schluß seiner Laufbahn kam«. Bei diesem kühnen Gedanken konsultierte er aber sofort sein historisches Gedächtnis, das ihn an den Ausgang der Unternehmungen des imperialen Korsen erinnerte, und auch an die Erfahrungen während des Ersten Weltkrieges, nämlich an die gefährlichen Waffen und Ressourcen des Gegners, als da waren Zeit, Raum und die Vereinigten Staaten. Und so wollte er vorsichtshalber das Scheitern eines möglichen Rußlandfeldzuges in sein politisches Kalkül einbeziehen[44].

Im Antibolschewismus mit praktizierenden Nationalsozialisten der Zunft übereinstimmend, konnte Meinecke natürlich mit dem einen oder anderen Kollegen brieflich die Situation bezüglich der UdSSR diskutieren und auf Diskretion bauen. Karl Alexander von Müller gehörte ebenso dazu wie der Österreich-Deutsche Heinrich Ritter von Srbik, demgegenüber er im Sommer 1942 erste Zweifel am positiven Ausgang des Zweiten Weltkrieges für Deutschland äußerte[45]. Neun Monate später hat sich für ihn dennoch an der Sinngebung des Krieges und an der Aufgabenstellung nichts geändert: »Unser gemeinsames Hauptziel ist, Abwehr des Bolschewismus, unter allen Umständen.« Das hätte Goebbels sicher radikaler, wenngleich intentional nicht anders formuliert. Fragte sich, wie sich der Bolschewismus abwehren ließ? Und hinter dieser Frage verbarg sich Unsicherheit, die sich zu Ratlosigkeit steigerte[46]. Zwei mögliche Entwicklungen waren es, über die es sich nachzudenken lohnte: Zum einen mehrten sich die Anzeichen dafür, daß der deutsche Soldat zumindest die militärische Leistung der Roten Armee und damit des Bolschewismus zunehmend imponierend fand. Bestand da nicht die Gefahr der ideologischen und damit politischen Infektion, wie dies in den revolutionären Unbotmäßigkeiten z. B. bei der Marine am Ende des Ersten Weltkrieges bereits der Fall gewesen war? Aber bei dieser Befürchtung beschlich Meinecke sogleich eine zweite: Näherte sich das Machtgebaren des NS-Regimes nicht auffällig dem des bolschewistischen, und hatte nicht ein Prozeß moralischer und kultureller Zersetzung eingesetzt, der Zweifel an der Sinnhaftigkeit der Verteidigung aufkommen ließ? Unter Umständen gehörte tatsächlich dem Bolschewismus die Zukunft? Dann hieß es, dieses geschichtliche Phänomen seines internationalen und spezifisch sowjetrussischen Charakters zu entkleiden und eine deutsche Form zu finden[47].

Eine Frage, die den Historiker zunehmend beschäftigt, lautet: Was haben die deutschen Zeitgenossen über das Dritte Reich, über den Zweiten Weltkrieg gedacht und die mit ihr untrennbar verbundene zweite: Was haben sie darüber gewußt? Je mehr wir regionale und personenbezogene Forschung betreiben, um so näher werden wir einer Antwort kommen. Auf den Weg dorthin führt uns auch der Briefwechsel zwischen Meinecke und Kaehler. Beide besaßen offenkundig zahlreiche Informanten, Kaehler insbesondere. Sie rekrutierten sich aus Offizieren aller Dienstgrade und offenbar auch aus der politischen Szene. Und so wußten beide um die unvergleichliche Leistung des deutschen Soldaten an der Ostfront und würdigten sie.

»Alle Offiziere, die ich sprach, rühmen die Leistungen der Studenten als Unterführer, die der Truppe Ansporn und Halt geben und naturgemäß durch Verwendbarkeit sich auszeichnen [...] Jedenfalls ist es ganz ungeheuerlich, was der deutsche Soldat als Offizier und Mann in diesen neun Monaten geleistet und ertragen hat[48].«

Man hörte aber auch und wußte von den Unrechtshandlungen, von den Verletzungen der Menschenrechte durch die Wehrmacht, insbesondere seit dem Rückzug. Kaehlers Wissen stammte offenkundig aus dem Umfeld von Hitler, von General Hoßbach: Daß »Katyn« auf das Konto der Roten Armee ging, war bekannt. Und Hoßbach hat ihm anvertraut,

»daß ›Katyn‹ eine sehr kleine Angelegenheit ist im Vergleich mit Vorgängen, welche zu Lasten unserer Verantwortung gehen. Und über die noch so große und unabsehbare Tragweite der persönlichen Sachverhalte hinaus, welche hinter solchen Anzeichen sichtbar werden, bleibt als die drängende Frage: Wie konnte ein Volk innerhalb eines Menschenalters seine Physiognomie völlig verändern«?

Kaehler bezeichnete die nationalsozialistische Politik als einen »Turmbau von Babel«, der einstürzen mußte, und er wußte um die sinngemäße Äußerung Hitlers: »Es gibt nur zwei Möglichkeiten — der Endsieg oder der ehrenvolle Untergang *wie bei den Nibelungen*«. Den Ausgang des Krieges auf den materiellen und seelischen Ruinen Deutschlands vor Augen, fühlte sich der Historiker gedrängt, spät, vielleicht zu spät, nach mit der Kriegspolitik des Nationalsozialismus vergleichbaren geschichtlichen Ereignissen Rückschau zu halten. Solche Reflexion ließ in Kaehler die Erinnerung an einen Aufsatz in der Historischen Zeitschrift aus dem Jahre 1935 wiederaufleben, der sich mit dem Islam und seiner Ausdehnung befaßt hatte. Und er glaubte eine Parallele ziehen zu dürfen zu den Kriegszügen der Araber im Mittelalter: Bestand sie nicht letztlich in der bewußten Schaffung und in dem bewußten Mißbrauch einer Religion bzw. Ideologie zum primitiven Zweck nationaler Machtausdehnung[49]?

Was Wunder, daß sich in solcher Situation die politischen Beurteilungsmaßstäbe verschoben, daß man Ursache und Wirkung des Kriegsgeschehens vergaß, wenn Meinecke vor dem Hintergrund der immer rücksichtsloser und großflächiger werdenden Bombardements der Anglo-Amerikaner konstatierte, diese beteiligten sich mit Präzision an der Vernichtung der bürgerlichen Kultur und hätten »keinen Grund mehr, sich moralisch uns gegenüber aufzuspielen«[50]. Wie menschlich verständlich eine solche Äußerung auch sein mochte, so gefährlich war sie als Ausdruck historiographischer Bemeßlichkeit für den Zweiten Weltkrieg!

Auf die Anfälligkeit Baltendeutscher für nationalsozialistisches Gedankengut ist schon hingewiesen worden. Sie beruhte auf mehreren Faktoren: zum einen auf der verinnerlichten Überzeugung, in der Tradition territorialer, vor allem aber kultureller Kolonisation im Osten zu stehen, über Jahrhunderte geistige und, vielfach dem Adel angehörend oder in diesen aufgenommen, politische Elite gewesen zu sein. Da gab der nationalsozialistische Rassen- und Herrenmenschenkult dem Selbstwertgefühl Auftrieb, das im Zuge der politischen und ökonomischen Nivellierung als Folge der Nationalstaatenbildung im Baltikum arg gelitten hatte. Die NS-Lebensraumtheorie als Grundlage der Ostpolitik verhieß zudem die Erfüllung der mit dem Ersten Weltkrieg verbundenen Hoffnung auf Integration der ehemaligen russischen Ostseeprovinzen in das Reich. Und schließlich hatte man seit 1918 an der antibolschewistischen Front gestanden und wußte sich hier in Reih und Glied mit den Nationalsozialisten.

Weniger verständlich ist die ideologische Nähe von Baltendeutschen zum Nationalsozialismus *nach* der Umsiedlung aus ihrer Heimat, vornehmlich in den neugebildeten Warthegau. Die damit zusammenhängende nochmalige soziale Herabstufung bedeutete ungeachtet der ihnen zugedachten Rolle als Volkstumswall gegen die Polen einen Identitätsverlust. Gleichwohl haben sie diese weitgehend akzeptiert und auch aktiv auszufüllen versucht. Dies und eine Portion weltanschaulicher Überzeugung im Sinne des Nationalsozialismus wurde u. a. denjenigen abverlangt, die in der Reichsuniversität Posen lehren durften, einer Einrichtung, innerhalb deren überkommene Strukturen und Inhalte zugunsten einer Staats- und Parteiinteresse miteinander harmonisierenden Hochschule über Bord geworfen werden sollten. Hierhin waren die Wissenschaftler, durch eine scharfe Parteibrille begutachtet und gesinnungsmäßig handverlesen, berufen worden. Zu ihnen zählte Reinhard Wittram, der als Vertreter der umgesiedelten Wissenschaftler anläßlich der Gründungsfeier der Hochschule eine Rede hielt, in der er folgendes ausführte:

»Indem wir uns mit heißem Herzen zu dieser ewigen großdeutschen Waffenbrüderschaft bekennen, erfüllt uns das Gefühl großer Dankbarkeit: Wir dürfen uns wieder einreihen in die Kameradschaft derer, die auf vorgeschobener

Wacht für Großdeutschland stehen, wir dürfen das Feuer hüten helfen, das aus Nacht und Dämmerung in den großen germanischen Morgen brennen soll. Daß wir uns dessen würdig erweisen wollen, sei unser Gelöbnis in dieser feierlichen Stunde. Und so bleibt unser Blick auf den Führer gerichtet, dem wir alle Zeit verschrieben haben die Güter unseres Wissens, unseren ganzen Arbeitswillen und unser ganzes Herz[51].«

Wie Wittram, so stellten sich nahezu alle Rußlandkenner, auch die der russischen Geschichte, in den Dienst des Kriegsgeschehens im Osten, sei es an den Universitäten, in speziell gegründeten Forschungseinrichtungen des Auswärtigen Amts, des Rosenberg-Ministeriums oder der SS[52]. Das Wichtigste, was die Rußlandkenner zum Lebensraumkrieg im Osten beizutragen wußten, bestand in der ideologischen Stabilisierung des Soldaten. Zumeist geschah dies im Rahmen von Kriegsvorträgen auf dem universitären Forum, auf dem beileibe nicht alle Hochschullehrer das Wort ergriffen oder ergreifen mußten. Dort finden wir auch Reinhard Wittram wieder, der sich in die Reihe der Fachkollegen einordnete, die die traditionelle Gefährlichkeit Rußlands für Europa an die Wand projizierten und dabei in kühnen Strichen die Verbindung von den Mongolen zu den Bolschewiken zogen und als vergleichbares Bedrohungsszenario die Schrecken der Araber- und Türkenfeldzüge malten. Wittram verwies auf Herzog Johann Albrecht von Mecklenburg, der 1560 den Moskowiter als »tyrannische[n] Bluthund« bezeichnet hatte. Die Geschichte bot nach Wittrams Auffassung genügend überzeugende Beispiele für die diesbezügliche Grausamkeit, wobei man in Rechnung zu stellen hatte, »daß es sich hierbei um typische Äußerungen eines bestimmten asiatischen Lebensgefühls gehandelt haben muß, das im bolschewistischen Rußland zu seiner grauenhaftesten Wirkung gelangen sollte«. Und es gehört schon ein Stück politischer Verblendung dazu, in Anbetracht nationalsozialistischer Expansionspolitik nur der Sowjetunion imperiale Gelüste in der Tradition von Moskowitern und Türken zu unterstellen:

»Die beiden Feinde Mitteleuropas und der germanischen Welt haben manches Gemeinsame gehabt, nicht nur in der barbarischen Kriegführung, auch in der aller rechtlichen Voraussetzungen spottenden Anmaßung ihrer Eroberungsansprüche[53].«

Es gibt nach 1945 gute wissenschaftliche Adressen, die zur Legitimation des Nationalsozialismus bzw. seiner Kriegshandlungen das Ihre beigetragen haben, sei es vor allem während des Krieges aus nationaler Loyalität, sei es aus ideologischer Überzeugung, aus mangelnder Erkenntnis des Unrechtswesens des NS-Regimes oder aus nationalistisch-revisionistischer Gesinnung, nicht zuletzt aus Furcht vor dem Bolschewismus. Erschreckend ist, wie viele Historiker sich den braunen Machthabern zur Verfügung stellten, ohne der Not der Umstände zu gehorchen, sondern aus unterschiedlichen Motiven und bei fragwürdigsten Einrichtungen, nicht zuletzt um der Karriere willen. Und die förderte man am ehesten, wenn man es mit der SS hielt. Hinzuweisen ist hier beispielhaft auf die Referententätigkeit von Herbert Grundmann und Fritz Röhrig im Rahmen eines Ausbildungsprogrammes der SS für europäische Freiwillige während des Zweiten Weltkrieges[54]. In der Nord- und Ostdeutschen Forschungsgemeinschaft mit ihrer Publikationsstelle trafen sich der Generaldirektor der Preußischen Staatsarchive und Mittelalter-Historiker zunächst in Königsberg, Marburg und Berlin mit Aubin und anderen angesehenen Historikern, eine Einrichtung, die ab 1939 das Auswärtigen Amt, das Reichsinnenministerium, das Oberkommando des Heeres, das Propagandaministerium und einzelne SS-Dienststellen beriet, auch wenn ihr Präsident Albert Brackmann die zunehmende Instrumentalisierung während des »Totalen Krieges« mit wachsendem Unmut registrierte.

II. Selbstzeugnisse westdeutscher Historiker über die NS-Zeit

Fragen wir nun nach der Selbsterfahrung, die deutsche Historiker während des Dritten Reiches und des Zweiten Weltkrieges gemacht und wie sie mit ihnen fertig geworden sind. Wie ging die deutsche Historikerschaft nach dem 8. Mai 1945, so lautet unsere Hauptfragestellung, mit ihrem Involviertsein in das Dritte Reich um, wie hat sie den verlorenen Zweiten Weltkrieg innerlich und wissenschaftlich aufgearbeitet? Der Entnazifizierung fielen in Westdeutschland lediglich solche Historiker zum Opfer, die in politisch- und administrativ-institutionell exponierten Positionen gesessen oder sich in für die Siegermächte unakzeptabler Manier als nationalsozialistische Bannerträger, vor allem des Antisemitismus, hervorgetan hatten. Die oft nicht minder überzeugten Nationalsozialisten, die sich nicht öffentlich prostituiert hatten, erfuhren nach einer Wartezeit wieder die Gunst der Zunft, kehrten an eine Alma mater zurück oder fanden in einem außeruniversitären Institut eine angemessene Betätigung. Erst in den sechziger Jahren brach sich die Einsicht Bahn, es müßten nicht zuletzt die Historiker sein, die über ihr Tun und Lassen während des Dritten Reiches auf wissenschaftlicher Grundlage Rechenschaft ablegen sollten. Zuvor hatten wenige Fachkollegen auf den Trümmern des Zweiten Weltkrieges darüber nachgedacht, wie es denn dazu hatte kommen können, ob und wo sich Bausteine aus der Konkursmasse des Dritten Reiches finden ließen, die für einen Neuaufbau von Staat, Gesellschaft und Wissenschaft brauchbar erschienen.

Gegenüber der Einsicht in ihr politisches Fehlverhalten zeigten sich nur wenige aufgeschlossen. Zu ihnen zählte der 1941 abgelöste Präsident des Reichsinstituts für die Geschichte des neuen Deutschland, Frank, der seine Vergangenheit mit der Pistole bewältigte. Andere beraubte ein natürlicher Tod der Möglichkeit der Selbsterkenntnis oder der Rechtfertigung[55]. Die Zunft legte Karl Alexander von Müller nach einigem Zaudern den Mantel des Vergessens ebenso um, wie man dem Mediävisten Walter Kienast seine frühe Parteimitgliedschaft als Jugendsünde verzieh. Er durfte nach einer gewissen Sühnezeit wieder als Herausgeber der Historischen Zeitschrift fungieren[56]. Überflüssig zu sagen, daß in den Zeiten des Kalten Krieges die Osthistoriker als Wissens- und Erfahrungsträger gefragt waren und an zahlreichen Lehrstühlen und für sie geschaffenen Osteuropa-Instituten ihr antibolschewistisches Ressentiment, weitgehend auch ihr antipolnisches und antitschechisches bzw. -slowakisches aufgrund der territorialen Einbußen Deutschlands und des Verlusts der Heimat pflegten[57].

Dies geschah nicht zuletzt in den ostdeutschen historischen Kommissionen, im Göttinger Arbeitskreis, dem Herder-Forschungsrat und dem Herder-Institut sowie der Ostakademie in Lüneburg. Erster Präsident des Herder-Forschungsrates wurde Aubin, der sich öffentlicher Bekundungen über seine Auffassung vom Nationalsozialismus unseres Wissens nach in der Nachkriegszeit enthielt. Er holte seinen und Kaehlers Schüler Ernst Birke in das Herder-Institut. Birke war Vertreter des NSD-Dozentenbundes im Senat der Breslauer Universität gewesen, und Aubin hat ihm nach 1945 vorgeworfen, den Tod der universitären Selbstverwaltung auf dem Gewissen zu haben. Obwohl auch Mitglied der SS und in verschiedenen Parteiorganisationen als eifriger Schulungsreferent tätig, wodurch seine wissenschaftlichen Arbeiten liegenblieben, hat ihn Aubin doch für bedeutsame Verwendungen nach dem Krieg protegiert. So wurde Birke Leiter des Hauses des Deutschen Ostens in Düsseldorf, später ordentlicher Professor an der Pädagogischen Abteilung der Ruhr-Universität[58]. Erich Keyser avancierte zum zweiten Direktor des Herder-Instituts. Hier wirkte u. a. lange Jahre Rudolf Urban, dessen Dissertation eindeutige antisemitische Ausfälle enthält[59]. Zu den Mitbegründern der Ostakademie in Lüneburg zählte Max Hildebert Boehm, während Günther Franz und Adolf Rein die Ranke-Gesellschaft ins Leben riefen, die sich der Verbreitung historischen Wissens verschrieben hatte und sich wegen ihres konservativ-restaurativen Charakters in ihrer Frühzeit massiver Kritik ausgesetzt sah. Franz gab über lange Jahre »Das Historisch-Politische Buch«, Zeichen seiner sogenannten Flucht in die Objektivität, heraus, und er wurde schließlich ordentlicher Professor an der Universität Hohenheim. Kollegialer Kulanz ist es zu danken, daß Günther Franz »— freilich in der mit einigen Unschärfen verbundenen Distanz von über vierzig Jahren —« in einem Aufsatz über die NS-Zeit auch seine eigene Tätigkeit als nationalsozialistischer Historiker nicht aussparte[60]. Dort nachlesend, treffen wir auf das lapidare Bekenntnis: »auch ich war damals Nationalsozialist«[61]. Ansonsten verweist Franz auf einen Artikel über »Geschichte und Rasse«, der den Nachweis erbringe, daß im behandelten Zeitalter der Glaubenskämpfe mit dem Rassebegriff nicht operiert werden könne.

Für Boehm, Rein und Franz gilt wohl der Satz, »daß es akademische Lehrer gab, deren nationalsozialistische Gesinnung aufgrund persönlicher Erinnerung an sie gar nicht angezweifelt werden kann, deren wissenschaftliche Schriften aber dank einer positivistischen Wissenschaftradition keine Belege eben dieser Gesinnung aufweisen«, zumeist jedenfalls nicht[62]. Bei Franz darf im übrigen noch an seine rassistisch motivierten Attacken in denunziatorischer Absicht gegenüber national-konservativen Kollegen zu Beginn des Dritten Reiches erinnert werden, was auch ihm in der Nachkriegszeit als jugendliche Verfehlung verziehen wurde[63].

Wenn es vergleichbare, sich wiederholende geschichtliche Prozesse gibt, dann zwischen der Weimarer und der Bundesrepublik: Die meisten sogenannten belasteten Historiker schlugen sich auf die Seite der Vernunftrepublikaner.

Als Raritäten erweisen sich daher kritische Selbstreflexionen und Versuche der Aufarbeitung eines Kapitels ganz persönlicher Geschichte.

Dies gilt für überzeugte Nationalsozialisten, Semipaladine, Angepaßte und bewußte Gegner gleichermaßen. Wir können uns also nur auf Einzeläußerungen beziehen, ohne daß sich immer mit Sicherheit zwischen Gesinnungswandel und Opportunismus differenzieren läßt. Zeitraubende Recherchen nach u.U. in kleiner Auflage und abseits der großen Verlage erschienenen Publikationen mußten unterbleiben. Es ist zudem davon auszugehen, daß sich in Nachlässen zahlreiche Äußerungen zu NS-Zeit und Zweitem Weltkrieg finden lassen, die hier noch keine Berücksichtigung finden konnten.

Wenn es darum ging, den eigenen Standpunkt während des Dritten Reiches und des Zweiten Weltkrieges zu orten, um am Ende eines Selbstfindungsprozesses den persönlichen Fluchtpunkt für die Zukunft zu finden, stand dem mehreres entgegen: zum einen fehlende Einsicht in die Zwangsläufigkeit des Untergangs des Dritten Reiches und der Niederlage im Zweiten Weltkrieg aufgrund gegebener machtpolitischer Konstellationen, und in die Unumkehrbarkeit geschichtlicher Prozesse. Zum zweiten die psychologische Hemmschwelle, die vor der Erkenntnis des Irrtums in der Regel zu überwinden ist. Damit unmittelbar zusammenhängend die Furcht vor sozialer und beruflicher Diskriminierung und nicht zuletzt die Scheu vor politischem Umlernen, was die Überwindung des nationalen Gedankens, die innerliche Distanzierung vom starken Staat, den Verlust der Autoritätsgläubigkeit und damit die Hinwendung zu einem pluralistisch-demokratischen Gesellschafts- und Staatswesen im Rahmen eines größeren europäischen Gebildes bedeutet hätte. So haben sich viele in die innere Emigration zurückgezogen, die Unbelehrbaren wie die Opportunisten, die auf bessere Zeiten hofften. In beiden Gruppen befanden sich Persönlichkeiten, die aus dem Schatten der Vergangenheit heraustraten, als sich die Konturen des Kalten Krieges abzeichneten. Jetzt waren Kenntnisse des Ostens, gesamtdeutsches Bewußtsein und eine penetrante Ausdauer bei der Artikulation des Rechts auf Heimat und zur Aufrechterhaltung der Forderung nach Rückgabe verlorener Ostgebiete gefragt, und dies alles auf einem »gesunden« Antibolschewismus und Antikommunismus beruhend. Dies genügte bisweilen zur Rehabilitation, ohne daß die Identifikation mit der sich abzeichnenden Staats-, Gesellschafts- und Wirtschaftsordnung westlichen Zuschnitts nachweislich gefordert worden wäre. Wie hätte sie auch aussehen sollen?

Bei dem Göttinger Ordinarius Reinhard Wittram kann man im Vorwort einer geschichtlichen Betrachtung über Livland unter Bezug auf die Umsiedlung der Baltendeutschen in den Warthegau ein Bekenntnis zu der dort auf die neuen Ansiedler harrenden Aufgabe nachlesen:

»Daß wir geschlossen zu neuer deutscher Ostarbeit berufen wurden, empfinden wir als ein tiefes Glück [...] Was für den Lebenskampf Deutschlands nicht tauglich ist, soll vergehen, was ihm dienen kann, wird sich bewähren[64].«

War dem letzten Satz eine rassenbiologische Sentenz unterlegt? Der Verfasser hat sich später selbstkritisch mit seinem Verhältnis zum Nationalsozialismus auseinandergesetzt, auch einige Zeilen über das hier zitierte Buch hinterlassen. Sie zeigen sein wie seiner baltendeutschen Landsleute Verhältnis zum nationalsozialistischen Regime im Spannungsfeld von Faszination und Verkennung. Es erklärt sich nicht zuletzt aus der spezifischen politischen und persönlichen Situation der deutschen Bewohner Lettlands und Estlands:

»Die Schrift ›Livland‹ ist geschrieben aus dem Bedürfnis, für die umgesiedelte baltisch-deutsche Volksgruppe ein politisches Alibi zu schaffen. Mit Erstaunen hatten wir schon bei der Umsiedlung gemerkt, daß man uns nicht ›für voll‹ nahm, sondern eine Umerziehung der Jungen und Alten für erforderlich hielt. Demgegenüber sollte gezeigt werden, daß wir nicht mehr eine von ständischen Vorurteilen befangene altertümliche ›Gesellschaft‹ waren, sondern bereit und fähig, uns in der neuen Volksgemeinschaft einzugliedern. Der Begriff ›nationalsozialistisch‹, den ich für die in Lettland und Estland vollzogene Umwandlung des baltischen Deutschtums in Anspruch nahm, ist gutgläubig gebraucht für etwas, was sich uns Außendeutschen ganz anders darstellte, als es wirklich war. Für uns reduzierte es sich auf ein Leben im Kampf und Opfer fürs Volkstum; der Nationalsozialismus versprach diese uns vertrauten Forderungen zum Gemeingut zu machen, indem er sie mit weltanschaulicher Begründung, mit sittlicher Wucht an jeden einzelnen herantrug. Dies schien uns die Wurzel der deutschen Revolution zu sein. Die entscheidende nationalsozialistische Prüfung schien uns jeder bestanden zu haben, der sein Volkstum im Kampf zu behaupten fähig war. Die völlige Verkennung dessen, was der Nationalsozialismus war und was hinter ihm stand, ist der fundamentale Irrtum des Buches[65].«

Wem dies als eine halbherzige Distanzierung vorkommen mag, der lese in einem Aufsatz Wittrams nach. Im Unterschied zu denen, die im verlorenen Zweiten Weltkrieg nur eine vorübergehende Unterbrechung eines ansonsten geregelten historischen Aublaufs sehen mochten, um nach einer gewissen Zeit der Normalisierung wieder zu alten Denkkategorien zurückzukehren, und auch in Abhebung von denjenigen, die in der »Verzichtstimmung der Niederlage« nationales Anspruchsdenken zurückstellten, zog der Göttinger Gelehrte eigene und andere Schlüsse aus dem Untergang des Dritten Reiches: Er registrierte eine

Zeitenwende, in der von überkommenem nationalstaatlichem Denken abgerückt werden mußte. Offenkundig hatte der *souveräne Staat* seine Zeit hinter sich, zumindest würden aus eigener Machtvollkommenheit nur die beiden Weltmächte USA und UdSSR ihren Souveränitätscharakter bewahren. Das einzelstaatliche Europa mit dem Recht auf gegenseitige Kriegserklärung gehörte der Vergangenheit an. Wittram konzediert den einzelnen Völkern ihr subjektives politisches und kulturelles, selbst rassisches Selbstverständnis:

»Aber daraus auf eine im Wesen gegebene politische oder menschliche Rangordnung zu schließen, geht nicht an. Man kann sich so gröblich irren, wie wir es hinsichtlich der Führungsaufgabe des deutschen Volkes getan haben. Ist es nicht so, daß Sendungsideen auf einseitigen Geschichtskonstruktionen beruhen, mit denen einzelne Züge der geschichtlichen Entwicklung, die an sich richtig sein können, vom Machtwillen aus zu unbedingter Geltung erhoben, zu Leitideen erhöht werden, die den Boden der tatsächlichen menschlichen Gegebenheiten verlieren?«

Wittram hat den Weg zur Bekennenden Kirche gefunden, und aus dieser Sicht ist alles, was ein Volk auszeichnet, von Gott. Nationalstolz ist daher unangebracht, Dankbarkeit und Liebe zu dem, was dieses Volk auszeichnet von Nöten. »Wer um die Geschöpflichkeit weiß, weiß um die Schuld[66].«

Im Jahre 1940 erschien zum 75. Geburtstag von Johannes Haller eine Festschrift, die zeigt, daß der Tübinger Gelehrte persona grata war. Der Mitherausgeber, der Mittelalterhistoriker Heinrich Dannenbauer[67], besaß bereits vor der Machtübernahme Hitlers das braune Parteibuch, lehnte, wie übrigens die meisten seiner Historikerkollegen, einen rassenideologischen Zugang zum Geschichtsverständnis jedoch vehement ab, insbesondere den rassisch begründeten europäischen Führungsanspruch der Deutschen[68], dies im Gegensatz zu dem Hamburger Mediävisten Otto Westphal[69], zu Walter Frank und Karl Richard Ganzer[70], den wenigen eindeutigen Rassenideologen unter den NS-Historikern[71].

Was den zu ehrenden Johannes Haller anbetrifft, so gehört er zu den zahlreichen zwischen 1945 und 1949 verstorbenen Historikerkollegen (gest. 24.12.1947)[72], denen nur eine kurze Wirkungsfrist nach dem Ende des Zweiten Weltkrieges vergönnt blieb. Immerhin mußte er erleben, daß seine »Epochen der deutschen Geschichte« als Schulbuch zunächst verboten waren. Dem Autor dieser Zeilen dienten sie aber bereits in den frühen fünfziger Jahren, nun ohne das in der NS-Zeit hinzugefügte Kapitel, wieder zur Grundlage schulisch vermittelten Geschichtswissens.

Abgesehen davon, daß dem Schüler und angehenden Historiker ein zutiefst vom Nationalgedanken und deutsch-konservativer Gesinnung durchdrungener Lese- und Lernstoff offeriert wurde, ließ auch das Vorwort zur ersten Nachkriegsauflage erkennen, daß Haller seiner politischen Grundhaltung vor 1933 und seinem Verständnis von Geschichte treu geblieben war und die Zukunft Deutschlands in einer verbesserten Neuauflage der historischen Entwicklung ab 1914 erblickte[73]. Hallers posthum publizierte Erinnerungen enthalten dem Leser selbstkritische letzte Passagen des maschinenschriftlichen Originals vor[74]. Haller gesteht hier reflektierend, daß es ihm während des Dritten Reiches darum gegangen sei, der deutschen Nation zu alter Größe zu verhelfen:

»Galt es doch nichts Geringeres, als ein neues Deutschland zu schaffen, das sich die Tugenden der Vorfahren bewahrte, ihre Fehler abstreifte.«

Er verweist auf den engen Zusammenhang der Ereignisse zwischen 1918 und 1933, und er war überzeugt,

»daß die einzige wirkliche Schuld auf die fällt, die das, was geschah, hätten verhindern können, in erster Linie also auf die, die sich zwischen 1918 und 1933 in der Regierung des Reiches ablösten und in ihrer Unfähigkeit es dahin kommen ließen, daß ein landfremder Abenteurer, das war Adolf Hitler, [...] ein so mangelhaft beglaubigter Prophet als gottgesandter Retter begrüßt werden konnte«.

Aber dann fehlt es doch nicht am persönlichen Bekenntnis, das ihm schwergefallen sein muß:

»Zu denen, die auf ihn ihre letzte Hoffnung setzten, habe auch ich gehört — [...] auch in der Hoffnung, daß die Ausübung der Macht im Staat ihn nötigen würde, das Bestehende zu achten und einen Neubau auf dem Boden des Gewordenen zu errichten, mit andern Worten: Aus dem Revolutionär ein Konservativer zu werden, wie es jeder werden muß, der regieren will.«

Dieses Erklärungsmodell haben alle Konservativen nach dem Zusammenbruch, auch im Blick auf die Koalitionsregierung Hitler-Hugenberg, angeboten. Haller blieb bis zu seinem Tod das, was er gewesen war, ein Deutsch-Nationaler. Wir wissen, welch politisches Wechselbad von Sympathie und Abneigung er während des Dritten Reiches nahm:

»Ich brächte es nicht über mich, diese ganze Zeit von 1918 bis 1945, die ich nur als Einheit sehen kann, diese Jahre mit ihrem beständigen Schwanken zwischen Hoffnung und Entmutigung, mit all ihrem Leiden und Entbehren, ihrem Wechsel von Augenblicken trügerischen Glanzes und finsterer Stunden, wo man schon das Signal des Unterganges aus der Ferne zu vernehmen glaubte, ihre Täuschungen und Enttäuschungen bis zum fürchterlichen Ende noch einmal zu durchleben. Und wenn ich es könnte, so wüßte ich doch aus eigener

Wahrnehmung zu dem, was jedermann weiß, zu wenig nur hinzuzufügen, was das Gesamtbild ergänzen und schärfend beleuchten könnte. — Zu denen um Hitler habe ich keine Beziehungen gehabt. So lebhaft ich sein öffentlich verkündetes Ziel begrüßt hatte, so sehr ich auch später seine Erfolge anerkennen mußte, so fehlte mir doch, wie schon bemerkt, das feste Vertrauen zu seiner Persönlichkeit und die Zweifel wuchsen rasch.«

Ausdrücklich distanziert sich Haller von der Judenverfolgung. In der Denkkategorie der Staatsräson befangen, war er bereit, Hitler auch diese zu verzeihen, wenn es ihm gelänge, »Deutschland zu befreien und aufzurichten«. Doch in dem sich verdichtenden Wissen, es mit einem Irrsinnigen und Verbrecher zu tun zu haben, ihm aber das Handwerk nicht legen zu können, blieb für Haller nur die innere Emigration, »sich still [zu] verhalten und die Hoffnung nicht ganz zu verlieren, daß das Schicksal Erbarmen mit dem deutschen Volk haben« werde. Perspektivlos — »über Deutschland ist das Todesurteil gesprochen worden« — klammerte sich Haller an eine vermeintlich glorreiche deutsche Vergangenheit, suchte Zuflucht im Pathos des Dramas:

»Aber wenn die deutsche Geschichte ein Trauerspiel war, in dem sich Schuld und Schicksal verketten, so war sie doch die Tragödie eines Helden. [...] Dies Volk, was immer es gefehlt haben mag, ist unsterblich, denn es hat auf allen Gebieten menschlichen Schaffens Größtes vollbracht[75].«

Dem von der Geschichte eingeholten Historiker gelang es nicht, den Nationalsozialismus in einen gesamtgeschichtlichen Kontext zu stellen.

Für nicht wenige Historiker rissen das einstürzende Dritte Reich und die zusammenbrechende Wehrmacht ihr politisches und wissenschaftliches Ordnungsgebäude mit in die Tiefe. Sie gingen, zumeist vorübergehend, ihrer nationalen Identität verlustig, sahen den Staat als Gegenstand ihres historiographischen Interesses auseinanderfallen, das Volk desavouiert, mißbraucht und in Auflösung begriffen. Der 8. Mai 1945 war für sie der Stichtag der *nationalen Katastrophe* von Ausmaßen, die die Hoffnung auf Restitution aufgrund ihnen selbstverständlich erscheinender und vertrauter Normen unmöglich und damit die Beschäftigung mit der Geschichte als Bestimmungsfaktor von Gegenwart und Zukunft höchst fragwürdig erscheinen ließ. Dem Berliner, später Hamburger und Marburger Neuzeithistoriker Gerhard Oestreich, einem Protagonisten der Wehrgeschichte, schien sogar als einem Vertreter der jüngeren Generation die Erforschung der Geschichte eines in vier Besatzungszonen zerlegten und großer Territorien verlustig gegangenen Deutschlands »sinnlos zu sein«[76].

Im Prinzip waren es allerdings die im Kaiserreich gedanklich wurzelnden Historiker, die die bedingungslose Kapitulation der Wehrmacht mit der nominellen Auflösung des Deutschen Reiches als nationale Katastrophe empfanden, wie dies Meinecke in seiner schon in der letzten Kriegsphase einsetzenden Retrospektive auf die vorausgegangenen zwölf Jahre zum Ausdruck brachte. Seine Betrachtungen und Erinnerungen (vgl. Anm. 79) sind auf eine ganz unterschiedliche Aufnahme gestoßen. Zu dem kleinen Büchlein schrieb Leo Baeck 1951 an Theodor Heuss, es handle sich um »ein jämmerliches Buch eines bedeutenden Mannes«, weil diesem in der Konfrontation mit dem politischen, moralischen und gesamtgesellschaftlichen Desaster nichts anderes einfalle, als dieses auf den Verlust an Kultur, auf den Bruch der Bildungstradition durch das Dritte Reich zurückzuführen, um dann zum »Goethe-Kränzchen« aufzurufen. Meineckes Schrift war von erheblichem Einfluß auf die bürgerliche deutsche Nachkriegsgesellschaft, die mit dem richtigen Griff ins Bücherregal im wörtlichen Sinne getrost die Zeit des Nationalsozialismus überblättern, das Geschehen zwischen 1933 und 1945 als kulturellen und moralischen Sündenfall betrachten konnte, um sich dann in Besinnung auf die großen deutschen Geistesleistungen für die Aufgaben der Zukunft neu zu präparieren, die unter solchen Vorzeichen nur in der Restitution bzw. Verbesserung der Zustände vor 1933 beruhen konnte:

»Goethe wurde der Mann für die stillen Stunden unter der mit dem Schirm bedeckten Lampe, leider, leider, und daher so oft die Zukunft für die moralischen Drückeberger, leider, leider[77].«

Der Altmeister der Geschichtswissenschaft, der 1948 die Bestallung zum Gründungsrektor der Freien Universität Berlin erhielt, deren Historisches Seminar heute seinen Namen trägt, geriet vor allem in die Kritik der Schüler von Fritz Fischer, die gehörig mit der das Kaiserreich tragenden national-konservativen Gesellschaft ins Gericht gingen. Meinecke mußte sich den Vorwurf gefallen lassen, das Wesen des Nationalsozialismus überhaupt nicht erkannt zu haben, weil er stets bewußt Altes habe bewahren wollen, auch nach 1945, ohne sich darüber im klaren zu sein, daß genau dieses Alte eine der solidesten Grundlagen für die nationalsozialistische Herrschaft gebildet hatte[78]. Zudem wird Meinecke unterstellt, durch die Hinweise auf die negativen Nebenwirkungen und Begleiterscheinungen der von ihm prinzipiell bewunderten Erfolge Hitlers den Versuch der persönlichen Selbstentschuldung unternommen zu haben. Setzt man hier mit der Analyse von Meineckes bekannter Nachkriegsabhandlung an, wird man sich in dieser Auffassung zunächst bestärkt fühlen:

»Manch deutscher Leser«, so heißt es in der Vorbemerkung, »der mir in der Verdammung des Hitlertums zustimmt, wird meine Kritik des deutschen Bürgertums und des preußisch-deutschen Militarismus zu hart finden und ›mildernde Umstände‹ für beide geltend machen. Als ob ich solche früher wie heute nicht immer mit erwogen hätte! Aber es schien mir in der heutigen Lage wichtiger und dringender, entschlossen vor der eigenen Tür zu kehren[79].«

Meinecke stellte seine positive Einstellung zum Militär, speziell zur Wehrmacht, nach 1945 auf den Prüfstand der Geschichte. Sein Bemühen, kritische Distanz zu einer Institution und einer Gesinnung zu gewinnen, die die Inkarnation des preußischen Nationalstaates und des Kaiserreiches bildete, ist auch von Meinecke distanziert gegenüberstehenden Betrachtern gewürdigt worden. Habe er es doch verstanden, »mit einigen überraschenden kritischen Einsichten in reale gesellschaftliche Ursachen des ›deutschen Weges‹ beträchtliches moralisches Terrain in der Außenwelt zurückzugewinnen«[80]. Dieser Definitionsversuch des preußisch-deutschen Militarismus seitens eines national-konservativen, auf Preußen fixierten Historikers verdient Respekt, weil er mit dem Risiko des Verlusts eines wesentlichen Teils der persönlichen und wissenschaftlichen Lebensordnung verbunden sein konnte. Meinecke zog eine Verbindungslinie zwischen Militarismus und Hitlerismus, die man in der Zeit des Kalten Krieges gerne zu übersehen pflegte. Für ihn vereinigte der Große Generalstab alle Eigenschaften des Militarismus, nämlich unreflektierte Hingabe an den beruflichen Auftrag und an den obersten Kriegsherrn, der ihn erteilte. Den Auftrag suchte man durch »Wissenschaftlichkeit, Rationalität und Energie« zu erfüllen. Verkörpert wurde das Offizierkorps durch einen Menschentypus, der sich durch Rationalität in Form technischer Perfektion und Irrationalität aus Ehrgeiz, Pflichtgefühl und Vaterlandsliebe auszeichnete, dem es allerdings »an der nötigen Ergänzung durch politisches Denken«[81] gebrach, das ihn befähigt hätte, verhängnisvolle Entwicklungen als solche einzuschätzen. So konnte es dazu kommen, daß die Reichswehr sich in Zeiten politischer und wirtschaftlicher Turbulenzen, des Zerfalls der Demokratie und der Polarisierung zwischen rechts und links auf die Seite Hitlers schlug. Und als Beleg führt Meinecke die Feststellung eines damaligen Obersten, späteren Generals an: »Die Reichswehr wird immer da stehen, wo die stärksten nationalen Belange sind[82].« Meinecke weist darauf hin, daß über die Person Hindenburgs die Wehrmacht an den nationalsozialistischen Staat gebunden wurde. Hitler war sich seiner Abhängigkeit von der bewaffneten Macht bewußt.

»Die Reichswehr zu blenden und an sich zu locken, gelang ihm in nicht geringem Grade. Die Urteilslosigkeit dieser Reichswehrkreise in Bezug auf den nationalen Wert der Hitlerbewegung hing wieder eng zusammen mit den Einseitigkeiten des preußisch-deutschen Militarismus, mit seinem hochentwickelten technischen Geiste, seiner Fachdressur[83].«

Unter den herrschenden Bedingungen lehrte Meinecke den Verzicht auf deutsches Militär. Aber — »wehrlos jetzt zu werden, heißt [...] nicht für alle Zeiten wehrlos bleiben«[84], ein Satz, der es Meinecke dann erlaubte, in Anbetracht vermeintlicher bolschewistischer Bedrohung in den Zeiten des Kalten Krieges sich bei der offenbar alternativlosen Wahl zwischen Sicherheit und nationaler Einheit für die erstere zu entscheiden. Der Vertrag über die Europäische Verteidigungsgemeinschaft war gerade unterzeichnet, da schrieb Meinecke an Ludwig Dehio:

»Ich habe das Bedürfnis nach geraden Linien und habe mich entschlossen, die Linie Adenauers — trotz aller Bedenken — zu bejahen. Ich halte es für unwahrscheinlich, daß sie zum Kriege führen wird, wohl aber für sicher, daß die Ostzone nun vollkommen zum Satellitenstaat ausgebaut wird. Das ist leider Gottes unvermeidlich. Mein Haupttrost ist, daß jede andere Politik noch schwereres Unglück über Deutschland bringen könnte[85].«

Die Akzeptanz der mit der Adenauerschen Sicherheitspolitik verbundenen Aufstellung westdeutscher Streitkräfte dürfte Meinecke in Erwartung des neuen Typs des Soldaten als Bürger in Uniform leichtgefallen sein.

Eine Generation jünger als Meinecke, wie dieser allerdings tief im nationalen Gedanken wurzelnd, vom Geschichtsbild und Wissenschaftsverständnis her mit ihm in einem gewissen Grundkonsens, doch wesentlich stärker dem 20. Jahrhundert zugewandt, besitzt die Historikerzunft in Gerhard Ritter einen Wissenschaftler, der sich wie ganz wenige mit dem Phänomen des Nationalsozialismus sowohl während des Dritten Reiches wie danach und mit dem Beziehungsgeflecht, in das er zwischen 1933 und 1945 verwoben war, auseinandergesetzt hat. In erstaunlicher Nähe zu Meinecke begab sich auch Gerhard Ritter nach dem Zusammenbruch des Kaiserreiches und nach der militärischen Niederlage 1918 auf die Suche nach Möglichkeiten einer nationalen Rekonvaleszenz. Er glaubte, den inneren Zusammenhang der deutschen Gesellschaft im Ausgleich zwischen der sozialen und der nationalen Frage finden zu müssen. Als Ausdruck seiner politischen Befindlichkeit mag die Herausgabe gesammelter Aphorismen Lassalles[86] gelten:

»Die einzige, noch mögliche Politik für uns ist fortan«, so äußerte er sich gegenüber seinen Eltern, »den sozialistischen Gedanken mit dem nationalen zu verbinden. Fort mit der verrotteten Kapitalistengesellschaft (in Engl., Frankreich usw.), die uns diese Schmach aufgezwungen hat! Einen anderen Weg kennen wir jetzt nicht mehr[87].«

Ritter wählte bei wechselnder Parteizugehörigkeit während der Weimarer Republik die konservative Mitte als politischen Standort, ohne dem verfassungsmäßig konstituierten parlamentarisch-demokratischen System in Überzeugung verbunden zu sein. Da dieses die nationalen Bedürfnisse weder nach innen noch nach außen zu befriedigen vermochte, sah er in einer autoritären Regierung die konsequente und zu begrüßende Folgeerscheinung. Was ihm allerdings vorschwebte, war eine Rückkehr zum klassischen Nationalliberalismus zwischen 1848 und 1876, und was er von einer solchen Staatsmacht erwartete, war eindeutig:

»Neubau Deutschlands nicht als Parteistaat, sondern als Staat der Freiheit, der sozialen Gerechtigkeit und der *überparteilich* waltenden Autorität! [...] Wiederherstellung des echten nationalen Idealismus [...] Die Nation ist Geistes- und Schicksalsgemeinschaft, nicht Rasse- und Blutsgemeinschaft [...] Behauptung der Idee des »*Rechtsstaates*« gegen die Gefahren zügelloser Massenselbstsucht und gewissenloser Demagogie [...] Behauptung der »*Souveränität*« der Staatsidee über die materiellen Ansprüche der großen Wirtschaftsgruppen, auch des agrarischen und industriellen Großkapitals[88].«

Selbstredend erwies sich Ritter dennoch als Gegner des Nationalsozialismus. Sein Arrangement mit ihm beruhte auf der Basis seiner nationalen Grundüberzeugung, die er während der gesamten NS-Zeit publizistisch zu vermitteln suchte. Um dies zu gewährleisten, vermied er den Bruch mit den braunen Machthabern. Beispielhaft für sein Taktieren ist das Bemühen, sein Buch über Friedrich den Großen (Leipzig 1936) veröffentlichen zu können, und er bediente sich dabei der Unterstützung der Wehrmacht, die seine Schrift zur soldatischen Pflichtlektüre und zum Pflichtbestand in ihren Bibliotheken erhob[89]. Als praktizierender Protestant maß er die Politik der Nationalsozialisten mit der Elle der Moral und christlicher Ethik. Darüber hinaus faszinierte ihn unter starkem Bezug auf Hitler das Verhältnis von Politik und Krieg, eine Problematik, die er später in vier Bänden (Staatskunst und Kriegshandwerk, 1954—1968) aufarbeitete. In seinen Briefen während der NS-Zeit ist das Thema bereits angesprochen, ehe er es gleichnishaft in der Meinecke gewidmeten Ausgabe der »Historischen Zeitschrift« in einem Aufsatz über Clausewitz abhandelte, dem er damit bewußt politische Brisanz verlieh.

Der Autor nutzte die Gelegenheit, in Anlehnung an den bekannten Kriegsphilosophen allgemein verbindliche Aussagen zu treffen, die Bezug zum Zweiten Weltkrieg hatten bzw. unmittelbar auf die Politik Hitlers abzielten. Sibyllinisch formuliert, sind sie dennoch für den, der politisch wachen Sinnes liest, eindeutig: Da findet sich der Hinweis, daß der Politiker als Feldherr stets darüber zu befinden habe, daß sich Zweck und Mittel des Krieges in einem vernünftigen Verhältnis zueinander verhielten; »daß die Kriegsfurie nur dann zähmbar, das Kämpfen nur dann sinnvoll bleibt, wenn eine klare ›politische Intelligenz‹ die Leitung fest in der Hand behält«. Hitler, der grundsätzlich freie Hand für die Gestaltung einer europäischen Nachkriegsordnung behalten wollte, mußte sich ins Gebetbuch schreiben lassen, daß Clausewitz nichts Geringeres »von der politischen Kriegsleitung« verlange, »als daß sie schon im Kämpfen selbst auf die spätere Friedensordnung Rücksicht nimmt«. Es wird ein scharf profiliertes Charakterbild des verantwortlichen Politikers im Kriege entworfen, demgegenüber das Hitlersche als Zerrbild erscheinen mußte:

»Die Kriegstheorie des Clausewitz setzt offenbar Staatsmänner voraus, die zwar von großen nationalen Impulsen beseelt, von heroischem Drang nach Ehre, Macht, Freiheit des Vaterlandes ganz erfüllt und über kleinliche politische Geschäftemacherei erhaben sind, aber gleichzeitig frei von blinder Leidenschaft, frei von blindem Haß, Träger einer nüchtern-kalten Staatsräson[90].«

Nach dem Krieg meldete sich Gerhard Ritter mit einigen Bekennerschriften zu Wort. Von politisch-kämpferischer Natur, neigte der Freiburger Historiker nicht zu Untergangsstimmung und nationalem Selbstzweifel. Katastrophen- und Irrwegslamento im Rückblick auf eine Fehlentwicklung deutscher Geschichte von Luther über Friedrich II. zu Bismarck und Hitler lehnte er schlankweg ab. Wenn man nach den Ursachen des geschichtlichen Verlaufs hin zu 1945 suchen wollte, dann wurde man nach 1918/19 fündig: Deutschland hatte sich 1933 an einer politischen Kreuzung auf einen unpassierbaren Weg gemacht, von dem aus man über unwirtliches Gelände wieder auf den Pfad der Tugend zurückfinden konnte. Dabei mußte man sich der lauernden Gefahren bewußt sein, die bereits in Richtung Drittes Reich gewiesen hatten:

Es hieß Abschied nehmen von Staatsvergötterung, hypertrophem Machtdenken, vom Primat der Außenpolitik und letztlich von der übersteigerten Hochachtung vor dem Militär und seiner Bedeutung. Von diesem Ballast befreit, konnte man sich auch mit einem erheblichen Bündel Tradition auf dem Rücken mit anderen Staaten und Völkern treffen, um mit diesen einer gemeinsamen Zukunft entgegenzuschreiten. Diese lag, seiner Auffassung nach schon von Bismarck avisiert, in einem vereinigten Europa. Die Frage, »ob wir das Hitlertum als das konsequente Endprodukt in der Entwicklung preußisch-deutschen Staatsdenkens zu betrachten haben, und ob der brutale Eroberungs- und Angriffsgeist, der den zweiten Weltkrieg entfesselte, von jeher das Kennzeichen preußisch-deutscher Politik gewesen ist«, wurde entschieden verneint[91]. Ritter gerierte sich weniger radikal im Umgang mit der deutschen Vergangenheit als Friedrich Meinecke. Vergangenheit und Zukunft ließen sich durchaus miteinander vereinbaren, wenn man sich von den bösen Traditionen löste und sich auf die guten besann. »Würdelose Selbstentehrung« stand nach dem 8. Mai 1945 nicht zur Debatte.

»Noch immer gibt es des Guten, Schönen und Großen, ja des Erhabenen in unserer Vergangenheit wahrlich genug, an dem wir uns aus vollem Herzen freuen und aus dem wir neuen Mut schöpfen dürfen für eine bessere Zukunft. Wir wollen uns redlich bemühen, kritischer und wachsamer als bisher gegen uns selbst zu sein [...] Wir werden diese Tradition in Zukunft nicht mehr im Sinne des Militarismus verstehen und uns um ein tieferes Verständnis des ›Heroischen‹ bemühen [...] Denn wir haben nur allzu deutlich vor Augen, daß kämpferischer Mut und militärisches Draufgängertum noch lange keine Garantie großer Menschlichkeit [...] ist. Es gibt noch andere und schönere Großtaten deutscher Geschichte als gewonnene Schlachten und Feldzüge, und ihre Höhepunkte fallen mit den militärischen Siegen keineswegs zusammen[92].«

Wir dürfen Gerhard Ritter als einen der politisch und wissenschaftlich einflußreichsten Historiker im westlichen Nachkriegsdeutschland bezeichnen, obgleich er konservativ-national, aufgrund der Weimarer Erfahrungen der Demokratie gegenüber skeptisch blieb, ehe er sich, als kirchenpolitischer Aktivist und bewußter Repräsentant der evangelischen Kirche, der Adenauerschen Politik verschrieb. Er bot Orientierung, weil er in Frage gestellte und tabuisierte Begriffe und Inhalte bewußt in die politische und wissenschaftliche Diskussion warf und damit auch einem weitverbreiteten Verdrängungsmechanismus entgegenwirkte. So hat er sich nie gescheut, Begriffe wie Nation und Militär wieder politikfähig zu machen. Die Klammer für beides mußte ein neues europäisches Ordnungsprinzip bilden, dem er im übrigen mit Reserve, nicht aber ablehnend gegenüberstand. Angesichts der auch von ihm empfundenen bolschewistischen Bedrohung und der realpolitischen Situation fand er sich auch mit der teilnationalen Integration in Form des Beitritts der Bundesrepublik zu einem westlichen Sicherheitssystem ab, ja befürwortete es. Verhandlungen über ein wiedervereinigtes Deutschland mit dem Ziel eines Friedensvertrages hielt er angesichts der gegebenen politischen Verhältnisse für ebenso illusionistisch wie bei konsequenter Befolgung gefährlich, weil den Bruch mit den USA provozierend und damit dem Ziel des Kommunismus dienend[93].

Wenn von repräsentativen Gegnern des NS-Regimes unter den Historikern die Rede ist, darf Siegfried A. Kaehler nicht ausgespart werden. Er sah sich bereits 1933 in seinem Wissenschaftsverständnis ernstlich in Frage gestellt und erwog aufgrund der rasch einsetzenden und umsichgreifenden Nazifizierung der Studentenschaft und der Hochschule den Übertritt in das Archivwesen, um nicht der u. a. von Gustav Adolf Rein geforderten politischen Universität Tribut zahlen zu müssen[94].

»Jedenfalls sind alle die Voraussetzungen weggebrochen«, schrieb Kaehler an Hermann Aubin, »in denen der bürgerliche Nationalist, als den wir uns ja immer gefühlt haben, sowohl in geistiger wie in sozialer Hinsicht gewurzelt hat[95].«

Dem allgemeinen Kriegsgeschehen gegenüber verhielt sich Kaehler rezipierend-distanziert, wobei er das militärische Fiasko wohl immer ahnte, ohne zu wissen, ob er es in Anbetracht des NS-Regimes erhoffen oder in Erwartung einer Sowjetisierung befürchten sollte. Im Mai 1945 verharrte er zunächst in starrer Fassungs- und Aussichtslosigkeit:

»1918 verloren wir nur einen Krieg und zwanzig Dynastien, jetzt ist außer der Freiheit auch noch jede Form staatlicher Existenz verloren, ohne irgendwelche Aussicht auf Rückgewinn innerhalb der nächsten Generationen«.

In die bange Erwartung alliierter Vergeltung mischte sich die Genugtuung über die Befreiung von 12 Jahren Lügenherrschaft. Aber was würde geschehen, wenn die Rote Armee über die Elbe nach Westen vordrang? »Ob der alte ›Reichsboden‹ als abendländisches Randgebiet noch für eine Weile eine Zwischenform zwischen Asien und Abendland behalten kann[96]?« Was Kaehler besonders schmerzte, war die durch NS-Herrschaft und Krieg zerstörte Persönlichkeitsstruktur des deutschen Menschen: Davon betroffen war er selbst, der nicht in die äußere Emigration gegangen war, sondern pflichtbewußt seinen Platz im deutschen Vaterland besetzt hielt; betroffen waren die gescheiterten Patrioten des 20. Juli 1944: »Was ist aus ihrer Persönlichkeit als Ehrenmänner und als Menschen guten Willens [...] geworden?« Was mochte im Inneren eines deutschen Juden vorgehen, der im Ersten Weltkrieg als Soldat seine Pflicht getan, seinen materiellen und kulturellen Beitrag zum Wohle Deutschlands geleistet und dennoch in den Sog der Judenverfolgung geraten war? Wie mochte es um die Persönlichkeit der Frauen bestellt sein, die im Krieg und bei Kriegsende dem Terror der Sieger ausgesetzt gewesen waren? Hatte nicht auch das technisierte Massenkriegswesen den Soldaten anonymisiert, nicht zuletzt auch in den Gefangenenlagern?

»Diese Verstoßung der sittlichen Persönlichkeit aus der Sicherung des vom Recht geschützten Lebens in die dunkelsten Nöte ausweglosen Daseins geschieht im hellen Tageslicht eines vermeintlich humanitären Zeitalters[97].«

Und was war die historische Bilanz?

»Seit den Tagen der ersten Sachsenkaiser ist es nicht mehr geschehen, daß die Vorposten der slawischen Völkerwelt bis in die Mitte deutschen Volksbodens, bis an die Werra vorgestoßen wären. So steht es tausend Jahre nach Heinrich I. und Otto I. um das Erbe jener politischen und militärischen Dilettanten, welche von einem neuen Tausendjährigen Reich träumten und die Mächte der eigenen Gegenwart nicht kannten noch verstanden. [...] So, wie wir uns vorfinden in der heutigen Stunde der Weltgeschichte, gleichen wir jenem ›Hans im Glück‹ des Volksmärchens, dem der Goldklumpen nationalstaatlicher Einigung vom gütigen Geschick geschenkt wurde, der ihn vertauschte mit dem durchgängerischen Roß der Volkstums- und Großraumpolitik[98].«

Was war zu tun? Die Rezeptur glich durchaus derjenigen Ritters. Es galt zurückzublicken und sich zu berufen auf die guten Traditionen Preußens und Deutschlands, um an ihnen den verlorenen Faden geschichtlicher Entwicklung wieder anzuknüpfen:

»Genauso, wie ich unter dem Nazismus auf das wahre Deutschland Luthers, des Idealismus' und Bismarcks hinzuführen bemüht war und den Nazismus auf dem Katheder totgeschwiegen habe, genauso werde ich die geschichtliche Leistung Preußens und des deutschen Soldatentums weiterhin aufzeigen in seiner wahren Form, vor der Zerstörung durch den Nazismus[99].«

Was den Reserveoffizier und Frontsoldaten des Ersten Weltkrieges Kaehler zutiefst erschreckt hatte, war das Menschenwürde und Menschenrechte verletzende Verhalten von Wehrmachtteilen und Wehrmachtangehörigen:

»Diese verhängnisvolle Entwicklung, welche Angehörige der Wehrmacht in die Henkersarbeit der Sondergruppen der SS und der SD hereingezogen hat, hätte aufgehalten werden können, wenn nur ein Dutzend Kommandeure der Wehrmacht das Beispiel befolgt hätten, welches der damalige Oberstleutnant und Bataillonskommandeur Dr. Otto Korfes schon während des Polenfeldzuges gegeben hat. Es klingt heute unglaubhaft, daß dieser Mann während des Herbstfeldzuges 1939 in einer polnischen Kleinstadt, welche von einer SS-Truppe malträtiert und ausgeplündert wurde, mit einem Bataillon des motorisierten Infanterieregimentes 65 aus Magdeburg diese SS-Truppe umstellen und entwaffnen ließ[100].«

Es sei noch angemerkt, daß Kaehler durchaus »militärfromm« gewesen ist, daß er sich auch am sogenannten »Fronteinsatz der deutschen Wissenschaft« in Form von Vorträgen beteiligte, so in Polen, ohne allerdings einem Hurra- oder Durchhaltepatriotismus zu verfallen. Es ist vielfach auf seine schwankende Position in der Judenfrage hingewiesen worden. Nachweislich hat er jüdische Kollegen unterstützt und zu schützen versucht. Andererseits gibt es auch Stellungnahmen gegen eine zu starke Berücksichtigung von Juden auf deutschen Lehrstühlen[101].

Unter den Opponenten gegen das NS-Regime nimmt Peter Rassow eine besondere Stellung ein, der von anderer Seite bereits eine Würdigung erfuhr[102]. Statt dessen soll aus Verbundenheit zur Albert-Ludwigs-Universität in Freiburg der Mediävist Gerd Tellenbach Erwähnung finden, der bereits 1945 eine Schrift verfaßte, die allerdings erst 1947 veröffentlicht wurde. Tellenbach thematisierte die Schuld des deutschen Volkes am Zustandekommen des Nationalsozialismus, an der Duldung eines Unrechtssystems und an der Kriegführung bis zum bekannten bitteren Ende. Beim letzteren wollen wir einen Moment verharren: Dennoch bemüht, Pauschalurteile zu vermeiden, glaubte der Autor, zwei Kardinaluntugenden der Deutschen herausstellen zu müssen, die für ihn Erklärungscharakter besaßen: die Lust am Kommandieren und das ausgeprägte Bedürfnis zu gehorchen. Wie sonst wollte man erklären, daß die Deutschen ihrem Führer bis zur bedingungslosen Kapitulation der Wehrmacht die Treue hielten, obwohl seit Stalingrad den Einsichtigen, wenig später aber auch der Masse deutlich werden mußte, daß das Kriegsglück nicht mehr auf der deutschen Seite stand? Wußte der Historiker nicht zu berichten, »daß die alten Germanen glücklose Könige den Göttern opferten«? Beruhte nicht Macht auf Glauben und Vertrauen der Untertanen, und mußte sie nicht dahinschwinden, wenn diese beiden Kriterien nicht mehr gegeben waren?

Hätte man von den hohen Militärs, die die Lage kannten, nicht erwarten können, daß sie entsprechend handelten? Hätten die Bombenangriffe auf die Städte nicht einen Aufschrei des Entsetzens und der Empörung bei der betroffenen Zivilbevölkerung auslösen müssen? All dies geschah nicht, und Tellenbach erklärt dies aus den dem deutschen Volk verlorengegangenen Eigenschaften, als da sind:

»Selbständigkeit des Urteils, Verantwortungsfreudigkeit, sittliche Autonomie. Man tat seine ›Pflicht‹. Pflichterfüllung war die Tugend des einfachen Soldaten oder Arbeiters genauso wie die des Wirtschaftsführers oder Generals. Und Pflicht war das nicht, was das eigene Gewissen verlangte, nicht, was in einsamer Selbsterforschung als göttliches Gebot [...] erkannt war [...], sondern Pflicht war der ›Befehl‹[103].«

Eine zweite Erklärung für Nationalsozialismus und Zweiten Weltkrieg eruiert Tellenbach aus einem historischen Befund, der lautet: Der in anderen vergleichbaren europäischen Kulturstaaten bereits überwundene Absolutismus erreichte erst zu Beginn des 20. Jahrhunderts in Deutschland in ununterbrochenem Gottesgnadentum bis 1918 seinen Höhepunkt. Die damit verbundenen verheerenden Auswirkungen offenbarten sich in einem Mangel an politischer Erfahrung, an demokratischer Gesinnung und an sozialen Einrichtungen, im Fehlen einer verantwortungsbewußten Führerschicht, die die dominante Adelsgesellschaft hätte ablösen können. Im Kaiserreich hatte der deutsche Bürger die Position des politischen Zaungastes eingenommen, der sich im Glanze nationaler Erfolge sonnte, politische Debatten in Form eines schöngeistigen Diskurses führte. Bis zum Beginn des Ersten Weltkrieges konnte man registrieren, »daß das Preußentum mit seinen guten und schlechten Eigenschaften seit 1870 das ganze deutsche Volk mehr oder weniger durchsetzt hat: mit dem Geist der Subordination und der Rechtschaffenheit, der Freude am Soldatischen und straffer Disziplin«[104]. Hinzu kam, daß die gleichzeitig stattfindende Industrialisierung die Individualitätsfindung des einzelnen, inbesondere in den arbeitenden Massen, verhinderte. Tellenbach macht auch in der Vielfalt des Angebotes in der Ideenwelt, im Spätidealismus, im Positivismus und im Nihilismus die Ursachen allgemeiner Verwirrung und Richtungslosigkeit aus. Der Weg in die Katastrophe schien nach 1918 unausweichlich, insbesondere nach der der Versailler Friedensordnung zugrundeliegenden Alleinschuld-Zuweisung an das Deutsche Reich. Das unrühmliche Ende der Monarchie, die militärische Niederlage und der »Diktatfriede« hatten das nationale Selbstgefühl der Deutschen zutiefst verletzt. Solchermaßen hypothekarisch belastet, auch noch durch die Dolchstoßlegende, besaß nach Tellenbachs Auffassung die Demokratie eine nur geringe Chance. Reparationen, Inflation und der partiell versperrte Zugang zu den Weltmärkten verstärkten als ökonomische Krise die Distanz zu den Weimarer Parteien. Als in der sich vor diesem Hintergrund vollziehenden Polarisierung zwischen links und rechts das Chaos auszubrechen schien und Hindenburg als letzter überzeugender Repräsentant des monarchischen Deutschland, um dies zu verhindern, Hitler die Geschäfte des Reichskanzlers übertrug, wurde dies weitgehend mit aufatmender Erleichterung quittiert.

Die weitere Entwicklung ist bekannt. Was aber gab es nach Tellenbachs Ansicht in Anbetracht der »Katastrophe« zu tun? Wie die meisten seiner Zeitgenossen plädierte auch er für die Rückbesinnung auf die kulturellen Leistungen des deutschen Volkes, um sich dergestalt wieder Achtung und Selbstachtung zu verschaffen, um sich vielleicht in absehbarer Zukunft wieder in die Reihe gleichberechtigter Völker einzugliedern.

Daß es in den deutschen historischen Seminaren nach 1945 unter der dort wirkenden konservativen, immer noch im 19. Jahrhundert wurzelnden und stark ästhetisierenden altvorderen Professorenschaft, unter dem Einfluß jüngerer Hochschullehrer, die sich in der NS-Zeit ihre wissenschaftlichen Sporen verdient hatten, sehr lange dauerte, ehe man den Blick auf das zurückliegende Kapitel zwölfjähriger NS-Herrschaft werfen konnte, versteht sich von selbst. Die unter dem Einfluß der Polarisierung zwischen Ost und West dann in die Literatur und in die Universitäten Einzug haltende Totalitarismustheorie war lediglich an der Analyse und Beschreibung autoritärer Herrschaft interessiert, nahm schließlich in ihrer politischen Perversion eine Entschuldungsfunktion ein, indem sie bezüglich des Nationalsozialismus auf die zwangsweise Gleichschaltung der Gesellschaft verwies, und sie verfiel schließlich einer primitiven politischen Nivellierung unter der Formel »braun gleich rot«. Erst der Unmut der studentischen Generation der sechziger Jahre brach mit der allgemeinen Tabuisierung und zwang die Historikerzunft, sich dem Thema Nationalsozialismus zuzuwenden. Was den Zweiten Weltkrieg anbetrifft, so hatte man sich in einer kontroversen Diskussion zwar frühzeitig mit dem militärischen Widerstand befaßt; ansonsten galt das Interesse dem rein militärischen Geschehen, und man tat so, als sei die Wehrmacht ein Rest heiler Welt in einem chaotischen Umfeld gewesen, bis die jüngere Forschung auf die enge Verwobenheit auch des Militärs mit dem NS-Unrechtsstaat aufmerksam gemacht hat, deren Intensität noch lange nicht erforscht ist.

III. Historiker der SBZ/DDR zur NS-Zeit

Wenn wir noch einen Blick auf die Sowjetische Besatzungszone werfen und uns nach den dortigen Historikern umsehen, begegnen wir zunächst einer den Westzonen in etwa vergleichbaren Situation. Wer nicht in exponierter Position während des Dritten Reiches fungiert hatte, nahm an einer der rasch eröffneten Hochschulen seine Lehr- und Forschungstätigkeit wieder auf. Immerhin war ein großer personeller Aderlaß durch Kriegs- und Nachkriegsereignisse zu verzeichnen. Ergänzt wurde diese Historikerschaft durch zurückgekehrte Emigranten. 1948/49, beim »Sturm auf die Festung Wissenschaft«, entfernte man die bürgerlichen Elemente, wobei sich der eine oder andere Gelehrte dieser Provenienz noch bis zum Beginn der fünfziger Jahre zu halten wußte.

Wer sich unter den nichtmarxistischen Historikern entschloß, seine frühere Lehrtätigkeit an einer Universität der SBZ wieder aufzunehmen oder sich auf eine Professur berufen zu lassen, tat dies sicher in dem Bewußtsein, sich auf der antifaschistischen Seite zu befinden und in Erwartung einer wie auch immer gearteten demokratischen Staats- und Gesellschaftsordnung, die Freiheit der Wissenschaft garantierte. Von solchen Vorstellungen muß sich auch der Neuzeithistoriker Karl Griewank haben leiten lassen, der zunächst in Ost-Berlin, dann in Jena lehrte, hier neben seinem Kollegen Hugo Preller, der als Professor für Historische Staatskunde und Neueste Geschichte wirkte und ein entschiedener Gegner des NS-Regimes gewesen war, aber bereits 1952 durch Emeritierung ausschied. Auch Griewank hatte dem Nationalsozialismus äußerst distanziert gegenübergestanden als einer derjenigen, die dies aus humanistischen und religiösen Beweggründen taten. Konsequenterweise wurde er bereits 1934 Mitglied der Bekennenden Kirche. Gerade in Jena hatte die NS-Ideologie an der Universität hohe Wellen geschlagen, so daß die Berufung eines entsprechend unbelasteten Professors dem Betroffenen wie der Professorenschaft wünschenswert erschien. Von Griewank ist uns keine Stellungnahme zum Dritten Reich und zum Zweiten Weltkrieg bekannt. Eine wissenschaftliche Aufarbeitung unterblieb, da er sich dem zunehmenden geistigwissenschaftlichen Totalitätsanspruch der SED nicht beugen wollte und bereits 1953 den Freitod suchte[105].

Daß bei den ältesten bürgerlichen Historikern unter den Argusaugen der sowjetischen Militäradministration (SMAD) und der nach alleiniger politischer Machtausübung drängenden Moskau-Heimkehrer das öffentliche Mitteilungsbedürfnis über Tun und Lassen in der NS-Zeit äußerst gering war, versteht sich von selbst. So vermissen wir bei Fritz Hartung, Verfassungshistoriker bis zu seiner aus politischen Gründen angestrebten und 1949 erfolgten Emeritierung in Ostberlin, entsprechende Stellungnahmen. Ohne braune Flecke erweist sich seine politische Jacke durchaus nicht. Als er während des Westfeldzuges eine Aufsatzsammlung zur Publikation zusammenstellte, fügte er früheren Arbeiten ein Essay über »Volk und Staat in der deutschen Geschichte« einführend hinzu. Nicht genug der hier ausgeteilten Eselstritte auf die Weimarer Republik, ihre Verfassung und ihre Politiker und der uns aus dem Munde national-konservativer Historiker hinlänglich bekannten Forderung nach Revision von Versailles: Nein, es wird in nationalsozialistischer Diktion dem internationalen Judentum die Schuld an der deutschen Nachkriegsentwicklung angelastet und die Verantwortung dafür zugeschoben, daß »die alten unheilvollen Kräfte der Zwietracht, die Partikularismen in ihren verschiedenen Erscheinungsformen« sich wieder erheben und »die deutsche Macht vernichten« konnten. Dem Nationalsozialismus war zu verdanken, daß er von Anfang an die Einheit des deutschen Volkes in Form des Großdeutschen Reiches als Ziel formulierte und erreichte.

»Nach dem glücklichen Auftakt des Krieges von 1939/40 darf das deutsche Volk mit ruhiger Sicherheit der Zukunft entgegengehen[106].«

Diese Zeilen bringen mehr zum Ausdruck als verbale Konzession gegenüber der NS-Zensur. War der Vernunftrepublikaner sich im Innersten politisch treu geblieben, nach dem Verlust der politischen Mitte 1918 doch eher dem autoritär-machtstaatlichen Gebaren des Dritten Reiches näher als der parlamentarischen Demokratie? Wie hatte er doch nach dem Ersten Weltkrieg geschrieben:

»Es widerstrebt meinem Gefühl, daß ich, der ich so viel Sympathie mit dem Staate Friedrichs des Großen und Bismarcks gehabt habe, nun auf einmal Republikaner werden soll, aber ich weiß mir keinen anderen Ausweg. Denn die Zukunft des ganzen Volkes muß höher stehen als die Frage der Staatsform[107].«

Sollte dies auch das Kriterium seiner Beurteilung des NS-Staates gewesen sein?

Wiedergewinnung der Wehrhoheit und Schaffung eines Großdeutschen Einheitsstaates, das waren politische Errungenschaften, für die sich die Zustimmung zum NS-Regime erkaufen ließ. Um die Freiheit der Wissenschaft hat er trotzdem gebangt und sich dort zu Wort gemeldet, wo er meinte, opponieren zu müssen, wie im Falle Gerhard Oestreichs, der in mehreren Publikationen die Dominanz der Wehrgeschichte über die übrigen historischen Disziplinen proklamiert hatte[108].

Hartungs Biograph spricht von dessen auffälliger Konzessionsbereitschaft gegenüber dem Nationalsozialismus, soweit es um politische Fragen ging. Sie endete spätestens im Frühjahr 1945, was spät genug war. Jetzt äußerte er Gedanken, wie sie Ritter bereits in den dreißiger Jahren in der Historischen Zeitschrift im Zusammenhang mit Clausewitz niedergeschrieben hatte:

»Ich finde keine historische Parallele dafür, daß eine Führung ihr Volk bis aufs Letzte hat verbluten lassen, ohne jede Aussicht auf eine Wendung. Untergang Kathargos 146 v. Chr.? [...] Vielleicht sind wir Historiker mitschuldig [...] Wir haben uns nicht gewehrt gegen die politische Verfälschung der Geschichte, haben — davon weiß ich mich frei — sie sogar mitgemacht oder doch — das gilt auch von mir — nicht dagegen angekämpft; die Aussichtslosigkeit des Kampfes hat uns abgeschreckt, aber die Opfer haben wir gescheut[109].«

An solche Überlegung knüpfte Hartung in wissenschaftlichen Diskussionen in der SBZ an, wobei nicht ganz klar wird, ob er das Wesen des Nationalsozialismus je begriffen hat. Man ist geneigt, daran zu zweifeln, wenn er ganz offenkundig den Zweiten Weltkrieg als Versuch einstuft, den Ersten nachträglich zu gewinnen: Sah er doch das Verschulden der Geschichtswissenschaft darin, »daß das deutsche Volk aus dem Zusammenbruch von 1918 nichts gelernt« hatte, daß die Vertreter der Zunft »nicht energisch genug Stellung genommen« hatten »gegen die aus politischen und militärischen Kreisen stammende Behauptung, daß wir den Krieg lediglich wegen der Schwäche unserer [...] allzusehr gehemmten politischen Leitung verloren hätten«[110].

Bei soviel Anpassung nimmt es nicht wunder, daß Hartung auch die politischen Rahmenbedingungen der SBZ/DDR zunächst akzeptierte. Immerhin wirkte er in Ost-Berlin an der Universität als Dekan und im Präsidium der Akademie der Wissenschaften, und er konnte wieder an die Herausgeberschaft der »Jahresberichte für Deutsche Geschichte« anknüpfen, die er bis gegen Ende des Krieges schon einmal wahrgenommen hatte. Dem Angebot, an die Freie Universität nach West-Berlin überzuwechseln, widerstand er aus der gleichen Voreingenommenheit der Sozialdemokratie gegenüber, die er schon während der Weimarer Republik gepflegt hatte. Entsagte er bald auch der Lehre an der Universität, so verblieb er in der Akademie, wo manch anderer politisch unsichere Kantonist Unterschlupf fand.

Hartung hat sich etliche Jahre nach dem Zusammenbruch in einem Brief in ähnlicher Weise geäußert wie Ritter, indem er das Unheil des deutschen Staates und Volkes mit dem Ende des Kaiserreiches beginnen läßt und es versäumt, den Nationalsozialismus in eine längere und breitere Tradition zu stellen: Er spricht von einem 1918 beginnenden Irrweg, »den wir im Zeitalter Wilhelms II. begonnen haben und unter Hitler im Amoklauf zu Ende gerannt sind«[111].

Die Geschichtswissenschaft der SBZ/DDR konnte zwischen 1945 und 1949 erst wenige Sozialisten/Kommunisten vorweisen. Diese hatten sich bezüglich ihres Verhältnisses zum Nationalsozialismus nichts vorzuwerfen.

Wohl aber stand eine Auseinandersetzung mit der NS-Vergangenheit als einer Erscheinungsform des Faschismus an. Daß diese, wenn es nach den kommunistischen Parteigrößen gehen sollte, auf wissenschaftlicher Grundlage erfolgen werde, erschien höchst zweifelhaft. Eher standen Bildersturm und Bücherverbrennung zu erwarten. Auf der Ersten Zentralen Kulturtagung der KPD (3.–5. Februar 1946) hatte deren Vorsitzender Wilhelm Pieck die Richtung gewiesen, nämlich dahingehend,

»daß wir das gesamte Kulturleben säubern von allem faschistischen und reaktionären Unrat, aus unseren Büchereien und Museen alles ausscheiden, was durch die verderbliche Nazi-Ideologie, den Ungeist des Rassenwahns, die Glorifizierung des reaktionären Preußentums, den Hurra-Patriotismus und Militarismus gekennzeichnet ist«[112].

Dessen ungeachtet besaßen einige marxistische Historiker bereits ein Deutungsmuster, ehe ein solches mit dem politischen Anspruch auf Verbindlichkeit ab dem Beginn der fünfziger Jahre dann vorgegeben war, aufgrund dessen sie die NS-Zeit in einen historischen Kontext einzuordnen suchten. Besonderer Verbreitung erfreute sich eine Schrift von Ernst Niekisch, einem der späteren kulturpolitischen Spitzenfunktionäre in der DDR, in der der große historische Bogen geschlagen wurde von Luther bis 1945. Den Nachweis einer deutschen Daseinsverfehlung führen zu wollen, mußte natürlich scheitern. Dennoch bietet die Abhandlung eine erste Sammlung von möglichen Ursächlichkeiten des Nationalsozialismus, angefangen beim verspäteten, dann hypertrophen deutschen Nationalstaat, über das Preußentum bis hin zum es charakterisierenden Militarismus. Schließlich wird auch die in der Weimarer Republik angelegte Entwicklung hin zum autoritären Staat in einer sachbezogenen Weise aufgezeigt, wie dies der sogenannten bürgerlichen Geschichtswissenschaft erst wesentlich später gelingen sollte. Da ist die Rede von der nicht verarbeiteten Niederlage, von dem zwischen die rechte und linke Front geratenen Mittelstand, von den ökonomischen Auswirkungen der Nachkriegsordnung und der Weltwirtschaftskrise. Daß dies alles durch die kommunistische Brille gesehen ist, versteht sich, mindert aber den Aussagewert wenig, wenn man dies in Rechnung stellt. So gesehen läßt sich auch bereits der auf dem Rassismus beruhende nationalsozialistische Antibolschewismus in seiner aggressiven Form ausmachen[113]. Eine sozialistische Heilslehre wird noch nicht verkündet. Von dieser Schrift hebt sich negativ eine ebenfalls weit verbreitete und später immer wieder aufgelegte Publikation ab, die ganz in den Denkkategorien der Dimitroffschen Monopolkapitalismus-Theorie befangen ist. Sie stammt aus der Feder eines Nicht-Historikers, aus der des späteren Kultusministers Alexander Abusch, »Der Irrweg einer Nation« (Berlin 1946).

Zu beiden Traktaten hat sich eine interessante Persönlichkeit zu Wort gemeldet, die sicherlich zu den brillantesten Köpfen unter den späteren DDR-Historikern zu rechnen ist, zumal sie über eine umfängliche Bildung, über Witz und auch Satirik verfügte. Es handelt sich um Walter Markov, der in Bonn bei dem Mediävisten Fritz Kern studiert und um den sich eine kommunistische Studentengruppe geschart hatte. Seine Vita vermerkt von 1935 bis 1945 unter Berufsbezeichnung »politischer Sträfling«, als der er in Siegburg einsaß. In die SBZ übergewechselt, lehrte er an der Universität Leipzig, hielt von dort aus, solange dies ging, Kontakt zu westdeutschen Kollegen, so z. B. auf dem ersten Historikertag. Von ihm ist ein Essay überliefert, das er der Frage widmete, ob es denn bereits ein Jahr nach dem Untergang des Dritten Reiches möglich sei, sich als Historiker dazu zu äußern, dies bei ungenügendem zeitlichen Abstand, fehlenden Quellen und mangelndem Papier. Als hemmender beklagt er, daß der Krieg ein gut Teil der mittleren Historikerjahrgänge dahingerafft habe mit der Folge der Überalterung der Kollegenschaft. Zudem empfand er es als unbehaglich, »keine Flügelmänner zu haben, rechts und links ein Nichts zu wissen; über den Graben, den es [das braune Interim] hinter sich gelassen, führt keine Brücke zurück, und der Blick nach vorn ersetzt die Korrektur der wechselseitigen Kontrolle nicht[114]« — Bemerkungen, die dem weniger rätselhaft erscheinen, der den Autor kennt. Man interpretiert diesen sicher nicht fehl, wenn man ihn dahingehend deutet, daß Wissenschaft von der Kritik, von Diskurs und Meinungspluralismus lebt. Bedauert er doch wenig später, daß »der Austausch mit der geistigen Republik des Auslandes« bislang nur »erste schüchterne Keime« treibt[115].

Allen Widrigkeiten zum Trotz spürte er die Verpflichtung, sich zu der Ära des Nationalsozialismus als Historiker zu äußern, weil sonst den Publizisten und den Parteiideologen das Thema überlassen blieb, eine Befürchtung, die er durch die bereits oben genannten Schriften von Abusch und Niekisch bestätigt fand. Und die Beiträge von Meinecke und Ritter lagen westlicherseits vor und bildeten eine Herausforderung. Beiden bestätigt Markov »Stilniveau und intime Stoffbeherrschung«, wodurch unausgesprochen die beiden vorausgenannten Abhandlungen abqualifiziert werden. Aber, er hält das, was die beiden westdeutschen Kollegen mitzuteilen haben, für historisch wie politisch unzureichend. Ihre Analyse ist nach seiner Auffassung gekennzeichnet durch »teilweise Sterilität, jene Blässe zukunftsweisender Resultate, die der Laie geneigt ist dem Historiker als integrierend zuzuschreiben«[116]. In der Tat trifft er bei Meinecke und Ritter den wunden Punkt: Wenn sie sich doch der Rankeschen Auffassung verschrieben hätten, daß Geschichte über die Feststellung des Gewesenen hinaus Aussagen für die Zukunft verweigere! Genau dies sei aber nicht geschehen. Ritter rufe dazu auf, aus der Geschichte zu lernen. Dazu werde zwar bei diesem und auch Meinecke »im einzelnen Treffliches« geschrieben, doch seien beide in ihrer überkommenen Denkungsart befangen. Für Meinecke bleibe nur die Resignation desjenigen, der die Annexionsdenkschrift des Ersten Weltkrieges unterzeichnet habe und nun vor dem zerronnenen Reich stehe.

»Nach Wesen und Werdegang den Werten liberaler Demokratie aufgeschlossen, empfindet er das Ende einer Epoche, mit der sein aufrechtes Lebenswerk zusammenfällt, als Schlußpunkt, als Irreparabilität.«

Meinecke, so Markov, habe ein Buch der Geschichte aufgeschlagen, in dem Erhellendes über die jüngste Vergangenheit zu lesen sei, ohne allerdings den Leser »weiterzubringen als zum Beweinen seiner bürgerlichen Daseinsverfehlung«. Ritter hingegen reduziere den kurzen deutschen Irrweg auf eine einzige Ursache, nämlich auf das Eingreifen des deutschen Militarismus in die Speichen einer bis dahin kontinuierlich glanzvollen geschichtlichen Entwicklung. Daß Ritter einen Weg suche zwischen Balkanisierung und Verschweizerung, eine mittlere Ordnung als Grundlage neuen deutschen Aufbaus, hält Markov für abwegig:

»Daß er 1936 den echten Geist von Potsdam gegen die plumpe Klitterung des Regimes in Obhut nahm, wird ihm jeder deutschnationale Frondeur hoch anrechnen. 1947 gefällt sich solche Ehrenrettung, gelinde gesprochen, als Abseitigkeit.«

Wollte jemand ernsthaft widersprechen, wenn unser Autor Ritter die Retusche der deutschen Geschichte vorhält?

»Die deutsche Forschung hat drückendere Sorgen als die Entnazifizierung des Philosophen von Sanssouci und des Eisernen Kanzlers. Sie kann sich nicht mit Kind und Kegel auf einige Lieblingsthemen, etwa 1525, 1848 und 1933, stürzen; vielmehr tut ihr Not, die ganze Weite universeller Bezogenheit zu erschließen.«

Daß die deutsche Geschichtswissenschaft »den Sowjethistorikern die Ideallösung einer Gesamtplanung und Aufteilung der Themen unter spezialisierte Arbeitsgemeinschaften so bald entlehnen kann, ein Verfahren, das in der Chemie und Biologie auch anderwärts reiche Früchte getragen hat«, bezweifelt er, wobei nicht ganz feststeht, ob eine solche Bemerkung nicht ein gewisses Maß an Sarkasmus beinhaltet. Was er aber wünscht und für machbar hält, ist eine Abstimmung zwischen den Historikern der westlichen Zonen und der SBZ »unter Zurückstellung papierfressender Steckenpferde, etwa unter der Ägide einer historischen Abteilung an der Akademie«, und hier ist der Seitenhieb spürbar. Was wünschbar, machbar und notwendig erscheint, ist die Fähigkeit »der herrschenden Zonengeister zwischen Wiesbaden und Berlin, Freiburg und Leipzig« zu streitbarer Begegnung.

Was er als unnatürlich kritisiert, sollte die traurige Wirklichkeit werden: Der Dialog zwischen der marxistischen und der nicht-marxistischen Geschichtswissenschaft fiel dem Kalten Krieg zum Opfer, hüben und drüben war der Verlust der Dialogfähigkeit gewünscht. Damals war schon eines Tatsache:

»Die Verschiedenartigkeit der Begründung interessiert [...] weniger als die erstaunliche Gleichläufigkeit zwischen jenem Scholastiker, der sich weigerte, durch das Fernrohr zu blicken, um etwas nicht sehen zu müssen, womit seine Schriften nicht übereinstimmten, und einem Erzieher unseres akademischen Nachwuchses, der den historischen Materialismus als bedenkliche Reduktion ablehnt und im gleichen Atemzug kundtut, sich mit ihm nicht befaßt zu haben. Niemand wird den Wunsch hegen, den historischen Materialismus für seine Unterdrückung in anderen Teilen Deutschlands durch ein Monopol in der Ostzone zu entschädigen; es sei denn, daß er ihn vorsätzlich durch Inzucht ruinieren möchte. Zu fordern ist für alle deutschen Universitäten der Wettstreit beider Theorien, die Verpflichtung, sich mit ihnen bekannt zu machen[117].«

Den vorletzten Satz hat wohl auch zu SED-Zeiten kein Verantwortlicher gelesen. In den Westzonen bzw. in der Bundesrepublik erlöste die Totalitarismustheorie die Geschichtswissenschaft bezüglich ihres nationalsozialistischen Themenfeldes von der Sprachlosigkeit. In der SBZ/DDR lernten die Historiker in Moskau das garstige Lied vom Faschismus als höchster Form des Kapitalismus[118], und alle versuchten Variationen vermochten es nicht, ihm das Niveau des Gassenhauers zu nehmen.

Anmerkungen

[1] Außer Betracht bleiben die österreichischen Historiker, auch wenn sie nach 1945 in der Bundesrepublik lehrten bzw. publizierten, weil ihr Verhältnis zum Nationalsozialismus spezifisch österreichischer Prägung war. Zu verweisen ist in diesem Zusammenhang auf Robert Jütte, Zwischen Ständestaat und Austrofaschismus. Der Beitrag Otto Brunners zur Geschichtsschreibung, in: Jahrbuch des Instituts für Deutsche Geschichte, 12 (1984), S. 237–262. Unberücksichtigt bleiben auch die »bürgerlichen« Emigranten, die, von wenigen Ausnahmen abgesehen, die Nachkriegshistoriographie kaum mitgestalteten.

[2] Alexander von Müller, Zum Geleit, in: Historische Zeitschrift (HZ), 153 (1936) S. 1–5, hier S. 4.

[3] Erich Keyser, Die völkische Geschichtsauffassung, in: Preußische Jahrbücher (1933), S. 1–20, hier S. 19f.

[4] Ders., Die Veranschaulichung der Geschichte, in: Museumskunde, N.F. XI (1939), S. 86–94, hier S. 86, 93f.

[5] Vgl. dazu Karl Ferdinand Werner, Das NS-Geschichtsbild und die deutsche Geschichtswissenschaft, Stuttgart 1967, S. 60; Hans Rothfels, Die Geschichtswissenschaft in den dreißiger Jahren, in: Deutsches Geistesleben und Nationalsozialismus, hrsg. von A. Flitner, Tübingen 1965, S. 90–107, hier S. 97.

[6] So der in Leipzig und später in Heidelberg wirkende Neuzeithistoriker Johannes Kühn (1887–1973), Über den Sinn des gegenwärtigen Krieges, Heidelberg, Berlin, Magdeburg 1940, S. 10.

[7] In: HZ, 158 (1938), S. 584—587, hier S. 585; vgl. die Entgegnung von Sch. ebd., 159 (1939), S. 538—550, und die Entgegnung von Hartung, ebd., S. 550—552.
[8] Ebd., 162 (1940), S. 479—508, hier S. 480.
[9] Hermann Aubin, Die volkspolitische Bedeutung von Gewerbe und Industrie in Ostdeutschland, Breslau 1941, S. 5, 43 f.
[10] Gotthold Rhode, Brandenburg-Preußen und die Protestanten in Polen 1640—1740. Ein Jahrhundert preußischer Schutzpolitik für eine unterdrückte Minderheit, (Diss. Breslau), Leipzig 1941, Vorwort, S. V f. Es handelt sich hier um Äußerungen meines verehrten wissenschaftlichen Lehrers, dem ich in Dankbarkeit zugetan war, mit dem es aber über die deutsche Ostpolitik im Zweiten Weltkrieg zu nicht beizulegenden Differenzen gekommen ist. Es sei noch darauf hingewiesen, daß Gotthold Rhode in der Nachkriegszeit in Polen zu den angesehensten deutschen Gelehrten zählte, der sich auch besondere Verdienste um die deutsch-polnische Schulbuchkommission erworben hat.
[11] Vgl. dazu Bundesarchiv (BA), NL 35 Haller, Korrespondenz.
[12] Vgl. Winfried Schulze, Deutsche Geschichtswissenschaft nach 1945, München 1989, S. 34.
[13] Johannes Haller, Die Epochen der deutschen Geschichte, Stuttgart ^{2}1934, S. VIII.
[14] Ebd., Aufl. 1940—1942, S. 404.
[15] Johannes Haller, Wendepunkte der deutschen Geschichte, Köln 1934, 21.—25. Tausend mit Nachwort 1939, S. 63.
[16] Vorwort zur 5. Auflage, Ostern 1941.
[17] Vgl. Henryk Olszewski, Zwischen Begeisterung und Widerstand. Deutsche Hochschullehrer und der Nationalsozialismus, Posen 1989, S. 95 ff. Hier eine nahezu vollständige Bibliographie über die in Rede stehende Thematik, ebenso bei Schulze, Deutsche Geschichtswissenschaft (wie Anm. 12). Beiden Abhandlungen sind die hier und im folgenden vermittelten Grundinformationen entnommen.
[18] Meinecke an Kaehler, 26. 9. 1939, in: Friedrich Meinecke, Werke, Bd 4: Ausgewählter Briefwechsel, hrsg. von Ludwig Dehio, Peter Classen, Stuttgart 1962, S. 357.
[19] Meinecke an Kaehler, 21. 11. 1939, ebd., S. 358 f.
[20] Vorwort, in: HZ, 162 (1940), S. 229 f.
[21] Siehe einfühlsam Heinz Gollwitzer, Karl Alexander von Müller 1882—1964. Ein Nachruf, ebd., 205 (1967), S. 295—322.
[22] Max Hildebert Boehm, Das eigenständige Volk. Volkstheoretische Grundlagen der Ethnopolitik und Geisteswissenschaften, Göttingen 1932.
[23] So Schulze, Deutsche Geschichtswissenschaft (wie Anm. 12), S. 126, Anm. 24.
[24] Max Hildebert Boehm, Lothringerland, München 1942; ders., Geheimnisvolles Burgund, München 1944.
[25] Leo Just, Frankreich und das Reich im Wandel der Jahrhunderte, Bonn ^{2}1940, S. 61.
[26] Vgl. ähnlich ders., Lothringen/Raum, Volk und Geschichte, in: Die Westmark, 8. Jg (1940), H. 1, S. 8—13.

[27] Gerhard Tellenbach, Die Unteilbarkeit des Reiches, in: HZ, 163 (1941), S. 20—42.
[28] Ebd., 167 (1943), S. 3—12.
[29] Hermann Heimpel, Frankreich und das Reich, ebd., 161 (1940), S. 229—243, hier S. 232.
[30] Ders., Rudolf Stadelmann (+ 17.VIII.1949) und die deutsche Geschichtswissenschaft, in: HZ, 172 (1951), S. 285—307, hier S. 293.
[31] Ders., Deutsches Mittelalter, Leipzig 1941, S. 11.
[32] Meinecke an Kaehler, 4.7.1940, in: Meinecke, Werke, Bd 6 (wie Anm. 18), S. 363f., hier S. 364.
[33] Meinecke an Carl Rabl, 12.6.1940, ebd., S. 192.
[34] Meinecke an Kaehler, 7.11.1940, ebd., S. 364f., hier S. 365.
[35] Meinecke an A. von Müller, 10.12.1942, ebd., S. 211—213, hier S. 212.
[36] Meinecke an Rabl, 12.6.1940, ebd., S. 192.
[37] Meinecke an H. Ritter von Srbik, 8.7.1940, ebd., S. 193f., hier S. 194.
[38] Kaehler an Meinecke, 23.4.1941, ebd., S. 365—369, hier S. 367, 368.
[39] Text der Eingabe vom März 1917, BA, NL 35 Haller, Bd 3.
[40] Vgl. zu den Feindbildern und Bedrohungsvorstellungen: Das Rußlandbild im Dritten Reich, hrsg. von Hans-Erich Volkmann, Köln, Weimar, Wien 1994.
[41] Erwin Hölzle, Zeitalter der Völker, in: HZ, 160 (1939), S. 480—495, hier S. 488.
[42] Ebd., S. 492.
[43] Kaehler an Meinecke, 23.4.1941, in: Meinecke, Werke, Bd 6 (wie Anm. 18), S. 365—369, hier S. 367—369.
[44] Meinecke an Kaehler, 28.4.1941, ebd., S. 369f., hier S. 370.
[45] Meinecke an Srbik, 27.8.1942, ebd., S. 204—206.
[46] Meinecke an Walter Goetz, 18.5.1943, ebd., S. 215—217, hier S. 216.
[47] Vgl. dazu Meinecke an Goetz, 22.3.1943, ebd., S. 213—215; Meinecke an W. Steffens, 13.11.1943, ebd., S. 217—219.
[48] Kaehler an Meinecke, 3.4.1942, ebd., S. 394—401, hier S. 397, 398.
[49] Kaehler an Meinecke, 5.2./Fortsetzung 1.3.1944, ebd., S. 440—446, hier S. 444, 443.
[50] Meinecke an Kaehler, 2.6.1944, ebd., S. 452f., hier S. 453.
[51] Reinhard Wittram, Rückkehr ins Reich. Vorträge und Aufsätze aus den Jahren 1939/1940, Posen 1942, S. 6; vgl. zu dieser Thematik auch Hans-Erich Volkmann, Zur Ansiedlung der Deutschbalten im »Warthegau«, in: Zeitschrift für Ostforschung, 30 (1981), S. 527—558.
[52] Vgl. zu diesem Komplex Gabriele Camphausen, Die wissenschaftliche historische Rußlandforschung im Dritten Reich 1933—1945, Frankfurt a.M., Bern, New York, Paris 1990; Dies., Das Rußlandbild in der deutschen Geschichtswissenschaft 1933 bis 1945, in: Das Rußlandbild (wie Anm. 40), S. 257—283.
[53] Reinhard Wittram, Der Deutsche als Soldat Europas (Vortrag, 26.6.1942, in der öffentlichen Vortragsreihe der Reichsuniversität Posen »Wissenschaft und Krieg«), Posen 1943, S. 7.
[54] Vgl. Camphausen, Das Rußlandbild (wie Anm. 52), S. 278.

55 Vgl. dazu Winfried Schulze, Deutsche Geschichtswissenschaft (wie Anm. 12), S. 28.
56 Zu der Frage der Entnazifizierung und Wiedereinstellung ebd., S. 111 ff.
57 Das traf nicht für alle zu, wohl aber für die meisten. In osteuropäischer Geschichte promoviert, in einem der genannten Institute über mehrere Jahre tätig, war dies ein Grund für den Autor, diese institutionalisierte historische Spezialdisziplin zu verlassen.
58 Zum Briefwechsel Aubin-Birke siehe BA, NL 179 Aubin, hier auch der Brief Aubin an Hubatsch, 11.4.1959; zu Funktionen und wissenschaftlicher Arbeit Birkes siehe Kaehler an Birke, 13.12.1935, in: Siegfried A. Kaehler, Briefe 1900—1963, hrsg. von Walter Bußmann, Günther Grünthal, unter Mitwirkung von Joachim Stemmler, Boppard a. Rh. 1993, S. 255 f.; Kaehler an Birke, 1.6.1940, ebd., S. 262—264; Kaehler an Hartung, 3.3.1944, ebd., S. 269 f.
59 Rudolf Urban, Die slawisch-nationalkirchlichen Bestrebungen in der Tschechoslowakei mit besonderer Berücksichtigung der tschechoslowakischen und der orthodoxen Kirche, Leipzig 1938.
60 Schulze, Deutsche Geschichtswissenschaft (wie Anm. 12), S. 43, Anm. 42.
61 Günther Franz, Das Geschichtsbild des Nationalsozialismus und die deutsche Geschichtswissenschaft, in: Geschichte und Geschichtsbewußtsein. 19 Vorträge, hrsg. von Oswald Hauser, Göttingen, Zürich 1981, S. 91—111, hier S. 106.
62 Werner Philipp, Nationalsozialismus und Ostwissenschaften, in: Nationalsozialismus und die deutsche Universität, Berlin 1966, S. 43—62, hier S. 44.
63 Vgl. dazu Meinecke an Goetz, 14.8.1935, in: Meinecke, Werke, Bd 6 (wie Anm. 18), S. 158 f., mit den entsprechenden Anmerkungen.
64 Reinhard Wittram, Livland. Schicksal und Erbe der baltischen Deutschen, Berlin 1940, S. 9.
65 Zit. nach Volkmann, Zur Ansiedlung (wie Anm. 51), S. 556, Anm. 95.
66 Reinhard Wittram, Nationalismus, in: Göttinger Universitäts-Zeitung, 2 (1947) 10, S. 1 f.
67 Das Reich. Idee und Gestalt. Festschrift für Johannes Haller. An seinem 75. Geburtstag hrsg. von Heinrich Dannenbauer, Fritz Ernst, Stuttgart 1940.
68 Heinrich Dannenbauer, Germanisches Altertum und Deutsche Geschichtswissenschaft, Tübingen 1935; ders., Vom Werden des deutschen Volkes. Indogermanen — Germanen — Deutsche, Tübingen 1935.
69 Otto Westphal, Das Reich. Aufgang und Vollendung, Bd 1: Germanentum und Kaisertum, Stuttgart, Berlin 1941.
70 Karl Richard Ganzer, Das Reich als europäische Ordnungsmacht, Hamburg 1942. G. war Mitarbeiter des Reichsinstituts für Geschichte des Neuen Deutschland und der Nachfolger Franks.
71 Vgl. dazu Klaus Schreiner, Führertum, Rasse, Reich. Wissenschaft von der Geschichte nach der nationalsozialistischen Machtergreifung, in: Wissenschaft im Dritten Reich, hrsg. von Peter Lundgren, Frankfurt a. M. 1985, S. 163—252, hier S. 186 ff.
72 Vgl. dazu Schulze, Deutsche Geschichtswissenschaft (wie Anm. 12), S. 28 f.
73 Neue, durchgesehene Ausgabe, Stuttgart 1951.

[74] Johannes Haller, Lebenserinnerungen, Stuttgart 1960.
[75] Ders., Lebenserinnerungen (Manuskript), BA, NL 35 Haller, Bd 27, hier S. 167—171.
[76] Gerhard Oestreich, Dreißig Jahre Historiker, in: ders., Strukturprobleme der frühen Neuzeit. Ausgewählte Aufsätze, Berlin 1980, S. 19—33, hier S. 20.
[77] Leo Baeck an Theodor Heuss, 26.9.1951, zit. nach Deutschlands Erneuerung 1945—1950 (= Antiquariatskatalog Cobet 30, April 1985), Nr. 245.
[78] Vgl. dazu Immanuel Geiss, Kritischer Rückblick auf Friedrich Meinecke, in: Das Argument, 70 (1972), Sonderband, S. 22—36.
[79] Friedrich Meinecke, Die deutsche Katastrophe. Betrachtungen und Erinnerungen, Wiesbaden 1946, zit. nach ders., Werke: Autobiographische Schriften, hrsg. und eingel. von Eberhard Kessel, Stuttgart 1969, S. 323.
[80] Aus der Aufklärung in die permanente Restauration. Geschichtswissenschaft in Deutschland, hrsg. von Manfred Asendorf, Hamburg 1974, Einleitung, S. 46.
[81] Meinecke, Die deutsche Katastrophe (wie Anm. 79), S. 367.
[82] Ebd., S. 368.
[83] Ebd., S. 374.
[84] Ebd., S. 156.
[85] Brief Meinecke an Dehio, 15.7.1952, in: Meinecke, Werke, Bd 6 (wie Anm. 18), S. 31.
[86] Worte Lassalles, hrsg. von G. Ritter, Minden (1919), (= Die Weisheit der Völker, Bd 21).
[87] Ritter an seine Eltern, 21.6.1919, in: Gerhard Ritter. Ein politischer Historiker in seinen Briefen, hrsg. von Klaus Schwabe, Rolf Reichard, unter Mitwirkung von Reinhard Hauf, Boppard a.Rh. 1984, S. 211—213, hier S. 212.
[88] Ritter an Eduard Dingeldey (Vorsitzender der DVP), 6.2.1933, ebd., S. 256—260, hier S. 258f.
[89] Vgl. dazu Ritter an Waldemar Erfurth (Chef der Kriegswissenschaftlichen Abteilung des Generalstabes), 18.1.1936, ebd., S. 289—291.
[90] Gerhard Ritter, Die Lehre Carls von Clausewitz vom politischen Sinn des Krieges, in: HZ, 167 (1943), S. 41—65, hier S. 60, 50f., 63.
[91] Ders., Europa und die deutsche Frage, München 1948, S. 193.
[92] Ders., Geschichte als Bildungsmacht. Ein Beitrag zur historisch-politischen Neubesinnung, Stuttgart 1946, hier ²1947, S. 73.
[93] Vgl. dazu Hans-Erich Volkmann, Die innenpolitische Dimension Adenauerscher Sicherheitspolitik in der EVG-Phase, in: Anfänge westdeutscher Sicherheitspolitik 1945—1956, Bd 2: Die EVG-Phase, München 1990, S. 235—604, hier S. 535ff.
[94] Kaehler an Rein, 24.6.1933, in: Kaehler, Briefe (wie Anm. 58), S. 235—237. Gemeint ist hier die 1932 bereits im nationalsozialistischen Wissenschaftsverständnis verfaßte Schrift von Gustav Adolf Rein, Die Idee der politischen Universität, Hamburg 1933. Rein war Ordinarius in Hamburg, dort auch zeitweilig in der NS-Zeit Rektor, 1945 aus politischen Gründen entlassen.
[95] Kaehler an Aubin, 3.7.1933, ebd., S. 242—244, hier S. 243.
[96] Kaehler an Peter Rassow, 13.5.1945, ebd., S. 295—298, hier S. 295f.

[97] Siegfried A. Kaehler, Vom dunklen Rätsel deutscher Geschichte, in: Studien zur deutschen Geschichte des 19. und 20. Jahrhunderts. Aufsätze und Vorträge, hrsg. und mit einem Nachwort versehen von Walter Bußmann, Göttingen 1961, S. 363—375, hier S. 372f. Es handelt sich bei diesem Text um die Eröffnungsvorlesung zum Thema »Das Zeitalter des Imperialismus«, gehalten am 18.9.1945.
[98] Ebd., S. 374.
[99] Kaehler an Martin Kaehler, 19.5.1945, in: Kaehler, Briefe (wie Anm. 58), S. 298—300, hier S. 300.
[100] Kaehler an Hans Carossa, 5.4.1952, ebd., S. 380—383, hier S. 380f.
[101] Vgl. dazu Walter Bußmann, Siegfried A. Kaehler: Persönlichkeit und Werk. Ein Essay, in: Kaehler, Briefe (wie Anm. 58), S. 33—89.
[102] Vgl. dazu Schulze, Deutsche Geschichtswissenschaft (wie Anm. 12), S. 46ff.
[103] Gerhard Tellenbach, Die deutsche Not als Schuld und Schicksal, Stuttgart 1947, S. 20.
[104] Ebd., S. 31.
[105] Vgl. dazu Peter Schäfer, Karl Griewank und die Jenaer Geschichtswissenschaft nach 1945, in: Geschichte in Wissenschaft und Unterricht, 43 (1992), S. 199—208.
[106] Fritz Hartung, Volk und Staat in der deutschen Geschichte, in: ders., Volk und Staat in der deutschen Geschichte. Gesammelte Abhandlungen, Leipzig 1940, S. 7—27, hier S. 26, 27.
[107] Hartung an Richard Fester (sein Hallenser Lehrer), 20.11.1918, zit. nach Werner Schochow, Ein Historiker in der Zeit. Versuch über Fritz Hartung (1883—1967), in: Jahrbuch für die Geschichte Mittel- und Ostdeutschlands, 32 (1983), S. 219—250, hier S. 225.
[108] Ebd., S. 232.
[109] Aufzeichnung, 29.4.1945, ebd., S. 234.
[110] Hartung auf einer Historikerversammlung in Ost-Berlin, Mai 1946, zit. nach ebd., S. 226.
[111] Hartung an Heimpel, 7.7.1950, zit. nach Schulze, Deutsche Geschichtswissenschaft (wie Anm. 12), S. 16.
[112] Wilhelm Pieck, Um die Erneuerung der deutschen Kultur, in: ders., Anton Ackermann, Unsere kulturpolitische Sendung. Reden auf der Ersten Zentralen Kulturtagung der Kommunistischen Partei Deutschlands vom 3. bis 5. Februar 1946, Berlin 1946, S. 3—24, hier S. 14.
[113] Ernst Niekisch, Deutsche Daseinsverfehlung, Berlin 1946.
[114] Walter Markov, Historia docet?, in: Kognak und Königsmörder. Historisch-literarische Miniaturen, Berlin, Weimar 1979, S. 15—20, hier S. 16.
[115] Ebd.
[116] Ebd., S. 17.
[117] Ebd., S. 17, 18, 19, 20.
[118] Vgl. dazu u.a. Leo Stern, Gegenwartsaufgaben der deutschen Geschichtsforschung, Berlin 1952.

Autorenverzeichnis

Gerhard *Besier*, Dr. Dr., Professor für Kirchengeschichte an der Ruprecht-Karls-Universität Heidelberg

Ruth Bettina *Birn*, Dr., Chief Historian, War Crimes and Crimes Against Humanity Section, Department of Justice, Ottawa, Canada

Willi A. *Boelcke*, Dr., Professor am Institut für Sozialwissenschaften der Universität Hohenheim

Aleksej Mitrofanovič *Filitov*, Professor, Leitender wissenschaftlicher Mitarbeiter am Institut für allgemeine Geschichte an der Akademie der Wissenschaften der Russischen Föderation, Moskau, Rußland

Curt *Garner*, wissenschaftlicher Mitarbeiter am Institut für Geschichtswissenschaft der Technischen Universität Berlin

Hermann *Glaser*, Prof. Dr., Schul- und Kulturdezernent i.R.

Constantin *Goschler*, Dr., Hochschulassistent am Institut für Geschichtswissenschaft der Humboldt-Universität zu Berlin

Jost *Hermand*, Dr., Vilas Research Professor of German, University of Wisconsin, Madison, USA

Peter *Hoffmann*, Dr., William Kingsford Professor of History, McGill University, Montreal, Canada

Rainer *Karlsch*, Dr., wissenschaftlicher Mitarbeiter am Institut für Wirtschaftsgeschichte der Humboldt-Universität zu Berlin

Lothar *Kettenacker*, Dr., Professor an der Universität Frankfurt a. M. und stellvertretender Direktor des Deutschen Historischen Instituts London, Großbritannien

Ernst *Klee*, Publizist, freier Mitarbeiter der Wochenzeitung *Die Zeit* und von Rundfunk- und Fernsehanstalten, Frankfurt a. M.

Herbert *Kraus*, Kapitänleutnant, Hörsaalleiter an der Marineschule Mürwik, Flensburg

Wolfgang *Krieger*, Dr., Professor für Neuere Geschichte an der Universität München, Mitarbeiter der Stiftung Wissenschaft und Politik, Ebenhausen

Karl-Egon *Lönne*, Dr., Professor für Neueste Geschichte am Historischen Seminar der Heinrich-Heine-Universität Düsseldorf

Wilfried *Loth*, Dr., Professor für Neuere Geschichte an der Universität GHS Essen

Diemut *Majer*, Dr., Privatdozentin für öffentliches Recht an der Universität Bern, Professorin für öffentliches Recht an der Fachhochschule des Bundes für öffentliche Verwaltung/Fachbereich Bundeswehrverwaltung, Mannheim

Manfred *Messerschmidt*, Dr., Leitender Historiker (1970—1988) am Militärgeschichtlichen Forschungsamt, Freiburg

Siegfried *Mielke*, Dr., Professor für Politikwissenschaft am Otto-Suhr-Institut der Freien Universität Berlin

Susanne *zur Nieden*, Dr., wissenschaftliche Mitarbeiterin der Stiftung Brandenburgische Gedenkstätten, Gedenkstätte und Museum Sachsenhausen

Rüdiger *Overmans*, Dr., Oberstleutnant, Historiker am Militärgeschichtlichen Forschungsamt, Potsdam

Richard J. *Overy*, Dr., Professor für Neuere Geschichte am King's College London, Großbritannien

Rolf Günter *Renner*, Dr., Professor für Neuere Deutsche Literatur am Deutschen Seminar der Albert-Ludwigs-Universität Freiburg i. Br.

Peter *Rütters*, Dr., Wissenschaftlicher Mitarbeiter am Fachbereich Politische Wissenschaft der Freien Universität Berlin

Walter *Schwengler*, Dr., Fregattenkapitän, Historiker am Militärgeschichtlichen Forschungsamt, Freiburg

Georges-Henri *Soutou*, Dr., Professor für Zeitgeschichte an der Universität Paris, IV, Sorbonne

Johannes-Dieter *Steinert*, Dr., Privatdozent am Institut für Migrationsforschung und interkulturelle Studien der Universität Osnabrück

Hans-Erich *Volkmann*, Dr., Professor für Neuere und Neueste Geschichte an der Albert-Ludwigs-Universität Freiburg i. Br., Direktor und Professor am Militärgeschichtlichen Forschungsamt, Potsdam

Clemens *Vollnhals*, Dr., Fachbereichsleiter in der Abteilung Bildung und Forschung beim Bundesbeauftragten für die Unterlagen des Staatssicherheitsdienstes der ehemaligen DDR in Berlin

Juliane *Wetzel*, Dr., wissenschaftliche Mitarbeiterin am Zentrum für Antisemitismusforschung der Technischen Universität Berlin